KB141757

2021 실용
스마트 만세력-3

한명호 엮음

🐇 도서출판 두원 출판미디어

스마트 만세력- 3

엮은이 / 한명호

판권 본사
소유 의인

펴 낸 이 / 한원석

펴 낸 곳 / 두원출판미디어

강원도 춘천시 효자3동612-2

☎ 033) 242-5612,244-5612 FAX 033) 251-5611

Cpoyright ⓒ2015 , by Dooweon Media Publishing Co.

이 책의 내용은 저작권법에 따라 보호받고 있습니다.

판권은 본사의 소유임을 알려드립니다.

등록 / 2010.02.24. 제333호

♣ 파본, 낙장본은 교환하여 드립니다.

홈페이지: www.dooweonmedia.co.kr

:   www.internetsajoo.com

♣ E-mail :doo1616@naver.com

초판 1쇄 2021. 02. 10   ISBN 979-11-85895-24-6

정가 13,000 원

2021 " 스마트 만세력-3"을 펴내면서

만세력은 가장 기본적이면서도 제일 중요한 시간에 대한 기록서이고, 사주 감명에 있어서 제일 먼저 펼쳐보게 되는 책이 또한 만세력일 것 입니다.

누구나 다 한 두 권 정도 씩은 소장하는 것 또한 만세력 일 것입니다.

실전에 있어서 정확도 그리고 그 다음에는 편리성이 요구되는 사항인데 사람마다 보는 관점과 나름 판단하는 기준이 제 각각이라 어떤 내용, 어떤 형식-----참으로 까다로운 일이지요.

굳이 만세력에 대한 설명은 안 드리더라도 너무나 잘 알고 계시리라 생각되어 생략하고, 편리성과 효율성에 대한 부분을 집중하여 편집하여 드리오니 한 번 씩 살펴보시고 많은 조언 부탁드립니다. 선배. 제현님들의 충고 마음에 새겨 더욱 더 나은 책이 되도록 하겠습니다.

직접 편집까지 하다 보니 너무나도 부족한 부분 실감하면서도 계속 보완하면서 정진하렵니다.

조금씩 나아짐을 스스로 위로하며 열심히 공부하며 힘껏 만들어보렵니다.

펼치는 한 장 한 장 흡족한 마음으로 읽어주시기를 기대하며 부단한 노력으로 엮은 책이오니 일독을 바라겠습니다. 부디 많은 사람들의 상담에 도움이 되었으면 감사하겠습니다.

2021년 02월 10일
엮은이 　한명호 올림.

------차례----------

【 절기(節氣)도표 】

구분 월(月)	년간年干 입절(立節)	갑,기 년	을,경 년	병,신 년	정,임 년	무,계 년
1월	입춘(立春)	병인(丙寅)	무인(戊寅)	경인(庚寅)	임인(壬寅)	갑인(甲寅)
2월	경칩(驚蟄)	정묘(丁卯)	기묘(己卯)	신묘(辛卯)	계묘(癸卯)	을묘(乙卯)
3월	청명(淸明)	무진(戊辰)	경진(庚辰)	임진(壬辰)	갑진(甲辰)	병진(丙辰)
4월	입하(立夏)	기사(己巳)	신사(辛巳)	계사(癸巳)	을사(乙巳)	정사(丁巳)
5월	망종(芒種)	경오(庚午)	임오(壬午)	갑오(甲午)	병오(丙午)	무오(戊午)
6월	소서(小暑)	신미(辛未)	계미(癸未)	을미(乙未)	정미(丁未)	기미(己未)
7월	입추(立秋)	임신(壬申)	갑신(甲申)	병신(丙申)	무신(戊申)	경신(庚申)
8월	백로(白露)	계유(癸酉)	을유(乙酉)	정유(丁酉)	기유(己酉)	신유(辛酉)
9월	한로(寒露)	갑술(甲戌)	병술(丙戌)	무술(戊戌)	경술(庚戌)	임술(壬戌)
10월	입동(立冬)	을해(乙亥)	정해(丁亥)	기해(己亥)	신해(辛亥)	계해(癸亥)
11월	대설(大雪)	병자(丙子)	무자(戊子)	경자(庚子)	임자(壬子)	갑자(甲子)
12월	소한(小寒)	정축(丁丑)	기축(己丑)	신축(辛丑)	계축(癸丑)	을축(乙丑)

【 절기(節氣)개요(概要) 】

24절기(절기)		음력陰曆	양력陽曆	일출시각	일몰시각
춘春	입춘(入春): 봄이 시작 되는 철	정월절	2월4일경	07:33	17:58
	우수(雨水):비가 내리는 철	정월중	2월19일경	07:17	18:15
	경칩(驚蟄):동면곤충이 깨어나는 철	2월절	3월6일경	06:57	18:30
	춘분(春分):봄 태양환경의 분기 철	2월중	3월21일경	06:35	18:44
	청명(淸明):날씨가 맑고 밝은 철	3월절	4월5일경	06:13	18:58
	곡우(穀雨):곡식에 비가 내리는 철	3월중	4월20일경	05:51	19:11
하夏	입하(立夏):여름이 시작되는 철	4월절	5월 6일경	05:32	19:26
	소만(小滿):보리가 굵어지는 철	4월중	5월21일경	05:19	19:36
	망종(芒種):보리를 베는 철	5월절	6월 6일경	05:11	19:50
	하지(夏至):여름의 막바지 철	5월중	6월21일경	05:11	19:56
	소서(小署):조금 더운 철	6월절	7월7일경	05:17	19:56
	대서(大署):매우 더운 철	6월중	7월23일경	05:28	19:48
추秋	입추(立秋):가을이 시작되는 철	7월절	8월8일경	05:41	19:33
	처서(處署):더위가 그치는 철	7월중	8월23일경	05:44	19:55
	백로(白露):흰 이슬이 내리는 철	8월절	9월8일경	06:07	18:52
	추분(秋分):가을의 분기 철	8월중	9월23일경	06:20	18:29
	한로(寒露):찬 이슬이 내리는 철	9월절	10월8일경	06:33	18:06
	상강(霜降):서리가 내리는 철	9월중	10월23일경	06:48	17:44
동冬	입동(立冬):겨울이 시작 되는 철	10월절	11월7일경	07:03	17:27
	소설(小雪):눈이 조금 오는 철	10월중	11월22일경	07:18	17:17
	대설(大雪):눈이 많이 오는 철	11월절	12월7일경	07:33	17:13
	동지(冬至):겨울의 막바지 철	11월중	12월12일경	07:43	17:17
	소한(小寒):조금 추운 철	12월절	1월5일경	07:47	17:28
	대한(大寒):매우 추운 철	12월중	1월20일경	07:44	17:42

약간의 변동이 있을 수 있으므로 만세력을 확인하시기 바랍니다.

【 시(時) 간지(干支) 조견표 】

● 야(夜) 자시(子時)와, 조(朝) 자시(子時), 구별하지 않은 경우.

일간 오행(五行) 출생 시간(時間)		갑(甲) 기(己)	을(乙) 경(庚)	병(丙) 신(辛)	정(丁) 임(壬)	무(戊) 계(癸)
23:30-01:30	자시 子時)	갑자 甲子	병자 丙子	무자 戊子	경자 庚子	임자 壬子
01:30-03:30	축시 丑時	을축 乙丑	정축 丁丑	기축 己丑	신축 辛丑	계축 癸丑
03:30-05:30	인시 寅時	병인 丙寅	무인 戊寅	경인 庚寅	임인 壬寅	갑인 甲寅
05:30-07:30	묘시 卯時	정묘 丁卯	기묘 己卯	신묘 辛卯	계묘 癸卯	을묘 乙卯
07:30-09:30	진시 辰時	무진 戊辰	경진 庚辰	임진 壬辰	갑진 甲辰	병진 丙辰
09:30-11:30	사시 巳時	기사 己巳	신사 辛巳	계사 癸巳	을사 乙巳	정사 丁巳
11:30-13:30	오시 午時	경오 庚午	임오 壬午	갑오 甲午	병오 丙午	무오 戊午
13:30-15:30	미시 未時	신미 辛未	계미 癸未	을미 乙未	정미 丁未	기미 己未
15:30-17:30	신시 申時	임신 壬申	갑신 甲申	병신 丙申	무신 戊申	경신 庚申
07:30-19;30	유시 酉時	계유 癸酉	을유 乙酉	정유 丁酉	기유 己酉	신유 辛酉
19:30-21:30	술시 戌時	갑술 甲戌	병술 丙戌	무술 戊戌	경술 庚戌	임술 壬戌
21:30-23:30	해시 亥時	을해 乙亥	정해 丁亥	기해 己亥	신해 辛亥	계해 癸亥

【 시(時) 간지(干支) 조견표 】

☯ 야(夜) 자시(子時)와, 조(朝) 자시(子時), 구별하는 경우

일간 오행(五行) 출생 시간(時間)		갑(甲) 기(己)	을(乙) 경(庚)	병(丙) 신(辛)	정(丁) 임(壬)	무(戊) 계(癸)
24:30-01:30 조(朝)자시(子時	자시 子時	갑자 甲子	병자 丙子	무자 戊子	경자 庚子	임자 壬子
01:30-03:30	축시 丑時	을축 乙丑	정축 丁丑	기축 己丑	신축 辛丑	계축 癸丑
03:30-05:30	인시 寅時	병인 丙寅	무인 戊寅	경인 庚寅	임인 壬寅	갑인 甲寅
05:30-07:30	묘시 卯時	정묘 丁卯	기묘 己卯	신묘 辛卯	계묘 癸卯	을묘 乙卯
07:30-09:30	진시 辰時	무진 戊辰	경진 庚辰	임진 壬辰	갑진 甲辰	병진 丙辰
09:30-11:30	사시 巳時	기사 己巳	신사 辛巳	계사 癸巳	을사 乙巳	정사 丁巳
11:30-13:30	오시 午時	경오 庚午	임오 壬午	갑오 甲午	병오 丙午	무오 戊午
13:30-15:30	미시 未時	신미 辛未	계미 癸未	을미 乙未	정미 丁未	기미 己未
15:30-17:30	신시 申時	임신 壬申	갑신 甲申	병신 丙申	무신 戊申	경신 庚申
07:30-19:30	유시 酉時	계유 癸酉	을유 乙酉	정유 丁酉	기유 己酉	신유 辛酉
19:30-21:30	술시 戌時	갑술 甲戌	병술 丙戌	무술 戊戌	경술 庚戌	임술 壬戌
21:30-23:30	해시 亥時	을해 乙亥	정해 丁亥	기해 己亥	신해 辛亥	계해 癸亥
23:30-24:30 야(夜)자시(子時	자시 子時	병자 丙子	무자 戊子	경자 庚子	임자 壬子	갑자 甲子

【 년두법 年頭法 】

생년 생월	甲,己年 갑·기년	乙,庚年 을·경년	丙,申年 병·신년	丁,壬年 정·임년	戊癸年 무·계년
1 월	丙寅 병인	戊寅 무인	庚寅 경인	壬寅 임인	甲寅 갑인
2 월	丁卯 정묘	己卯 기묘	辛卯 신묘	癸卯 계묘	乙卯 을묘
3 월	戊辰 무진	庚辰 경진	壬辰 임진	甲辰 갑진	丙辰 병진
4 월	己巳 기사	辛巳 신사	癸巳 계사	乙巳 을사	丁巳 정사
5 월	庚午 경오	壬午 임오	甲午 갑오	丙午 병오	戊午 무오
6 월	辛未 신미	癸未 계미	乙未 을미	丁未 정미	己未 기미
7 월	壬申 임신	甲申 갑신	丙申 병신	戊申 무신	庚申 경신
8 월	癸酉 계유	乙酉 을유	丁酉 정유	己酉 기유	辛酉 신유
9 월	甲戌 갑술	丙戌 병술	戊戌 무술	庚戌 경술	壬戌 임술
10 월	乙亥 을해	丁亥 정해	己亥 기해	辛亥 신해	癸亥 계해
11 월	丙子 병자	戊子 무자	庚子 경자	壬子 임자	甲子 갑자
12 월	丁丑 정축	己丑 기축	辛丑 신축	癸丑 계축	乙丑 을축

【 표준시 참고사항 】

경선 기준 표준시	적용 기간(期間)
동경 127도 30분	1908년 04/29일 18:30⇒18:00으로 조정~1912년 01/01일 11시30분 까지
동경 135도 30분	1912년 01/01일 11:30⇒12:00조정 조정~1954년 03/21일 00시 30분 까지
동경 127도 30분	1954년 03/21일 00:30⇒00:00조정 조정~1961년 08/09일 00시 00분 까지
동경 135도 30분	1961년 08/10일 00:00⇒00:30조정 조정~현재 까지 사용되고 있음

◉ 대한민국의 표준시 기준 변경 현황

◉ 대한민국의 서머타임 기준 변경 현황(적용 시작과 종료)

해당년도	서머타임 시작	서머타임종료	기준
1948	05/31일 23시00분⇒24시00분으로	09/12일 24시00분⇒23시00분으로	동경 135도 00분
1949	04/02일 23시00분⇒24시00분으로	09/10일 24시00분⇒23시00분으로	동경 135도 00분
1950	03/31일 23시00분⇒24시00분으로	09/09일 24시00분⇒23시00분으로	동경 135도 00분
1951	05/06일 23시00분⇒24시00분으로	09/08일 24시00분⇒23시00분으로	동경 135도 00분
1955	05/05일 00시00분⇒01시00분으로	09/09일 01시00분⇒00시00분으로	동경 127도 30분
1956	05/20일 00시00분⇒01시00분으로	09/30일 01시00분⇒00시00분으로	동경 127도 30분
1957	05/05일 00시00분⇒01시00분으로	09/22일 01시00분⇒00시00분으로	동경 127도 30분
1958	05/04일 00시00분⇒01시00분으로	09/21일 01시00분⇒00시00분으로	동경 127도 30분
1959	05/03일 00시00분⇒01시00분으로	09/20일 01시00분⇒00시00분으로	동경 127도 30분
1960	05/01일 00시00분⇒01시00분으로	09/18일 01시00분⇒00시00분으로	동경 127도 30분
1987	05/10일 02시00분⇒03시00분으로	10/11일 03시00분⇒02시00분으로	동경 135도 00분
1988	05/08일 02시00분⇒03시00분으로	10/09일 03시00분⇒02시00분으로	동경 135도 00분

◉ 상기 서머타임 적용에 대한 번거로움을 없애기 위해 해당년도의 날짜를 확인하여 절입시간 까지 계산하여 수록, 시작과 종료되는 절기 및 시간까지 확인하여 수록되었기에 일일이 서머타임에 대한 착각의 염려는 안하셔도 됩니다. 수정을 하다 보니 절기가 바뀌는 경우도 나타나기도 합니다. 많은 분들이 간혹 하시는 실수는 없으리라 확신 합니다. 윤초는 1972부터 사용. 1/1,7/1 1초를 더하거나 빼서 적용. 개념은 윤년과 같으나 사용은 다름.

◎ 현재 표준시로 인하여 시간 차이가 30분씩 나는 점을 참고하시기 바랍니다.
이것은 시간지 조견표를 참조하시면 됩니다. 수정하여 올려 있습니다.

【 사주(四主)의 각 위치(位置)에 따른 해석과 응용 】

위치 \ 기준	시(時柱)	일(日柱)	월(月柱)	년(年柱)
시간적 관계	앞(미래)		뒤(과거)	
위치적 관계	후(後)(뒤)		선(先)(앞)	
상하관계	후배, 부하	본인(本人)	윗사람, 선배	기관의장, 우두머리
가족관계	자손(子孫)	본인, 배우자	부모,형제	선조,조상
나이로 보는 관계	말년(末年)	중말년(中末年)	중년(中年)	초년(初年)
사회관계	후대(後代)	가정(家政)	사회(社會)	국가(國家)
성장관계	실(實)	화(花)	묘(苗)	근(根)
수리관계	정(貞)	이(利)	형(亨)	원(元)
천체,우주	시간과 공간	지구	달	해

※ 대략적인 분류를 한 것이다. 자세한 것은 추후 내용을 가미하기로 합니다.

【 다양한 비교 오행.】

오행 구분	목(木)	화(火)	토(土)	금(金)	수(水)
	인정(仁情)	예의(禮儀)	신용 (信用)	의리(義理)	지혜 (知慧)
	강직(剛直)	조급(躁急)	후중 (厚重)	냉정(冷情)	원만 (圓滿)
	희(喜)	락(樂)	사(思)	로(怒)	애(愛)
	경사(慶事)	명랑(明朗)	한 대 (寒帶)	급속(急速)	포용 (包容)
	정도(正道)	달변(達辯)	허경 (虛驚)	숙살(肅殺)	비밀 (秘密)
	유덕(有德)	솔직(率直)	구사 (久事)	변혁(變革)	인내 (忍耐)
	경화(硬化)	분산(分散)	집결 (集結)	건실(健實)	응결 (凝結)
	곡직(曲直)	염상(炎上)	가색 (稼穡)	종혁(從革)	윤하 (潤下)

【 다양한 비교 오행.】

자연(自然)

구분(區分) 오행(五行)	천간 (天干)	음양 (陰陽)	구분 (區分)	의미(意味), 질(質)
목(木)	갑(甲)	양(陽)	대림 大林)	동량지목(棟樑之木)
	을(乙)	음(陰)	초목 (草木)	유목(幼木), 풀, 굽은 나무
화(火)	병(丙)	양(陽)	태양 (太陽)	태양(太陽),빛, 열
	정(丁)	음(陰)	등촉 (燈燭)	등, 모닥불,
토(土)	무(戊)	양(陽)	성원 (城垣)	광야(廣野),태산(泰山)
	기(己)	음(陰)	전원 (田園)	전(田),답(畓)
금(金)	경(庚)	양(陽)	검극 (劍戟)	무쇠, 강철
	신(辛)	음(陰)	주옥 (珠玉)	유약한 쇠, 철사, 핀
수(水)	임(壬)	양(陽)	강호 (江湖)	바다, 큰 호수
	계(癸)	음(陰)	우로 (雨露)	시냇물, 샘물

【 다양한 비교 오행.】

건강(健康)

오행(五行) \ 구분(區分)	목(木)	화(火)	토(土)	금(金)	수(水)
	간(肝)	심장 (心腸)	비(脾)	폐(肺)	신장 (腎臟)
	담(膽)	소장 (小腸)	위(胃)	대장 (大腸)	방광 (膀胱)
	신경 (神經)	정신 (精神)	비육 (肥肉)	골격 (骨格)	신기 (腎氣)
	수족 (手足)	시력 視力)	복부 (腹部)	피부 (皮膚)	비뇨기 (泌尿器)
	모발(毛髮) 두(頭)	안(顔) 체온(體溫)	요(腰)	치아(齒牙) 기관지 (氣管支)	수분(水分) 당뇨(糖尿)
	풍(風)	열(熱)	습(濕)	조(燥)	한(寒)
	인후 (咽喉)	혈압 (血壓)	원(腕)	조혈 (造血)	산(疝)

- 14 -

다양(多樣)한 방법(方法)으로 분류(分類)하는 오행(五行)

♣ 감각적(感覺的)인 면으로 분류한 오행.

오행(五行) 구분(區分)	목(木)	화(火)	토(土)	금(金)	수(水)
오각 (五覺)	촉(觸)	시(視)	미(味)	후(嗅)	청(聽)

♣ 오관(五官)으로 분류하여 보는 방법(方法).

오관(五官)이라 함은 귀, 눈, 코, 입, 눈 (이(耳), 목(目), 구(口), 비(鼻), 미(眉))의 총칭인데, 관상학(觀相學)에서 주로 많이 사용을 하는 단어이다.

오행 구분	목(木)	화(火)	토(土)	금(金)	수(水)
오관	목(目)	설(舌)	구(口)	비(鼻)	이(耳)

♣ 정(精))적인 면으로 보는 오행.

오행 구분	목(木)	화(火)	토(土)	금(金)	수(水)
	혼(魂)	신(神)	의(意)	귀(鬼)	정(精)

♣ 소리로 보는 오행 -------- 음(音)으로 보는 오행.

오행 구분	목(木)	화(火)	토(土)	금(金)	수(水)
소리(音)	각(角)	치(緻)	궁(宮)	상(商)	우(羽)

♣ 성(聲)으로 보는 오행.

음(音)과 성(聲)은 다 같은 소리의 뜻을 내포하고 있다.

오행(五行) 구분(區分)	목(木)	화(火)	토(土)	금(金)	수(水)
소리(聲)	호(呼)	언(言)	가(歌)	곡(哭)	신음 (呻吟)

냄새, 생물체(生物體), 과일, 귀(鬼)로—구분하는 오행.

♣ 냄새로 구분하는 오행.

모든 물체(物體)는 각각의 고유한 향(香)을 갖고 있다. 그리고 그것이 변화될 경우도 다른 독특한 향을 내기도 하지만 부패(腐敗)한 경우, 먼지, 기타 우리가 모르는 냄새와 향(香)도 많은 것이다. 그각각을 분류하여보자.

오행(五行) \ 구분(區分)	목(木)	화(火)	토(土)	금(金)	수(水)
냄세	조(臊)	초(焦)	향(香)	성(腥)	부(腐)

♣ 생물체(生物體)로 보는 오행.

지구상에 존재하는 모든 생명체를 오행으로 분류하여 보는 것이다.

오행(五行) \ 구분(區分)	목(木)	화(火)	토(土)	금(金)	수(水)
생물체	초목 (草木)	우족 (羽族)	족복 (足腹)	곤충 (昆蟲)	어족 (魚族)

♣ 귀(鬼)로 구분하는 오행.

그야말로 귀신이야기다. 씨나락 까먹는 소리라고 할지도 모른다. 그러나 있는 것은 있는 것이다. 그다음은 본인의 결정여하에 달린 것이고

오행(五行) \ 구분(區分)	목(木)	화(火)	토(土)	금(金)	수(水)
귀(鬼)	나무	불	흙	금속	물

♣ 과일로 보는 오행.

과일은 그 색(色)과 향(香)이 매우 그윽하다. 결실의 산물인 것이다. 제각각 그 특징과 의미를 살펴보도록 하자. 제사상(祭祀床)에는 항상 과일이 올라간다.

오행(五行) \ 구분(區分)	목(木)	화(火)	토(土)	금(金)	수(水)
과일	이(李); 오얏	행(杏); 살구	조(棗): 대추	도(挑): 복숭아	율(栗); 밤

 **비의 형태, 구름, 오행과 색(色).**

♣ 비의 형태로 구분하는 오행.

일진(日辰)을 보아가며 비가 오더라도 어떤 형태로 올 것인가를 예측을 하는 것이다.

오행(五行) 구분(區分)	목(木)	화(火)	토(土)	금(金)	수(水)
비의 종류	뇌우 (雷雨)	폭우 (暴雨)	몽우 (蒙雨)	예우 (銳雨)	림우 (霖雨)

♣ 구름으로 비교하는 오행과 색(色).

각각의 일진(日辰)이 어느 오행에 해당이 되는 가를 확인 후에

오행(五行) 구분(區分)	목(木)	화(火)	토(土)	금(金)	수(水)
구름 색(色)	청운 (靑雲)	적운 (赤雲)	황운 (黃雲)	백운 (白雲)	흑운 (黑雲)

【 직능, 업종 분야】

오행(五行) 구분(區分)	목(木)	화(火)	토(土)	금(金)	수(水)
직능 (職能)	교육 (敎育)	문화공보	농림,축산	국방(國防), 감사	외교 (外交)
	체신 (遞信)	동(動)자(資)부	건설 (建設)	교통,항공	외무 (外務)
	임업 (林業)	상공,경제	통일부, 전매청	조선 (造船)	주류 (酒類)
	섬유 (纖維)	화공 (化工)	토건 (土建)	기계 (機械)	수산업
	제지 (製紙)	전기 (電氣)	부동산	제철 (製鐵)	양식 (養殖)
	가구 (家具)	유류 (油類)	토산품	광업 (鑛業)	상하수도
	예능(藝能), 연예(演藝)	항공(航空)분야,원자력,	민속(民俗)분야, 토속	제련 (製鍊)업	치수(治水)사업,수력
업종 (業種)	농림 (農林)	화학 (化學)	골동품	양품 (洋品)	냉동업 (冷凍業)
	악기,음악	문화 (文化)	중재 (仲裁)	정비,관리	무역업
	원예 (園藝)	온난방, 열관리	중개업, 펀드	중장비	원양 (遠洋)업,유흥업
	죽세공 (竹細工)	소방(消防)분야	토지구획정리	비철(非鐵)금속	숙박업,온천 호텔업
	목공예	컴퓨터	컨설팅	검경찰	해운,항만
	분식 (粉食)	인터넷	화랑,경매	군,국정원	양식업

【 자연(自然)에 비유한 오행.】

오행(五行) 구분(區分)	목(木)	화(火)	토(土)	금(金)	수(水)
자연 (自然)	동량 (棟樑)	로야 (爐冶)	안산 (岸山)	금철 (金鐵)	해포 (海浦)
	지엽 (枝葉)	등촉 (燈燭)	전답 (田畓)	금은 (金銀)	천천 (川泉)
	목(木); 나무	화(花); 꽃	과도 (過度)	실과 (實果)	수장 (收藏)
	근(根)	전기 (電氣)	제방 (堤防)	동선 (銅線)	호수 (湖水)
	초(草)	광선 (光線)	사(砂)	부근 (斧斤)	설(雪)
	림(林)	전자파 (電子波)	암석 (岩石)	비금속 (非金屬)	빙(氷)
	좌(左)	상(上)	중앙 (中央)	우(右)	하(下)
	장(長)	역(逆) 상(上)	원(圓)	각(角)	미(美)

【地支藏干表 (지지장간표)】

월(月)\구분(區分)		1	2	3	4	5	6	7	8	9	10	11	12
지지		寅	卯	辰	巳	午	未	申	酉	戌	亥	子	丑
餘氣 여기	支	戊	甲	乙	戊	丙	丁	戊	庚	申	戊	壬	癸
	日	7	10	9	7	10	9	7	10	9	7	10	9
仲氣 중기	支	丙		癸	庚	己	乙	壬		丁	壬		申
	日	7		3	7	9	3	7		3	7		3
正氣 정기	支	甲	乙	戊	丙	丁	己	庚	申	戊	壬	癸	己
	日	16	20	18	16	11	18	16	20	18	16	20	18

♣ 지지에 장축(藏畜)하고 있는 천간을 논하는데 30일 가운데 기운이 나타나는 일수를 나타내는 것이다.

▶지지가 함축하고 있는 천간의 기운이 작용하는 기간을 나타내는 것으로 사주 통변에 있어서 매우 중요한 사항이다.

포태법(胞胎法) – 생로병사(生老病死)의 원리(原理)

【 포태법의 분류 】

천간 12운성	갑(甲)	을(乙)	병(丙)	정(丁)	무(戊)	기(己)	경(庚)	신(辛)	임(壬)	계(癸)
포(胞)	신(申)	유(酉)	해(亥)	자(子)	해(亥)	자(子)	인(寅)	묘(卯)	사(巳)	오(午)
태(胎)	유(酉)	신(申)	자(子)	해(亥)	자(子)	해(亥)	묘(卯)	인(寅)	오(午)	사(巳)
양(陽)	술(戌)	미(未)	축(丑)	술(戌)	축(丑)	술(戌)	진(辰)	축(丑)	미(未)	진(辰)
생(生)	해(亥)	오(午)	인(寅)	유(酉)	인(寅)	유(酉)	사(巳)	자(子)	신(申)	묘(卯)
욕(浴)	자(子)	사(巳)	묘(卯)	신(申)	묘(卯)	신(申)	오(午)	해(亥)	유(酉)	인(寅)
대(帶)	축(丑)	진(辰)	진(辰)	미(未)	진(辰)	미(未)	미(未)	술(戌)	술(戌)	축(丑)
관(官)	인(寅)	묘(卯)	사(巳)	오(午)	사(巳)	오(午)	신(申)	유(酉)	해(亥)	자(子)
왕(旺)	묘(卯)	인(寅)	오(午)	사(巳)	오(午)	사(巳)	유(酉)	신(申)	자(子)	해(亥)
쇠(衰)	진(辰)	축(丑)	미(未)	진(辰)	미(未)	진(辰)	술(戌)	미(未)	축(丑)	술(戌)
병(病)	사(巳)	자(子)	신(申)	묘(卯)	신(申)	묘(卯)	해(亥)	오(午)	인(寅)	유(酉)
사(死)	오(午)	해(亥)	유(酉)	인(寅)	유(酉)	인(寅)	자(子)	사(巳)	묘(卯)	신(申)
묘(墓)	미(未)	술(戌)	술(戌)	축(丑)	술(戌)	축(丑)	축(丑)	진(辰)	진(辰)	미(未)

※왕궁(旺宮)을 기준, 순행(順行), 역행(逆行)을 행(行)한다.

- 21 -

격국(格局)

【 격국의 분류 】

◑ 기본적인 면으로의 분류.

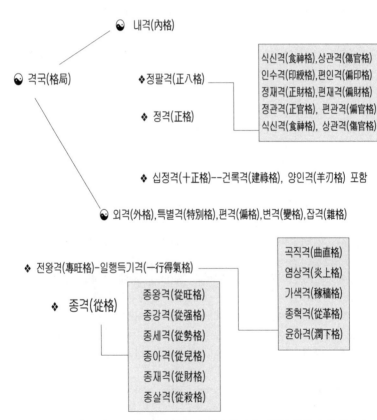

```
                        ◑ 내격(內格)

                                            식신격(食神格),상관격(傷官格)
                                            인수격(印綬格),편인격(偏印格)
  ◑ 격국(格局)         ❖정팔격(正八格)      정재격(正財格),편재격(偏財格)
                        ❖ 정격(正格)         정관격(正官格), 편관격(偏官格)
                                            식신격(食神格), 상관격(傷官格)


                        ❖ 십정격(十正格)--건록격(建祿格), 양인격(羊刃格) 포함

                  ◑ 외격(外格),특별격(特別格),편격(偏格),변격(變格),잡격(雜格)


  ❖ 전왕격(專旺格)-일행득기격(一行得氣格)      곡직격(曲直格)
                                            염상격(炎上格)
      ❖ 종격(從格)      종왕격(從旺格)        가색격(稼穡格)
                        종강격(從强格)        종혁격(從革格)
                        종세격(從勢格)        윤하격(潤下格)
                        종아격(從兒格)
                        종재격(從財格)
                        종살격(從殺格)
```

◑ 격국의 분류는 세부적인 면에서 약간씩 견해가 다를 수도 있으나
일반적인 분류법으로 나타낸 것이다.

육십갑자(六十甲子) 공망

【육십갑자(六十甲子) 공망표(空亡表)】

갑인 (甲寅)	갑진 (甲辰)	갑오 (甲午)	갑신 (甲申)	갑술 (甲戌)	갑자 (甲子)	
을묘 (乙卯)	을사 (乙巳)	을미 (乙未)	을유 (乙酉)	을해 (乙亥)	을축 (乙丑)	육 십 갑 자 六 十 甲 子
병진 (丙辰)	병오 (丙午)	병신 (丙申)	병술 (丙戌)	병자 (丙子)	병인 (丙寅)	
정사 (丁巳)	정미 (丁未)	정유 (丁酉)	정해 (丁亥)	정축 (丁丑)	정묘 (丁卯)	
무오 (戊午)	무신 (戊申)	무술 (戊戌)	무자 (戊子)	무인 (戊寅)	무진 (戊辰)	
기미 (己未)	기유 (己酉)	기해 (己亥)	기축 (己丑)	기묘 (己卯)	기사 (己巳)	
경신 (庚申)	경술 (庚戌)	경자 (庚子)	경인 (庚寅)	경진 (庚辰)	경오 (庚午)	
신유 (辛酉)	신해 (辛亥)	신축 (辛丑)	신묘 (辛卯)	신사 (辛巳)	신미 (辛未)	
임술 (壬戌)	임자 (壬子)	임인 (壬寅)	임진 (壬辰)	임오 (壬午)	임신 (壬申)	
계해 (癸亥)	계축 (癸丑)	계묘 (癸卯)	계사 (癸巳)	계미 (癸未)	계유 (癸酉)	
자축 (子丑)	인묘 (寅卯)	진사 (辰巳)	오미 (午未)	신유 (辛酉)	술해 (戌亥)	공망 (空亡)

갑자(甲子)순(旬)--술해(戌亥),   갑술(甲戌)순(旬)--신유(辛酉),

갑신(甲申)순(旬)--오미(午未),   갑오(甲午)순(旬)--진사(辰巳),

갑진(甲辰)순(旬)--인묘(寅卯), 갑인(甲寅)순(旬)--자축(子丑) 이 공망(空亡)에 해당.

십이신살 十二神殺

십이신살十二神殺 조견표

상합(三合) 구분(신살)	사유축巳酉丑	해묘미亥卯未	신자진申子辰	인오술寅午戌
겁살 劫煞	인(寅)	신(申)	사(巳)	해(亥)
재살 災殺	묘(卯)	유(酉)	오(午)	자(子)
천살 天殺	진(辰)	술(戌)	미(未)	축(丑)
지살 地殺	사(巳)	해(亥)	신(辛)	인(寅)
년살 年殺	오(午)	자(子)	유(酉)	묘(卯)
월살 月殺	미(未)	축(丑)	술(戌)	진(辰)
망신 亡身	신(申)	인(寅)	해(亥)	사(巳)
장성 將星	유(酉)	묘(卯)	자(子)	오(午)
반안 攀鞍	술(戌)	진(辰)	축(丑)	미(未)
역마 驛馬	해(亥)	사(巳)	인(寅)	신(辛)
육해 六害	자(子)	오(午)	묘(卯)	유(酉)
화개 華蓋	축(丑)	미(未)	진(辰)	술(戌)

재살(災殺), 천살(天殺)

【十二神殺의 분석】

【 겁살(劫煞).】

🔹 일간(日干)을 기준으로 하여 볼 경우.(겁살표)

오행(五行)	목(木)		화(火)		토(土)		금(金)		수(水)	
십간(十干)	甲	乙	丙	丁	戊	己	庚	辛	壬	癸
절(絶)	申		亥		亥		寅		巳	
사(死)		亥		寅		寅		巳		申

🔹 (양(陽)은 절(絶)이요, 음(陰)은 사(死)이다.)

지지	子	丑	寅	卯	辰	巳	午	未	申	酉	戌	亥
겁살	巳	寅	亥	申	巳	寅	亥	申	巳	寅	亥	申

🔹 지지(地支)와의 대조(對照)로 살펴보는 겁살과의 관계인 것이다.

【 재살(災殺).】

🔹 (양간(陽干)의 경우).--태궁(胎宮)에 해당하는 것이 재살(災殺)

천간\지지	갑(甲)	병(丙)	무(戊)	경(庚)	임(壬)
자(子)	년살(年殺)	재살 (災殺)	재살 (災殺)	육해 (六害)	장생 (長生)
오(午)	육해 (六害)	장생 (長生)	장생 (長生)	년살(年殺)	재살 (災殺)
묘(卯)	장생 (長生)	년살(年殺)	년살(年殺)	재살 (災殺)	육해 (六害)
유(酉)	재살 (災殺)	육해 (六害)	육해 (六害)	장생 (長生)	년살 (年殺)

🔹 장성(將星)과, 재살(災殺)이 충(沖)하고, 년살(年殺)과, 육해(六害)가 충沖)한다.

🔹 (음간(陰干)의 경우).----병궁(病宮)에 해당.----양간의 역마(驛馬)

천간\지지	을(乙)	정(丁)	기(己)	신(辛)	계(癸)
자(子)	역마(驛馬)	겁살(劫煞)	겁살(劫煞)	지살(地殺)	망신(亡身)
오(午)	지살(地殺)	망신(亡身)	망신(亡身)	역마(驛馬)	겁살(劫煞)
묘(卯)	망신(亡身)	역마(驛馬)	역마(驛馬)	겁살(劫煞)	지살(地殺)
유(酉)	겁살(劫煞)	지살(地殺)	지살(地殺)	망신(亡身)	역마(驛馬)

십이신살 十二神殺

삼합(三合) 신살(殺)	사유축 (巳酉丑)	해묘미 (亥卯未)	신자진 (申子辰)	인오술 (寅午戌)
재살(災殺)	묘(卯)	유(酉)	오(午)	자(子)

◐ 년지(年支), 일지(日支) 기준으로 볼 경우.

◐ 일간(日干) 기준으로 볼 경우.

오행(五行) 구분(區分)	목(木)		화(火)		(土)		금(金)		수(水)	
십간(十干)	甲	乙	丙	丁	戊	己	庚	辛	壬	癸
태(胎)	酉		子		子		卯		午	
병(病)		子		卯		卯		午		酉

⬆ (양(陽)은 태궁(胎宮)이요, 음(陰)은 병궁(病宮)이다.)

❋ 지지(地支) 재살(災殺) 신살표(神殺表).

地支	子	丑	寅	卯	辰	巳	午	未	申	酉	戌	亥
災煞	午	卯	子	酉	午	卯	子	酉	午	卯	子	酉

⬆ 지지(地支)와의 대조로 살펴보는 재살(災殺)과의 관계다.

【 천살(天殺) 】

⬆ 년지(年支), 일지(日支)를 기준으로 하여 볼 경우.

삼합(三合) 신살 神殺	❶ 사유축 (巳酉丑)	❷ 해묘미 (亥卯未)	❸ 신자진 (申子辰)	❹ 인오술 (寅午戌)
천살(天殺)	진(辰)	술(戌)	미(未)	축(丑)

◐ 삼합(三合)의 첫 글자의 앞 자(字)가 천살(天殺)이다.

⬆ 일간(日干)을 기준으로 하여 보는 천살표(天殺表).

오행(五行)		목(木)		화(火)		토(土)		금(金)		수(水)	
십간(十干)		甲	乙	丙	丁	戊	己	庚	辛	壬	癸
십이 운성	양(養)	戌		丑		丑		辰		未	
	쇠(衰)		丑		辰		辰		未		戌

⬆ (양간(陽干)은 양(養)이요, 음간(陰干)은 쇠(衰)이다.)

- 26 -

진술축미(辰戌丑未). 지살(地殺).

양간(陽干) 지지(地支)	갑(甲)	병(丙)	무(戊)	경(庚)	임(壬)
진(辰)	반안(攀鞍)	월살(月殺)	월살(月殺)	천살(天殺)	화개(華蓋)
술(戌)	천살(天殺)	화개(華蓋)	화개(華蓋)	반안(攀鞍)	월살(月殺)
축(丑)	월살(月殺)	천살(天殺)	천살(天殺)	화개(華蓋)	반안(攀鞍)
미(未)	화개(華蓋)	반안(攀鞍)	반안(攀鞍)	월살(月殺)	천살(天殺)

☯ . 양간(陽干)으로 보는 진술축미(辰戌丑未).

☯ . 음간(陰干)으로 보는 진술축미(辰戌丑未).

음간(陰干) 지지(地支)	을(乙)	정(丁)	기(己)	신(辛)	계(癸)
진(辰)	월살(月殺)	반안(攀鞍)	반안(攀鞍)	화개(華蓋)	천살(天殺)
술(戌)	화개(華蓋)	천살(天殺)	천살(天殺)	월살(月殺)	반안(攀鞍)
축(丑)	반안(攀鞍)	화개(華蓋)	화개(華蓋)	천살(天殺)	월살(月殺)
미(未)	천살(天殺)	월살(月殺)	월살(月殺)	반안(攀鞍)	화개(華蓋)

【 지살(地殺). 】

🔲 년지(年支), 일지(日支)를 기준으로 하여 볼 경우.

상합(三合)	❶ 사유축 (巳酉丑)	❷ 해묘미 (亥卯未)	❸ 신자진 (申子辰)	❹ 인오술 (寅午戌)
지살(地殺)	사(巳)	해(亥)	신(申)	인(寅)

🔲 일간(日干)을 기준으로 하여 볼 경우의 지살(地殺).

오행(五行)	목(木)		화(火)		토(土)		금(金)		수(水)	
십간(十干)	甲	乙	丙	丁	戊	己	庚	辛	壬	癸
십 이 운 성 생(生)	亥		寅		寅		巳		申	
왕(旺)		寅		巳		巳		申		亥

🔲 (양간(陽干)은 생(生)이요, 음간(陰干)은 왕(旺)이다.)인신사해(寅申巳亥)가 해당 된다.

년살(年殺)

☻ (양간(陽干)의 경우.)

陽干 地支	갑(甲)	병(丙)	무(戊)	경(庚)	임(壬)
인(寅)	망신(亡身)	지살(地殺)	지살(地殺)	겁살(劫煞)	역마(驛馬)
신(申)	겁살(劫煞)	역마(驛馬)	역마(驛馬)	망신(亡身)	지살(地殺)
사(巳)	역마(驛馬)	망신(亡身)	망신(亡身)	지살(地殺)	겁살(劫煞)
해(亥)	지살(地殺)	겁살(劫煞)	겁살(劫煞)	역마(驛馬)	망신(亡身)

☻ (음간(陰干)의 경우).

陰干 地支	을(乙)	정(丁)	기(己)	신(辛)	계(癸)
인(寅)	장생(長生)	육해(六害)	육해(六害)	재살(災殺)	년살(年殺)
신(申)	재살(災殺)	년살(年殺)	년살(年殺)	장생(長生)	육해(六害)
사(巳)	년살(年殺)	장생(長生)	장생(長生)	육해(六害)	재살(災殺)
해(亥)	육해(六害)	재살(災殺)	재살(災殺)	년살(年殺)	장생(長生)

【 년살(年殺).】

◘ 년지(年支), 일지(日支)를 기준으로 하여 볼 경우.

삼합(三合) 신살(殺)	❶ 사유축 (巳酉丑)	❷ 해묘미 (亥卯未)	❸ 신자진 (申子辰)	❹ 인오술 (寅午戌)
년살(年殺)	오(午)	자(子)	유(酉)	묘(卯)

◘ 일간(日干)을 기준으로 하여 볼 경우.

오행(五行)	목(木)		화(火)		토(土)		금(金)		수(水)	
십간(十干)	甲	乙	丙	丁	戊	己	庚	辛	壬	癸
십이 운성	목욕沐浴)	자(子)		묘(卯)		묘(卯)		오(午)		유(酉)	
	건록建祿)		묘(卯)		오(午)		오(午)		유(酉)		자(子)

✳ (양간(陽干)은 목욕(沐浴)이요, 음간(陰干)은 건록(建祿)이다.) 자오묘유(子午卯酉)가 해당 된다.

월살(月殺).---고초살(枯焦殺)

【 월살(月殺).---고초살(枯焦殺) 】

◘ 년지(年支), 일지(日支)를 기준으로 하여 보는 월살(月殺).

삼합(三合) 신살(殺)	❶ 사유축 (巳酉丑)	❷ 해묘미 (亥卯未)	❸ 신자진 (申子辰)	❹ 인오술 (寅午戌)
월살(月殺)	미(未)	축(丑)	술(戌)	진(辰)

◘ 일간(日干)을 기준으로 하여 볼 경우.

오행(五行)	목(木)		화(火)		토(土)		금(金)		수(水)	
십간(十干)	甲	乙	丙	丁	戊	己	庚	辛	壬	癸
십이 운성 관대 (冠帶)	축 (丑)		진 (辰)		진 (辰)		미 (未)		술 (戌)	
관대 (冠帶)		진 (辰)		미 (未)		미 (未)		술 (戌)		축 (丑)

☯ (월살(月殺)의 경우, 양간(陽干)은 관대(冠帶)요, 음간(陰干)도 관대(冠帶)이다.)
진술축미(辰,戌,丑,未)가 해당 된다.

❁ 삼합(三合)의 끝 자는 화개(華蓋)다. 화개란 종교인데, 신앙(信仰)이다. 삶의 정신적(精神的)
종착역(終着驛)이다. 생(生)의 마지막 장식을 거부하면서, 억지를 부린다. 이승에서의 미련이
남아 있다. 음(陰)이 있으면 양(陽)이 있다. 정신적(精神的)인 면을 거부하니 육체적(肉體的)
인 면으로 타격(打擊)을 입는다.
연평도에서 천안 함이 두 동강 나듯 육신(肉身)이 갈라진다.
매사 쪼개지고, 커가지 못한다. 중도에서 흐름이 절단 난다. 발전(發展)의 끝이다.

☯ . 양간(陽干)으로 보는 진술축미(辰,戌,丑,未).

陽干 地支	갑(甲)	병(丙)	무(戊)	경(庚)	임(壬)
진(辰)	반안(攀鞍)	월살(月殺)	월살(月殺)	천살(天殺)	화개(華蓋)
술(戌)	천살(天殺)	화개(華蓋)	화개(華蓋)	반안(攀鞍)	월살(月殺)
축(丑)	월살(月殺)	천살(天殺)	천살(天殺)	화개(華蓋)	반안(攀鞍)
미(未)	화개(華蓋)	반안(攀鞍)	반안(攀鞍)	월살(月殺)	천살(天殺)

진술축미(辰,戌,丑,未) . 망신살(亡身殺)

☯ . 음간(陰干)으로 보는 진술축미(辰,戌,丑,未).

陰干 地支	을(乙)	정(丁)	기(己)	신(辛)	계(癸)
진(辰)	월살(月殺)	반안(攀鞍)	반안(攀鞍)	화개(華蓋)	천살(天殺)
술(戌)	화개(華蓋)	천살(天殺)	천살(天殺)	월살(月殺)	반안(攀鞍)
축(丑)	반안(攀鞍)	화개(華蓋)	화개(華蓋)	천살(天殺)	월살(月殺)
미(未)	천살(天殺)	월살(月殺)	월살(月殺)	반안(攀鞍)	화개(華蓋)

【 망신살(亡身殺). 】

◘ 년지(年支), 일지(日支)를 기준으로 하여 보는 망신살(亡身殺).

삼합(三合)	❶ 사유축 (巳酉丑)	❷ 해묘미 (亥卯未)	❸ 신자진 (申子辰)	❹ 인오술 (寅午戌)
망신(亡神)	신(申)	인(寅)	해(亥)	사(巳)

◘ 삼합(三合)화(化)한 오행과, 동일(同一)한 오행(五行)을 찾아본다.

◘ 일간(日干)을 기준으로 하여 볼 경우.

오행(五行)	목(木)		화(火)		토(土)		금(金)		수(水)	
십간 (十干)	甲	乙	丙	丁	戊	己	庚	辛	壬	癸
십이 운성	망신 亡身	인 (寅)		사 (巳)		사 (巳)		신 (申)		해 (亥)	
	목욕 沐浴		사 (巳)		신 (申)		신 (申)		해 (亥)		인 (寅)

◘ 망신살(亡身殺)의 경우, 양간(陽干)은 망신(亡身), 음간(陰干)은 목욕(沐浴). 전체적으로 인신사해(寅申巳亥)가 해당이 된다.

【 장성(將星). 】

◘ 년지(年支), 일지(日支)를 기준으로 하여 보는 장성살(將星殺).

삼합(三合) 신살(殺)	❶ 사유축 (巳酉丑)	❷ 해묘미 (亥卯未)	❸ 신자진 (申子辰)	❹ 인오술 (寅午戌)
장성(將星)	유(酉)	묘(卯)	자(子)	오(午)

반안(攀鞍).

◘ 일간(日干)을 기준으로 하여 볼 경우.

오행(五行)	목(木)		화(火)		토(土)		금(金)		수(水)	
십간(十干)	甲	乙	丙	丁	戊	己	庚	辛	壬	癸
십이 운성	제왕帝旺	묘 (卯)		오 (午)		오 (午)		유 (酉)		자 (子)	
	장생長生		오 (午)		유 (酉)		유 (酉)		자 (子)		묘 (卯)

◘ (장성살(將星殺)의 경우, 양간(陽干)은 제왕(帝旺), 음간(陰干)은 장생(長生).) 전체적으로 자, 오, 묘, 유(子午卯酉)가 해당 된다.

【 반안(攀鞍). 】

◘ 년지(年支), 일지(日支)를 기준으로 하여 보는 반안살(攀鞍殺).

삼합(三合) 신살(殺)	❶ 사유축 (巳酉丑)	❷ 해묘미 (亥卯未)	❸ 신자진 (申子辰)	❹ 인오술 (寅午戌)
반안	술(戌)	진(辰)	축(丑)	미(未)

신자진(申子辰) : 중간 자(子) 다음 축(丑)이 반안살(攀鞍殺).
해묘미(亥卯未) : 중간 묘(卯) 다음 진(辰)이 반안살(攀鞍殺).
인오술(寅午戌) : 중간 오(午) 다음 미(未)가 반안살(攀鞍殺).
사유축(巳酉丑) : 중간 유(酉) 다음 술(戌)이 반안살(攀鞍殺).

◘ 일간(日干)을 기준으로 하여 볼 경우의 반안살(攀鞍殺).

오행(五行)	목(木)		화(火)		토(土)		금(金)		(水)	
십간 (十干)	甲	乙	丙	丁	戊	己	庚	辛	壬	癸
십 이 운 성	쇠궁 衰宮	진 辰		미 未		미 未		술 戌		축 丑	
	양궁 養宮		미 未		술 戌		술 戌		축 丑		진 辰

◘ (반안살(攀鞍殺)의 경우, 양간(陽干)은 쇠궁(衰宮), 음간(陰干)은 양궁(養宮).) 전체적으로 진, 술, 축, 미 (辰戌丑未)가 해당이 된다.

역마살(驛馬殺). 육해살(六害殺).

【 역마살(驛馬殺). 】

◘ 년지(年支), 일지(日支)를 기준으로 하여 보는 역마살(驛馬殺).

삼합(三合)	❶ 사유축 (巳酉丑)	❷ 해묘미 (亥卯未)	❸ 신자진 (申子辰)	❹ 인오술 (寅午戌)
역마(驛馬)	해(亥)	사(巳)	인(寅)	신(申)

☯ (역마살(驛馬殺)의 경우, 양간(陽干)은 병궁(病宮), 음간(陰干)은 태궁(胎宮).)

전체적으로 인신사해(寅申巳亥)가 해당 된다.

◘ 일간(日干)을 기준으로 하여 볼 경우의 역마살(驛馬殺).

오행(五行)		목(木)		화(火)		토(土)		금(金)		수(水)	
십간(十干)		甲	乙	丙	丁	戊	己	庚	辛	壬	癸
십이운성	병궁(病宮)	사巳		신申		신申		해亥		인寅	
	태궁(胎宮)		신申		해亥		해亥		인寅		사巳

【 육해살(六害殺). 】

지지(地支) 육합(六合), 육해(六害) 연결도(連結圖).

신(申)	미(未)	오(午)	사(巳)
❸사(巳)●⑤	❷오(午)●⑥	⑥●미(未)❶	⑤●신(申)❺
유(酉)			진(辰)
❹진(辰)●④			④●유(酉)⑥
술(戌)			묘(卯)
❹묘(卯)●③			③●술(戌)⑥
❸인(寅)●②	❷축(丑)●①	①●자(子)❶	②●해(亥)❺
해(亥)	자(子)	축(丑)	인(寅)

✪육합(六合)은 천지인(天地人) 합이요, 계절(季節)의 합(合)이다. 내합(內合)이요, 외합(外合)이다. 각 숫자대로 연결하면 내항(內項), 외항(外項)의 연결임을 알 것이다. 육해(六害)의 경우는 상하(上下)로 하여 숫자를 연결한다.

화개살(華蓋殺).

◘ 년지(年支), 일지(日支)를 기준으로 하여 보는 육해살(六害殺).

삼합(三合) 신살(殺)	❶ 사유축 (巳酉丑)	❷ 해묘미 (亥卯未)	❸ 신자진 (申子辰)	❹ 인오술 (寅午戌)
육해(六害)	자(子)	오(午)	묘(卯)	유(酉)

◘ 일간(日干)을 기준으로 하여 볼 경우의 육해살(六害殺).

오행(五行)	목(木)		화(火)		토(土)		금(金)		수(水)	
십간(十干)	甲	乙	丙	丁	戊	己	庚	辛	壬	癸
십 이 운 성	사궁 死宮	오 午		유 酉		유 酉		자 子		묘 卯	
	절궁 絕宮		유 酉		자 子		자 子		묘 卯		오 午

◘ (육해살(六害殺)의 경우, 양간(陽干)은 사궁(死宮), 음간(陰干)은 절궁(絕宮).) 전체적으로 자오묘유(子午卯酉)가 해당 된다.

【 화개살(華蓋殺). 】

◘ 년지(年支), 일지(日支)를 기준으로 하여 보는 화개살(華蓋殺).

삼합(三合)	❶ 사유축 (巳酉丑)	❷ 해묘미 (亥卯未)	❸ 신자진 (申子辰)	❹ 인오술 (寅午戌)
화개(華蓋)	축(丑)	미(未)	진(辰)	술(戌)

◘ 일간(日干)을 기준으로 하여 볼 경우의 화개살(華蓋殺).

오행(五行)	목(木)		화(火)		토(土)		금(金)		수(水)	
십간(十干)	甲	乙	丙	丁	戊	己	庚	辛	壬	癸
십이 운성	묘궁 墓宮	미 未		술 戌		술 戌		축 丑		진 辰	
	묘궁 墓宮		술 戌		축 丑		축 丑		진 辰		미 未

◘ (화개살(華蓋殺)의 경우, 양간(陽干), 음간(陰干) 모두 묘궁(墓宮)에 해당한다.) 전체적으로 진술축미(辰,戌,丑,未)가 해당 된다.

양인살(羊刃殺), 공망살(空亡殺)

【 양인살(羊刃殺).】

❑. 천간(天干)과 지지(地支)의 양인(羊刃)관계.

천간	갑(甲)	을(乙)	병(丙)	정(丁)	무(戊)	기(己)	경(庚)	신(辛)	임(壬)	계(癸)
양인	묘(卯)	진(辰)	오(午)	미(未)	오(午)	미(未)	유(酉)	술(戌)	자(子)	축(丑)

❍ 화(火), 토(土)는 동격(同格)으로 한다.

【 공망살(空亡殺).】

❑.절로공망(截路空亡)의 구성.

일간(日干)	갑기(甲己)	을경(乙庚)	병신(丙辛)	정임(丁壬)	무계(戊癸)
시지(時支)	신유(申酉)	오미(午未)	진사(辰巳)	인묘(寅卯)	자축(子丑)

시간(時間) 구성(九星)

循類	中	循	양(陽)	中	循	음(陰)
일(日)	子午卯酉	辰戌丑未	寅申巳亥	子午卯酉	辰戌丑未	寅申巳亥
자시(子時)	1	4	7	9	6	3
축시(丑時)	2	5	8	8	5	2
인시(寅時)	3	6	9	7	4	1
묘시(卯時)	4	7	1	6	3	9
진시(辰時)	5	8	2	5	2	8
사시(巳時)	6	9	3	4	1	7
오시(午時)	7	1	4	3	9	6
미시(未時)	8	2	5	2	8	5
신시(申時)	9	3	6	1	7	4
유시(酉時)	1	4	7	9	6	3
술시(戌時)	2	5	8	8	5	2
해시(亥時)	3	6	9	7	4	1

◉ 순행, 역행을 참조바랍니다.

【 월(月)별 구성(구星)조견표(早見表). 】

절기(節氣) / 지지(地支)	입춘 1월	경칩 2월	청명 3월	입하 4월	망종 5월	소서 6월	입추 7월	백로 8월	한로 9월	입동 10월	대설 11월	소설 12월
子午卯酉	八白	七赤	六白	五黃	四綠	三碧	二黑	一白	九紫	八白	七赤	六白
辰戌丑未	五黃	四綠	三碧	二黑	一白	九紫	八白	七赤	六白	五黃	四綠	三碧
寅申巳亥	二黑	一白	九紫	八白	七赤	六白	五黃	四綠	三碧	二黑	一白	九紫

삼원갑자 년(年)별 구성(九星)

삼원갑자 (三元甲子) 해당년도							상원갑자 1864-1923	중원갑자 1924-1983	하원갑자 1984-2043
甲子	癸酉	임오	辛卯	庚子	己酉	戊午	1白	4綠	7赤
乙丑	甲戌	癸未	壬辰	辛丑	庚戌	己未	9紫	3碧	6白
丙寅	乙亥	甲申	癸巳	壬寅	辛亥	庚申	8白	2黑	5黃
丁卯	丙子	乙酉	甲午	癸卯	壬子	辛酉	7赤	1白	4綠
戊辰	丁丑	丙戌	乙未	甲辰	癸丑	壬戌	6白	9紫	3碧
己巳	戊寅	丁亥	丙申	乙巳	甲寅	癸亥	5黃	8白	2黑
庚午	己卯	戊子	丁酉	丙午	乙卯		4綠	7赤	1白
辛未	庚辰	己丑	戊戌	丁未	丙辰		3碧	6白	9紫
壬申	신사	庚寅	己亥	戊申	丁巳		2黑	5黃	8白

❶ 을 갑 계 임 신 경 기
축 술 미 진 축 술 미

❷ 정 병 을 갑 계 임 신
묘 자 유 오 묘 자 유

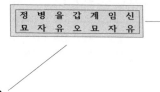

5황(黃)	1백(白)	3벽(碧)
4록(綠)	6백(白)	8백(白)
9자(紫)	2흑(黑)	7적(赤)

3벽(碧)	8백(白)	1백(白)
2흑(黑)	4록(綠)	6백(白)
7적(赤)	9자(紫)	5황(黃)

❶ 2021년 신축(辛丑)년을 기준하여 작성할 때 하원(下元)갑자(甲子)에 해당하므로 (❶)
의 경우에 해당하므로 6백(白)을 중앙의 자리에 위치하도록 한다.

❷ 2014년 갑오(甲午)년을 기준하여 작성할 때 하원(下元)갑자(甲子)에 해당하므로 (❷)
의 경우에 해당하므로 4록(綠)을 중앙의 자리에 위치하도록 한다.

命宮 (명궁) 地支 (지지)

생월 / 출생시 절기(節氣)	卯時	寅時	丑時	子時	亥時	戌時	酉時	申時	未時	午時	巳時	辰時
1월 대한 (大寒)	子	丑	寅	卯	辰	巳	午	未	申	酉	戌	亥
2월 우수 (雨水)	亥	子	丑	寅	卯	辰	巳	午	未	申	酉	戌
3월 춘분 (春分)	戌	亥	子	丑	寅	卯	辰	巳	午	未	申	酉
4월 곡우 (穀雨)	酉	戌	亥	子	丑	寅	卯	辰	巳	午	未	申
5월 소만 (小滿)	申	酉	戌	亥	子	丑	寅	卯	辰	巳	午	未
6월 하지 (夏至)	未	申	酉	戌	亥	子	丑	寅	卯	辰	巳	午
7월 대서 (大暑)	午	未	申	酉	戌	亥	子	丑	寅	卯	辰	巳
8월 처서 (處暑)	巳	午	未	申	酉	戌	亥	子	丑	寅	卯	辰
9월 추분 (秋分)	辰	巳	午	未	申	酉	戌	亥	子	丑	寅	卯
10월 상강 (霜降)	卯	辰	巳	午	未	申	酉	戌	亥	子	丑	寅
11월 소설 (小雪)	寅	卯	辰	巳	午	未	申	酉	戌	亥	子	丑
12월 동지 (冬至)	丑	寅	卯	辰	巳	午	未	申	酉	戌	亥	子

◉ 생월과 생시를 대조한다. 생월은 월의 후반부 절기를 사용한다.

간지 命宮(명궁)

月(월)의 節氣(절기)를 확인 시 항상 주의. 時(시)를 확인 후 해당하는 地支(지지)를 선택한다.

생년\명궁	甲己 (갑기)년	乙庚 (을경)년	丙申 (병신)년	丁壬 (정임)년	戊癸 (무계)년
寅	丙寅(병인)	戊寅(무인)	庚寅(경인)	壬寅(임인)	甲寅(갑인)
卯	丁卯(정묘)	己卯(기묘)	辛卯(신묘)	癸卯(계묘)	乙卯(을묘)
辰	戊辰(무진)	庚辰(경진)	壬辰(임진)	甲辰(갑진)	丙辰(병진)
巳	己巳(기사)	辛巳(신사)	癸巳(계사)	乙巳(을사)	丁巳(정사)
午	庚午(경오)	壬午(임오)	甲午(갑오)	丙午(병오)	戊午(무오)
未	辛未(신미)	癸未(계미)	乙未(을미)	丁未(정미)	己未(기미)
申	壬申(임신)	甲申(갑신)	丙申(병신)	戊申(무신)	庚申(경신)
酉	癸酉(계유)	乙酉(을유)	丁酉(정유)	己酉(기유)	辛酉(신유)
戌	甲戌(갑술)	丙戌(병술)	戊戌(무술)	庚戌(경술)	壬戌(임술)
亥	乙亥(을해)	丁亥(정해)	己亥(기해)	辛亥(신해)	癸亥(계해)
子	丙子(병자)	戊子(무자)	庚子(경자)	壬子(임자)	甲子(갑자)
丑	丁丑(정축)	己丑(기축)	辛丑(신축)	癸丑(계축)	乙丑(을축)

◉ 명궁 지지를 찾은 후 좌측 지지에 안착 후 년을 찾으면 명궁의 간지가 나타난다.

九星(구성) 名稱(명칭), 九宮(구궁) 變化圖(변화도).

	巳(사)	午(오)	未(미)	
辰(진)	4綠 木星	9紫 火星	2黑 土星	申(신)
卯(묘)	3白 木星	5黃 土星	7赤 金星	酉(유)
寅(인)	8白 土星	1白 水性	6白 金星	戌(술)
	丑(축)	子(자)	亥(해)	

☯ 九宮(구궁)의 名稱(명칭)과 본 位置(위치).

구분 구성	五行(오행)	方位(방위)	본 위치
1백 수 성	水星(수성)	北方(북방)	子(자)방
2흑 토 성	土星(토성)	西南方(서남방)	未申(미신)방
3백 목 성	木星(목성)	東方(동방)	卯(묘)방
4록 목 성	木星(목성)	東南方(동남방)	辰巳(진사)방
5황 토 성	土星(토성)	中央(중앙)	中央(중앙)
6백 금 성	金星(금성)	西北方(서북방)	戌亥(술해)방
7적 금 성	金星(금성)	西方(서방)	酉(유)방
8백 토 성	土星(토성)	東北方(동북방)	丑寅(축인)방
9자 화 성	火星(화성)	南方(남방)	午(오)방

4綠木	**9紫火** **南(남)**	**2黑土**
음덕, 자애(우유부단)	명예, 망신	성실, 근면, 이동
자녀결혼 장녀결혼 귀인내조 성취감 일의 변창 신규사업발전 바람기주의 장거리이동 경사가 발생 연령은 장녀 전염병 코 호흡기계통 갑상선 ☰	명예 인기 환호 표창 사기 실물 소송 망신 이별수 갈등 화재 연령은 차녀 뇌 심장병 고혈압 여난 뜬구름 잡기 허영에 조심 ☰	근검 절약으로 기틀을 마련한다 어머니 연상녀 수전노 가출 농토 가옥 토지 부동산 가족불화 이동 이민 연령은 중년 부인 비 위 위장 소화기 관련 ☷
東(동) / 발전	혁신, 불길	유흥,애교, 금융전자 / **西(서)**
모든 일에 활기가 넘친다. 지나침은 항상 화를 부른다. 몸짱과 같은 형상이다. 아직은 완전하지 않다. 성숙하는 단계다. 심각애정 이동수 잠시 숨을 고르는 것이 좋다. ☳	보수성이 요구된다. 변화에 신중을 기해야 한다. 자중함이 좋다. 개축 불길 출산 사망 가출 행불 진중함필요. 보이스피싱이 거래다 조심해야한다. ☲	이성교재 환락 과다지출 금전관리 주의. 투자조심 색정 여난 삼각애정 수술주의 투기 투자금물. 연령은 소녀 입 혀 치아관련 주의 **7赤金**
3白木 / 가정, 준비, 계획	부하, 타락	권위, 미해결 / **6白金**
8白土 계획하고 준비를 한다. 가정에 문제가 발생한다 부동산, 주식 매매문제 상속 유산 이주 변동수 고민 끝에 묘수를 궁리 연령은 소년, 손과 발, 요추-건강 새로운 탄생을 위한 서곡이다. 잘못되면 수장된다. ☷	부하 후배 직원등 원만한 대화타협이 필요 색란, 음주 실수주의 도난 실물 투잡 고민 귀인내조 개업 연령은 차남 신장 비뇨기과 허리병 ☵	승진 승급 지나친 권위의식 금물 금전거래 보증 확신 주의 희생이 절실, 매사 미결이 많아진다. 낙방 탈락 좌절 사고 주의 연령은 아버지 웃사람 상관 뇌,종양 ☰
	北(북) **1白水**	

九宮(구궁) 각 星(성)의 특징.

六十甲子(육십갑자) 해당 年(년)

육십갑자	해당년도	육십갑자	해당년도	육십갑자	해당년도
甲子(갑자)	1924, 1984, 2044	甲申(갑신)	1884, 1944, 2004	甲辰(갑진)	1904, 1964, 2024
乙丑(을축)	1925, 1985, 2045	乙酉(을유)	1885, 1945, 2005	乙巳(을사)	1905, 1965, 2025
丙寅(병인)	1926, 1986, 2046	丙戌(병술)	1886, 1946, 2006	丙午(병오)	1906, 1966, 2026
丁卯(정묘)	1927, 1987, 2047	丁亥(정해)	1887, 1947, 2007	丁未(정미)	1907, 1967, 2027
戊辰(무진)	1928, 1988, 2048	戊子(무자)	1888, 1948, 2008	戊申(무신)	1908, 1968, 2028
己巳(기사)	1929, 1989, 2049	己丑(기축)	1889, 1949, 2009	己酉(기유)	1909, 1969, 2029
庚午(경오)	1930, 1990, 2050	庚寅(경인)	1890, 1950, 2010	庚戌(경술)	1910, 1970, 2030
辛未(신미)	1931, 1991, 2051	辛卯(신묘)	1891, 1951, 2011	辛亥(신해)	1911, 1971, 2031
壬申(임신)	1932, 1992, 2052	壬辰(임진)	1892, 1952, 2012	壬子(임자)	1912, 1972, 2032
癸酉(계유)	1933, 1993, 2053	癸巳(계사)	1893, 1953, 2013	癸丑(계축)	1913, 1973, 2033
甲戌(갑술)	1934, 1994, 2054	甲午(갑오)	1894, 1954, 2014	甲寅(갑인)	1914, 1974, 2034
乙亥(을해)	1935, 1995, 2055	乙未(을미)	1895, 1955, 2015	乙卯(을묘)	1915, 1975, 2035
丙子(병자)	1936, 1996, 2056	丙申(병신)	1896, 1956, 2016	丙辰(병진)	1916, 1976, 2036
丁丑(정축)	1937,1997, 2057	丁酉(정유)	1897, 1957, 2017	丁巳(정사)	1917, 1977, 2037
戊寅(무인)	1938, 1998, 2058	戊戌(무술)	1898, 1958, 2018	戊午(무오)	1918, 1978, 2038
己卯(기묘)	1939, 1999, 2059	己亥(기해)	1899, 1959, 2019	己未(기미)	1919, 1979, 2039
庚辰(경진)	1940, 2000, 2060	庚子(경자)	1900, 1960, 2020	庚申(경신)	1920, 1980, 2040
辛巳(신사)	1941, 2001, 2061	辛丑(신축)	1901, 1961, 2021	辛酉(신유)	1921, 1981, 2041
壬午(임오)	1942, 2002, 2062	壬寅(임인)	1902, 1962, 2022	壬戌(임술)	1922, 1982, 2042
癸未(계미)	1943, 2003, 2063	癸卯(계묘)	1903, 1963, 2023	癸亥(계해)	1923, 1983, 2043

◉ 육십갑자와 그에 해당하는 년도를 각각 대입한 것이다.

六十甲子(육십갑자), 納音(납음)

甲子(갑자) 1循(순)		甲子(갑자) 4循(순)	
甲子(갑자) 乙丑(을축)	해중금(海中金)	甲午(갑오) 乙未(을미)	사중금(沙中金)
丙寅(병인) 丁卯(정묘)	노중화(爐中火)	丙申(병신) 丁酉(정유)	산하화(山下火)
戊辰(무진) 己巳(기사)	대림목(大林木)	戊戌(무술) 己亥(기해)	평지목(平地木)
庚午(경오) 辛未(신미)	로방토(路傍土)	庚子(경자) 辛丑(신축)	벽상토(壁上土)
壬申(임신) 癸酉(계유)	검봉금(劍鋒金)	壬寅(임인) 癸卯(계묘)	금박금(金箔金)
甲子(갑자) 2循(순)		**甲子(갑자) 5循(순)**	
甲戌(갑술) 乙亥(을해)	산두화(山頭火)	甲辰(갑진) 乙巳(을사)	복등화(覆燈火)
丙子(병자) 丁丑(정축)	간하수(澗下水)	丙午(병오) 丁未(정미)	천하수(天河水)
戊寅(무인) 己卯(기묘)	성두토(城頭土)	戊申(무신) 己酉(기유)	대역토(大驛土)
庚辰(경진) 辛巳(신사)	백랍금(白臘金)	庚戌(경술) 辛亥(신해)	차천금(釵釧金)
壬午(임오) 癸未(계미)	양류목(楊柳木)	壬子(임자) 癸丑(계축)	상자목(桑柘木)
甲子(갑자) 3循(순)		**甲子(갑자) 6循(순)**	
甲申(갑신) 乙酉(을유)	정중수(井中水)	甲寅(갑인) 乙卯(을묘)	대계수(大溪水)
丙戌(병술) 丁亥(정해)	옥상토(屋上土)	丙辰(병진) 丁巳(정사)	사중토(沙中土)
戊子(무자) 己丑(기축)	벽력화(霹靂火)	戊午(무오) 己未(기미)	천상화(天上火)
庚寅(경인) 辛卯(신묘)	송백목(松柏木)	庚申(경신) 辛酉(신유)	석류목(石榴木)
壬辰(임진) 癸巳(계사)	장류수(長流水)	壬戌(임술) 癸亥(계해)	대해수(大海水)

2021
실용 스마트 만세력-3

1901년-2050년
(150년)

(매년 양력신년1월 음력전년12월 부터 시작.)

| 단기 4234 年 | | | |
| 불기 2445 年 | **1901** 년 | **辛丑(신축)년** | **납음(壁上土),본명성(九紫火)** |

대장군(酉서방), 삼살(동방), 삼문(卯동방),조객(亥서북방), 납음(벽
상토), 【삼재(해,자,축)년】 臘享(납향):1902년1월24일(음12/15)

소한 6일 08시 53분 【음12월】 → **음 12** 【己丑月(기축월)】 ○ **대한 21일 02시 17분**

양력 1	양력	1	2	3	4	5	6	7	8	9	10	11	12	13	14	15	16	17	18	19	20	21	22	23	24	25	26	27	28	29	30	31
	요일	화	수	목	금	토	일	월	화	수	목	금	토	일	월	화	수	목	금	토	일	월	화	수	목	금	토	일	월	화	수	목
일진	일진	己	庚	辛	壬	癸	甲	乙	丙	丁	戊	己	庚	辛	壬	癸	甲	乙	丙	丁	戊	己	庚	辛	壬	癸	甲	乙	丙	丁	戊
日辰	日辰	卯	辰	巳	午	未	申	酉	戌	亥	子	丑	寅	卯	辰	巳	午	未	申	酉	戌	亥	子	丑	寅	卯	辰	巳	午	未	申	酉

음력 11/11 ~ 12/12
음력: 11 12 13 14 15 16 17 18 19 20 21 22 23 24 25 26 27 28 29 12/1 2 3 4 5 6 7 8 9 10 11 12
대남: 2 1 1 1 1 소 10 9 9 9 8 8 8 7 7 7 6 6 6 5 대 5 4 4 4 3 3 3 2 2 2
운여: 8 8 9 9 9 한 1 1 1 1 2 2 2 3 3 3 4 4 4 5 한 5 4 6 6 7 7 7 8 8 8

입춘 4일 20시 40분 【음1월】 → **음 1** 【庚寅月(경인월)】 ○ **우수 19일 16시 45분**

양력 2	양력	1	2	3	4	5	6	7	8	9	10	11	12	13	14	15	16	17	18	19	20	21	22	23	24	25	26	27	28
	요일	금	토	일	월	화	수	목	금	토	일	월	화	수	목	금	토	일	월	화	수	목	금	토	일	월	화	수	목
일진	일진	庚	辛	壬	癸	甲	乙	丙	丁	戊	己	庚	辛	壬	癸	甲	乙	丙	丁	戊	己	庚	辛	壬	癸	甲	乙	丙	丁
日辰	日辰	戌	亥	子	丑	寅	卯	辰	巳	午	未	申	酉	戌	亥	子	丑	寅	卯	辰	巳	午	未	申	酉	戌	亥	子	丑

음력 12/13 ~ 01/10
음력: 13 14 15 16 17 18 19 20 21 22 23 24 25 26 27 28 29 30 1/1 2 3 4 5 6 7 8 9 10
대남: 1 1 1 입 1 1 1 2 2 2 3 3 3 4 4 4 5 우 5 6 6 6 7 7 7 8 8 8
운여: 9 9 9 춘 10 9 9 9 8 8 8 7 7 7 6 6 6 5 우 5 4 4 4 3 3 3 2

辛丑年

경칩 6일 15시 11분 【음2월】 → **음 2** 【辛卯月(신묘월)】 ○ **춘분 21일 16시 24분**

양력 3	양력	1	2	3	4	5	6	7	8	9	10	11	12	13	14	15	16	17	18	19	20	21	22	23	24	25	26	27	28	29	30	31
	요일	금	토	일	월	화	수	목	금	토	일	월	화	수	목	금	토	일	월	화	수	목	금	토	일	월	화	수	목	금	토	일
일진	일진	戊	己	庚	辛	壬	癸	甲	乙	丙	丁	戊	己	庚	辛	壬	癸	甲	乙	丙	丁	戊	己	庚	辛	壬	癸	甲	乙	丙	丁	戊
日辰	日辰	寅	卯	辰	巳	午	未	申	酉	戌	亥	子	丑	寅	卯	辰	巳	午	未	申	酉	戌	亥	子	丑	寅	卯	辰	巳	午	未	申

음력 01/11 ~ 02/12
음력: 11 12 13 14 15 16 17 18 19 20 21 22 23 24 25 26 27 28 2/1 2 3 4 5 6 7 8 9 10 11 12
대남: 8 9 9 9 10 경 1 1 1 1 2 2 2 3 3 3 4 4 4 5 춘 5 6 6 6 7 7 7 8 8 8
운여: 2 1 1 1 1 칩 10 10 9 9 9 8 8 8 7 7 7 6 6 6 5 분 5 4 4 4 3 3 3 2 2

청명 5일 20시 44분 【음3월】 → **음 3** 【壬辰月(임진월)】 ○ **곡우 21일 04시 14분**

양력 4	양력	1	2	3	4	5	6	7	8	9	10	11	12	13	14	15	16	17	18	19	20	21	22	23	24	25	26	27	28	29	30
	요일	월	화	수	목	금	토	일	월	화	수	목	금	토	일	월	화	수	목	금	토	일	월	화	수	목	금	토	일	월	화
일진	일진	己	庚	辛	壬	癸	甲	乙	丙	丁	戊	己	庚	辛	壬	癸	甲	乙	丙	丁	戊	己	庚	辛	壬	癸	甲	乙	丙	丁	戊
日辰	日辰	酉	戌	亥	子	丑	寅	卯	辰	巳	午	未	申	酉	戌	亥	子	丑	寅	卯	辰	巳	午	未	申	酉	戌	亥	子	丑	寅

음력 02/3 ~ 03/12
음력: 13 14 15 16 17 18 19 20 21 22 23 24 25 26 27 28 29 30 3/1 2 3 4 5 6 7 8 9 10 11 12
대남: 9 9 9 10 청 1 1 1 1 2 2 2 3 3 3 4 4 4 5 곡 5 6 6 6 7 7 7 8 8 8
운여: 1 1 1 명 10 10 9 9 9 8 8 8 7 7 7 6 6 6 5 우 5 4 4 4 3 3 3 2 2

입하 6일 14시 50분 【음4월】 → **음 4** 【癸巳月(계사월)】 ○ **소만 22일 04시 05분**

양력 5	양력	1	2	3	4	5	6	7	8	9	10	11	12	13	14	15	16	17	18	19	20	21	22	23	24	25	26	27	28	29	30	31
	요일	수	목	금	토	일	월	화	수	목	금	토	일	월	화	수	목	금	토	일	월	화	수	목	금	토	일	월	화	수	목	금
일진	일진	己	庚	辛	壬	癸	甲	乙	丙	丁	戊	己	庚	辛	壬	癸	甲	乙	丙	丁	戊	己	庚	辛	壬	癸	甲	乙	丙	丁	戊	己
日辰	日辰	卯	辰	巳	午	未	申	酉	戌	亥	子	丑	寅	卯	辰	巳	午	未	申	酉	戌	亥	子	丑	寅	卯	辰	巳	午	未	申	酉

음력 03/13 ~ 04/14
음력: 13 14 15 16 17 18 19 20 21 22 23 24 25 26 27 28 29 4/1 2 3 4 5 6 7 8 9 10 11 12 13 14
대남: 9 9 9 10 10 입 1 1 1 1 2 2 2 3 3 3 4 4 4 5 소 5 6 6 6 7 7 7 8 8 8
운여: 2 1 1 1 1 하 10 10 9 9 9 8 8 8 7 7 7 6 6 6 5 만 5 4 4 4 3 3 3 2 2

망종 6일 19시 37분 【음5월】 → **음 5** 【甲午月(갑오월)】 ○ **하지 22일 12시 28분**

양력 6	양력	1	2	3	4	5	6	7	8	9	10	11	12	13	14	15	16	17	18	19	20	21	22	23	24	25	26	27	28	29	30
	요일	토	일	월	화	수	목	금	토	일	월	화	수	목	금	토	일	월	화	수	목	금	토	일	월	화	수	목	금	토	일
일진	일진	庚	辛	壬	癸	甲	乙	丙	丁	戊	己	庚	辛	壬	癸	甲	乙	丙	丁	戊	己	庚	辛	壬	癸	甲	乙	丙	丁	戊	己
日辰	日辰	戌	亥	子	丑	寅	卯	辰	巳	午	未	申	酉	戌	亥	子	丑	寅	卯	辰	巳	午	未	申	酉	戌	亥	子	丑	寅	卯

음력 04/15 ~ 05/15
음력: 15 16 17 18 19 20 21 22 23 24 25 26 27 28 5/1 2 3 4 5 6 7 8 9 10 11 12 13 14 15
대남: 9 9 9 10 10 망 1 1 1 1 2 2 2 3 3 3 4 4 4 5 하 5 6 6 6 7 7 7 8 8
운여: 2 1 1 1 1 종 10 10 10 9 9 9 8 8 8 7 7 7 6 6 지 5 5 4 4 4 3 3 2

1901 辛丑年

소서 8일 06시 08분 【음6월】 → 음6 【乙未月(을미월)】 대서 23일 23시 24분

양력 7																															
양력	1	2	3	4	5	6	7	8	9	10	11	12	13	14	15	16	17	18	19	20	21	22	23	24	25	26	27	28	29	30	31
요일	월	화	수	목	금	토	일	월	화	수	목	금	토	일	월	화	수	목	금	토	일	월	화	수	목	금	토	일	월	화	수
일진 日辰	庚辰	辛巳	壬午	癸未	甲申	乙酉	丙戌	丁亥	戊子	己丑	庚寅	辛卯	壬辰	癸巳	甲午	乙未	丙申	丁酉	戊戌	己亥	庚子	辛丑	壬寅	癸卯	甲辰	乙巳	丙午	丁未	戊申	己酉	庚戌
음력	16	17	18	19	20	21	22	23	24	25	26	27	28	29	30	6/1	2	3	4	5	6	7	8	9	10	11	12	13	14	15	16
대 남	8	9	9	9	10	10	10	소서	1	1	1	1	2	2	2	3	3	3	4	4	4	대서	5	6	6	6	7	7	8		
운 여	2	2	2	1	1	1	1	서	10	10	10	9	9	9	8	8	8	7	7	7	6	서	5	5	4	4	4	3	3		

(05/16 ~ 06/16)

입추 8일 15시 46분 【음7월】 → 음7 【丙申月(병신월)】 처서 24일 06시 08분

양력 8																															
양력	1	2	3	4	5	6	7	8	9	10	11	12	13	14	15	16	17	18	19	20	21	22	23	24	25	26	27	28	29	30	31
요일	목	금	토	일	월	화	수	목	금	토	일	월	화	수	목	금	토	일	월	화	수	목	금	토	일	월	화	수	목	금	토
일진 日辰	辛亥	壬子	癸丑	甲寅	乙卯	丙辰	丁巳	戊午	己未	庚申	辛酉	壬戌	癸亥	甲子	乙丑	丙寅	丁卯	戊辰	己巳	庚午	辛未	壬申	癸酉	甲戌	乙亥	丙子	丁丑	戊寅	己卯	庚辰	辛巳
음력	17	18	19	20	21	22	23	24	25	26	27	28	29	7/1	2	3	4	5	6	7	8	9	10	11	12	13	14	15	16	17	18
대 남	8	8	9	9	9	10	10	입추	1	1	1	1	2	2	2	3	3	3	4	4	4	처서	5	6	6	6	7	7	7	8	
운 여	3	2	2	1	1	1	추	10	10	9	9	9	8	8	8	7	7	7	6	6	서	5	5	5	4	4	4	3			

(06/17 ~ 07/18)

백로 8일 18시 10분 【음8월】 → 음8 【丁酉月(정유월)】 추분 24일 03시 09분

양력 9																														
양력	1	2	3	4	5	6	7	8	9	10	11	12	13	14	15	16	17	18	19	20	21	22	23	24	25	26	27	28	29	30
요일	일	월	화	수	목	금	토	일	월	화	수	목	금	토	일	월	화	수	목	금	토	일	월	화	수	목	금	토	일	월
일진 日辰	壬午	癸未	甲申	乙酉	丙戌	丁亥	戊子	己丑	庚寅	辛卯	壬辰	癸巳	甲午	乙未	丙申	丁酉	戊戌	己亥	庚子	辛丑	壬寅	癸卯	甲辰	乙巳	丙午	丁未	戊申	己酉	庚戌	辛亥
음력	19	20	21	22	23	24	25	26	27	28	29	30	8/1	2	3	4	5	6	7	8	9	10	11	12	13	14	15	16	17	18
대 남	8	8	9	9	9	10	10	백로	1	1	1	1	2	2	2	3	3	3	4	4	추분	5	6	6	6	7	7			
운 여	2	2	2	1	1	1	로	10	9	9	9	8	8	8	7	7	7	6	6	분	5	4	4	4	3	3				

(07/19 ~ 08/18)

한로 9일 09시 07분 【음9월】 → 음9 【戊戌月(무술월)】 상강 24일 11시 46분

양력 10																															
양력	1	2	3	4	5	6	7	8	9	10	11	12	13	14	15	16	17	18	19	20	21	22	23	24	25	26	27	28	29	30	31
요일	화	수	목	금	토	일	월	화	수	목	금	토	일	월	화	수	목	금	토	일	월	화	수	목	금	토	일	월	화	수	목
일진 日辰	壬子	癸丑	甲寅	乙卯	丙辰	丁巳	戊午	己未	庚申	辛酉	壬戌	癸亥	甲子	乙丑	丙寅	丁卯	戊辰	己巳	庚午	辛未	壬申	癸酉	甲戌	乙亥	丙子	丁丑	戊寅	己卯	庚辰	辛巳	壬午
음력	19	20	21	22	23	24	25	26	27	28	29	9/1	2	3	4	5	6	7	8	9	10	11	12	13	14	15	16	17	18	19	20
대 남	8	8	8	9	9	9	10	10	한로	1	1	1	1	2	2	2	3	3	3	4	4	상강	5	6	6	6	7	7	7		
운 여	2	2	2	1	1	1	1	로	10	9	9	9	8	8	8	7	7	7	6	6	강	5	4	4	4	3	3	3			

(08/19 ~ 09/20)

입동 8일 11시 35분 【음10월】 → 음10 【己亥月(기해월)】 소설 23일 08시 41분

양력 11																														
양력	1	2	3	4	5	6	7	8	9	10	11	12	13	14	15	16	17	18	19	20	21	22	23	24	25	26	27	28	29	30
요일	금	토	일	월	화	수	목	금	토	일	월	화	수	목	금	토	일	월	화	수	목	금	토	일	월	화	수	목	금	토
일진 日辰	癸未	甲申	乙酉	丙戌	丁亥	戊子	己丑	庚寅	辛卯	壬辰	癸巳	甲午	乙未	丙申	丁酉	戊戌	己亥	庚子	辛丑	壬寅	癸卯	甲辰	乙巳	丙午	丁未	戊申	己酉	庚戌	辛亥	壬子
음력	21	22	23	24	25	26	27	28	29	30	10/1	2	3	4	5	6	7	8	9	10	11	12	13	14	15	16	17	18	19	20
대 남	8	8	8	9	9	9	10	입동	1	1	1	1	2	2	2	3	3	3	4	4	소설	5	6	6	6	7	7			
운 여	2	2	2	1	1	1	동	10	9	9	9	8	8	8	7	7	7	6	6	설	5	4	4	4	3	3				

(09/21 ~ 10/20)

대설 8일 03시 53분 【음11월】 → 음11 【庚子月(경자월)】 동지 22일 21시 37분

양력 12																															
양력	1	2	3	4	5	6	7	8	9	10	11	12	13	14	15	16	17	18	19	20	21	22	23	24	25	26	27	28	29	30	31
요일	일	월	화	수	목	금	토	일	월	화	수	목	금	토	일	월	화	수	목	금	토	일	월	화	수	목	금	토	일	월	화
일진 日辰	癸丑	甲寅	乙卯	丙辰	丁巳	戊午	己未	庚申	辛酉	壬戌	癸亥	甲子	乙丑	丙寅	丁卯	戊辰	己巳	庚午	辛未	壬申	癸酉	甲戌	乙亥	丙子	丁丑	戊寅	己卯	庚辰	辛巳	壬午	癸未
음력	21	22	23	24	25	26	27	28	29	30	11/1	2	3	4	5	6	7	8	9	10	11	12	13	14	15	16	17	18	19	20	21
대 남	8	8	8	9	9	9	10	대설	1	1	1	1	2	2	2	3	3	3	4	4	동지	5	6	6	6	7	7	7			
운 여	2	2	2	1	1	1	설	9	9	9	8	8	8	7	7	7	6	6	5	지	5	4	4	4	3	3	2				

(10/21 ~ 11/21)

단기 4235 年		**1902년**	**壬寅(임인)年**	납음(金箔金), 본명성(八白土)
불기 2446 年			대장군(子북방), 삼살(북방), 상문(辰동남방), 조객(子북방), 납음(금박금)	

【상재(신.유.술)년】 臘享(납향):1903년1월19일(음12/21)

1月

소한 6일 14시 52분 【음12월】→ **음 12** **辛丑月(신축월)** 대한 21일 08시 12분

양력	1	2	3	4	5	6	7	8	9	10	11	12	13	14	15	16	17	18	19	20	21	22	23	24	25	26	27	28	29	30	31
요일	수	목	금	토	일	월	화	수	목	금	토	일	월	화	수	목	금	토	일	월	화	수	목	금	토	일	월	화	수	목	금
일진	甲申	乙酉	丙戌	丁亥	戊子	己丑	庚寅	辛卯	壬辰	癸巳	甲午	乙未	丙申	丁酉	戊戌	己亥	庚子	辛丑	壬寅	癸卯	甲辰	乙巳	丙午	丁未	戊申	己酉	庚戌	辛亥	壬子	癸丑	甲寅
음력	21	22	23	24	25	26	27	28	29	12/1	2	3	4	5	6	7	8	9	10	11	12	13	14	15	16	17	18	19	20	21	22
대남	8	8	9	9	9	소한	1	1	1	1	2	2	2	3	3	3	4	4	4	5	대한	5	6	6	6	7	7	7	8	8	8
운여	2	1	1	1	1		9	9	9	8	8	8	7	7	7	6	6	6	5	5		4	4	4	3	3	3	2	2	2	2

음력 11/21, 12/22

2月

입춘 5일 02시 38분 【음1월】→ **음력 1** **壬寅月(임인월)** 우수 19일 22시 40분

양력	1	2	3	4	5	6	7	8	9	10	11	12	13	14	15	16	17	18	19	20	21	22	23	24	25	26	27	28
요일	토	일	월	화	수	목	금	토	일	월	화	수	목	금	토	일	월	화	수	목	금	토	일	월	화	수	목	금
일진	乙卯	丙辰	丁巳	戊午	己未	庚申	辛酉	壬戌	癸亥	甲子	乙丑	丙寅	丁卯	戊辰	己巳	庚午	辛未	壬申	癸酉	甲戌	乙亥	丙子	丁丑	戊寅	己卯	庚辰	辛巳	壬午
음력	23	24	25	26	27	28	29	1/1	2	3	4	5	6	7	8	9	10	11	12	13	14	15	16	17	18	19	20	21
대남	9	9	9	10	입춘	9	9	9	8	8	8	7	7	7	6	6	6	5	우수	5	4	4	4	3	3	3	2	2
운여	1	1	1	1	춘	1	1	1	2	2	2	3	3	3	4	4	4	5	수	5	5	6	6	6	7	7	7	8

음력 12/23, 01/21

壬寅年

3月

경칩 6일 21시 08분 【음2월】→ **음력 2** **癸卯月(계묘월)** 춘분 21일 22시 17분

양력	1	2	3	4	5	6	7	8	9	10	11	12	13	14	15	16	17	18	19	20	21	22	23	24	25	26	27	28	29	30	31
요일	토	일	월	화	수	목	금	토	일	월	화	수	목	금	토	일	월	화	수	목	금	토	일	월	화	수	목	금	토	일	월
일진	癸未	甲申	乙酉	丙戌	丁亥	戊子	己丑	庚寅	辛卯	壬辰	癸巳	甲午	乙未	丙申	丁酉	戊戌	己亥	庚子	辛丑	壬寅	癸卯	甲辰	乙巳	丙午	丁未	戊申	己酉	庚戌	辛亥	壬子	癸丑
음력	22	23	24	25	26	27	28	29	30	2/1	2	3	4	5	6	7	8	9	10	11	12	13	14	15	16	17	18	19	20	21	22
대남	2	1	1	1	1	경칩	10	9	9	9	8	8	8	7	7	7	6	6	6	5	춘분	5	4	4	4	3	3	3	2	2	2
운여	8	8	9	9	9	칩	1	1	1	1	2	2	2	3	3	3	4	4	4	5	분	5	5	6	6	6	7	7	7	8	8

음력 01/22, 02/22

4月

청명 6일 02시 38분 【음3월】→ **음 3** **甲辰月(갑진월)** 곡우 21일 10시 04분

양력	1	2	3	4	5	6	7	8	9	10	11	12	13	14	15	16	17	18	19	20	21	22	23	24	25	26	27	28	29	30
요일	화	수	목	금	토	일	월	화	수	목	금	토	일	월	화	수	목	금	토	일	월	화	수	목	금	토	일	월	화	수
일진	甲寅	乙卯	丙辰	丁巳	戊午	己未	庚申	辛酉	壬戌	癸亥	甲子	乙丑	丙寅	丁卯	戊辰	己巳	庚午	辛未	壬申	癸酉	甲戌	乙亥	丙子	丁丑	戊寅	己卯	庚辰	辛巳	壬午	癸未
음력	23	24	25	26	27	28	29	3/1	2	3	4	5	6	7	8	9	10	11	12	13	14	15	16	17	18	19	20	21	22	23
대남	2	1	1	1	1	청명	10	9	9	9	8	8	8	7	7	7	6	6	6	5	곡우	5	4	4	4	3	3	3	2	2
운여	9	9	9	10	10	명	1	1	1	1	2	2	2	3	3	3	4	4	4	5	우	5	6	6	6	7	7	7	8	8

음력 02/3, 03/23

5月

입하 6일 20시 39분 【음4월】→ **음 4** **乙巳月(을사월)** 소만 22일 09시 54분

양력	1	2	3	4	5	6	7	8	9	10	11	12	13	14	15	16	17	18	19	20	21	22	23	24	25	26	27	28	29	30	31
요일	목	금	토	일	월	화	수	목	금	토	일	월	화	수	목	금	토	일	월	화	수	목	금	토	일	월	화	수	목	금	토
일진	甲申	乙酉	丙戌	丁亥	戊子	己丑	庚寅	辛卯	壬辰	癸巳	甲午	乙未	丙申	丁酉	戊戌	己亥	庚子	辛丑	壬寅	癸卯	甲辰	乙巳	丙午	丁未	戊申	己酉	庚戌	辛亥	壬子	癸丑	甲寅
음력	24	25	26	27	28	29	30	4/1	2	3	4	5	6	7	8	9	10	11	12	13	14	15	16	17	18	19	20	21	22	23	24
대남	2	1	1	1	1	입하	10	10	10	9	9	9	8	8	8	7	7	7	6	6	6	소만	5	5	4	4	4	3	3	3	2
운여	9	9	9	10	10	하	1	1	1	1	2	2	2	3	3	3	4	4	4	5	5	만	6	6	6	7	7	7	8	8	8

음력 03/24, 04/24

6月

망종 7일 01시 20분 【음5월】→ **음 5** **丙午月(병오월)** 하지 22일 18시 15분

양력	1	2	3	4	5	6	7	8	9	10	11	12	13	14	15	16	17	18	19	20	21	22	23	24	25	26	27	28	29	30
요일	일	월	화	수	목	금	토	일	월	화	수	목	금	토	일	월	화	수	목	금	토	일	월	화	수	목	금	토	일	월
일진	乙卯	丙辰	丁巳	戊午	己未	庚申	辛酉	壬戌	癸亥	甲子	乙丑	丙寅	丁卯	戊辰	己巳	庚午	辛未	壬申	癸酉	甲戌	乙亥	丙子	丁丑	戊寅	己卯	庚辰	辛巳	壬午	癸未	甲申
음력	25	26	27	28	29	5/1	2	3	4	5	6	7	8	9	10	11	12	13	14	15	16	17	18	19	20	21	22	23	24	25
대남	2	2	1	1	1	망종	10	10	9	9	9	8	8	8	7	7	7	6	6	6	하지	5	5	5	4	4	4	3	3	3
운여	9	9	9	10	10	종	1	1	1	1	2	2	2	3	3	3	4	4	4	5	지	5	6	6	6	7	7	7	8	

음력 04/25, 05/25

한식(4월06일), 초복(7월16일), 중복(7월26일), 말복(8월15일)☀춘사(春社)3/26

☀추사(秋社)9/22

토왕지절(土旺之節):4월18일,7월21일,10월21일,신년 1월18일,(양력)

소서8일 11시 46분　　　　【음6월】 → 음 6 【丁未月(정미월)】　　　　　대서 24일 05시 10분

양력 7	양력	1	2	3	4	5	6	7	8	9	10	11	12	13	14	15	16	17	18	19	20	21	22	23	24	25	26	27	28	29	30	31
	요일	화	수	목	금	토	일	월	화	수	목	금	토	일	월	화	수	목	금	토	일	월	화	수	목	금	토	일	월	화	수	목
	일진 日辰	乙酉	丙戌	丁亥	戊子	己丑	庚寅	辛卯	壬辰	癸巳	甲午	乙未	丙申	丁酉	戊戌	己亥	庚子	辛丑	壬寅	癸卯	甲辰	乙巳	丙午	丁未	戊申	己酉	庚戌	辛亥	壬子	癸丑	甲寅	乙卯
05/26 06/27	음력	26	27	28	29	6/1	2	3	4	5	6	7	8	9	10	11	12	13	14	15	16	17	18	19	20	21	22	23	24	25	26	27
	대남	2	2	2	1	1	1	1	소	10	10	9	9	9	8	8	8	7	7	7	6	6	6	5	대	5	4	4	4	3	3	3
	운여	8	8	9	9	9	10	10	서	1	1	1	1	2	2	2	3	3	3	4	4	4	5	5	서	6	6	6	7	7	7	8

입추 8일 21시 22분　　　　【음7월】 → 음 7 【戊申月(무신월)】　　　　　처서 24일 11시 53분

양력 8	양력	1	2	3	4	5	6	7	8	9	10	11	12	13	14	15	16	17	18	19	20	21	22	23	24	25	26	27	28	29	30	31
	요일	금	토	일	월	화	수	목	금	토	일	월	화	수	목	금	토	일	월	화	수	목	금	토	일	월	화	수	목	금	토	일
	일진 日辰	丙辰	丁巳	戊午	己未	庚申	辛酉	壬戌	癸亥	甲子	乙丑	丙寅	丁卯	戊辰	己巳	庚午	辛未	壬申	癸酉	甲戌	乙亥	丙子	丁丑	戊寅	己卯	庚辰	辛巳	壬午	癸未	甲申	乙酉	丙戌
06/28 07/28	음력	28	29	30	7/1	2	3	4	5	6	7	8	9	10	11	12	13	14	15	16	17	18	19	20	21	22	23	24	25	26	27	28
	대남	2	2	1	1	1	1	입	10	10	9	9	9	8	8	8	7	7	7	6	6	6	5	처	5	4	4	4	3	3	3	2
	운여	8	8	9	9	9	10	추	1	1	1	1	2	2	2	3	3	3	4	4	4	5	5	서	5	6	6	6	7	7	7	8

백로 8일 23시 47분　　　　【음8월】 → 음 8 【己酉月(기유월)】　　　　　추분 24일 08시 55분

양력 9	양력	1	2	3	4	5	6	7	8	9	10	11	12	13	14	15	16	17	18	19	20	21	22	23	24	25	26	27	28	29	30	
	요일	월	화	수	목	금	토	일	월	화	수	목	금	토	일	월	화	수	목	금	토	일	월	화	수	목	금	토	일	월	화	
	일진 日辰	丁亥	戊子	己丑	庚寅	辛卯	壬辰	癸巳	甲午	乙未	丙申	丁酉	戊戌	己亥	庚子	辛丑	壬寅	癸卯	甲辰	乙巳	丙午	丁未	戊申	己酉	庚戌	辛亥	壬子	癸丑	甲寅	乙卯	丙辰	
07/29 08/29	음력	29	8/1	2	3	4	5	6	7	8	9	10	11	12	13	14	15	16	17	18	19	20	21	22	23	24	25	26	27	28	29	
	대남	2	2	1	1	1	1	백	10	10	9	9	9	8	8	8	7	7	7	6	6	6	5	추	5	4	4	4	3	3	3	
	운여	8	8	9	9	9	10	로	1	1	1	1	2	2	2	3	3	3	4	4	4	5	5	분	6	6	6	7	7	7	8	

한로 9일 14시 45분　　　　【음9월】 → 음 9 【庚戌月(경술월)】　　　　　상강 24일 17시 36분

양력 10	양력	1	2	3	4	5	6	7	8	9	10	11	12	13	14	15	16	17	18	19	20	21	22	23	24	25	26	27	28	29	30	31
	요일	수	목	금	토	일	월	화	수	목	금	토	일	월	화	수	목	금	토	일	월	화	수	목	금	토	일	월	화	수	목	금
	일진 日辰	丁巳	戊午	己未	庚申	辛酉	壬戌	癸亥	甲子	乙丑	丙寅	丁卯	戊辰	己巳	庚午	辛未	壬申	癸酉	甲戌	乙亥	丙子	丁丑	戊寅	己卯	庚辰	辛巳	壬午	癸未	甲申	乙酉	丙戌	丁亥
08/30 10/01	음력	30	9/1	2	3	4	5	6	7	8	9	10	11	12	13	14	15	16	17	18	19	20	21	22	23	24	25	26	27	28	29	10/1
	대남	2	2	2	1	1	1	1	한	10	9	9	9	8	8	8	7	7	7	6	6	6	5	상	5	4	4	4	3	3	3	2
	운여	8	8	8	9	9	9	10	로	1	1	1	1	2	2	2	3	3	3	4	4	4	5	강	5	6	6	6	7	7	7	8

입동 8일 17시 18분　　　　【음10월】 → 음 10 【辛亥月(신해월)】　　　　　소설 23일 14시 36분

양력 11	양력	1	2	3	4	5	6	7	8	9	10	11	12	13	14	15	16	17	18	19	20	21	22	23	24	25	26	27	28	29	30	
	요일	토	일	월	화	수	목	금	토	일	월	화	수	목	금	토	일	월	화	수	목	금	토	일	월	화	수	목	금	토	일	
	일진 日辰	戊子	己丑	庚寅	辛卯	壬辰	癸巳	甲午	乙未	丙申	丁酉	戊戌	己亥	庚子	辛丑	壬寅	癸卯	甲辰	乙巳	丙午	丁未	戊申	己酉	庚戌	辛亥	壬子	癸丑	甲寅	乙卯	丙辰	丁巳	
10/02 11/01	음력	2	3	4	5	6	7	8	9	10	11	12	13	14	15	16	17	18	19	20	21	22	23	24	25	26	27	28	29	30	11/1	
	대남	2	2	2	1	1	1	1	입	10	9	9	9	8	8	8	7	7	7	6	6	6	5	소	5	4	4	4	3	3	3	
	운여	8	8	8	9	9	9	10	동	1	1	1	1	2	2	2	3	3	3	4	4	4	5	설	5	6	6	6	7	7	7	

대설 8일 09시 41분　　　　【음11월】 → 음 11 【壬子月(임자월)】　　　　　동지 23일 03시 36분

양력 12	양력	1	2	3	4	5	6	7	8	9	10	11	12	13	14	15	16	17	18	19	20	21	22	23	24	25	26	27	28	29	30	31
	요일	월	화	수	목	금	토	일	월	화	수	목	금	토	일	월	화	수	목	금	토	일	월	화	수	목	금	토	일	월	화	수
	일진 日辰	戊午	己未	庚申	辛酉	壬戌	癸亥	甲子	乙丑	丙寅	丁卯	戊辰	己巳	庚午	辛未	壬申	癸酉	甲戌	乙亥	丙子	丁丑	戊寅	己卯	庚辰	辛巳	壬午	癸未	甲申	乙酉	丙戌	丁亥	戊子
11/02 12/02	음력	2	3	4	5	6	7	8	9	10	11	12	13	14	15	16	17	18	19	20	21	22	23	24	25	26	27	28	29	30	12/1	2
	대남	2	2	2	1	1	1	1	대	9	9	9	8	8	8	7	7	7	6	6	6	5	동	5	4	4	4	3	3	3	2	2
	운여	8	8	8	9	9	9	10	설	1	1	1	1	2	2	2	3	3	3	4	4	4	지	5	5	6	6	6	7	7	7	8

壬寅年

- 47 -

단기 4236 년
불기 2447 년

1903년

癸卯(계묘)년 납음(金箔金),본명성 (七赤金)

대장군(子북방). 삼살(酉서방), 상문(巳동남방),조객(丑동북방), 납음(금박금), 【삼재(사,오,미)년】 臘享(납향):1904년1월26일(음12/09)

소한 6일 20시 44분 【음12월】 → **음 12** 【癸丑月(계축월)】 ☾ 대한 21일 14시 14분

양력 1	양력	1	2	3	4	5	6	7	8	9	10	11	12	13	14	15	16	17	18	19	20	21	22	23	24	25	26	27	28	29	30	31
	요일	목	금	토	일	월	화	수	목	금	토	일	월	화	수	목	금	토	일	월	화	수	목	금	토	일	월	화	수	목	금	토
	일진 日辰	己丑	庚寅	辛卯	壬辰	癸巳	甲午	乙未	丙申	丁酉	戊戌	己亥	庚子	辛丑	壬寅	癸卯	甲辰	乙巳	丙午	丁未	戊申	己酉	庚戌	辛亥	壬子	癸丑	甲寅	乙卯	丙辰	丁巳	戊午	己未
음력 12/03 01/03	음력	3	4	5	6	7	8	9	10	11	12	13	14	15	16	17	18	19	20	21	22	23	24	25	26	27	28	29	30	1/1	2	3
	대 남	2	1	1	1	1	소	10	9	9	9	8	8	8	7	7	7	6	6	6	5	대	5	4	4	4	3	3	3	2	2	2
	운 여	8	8	9	9	9	한	1	1	1	1	2	2	2	3	3	3	4	4	4	5	한	5	6	6	6	7	7	7	8	8	9

입춘 5일 08시 31분 【음1월】 → **음 1** 【甲寅月(갑인월)】 ☾ 우수 20일 04시 41분

양력 2	양력	1	2	3	4	5	6	7	8	9	10	11	12	13	14	15	16	17	18	19	20	21	22	23	24	25	26	27	28
	요일	일	월	화	수	목	금	토	일	월	화	수	목	금	토	일	월	화	수	목	금	토	일	월	화	수	목	금	토
	일진 日辰	庚申	辛酉	壬戌	癸亥	甲子	乙丑	丙寅	丁卯	戊辰	己巳	庚午	辛未	壬申	癸酉	甲戌	乙亥	丙子	丁丑	戊寅	己卯	庚辰	辛巳	壬午	癸未	甲申	乙酉	丙戌	丁亥
음력 01/04 02/02	음력	4	5	6	7	8	9	10	11	12	13	14	15	16	17	18	19	20	21	22	23	24	25	26	27	28	29	2/1	2
	대 남	1	1	1	1	입	1	1	1	1	2	2	2	3	3	3	4	4	4	5	우	5	6	6	6	7	7	7	8
	운 여	9	9	9	10	춘	10	9	9	9	8	8	8	7	7	7	6	6	6	5	수	5	4	4	4	3	3	3	2

癸卯年

경칩 7일 02시 59분 【음2월】 → **음 2** 【乙卯月(을묘월)】 ☾ 춘분 22일 04시 15분

양력 3	양력	1	2	3	4	5	6	7	8	9	10	11	12	13	14	15	16	17	18	19	20	21	22	23	24	25	26	27	28	29	30	31
	요일	일	월	화	수	목	금	토	일	월	화	수	목	금	토	일	월	화	수	목	금	토	일	월	화	수	목	금	토	일	월	화
	일진 日辰	戊子	己丑	庚寅	辛卯	壬辰	癸巳	甲午	乙未	丙申	丁酉	戊戌	己亥	庚子	辛丑	壬寅	癸卯	甲辰	乙巳	丙午	丁未	戊申	己酉	庚戌	辛亥	壬子	癸丑	甲寅	乙卯	丙辰	丁巳	戊午
음력 02/03 03/03	음력	3	4	5	6	7	8	9	10	11	12	13	14	15	16	17	18	19	20	21	22	23	24	25	26	27	28	29	30	3/1	2	3
	대 남	8	8	9	9	9	10	경	1	1	1	1	2	2	2	3	3	3	4	4	4	5	춘	5	6	6	6	7	7	7	8	8
	운 여	2	2	1	1	1	1	칩	10	9	9	9	8	8	8	7	7	7	6	6	6	5	춘	5	4	4	4	3	3	3	2	2

청명 6일 08시 26분 【음3월】 → **음 3** 【丙辰月(병진월)】 ☾ 곡우 21일 15시 59분

양력 4	양력	1	2	3	4	5	6	7	8	9	10	11	12	13	14	15	16	17	18	19	20	21	22	23	24	25	26	27	28	29	30
	요일	수	목	금	토	일	월	화	수	목	금	토	일	월	화	수	목	금	토	일	월	화	수	목	금	토	일	월	화	수	목
	일진 日辰	己未	庚申	辛酉	壬戌	癸亥	甲子	乙丑	丙寅	丁卯	戊辰	己巳	庚午	辛未	壬申	癸酉	甲戌	乙亥	丙子	丁丑	戊寅	己卯	庚辰	辛巳	壬午	癸未	甲申	乙酉	丙戌	丁亥	戊子
음력 03/04 04/04	음력	4	5	6	7	8	9	10	11	12	13	14	15	16	17	18	19	20	21	22	23	24	25	26	27	28	29	4/1	2	3	4
	대 남	8	8	9	9	9	10	청	1	1	1	1	2	2	2	3	3	3	4	4	4	5	곡	5	6	6	6	7	7	7	8
	운 여	2	2	1	1	1	1	명	10	10	9	9	9	8	8	8	7	7	7	6	6	6	우	5	5	4	4	4	3	3	2

입하 7일 02시 25분 【음4월】 → **음 4** 【丁巳月(정사월)】 ☾ 소만 22일 15시 45분

양력 5	양력	1	2	3	4	5	6	7	8	9	10	11	12	13	14	15	16	17	18	19	20	21	22	23	24	25	26	27	28	29	30	31
	요일	금	토	일	월	화	수	목	금	토	일	월	화	수	목	금	토	일	월	화	수	목	금	토	일	월	화	수	목	금	토	일
	일진 日辰	己丑	庚寅	辛卯	壬辰	癸巳	甲午	乙未	丙申	丁酉	戊戌	己亥	庚子	辛丑	壬寅	癸卯	甲辰	乙巳	丙午	丁未	戊申	己酉	庚戌	辛亥	壬子	癸丑	甲寅	乙卯	丙辰	丁巳	戊午	己未
음력 04/05 05/05	음력	5	6	7	8	9	10	11	12	13	14	15	16	17	18	19	20	21	22	23	24	25	26	27	28	29	30	5/1	2	3	4	5
	대 남	8	9	9	9	10	10	입	1	1	1	1	2	2	2	3	3	3	4	4	4	5	소	5	6	6	6	7	7	7	8	8
	운 여	2	2	1	1	1	1	하	10	10	9	9	9	8	8	8	7	7	7	6	6	6	만	5	5	4	4	4	3	3	2	2

망종 7일 07시 07분 【음5월】 → **음 5** 【戊午月(무오월)】 **윤 5** ☾ 하지 23일 00시 59분

양력 6	양력	1	2	3	4	5	6	7	8	9	10	11	12	13	14	15	16	17	18	19	20	21	22	23	24	25	26	27	28	29	30
	요일	월	화	수	목	금	토	일	월	화	수	목	금	토	일	월	화	수	목	금	토	일	월	화	수	목	금	토	일	월	화
	일진 日辰	庚申	辛酉	壬戌	癸亥	甲子	乙丑	丙寅	丁卯	戊辰	己巳	庚午	辛未	壬申	癸酉	甲戌	乙亥	丙子	丁丑	戊寅	己卯	庚辰	辛巳	壬午	癸未	甲申	乙酉	丙戌	丁亥	戊子	己丑
음력 05/06 윤5/0 6	음력	6	7	8	9	10	11	12	13	14	15	16	17	18	19	20	21	22	23	24	25	26	27	28	29	윤5	2	3	4	5	6
	대 남	8	9	9	9	10	10	망	1	1	1	1	2	2	2	3	3	3	4	4	4	5	하	6	6	6	7	7	7	8	8
	운 여	2	2	1	1	1	1	종	10	10	9	9	9	8	8	8	7	7	7	6	6	6	지	5	5	4	4	4	3	3	3

한식(4월07일), 초복(7월21일), 중복(7월31일), 말복(8월10일)🕊춘사(春社)3/21 ☀추사(秋社)9/27
토왕지절(土旺之節):4월18일,7월21일,10월21일,신년1월19일,(양력)

1 9 0 3 癸卯年

소서 8일 17시 37분 　【음6월】→ 음 6 【己未月(기미월)】　 대서 24일 10시 59분

양력 7	양력	1	2	3	4	5	6	7	8	9	10	11	12	13	14	15	16	17	18	19	20	21	22	23	24	25	26	27	28	29	30	31
	요일	수	목	금	토	일	월	화	수	목	금	토	일	월	화	수	목	금	토	일	월	화	수	목	금	토	일	월	화	수	목	금
	일진 日辰	庚寅	辛卯	壬辰	癸巳	甲午	乙未	丙申	丁酉	戊戌	己亥	庚子	辛丑	壬寅	癸卯	甲辰	乙巳	丙午	丁未	戊申	己酉	庚戌	辛亥	壬子	癸丑	甲寅	乙卯	丙辰	丁巳	戊午	己未	庚申
음력 윤5/0 06/08	음력	7	8	9	10	11	12	13	14	15	16	17	18	19	20	21	22	23	24	25	26	27	28	29	6/1	2	3	4	5	6	7	8
	대남	8	8	8	9	9	9	10	10	소서	1	1	1	1	2	2	2	3	3	3	4	4	4	5	대서	6	6	6	7	7	8	
	운여	2	2	2	1	1	1	1		소서	10	10	10	9	9	9	8	8	8	7	7	7	6	6	대서	5	5	4	4	4	3	

입추 9일 03시 16분　【음7월】→ 음 7 【庚申月(경신월)】　 처서 24일 17시 42분

양력 8	양력	1	2	3	4	5	6	7	8	9	10	11	12	13	14	15	16	17	18	19	20	21	22	23	24	25	26	27	28	29	30	31
	요일	토	일	월	화	수	목	금	토	일	월	화	수	목	금	토	일	월	화	수	목	금	토	일	월	화	수	목	금	토	일	월
	일진 日辰	辛酉	壬戌	癸亥	甲子	乙丑	丙寅	丁卯	戊辰	己巳	庚午	辛未	壬申	癸酉	甲戌	乙亥	丙子	丁丑	戊寅	己卯	庚辰	辛巳	壬午	癸未	甲申	乙酉	丙戌	丁亥	戊子	己丑	庚寅	辛卯
음력 06/09 07/09	음력	9	10	11	12	13	14	15	16	17	18	19	20	21	22	23	24	25	26	27	28	29	30	7/1	2	3	4	5	6	7	8	9
	대남	8	8	9	9	9	10	10	10	입추	1	1	1	1	2	2	2	3	3	3	4	4	4	5	처서	5	6	6	6	7	7	7
	운여	3	2	2	2	1	1	1	1	입추	10	10	10	9	9	9	8	8	8	7	7	7	6	6	처서	5	5	5	4	4	4	3

백로 9일 05시 42분　【음8월】→ 음 8 【辛酉月(신유월)】　 추분 24일 14시 44분

양력 9	양력	1	2	3	4	5	6	7	8	9	10	11	12	13	14	15	16	17	18	19	20	21	22	23	24	25	26	27	28	29	30	
	요일	화	수	목	금	토	일	월	화	수	목	금	토	일	월	화	수	목	금	토	일	월	화	수	목	금	토	일	월	화	수	
	일진 日辰	壬辰	癸巳	甲午	乙未	丙申	丁酉	戊戌	己亥	庚子	辛丑	壬寅	癸卯	甲辰	乙巳	丙午	丁未	戊申	己酉	庚戌	辛亥	壬子	癸丑	甲寅	乙卯	丙辰	丁巳	戊午	己未	庚申	辛酉	
음력 07/10 08/10	음력	10	11	12	13	14	15	16	17	18	19	20	21	22	23	24	25	26	27	28	29	8/1	2	3	4	5	6	7	8	9	10	
	대남	8	8	8	9	9	9	10	10	백로	1	1	1	1	2	2	2	3	3	3	4	4	4	5	추분	5	6	6	6	7	7	
	운여	3	2	2	2	1	1	1	1	백로	10	10	9	9	9	8	8	8	7	7	7	6	6	6	추분	5	5	4	4	4	3	

한로 9일 20시 42분　【음9월】→ 음 9 【壬戌月(임술월)】　 상강 24일 23시 23분

양력 10	양력	1	2	3	4	5	6	7	8	9	10	11	12	13	14	15	16	17	18	19	20	21	22	23	24	25	26	27	28	29	30	31
	요일	목	금	토	일	월	화	수	목	금	토	일	월	화	수	목	금	토	일	월	화	수	목	금	토	일	월	화	수	목	금	토
	일진 日辰	壬戌	癸亥	甲子	乙丑	丙寅	丁卯	戊辰	己巳	庚午	辛未	壬申	癸酉	甲戌	乙亥	丙子	丁丑	戊寅	己卯	庚辰	辛巳	壬午	癸未	甲申	乙酉	丙戌	丁亥	戊子	己丑	庚寅	辛卯	壬辰
음력 08/11 09/12	음력	11	12	13	14	15	16	17	18	19	20	21	22	23	24	25	26	27	28	29	9/1	2	3	4	5	6	7	8	9	10	11	12
	대남	8	8	8	9	9	9	10	10	한로	1	1	1	1	2	2	2	3	3	3	4	4	4	5	5	상강	6	6	6	7	7	7
	운여	3	2	2	2	1	1	1	1	한로	10	9	9	9	8	8	8	7	7	7	6	6	6	5	5	상강	5	4	4	4	3	3

입동 8일 23시 13분　【음10월】→ 음 10 【癸亥月(계해월)】　 소설 23일 20시 22분

양력 11	양력	1	2	3	4	5	6	7	8	9	10	11	12	13	14	15	16	17	18	19	20	21	22	23	24	25	26	27	28	29	30	
	요일	일	월	화	수	목	금	토	일	월	화	수	목	금	토	일	월	화	수	목	금	토	일	월	화	수	목	금	토	일	월	
	일진 日辰	癸巳	甲午	乙未	丙申	丁酉	戊戌	己亥	庚子	辛丑	壬寅	癸卯	甲辰	乙巳	丙午	丁未	戊申	己酉	庚戌	辛亥	壬子	癸丑	甲寅	乙卯	丙辰	丁巳	戊午	己未	庚申	辛酉	壬戌	
음력 09/13 10/12	음력	13	14	15	16	17	18	19	20	21	22	23	24	25	26	27	28	29	30	10/1	2	3	4	5	6	7	8	9	10	11	12	
	대남	8	8	8	9	9	9	10	입동	1	1	1	1	2	2	2	3	3	3	4	4	4	5	소설	5	6	6	6	7	7	7	
	운여	2	2	2	1	1	1	1	입동	10	9	9	9	8	8	8	7	7	7	6	6	6	5	소설	5	4	4	4	3	3	3	

대설 8일 15시 35분　【음11월】→ 음 11 【甲子月(갑자월)】　 동지 23일 09시 21분

양력 12	양력	1	2	3	4	5	6	7	8	9	10	11	12	13	14	15	16	17	18	19	20	21	22	23	24	25	26	27	28	29	30	31
	요일	화	수	목	금	토	일	월	화	수	목	금	토	일	월	화	수	목	금	토	일	월	화	수	목	금	토	일	월	화	수	목
	일진 日辰	癸亥	甲子	乙丑	丙寅	丁卯	戊辰	己巳	庚午	辛未	壬申	癸酉	甲戌	乙亥	丙子	丁丑	戊寅	己卯	庚辰	辛巳	壬午	癸未	甲申	乙酉	丙戌	丁亥	戊子	己丑	庚寅	辛卯	壬辰	癸巳
음력 10/13 11/13	음력	13	14	15	16	17	18	19	20	21	22	23	24	25	26	27	28	29	30	11/1	2	3	4	5	6	7	8	9	10	11	12	13
	대남	8	8	8	9	9	9	10	대설	1	1	1	1	2	2	2	3	3	3	4	4	4	5	동지	5	6	6	6	7	7	7	8
	운여	2	2	2	1	1	1	1	대설	9	9	9	8	8	8	7	7	7	6	6	6	5	5	동지	5	4	4	4	3	3	3	2

甲辰(갑진)년 납음**(覆燈火)**,본명성**(六白金)**

대장군(子북방), 삼살(남방), 상문(午남방), 조객(寅동북방),납음(복등화),
삼재(인,묘,진)
臘享(납향):1905年1月20日(음12/15)

소한 7일 02시 37분　【음12월】→　음 12 【乙丑月(을축월)】　　대한 21일 19시 58분

양력	1	2	3	4	5	6	7	8	9	10	11	12	13	14	15	16	17	18	19	20	21	22	23	24	25	26	27	28	29	30	31
요일	금	토	일	월	화	수	목	금	토	일	월	화	수	목	금	토	일	월	화	수	목	금	토	일	월	화	수	목	금	토	일
일진	甲午	乙未	丙申	丁酉	戊戌	己亥	庚子	辛丑	壬寅	癸卯	甲辰	乙巳	丙午	丁未	戊申	己酉	庚戌	辛亥	壬子	癸丑	甲寅	乙卯	丙辰	丁巳	戊午	己未	庚申	辛酉	壬戌	癸亥	
음력	14	15	16	17	18	19	20	21	22	23	24	25	26	27	28	29	12/1	2	3	4	5	6	7	8	9	10	11	12	13	14	15
대남	8	8	9	9	9	10	소	1	1	1	1	2	2	2	3	3	3	4	4	4	대	5	5	5	6	6	6	7	7	7	8
운여	2	2	1	1	1	1	한	9	9	9	8	8	8	7	7	7	6	6	6	5	한	5	5	4	4	4	3	3	3	2	2

음력 11/14 ~ 12/15

입춘 5일 14시 24분　【음1월】→　음 1 【丙寅月(병인월)】　　우수 20일 10시 25분

양력	1	2	3	4	5	6	7	8	9	10	11	12	13	14	15	16	17	18	19	20	21	22	23	24	25	26	27	28	29
요일	월	화	수	목	금	토	일	월	화	수	목	금	토	일	월	화	수	목	금	토	일	월	화	수	목	금	토	일	월
일진	乙丑	丙寅	丁卯	戊辰	己巳	庚午	辛未	壬申	癸酉	甲戌	乙亥	丙子	丁丑	戊寅	己卯	庚辰	辛巳	壬午	癸未	甲申	乙酉	丙戌	丁亥	戊子	己丑	庚寅	辛卯	壬辰	癸巳
음력	16	17	18	19	20	21	22	23	24	25	26	27	28	29	30	1/1	2	3	4	5	6	7	8	9	10	11	12	13	14
대남	8	9	9	9	입	10	9	9	9	8	8	8	7	7	7	6	6	6	5	우	5	4	4	4	3	3	3	2	2
운여	1	1	1	1	춘	1	1	1	2	2	2	3	3	3	4	4	4	5	5	수	5	6	6	6	7	7	7	8	8

음력 12/16 ~ 01/14

甲辰年

경칩 6일 08시 52분　【음2월】→　음 2 【丁卯月(정묘월)】　　춘분 21일 09시 59분

양력	1	2	3	4	5	6	7	8	9	10	11	12	13	14	15	16	17	18	19	20	21	22	23	24	25	26	27	28	29	30	31
요일	화	수	목	금	토	일	월	화	수	목	금	토	일	월	화	수	목	금	토	일	월	화	수	목	금	토	일	월	화	수	목
일진	甲午	乙未	丙申	丁酉	戊戌	己亥	庚子	辛丑	壬寅	癸卯	甲辰	乙巳	丙午	丁未	戊申	己酉	庚戌	辛亥	壬子	癸丑	甲寅	乙卯	丙辰	丁巳	戊午	己未	庚申	辛酉	壬戌	癸亥	甲子
음력	15	16	17	18	19	20	21	22	23	24	25	26	27	28	29	30	2/1	2	3	4	5	6	7	8	9	10	11	12	13	14	15
대남	2	1	1	1	1	경	10	9	9	9	8	8	8	7	7	7	6	6	6	5	춘	5	4	4	4	3	3	3	2	2	2
운여	8	9	9	9	10	칩	1	1	1	1	2	2	2	3	3	3	4	4	4	5	분	5	6	6	6	7	7	7	8	8	8

음력 01/15 ~ 02/15

청명 5일 14시 19분　【음3월】→　음 3 【戊辰月(무진월)】　　곡우 20일 21시 42분

양력	1	2	3	4	5	6	7	8	9	10	11	12	13	14	15	16	17	18	19	20	21	22	23	24	25	26	27	28	29	30
요일	금	토	일	월	화	수	목	금	토	일	월	화	수	목	금	토	일	월	화	수	목	금	토	일	월	화	수	목	금	토
일진	乙丑	丙寅	丁卯	戊辰	己巳	庚午	辛未	壬申	癸酉	甲戌	乙亥	丙子	丁丑	戊寅	己卯	庚辰	辛巳	壬午	癸未	甲申	乙酉	丙戌	丁亥	戊子	己丑	庚寅	辛卯	壬辰	癸巳	甲午
음력	16	17	18	19	20	21	22	23	24	25	26	27	28	29	30	3/1	2	3	4	5	6	7	8	9	10	11	12	13	14	15
대남	1	1	1	1	청	10	10	9	9	9	8	8	8	7	7	7	6	6	6	곡	5	5	4	4	4	3	3	3	2	2
운여	9	9	9	10	명	1	1	1	1	2	2	2	3	3	3	4	4	4	5	우	5	6	6	6	7	7	7	8	8	8

음력 02/16 ~ 03/15

입하 6일 08시 19분　【음4월】→　음 4 【己巳月(기사월)】　　소만 21일 21시 29분

양력	1	2	3	4	5	6	7	8	9	10	11	12	13	14	15	16	17	18	19	20	21	22	23	24	25	26	27	28	29	30	31
요일	일	월	화	수	목	금	토	일	월	화	수	목	금	토	일	월	화	수	목	금	토	일	월	화	수	목	금	토	일	월	화
일진	乙未	丙申	丁酉	戊戌	己亥	庚子	辛丑	壬寅	癸卯	甲辰	乙巳	丙午	丁未	戊申	己酉	庚戌	辛亥	壬子	癸丑	甲寅	乙卯	丙辰	丁巳	戊午	己未	庚申	辛酉	壬戌	癸亥	甲子	乙丑
음력	16	17	18	19	20	21	22	23	24	25	26	27	28	29	4/1	2	3	4	5	6	7	8	9	10	11	12	13	14	15	16	17
대남	2	1	1	1	1	입	10	10	9	9	9	8	8	8	7	7	7	6	6	6	소	5	5	4	4	4	3	3	3	2	2
운여	9	9	9	10	10	하	1	1	1	1	2	2	2	3	3	3	4	4	4	5	만	5	6	6	6	7	7	7	8	8	8

음력 03/16 ~ 04/17

망종 6일 16시 01분　【음5월】→　음 5 【庚午月(경오월)】　　하지 22일 05시 51분

양력	1	2	3	4	5	6	7	8	9	10	11	12	13	14	15	16	17	18	19	20	21	22	23	24	25	26	27	28	29	30
요일	수	목	금	토	일	월	화	수	목	금	토	일	월	화	수	목	금	토	일	월	화	수	목	금	토	일	월	화	수	목
일진	丙寅	丁卯	戊辰	己巳	庚午	辛未	壬申	癸酉	甲戌	乙亥	丙子	丁丑	戊寅	己卯	庚辰	辛巳	壬午	癸未	甲申	乙酉	丙戌	丁亥	戊子	己丑	庚寅	辛卯	壬辰	癸巳	甲午	乙未
음력	18	19	20	21	22	23	24	25	26	27	28	29	30	5/1	2	3	4	5	6	7	8	9	10	11	12	13	14	15	16	17
대남	2	1	1	1	1	망	10	10	9	9	9	8	8	8	7	7	7	6	6	6	하	5	5	5	4	4	4	3	3	3
운여	9	9	9	10	10	종	1	1	1	1	2	2	2	3	3	3	4	4	4	5	지	5	6	6	6	7	7	7	8	8

음력 04/18 ~ 05/17

1904 甲辰年

【음6월】 → 음 6 【辛未月(신미월)】

소서 7일 23시 32분 　　　대서 23일 16시 50분

양력	1	2	3	4	5	6	7	8	9	10	11	12	13	14	15	16	17	18	19	20	21	22	23	24	25	26	27	28	29	30	31
요일	금	토	일	월	화	수	목	금	토	일	월	화	수	목	금	토	일	월	화	수	목	금	토	일	월	화	수	목	금	토	일
일진	丙申	丁酉	戊戌	己亥	庚子	辛丑	壬寅	癸卯	甲辰	乙巳	丙午	丁未	戊申	己酉	庚戌	辛亥	壬子	癸丑	甲寅	乙卯	丙辰	丁巳	戊午	己未	庚申	辛酉	壬戌	癸亥	甲子	乙丑	丙寅
음력	18	19	20	21	22	23	24	25	26	27	28	29	6/1	2	3	4	5	6	7	8	9	10	11	12	13	14	15	16	17	18	19
대남	2	2	1	1	1	1	소	10	10	10	9	9	9	8	8	8	7	7	7	6	6	6	대	5	5	4	4	4	3	3	3
운여	8	9	9	9	10	10	서	1	1	1	1	2	2	2	3	3	3	4	4	4	5	5	서	6	6	6	7	7	7	8	8

음력 05/04, 06/19

【음7월】 → 음 7 【壬申月(임신월)】

입추 8일 09시 12분 　　　처서 23일 23시 36분

양력	1	2	3	4	5	6	7	8	9	10	11	12	13	14	15	16	17	18	19	20	21	22	23	24	25	26	27	28	29	30	31
요일	월	화	수	목	금	토	일	월	화	수	목	금	토	일	월	화	수	목	금	토	일	월	화	수	목	금	토	일	월	화	수
일진	丁卯	戊辰	己巳	庚午	辛未	壬申	癸酉	甲戌	乙亥	丙子	丁丑	戊寅	己卯	庚辰	辛巳	壬午	癸未	甲申	乙酉	丙戌	丁亥	戊子	己丑	庚寅	辛卯	壬辰	癸巳	甲午	乙未	丙申	丁酉
음력	20	21	22	23	24	25	26	27	28	29	7/1	2	3	4	5	6	7	8	9	10	11	12	13	14	15	16	17	18	19	20	21
대남	2	2	2	1	1	1	1	입	10	10	9	9	9	8	8	8	7	7	7	6	6	6	처	5	5	5	4	4	4	3	3
운여	8	9	9	9	10	10	10	추	1	1	1	1	2	2	2	3	3	3	4	4	4	5	서	5	6	6	6	7	7	7	8

음력 06/20, 07/21

【음8월】 → 음 8 【癸酉月(계유월)】

백로 8일 11시 38분 　　　추분 23일 20시 40분

양력	1	2	3	4	5	6	7	8	9	10	11	12	13	14	15	16	17	18	19	20	21	22	23	24	25	26	27	28	29	30
요일	목	금	토	일	월	화	수	목	금	토	일	월	화	수	목	금	토	일	월	화	수	목	금	토	일	월	화	수	목	금
일진	戊戌	己亥	庚子	辛丑	壬寅	癸卯	甲辰	乙巳	丙午	丁未	戊申	己酉	庚戌	辛亥	壬子	癸丑	甲寅	乙卯	丙辰	丁巳	戊午	己未	庚申	辛酉	壬戌	癸亥	甲子	乙丑	丙寅	丁卯
음력	22	23	24	25	26	27	28	29	30	8/1	2	3	4	5	6	7	8	9	10	11	12	13	14	15	16	17	18	19	20	21
대남	2	2	1	1	1	1	백	10	9	9	9	8	8	8	7	7	7	6	6	6	추	5	5	4	4	4	3	3	3	2
운여	8	8	9	9	9	10	로	1	1	1	1	2	2	2	3	3	3	4	4	4	분	5	5	6	6	6	7	7	7	8

음력 07/22, 08/21

【음9월】 → 음 9 【甲戌月(갑술월)】

한로 9일 02시 36분 　　　상강 24일 05시 19분

양력	1	2	3	4	5	6	7	8	9	10	11	12	13	14	15	16	17	18	19	20	21	22	23	24	25	26	27	28	29	30	31
요일	토	일	월	화	수	목	금	토	일	월	화	수	목	금	토	일	월	화	수	목	금	토	일	월	화	수	목	금	토	일	월
일진	戊辰	己巳	庚午	辛未	壬申	癸酉	甲戌	乙亥	丙子	丁丑	戊寅	己卯	庚辰	辛巳	壬午	癸未	甲申	乙酉	丙戌	丁亥	戊子	己丑	庚寅	辛卯	壬辰	癸巳	甲午	乙未	丙申	丁酉	戊戌
음력	22	23	24	25	26	27	28	29	9/1	2	3	4	5	6	7	8	9	10	11	12	13	14	15	16	17	18	19	20	21	22	23
대남	2	2	2	1	1	1	1	한	10	9	9	9	8	8	8	7	7	7	6	6	6	5	상	5	4	4	4	3	3	3	2
운여	8	8	8	9	9	9	10	로	1	1	1	1	2	2	2	3	3	3	4	4	4	5	강	5	6	6	6	7	7	7	8

음력 08/22, 09/23

【음10월】 → 음 10 【乙亥月(을해월)】

입동 8일 05시 05분 　　　소설 23일 02시 16분

양력	1	2	3	4	5	6	7	8	9	10	11	12	13	14	15	16	17	18	19	20	21	22	23	24	25	26	27	28	29	30
요일	화	수	목	금	토	일	월	화	수	목	금	토	일	월	화	수	목	금	토	일	월	화	수	목	금	토	일	월	화	수
일진	己亥	庚子	辛丑	壬寅	癸卯	甲辰	乙巳	丙午	丁未	戊申	己酉	庚戌	辛亥	壬子	癸丑	甲寅	乙卯	丙辰	丁巳	戊午	己未	庚申	辛酉	壬戌	癸亥	甲子	乙丑	丙寅	丁卯	戊辰
음력	24	25	26	27	28	29	10/1	2	3	4	5	6	7	8	9	10	11	12	13	14	15	16	17	18	19	20	21	22	23	24
대남	2	2	1	1	1	1	입	9	9	9	8	8	8	7	7	7	6	6	6	5	소	5	4	4	4	3	3	3	2	2
운여	8	8	9	9	9	10	동	1	1	1	1	2	2	2	3	3	3	4	4	4	설	5	5	6	6	6	7	7	7	8

음력 09/24, 10/24

【음11월】 → 음 11 【丙子月(병자월)】

대설 7일 21시 25분 　　　동지 22일 15시 14분

양력	1	2	3	4	5	6	7	8	9	10	11	12	13	14	15	16	17	18	19	20	21	22	23	24	25	26	27	28	29	30	31
요일	목	금	토	일	월	화	수	목	금	토	일	월	화	수	목	금	토	일	월	화	수	목	금	토	일	월	화	수	목	금	토
일진	己巳	庚午	辛未	壬申	癸酉	甲戌	乙亥	丙子	丁丑	戊寅	己卯	庚辰	辛巳	壬午	癸未	甲申	乙酉	丙戌	丁亥	戊子	己丑	庚寅	辛卯	壬辰	癸巳	甲午	乙未	丙申	丁酉	戊戌	己亥
음력	25	26	27	28	29	30	11/1	2	3	4	5	6	7	8	9	10	11	12	13	14	15	16	17	18	19	20	21	22	23	24	25
대남	2	2	1	1	1	1	대	10	9	9	9	8	8	8	7	7	7	6	6	6	5	동	5	4	4	4	3	3	3	2	2
운여	8	8	9	9	9	10	설	1	1	1	1	2	2	2	3	3	3	4	4	4	5	지	5	6	6	6	7	7	7	8	8

음력 10/25, 11/25

단기 4238 年
불기 2449 年

1905년

乙巳(을사)년 납음(覆燈火),본명성(五黃土)

대장군(卯東方). 삼살(동방), 상문(未西南방),조객(卯東方), 납음(복등화),
【삼재(해,자,축년)】 臘享(납향):1906年1月15일(음12/21)

소한 6일 08시 27분 【음12월】 → **음 12** 【丁丑月(정축월)】 ☾ 대한 21일 01시 52분

양력	1	2	3	4	5	6	7	8	9	10	11	12	13	14	15	16	17	18	19	20	21	22	23	24	25	26	27	28	29	30	31
요일	일	월	화	수	목	금	토	일	월	화	수	목	금	토	일	월	화	수	목	금	토	일	월	화	수	목	금	토	일	월	화
일진 日辰	庚子	辛丑	壬寅	癸卯	甲辰	乙巳	丙午	丁未	戊申	己酉	庚戌	辛亥	壬子	癸丑	甲寅	乙卯	丙辰	丁巳	戊午	己未	庚申	辛酉	壬戌	癸亥	甲子	乙丑	丙寅	丁卯	戊辰	己巳	
음력	26	27	28	29	30	12/1	2	3	4	5	6	7	8	9	10	11	12	13	14	15	16	17	18	19	20	21	22	23	24	25	26
대남	2	1	1	1	1	소한	9	9	9	8	8	8	7	7	7	6	6	6	5	대한	4	4	4	3	3	3	2	2	2	1	1
운여	8	9	9	9	10		1	1	1	2	2	2	3	3	3	4	4	4	5		5	6	6	6	7	7	7	8	8	8	

입춘 4일 20시 16분 【음1월】 → **음 1** 【戊寅月(무인월)】 ☾ 우수 19일 16시 21분

양력	1	2	3	4	5	6	7	8	9	10	11	12	13	14	15	16	17	18	19	20	21	22	23	24	25	26	27	28	
요일	수	목	금	토	일	월	화	수	목	금	토	일	월	화	수	목	금	토	일	월	화	수	목	금	토	일	월	화	
일진 日辰	辛未	壬申	癸酉	甲戌	乙亥	丙子	丁丑	戊寅	己卯	庚辰	辛巳	壬午	癸未	甲申	乙酉	丙戌	丁亥	戊子	己丑	庚寅	辛卯	壬辰	癸巳	甲午	乙未	丙申	丁酉	戊戌	
음력	27	28	29	1/1	2	3	4	5	6	7	8	9	10	11	12	13	14	15	16	17	18	19	20	21	22	23	24	25	
대남	1	1	1	입춘	1	1	1	2	2	2	3	3	3	4	4	4	5	우수	5	6	6	6	7	7	7	8	8	9	
운여	9	9	9		10	9	9	9	8	8	8	7	7	7	6	6	6	5		5	4	4	4	3	3	3	2	2	

乙巳年

경칩 6일 14시 46분 【음2월】 → **음 2** 【己卯月(기묘월)】 ☾ 춘분 21일 15시 58분

양력	1	2	3	4	5	6	7	8	9	10	11	12	13	14	15	16	17	18	19	20	21	22	23	24	25	26	27	28	29	30	31
요일	수	목	금	토	일	월	화	수	목	금	토	일	월	화	수	목	금	토	일	월	화	수	목	금	토	일	월	화	수	목	금
일진 日辰	己亥	庚子	辛丑	壬寅	癸卯	甲辰	乙巳	丙午	丁未	戊申	己酉	庚戌	辛亥	壬子	癸丑	甲寅	乙卯	丙辰	丁巳	戊午	己未	庚申	辛酉	壬戌	癸亥	甲子	乙丑	丙寅	丁卯	戊辰	己巳
음력	26	27	28	29	30	2/1	2	3	4	5	6	7	8	9	10	11	12	13	14	15	16	17	18	19	20	21	22	23	24	25	26
대남	8	9	9	9	10	경칩	1	1	1	1	2	2	2	3	3	3	4	4	4	5	춘분	5	6	6	6	7	7	7	8	8	8
운여	2	1	1	1	1		10	9	9	9	8	8	8	7	7	7	6	6	6	5		5	4	4	4	3	3	3	2	2	2

청명 5일 20시 15분 【음3월】 → **음 3** 【庚辰月(경진월)】 ☾ 곡우 21일 03시 44분

양력	1	2	3	4	5	6	7	8	9	10	11	12	13	14	15	16	17	18	19	20	21	22	23	24	25	26	27	28	29	30	
요일	토	일	월	화	수	목	금	토	일	월	화	수	목	금	토	일	월	화	수	목	금	토	일	월	화	수	목	금	토	일	
일진 日辰	庚午	辛未	壬申	癸酉	甲戌	乙亥	丙子	丁丑	戊寅	己卯	庚辰	辛巳	壬午	癸未	甲申	乙酉	丙戌	丁亥	戊子	己丑	庚寅	辛卯	壬辰	癸巳	甲午	乙未	丙申	丁酉	戊戌	己亥	
음력	27	28	29	30	3/1	2	3	4	5	6	7	8	9	10	11	12	13	14	15	16	17	18	19	20	21	22	23	24	25	26	
대남	9	9	9	10	청명	1	1	1	1	2	2	2	3	3	3	4	4	4	5	곡우	5	6	6	6	7	7	7	8	8	8	
운여	1	1	1	1		10	10	9	9	9	8	8	8	7	7	7	6	6	6	5		5	4	4	4	3	3	3	2	2	

입하 6일 14시 14분 【음4월】 → **음 4** 【辛巳月(신사월)】 ☾ 소만 22일 03시 31분

양력	1	2	3	4	5	6	7	8	9	10	11	12	13	14	15	16	17	18	19	20	21	22	23	24	25	26	27	28	29	30	31
요일	월	화	수	목	금	토	일	월	화	수	목	금	토	일	월	화	수	목	금	토	일	월	화	수	목	금	토	일	월	화	수
일진 日辰	庚子	辛丑	壬寅	癸卯	甲辰	乙巳	丙午	丁未	戊申	己酉	庚戌	辛亥	壬子	癸丑	甲寅	乙卯	丙辰	丁巳	戊午	己未	庚申	辛酉	壬戌	癸亥	甲子	乙丑	丙寅	丁卯	戊辰	己巳	
음력	27	28	29	4/1	2	3	4	5	6	7	8	9	10	11	12	13	14	15	16	17	18	19	20	21	22	23	24	25	26	27	
대남	9	9	9	10	10	입하	1	1	1	1	2	2	2	3	3	3	4	4	4	5	소만	5	6	6	6	7	7	7	8	8	
운여	2	1	1	1	1		10	10	9	9	9	8	8	8	7	7	7	6	6	6		5	5	4	4	4	3	3	3	2	

망종 6일 18시 54분 【음5월】 → **음 5** 【壬午月(임오월)】 ☾ 하지 22일 11시 51분

양력	1	2	3	4	5	6	7	8	9	10	11	12	13	14	15	16	17	18	19	20	21	22	23	24	25	26	27	28	29	30	
요일	목	금	토	일	월	화	수	목	금	토	일	월	화	수	목	금	토	일	월	화	수	목	금	토	일	월	화	수	목	금	
일진 日辰	辛未	壬申	癸酉	甲戌	乙亥	丙子	丁丑	戊寅	己卯	庚辰	辛巳	壬午	癸未	甲申	乙酉	丙戌	丁亥	戊子	己丑	庚寅	辛卯	壬辰	癸巳	甲午	乙未	丙申	丁酉	戊戌	己亥	庚子	
음력	29	30	5/1	2	3	4	5	6	7	8	9	10	11	12	13	14	15	16	17	18	19	20	21	22	23	24	25	26	27	28	
대남	9	9	10	10	10	망종	1	1	1	1	2	2	2	3	3	3	4	4	4	5	하지	5	6	6	6	7	7	7	8	8	
운여	2	1	1	1	1		10	10	10	9	9	9	8	8	8	7	7	7	6	6		6	5	5	4	4	4	3	3	3	

한식(4월06일), 초복(7월20일), 중복(7월30일), 말복(8월09일) ☞춘사(春社)3/20
☞추사(秋社)9/26
토왕지절(土旺之節):4월18일,7월20일,10월21일, 신년 1월18일,(신년양력)

1905 乙巳年

소서 8일 05시 20분　【음6월】 ➡ **음6** 【癸未月(계미월)】　　대서 23일 22시 46분

양력 7	일진 日辰	음력 05/29 06/29	대 낭 운 여

양력: 1토 2일 3월 4화 5수 6목 7금 8토 9일 10월 11화 12수 13목 14금 15토 16일 17월 18화 19수 20목 21금 22토 23일 24월 25화 26수 27목 28금 29토 30일 31월
일진: 辛壬癸甲乙丙丁戊己庚辛壬癸甲乙丙丁戊己庚辛壬癸甲乙丙丁戊己庚辛
日辰: 辰丑寅卯辰巳午未申酉戌亥子丑寅卯辰巳午未申酉戌亥子丑寅卯辰巳午未
음력: 29 30 6/1 2 3 4 5 6 7 8 9 10 11 12 13 14 15 16 17 18 19 20 21 22 23 24 25 26 27 28 29
(8일 소서 / 23일 대서)

입추 8일 14시 57분　【음7월】 ➡ **음7** 【甲申月(갑신월)】　　처서 24일 05시 29분

양력 8

양력: 1화 2수 3목 4금 5토 6일 7월 8화 9수 10목 11금 12토 13일 14월 15화 16수 17목 18금 19토 20일 21월 22화 23수 24목 25금 26토 27일 28월 29화 30수 31목
일진: 壬癸甲乙丙丁戊己庚辛壬癸甲乙丙丁戊己庚辛壬癸甲乙丙丁戊己庚辛壬
日辰: 申酉戌亥子丑寅卯辰巳午未申酉戌亥子丑寅卯辰巳午未申酉戌亥子丑
음력 07/01 08/02: 7/1 2 3 4 5 6 7 8 9 10 11 12 13 14 15 16 17 18 19 20 21 22 23 24 25 26 27 28 29 8/1 2
(8일 입추 / 24일 처서)

백로 8일 17시 22분　【음8월】 ➡ **음8** 【乙酉月(을유월)】　　추분 24일 02시 30분

양력 9

양력: 1금 2토 3일 4월 5화 6수 7목 8금 9토 10일 11월 12화 13수 14목 15금 16토 17일 18월 19화 20수 21목 22금 23토 24일 25월 26화 27수 28목 29금 30토
일진: 癸甲乙丙丁戊己庚辛壬癸甲乙丙丁戊己庚辛壬癸甲乙丙丁戊己庚辛壬
日辰: 卯辰巳午未申酉戌亥子丑寅卯辰巳午未申酉戌亥子丑寅卯辰巳午未申
음력 08/03 09/02: 3 4 5 6 7 8 9 10 11 12 13 14 15 16 17 18 19 20 21 22 23 24 25 26 27 28 29 30 9/1 2
(8일 백로 / 24일 추분)

한로 9일 08시 20분　【음9월】 ➡ **음9** 【丙戌月(병술월)】　　상강 24일 11시 08분

양력 10

양력: 1일 2월 3화 4수 5목 6금 7토 8일 9월 10화 11수 12목 13금 14토 15일 16월 17화 18수 19목 20금 21토 22일 23월 24화 25수 26목 27금 28토 29일 30월 31화
일진: 癸甲乙丙丁戊己庚辛壬癸甲乙丙丁戊己庚辛壬癸甲乙丙丁戊己庚辛壬癸
日辰: 酉戌亥子丑寅卯辰巳午未申酉戌亥子丑寅卯辰巳午未申酉戌亥子丑寅
음력 09/03 10/04: 3 4 5 6 7 8 9 10 11 12 13 14 15 16 17 18 19 20 21 22 23 24 25 26 27 28 29 10/1 2
(9일 한로 / 24일 상강)

입동 8일 10시 50분　【음10월】 ➡ **음10** 【丁亥月(정해월)】　　소설 23일 08시 05분

양력 11

양력: 1수 2목 3금 4토 5일 6월 7화 8수 9목 10금 11토 12일 13월 14화 15수 16목 17금 18토 19일 20월 21화 22수 23목 24금 25토 26일 27월 28화 29수 30목
일진: 甲乙丙丁戊己庚辛壬癸甲乙丙丁戊己庚辛壬癸甲乙丙丁戊己庚辛壬癸
日辰: 辰巳午未申酉戌亥子丑寅卯辰巳午未申酉戌亥子丑寅卯辰巳午未申酉
음력 10/05 11/04: 5 6 7 8 9 10 11 12 13 14 15 16 17 18 19 20 21 22 23 24 25 26 27 28 29 30 11/1 2 3 4
(8일 입동 / 23일 소설)

대설 8일 03시 11분　【음11월】 ➡ **음11** 【戊子月(무자월)】　　동지 22일 21시 04분

양력 12

양력: 1금 2토 3일 4월 5화 6수 7목 8금 9토 10일 11월 12화 13수 14목 15금 16토 17일 18월 19화 20수 21목 22금 23토 24일 25월 26화 27수 28목 29금 30토 31일
일진: 甲乙丙丁戊己庚辛壬癸甲乙丙丁戊己庚辛壬癸甲乙丙丁戊己庚辛壬癸甲
日辰: 戌亥子丑寅卯辰巳午未申酉戌亥子丑寅卯辰巳午未申酉戌亥子丑寅卯
음력 11/05 12/06: 5 6 7 8 9 10 11 12 13 14 15 16 17 18 19 20 21 22 23 24 25 26 27 28 29 12/1 2 3 4 5 6
(8일 대설 / 22일 동지)

대장군(卯동방), 삼살(北방), 상문(申서남방), 조객(辰동남방), 납음(천하수)
【삼재(신,유,술)년】　臘享(납향):1907년1월22일(음12/09)

소한 6일 14시 14분 【음12월】➡　음 12 己丑月(기축월)　대한 21일 07시 43분

양력 1	1	2	3	4	5	6	7	8	9	10	11	12	13	14	15	16	17	18	19	20	21	22	23	24	25	26	27	28	29	30	31
요일	월	화	수	목	금	토	일	월	화	수	목	금	토	일	월	화	수	목	금	토	일	월	화	수	목	금	토	일	월	화	수
일진 日辰	乙巳	丙午	丁未	戊申	己酉	庚戌	辛亥	壬子	癸丑	甲寅	乙卯	丙辰	丁巳	戊午	己未	庚申	辛酉	壬戌	癸亥	甲子	乙丑	丙寅	丁卯	戊辰	己巳	庚午	辛未	壬申	癸酉	甲戌	
음력	7	8	9	10	11	12	13	14	15	16	17	18	19	20	21	22	23	24	25	26	27	28	29	30	1/1	2	3	4	5	6	7
대남	8	8	9	9	9	소	1	1	1	1	2	2	2	3	3	3	4	4	4	5	대	5	6	6	6	7	7	7	8	8	8
운여	2	1	1	1	1	한	10	9	9	9	8	8	8	7	7	7	6	6	6	5	한	5	4	4	4	3	3	3	2	2	2

(음 12/07 ~ 01/07)

입춘 5일 02시 04분 【음1월】➡　음 1 庚寅月(경인월)　우수 19일 22시 15분

양력 2	1	2	3	4	5	6	7	8	9	10	11	12	13	14	15	16	17	18	19	20	21	22	23	24	25	26	27	28
요일	목	금	토	일	월	화	수	목	금	토	일	월	화	수	목	금	토	일	월	화	수	목	금	토	일	월	화	수
일진 日辰	丙子	丁丑	戊寅	己卯	庚辰	辛巳	壬午	癸未	甲申	乙酉	丙戌	丁亥	戊子	己丑	庚寅	辛卯	壬辰	癸巳	甲午	乙未	丙申	丁酉	戊戌	己亥	庚子	辛丑	壬寅	癸卯
음력	8	9	10	11	12	13	14	15	16	17	18	19	20	21	22	23	24	25	26	27	28	29	2/1	2	3	4	5	6
대남	9	9	9	10	입	1	1	1	1	2	2	2	3	3	3	4	4	4	5	우	5	4	4	4	3	3	3	2
운여	1	1	1	1	춘	1	1	1	1	2	2	2	3	3	3	4	4	4	5	우	5	6	6	6	7	7	7	8

(음 01/08 ~ 02/06)　丙午年

경칩 6일 20시 36분 【음2월】➡　음 2 辛卯月(신묘월)　춘분 21일 21시 53분

양력 3	1	2	3	4	5	6	7	8	9	10	11	12	13	14	15	16	17	18	19	20	21	22	23	24	25	26	27	28	29	30	31
요일	목	금	토	일	월	화	수	목	금	토	일	월	화	수	목	금	토	일	월	화	수	목	금	토	일	월	화	수	목	금	토
일진 日辰	甲辰	乙巳	丙午	丁未	戊申	己酉	庚戌	辛亥	壬子	癸丑	甲寅	乙卯	丙辰	丁巳	戊午	己未	庚申	辛酉	壬戌	癸亥	甲子	乙丑	丙寅	丁卯	戊辰	己巳	庚午	辛未	壬申	癸酉	甲戌
음력	7	8	9	10	11	12	13	14	15	16	17	18	19	20	21	22	23	24	25	26	27	28	29	30	3/1	2	3	4	5	6	7
대남	2	1	1	1	1	경	10	10	9	9	9	8	8	8	7	7	7	6	6	6	춘	5	5	4	4	4	3	3	3	2	2
운여	8	9	9	9	10	칩	1	1	1	1	2	2	2	3	3	3	4	4	4	5	분	5	6	6	6	7	7	7	8	8	8

(음 02/07 ~ 03/07)

청명 6일 02시 07분 【음3월】➡　음 3 壬辰月(임진월)　곡우 21일 09시 39분

양력 4	1	2	3	4	5	6	7	8	9	10	11	12	13	14	15	16	17	18	19	20	21	22	23	24	25	26	27	28	29	30
요일	일	월	화	수	목	금	토	일	월	화	수	목	금	토	일	월	화	수	목	금	토	일	월	화	수	목	금	토	일	월
일진 日辰	乙亥	丙子	丁丑	戊寅	己卯	庚辰	辛巳	壬午	癸未	甲申	乙酉	丙戌	丁亥	戊子	己丑	庚寅	辛卯	壬辰	癸巳	甲午	乙未	丙申	丁酉	戊戌	己亥	庚子	辛丑	壬寅	癸卯	甲辰
음력	8	9	10	11	12	13	14	15	16	17	18	19	20	21	22	23	24	25	26	27	28	29	30	4/1	2	3	4	5	6	7
대남	2	1	1	1	1	청	10	10	9	9	9	8	8	8	7	7	7	6	6	6	곡	5	5	5	4	4	4	3	3	2
운여	8	9	9	9	10	명	1	1	1	1	2	2	2	3	3	3	4	4	4	5	우	5	6	6	6	7	7	7	8

(음 03/08 ~ 04/07)

입하 6일 20시 09분 【음4월】➡　음 4 癸巳月(계사월)　윤4　소만 22일 09시 25분

양력 5	1	2	3	4	5	6	7	8	9	10	11	12	13	14	15	16	17	18	19	20	21	22	23	24	25	26	27	28	29	30	31
요일	화	수	목	금	토	일	월	화	수	목	금	토	일	월	화	수	목	금	토	일	월	화	수	목	금	토	일	월	화	수	목
일진 日辰	乙巳	丙午	丁未	戊申	己酉	庚戌	辛亥	壬子	癸丑	甲寅	乙卯	丙辰	丁巳	戊午	己未	庚申	辛酉	壬戌	癸亥	甲子	乙丑	丙寅	丁卯	戊辰	己巳	庚午	辛未	壬申	癸酉	甲戌	乙亥
음력	8	9	10	11	12	13	14	15	16	17	18	19	20	21	22	23	24	25	26	27	28	29	윤4/1	2	3	4	5	6	7	8	9
대남	2	1	1	1	입	10	10	9	9	9	8	8	8	7	7	7	6	6	6	5	소	5	5	4	4	4	3	3	3	2	2
운여	9	9	9	10	하	1	1	1	1	2	2	2	3	3	3	4	4	4	5	5	만	6	6	6	7	7	7	8	8	8

(음 04/08 ~ 윤 4/09)

망종 7일 00시 49분 【음5월】➡　음 5 甲午月(갑오월)　하지 22일 17시 42분

양력 6	1	2	3	4	5	6	7	8	9	10	11	12	13	14	15	16	17	18	19	20	21	22	23	24	25	26	27	28	29	30
요일	금	토	일	월	화	수	목	금	토	일	월	화	수	목	금	토	일	월	화	수	목	금	토	일	월	화	수	목	금	토
일진 日辰	丙子	丁丑	戊寅	己卯	庚辰	辛巳	壬午	癸未	甲申	乙酉	丙戌	丁亥	戊子	己丑	庚寅	辛卯	壬辰	癸巳	甲午	乙未	丙申	丁酉	戊戌	己亥	庚子	辛丑	壬寅	癸卯	甲辰	乙巳
음력	10	11	12	13	14	15	16	17	18	19	20	21	22	23	24	25	26	27	28	29	30	5/1	2	3	4	5	6	7	8	9
대남	2	2	1	1	1	망	10	10	9	9	9	8	8	8	7	7	7	6	6	6	하	5	5	4	4	4	3	3	3	
운여	9	9	9	10	10	종	1	1	1	2	2	2	3	3	3	4	4	4	5	5	지	6	6	6	7	7	7	8		

(음 윤 4/10 ~ 05/09)

한식(4월6일), 초복(7월15일), 중복(7월25일), 말복(8월14일) ☗춘사(春社)3/25
☀추사(秋社)9/21
토왕지절(土旺之節):4월18일,7월21일,10월21일, 신년 1월18일,(양력)

우측 세로: 1 9 0 6 丙午年

소서 8일 11시 15분 【음6월】 ➡ 음 6 【乙未月(을미월)】 ☽ 대서 24일 04시 33분

양력	요일																														
7	일진	丙午	丁未	戊申	己酉	庚戌	辛亥	壬子	癸丑	甲寅	乙卯	丙辰	丁巳	戊午	己未	庚申	辛酉	壬戌	癸亥	甲子	乙丑	丙寅	丁卯	戊辰	己巳	庚午	辛未	壬申	癸酉	甲戌	乙亥	丙子

음력 05/10~06/11 음력: 9 10 11 12 13 14 15 16 17 18 19 20 21 22 23 24 25 26 27 28 29 6/1 2 3 4 5 6 7 8 9 10 11

입추 8일 20시 52분 【음7월】 ➡ 음 7 【丙申月(병신월)】 ☽ 처서 24일 11시 14분

| **8** | 일진 | 丁丑 | 戊寅 | 己卯 | 庚辰 | 辛巳 | 壬午 | 癸未 | 甲申 | 乙酉 | 丙戌 | 丁亥 | 戊子 | 己丑 | 庚寅 | 辛卯 | 壬辰 | 癸巳 | 甲午 | 乙未 | 丙申 | 丁酉 | 戊戌 | 己亥 | 庚子 | 辛丑 | 壬寅 | 癸卯 | 甲辰 | 乙巳 | 丙午 | 丁未 |

음력 06/2~07/12 음력: 12 13 14 15 16 17 18 19 20 21 22 23 24 25 26 27 28 29 30 7/1 2 3 4 5 6 7 8 9 10 11

백로 8일 23시 16분 【음8월】 ➡ 음 8 【丁酉月(정유월)】 ☽ 추분 24일 08시 15분

| **9** | 일진 | 戊申 | 己酉 | 庚戌 | 辛亥 | 壬子 | 癸丑 | 甲寅 | 乙卯 | 丙辰 | 丁巳 | 戊午 | 己未 | 庚申 | 辛酉 | 壬戌 | 癸亥 | 甲子 | 乙丑 | 丙寅 | 丁卯 | 戊辰 | 己巳 | 庚午 | 辛未 | 壬申 | 癸酉 | 甲戌 | 乙亥 | 丙子 | 丁丑 | |

음력 07/13~08/13 음력: 13 14 15 16 17 18 19 20 21 22 23 24 25 26 27 28 29 8/1 2 3 4 5 6 7 8 9 10 11 12 13

한로 9일 14시 15분 【음9월】 ➡ 음 9 【戊戌月(무술월)】 ☽ 상강 24일 16시 56분

| **10** | 일진 | 戊寅 | 己卯 | 庚辰 | 辛巳 | 壬午 | 癸未 | 甲申 | 乙酉 | 丙戌 | 丁亥 | 戊子 | 己丑 | 庚寅 | 辛卯 | 壬辰 | 癸巳 | 甲午 | 乙未 | 丙申 | 丁酉 | 戊戌 | 己亥 | 庚子 | 辛丑 | 壬寅 | 癸卯 | 甲辰 | 乙巳 | 丙午 | 丁未 | 戊申 |

음력 08/14~09/14 음력: 14 15 16 17 18 19 20 21 22 23 24 25 26 27 28 29 30 9/1 2 3 4 5 6 7 8 9 10 11 12 13 14

입동 8일 16시 47분 【음10월】 ➡ 음 10 【己亥月(기해월)】 ☽ 소설 23일 13시 54분

| **11** | 일진 | 己酉 | 庚戌 | 辛亥 | 壬子 | 癸丑 | 甲寅 | 乙卯 | 丙辰 | 丁巳 | 戊午 | 己未 | 庚申 | 辛酉 | 壬戌 | 癸亥 | 甲子 | 乙丑 | 丙寅 | 丁卯 | 戊辰 | 己巳 | 庚午 | 辛未 | 壬申 | 癸酉 | 甲戌 | 乙亥 | 丙子 | 丁丑 | 戊寅 | |

음력 09/15~10/15 음력: 15 16 17 18 19 20 21 22 23 24 25 26 27 28 29 10/1 2 3 4 5 6 7 8 9 10 11 12 13 14 15

대설 8일 09시 10분 【음11월】 ➡ 음 11 【庚子月(경자월)】 ☽ 동지 23일 02시 53분

| **12** | 일진 | 己卯 | 庚辰 | 辛巳 | 壬午 | 癸未 | 甲申 | 乙酉 | 丙戌 | 丁亥 | 戊子 | 己丑 | 庚寅 | 辛卯 | 壬辰 | 癸巳 | 甲午 | 乙未 | 丙申 | 丁酉 | 戊戌 | 己亥 | 庚子 | 辛丑 | 壬寅 | 癸卯 | 甲辰 | 乙巳 | 丙午 | 丁未 | 戊申 | 己酉 |

음력 10/16~11/16 음력: 16 17 18 19 20 21 22 23 24 25 26 27 28 29 30 11/1 2 3 4 5 6 7 8 9 10 11 12 13 14 15 16

1907년

단기 4240 年 / 불기 2451 年

丁未(정미)년, 납음(天河水), 본명성(三碧木)

대장군(卯동방), 삼살(酉서방), 상문(酉서방), 조객(巳동남방), 납음(천하수)

【삼재(사,오,미년)】 臘享(납향):1908년 1월 17일(음12/14)

소한 6일 20시 11분 【음12월】➡ 음12 【辛丑月(신축월)】 　 대한 21일 13시 31분

양력	1	2	3	4	5	6	7	8	9	10	11	12	13	14	15	16	17	18	19	20	21	22	23	24	25	26	27	28	29	30	31
요일	화	수	목	금	토	일	월	화	수	목	금	토	일	월	화	수	목	금	토	일	월	화	수	목	금	토	일	월	화	수	목
일진	庚	辛	壬	癸	甲	乙	丙	丁	戊	己	庚	辛	壬	癸	甲	乙	丙	丁	戊	己	庚	辛	壬	癸	甲	乙	丙	丁	戊	己	庚
日辰	戌	亥	子	丑	寅	卯	辰	巳	午	未	申	酉	戌	亥	子	丑	寅	卯	辰	巳	午	未	申	酉	戌	亥	子	丑	寅	卯	辰
음력	16	17	18	19	20	21	22	23	24	25	26	27	28	29	12/1	2	3	4	5	6	7	8	9	10	11	12	13	14	15	16	17
대 남	2	1	1	1	1	소	10	9	9	9	8	8	8	7	7	7	6	6	6	5	대	5	4	4	4	3	3	3	2	2	2
운 여	8	8	9	9	9	한	1	1	1	1	2	2	2	3	3	3	4	4	4	5	한	5	6	6	6	7	7	7	8	8	8

(음력 11/18 ~ 12/18)

입춘 5일 07시 59분 【음1월】➡ 음1 【壬寅月(임인월)】 　 우수 20일 03시 58분

양력	1	2	3	4	5	6	7	8	9	10	11	12	13	14	15	16	17	18	19	20	21	22	23	24	25	26	27	28
요일	금	토	일	월	화	수	목	금	토	일	월	화	수	목	금	토	일	월	화	수	목	금	토	일	월	화	수	목
일진	辛	壬	癸	甲	乙	丙	丁	戊	己	庚	辛	壬	癸	甲	乙	丙	丁	戊	己	庚	辛	壬	癸	甲	乙	丙	丁	戊
日辰	巳	午	未	申	酉	戌	亥	子	丑	寅	卯	辰	巳	午	未	申	酉	戌	亥	子	丑	寅	卯	辰	巳	午	未	申
음력	18	19	20	21	22	23	24	25	26	27	28	29	30	1/1	2	3	4	5	6	7	8	9	10	11	12	13	14	15
대 남	1	1	1	1	입	1	1	1	1	2	2	2	3	3	3	4	4	4	5	우	5	6	6	6	7	7	7	8
운 여	9	9	9	10	춘	10	9	9	9	8	8	8	7	7	7	6	6	6	5	수	5	4	4	4	3	3	3	2

(음력 12/19 ~ 01/16)　　**丁未年**

경칩 7일 02시 27분 【음2월】➡ 음2 【癸卯月(계묘월)】 　 춘분 22일 03시 33분

양력	1	2	3	4	5	6	7	8	9	10	11	12	13	14	15	16	17	18	19	20	21	22	23	24	25	26	27	28	29	30	31
요일	금	토	일	월	화	수	목	금	토	일	월	화	수	목	금	토	일	월	화	수	목	금	토	일	월	화	수	목	금	토	일
일진	己	庚	辛	壬	癸	甲	乙	丙	丁	戊	己	庚	辛	壬	癸	甲	乙	丙	丁	戊	己	庚	辛	壬	癸	甲	乙	丙	丁	戊	己
日辰	酉	戌	亥	子	丑	寅	卯	辰	巳	午	未	申	酉	戌	亥	子	丑	寅	卯	辰	巳	午	未	申	酉	戌	亥	子	丑	寅	卯
음력	17	18	19	20	21	22	23	24	25	26	27	28	29	2/1	2	3	4	5	6	7	8	9	10	11	12	13	14	15	16	17	18
대 남	8	9	9	9	10	경	1	1	1	1	2	2	2	3	3	3	4	4	4	춘	5	5	6	6	6	7	7	7	8	8	8
운 여	2	2	1	1	1	칩	10	9	9	9	8	8	8	7	7	7	6	6	6	분	5	5	4	4	4	3	3	3	2	2	2

(음력 01/17 ~ 02/18)

청명 6일 07시 55분 【음3월】➡ 음3 【甲辰月(갑진월)】 　 곡우 21일 15시 57분

양력	1	2	3	4	5	6	7	8	9	10	11	12	13	14	15	16	17	18	19	20	21	22	23	24	25	26	27	28	29	30
요일	월	화	수	목	금	토	일	월	화	수	목	금	토	일	월	화	수	목	금	토	일	월	화	수	목	금	토	일	월	화
일진	庚	辛	壬	癸	甲	乙	丙	丁	戊	己	庚	辛	壬	癸	甲	乙	丙	丁	戊	己	庚	辛	壬	癸	甲	乙	丙	丁	戊	己
日辰	辰	巳	午	未	申	酉	戌	亥	子	丑	寅	卯	辰	巳	午	未	申	酉	戌	亥	子	丑	寅	卯	辰	巳	午	未	申	酉
음력	19	20	21	22	23	24	25	26	27	28	29	30	3/1	2	3	4	5	6	7	8	9	10	11	12	13	14	15	16	17	18
대 남	8	9	9	9	10	청	1	1	1	1	2	2	2	3	3	3	4	4	4	곡	5	5	6	6	6	7	7	7	8	8
운 여	2	1	1	1	1	명	10	10	9	9	9	8	8	8	7	7	7	6	6	우	5	5	5	4	4	4	3	3	2	

(음력 02/19 ~ 03/18)

입하 7일 01시 54분 【음4월】➡ 음4 【乙巳月(을사월)】 　 소만 22일 15시 03분

양력	1	2	3	4	5	6	7	8	9	10	11	12	13	14	15	16	17	18	19	20	21	22	23	24	25	26	27	28	29	30	31
요일	수	목	금	토	일	월	화	수	목	금	토	일	월	화	수	목	금	토	일	월	화	수	목	금	토	일	월	화	수	목	금
일진	庚	辛	壬	癸	甲	乙	丙	丁	戊	己	庚	辛	壬	癸	甲	乙	丙	丁	戊	己	庚	辛	壬	癸	甲	乙	丙	丁	戊	己	庚
日辰	戌	亥	子	丑	寅	卯	辰	巳	午	未	申	酉	戌	亥	子	丑	寅	卯	辰	巳	午	未	申	酉	戌	亥	子	丑	寅	卯	辰
음력	19	20	21	22	23	24	25	26	27	28	29	4/1	2	3	4	5	6	7	8	9	10	11	12	13	14	15	16	17	18	19	20
대 남	8	8	9	9	10	10	입	1	1	1	1	2	2	2	3	3	3	4	4	4	소	5	5	6	6	6	7	7	7	8	8
운 여	2	1	1	1	1	하	10	10	9	9	9	8	8	8	7	7	7	6	6	만	5	5	5	4	4	4	3	3	2		

(음력 03/19 ~ 04/20)

망종 7일 06시 33분 【음5월】➡ 음5 【丙午月(병오월)】 　 하지 22일 23시 23분

양력	1	2	3	4	5	6	7	8	9	10	11	12	13	14	15	16	17	18	19	20	21	22	23	24	25	26	27	28	29	30
요일	토	일	월	화	수	목	금	토	일	월	화	수	목	금	토	일	월	화	수	목	금	토	일	월	화	수	목	금	토	일
일진	辛	壬	癸	甲	乙	丙	丁	戊	己	庚	辛	壬	癸	甲	乙	丙	丁	戊	己	庚	辛	壬	癸	甲	乙	丙	丁	戊	己	庚
日辰	巳	午	未	申	酉	戌	亥	子	丑	寅	卯	辰	巳	午	未	申	酉	戌	亥	子	丑	寅	卯	辰	巳	午	未	申	酉	戌
음력	21	22	23	24	25	26	27	28	29	30	5/1	2	3	4	5	6	7	8	9	10	11	12	13	14	15	16	17	18	19	20
대 남	8	9	9	9	10	10	망	1	1	1	1	2	2	2	3	3	3	4	4	4	하	5	5	6	6	6	7	7	7	8
운 여	2	2	1	1	1	1	종	10	10	9	9	9	8	8	8	7	7	7	6	6	지	5	5	5	4	4	4	3	3	

(음력 04/21 ~ 05/20)

한식(4월7일), 초복(7월20일), 중복(7월25일), 말복(8월9일)🌸춘사(春社)3/20
☀추사(秋社)9/26
토왕지절(土旺之節):4월18일,7월21일,10월21일, 신년 1월18일,(양력)

1907 丁未年

소서 8일 16시 59분 　【음6월】➡ **음 6** 【丁未月(정미월)】　대서 24일 10시 18분

양력	1	2	3	4	5	6	7	8	9	10	11	12	13	14	15	16	17	18	19	20	21	22	23	24	25	26	27	28	29	30	31
요일	월	화	수	목	금	토	일	월	화	수	목	금	토	일	월	화	수	목	금	토	일	월	화	수	목	금	토	일	월	화	수

7

| 일진 日辰 | 辛亥 | 壬子 | 癸丑 | 甲寅 | 乙卯 | 丙辰 | 丁巳 | 戊午 | 己未 | 庚申 | 辛酉 | 壬戌 | 癸亥 | 甲子 | 乙丑 | 丙寅 | 丁卯 | 戊辰 | 己巳 | 庚午 | 辛未 | 壬申 | 癸酉 | 甲戌 | 乙亥 | 丙子 | 丁丑 | 戊寅 | 己卯 | 庚辰 | 辛巳 |

음력 05/21 ~ 06/22

음력	21	22	23	24	25	26	27	28	29	6/1	2	3	4	5	6	7	8	9	10	11	12	13	14	15	16	17	18	19	20	21	22
대남	8	8	9	9	9	10	10	소서	1	1	1	1	2	2	2	3	3	3	4	4	4	5	5	대서	6	6	6	7	7	7	8
운여	2	2	2	1	1	1	1	서	10	10	10	9	9	9	8	8	8	7	7	7	6	6	6	서	5	5	5	4	4	4	3

입추 9일 02시 36분 　【음7월】➡ **음 7** 【戊申月(무신월)】　처서 24일 17시 03분

양력	1	2	3	4	5	6	7	8	9	10	11	12	13	14	15	16	17	18	19	20	21	22	23	24	25	26	27	28	29	30	31
요일	목	금	토	일	월	화	수	목	금	토	일	월	화	수	목	금	토	일	월	화	수	목	금	토	일	월	화	수	목	금	토

8

| 일진 日辰 | 壬午 | 癸未 | 甲申 | 乙酉 | 丙戌 | 丁亥 | 戊子 | 己丑 | 庚寅 | 辛卯 | 壬辰 | 癸巳 | 甲午 | 乙未 | 丙申 | 丁酉 | 戊戌 | 己亥 | 庚子 | 辛丑 | 壬寅 | 癸卯 | 甲辰 | 乙巳 | 丙午 | 丁未 | 戊申 | 己酉 | 庚戌 | 辛亥 | 壬子 |

음력 06/23 ~ 07/23

음력	23	24	25	26	27	28	29	30	7/1	2	3	4	5	6	7	8	9	10	11	12	13	14	15	16	17	18	19	20	21	22	23
대남	8	8	9	9	9	10	10	10	입추	1	1	1	1	2	2	2	3	3	3	4	4	4	5	5	처서	6	6	6	7	7	7
운여	3	2	2	2	1	1	1	1	추	10	10	10	9	9	9	8	8	8	7	7	7	6	6	6	서	5	5	5	4	4	3

백로 9일 05시 02분 　【음8월】➡ **음 8** 【己酉月(기유월)】　추분 24일 14시 09분

양력	1	2	3	4	5	6	7	8	9	10	11	12	13	14	15	16	17	18	19	20	21	22	23	24	25	26	27	28	29	30
요일	일	월	화	수	목	금	토	일	월	화	수	목	금	토	일	월	화	수	목	금	토	일	월	화	수	목	금	토	일	월

9

| 일진 日辰 | 癸丑 | 甲寅 | 乙卯 | 丙辰 | 丁巳 | 戊午 | 己未 | 庚申 | 辛酉 | 壬戌 | 癸亥 | 甲子 | 乙丑 | 丙寅 | 丁卯 | 戊辰 | 己巳 | 庚午 | 辛未 | 壬申 | 癸酉 | 甲戌 | 乙亥 | 丙子 | 丁丑 | 戊寅 | 己卯 | 庚辰 | 辛巳 | 壬午 |

음력 07/24 ~ 08/23

음력	24	25	26	27	28	29	30	8/1	2	3	4	5	6	7	8	9	10	11	12	13	14	15	16	17	18	19	20	21	22	23
대남	8	8	8	9	9	9	10	10	백로	1	1	1	1	2	2	2	3	3	3	4	4	4	5	5	추분	6	6	6	7	7
운여	3	2	2	2	1	1	1	1	로	10	10	9	9	9	8	8	8	7	7	7	6	6	6	5	분	5	5	4	4	3

한로 9일 20시 03분 　【음9월】➡ **음 9** 【庚戌月(경술월)】　상강 24일 22시 52분

양력	1	2	3	4	5	6	7	8	9	10	11	12	13	14	15	16	17	18	19	20	21	22	23	24	25	26	27	28	29	30	31
요일	화	수	목	금	토	일	월	화	수	목	금	토	일	월	화	수	목	금	토	일	월	화	수	목	금	토	일	월	화	수	목

10

| 일진 日辰 | 癸未 | 甲申 | 乙酉 | 丙戌 | 丁亥 | 戊子 | 己丑 | 庚寅 | 辛卯 | 壬辰 | 癸巳 | 甲午 | 乙未 | 丙申 | 丁酉 | 戊戌 | 己亥 | 庚子 | 辛丑 | 壬寅 | 癸卯 | 甲辰 | 乙巳 | 丙午 | 丁未 | 戊申 | 己酉 | 庚戌 | 辛亥 | 壬子 | 癸丑 |

음력 08/24 ~ 09/25

음력	24	25	26	27	28	29	9/1	2	3	4	5	6	7	8	9	10	11	12	13	14	15	16	17	18	19	20	21	22	23	24	25
대남	7	8	8	8	9	9	9	10	한로	1	1	1	1	2	2	2	3	3	3	4	4	4	5	상강	5	6	6	6	7	7	7
운여	3	3	2	2	2	1	1	1	로	10	9	9	9	8	8	8	7	7	7	6	6	6	5	강	5	5	4	4	4	3	3

입동 8일 22시 36분 　【음10월】➡ **음 10** 【辛亥月(신해월)】　소설 23일 19시 52분

양력	1	2	3	4	5	6	7	8	9	10	11	12	13	14	15	16	17	18	19	20	21	22	23	24	25	26	27	28	29	30
요일	금	토	일	월	화	수	목	금	토	일	월	화	수	목	금	토	일	월	화	수	목	금	토	일	월	화	수	목	금	토

11

| 일진 日辰 | 甲寅 | 乙卯 | 丙辰 | 丁巳 | 戊午 | 己未 | 庚申 | 辛酉 | 壬戌 | 癸亥 | 甲子 | 乙丑 | 丙寅 | 丁卯 | 戊辰 | 己巳 | 庚午 | 辛未 | 壬申 | 癸酉 | 甲戌 | 乙亥 | 丙子 | 丁丑 | 戊寅 | 己卯 | 庚辰 | 辛巳 | 壬午 | 癸未 |

음력 09/26 ~ 10/25

음력	26	27	28	29	30	10/1	2	3	4	5	6	7	8	9	10	11	12	13	14	15	16	17	18	19	20	21	22	23	24	25
대남	8	8	8	9	9	9	10	입동	1	1	1	1	2	2	2	3	3	3	4	4	4	5	소설	5	6	6	6	7	7	7
운여	2	2	1	1	1	1	입	동	10	9	9	9	8	8	8	7	7	7	6	6	6	5	설	5	4	4	4	3	3	3

대설 8일 15시 00분 　【음11월】➡ **음 11** 【壬子月(임자월)】　동지 23일 08시 52분

양력	1	2	3	4	5	6	7	8	9	10	11	12	13	14	15	16	17	18	19	20	21	22	23	24	25	26	27	28	29	30	31
요일	일	월	화	수	목	금	토	일	월	화	수	목	금	토	일	월	화	수	목	금	토	일	월	화	수	목	금	토	일	월	화

12

| 일진 日辰 | 甲申 | 乙酉 | 丙戌 | 丁亥 | 戊子 | 己丑 | 庚寅 | 辛卯 | 壬辰 | 癸巳 | 甲午 | 乙未 | 丙申 | 丁酉 | 戊戌 | 己亥 | 庚子 | 辛丑 | 壬寅 | 癸卯 | 甲辰 | 乙巳 | 丙午 | 丁未 | 戊申 | 己酉 | 庚戌 | 辛亥 | 壬子 | 癸丑 | 甲寅 |

음력 10/26 ~ 12/27

음력	26	27	28	29	11/1	2	3	4	5	6	7	8	9	10	11	12	13	14	15	16	17	18	19	20	21	22	23	24	25	26	27
대남	8	8	8	9	9	9	대설	1	1	1	1	2	2	2	3	3	3	4	4	4	5	동지	5	5	6	6	6	7	7	7	8
운여	2	2	1	1	1	1	설	10	9	9	9	8	8	8	7	7	7	6	6	6	5	지	5	4	4	4	3	3	3	2

단기 4241 年
불기 2452 年

1908年

戊申(무신)년 납음(大驛土),본명성(二黑土)

대장군(午南방), 삼살(남방), 상문(戌서북방), 조객(午남방),납음(대역토),
삼재(인,묘,진)년 臘享(납향):1909년1월11일(음12/20)

음 12 【癸丑月(계축월)】

소한 7일 02시 01분　【음12월】➡　　　　대한 21일 19시 31분

양력	1	2	3	4	5	6	7	8	9	10	11	12	13	14	15	16	17	18	19	20	21	22	23	24	25	26	27	28	29	30	31
요일	수	목	금	토	일	월	화	수	목	금	토	일	월	화	수	목	금	토	일	월	화	수	목	금	토	일	월	화	수	목	금
일진 日辰	乙卯	丙辰	丁巳	戊午	己未	庚申	辛酉	壬戌	癸亥	甲子	乙丑	丙寅	丁卯	戊辰	己巳	庚午	辛未	壬申	癸酉	甲戌	乙亥	丙子	丁丑	戊寅	己卯	庚辰	辛巳	壬午	癸未	甲申	
음력	28	29	30	12/1	2	3	4	5	6	7	8	9	10	11	12	13	14	15	16	17	18	19	20	21	22	23	24	25	26	27	28
대남	8	8	9	9	9	10	소한	1	1	1	1	2	2	2	3	3	3	4	4	4	대	5	5	6	6	6	7	7	7	8	8
운여	2	2	1	1	1	1	한	9	9	9	8	8	8	7	7	7	6	6	6	5	5	4	4	4	3	3	3	2	2	2	

음 1 【甲寅月(갑인월)】

입춘 5일 13시 47분　【음1월】➡　　　　우수 20일 09시 54분

양력	1	2	3	4	5	6	7	8	9	10	11	12	13	14	15	16	17	18	19	20	21	22	23	24	25	26	27	28	29
요일	토	일	월	화	수	목	금	토	일	월	화	수	목	금	토	일	월	화	수	목	금	토	일	월	화	수	목	금	토
일진 日辰	乙戌	丙亥	戊子	己丑	庚寅	辛卯	壬辰	癸巳	甲午	乙未	丁申	戊酉	己戌	庚亥	辛子	壬丑	癸寅	甲卯	乙辰	丁巳	戊午	己未	庚申	辛酉	壬戌	癸亥	甲子	乙丑	丙寅
음력	29	1/1	2	3	4	5	6	7	8	9	10	11	12	13	14	15	16	17	18	19	20	21	22	23	24	25	26	27	28
대남	9	9	9	10	입춘	9	9	9	8	8	8	7	7	7	6	6	6	우수	4	4	4	3	3	3	2	2	2	1	1
운여	1	1	1	1	춘	1	1	1	2	2	2	3	3	3	4	4	4	수	5	5	6	6	6	7	7	7	8	8

戊申年

음 2 【乙卯月(을묘월)】

경칩 6일 08시 14분　【음2월】➡　　　　춘분 21일 09시 27분

양력	1	2	3	4	5	6	7	8	9	10	11	12	13	14	15	16	17	18	19	20	21	22	23	24	25	26	27	28	29	30	31
요일	일	월	화	수	목	금	토	일	월	화	수	목	금	토	일	월	화	수	목	금	토	일	월	화	수	목	금	토	일	월	화
일진 日辰	乙卯	丙辰	丁巳	戊午	己未	庚申	辛酉	壬戌	癸亥	甲子	乙丑	丙寅	丁卯	戊辰	己巳	庚午	辛未	壬申	癸酉	甲戌	乙亥	丙子	丁丑	戊寅	己卯	庚辰	辛巳	壬午	癸未	甲申	乙酉
음력	29	30	2/1	2	3	4	5	6	7	8	9	10	11	12	13	14	15	16	17	18	19	20	21	22	23	24	25	26	27	28	29
대남	1	1	1	1	1	경칩	10	9	9	9	8	8	8	7	7	7	6	6	6	5	춘분	5	4	4	4	3	3	3	2	2	2
운여	8	9	9	9	10	한	1	1	1	1	2	2	2	3	3	3	4	4	4	5	분	5	6	6	6	7	7	7	8	8	8

음 3 【丙辰月(병진월)】

청명 5일 13시 40분　【음3월】➡　　　　곡우 20일 21시 11분

양력	1	2	3	4	5	6	7	8	9	10	11	12	13	14	15	16	17	18	19	20	21	22	23	24	25	26	27	28	29	30
요일	수	목	금	토	일	월	화	수	목	금	토	일	월	화	수	목	금	토	일	월	화	수	목	금	토	일	월	화	수	목
일진 日辰	丙戌	丁亥	戊子	己丑	庚寅	辛卯	壬辰	癸巳	甲午	乙未	丙申	丁酉	戊戌	己亥	庚子	辛丑	壬寅	癸卯	甲辰	乙巳	丙午	丁未	戊申	己酉	庚戌	辛亥	壬子	癸丑	甲寅	乙卯
음력	3/1	2	3	4	5	6	7	8	9	10	11	12	13	14	15	16	17	18	19	20	21	22	23	24	25	26	27	28	29	4/1
대남	1	1	1	1	청명	10	10	9	9	9	8	8	8	7	7	7	6	6	6	곡우	5	5	4	4	4	3	3	3	2	2
운여	9	9	9	10	청	1	1	1	1	2	2	2	3	3	3	4	4	4	5	우	5	5	6	6	6	7	7	7	8	8

음 4 【丁巳月(정사월)】

입하 6일 07시 38분　【음4월】➡　　　　소만 21일 20시 58분

양력	1	2	3	4	5	6	7	8	9	10	11	12	13	14	15	16	17	18	19	20	21	22	23	24	25	26	27	28	29	30	31
요일	금	토	일	월	화	수	목	금	토	일	월	화	수	목	금	토	일	월	화	수	목	금	토	일	월	화	수	목	금	토	일
일진 日辰	丙辰	丁巳	戊午	己未	庚申	辛酉	壬戌	癸亥	甲子	乙丑	丙寅	丁卯	戊辰	己巳	庚午	辛未	壬申	癸酉	甲戌	乙亥	丙子	丁丑	戊寅	己卯	庚辰	辛巳	壬午	癸未	甲申	乙酉	丙戌
음력	2	3	4	5	6	7	8	9	10	11	12	13	14	15	16	17	18	19	20	21	22	23	24	25	26	27	28	29	30	5/1	
대남	2	1	1	1	1	입하	10	10	9	9	9	8	8	8	7	7	7	6	6	6	소만	5	5	4	4	4	3	3	3	2	2
운여	9	9	10	10	10	하	1	1	1	1	2	2	2	3	3	3	4	4	4	5	만	5	5	6	6	6	7	7	7	8	8

음 5 【戊午月(무오월)】

망종 6일 12시 19분　【음5월】➡　　　　하지 22일 05시 19분

양력	1	2	3	4	5	6	7	8	9	10	11	12	13	14	15	16	17	18	19	20	21	22	23	24	25	26	27	28	29	30
요일	월	화	수	목	금	토	일	월	화	수	목	금	토	일	월	화	수	목	금	토	일	월	화	수	목	금	토	일	월	화
일진 日辰	丁亥	戊子	己丑	庚寅	辛卯	壬辰	癸巳	甲午	乙未	丙申	丁酉	戊戌	己亥	庚子	辛丑	壬寅	癸卯	甲辰	乙巳	丙午	丁未	戊申	己酉	庚戌	辛亥	壬子	癸丑	甲寅	乙卯	丙辰
음력	2	3	4	5	6	7	8	9	10	11	12	13	14	15	16	17	18	19	20	21	22	23	24	25	26	27	28	29	30	6/1
대남	2	1	1	1	1	망종	10	10	10	9	9	9	8	8	8	7	7	7	6	6	6	하지	5	5	4	4	4	3	3	3
운여	9	9	9	10	10	종	1	1	1	1	2	2	2	3	3	3	4	4	4	5	5	지	6	6	6	7	7	7	8	8

한식(4월06일),초복(7월14일),중복(7월24일),말복(8월13일)
↑춘사(春社)3/24☀추사(秋社)9/20
토왕지절(土旺之節):4월17일,7월20일,10월21일, 신년 1월18일,(양력)

1908

戊申年

소서 7일 22시 48분 　【음6월】➡ 음6 【己未月(기미월)】　대서 23일 16시 14분

양력	1	2	3	4	5	6	7	8	9	10	11	12	13	14	15	16	17	18	19	20	21	22	23	24	25	26	27	28	29	30	31
요일	수	목	금	토	일	월	화	수	목	금	토	일	월	화	수	목	금	토	일	월	화	수	목	금	토	일	월	화	수	목	금
일진 日辰	丁巳	戊午	己未	庚申	辛酉	壬戌	癸亥	甲子	乙丑	丙寅	丁卯	戊辰	己巳	庚午	辛未	壬申	癸酉	甲戌	乙亥	丙子	丁丑	戊寅	己卯	庚辰	辛巳	壬午	癸未	甲申	乙酉	丙戌	丁亥
음력	3	4	5	6	7	8	9	10	11	12	13	14	15	16	17	18	19	20	21	22	23	24	25	26	27	28	29	7/1	2	3	4

입추 8일 08시 27분 　【음7월】➡ 음7 【庚申月(경신월)】　처서 23일 22시 57분

양력	1	2	3	4	5	6	7	8	9	10	11	12	13	14	15	16	17	18	19	20	21	22	23	24	25	26	27	28	29	30	31
요일	토	일	월	화	수	목	금	토	일	월	화	수	목	금	토	일	월	화	수	목	금	토	일	월	화	수	목	금	토	일	월
일진 日辰	戊子	己丑	庚寅	辛卯	壬辰	癸巳	甲午	乙未	丙申	丁酉	戊戌	己亥	庚子	辛丑	壬寅	癸卯	甲辰	乙巳	丙午	丁未	戊申	己酉	庚戌	辛亥	壬子	癸丑	甲寅	乙卯	丙辰	丁巳	戊午
음력	5	6	7	8	9	10	11	12	13	14	15	16	17	18	19	20	21	22	23	24	25	26	27	28	29	30	8/1	2	3	4	5

백로 8일 10시 52분 　【8월】➡ 음8 【辛酉月(신유월)】　추분 23일 19시 58분

양력	1	2	3	4	5	6	7	8	9	10	11	12	13	14	15	16	17	18	19	20	21	22	23	24	25	26	27	28	29	30
요일	화	수	목	금	토	일	월	화	수	목	금	토	일	월	화	수	목	금	토	일	월	화	수	목	금	토	일	월	화	수
일진 日辰	己未	庚申	辛酉	壬戌	癸亥	甲子	乙丑	丙寅	丁卯	戊辰	己巳	庚午	辛未	壬申	癸酉	甲戌	乙亥	丙子	丁丑	戊寅	己卯	庚辰	辛巳	壬午	癸未	甲申	乙酉	丙戌	丁亥	戊子
음력	6	7	8	9	10	11	12	13	14	15	16	17	18	19	20	21	22	23	24	25	26	27	28	29	9/1	2	3	4	5	6

한로 9일 01시 51분 　【음9월】➡ 음9 【壬戌月(임술월)】　상강 24일 04시 37분

양력	1	2	3	4	5	6	7	8	9	10	11	12	13	14	15	16	17	18	19	20	21	22	23	24	25	26	27	28	29	30	31
요일	목	금	토	일	월	화	수	목	금	토	일	월	화	수	목	금	토	일	월	화	수	목	금	토	일	월	화	수	목	금	토
일진 日辰	己丑	庚寅	辛卯	壬辰	癸巳	甲午	乙未	丙申	丁酉	戊戌	己亥	庚子	辛丑	壬寅	癸卯	甲辰	乙巳	丙午	丁未	戊申	己酉	庚戌	辛亥	壬子	癸丑	甲寅	乙卯	丙辰	丁巳	戊午	己未
음력	7	8	9	10	11	12	13	14	15	16	17	18	19	20	21	22	23	24	25	26	27	28	29	30	10/1	2	3	4	5	6	7

입동 8일 04시 22분 　【음10월】➡ 음10 【癸亥月(계해월)】　소설 23일 01시 35분

양력	1	2	3	4	5	6	7	8	9	10	11	12	13	14	15	16	17	18	19	20	21	22	23	24	25	26	27	28	29	30
요일	일	월	화	수	목	금	토	일	월	화	수	목	금	토	일	월	화	수	목	금	토	일	월	화	수	목	금	토	일	월
일진 日辰	庚申	辛酉	壬戌	癸亥	甲子	乙丑	丙寅	丁卯	戊辰	己巳	庚午	辛未	壬申	癸酉	甲戌	乙亥	丙子	丁丑	戊寅	己卯	庚辰	辛巳	壬午	癸未	甲申	乙酉	丙戌	丁亥	戊子	己丑
음력	8	9	10	11	12	13	14	15	16	17	18	19	20	21	22	23	24	25	26	27	28	29	30	11/1	2	3	4	5	6	7

대설 7일 20시 44분 　【음11월】➡ 음11 【甲子月(갑자월)】　동지 22일 14시 34분

양력	1	2	3	4	5	6	7	8	9	10	11	12	13	14	15	16	17	18	19	20	21	22	23	24	25	26	27	28	29	30	31
요일	화	수	목	금	토	일	월	화	수	목	금	토	일	월	화	수	목	금	토	일	월	화	수	목	금	토	일	월	화	수	목
일진 日辰	庚寅	辛卯	壬辰	癸巳	甲午	乙未	丙申	丁酉	戊戌	己亥	庚子	辛丑	壬寅	癸卯	甲辰	乙巳	丙午	丁未	戊申	己酉	庚戌	辛亥	壬子	癸丑	甲寅	乙卯	丙辰	丁巳	戊午	己未	庚申
음력	8	9	10	11	12	13	14	15	16	17	18	19	20	21	22	23	24	25	26	27	28	29	12/1	2	3	4	5	6	7	8	9

단기 4242 年
불기 2453 年
1909年

己酉(기유)년   납음(大驛土),본명성(一白水)

대장군(午남방), 삼살(동방), 상문(亥서북방),조객(未서남방),납음(대역토)
【삼재(해,자,축)년】 臘享(납향):1910년 1월 18일(음12/08)

소한 6일 07시 45분 【음12월】 ➡   **음 12**【乙丑月(을축월)】 ☾   대한 21일 01시 11분

양력 1	1	2	3	4	5	6	7	8	9	10	11	12	13	14	15	16	17	18	19	20	21	22	23	24	25	26	27	28	29	30	31
요일	금	토	일	월	화	수	목	금	토	일	월	화	수	목	금	토	일	월	화	수	목	금	토	일	월	화	수	목	금	토	일
일진 日辰	辛酉	壬戌	癸亥	甲子	乙丑	丙寅	丁卯	戊辰	己巳	庚午	辛未	壬申	癸酉	甲戌	乙亥	丙子	丁丑	戊寅	己卯	庚辰	辛巳	壬午	癸未	甲申	乙酉	丙戌	丁亥	戊子	己丑	庚寅	辛卯
음력 12/10 ~ 01/10	10	11	12	13	14	15	16	17	18	19	20	21	22	23	24	25	26	27	28	29	30	1/1	2	3	4	5	6	7	8	9	10
대남	2	1	1	1	1	소한	9	9	9	8	8	8	7	7	7	6	6	6	5	대한	4	4	4	3	3	3	2	2	2	1	1
운여	8	9	9	9	10	한	1	1	1	2	2	2	3	3	3	4	4	4	5	한	5	6	6	6	7	7	7	8	8	8	8

입춘 4일 19시 33분 【음1월】 ➡   **음 1**【丙寅月(병인월)】 ☾   우수 19일 15시 38분

양력 2	1	2	3	4	5	6	7	8	9	10	11	12	13	14	15	16	17	18	19	20	21	22	23	24	25	26	27	28			
요일	월	화	수	목	금	토	일	월	화	수	목	금	토	일	월	화	수	목	금	토	일	월	화	수	목	금	토	일			
일진 日辰	壬辰	癸巳	甲午	乙未	丙申	丁酉	戊戌	己亥	庚子	辛丑	壬寅	癸卯	甲辰	乙巳	丙午	丁未	戊申	己酉	庚戌	辛亥	壬子	癸丑	甲寅	乙卯	丙辰	丁巳	戊午	己未			
음력 01/11 ~ 02/09	11	12	13	14	15	16	17	18	19	20	21	22	23	24	25	26	27	28	29	2/1	2	3	4	5	6	7	8	9			
대남	1	1	1	입춘	1	1	1	2	2	2	3	3	3	4	4	4	5	우수	5	6	6	6	7	7	7	8	8	8			
운여	9	9	9	춘	10	9	9	8	8	8	7	7	7	6	6	6	5	수	5	4	4	4	3	3	3	2	2	2			

경칩 6일 14시 01분 【음2월】 ➡   **음 2**【丁卯月(정묘월)】 ☾ **윤2**   춘분 21일 15시 13분

양력 3	1	2	3	4	5	6	7	8	9	10	11	12	13	14	15	16	17	18	19	20	21	22	23	24	25	26	27	28	29	30	31
요일	월	화	수	목	금	토	일	월	화	수	목	금	토	일	월	화	수	목	금	토	일	월	화	수	목	금	토	일	월	화	수
일진 日辰	庚申	辛酉	壬戌	癸亥	甲子	乙丑	丙寅	丁卯	戊辰	己巳	庚午	辛未	壬申	癸酉	甲戌	乙亥	丙子	丁丑	戊寅	己卯	庚辰	辛巳	壬午	癸未	甲申	乙酉	丙戌	丁亥	戊子	己丑	庚寅
음력 02/10 ~ 윤2/1 0	10	11	12	13	14	15	16	17	18	19	20	21	22	23	24	25	26	27	28	29	30	윤2	2	3	4	5	6	7	8	9	10
대남	8	9	9	9	10	경칩	1	1	1	1	2	2	2	3	3	3	4	4	4	5	춘분	5	6	6	6	7	7	7	8	8	8
운여	2	1	1	1	1	칩	10	9	9	9	8	8	8	7	7	7	6	6	6	5	분	5	4	4	4	3	3	3	2	2	2

청명 5일 19시 30분 【음3월】 ➡   **음 3**【戊辰月(무진월)】 ☾   곡우 21일 02시 58분

양력 4	1	2	3	4	5	6	7	8	9	10	11	12	13	14	15	16	17	18	19	20	21	22	23	24	25	26	27	28	29	30	
요일	목	금	토	일	월	화	수	목	금	토	일	월	화	수	목	금	토	일	월	화	수	목	금	토	일	월	화	수	목	금	
일진 日辰	辛卯	壬辰	癸巳	甲午	乙未	丙申	丁酉	戊戌	己亥	庚子	辛丑	壬寅	癸卯	甲辰	乙巳	丙午	丁未	戊申	己酉	庚戌	辛亥	壬子	癸丑	甲寅	乙卯	丙辰	丁巳	戊午	己未	庚申	
음력 윤2/1 1 ~ 0311	11	12	13	14	15	16	17	18	19	20	21	22	23	24	25	26	27	28	29	3/1	2	3	4	5	6	7	8	9	10	11	
대남	9	9	9	10	청명	1	1	1	1	2	2	2	3	3	3	4	4	4	5	곡우	5	6	6	6	7	7	7	8	8	8	
운여	1	1	1	1	명	10	10	9	9	9	8	8	8	7	7	7	6	6	6	우	5	4	4	4	3	3	3	2	2	2	

입하 6일 13시 31분 【음4월】 ➡   **음 4**【己巳月(기사월)】 ☾   소만 22일 02시 45분

양력 5	1	2	3	4	5	6	7	8	9	10	11	12	13	14	15	16	17	18	19	20	21	22	23	24	25	26	27	28	29	30	31
요일	토	일	월	화	수	목	금	토	일	월	화	수	목	금	토	일	월	화	수	목	금	토	일	월	화	수	목	금	토	일	월
일진 日辰	辛酉	壬戌	癸亥	甲子	乙丑	丙寅	丁卯	戊辰	己巳	庚午	辛未	壬申	癸酉	甲戌	乙亥	丙子	丁丑	戊寅	己卯	庚辰	辛巳	壬午	癸未	甲申	乙酉	丙戌	丁亥	戊子	己丑	庚寅	辛卯
음력 03/12 ~ 04/13	12	13	14	15	16	17	18	19	20	21	22	23	24	25	26	27	28	29	4/1	2	3	4	5	6	7	8	9	10	11	12	13
대남	9	9	9	10	10	입하	1	1	1	1	2	2	2	3	3	3	4	4	4	5	소만	5	6	6	6	7	7	7	8	8	8
운여	2	1	1	1	1	하	10	10	9	9	9	8	8	8	7	7	7	6	6	6	만	5	5	4	4	4	3	3	3	2	2

망종 6일 18시 14분 【음5월】 ➡   **음 5**【庚午月(경오월)】 ☾   하지 22일 11시 06분

양력 6	1	2	3	4	5	6	7	8	9	10	11	12	13	14	15	16	17	18	19	20	21	22	23	24	25	26	27	28	29	30	
요일	화	수	목	금	토	일	월	화	수	목	금	토	일	월	화	수	목	금	토	일	월	화	수	목	금	토	일	월	화	수	
일진 日辰	壬辰	癸巳	甲午	乙未	丙申	丁酉	戊戌	己亥	庚子	辛丑	壬寅	癸卯	甲辰	乙巳	丙午	丁未	戊申	己酉	庚戌	辛亥	壬子	癸丑	甲寅	乙卯	丙辰	丁巳	戊午	己未	庚申	辛酉	
음력 04/14 ~ 05/13	14	15	16	17	18	19	20	21	22	23	24	25	26	27	28	29	30	5/1	2	3	4	5	6	7	8	9	10	11	12	13	
대남	9	9	9	10	10	망종	1	1	1	1	2	2	2	3	3	3	4	4	4	5	5	하지	6	6	6	7	7	7	8	8	
운여	2	1	1	1	1	종	10	10	10	9	9	9	8	8	8	7	7	7	6	6	6	지	5	5	5	4	4	4	3	3	

한식(4월06일), 초복(7월19일), 중복(7월29일), 말복(8월8일)♠춘사(春社)3/19
☀추사(秋社)9/25토왕지절(土旺之節):4월18일,7월20일,10월21일.
신년 1월18일,(양력) 臘享(납향):음12/08

오른쪽 세로: 1909 己酉年

소서 8일 04시 44분 　【음6월】 ➡ 음 6 【辛未月(신미월)】　대서 23일 22시 01분

양력	1	2	3	4	5	6	7	8	9	10	11	12	13	14	15	16	17	18	19	20	21	22	23	24	25	26	27	28	29	30	31
요일	목	금	토	일	월	화	수	목	금	토	일	월	화	수	목	금	토	일	월	화	수	목	금	토	일	월	화	수	목	금	토
일진 日辰	壬戌	癸亥	甲子	乙丑	丙寅	丁卯	戊辰	己巳	庚午	辛未	壬申	癸酉	甲戌	乙亥	丙子	丁丑	戊寅	己卯	庚辰	辛巳	壬午	癸未	甲申	乙酉	丙戌	丁亥	戊子	己丑	庚寅	辛卯	壬辰
음력 05/14 06/15	13	14	15	16	17	18	19	20	21	22	23	24	25	26	27	28	29	6/1	2	3	4	5	6	7	8	9	10	11	12	13	14	15
대남 운여	8 2	8 2	9 2	9 1	9 1	10 1	10 1	소서	1 10	1 10	1 9	1 9	2 9	2 8	2 8	3 8	3 7	3 7	4 7	4 6	4 6	5 6	대서 5	5 5	6 5	6 4	6 4	7 4	7 3	7 3	8 3

입추 8일 14시 23분 　【음7월】 ➡ 음 7 【壬申月(임신월)】　처서 24일 04시 44분

양력	1	2	3	4	5	6	7	8	9	10	11	12	13	14	15	16	17	18	19	20	21	22	23	24	25	26	27	28	29	30	31
요일	일	월	화	수	목	금	토	일	월	화	수	목	금	토	일	월	화	수	목	금	토	일	월	화	수	목	금	토	일	월	화
일진 日辰	癸巳	甲午	乙未	丙申	丁酉	戊戌	己亥	庚子	辛丑	壬寅	癸卯	甲辰	乙巳	丙午	丁未	戊申	己酉	庚戌	辛亥	壬子	癸丑	甲寅	乙卯	丙辰	丁巳	戊午	己未	庚申	辛酉	壬戌	癸亥
음력 06/16 07/6	16	17	18	19	20	21	22	23	24	25	26	27	28	29	30	7/1	2	3	4	5	6	7	8	9	10	11	12	13	14	15	16
대남 운여	8 2	8 2	9 2	9 1	9 1	10 1	10 1	입추	1 10	1 10	1 9	1 9	2 9	2 8	2 8	3 8	3 7	3 7	4 7	4 6	4 6	5 6	처서 5	5 5	6 5	6 4	6 4	7 4	7 3	7 3	8 3

백로 8일 16시 47분 　【음8월】 ➡ 음 8 【癸酉月(계유월)】　추분 24일 01시 45분

양력	1	2	3	4	5	6	7	8	9	10	11	12	13	14	15	16	17	18	19	20	21	22	23	24	25	26	27	28	29	30
요일	수	목	금	토	일	월	화	수	목	금	토	일	월	화	수	목	금	토	일	월	화	수	목	금	토	일	월	화	수	목
일진 日辰	甲子	乙丑	丙寅	丁卯	戊辰	己巳	庚午	辛未	壬申	癸酉	甲戌	乙亥	丙子	丁丑	戊寅	己卯	庚辰	辛巳	壬午	癸未	甲申	乙酉	丙戌	丁亥	戊子	己丑	庚寅	辛卯	壬辰	癸巳
음력 07/17 08/17	17	18	19	20	21	22	23	24	25	26	27	28	29	8/1	2	3	4	5	6	7	8	9	10	11	12	13	14	15	16	17
대남 운여	8 2	8 2	9 2	9 1	9 1	10 1	10 1	백로	1 10	1 10	1 9	1 9	2 9	2 8	2 8	3 8	3 7	3 7	4 7	4 6	4 6	5 6	추분 5	5 5	6 5	6 4	6 4	7 4	7 3	7 3

한로 9일 07시 43분 　【음9월】 ➡ 음 9 【甲戌月(갑술월)】　상강 24일 10시 23분

양력	1	2	3	4	5	6	7	8	9	10	11	12	13	14	15	16	17	18	19	20	21	22	23	24	25	26	27	28	29	30	31
요일	금	토	일	월	화	수	목	금	토	일	월	화	수	목	금	토	일	월	화	수	목	금	토	일	월	화	수	목	금	토	일
일진 日辰	甲午	乙未	丙申	丁酉	戊戌	己亥	庚子	辛丑	壬寅	癸卯	甲辰	乙巳	丙午	丁未	戊申	己酉	庚戌	辛亥	壬子	癸丑	甲寅	乙卯	丙辰	丁巳	戊午	己未	庚申	辛酉	壬戌	癸亥	甲子
음력 08/18 09/18	18	19	20	21	22	23	24	25	26	27	28	29	30	9/1	2	3	4	5	6	7	8	9	10	11	12	13	14	15	16	17	18
대남 운여	8 3	8 2	8 2	9 2	9 1	9 1	10 1	10 1	한로	1 10	1 9	1 9	2 9	2 8	2 8	3 8	3 7	3 7	4 7	4 6	상강	5 5	5 5	6 4	6 4	6 4	7 3	7 3	7 3	8 2	8 2

입동 8일 10시 13분 　【음10월】 ➡ 음 10 【乙亥月(을해월)】　소설 23일 07시 20분

양력	1	2	3	4	5	6	7	8	9	10	11	12	13	14	15	16	17	18	19	20	21	22	23	24	25	26	27	28	29	30
요일	월	화	수	목	금	토	일	월	화	수	목	금	토	일	월	화	수	목	금	토	일	월	화	수	목	금	토	일	월	화
일진 日辰	乙丑	丙寅	丁卯	戊辰	己巳	庚午	辛未	壬申	癸酉	甲戌	乙亥	丙子	丁丑	戊寅	己卯	庚辰	辛巳	壬午	癸未	甲申	乙酉	丙戌	丁亥	戊子	己丑	庚寅	辛卯	壬辰	癸巳	甲午
음력 09/19 10/18	19	20	21	22	23	24	25	26	27	28	29	30	10/1	2	3	4	5	6	7	8	9	10	11	12	13	14	15	16	17	18
대남 운여	8 2	8 2	8 1	9 1	9 1	9 1	10 1	입동	9	1 9	1 9	1 8	2 8	2 8	2 7	3 7	3 7	3 6	4 6	4 6	4 5	소설	5 5	5 4	6 4	6 4	6 3	7 3	7 3	7 2

대설 8일 02시 35분 　【음11월】 ➡ 음 11 【丙子月(병자월)】　동지 22일 20시 20분

양력	1	2	3	4	5	6	7	8	9	10	11	12	13	14	15	16	17	18	19	20	21	22	23	24	25	26	27	28	29	30	31
요일	수	목	금	토	일	월	화	수	목	금	토	일	월	화	수	목	금	토	일	월	화	수	목	금	토	일	월	화	수	목	금
일진 日辰	乙未	丙申	丁酉	戊戌	己亥	庚子	辛丑	壬寅	癸卯	甲辰	乙巳	丙午	丁未	戊申	己酉	庚戌	辛亥	壬子	癸丑	甲寅	乙卯	丙辰	丁巳	戊午	己未	庚申	辛酉	壬戌	癸亥	甲子	乙丑
음력 10/19 11/19	19	20	21	22	23	24	25	26	27	28	29	30	11/1	2	3	4	5	6	7	8	9	10	11	12	13	14	15	16	17	18	19
대남 운여	8 2	8 2	8 1	9 1	9 1	9 1	10 1	대설	1 9	1 9	1 9	1 8	2 8	2 8	2 7	3 7	3 7	3 6	4 6	4 6	4 5	동지	5 5	5 4	6 4	6 4	6 3	7 3	7 3	7 2	8 2

단기 4243 年
불기 2454 年

1910년

庚戌(경술)년 납음(釵釧金),본명성(九紫火)

대장군(午남방), 삼살(北방), 상문(子북방),조객(申서남방), 납음(차천금),
【삼재(신,유,술)년】

臘享(납향):1911년1월25일(음12/25)

음 12 【丁丑月(정축월)】

소한 6일 13시 38분 【음12월】　　　　　　　　　　대한 21일 06시 59분

양력 1	요일	일진	음력 11/20 ~ 12/21	대 남	운 여

양력	1	2	3	4	5	6	7	8	9	10	11	12	13	14	15	16	17	18	19	20	21	22	23	24	25	26	27	28	29	30	31
요일	토	일	월	화	수	목	금	토	일	월	화	수	목	금	토	일	월	화	수	목	금	토	일	월	화	수	목	금	토	일	월
일진	丙	丁	戊	己	庚	辛	壬	癸	甲	乙	丙	丁	戊	己	庚	辛	壬	癸	甲	乙	丙	丁	戊	己	庚	辛	壬	癸	甲	乙	
日辰	寅	卯	辰	巳	午	未	申	酉	戌	亥	子	丑	寅	卯	辰	巳	午	未	申	酉	戌	亥	子	丑	寅	卯	辰	巳	午	未	
음력	19	20	21	22	23	24	25	26	27	28	29	12/1	2	3	4	5	6	7	8	9	10	11	12	13	14	15	16	17	18	19	20	21
대 남	8	9	9	9	10	소한	1	1	1	1	2	2	2	3	3	3	4	4	4	5	대한	5	6	6	6	7	7	7	8	8	8
운 여	2	1	1	1	1	한	10	9	9	9	8	8	8	7	7	7	6	6	6	5	한	5	4	4	4	3	3	3	2	2	2

음 1 【戊寅月(무인월)】

입춘 5일 01시 27분 【음1월】 ➡　　　　　　　　　우수 19일 21시 28분

양력	1	2	3	4	5	6	7	8	9	10	11	12	13	14	15	16	17	18	19	20	21	22	23	24	25	26	27	28
요일	화	수	목	금	토	일	월	화	수	목	금	토	일	월	화	수	목	금	토	일	월	화	수	목	금	토	일	월
일진	丁	戊	己	庚	辛	壬	癸	甲	乙	丙	丁	戊	己	庚	辛	壬	癸	甲	乙	丙	丁	戊	己	庚	辛	壬	癸	
日辰	酉	戌	亥	子	丑	寅	卯	辰	巳	午	未	申	酉	戌	亥	子	丑	寅	卯	辰	巳	午	未	申	酉	戌	亥	
음력	21	22	23	24	25	26	27	28	29	30	1/1	2	3	4	5	6	7	8	9	10	11	12	13	14	15	16	17	18	19
대 남	9	9	9	10	입춘	9	9	9	8	8	8	7	7	7	6	6	6	5	우수	5	4	4	4	3	3	3	2	2
운 여	1	1	1	1	춘	1	1	1	2	2	2	3	3	3	4	4	4	5	수	5	5	6	6	6	7	7	7	8

음 2 【己卯月(기묘월)】

경칩 6일 19시 57분 【음2월】 ➡　　　　　　　　　춘분 21일 21시 03분

양력	1	2	3	4	5	6	7	8	9	10	11	12	13	14	15	16	17	18	19	20	21	22	23	24	25	26	27	28	29	30	31
요일	화	수	목	금	토	일	월	화	수	목	금	토	일	월	화	수	목	금	토	일	월	화	수	목	금	토	일	월	화	수	목
일진	乙	丙	丁	戊	己	庚	辛	壬	癸	甲	乙	丙	丁	戊	己	庚	辛	壬	癸	甲	乙	丙	丁	戊	己	庚	辛	壬	癸	甲	乙
日辰	丑	寅	卯	辰	巳	午	未	申	酉	戌	亥	子	丑	寅	卯	辰	巳	午	未	申	酉	戌	亥	子	丑	寅	卯	辰	巳	午	未
음력	20	21	22	23	24	25	26	27	28	29	2/1	2	3	4	5	6	7	8	9	10	11	12	13	14	15	16	17	18	19	20	21
대 남	2	1	1	1	1	경칩	10	10	9	9	9	8	8	8	7	7	7	6	6	6	춘분	5	5	4	4	4	3	3	3	2	2
운 여	8	9	9	9	10	칩	1	1	1	1	2	2	2	3	3	3	4	4	4	5	분	5	6	6	6	7	7	7	8	8	8

음 3 【庚辰月(경진월)】

청명 6일 01시 23분 【음3월】 ➡　　　　　　　　　곡우 21일 08시 46분

양력	1	2	3	4	5	6	7	8	9	10	11	12	13	14	15	16	17	18	19	20	21	22	23	24	25	26	27	28	29	30
요일	금	토	일	월	화	수	목	금	토	일	월	화	수	목	금	토	일	월	화	수	목	금	토	일	월	화	수	목	금	토
일진	丙	丁	戊	己	庚	辛	壬	癸	甲	乙	丙	丁	戊	己	庚	辛	壬	癸	甲	乙	丙	丁	戊	己	庚	辛	壬	癸	甲	乙
日辰	申	酉	戌	亥	子	丑	寅	卯	辰	巳	午	未	申	酉	戌	亥	子	丑	寅	卯	辰	巳	午	未	申	酉	戌	亥	子	丑
음력	22	23	24	25	26	27	28	29	30	3/1	2	3	4	5	6	7	8	9	10	11	12	13	14	15	16	17	18	19	20	21
대 남	2	1	1	1	1	청명	10	10	9	9	9	8	8	8	7	7	7	6	6	6	곡우	5	5	4	4	4	3	3	3	2
운 여	9	9	9	10	10	명	1	1	1	1	2	2	2	3	3	3	4	4	4	5	우	5	6	6	6	7	7	7	8	8

음 4 【辛巳月(신사월)】

입하 6일 19시 19분 【음4월】 ➡　　　　　　　　　소만 22일 08시 30분

양력	1	2	3	4	5	6	7	8	9	10	11	12	13	14	15	16	17	18	19	20	21	22	23	24	25	26	27	28	29	30	31
요일	일	월	화	수	목	금	토	일	월	화	수	목	금	토	일	월	화	수	목	금	토	일	월	화	수	목	금	토	일	월	화
일진	丙	丁	戊	己	庚	辛	壬	癸	甲	乙	丙	丁	戊	己	庚	辛	壬	癸	甲	乙	丙	丁	戊	己	庚	辛	壬	癸	甲	乙	丙
日辰	寅	卯	辰	巳	午	未	申	酉	戌	亥	子	丑	寅	卯	辰	巳	午	未	申	酉	戌	亥	子	丑	寅	卯	辰	巳	午	未	申
음력	22	23	24	25	26	27	28	29	4/1	2	3	4	5	6	7	8	9	10	11	12	13	14	15	16	17	18	19	20	21	22	23
대 남	2	1	1	1	1	입하	10	10	9	9	9	8	8	8	7	7	7	6	6	6	소만	5	5	4	4	4	3	3	3	2	2
운 여	8	9	9	9	10	하	1	1	1	1	2	2	2	3	3	3	4	4	4	5	만	5	6	6	6	7	7	7	8	8	8

음 5 【壬午月(임오월)】

망종 6일 23시 56분 【음5월】 ➡　　　　　　　　　하지 22일 16시 49분

양력	1	2	3	4	5	6	7	8	9	10	11	12	13	14	15	16	17	18	19	20	21	22	23	24	25	26	27	28	29	30
요일	수	목	금	토	일	월	화	수	목	금	토	일	월	화	수	목	금	토	일	월	화	수	목	금	토	일	월	화	수	목
일진	丁	戊	己	庚	辛	壬	癸	甲	乙	丙	丁	戊	己	庚	辛	壬	癸	甲	乙	丙	丁	戊	己	庚	辛	壬	癸	甲	乙	丙
日辰	酉	戌	亥	子	丑	寅	卯	辰	巳	午	未	申	酉	戌	亥	子	丑	寅	卯	辰	巳	午	未	申	酉	戌	亥	子	丑	寅
음력	24	25	26	27	28	29	5/1	2	3	4	5	6	7	8	9	10	11	12	13	14	15	16	17	18	19	20	21	22	23	24
대 남	2	1	1	1	1	망종	10	10	10	9	9	9	8	8	8	7	7	7	6	6	6	하지	5	5	5	4	4	4	3	3
운 여	9	9	9	10	10	종	1	1	1	1	2	2	2	3	3	3	4	4	4	5	5	지	5	6	6	6	7	7	7	8

庚戌年

한식(4월06일), 초복(7월19일), 중복(7월24일), 말복(8월13일) ↑춘사(春社)3/24
☀추사(秋社)9/20 토왕지절(土旺之節) :4월18일,7월21일,10월21일,
신년 1월18일,(양력) ◑ 臘享(납향):음12/25

1910 庚戌年

소서 8일 10시 21분 【음6월】 → 음 6 【癸未月(계미월)】 대서 24일 03시 43분

양력 7
음력 05/25 ~ 06/25

양력	1	2	3	4	5	6	7	8	9	10	11	12	13	14	15	16	17	18	19	20	21	22	23	24	25	26	27	28	29	30	31
요일	금	토	일	월	화	수	목	금	토	일	월	화	수	목	금	토	일	월	화	수	목	금	토	일	월	화	수	목	금	토	일
일진	丁卯	戊辰	己巳	庚午	辛未	壬申	癸酉	甲戌	乙亥	丙子	丁丑	戊寅	己卯	庚辰	辛巳	壬午	癸未	甲申	乙酉	丙戌	丁亥	戊子	己丑	庚寅	辛卯	壬辰	癸巳	甲午	乙未	丙申	丁酉
음력	24	25	26	27	28	29	30	6/1	2	3	4	5	6	7	8	9	10	11	12	13	14	15	16	17	18	19	20	21	22	23	24	25
대남	2	2	1	1	1	1	소	10	10	9	9	9	8	8	8	7	7	7	6	6	6	5	대	5	4	4	4	3	3	3	2
운여	8	9	9	9	10	10	서	1	1	1	1	2	2	2	3	3	3	4	4	4	5	5	서	6	6	6	7	7	7	8	8

입추 8일 19시 57분 【음7월】 → 음 7 【甲申月(갑신월)】 처서 24일 10시 57분

양력 8
음력 06/26 ~ 07/27

양력	1	2	3	4	5	6	7	8	9	10	11	12	13	14	15	16	17	18	19	20	21	22	23	24	25	26	27	28	29	30	31
요일	월	화	수	목	금	토	일	월	화	수	목	금	토	일	월	화	수	목	금	토	일	월	화	수	목	금	토	일	월	화	수
일진	戊戌	己亥	庚子	辛丑	壬寅	癸卯	甲辰	乙巳	丙午	丁未	戊申	己酉	庚戌	辛亥	壬子	癸丑	甲寅	乙卯	丙辰	丁巳	戊午	己未	庚申	辛酉	壬戌	癸亥	甲子	乙丑	丙寅	丁卯	戊辰
음력	26	27	28	29	7/1	2	3	4	5	6	7	8	9	10	11	12	13	14	15	16	17	18	19	20	21	22	23	24	25	26	27
대남	2	2	1	1	1	1	입	10	10	9	9	9	8	8	8	7	7	7	6	6	6	5	처	5	4	4	4	3	3	3	2
운여	8	8	9	9	9	10	추	1	1	1	1	2	2	2	3	3	3	4	4	4	5	5	서	6	6	6	7	7	7	8	8

백로 8일 22시 22분 【음8월】 → 음 8 【乙酉月(을유월)】 추분 24일 07시 31분

양력 9
음력 07/28 ~ 08/27

양력	1	2	3	4	5	6	7	8	9	10	11	12	13	14	15	16	17	18	19	20	21	22	23	24	25	26	27	28	29	30
요일	목	금	토	일	월	화	수	목	금	토	일	월	화	수	목	금	토	일	월	화	수	목	금	토	일	월	화	수	목	금
일진	己巳	庚午	辛未	壬申	癸酉	甲戌	乙亥	丙子	丁丑	戊寅	己卯	庚辰	辛巳	壬午	癸未	甲申	乙酉	丙戌	丁亥	戊子	己丑	庚寅	辛卯	壬辰	癸巳	甲午	乙未	丙申	丁酉	戊戌
음력	28	29	8/1	2	3	4	5	6	7	8	9	10	11	12	13	14	15	16	17	18	19	20	21	22	23	24	25	26	27
대남	2	2	2	1	1	1	1	백	10	10	9	9	9	8	8	8	7	7	7	6	6	6	추	5	5	4	4	4	3	3
운여	8	8	8	9	9	9	10	로	1	1	1	1	2	2	2	3	3	3	4	4	4	5	분	5	6	6	6	7	7	7

한로 9일 13시 21분 【음9월】 → 음 9 【丙戌月(병술월)】 상강 24일 16시 11분

양력 10
음력 08/28 ~ 09/29

양력	1	2	3	4	5	6	7	8	9	10	11	12	13	14	15	16	17	18	19	20	21	22	23	24	25	26	27	28	29	30	31
요일	토	일	월	화	수	목	금	토	일	월	화	수	목	금	토	일	월	화	수	목	금	토	일	월	화	수	목	금	토	일	월
일진	己亥	庚子	辛丑	壬寅	癸卯	甲辰	乙巳	丙午	丁未	戊申	己酉	庚戌	辛亥	壬子	癸丑	甲寅	乙卯	丙辰	丁巳	戊午	己未	庚申	辛酉	壬戌	癸亥	甲子	乙丑	丙寅	丁卯	戊辰	己巳
음력	28	29	9/1	2	3	4	5	6	7	8	9	10	11	12	13	14	15	16	17	18	19	20	21	22	23	24	25	26	27	28	29
대남	2	2	2	1	1	1	1	한	10	9	9	9	8	8	8	7	7	7	6	6	6	5	상	5	4	4	4	3	3	3	2
운여	8	8	8	9	9	9	10	로	1	1	1	1	2	2	2	3	3	3	4	4	4	5	강	5	6	6	6	7	7	7	7

입동 8일 15시 54분 【음10월】 → 음 10 【丁亥月(정해월)】 소설 23일 13시 11분

양력 11
음력 09/30 ~ 10/29

양력	1	2	3	4	5	6	7	8	9	10	11	12	13	14	15	16	17	18	19	20	21	22	23	24	25	26	27	28	29	30
요일	화	수	목	금	토	일	월	화	수	목	금	토	일	월	화	수	목	금	토	일	월	화	수	목	금	토	일	월	화	수
일진	庚午	辛未	壬申	癸酉	甲戌	乙亥	丙子	丁丑	戊寅	己卯	庚辰	辛巳	壬午	癸未	甲申	乙酉	丙戌	丁亥	戊子	己丑	庚寅	辛卯	壬辰	癸巳	甲午	乙未	丙申	丁酉	戊戌	己亥
음력	30	10/1	2	3	4	5	6	7	8	9	10	11	12	13	14	15	16	17	18	19	20	21	22	23	24	25	26	27	28	29
대남	2	2	1	1	1	1	입	10	9	9	9	8	8	8	7	7	7	6	6	6	5	소	5	4	4	4	3	3	3	2
운여	8	8	9	9	9	10	동	1	1	1	1	2	2	2	3	3	3	4	4	4	5	설	5	6	6	6	7	7	7	8

대설 8일 08시 17분 【음11월】 → 음 11 【戊子月(무자월)】 동지 23일 02시 12분

양력 12
음력 10/30 ~ 11/30

양력	1	2	3	4	5	6	7	8	9	10	11	12	13	14	15	16	17	18	19	20	21	22	23	24	25	26	27	28	29	30	31
요일	목	금	토	일	월	화	수	목	금	토	일	월	화	수	목	금	토	일	월	화	수	목	금	토	일	월	화	수	목	금	토
일진	庚子	辛丑	壬寅	癸卯	甲辰	乙巳	丙午	丁未	戊申	己酉	庚戌	辛亥	壬子	癸丑	甲寅	乙卯	丙辰	丁巳	戊午	己未	庚申	辛酉	壬戌	癸亥	甲子	乙丑	丙寅	丁卯	戊辰	己巳	庚午
음력	30	11/1	2	3	4	5	6	7	8	9	10	11	12	13	14	15	16	17	18	19	20	21	22	23	24	25	26	27	28	29	30
대남	2	2	1	1	1	1	대	9	9	9	8	8	8	7	7	7	6	6	6	5	동	5	4	4	4	3	3	3	2	2	2
운여	8	8	9	9	9	10	설	1	1	1	1	2	2	2	3	3	3	4	4	4	지	5	6	6	6	7	7	7	8	8	8

辛亥(신해)년 1911년

단기 4244 年
불기 2455 年

납음(釵釧金),본명성(八白土)

대장군(酉서방). 삼살(酉서방), 상문(동동북방),조객(酉서방), 납음(차천금), 【삼재(사,오,미)년】 臘享(납향):1912년1월20일(음12/02)

1월 — 소한 6일 19시 21분 【음12월】➡ 음12 【己丑月(기축월)】 대한 21일 02시 51분

양력	1	2	3	4	5	6	7	8	9	10	11	12	13	14	15	16	17	18	19	20	21	22	23	24	25	26	27	28	29	30	31
요일	일	월	화	수	목	금	토	일	월	화	수	목	금	토	일	월	화	수	목	금	토	일	월	화	수	목	금	토	일	월	화
일진(日辰)	辛未	壬申	癸酉	甲戌	乙亥	丙子	丁丑	戊寅	己卯	庚辰	辛巳	壬午	癸未	甲申	乙酉	丙戌	丁亥	戊子	己丑	庚寅	辛卯	壬辰	癸巳	甲午	乙未	丙申	丁酉	戊戌	己亥	庚子	辛丑
음력	12/1	2	3	4	5	6	7	8	9	10	11	12	13	14	15	16	17	18	19	20	21	22	23	24	25	26	27	28	29	1/1	2
대남	2	1	1	1	1	소	10	9	9	9	8	8	8	7	7	7	6	6	6	5	대	5	4	4	4	3	3	3	2	2	2
운여	8	9	9	9	10	한	1	1	1	1	2	2	2	3	3	3	4	4	4	5	한	5	6	6	6	7	7	7	8	8	8

2월 — 입춘 5일 07시 10분 【음1월】 음1 【庚寅月(경인월)】 우수 20일 03시 20분

양력	1	2	3	4	5	6	7	8	9	10	11	12	13	14	15	16	17	18	19	20	21	22	23	24	25	26	27	28
요일	수	목	금	토	일	월	화	수	목	금	토	일	월	화	수	목	금	토	일	월	화	수	목	금	토	일	월	화
일진(日辰)	壬寅	癸卯	甲辰	乙巳	丙午	丁未	戊申	己酉	庚戌	辛亥	壬子	癸丑	甲寅	乙卯	丙辰	丁巳	戊午	己未	庚申	辛酉	壬戌	癸亥	甲子	乙丑	丙寅	丁卯	戊辰	己巳
음력	3	4	5	6	7	8	9	10	11	12	13	14	15	16	17	18	19	20	21	22	23	24	25	26	27	28	29	30
대남	1	1	1	1	입	1	1	1	1	2	2	2	3	3	3	4	4	4	5	우	5	6	6	6	7	7	7	8
운여	9	9	9	10	춘	10	9	9	9	8	8	8	7	7	7	6	6	6	5	수	5	4	4	4	3	3	3	2

辛亥年

3월 — 경칩 7일 01시 39분 【음2월】 ➡ 음2 【辛卯月(신묘월)】 춘분 22일 02시 54분

양력	1	2	3	4	5	6	7	8	9	10	11	12	13	14	15	16	17	18	19	20	21	22	23	24	25	26	27	28	29	30	31
요일	수	목	금	토	일	월	화	수	목	금	토	일	월	화	수	목	금	토	일	월	화	수	목	금	토	일	월	화	수	목	금
일진(日辰)	庚午	辛未	壬申	癸酉	甲戌	乙亥	丙子	丁丑	戊寅	己卯	庚辰	辛巳	壬午	癸未	甲申	乙酉	丙戌	丁亥	戊子	己丑	庚寅	辛卯	壬辰	癸巳	甲午	乙未	丙申	丁酉	戊戌	己亥	庚子
음력	2/1	3	4	5	6	7	8	9	10	11	12	13	14	15	16	17	18	19	20	21	22	23	24	25	26	27	28	29	3/1	2	
대남	8	8	8	9	9	9	10	경	1	1	1	1	2	2	2	3	3	3	4	4	4	춘	5	6	6	6	7	7	7	3	2
운여	2	2	1	1	1	1	침	10	9	9	9	8	8	8	7	7	7	6	6	6	5	분	5	4	4	4	3	3	3	2	

4월 — 청명 6일 07시 05분 【음3월】 ➡ 음3 【壬辰月(임진월)】 곡우 21일 14시 36분

양력	1	2	3	4	5	6	7	8	9	10	11	12	13	14	15	16	17	18	19	20	21	22	23	24	25	26	27	28	29	30
요일	수	목	금	토	일	월	화	수	목	금	토	일	월	화	수	목	금	토	일	월	화	수	목	금	토	일	월	화	수	목
일진(日辰)	庚午	辛未	壬申	癸酉	甲戌	乙亥	丙子	丁丑	戊寅	己卯	庚辰	辛巳	壬午	癸未	甲申	乙酉	丙戌	丁亥	戊子	己丑	庚寅	辛卯	壬辰	癸巳	甲午	乙未	丙申	丁酉	戊戌	己亥
음력	2/1	3	4	5	6	7	8	9	10	11	12	13	14	15	16	17	18	19	20	21	22	23	24	25	26	27	28	29	3/1	2
대남	8	8	8	9	9	9	10	경	1	1	1	1	2	2	2	3	3	3	4	4	4	춘	5	6	6	6	7	7	7	3/1
운여	2	2	1	1	1	1	침	10	9	9	9	8	8	8	7	7	7	6	6	6	5	분	5	4	4	4	3	3	3	2

5월 — 입하 7일 01시 00분 【음4월】 ➡ 음4 【癸巳月(계사월)】 소만 22일 14시 19분

양력	1	2	3	4	5	6	7	8	9	10	11	12	13	14	15	16	17	18	19	20	21	22	23	24	25	26	27	28	29	30	31
요일	월	화	수	목	금	토	일	월	화	수	목	금	토	일	월	화	수	목	금	토	일	월	화	수	목	금	토	일	월	화	수
일진(日辰)	辛未	壬申	癸酉	甲戌	乙亥	丙子	丁丑	戊寅	己卯	庚辰	辛巳	壬午	癸未	甲申	乙酉	丙戌	丁亥	戊子	己丑	庚寅	辛卯	壬辰	癸巳	甲午	乙未	丙申	丁酉	戊戌	己亥	庚子	辛丑
음력	04/03	3	4	5	6	7	8	9	10	11	12	13	14	15	16	17	18	19	20	21	22	23	24	25	26	27	28	29	5/1	2	3
대남	8	8	9	9	9	10	입	1	1	1	1	2	2	2	3	3	3	4	4	4	5	소	5	6	6	6	7	7	7	8	8
운여	8	9	9	9	10	10	하	1	1	1	1	2	2	2	3	3	3	4	4	4	5	만	5	6	6	6	7	7	7	4	3

6월 — 망종 7일 05시 38분 【음5월】 ➡ 음5 【甲午月(갑오월)】 하지 22일 22시 36분

양력	1	2	3	4	5	6	7	8	9	10	11	12	13	14	15	16	17	18	19	20	21	22	23	24	25	26	27	28	29	30
요일	목	금	토	일	월	화	수	목	금	토	일	월	화	수	목	금	토	일	월	화	수	목	금	토	일	월	화	수	목	금
일진(日辰)	壬寅	癸卯	甲辰	乙巳	丙午	丁未	戊申	己酉	庚戌	辛亥	壬子	癸丑	甲寅	乙卯	丙辰	丁巳	戊午	己未	庚申	辛酉	壬戌	癸亥	甲子	乙丑	丙寅	丁卯	戊辰	己巳	庚午	辛未
음력	05/05	5	6	7	8	9	10	11	12	13	14	15	16	17	18	19	20	21	22	23	24	25	26	27	28	29	6/1	2	3	4	5
대남	8	8	9	9	9	10	망	1	1	1	1	2	2	2	3	3	3	4	4	4	5	하	5	6	6	6	7	7	7	8
운여	2	2	1	1	1	1	종	10	10	9	9	9	8	8	8	7	7	7	6	6	6	지	5	5	4	4	4	3	3	2

1911 辛亥年

소서 8일 16시 05분 　【음6월】➡ 음 6 【乙未月(을미월)】　윤 6 　대서 24일 09시 29분

양력 7	요일	토 일 월 화 수 목 토 일 월 화 수 목 토 일 월 화 수 목 금 토 일 월 화 수 목 금 토 일
일진 日辰	壬申 癸酉 甲戌 丙子 丁丑 戊寅 己卯 庚辰 辛巳 壬午 癸未 甲申 乙酉 丙戌 丁亥 戊子 己丑 庚寅 辛卯 壬辰 癸巳 乙未 丙申 丁酉 戊戌 己亥 庚子 辛丑 壬寅

음력 06/06 윤6/0 6

입추 9일 01시 44분 　【음7월】➡ 음 7 【丙申月(병신월)】　처서 24일 16시 13분

| 양력 8 | 화 수 목 금 토 일 월 화 수 목 금 토 일 월 화 수 목 금 토 일 월 화 수 목 금 토 일 월 화 수 목 |

일진 癸卯 甲辰 乙巳 丙午 丁未 戊申 己酉 庚戌 辛亥 壬子 癸丑 甲寅 乙卯 丙辰 丁巳 戊午 己未 庚申 辛酉 壬戌 癸亥

음력 07/08 윤6/0

백로 9일 04시 13분 　【음8월】➡ 음 8 【丁酉月(정유월)】　추분 24일 13시 18분

| 양력 9 | 금 토 일 월 화 수 목 금 토 일 월 화 수 목 금 토 일 월 화 수 목 금 토 일 월 화 수 목 금 토 |

일진 甲戌 乙亥 丙子 丁丑 戊寅 己卯 庚辰 辛巳 壬午 癸未 甲申 乙酉 丙戌 丁亥 戊子 己丑 庚寅 辛卯 壬辰 癸巳

음력 07/09 08/09

한로 9일 19시 15분 　【음9월】➡ 음 9 【戊戌月(무술월)】　상강 24일 21시 58분

| 양력 10 | 일 월 화 수 목 금 토 일 월 화 수 목 금 토 일 월 화 수 목 금 토 일 월 화 수 목 금 토 일 월 화 |

일진 甲辰 乙巳 丙午 丁未 戊申 己酉 庚戌 辛亥 壬子 癸丑 甲寅 乙卯 丙辰 丁巳 戊午 己未 庚申 辛酉 壬戌 癸亥 甲子 乙丑 丙寅 丁卯 戊辰 己巳 庚午 辛未 壬申 癸酉 甲戌

음력 08/10 09/10

입동 8일 21시 47분 　【음10월】➡ 음 10 【己亥月(기해월)】　소설 23일 18시 56분

| 양력 11 | 수 목 금 토 일 월 화 수 목 금 토 일 월 화 수 목 금 토 일 월 화 수 목 금 토 일 월 화 수 목 |

일진 乙亥 丙子 丁丑 戊寅 己卯 庚辰 辛巳 壬午 癸未 甲申 乙酉 丙戌 丁亥 戊子 己丑 庚寅 辛卯 壬辰 癸巳 甲午 乙未 丙申 丁酉 戊戌 己亥 庚子 辛丑 壬寅 癸卯 甲辰

음력 09/11 10/11

대설 8일 14시 08분 　【음11월】➡ 음 11 【庚子月(경자월)】　동지 23일 07시 53분

| 양력 12 | 금 토 일 월 화 수 목 금 토 일 월 화 수 목 금 토 일 월 화 수 목 금 토 일 월 화 수 목 금 토 일 |

일진 乙巳 丙午 丁未 戊申 己酉 庚戌 辛亥 壬子 癸丑 甲寅 乙卯 丙辰 丁巳 戊午 己未 庚申 辛酉 壬戌 癸亥 甲子 乙丑 丙寅 丁卯 戊辰 己巳 庚午 辛未 壬申 癸酉 甲戌 乙亥

음력 10/11 11/12

壬子(임자)년　　납음(桑柘木),본명성(七赤金)

대장군(酉西방), 삼살(南방), 상문(寅동북방), 조객(戌서북방),
납음(상자목), 삼재(인,묘,진)년　　臘享(납향):1913년 1월26일(음12/20)

소한 7일 01시 08분　【음12월】 ➡ 음 12 【辛丑月(신축월)】　　대한 21일 18시 29분

양력	1	2	3	4	5	6	7	8	9	10	11	12	13	14	15	16	17	18	19	20	21	22	23	24	25	26	27	28	29	30	31
요일	월	화	수	목	금	토	일	월	화	수	목	금	토	일	월	화	수	목	금	토	일	월	화	수	목	금	토	일	월	화	수
일진	丙子	丁丑	戊寅	己卯	庚辰	辛巳	壬午	癸未	甲申	乙酉	丙戌	丁亥	戊子	己丑	庚寅	辛卯	壬辰	癸巳	甲午	乙未	丙申	丁酉	戊戌	己亥	庚子	辛丑	壬寅	癸卯	甲辰	乙巳	丙午
음력	13	14	15	16	17	18	19	20	21	22	23	24	25	26	27	28	29	30	12/1	2	3	4	5	6	7	8	9	10	11	12	13
대남	8	8	9	9	9	소한	1	1	1	1	2	2	2	3	3	3	4	4	4	대한	5	5	5	6	6	6	7	7	7	8	8
운 여	2	2	1	1	1	한	9	9	9	8	8	8	7	7	7	6	6	6	5	한	5	4	4	4	3	3	3	2	2	2

입춘 5일 12시 54분　【음1월】 ➡ 음 1 【壬寅月(임인월)】　　우수 20일 08시 56분

양력	1	2	3	4	5	6	7	8	9	10	11	12	13	14	15	16	17	18	19	20	21	22	23	24	25	26	27	28	29		
요일	목	금	토	일	월	화	수	목	금	토	일	월	화	수	목	금	토	일	월	화	수	목	금	토	일	월	화	수	목		
일진	丁未	戊申	己酉	庚戌	辛亥	壬子	癸丑	甲寅	乙卯	丙辰	丁巳	戊午	己未	庚申	辛酉	壬戌	癸亥	甲子	乙丑	丙寅	丁卯	戊辰	己巳	庚午	辛未	壬申	癸酉	甲戌	乙亥		
음력	14	15	16	17	18	19	20	21	22	23	24	25	26	27	28	29	30	1/1	2	3	4	5	6	7	8	9	10	11	12		
대남	8	9	9	9	입춘	1	1	1	1	2	2	2	3	3	3	4	4	4	5	우수	5	5	6	6	6	7	7	7	8		
운 여	2	1	1	1	춘	9	9	9	8	8	8	7	7	7	6	6	6	5	5	수	4	4	4	3	3	3	2	2	2		

壬子年

경칩 6일 07시 21분　【음2월】 ➡ 음 2 【癸卯月(계묘월)】　　춘분 21일 08시 29분

양력	1	2	3	4	5	6	7	8	9	10	11	12	13	14	15	16	17	18	19	20	21	22	23	24	25	26	27	28	29	30	31
요일	금	토	일	월	화	수	목	금	토	일	월	화	수	목	금	토	일	월	화	수	목	금	토	일	월	화	수	목	금	토	일
일진	丙子	丁丑	戊寅	己卯	庚辰	辛巳	壬午	癸未	甲申	乙酉	丙戌	丁亥	戊子	己丑	庚寅	辛卯	壬辰	癸巳	甲午	乙未	丙申	丁酉	戊戌	己亥	庚子	辛丑	壬寅	癸卯	甲辰	乙巳	丙午
음력	13	14	15	16	17	18	19	20	21	22	23	24	25	26	27	28	29	30	2/1	2	3	4	5	6	7	8	9	10	11	12	13
대남	2	1	1	1	1	경칩	10	9	9	9	8	8	8	7	7	7	6	6	6	5	춘분	5	4	4	4	3	3	3	2	2	2
운 여	8	9	9	9	10	칩	1	1	1	1	2	2	2	3	3	3	4	4	4	5	분	5	6	6	6	7	7	7	8	8	8

청명 5일 12시 48분　【음3월】 ➡ 음 3 【甲辰月(갑진월)】　　곡우 20일 20시 12분

양력	1	2	3	4	5	6	7	8	9	10	11	12	13	14	15	16	17	18	19	20	21	22	23	24	25	26	27	28	29	30	
요일	월	화	수	목	금	토	일	월	화	수	목	금	토	일	월	화	수	목	금	토	일	월	화	수	목	금	토	일	월	화	
일진	丁未	戊申	己酉	庚戌	辛亥	壬子	癸丑	甲寅	乙卯	丙辰	丁巳	戊午	己未	庚申	辛酉	壬戌	癸亥	甲子	乙丑	丙寅	丁卯	戊辰	己巳	庚午	辛未	壬申	癸酉	甲戌	乙亥	丙子	
음력	14	15	16	17	18	19	20	21	22	23	24	25	26	27	28	29	3/1	2	3	4	5	6	7	8	9	10	11	12	13	14	
대남	1	1	1	1	청명	10	10	9	9	9	8	8	8	7	7	7	6	6	6	곡우	5	5	4	4	4	3	3	3	2	2	
운 여	9	9	10	10	명	1	1	1	1	2	2	2	3	3	3	4	4	4	5	우	5	6	6	6	7	7	7	8	8	8	

입하 6일 06시 47분　【음4월】 ➡ 음 4 【乙巳月(을사월)】　　소만 21일 19시 57분

양력	1	2	3	4	5	6	7	8	9	10	11	12	13	14	15	16	17	18	19	20	21	22	23	24	25	26	27	28	29	30	31
요일	수	목	금	토	일	월	화	수	목	금	토	일	월	화	수	목	금	토	일	월	화	수	목	금	토	일	월	화	수	목	금
일진	丁丑	戊寅	己卯	庚辰	辛巳	壬午	癸未	甲申	乙酉	丙戌	丁亥	戊子	己丑	庚寅	辛卯	壬辰	癸巳	甲午	乙未	丙申	丁酉	戊戌	己亥	庚子	辛丑	壬寅	癸卯	甲辰	乙巳	丙午	丁未
음력	15	16	17	18	19	20	21	22	23	24	25	26	27	28	29	30	4/1	2	3	4	5	6	7	8	9	10	11	12	13	14	15
대남	2	1	1	1	1	입하	10	10	9	9	9	8	8	8	7	7	7	6	6	6	소만	5	5	4	4	4	3	3	3	2	2
운 여	9	9	9	10	10	하	1	1	1	1	2	2	2	3	3	3	4	4	4	5	만	5	6	6	6	7	7	7	8	8	8

망종 6일 11시 28분　【음5월】 ➡ 음 5 【丙午月(병오월)】　　하지 22일 04시 17분

양력	1	2	3	4	5	6	7	8	9	10	11	12	13	14	15	16	17	18	19	20	21	22	23	24	25	26	27	28	29	30	
요일	토	일	월	화	수	목	금	토	일	월	화	수	목	금	토	일	월	화	수	목	금	토	일	월	화	수	목	금	토	일	
일진	戊申	己酉	庚戌	辛亥	壬子	癸丑	甲寅	乙卯	丙辰	丁巳	戊午	己未	庚申	辛酉	壬戌	癸亥	甲子	乙丑	丙寅	丁卯	戊辰	己巳	庚午	辛未	壬申	癸酉	甲戌	乙亥	丙子	丁丑	
음력	16	17	18	19	20	21	22	23	24	25	26	27	28	29	5/1	2	3	4	5	6	7	8	9	10	11	12	13	14	15	16	
대남	2	1	1	1	1	망종	10	10	9	9	9	8	8	8	7	7	7	6	6	6	하지	5	5	4	4	4	3	3	3	2	
운 여	9	9	10	10	10	종	1	1	1	1	2	2	2	3	3	3	4	4	4	5	지	5	6	6	6	7	7	7	8	8	

한식(4월06일), 초복(7월13일), 중복(7월23일), 말복(8월12일)↑춘사(春社)3/23
☀추사(秋社)9/19토왕지절(土旺之節)4월17일,7월20일,10월21일,
신년1월18일(음12/12)臘享(납향):1월26일(음12/20)

1912 壬子年

【음6월】 → 음 6 【丁未月(정미월)】
소서 7일 21시 57분 　　　　　　　　　　　　　　　대서 23일 15시 14분

양력 7	1	2	3	4	5	6	7	8	9	10	11	12	13	14	15	16	17	18	19	20	21	22	23	24	25	26	27	28	29	30	31
요일	월	화	수	목	금	토	일	월	화	수	목	금	토	일	월	화	수	목	금	토	일	월	화	수	목	금	토	일	월	화	수
일진 日辰	戊寅	己卯	庚辰	辛巳	壬午	癸未	甲申	乙酉	丙戌	丁亥	戊子	己丑	庚寅	辛卯	壬辰	癸巳	甲午	乙未	丙申	丁酉	戊戌	己亥	庚子	辛丑	壬寅	癸卯	甲辰	乙巳	丙午	丁未	戊申
음력 05/17 06/18	17	18	19	20	21	22	23	24	25	26	27	28	29	6/1	2	3	4	5	6	7	8	9	10	11	12	13	14	15	16	17	18
대남 운여	2 2	1 3	1 9	1 9	1 10	소	10 1	10 1	10 1	9 2	9 2	9 2	8 3	8 3	8 3	7 4	7 4	7 4	6 5	6 5	6 6	대서	5 6	5 6	4 7	4 7	4 7	3 8	3 8	3 8	2 9

【음7월】 → 음 7 【戊申月(무신월)】
입추 8일 07시 37분 　　　　　　　　　　　　　　　처서 23일 22시 01분

양력 8	1	2	3	4	5	6	7	8	9	10	11	12	13	14	15	16	17	18	19	20	21	22	23	24	25	26	27	28	29	30	31
요일	목	금	토	일	월	화	수	목	금	토	일	월	화	수	목	금	토	일	월	화	수	목	금	토	일	월	화	수	목	금	토
일진 日辰	己酉	庚戌	辛亥	壬子	癸丑	甲寅	乙卯	丙辰	丁巳	戊午	己未	庚申	辛酉	壬戌	癸亥	甲子	乙丑	丙寅	丁卯	戊辰	己巳	庚午	辛未	壬申	癸酉	甲戌	乙亥	丙子	丁丑	戊寅	己卯
음력 06/19 07/19	19	20	21	22	23	24	25	26	27	28	29	30	7/1	2	3	4	5	6	7	8	9	10	11	12	13	14	15	16	17	18	19
대남 운여	2 2	1 3	1 9	1 9	1 10	입추	10 1	10 1	9 1	9 2	9 2	8 2	8 3	8 3	7 3	7 4	7 4	6 4	6 5	6 5	처서	5 5	5 6	4 6	4 6	4 7	3 7	3 7	3 8	2 8	2 8

【음8월】 → 음 8 【己酉月(기유월)】
백로 8일 10시 06분 　　　　　　　　　　　　　　　추분 23일 19시 08분

양력 9	1	2	3	4	5	6	7	8	9	10	11	12	13	14	15	16	17	18	19	20	21	22	23	24	25	26	27	28	29	30
요일	일	월	화	수	목	금	토	일	월	화	수	목	금	토	일	월	화	수	목	금	토	일	월	화	수	목	금	토	일	월
일진 日辰	庚辰	辛巳	壬午	癸未	甲申	乙酉	丙戌	丁亥	戊子	己丑	庚寅	辛卯	壬辰	癸巳	甲午	乙未	丙申	丁酉	戊戌	己亥	庚子	辛丑	壬寅	癸卯	甲辰	乙巳	丙午	丁未	戊申	己酉
음력 07/20 08/20	20	21	22	23	24	25	26	27	28	29	8/1	2	3	4	5	6	7	8	9	10	11	12	13	14	15	16	17	18	19	20
대남 운여	2 2	2 3	1 8	1 9	1 9	1 10	백로	10 1	10 1	9 1	9 2	9 2	8 2	8 3	8 3	7 3	7 4	7 4	6 4	6 5	추분	5 5	5 6	4 6	4 6	4 7	3 7	3 7	3 8	2 8

【음9월】 → 음 9 【庚戌月(경술월)】
한로 9일 01시 07분 　　　　　　　　　　　　　　　상강 24일 03시 50분

양력 10	1	2	3	4	5	6	7	8	9	10	11	12	13	14	15	16	17	18	19	20	21	22	23	24	25	26	27	28	29	30	31
요일	화	수	목	금	토	일	월	화	수	목	금	토	일	월	화	수	목	금	토	일	월	화	수	목	금	토	일	월	화	수	목
일진 日辰	庚戌	辛亥	壬子	癸丑	甲寅	乙卯	丙辰	丁巳	戊午	己未	庚申	辛酉	壬戌	癸亥	甲子	乙丑	丙寅	丁卯	戊辰	己巳	庚午	辛未	壬申	癸酉	甲戌	乙亥	丙子	丁丑	戊寅	己卯	庚辰
음력 08/21 09/22	21	22	23	24	25	26	27	28	29	9/1	2	3	4	5	6	7	8	9	10	11	12	13	14	15	16	17	18	19	20	21	22
대남 운여	2 2	2 3	2 8	1 8	1 9	1 9	1 10	한로	10 1	9 1	9 1	9 2	8 2	8 2	8 3	7 3	7 3	7 4	6 4	6 5	6 5	상강	5 5	5 6	4 6	4 6	4 7	3 7	3 7	3 8	2 8

【음10월】 → 음 10 【辛亥月(신해월)】
입동 8일 03시 39분 　　　　　　　　　　　　　　　소설 23일 00시 48분

양력 11	1	2	3	4	5	6	7	8	9	10	11	12	13	14	15	16	17	18	19	20	21	22	23	24	25	26	27	28	29	30
요일	금	토	일	월	화	수	목	금	토	일	월	화	수	목	금	토	일	월	화	수	목	금	토	일	월	화	수	목	금	토
일진 日辰	辛巳	壬午	癸未	甲申	乙酉	丙戌	丁亥	戊子	己丑	庚寅	辛卯	壬辰	癸巳	甲午	乙未	丙申	丁酉	戊戌	己亥	庚子	辛丑	壬寅	癸卯	甲辰	乙巳	丙午	丁未	戊申	己酉	庚戌
음력 09/23 10/22	23	24	25	26	27	28	29	30	10/1	2	3	4	5	6	7	8	9	10	11	12	13	14	15	16	17	18	19	20	21	22
대남 운여	2 8	2 8	1 9	1 9	1 9	1 10	입동	9 1	9 1	9 1	8 2	8 2	8 2	7 3	7 3	7 3	6 4	6 4	6 5	소설	5 5	4 6	4 6	4 6	3 7	3 7	3 7	2 8	2 8	2 8

【음11월】 → 음 11 【壬子月(임자월)】
대설 7일 19시 59분 　　　　　　　　　　　　　　　동지 22일 13시 45분

양력 12	1	2	3	4	5	6	7	8	9	10	11	12	13	14	15	16	17	18	19	20	21	22	23	24	25	26	27	28	29	30	31
요일	일	월	화	수	목	금	토	일	월	화	수	목	금	토	일	월	화	수	목	금	토	일	월	화	수	목	금	토	일	월	화
일진 日辰	辛亥	壬子	癸丑	甲寅	乙卯	丙辰	丁巳	戊午	己未	庚申	辛酉	壬戌	癸亥	甲子	乙丑	丙寅	丁卯	戊辰	己巳	庚午	辛未	壬申	癸酉	甲戌	乙亥	丙子	丁丑	戊寅	己卯	庚辰	辛巳
음력 10/23 11/23	23	24	25	26	27	28	29	30	11/1	2	3	4	5	6	7	8	9	10	11	12	13	14	15	16	17	18	19	20	21	22	23
대남 운여	2 8	2 8	1 9	1 9	1 9	1 10	대설	10 1	9 1	9 1	9 2	8 2	8 2	8 3	7 3	7 3	7 4	6 4	6 4	6 5	5 5	동지	5 5	4 6	4 6	4 6	3 7	3 7	3 7	2 8	2 8

1月

소한 6일 06시 58분　【음12월】 ➡　음 12 【癸丑月(계축월)】　대한 21일 00시 19분

양력	1	2	3	4	5	6	7	8	9	10	11	12	13	14	15	16	17	18	19	20	21	22	23	24	25	26	27	28	29	30	31
요일	수	목	금	토	일	월	화	수	목	금	토	일	월	화	수	목	금	토	일	월	화	수	목	금	토	일	월	화	수	목	금
일진	壬午	癸未	甲申	乙酉	丙戌	丁亥	戊子	己丑	庚寅	辛卯	壬辰	癸巳	甲午	乙未	丙申	丁酉	戊戌	己亥	庚子	辛丑	壬寅	癸卯	甲辰	乙巳	丙午	丁未	戊申	己酉	庚戌	辛亥	壬子
음력	24	25	26	27	28	29	12/1	2	3	4	5	6	7	8	9	10	11	12	13	14	15	16	17	18	19	20	21	22	23	24	25
대남	2	1	1	1	1	소	9	9	9	8	8	8	7	7	7	6	6	6	5	대	4	4	4	3	3	3	2	2	2	1	1
운여	8	9	9	9	10	한	1	1	1	2	2	2	3	3	3	4	4	4	5	한	5	5	6	6	6	7	7	7	8	8	

2月

입춘 4일 18시 43분　【음1월】　음 1 【甲寅月(갑인월)】　우수 19일 14시 44분

양력	1	2	3	4	5	6	7	8	9	10	11	12	13	14	15	16	17	18	19	20	21	22	23	24	25	26	27	28
요일	토	일	월	화	수	목	금	토	일	월	화	수	목	금	토	일	월	화	수	목	금	토	일	월	화	수	목	금
일진	癸丑	甲寅	乙卯	丙辰	丁巳	戊午	己未	庚申	辛酉	壬戌	癸亥	甲子	乙丑	丙寅	丁卯	戊辰	己巳	庚午	辛未	壬申	癸酉	甲戌	乙亥	丙子	丁丑	戊寅	己卯	庚辰
음력	26	27	28	29	30	1/1	2	3	4	5	6	7	8	9	10	11	12	13	14	15	16	17	18	19	20	21	22	23
대남	1	1	1	입	1	1	1	1	2	2	2	3	3	3	4	4	4	5	우	5	6	6	6	7	7	7	8	8
운여	9	9	9	춘	10	9	9	9	8	8	8	7	7	7	6	6	6	5	우	5	5	4	4	4	3	3	3	2

癸丑年

3月

경칩 6일 13시 09분　【음2월】 ➡　음 2 【乙卯月(을묘월)】　춘분 21일 14시 18분

양력	1	2	3	4	5	6	7	8	9	10	11	12	13	14	15	16	17	18	19	20	21	22	23	24	25	26	27	28	29	30	31
요일	토	일	월	화	수	목	금	토	일	월	화	수	목	금	토	일	월	화	수	목	금	토	일	월	화	수	목	금	토	일	월
일진	辛巳	壬午	癸未	甲申	乙酉	丙戌	丁亥	戊子	己丑	庚寅	辛卯	壬辰	癸巳	甲午	乙未	丙申	丁酉	戊戌	己亥	庚子	辛丑	壬寅	癸卯	甲辰	乙巳	丙午	丁未	戊申	己酉	庚戌	辛亥
음력	24	25	26	27	28	29	30	2/1	2	3	4	5	6	7	8	9	10	11	12	13	14	15	16	17	18	19	20	21	22	23	24
대남	8	9	9	9	10	경	1	1	1	1	2	2	2	3	3	3	4	4	4	5	춘	5	6	6	6	7	7	7	8	8	8
운여	2	1	1	1	1	칩	10	9	9	9	8	8	8	7	7	7	6	6	6	5	분	5	4	4	4	3	3	3	2	2	2

4月

청명 5일 18시 36분　【음3월】 ➡　음 3 【丙辰月(병진월)】　곡우 21일 02시 03분

양력	1	2	3	4	5	6	7	8	9	10	11	12	13	14	15	16	17	18	19	20	21	22	23	24	25	26	27	28	29	30
요일	화	수	목	금	토	일	월	화	수	목	금	토	일	월	화	수	목	금	토	일	월	화	수	목	금	토	일	월	화	수
일진	壬子	癸丑	甲寅	乙卯	丙辰	丁巳	戊午	己未	庚申	辛酉	壬戌	癸亥	甲子	乙丑	丙寅	丁卯	戊辰	己巳	庚午	辛未	壬申	癸酉	甲戌	乙亥	丙子	丁丑	戊寅	己卯	庚辰	辛巳
음력	25	26	27	28	29	30	3/1	2	3	4	5	6	7	8	9	10	11	12	13	14	15	16	17	18	19	20	21	22	23	24
대남	9	9	9	10	청	1	1	1	1	2	2	2	3	3	3	4	4	4	5	5	곡	6	6	6	7	7	7	8	8	8
운여	1	1	1	1	명	10	10	9	9	9	8	8	8	7	7	7	6	6	6	5	우	5	4	4	4	3	3	3	2	2

5月

입하 6일 12시 35분　【음4월】 ➡　음 4 【丁巳月(정사월)】　소만 22일 01시 50분

양력	1	2	3	4	5	6	7	8	9	10	11	12	13	14	15	16	17	18	19	20	21	22	23	24	25	26	27	28	29	30	31
요일	목	금	토	일	월	화	수	목	금	토	일	월	화	수	목	금	토	일	월	화	수	목	금	토	일	월	화	수	목	금	토
일진	壬午	癸未	甲申	乙酉	丙戌	丁亥	戊子	己丑	庚寅	辛卯	壬辰	癸巳	甲午	乙未	丙申	丁酉	戊戌	己亥	庚子	辛丑	壬寅	癸卯	甲辰	乙巳	丙午	丁未	戊申	己酉	庚戌	辛亥	壬子
음력	25	26	27	28	29	4/1	2	3	4	5	6	7	8	9	10	11	12	13	14	15	16	17	18	19	20	21	22	23	24	25	26
대남	9	9	9	10	10	입	1	1	1	1	2	2	2	3	3	3	4	4	4	5	소	5	6	6	6	7	7	7	8	8	8
운여	2	1	1	1	1	하	10	10	9	9	9	8	8	8	7	7	7	6	6	6	만	5	5	4	4	4	3	3	3	2	2

6月

망종 6일 17시 14분　【음5월】 ➡　음 5 【戊午月(무오월)】　하지 22일 10시 10분

양력	1	2	3	4	5	6	7	8	9	10	11	12	13	14	15	16	17	18	19	20	21	22	23	24	25	26	27	28	29	30
요일	일	월	화	수	목	금	토	일	월	화	수	목	금	토	일	월	화	수	목	금	토	일	월	화	수	목	금	토	일	월
일진	癸丑	甲寅	乙卯	丙辰	丁巳	戊午	己未	庚申	辛酉	壬戌	癸亥	甲子	乙丑	丙寅	丁卯	戊辰	己巳	庚午	辛未	壬申	癸酉	甲戌	乙亥	丙子	丁丑	戊寅	己卯	庚辰	辛巳	壬午
음력	27	28	29	30	5/1	2	3	4	5	6	7	8	9	10	11	12	13	14	15	16	17	18	19	20	21	22	23	24	25	26
대남	9	9	9	10	10	망	1	1	1	1	2	2	2	3	3	3	4	4	4	5	하	5	6	6	6	7	7	7	8	8
운여	2	1	1	1	1	종	10	10	10	9	9	9	8	8	8	7	7	7	6	6	지	5	5	5	4	4	4	3	3	3

한식(4월06일), 초복(7월18일), 중복(7월28일), 말복(8월17일) ☚춘사(春社)3/18 ☀추사(秋社)9/24
토왕지절(土旺之節):4월18일,7월20일,10월21일,신년1월18일(음12/24)
臘享(납향) : 1914년1월21일(음12/26)

1913 癸丑年

소서 8일 03시 39분 【음6월】 ➡ 음 6 【己未月(기미월)】 대서 23일 21시 04분

양력 7	1	2	3	4	5	6	7	8	9	10	11	12	13	14	15	16	17	18	19	20	21	22	23	24	25	26	27	28	29	30	31
요일	화	수	목	금	토	일	월	화	수	목	금	토	일	월	화	수	목	금	토	일	월	화	수	목	금	토	일	월	화	수	목
일진	癸	甲	乙	丙	丁	戊	己	庚	辛	壬	癸	甲	乙	丙	丁	戊	己	庚	辛	壬	癸	甲	乙	丙	丁	戊	己	庚	辛	壬	癸
日辰	未	申	酉	戌	亥	子	丑	寅	卯	辰	巳	午	未	申	酉	戌	亥	子	丑	寅	卯	辰	巳	午	未	申	酉	戌	亥	子	丑
음력 05/27~06/28	27	28	29	6/1	2	3	4	5	6	7	8	9	10	11	12	13	14	15	16	17	18	19	20	21	22	23	24	25	26	27	28
대남	8	9	9	9	9	10	10	소서	1	1	1	1	2	2	2	2	3	3	3	3	4	4	4	대서	5	5	5	6	6	6	7
운여	2	2	1	1	1	1	1	서	10	10	9	9	9	8	8	8	7	7	7	6	6	6	5	서	5	5	4	4	4	3	3

입추 8일 13시 16분 【음7월】 ➡ 음 7 【庚申(경신월)】 처서 24일 03시 48분

양력 8	1	2	3	4	5	6	7	8	9	10	11	12	13	14	15	16	17	18	19	20	21	22	23	24	25	26	27	28	29	30	31
요일	금	토	일	월	화	수	목	금	토	일	월	화	수	목	금	토	일	월	화	수	목	금	토	일	월	화	수	목	금	토	일
일진	甲	乙	丙	丁	戊	己	庚	辛	壬	癸	甲	乙	丙	丁	戊	己	庚	辛	壬	癸	甲	乙	丙	丁	戊	己	庚	辛	壬	癸	甲
日辰	寅	卯	辰	巳	午	未	申	酉	戌	亥	子	丑	寅	卯	辰	巳	午	未	申	酉	戌	亥	子	丑	寅	卯	辰	巳	午	未	申
음력 06/29~07/30	29	7/1	2	3	4	5	6	7	8	9	10	11	12	13	14	15	16	17	18	19	20	21	22	23	24	25	26	27	28	29	30
대남	8	8	9	9	9	10	10	입추	1	1	1	1	2	2	2	2	3	3	3	3	4	4	4	처서	6	6	6	7	7	7	8
운여	2	2	1	1	1	1	1	추	10	10	9	9	9	8	8	8	7	7	7	6	6	6	5	서	5	5	4	4	4	3	3

백로 8일 15시 42분 【음8월】 ➡ 음 8 【辛酉月(신유월)】 추분 24일 00시 53분

양력 9	1	2	3	4	5	6	7	8	9	10	11	12	13	14	15	16	17	18	19	20	21	22	23	24	25	26	27	28	29	30
요일	월	화	수	목	금	토	일	월	화	수	목	금	토	일	월	화	수	목	금	토	일	월	화	수	목	금	토	일	월	화
일진	乙	丙	丁	戊	己	庚	辛	壬	癸	甲	乙	丙	丁	戊	己	庚	辛	壬	癸	甲	乙	丙	丁	戊	己	庚	辛	壬	癸	甲
日辰	酉	戌	亥	子	丑	寅	卯	辰	巳	午	未	申	酉	戌	亥	子	丑	寅	卯	辰	巳	午	未	申	酉	戌	亥	子	丑	寅
음력 08/01~09/01	8/1	2	3	4	5	6	7	8	9	10	11	12	13	14	15	16	17	18	19	20	21	22	23	24	25	26	27	28	29	9/1
대남	8	8	9	9	9	10	10	백로	1	1	1	1	2	2	2	3	3	3	4	4	4	추분	6	6	6	7	7	7	8	8
운여	2	2	1	1	1	1	1	로	10	10	9	9	9	8	8	8	7	7	7	6	6	분	5	5	5	4	4	4	3	3

한로 9일 06시 44분 【음9월】 ➡ 음 9 【壬戌月(임술월)】 상강 24일 09시 35분

양력 10	1	2	3	4	5	6	7	8	9	10	11	12	13	14	15	16	17	18	19	20	21	22	23	24	25	26	27	28	29	30	31
요일	수	목	금	토	일	월	화	수	목	금	토	일	월	화	수	목	금	토	일	월	화	수	목	금	토	일	월	화	수	목	금
일진	乙	丙	丁	戊	己	庚	辛	壬	癸	甲	乙	丙	丁	戊	己	庚	辛	壬	癸	甲	乙	丙	丁	戊	己	庚	辛	壬	癸	甲	乙
日辰	卯	辰	巳	午	未	申	酉	戌	亥	子	丑	寅	卯	辰	巳	午	未	申	酉	戌	亥	子	丑	寅	卯	辰	巳	午	未	申	酉
음력 09/02~10/03	2	3	4	5	6	7	8	9	10	11	12	13	14	15	16	17	18	19	20	21	22	23	24	25	26	27	28	29	10/1	2	3
대남	8	8	8	9	9	9	10	10	한로	1	1	1	1	2	2	2	3	3	3	4	4	4	상강	5	6	6	6	7	7	7	8
운여	2	2	2	1	1	1	1	1	로	10	9	9	9	8	8	8	7	7	7	6	6	6	강	5	5	4	4	4	3	3	3

입동 8일 09시 18분 【음10월】 ➡ 음 10 【癸亥月(계해월)】 소설 23일 06시 35분

양력 11	1	2	3	4	5	6	7	8	9	10	11	12	13	14	15	16	17	18	19	20	21	22	23	24	25	26	27	28	29	30
요일	토	일	월	화	수	목	금	토	일	월	화	수	목	금	토	일	월	화	수	목	금	토	일	월	화	수	목	금	토	일
일진	丙	丁	戊	己	庚	辛	壬	癸	甲	乙	丙	丁	戊	己	庚	辛	壬	癸	甲	乙	丙	丁	戊	己	庚	辛	壬	癸	甲	乙
日辰	戌	亥	子	丑	寅	卯	辰	巳	午	未	申	酉	戌	亥	子	丑	寅	卯	辰	巳	午	未	申	酉	戌	亥	子	丑	寅	卯
음력 10/04~11/03	4	5	6	7	8	9	10	11	12	13	14	15	16	17	18	19	20	21	22	23	24	25	26	27	28	29	30	11/1	2	3
대남	8	8	8	9	9	9	10	입동	1	1	1	1	2	2	2	3	3	3	4	4	4	소설	5	6	6	6	7	7	7	8
운여	2	2	2	1	1	1	1	동	10	9	9	9	8	8	8	7	7	7	6	6	6	설	5	5	4	4	4	3	3	3

대설 8일 01시 41분 【음11월】 ➡ 음 11 【甲子月(갑자월)】 동지 22일 19시 35분

양력 12	1	2	3	4	5	6	7	8	9	10	11	12	13	14	15	16	17	18	19	20	21	22	23	24	25	26	27	28	29	30	31
요일	월	화	수	목	금	토	일	월	화	수	목	금	토	일	월	화	수	목	금	토	일	월	화	수	목	금	토	일	월	화	수
일진	丙	丁	戊	己	庚	辛	壬	癸	甲	乙	丙	丁	戊	己	庚	辛	壬	癸	甲	乙	丙	丁	戊	己	庚	辛	壬	癸	甲	乙	丙
日辰	辰	巳	午	未	申	酉	戌	亥	子	丑	寅	卯	辰	巳	午	未	申	酉	戌	亥	子	丑	寅	卯	辰	巳	午	未	申	酉	戌
음력 11/04~12/05	4	5	6	7	8	9	10	11	12	13	14	15	16	17	18	19	20	21	22	23	24	25	26	27	28	29	12/1	2	3	4	5
대남	8	8	8	9	9	9	10	대설	1	1	1	1	2	2	2	3	3	3	4	4	4	동지	5	5	6	6	6	7	7	7	8
운여	2	2	2	1	1	1	1	설	9	9	9	8	8	8	7	7	7	6	6	6	5	지	5	5	4	4	4	3	3	3	2

단기 4247 년
불기 2458 년
1914년

甲寅(갑인)년 납음(大溪水), 본명성(五黃土)

대장군(子북방), 삼살(北방), 상문(辰동남방), 조객(子북방), 납음(대계수),
【삼재(신,유,술)년】 臘享(납향):1915년 1월 16일(음12/02)

소한 6일 12시 43분 【음12월】➡ 음 12 【乙丑月(을축월)】 대한 21일 06시 12분

양력	1	2	3	4	5	6	7	8	9	10	11	12	13	14	15	16	17	18	19	20	21	22	23	24	25	26	27	28	29	30	31
양력 요일	목	금	토	일	월	화	수	목	금	토	일	월	화	수	목	금	토	일	월	화	수	목	금	토	일	월	화	수	목	금	토
1 일진	丁	戊	己	庚	辛	壬	癸	甲	乙	丙	丁	戊	己	庚	辛	壬	癸	甲	乙	丙	丁	戊	己	庚	辛	壬	癸	甲	乙	丙	丁
日辰	亥	子	丑	寅	卯	辰	巳	午	未	申	酉	戌	亥	子	丑	寅	卯	辰	巳	午	未	申	酉	戌	亥	子	丑	寅	卯	辰	巳
음력 12/06 01/06	6	7	8	9	10	11	12	13	14	15	16	17	18	19	20	21	22	23	24	25	26	27	28	29	30	1/1	2	3	4	5	6
대남	8	8	9	9	9	소한	1	1	1	1	2	2	2	3	3	3	4	4	4	대한	5	5	6	6	6	7	7	7	8	8	2
운여	2	1	1	1	한	10	9	9	9	8	8	8	7	7	7	6	6	6	5	대한	5	4	4	4	3	3	3	2	2	2	1

입춘 5일 00시 29분 【음1월】➡ 음 1 【丙寅月(병인월)】 우수 19일 20시 38분

양력	1	2	3	4	5	6	7	8	9	10	11	12	13	14	15	16	17	18	19	20	21	22	23	24	25	26	27	28			
양력 요일	일	월	화	수	목	금	토	일	월	화	수	목	금	토	일	월	화	수	목	금	토	일	월	화	수	목	금	토			
2 일진	戊	己	庚	辛	壬	癸	甲	乙	丙	丁	戊	己	庚	辛	壬	癸	甲	乙	丙	丁	戊	己	庚	辛	壬	癸	甲	乙			
日辰	午	未	申	酉	戌	亥	子	丑	寅	卯	辰	巳	午	未	申	酉	戌	亥	子	丑	寅	卯	辰	巳	午	未	申	酉			
음력 01/07 02/04	7	8	9	10	11	12	13	14	15	16	17	18	19	20	21	22	23	24	25	26	27	28	29	30	2/1	2	3	4			
대남	9	9	9	1	입춘	1	1	1	1	2	2	2	3	3	3	4	4	4	5	우수	5	6	6	6	7	7	7	8			
운여	1	1	1	1	춘	1	1	1	2	2	2	3	3	3	4	4	4	5	5	우수	5	6	6	6	7	7	7	8			

甲
寅
年

경칩 6일 18시 56분 【음2월】➡ 음 2 【丁卯月(정묘월)】 춘분 21일 20시 11분

양력	1	2	3	4	5	6	7	8	9	10	11	12	13	14	15	16	17	18	19	20	21	22	23	24	25	26	27	28	29	30	31
양력 요일	일	월	화	수	목	금	토	일	월	화	수	목	금	토	일	월	화	수	목	금	토	일	월	화	수	목	금	토	일	월	화
3 일진	丙	丁	戊	己	庚	辛	壬	癸	甲	乙	丙	丁	戊	己	庚	辛	壬	癸	甲	乙	丙	丁	戊	己	庚	辛	壬	癸	甲	乙	丙
日辰	戌	亥	子	丑	寅	卯	辰	巳	午	未	申	酉	戌	亥	子	丑	寅	卯	辰	巳	午	未	申	酉	戌	亥	子	丑	寅	卯	辰
음력 02/05 03/05	5	6	7	8	9	10	11	12	13	14	15	16	17	18	19	20	21	22	23	24	25	26	27	28	29	30	3/1	2	3	4	5
대남	2	1	1	1	1	경칩	10	10	9	9	9	8	8	8	7	7	7	6	6	6	춘분	5	5	4	4	4	3	3	3	2	2
운여	8	8	9	9	9	칩	1	1	1	1	2	2	2	3	3	3	4	4	4	5	춘분	5	6	6	6	7	7	7	8	8	8

청명 6일 00시 22분 【음3월】➡ 음 3 【戊辰月(무진월)】 곡우 21일 07시 53분

양력	1	2	3	4	5	6	7	8	9	10	11	12	13	14	15	16	17	18	19	20	21	22	23	24	25	26	27	28	29	30	
양력 요일	수	목	금	토	일	월	화	수	목	금	토	일	월	화	수	목	금	토	일	월	화	수	목	금	토	일	월	화	수	목	
4 일진	丁	戊	己	庚	辛	壬	癸	甲	乙	丙	丁	戊	己	庚	辛	壬	癸	甲	乙	丙	丁	戊	己	庚	辛	壬	癸	甲	乙	丙	
日辰	巳	午	未	申	酉	戌	亥	子	丑	寅	卯	辰	巳	午	未	申	酉	戌	亥	子	丑	寅	卯	辰	巳	午	未	申	酉	戌	
음력 03/06 04/06	6	7	8	9	10	11	12	13	14	15	16	17	18	19	20	21	22	23	24	25	26	27	28	29	4/1	2	3	4	5	6	
대남	2	1	1	1	1	청명	10	10	9	9	9	8	8	8	7	7	7	6	6	6	곡우	5	5	4	4	4	3	3	3	2	
운여	9	9	9	10	10	명	1	1	1	1	2	2	2	3	3	3	4	4	4	5	우	5	6	6	6	7	7	7	8	8	

입하 6일 18시 20분 【음4월】➡ 음 4 【己巳月(기사월)】 소만 22일 07시 38분

양력	1	2	3	4	5	6	7	8	9	10	11	12	13	14	15	16	17	18	19	20	21	22	23	24	25	26	27	28	29	30	31
양력 요일	금	토	일	월	화	수	목	금	토	일	월	화	수	목	금	토	일	월	화	수	목	금	토	일	월	화	수	목	금	토	일
5 일진	丁	戊	己	庚	辛	壬	癸	甲	乙	丙	丁	戊	己	庚	辛	壬	癸	甲	乙	丙	丁	戊	己	庚	辛	壬	癸	甲	乙	丙	丁
日辰	亥	子	丑	寅	卯	辰	巳	午	未	申	酉	戌	亥	子	丑	寅	卯	辰	巳	午	未	申	酉	戌	亥	子	丑	寅	卯	辰	巳
음력 04/07 05/07	7	8	9	10	11	12	13	14	15	16	17	18	19	20	21	22	23	24	25	26	27	28	29	30	5/1	2	3	4	5	6	7
대남	2	1	1	1	1	입하	10	10	10	9	9	9	8	8	8	7	7	7	6	6	6	소만	5	5	5	4	4	4	3	3	3
운여	9	9	9	10	10	하	1	1	1	1	2	2	2	3	3	3	4	4	4	5	5	만	6	6	6	7	7	7	8	8	8

망종 6일 23시 00분 【음5월】➡ 음 5 【庚午月(경오월)】 윤 5 하지 22일 15시 55분

양력	1	2	3	4	5	6	7	8	9	10	11	12	13	14	15	16	17	18	19	20	21	22	23	24	25	26	27	28	29	30	
양력 요일	월	화	수	목	금	토	일	월	화	수	목	금	토	일	월	화	수	목	금	토	일	월	화	수	목	금	토	일	월	화	
6 일진	戊	己	庚	辛	壬	癸	甲	乙	丙	丁	戊	己	庚	辛	壬	癸	甲	乙	丙	丁	戊	己	庚	辛	壬	癸	甲	乙	丙	丁	
日辰	午	未	申	酉	戌	亥	子	丑	寅	卯	辰	巳	午	未	申	酉	戌	亥	子	丑	寅	卯	辰	巳	午	未	申	酉	戌	亥	
음력 05/08 윤5/07	8	9	10	11	12	13	14	15	16	17	18	19	20	21	22	23	24	25	26	27	28	29	30	윤5	2	3	4	5	6	7	
대남	2	1	1	1	1	망종	10	10	9	9	9	8	8	8	7	7	7	6	6	6	5	하지	5	4	4	4	3	3	3	2	
운여	9	9	10	10	10	종	1	1	1	1	2	2	2	3	3	3	4	4	4	5	5	지	6	6	6	7	7	7	8	8	

1914 甲寅年

소서 8일 09시 27분 【음6월】 ➡ 음 6 【辛未月(신미월)】 대서 24일 02시 47분

양력 7월	1	2	3	4	5	6	7	8	9	10	11	12	13	14	15	16	17	18	19	20	21	22	23	24	25	26	27	28	29	30	31
요일	수	목	금	토	일	월	화	수	목	금	토	일	월	화	수	목	금	토	일	월	화	수	목	금	토	일	월	화	수	목	금
일진(干)	戊	己	庚	辛	壬	癸	甲	乙	丙	丁	戊	己	庚	辛	壬	癸	甲	乙	丙	丁	戊	己	庚	辛	壬	癸	甲	乙	丙	丁	戊
日辰(支)	子	丑	寅	卯	辰	巳	午	未	申	酉	戌	亥	子	丑	寅	卯	辰	巳	午	未	申	酉	戌	亥	子	丑	寅	卯	辰	巳	午
음력 (05/08~06/09)	8	9	10	11	12	13	14	15	16	17	18	19	20	21	22	23	24	25	26	27	28	29	6/1	2	3	4	5	6	7	8	9
대남	2	2	2	1	1	1	1	소	10	10	10	9	9	9	8	8	8	7	7	7	6	6	6	대	5	5	4	4	4	3	3
운여	8	9	9	9	10	10	10	서	1	1	1	1	2	2	2	3	3	3	4	4	4	5	5	서	5	6	6	6	7	7	7

입추 8일 19시 05분 【음7월】 ➡ 음 7 【壬申月(임신월)】 처서 24일 09시 30분

양력 8월	1	2	3	4	5	6	7	8	9	10	11	12	13	14	15	16	17	18	19	20	21	22	23	24	25	26	27	28	29	30	31
요일	토	일	월	화	수	목	금	토	일	월	화	수	목	금	토	일	월	화	수	목	금	토	일	월	화	수	목	금	토	일	월
일진(干)	己	庚	辛	壬	癸	甲	乙	丙	丁	戊	己	庚	辛	壬	癸	甲	乙	丙	丁	戊	己	庚	辛	壬	癸	甲	乙	丙	丁	戊	己
日辰(支)	未	申	酉	戌	亥	子	丑	寅	卯	辰	巳	午	未	申	酉	戌	亥	子	丑	寅	卯	辰	巳	午	未	申	酉	戌	亥	子	丑
음력 (06/10~07/11)	10	11	12	13	14	15	16	17	18	19	20	21	22	23	24	25	26	27	28	29	7/1	2	3	4	5	6	7	8	9	10	11
대남	2	2	2	1	1	1	1	입	10	10	10	9	9	9	8	8	8	7	7	7	6	6	6	처	5	5	4	4	4	3	3
운여	8	8	9	9	9	10	10	추	1	1	1	1	2	2	2	3	3	3	4	4	4	5	5	서	5	6	6	6	7	7	7

백로 8일 21시 33분 【음8월】 ➡ 음 8 【癸酉月(계유월)】 추분 24일 06시 34분

양력 9월	1	2	3	4	5	6	7	8	9	10	11	12	13	14	15	16	17	18	19	20	21	22	23	24	25	26	27	28	29	30
요일	화	수	목	금	토	일	월	화	수	목	금	토	일	월	화	수	목	금	토	일	월	화	수	목	금	토	일	월	화	수
일진(干)	庚	辛	壬	癸	甲	乙	丙	丁	戊	己	庚	辛	壬	癸	甲	乙	丙	丁	戊	己	庚	辛	壬	癸	甲	乙	丙	丁	戊	己
日辰(支)	寅	卯	辰	巳	午	未	申	酉	戌	亥	子	丑	寅	卯	辰	巳	午	未	申	酉	戌	亥	子	丑	寅	卯	辰	巳	午	未
음력 (07/12~08/11)	12	13	14	15	16	17	18	19	20	21	22	23	24	25	26	27	28	29	30	8/1	2	3	4	5	6	7	8	9	10	11
대남	2	2	1	1	1	1	1	백	10	10	10	9	9	9	8	8	8	7	7	7	6	6	6	추	5	5	5	4	4	4
운여	8	8	9	9	9	10	10	로	1	1	1	2	2	2	3	3	3	4	4	4	5	5	5	분	6	6	6	6	7	7

한로 9일 12시 35분 【음9월】 ➡ 음 9 【甲戌月(갑술월)】 상강 24일 15시 17분

양력 10월	1	2	3	4	5	6	7	8	9	10	11	12	13	14	15	16	17	18	19	20	21	22	23	24	25	26	27	28	29	30	31
요일	목	금	토	일	월	화	수	목	금	토	일	월	화	수	목	금	토	일	월	화	수	목	금	토	일	월	화	수	목	금	토
일진(干)	庚	辛	壬	癸	甲	乙	丙	丁	戊	己	庚	辛	壬	癸	甲	乙	丙	丁	戊	己	庚	辛	壬	癸	甲	乙	丙	丁	戊	己	庚
日辰(支)	申	酉	戌	亥	子	丑	寅	卯	辰	巳	午	未	申	酉	戌	亥	子	丑	寅	卯	辰	巳	午	未	申	酉	戌	亥	子	丑	寅
음력 (08/12~09/13)	12	13	14	15	16	17	18	19	20	21	22	23	24	25	26	27	28	29	9/1	2	3	4	5	6	7	8	9	10	11	12	13
대남	3	2	2	2	1	1	1	1	한	10	9	9	9	8	8	8	7	7	7	6	6	6	6	상	5	4	4	4	3	3	3
운여	8	8	9	9	9	10	10	10	로	1	1	1	2	2	2	3	3	3	4	4	4	5	5	강	5	6	6	6	7	7	7

입동 8일 15시 11분 【음10월】 ➡ 음 10 【乙亥月(을해월)】 소설 23일 12시 20분

양력 11월	1	2	3	4	5	6	7	8	9	10	11	12	13	14	15	16	17	18	19	20	21	22	23	24	25	26	27	28	29	30
요일	일	월	화	수	목	금	토	일	월	화	수	목	금	토	일	월	화	수	목	금	토	일	월	화	수	목	금	토	일	월
일진(干)	辛	壬	癸	甲	乙	丙	丁	戊	己	庚	辛	壬	癸	甲	乙	丙	丁	戊	己	庚	辛	壬	癸	甲	乙	丙	丁	戊	己	庚
日辰(支)	卯	辰	巳	午	未	申	酉	戌	亥	子	丑	寅	卯	辰	巳	午	未	申	酉	戌	亥	子	丑	寅	卯	辰	巳	午	未	申
음력 (09/14~10/13)	14	15	16	17	18	19	20	21	22	23	24	25	26	27	28	29	30	10/1	2	3	4	5	6	7	8	9	10	11	12	13
대남	3	2	2	2	1	1	1	입	10	9	9	9	8	8	8	7	7	7	6	6	6	6	소	5	5	4	4	4	3	3
운여	8	8	9	9	9	10	10	동	1	1	1	2	2	2	3	3	3	4	4	4	5	5	설	5	6	6	6	7	7	7

대설 8일 07시 37분 【음11월】 ➡ 음 11 【丙子月(병자월)】 동지 23일 01시 22분

양력 12월	1	2	3	4	5	6	7	8	9	10	11	12	13	14	15	16	17	18	19	20	21	22	23	24	25	26	27	28	29	30	31
요일	화	수	목	금	토	일	월	화	수	목	금	토	일	월	화	수	목	금	토	일	월	화	수	목	금	토	일	월	화	수	목
일진(干)	辛	壬	癸	甲	乙	丙	丁	戊	己	庚	辛	壬	癸	甲	乙	丙	丁	戊	己	庚	辛	壬	癸	甲	乙	丙	丁	戊	己	庚	辛
日辰(支)	酉	戌	亥	子	丑	寅	卯	辰	巳	午	未	申	酉	戌	亥	子	丑	寅	卯	辰	巳	午	未	申	酉	戌	亥	子	丑	寅	卯
음력 (10/14~11/15)	14	15	16	17	18	19	20	21	22	23	24	25	26	27	28	29	11/1	2	3	4	5	6	7	8	9	10	11	12	13	14	15
대남	2	2	2	1	1	1	1	대	9	9	9	8	8	8	7	7	7	6	6	6	5	동	5	5	4	4	4	3	3	3	2
운여	8	8	8	9	9	9	10	설	1	1	1	2	2	2	3	3	3	4	4	4	5	지	5	6	6	6	7	7	7	8	8

乙卯(을묘)년 납음(大溪水),본명성(四綠木)

대장군(子북방), 삼살(酉서방), 상문(巳동남방),조객(丑동북방), 납음(대계수), 【삼재(사,오,미)년】 臘享(납향):1916년1월23일(음12/19)

소한 6일 18시 40분 【음12월】 ➡ 음 12 【丁丑月(정축월)】 대한 21일 12시 00분

양력	1	2	3	4	5	6	7	8	9	10	11	12	13	14	15	16	17	18	19	20	21	22	23	24	25	26	27	28	29	30	31
요일	금	토	일	월	화	수	목	금	토	일	월	화	수	목	금	토	일	월	화	수	목	금	토	일	월	화	수	목	금	토	일
일진	壬	癸	甲	乙	丙	丁	戊	己	庚	辛	壬	癸	甲	乙	丙	丁	戊	己	庚	辛	壬	癸	甲	乙	丙	丁	戊	己	庚	辛	壬
日辰	辰	巳	午	未	申	酉	戌	亥	子	丑	寅	卯	辰	巳	午	未	申	酉	戌	亥	子	丑	寅	卯	辰	巳	午	未	申	酉	戌
음력	16	17	18	19	20	21	22	23	24	25	26	27	28	29	12/1	2	3	4	5	6	7	8	9	10	11	12	13	14	15	16	17
대남	2	1	1	1	1	소	10	9	9	9	8	8	8	7	7	7	6	6	6	5	대	5	4	4	4	3	3	3	2	2	2
운여	8	8	9	9	9	소	1	1	1	1	2	2	2	3	3	3	4	4	4	5	한	5	6	6	6	7	7	7	8	8	8

음력 좌측: 11/16, 12/17

입춘 5일 06시 25분 【음1월】 ➡ 음 1 【戊寅月(무인월)】 우수 20일 02시 23분

양력	1	2	3	4	5	6	7	8	9	10	11	12	13	14	15	16	17	18	19	20	21	22	23	24	25	26	27	28
요일	월	화	수	목	금	토	일	월	화	수	목	금	토	일	월	화	수	목	금	토	일	월	화	수	목	금	토	일
일진	癸	甲	乙	丙	丁	戊	己	庚	辛	壬	癸	甲	乙	丙	丁	戊	己	庚	辛	壬	癸	甲	乙	丙	丁	戊	己	庚
日辰	亥	子	丑	寅	卯	辰	巳	午	未	申	酉	戌	亥	子	丑	寅	卯	辰	巳	午	未	申	酉	戌	亥	子	丑	寅
음력	18	19	20	21	22	23	24	25	26	27	28	29	30	1/1	2	3	4	5	6	7	8	9	10	11	12	13	14	15
대남	1	1	1	입	1	10	9	9	9	8	8	8	7	7	7	6	6	6	5	우	5	5	4	4	4	3	3	3
운여	9	9	9	10	춘	1	1	1	1	2	2	2	3	3	3	4	4	4	5	수	5	6	6	6	7	7	7	8

음력 좌측: 12/18, 01/15 ／ 우측 박스: 乙卯年

경칩 7일 00시 48분 【음2월】 ➡ 음 2 【己卯月(기묘월)】 춘분 22일 01시 51분

양력	1	2	3	4	5	6	7	8	9	10	11	12	13	14	15	16	17	18	19	20	21	22	23	24	25	26	27	28	29	30	31
요일	월	화	수	목	금	토	일	월	화	수	목	금	토	일	월	화	수	목	금	토	일	월	화	수	목	금	토	일	월	화	수
일진	辛	壬	癸	甲	乙	丙	丁	戊	己	庚	辛	壬	癸	甲	乙	丙	丁	戊	己	庚	辛	壬	癸	甲	乙	丙	丁	戊	己	庚	辛
日辰	卯	辰	巳	午	未	申	酉	戌	亥	子	丑	寅	卯	辰	巳	午	未	申	酉	戌	亥	子	丑	寅	卯	辰	巳	午	未	申	酉
음력	16	17	18	19	20	21	22	23	24	25	26	27	28	29	30	2/1	2	3	4	5	6	7	8	9	10	11	12	13	14	15	16
대남	8	8	9	9	9	10	경	1	1	1	1	2	2	2	3	3	3	4	4	4	춘	5	5	6	6	6	7	7	7	8	8
운여	2	2	1	1	1	1	칩	10	9	9	9	8	8	8	7	7	7	6	6	6	분	5	5	4	4	4	3	3	3	2	2

음력 좌측: 01/19, 02/16

청명 6일 06시 09분 【음3월】 ➡ 음 3 【庚辰月(경진월)】 곡우 21일 13시 29분

양력	1	2	3	4	5	6	7	8	9	10	11	12	13	14	15	16	17	18	19	20	21	22	23	24	25	26	27	28	29	30
요일	목	금	토	일	월	화	수	목	금	토	일	월	화	수	목	금	토	일	월	화	수	목	금	토	일	월	화	수	목	금
일진	壬	癸	甲	乙	丙	丁	戊	己	庚	辛	壬	癸	甲	乙	丙	丁	戊	己	庚	辛	壬	癸	甲	乙	丙	丁	戊	己	庚	辛
日辰	戌	亥	子	丑	寅	卯	辰	巳	午	未	申	酉	戌	亥	子	丑	寅	卯	辰	巳	午	未	申	酉	戌	亥	子	丑	寅	卯
음력	17	18	19	20	21	22	23	24	25	26	27	28	29	3/1	2	3	4	5	6	7	8	9	10	11	12	13	14	15	16	17
대남	8	8	9	9	9	10	청	1	1	1	1	2	2	2	3	3	3	4	4	4	곡	5	5	6	6	6	7	7	7	8
운여	2	1	1	1	1	명	10	10	9	9	9	8	8	8	7	7	7	6	6	6	우	5	5	4	4	4	3	3	3	2

음력 좌측: 02/17, 03/17

입하 7일 00시 03분 【음4월】 ➡ 음 4 【辛巳月(신사월)】 소만 22일 13시 10분

양력	1	2	3	4	5	6	7	8	9	10	11	12	13	14	15	16	17	18	19	20	21	22	23	24	25	26	27	28	29	30	31
요일	토	일	월	화	수	목	금	토	일	월	화	수	목	금	토	일	월	화	수	목	금	토	일	월	화	수	목	금	토	일	월
일진	壬	癸	甲	乙	丙	丁	戊	己	庚	辛	壬	癸	甲	乙	丙	丁	戊	己	庚	辛	壬	癸	甲	乙	丙	丁	戊	己	庚	辛	壬
日辰	辰	巳	午	未	申	酉	戌	亥	子	丑	寅	卯	辰	巳	午	未	申	酉	戌	亥	子	丑	寅	卯	辰	巳	午	未	申	酉	戌
음력	18	19	20	21	22	23	24	25	26	27	28	29	30	4/1	2	3	4	5	6	7	8	9	10	11	12	13	14	15	16	17	18
대남	8	9	9	9	10	10	입	1	1	1	1	2	2	2	3	3	3	4	4	4	5	소	5	6	6	6	7	7	7	8	8
운여	2	2	1	1	1	1	하	10	10	9	9	9	8	8	8	7	7	7	6	6	6	만	5	5	4	4	4	3	3	3	2

음력 좌측: 03/18, 04/18

망종 7일 04시 40분 【음5월】 ➡ 음 5 【壬午月(임오월)】 하지 22일 21시 29분

양력	1	2	3	4	5	6	7	8	9	10	11	12	13	14	15	16	17	18	19	20	21	22	23	24	25	26	27	28	29	30
요일	화	수	목	금	토	일	월	화	수	목	금	토	일	월	화	수	목	금	토	일	월	화	수	목	금	토	일	월	화	수
일진	癸	甲	乙	丙	丁	戊	己	庚	辛	壬	癸	甲	乙	丙	丁	戊	己	庚	辛	壬	癸	甲	乙	丙	丁	戊	己	庚	辛	壬
日辰	亥	子	丑	寅	卯	辰	巳	午	未	申	酉	戌	亥	子	丑	寅	卯	辰	巳	午	未	申	酉	戌	亥	子	丑	寅	卯	辰
음력	19	20	21	22	23	24	25	26	27	28	29	30	5/1	2	3	4	5	6	7	8	9	10	11	12	13	14	15	16	17	18
대남	8	8	9	9	9	10	망	1	1	1	1	2	2	2	3	3	3	4	4	4	5	하	5	6	6	6	7	7	7	8
운여	2	2	1	1	1	1	종	10	10	9	9	9	8	8	8	7	7	7	6	6	6	지	5	5	4	4	4	3	3	3

음력 좌측: 04/19, 05/18

한식(4월07일), 초복(7월18일), 중복(7월28일), 말복(8월17일)♣춘사(春社)3/18
☀추사(秋社)9/24토왕지절(土旺之節):4월18일,7월21일,10월21일,
1월18일(음12/14)臘享(납향):1916년1월23일(음12/19)

1915 乙卯年

소서 8일 15시 08분 【음6월】 ➡ 음 6 【癸未月(계미월)】 대서 24일 08시 26분

양력	1	2	3	4	5	6	7	8	9	10	11	12	13	14	15	16	17	18	19	20	21	22	23	24	25	26	27	28	29	30	31
요일	목	금	토	일	월	화	수	목	금	토	일	월	화	수	목	금	토	일	월	화	수	목	금	토	일	월	화	수	목	금	토
일진 日辰	癸巳	甲午	乙未	丙申	丁酉	戊戌	己亥	庚子	辛丑	壬寅	癸卯	甲辰	乙巳	丙午	丁未	戊申	己酉	庚戌	辛亥	壬子	癸丑	甲寅	乙卯	丙辰	丁巳	戊午	己未	庚申	辛酉	壬戌	癸亥
음력 05/19 06/20	음력	19	20	21	22	23	24	25	26	27	28	29	6/1	2	3	4	5	6	7	8	9	10	11	12	13	14	15	16	17	18	19	20
대 남	8	9	9	9	10	10	10	소서	1	1	1	1	2	2	2	3	3	3	4	4	4	5	대서	6	6	6	7	7	7		
운 여	2	2	1	1	1	1		10	10	9	9	9	8	8	8	7	7	7	6	6	6	5		5	4	4	4	3	3		

입추 9일 00시 48분 【음7월】 ➡ 음 7 【甲申月(갑신월)】 처서 24일 15시 15분

양력	1	2	3	4	5	6	7	8	9	10	11	12	13	14	15	16	17	18	19	20	21	22	23	24	25	26	27	28	29	30	31
요일	일	월	화	수	목	금	토	일	월	화	수	목	금	토	일	월	화	수	목	금	토	일	월	화	수	목	금	토	일	월	화
일진 日辰	甲子	乙丑	丙寅	丁卯	戊辰	己巳	庚午	辛未	壬申	癸酉	甲戌	乙亥	丙子	丁丑	戊寅	己卯	庚辰	辛巳	壬午	癸未	甲申	乙酉	丙戌	丁亥	戊子	己丑	庚寅	辛卯	壬辰	癸巳	甲午
음력 06/21 07/21	음력	21	22	23	24	25	26	27	28	29	30	7/1	2	3	4	5	6	7	8	9	10	11	12	13	14	15	16	17	18	19	20	21
대 남	8	8	9	9	9	10	10	입추	1	1	1	1	2	2	2	3	3	3	4	4	4	처서	5	6	6	6	7	7	7		
운 여	3	2	2	1	1	1	1		10	10	9	9	9	8	8	8	7	7	7	6	6		5	5	4	4	4	3	3		

백로 9일 03시 17분 【음8월】 ➡ 음 8 【乙酉月(을유월)】 추분 24일 12시 24분

양력	1	2	3	4	5	6	7	8	9	10	11	12	13	14	15	16	17	18	19	20	21	22	23	24	25	26	27	28	29	30
요일	수	목	금	토	일	월	화	수	목	금	토	일	월	화	수	목	금	토	일	월	화	수	목	금	토	일	월	화	수	목
일진 日辰	乙未	丙申	丁酉	戊戌	己亥	庚子	辛丑	壬寅	癸卯	甲辰	乙巳	丙午	丁未	戊申	己酉	庚戌	辛亥	壬子	癸丑	甲寅	乙卯	丙辰	丁巳	戊午	己未	庚申	辛酉	壬戌	癸亥	甲子
음력 07/22 08/22	음력	22	23	24	25	26	27	28	29	8/1	2	3	4	5	6	7	8	9	10	11	12	13	14	15	16	17	18	19	20	21	22
대 남	8	8	8	9	9	9	10	10	백로	1	1	1	1	2	2	2	3	3	3	4	4	4	5	추분	5	6	6	6	7	7
운 여	3	2	2	2	1	1	1	1		10	10	9	9	9	8	8	8	7	7	7	6	6	6		5	5	4	4	4	3

한로 9일 18시 21분 【음9월】 ➡ 음 9 【丙戌月(병술월)】 상강 24일 21시 10분

양력	1	2	3	4	5	6	7	8	9	10	11	12	13	14	15	16	17	18	19	20	21	22	23	24	25	26	27	28	29	30	31
요일	금	토	일	월	화	수	목	금	토	일	월	화	수	목	금	토	일	월	화	수	목	금	토	일	월	화	수	목	금	토	일
일진 日辰	乙丑	丙寅	丁卯	戊辰	己巳	庚午	辛未	壬申	癸酉	甲戌	乙亥	丙子	丁丑	戊寅	己卯	庚辰	辛巳	壬午	癸未	甲申	乙酉	丙戌	丁亥	戊子	己丑	庚寅	辛卯	壬辰	癸巳	甲午	乙未
음력 08/23 09/23	음력	23	24	25	26	27	28	29	30	9/1	2	3	4	5	6	7	8	9	10	11	12	13	14	15	16	17	18	19	20	21	22	23
대 남	7	8	8	8	9	9	9	10	한로	1	1	1	1	2	2	2	3	3	3	4	4	4	5	상강	5	6	6	6	7	7	7
운 여	3	3	2	2	2	1	1	1		10	9	9	9	8	8	8	7	7	7	6	6	6	5		5	4	4	4	3	3	3

입동 8일 20시 58분 【음10월】 ➡ 음 10 【丁亥月(정해월)】 소설 23일 18시 14분

양력	1	2	3	4	5	6	7	8	9	10	11	12	13	14	15	16	17	18	19	20	21	22	23	24	25	26	27	28	29	30
요일	월	화	수	목	금	토	일	월	화	수	목	금	토	일	월	화	수	목	금	토	일	월	화	수	목	금	토	일	월	화
일진 日辰	丙申	丁酉	戊戌	己亥	庚子	辛丑	壬寅	癸卯	甲辰	乙巳	丙午	丁未	戊申	己酉	庚戌	辛亥	壬子	癸丑	甲寅	乙卯	丙辰	丁巳	戊午	己未	庚申	辛酉	壬戌	癸亥	甲子	乙丑
음력 09/24 10/24	음력	24	25	26	27	28	29	10/1	2	3	4	5	6	7	8	9	10	11	12	13	14	15	16	17	18	19	20	21	22	23	24
대 남	8	8	8	9	9	9	10	입동	1	1	1	1	2	2	2	3	3	3	4	4	4	5	소설	5	6	6	6	7	7	7
운 여	2	2	2	1	1	1	1		10	9	9	9	8	8	8	7	7	7	6	6	6	5		5	4	4	4	3	3	3

대설 8일 13시 24분 【음11월】 ➡ 음 11 【戊子月(무자월)】 동지 23일 07시 16분

양력	1	2	3	4	5	6	7	8	9	10	11	12	13	14	15	16	17	18	19	20	21	22	23	24	25	26	27	28	29	30	31
요일	수	목	금	토	일	월	화	수	목	금	토	일	월	화	수	목	금	토	일	월	화	수	목	금	토	일	월	화	수	목	금
일진 日辰	丙寅	丁卯	戊辰	己巳	庚午	辛未	壬申	癸酉	甲戌	乙亥	丙子	丁丑	戊寅	己卯	庚辰	辛巳	壬午	癸未	甲申	乙酉	丙戌	丁亥	戊子	己丑	庚寅	辛卯	壬辰	癸巳	甲午	乙未	丙申
음력 10/25 11/25	음력	25	26	27	28	29	30	11/1	2	3	4	5	6	7	8	9	10	11	12	13	14	15	16	17	18	19	20	21	22	23	24	25
대 남	8	8	8	9	9	9	10	대설	1	1	1	1	2	2	2	3	3	3	4	4	4	5	동지	5	6	6	6	7	7	7	
운 여	2	2	2	1	1	1	1		10	9	9	9	8	8	8	7	7	7	6	6	6	5		5	4	4	4	3	3	3	

- 73 -

丙辰(병진)년　납음(沙中土), 본명성(三碧木)

대장군(子북방), 삼살(南방), 상문(午남방), 조객(寅동북방),납음(사중토),
삼재(인,묘,진)년　臘享(납향):1917年1月17日(음12/24)

소한 7일 00시 28분　【음12월】➡　**음 12** 【己丑月(기축월)】　대한 21일 17시 54분

양력 1	양력	1	2	3	4	5	6	7	8	9	10	11	12	13	14	15	16	17	18	19	20	21	22	23	24	25	26	27	28	29	30	31
	요일	토	일	월	화	수	목	금	토	일	월	화	수	목	금	토	일	월	화	수	목	금	토	일	월	화	수	목	금	토	일	월
일진	日辰	丁酉	戊戌	己亥	庚子	辛丑	壬寅	癸卯	甲辰	乙巳	丙午	丁未	戊申	己酉	庚戌	辛亥	壬子	癸丑	甲寅	乙卯	丙辰	丁巳	戊午	己未	庚申	辛酉	壬戌	癸亥	甲子	乙丑	丙寅	丁卯
음력 11/26	음력	26	27	28	29	12/1	2	3	4	5	6	7	8	9	10	11	12	13	14	15	16	17	18	19	20	21	22	23	24	25	26	27
12/27	대남	8	8	9	9	9	10	소한	1	1	1	1	2	2	2	3	3	3	4	4	4	대한	5	5	6	6	6	7	7	8	8	
	운여	2	2	1	1	1	1	한	9	9	9	8	8	8	7	7	7	6	6	6	5	한	5	4	4	4	3	3	3	2	2	

입춘 5일 12시 14분　【음1월】　**음 1** 【庚寅月(경인월)】　우수 20일 08시 18분

丙辰年

양력 2	양력	1	2	3	4	5	6	7	8	9	10	11	12	13	14	15	16	17	18	19	20	21	22	23	24	25	26	27	28	29
	요일	화	수	목	금	토	일	월	화	수	목	금	토	일	월	화	수	목	금	토	일	월	화	수	목	금	토	일	월	화
일진	日辰	戊辰	己巳	庚午	辛未	壬申	癸酉	甲戌	乙亥	丙子	丁丑	戊寅	己卯	庚辰	辛巳	壬午	癸未	甲申	乙酉	丙戌	丁亥	戊子	己丑	庚寅	辛卯	壬辰	癸巳	甲午	乙未	丙申
음력 12/28	음력	28	29	30	1/1	2	3	4	5	6	7	8	9	10	11	12	13	14	15	16	17	18	19	20	21	22	23	24	25	26
01/26	대남	8	9	9	9	입춘	10	9	9	9	8	8	8	7	7	7	6	6	6	우수	5	5	4	4	4	3	3	3	2	2
	운여	1	1	1	1	춘	1	1	1	1	2	2	2	3	3	3	4	4	4	수	5	5	6	6	6	7	7	7	8	8

경칩 6일 06시 37분　【음2월】➡　**음 2** 【辛卯月(신묘월)】　춘분 21일 07시 47분

양력 3	양력	1	2	3	4	5	6	7	8	9	10	11	12	13	14	15	16	17	18	19	20	21	22	23	24	25	26	27	28	29	30	31
	요일	수	목	금	토	일	월	화	수	목	금	토	일	월	화	수	목	금	토	일	월	화	수	목	금	토	일	월	화	수	목	금
일진	日辰	丁酉	戊戌	己亥	庚子	辛丑	壬寅	癸卯	甲辰	乙巳	丙午	丁未	戊申	己酉	庚戌	辛亥	壬子	癸丑	甲寅	乙卯	丙辰	丁巳	戊午	己未	庚申	辛酉	壬戌	癸亥	甲子	乙丑	丙寅	丁卯
음력 01/27	음력	27	28	29	2/1	2	3	4	5	6	7	8	9	10	11	12	13	14	15	16	17	18	19	20	21	22	23	24	25	26	27	28
02/28	대남	2	1	1	1	1	경칩	10	9	9	9	8	8	8	7	7	7	6	6	6	춘분	5	5	4	4	4	3	3	3	2	2	2
	운여	8	9	9	9	10	칩	1	1	1	1	2	2	2	3	3	3	4	4	4	춘	5	5	6	6	6	7	7	7	8	8	8

청명 5일 11시 58분　【음3월】➡　**음 3** 【壬辰月(임진월)】　곡우 20일 19시 25분

양력 4	양력	1	2	3	4	5	6	7	8	9	10	11	12	13	14	15	16	17	18	19	20	21	22	23	24	25	26	27	28	29	30
	요일	토	일	월	화	수	목	금	토	일	월	화	수	목	금	토	일	월	화	수	목	금	토	일	월	화	수	목	금	토	일
일진	日辰	戊辰	己巳	庚午	辛未	壬申	癸酉	甲戌	乙亥	丙子	丁丑	戊寅	己卯	庚辰	辛巳	壬午	癸未	甲申	乙酉	丙戌	丁亥	戊子	己丑	庚寅	辛卯	壬辰	癸巳	甲午	乙未	丙申	丁酉
음력 02/29	음력	29	30	3/1	2	3	4	5	6	7	8	9	10	11	12	13	14	15	16	17	18	19	20	21	22	23	24	25	26	27	28
03/28	대남	1	1	1	1	청명	10	10	9	9	9	8	8	8	7	7	7	6	6	6	곡우	5	5	4	4	4	3	3	3	2	2
	운여	9	9	9	10	명	1	1	1	1	2	2	2	3	3	3	4	4	4	5	우	5	6	6	6	7	7	7	8	8	8

입하 6일 05시 50분　【음4월】➡　**음 4** 【癸巳月(계사월)】　소만 21일 19시 06분

양력 5	양력	1	2	3	4	5	6	7	8	9	10	11	12	13	14	15	16	17	18	19	20	21	22	23	24	25	26	27	28	29	30	31
	요일	월	화	수	목	금	토	일	월	화	수	목	금	토	일	월	화	수	목	금	토	일	월	화	수	목	금	토	일	월	화	수
일진	日辰	戊戌	己亥	庚子	辛丑	壬寅	癸卯	甲辰	乙巳	丙午	丁未	戊申	己酉	庚戌	辛亥	壬子	癸丑	甲寅	乙卯	丙辰	丁巳	戊午	己未	庚申	辛酉	壬戌	癸亥	甲子	乙丑	丙寅	丁卯	戊辰
음력 03/29	음력	29	4/1	2	3	4	5	6	7	8	9	10	11	12	13	14	15	16	17	18	19	20	21	22	23	24	25	26	27	28	29	30
04/30	대남	2	1	1	1	1	입하	10	10	9	9	9	8	8	8	7	7	7	6	6	6	소만	5	5	4	4	4	3	3	3	2	2
	운여	9	9	9	10	10	하	1	1	1	1	2	2	2	3	3	3	4	4	4	5	만	5	6	6	6	7	7	7	8	8	8

망종 6일 10시 26분　【음5월】➡　**음 5** 【甲午月(갑오월)】　하지 22일 03시 24분

양력 6	양력	1	2	3	4	5	6	7	8	9	10	11	12	13	14	15	16	17	18	19	20	21	22	23	24	25	26	27	28	29	30
	요일	목	금	토	일	월	화	수	목	금	토	일	월	화	수	목	금	토	일	월	화	수	목	금	토	일	월	화	수	목	금
일진	日辰	己巳	庚午	辛未	壬申	癸酉	甲戌	乙亥	丙子	丁丑	戊寅	己卯	庚辰	辛巳	壬午	癸未	甲申	乙酉	丙戌	丁亥	戊子	己丑	庚寅	辛卯	壬辰	癸巳	甲午	乙未	丙申	丁酉	戊戌
음력 05/01	음력	5/1	2	3	4	5	6	7	8	9	10	11	12	13	14	15	16	17	18	19	20	21	22	23	24	25	26	27	28	29	6/1
06/01	대남	2	1	1	1	1	망종	10	10	9	9	9	8	8	8	7	7	7	6	6	6	하지	5	5	4	4	4	3	3	3	2
	운여	9	9	10	10	10	종	1	1	1	1	2	2	2	3	3	3	4	4	4	5	지	5	5	6	6	6	7	7	7	8

한식(4월06일), 초복(7월12일), 중복(7월22일), 말복(8월11일)♠춘사(春社)3/22
☀추사(秋社)9/28토왕지절(土旺之節):4월17일,7월20일,10월21일,1월18일(음12/25)臘享(납
향):1917년1월17일(음12/24)

1916 丙辰年

소서 7일 20시 54분 【음6월】➡ 음6 【乙未月(을미월)】 대서 23일 14시 21분

양력 7	양력	1	2	3	4	5	6	7	8	9	10	11	12	13	14	15	16	17	18	19	20	21	22	23	24	25	26	27	28	29	30	31
	요일	토	일	월	화	수	목	금	토	일	월	화	수	목	금	토	일	월	화	수	목	금	토	일	월	화	수	목	금	토	일	월
	일진 日辰	己巳	庚午	辛未	壬申	癸酉	甲戌	乙亥	丙子	丁丑	戊寅	己卯	庚辰	辛巳	壬午	癸未	甲申	乙酉	丙戌	丁亥	戊子	己丑	庚寅	辛卯	壬辰	癸巳	甲午	乙未	丙申	丁酉	戊戌	己亥
음력 06/02 07/02	음력	음력	2	3	4	5	6	7	8	9	10	11	12	13	14	15	16	17	18	19	20	21	22	23	24	25	26	27	28	29	30	7/1
	대남	2	2	1	1	1	1	소서	10	10	10	9	9	9	8	8	8	7	7	7	6	6	6	대서	5	5	4	4	4	3	3	3
	운여	8	9	9	9	10	10		1	1	1	1	2	2	2	3	3	3	4	4	4	5	5		5	6	6	6	7	7	7	8

입추 8일 06시 35분 【음7월】➡ 음7 【丙申月(병신월)】 처서 23일 21시 09분

양력 8	양력	1	2	3	4	5	6	7	8	9	10	11	12	13	14	15	16	17	18	19	20	21	22	23	24	25	26	27	28	29	30	31
	요일	화	수	목	금	토	일	월	화	수	목	금	토	일	월	화	수	목	금	토	일	월	화	수	목	금	토	일	월	화	수	목
	일진 日辰	庚子	辛丑	壬寅	癸卯	甲辰	乙巳	丙午	丁未	戊申	己酉	庚戌	辛亥	壬子	癸丑	甲寅	乙卯	丙辰	丁巳	戊午	己未	庚申	辛酉	壬戌	癸亥	甲子	乙丑	丙寅	丁卯	戊辰	己巳	庚午
음력 07/03 08/03	음력	음력	3	4	5	6	7	8	9	10	11	12	13	14	15	16	17	18	19	20	21	22	23	24	25	26	27	28	29	30	8/1	2	3
	대남	3	2	2	2	1	1	1	1	입추	10	10	9	9	9	8	8	8	7	7	7	6	6	6	처서	5	5	5	4	4	4	3
	운여	8	8	9	9	9	10	10	10	추	1	1	1	1	2	2	2	3	3	3	4	4	4	5	서	5	6	6	6	7	7	7

백로 8일 09시 05분 【음8월】➡ 음8 【丁酉月(정유월)】 추분 23일 18시 15분

양력 9	양력	1	2	3	4	5	6	7	8	9	10	11	12	13	14	15	16	17	18	19	20	21	22	23	24	25	26	27	28	29	30
	요일	금	토	일	월	화	수	목	금	토	일	월	화	수	목	금	토	일	월	화	수	목	금	토	일	월	화	수	목	금	토
	일진 日辰	辛未	壬申	癸酉	甲戌	乙亥	丙子	丁丑	戊寅	己卯	庚辰	辛巳	壬午	癸未	甲申	乙酉	丙戌	丁亥	戊子	己丑	庚寅	辛卯	壬辰	癸巳	甲午	乙未	丙申	丁酉	戊戌	己亥	庚子
음력 08/04 09/04	음력	음력	4	5	6	7	8	9	10	11	12	13	14	15	16	17	18	19	20	21	22	23	24	25	26	27	28	29	9/1	2	3	4
	대남	3	2	2	2	1	1	1	1	백로	10	10	9	9	9	8	8	8	7	7	7	6	6	6	추분	5	5	5	4	4	4
	운여	8	8	9	9	9	10	10	10	로	1	1	1	1	2	2	2	3	3	3	4	4	4	5	분	5	5	6	6	6	7

한로 9일 00시 08분 【음9월】➡ 음9 【戊戌月(무술월)】 상강 24일 02시 57분

양력 10	양력	1	2	3	4	5	6	7	8	9	10	11	12	13	14	15	16	17	18	19	20	21	22	23	24	25	26	27	28	29	30	31
	요일	일	월	화	수	목	금	토	일	월	화	수	목	금	토	일	월	화	수	목	금	토	일	월	화	수	목	금	토	일	월	화
	일진 日辰	辛丑	壬寅	癸卯	甲辰	乙巳	丙午	丁未	戊申	己酉	庚戌	辛亥	壬子	癸丑	甲寅	乙卯	丙辰	丁巳	戊午	己未	庚申	辛酉	壬戌	癸亥	甲子	乙丑	丙寅	丁卯	戊辰	己巳	庚午	辛未
음력 09/05 10/05	음력	음력	5	6	7	8	9	10	11	12	13	14	15	16	17	18	19	20	21	22	23	24	25	26	27	28	29	30	10/1	2	3	4
	대남	3	3	2	2	2	1	1	1	1	한로	10	9	9	9	8	8	8	7	7	7	6	6	6	5	상강	5	4	4	4	3	3
	운여	3	3	3	8	8	9	9	9	10	로	1	1	1	1	2	2	2	3	3	3	4	4	4	5	강	5	6	6	6	7	7

입동 8일 02시 42분 【음10월】➡ 음10 【己亥月(기해월)】 소설 22일 23시 58분

양력 11	양력	1	2	3	4	5	6	7	8	9	10	11	12	13	14	15	16	17	18	19	20	21	22	23	24	25	26	27	28	29	30
	요일	수	목	금	토	일	월	화	수	목	금	토	일	월	화	수	목	금	토	일	월	화	수	목	금	토	일	월	화	수	목
	일진 日辰	壬寅	癸卯	甲辰	乙巳	丙午	丁未	戊申	己酉	庚戌	辛亥	壬子	癸丑	甲寅	乙卯	丙辰	丁巳	戊午	己未	庚申	辛酉	壬戌	癸亥	甲子	乙丑	丙寅	丁卯	戊辰	己巳	庚午	辛未
음력 10/06 11/06	음력	음력	6	7	8	9	10	11	12	13	14	15	16	17	18	19	20	21	22	23	24	25	26	27	28	29	11/1	2	3	4	5	6
	대남	2	2	1	1	1	1	입동	10	9	9	9	8	8	8	7	7	7	6	6	6	5	소설	5	4	4	4	3	3	3	2
	운여	8	8	8	9	9	9	동	1	1	1	1	2	2	2	3	3	3	4	4	4	5	설	5	6	6	6	7	7	7	8

대설 7일 19시 06분 【음11월】➡ 음11 【庚子月(경자월)】 동지 22일 12시 59분

양력 12	양력	1	2	3	4	5	6	7	8	9	10	11	12	13	14	15	16	17	18	19	20	21	22	23	24	25	26	27	28	29	30	31
	요일	금	토	일	월	화	수	목	금	토	일	월	화	수	목	금	토	일	월	화	수	목	금	토	일	월	화	수	목	금	토	일
	일진 日辰	壬申	癸酉	甲戌	乙亥	丙子	丁丑	戊寅	己卯	庚辰	辛巳	壬午	癸未	甲申	乙酉	丙戌	丁亥	戊子	己丑	庚寅	辛卯	壬辰	癸巳	甲午	乙未	丙申	丁酉	戊戌	己亥	庚子	辛丑	壬寅
음력 10/07 12/07	음력	음력	7	8	9	10	11	12	13	14	15	16	17	18	19	20	21	22	23	24	25	26	27	28	29	30	12/1	2	3	4	5	6	7
	대남	2	2	1	1	1	1	대설	10	9	9	9	8	8	8	7	7	7	6	6	6	5	동지	5	4	4	4	3	3	3	2	2
	운여	8	8	9	9	9	10	설	1	1	1	1	2	2	2	3	3	3	4	4	4	5	지	5	5	6	6	6	7	7	7	8

丁巳(정사)년　납음(沙中土), 본명성(二黑土)

대장군(卯東方), 삼살(東方), 상문(未서남방), 조객(卯동방), 납음(사중토), 【삼재(해,자,축)년】 臘享(납향):1918년 1월 24일(음 12/12)

소한 6일 06시 10분　【음12월】 ➡　**음 12** 【辛丑月(신축월)】　　대한 20일 23시 37분

양력	1	2	3	4	5	6	7	8	9	10	11	12	13	14	15	16	17	18	19	20	21	22	23	24	25	26	27	28	29	30	31
요일	월	화	수	목	금	토	일	월	화	수	목	금	토	일	월	화	수	목	금	토	일	월	화	수	목	금	토	일	월	화	수
일진	癸	甲	乙	丙	丁	戊	己	庚	辛	壬	癸	甲	乙	丙	丁	戊	己	庚	辛	壬	癸	甲	乙	丙	丁	戊	己	庚	辛	壬	癸
日辰	卯	辰	巳	午	未	申	酉	戌	亥	子	丑	寅	卯	辰	巳	午	未	申	酉	戌	亥	子	丑	寅	卯	辰	巳	午	未	申	酉
음력	8	9	10	11	12	13	14	15	16	17	18	19	20	21	22	23	24	25	26	27	28	29	1/1	2	3	4	5	6	7	8	9
대남	2	1	1	1	1	소	9	9	9	8	8	8	7	7	7	6	6	6	5	대	5	4	4	4	3	3	3	2	2	2	1
운여	8	9	9	9	10	한	1	1	1	1	2	2	2	3	3	3	4	4	4	한	5	5	6	6	6	7	7	7	8	8	9

음력 11/08 ~ 01/09

입춘 4일 17시 58분　【음1월】 ➡　**음 1** 【壬寅月(임인월)】　　우수 19일 14시 05분

양력	1	2	3	4	5	6	7	8	9	10	11	12	13	14	15	16	17	18	19	20	21	22	23	24	25	26	27	28
요일	목	금	토	일	월	화	수	목	금	토	일	월	화	수	목	금	토	일	월	화	수	목	금	토	일	월	화	수
일진	甲	乙	丙	丁	戊	己	庚	辛	壬	癸	甲	乙	丙	丁	戊	己	庚	辛	壬	癸	甲	乙	丙	丁	戊	己	庚	辛
日辰	戌	亥	子	丑	寅	卯	辰	巳	午	未	申	酉	戌	亥	子	丑	寅	卯	辰	巳	午	未	申	酉	戌	亥	子	丑
음력	10	11	12	13	14	15	16	17	18	19	20	21	22	23	24	25	26	27	28	29	30	2/1	2	3	4	5	6	7
대남	1	1	1	입	1	1	1	1	2	2	2	3	3	3	4	4	4	5	우	5	6	6	6	7	7	7	8	8
운여	9	9	9	춘	10	9	9	9	8	8	8	7	7	7	6	6	6	5	수	5	4	4	4	3	3	3	2	2

음력 01/10 ~ 02/07

丁巳年

경칩 6일 12시 25분　【음2월】 ➡　**음 2** 【癸卯月(계묘월)】　**윤 2**　춘분 21일 13시 37분

양력	1	2	3	4	5	6	7	8	9	10	11	12	13	14	15	16	17	18	19	20	21	22	23	24	25	26	27	28	29	30	31
요일	목	금	토	일	월	화	수	목	금	토	일	월	화	수	목	금	토	일	월	화	수	목	금	토	일	월	화	수	목	금	토
일진	壬	癸	甲	乙	丙	丁	戊	己	庚	辛	壬	癸	甲	乙	丙	丁	戊	己	庚	辛	壬	癸	甲	乙	丙	丁	戊	己	庚	辛	壬
日辰	寅	卯	辰	巳	午	未	申	酉	戌	亥	子	丑	寅	卯	辰	巳	午	未	申	酉	戌	亥	子	丑	寅	卯	辰	巳	午	未	申
음력	8	9	10	11	12	13	14	15	16	17	18	19	20	21	22	23	24	25	26	27	28	29	윤2	2	3	4	5	6	7	8	9
대남	8	9	9	9	10	경	1	1	1	1	2	2	2	3	3	3	4	4	4	5	춘	5	6	6	6	7	7	7	8	8	8
운여	2	1	1	1	1	칩	10	9	9	9	8	8	8	7	7	7	6	6	6	5	분	5	4	4	4	3	3	3	2	2	2

음력 02/08 ~ 윤2/09

청명 5일 17시 50분　【음3월】 ➡　**음 3** 【甲辰月(갑진월)】　　곡우 21일 01시 17분

양력	1	2	3	4	5	6	7	8	9	10	11	12	13	14	15	16	17	18	19	20	21	22	23	24	25	26	27	28	29	30
요일	일	월	화	수	목	금	토	일	월	화	수	목	금	토	일	월	화	수	목	금	토	일	월	화	수	목	금	토	일	월
일진	癸	甲	乙	丙	丁	戊	己	庚	辛	壬	癸	甲	乙	丙	丁	戊	己	庚	辛	壬	癸	甲	乙	丙	丁	戊	己	庚	辛	壬
日辰	酉	戌	亥	子	丑	寅	卯	辰	巳	午	未	申	酉	戌	亥	子	丑	寅	卯	辰	巳	午	未	申	酉	戌	亥	子	丑	寅
음력	10	11	12	13	14	15	16	17	18	19	20	21	22	23	24	25	26	27	28	29	3/1	2	3	4	5	6	7	8	9	10
대남	9	9	9	10	청	1	1	1	1	2	2	2	3	3	3	4	4	4	5	곡	5	6	6	6	7	7	7	8	8	8
운여	1	1	1	1	명	10	10	9	9	9	8	8	8	7	7	7	6	6	6	우	5	5	4	4	4	3	3	3	2	2

음력 윤2/10 ~ 03/10

입하 6일 11시 46분　【음4월】 ➡　**음 4** 【乙巳月(을사월)】　　소만 22일 00시 59분

양력	1	2	3	4	5	6	7	8	9	10	11	12	13	14	15	16	17	18	19	20	21	22	23	24	25	26	27	28	29	30	31
요일	화	수	목	금	토	일	월	화	수	목	금	토	일	월	화	수	목	금	토	일	월	화	수	목	금	토	일	월	화	수	목
일진	癸	甲	乙	丙	丁	戊	己	庚	辛	壬	癸	甲	乙	丙	丁	戊	己	庚	辛	壬	癸	甲	乙	丙	丁	戊	己	庚	辛	壬	癸
日辰	卯	辰	巳	午	未	申	酉	戌	亥	子	丑	寅	卯	辰	巳	午	未	申	酉	戌	亥	子	丑	寅	卯	辰	巳	午	未	申	酉
음력	11	12	13	14	15	16	17	18	19	20	21	22	23	24	25	26	27	28	29	30	4/1	2	3	4	5	6	7	8	9	10	11
대남	9	9	9	10	10	입	1	1	1	1	2	2	2	3	3	3	4	4	4	5	소	5	6	6	6	7	7	7	8	8	8
운여	2	1	1	1	1	하	10	10	9	9	9	8	8	8	7	7	7	6	6	6	만	5	5	4	4	4	3	3	3	2	2

음력 03/11 ~ 04/11

망종 6일 16시 23분　【음5월】 ➡　**음 5** 【丙午月(병오월)】　　하지 22일 09시 14분

양력	1	2	3	4	5	6	7	8	9	10	11	12	13	14	15	16	17	18	19	20	21	22	23	24	25	26	27	28	29	30
요일	금	토	일	월	화	수	목	금	토	일	월	화	수	목	금	토	일	월	화	수	목	금	토	일	월	화	수	목	금	토
일진	甲	乙	丙	丁	戊	己	庚	辛	壬	癸	甲	乙	丙	丁	戊	己	庚	辛	壬	癸	甲	乙	丙	丁	戊	己	庚	辛	壬	癸
日辰	戌	亥	子	丑	寅	卯	辰	巳	午	未	申	酉	戌	亥	子	丑	寅	卯	辰	巳	午	未	申	酉	戌	亥	子	丑	寅	卯
음력	12	13	14	15	16	17	18	19	20	21	22	23	24	25	26	27	28	29	5/1	2	3	4	5	6	7	8	9	10	11	12
대남	9	9	9	10	10	망	1	1	1	1	2	2	2	3	3	3	4	4	4	5	하	5	6	6	6	7	7	7	8	8
운여	2	1	1	1	1	종	10	10	10	9	9	9	8	8	8	7	7	7	6	6	지	6	5	5	4	4	4	3	3	3

음력 04/12 ~ 05/12

한식(4월06일), 초복(7월17일), 중복(7월27일), 말복(8월16일) ♣춘사(春社)3/17
☀추사(秋社)9/23토왕지절(土旺之節):4월17일,7월20일,10월21일,1월18일(음12/06)
臘享(납향):1918년1월24일(음12/12)

1917 丁巳年

소서 8일 07시 58분　【음6월】➡ 음6 【丁未月(정미월)】　　대서 24일 01시 20분

양력 7

양력	1	2	3	4	5	6	7	8	9	10	11	12	13	14	15	16	17	18	19	20	21	22	23	24	25	26	27	28	29	30	31
요일	일	월	화	수	목	금	토	일	월	화	수	목	금	토	일	월	화	수	목	금	토	일	월	화	수	목	금	토	일	월	화
일진	甲	乙	丙	丁	戊	己	庚	辛	壬	癸	甲	乙	丙	丁	戊	己	庚	辛	壬	癸	甲	乙	丙	丁	戊	己	庚	辛	壬	癸	甲
日辰	辰	巳	午	未	申	酉	戌	亥	子	丑	寅	卯	辰	巳	午	未	申	酉	戌	亥	子	丑	寅	卯	辰	巳	午	未	申	酉	戌
음력 05/13 ~ 06/13	13	14	15	16	17	18	19	20	21	22	23	24	25	26	27	28	29	30	6/1	2	3	4	5	6	7	8	9	10	11	12	13
대남	8	9	9	9	10	10	10	소서	1	1	1	1	2	2	2	3	3	3	4	4	4	5	대서	6	6	6	7	7	7	8	8
운여	2	2	1	1	1	1		소서	10	10	9	9	9	8	8	8	7	7	7	6	6	6	대서	5	5	5	4	4	4	3	3

입추 8일 12시 30분　【음7월】➡ 음7 【戊申月(무신월)】　　처서 24일 02시 54분

양력 8

양력	1	2	3	4	5	6	7	8	9	10	11	12	13	14	15	16	17	18	19	20	21	22	23	24	25	26	27	28	29	30	31
요일	수	목	금	토	일	월	화	수	목	금	토	일	월	화	수	목	금	토	일	월	화	수	목	금	토	일	월	화	수	목	금
일진	乙	丙	丁	戊	己	庚	辛	壬	癸	甲	乙	丙	丁	戊	己	庚	辛	壬	癸	甲	乙	丙	丁	戊	己	庚	辛	壬	癸	甲	乙
日辰	亥	子	丑	寅	卯	辰	巳	午	未	申	酉	戌	亥	子	丑	寅	卯	辰	巳	午	未	申	酉	戌	亥	子	丑	寅	卯	辰	巳
음력 06/14 ~ 07/14	14	15	16	17	18	19	20	21	22	23	24	25	26	27	28	29	30	7/1	2	3	4	5	6	7	8	9	10	11	12	13	14
대남	8	8	9	9	9	10	10	입추	1	1	1	1	2	2	2	3	3	3	4	4	4	5	5	처서	6	6	6	7	7	7	8
운여	2	2	2	1	1	1	1	입추	10	10	9	9	9	8	8	8	7	7	7	6	6	6	5	처서	5	5	4	4	4	3	3

백로 8일 14시 59분　【음8월】➡ 음8 【己酉月(기유월)】　　추분 24일 00시 00분

양력 9

양력	1	2	3	4	5	6	7	8	9	10	11	12	13	14	15	16	17	18	19	20	21	22	23	24	25	26	27	28	29	30
요일	토	일	월	화	수	목	금	토	일	월	화	수	목	금	토	일	월	화	수	목	금	토	일	월	화	수	목	금	토	일
일진	丙	丁	戊	己	庚	辛	壬	癸	甲	乙	丙	丁	戊	己	庚	辛	壬	癸	甲	乙	丙	丁	戊	己	庚	辛	壬	癸	甲	乙
日辰	午	未	申	酉	戌	亥	子	丑	寅	卯	辰	巳	午	未	申	酉	戌	亥	子	丑	寅	卯	辰	巳	午	未	申	酉	戌	亥
음력 07/15 ~ 08/15	15	16	17	18	19	20	21	22	23	24	25	26	27	28	29	8/1	2	3	4	5	6	7	8	9	10	11	12	13	14	15
대남	8	8	8	9	9	9	10	백로	1	1	1	1	2	2	2	3	3	3	4	4	4	5	5	추분	6	6	6	7	7	7
운여	2	2	2	1	1	1	1	백로	10	10	9	9	9	8	8	8	7	7	7	6	6	6	5	추분	5	5	4	4	4	3

한로 9일 06시 02분　【음9월】➡ 음9 【庚戌月(경술월)】　　상강 24일 08시 44분

양력 10

양력	1	2	3	4	5	6	7	8	9	10	11	12	13	14	15	16	17	18	19	20	21	22	23	24	25	26	27	28	29	30	31
요일	월	화	수	목	금	토	일	월	화	수	목	금	토	일	월	화	수	목	금	토	일	월	화	수	목	금	토	일	월	화	수
일진	丙	丁	戊	己	庚	辛	壬	癸	甲	乙	丙	丁	戊	己	庚	辛	壬	癸	甲	乙	丙	丁	戊	己	庚	辛	壬	癸	甲	乙	丙
日辰	子	丑	寅	卯	辰	巳	午	未	申	酉	戌	亥	子	丑	寅	卯	辰	巳	午	未	申	酉	戌	亥	子	丑	寅	卯	辰	巳	午
음력 08/16 ~ 09/16	16	17	18	19	20	21	22	23	24	25	26	27	28	29	30	9/1	2	3	4	5	6	7	8	9	10	11	12	13	14	15	16
대남	8	8	8	9	9	9	10	10	한로	1	1	1	1	2	2	2	3	3	3	4	4	4	5	상강	5	6	6	6	7	7	7
운여	3	2	2	2	1	1	1	1	한로	10	9	9	9	8	8	8	7	7	7	6	6	6	5	상강	5	5	4	4	4	3	3

입동 8일 08시 37분　【음10월】➡ 음10 【辛亥月(신해월)】　　소설 23일 05시 45분

양력 11

양력	1	2	3	4	5	6	7	8	9	10	11	12	13	14	15	16	17	18	19	20	21	22	23	24	25	26	27	28	29	30
요일	목	금	토	일	월	화	수	목	금	토	일	월	화	수	목	금	토	일	월	화	수	목	금	토	일	월	화	수	목	금
일진	丁	戊	己	庚	辛	壬	癸	甲	乙	丙	丁	戊	己	庚	辛	壬	癸	甲	乙	丙	丁	戊	己	庚	辛	壬	癸	甲	乙	丙
日辰	未	申	酉	戌	亥	子	丑	寅	卯	辰	巳	午	未	申	酉	戌	亥	子	丑	寅	卯	辰	巳	午	未	申	酉	戌	亥	子
음력 09/17 ~ 10/16	17	18	19	20	21	22	23	24	25	26	27	28	29	30	10/1	2	3	4	5	6	7	8	9	10	11	12	13	14	15	16
대남	8	8	8	9	9	9	10	입동	1	1	1	1	2	2	2	3	3	3	4	4	4	5	소설	5	6	6	6	7	7	7
운여	2	2	2	1	1	1	1	입동	10	9	9	9	8	8	8	7	7	7	6	6	6	5	소설	5	5	4	4	4	3	3

대설 8일 01시 01분　【음11월】➡ 음11 【壬子月(임자월)】　　동지 22일 18시 46분

양력 12

양력	1	2	3	4	5	6	7	8	9	10	11	12	13	14	15	16	17	18	19	20	21	22	23	24	25	26	27	28	29	30	31
요일	토	일	월	화	수	목	금	토	일	월	화	수	목	금	토	일	월	화	수	목	금	토	일	월	화	수	목	금	토	일	월
일진	丁	戊	己	庚	辛	壬	癸	甲	乙	丙	丁	戊	己	庚	辛	壬	癸	甲	乙	丙	丁	戊	己	庚	辛	壬	癸	甲	乙	丙	丁
日辰	丑	寅	卯	辰	巳	午	未	申	酉	戌	亥	子	丑	寅	卯	辰	巳	午	未	申	酉	戌	亥	子	丑	寅	卯	辰	巳	午	未
음력 10/17 ~ 11/18	17	18	19	20	21	22	23	24	25	26	27	28	29	11/1	2	3	4	5	6	7	8	9	10	11	12	13	14	15	16	17	18
대남	8	8	8	9	9	9	10	대설	1	1	1	1	2	2	2	3	3	3	4	4	4	동지	5	5	6	6	6	7	7	7	8
운여	8	8	8	9	9	9	10	대설	9	9	9	8	8	8	7	7	7	6	6	6	5	동지	5	5	4	4	4	3	3	3	2

戊午(무오)년 납음(天上火),본명성(一白水)

대장군(卯동방). 삼살(北방). 상문(申서남방),조객(辰동남방),
납음(천상화), 【삼재(신,유,술)년】 臘享(납향):1919년1월19일(음12/18)

소한 6일 12시 04분 【음12월】 ➡ 음 12 【癸丑月(계축월)】 대한 21일 05시 25분

양력	1	2	3	4	5	6	7	8	9	10	11	12	13	14	15	16	17	18	19	20	21	22	23	24	25	26	27	28	29	30	31
요일	화	수	목	금	토	일	월	화	수	목	금	토	일	월	화	수	목	금	토	일	월	화	수	목	금	토	일	월	화	수	목
일진	戊	己	庚	辛	壬	癸	甲	乙	丙	丁	戊	己	庚	辛	壬	癸	甲	乙	丙	丁	戊	己	庚	辛	壬	癸	甲	乙	丙	丁	戊
日辰	申	酉	戌	亥	子	丑	寅	卯	辰	巳	午	未	申	酉	戌	亥	子	丑	寅	卯	辰	巳	午	未	申	酉	戌	亥	子	丑	寅
음력	19	20	21	22	23	24	25	26	27	28	29	30	12/1	2	3	4	5	6	7	8	9	10	11	12	13	14	15	16	17	18	19
대남	8	8	9	9	9	소	1	1	1	1	2	2	2	3	3	3	4	4	4	5	대	5	6	6	6	7	7	7	8	8	8
운여	2	1	1	1	한	9	9	9	8	8	8	7	7	7	6	6	6	5	한	5	4	4	4	3	3	3	2	2			

(음력 11/19, 12/19)

입춘 4일 23시 53분 【음1월】 ➡ 음 1 【甲寅月(갑인월)】 우수 19일 19시 53분

양력	1	2	3	4	5	6	7	8	9	10	11	12	13	14	15	16	17	18	19	20	21	22	23	24	25	26	27	28
요일	금	토	일	월	화	수	목	금	토	일	월	화	수	목	금	토	일	월	화	수	목	금	토	일	월	화	수	목
일진	己	庚	辛	壬	癸	甲	乙	丙	丁	戊	己	庚	辛	壬	癸	甲	乙	丙	丁	戊	己	庚	辛	壬	癸	甲	乙	丙
日辰	卯	辰	巳	午	未	申	酉	戌	亥	子	丑	寅	卯	辰	巳	午	未	申	酉	戌	亥	子	丑	寅	卯	辰	巳	午
음력	20	21	22	23	24	25	26	27	28	29	1/1	2	3	4	5	6	7	8	9	10	11	12	13	14	15	16	17	18
대남	9	9	9	입	10	9	9	9	8	8	8	7	7	7	6	6	6	5	우	5	4	4	4	3	3	2		
운여	1	1	1	춘	1	1	1	2	2	2	3	3	3	4	4	4	5	5	우	5	6	6	6	7	7	7	8	

(음력 12/20, 01/18)

戊午年

경칩 6일 18시 21분 【음2월】 ➡ 음 2 【乙卯月(을묘월)】 춘분 21일 19시 26분

양력	1	2	3	4	5	6	7	8	9	10	11	12	13	14	15	16	17	18	19	20	21	22	23	24	25	26	27	28	29	30	31
요일	금	토	일	월	화	수	목	금	토	일	월	화	수	목	금	토	일	월	화	수	목	금	토	일	월	화	수	목	금	토	일
일진	丁	戊	己	庚	辛	壬	癸	甲	乙	丙	丁	戊	己	庚	辛	壬	癸	甲	乙	丙	丁	戊	己	庚	辛	壬	癸	甲	乙	丙	丁
日辰	未	申	酉	戌	亥	子	丑	寅	卯	辰	巳	午	未	申	酉	戌	亥	子	丑	寅	卯	辰	巳	午	未	申	酉	戌	亥	子	丑
음력	19	20	21	22	23	24	25	26	27	28	29	30	2/1	2	3	4	5	6	7	8	9	10	11	12	13	14	15	16	17	18	19
대남	2	1	1	1	1	경	10	9	9	9	8	8	8	7	7	7	6	6	6	5	춘	5	4	4	4	3	3	3	2	2	
운여	8	9	9	9	10	칩	1	1	1	1	2	2	2	3	3	3	4	4	4	5	분	5	6	6	6	7	7	7	8	8	

(음력 01/19, 02/19)

청명 5일 23시 45분 【음3월】 ➡ 음 3 【丙辰月(병진월)】 곡우 21일 07시 05분

양력	1	2	3	4	5	6	7	8	9	10	11	12	13	14	15	16	17	18	19	20	21	22	23	24	25	26	27	28	29	30
요일	월	화	수	목	금	토	일	월	화	수	목	금	토	일	월	화	수	목	금	토	일	월	화	수	목	금	토	일	월	화
일진	戊	己	庚	辛	壬	癸	甲	乙	丙	丁	戊	己	庚	辛	壬	癸	甲	乙	丙	丁	戊	己	庚	辛	壬	癸	甲	乙	丙	丁
日辰	寅	卯	辰	巳	午	未	申	酉	戌	亥	子	丑	寅	卯	辰	巳	午	未	申	酉	戌	亥	子	丑	寅	卯	辰	巳	午	未
음력	20	21	22	23	24	25	26	27	28	29	3/1	2	3	4	5	6	7	8	9	10	11	12	13	14	15	16	17	18	19	20
대남	2	1	1	1	청	10	9	9	9	8	8	8	7	7	7	6	6	6	5	곡	5	4	4	4	3	3	3	2	2	
운여	9	9	9	10	명	1	1	1	2	2	2	3	3	3	4	4	4	5	5	우	6	6	6	7	7	7	8	8	8	

(음력 02/20, 03/20)

입하 6일 17시 38분 【음4월】 ➡ 음 4 【丁巳月(정사월)】 소만 22일 06시 46분

양력	1	2	3	4	5	6	7	8	9	10	11	12	13	14	15	16	17	18	19	20	21	22	23	24	25	26	27	28	29	30	31
요일	수	목	금	토	일	월	화	수	목	금	토	일	월	화	수	목	금	토	일	월	화	수	목	금	토	일	월	화	수	목	금
일진	戊	己	庚	辛	壬	癸	甲	乙	丙	丁	戊	己	庚	辛	壬	癸	甲	乙	丙	丁	戊	己	庚	辛	壬	癸	甲	乙	丙	丁	戊
日辰	申	酉	戌	亥	子	丑	寅	卯	辰	巳	午	未	申	酉	戌	亥	子	丑	寅	卯	辰	巳	午	未	申	酉	戌	亥	子	丑	寅
음력	21	22	23	24	25	26	27	28	29	4/1	2	3	4	5	6	7	8	9	10	11	12	13	14	15	16	17	18	19	20	21	22
대남	2	1	1	1	1	입	10	10	9	9	9	8	8	8	7	7	7	6	6	6	5	소	5	4	4	4	3	3	3	2	
운여	9	9	9	10	10	하	1	1	1	2	2	2	3	3	3	4	4	4	5	5	만	6	6	6	7	7	7	8	8		

(음력 03/21, 04/22)

망종 6일 22시 11분 【음5월】 ➡ 음 5 【戊午月(무오월)】 하지 22일 15시 00분

양력	1	2	3	4	5	6	7	8	9	10	11	12	13	14	15	16	17	18	19	20	21	22	23	24	25	26	27	28	29	30
요일	토	일	월	화	수	목	금	토	일	월	화	수	목	금	토	일	월	화	수	목	금	토	일	월	화	수	목	금	토	일
일진	己	庚	辛	壬	癸	甲	乙	丙	丁	戊	己	庚	辛	壬	癸	甲	乙	丙	丁	戊	己	庚	辛	壬	癸	甲	乙	丙	丁	戊
日辰	卯	辰	巳	午	未	申	酉	戌	亥	子	丑	寅	卯	辰	巳	午	未	申	酉	戌	亥	子	丑	寅	卯	辰	巳	午	未	申
음력	23	24	25	26	27	28	29	30	5/1	2	3	4	5	6	7	8	9	10	11	12	13	14	15	16	17	18	19	20	21	22
대남	2	1	1	1	망	10	10	9	9	9	8	8	8	7	7	7	6	6	6	5	하	5	4	4	4	3	3	3	2	2
운여	9	9	10	10	종	1	1	1	1	2	2	2	3	3	3	4	4	4	5	5	지	6	6	6	7	7	7	8	8	

(음력 04/23, 05/22)

한식(4월06일), 초복(7월12일), 중복(7월22일), 말복(8월11일)☗춘사(春社)3/22 ☀추사(秋社)9/28
토왕지절(土旺之節):4월18일,7월20일,10월21일,1월18일(음12/17)
臘享(납향):1919년1월19일(음12/18)

1918 戊午年

소서 8일 08시 32분 【음6월】➡ 음 6 【己未月(기미월)】 대서 24일 01시 51분

양력	1	2	3	4	5	6	7	8	9	10	11	12	13	14	15	16	17	18	19	20	21	22	23	24	25	26	27	28	29	30	31
7 요일	월	화	수	목	금	토	일	월	화	수	목	금	토	일	월	화	수	목	금	토	일	월	화	수	목	금	토	일	월	화	수
일진	己	庚	辛	壬	癸	甲	乙	丙	丁	戊	己	庚	辛	壬	癸	甲	乙	丙	丁	戊	己	庚	辛	壬	癸	甲	乙	丙	丁	戊	己
日辰	酉	戌	亥	子	丑	寅	卯	辰	巳	午	未	申	酉	戌	亥	子	丑	寅	卯	辰	巳	午	未	申	酉	戌	亥	子	丑	寅	卯
음력 05/23~06/24	23	24	25	26	27	28	29	6/1	2	3	4	5	6	7	8	9	10	11	12	13	14	15	16	17	18	19	20	21	22	23	24
대남	2	2	1	1	1	1	소	10	10	9	9	9	8	8	8	7	7	7	6	6	6	5	대	5	4	4	4	3	3	3	2
운여	8	9	9	9	10	10	서	1	1	1	1	2	2	2	3	3	3	4	4	4	5	5	서	6	6	6	7	7	7	8	8

입추 8일 18시 08분 【음7월】➡ 음 7 【庚申月(경신월)】 처서 24일 08시 37분

양력	1	2	3	4	5	6	7	8	9	10	11	12	13	14	15	16	17	18	19	20	21	22	23	24	25	26	27	28	29	30	31
8 요일	목	금	토	일	월	화	수	목	금	토	일	월	화	수	목	금	토	일	월	화	수	목	금	토	일	월	화	수	목	금	토
일진	庚	辛	壬	癸	甲	乙	丙	丁	戊	己	庚	辛	壬	癸	甲	乙	丙	丁	戊	己	庚	辛	壬	癸	甲	乙	丙	丁	戊	己	庚
日辰	辰	巳	午	未	申	酉	戌	亥	子	丑	寅	卯	辰	巳	午	未	申	酉	戌	亥	子	丑	寅	卯	辰	巳	午	未	申	酉	戌
음력 06/25~07/25	25	26	27	28	29	30	7/1	2	3	4	5	6	7	8	9	10	11	12	13	14	15	16	17	18	19	20	21	22	23	24	25
대남	2	2	1	1	1	1	입	10	10	9	9	9	8	8	8	7	7	7	6	6	6	5	처	5	4	4	4	3	3	3	2
운여	8	8	9	9	9	10	추	1	1	1	1	2	2	2	3	3	3	4	4	4	5	5	서	5	6	6	6	7	7	7	8

백로 8일 20시 36분 【음8월】➡ 음 8 【辛酉月(신유월)】 추분 24일 05시 46분

양력	1	2	3	4	5	6	7	8	9	10	11	12	13	14	15	16	17	18	19	20	21	22	23	24	25	26	27	28	29	30
9 요일	일	월	화	수	목	금	토	일	월	화	수	목	금	토	일	월	화	수	목	금	토	일	월	화	수	목	금	토	일	월
일진	辛	壬	癸	甲	乙	丙	丁	戊	己	庚	辛	壬	癸	甲	乙	丙	丁	戊	己	庚	辛	壬	癸	甲	乙	丙	丁	戊	己	庚
日辰	亥	子	丑	寅	卯	辰	巳	午	未	申	酉	戌	亥	子	丑	寅	卯	辰	巳	午	未	申	酉	戌	亥	子	丑	寅	卯	辰
음력 07/26~08/26	26	27	28	29	8/1	2	3	4	5	6	7	8	9	10	11	12	13	14	15	16	17	18	19	20	21	22	23	24	25	26
대남	8	2	2	2	1	1	1	1	백	10	10	9	9	9	8	8	8	7	7	7	6	6	6	추	5	5	4	4	4	3
운여	8	8	8	9	9	9	10	10	로	1	1	1	1	2	2	2	3	3	3	4	4	4	5	분	5	6	6	6	7	7

한로 9일 11시 40분 【음9월】➡ 음 9 【壬戌月(임술월)】 상강 24일 14시 33분

양력	1	2	3	4	5	6	7	8	9	10	11	12	13	14	15	16	17	18	19	20	21	22	23	24	25	26	27	28	29	30	31
10 요일	화	수	목	금	토	일	월	화	수	목	금	토	일	월	화	수	목	금	토	일	월	화	수	목	금	토	일	월	화	수	목
일진	辛	壬	癸	甲	乙	丙	丁	戊	己	庚	辛	壬	癸	甲	乙	丙	丁	戊	己	庚	辛	壬	癸	甲	乙	丙	丁	戊	己	庚	辛
日辰	巳	午	未	申	酉	戌	亥	子	丑	寅	卯	辰	巳	午	未	申	酉	戌	亥	子	丑	寅	卯	辰	巳	午	未	申	酉	戌	亥
음력 08/27~09/27	27	28	29	30	9/1	2	3	4	5	6	7	8	9	10	11	12	13	14	15	16	17	18	19	20	21	22	23	24	25	26	27
대남	3	2	2	2	1	1	1	1	한	10	9	9	9	8	8	8	7	7	7	6	6	6	5	상	5	4	4	4	3	3	3
운여	8	8	8	9	9	9	10	10	로	1	1	1	1	2	2	2	3	3	3	4	4	4	5	강	5	5	6	6	6	7	7

입동 8일 14시 19분 【음10월】➡ 음 10 【癸亥月(계해월)】 소설 23일 11시 38분

양력	1	2	3	4	5	6	7	8	9	10	11	12	13	14	15	16	17	18	19	20	21	22	23	24	25	26	27	28	29	30
11 요일	금	토	일	월	화	수	목	금	토	일	월	화	수	목	금	토	일	월	화	수	목	금	토	일	월	화	수	목	금	토
일진	壬	癸	甲	乙	丙	丁	戊	己	庚	辛	壬	癸	甲	乙	丙	丁	戊	己	庚	辛	壬	癸	甲	乙	丙	丁	戊	己	庚	辛
日辰	子	丑	寅	卯	辰	巳	午	未	申	酉	戌	亥	子	丑	寅	卯	辰	巳	午	未	申	酉	戌	亥	子	丑	寅	卯	辰	巳
음력 09/28~10/27	28	29	30	10/1	2	3	4	5	6	7	8	9	10	11	12	13	14	15	16	17	18	19	20	21	22	23	24	25	26	27
대남	2	2	2	1	1	1	1	입	10	9	9	9	8	8	8	7	7	7	6	6	6	5	소	5	4	4	4	3	3	3
운여	8	8	9	9	9	10	10	동	1	1	1	1	2	2	2	3	3	3	4	4	4	5	설	5	6	6	6	7	7	7

대설 8일 06시 47분 【음11월】➡ 음 11 【甲子月(갑자월)】 동지 23일 00시 42분

양력	1	2	3	4	5	6	7	8	9	10	11	12	13	14	15	16	17	18	19	20	21	22	23	24	25	26	27	28	29	30	31
12 요일	일	월	화	수	목	금	토	일	월	화	수	목	금	토	일	월	화	수	목	금	토	일	월	화	수	목	금	토	일	월	화
일진	壬	癸	甲	乙	丙	丁	戊	己	庚	辛	壬	癸	甲	乙	丙	丁	戊	己	庚	辛	壬	癸	甲	乙	丙	丁	戊	己	庚	辛	壬
日辰	午	未	申	酉	戌	亥	子	丑	寅	卯	辰	巳	午	未	申	酉	戌	亥	子	丑	寅	卯	辰	巳	午	未	申	酉	戌	亥	子
음력 10/28~11/28	28	29	30	11/1	2	3	4	5	6	7	8	9	10	11	12	13	14	15	16	17	18	19	20	21	22	23	24	25	26	27	28
대남	2	2	1	1	1	1	대	9	9	9	8	8	8	7	7	7	6	6	6	5	동	5	4	4	4	3	3	3	2	2	2
운여	8	8	9	9	9	10	설	1	1	1	1	2	2	2	3	3	3	4	4	4	지	5	5	6	6	6	7	7	7	8	8

소한 6일 17시 52분　【음12월】→ 음 12 【乙丑月(을축월)】　대한 21일 11시 21분

1월

양력	1	2	3	4	5	6	7	8	9	10	11	12	13	14	15	16	17	18	19	20	21	22	23	24	25	26	27	28	29	30	31
요일	수	목	금	토	일	월	화	수	목	금	토	일	월	화	수	목	금	토	일	월	화	수	목	금	토	일	월	화	수	목	금
일진 日辰	癸丑	甲寅	乙卯	丙辰	丁巳	戊午	己未	庚申	辛酉	壬戌	癸亥	甲子	乙丑	丙寅	丁卯	戊辰	己巳	庚午	辛未	壬申	癸酉	甲戌	乙亥	丙子	丁丑	戊寅	己卯	庚辰	辛巳	壬午	癸未
음력	29	12/1	2	3	4	5	6	7	8	9	10	11	12	13	14	15	16	17	18	19	20	21	22	23	24	25	26	27	28	29	30
대남	2	1	1	1	1	소	10	9	9	9	8	8	8	7	7	7	6	6	6	대	5	4	4	4	3	3	3	2	2	2	1
운여	8	8	9	9	9	한	1	1	1	1	2	2	2	3	3	3	4	4	4	한	5	6	6	6	7	7	7	8	8	8	8

음력 11/29, 12/30

입춘 5일 05시 39분　【음1월】→ 음 1 【丙寅月(병인월)】　우수 20일 01시 48분

2월

양력	1	2	3	4	5	6	7	8	9	10	11	12	13	14	15	16	17	18	19	20	21	22	23	24	25	26	27	28
요일	토	일	월	화	수	목	금	토	일	월	화	수	목	금	토	일	월	화	수	목	금	토	일	월	화	수	목	금
일진 日辰	甲申	乙酉	丙戌	丁亥	戊子	己丑	庚寅	辛卯	壬辰	癸巳	甲午	乙未	丙申	丁酉	戊戌	己亥	庚子	辛丑	壬寅	癸卯	甲辰	乙巳	丙午	丁未	戊申	己酉	庚戌	辛亥
음력	1/1	2	3	4	5	6	7	8	9	10	11	12	13	14	15	16	17	18	19	20	21	22	23	24	25	26	27	28
대남	1	1	1	1	입	1	1	1	1	2	2	2	3	3	3	4	4	4	5	우	5	6	6	6	7	7	7	8
운여	9	9	9	10	춘	10	9	9	9	8	8	8	7	7	7	6	6	6	5	수	5	4	4	4	3	3	3	2

음력 01/01, 01/28

己未年

경칩 7일 00시 06분　【음2월】→ 음 2 【丁卯月(정묘월)】　춘분 22일 01시 19분

3월

양력	1	2	3	4	5	6	7	8	9	10	11	12	13	14	15	16	17	18	19	20	21	22	23	24	25	26	27	28	29	30	31
요일	토	일	월	화	수	목	금	토	일	월	화	수	목	금	토	일	월	화	수	목	금	토	일	월	화	수	목	금	토	일	월
일진 日辰	壬子	癸丑	甲寅	乙卯	丙辰	丁巳	戊午	己未	庚申	辛酉	壬戌	癸亥	甲子	乙丑	丙寅	丁卯	戊辰	己巳	庚午	辛未	壬申	癸酉	甲戌	乙亥	丙子	丁丑	戊寅	己卯	庚辰	辛巳	壬午
음력	29	2/1	2	3	4	5	6	7	8	9	10	11	12	13	14	15	16	17	18	19	20	21	22	23	24	25	26	27	28	29	30
대남	8	8	9	9	9	10	경	1	1	1	1	2	2	2	3	3	3	4	4	4	5	춘	5	6	6	6	7	7	7	8	8
운여	2	2	1	1	1	1	칩	10	9	9	9	8	8	8	7	7	7	6	6	6	5	분	5	4	4	4	3	3	3	2	2

음력 01/29, 02/30

청명 6일 05시 29분　【음3월】→ 음 3 【戊辰月(무진월)】　곡우 21일 12시 59분

4월

양력	1	2	3	4	5	6	7	8	9	10	11	12	13	14	15	16	17	18	19	20	21	22	23	24	25	26	27	28	29	30
요일	화	수	목	금	토	일	월	화	수	목	금	토	일	월	화	수	목	금	토	일	월	화	수	목	금	토	일	월	화	수
일진 日辰	癸未	甲申	乙酉	丙戌	丁亥	戊子	己丑	庚寅	辛卯	壬辰	癸巳	甲午	乙未	丙申	丁酉	戊戌	己亥	庚子	辛丑	壬寅	癸卯	甲辰	乙巳	丙午	丁未	戊申	己酉	庚戌	辛亥	壬子
음력	3/1	2	3	4	5	6	7	8	9	10	11	12	13	14	15	16	17	18	19	20	21	22	23	24	25	26	27	28	29	4/1
대남	8	9	9	9	10	청	1	1	1	1	2	2	2	3	3	3	4	4	4	5	곡	5	6	6	6	7	7	7	8	8
운여	2	1	1	1	1	명	10	9	9	9	8	8	8	7	7	7	6	6	6	5	우	5	4	4	4	3	3	3	2	2

음력 03/01, 04/01

입하 6일 23시 22분　【음4월】→ 음 4 【己巳月(기사월)】　소만 22일 12시 39분

5월

양력	1	2	3	4	5	6	7	8	9	10	11	12	13	14	15	16	17	18	19	20	21	22	23	24	25	26	27	28	29	30	31
요일	목	금	토	일	월	화	수	목	금	토	일	월	화	수	목	금	토	일	월	화	수	목	금	토	일	월	화	수	목	금	토
일진 日辰	癸丑	甲寅	乙卯	丙辰	丁巳	戊午	己未	庚申	辛酉	壬戌	癸亥	甲子	乙丑	丙寅	丁卯	戊辰	己巳	庚午	辛未	壬申	癸酉	甲戌	乙亥	丙子	丁丑	戊寅	己卯	庚辰	辛巳	壬午	癸未
음력	2	3	4	5	6	7	8	9	10	11	12	13	14	15	16	17	18	19	20	21	22	23	24	25	26	27	28	29	5/1	2	3
대남	8	9	9	9	10	입	1	1	1	1	2	2	2	3	3	3	4	4	4	5	소	5	6	6	6	7	7	7	8	8	8
운여	2	1	1	1	1	하	10	10	10	9	9	9	8	8	8	7	7	7	6	6	만	5	5	4	4	4	3	3	3	2	2

음력 04/02, 05/03

망종 7일 03시 57분　【음5월】→ 음 5 【庚午月(경오월)】　하지 22일 20시 54분

6월

양력	1	2	3	4	5	6	7	8	9	10	11	12	13	14	15	16	17	18	19	20	21	22	23	24	25	26	27	28	29	30
요일	일	월	화	수	목	금	토	일	월	화	수	목	금	토	일	월	화	수	목	금	토	일	월	화	수	목	금	토	일	월
일진 日辰	甲申	乙酉	丙戌	丁亥	戊子	己丑	庚寅	辛卯	壬辰	癸巳	甲午	乙未	丙申	丁酉	戊戌	己亥	庚子	辛丑	壬寅	癸卯	甲辰	乙巳	丙午	丁未	戊申	己酉	庚戌	辛亥	壬子	癸丑
음력	4	5	6	7	8	9	10	11	12	13	14	15	16	17	18	19	20	21	22	23	24	25	26	27	28	29	30	6/1	2	3
대남	9	9	9	10	10	10	망	1	1	1	1	2	2	2	3	3	3	4	4	4	5	하	5	6	6	6	7	7	7	8
운여	2	2	1	1	1	1	종	10	10	9	9	9	8	8	8	7	7	7	6	6	6	지	5	5	5	4	4	4	3	3

음력 05/04, 06/03

한식(4월07일), 초복(7월17일), 중복(7월27일), 말복(8월16일) ♠춘사(春社)3/17

☀추사(秋社)9/23 土왕지절(土旺之節):4월18일,7월21일,10월21일,1월18일(음11/28)

臘享(납향):1920년1월26일(음12/06)

1919 己未年

소서 8일 14시 21분　【음6월】 → 음6 【辛未月(신미월)】　대서 24일 07시 45분

양력 7

양력	1	2	3	4	5	6	7	8	9	10	11	12	13	14	15	16	17	18	19	20	21	22	23	24	25	26	27	28	29	30	31
요일	화	수	목	금	토	일	월	화	수	목	금	토	일	월	화	수	목	금	토	일	월	화	수	목	금	토	일	월	화	수	목
일진	甲	乙	丙	丁	戊	己	庚	辛	壬	癸	乙	丙	丁	戊	己	庚	辛	壬	癸	甲	乙	丙	丁	戊	己	庚	辛	壬	癸	甲
日辰	寅	卯	辰	巳	午	未	申	酉	戌	亥	子	丑	寅	卯	辰	巳	午	未	申	酉	戌	亥	子	丑	寅	卯	辰	巳	午	未	申
음력 06/04 07/05	4	5	6	7	8	9	10	11	12	13	14	15	16	17	18	19	20	21	22	23	24	25	26	27	28	7/1	2	3	4	5

입추 8일 23시 58분　【음7월】 → 음7 【壬申月(임신월)】　윤7　처서 24일 14시 28분

양력 8

양력	1	2	3	4	5	6	7	8	9	10	11	12	13	14	15	16	17	18	19	20	21	22	23	24	25	26	27	28	29	30	31
요일	금	토	일	월	화	수	목	금	토	일	월	화	수	목	금	토	일	월	화	수	목	금	토	일	월	화	수	목	금	토	일
일진	乙	丙	丁	戊	己	庚	辛	壬	癸	甲	乙	丙	丁	戊	己	庚	辛	壬	癸	甲	乙	丙	丁	戊	己	庚	辛	壬	癸	甲	乙
日辰	酉	戌	亥	子	丑	寅	卯	辰	巳	午	未	申	酉	戌	亥	子	丑	寅	卯	辰	巳	午	未	申	酉	戌	亥	子	丑	寅	卯
음력 07/06 윤7/0 6	6	7	8	9	10	11	12	13	14	15	16	17	18	19	20	21	22	23	24	25	26	27	28	29	30	윤7	2	3	4	5	6

백로 9일 02시 28분　【음8월】 → 음8 【癸酉月(계유월)】　추분 24일 11시 35분

양력 9

양력	1	2	3	4	5	6	7	8	9	10	11	12	13	14	15	16	17	18	19	20	21	22	23	24	25	26	27	28	29	30
요일	월	화	수	목	금	토	일	월	화	수	목	금	토	일	월	화	수	목	금	토	일	월	화	수	목	금	토	일	월	화
일진	丙	丁	戊	己	庚	辛	壬	癸	甲	乙	丙	丁	戊	己	庚	辛	壬	癸	甲	乙	丙	丁	戊	己	庚	辛	壬	癸	甲	乙
日辰	辰	巳	午	未	申	酉	戌	亥	子	丑	寅	卯	辰	巳	午	未	申	酉	戌	亥	子	丑	寅	卯	辰	巳	午	未	申	酉
음력 07/07 08/07	7	8	9	10	11	12	13	14	15	16	17	18	19	20	21	22	23	24	25	26	27	28	29	8/1	2	3	4	5	6	7

한로 9일 17시 33분　【음9월】 → 음9 【甲戌月(갑술월)】　상강 24일 20시 21분

양력 10

양력	1	2	3	4	5	6	7	8	9	10	11	12	13	14	15	16	17	18	19	20	21	22	23	24	25	26	27	28	29	30	31
요일	수	목	금	토	일	월	화	수	목	금	토	일	월	화	수	목	금	토	일	월	화	수	목	금	토	일	월	화	수	목	금
일진	丙	丁	戊	己	庚	辛	壬	癸	甲	乙	丙	丁	戊	己	庚	辛	壬	癸	甲	乙	丙	丁	戊	己	庚	辛	壬	癸	甲	乙	丙
日辰	戌	亥	子	丑	寅	卯	辰	巳	午	未	申	酉	戌	亥	子	丑	寅	卯	辰	巳	午	未	申	酉	戌	亥	子	丑	寅	卯	辰
음력 08/08 09/08	8	9	10	11	12	13	14	15	16	17	18	19	20	21	22	23	24	25	26	27	28	29	30	9/1	2	3	4	5	6	7	8

입동 8일 20시 12분　【음10월】 → 음10 【乙亥月(을해월)】　소설 23일 17시 25분

양력 11

양력	1	2	3	4	5	6	7	8	9	10	11	12	13	14	15	16	17	18	19	20	21	22	23	24	25	26	27	28	29	30
요일	토	일	월	화	수	목	금	토	일	월	화	수	목	금	토	일	월	화	수	목	금	토	일	월	화	수	목	금	토	일
일진	丁	戊	己	庚	辛	壬	癸	甲	乙	丙	丁	戊	己	庚	辛	壬	癸	甲	乙	丙	丁	戊	己	庚	辛	壬	癸	甲	乙	丙
日辰	巳	午	未	申	酉	戌	亥	子	丑	寅	卯	辰	巳	午	未	申	酉	戌	亥	子	丑	寅	卯	辰	巳	午	未	申	酉	戌
음력 09/09 10/08	9	10	11	12	13	14	15	16	17	18	19	20	21	22	23	24	25	26	27	28	29	30	10/1	2	3	4	5	6	7	8

대설 8일 12시 38분　【음11월】 → 음11 【丙子月(병자월)】　동지 23일 06시 27분

양력 12

양력	1	2	3	4	5	6	7	8	9	10	11	12	13	14	15	16	17	18	19	20	21	22	23	24	25	26	27	28	29	30	31
요일	월	화	수	목	금	토	일	월	화	수	목	금	토	일	월	화	수	목	금	토	일	월	화	수	목	금	토	일	월	화	수
일진	丁	戊	己	庚	辛	壬	癸	甲	乙	丙	丁	戊	己	庚	辛	壬	癸	甲	乙	丙	丁	戊	己	庚	辛	壬	癸	甲	乙	丙	丁
日辰	亥	子	丑	寅	卯	辰	巳	午	未	申	酉	戌	亥	子	丑	寅	卯	辰	巳	午	未	申	酉	戌	亥	子	丑	寅	卯	辰	巳
음력 10/09 11/10	9	10	11	12	13	14	15	16	17	18	19	20	21	22	23	24	25	26	27	28	29	11/1	2	3	4	5	6	7	8	9	10

단기 4253 年
불기 2464 年

1920年

庚申(경신)년 납음(石榴木),본명성(八白土)

대장군(午남방), 삼살(南방), 상문(戌서북방), 조객(午남방),납음(석류목),
삼재(인,묘,진) 臘享(납향):1921년1월20일(음12/12)

소한 6일 23시 41분 【음12월】➡ 음12 【丁丑月(정축월)】 ☽ 대한 21일 17시 04분

양력 1	요일	목	금	토	일	월	화	수	목	금	토	일	월	화	수	목	금	토	일	월	화	수	목	금	토	일	월	화	수	목	금
일진	戊午	己未	庚申	辛酉	壬戌	癸亥	甲子	乙丑	丙寅	丁卯	戊辰	己巳	庚午	辛未	壬申	癸酉	甲戌	乙亥	丙子	丁丑	戊寅	己卯	庚辰	辛巳	壬午	癸未	甲申	乙酉	丙戌	丁亥
음력	11	12	13	14	15	16	17	18	19	20	21	22	23	24	25	26	27	28	29	30	12/1	2	3	4	5	6	7	8	9	10	11
대 남	8	8	9	9	9	소	1	1	1	1	2	2	2	3	3	3	4	4	4	5	대	5	6	6	6	7	7	7	8	8	
운 여	2	1	1	1	1	한	10	9	9	9	8	8	8	7	7	7	6	6	6	5	한	5	4	4	4	3	3	3	2	2	

입춘 5일 11시 27분 【음1월】➡ 음1 【戊寅月(무인월)】 ☽ 우수 20일 07시 29분

양력 2	요일	일	월	화	수	목	금	토	일	월	화	수	목	금	토	일	월	화	수	목	금	토	일	월	화	수	목	금	토	일
일진	己丑	庚寅	辛卯	壬辰	癸巳	甲午	乙未	丙申	丁酉	戊戌	己亥	庚子	辛丑	壬寅	癸卯	甲辰	乙巳	丙午	丁未	戊申	己酉	庚戌	辛亥	壬子	癸丑	甲寅	乙卯	丙辰	丁巳
음력	12	13	14	15	16	17	18	19	20	21	22	23	24	25	26	27	28	29	30	1/1	2	3	4	5	6	7	8	9	10
대 남	9	9	9	10	입	9	9	9	8	8	8	7	7	7	6	6	6	5	우	5	4	4	4	3	3	3	2	2	2
운 여	1	1	1	1	춘	1	1	1	2	2	2	3	3	3	4	4	4	5	수	5	6	6	6	7	7	7	8	8	8

庚申年

경칩 6일 05시 51분 【음2월】➡ 음2 【己卯月(기묘월)】 ☽ 춘분 21일 06시 59분

양력 3	요일	월	화	수	목	금	토	일	월	화	수	목	금	토	일	월	화	수	목	금	토	일	월	화	수	목	금	토	일	월	화
일진	戊午	己未	庚申	辛酉	壬戌	癸亥	甲子	乙丑	丙寅	丁卯	戊辰	己巳	庚午	辛未	壬申	癸酉	甲戌	乙亥	丙子	丁丑	戊寅	己卯	庚辰	辛巳	壬午	癸未	甲申	乙酉	丙戌	丁亥	戊子
음력	11	12	13	14	15	16	17	18	19	20	21	22	23	24	25	26	27	28	29	2/1	2	3	4	5	6	7	8	9	10	11	12
대 남	2	1	1	1	1	경	10	9	9	9	8	8	8	7	7	7	6	6	6	춘	5	5	4	4	4	3	3	3	2	2	2
운 여	8	9	9	9	10	칩	1	1	1	1	2	2	2	3	3	3	4	4	4	분	5	5	6	6	6	7	7	7	8	8	8

청명 5일 11시 55분 【음3월】➡ 음3 【庚辰月(경진월)】 ☽ 곡우 20일 18시 39분

양력 4	요일	목	금	토	일	월	화	수	목	금	토	일	월	화	수	목	금	토	일	월	화	수	목	금	토	일	월	화	수	목	금
일진	己丑	庚寅	辛卯	壬辰	癸巳	甲午	乙未	丙申	丁酉	戊戌	己亥	庚子	辛丑	壬寅	癸卯	甲辰	乙巳	丙午	丁未	戊申	己酉	庚戌	辛亥	壬子	癸丑	甲寅	乙卯	丙辰	丁巳	戊午
음력	13	14	15	16	17	18	19	20	21	22	23	24	25	26	27	28	29	30	3/1	2	3	4	5	6	7	8	9	10	11	12
대 남	1	1	1	1	청	10	10	9	9	9	8	8	8	7	7	7	6	6	6	곡	5	5	4	4	4	3	3	3	2	2
운 여	9	9	9	10	명	1	1	1	1	2	2	2	3	3	3	4	4	4	5	우	5	6	6	6	7	7	7	8	8	8

입하 6일 05시 11분 【음4월】➡ 음4 【辛巳月(신사월)】 ☽ 소만 21일 18시 22분

양력 5	요일	토	일	월	화	수	목	금	토	일	월	화	수	목	금	토	일	월	화	수	목	금	토	일	월	화	수	목	금	토	일	월
일진	己未	庚申	辛酉	壬戌	癸亥	甲子	乙丑	丙寅	丁卯	戊辰	己巳	庚午	辛未	壬申	癸酉	甲戌	乙亥	丙子	丁丑	戊寅	己卯	庚辰	辛巳	壬午	癸未	甲申	乙酉	丙戌	丁亥	戊子	己丑
음력	13	14	15	16	17	18	19	20	21	22	23	24	25	26	27	28	29	4/1	2	3	4	5	6	7	8	9	10	11	12	13	14
대 남	2	1	1	1	1	입	10	10	9	9	9	8	8	8	7	7	7	6	6	6	소	5	5	4	4	4	3	3	3	2	2
운 여	9	9	9	10	10	하	1	1	1	1	2	2	2	3	3	3	4	4	4	5	만	5	6	6	6	7	7	7	8	8	8

망종 6일 09시 50분 【음5월】➡ 음5 【壬午月(임오월)】 ☽ 하지 22일 02시 40분

양력 6	요일	화	수	목	금	토	일	월	화	수	목	금	토	일	월	화	수	목	금	토	일	월	화	수	목	금	토	일	월	화	수
일진	庚寅	辛卯	壬辰	癸巳	甲午	乙未	丙申	丁酉	戊戌	己亥	庚子	辛丑	壬寅	癸卯	甲辰	乙巳	丙午	丁未	戊申	己酉	庚戌	辛亥	壬子	癸丑	甲寅	乙卯	丙辰	丁巳	戊午	己未
음력	15	16	17	18	19	20	21	22	23	24	25	26	27	28	29	5/1	2	3	4	5	6	7	8	9	10	11	12	13	14	15
대 남	2	1	1	1	1	망	10	10	9	9	9	8	8	8	7	7	7	6	6	6	하	5	5	4	4	4	3	3	3	2
운 여	9	9	9	10	10	종	1	1	1	1	2	2	2	3	3	3	4	4	4	5	지	5	6	6	6	7	7	7	8	8

한식(4월06일), 초복(7월21일), 중복(7월31일), 말복(8월10일)🔺춘사(春社)3/21
☀추사(秋社)9/27 토왕지절(土旺之節):4월17일,7월20일,10월21일,1월18일(음12/10)
臘享(납향):1921년1월20일(음12/12)

1920

庚申年

소서 7일 20시 19분　【음6월】➡　음 6　【癸未月(계미월)】　　　대서 23일 13시 35분

양력	1	2	3	4	5	6	7	8	9	10	11	12	13	14	15	16	17	18	19	20	21	22	23	24	25	26	27	28	29	30	31
7 요일	목	금	토	일	월	화	수	목	금	토	일	월	화	수	목	금	토	일	월	화	수	목	금	토	일	월	화	수	목	금	토
일진	庚	辛	壬	癸	甲	乙	丙	丁	戊	己	庚	辛	壬	癸	甲	乙	丙	丁	戊	己	庚	辛	壬	癸	甲	乙	丙	丁	戊	己	庚
日辰	申	酉	戌	亥	子	丑	寅	卯	辰	巳	午	未	申	酉	戌	亥	子	丑	寅	卯	辰	巳	午	未	申	酉	戌	亥	子	丑	寅
음력 05/16 06/16	음력	16	17	18	19	20	21	22	23	24	25	26	27	28	29	30	6/1	2	3	4	5	6	7	8	9	10	11	12	13	14	15	16
대남	2	2	1	1	1	1	소서	10	10	10	9	9	9	8	8	8	7	7	7	6	6	6	대서	5	5	4	4	4	3	3	3
운여	8	9	9	9	10	10	소서	1	1	1	1	2	2	2	3	3	3	4	4	4	5	5	대서	6	6	6	7	7	7	8	8

입추 8일 05시 58분　【음7월】➡　음 7　【甲申月(갑신월)】　　　처서 23일 20시 21분

양력	1	2	3	4	5	6	7	8	9	10	11	12	13	14	15	16	17	18	19	20	21	22	23	24	25	26	27	28	29	30	31
8 요일	일	월	화	수	목	금	토	일	월	화	수	목	금	토	일	월	화	수	목	금	토	일	월	화	수	목	금	토	일	월	화
일진	辛	壬	癸	甲	乙	丙	丁	戊	己	庚	辛	壬	癸	甲	乙	丙	丁	戊	己	庚	辛	壬	癸	甲	乙	丙	丁	戊	己	庚	辛
日辰	卯	辰	巳	午	未	申	酉	戌	亥	子	丑	寅	卯	辰	巳	午	未	申	酉	戌	亥	子	丑	寅	卯	辰	巳	午	未	申	酉
음력 06/17 07/18	음력	17	18	19	20	21	22	23	24	25	26	27	28	29	7/1	2	3	4	5	6	7	8	9	10	11	12	13	14	15	16	17	18
대남	2	2	2	1	1	1	1	입추	10	10	9	9	9	8	8	8	7	7	7	6	6	6	처서	5	5	5	4	4	4	3	3
운여	8	8	9	9	9	10	10	입추	1	1	1	1	2	2	2	3	3	3	4	4	4	5	처서	5	6	6	6	7	7	7	8

백로 8일 08시 27분　【음8월】➡　음 8　【乙酉月(을유월)】　　　추분 23일 17시 28분

양력	1	2	3	4	5	6	7	8	9	10	11	12	13	14	15	16	17	18	19	20	21	22	23	24	25	26	27	28	29	30
9 요일	수	목	금	토	일	월	화	수	목	금	토	일	월	화	수	목	금	토	일	월	화	수	목	금	토	일	월	화	수	목
일진	壬	癸	甲	乙	丙	丁	戊	己	庚	辛	壬	癸	甲	乙	丙	丁	戊	己	庚	辛	壬	癸	甲	乙	丙	丁	戊	己	庚	辛
日辰	戌	亥	子	丑	寅	卯	辰	巳	午	未	申	酉	戌	亥	子	丑	寅	卯	辰	巳	午	未	申	酉	戌	亥	子	丑	寅	卯
음력 07/19 08/19	음력	19	20	21	22	23	24	25	26	27	28	29	8/1	2	3	4	5	6	7	8	9	10	11	12	13	14	15	16	17	18	19
대남	2	2	2	1	1	1	1	백로	10	9	9	9	8	8	8	7	7	7	6	6	6	5	추분	5	5	4	4	4	3	3
운여	8	8	9	9	9	10	10	백로	1	1	1	1	2	2	2	3	3	3	4	4	4	5	추분	5	6	6	6	7	7	7

한로 8일 23시 29분　【음9월】➡　음 9　【丙戌月(병술월)】　　　상강 24일 02시 13분

양력	1	2	3	4	5	6	7	8	9	10	11	12	13	14	15	16	17	18	19	20	21	22	23	24	25	26	27	28	29	30	31
10 요일	금	토	일	월	화	수	목	금	토	일	월	화	수	목	금	토	일	월	화	수	목	금	토	일	월	화	수	목	금	토	일
일진	壬	癸	甲	乙	丙	丁	戊	己	庚	辛	壬	癸	甲	乙	丙	丁	戊	己	庚	辛	壬	癸	甲	乙	丙	丁	戊	己	庚	辛	壬
日辰	辰	巳	午	未	申	酉	戌	亥	子	丑	寅	卯	辰	巳	午	未	申	酉	戌	亥	子	丑	寅	卯	辰	巳	午	未	申	酉	戌
음력 08/20 09/20	음력	20	21	22	23	24	25	26	27	28	29	30	9/1	2	3	4	5	6	7	8	9	10	11	12	13	14	15	16	17	18	19	20
대남	2	2	2	1	1	1	1	한로	10	9	9	9	8	8	8	7	7	7	6	6	6	5	상강	5	5	4	4	4	3	3	3
운여	8	8	8	9	9	9	10	한로	1	1	1	1	2	2	2	3	3	3	4	4	4	5	상강	5	6	6	6	7	7	7	8

입동 8일 02시 05분　【음10월】➡　음 10　【丁亥月(정해월)】　　　소설 22일 23시 15분

양력	1	2	3	4	5	6	7	8	9	10	11	12	13	14	15	16	17	18	19	20	21	22	23	24	25	26	27	28	29	30
11 요일	월	화	수	목	금	토	일	월	화	수	목	금	토	일	월	화	수	목	금	토	일	월	화	수	목	금	토	일	월	화
일진	癸	甲	乙	丙	丁	戊	己	庚	辛	壬	癸	甲	乙	丙	丁	戊	己	庚	辛	壬	癸	甲	乙	丙	丁	戊	己	庚	辛	壬
日辰	亥	子	丑	寅	卯	辰	巳	午	未	申	酉	戌	亥	子	丑	寅	卯	辰	巳	午	未	申	酉	戌	亥	子	丑	寅	卯	辰
음력 09/21 10/20	음력	21	22	23	24	25	26	27	28	29	30	10/1	2	3	4	5	6	7	8	9	10	11	12	13	14	15	16	17	18	19	20
대남	2	2	1	1	1	1	입동	10	9	9	9	8	8	8	7	7	7	6	6	6	5	소설	5	5	4	4	4	3	3	3
운여	8	8	9	9	9	10	입동	1	1	1	1	2	2	2	3	3	3	4	4	4	5	소설	5	5	6	6	6	7	7	7

대설 7일 18시 30분　【음11월】➡　음 11　【戊子月(무자월)】　　　동지 22일 12시 17분

양력	1	2	3	4	5	6	7	8	9	10	11	12	13	14	15	16	17	18	19	20	21	22	23	24	25	26	27	28	29	30	31
12 요일	수	목	금	토	일	월	화	수	목	금	토	일	월	화	수	목	금	토	일	월	화	수	목	금	토	일	월	화	수	목	금
일진	癸	甲	乙	丙	丁	戊	己	庚	辛	壬	癸	甲	乙	丙	丁	戊	己	庚	辛	壬	癸	甲	乙	丙	丁	戊	己	庚	辛	壬	癸
日辰	巳	午	未	申	酉	戌	亥	子	丑	寅	卯	辰	巳	午	未	申	酉	戌	亥	子	丑	寅	卯	辰	巳	午	未	申	酉	戌	亥
음력 10/21 11/22	음력	21	22	23	24	25	26	27	28	29	30	11/1	2	3	4	5	6	7	8	9	10	11	12	13	14	15	16	17	18	19	20	21	22
대남	2	2	1	1	1	1	대설	10	9	9	9	8	8	8	7	7	7	6	6	6	동지	5	5	4	4	4	3	3	3
운여	8	8	9	9	9	10	대설	1	1	1	1	2	2	2	3	3	3	4	4	동지	5	5	6	6	6	7	7	8

辛酉(신유)년 납음(石榴木), 본명성(七赤金)

대장군(午남방). 삼살(동방), 상문(亥서북방),조객(未서남방),
납음(석류목),【삼재(해,자,축)년】 臘享(납향):1922년 1월 15일(음12/18)

소한 6일 05시 34분   【음12월】 →   음 12 **己丑月(기축월)**   ◑   대한 20일 22시 55분

양력	1	2	3	4	5	6	7	8	9	10	11	12	13	14	15	16	17	18	19	20	21	22	23	24	25	26	27	28	29	30	31
요일	토	일	월	화	수	목	금	토	일	월	화	수	목	금	토	일	월	화	수	목	금	토	일	월	화	수	목	금	토	일	월
일진 日辰	甲辰	乙子	丙丑	丁卯	戊辰	己巳	庚午	辛未	壬申	癸酉	甲戌	乙亥	丙子	丁丑	戊寅	己卯	庚辰	辛巳	壬午	癸未	甲申	乙酉	丙戌	丁亥	戊子	己丑	庚寅	辛卯	壬辰	癸巳	甲午
음력	23	24	25	26	27	28	29	30	12/1	2	3	4	5	6	7	8	9	10	11	12	13	14	15	16	17	18	19	20	21	22	23
대 남	2	1	1	1	1	소한	9	9	9	8	8	8	7	7	7	6	6	6	5	대한	5	4	4	4	3	3	3	2	2	2	1
운 여	8	9	9	9	10	한	1	1	1	1	2	2	2	3	3	3	4	4	4	한	5	5	6	6	6	7	7	7	8	8	9

1월 / 음력 11/23 ~ 12/23

입춘 4일 17시 20분   【음1월】 →   음 1 **庚寅月(경인월)**   ◑   우수 19일 13시 20분

양력	1	2	3	4	5	6	7	8	9	10	11	12	13	14	15	16	17	18	19	20	21	22	23	24	25	26	27	28
요일	화	수	목	금	토	일	월	화	수	목	금	토	일	월	화	수	목	금	토	일	월	화	수	목	금	토	일	월
일진 日辰	乙未	丙申	丁酉	戊戌	己亥	庚子	辛丑	壬寅	癸卯	甲辰	乙巳	丙午	丁未	戊申	己酉	庚戌	辛亥	壬子	癸丑	甲寅	乙卯	丙辰	丁巳	戊午	己未	庚申	辛酉	壬戌
음력	24	25	26	27	28	29	30	1/1	2	3	4	5	6	7	8	9	10	11	12	13	14	15	16	17	18	19	20	21
대 남	1	1	1	입춘	1	1	1	1	2	2	2	3	3	3	4	4	4	5	우수	5	6	6	6	7	7	7	8	8
운 여	9	9	9	춘	10	9	9	9	8	8	8	7	7	7	6	6	6	5	수	5	4	4	4	3	3	3	2	2

2월 / 음력 12/24 ~ 01/21

辛酉年

경칩 6일 11시 45분   【음2월】 →   음 2 **辛卯月(신묘월)**   ◑   춘분 21일 12시 51분

양력	1	2	3	4	5	6	7	8	9	10	11	12	13	14	15	16	17	18	19	20	21	22	23	24	25	26	27	28	29	30	31
요일	화	수	목	금	토	일	월	화	수	목	금	토	일	월	화	수	목	금	토	일	월	화	수	목	금	토	일	월	화	수	목
일진 日辰	癸亥	甲子	乙丑	丙寅	丁卯	戊辰	己巳	庚午	辛未	壬申	癸酉	甲戌	乙亥	丙子	丁丑	戊寅	己卯	庚辰	辛巳	壬午	癸未	甲申	乙酉	丙戌	丁亥	戊子	己丑	庚寅	辛卯	壬辰	癸巳
음력	22	23	24	25	26	27	28	29	30	2/1	2	3	4	5	6	7	8	9	10	11	12	13	14	15	16	17	18	19	20	21	
대 남	8	9	9	9	10	경칩	1	1	1	1	2	2	2	3	3	3	4	4	4	5	춘분	5	6	6	6	7	7	7	8	8	
운 여	2	1	1	1	1	칩	10	9	9	9	8	8	8	7	7	7	6	6	6	5	분	5	4	4	4	3	3	3	2	2	

3월 / 음력 01/22 ~ 02/22

청명 5일 17시 09분   【음3월】 →   음 3 **壬辰月(임진월)**   ◑   곡우 21일 00시 32분

양력	1	2	3	4	5	6	7	8	9	10	11	12	13	14	15	16	17	18	19	20	21	22	23	24	25	26	27	28	29	30
요일	금	토	일	월	화	수	목	금	토	일	월	화	수	목	금	토	일	월	화	수	목	금	토	일	월	화	수	목	금	토
일진 日辰	甲午	乙未	丙申	丁酉	戊戌	己亥	庚子	辛丑	壬寅	癸卯	甲辰	乙巳	丙午	丁未	戊申	己酉	庚戌	辛亥	壬子	癸丑	甲寅	乙卯	丙辰	丁巳	戊午	己未	庚申	辛酉	壬戌	癸亥
음력	22	23	24	25	26	27	28	29	3/1	2	3	4	5	6	7	8	9	10	11	12	13	14	15	16	17	18	19	20	21	22	23
대 남	9	9	9	10	청명	1	1	1	1	2	2	2	3	3	3	4	4	4	5	5	곡우	6	6	6	7	7	7	8	8	8
운 여	1	1	1	1	명	10	10	9	9	9	8	8	8	7	7	7	6	6	6	5	우	5	4	4	4	3	3	3	2	2

4월 / 음력 02/23 ~ 03/23

입하 6일 11시 04분   【음4월】 →   음 4 **癸巳月(계사월)**   ◑   소만 22일 00시 17분

양력	1	2	3	4	5	6	7	8	9	10	11	12	13	14	15	16	17	18	19	20	21	22	23	24	25	26	27	28	29	30	31
요일	일	월	화	수	목	금	토	일	월	화	수	목	금	토	일	월	화	수	목	금	토	일	월	화	수	목	금	토	일	월	화
일진 日辰	甲子	乙丑	丙寅	丁卯	戊辰	己巳	庚午	辛未	壬申	癸酉	甲戌	乙亥	丙子	丁丑	戊寅	己卯	庚辰	辛巳	壬午	癸未	甲申	乙酉	丙戌	丁亥	戊子	己丑	庚寅	辛卯	壬辰	癸巳	甲午
음력	24	25	26	27	28	29	30	4/1	2	3	4	5	6	7	8	9	10	11	12	13	14	15	16	17	18	19	20	21	22	23	24
대 남	9	9	9	10	10	입하	1	1	1	1	2	2	2	3	3	3	4	4	4	5	5	소만	6	6	6	7	7	7	8	8	8
운 여	2	1	1	1	1	하	10	10	9	9	9	8	8	8	7	7	7	6	6	6	5	만	5	4	4	4	3	3	3	2	2

5월 / 음력 03/24 ~ 04/24

망종 6일 15시 42분   【음5월】 →   음 5 **甲午月(갑오월)**   ◑   하지 22일 08시 36분

양력	1	2	3	4	5	6	7	8	9	10	11	12	13	14	15	16	17	18	19	20	21	22	23	24	25	26	27	28	29	30
요일	수	목	금	토	일	월	화	수	목	금	토	일	월	화	수	목	금	토	일	월	화	수	목	금	토	일	월	화	수	목
일진 日辰	乙未	丙申	丁酉	戊戌	己亥	庚子	辛丑	壬寅	癸卯	甲辰	乙巳	丙午	丁未	戊申	己酉	庚戌	辛亥	壬子	癸丑	甲寅	乙卯	丙辰	丁巳	戊午	己未	庚申	辛酉	壬戌	癸亥	甲子
음력	25	26	27	28	29	5/1	2	3	4	5	6	7	8	9	10	11	12	13	14	15	16	17	18	19	20	21	22	23	24	25
대 남	9	9	9	10	10	망종	1	1	1	1	2	2	2	3	3	3	4	4	4	5	5	하지	6	6	6	7	7	7	8	8
운 여	2	1	1	1	1	종	10	10	10	9	9	9	8	8	8	7	7	7	6	6	6	지	5	5	4	4	4	3	3	3

6월 / 음력 04/25 ~ 05/25

한식(4월06일), 초복(7월16일), 중복(7월26일), 말복(8월15일)🐤춘사(春社)3/26 ☀추사(秋社)9/22
토왕지절(土旺之節):4월17일,7월20일,10월21일,1월18일(신년양력),
臘享(납향):1922년 1월20일(신년양력)

1921 辛酉年

소서 8일 02시 07분 　【음6월】 ➜ **음 6** 【乙未月(을미월)】　　대서 23일 19시 30분

양력	1	2	3	4	5	6	7	8	9	10	11	12	13	14	15	16	17	18	19	20	21	22	23	24	25	26	27	28	29	30	31
7 요일	금	토	일	월	화	수	목	금	토	일	월	화	수	목	금	토	일	월	화	수	목	금	토	일	월	화	수	목	금	토	일
일진	乙	丙	丁	戊	己	庚	辛	壬	癸	甲	乙	丙	丁	戊	己	庚	辛	壬	癸	甲	乙	丙	丁	戊	己	庚	辛	壬	癸	甲	乙
日辰	丑	寅	卯	辰	巳	午	未	申	酉	戌	亥	子	丑	寅	卯	辰	巳	午	未	申	酉	戌	亥	子	丑	寅	卯	辰	巳	午	未
음력 05/26 06/27	음력	26	27	28	29	6/1	2	3	4	5	6	7	8	9	10	11	12	13	14	15	16	17	18	19	20	21	22	23	24	25	26	27
대남 운여	8 2	9 2	9 2	9 1	10 1	10 1	10 1	소서	1 10	1 10	1 9	2 9	2 8	2 8	3 8	3 7	3 7	4 7	4 6	4 6	5 6	5 5	대서	5 5	6 4	6 4	6 4	7 3	7 3	7 3	8 2

입추 8일 11시 44분 　【음7월】 ➜ **음 7** 【丙申月(병신월)】　　처서 24일 02시 15분

양력	1	2	3	4	5	6	7	8	9	10	11	12	13	14	15	16	17	18	19	20	21	22	23	24	25	26	27	28	29	30	31
8 요일	월	화	수	목	금	토	일	월	화	수	목	금	토	일	월	화	수	목	금	토	일	월	화	수	목	금	토	일	월	화	수
일진	丙	丁	戊	己	庚	辛	壬	癸	甲	乙	丙	丁	戊	己	庚	辛	壬	癸	甲	乙	丙	丁	戊	己	庚	辛	壬	癸	甲	乙	丙
日辰	申	酉	戌	亥	子	丑	寅	卯	辰	巳	午	未	申	酉	戌	亥	子	丑	寅	卯	辰	巳	午	未	申	酉	戌	亥	子	丑	寅
음력 06/28 07/28	음력	28	29	30	7/1	2	3	4	5	6	7	8	9	10	11	12	13	14	15	16	17	18	19	20	21	22	23	24	25	26	27
대남 운여	8 2	8 2	9 2	9 1	9 1	10 1	10 1	입추	1 10	1 10	1 9	1 9	2 9	2 8	2 8	3 8	3 7	3 7	4 7	4 6	4 6	5 6	처서	5 5	6 5	6 4	6 4	7 4	7 3	7 3	8 3

백로 8일 14시 10분 　【음8월】 ➜ **음 8** 【丁酉月(정유월)】　　추분 23일 23시 20분

양력	1	2	3	4	5	6	7	8	9	10	11	12	13	14	15	16	17	18	19	20	21	22	23	24	25	26	27	28	29	30
9 요일	목	금	토	일	월	화	수	목	금	토	일	월	화	수	목	금	토	일	월	화	수	목	금	토	일	월	화	수	목	금
일진	丁	戊	己	庚	辛	壬	癸	甲	乙	丙	丁	戊	己	庚	辛	壬	癸	甲	乙	丙	丁	戊	己	庚	辛	壬	癸	甲	乙	丙
日辰	卯	辰	巳	午	未	申	酉	戌	亥	子	丑	寅	卯	辰	巳	午	未	申	酉	戌	亥	子	丑	寅	卯	辰	巳	午	未	申
음력 07/29 08/29	음력	29	8/1	2	3	4	5	6	7	8	9	10	11	12	13	14	15	16	17	18	19	20	21	22	23	24	25	26	27	28
대남 운여	8 2	8 2	9 2	9 1	9 1	10 1	10 1	백로	1 10	1 10	1 9	1 9	2 9	2 8	2 8	3 8	3 7	3 7	4 7	4 6	4 6	추분	5 5	5 5	6 5	6 4	6 4	7 4	7 3	7 3

한로 9일 05시 11분 　【음9월】 ➜ **음 9** 【戊戌月(무술월)】　　상강 24일 08시 02분

양력	1	2	3	4	5	6	7	8	9	10	11	12	13	14	15	16	17	18	19	20	21	22	23	24	25	26	27	28	29	30	31
10 요일	토	일	월	화	수	목	금	토	일	월	화	수	목	금	토	일	월	화	수	목	금	토	일	월	화	수	목	금	토	일	월
일진	丁	戊	己	庚	辛	壬	癸	甲	乙	丙	丁	戊	己	庚	辛	壬	癸	甲	乙	丙	丁	戊	己	庚	辛	壬	癸	甲	乙	丙	丁
日辰	酉	戌	亥	子	丑	寅	卯	辰	巳	午	未	申	酉	戌	亥	子	丑	寅	卯	辰	巳	午	未	申	酉	戌	亥	子	丑	寅	卯
음력 09/01 10/01	음력	9/1	2	3	4	5	6	7	8	9	10	11	12	13	14	15	16	17	18	19	20	21	22	23	24	25	26	27	28	29	30	10/1
대남 운여	8 2	8 2	8 2	9 1	9 1	9 1	10 1	한로	1 10	1 9	1 9	1 9	2 8	2 8	2 8	3 7	3 7	3 7	4 6	4 6	4 6	5 5	상강	5 5	6 4	6 4	6 4	7 3	7 3	7 3	8 2

입동 8일 07시 46분 　【음10월】 ➜ **음 10** 【己亥月(기해월)】　　소설 23일 05시 05분

양력	1	2	3	4	5	6	7	8	9	10	11	12	13	14	15	16	17	18	19	20	21	22	23	24	25	26	27	28	29	30
11 요일	화	수	목	금	토	일	월	화	수	목	금	토	일	월	화	수	목	금	토	일	월	화	수	목	금	토	일	월	화	수
일진	戊	己	庚	辛	壬	癸	甲	乙	丙	丁	戊	己	庚	辛	壬	癸	甲	乙	丙	丁	戊	己	庚	辛	壬	癸	甲	乙	丙	丁
日辰	辰	巳	午	未	申	酉	戌	亥	子	丑	寅	卯	辰	巳	午	未	申	酉	戌	亥	子	丑	寅	卯	辰	巳	午	未	申	酉
음력 10/02 11/02	음력	2	3	4	5	6	7	8	9	10	11	12	13	14	15	16	17	18	19	20	21	22	23	24	25	26	27	28	29	11/1	2
대남 운여	8 2	8 2	8 1	9 1	9 1	9 1	10 1	입동	1 10	1 9	1 9	1 9	2 8	2 8	2 8	3 7	3 7	3 7	4 6	4 6	4 6	소설	5 5	5 5	5 4	6 4	6 4	6 3	7 3	7 3

대설 8일 00시 12분 　음11월 ➜ **음 11** 【庚子月(경자월)】　　동지 22일 18시 07분

양력	1	2	3	4	5	6	7	8	9	10	11	12	13	14	15	16	17	18	19	20	21	22	23	24	25	26	27	28	29	30	31
12 요일	목	금	토	일	월	화	수	목	금	토	일	월	화	수	목	금	토	일	월	화	수	목	금	토	일	월	화	수	목	금	토
일진	戊	己	庚	辛	壬	癸	甲	乙	丙	丁	戊	己	庚	辛	壬	癸	甲	乙	丙	丁	戊	己	庚	辛	壬	癸	甲	乙	丙	丁	戊
日辰	戌	亥	子	丑	寅	卯	辰	巳	午	未	申	酉	戌	亥	子	丑	寅	卯	辰	巳	午	未	申	酉	戌	亥	子	丑	寅	卯	辰
음력 11/03 12/03	음력	3	4	5	6	7	8	9	10	11	12	13	14	15	16	17	18	19	20	21	22	23	24	25	26	27	28	29	30	12/1	2	3
대남 운여	8 2	8 2	8 1	9 1	9 1	9 1	대설	1 10	1 9	1 9	1 9	2 8	2 8	2 8	3 7	3 7	3 7	4 6	4 6	4 6	5 5	동지	5 5	5 4	6 4	6 4	6 3	7 3	7 3	7 2	8 2

壬戌(임술)년　납음(大海水),본명성(六白金)

대장군(午남방), 삼살(북방), 상문(子북방),조객(申서남방),
납음(대해수), 【삼재(신유술)년】　臘享(납향):1923년1월22일(음12/06)

소한 06일 11시 17분　【음12월】 →　음 12 【辛丑月(신축월)】　　　대한 21일 04시 48분

양력	1	2	3	4	5	6	7	8	9	10	11	12	13	14	15	16	17	18	19	20	21	22	23	24	25	26	27	28	29	30	31
요일	일	월	화	수	목	금	토	일	월	화	수	목	금	토	일	월	화	수	목	금	토	일	월	화	수	목	금	토	일	월	화
일진 日辰	己巳	庚午	辛未	壬申	癸酉	甲戌	乙亥	丙子	丁丑	戊寅	己卯	庚辰	辛巳	壬午	癸未	甲申	乙酉	丙戌	丁亥	戊子	己丑	庚寅	辛卯	壬辰	癸巳	甲午	乙未	丙申	丁酉	戊戌	己亥
음력	4	5	6	7	8	9	10	11	12	13	14	15	16	17	18	19	20	21	22	23	24	25	26	27	28	29	30	1/1	2	3	4
대남	8	8	9	9	9	소한	1	1	1	1	2	2	2	3	3	3	4	4	4	5	대한	5	6	6	6	7	7	7	8	8	8
운여	2	1	1	1	1		9	9	9	8	8	8	7	7	7	6	6	6	5	5		5	4	4	4	3	3	3	2	2	1

입춘 4일 23시 06분【음1월】 →　음 1 【壬寅月(임인월)】　　　우수 19일 19시 16분

양력	1	2	3	4	5	6	7	8	9	10	11	12	13	14	15	16	17	18	19	20	21	22	23	24	25	26	27	28
요일	수	목	금	토	일	월	화	수	목	금	토	일	월	화	수	목	금	토	일	월	화	수	목	금	토	일	월	화
일진 日辰	庚子	辛丑	壬寅	癸卯	甲辰	乙巳	丙午	丁未	戊申	己酉	庚戌	辛亥	壬子	癸丑	甲寅	乙卯	丙辰	丁巳	戊午	己未	庚申	辛酉	壬戌	癸亥	甲子	乙丑	丙寅	丁卯
음력	5	6	7	8	9	10	11	12	13	14	15	16	17	18	19	20	21	22	23	24	25	26	27	28	29	30	2/1	2
대남	9	9	9	입춘	10	9	9	9	8	8	8	7	7	7	6	6	6	5	우수	5	4	4	4	3	3	3	2	2
운여	1	1	1		1	1	1	1	2	2	2	3	3	3	4	4	4	5		5	6	6	6	7	7	7	8	8

경칩 6일 17시 34분【음2월】 →　음 2 【癸卯月(계묘월)】　　　춘분 21일 18시 49분

양력	1	2	3	4	5	6	7	8	9	10	11	12	13	14	15	16	17	18	19	20	21	22	23	24	25	26	27	28	29	30	31
요일	수	목	금	토	일	월	화	수	목	금	토	일	월	화	수	목	금	토	일	월	화	수	목	금	토	일	월	화	수	목	금
일진 日辰	戊辰	己巳	庚午	辛未	壬申	癸酉	甲戌	乙亥	丙子	丁丑	戊寅	己卯	庚辰	辛巳	壬午	癸未	甲申	乙酉	丙戌	丁亥	戊子	己丑	庚寅	辛卯	壬辰	癸巳	甲午	乙未	丙申	丁酉	戊戌
음력	3	4	5	6	7	8	9	10	11	12	13	14	15	16	17	18	19	20	21	22	23	24	25	26	27	28	29	3/1			
대남	2	1	1	1	1	경칩	10	9	9	9	8	8	8	7	7	7	6	6	6	5	춘분	5	4	4	4	3	3	3	2	2	1
운여	8	9	9	9	10		1	1	1	1	2	2	2	3	3	3	4	4	4	5	분	5	6	6	6	7	7	7	8	8	8

청명 5일 22시58분【음3월】 →　음 3 【甲辰月(갑진월)】　　　곡우 21일 06시 29분

양력	1	2	3	4	5	6	7	8	9	10	11	12	13	14	15	16	17	18	19	20	21	22	23	24	25	26	27	28	29	30
요일	토	일	월	화	수	목	금	토	일	월	화	수	목	금	토	일	월	화	수	목	금	토	일	월	화	수	목	금	토	일
일진 日辰	己亥	庚子	辛丑	壬寅	癸卯	甲辰	乙巳	丙午	丁未	戊申	己酉	庚戌	辛亥	壬子	癸丑	甲寅	乙卯	丙辰	丁巳	戊午	己未	庚申	辛酉	壬戌	癸亥	甲子	乙丑	丙寅	丁卯	戊辰
음력	5	6	7	8	9	10	11	12	13	14	15	16	17	18	19	20	21	22	23	24	25	26	27	28	29	30	4/1	2	3	4
대남	1	1	1	1	청명	10	10	9	9	9	8	8	8	7	7	7	6	6	6	5	곡우	5	4	4	4	3	3	3	2	2
운여	9	9	9	10		1	1	1	1	2	2	2	3	3	3	4	4	4	5	5	우	6	6	6	7	7	7	8	8	8

입하 6일 16시 53분　【음4월】 →　음 4 【乙巳月(을사월)】　　　소만 22일 06시 10분

양력	1	2	3	4	5	6	7	8	9	10	11	12	13	14	15	16	17	18	19	20	21	22	23	24	25	26	27	28	29	30	31
요일	월	화	수	목	금	토	일	월	화	수	목	금	토	일	월	화	수	목	금	토	일	월	화	수	목	금	토	일	월	화	수
일진 日辰	己巳	庚午	辛未	壬申	癸酉	甲戌	乙亥	丙子	丁丑	戊寅	己卯	庚辰	辛巳	壬午	癸未	甲申	乙酉	丙戌	丁亥	戊子	己丑	庚寅	辛卯	壬辰	癸巳	甲午	乙未	丙申	丁酉	戊戌	己亥
음력	5	6	7	8	9	10	11	12	13	14	15	16	17	18	19	20	21	22	23	24	25	26	27	28	29	30	5/1	2	3	4	5
대남	2	1	1	1	1	입하	10	10	9	9	9	8	8	8	7	7	7	6	6	6	5	소만	5	4	4	4	3	3	3	2	2
운여	9	9	9	10	10	하	1	1	1	1	2	2	2	3	3	3	4	4	4	5	5	만	6	6	6	7	7	7	8	8	8

망종 6일 21시 30분　【음5월】 →　음 5 【丙午月(병오월)】　윤 5　하지 22일 14시 27분

양력	1	2	3	4	5	6	7	8	9	10	11	12	13	14	15	16	17	18	19	20	21	22	23	24	25	26	27	28	29	30
요일	목	금	토	일	월	화	수	목	금	토	일	월	화	수	목	금	토	일	월	화	수	목	금	토	일	월	화	수	목	금
일진 日辰	庚子	辛丑	壬寅	癸卯	甲辰	乙巳	丙午	丁未	戊申	己酉	庚戌	辛亥	壬子	癸丑	甲寅	乙卯	丙辰	丁巳	戊午	己未	庚申	辛酉	壬戌	癸亥	甲子	乙丑	丙寅	丁卯	戊辰	己巳
음력	6	7	8	9	10	11	12	13	14	15	16	17	18	19	20	21	22	23	24	25	26	27	28	29	윤5	2	3	4	5	6
대남	2	1	1	1	1	망종	10	10	9	9	9	8	8	8	7	7	7	6	6	6	하지	5	5	4	4	4	3	3	3	2
운여	9	9	9	10	10	종	1	1	1	1	2	2	2	3	3	3	4	4	4	5	지	5	6	6	6	7	7	7	8	8

壬戌年

한식(4월06일), 초복(7월16일), 중복(7월26일), 말복(8월15일)　춘사(春社)3/21
추사(秋社)9/27토왕지절(土旺之節):4월18일,7월20일,10월21일,1월18일(신년양력),
臘享(납향):1923년1월22일(신년양력)

<table>
1
9
2
2

壬
戌
年
</table>

소서 8일 07시 58분　【음6월】→ 음 6 【丁未月(정미월)】　대서 24일 01시 20분

양력	1	2	3	4	5	6	7	8	9	10	11	12	13	14	15	16	17	18	19	20	21	22	23	24	25	26	27	28	29	30	31
요일	토	일	월	화	수	목	금	토	일	월	화	수	목	금	토	일	월	화	수	목	금	토	일	월	화	수	목	금	토	일	월
일진 日辰	庚午	辛未	壬申	癸酉	甲戌	乙亥	丙子	丁丑	戊寅	己卯	庚辰	辛巳	壬午	癸未	甲申	乙酉	丙戌	丁亥	戊子	己丑	庚寅	辛卯	壬辰	癸巳	甲午	乙未	丙申	丁酉	戊戌	己亥	庚子
음력	7	8	9	10	11	12	13	14	15	16	17	18	19	20	21	22	23	24	25	26	27	28	29	6/1	2	3	4	5	6	7	8
대남	2	2	1	1	1	1	소서	10	10	9	9	9	8	8	8	7	7	7	6	6	6	5	대서	5	4	4	4	3	3	3	2
운 여	8	9	9	9	10	10	서	1	1	1	1	2	2	2	3	3	3	4	4	4	5	5	서	6	6	6	7	7	7	8

음력 05/07
06/08

입추 8일 17시 37분　【음7월】→ 음 7 【戊申月(무신월)】　처서 24일 08시 04분

양력	1	2	3	4	5	6	7	8	9	10	11	12	13	14	15	16	17	18	19	20	21	22	23	24	25	26	27	28	29	30	31
요일	화	수	목	금	토	일	월	화	수	목	금	토	일	월	화	수	목	금	토	일	월	화	수	목	금	토	일	월	화	수	목
일진 日辰	辛丑	壬寅	癸卯	甲辰	乙巳	丙午	丁未	戊申	己酉	庚戌	辛亥	壬子	癸丑	甲寅	乙卯	丙辰	丁巳	戊午	己未	庚申	辛酉	壬戌	癸亥	甲子	乙丑	丙寅	丁卯	戊辰	己巳	庚午	辛未
음력	8	9	10	11	12	13	14	15	16	17	18	19	20	21	22	23	24	25	26	27	28	29	30	7/1	2	3	4	5	6	7	8	9
대남	2	2	1	1	1	1	입추	10	10	10	9	9	9	8	8	8	7	7	7	6	6	6	5	처서	5	4	4	4	3	3	3
운 여	8	8	9	9	9	10	추	1	1	1	1	2	2	2	3	3	3	4	4	4	5	5	5	서	6	6	6	7	7	7	8

음력 06/09
07/09

백로 8일 20시06분　【음8월】→ 음 8 【己酉月(기유월)】　추분 24일 05시 10분

양력	1	2	3	4	5	6	7	8	9	10	11	12	13	14	15	16	17	18	19	20	21	22	23	24	25	26	27	28	29	30
요일	금	토	일	월	화	수	목	금	토	일	월	화	수	목	금	토	일	월	화	수	목	금	토	일	월	화	수	목	금	토
일진 日辰	壬申	癸酉	甲戌	乙亥	丙子	丁丑	戊寅	己卯	庚辰	辛巳	壬午	癸未	甲申	乙酉	丙戌	丁亥	戊子	己丑	庚寅	辛卯	壬辰	癸巳	甲午	乙未	丙申	丁酉	戊戌	己亥	庚子	辛丑
음력	10	11	12	13	14	15	16	17	18	19	20	21	22	23	24	25	26	27	28	29	8/1	2	3	4	5	6	7	8	9	10
대남	2	2	1	1	1	1	백로	10	10	9	9	9	8	8	8	7	7	7	6	6	6	5	추분	5	4	4	4	3	3	3
운 여	8	8	9	9	9	10	로	1	1	1	1	2	2	2	3	3	3	4	4	4	5	5	분	6	6	6	7	7	7	8

음력 07/10
08/10

한로 9일 11시 09분　【음9월】→ 음 9 【庚戌月(경술월)】　상강 24일 13시 53분

양력	1	2	3	4	5	6	7	8	9	10	11	12	13	14	15	16	17	18	19	20	21	22	23	24	25	26	27	28	29	30	31
요일	일	월	화	수	목	금	토	일	월	화	수	목	금	토	일	월	화	수	목	금	토	일	월	화	수	목	금	토	일	월	화
일진 日辰	壬寅	癸卯	甲辰	乙巳	丙午	丁未	戊申	己酉	庚戌	辛亥	壬子	癸丑	甲寅	乙卯	丙辰	丁巳	戊午	己未	庚申	辛酉	壬戌	癸亥	甲子	乙丑	丙寅	丁卯	戊辰	己巳	庚午	辛未	壬申
음력	11	12	13	14	15	16	17	18	19	20	21	22	23	24	25	26	27	28	29	9/1	2	3	4	5	6	7	8	9	10	11	12
대남	3	2	2	2	1	1	1	1	한로	10	9	9	9	8	8	8	7	7	7	6	6	6	5	상강	5	4	4	4	3	3	3
운 여	8	8	8	9	9	9	10	10	로	1	1	1	1	2	2	2	3	3	3	4	4	4	5	강	5	6	6	6	7	7	7

음력 08/11
09/12

입동 8일 13시 45분　【음10월】→ 음 10 【辛亥月(신해월)】　소설 23일 10시 55분

양력	1	2	3	4	5	6	7	8	9	10	11	12	13	14	15	16	17	18	19	20	21	22	23	24	25	26	27	28	29	30
요일	수	목	금	토	일	월	화	수	목	금	토	일	월	화	수	목	금	토	일	월	화	수	목	금	토	일	월	화	수	목
일진 日辰	癸酉	甲戌	乙亥	丙子	丁丑	戊寅	己卯	庚辰	辛巳	壬午	癸未	甲申	乙酉	丙戌	丁亥	戊子	己丑	庚寅	辛卯	壬辰	癸巳	甲午	乙未	丙申	丁酉	戊戌	己亥	庚子	辛丑	壬寅
음력	13	14	15	16	17	18	19	20	21	22	23	24	25	26	27	28	29	30	10/1	2	3	4	5	6	7	8	9	10	11	12
대남	2	2	2	1	1	1	1	입동	10	9	9	9	8	8	8	7	7	7	6	6	6	5	소설	5	4	4	4	3	3	3
운 여	8	8	8	9	9	9	10	동	1	1	1	1	2	2	2	3	3	3	4	4	4	5	설	5	6	6	6	7	7	7

음력 09/13
10/12

대설 8일 06시 11분　【음11월】→ 음 11 【壬子月(임자월)】　동지 22일 23시 57분

양력	1	2	3	4	5	6	7	8	9	10	11	12	13	14	15	16	17	18	19	20	21	22	23	24	25	26	27	28	29	30	31
요일	금	토	일	월	화	수	목	금	토	일	월	화	수	목	금	토	일	월	화	수	목	금	토	일	월	화	수	목	금	토	일
일진 日辰	癸卯	甲辰	乙巳	丙午	丁未	戊申	己酉	庚戌	辛亥	壬子	癸丑	甲寅	乙卯	丙辰	丁巳	戊午	己未	庚申	辛酉	壬戌	癸亥	甲子	乙丑	丙寅	丁卯	戊辰	己巳	庚午	辛未	壬申	癸酉
음력	13	14	15	16	17	18	19	20	21	22	23	24	25	26	27	28	29	11/1	2	3	4	5	6	7	8	9	10	11	12	13	14
대남	2	2	1	1	1	1	대설	10	9	9	9	8	8	8	7	7	7	6	6	6	5	동지	5	4	4	4	3	3	3	2	2
운 여	8	8	9	9	9	10	설	1	1	1	1	2	2	2	3	3	3	4	4	4	5	지	5	6	6	6	7	7	7	8	8

음력 10/13
11/14

癸亥(계해)年　납음(大海水), 본명성(五黃土)

대장군(酉서방), 삼살(서방), 상문(표동북방), 조객(酉서방),
납음(대해수), 【삼재(사오미)년】　臘享(납향):1924년1월17일(음12/12)

소한 06일 17시 14분 【음12월】→ 음12 【癸丑月(계축월)】　　대한 21일 10시 35분

양력 1	1	2	3	4	5	6	7	8	9	10	11	12	13	14	15	16	17	18	19	20	21	22	23	24	25	26	27	28	29	30	31
요일	월	화	수	목	금	토	일	월	화	수	목	금	토	일	월	화	수	목	금	토	일	월	화	수	목	금	토	일	월	화	수
일진	甲	乙	丙	丁	戊	己	庚	辛	壬	癸	甲	乙	丙	丁	戊	己	庚	辛	壬	癸	甲	乙	丙	丁	戊	己	庚	辛	壬	癸	甲
日辰	戌	亥	子	丑	寅	卯	辰	巳	午	未	申	酉	戌	亥	子	丑	寅	卯	辰	巳	午	未	申	酉	戌	亥	子	丑	寅	卯	辰
음력 11/15·12/15	15	16	17	18	19	20	21	22	23	24	25	26	27	28	29	30	12/1	2	3	4	5	6	7	8	9	10	11	12	13	14	15
대남	2	1	1	1	1	소	10	9	9	9	8	8	8	7	7	7	6	6	6	대	5	5	5	4	4	4	3	3	3	2	2
운여	8	8	9	9	9	소	1	1	1	1	2	2	2	3	3	3	4	4	4	대	5	6	6	6	7	7	7	8	8	8	

입춘 5일 05시 00분 【음1월】→ 음1 【甲寅月(갑인월)】　　우수 20일 01시 00분

양력 2	1	2	3	4	5	6	7	8	9	10	11	12	13	14	15	16	17	18	19	20	21	22	23	24	25	26	27	28
요일	목	금	토	일	월	화	수	목	금	토	일	월	화	수	목	금	토	일	월	화	수	목	금	토	일	월	화	수
일진	乙	丙	丁	戊	己	庚	辛	壬	癸	甲	乙	丙	丁	戊	己	庚	辛	壬	癸	甲	乙	丙	丁	戊	己	庚	辛	壬
日辰	巳	午	未	申	酉	戌	亥	子	丑	寅	卯	辰	巳	午	未	申	酉	戌	亥	子	丑	寅	卯	辰	巳	午	未	申
음력 12/16·01/13	16	17	18	19	20	21	22	23	24	25	26	27	28	29	30	1/1	2	3	4	5	6	7	8	9	10	11	12	13
대남	1	1	1	1	입	1	1	1	1	2	2	2	3	3	3	4	4	4	5	우	5	6	6	6	7	7	7	8
운여	9	9	9	10	춘	9	9	9	8	8	8	7	7	7	6	6	6	5	5	우	4	4	4	3	3	3	2	2

癸亥年

경칩 6일 23시 25분 【음2월】→ 음2 【乙卯月(을묘월)】　　춘분 22일 00시 29분

양력 3	1	2	3	4	5	6	7	8	9	10	11	12	13	14	15	16	17	18	19	20	21	22	23	24	25	26	27	28	29	30	31
요일	목	금	토	일	월	화	수	목	금	토	일	월	화	수	목	금	토	일	월	화	수	목	금	토	일	월	화	수	목	금	토
일진	癸	甲	乙	丙	丁	戊	己	庚	辛	壬	癸	甲	乙	丙	丁	戊	己	庚	辛	壬	癸	甲	乙	丙	丁	戊	己	庚	辛	壬	癸
日辰	酉	戌	亥	子	丑	寅	卯	辰	巳	午	未	申	酉	戌	亥	子	丑	寅	卯	辰	巳	午	未	申	酉	戌	亥	子	丑	寅	卯
음력 01/14·02/15	14	15	16	17	18	19	20	21	22	23	24	25	26	27	28	29	2/1	2	3	4	5	6	7	8	9	10	11	12	13	14	15
대남	8	8	9	9	9	경	10	1	1	1	2	2	2	3	3	3	4	4	4	5	춘	6	6	6	7	7	7	8	8	8	9
운여	2	1	1	1	1	칩	10	10	9	9	9	8	8	8	7	7	7	6	6	6	분	5	4	4	4	3	3	3	2	2	2

청명 06일 04시 46분 【음3월】► 음3 【丙辰月(병진월)】　　곡우 21일 12시 06분

양력 4	1	2	3	4	5	6	7	8	9	10	11	12	13	14	15	16	17	18	19	20	21	22	23	24	25	26	27	28	29	30
요일	일	월	화	수	목	금	토	일	월	화	수	목	금	토	일	월	화	수	목	금	토	일	월	화	수	목	금	토	일	월
일진	甲	乙	丙	丁	戊	己	庚	辛	壬	癸	甲	乙	丙	丁	戊	己	庚	辛	壬	癸	甲	乙	丙	丁	戊	己	庚	辛	壬	癸
日辰	辰	巳	午	未	申	酉	戌	亥	子	丑	寅	卯	辰	巳	午	未	申	酉	戌	亥	子	丑	寅	卯	辰	巳	午	未	申	酉
음력 02/16·03/15	16	17	18	19	20	21	22	23	24	25	26	27	28	29	30	3/1	2	3	4	5	6	7	8	9	10	11	12	13	14	15
대남	9	9	9	10	10	청	1	1	1	1	2	2	2	3	3	3	4	4	4	곡	5	6	6	6	7	7	7	8	8	8
운여	2	1	1	1	1	명	10	10	9	9	9	8	8	8	7	7	7	6	6	우	5	5	4	4	4	3	3	3	2	2

입하 6일 22시 38분 【음4월】► 음4 【丁巳月(정사월)】　　소만 22일 11시 45분

양력 5	1	2	3	4	5	6	7	8	9	10	11	12	13	14	15	16	17	18	19	20	21	22	23	24	25	26	27	28	29	30	31
요일	화	수	목	금	토	일	월	화	수	목	금	토	일	월	화	수	목	금	토	일	월	화	수	목	금	토	일	월	화	수	목
일진	甲	乙	丙	丁	戊	己	庚	辛	壬	癸	甲	乙	丙	丁	戊	己	庚	辛	壬	癸	甲	乙	丙	丁	戊	己	庚	辛	壬	癸	甲
日辰	戌	亥	子	丑	寅	卯	辰	巳	午	未	申	酉	戌	亥	子	丑	寅	卯	辰	巳	午	未	申	酉	戌	亥	子	丑	寅	卯	辰
음력 03/16·04/16	16	17	18	19	20	21	22	23	24	25	26	27	28	29	30	4/1	2	3	4	5	6	7	8	9	10	11	12	13	14	15	16
대남	9	9	9	10	10	입	1	1	1	1	2	2	2	3	3	3	4	4	4	5	소	5	6	6	6	7	7	7	8	8	8
운여	2	1	1	1	1	하	10	10	10	9	9	9	8	8	8	7	7	7	6	6	만	5	5	5	4	4	4	3	3	3	2

망종 7일 03시 14분 【음5월】→ 음5 【戊午月(무오월)】　　하지 22일 20시 03분

양력 6	1	2	3	4	5	6	7	8	9	10	11	12	13	14	15	16	17	18	19	20	21	22	23	24	25	26	27	28	29	30
요일	금	토	일	월	화	수	목	금	토	일	월	화	수	목	금	토	일	월	화	수	목	금	토	일	월	화	수	목	금	토
일진	乙	丙	丁	戊	己	庚	辛	壬	癸	甲	乙	丙	丁	戊	己	庚	辛	壬	癸	甲	乙	丙	丁	戊	己	庚	辛	壬	癸	甲
日辰	巳	午	未	申	酉	戌	亥	子	丑	寅	卯	辰	巳	午	未	申	酉	戌	亥	子	丑	寅	卯	辰	巳	午	未	申	酉	戌
음력 04/17·05/17	17	18	19	20	21	22	23	24	25	26	27	28	29	30	5/1	2	3	4	5	6	7	8	9	10	11	12	13	14	15	16	17
대남	9	9	9	10	10	10	망	1	1	1	2	2	2	3	3	3	4	4	4	5	하	6	6	6	7	7	7	8	8	8	9
운여	2	2	1	1	1	1	종	10	10	9	9	9	8	8	8	7	7	7	6	6	지	5	5	5	4	4	4	3	3	3	2

1923 癸亥年

소서 8일 13시 42분　　【음6월】 →　음 6 【己未月(기미월)】　　　　대서 24일 07시 01분

양력	1	2	3	4	5	6	7	8	9	10	11	12	13	14	15	16	17	18	19	20	21	22	23	24	25	26	27	28	29	30	31
요일	일	월	화	수	목	금	토	일	월	화	수	목	금	토	일	월	화	수	목	금	토	일	월	화	수	목	금	토	일	월	화
7 일진	乙	丙	丁	戊	己	庚	辛	壬	癸	甲	乙	丙	丁	戊	己	庚	辛	壬	癸	甲	乙	丙	丁	戊	己	庚	辛	壬	癸	甲	乙
日辰	亥	子	丑	寅	卯	辰	巳	午	未	申	酉	戌	亥	子	丑	寅	卯	辰	巳	午	未	申	酉	戌	亥	子	丑	寅	卯	辰	巳
음력 05/18~06/18	18	19	20	21	22	23	24	25	26	27	28	29	30	6/1	2	3	4	5	6	7	8	9	10	11	12	13	14	15	16	17	18
대남	8	8	9	9	9	10	10	소서	1	1	1	1	2	2	2	3	3	3	4	4	4	5	5	대서	6	6	6	7	7	7	8
운여	2	2	1	1	1	1	10		10	10	9	9	9	8	8	8	7	7	7	6	6	6	5		5	4	4	4	3	3	3

입추 8일 23시 25분　　【음7월】 →　음 7 【庚申月(경신월)】　　　　처서 24일 13시 52분

양력	1	2	3	4	5	6	7	8	9	10	11	12	13	14	15	16	17	18	19	20	21	22	23	24	25	26	27	28	29	30	31
요일	수	목	금	토	일	월	화	수	목	금	토	일	월	화	수	목	금	토	일	월	화	수	목	금	토	일	월	화	수	목	금
8 일진	丙	丁	戊	己	庚	辛	壬	癸	甲	乙	丙	丁	戊	己	庚	辛	壬	癸	甲	乙	丙	丁	戊	己	庚	辛	壬	癸	甲	乙	丙
日辰	午	未	申	酉	戌	亥	子	丑	寅	卯	辰	巳	午	未	申	酉	戌	亥	子	丑	寅	卯	辰	巳	午	未	申	酉	戌	亥	子
음력 06/19~07/20	19	20	21	22	23	24	25	26	27	28	29	7/1	2	3	4	5	6	7	8	9	10	11	12	13	14	15	16	17	18	19	20
대남	8	8	9	9	9	10	10	입추	1	1	1	1	2	2	2	3	3	3	4	4	4	5	5	처서	6	6	6	7	7	7	8
운여	2	2	1	1	1	1	10		10	10	9	9	9	8	8	8	7	7	7	6	6	6	5		5	5	4	4	4	3	3

백로 9일 01시 57분　　【음8월】 →　음 8 【辛酉月(신유월)】　　　　추분 24일 11시 04분

양력	1	2	3	4	5	6	7	8	9	10	11	12	13	14	15	16	17	18	19	20	21	22	23	24	25	26	27	28	29	30
요일	토	일	월	화	수	목	금	토	일	월	화	수	목	금	토	일	월	화	수	목	금	토	일	월	화	수	목	금	토	일
9 일진	丁	戊	己	庚	辛	壬	癸	甲	乙	丙	丁	戊	己	庚	辛	壬	癸	甲	乙	丙	丁	戊	己	庚	辛	壬	癸	甲	乙	丙
日辰	丑	寅	卯	辰	巳	午	未	申	酉	戌	亥	子	丑	寅	卯	辰	巳	午	未	申	酉	戌	亥	子	丑	寅	卯	辰	巳	午
음력 07/21~08/20	21	22	23	24	25	26	27	28	29	30	8/1	2	3	4	5	6	7	8	9	10	11	12	13	14	15	16	17	18	19	20
대남	8	8	9	9	9	10	10	10	백로	1	1	1	1	2	2	2	3	3	3	4	4	4	5	추분	5	6	6	6	7	7
운여	3	2	2	2	1	1	1	1		10	10	9	9	9	8	8	8	7	7	7	6	6	6		5	5	5	4	4	3

한로 9일 17시 03분　　【음9월】 →　음 9 【壬戌月(임술월)】　　　　상강 24일 19시 51분

양력	1	2	3	4	5	6	7	8	9	10	11	12	13	14	15	16	17	18	19	20	21	22	23	24	25	26	27	28	29	30	31
요일	월	화	수	목	금	토	일	월	화	수	목	금	토	일	월	화	수	목	금	토	일	월	화	수	목	금	토	일	월	화	수
10 일진	丁	戊	己	庚	辛	壬	癸	甲	乙	丙	丁	戊	己	庚	辛	壬	癸	甲	乙	丙	丁	戊	己	庚	辛	壬	癸	甲	乙	丙	丁
日辰	未	申	酉	戌	亥	子	丑	寅	卯	辰	巳	午	未	申	酉	戌	亥	子	丑	寅	卯	辰	巳	午	未	申	酉	戌	亥	子	丑
음력 08/21~09/22	21	22	23	24	25	26	27	28	29	9/1	2	3	4	5	6	7	8	9	10	11	12	13	14	15	16	17	18	19	20	21	22
대남	7	8	8	8	9	9	9	10	한로	1	1	1	1	2	2	2	3	3	3	4	4	4	5	상강	5	6	6	6	7	7	7
운여	3	2	2	2	1	1	1	1		10	9	9	9	8	8	8	7	7	7	6	6	6	5		5	5	4	4	4	3	3

입동 8일 19시 40분　　【음10월】 →　음 10 【癸亥月(계해월)】　　　　소설 23일 16시 54분

양력	1	2	3	4	5	6	7	8	9	10	11	12	13	14	15	16	17	18	19	20	21	22	23	24	25	26	27	28	29	30
요일	목	금	토	일	월	화	수	목	금	토	일	월	화	수	목	금	토	일	월	화	수	목	금	토	일	월	화	수	목	금
11 일진	戊	己	庚	辛	壬	癸	甲	乙	丙	丁	戊	己	庚	辛	壬	癸	甲	乙	丙	丁	戊	己	庚	辛	壬	癸	甲	乙	丙	丁
日辰	寅	卯	辰	巳	午	未	申	酉	戌	亥	子	丑	寅	卯	辰	巳	午	未	申	酉	戌	亥	子	丑	寅	卯	辰	巳	午	未
음력 09/23~10/22	23	24	25	26	27	28	29	30	10/1	2	3	4	5	6	7	8	9	10	11	12	13	14	15	16	17	18	19	20	21	22
대남	8	8	8	9	9	9	10	입동	1	1	1	1	2	2	2	3	3	3	4	4	4	5	소설	5	6	6	6	7	7	7
운여	2	2	2	1	1	1	1		10	9	9	9	8	8	8	7	7	7	6	6	6	5		5	5	4	4	4	3	3

대설 8일 12시 05분　　【음11월】 →　음 11 【甲子月(갑자월)】　　　　동지 23일 05시 53분

양력	1	2	3	4	5	6	7	8	9	10	11	12	13	14	15	16	17	18	19	20	21	22	23	24	25	26	27	28	29	30	31
요일	토	일	월	화	수	목	금	토	일	월	화	수	목	금	토	일	월	화	수	목	금	토	일	월	화	수	목	금	토	일	월
12 일진	戊	己	庚	辛	壬	癸	甲	乙	丙	丁	戊	己	庚	辛	壬	癸	甲	乙	丙	丁	戊	己	庚	辛	壬	癸	甲	乙	丙	丁	戊
日辰	申	酉	戌	亥	子	丑	寅	卯	辰	巳	午	未	申	酉	戌	亥	子	丑	寅	卯	辰	巳	午	未	申	酉	戌	亥	子	丑	寅
음력 10/23~11/24	23	24	25	26	27	28	29	11/1	2	3	4	5	6	7	8	9	10	11	12	13	14	15	16	17	18	19	20	21	22	23	24
대남	8	8	8	9	9	9	10	대설	1	1	1	1	2	2	2	3	3	3	4	4	4	5	동지	5	6	6	6	7	7	7	8
운여	2	2	2	1	1	1	1		9	9	9	8	8	8	7	7	7	6	6	6	5	지	5	5	4	4	4	3	3	3	2

소한 06일 23시 06분 【음12월】 → 음 12 【乙丑月(을축월)】　　　대한 21일 16시 28분

양력	1	2	3	4	5	6	7	8	9	10	11	12	13	14	15	16	17	18	19	20	21	22	23	24	25	26	27	28	29	30	31
요일	화	수	목	금	토	일	월	화	수	목	금	토	일	월	화	수	목	금	토	일	월	화	수	목	금	토	일	월	화	수	목
일진	己	庚	辛	壬	癸	甲	乙	丙	丁	戊	己	庚	辛	壬	癸	甲	乙	丙	丁	戊	己	庚	辛	壬	癸	甲	乙	丙	丁	戊	己
日辰	卯	辰	巳	午	未	申	酉	戌	亥	子	丑	寅	卯	辰	巳	午	未	申	酉	戌	亥	子	丑	寅	卯	辰	巳	午	未	申	酉
음력	25	26	27	28	29	12/1	2	3	4	5	6	7	8	9	10	11	12	13	14	15	16	17	18	19	20	21	22	23	24	25	26
대남	8	8	9	9	9	소	1	1	1	1	2	2	2	3	3	3	4	4	4	대	5	6	6	6	7	7	7	8	8	8	8
운여	2	1	1	1	1	한	10	9	9	9	8	8	8	7	7	7	6	6	6	한	5	4	4	4	3	3	3	2	2	2	2

입춘05일 10시 50분【음1월】 → 음 1 【丙寅月(병인월)】　　　우수 20일 06시 51분

양력	1	2	3	4	5	6	7	8	9	10	11	12	13	14	15	16	17	18	19	20	21	22	23	24	25	26	27	28	29
요일	금	토	일	월	화	수	목	금	토	일	월	화	수	목	금	토	일	월	화	수	목	금	토	일	월	화	수	목	금
일진	庚	辛	壬	癸	甲	乙	丙	丁	戊	己	庚	辛	壬	癸	甲	乙	丙	丁	戊	己	庚	辛	壬	癸	甲	乙	丙	丁	戊
日辰	戌	亥	子	丑	寅	卯	辰	巳	午	未	申	酉	戌	亥	子	丑	寅	卯	辰	巳	午	未	申	酉	戌	亥	子	丑	寅
음력	27	28	29	30	1/1	2	3	4	5	6	7	8	9	10	11	12	13	14	15	16	17	18	19	20	21	22	23	24	25
대남	9	9	9	10	입	10	9	9	9	8	8	8	7	7	7	6	6	6	우	5	5	5	4	4	4	3	3	3	2
운여	1	1	1	1	춘	1	1	1	2	2	2	3	3	3	4	4	4	5	수	5	5	6	6	6	7	7	7	8	8

甲子年

경칩 06일 05시 12분 【음2월】 → 음 2 【丁卯月(정묘월)】　　　춘분 21일 06시 20분

양력	1	2	3	4	5	6	7	8	9	10	11	12	13	14	15	16	17	18	19	20	21	22	23	24	25	26	27	28	29	30	31
요일	토	일	월	화	수	목	금	토	일	월	화	수	목	금	토	일	월	화	수	목	금	토	일	월	화	수	목	금	토	일	월
일진	己	庚	辛	壬	癸	甲	乙	丙	丁	戊	己	庚	辛	壬	癸	甲	乙	丙	丁	戊	己	庚	辛	壬	癸	甲	乙	丙	丁	戊	己
日辰	卯	辰	巳	午	未	申	酉	戌	亥	子	丑	寅	卯	辰	巳	午	未	申	酉	戌	亥	子	丑	寅	卯	辰	巳	午	未	申	酉
음력	26	27	28	29	30	2/1	2	3	4	5	6	7	8	9	10	11	12	13	14	15	16	17	18	19	20	21	22	23	24	25	26
대남	2	1	1	1	1	경	10	9	9	9	8	8	8	7	7	7	6	6	6	춘	5	5	4	4	4	3	3	3	2	2	2
운여	8	9	9	9	10	칩	1	1	1	1	2	2	2	3	3	3	4	4	4	분	5	5	6	6	6	7	7	7	8	8	8

청명 5일 10시 33분 【음3월】 → 음 3 【戊辰月(무진월)】　　　곡우 20일 17시 59분

양력	1	2	3	4	5	6	7	8	9	10	11	12	13	14	15	16	17	18	19	20	21	22	23	24	25	26	27	28	29	30
요일	화	수	목	금	토	일	월	화	수	목	금	토	일	월	화	수	목	금	토	일	월	화	수	목	금	토	일	월	화	수
일진	庚	辛	壬	癸	甲	乙	丙	丁	戊	己	庚	辛	壬	癸	甲	乙	丙	丁	戊	己	庚	辛	壬	癸	甲	乙	丙	丁	戊	己
日辰	戌	亥	子	丑	寅	卯	辰	巳	午	未	申	酉	戌	亥	子	丑	寅	卯	辰	巳	午	未	申	酉	戌	亥	子	丑	寅	卯
음력	27	28	29	3/1	2	3	4	5	6	7	8	9	10	11	12	13	14	15	16	17	18	19	20	21	22	23	24	25	26	27
대남	1	1	1	1	청	10	10	9	9	9	8	8	8	7	7	7	6	6	6	곡	5	5	4	4	4	3	3	3	2	2
운여	9	9	9	10	명	1	1	1	1	2	2	2	3	3	3	4	4	4	5	우	5	6	6	6	7	7	7	8	8	8

입하 6일 04시 26분 【음4월】 → 음 4 【己巳月(기사월)】　　　소만 21일 17시 40분

양력	1	2	3	4	5	6	7	8	9	10	11	12	13	14	15	16	17	18	19	20	21	22	23	24	25	26	27	28	29	30	31
요일	목	금	토	일	월	화	수	목	금	토	일	월	화	수	목	금	토	일	월	화	수	목	금	토	일	월	화	수	목	금	토
일진	庚	辛	壬	癸	甲	乙	丙	丁	戊	己	庚	辛	壬	癸	甲	乙	丙	丁	戊	己	庚	辛	壬	癸	甲	乙	丙	丁	戊	己	庚
日辰	辰	巳	午	未	申	酉	戌	亥	子	丑	寅	卯	辰	巳	午	未	申	酉	戌	亥	子	丑	寅	卯	辰	巳	午	未	申	酉	戌
음력	28	29	30	4/1	2	3	4	5	6	7	8	9	10	11	12	13	14	15	16	17	18	19	20	21	22	23	24	25	26	27	28
대남	1	1	1	1	입	10	10	9	9	9	8	8	8	7	7	7	6	6	6	소	5	5	4	4	4	3	3	3	2	2	2
운여	9	9	9	10	10	하	1	1	1	1	2	2	2	3	3	3	4	4	4	만	5	5	6	6	6	7	7	7	8	8	8

망종 6일 09시 02분 【음5월】 → 음 5 【庚午月(경오월)】　　　하지 22일 01시 59분

양력	1	2	3	4	5	6	7	8	9	10	11	12	13	14	15	16	17	18	19	20	21	22	23	24	25	26	27	28	29	30
요일	일	월	화	수	목	금	토	일	월	화	수	목	금	토	일	월	화	수	목	금	토	일	월	화	수	목	금	토	일	월
일진	辛	壬	癸	甲	乙	丙	丁	戊	己	庚	辛	壬	癸	甲	乙	丙	丁	戊	己	庚	辛	壬	癸	甲	乙	丙	丁	戊	己	庚
日辰	亥	子	丑	寅	卯	辰	巳	午	未	申	酉	戌	亥	子	丑	寅	卯	辰	巳	午	未	申	酉	戌	亥	子	丑	寅	卯	辰
음력	29	5/1	2	3	4	5	6	7	8	9	10	11	12	13	14	15	16	17	18	19	20	21	22	23	24	25	26	27	28	29
대남	1	1	1	1	망	10	10	9	9	9	8	8	8	7	7	7	6	6	6	하	5	5	5	4	4	4	3	3	3	2
운여	9	9	9	10	10	종	1	1	1	1	2	2	2	3	3	3	4	4	4	지	5	5	5	6	6	6	7	7	7	8

한식(4월06일), 초복(7월20일), 중복(7월30일), 말복(8월09일) ☖춘사(春社)3/20
☀추사(秋社)9/26토왕지절(土旺之節):4월17일,7월20일,10월21일,1월17일(신년양력).
臘享(납향):1925년1월23일(신년양력)

1924 甲子年

소서 7일 19시 30분　　【음6월】→　음 6　【辛未月(신미월)】　　　대서 23일 12시 58분

양력	1	2	3	4	5	6	7	8	9	10	11	12	13	14	15	16	17	18	19	20	21	22	23	24	25	26	27	28	29	30	31
요일	화	수	목	금	토	일	월	화	수	목	금	토	일	월	화	수	목	금	토	일	월	화	수	목	금	토	일	월	화	수	목
일진日辰	辛巳	壬午	癸未	乙酉	丙戌	丁亥	戊子	己丑	庚寅	辛卯	壬辰	癸巳	甲午	乙未	丙申	丁酉	戊戌	己亥	庚子	辛丑	壬寅	癸卯	甲辰	乙巳	丙午	丁未	戊申	己酉	庚戌	辛亥	
음력	30	6/1	2	3	4	5	6	7	8	9	10	11	12	13	14	15	16	17	18	19	20	21	22	23	24	25	26	27	28	29	30
대남	2	2	1	1	1	1	소	10	10	10	9	9	9	8	8	8	7	7	7	6	6	6	대	5	5	5	4	4	4	3	3
운여	8	9	9	9	10	10	서	1	1	1	1	2	2	2	3	3	3	4	4	4	5	5	서	6	6	6	7	7	7	8	8

입추 8일 05시 12분　　【음7월】→　음 7　【壬申月(임신월)】　　　처서 23일 19시 48분

양력	1	2	3	4	5	6	7	8	9	10	11	12	13	14	15	16	17	18	19	20	21	22	23	24	25	26	27	28	29	30	31
요일	금	토	일	월	화	수	목	금	토	일	월	화	수	목	금	토	일	월	화	수	목	금	토	일	월	화	수	목	금	토	일
일진日辰	壬子	癸丑	乙卯	丙辰	丁巳	戊午	己未	庚申	辛酉	壬戌	癸亥	甲子	乙丑	丙寅	丁卯	戊辰	己巳	庚午	辛未	壬申	癸酉	甲戌	乙亥	丙子	丁丑	戊寅	己卯	庚辰	辛巳	壬午	
음력	7/1	2	3	4	5	6	7	8	9	10	11	12	13	14	15	16	17	18	19	20	21	22	23	24	25	26	27	28	29	8/1	2
대남	2	2	1	1	1	1	입	10	10	9	9	9	8	8	8	7	7	7	6	6	6	5	처	5	5	4	4	4	3	3	3
운여	8	9	9	9	10	10	추	1	1	1	1	2	2	2	3	3	3	4	4	4	5	5	서	5	6	6	6	7	7	7	8

백로 8일 07시 46분　　【음8월】→　음 8　【癸酉月(계유월)】　　　추분 23일 16시 58분

양력	1	2	3	4	5	6	7	8	9	10	11	12	13	14	15	16	17	18	19	20	21	22	23	24	25	26	27	28	29	30
요일	월	화	수	목	금	토	일	월	화	수	목	금	토	일	월	화	수	목	금	토	일	월	화	수	목	금	토	일	월	화
일진日辰	癸未	乙酉	丙戌	丁亥	戊子	己丑	庚寅	辛卯	壬辰	癸巳	甲午	乙未	丙申	丁酉	戊戌	己亥	庚子	辛丑	壬寅	癸卯	甲辰	乙巳	丙午	丁未	戊申	己酉	庚戌	辛亥	壬子	
음력	3	4	5	6	7	8	9	10	11	12	13	14	15	16	17	18	19	20	21	22	23	24	25	26	27	28	29	30	9/1	2
대남	2	2	2	1	1	1	1	백	10	10	9	9	9	8	8	8	7	7	7	6	6	6	추	5	5	4	4	4	3	3
운여	8	8	9	9	9	10	10	로	1	1	1	1	2	2	2	3	3	3	4	4	4	5	분	5	6	6	6	7	7	7

한로 8일 22시 52분　　【음9월】→　음 9　【甲戌月(갑술월)】　　　상강 24일 01시 44분

양력	1	2	3	4	5	6	7	8	9	10	11	12	13	14	15	16	17	18	19	20	21	22	23	24	25	26	27	28	29	30	31
요일	수	목	금	토	일	월	화	수	목	금	토	일	월	화	수	목	금	토	일	월	화	수	목	금	토	일	월	화	수	목	금
일진日辰	癸丑	乙卯	丙辰	丁巳	戊午	己未	庚申	辛酉	壬戌	癸亥	甲子	乙丑	丙寅	丁卯	戊辰	己巳	庚午	辛未	壬申	癸酉	甲戌	乙亥	丙子	丁丑	戊寅	己卯	庚辰	辛巳	壬午	癸未	
음력	3	4	5	6	7	8	9	10	11	12	13	14	15	16	17	18	19	20	21	22	23	24	25	26	27	28	29	10/1	2	3	4
대남	2	2	2	1	1	1	1	한	10	10	9	9	9	8	8	8	7	7	7	6	6	6	상	5	4	4	4	3	3
운여	8	8	8	9	9	9	10	로	1	1	1	1	2	2	2	3	3	3	4	4	4	5	강	6	6	6	7	7	7	8

입동 8일 01시 29분　　【음10월】→　음 10　【乙亥月(을해월)】　　　소설 22일 22시 46분

양력	1	2	3	4	5	6	7	8	9	10	11	12	13	14	15	16	17	18	19	20	21	22	23	24	25	26	27	28	29	30
요일	토	일	월	화	수	목	금	토	일	월	화	수	목	금	토	일	월	화	수	목	금	토	일	월	화	수	목	금	토	일
일진日辰	甲申	乙酉	丙戌	丁亥	戊子	己丑	庚寅	辛卯	壬辰	癸巳	甲午	乙未	丙申	丁酉	戊戌	己亥	庚子	辛丑	壬寅	癸卯	甲辰	乙巳	丙午	丁未	戊申	己酉	庚戌	辛亥	壬子	癸丑
음력	5	6	7	8	9	10	11	12	13	14	15	16	17	18	19	20	21	22	23	24	25	26	27	28	29	30	11/1	2	3	4
대남	2	2	1	1	1	1	입	9	9	9	8	8	8	7	7	7	6	6	6	5	소	5	4	4	4	3	3	3	2	2
운여	8	8	9	9	9	10	동	1	1	1	1	2	2	2	3	3	3	4	4	4	설	5	5	6	6	6	7	7	7	8

대설 7일 17시 53분　　【음11월】→　음 11　【丙子月(병자월)】　　　동지 22일 11시 46분

양력	1	2	3	4	5	6	7	8	9	10	11	12	13	14	15	16	17	18	19	20	21	22	23	24	25	26	27	28	29	30	31
요일	월	화	수	목	금	토	일	월	화	수	목	금	토	일	월	화	수	목	금	토	일	월	화	수	목	금	토	일	월	화	수
일진日辰	甲寅	乙卯	丙辰	丁巳	戊午	己未	庚申	辛酉	壬戌	癸亥	甲子	乙丑	丙寅	丁卯	戊辰	己巳	庚午	辛未	壬申	癸酉	甲戌	乙亥	丙子	丁丑	戊寅	己卯	庚辰	辛巳	壬午	癸未	甲申
음력	5	6	7	8	9	10	11	12	13	14	15	16	17	18	19	20	21	22	23	24	25	26	27	28	29	12/1	2	3	4	5	6
대남	2	2	1	1	1	1	대	10	9	9	9	8	8	8	7	7	7	6	6	6	5	동	5	4	4	4	3	3	3	2	2
운여	8	8	9	9	9	10	설	1	1	1	1	2	2	2	3	3	3	4	4	4	5	지	5	5	6	6	6	7	7	8	8

1925년

乙丑(을축)년 　납음(海中金), 본명성(三碧木)

대장군(酉서방), 삼살(동방), 상문(卯동방),조객(亥서북방), 납음(해중금)
[삼재(해,자,축)년] 　臘享(납향):1926년 1월 18일(음12/05)

소한 6일 04시 53분 　【음12월】 →　　음 12【丁丑月(정축월)】　　　대한 20일 22시 20분

양력	1	2	3	4	5	6	7	8	9	10	11	12	13	14	15	16	17	18	19	20	21	22	23	24	25	26	27	28	29	30	31
양력 요일	목	금	토	일	월	화	수	목	금	토	일	월	화	수	목	금	토	일	월	화	수	목	금	토	일	월	화	수	목	금	토
1 일진	乙	丙	丁	戊	己	庚	辛	壬	癸	乙	丙	丁	戊	己	庚	辛	壬	癸	甲	乙	丙	丁	戊	己	庚	辛	壬	癸	甲	乙	丙
日辰	酉	戌	亥	子	丑	寅	卯	辰	巳	午	未	申	酉	戌	亥	子	丑	寅	卯	辰	巳	午	未	申	酉	戌	亥	子	丑	寅	卯
음력 12/07 01/08	7	8	9	10	11	12	13	14	15	16	17	18	19	20	21	22	23	24	25	26	27	28	29	1/1	2	3	4	5	6	7	8
대남	2	1	1	1	1	소	9	9	9	8	8	8	7	7	7	6	6	6	5	대	5	4	4	4	3	3	3	2	2	2	1
운여	8	9	9	9	10	한	1	1	1	1	2	2	2	3	3	3	4	4	4	한	5	5	6	6	6	7	7	7	8	8	8

입춘 4일 16시 37분【음1월】 →　　음 1【戊寅月(무인월)】　　　우수 19일 12시 43분

양력	1	2	3	4	5	6	7	8	9	10	11	12	13	14	15	16	17	18	19	20	21	22	23	24	25	26	27	28
양력 요일	일	월	화	수	목	금	토	일	월	화	수	목	금	토	일	월	화	수	목	금	토	일	월	화	수	목	금	토
2 일진	丁	戊	己	庚	辛	壬	癸	甲	乙	丙	丁	戊	己	庚	辛	壬	癸	甲	乙	丙	丁	戊	己	庚	辛	壬	癸	甲
日辰	辰	巳	午	未	申	酉	戌	亥	子	丑	寅	卯	辰	巳	午	未	申	酉	戌	亥	子	丑	寅	卯	辰	巳	午	未
음력 01/09 02/06	9	10	11	12	13	14	15	16	17	18	19	20	21	22	23	24	25	26	27	28	29	30	2/1	2	3	4	5	6
대남	1	1	1	입	1	1	1	2	2	2	3	3	3	4	4	4	5	우	5	6	6	6	7	7	7	8	8	8
운여	9	9	9	춘	10	9	9	9	8	8	8	7	7	7	6	6	6	수	5	5	5	4	4	4	3	3	3	2

乙丑年

경칩 6일 11시 00분　【음2월】 →　　음 2【己卯月(기묘월)】　　　춘분 21일 12시 12분

양력	1	2	3	4	5	6	7	8	9	10	11	12	13	14	15	16	17	18	19	20	21	22	23	24	25	26	27	28	29	30	31
양력 요일	일	월	화	수	목	금	토	일	월	화	수	목	금	토	일	월	화	수	목	금	토	일	월	화	수	목	금	토	일	월	화
3 일진	甲	乙	丙	丁	戊	己	庚	辛	壬	癸	甲	乙	丙	丁	戊	己	庚	辛	壬	癸	甲	乙	丙	丁	戊	己	庚	辛	壬	癸	甲
日辰	申	酉	戌	亥	子	丑	寅	卯	辰	巳	午	未	申	酉	戌	亥	子	丑	寅	卯	辰	巳	午	未	申	酉	戌	亥	子	丑	寅
음력 02/07 03/08	7	8	9	10	11	12	13	14	15	16	17	18	19	20	21	22	23	24	25	26	27	28	29	3/1	2	3	4	5	6	7	8
대남	8	9	9	9	10	경	1	1	1	1	2	2	2	3	3	3	4	4	4	5	춘	5	6	6	6	7	7	7	8	8	8
운여	2	1	1	1	1	칩	10	9	9	9	8	8	8	7	7	7	6	6	6	5	분	5	4	4	4	3	3	3	2	2	2

청명 5일 16시 23분　【음3월】 →　　음 3【庚辰月(경진월)】　　　곡우 20일 23시 51분

양력	1	2	3	4	5	6	7	8	9	10	11	12	13	14	15	16	17	18	19	20	21	22	23	24	25	26	27	28	29	30
양력 요일	수	목	금	토	일	월	화	수	목	금	토	일	월	화	수	목	금	토	일	월	화	수	목	금	토	일	월	화	수	목
4 일진	乙	丙	丁	戊	己	庚	辛	壬	癸	甲	乙	丙	丁	戊	己	庚	辛	壬	癸	甲	乙	丙	丁	戊	己	庚	辛	壬	癸	甲
日辰	卯	辰	巳	午	未	申	酉	戌	亥	子	丑	寅	卯	辰	巳	午	未	申	酉	戌	亥	子	丑	寅	卯	辰	巳	午	未	申
음력 03/09 04/08	9	10	11	12	13	14	15	16	17	18	19	20	21	22	23	24	25	26	27	28	29	30	4/1	2	3	4	5	6	7	8
대남	9	9	9	10	청	1	1	1	1	2	2	2	3	3	3	4	4	4	5	곡	5	6	6	6	7	7	7	8	8	8
운여	1	1	1	1	명	10	10	9	9	9	8	8	8	7	7	7	6	6	6	우	5	5	4	4	4	3	3	3	2	2

입하 6일 10시 18분　【음4월】 →　　음 4【辛巳月(신사월)】　　윤 4　소만 21일 23시 33분

양력	1	2	3	4	5	6	7	8	9	10	11	12	13	14	15	16	17	18	19	20	21	22	23	24	25	26	27	28	29	30	31
양력 요일	금	토	일	월	화	수	목	금	토	일	월	화	수	목	금	토	일	월	화	수	목	금	토	일	월	화	수	목	금	토	일
5 일진	乙	丙	丁	戊	己	庚	辛	壬	癸	甲	乙	丙	丁	戊	己	庚	辛	壬	癸	甲	乙	丙	丁	戊	己	庚	辛	壬	癸	甲	乙
日辰	酉	戌	亥	子	丑	寅	卯	辰	巳	午	未	申	酉	戌	亥	子	丑	寅	卯	辰	巳	午	未	申	酉	戌	亥	子	丑	寅	卯
음력 04/09 윤409	9	10	11	12	13	14	15	16	17	18	19	20	21	22	23	24	25	26	27	28	29	30	윤4	2	3	4	5	6	7	8	9
대남	9	9	10	10	입	1	1	1	1	2	2	2	3	3	3	4	4	4	5	소	5	6	6	6	7	7	7	8	8	8	9
운여	2	1	1	1	하	10	10	9	9	9	8	8	8	7	7	7	6	6	6	만	5	5	4	4	4	3	3	3	2	2	2

망종 6일 14시 56분　【음5월】 →　　음 5【壬午月(임오월)】　　　하지 22일 07시 50분

양력	1	2	3	4	5	6	7	8	9	10	11	12	13	14	15	16	17	18	19	20	21	22	23	24	25	26	27	28	29	30
양력 요일	월	화	수	목	금	토	일	월	화	수	목	금	토	일	월	화	수	목	금	토	일	월	화	수	목	금	토	일	월	화
6 일진	丙	丁	戊	己	庚	辛	壬	癸	甲	乙	丙	丁	戊	己	庚	辛	壬	癸	甲	乙	丙	丁	戊	己	庚	辛	壬	癸	甲	乙
日辰	辰	巳	午	未	申	酉	戌	亥	子	丑	寅	卯	辰	巳	午	未	申	酉	戌	亥	子	丑	寅	卯	辰	巳	午	未	申	酉
음력 윤410 05/10	10	11	12	13	14	15	16	17	18	19	20	21	22	23	24	25	26	27	28	29	5/1	2	3	4	5	6	7	8	9	10
대남	9	9	10	10	10	망	1	1	1	1	2	2	2	3	3	3	4	4	4	5	하	5	6	6	6	7	7	7	8	8
운여	2	1	1	1	1	종	10	10	10	9	9	9	8	8	8	7	7	7	6	6	지	5	5	4	4	4	3	3	3

한식(4월6일), 초복(7월15일), 중복(7월25일), 말복(8월14일) ♣춘사(春社)3/25
✿추사(秋社)9/21토왕지절(土旺之節):4월17일,7월20일,10월21일,1월18일(신년양력),
臘享(납향):1926년1월18일(신년양력)

1925 乙丑年

소서 8일 01시 25분　【음6월】 → 음6 【癸未月(계미월)】　　대서 23일 18시 45분

7月

양력	1	2	3	4	5	6	7	8	9	10	11	12	13	14	15	16	17	18	19	20	21	22	23	24	25	26	27	28	29	30	31
요일	수	목	금	토	일	월	화	수	목	금	토	일	월	화	수	목	금	토	일	월	화	수	목	금	토	일	월	화	수	목	금
일진(干)	丙	丁	戊	己	庚	辛	壬	癸	甲	乙	丙	丁	戊	己	庚	辛	壬	癸	甲	乙	丙	丁	戊	己	庚	辛	壬	癸	甲	乙	丙
日辰(支)	戌	亥	子	丑	寅	卯	辰	巳	午	未	申	酉	戌	亥	子	丑	寅	卯	辰	巳	午	未	申	酉	戌	亥	子	丑	寅	卯	辰
음력	11	12	13	14	15	16	17	18	19	20	21	22	23	24	25	26	27	28	29	30	6/1	2	3	4	5	6	7	8	9	10	11
대남	8	9	9	9	10	10	10	소	1	1	1	1	2	2	2	3	3	3	4	4	4	5	5	대	6	6	6	7	7	7	8
운여	2	2	1	1	1	1		서	10	10	9	9	9	8	8	8	7	7	7	6	6	6	5	서	5	4	4	4	3	3	3

음력 05/11 ~ 06/11

입추 8일 11시 07분　【음7월】 → 음7 【甲申月(갑신월)】　　처서 24일 01시 33분

8月

양력	1	2	3	4	5	6	7	8	9	10	11	12	13	14	15	16	17	18	19	20	21	22	23	24	25	26	27	28	29	30	31
요일	토	일	월	화	수	목	금	토	일	월	화	수	목	금	토	일	월	화	수	목	금	토	일	월	화	수	목	금	토	일	월
일진(干)	丁	戊	己	庚	辛	壬	癸	甲	乙	丙	丁	戊	己	庚	辛	壬	癸	甲	乙	丙	丁	戊	己	庚	辛	壬	癸	甲	乙	丙	丁
日辰(支)	巳	午	未	申	酉	戌	亥	子	丑	寅	卯	辰	巳	午	未	申	酉	戌	亥	子	丑	寅	卯	辰	巳	午	未	申	酉	戌	亥
음력	12	13	14	15	16	17	18	19	20	21	22	23	24	25	26	27	28	29	7/1	2	3	4	5	6	7	8	9	10	11	12	13
대남	8	8	9	9	9	10	10	입	1	1	1	1	2	2	2	3	3	3	4	4	4	5	5	처	6	6	6	7	7	7	8
운여	2	2	2	1	1	1		추	10	10	9	9	9	8	8	8	7	7	7	6	6	6	5	서	5	5	4	4	4	3	3

음력 06/12 ~ 07/13

백로 8일 13시 40분　【음8월】 → 음8 【乙酉月(을유월)】　　추분 23일 22시 43분

9月

양력	1	2	3	4	5	6	7	8	9	10	11	12	13	14	15	16	17	18	19	20	21	22	23	24	25	26	27	28	29	30
요일	화	수	목	금	토	일	월	화	수	목	금	토	일	월	화	수	목	금	토	일	월	화	수	목	금	토	일	월	화	수
일진(干)	戊	己	庚	辛	壬	癸	甲	乙	丙	丁	戊	己	庚	辛	壬	癸	甲	乙	丙	丁	戊	己	庚	辛	壬	癸	甲	乙	丙	丁
日辰(支)	子	丑	寅	卯	辰	巳	午	未	申	酉	戌	亥	子	丑	寅	卯	辰	巳	午	未	申	酉	戌	亥	子	丑	寅	卯	辰	巳
음력	14	15	16	17	18	19	20	21	22	23	24	25	26	27	28	29	30	8/1	2	3	4	5	6	7	8	9	10	11	12	13
대남	8	8	9	9	9	10	10	백	1	1	1	1	2	2	2	3	3	3	4	4	4	5	추	5	6	6	6	7	7	7
운여	2	2	2	1	1	1		로	10	10	9	9	9	8	8	8	7	7	7	6	6	6	분	5	5	4	4	4	3	3

음력 07/14 ~ 08/13

한로 9일 04시 47분　【음9월】 → 음9 【丙戌月(병술월)】　　상강 24일 07시 31분

10月

양력	1	2	3	4	5	6	7	8	9	10	11	12	13	14	15	16	17	18	19	20	21	22	23	24	25	26	27	28	29	30	31
요일	목	금	토	일	월	화	수	목	금	토	일	월	화	수	목	금	토	일	월	화	수	목	금	토	일	월	화	수	목	금	토
일진(干)	戊	己	庚	辛	壬	癸	甲	乙	丙	丁	戊	己	庚	辛	壬	癸	甲	乙	丙	丁	戊	己	庚	辛	壬	癸	甲	乙	丙	丁	戊
日辰(支)	午	未	申	酉	戌	亥	子	丑	寅	卯	辰	巳	午	未	申	酉	戌	亥	子	丑	寅	卯	辰	巳	午	未	申	酉	戌	亥	子
음력	14	15	16	17	18	19	20	21	22	23	24	25	26	27	28	29	30	9/1	2	3	4	5	6	7	8	9	10	11	12	13	14
대남	8	8	8	9	9	9	10	10	한	1	1	1	2	2	2	3	3	3	4	4	4	5	5	상	5	6	6	6	7	7	7
운여	3	2	2	2	1	1	1		로	10	9	9	9	8	8	8	7	7	7	6	6	6	5	강	5	4	4	4	3	3	2

음력 08/14 ~ 09/14

입동 8일 07시 26분　【음10월】 → 음10 【丁亥月(정해월)】　　소설 23일 04시 35분

11月

양력	1	2	3	4	5	6	7	8	9	10	11	12	13	14	15	16	17	18	19	20	21	22	23	24	25	26	27	28	29	30
요일	일	월	화	수	목	금	토	일	월	화	수	목	금	토	일	월	화	수	목	금	토	일	월	화	수	목	금	토	일	월
일진(干)	己	庚	辛	壬	癸	甲	乙	丙	丁	戊	己	庚	辛	壬	癸	甲	乙	丙	丁	戊	己	庚	辛	壬	癸	甲	乙	丙	丁	戊
日辰(支)	丑	寅	卯	辰	巳	午	未	申	酉	戌	亥	子	丑	寅	卯	辰	巳	午	未	申	酉	戌	亥	子	丑	寅	卯	辰	巳	午
음력	15	16	17	18	19	20	21	22	23	24	25	26	27	28	29	10/1	2	3	4	5	6	7	8	9	10	11	12	13	14	15
대남	8	8	8	9	9	9	10	입	1	1	1	1	2	2	2	3	3	3	4	4	4	5	소	5	6	6	6	7	7	7
운여	2	2	2	1	1	1		동	9	9	9	8	8	8	7	7	7	6	6	6	5	5	설	4	4	4	3	3	3	2

음력 09/15 ~ 10/15

대설 7일 23시 52분　【음11월】 → 음11 【戊子月(무자월)】　　동지 22일 17시 37분

12月

양력	1	2	3	4	5	6	7	8	9	10	11	12	13	14	15	16	17	18	19	20	21	22	23	24	25	26	27	28	29	30	31
요일	화	수	목	금	토	일	월	화	수	목	금	토	일	월	화	수	목	금	토	일	월	화	수	목	금	토	일	월	화	수	목
일진(干)	己	庚	辛	壬	癸	甲	乙	丙	丁	戊	己	庚	辛	壬	癸	甲	乙	丙	丁	戊	己	庚	辛	壬	癸	甲	乙	丙	丁	戊	己
日辰(支)	未	申	酉	戌	亥	子	丑	寅	卯	辰	巳	午	未	申	酉	戌	亥	子	丑	寅	卯	辰	巳	午	未	申	酉	戌	亥	子	丑
음력	16	17	18	19	20	21	22	23	24	25	26	27	28	29	30	11/1	2	3	4	5	6	7	8	9	10	11	12	13	14	15	16
대남	8	8	8	9	9	9	대	1	1	1	1	2	2	2	3	3	3	4	4	4	5	동	5	6	6	6	7	7	7	8	8
운여	2	2	2	1	1	1		설	10	9	9	9	8	8	8	7	7	7	6	6	6	5	지	5	4	4	4	3	3	3	2

음력 10/16 ~ 11/16

丙寅(병인)年   납음(爐中火), 본명성(二黑土)

대장군(子북방), 삼살(북방), 상문(辰동남방), 조객(子북방), 납음(노중화),
【삼재(신유술)년】 臘享(납향):1927년 1월 25일(음 12/22)

소한 6일 10시 54분 【음12월】 →   음 12 【己丑月(기축월)】   대한 21일 04시 12분

양력	1	2	3	4	5	6	7	8	9	10	11	12	13	14	15	16	17	18	19	20	21	22	23	24	25	26	27	28	29	30	31
요일	금	토	일	월	화	수	목	금	토	일	월	화	수	목	금	토	일	월	화	수	목	금	토	일	월	화	수	목	금	토	일
일진 日辰	庚寅	辛卯	壬辰	癸巳	甲午	乙未	丙申	丁酉	戊戌	己亥	庚子	辛丑	壬寅	癸卯	甲辰	乙巳	丙午	丁未	戊申	己酉	庚戌	辛亥	壬子	癸丑	甲寅	乙卯	丙辰	丁巳	戊午	己未	庚申
음력 11/17 12/18	17	18	19	20	21	22	23	24	25	26	27	28	29	12/1	2	3	4	5	6	7	8	9	10	11	12	13	14	15	16	17	18
대남	8	9	9	9	10	한	1	1	1	1	2	2	2	3	3	3	4	4	4	5	대	5	6	6	6	7	7	7	8	8	8
운여	2	1	1	1	1	한	9	9	9	8	8	8	7	7	7	6	6	6	5	5	한	5	4	4	4	3	3	3	2	2	1

입춘 4일 22시 38분 【음1월】 →   음 1 【庚寅月(경인월)】   우수 19일 18시 35분

양력	1	2	3	4	5	6	7	8	9	10	11	12	13	14	15	16	17	18	19	20	21	22	23	24	25	26	27	28			
요일	월	화	수	목	금	토	일	월	화	수	목	금	토	일	월	화	수	목	금	토	일	월	화	수	목	금	토	일			
일진 日辰	辛酉	壬戌	癸亥	甲子	乙丑	丙寅	丁卯	戊辰	己巳	庚午	辛未	壬申	癸酉	甲戌	乙亥	丙子	丁丑	戊寅	己卯	庚辰	辛巳	壬午	癸未	甲申	乙酉	丙戌	丁亥	戊子			
음력 12/19 01/16	19	20	21	22	23	24	25	26	27	28	29	30	1/1	2	3	4	5	6	7	8	9	10	11	12	13	14	15	16			
대남	9	9	9	입	1	1	1	1	2	2	2	3	3	3	4	4	4	5	우	5	6	6	6	7	7	7	8	8			
운여	1	1	1	춘	1	1	1	2	2	2	3	3	3	4	4	4	5	5	우	5	4	4	4	3	3	3	2	2			

丙寅年

경칩 6일 17시 00분 【음2월】 →   음 2 【辛卯月(신묘월)】   춘분 21일 18시 01분

양력	1	2	3	4	5	6	7	8	9	10	11	12	13	14	15	16	17	18	19	20	21	22	23	24	25	26	27	28	29	30	31
요일	월	화	수	목	금	토	일	월	화	수	목	금	토	일	월	화	수	목	금	토	일	월	화	수	목	금	토	일	월	화	수
일진 日辰	己丑	庚寅	辛卯	壬辰	癸巳	甲午	乙未	丙申	丁酉	戊戌	己亥	庚子	辛丑	壬寅	癸卯	甲辰	乙巳	丙午	丁未	戊申	己酉	庚戌	辛亥	壬子	癸丑	甲寅	乙卯	丙辰	丁巳	戊午	己未
음력 01/17 02/18	17	18	19	20	21	22	23	24	25	26	27	28	29	2/1	2	3	4	5	6	7	8	9	10	11	12	13	14	15	16	17	18
대남	8	9	9	9	10	경	10	9	9	9	8	8	8	7	7	7	6	6	6	5	춘	5	4	4	4	3	3	3	2	2	2
운여	8	9	9	9	10	칩	1	1	1	1	2	2	2	3	3	3	4	4	4	5	분	5	6	6	6	7	7	7	8	8	8

청명 5일 22시 18분 【음3월】 →   음 3 【壬辰月(임진월)】   곡우 21일 05시 36분

양력	1	2	3	4	5	6	7	8	9	10	11	12	13	14	15	16	17	18	19	20	21	22	23	24	25	26	27	28	29	30	
요일	목	금	토	일	월	화	수	목	금	토	일	월	화	수	목	금	토	일	월	화	수	목	금	토	일	월	화	수	목	금	
일진 日辰	庚申	辛酉	壬戌	癸亥	甲子	乙丑	丙寅	丁卯	戊辰	己巳	庚午	辛未	壬申	癸酉	甲戌	乙亥	丙子	丁丑	戊寅	己卯	庚辰	辛巳	壬午	癸未	甲申	乙酉	丙戌	丁亥	戊子	己丑	
음력 02/19 03/19	19	20	21	22	23	24	25	26	27	28	29	3/1	2	3	4	5	6	7	8	9	10	11	12	13	14	15	16	17	18	19	
대남	1	1	1	1	청	10	10	9	9	9	8	8	8	7	7	7	6	6	6	5	곡	5	4	4	4	3	3	3	2	2	
운여	9	9	9	10	명	1	1	1	1	2	2	2	3	3	3	4	4	4	5	5	우	6	6	6	7	7	7	8	8	8	

입하 6일 16시 08분 【음4월】 →   음 4 【癸巳月(계사월)】   소만 22일 05시 15분

양력	1	2	3	4	5	6	7	8	9	10	11	12	13	14	15	16	17	18	19	20	21	22	23	24	25	26	27	28	29	30	31
요일	토	일	월	화	수	목	금	토	일	월	화	수	목	금	토	일	월	화	수	목	금	토	일	월	화	수	목	금	토	일	월
일진 日辰	庚寅	辛卯	壬辰	癸巳	甲午	乙未	丙申	丁酉	戊戌	己亥	庚子	辛丑	壬寅	癸卯	甲辰	乙巳	丙午	丁未	戊申	己酉	庚戌	辛亥	壬子	癸丑	甲寅	乙卯	丙辰	丁巳	戊午	己未	庚申
음력 03/20 04/20	20	21	22	23	24	25	26	27	28	29	30	4/1	2	3	4	5	6	7	8	9	10	11	12	13	14	15	16	17	18	19	20
대남	2	1	1	1	1	입	10	10	9	9	9	8	8	8	7	7	7	6	6	6	소	5	5	4	4	4	3	3	3	2	2
운여	9	9	9	10	10	하	1	1	1	1	2	2	2	3	3	3	4	4	4	5	만	5	6	6	6	7	7	7	8	8	8

망종 6일 20시 42분 【음5월】 →   음 5 【甲午月(갑오월)】   하지 22일 13시 30분

양력	1	2	3	4	5	6	7	8	9	10	11	12	13	14	15	16	17	18	19	20	21	22	23	24	25	26	27	28	29	30	
요일	화	수	목	금	토	일	월	화	수	목	금	토	일	월	화	수	목	금	토	일	월	화	수	목	금	토	일	월	화	수	
일진 日辰	辛酉	壬戌	癸亥	甲子	乙丑	丙寅	丁卯	戊辰	己巳	庚午	辛未	壬申	癸酉	甲戌	乙亥	丙子	丁丑	戊寅	己卯	庚辰	辛巳	壬午	癸未	甲申	乙酉	丙戌	丁亥	戊子	己丑	庚寅	
음력 04/21 05/21	21	22	23	24	25	26	27	28	29	5/1	2	3	4	5	6	7	8	9	10	11	12	13	14	15	16	17	18	19	20	21	
대남	2	1	1	1	1	망	10	10	10	9	9	9	8	8	8	7	7	7	6	6	6	하	5	5	4	4	4	3	3	3	
운여	9	9	9	10	10	종	1	1	1	1	2	2	2	3	3	3	4	4	4	5	5	지	6	6	6	7	7	7	8	8	

한식(4월6일), 초복(7월20일), 중복(7월30일), 말복(8월09일) ☗춘사(春社)3/20

☀추사(秋社)9/26토왕지절(土旺之節):4월18일,7월20일,10월21일,1월18일(신년양력),

臘享(납향):1927년1월20일(신년양력)

1926

丙寅年

소서 8일 07시 06분　　　【음6월】 → 음 6 【乙未月(을미월)】　　　　대서 24일 00시 25분

양력	1	2	3	4	5	6	7	8	9	10	11	12	13	14	15	16	17	18	19	20	21	22	23	24	25	26	27	28	29	30	31
요일	목	금	토	일	월	화	수	목	금	토	일	월	화	수	목	금	토	일	월	화	수	목	금	토	일	월	화	수	목	금	토
일진	辛	壬	癸	甲	乙	丙	丁	戊	己	庚	辛	壬	癸	甲	乙	丙	丁	戊	己	庚	辛	壬	癸	甲	乙	丙	丁	戊	己	庚	辛
日	卯	辰	巳	午	未	申	酉	戌	亥	子	丑	寅	卯	辰	巳	午	未	申	酉	戌	亥	子	丑	寅	卯	辰	巳	午	未	申	酉
음력	21	22	23	24	25	26	27	28	29	30	6/1	2	3	4	5	6	7	8	9	10	11	12	13	14	15	16	17	18	19	20	21
대남	2	2	1	1	1	1	소	10	10	9	9	9	8	8	8	7	7	7	6	6	6	5	대	5	4	4	4	3	3	3	
운여	8	9	9	9	10	10	서	1	1	1	1	2	2	2	3	3	3	4	4	4	5	5	서	6	6	6	7	7	7	8	

05/22 ~ 06/22

입추 8일 16시 44분　　　【음7월】 → 음 7 【丙申月(병신월)】　　　　처서 24일 07시 14분

양력	1	2	3	4	5	6	7	8	9	10	11	12	13	14	15	16	17	18	19	20	21	22	23	24	25	26	27	28	29	30	31
요일	일	월	화	수	목	금	토	일	월	화	수	목	금	토	일	월	화	수	목	금	토	일	월	화	수	목	금	토	일	월	화
일진	壬	癸	甲	乙	丙	丁	戊	己	庚	辛	壬	癸	甲	乙	丙	丁	戊	己	庚	辛	壬	癸	甲	乙	丙	丁	戊	己	庚	辛	壬
日	戌	亥	子	丑	寅	卯	辰	巳	午	未	申	酉	戌	亥	子	丑	寅	卯	辰	巳	午	未	申	酉	戌	亥	子	丑	寅	卯	辰
음력	22	23	24	25	26	27	28	29	7/1	2	3	4	5	6	7	8	9	10	11	12	13	14	15	16	17	18	19	20	21	22	23
대남	2	2	1	1	1	1	입	10	10	9	9	9	8	8	8	7	7	7	6	6	6	5	처	5	5	4	4	4	3	3	3
운여	8	8	9	9	9	10	추	1	1	1	1	2	2	2	3	3	3	4	4	4	5	5	서	5	6	6	6	7	7	7	8

06/23 ~ 07/24

백로 8일 19시 16분　　　【음8월】 → 음 8 【丁酉月(정유월)】　　　　추분 24일 04시 27분

양력	1	2	3	4	5	6	7	8	9	10	11	12	13	14	15	16	17	18	19	20	21	22	23	24	25	26	27	28	29	30
요일	수	목	금	토	일	월	화	수	목	금	토	일	월	화	수	목	금	토	일	월	화	수	목	금	토	일	월	화	수	목
일진	癸	甲	乙	丙	丁	戊	己	庚	辛	壬	癸	甲	乙	丙	丁	戊	己	庚	辛	壬	癸	甲	乙	丙	丁	戊	己	庚	辛	壬
日	巳	午	未	申	酉	戌	亥	子	丑	寅	卯	辰	巳	午	未	申	酉	戌	亥	子	丑	寅	卯	辰	巳	午	未	申	酉	戌
음력	24	25	26	27	28	29	30	8/1	2	3	4	5	6	7	8	9	10	11	12	13	14	15	16	17	18	19	20	21	22	23
대남	2	2	2	1	1	1	1	백	10	10	9	9	9	8	8	8	7	7	7	6	6	6	5	추	5	5	4	4	4	3
운여	8	8	8	9	9	9	10	로	1	1	1	1	2	2	2	3	3	3	4	4	4	5	5	분	6	6	6	7	7	7

07/25 ~ 08/24

한로 9일 10시 25분　　　【음9월】 → 음 9 【戊戌月(무술월)】　　　　상강 24일 13시 18분

양력	1	2	3	4	5	6	7	8	9	10	11	12	13	14	15	16	17	18	19	20	21	22	23	24	25	26	27	28	29	30	31
요일	금	토	일	월	화	수	목	금	토	일	월	화	수	목	금	토	일	월	화	수	목	금	토	일	월	화	수	목	금	토	일
일진	癸	甲	乙	丙	丁	戊	己	庚	辛	壬	癸	甲	乙	丙	丁	戊	己	庚	辛	壬	癸	甲	乙	丙	丁	戊	己	庚	辛	壬	癸
日	亥	子	丑	寅	卯	辰	巳	午	未	申	酉	戌	亥	子	丑	寅	卯	辰	巳	午	未	申	酉	戌	亥	子	丑	寅	卯	辰	巳
음력	25	26	27	28	29	30	9/1	2	3	4	5	6	7	8	9	10	11	12	13	14	15	16	17	18	19	20	21	22	23	24	25
대남	3	2	2	2	1	1	1	1	한	10	9	9	9	8	8	8	7	7	7	6	6	6	5	상	5	4	4	4	3	3	3
운여	8	8	8	9	9	9	10	10	로	1	1	1	1	2	2	2	3	3	3	4	4	4	5	강	5	6	6	6	7	7	7

08/25 ~ 09/25

입동 8일 13시 08분　　　【음10월】 → 음 10 【己亥月(기해월)】　　　　소설 23일 10시 28분

양력	1	2	3	4	5	6	7	8	9	10	11	12	13	14	15	16	17	18	19	20	21	22	23	24	25	26	27	28	29	30
요일	월	화	수	목	금	토	일	월	화	수	목	금	토	일	월	화	수	목	금	토	일	월	화	수	목	금	토	일	월	화
일진	甲	乙	丙	丁	戊	己	庚	辛	壬	癸	甲	乙	丙	丁	戊	己	庚	辛	壬	癸	甲	乙	丙	丁	戊	己	庚	辛	壬	癸
日	午	未	申	酉	戌	亥	子	丑	寅	卯	辰	巳	午	未	申	酉	戌	亥	子	丑	寅	卯	辰	巳	午	未	申	酉	戌	亥
음력	26	27	28	29	10/1	2	3	4	5	6	7	8	9	10	11	12	13	14	15	16	17	18	19	20	21	22	23	24	25	26
대남	2	2	2	1	1	1	1	입	10	9	9	9	8	8	8	7	7	7	6	6	6	5	소	5	4	4	4	3	3	3
운여	8	8	8	9	9	9	10	동	1	1	1	1	2	2	2	3	3	3	4	4	4	5	설	5	6	6	6	7	7	7

09/26 ~ 10/26

대설 8일 05시 39분　　　【음11월】 → 음 11 【庚子月(경자월)】　　　　동지 22일 23시 33분

양력	1	2	3	4	5	6	7	8	9	10	11	12	13	14	15	16	17	18	19	20	21	22	23	24	25	26	27	28	29	30	31
요일	수	목	금	토	일	월	화	수	목	금	토	일	월	화	수	목	금	토	일	월	화	수	목	금	토	일	월	화	수	목	금
일진	甲	乙	丙	丁	戊	己	庚	辛	壬	癸	甲	乙	丙	丁	戊	己	庚	辛	壬	癸	甲	乙	丙	丁	戊	己	庚	辛	壬	癸	甲
日	子	丑	寅	卯	辰	巳	午	未	申	酉	戌	亥	子	丑	寅	卯	辰	巳	午	未	申	酉	戌	亥	子	丑	寅	卯	辰	巳	午
음력	27	28	29	30	11/1	2	3	4	5	6	7	8	9	10	11	12	13	14	15	16	17	18	19	20	21	22	23	24	25	26	27
대남	2	2	2	1	1	1	1	대	9	9	9	8	8	8	7	7	7	6	6	6	5	동	5	4	4	4	3	3	3	2	2
운여	8	8	8	9	9	9	10	설	1	1	1	1	2	2	2	3	3	3	4	4	4	지	5	5	6	6	6	7	7	7	8

10/27 ~ 11/27

단기 4260 年	**1927**년	丁卯(정묘)년	납음(爐中火),본명성(一白水)
불기 2471 年		대장군(子북방), 삼살(서방), 상문(巳동남방),조객(丑동북방), 납음(노중화), 【삼재(사,오,미)년】 臘享(납향):1928년1월20일(음12/28)	

소한 6일 16시 45분　【음12월】→　음 12 【辛丑月(신축월)】　　대한 21일 10시 12분

양력 1	양력	1	2	3	4	5	6	7	8	9	10	11	12	13	14	15	16	17	18	19	20	21	22	23	24	25	26	27	28	29	30	31
	요일	토	일	월	화	수	목	금	토	일	월	화	수	목	금	토	일	월	화	수	목	금	토	일	월	화	수	목	금	토	일	월
	일진 日辰	乙未	丙申	丁酉	戊戌	己亥	庚子	辛丑	壬寅	癸卯	甲辰	乙巳	丙午	丁未	戊申	己酉	庚戌	辛亥	壬子	癸丑	甲寅	乙卯	丙辰	丁巳	戊午	己未	庚申	辛酉	壬戌	癸亥	甲子	乙丑
음력 11/28 12/28	음력	28	29	30	12/1	2	3	4	5	6	7	8	9	10	11	12	13	14	15	16	17	18	19	20	21	22	23	24	25	26	27	28
	대 남 운 여	2 8	1 8	1 9	1 9	1 9	소한	10 1	9 1	9 1	9 1	8 2	8 2	8 2	7 3	7 3	7 3	6 4	6 4	6 4	5 5	대한	5 5	4 6	4 6	4 6	3 7	3 7	3 7	2 8	2 8	2 8

입춘 5일 04시 30분　【음1월】　　음 1 【壬寅月(임인월)】　　우수 20일 00시 34분

양력 2	양력	1	2	3	4	5	6	7	8	9	10	11	12	13	14	15	16	17	18	19	20	21	22	23	24	25	26	27	28			
	요일	화	수	목	금	토	일	월	화	수	목	금	토	일	월	화	수	목	금	토	일	월	화	수	목	금	토	일	월		丁卯年	
	일진 日辰	丙寅	丁卯	戊辰	己巳	庚午	辛未	壬申	癸酉	甲戌	乙亥	丙子	丁丑	戊寅	己卯	庚辰	辛巳	壬午	癸未	甲申	乙酉	丙戌	丁亥	戊子	己丑	庚寅	辛卯	壬辰	癸巳			
음력 01/29 01/27	음력	29	1/1	2	3	4	5	6	7	8	9	10	11	12	13	14	15	16	17	18	19	20	21	22	23	24	25	26	27			
	대 남 운 여	1 9	1 9	1 9	1 10	입춘	1 9	1 9	1 9	2 8	2 8	2 8	3 7	3 7	3 7	4 6	4 6	4 6	5 5	우수	5 5	6 4	6 4	6 4	7 3	7 3	7 3	8 2	8 2			

경칩 6일 22시 50분　【음2월】→　음 2 【癸卯月(계묘월)】　　춘분 21일 23시 59분

양력 3	양력	1	2	3	4	5	6	7	8	9	10	11	12	13	14	15	16	17	18	19	20	21	22	23	24	25	26	27	28	29	30	31
	요일	화	수	목	금	토	일	월	화	수	목	금	토	일	월	화	수	목	금	토	일	월	화	수	목	금	토	일	월	화	수	목
	일진 日辰	甲午	乙未	丙申	丁酉	戊戌	己亥	庚子	辛丑	壬寅	癸卯	甲辰	乙巳	丙午	丁未	戊申	己酉	庚戌	辛亥	壬子	癸丑	甲寅	乙卯	丙辰	丁巳	戊午	己未	庚申	辛酉	壬戌	癸亥	甲子
음력 01/28 02/28	음력	28	29	30	2/1	2	3	4	5	6	7	8	9	10	11	12	13	14	15	16	17	18	19	20	21	22	23	24	25	26	27	28
	대 남 운 여	8 2	8 1	9 1	9 1	9 1	경칩	1 10	1 9	1 9	1 9	2 8	2 8	2 8	3 7	3 7	3 7	4 6	4 6	4 6	5 5	춘분	5 5	6 4	6 4	6 4	7 3	7 3	7 3	8 2	8 2	8 2

청명 6일 04시 06분　【음3월】→　음 3 【甲辰月(갑진월)】　　곡우 21일 11시 32분

양력 4	양력	1	2	3	4	5	6	7	8	9	10	11	12	13	14	15	16	17	18	19	20	21	22	23	24	25	26	27	28	29	30	
	요일	금	토	일	월	화	수	목	금	토	일	월	화	수	목	금	토	일	월	화	수	목	금	토	일	월	화	수	목	금	토	
	일진 日辰	乙丑	丙寅	丁卯	戊辰	己巳	庚午	辛未	壬申	癸酉	甲戌	乙亥	丙子	丁丑	戊寅	己卯	庚辰	辛巳	壬午	癸未	甲申	乙酉	丙戌	丁亥	戊子	己丑	庚寅	辛卯	壬辰	癸巳	甲午	
음력 02/29 03/29	음력	29	3/1	2	3	4	5	6	7	8	9	10	11	12	13	14	15	16	17	18	19	20	21	22	23	24	25	26	27	28	29	
	대 남 운 여	9 2	9 1	9 1	10 1	10 1	청명	1 10	1 10	1 9	1 9	2 9	2 8	2 8	3 7	3 7	3 7	4 6	4 6	4 6	5 5	곡우	5 5	6 4	6 4	6 4	7 3	7 3	7 3	8 2	8 2	

입하 6일 21시 53분　【음4월】→　음 4 【乙巳月(을사월)】　　소만 22일 11시 08분

양력 5	양력	1	2	3	4	5	6	7	8	9	10	11	12	13	14	15	16	17	18	19	20	21	22	23	24	25	26	27	28	29	30	31
	요일	일	월	화	수	목	금	토	일	월	화	수	목	금	토	일	월	화	수	목	금	토	일	월	화	수	목	금	토	일	월	화
	일진 日辰	乙未	丙申	丁酉	戊戌	己亥	庚子	辛丑	壬寅	癸卯	甲辰	乙巳	丙午	丁未	戊申	己酉	庚戌	辛亥	壬子	癸丑	甲寅	乙卯	丙辰	丁巳	戊午	己未	庚申	辛酉	壬戌	癸亥	甲子	乙丑
음력 04/01 05/01	음력	4/1	2	3	4	5	6	7	8	9	10	11	12	13	14	15	16	17	18	19	20	21	22	23	24	25	26	27	28	29	30	5/1
	대 남 운 여	8 2	9 2	9 1	9 1	10 1	입하	1 10	1 10	1 9	2 9	2 8	2 8	3 8	3 7	3 7	4 7	4 6	4 6	5 5	소만	5 5	6 5	6 4	6 4	7 3	7 3	7 3	8 2	8 2	8 2	9 1

망종 7일 02시 25분　【음5월】→　음 5 【丙午月(병오월)】　　하지 22일 19시 22분

양력 6	양력	1	2	3	4	5	6	7	8	9	10	11	12	13	14	15	16	17	18	19	20	21	22	23	24	25	26	27	28	29	30	
	요일	수	목	금	토	일	월	화	수	목	금	토	일	월	화	수	목	금	토	일	월	화	수	목	금	토	일	월	화	수	목	
	일진 日辰	丙寅	丁卯	戊辰	己巳	庚午	辛未	壬申	癸酉	甲戌	乙亥	丙子	丁丑	戊寅	己卯	庚辰	辛巳	壬午	癸未	甲申	乙酉	丙戌	丁亥	戊子	己丑	庚寅	辛卯	壬辰	癸巳	甲午	乙未	
음력 05/02 06/02	음력	2	3	4	5	6	7	8	9	10	11	12	13	14	15	16	17	18	19	20	21	22	23	24	25	26	27	28	29	6/1	
	대 남 운 여	9 1	9 1	9 1	10 1	10 1	망종	1 10	1 10	1 9	2 9	2 9	2 8	3 8	3 7	3 7	4 7	4 6	4 6	5 6	하지	5 5	5 5	6 4	6 4	6 4	7 3	7 3	7 3	8 2	8 2	

한식(4월6일), 초복(7월15일), 중복(7월25일), 말복(8월14일) ♠춘사(春社)3/25, ☀추사(秋社)9/21
토왕지절(土旺之節):4월18일,7월21일,10월21일,1월18일(신년양력),
臘享(납향):1928년1월20일(신년양력)

소서 8일 12시 50분　　　【음6월】➔ **음 6** 【丁未月(정미월)】　　　　🌑 대서 24일 06시 17분

양력	1	2	3	4	5	6	7	8	9	10	11	12	13	14	15	16	17	18	19	20	21	22	23	24	25	26	27	28	29	30	31
7 요일	금	토	일	월	화	수	목	금	토	일	월	화	수	목	금	토	일	월	화	수	목	금	토	일	월	화	수	목	금	토	일
일진	丙	丁	戊	己	庚	辛	壬	癸	甲	乙	丙	丁	戊	己	庚	辛	壬	癸	甲	乙	丙	丁	戊	己	庚	辛	壬	癸	甲	乙	丙
日辰	申	酉	戌	亥	子	丑	寅	卯	辰	巳	午	未	申	酉	戌	亥	子	丑	寅	卯	辰	巳	午	未	申	酉	戌	亥	子	丑	寅
음력 06/03 ~ 07/03	**음력**	3	4	5	6	7	8	9	10	11	12	13	14	15	16	17	18	19	20	21	22	23	24	25	26	27	28	29	30	7/1	2	3
대남	8	8	9	9	9	10	10	소서	1	1	1	1	2	2	2	3	3	3	4	4	4	5	5	대	6	6	6	7	7	7	
운여	2	2	1	1	1	1	소	10	10	9	9	9	8	8	8	7	7	7	6	6	6	5	5	서	4	4	4	3	3	3	

입추 8일 22시 31분　　　【음7월】➔ **음 7** 【戊申月(무신월)】　　　　🌑 처서 24일 13시 05분

양력	1	2	3	4	5	6	7	8	9	10	11	12	13	14	15	16	17	18	19	20	21	22	23	24	25	26	27	28	29	30	31
8 요일	월	화	수	목	금	토	일	월	화	수	목	금	토	일	월	화	수	목	금	토	일	월	화	수	목	금	토	일	월	화	수
일진	丁	戊	己	庚	辛	壬	癸	甲	乙	丙	丁	戊	己	庚	辛	壬	癸	甲	乙	丙	丁	戊	己	庚	辛	壬	癸	甲	乙	丙	丁
日辰	卯	辰	巳	午	未	申	酉	戌	亥	子	丑	寅	卯	辰	巳	午	未	申	酉	戌	亥	子	丑	寅	卯	辰	巳	午	未	申	酉
음력 07/04 ~ 08/05	**음력**	4	5	6	7	8	9	10	11	12	13	14	15	16	17	18	19	20	21	22	23	24	25	26	27	28	29	8/1	2	3	4	5
대남	8	8	9	9	9	10	10	입추	1	1	1	1	2	2	2	3	3	3	4	4	4	5	5	처	6	6	6	7	7	7	7
운여	2	2	1	1	1	1	추	10	10	10	9	9	9	8	8	8	7	7	7	6	6	6	5	서	5	4	4	4	3	3	3

백로 9일 01시 06분　　　【음8월】➔ **음 8** 【己酉月(기유월)】　　　　🌑 추분 24일 10시 17분

양력	1	2	3	4	5	6	7	8	9	10	11	12	13	14	15	16	17	18	19	20	21	22	23	24	25	26	27	28	29	30
9 요일	목	금	토	일	월	화	수	목	금	토	일	월	화	수	목	금	토	일	월	화	수	목	금	토	일	월	화	수	목	금
일진	戊	己	庚	辛	壬	癸	甲	乙	丙	丁	戊	己	庚	辛	壬	癸	甲	乙	丙	丁	戊	己	庚	辛	壬	癸	甲	乙	丙	丁
日辰	戌	亥	子	丑	寅	卯	辰	巳	午	未	申	酉	戌	亥	子	丑	寅	卯	辰	巳	午	未	申	酉	戌	亥	子	丑	寅	卯
음력 08/06 ~ 09/05	**음력**	6	7	8	9	10	11	12	13	14	15	16	17	18	19	20	21	22	23	24	25	26	27	28	29	30	9/1	2	3	4	5
대남	8	8	9	9	9	10	10	1	백로	1	1	1	2	2	2	3	3	3	4	4	4	5	5	추	6	6	6	7	7	7
운여	2	2	2	1	1	1	1	백	10	10	9	9	9	8	8	8	7	7	7	6	6	6	5	분	5	4	4	4	3	3

한로 9일 16시 15분　　　【음9월】➔ **음 9** 【庚戌月(경술월)】　　　　🌑 상강 24일 19시 07분

양력	1	2	3	4	5	6	7	8	9	10	11	12	13	14	15	16	17	18	19	20	21	22	23	24	25	26	27	28	29	30	31
10 요일	토	일	월	화	수	목	금	토	일	월	화	수	목	금	토	일	월	화	수	목	금	토	일	월	화	수	목	금	토	일	월
일진	戊	己	庚	辛	壬	癸	甲	乙	丙	丁	戊	己	庚	辛	壬	癸	甲	乙	丙	丁	戊	己	庚	辛	壬	癸	甲	乙	丙	丁	戊
日辰	辰	巳	午	未	申	酉	戌	亥	子	丑	寅	卯	辰	巳	午	未	申	酉	戌	亥	子	丑	寅	卯	辰	巳	午	未	申	酉	戌
음력 09/06 ~ 10/06	**음력**	6	7	8	9	10	11	12	13	14	15	16	17	18	19	20	21	22	23	24	25	26	27	28	29	30	10/1	2	3	4	5	6
대남	8	8	8	9	9	9	10	1	한로	1	1	1	2	2	2	3	3	3	4	4	4	5	5	상	6	6	6	7	7	7	8
운여	2	2	2	1	1	1	1	로	10	9	9	9	8	8	8	7	7	7	6	6	6	5	5	강	5	4	4	4	3	3	3

입동 8일 18시 57분　　　【음10월】➔ **음 10** 【辛亥月(신해월)】　　　　🌑 소설 23일 16시 14분

양력	1	2	3	4	5	6	7	8	9	10	11	12	13	14	15	16	17	18	19	20	21	22	23	24	25	26	27	28	29	30
11 요일	화	수	목	금	토	일	월	화	수	목	금	토	일	월	화	수	목	금	토	일	월	화	수	목	금	토	일	월	화	수
일진	己	庚	辛	壬	癸	甲	乙	丙	丁	戊	己	庚	辛	壬	癸	甲	乙	丙	丁	戊	己	庚	辛	壬	癸	甲	乙	丙	丁	戊
日辰	亥	子	丑	寅	卯	辰	巳	午	未	申	酉	戌	亥	子	丑	寅	卯	辰	巳	午	未	申	酉	戌	亥	子	丑	寅	卯	辰
음력 10/07 ~ 11/07	**음력**	7	8	9	10	11	12	13	14	15	16	17	18	19	20	21	22	23	24	25	26	27	28	29	11/1	2	3	4	5	6	7
대남	8	8	8	9	9	9	10	입동	1	1	1	1	2	2	2	3	3	3	4	4	4	5	소	5	6	6	6	7	7	7
운여	2	2	1	1	1	1	동	10	9	9	9	8	8	8	7	7	7	6	6	6	5	설	5	4	4	4	3	3	3	

대설 8일 11시 26분　　　【음11월】➔ **음 11** 【壬子月(임자월)】　　　　🌑 동지 23일 05시 19분

양력	1	2	3	4	5	6	7	8	9	10	11	12	13	14	15	16	17	18	19	20	21	22	23	24	25	26	27	28	29	30	31
12 요일	목	금	토	일	월	화	수	목	금	토	일	월	화	수	목	금	토	일	월	화	수	목	금	토	일	월	화	수	목	금	토
일진	己	庚	辛	壬	癸	甲	乙	丙	丁	戊	己	庚	辛	壬	癸	甲	乙	丙	丁	戊	己	庚	辛	壬	癸	甲	乙	丙	丁	戊	己
日辰	巳	午	未	申	酉	戌	亥	子	丑	寅	卯	辰	巳	午	未	申	酉	戌	亥	子	丑	寅	卯	辰	巳	午	未	申	酉	戌	亥
음력 11/08 ~ 12/08	**음력**	8	9	10	11	12	13	14	15	16	17	18	19	20	21	22	23	24	25	26	27	28	29	30	12/1	2	3	4	5	6	7	8
대남	8	8	9	9	9	10	대설	1	1	1	1	2	2	2	3	3	3	4	4	4	5	동	5	5	6	6	6	7	7	7	
운여	2	2	1	1	1	1	설	9	9	9	8	8	8	7	7	7	6	6	6	5	지	5	5	4	4	4	3	3	3	2	

1
9
2
7

丁
卯
年

단기 4261 年 / 불기 2472 年 — **1928**년

戊辰(무진)년　납음(大林木), 본명성(九紫火)

대장군(子북방), 삼살(남방), 상문(午남방), 조객(寅동북방), 납음(대림목),
【삼재(인,묘,진)년】厲享(납향):1929년 1월 26일(음12/16)

양력 1 — 소한 06일 22시 31분 【음12월】→ 음 12 【癸丑月(계축월)】　대한 21일 15시 57분
음력 12/09 ~ 01/09

	1	2	3	4	5	6	7	8	9	10	11	12	13	14	15	16	17	18	19	20	21	22	23	24	25	26	27	28	29	30	31
요일	일	월	화	수	목	금	토	일	월	화	수	목	금	토	일	월	화	수	목	금	토	일	월	화	수	목	금	토	일	월	화
일진(천간)	庚	辛	壬	癸	甲	乙	丙	丁	戊	己	庚	辛	壬	癸	甲	乙	丙	丁	戊	己	庚	辛	壬	癸	甲	乙	丙	丁	戊	己	庚
일진(지지)	子	丑	寅	卯	辰	巳	午	未	申	酉	戌	亥	子	丑	寅	卯	辰	巳	午	未	申	酉	戌	亥	子	丑	寅	卯	辰	巳	午
음력	9	10	11	12	13	14	15	16	17	18	19	20	21	22	23	24	25	26	27	28	29	30	1/1	2	3	4	5	6	7	8	9
대남	8	8	9	9	9	소	1	1	1	1	2	2	2	3	3	3	4	4	4	5	대	5	6	6	6	7	7	7	8	8	8
운여	2	1	1	1	1	한	10	9	9	9	8	8	8	7	7	7	6	6	6	5	한	5	4	4	4	3	3	3	2	2	2

양력 2 — 입춘 05일 10시 16분 【음1월】→ 음 1 【甲寅月(갑인월)】　우수 20일 06시 19분　（戊辰年）
음력 01/10 ~ 02/09

	1	2	3	4	5	6	7	8	9	10	11	12	13	14	15	16	17	18	19	20	21	22	23	24	25	26	27	28	29
요일	수	목	금	토	일	월	화	수	목	금	토	일	월	화	수	목	금	토	일	월	화	수	목	금	토	일	월	화	수
일진(천간)	辛	壬	癸	甲	乙	丙	丁	戊	己	庚	辛	壬	癸	甲	乙	丙	丁	戊	己	庚	辛	壬	癸	甲	乙	丙	丁	戊	己
일진(지지)	未	申	酉	戌	亥	子	丑	寅	卯	辰	巳	午	未	申	酉	戌	亥	子	丑	寅	卯	辰	巳	午	未	申	酉	戌	亥
음력	10	11	12	13	14	15	16	17	18	19	20	21	22	23	24	25	26	27	28	29	2/1	2	3	4	5	6	7	8	9
대남	9	9	9	10	입	10	9	9	9	8	8	8	7	7	7	6	6	6	5	우	5	4	4	4	3	3	3	2	2
운여	1	1	1	1	춘	1	1	1	2	2	2	3	3	3	4	4	4	5	5	수	6	6	6	7	7	7	8	8	9

양력 3 — 경칩 6일 04시 37분 【음2월】→ 음 2 【乙卯月(을묘월)】　윤 2　춘분 21일 05시 44분
음력 02/10 ~ 윤210

	1	2	3	4	5	6	7	8	9	10	11	12	13	14	15	16	17	18	19	20	21	22	23	24	25	26	27	28	29	30	31
요일	목	금	토	일	월	화	수	목	금	토	일	월	화	수	목	금	토	일	월	화	수	목	금	토	일	월	화	수	목	금	토
일진(천간)	庚	辛	壬	癸	甲	乙	丙	丁	戊	己	庚	辛	壬	癸	甲	乙	丙	丁	戊	己	庚	辛	壬	癸	甲	乙	丙	丁	戊	己	庚
일진(지지)	子	丑	寅	卯	辰	巳	午	未	申	酉	戌	亥	子	丑	寅	卯	辰	巳	午	未	申	酉	戌	亥	子	丑	寅	卯	辰	巳	午
음력	10	11	12	13	14	15	16	17	18	19	20	21	22	23	24	25	26	27	28	29	30	윤2	2	3	4	5	6	7	8	9	10
대남	2	1	1	1	1	경	10	9	9	9	8	8	8	7	7	7	6	6	6	5	춘	5	5	4	4	4	3	3	3	2	2
운여	8	9	9	9	10	칩	1	1	1	1	2	2	2	3	3	3	4	4	4	5	분	5	6	6	6	7	7	7	8	8	8

양력 4 — 청명 5일 09시 55분 【음3월】→ 음 3 【丙辰月(병진월)】　곡우 20일 17시 17분
음력 윤211 ~ 03/11

	1	2	3	4	5	6	7	8	9	10	11	12	13	14	15	16	17	18	19	20	21	22	23	24	25	26	27	28	29	30
요일	일	월	화	수	목	금	토	일	월	화	수	목	금	토	일	월	화	수	목	금	토	일	월	화	수	목	금	토	일	월
일진(천간)	辛	壬	癸	甲	乙	丙	丁	戊	己	庚	辛	壬	癸	甲	乙	丙	丁	戊	己	庚	辛	壬	癸	甲	乙	丙	丁	戊	己	庚
일진(지지)	未	申	酉	戌	亥	子	丑	寅	卯	辰	巳	午	未	申	酉	戌	亥	子	丑	寅	卯	辰	巳	午	未	申	酉	戌	亥	子
음력	11	12	13	14	15	16	17	18	19	20	21	22	23	24	25	26	27	28	29	3/1	2	3	4	5	6	7	8	9	10	11
대남	1	1	1	1	청	10	10	9	9	9	8	8	8	7	7	7	6	6	6	곡	5	5	5	4	4	4	3	3	2	2
운여	9	9	9	10	명	1	1	1	1	2	2	2	3	3	3	4	4	4	5	우	6	6	6	7	7	7	7	8	8	8

양력 5 — 입하 6일 03시 44분 【음4월】→ 음 4 【丁巳月(정사월)】　소만 21일 16시 52분
음력 03/12 ~ 04/13

	1	2	3	4	5	6	7	8	9	10	11	12	13	14	15	16	17	18	19	20	21	22	23	24	25	26	27	28	29	30	31
요일	화	수	목	금	토	일	월	화	수	목	금	토	일	월	화	수	목	금	토	일	월	화	수	목	금	토	일	월	화	수	목
일진(천간)	辛	壬	癸	甲	乙	丙	丁	戊	己	庚	辛	壬	癸	甲	乙	丙	丁	戊	己	庚	辛	壬	癸	甲	乙	丙	丁	戊	己	庚	辛
일진(지지)	丑	寅	卯	辰	巳	午	未	申	酉	戌	亥	子	丑	寅	卯	辰	巳	午	未	申	酉	戌	亥	子	丑	寅	卯	辰	巳	午	未
음력	12	13	14	15	16	17	18	19	20	21	22	23	24	25	26	27	28	29	4/1	2	3	4	5	6	7	8	9	10	11	12	13
대남	2	1	1	1	1	입	10	10	9	9	9	8	8	8	7	7	7	6	6	6	소	5	5	5	4	4	4	3	3	2	2
운여	8	9	9	9	10	하	1	1	1	1	2	2	2	3	3	3	4	4	4	5	만	5	6	6	6	7	7	7	8	8	8

양력 6 — 망종 6일 08시 17분 【음5월】→ 음 5 【戊午月(무오월)】　하지 22일 01시 06분
음력 04/14 ~ 05/13

	1	2	3	4	5	6	7	8	9	10	11	12	13	14	15	16	17	18	19	20	21	22	23	24	25	26	27	28	29	30
요일	금	토	일	월	화	수	목	금	토	일	월	화	수	목	금	토	일	월	화	수	목	금	토	일	월	화	수	목	금	토
일진(천간)	壬	癸	甲	乙	丙	丁	戊	己	庚	辛	壬	癸	甲	乙	丙	丁	戊	己	庚	辛	壬	癸	甲	乙	丙	丁	戊	己	庚	辛
일진(지지)	申	酉	戌	亥	子	丑	寅	卯	辰	巳	午	未	申	酉	戌	亥	子	丑	寅	卯	辰	巳	午	未	申	酉	戌	亥	子	丑
음력	14	15	16	17	18	19	20	21	22	23	24	25	26	27	28	29	30	5/1	2	3	4	5	6	7	8	9	10	11	12	13
대남	2	1	1	1	1	망	10	10	9	9	9	8	8	8	7	7	7	6	6	6	6	하	5	5	5	4	4	4	3	3
운여	9	9	9	9	10	종	1	1	1	1	2	2	2	3	3	3	4	4	4	5	5	지	5	6	6	6	7	7	7	8

한식(4월6일), 초복(7월19일), 중복(7월29일), 말복(8월08일) ☗춘사(春社)3/19 ☀추사(秋社)9/25
토왕지절(土旺之節):4월17일,7월20일,10월21일,1월17일(신년양력),
臘享(납향):1929년1월26일(신년양력)

1928 戊辰年

소서 7일 18시 44분　　【음6월】 →　음 6　【己未月(기미월)】　　　　대서 23일 12시 02분

양력 7	양력	1	2	3	4	5	6	7	8	9	10	11	12	13	14	15	16	17	18	19	20	21	22	23	24	25	26	27	28	29	30	31
	요일	일	월	화	수	목	금	토	일	월	화	수	목	금	토	일	월	화	수	목	금	토	일	월	화	수	목	금	토	일	월	화
	일진 日辰	壬寅	癸卯	甲辰	乙巳	丙午	丁未	戊申	己酉	庚戌	辛亥	壬子	癸丑	甲寅	乙卯	丙辰	丁巳	戊午	己未	庚申	辛酉	壬戌	癸亥	甲子	乙丑	丙寅	丁卯	戊辰	己巳	庚午	辛未	壬申
음력 05/14 06/15	음력	14	15	16	17	18	19	20	21	22	23	24	25	26	27	28	29	6/1	2	3	4	5	6	7	8	9	10	11	12	13	14	15
	대남	2	2	1	1	1	1	소서	10	10	10	9	9	9	8	8	8	7	7	7	6	6	6	대서	5	5	4	4	4	3	3	3
	운여	8	9	9	10	10	1		1	1	1	1	2	2	2	3	3	3	4	4	4	5	5		5	6	6	6	7	7	7	8

입추 8일 04시 28분　　【음7월】 →　음 7　【庚申月(경신월)】　　　　처서 23일 18시 53분

양력 8	양력	1	2	3	4	5	6	7	8	9	10	11	12	13	14	15	16	17	18	19	20	21	22	23	24	25	26	27	28	29	30	31
	요일	수	목	금	토	일	월	화	수	목	금	토	일	월	화	수	목	금	토	일	월	화	수	목	금	토	일	월	화	수	목	금
	일진 日辰	癸酉	甲戌	乙亥	丙子	丁丑	戊寅	己卯	庚辰	辛巳	壬午	癸未	甲申	乙酉	丙戌	丁亥	戊子	己丑	庚寅	辛卯	壬辰	癸巳	甲午	乙未	丙申	丁酉	戊戌	己亥	庚子	辛丑	壬寅	癸卯
음력 06/16 07/17	음력	16	17	18	19	20	21	22	23	24	25	26	27	28	29	7/1	2	3	4	5	6	7	8	9	10	11	12	13	14	15	16	17
	대남	2	2	1	1	1	1	입추	10	10	9	9	9	8	8	8	7	7	7	6	6	6	처서	5	5	5	4	4	4	3	3	3
	운여	8	9	9	9	10	10		1	1	1	1	2	2	2	3	3	3	4	4	4	5		5	6	6	6	6	7	7	7	8

백로 8일 07시 02분　　【음8월】 →　음 8　【辛酉月(신유월)】　　　　추분23일 16시 06분

양력 9	양력	1	2	3	4	5	6	7	8	9	10	11	12	13	14	15	16	17	18	19	20	21	22	23	24	25	26	27	28	29	30	
	요일	토	일	월	화	수	목	금	토	일	월	화	수	목	금	토	일	월	화	수	목	금	토	일	월	화	수	목	금	토	일	
	일진 日辰	甲辰	乙巳	丙午	丁未	戊申	己酉	庚戌	辛亥	壬子	癸丑	甲寅	乙卯	丙辰	丁巳	戊午	己未	庚申	辛酉	壬戌	癸亥	甲子	乙丑	丙寅	丁卯	戊辰	己巳	庚午	辛未	壬申	癸酉	
음력 07/18 08/17	음력	18	19	20	21	22	23	24	25	26	27	28	29	30	8/1	2	3	4	5	6	7	8	9	10	11	12	13	14	15	16	17	
	대남	2	2	2	1	1	1	1	백로	10	9	9	9	8	8	8	7	7	7	6	6	6	추분	5	5	5	4	4	4	3	3	
	운여	8	8	9	9	9	10	10		1	1	1	1	2	2	2	3	3	3	4	4	4		5	5	5	6	6	6	7	7	

한로 8일 22시 10분　　【음9월】 →　음 9　【壬戌月(임술월)】　　　　상강 24일 00시 55분

양력 10	양력	1	2	3	4	5	6	7	8	9	10	11	12	13	14	15	16	17	18	19	20	21	22	23	24	25	26	27	28	29	30	31
	요일	월	화	수	목	금	토	일	월	화	수	목	금	토	일	월	화	수	목	금	토	일	월	화	수	목	금	토	일	월	화	수
	일진 日辰	甲戌	乙亥	丙子	丁丑	戊寅	己卯	庚辰	辛巳	壬午	癸未	甲申	乙酉	丙戌	丁亥	戊子	己丑	庚寅	辛卯	壬辰	癸巳	甲午	乙未	丙申	丁酉	戊戌	己亥	庚子	辛丑	壬寅	癸卯	甲辰
음력 08/18 09/18	음력	18	19	20	21	22	23	24	25	26	27	28	29	30	9/1	2	3	4	5	6	7	8	9	10	11	12	13	14	15	16	17	18
	대남	2	2	2	1	1	1	1	한로	10	10	9	9	9	8	8	8	7	7	7	6	6	6	상강	5	5	4	4	4	3	3	3
	운여	8	8	8	9	9	9	10		1	1	1	1	2	2	2	3	3	3	4	4	4	5		5	5	6	6	6	7	7	8

입동 8일 00시 50분　　【음10월】 →　음 10　【癸亥月(계해월)】　　　　소설 22일 22시 00분

양력 11	양력	1	2	3	4	5	6	7	8	9	10	11	12	13	14	15	16	17	18	19	20	21	22	23	24	25	26	27	28	29	30	
	요일	목	금	토	일	월	화	수	목	금	토	일	월	화	수	목	금	토	일	월	화	수	목	금	토	일	월	화	수	목	금	
	일진 日辰	乙巳	丙午	丁未	戊申	己酉	庚戌	辛亥	壬子	癸丑	甲寅	乙卯	丙辰	丁巳	戊午	己未	庚申	辛酉	壬戌	癸亥	甲子	乙丑	丙寅	丁卯	戊辰	己巳	庚午	辛未	壬申	癸酉	甲戌	
음력 09/19 10/19	음력	19	20	21	22	23	24	25	26	27	28	29	10/1	2	3	4	5	6	7	8	9	10	11	12	13	14	15	16	17	18	19	
	대남	2	2	2	1	1	1	1	입동	10	9	9	9	8	8	8	7	7	7	6	6	6	소설	5	5	5	4	4	4	3	3	
	운여	8	8	8	9	9	9	10		1	1	1	1	2	2	2	3	3	3	4	4	4		5	5	5	6	6	6	7	7	

대설 7일 17시 17분　　【음11월】 →　음 11　【甲子月(갑자월)】　　　　동지 22일 11시 04분

양력 12	양력	1	2	3	4	5	6	7	8	9	10	11	12	13	14	15	16	17	18	19	20	21	22	23	24	25	26	27	28	29	30	31
	요일	토	일	월	화	수	목	금	토	일	월	화	수	목	금	토	일	월	화	수	목	금	토	일	월	화	수	목	금	토	일	월
	일진 日辰	乙亥	丙子	丁丑	戊寅	己卯	庚辰	辛巳	壬午	癸未	甲申	乙酉	丙戌	丁亥	戊子	己丑	庚寅	辛卯	壬辰	癸巳	甲午	乙未	丙申	丁酉	戊戌	己亥	庚子	辛丑	壬寅	癸卯	甲辰	乙巳
음력 10/20 11/20	음력	20	21	22	23	24	25	26	27	28	29	11/1	2	3	4	5	6	7	8	9	10	11	12	13	14	15	16	17	18	19	20
	대남	2	2	2	1	1	1	대설	10	9	9	9	8	8	8	7	7	7	6	6	6	동지	5	5	5	4	4	4	3	3	3	2
	운여	8	8	8	9	9	9		1	1	1	1	2	2	2	3	3	3	4	4	4		5	5	5	6	6	6	7	7	7	8

단기 4262 年
불기 2473 年
1929년
己巳(기사)년 납음(大林木),본명성(八白土)
대장군(卯東方), 삼살(동방), 상문(未서남방),조객(卯東方), 납음(대림목),
【삼재(인,묘,진)년】 臘享(납향):1930년1월21일(음12/22)

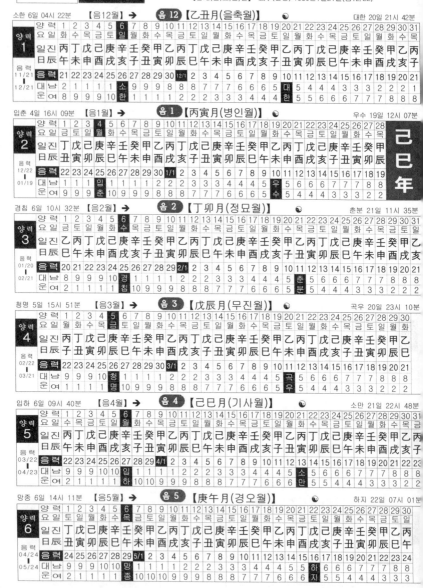

소한 6일 04시 22분　【음12월】➔　음 12　【乙丑月(을축월)】　　　대한 20일 21시 42분

입춘 4일 16시 09분　【음1월】➔　음 1　【丙寅月(병인월)】　　　우수 19일 12시 07분

己巳年

경칩 6일 10시 32분　【음2월】➔　음 2　【丁卯月(정묘월)】　　　춘분 21일 11시 35분

청명 5일 15시 51분　【음3월】➔　음 3　【戊辰月(무진월)】　　　곡우 20일 23시 10분

입하 6일 09시 40분　【음4월】➔　음 4　【己巳月(기사월)】　　　소만 21일 22시 48분

망종 6일 14시 11분　【음5월】➔　음 5　【庚午月(경오월)】　　　하지 22일 07시 01분

한식(4월6일), 초복(7월14일), 중복(7월24일), 말복(8월13일) ●춘사(春社)3/24, ●추사(秋社)9/20
토왕지절(土旺之節):4월17일,7월20일,10월21일,1월18일(신년양력),
臘享(납향):1930년1월21일(신년양력)

1 9 2 9 己巳年

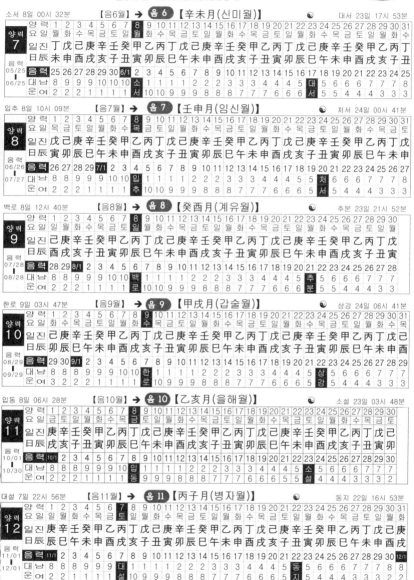

소서 8일 00시 32분 　【음6월】 → 음 6 【辛未月(신미월)】　대서 23일 17시 53분

양력 7

입추 8일 10시 09분 　【음7월】 → 음 7 【壬申月(임신월)】　처서 24일 00시 41분

양력 8

백로 8일 12시 40분 　【음8월】 → 음 8 【癸酉月(계유월)】　추분 23일 21시 52분

양력 9

한로 9일 03시 47분 　【음9월】 → 음 9 【甲戌月(갑술월)】　상강 24일 06시 41분

양력 10

입동 8일 06시 28분 　【음10월】 → 음 10 【乙亥月(을해월)】　소설 23일 03시 48분

양력 11

대설 7일 22시 56분 　【음11월】 → 음 11 【丙子月(병자월)】　동지 22일 16시 53분

양력 12

1930년 庚午(경오)년 納音(路傍土), 본명성(七赤金)

단기 4263 年
불기 2474 年

대장군(卯동방), 삼살(북방), 상문(申서남방), 조객(辰동남방), 납음(노방토), 【삼재(신유술)년】 臘享(납향):1931년1월28일(음12/10)

소한 06일 10시 03분 【음12월】→ 음 12 【丁丑月(정축월)】 대한 21일 03시 33분

양력 1	1	2	3	4	5	6	7	8	9	10	11	12	13	14	15	16	17	18	19	20	21	22	23	24	25	26	27	28	29	30	31
요일	수	목	금	토	일	월	화	수	목	금	토	일	월	화	수	목	금	토	일	월	화	수	목	금	토	일	월	화	수	목	금
일진	辛	壬	癸	甲	乙	丙	丁	戊	己	庚	辛	壬	癸	甲	乙	丙	丁	戊	己	庚	辛	壬	癸	甲	乙	丙	丁	戊	己	庚	辛
日辰	亥	子	丑	寅	卯	辰	巳	午	未	申	酉	戌	亥	子	丑	寅	卯	辰	巳	午	未	申	酉	戌	亥	子	丑	寅	卯	辰	巳
음력(12/02)	2	3	4	5	6	7	8	9	10	11	12	13	14	15	16	17	18	19	20	21	22	23	24	25	26	27	28	29	30	1/1	2
대남	8	9	9	9	10	소한	1	1	1	1	2	2	2	3	3	3	4	4	4	5	대한	5	6	6	6	7	7	7	8	8	8
운여	2	1	1	1	1	1		9	9	9	8	8	8	7	7	7	6	6	6	5		4	4	4	3	3	3	2	2	1	

입춘 4일 21시 51분 【음1월】→ 음 1 【戊寅月(무인월)】 우수 19일 18시 00분

양력 2	1	2	3	4	5	6	7	8	9	10	11	12	13	14	15	16	17	18	19	20	21	22	23	24	25	26	27	28
요일	토	일	월	화	수	목	금	토	일	월	화	수	목	금	토	일	월	화	수	목	금	토	일	월	화	수	목	금
일진	壬	癸	甲	乙	丙	丁	戊	己	庚	辛	壬	癸	甲	乙	丙	丁	戊	己	庚	辛	壬	癸	甲	乙	丙	丁	戊	己
日辰	午	未	申	酉	戌	亥	子	丑	寅	卯	辰	巳	午	未	申	酉	戌	亥	子	丑	寅	卯	辰	巳	午	未	申	酉
음력(01/03)	3	4	5	6	7	8	9	10	11	12	13	14	15	16	17	18	19	20	21	22	23	24	25	26	27	28	29	2/1
대남	9	9	9	입춘	10	9	9	9	8	8	8	7	7	7	6	6	6	우수	5	5	4	4	4	3	3	3	2	2
운여	1	1	1		10	1	1	1	2	2	2	3	3	3	4	4	4		5	5	6	6	6	7	7	7	8	8

庚午年

경칩 6일 16시 17분 【음2월】→ 음 2 【己卯月(기묘월)】 춘분 21일 17시 30분

양력 3	1	2	3	4	5	6	7	8	9	10	11	12	13	14	15	16	17	18	19	20	21	22	23	24	25	26	27	28	29	30	31
요일	토	일	월	화	수	목	금	토	일	월	화	수	목	금	토	일	월	화	수	목	금	토	일	월	화	수	목	금	토	일	월
일진	庚	辛	壬	癸	甲	乙	丙	丁	戊	己	庚	辛	壬	癸	甲	乙	丙	丁	戊	己	庚	辛	壬	癸	甲	乙	丙	丁	戊	己	庚
日辰	戌	亥	子	丑	寅	卯	辰	巳	午	未	申	酉	戌	亥	子	丑	寅	卯	辰	巳	午	未	申	酉	戌	亥	子	丑	寅	卯	辰
음력(02/02)	2	3	4	5	6	7	8	9	10	11	12	13	14	15	16	17	18	19	20	21	22	23	24	25	26	27	28	29	30	3/1	2
대남	2	1	1	1	1	경칩	10	9	9	8	8	8	7	7	7	6	6	6	5	5	춘분	5	4	4	4	3	3	3	2	2	2
운여	8	9	9	9	10		1	1	1	2	2	2	3	3	3	4	4	5	5	5		5	6	6	6	7	7	7	8	8	8

청명 5일 21시 37분 【음3월】→ 음 3 【庚辰月(경진월)】 곡우 21일 05시 06분

양력 4	1	2	3	4	5	6	7	8	9	10	11	12	13	14	15	16	17	18	19	20	21	22	23	24	25	26	27	28	29	30
요일	화	수	목	금	토	일	월	화	수	목	금	토	일	월	화	수	목	금	토	일	월	화	수	목	금	토	일	월	화	수
일진	辛	壬	癸	甲	乙	丙	丁	戊	己	庚	辛	壬	癸	甲	乙	丙	丁	戊	己	庚	辛	壬	癸	甲	乙	丙	丁	戊	己	庚
日辰	巳	午	未	申	酉	戌	亥	子	丑	寅	卯	辰	巳	午	未	申	酉	戌	亥	子	丑	寅	卯	辰	巳	午	未	申	酉	戌
음력(03/03)	3	4	5	6	7	8	9	10	11	12	13	14	15	16	17	18	19	20	21	22	23	24	25	26	27	28	29	30	4/1	2
대남	1	1	1	1	청명	10	10	9	9	9	8	8	8	7	7	7	6	6	6	5	곡우	5	4	4	4	3	3	3	2	2
운여	9	9	9	10		1	1	1	1	2	2	2	3	3	3	4	4	4	5	5		5	6	6	6	7	7	7	8	8

입하 6일 15시 27분 【음4월】→ 음 4 【辛巳月(신사월)】 소만 22일 04시 42분

양력 5	1	2	3	4	5	6	7	8	9	10	11	12	13	14	15	16	17	18	19	20	21	22	23	24	25	26	27	28	29	30	31
요일	목	금	토	일	월	화	수	목	금	토	일	월	화	수	목	금	토	일	월	화	수	목	금	토	일	월	화	수	목	금	토
일진	辛	壬	癸	甲	乙	丙	丁	戊	己	庚	辛	壬	癸	甲	乙	丙	丁	戊	己	庚	辛	壬	癸	甲	乙	丙	丁	戊	己	庚	辛
日辰	亥	子	丑	寅	卯	辰	巳	午	未	申	酉	戌	亥	子	丑	寅	卯	辰	巳	午	未	申	酉	戌	亥	子	丑	寅	卯	辰	巳
음력(04/03)	3	4	5	6	7	8	9	10	11	12	13	14	15	16	17	18	19	20	21	22	23	24	25	26	27	28	29	5/1	2	3	4
대남	2	1	1	1	1	입하	10	10	9	9	9	8	8	8	7	7	7	6	6	6	5	소만	5	4	4	4	3	3	3	2	2
운여	9	9	9	10	10		1	1	1	1	2	2	2	3	3	3	4	4	4	5	5		5	6	6	6	7	7	7	8	8

망종 6일 19시 58분 【음5월】→ 음 5 【壬午月(임오월)】 하지 22일 12시 53분

양력 6	1	2	3	4	5	6	7	8	9	10	11	12	13	14	15	16	17	18	19	20	21	22	23	24	25	26	27	28	29	30
요일	일	월	화	수	목	금	토	일	월	화	수	목	금	토	일	월	화	수	목	금	토	일	월	화	수	목	금	토	일	월
일진	壬	癸	甲	乙	丙	丁	戊	己	庚	辛	壬	癸	甲	乙	丙	丁	戊	己	庚	辛	壬	癸	甲	乙	丙	丁	戊	己	庚	辛
日辰	午	未	申	酉	戌	亥	子	丑	寅	卯	辰	巳	午	未	申	酉	戌	亥	子	丑	寅	卯	辰	巳	午	未	申	酉	戌	亥
음력(05/05)	5	6	7	8	9	10	11	12	13	14	15	16	17	18	19	20	21	22	23	24	25	26	27	28	29	6/1	2	3	4	5
대남	2	1	1	1	1	망종	10	10	9	9	9	8	8	8	7	7	7	6	6	6	하지	5	5	4	4	4	3	3	3	2
운여	9	9	9	10	10		1	1	1	2	2	2	3	3	3	4	4	4	5	5		6	6	6	7	7	7	8	8	8

한식(4월06일), 초복(7월19일), 중복(7월29일), 말복(8월08일)　◆춘사(春社)3/19 ☀추사(秋社)9/25
토왕지절(土旺之節):4월18일,7월20일,10월21일,1월18일(신년양력),
臘享(납향):1931년1월28일(신년양력)

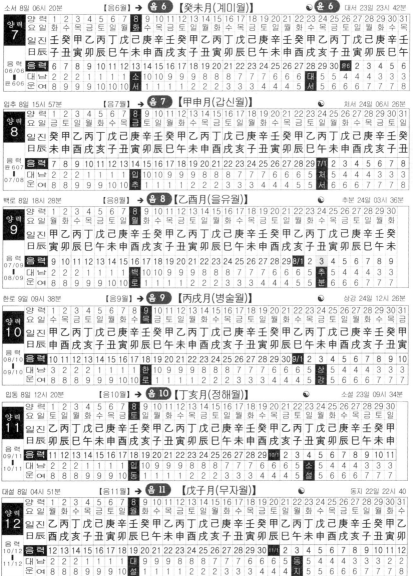

1930 庚午年

소서 8일 06시 20분　【음6월】→ **음 6** 【癸未月(계미월)】　◐윤 6　대서 23일 23시 42분

입추 8일 15시 57분　【음7월】→ **음 7** 【甲申月(갑신월)】　◐　처서 24일 06시 26분

백로 8일 18시 28분　【음8월】→ **음 8** 【乙酉月(을유월)】　◐　추분 24일 03시 36분

한로 9일 09시 38분　【음9월】→ **음 9** 【丙戌月(병술월)】　◐　상강 24일 12시 26분

입동 8일 12시 20분　【음10월】→ **음 10** 【丁亥月(정해월)】　◐　소설 23일 09시 34분

대설 8일 04시 51분　【음11월】→ **음 11** 【戊子月(무자월)】　◐　동지 22일 22시 40

양력 1

소한 6일 15시 56분　【음12월】 → 　음 12　【己丑月(기축월)】　　대한 21일 09시 18분

양력	1	2	3	4	5	6	7	8	9	10	11	12	13	14	15	16	17	18	19	20	21	22	23	24	25	26	27	28	29	30	31
요일	목	금	토	일	월	화	수	목	금	토	일	월	화	수	목	금	토	일	월	화	수	목	금	토	일	월	화	수	목	금	토
일진	丙	丁	戊	己	庚	辛	壬	癸	甲	乙	丙	丁	戊	己	庚	辛	壬	癸	甲	乙	丙	丁	戊	己	庚	辛	壬	癸	甲	乙	丙
日辰	辰	巳	午	未	申	酉	戌	亥	子	丑	寅	卯	辰	巳	午	未	申	酉	戌	亥	子	丑	寅	卯	辰	巳	午	未	申	酉	戌
음력	13	14	15	16	17	18	19	20	21	22	23	24	25	26	27	28	29	30	12/1	2	3	4	5	6	7	8	9	10	11	12	13
대남	2	1	1	1	1	소	10	9	9	9	8	8	8	7	7	7	6	6	6	5	대	5	4	4	4	3	3	3	2	2	2
운여	8	8	9	9	9	한	1	1	1	1	2	2	2	3	3	3	4	4	4	5	한	5	6	6	6	7	7	7	8	8	8

음력 11/13　12/13

양력 2

입춘 5일 03시 41분　【음1월】　음 1　【庚寅月(경인월)】　　우수 19일 23시 40분

양력	1	2	3	4	5	6	7	8	9	10	11	12	13	14	15	16	17	18	19	20	21	22	23	24	25	26	27	28
요일	일	월	화	수	목	금	토	일	월	화	수	목	금	토	일	월	화	수	목	금	토	일	월	화	수	목	금	토
일진	丁	戊	己	庚	辛	壬	癸	甲	乙	丙	丁	戊	己	庚	辛	壬	癸	甲	乙	丙	丁	戊	己	庚	辛	壬	癸	甲
日辰	亥	子	丑	寅	卯	辰	巳	午	未	申	酉	戌	亥	子	丑	寅	卯	辰	巳	午	未	申	酉	戌	亥	子	丑	寅
음력	14	15	16	17	18	19	20	21	22	23	24	25	26	27	28	29	1/1	2	3	4	5	6	7	8	9	10	11	12
대남	2	1	1	1	입	1	1	1	2	2	2	3	3	3	4	4	4	우	5	5	5	6	6	6	7	7	7	7
운여	9	9	9	10	춘	9	9	9	8	8	8	7	7	7	6	6	6	수	5	5	4	4	4	3	3	3	2	2

음력 12/14　01/12

辛未年

양력 3

경칩 6일 22시 02분　【음2월】 →　음 2　【辛卯月(신묘월)】　　춘분 21일 23시 06분

양력	1	2	3	4	5	6	7	8	9	10	11	12	13	14	15	16	17	18	19	20	21	22	23	24	25	26	27	28	29	30	31
요일	일	월	화	수	목	금	토	일	월	화	수	목	금	토	일	월	화	수	목	금	토	일	월	화	수	목	금	토	일	월	화
일진	乙	丙	丁	戊	己	庚	辛	壬	癸	甲	乙	丙	丁	戊	己	庚	辛	壬	癸	甲	乙	丙	丁	戊	己	庚	辛	壬	癸	甲	乙
日辰	卯	辰	巳	午	未	申	酉	戌	亥	子	丑	寅	卯	辰	巳	午	未	申	酉	戌	亥	子	丑	寅	卯	辰	巳	午	未	申	酉
음력	13	14	15	16	17	18	19	20	21	22	23	24	25	26	27	28	29	30	2/1	2	3	4	5	6	7	8	9	10	11	12	13
대남	8	8	9	9	9	경	1	1	1	2	2	2	3	3	3	4	4	4	춘	5	5	5	6	6	6	7	7	7	8	8	8
운여	2	1	1	1	1	칩	10	10	9	9	9	8	8	8	7	7	7	6	분	5	5	5	4	4	4	3	3	3	2	2	2

음력 01/13　02/13

양력 4

청명 6일 03시 20분　【음3월】 →　음 3　【壬辰月(임진월)】　　곡우 21일 10시 40분

양력	1	2	3	4	5	6	7	8	9	10	11	12	13	14	15	16	17	18	19	20	21	22	23	24	25	26	27	28	29	30
요일	수	목	금	토	일	월	화	수	목	금	토	일	월	화	수	목	금	토	일	월	화	수	목	금	토	일	월	화	수	목
일진	丙	丁	戊	己	庚	辛	壬	癸	甲	乙	丙	丁	戊	己	庚	辛	壬	癸	甲	乙	丙	丁	戊	己	庚	辛	壬	癸	甲	乙
日辰	戌	亥	子	丑	寅	卯	辰	巳	午	未	申	酉	戌	亥	子	丑	寅	卯	辰	巳	午	未	申	酉	戌	亥	子	丑	寅	卯
음력	14	15	16	17	18	19	20	21	22	23	24	25	26	27	28	29	30	3/1	2	3	4	5	6	7	8	9	10	11	12	13
대남	9	9	9	10	10	청	1	1	1	2	2	2	3	3	3	4	4	4	5	곡	5	5	6	6	6	7	7	7	8	8
운여	2	1	1	1	청	10	9	9	9	8	8	8	7	7	7	6	6	6	5	우	5	4	4	4	3	3	3	2	2	2

음력 02/14　03/13

양력 5

입하 6일 21시 0분　【음4월】 →　음 4　【癸巳月(계사월)】　　소만 22일 10시 15분

양력	1	2	3	4	5	6	7	8	9	10	11	12	13	14	15	16	17	18	19	20	21	22	23	24	25	26	27	28	29	30	31
요일	금	토	일	월	화	수	목	금	토	일	월	화	수	목	금	토	일	월	화	수	목	금	토	일	월	화	수	목	금	토	일
일진	丙	丁	戊	己	庚	辛	壬	癸	甲	乙	丙	丁	戊	己	庚	辛	壬	癸	甲	乙	丙	丁	戊	己	庚	辛	壬	癸	甲	乙	丙
日辰	辰	巳	午	未	申	酉	戌	亥	子	丑	寅	卯	辰	巳	午	未	申	酉	戌	亥	子	丑	寅	卯	辰	巳	午	未	申	酉	戌
음력	14	15	16	17	18	19	20	21	22	23	24	25	26	27	28	29	30	4/1	2	3	4	5	6	7	8	9	10	11	12	13	14
대남	8	8	9	9	10	입	1	1	1	2	2	2	3	3	3	4	4	4	소	5	5	5	6	6	6	7	7	7	8	8	8
운여	2	1	1	1	1	하	10	10	10	9	9	8	8	8	7	7	7	6	만	5	5	5	4	4	4	3	3	3	2	2	2

음력 03/14　04/14

양력 6

망종 7일 01시 42분　【음5월】 →　음 5　【甲午月(갑오월)】　　하지 22일 18시 28분

양력	1	2	3	4	5	6	7	8	9	10	11	12	13	14	15	16	17	18	19	20	21	22	23	24	25	26	27	28	29	30
요일	월	화	수	목	금	토	일	월	화	수	목	금	토	일	월	화	수	목	금	토	일	월	화	수	목	금	토	일	월	화
일진	丁	戊	己	庚	辛	壬	癸	甲	乙	丙	丁	戊	己	庚	辛	壬	癸	甲	乙	丙	丁	戊	己	庚	辛	壬	癸	甲	乙	丙
日辰	亥	子	丑	寅	卯	辰	巳	午	未	申	酉	戌	亥	子	丑	寅	卯	辰	巳	午	未	申	酉	戌	亥	子	丑	寅	卯	辰
음력	15	16	17	18	19	20	21	22	23	24	25	26	27	28	29	5/1	2	3	4	5	6	7	8	9	10	11	12	13	14	15
대남	9	9	9	10	10	10	망	1	1	1	2	2	2	3	3	3	4	4	하	5	5	5	6	6	6	7	7	7	8	8
운여	2	2	1	1	1	1	종	10	10	9	9	9	8	8	8	7	7	6	지	6	5	5	5	4	4	4	3	3	3	2

음력 04/15　05/15

한식(4월06일), 초복(7월14일), 중복(7월24일), 말복(8월13일) ♣춘사(春社)3/24 ☀추사(秋社)9/20
토왕지절(土旺之節):4월18일,7월21일,10월21일,1월18일(신년양력),
臘享(납향):1932년1월23일(신년양력)

소서 8일 12시 06분　【음6월】→ 음 6 【乙未月(을미월)】　　대서 24일 05시 21분

양력	1	2	3	4	5	6	7	8	9	10	11	12	13	14	15	16	17	18	19	20	21	22	23	24	25	26	27	28	29	30	31
양력 7 요일	수	목	금	토	일	월	화	수	목	금	토	일	월	화	수	목	금	토	일	월	화	수	목	금	토	일	월	화	수	목	금
일진 日辰	丁巳	戊午	己未	庚申	辛酉	壬戌	癸亥	甲子	乙丑	丙寅	丁卯	戊辰	己巳	庚午	辛未	壬申	癸酉	甲戌	乙亥	丙子	丁丑	戊寅	己卯	庚辰	辛巳	壬午	癸未	甲申	乙酉	丙戌	丁亥
음력 05/16|06/17	16	17	18	19	20	21	22	23	24	25	26	27	28	29	6/1	2	3	4	5	6	7	8	9	10	11	12	13	14	15	16	17
대남	8	8	9	9	9	10	10	소서	1	1	1	1	2	2	2	3	3	3	4	4	4	5	대서	6	6	6	7	7	7
운여	2	2	1	1	1	1	소서	10	10	9	9	9	8	8	8	7	7	7	6	6	6	5	대서	5	4	4	4	3	3

입추 8일 21시 45분　【음7월】→ 음 7 【丙申月(병신월)】　　처서 24일 12시 10분

양력	1	2	3	4	5	6	7	8	9	10	11	12	13	14	15	16	17	18	19	20	21	22	23	24	25	26	27	28	29	30	31
양력 8 요일	토	일	월	화	수	목	금	토	일	월	화	수	목	금	토	일	월	화	수	목	금	토	일	월	화	수	목	금	토	일	월
일진 日辰	戊子	己丑	庚寅	辛卯	壬辰	癸巳	甲午	乙未	丙申	丁酉	戊戌	己亥	庚子	辛丑	壬寅	癸卯	甲辰	乙巳	丙午	丁未	戊申	己酉	庚戌	辛亥	壬子	癸丑	甲寅	乙卯	丙辰	丁巳	戊午
음력 06/18|07/18	18	19	20	21	22	23	24	25	26	27	28	29	30	7/1	2	3	4	5	6	7	8	9	10	11	12	13	14	15	16	17	18
대남	8	8	9	9	9	10	10	입추	1	1	1	1	2	2	2	3	3	3	4	4	4	5	처서	6	6	6	7	7	7
운여	2	2	1	1	1	1	입추	10	10	10	9	9	9	8	8	8	7	7	7	6	6	6	처서	5	5	4	4	4	3

백로 9일 00시 17분　【음8월】→ 음 8 【丁酉月(정유월)】　　추분 24일 09시 23분

양력	1	2	3	4	5	6	7	8	9	10	11	12	13	14	15	16	17	18	19	20	21	22	23	24	25	26	27	28	29	30
양력 9 요일	화	수	목	금	토	일	월	화	수	목	금	토	일	월	화	수	목	금	토	일	월	화	수	목	금	토	일	월	화	수
일진 日辰	己未	庚申	辛酉	壬戌	癸亥	甲子	乙丑	丙寅	丁卯	戊辰	己巳	庚午	辛未	壬申	癸酉	甲戌	乙亥	丙子	丁丑	戊寅	己卯	庚辰	辛巳	壬午	癸未	甲申	乙酉	丙戌	丁亥	戊子
음력 07/19|08/19	19	20	21	22	23	24	25	26	27	28	29	8/1	2	3	4	5	6	7	8	9	10	11	12	13	14	15	16	17	18	19
대남	8	8	8	9	9	9	10	10	백로	1	1	1	1	2	2	2	3	3	3	4	4	4	추분	5	5	6	6	6	7	7
운여	3	2	2	2	1	1	1	1	백로	10	9	9	9	8	8	8	7	7	7	6	6	6	추분	5	4	4	4	3	3

한로 9일 15시 27분　【음9월】→ 음 9 【戊戌月(무술월)】　　상강 24일 18시 16분

양력	1	2	3	4	5	6	7	8	9	10	11	12	13	14	15	16	17	18	19	20	21	22	23	24	25	26	27	28	29	30	31
양력 10 요일	목	금	토	일	월	화	수	목	금	토	일	월	화	수	목	금	토	일	월	화	수	목	금	토	일	월	화	수	목	금	토
일진 日辰	己丑	庚寅	辛卯	壬辰	癸巳	甲午	乙未	丙申	丁酉	戊戌	己亥	庚子	辛丑	壬寅	癸卯	甲辰	乙巳	丙午	丁未	戊申	己酉	庚戌	辛亥	壬子	癸丑	甲寅	乙卯	丙辰	丁巳	戊午	己未
음력 08/20|09/21	20	21	22	23	24	25	26	27	28	29	9/1	2	3	4	5	6	7	8	9	10	11	12	13	14	15	16	17	18	19	20	21
대남	7	8	8	8	9	9	9	10	한로	1	1	1	1	2	2	2	3	3	3	4	4	4	5	상강	5	6	6	6	7	7	7
운여	3	2	2	2	1	1	1	1	한로	10	9	9	9	8	8	8	7	7	7	6	6	6	5	상강	5	4	4	4	3	3	3

입동 8일 18시 10분　【음10월】→ 음 10 【己亥月(기해월)】　　소설 23일 15시 25분

양력	1	2	3	4	5	6	7	8	9	10	11	12	13	14	15	16	17	18	19	20	21	22	23	24	25	26	27	28	29	30
양력 11 요일	일	월	화	수	목	금	토	일	월	화	수	목	금	토	일	월	화	수	목	금	토	일	월	화	수	목	금	토	일	월
일진 日辰	庚申	辛酉	壬戌	癸亥	甲子	乙丑	丙寅	丁卯	戊辰	己巳	庚午	辛未	壬申	癸酉	甲戌	乙亥	丙子	丁丑	戊寅	己卯	庚辰	辛巳	壬午	癸未	甲申	乙酉	丙戌	丁亥	戊子	己丑
음력 09/22|10/21	22	23	24	25	26	27	28	29	30	10/1	2	3	4	5	6	7	8	9	10	11	12	13	14	15	16	17	18	19	20	21
대남	8	8	8	9	9	9	10	입동	1	1	1	1	2	2	2	3	3	3	4	4	4	5	소설	5	6	6	6	7	7	7
운여	2	2	2	1	1	1	1	입동	10	9	9	9	8	8	8	7	7	7	6	6	6	5	소설	5	4	4	4	3	3	3

대설 8일 10시 40분　【음11월】→ 음 11 【庚子月(경자월)】　　동지 23일 04시 30분

양력	1	2	3	4	5	6	7	8	9	10	11	12	13	14	15	16	17	18	19	20	21	22	23	24	25	26	27	28	29	30	31
양력 12 요일	화	수	목	금	토	일	월	화	수	목	금	토	일	월	화	수	목	금	토	일	월	화	수	목	금	토	일	월	화	수	목
일진 日辰	庚寅	辛卯	壬辰	癸巳	甲午	乙未	丙申	丁酉	戊戌	己亥	庚子	辛丑	壬寅	癸卯	甲辰	乙巳	丙午	丁未	戊申	己酉	庚戌	辛亥	壬子	癸丑	甲寅	乙卯	丙辰	丁巳	戊午	己未	庚申
음력 10/22|11/23	22	23	24	25	26	27	28	29	11/1	2	3	4	5	6	7	8	9	10	11	12	13	14	15	16	17	18	19	20	21	22	23
대남	8	8	8	9	9	9	10	대설	1	1	1	1	2	2	2	3	3	3	4	4	4	5	동지	5	6	6	6	7	7	7	8
운여	2	2	2	1	1	1	1	대설	9	9	9	8	8	8	7	7	7	6	6	6	5	동지	5	4	4	4	3	3	3	2

1931 辛未年

단기 4265 年
불기 2476 年

1932년

壬申(임신)년　납음(劍鋒金),본명성(五黃土)

대장군(午남방). 삼살(남방), 상문(戌서북방),조객(午남방), 납음(검봉금).
【삼재(인.묘.진)년】　臘享(납향):1933년1월17일(음12/20)

소한 6일 21시 45분　【음12월】→　음 12 辛丑月(신축월)　　대한 21일 15시 07분

양력 1	2	3	4	5	6	7	8	9	10	11	12	13	14	15	16	17	18	19	20	21	22	23	24	25	26	27	28	29	30	31
요일 금	토	일	월	화	수	목	금	토	일	월	화	수	목	금	토	일	월	화	수	목	금	토	일	월	화	수	목	금	토	일
일진 辛	壬	癸	甲	乙	丙	丁	戊	己	庚	辛	壬	癸	甲	乙	丙	丁	戊	己	庚	辛	壬	癸	甲	乙	丙	丁	戊	己	庚	辛
日辰 酉	戌	亥	子	丑	寅	卯	辰	巳	午	未	申	酉	戌	亥	子	丑	寅	卯	辰	巳	午	未	申	酉	戌	亥	子	丑	寅	卯
음력 24	25	26	27	28	29	30	12/1	2	3	4	5	6	7	8	9	10	11	12	13	14	15	16	17	18	19	20	21	22	23	24
대 남 8	8	9	9	9	소한	1	1	1	1	2	2	2	3	3	3	4	4	4	5	대한	5	6	6	6	7	7	7	8	8	8
운 여 2	1	1	1	1	한	10	9	9	9	8	8	8	7	7	7	6	6	6	5	한	5	4	4	4	3	3	3	2	2	2

음력 11/24 ~ 12/24

입춘 5일 09시 29분　【음1월】→　음 1 壬寅月(임인월)　　우수 20일 05시 28분

양력 1	2	3	4	5	6	7	8	9	10	11	12	13	14	15	16	17	18	19	20	21	22	23	24	25	26	27	28	29
요일 월	화	수	목	금	토	일	월	화	수	목	금	토	일	월	화	수	목	금	토	일	월	화	수	목	금	토	일	월
일진 壬	癸	甲	乙	丙	丁	戊	己	庚	辛	壬	癸	甲	乙	丙	丁	戊	己	庚	辛	壬	癸	甲	乙	丙	丁	戊	己	庚
日辰 辰	巳	午	未	申	酉	戌	亥	子	丑	寅	卯	辰	巳	午	未	申	酉	戌	亥	子	丑	寅	卯	辰	巳	午	未	申
음력 25	26	27	28	29	1/1	2	3	4	5	6	7	8	9	10	11	12	13	14	15	16	17	18	19	20	21	22	23	24
대 남 9	9	9	10	입춘	10	9	9	9	8	8	8	7	7	7	6	6	6	5	우수	5	4	4	4	3	3	3	2	2
운 여 1	1	1	1	춘	1	1	1	2	2	2	3	3	3	4	4	4	5	수	5	6	6	6	7	7	7	8	8

음력 01/25 ~ 02/24　壬申年

경칩 6일 03시 49분　【음2월】→　음 2 癸卯月(계묘월)　　춘분 21일 04시 54분

양력 1	2	3	4	5	6	7	8	9	10	11	12	13	14	15	16	17	18	19	20	21	22	23	24	25	26	27	28	29	30	31
요일 화	수	목	금	토	일	월	화	수	목	금	토	일	월	화	수	목	금	토	일	월	화	수	목	금	토	일	월	화	수	목
일진 辛	壬	癸	甲	乙	丙	丁	戊	己	庚	辛	壬	癸	甲	乙	丙	丁	戊	己	庚	辛	壬	癸	甲	乙	丙	丁	戊	己	庚
日辰 酉	戌	亥	子	丑	寅	卯	辰	巳	午	未	申	酉	戌	亥	子	丑	寅	卯	辰	巳	午	未	申	酉	戌	亥	子	丑	寅	卯
음력 25	26	27	28	29	30	2/1	2	3	4	5	6	7	8	9	10	11	12	13	14	15	16	17	18	19	20	21	22	23	24	25
대 남 2	1	1	1	1	경칩	10	9	9	9	8	8	8	7	7	7	6	6	6	5	춘분	5	4	4	4	3	3	3	2	2	2
운 여 8	9	9	9	10	칩	1	1	1	1	2	2	2	3	3	3	4	4	4	5	분	5	6	6	6	7	7	7	8	8	8

음력 01/25 ~ 02/25

청명 5일 09시 06분　【음3월】→　음 3 甲辰月(갑진월)　　곡우 20일 16시 28분

양력 1	2	3	4	5	6	7	8	9	10	11	12	13	14	15	16	17	18	19	20	21	22	23	24	25	26	27	28	29	30
요일 금	토	일	월	화	수	목	금	토	일	월	화	수	목	금	토	일	월	화	수	목	금	토	일	월	화	수	목	금	토
일진 壬	癸	甲	乙	丙	丁	戊	己	庚	辛	壬	癸	甲	乙	丙	丁	戊	己	庚	辛	壬	癸	甲	乙	丙	丁	戊	己	庚	辛
日辰 辰	巳	午	未	申	酉	戌	亥	子	丑	寅	卯	辰	巳	午	未	申	酉	戌	亥	子	丑	寅	卯	辰	巳	午	未	申	酉
음력 26	27	28	29	30	3/1	2	3	4	5	6	7	8	9	10	11	12	13	14	15	16	17	18	19	20	21	22	23	24	25
대 남 1	1	1	1	청명	10	10	9	9	9	8	8	8	7	7	7	6	6	6	곡우	5	5	4	4	4	3	3	3	2	2
운 여 9	9	9	10	명	1	1	1	1	2	2	2	3	3	3	4	4	4	5	우	5	6	6	6	7	7	7	8	8	8

음력 02/26 ~ 03/25

입하 6일 02시 55분　【음4월】→　음 4 乙巳月(을사월)　　소만 21일 16시 07분

양력 1	2	3	4	5	6	7	8	9	10	11	12	13	14	15	16	17	18	19	20	21	22	23	24	25	26	27	28	29	30	31
요일 일	월	화	수	목	금	토	일	월	화	수	목	금	토	일	월	화	수	목	금	토	일	월	화	수	목	금	토	일	월	화
일진 壬	癸	甲	乙	丙	丁	戊	己	庚	辛	壬	癸	甲	乙	丙	丁	戊	己	庚	辛	壬	癸	甲	乙	丙	丁	戊	己	庚	辛	壬
日辰 戌	亥	子	丑	寅	卯	辰	巳	午	未	申	酉	戌	亥	子	丑	寅	卯	辰	巳	午	未	申	酉	戌	亥	子	丑	寅	卯	辰
음력 26	27	28	29	30	4/1	2	3	4	5	6	7	8	9	10	11	12	13	14	15	16	17	18	19	20	21	22	23	24	25	26
대 남 2	1	1	1	1	입하	10	10	9	9	9	8	8	8	7	7	7	6	6	6	소만	5	5	4	4	4	3	3	3	2	2
운 여 9	9	10	10	10	하	1	1	1	1	2	2	2	3	3	3	4	4	4	5	만	5	6	6	6	7	7	7	8	8	8

음력 03/26 ~ 04/26

망종 6일 07시 28분　【음5월】→　음 5 丙午月(병오월)　　하지 22일 00시 23분

양력 1	2	3	4	5	6	7	8	9	10	11	12	13	14	15	16	17	18	19	20	21	22	23	24	25	26	27	28	29	30
요일 수	목	금	토	일	월	화	수	목	금	토	일	월	화	수	목	금	토	일	월	화	수	목	금	토	일	월	화	수	목
일진 癸	甲	乙	丙	丁	戊	己	庚	辛	壬	癸	甲	乙	丙	丁	戊	己	庚	辛	壬	癸	甲	乙	丙	丁	戊	己	庚	辛	壬
日辰 巳	午	未	申	酉	戌	亥	子	丑	寅	卯	辰	巳	午	未	申	酉	戌	亥	子	丑	寅	卯	辰	巳	午	未	申	酉	戌
음력 27	28	29	5/1	2	3	4	5	6	7	8	9	10	11	12	13	14	15	16	17	18	19	20	21	22	23	24	25	26	27
대 남 2	1	1	1	1	망종	10	10	10	9	9	9	8	8	8	7	7	7	6	6	하지	6	5	5	4	4	4	3	3	3
운 여 9	9	10	10	10	종	1	1	1	1	2	2	2	3	3	3	4	4	4	5	지	5	6	6	6	7	7	7	8	8

음력 04/27 ~ 05/27

한식(4월06일), 초복(7월18일), 중복(7월24일), 말복(8월07일)   ♠춘사(春社)3/18
♣추사(秋社)9/24 토왕지절(土旺之節):4월17일,7월20일,10월20일,1월17일(신년양력),
臘享(납향):1933년1월17일(신년양력)

1932 壬申年

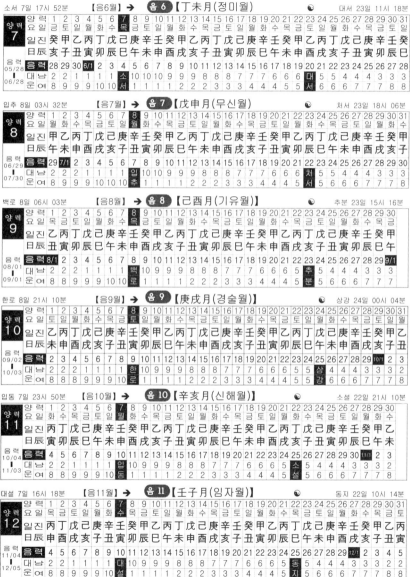

소서 7일 17시 52분   【음6월】→ 음 6 【丁未月(정미월)】   대서 23일 11시 18분

양력 7	양력	1	2	3	4	5	6	7	8	9	10	11	12	13	14	15	16	17	18	19	20	21	22	23	24	25	26	27	28	29	30	31
	요일	금	토	일	월	화	수	목	금	토	일	월	화	수	목	금	토	일	월	화	수	목	금	토	일	월	화	수	목	금	토	일
	일진	癸亥	甲子	乙丑	丙寅	丁卯	戊辰	己巳	庚午	辛未	壬申	癸酉	甲戌	乙亥	丙子	丁丑	戊寅	己卯	庚辰	辛巳	壬午	癸未	甲申	乙酉	丙戌	丁亥	戊子	己丑	庚寅	辛卯	壬辰	癸巳
음력 05/28 06/28	음력	28	29	30	6/1	2	3	4	5	6	7	8	9	10	11	12	13	14	15	16	17	18	19	20	21	22	23	24	25	26	27	28

입추 8일 03시 32분   【음7월】→ 음 7 【戊申月(무신월)】   처서 23일 18시 06분

양력 8	양력	1	2	3	4	5	6	7	8	9	10	11	12	13	14	15	16	17	18	19	20	21	22	23	24	25	26	27	28	29	30	31
	요일	월	화	수	목	금	토	일	월	화	수	목	금	토	일	월	화	수	목	금	토	일	월	화	수	목	금	토	일	월	화	수
	일진	甲午	乙未	丙申	丁酉	戊戌	己亥	庚子	辛丑	壬寅	癸卯	甲辰	乙巳	丙午	丁未	戊申	己酉	庚戌	辛亥	壬子	癸丑	甲寅	乙卯	丙辰	丁巳	戊午	己未	庚申	辛酉	壬戌	癸亥	甲子
음력 06/29 07/30	음력	29	7/1	2	3	4	5	6	7	8	9	10	11	12	13	14	15	16	17	18	19	20	21	22	23	24	25	26	27	28	29	30

백로 8일 06시 03분   【음8월】→ 음 8 【己酉月(기유월)】   추분 23일 15시 16분

양력 9	양력	1	2	3	4	5	6	7	8	9	10	11	12	13	14	15	16	17	18	19	20	21	22	23	24	25	26	27	28	29	30
	요일	목	금	토	일	월	화	수	목	금	토	일	월	화	수	목	금	토	일	월	화	수	목	금	토	일	월	화	수	목	금
	일진	乙丑	丙寅	丁卯	戊辰	己巳	庚午	辛未	壬申	癸酉	甲戌	乙亥	丙子	丁丑	戊寅	己卯	庚辰	辛巳	壬午	癸未	甲申	乙酉	丙戌	丁亥	戊子	己丑	庚寅	辛卯	壬辰	癸巳	甲午
음력 08/01 09/01	음력	8/1	2	3	4	5	6	7	8	9	10	11	12	13	14	15	16	17	18	19	20	21	22	23	24	25	26	27	28	29	9/1

한로 8일 21시 10분   【음9월】→ 음 9 【庚戌月(경술월)】   상강 24일 00시 04분

양력 10	양력	1	2	3	4	5	6	7	8	9	10	11	12	13	14	15	16	17	18	19	20	21	22	23	24	25	26	27	28	29	30	31
	요일	토	일	월	화	수	목	금	토	일	월	화	수	목	금	토	일	월	화	수	목	금	토	일	월	화	수	목	금	토	일	월
	일진	乙未	丙申	丁酉	戊戌	己亥	庚子	辛丑	壬寅	癸卯	甲辰	乙巳	丙午	丁未	戊申	己酉	庚戌	辛亥	壬子	癸丑	甲寅	乙卯	丙辰	丁巳	戊午	己未	庚申	辛酉	壬戌	癸亥	甲子	乙丑
음력 09/02 10/03	음력	2	3	4	5	6	7	8	9	10	11	12	13	14	15	16	17	18	19	20	21	22	23	24	25	26	27	28	29	10/1	2	3

입동 7일 23시 50분   【음10월】→ 음 10 【辛亥月(신해월)】   소설 22일 21시 10분

양력 11	양력	1	2	3	4	5	6	7	8	9	10	11	12	13	14	15	16	17	18	19	20	21	22	23	24	25	26	27	28	29	30
	요일	화	수	목	금	토	일	월	화	수	목	금	토	일	월	화	수	목	금	토	일	월	화	수	목	금	토	일	월	화	수
	일진	丙寅	丁卯	戊辰	己巳	庚午	辛未	壬申	癸酉	甲戌	乙亥	丙子	丁丑	戊寅	己卯	庚辰	辛巳	壬午	癸未	甲申	乙酉	丙戌	丁亥	戊子	己丑	庚寅	辛卯	壬辰	癸巳	甲午	乙未
음력 10/04 11/03	음력	4	5	6	7	8	9	10	11	12	13	14	15	16	17	18	19	20	21	22	23	24	25	26	27	28	29	30	11/1	2	3

대설 7일 16시 18분   【음11월】→ 음 11 【壬子月(임자월)】   동지 22일 10시 14분

양력 12	양력	1	2	3	4	5	6	7	8	9	10	11	12	13	14	15	16	17	18	19	20	21	22	23	24	25	26	27	28	29	30	31
	요일	목	금	토	일	월	화	수	목	금	토	일	월	화	수	목	금	토	일	월	화	수	목	금	토	일	월	화	수	목	금	토
	일진	丙申	丁酉	戊戌	己亥	庚子	辛丑	壬寅	癸卯	甲辰	乙巳	丙午	丁未	戊申	己酉	庚戌	辛亥	壬子	癸丑	甲寅	乙卯	丙辰	丁巳	戊午	己未	庚申	辛酉	壬戌	癸亥	甲子	乙丑	丙寅
음력 11/04 12/05	음력	4	5	6	7	8	9	10	11	12	13	14	15	16	17	18	19	20	21	22	23	24	25	26	27	28	29	12/1	2	3	4	5

단기 4266 年
불기 2477 年

1933年

癸酉(계유)년　　납음(劍鋒金),본명성(四綠木)

대장군(午남방),삼살(동방),상문(亥서북방),조객(未서남방),납음(검봉금)

【삼재(해,자,축)년】　腊享(납향):1934年1月24일(음12/10)

소한 6일 03시 23분　【음12월】 →　음 12 【癸丑月(계축월)】 ☽　대한 20일 20시 53분

양력 1	1	2	3	4	5	6	7	8	9	10	11	12	13	14	15	16	17	18	19	20	21	22	23	24	25	26	27	28	29	30	31
요일	일	월	화	수	목	금	토	일	월	화	수	목	금	토	일	월	화	수	목	금	토	일	월	화	수	목	금	토	일	월	화
일진	丁卯	戊辰	己巳	庚午	辛未	壬申	癸酉	甲戌	乙亥	丙子	丁丑	戊寅	己卯	庚辰	辛巳	壬午	癸未	甲申	乙酉	丙戌	丁亥	戊子	己丑	庚寅	辛卯	壬辰	癸巳	甲午	乙未	丙申	丁酉
음력	6	7	8	9	10	11	12	13	14	15	16	17	18	19	20	21	22	23	24	25	26	27	28	29	30	1/1	2	3	4	5	6
대남	2	1	1	1	1	소한	9	9	9	8	8	8	7	7	7	6	6	6	5	대한	5	4	4	4	3	3	3	2	2	2	1
운여	8	9	9	9	9		1	1	1	2	2	2	3	3	3	4	4	4	5		5	6	6	6	7	7	7	8	8	8	9

입춘 4일 15시 09분　【음1월】 →　음 1 【甲寅月(갑인월)】 ☽　우수 19일 11시 16분

양력 2	1	2	3		5	6	7	8	9	10	11	12	13	14	15	16	17	18	19	20	21	22	23	24	25	26	27	28
요일	수	목	금		일	월	화	수	목	금	토	일	월	화	수	목	금	토	일	월	화	수	목	금	토	일	월	화
일진	戊戌	己亥	庚子	辛丑	壬寅	癸卯	甲辰	乙巳	丙午	丁未	戊申	己酉	庚戌	辛亥	壬子	癸丑	甲寅	乙卯	丙辰	丁巳	戊午	己未	庚申	辛酉	壬戌	癸亥	甲子	乙丑
음력	7	8	9	10	11	12	13	14	15	16	17	18	19	20	21	22	23	24	25	26	27	28	29	2/1	2	3	4	5
대남	9	9	9	입춘	1	1	1	1	2	2	2	3	3	3	4	4	4	우수	5	5	6	6	6	7	7	7	8	8
운여	9	9	9		10	9	9	9	8	8	8	7	7	7	6	6	6		5	5	4	4	4	3	3	3	2	2

癸酉年

경칩 6일 09시 31분　【음2월】 →　음 2 【乙卯月(을묘월)】 ☽　춘분 21일 10시 43분

양력 3	1	2	3	4	5	6	7	8	9	10	11	12	13	14	15	16	17	18	19	20	21	22	23	24	25	26	27	28	29	30	31
요일	수	목	금	토	일	월	화	수	목	금	토	일	월	화	수	목	금	토	일	월	화	수	목	금	토	일	월	화	수	목	금
일진	丙寅	丁卯	戊辰	己巳	庚午	辛未	壬申	癸酉	甲戌	乙亥	丙子	丁丑	戊寅	己卯	庚辰	辛巳	壬午	癸未	甲申	乙酉	丙戌	丁亥	戊子	己丑	庚寅	辛卯	壬辰	癸巳	甲午	乙未	丙申
음력	6	7	8	9	10	11	12	13	14	15	16	17	18	19	20	21	22	23	24	25	26	27	28	29	30	3/1	2	3	4	5	6
대남	8	9	9	9	10	경칩	1	1	1	1	2	2	2	3	3	3	4	4	4	5	춘분	5	6	6	6	7	7	7	8	8	8
운여	8	9	9	9	10		10	9	9	9	8	8	8	7	7	7	6	6	6	5	분	5	5	4	4	4	3	3	3	2	2

청명 5일 14시 51분　【음3월】 →　음 3 【丙辰月(병진월)】 ☽　곡우 20일 22시 18분

양력 4	1	2	3	4	5	6	7	8	9	10	11	12	13	14	15	16	17	18	19	20	21	22	23	24	25	26	27	28	29	30
요일	토	일	월	화	수	목	금	토	일	월	화	수	목	금	토	일	월	화	수	목	금	토	일	월	화	수	목	금	토	일
일진	丁酉	戊戌	己亥	庚子	辛丑	壬寅	癸卯	甲辰	乙巳	丙午	丁未	戊申	己酉	庚戌	辛亥	壬子	癸丑	甲寅	乙卯	丙辰	丁巳	戊午	己未	庚申	辛酉	壬戌	癸亥	甲子	乙丑	丙寅
음력	7	8	9	10	11	12	13	14	15	16	17	18	19	20	21	22	23	24	25	26	27	28	29	30	4/1	2	3	4	5	6
대남	9	9	9	10	청명	1	1	1	1	2	2	2	3	3	3	4	4	4	5	곡우	5	6	6	6	7	7	7	8	8	8
운여	1	1	1	1	명	10	10	9	9	9	8	8	8	7	7	7	6	6	6	우	5	5	4	4	4	3	3	3	2	2

입하 6일 08시 42분　【음4월】 →　음 4 【丁巳月(정사월)】 ☽　소만 21일 21시 57분

양력 5	1	2	3	4	5	6	7	8	9	10	11	12	13	14	15	16	17	18	19	20	21	22	23	24	25	26	27	28	29	30	31
요일	월	화	수	목	금	토	일	월	화	수	목	금	토	일	월	화	수	목	금	토	일	월	화	수	목	금	토	일	월	화	수
일진	丁卯	戊辰	己巳	庚午	辛未	壬申	癸酉	甲戌	乙亥	丙子	丁丑	戊寅	己卯	庚辰	辛巳	壬午	癸未	甲申	乙酉	丙戌	丁亥	戊子	己丑	庚寅	辛卯	壬辰	癸巳	甲午	乙未	丙申	丁酉
음력	7	8	9	10	11	12	13	14	15	16	17	18	19	20	21	22	23	24	25	26	27	28	29	5/1	2	3	4	5	6	7	8
대남	9	9	9	10	10	입하	1	1	1	1	2	2	2	3	3	3	4	4	4	5	소만	5	6	6	6	7	7	7	8	8	8
운여	2	1	1	1	1	하	10	10	9	9	9	8	8	8	7	7	7	6	6	6	만	5	5	4	4	4	3	3	3	2	2

망종 6일 13시 17분　【음5월】 →　음 5 【戊午月(무오월)】 ☽ 윤 5 하지 22일 06시 12분

양력 6	1	2	3	4	5	6	7	8	9	10	11	12	13	14	15	16	17	18	19	20	21	22	23	24	25	26	27	28	29	30
요일	목	금	토	일	월	화	수	목	금	토	일	월	화	수	목	금	토	일	월	화	수	목	금	토	일	월	화	수	목	금
일진	戊戌	己亥	庚子	辛丑	壬寅	癸卯	甲辰	乙巳	丙午	丁未	戊申	己酉	庚戌	辛亥	壬子	癸丑	甲寅	乙卯	丙辰	丁巳	戊午	己未	庚申	辛酉	壬戌	癸亥	甲子	乙丑	丙寅	丁卯
음력	9	10	11	12	13	14	15	16	17	18	19	20	21	22	23	24	25	26	27	28	29	30	윤5	2	3	4	5	6	7	8
대남	9	9	10	10	10	망종	1	1	1	1	2	2	2	3	3	3	4	4	4	5	5	하지	6	6	6	7	7	7	8	8
운여	2	1	1	1	1	종	10	10	9	9	9	8	8	8	7	7	7	6	6	6	5	지	5	4	4	4	3	3	3	2

한식(4월06일), 초복(7월13일), 중복(7월23일), 말복(8월12일)　↑춘사(春社)3/23
☀추사(秋社)9/19 토왕지절(土旺之節):4월17일,7월20일,10월21일,1월18일(신년양력),
臘享(납향):1934년1월24일(신년양력)

소서 7일 23시 44분　【음6월】 →　음 6　【己未月(기미월)】　　대서 23일 17시 05분

양력 7	양력	1	2	3	4	5	6	7	8	9	10	11	12	13	14	15	16	17	18	19	20	21	22	23	24	25	26	27	28	29	30	31
	요일	토	일	월	화	수	목	금	토	일	월	화	수	목	금	토	일	월	화	수	목	금	토	일	월	화	수	목	금	토	일	월
	일진 日辰	戊辰	己巳	庚午	辛未	壬申	癸酉	甲戌	乙亥	丙子	丁丑	戊寅	己卯	庚辰	辛巳	壬午	癸未	甲申	乙酉	丙戌	丁亥	戊子	己丑	庚寅	辛卯	壬辰	癸巳	甲午	乙未	丙申	丁酉	戊戌
음력 06/09	음력	9	10	11	12	13	14	15	16	17	18	19	20	21	22	23	24	25	26	27	28	29	30	6/1	2	3	4	5	6	7	8	9
	대남	8	9	9	9	10	10	소서	1	1	1	1	2	2	2	3	3	3	4	4	4	5	5	대서	6	6	6	7	7	7	8	8
	운여	2	2	1	1	1	1	소	10	10	10	9	9	9	8	8	8	7	7	7	6	6	6	서	5	5	4	4	4	3	3	3

입추 8일 09시 26분　【음7월】 →　음 7　【庚申月(경신월)】　　처서 23일 23시 52분

양력 8	양력	1	2	3	4	5	6	7	8	9	10	11	12	13	14	15	16	17	18	19	20	21	22	23	24	25	26	27	28	29	30	31
	요일	화	수	목	금	토	일	월	화	수	목	금	토	일	월	화	수	목	금	토	일	월	화	수	목	금	토	일	월	화	수	목
	일진 日辰	己亥	庚子	辛丑	壬寅	癸卯	甲辰	乙巳	丙午	丁未	戊申	己酉	庚戌	辛亥	壬子	癸丑	甲寅	乙卯	丙辰	丁巳	戊午	己未	庚申	辛酉	壬戌	癸亥	甲子	乙丑	丙寅	丁卯	戊辰	己巳
음력 06/10 07/11	음력	10	11	12	13	14	15	16	17	18	19	20	21	22	23	24	25	26	27	28	29	7/1	2	3	4	5	6	7	8	9	10	11
	대남	8	9	9	9	10	10	입추	1	1	1	1	2	2	2	3	3	3	4	4	4	5	처서	5	6	6	6	7	7	7	8	8
	운여	2	2	1	1	1	1	추	10	10	10	9	9	9	8	8	8	7	7	7	6	6	서	5	5	5	4	4	4	3	3	3

백로 8일 11시 58분　【음8월】 →　음 8　【辛酉月(신유월)】　　추분 23일 21시 01분

양력 9	양력	1	2	3	4	5	6	7	8	9	10	11	12	13	14	15	16	17	18	19	20	21	22	23	24	25	26	27	28	29	30
	요일	금	토	일	월	화	수	목	금	토	일	월	화	수	목	금	토	일	월	화	수	목	금	토	일	월	화	수	목	금	토
	일진 日辰	庚午	辛未	壬申	癸酉	甲戌	乙亥	丙子	丁丑	戊寅	己卯	庚辰	辛巳	壬午	癸未	甲申	乙酉	丙戌	丁亥	戊子	己丑	庚寅	辛卯	壬辰	癸巳	甲午	乙未	丙申	丁酉	戊戌	己亥
음력 07/12 08/11	음력	12	13	14	15	16	17	18	19	20	21	22	23	24	25	26	27	28	29	30	8/1	2	3	4	5	6	7	8	9	10	11
	대남	8	8	9	9	9	10	10	백로	1	1	1	1	2	2	2	3	3	3	4	4	4	추분	5	5	6	6	6	7	7	7
	운여	2	2	1	1	1	1	1	로	10	10	9	9	9	8	8	8	7	7	7	6	6	분	5	5	5	4	4	4	3	3

한로 9일 03시 04분　【음9월】 →　음 9　【壬戌月(임술월)】　　상강 24일 05시 48분

양력 10	양력	1	2	3	4	5	6	7	8	9	10	11	12	13	14	15	16	17	18	19	20	21	22	23	24	25	26	27	28	29	30	31
	요일	일	월	화	수	목	금	토	일	월	화	수	목	금	토	일	월	화	수	목	금	토	일	월	화	수	목	금	토	일	월	화
	일진 日辰	庚子	辛丑	壬寅	癸卯	甲辰	乙巳	丙午	丁未	戊申	己酉	庚戌	辛亥	壬子	癸丑	甲寅	乙卯	丙辰	丁巳	戊午	己未	庚申	辛酉	壬戌	癸亥	甲子	乙丑	丙寅	丁卯	戊辰	己巳	庚午
음력 08/12 09/13	음력	12	13	14	15	16	17	18	19	20	21	22	23	24	25	26	27	28	29	9/1	2	3	4	5	6	7	8	9	10	11	12	13
	대남	8	8	8	9	9	9	10	한로	1	1	1	1	2	2	2	3	3	3	4	4	4	5	상강	5	6	6	6	7	7	7	8
	운여	3	2	2	2	1	1	1	로	10	9	9	9	8	8	8	7	7	7	6	6	6	5	강	5	4	4	4	3	3	3	2

입동 8일 05시 43분　【음10월】 →　음 10　【癸亥月(계해월)】　　소설 23일 02시 53분

양력 11	양력	1	2	3	4	5	6	7	8	9	10	11	12	13	14	15	16	17	18	19	20	21	22	23	24	25	26	27	28	29	30
	요일	수	목	금	토	일	월	화	수	목	금	토	일	월	화	수	목	금	토	일	월	화	수	목	금	토	일	월	화	수	목
	일진 日辰	辛未	壬申	癸酉	甲戌	乙亥	丙子	丁丑	戊寅	己卯	庚辰	辛巳	壬午	癸未	甲申	乙酉	丙戌	丁亥	戊子	己丑	庚寅	辛卯	壬辰	癸巳	甲午	乙未	丙申	丁酉	戊戌	己亥	庚子
음력 09/14 11/13	음력	14	15	16	17	18	19	20	21	22	23	24	25	26	27	28	29	30	10/1	2	3	4	5	6	7	8	9	10	11	12	13
	대남	8	8	8	9	9	9	10	입동	1	1	1	1	2	2	2	3	3	3	4	4	4	5	소설	5	5	6	6	6	7	7
	운여	2	2	2	1	1	1	1	동	9	9	9	8	8	8	7	7	7	6	6	6	5	5	설	4	4	4	3	3	3	2

대설 7일 22시 11분　【음11월】 →　음 11　【甲子月(갑자월)】　　동지 22일 15시 58분

양력 12	양력	1	2	3	4	5	6	7	8	9	10	11	12	13	14	15	16	17	18	19	20	21	22	23	24	25	26	27	28	29	30	31
	요일	금	토	일	월	화	수	목	금	토	일	월	화	수	목	금	토	일	월	화	수	목	금	토	일	월	화	수	목	금	토	일
	일진 日辰	辛丑	壬寅	癸卯	甲辰	乙巳	丙午	丁未	戊申	己酉	庚戌	辛亥	壬子	癸丑	甲寅	乙卯	丙辰	丁巳	戊午	己未	庚申	辛酉	壬戌	癸亥	甲子	乙丑	丙寅	丁卯	戊辰	己巳	庚午	辛未
음력 10/14 11/15	음력	14	15	16	17	18	19	20	21	22	23	24	25	26	27	28	29	11/1	2	3	4	5	6	7	8	9	10	11	12	13	14	15
	대남	8	8	8	9	9	9	대설	1	1	1	1	2	2	2	3	3	3	4	4	4	5	동지	5	5	6	6	6	7	7	7	8
	운여	2	2	1	1	1	1	설	10	9	9	9	8	8	8	7	7	7	6	6	6	5	지	5	4	4	4	3	3	3	2	2

1934년

甲戌(갑술)년　　납음(山頭火)본명성(三碧木)

대장군(午남방). 삼살(북방), 상문(子북방),조객(申서남방), 납음(산두화),
【삼재(신,유,술년)】　臘享(납향):1935년1월19일(음12/15)

소한 6일 09시 17분　【음12월】 →　　**음 12**【乙丑月(을축월)】　　　대한 21일 02시 37분

양력 1	양력	1	2	3	4	5	6	7	8	9	10	11	12	13	14	15	16	17	18	19	20	21	22	23	24	25	26	27	28	29	30	31
요일	월	화	수	목	금	토	일	월	화	수	목	금	토	일	월	화	수	목	금	토	일	월	화	수	목	금	토	일	월	화	수	
일진	壬申	癸酉	甲戌	乙亥	丙子	丁丑	戊寅	己卯	庚辰	辛巳	壬午	癸未	甲申	乙酉	丙戌	丁亥	戊子	己丑	庚寅	辛卯	壬辰	癸巳	甲午	乙未	丙申	丁酉	戊戌	己亥	庚子	辛丑		
음력	16	17	18	19	20	21	22	23	24	25	26	27	28	29	12/1	2	3	4	5	6	7	8	9	10	11	12	13	14	15	16	17	
대남	8	9	9	9	10	소	1	1	1	1	2	2	2	3	3	3	4	4	4	5	대	5	6	6	6	7	7	7	8	8	8	
운여	2	1	1	1	한	9	9	9	8	8	8	7	7	7	6	6	6	5	5	5	한	4	4	4	3	3	3	2	2	2	1	

입춘 4일 21시 04분　【음1월】 →　　**음 1**【丙寅月(병인월)】　　　우수 19일 17시 02분

양력 2	양력	1	2	3	4	5	6	7	8	9	10	11	12	13	14	15	16	17	18	19	20	21	22	23	24	25	26	27	28
요일	목	금	토	일	월	화	수	목	금	토	일	월	화	수	목	금	토	일	월	화	수	목	금	토	일	월	화	수
일진	癸卯	乙辰	丙午	丁未	戊申	己酉	辛戌	壬亥	癸子	甲丑	乙寅	丙卯	丁辰	戊巳	己午	庚未	辛申	壬酉	癸戌	乙亥	丙子	丁寅	戊卯	己巳	庚午			
음력	18	19	20	21	22	23	24	25	26	27	28	29	30	1/1	2	3	4	5	6	7	8	9	10	11	12	13	14	15
대남	9	9	9	입	1	1	1	1	2	2	2	3	3	3	4	4	4	우	5	5	5	6	6	6	7	7	7	8
운여	1	1	1	춘	9	9	9	8	8	8	7	7	7	6	6	6	5	수	5	5	4	4	4	3	3	3	2	2

（甲戌年）

경칩 6일 15시 26분　【음2월】 →　　**음 2**【丁卯月(정묘월)】　　　춘분 21일 16시 28분

양력 3	양력	1	2	3	4	5	6	7	8	9	10	11	12	13	14	15	16	17	18	19	20	21	22	23	24	25	26	27	28	29	30	31
요일	목	금	토	일	월	화	수	목	금	토	일	월	화	수	목	금	토	일	월	화	수	목	금	토	일	월	화	수	목	금	토
일진	辛未	壬申	癸酉	甲戌	乙亥	丙子	丁丑	戊寅	己卯	庚辰	辛巳	壬午	癸未	甲申	乙酉	丙戌	丁亥	戊子	己丑	庚寅	辛卯	壬辰	癸巳	甲午	乙未	丙申	丁酉	戊戌	己亥	庚子	辛丑
음력	16	17	18	19	20	21	22	23	24	25	26	27	28	29	2/1	2	3	4	5	6	7	8	9	10	11	12	13	14	15	16	17
대남	2	1	1	1	1	경	10	9	9	9	8	8	8	7	7	7	6	6	6	5	춘	5	4	4	4	3	3	3	2	2	2
운여	8	9	9	9	10	칩	1	1	1	2	2	2	3	3	3	4	4	4	5	5	분	5	6	6	6	7	7	7	8	8	8

청명 5일 20시 44분　【음3월】 →　　**음 3**【戊辰月(무진월)】　　　곡우 21일 04시 00분

양력 4	양력	1	2	3	4	5	6	7	8	9	10	11	12	13	14	15	16	17	18	19	20	21	22	23	24	25	26	27	28	29	30
요일	일	월	화	수	목	금	토	일	월	화	수	목	금	토	일	월	화	수	목	금	토	일	월	화	수	목	금	토	일	월
일진	壬寅	癸卯	甲辰	乙巳	丙午	丁未	戊申	己酉	庚戌	辛亥	壬子	癸丑	甲寅	乙卯	丙辰	丁巳	戊午	己未	庚申	辛酉	壬戌	癸亥	甲子	乙丑	丙寅	丁卯	戊辰	己巳	庚午	辛未
음력	18	19	20	21	22	23	24	25	26	27	28	29	30	3/1	2	3	4	5	6	7	8	9	10	11	12	13	14	15	16	17
대남	1	1	1	1	청	10	10	9	9	9	8	8	8	7	7	7	6	6	6	5	곡	5	4	4	4	3	3	3	2	2
운여	9	9	9	10	명	1	1	1	2	2	2	3	3	3	4	4	4	5	5	5	우	6	6	6	7	7	7	8	8	8

입하 6일 14시 31분　【음4월】 →　　**음 4**【己巳月(기사월)】　　　소만 22일 03시 35분

양력 5	양력	1	2	3	4	5	6	7	8	9	10	11	12	13	14	15	16	17	18	19	20	21	22	23	24	25	26	27	28	29	30	31
요일	화	수	목	금	토	일	월	화	수	목	금	토	일	월	화	수	목	금	토	일	월	화	수	목	금	토	일	월	화	수	목
일진	壬申	癸酉	甲戌	乙亥	丙子	丁丑	戊寅	己卯	庚辰	辛巳	壬午	癸未	甲申	乙酉	丙戌	丁亥	戊子	己丑	庚寅	辛卯	壬辰	癸巳	甲午	乙未	丙申	丁酉	戊戌	己亥	庚子	辛丑	壬寅
음력	18	19	20	21	22	23	24	25	26	27	28	29	4/1	2	3	4	5	6	7	8	9	10	11	12	13	14	15	16	17	18	19
대남	2	1	1	1	1	입	10	10	9	9	9	8	8	8	7	7	7	6	6	6	5	소	5	4	4	4	3	3	3	2	2
운여	9	9	9	10	10	하	1	1	1	1	2	2	2	3	3	3	4	4	4	5	5	만	6	6	6	7	7	7	8	8	8

망종 6일 19시 01분　【음5월】 →　　**음 5**【庚午月(경오월)】　　　하지 22일 11시 48분

양력 6	양력	1	2	3	4	5	6	7	8	9	10	11	12	13	14	15	16	17	18	19	20	21	22	23	24	25	26	27	28	29	30
요일	금	토	일	월	화	수	목	금	토	일	월	화	수	목	금	토	일	월	화	수	목	금	토	일	월	화	수	목	금	토
일진	癸卯	甲辰	乙巳	丁未	戊申	己酉	庚戌	辛亥	壬子	癸丑	甲寅	乙卯	丙辰	丁巳	戊午	己未	庚申	辛酉	壬戌	癸亥	甲子	乙丑	丙寅	丁卯	戊辰	己巳	庚午	辛未	壬申	
음력	20	21	22	23	24	25	26	27	28	29	30	5/1	2	3	4	5	6	7	8	9	10	11	12	13	14	15	16	17	18	19
대남	2	1	1	1	1	망	10	10	10	9	9	9	8	8	8	7	7	7	6	6	6	하	5	5	5	4	4	4	3	3
운여	9	9	9	10	10	종	1	1	1	1	2	2	2	3	3	3	4	4	4	5	5	지	5	6	6	6	7	7	7	8

한식(4월06일), 초복(7월28일), 중복(7월07일), 말복(8월17일) ♠춘사(春社)3/18
☀추사(秋社)9/24 토왕지절(土旺之節):4월18일,7월20일,10월21일,1월18일(신년양력),
臘享(납향):1935년1월19일(신년양력)

1934 甲戌年

소서 8일 05시 24분 【음6월】 → 음6 【辛未月(신미월)】 대서 23일 22시 42분

양력	1	2	3	4	5	6	7	8	9	10	11	12	13	14	15	16	17	18	19	20	21	22	23	24	25	26	27	28	29	30	31
요일	일	월	화	수	목	금	토	일	월	화	수	목	금	토	일	월	화	수	목	금	토	일	월	화	수	목	금	토	일	월	화
일진 日辰	癸酉	甲戌	乙亥	丙子	丁丑	戊寅	己卯	庚辰	辛巳	壬午	癸未	甲申	乙酉	丙戌	丁亥	戊子	己丑	庚寅	辛卯	壬辰	癸巳	甲午	乙未	丙申	丁酉	戊戌	己亥	庚子	辛丑	壬寅	癸卯
음력	20	21	22	23	24	25	26	27	28	29	30	6/1	2	3	4	5	6	7	8	9	10	11	12	13	14	15	16	17	18	19	20
대남	2	2	2	1	1	1	소	10	10	9	9	9	8	8	8	7	7	7	6	6	6	대	5	4	4	4	3	3	3		
운여							서															서									

음력 05/20 ~ 06/20

입추 8일 15시 04분 【음7월】 → 음7 【壬申月(임신월)】 처서 24일 05시 32분

양력	1	2	3	4	5	6	7	8	9	10	11	12	13	14	15	16	17	18	19	20	21	22	23	24	25	26	27	28	29	30	31
요일	수	목	금	토	일	월	화	수	목	금	토	일	월	화	수	목	금	토	일	월	화	수	목	금	토	일	월	화	수	목	금
일진 日辰	甲辰	乙巳	丙午	丁未	戊申	己酉	庚戌	辛亥	壬子	癸丑	甲寅	乙卯	丙辰	丁巳	戊午	己未	庚申	辛酉	壬戌	癸亥	甲子	乙丑	丙寅	丁卯	戊辰	己巳	庚午	辛未	壬申	癸酉	甲戌
음력	21	22	23	24	25	26	27	28	29	7/1	2	3	4	5	6	7	8	9	10	11	12	13	14	15	16	17	18	19	20	21	22
대남	2	2	2	1	1	1	입	10	10	9	9	9	8	8	8	7	7	7	6	6	6	5	처	5	4	4	4	3	3	3	
운여							추																서								

음력 06/21 ~ 07/22

백로 8일 17시 36분 【음8월】 → 음8 【癸酉月(계유월)】 추분 24일 02시 45분

양력	1	2	3	4	5	6	7	8	9	10	11	12	13	14	15	16	17	18	19	20	21	22	23	24	25	26	27	28	29	30
요일	토	일	월	화	수	목	금	토	일	월	화	수	목	금	토	일	월	화	수	목	금	토	일	월	화	수	목	금	토	일
일진 日辰	乙亥	丙子	丁丑	戊寅	己卯	庚辰	辛巳	壬午	癸未	甲申	乙酉	丙戌	丁亥	戊子	己丑	庚寅	辛卯	壬辰	癸巳	甲午	乙未	丙申	丁酉	戊戌	己亥	庚子	辛丑	壬寅	癸卯	甲辰
음력	23	24	25	26	27	28	29	30	8/1	2	3	4	5	6	7	8	9	10	11	12	13	14	15	16	17	18	19	20	21	22
대남	2	2	2	1	1	1	1	백	10	10	9	9	9	8	8	8	7	7	7	6	6	6	5	추	5	4	4	4	3	3
운여	8	8	9	9	9	10	10	로	1	1	1	1	2	2	2	3	3	3	4	4	4	5	5	분	6	6	6	7	7	7

음력 07/23 ~ 08/22

한로 9일 08시 45분 【음9월】 → 음9 【甲戌月(갑술월)】 상강 24일 11시 36분

양력	1	2	3	4	5	6	7	8	9	10	11	12	13	14	15	16	17	18	19	20	21	22	23	24	25	26	27	28	29	30	31
요일	월	화	수	목	금	토	일	월	화	수	목	금	토	일	월	화	수	목	금	토	일	월	화	수	목	금	토	일	월	화	수
일진 日辰	乙巳	丙午	丁未	戊申	己酉	庚戌	辛亥	壬子	癸丑	甲寅	乙卯	丙辰	丁巳	戊午	己未	庚申	辛酉	壬戌	癸亥	甲子	乙丑	丙寅	丁卯	戊辰	己巳	庚午	辛未	壬申	癸酉	甲戌	乙亥
음력	23	24	25	26	27	28	29	30	9/1	2	3	4	5	6	7	8	9	10	11	12	13	14	15	16	17	18	19	20	21	22	23
대남	3	2	2	2	1	1	1	1	한	10	9	9	9	8	8	8	7	7	7	6	6	6	5	상	5	4	4	4	3	3	3
운여	8	8	8	9	9	9	10	10	로	1	1	1	1	2	2	2	3	3	3	4	4	4	5	강	5	5	6	6	6	7	7

음력 08/23 ~ 09/23

입동 8일 11시 27분 【음10월】 → 음10 【乙亥月(을해월)】 소설 23일 08시 44분

양력	1	2	3	4	5	6	7	8	9	10	11	12	13	14	15	16	17	18	19	20	21	22	23	24	25	26	27	28	29	30
요일	목	금	토	일	월	화	수	목	금	토	일	월	화	수	목	금	토	일	월	화	수	목	금	토	일	월	화	수	목	금
일진 日辰	丙子	丁丑	戊寅	己卯	庚辰	辛巳	壬午	癸未	甲申	乙酉	丙戌	丁亥	戊子	己丑	庚寅	辛卯	壬辰	癸巳	甲午	乙未	丙申	丁酉	戊戌	己亥	庚子	辛丑	壬寅	癸卯	甲辰	乙巳
음력	24	25	26	27	28	29	30	10/1	2	3	4	5	6	7	8	9	10	11	12	13	14	15	16	17	18	19	20	21	22	23
대남	2	2	2	1	1	1	1	입	10	9	9	9	8	8	8	7	7	7	6	6	6	5	소	5	4	4	4	3	3	3
운여	8	8	8	9	9	9	10	동	1	1	1	1	2	2	2	3	3	3	4	4	4	5	설	5	6	6	6	7	7	7

음력 09/24 ~ 10/24

대설 8일 03시 57분 【음11월】 → 음11 【丙子月(병자월)】 동지 22일 21시 49분

양력	1	2	3	4	5	6	7	8	9	10	11	12	13	14	15	16	17	18	19	20	21	22	23	24	25	26	27	28	29	30	31
요일	토	일	월	화	수	목	금	토	일	월	화	수	목	금	토	일	월	화	수	목	금	토	일	월	화	수	목	금	토	일	월
일진 日辰	丙午	丁未	戊申	己酉	庚戌	辛亥	壬子	癸丑	甲寅	乙卯	丙辰	丁巳	戊午	己未	庚申	辛酉	壬戌	癸亥	甲子	乙丑	丙寅	丁卯	戊辰	己巳	庚午	辛未	壬申	癸酉	甲戌	乙亥	丙子
음력	25	26	27	28	29	30	11/1	2	3	4	5	6	7	8	9	10	11	12	13	14	15	16	17	18	19	20	21	22	23	24	25
대남	2	2	2	1	1	1	대	1	9	9	9	8	8	8	7	7	7	6	6	6	5	동	5	4	4	4	3	3	3	2	2
운여	8	8	8	9	9	9	설	1	1	1	1	2	2	2	3	3	3	4	4	4	5	지	5	5	6	6	6	7	7	7	8

음력 10/25 ~ 11/25

단기 4268 年	**1935**년	乙亥(을해)년	납음(山頭火),본명성(二黑土)
불기 2479 年			

대장군(酉西방). 삼살(西방). 상문(표동북방),조객(酉西방), 납음(산두화),

【삼재(사,오,미)년】　臘享(납향):1936년 1월 26일(음12/03)

소한 6일 15시 02분 【음12월】 → 음 12 【丁丑月(정축월)】　　대한 21일 08시 28분

양력 1	양력	1	2	3	4	5	6	7	8	9	10	11	12	13	14	15	16	17	18	19	20	21	22	23	24	25	26	27	28	29	30	31
	요일	화	수	목	금	토	일	월	화	수	목	금	토	일	월	화	수	목	금	토	일	월	화	수	목	금	토	일	월	화	수	목
	일진 日辰	丁丑	戊寅	己卯	庚辰	辛巳	壬午	癸未	甲申	乙酉	丙戌	丁亥	戊子	己丑	庚寅	辛卯	壬辰	癸巳	甲午	乙未	丙申	丁酉	戊戌	己亥	庚子	辛丑	壬寅	癸卯	甲辰	乙巳	丙午	丁未
11/26 12/27	음력	26	27	28	29	12/1	2	3	4	5	6	7	8	9	10	11	12	13	14	15	16	17	18	19	20	21	22	23	24	25	26	27
	대 남	2	1	1	1	1	소한	10	9	9	9	8	8	8	7	7	7	6	6	6	5	대한	5	4	4	4	3	3	3	2	2	2
	운 여	8	8	9	9	9		1	1	1	1	2	2	2	3	3	3	4	4	4	5		5	6	6	6	7	7	7	8	8	8

입춘 5일 02시 49분 【음1월】 → 음 1 【戊寅月(무인월)】　　우수 19일 22시 52분

양력 2	양력	1	2	3	4	5	6	7	8	9	10	11	12	13	14	15	16	17	18	19	20	21	22	23	24	25	26	27	28				乙亥年
	요일	금	토	일	월	화	수	목	금	토	일	월	화	수	목	금	토	일	월	화	수	목	금	토	일	월	화	수	목				
	일진 日辰	戊申	己酉	庚戌	辛亥	壬子	癸丑	甲寅	乙卯	丙辰	丁巳	戊午	己未	庚申	辛酉	壬戌	癸亥	甲子	乙丑	丙寅	丁卯	戊辰	己巳	庚午	辛未	壬申	癸酉	甲戌	乙亥				
12/28 01/25	음력	28	29	30	1/1	2	3	4	5	6	7	8	9	10	11	12	13	14	15	16	17	18	19	20	21	22	23	24	25				
	대 남	1	1	1	입춘	1	1	1	1	2	2	2	3	3	3	4	4	4	우수	5	5	6	6	6	7	7	7	8	8				
	운 여	9	9	9		10	9	9	9	8	8	8	7	7	7	6	6	6	5	5	5	4	4	4	3	3	3	2	2				

경칩 6일 21시 10분 【음2월】 → 음 2 【己卯月(기묘월)】　　춘분 21일 22시 18분

양력 3	양력	1	2	3	4	5	6	7	8	9	10	11	12	13	14	15	16	17	18	19	20	21	22	23	24	25	26	27	28	29	30	31
	요일	금	토	일	월	화	수	목	금	토	일	월	화	수	목	금	토	일	월	화	수	목	금	토	일	월	화	수	목	금	토	일
	일진 日辰	丙子	丁丑	戊寅	己卯	庚辰	辛巳	壬午	癸未	甲申	乙酉	丙戌	丁亥	戊子	己丑	庚寅	辛卯	壬辰	癸巳	甲午	乙未	丙申	丁酉	戊戌	己亥	庚子	辛丑	壬寅	癸卯	甲辰	乙巳	丙午
01/26 02/27	음력	26	27	28	29	2/1	2	3	4	5	6	7	8	9	10	11	12	13	14	15	16	17	18	19	20	21	22	23	24	25	26	27
	대 남	8	8	9	9	9	경칩	1	1	1	1	2	2	2	3	3	3	4	4	4	춘분	5	5	6	6	6	7	7	7	8	8	8
	운 여	2	1	1	1	1		10	10	9	9	9	8	8	8	7	7	7	6	6	분	6	5	5	5	4	4	4	3	3	3	2

청명 6일 02시 26분 【음3월】 → 음 3 【庚辰月(경진월)】　　곡우 21일 09시 50분

양력 4	양력	1	2	3	4	5	6	7	8	9	10	11	12	13	14	15	16	17	18	19	20	21	22	23	24	25	26	27	28	29	30	
	요일	월	화	수	목	금	토	일	월	화	수	목	금	토	일	월	화	수	목	금	토	일	월	화	수	목	금	토	일	월	화	
	일진 日辰	丁未	戊申	己酉	庚戌	辛亥	壬子	癸丑	甲寅	乙卯	丙辰	丁巳	戊午	己未	庚申	辛酉	壬戌	癸亥	甲子	乙丑	丙寅	丁卯	戊辰	己巳	庚午	辛未	壬申	癸酉	甲戌	乙亥	丙子	
02/28 03/28	음력	28	29	3/1	2	3	4	5	6	7	8	9	10	11	12	13	14	15	16	17	18	19	20	21	22	23	24	25	26	27	28	
	대 남	8	9	9	9	10	청명	1	1	1	1	2	2	2	3	3	3	4	4	4	곡우	5	5	6	6	6	7	7	7	8	8	
	운 여	2	1	1	1	1	명	10	9	9	9	8	8	8	7	7	7	6	6	6	우	5	5	4	4	4	3	3	3	2	2	

입하 6일 20시 12분 【음4월】 → 음 4 【辛巳月(신사월)】　　소만 22일 09시 25분

양력 5	양력	1	2	3	4	5	6	7	8	9	10	11	12	13	14	15	16	17	18	19	20	21	22	23	24	25	26	27	28	29	30	31
	요일	수	목	금	토	일	월	화	수	목	금	토	일	월	화	수	목	금	토	일	월	화	수	목	금	토	일	월	화	수	목	금
	일진 日辰	丁丑	戊寅	己卯	庚辰	辛巳	壬午	癸未	甲申	乙酉	丙戌	丁亥	戊子	己丑	庚寅	辛卯	壬辰	癸巳	甲午	乙未	丙申	丁酉	戊戌	己亥	庚子	辛丑	壬寅	癸卯	甲辰	乙巳	丙午	丁未
03/29 04/29	음력	29	30	4/1	2	3	4	5	6	7	8	9	10	11	12	13	14	15	16	17	18	19	20	21	22	23	24	25	26	27	28	29
	대 남	8	9	9	9	10	입하	1	1	1	1	2	2	2	3	3	3	4	4	4	5	소만	5	6	6	6	7	7	7	8	8	8
	운 여	2	1	1	1	1	하	10	10	9	9	9	8	8	8	7	7	7	6	6	6	만	5	5	5	4	4	4	3	3	3	2

망종 7일 00시 42분 【음5월】 → 음 5 【壬午月(임오월)】　　하지 22일 17시 38분

양력 6	양력	1	2	3	4	5	6	7	8	9	10	11	12	13	14	15	16	17	18	19	20	21	22	23	24	25	26	27	28	29	30	
	요일	토	일	월	화	수	목	금	토	일	월	화	수	목	금	토	일	월	화	수	목	금	토	일	월	화	수	목	금	토	일	
	일진 日辰	戊申	己酉	庚戌	辛亥	壬子	癸丑	甲寅	乙卯	丙辰	丁巳	戊午	己未	庚申	辛酉	壬戌	癸亥	甲子	乙丑	丙寅	丁卯	戊辰	己巳	庚午	辛未	壬申	癸酉	甲戌	乙亥	丙子	丁丑	
05/01 05/30	음력	5/1	2	3	4	5	6	7	8	9	10	11	12	13	14	15	16	17	18	19	20	21	22	23	24	25	26	27	28	29	30	
	대 남	9	9	9	10	10	망종	1	1	1	1	2	2	2	3	3	3	4	4	4	5	5	하지	6	6	6	7	7	7	8	8	
	운 여	2	2	1	1	1	종	10	10	10	9	9	9	8	8	8	7	7	7	6	6	6	지	5	5	5	4	4	4	3	3	

한식(4월6일), 초복(7월13일), 중복(7월23일), 말복(8월02일) ◆춘사(春社)3/23
◆추사(秋社)9/19 토왕지절(土旺之節):4월18일,7월21일,10월21일,1월18일(신년양력),
臘享(납향):1936년1월26일(신년양력)

1935 乙亥年

소서 8일 11시 06분 　【음6월】→　음 6 【癸未月(계미월)】　　대서 24일 04시 33분

양력	1	2	3	4	5	6	7	8	9	10	11	12	13	14	15	16	17	18	19	20	21	22	23	24	25	26	27	28	29	30	31
양력 7 요일	월	화	수	목	금	토	일	월	화	수	목	금	토	일	월	화	수	목	금	토	일	월	화	수	목	금	토	일	월	화	수
일진	戊	己	庚	辛	壬	癸	甲	乙	丙	丁	戊	己	庚	辛	壬	癸	甲	乙	丙	丁	戊	己	庚	辛	壬	癸	甲	乙	丙	丁	戊
日辰	寅	卯	辰	巳	午	未	申	酉	戌	亥	子	丑	寅	卯	辰	巳	午	未	申	酉	戌	亥	子	丑	寅	卯	辰	巳	午	未	申
음력 06/01 07/02	6/1	2	3	4	5	6	7	8	9	10	11	12	13	14	15	16	17	18	19	20	21	22	23	24	25	26	27	28	29	7/1	2
대 남	8	8	9	9	9	10	10	소서	1	1	1	1	2	2	2	3	3	3	4	4	4	5	5	대서	6	6	6	7	7	7	8
운 여	2	2	2	1	1	1	1	소서	10	10	9	9	9	8	8	8	7	7	7	6	6	6	5	대서	5	4	4	4	3	3	3

입추 8일 20시 48분 　【음7월】→　음 7 【甲申月(갑신월)】　　처서 24일 11시 24분

양력	1	2	3	4	5	6	7	8	9	10	11	12	13	14	15	16	17	18	19	20	21	22	23	24	25	26	27	28	29	30	31
양력 8 요일	목	금	토	일	월	화	수	목	금	토	일	월	화	수	목	금	토	일	월	화	수	목	금	토	일	월	화	수	목	금	토
일진	己	庚	辛	壬	癸	甲	乙	丙	丁	戊	己	庚	辛	壬	癸	甲	乙	丙	丁	戊	己	庚	辛	壬	癸	甲	乙	丙	丁	戊	己
日辰	酉	戌	亥	子	丑	寅	卯	辰	巳	午	未	申	酉	戌	亥	子	丑	寅	卯	辰	巳	午	未	申	酉	戌	亥	子	丑	寅	卯
음력 07/03 08/03	3	4	5	6	7	8	9	10	11	12	13	14	15	16	17	18	19	20	21	22	23	24	25	26	27	28	29	30	8/1	2	
대 남	8	8	9	9	9	10	10	입추	1	1	1	1	2	2	2	3	3	3	4	4	4	5	5	처서	6	6	6	7	7	7	8
운 여	2	2	2	1	1	1	1	입추	10	10	10	9	9	9	8	8	8	7	7	7	6	6	6	처서	5	5	5	4	4	3	3

백로8일 23시 24분 　【음8월】→　음 8 【乙酉月(을유월)】　　추분 24일 08시 38분

양력	1	2	3	4	5	6	7	8	9	10	11	12	13	14	15	16	17	18	19	20	21	22	23	24	25	26	27	28	29	30
양력 9 요일	일	월	화	수	목	금	토	일	월	화	수	목	금	토	일	월	화	수	목	금	토	일	월	화	수	목	금	토	일	월
일진	庚	辛	壬	癸	甲	乙	丙	丁	戊	己	庚	辛	壬	癸	甲	乙	丙	丁	戊	己	庚	辛	壬	癸	甲	乙	丙	丁	戊	己
日辰	辰	巳	午	未	申	酉	戌	亥	子	丑	寅	卯	辰	巳	午	未	申	酉	戌	亥	子	丑	寅	卯	辰	巳	午	未	申	酉
음력 08/04 09/03	4	5	6	7	8	9	10	11	12	13	14	15	16	17	18	19	20	21	22	23	24	25	26	27	28	29	9/1	2	3	4
대 남	8	8	8	9	9	9	10	백로	1	1	1	1	2	2	2	3	3	3	4	4	4	5	5	추분	6	6	6	7	7	7
운 여	2	2	2	1	1	1	1	백로	10	10	9	9	9	8	8	8	7	7	7	6	6	6	5	추분	5	4	4	4	3	3

한로 9일 14시 36분 　【음9월】→　음 9 【丙戌月(병술월)】　　상강 24일 17시 29분

양력	1	2	3	4	5	6	7	8	9	10	11	12	13	14	15	16	17	18	19	20	21	22	23	24	25	26	27	28	29	30	31
양력 10 요일	화	수	목	금	토	일	월	화	수	목	금	토	일	월	화	수	목	금	토	일	월	화	수	목	금	토	일	월	화	수	목
일진	庚	辛	壬	癸	甲	乙	丙	丁	戊	己	庚	辛	壬	癸	甲	乙	丙	丁	戊	己	庚	辛	壬	癸	甲	乙	丙	丁	戊	己	庚
日辰	戌	亥	子	丑	寅	卯	辰	巳	午	未	申	酉	戌	亥	子	丑	寅	卯	辰	巳	午	未	申	酉	戌	亥	子	丑	寅	卯	辰
음력 09/04 10/05	4	5	6	7	8	9	10	11	12	13	14	15	16	17	18	19	20	21	22	23	24	25	26	27	28	29	10/1	2	3	4	5
대 남	8	8	8	9	9	9	10	10	한로	1	1	1	1	2	2	2	3	3	3	4	4	4	5	상강	5	6	6	6	7	7	7
운 여	3	2	2	2	1	1	1	1	한로	10	9	9	9	8	8	8	7	7	7	6	6	6	5	상강	5	5	4	4	4	3	3

입동 8일 17시 18분 　【음10월】→　음 10 【丁亥月(정해월)】　　소설 23일 14시 35분

양력	1	2	3	4	5	6	7	8	9	10	11	12	13	14	15	16	17	18	19	20	21	22	23	24	25	26	27	28	29	30
양력 11 요일	금	토	일	월	화	수	목	금	토	일	월	화	수	목	금	토	일	월	화	수	목	금	토	일	월	화	수	목	금	토
일진	辛	壬	癸	甲	乙	丙	丁	戊	己	庚	辛	壬	癸	甲	乙	丙	丁	戊	己	庚	辛	壬	癸	甲	乙	丙	丁	戊	己	庚
日辰	巳	午	未	申	酉	戌	亥	子	丑	寅	卯	辰	巳	午	未	申	酉	戌	亥	子	丑	寅	卯	辰	巳	午	未	申	酉	戌
음력 10/06 11/05	6	7	8	9	10	11	12	13	14	15	16	17	18	19	20	21	22	23	24	25	26	27	28	29	30	11/1	2	3	4	5
대 남	8	8	8	9	9	9	10	입동	1	1	1	1	2	2	2	3	3	3	4	4	4	5	소설	5	6	6	6	7	7	7
운 여	2	2	2	1	1	1	1	입동	10	9	9	9	8	8	8	7	7	7	6	6	6	5	소설	5	5	4	4	4	3	3

대설 8일 09시 45분 　【음11월】→　음 11 【戊子月(무자월)】　　동지 23일 03시 37분

양력	1	2	3	4	5	6	7	8	9	10	11	12	13	14	15	16	17	18	19	20	21	22	23	24	25	26	27	28	29	30	31
양력 12 요일	일	월	화	수	목	금	토	일	월	화	수	목	금	토	일	월	화	수	목	금	토	일	월	화	수	목	금	토	일	월	화
일진	辛	壬	癸	甲	乙	丙	丁	戊	己	庚	辛	壬	癸	甲	乙	丙	丁	戊	己	庚	辛	壬	癸	甲	乙	丙	丁	戊	己	庚	辛
日辰	亥	子	丑	寅	卯	辰	巳	午	未	申	酉	戌	亥	子	丑	寅	卯	辰	巳	午	未	申	酉	戌	亥	子	丑	寅	卯	辰	巳
음력 11/06 12/06	6	7	8	9	10	11	12	13	14	15	16	17	18	19	20	21	22	23	24	25	26	27	28	29	30	12/1	2	3	4	5	6
대 남	8	8	8	9	9	9	10	대설	1	1	1	1	2	2	2	3	3	3	4	4	4	5	동지	5	6	6	6	7	7	7	8
운 여	2	2	2	1	1	1	1	대설	9	9	9	8	8	8	7	7	7	6	6	6	5	동지	5	4	4	4	3	3	3	2

단기 4269 年
불기 2480 年

1936年

丙子(병자)년　　납음(澗下水), 본명성(一白水)

대장군(酉서방), 삼살(남방), 상문(寅동북방), 조객(戌서북방),납음(간하수),
삼재(인,묘,진)년　　臘享(납향):1937년1월20일(음12/08)

소한 6일 20시 47분　【음12월】➡　**음 12** 己丑月(기축월)　　대한 21일 14시 12분

양력	1	2	3	4	5	6	7	8	9	10	11	12	13	14	15	16	17	18	19	20	21	22	23	24	25	26	27	28	29	30	31
요일	수	목	금	토	일	월	화	수	목	금	토	일	월	화	수	목	금	토	일	월	화	수	목	금	토	일	월	화	수	목	금
일진	壬辰	癸午	乙未	丙酉	丁戌	戊亥	己子	庚寅	辛卯	壬辰	癸巳	甲午	乙未	丙酉	丁戌	戊亥	己子	庚寅	辛卯	壬辰	癸巳	甲午	乙未	丙酉	丁戌	戊亥	己子	庚寅	辛卯	壬辰	癸巳
음력	7	8	9	10	11	12	13	14	15	16	17	18	19	20	21	22	23	24	25	26	27	28	29	1/1	2	3	4	5	6	7	8
대남	8	8	9	9	9	소한	1	1	1	1	2	2	2	3	3	3	4	4	4	5	대한	5	6	6	6	7	7	7	8	8	8
운여	2	1	1	1	1	한	10	9	9	9	8	8	8	7	7	7	6	6	6	5	한	5	4	4	4	3	3	3	2	2	2

입춘 5일 08시 29분　【음1월】➡　**음 1** 庚寅月(경인월)　　우수 20일 04시 33분

양력	1	2	3	4	5	6	7	8	9	10	11	12	13	14	15	16	17	18	19	20	21	22	23	24	25	26	27	28	29
요일	토	일	월	화	수	목	금	토	일	월	화	수	목	금	토	일	월	화	수	목	금	토	일	월	화	수	목	금	토
일진	癸丑	甲寅	乙卯	丙辰	丁巳	戊午	己未	庚申	辛酉	壬戌	癸亥	甲子	乙丑	丙卯	丁辰	戊巳	己午	庚未	辛酉	壬戌	癸亥	甲子	乙丑	丙寅	丁卯	戊辰	己巳	庚午	辛巳
음력	9	10	11	12	13	14	15	16	17	18	19	20	21	22	23	24	25	26	27	28	29	30	2/1	2	3	4	5	6	7
대남	9	9	9	10	입춘	10	9	9	9	8	8	8	7	7	7	6	6	6	5	우수	5	4	4	4	3	3	3	2	2
운여	1	1	1	1	춘	1	1	1	2	2	2	3	3	3	4	4	4	5	5	수	5	6	6	6	7	7	7	8	8

丙子年

경칩 6일 02시 49분　【음2월】➡　**음 2** 辛卯月(신묘월)　　춘분 21일 03시 58분

양력	1	2	3	4	5	6	7	8	9	10	11	12	13	14	15	16	17	18	19	20	21	22	23	24	25	26	27	28	29	30	31
요일	일	월	화	수	목	금	토	일	월	화	수	목	금	토	일	월	화	수	목	금	토	일	월	화	수	목	금	토	일	월	화
일진	壬午	癸未	乙酉	丙戌	丁亥	戊子	己寅	庚卯	辛辰	壬巳	癸午	甲未	乙酉	丙戌	丁亥	戊子	己寅	庚卯	辛辰	壬巳	癸午	甲未	乙酉	丙戌	丁亥	戊子	己丑	庚寅	辛卯	壬辰	癸巳
음력	8	9	10	11	12	13	14	15	16	17	18	19	20	21	22	23	24	25	26	27	28	29	3/1	2	3	4	5	6	7	8	9
대남	2	1	1	1	1	경칩	10	9	9	9	8	8	8	7	7	7	6	6	6	5	춘분	5	4	4	4	3	3	3	2	2	2
운여	8	9	9	9	10	칩	1	1	1	1	2	2	2	3	3	3	4	4	4	5	분	5	6	6	6	7	7	7	8	8	8

청명 5일 08시 07분　【음3월】➡　**음 3** 壬辰月(임진월)　　**윤 3**　　곡우 20일 15시 31분

양력	1	2	3	4	5	6	7	8	9	10	11	12	13	14	15	16	17	18	19	20	21	22	23	24	25	26	27	28	29	30
요일	수	목	금	토	일	월	화	수	목	금	토	일	월	화	수	목	금	토	일	월	화	수	목	금	토	일	월	화	수	목
일진	癸丑	甲寅	乙卯	丙辰	丁巳	戊午	己未	庚申	辛酉	壬戌	癸亥	甲子	乙丑	丙寅	丁卯	戊辰	己巳	庚午	辛未	壬申	癸酉	甲戌	乙亥	丙子	丁丑	戊寅	己卯	庚辰	辛巳	壬午
음력	10	11	12	13	14	15	16	17	18	19	20	21	22	23	24	25	26	27	28	29	윤3	2	3	4	5	6	7	8	9	10
대남	1	1	1	1	청명	10	9	9	9	8	8	8	7	7	7	6	6	6	5	곡우	5	4	4	4	3	3	3	2	2	1
운여	9	9	9	10	명	1	1	1	1	2	2	2	3	3	3	4	4	4	5	우	5	6	6	6	7	7	7	8	8	8

입하 6일 01시 57분　【음4월】➡　**음 4** 癸巳月(계사월)　　소만 21일 15시 07분

양력	1	2	3	4	5	6	7	8	9	10	11	12	13	14	15	16	17	18	19	20	21	22	23	24	25	26	27	28	29	30	31
요일	금	토	일	월	화	수	목	금	토	일	월	화	수	목	금	토	일	월	화	수	목	금	토	일	월	화	수	목	금	토	일
일진	癸未	甲申	乙酉	丙戌	丁亥	戊子	己丑	庚寅	辛卯	壬辰	癸巳	甲午	乙未	丙申	丁酉	戊戌	己亥	庚子	辛丑	壬寅	癸卯	甲辰	乙巳	丙午	丁未	戊申	己酉	庚戌	辛亥	壬子	癸丑
음력	11	12	13	14	15	16	17	18	19	20	21	22	23	24	25	26	27	28	29	30	4/1	2	3	4	5	6	7	8	9	10	11
대남	2	1	1	1	1	입하	10	10	9	9	9	8	8	8	7	7	7	6	6	6	소만	5	5	4	4	4	3	3	3	2	2
운여	9	9	9	10	10	하	1	1	1	1	2	2	2	3	3	3	4	4	4	5	만	5	5	6	6	6	7	7	7	8	8

망종 6일 06시 31분　【음5월】➡　**음 5** 甲午月(갑오월)　　하지 21일 23시 22분

양력	1	2	3	4	5	6	7	8	9	10	11	12	13	14	15	16	17	18	19	20	21	22	23	24	25	26	27	28	29	30
요일	월	화	수	목	금	토	일	월	화	수	목	금	토	일	월	화	수	목	금	토	일	월	화	수	목	금	토	일	월	화
일진	甲寅	乙卯	丙辰	丁巳	戊午	己未	庚申	辛酉	壬戌	癸亥	甲子	乙丑	丙寅	丁卯	戊辰	己巳	庚午	辛未	壬申	癸酉	甲戌	乙亥	丙子	丁丑	戊寅	己卯	庚辰	辛巳	壬午	癸未
음력	12	13	14	15	16	17	18	19	20	21	22	23	24	25	26	27	28	29	5/1	2	3	4	5	6	7	8	9	10	11	12
대남	2	1	1	1	1	망종	10	10	9	9	9	8	8	8	7	7	7	6	6	6	하지	5	5	4	4	4	3	3	3	2
운여	9	9	9	10	10	종	1	1	1	1	2	2	2	3	3	3	4	4	4	5	지	5	6	6	6	7	7	7	8	8

한식(4월6일), 초복(7월17일), 중복(7월27일), 말복(8월16일) ↑춘사(春社)3/17
☀추사(秋社)9/23 토왕지절(土旺之節):4월17일,7월20일,10월20일,1월17일(신년양력),
臘享(납향):1937년1월20일(신년양력)

소서 7일 16시 58분　【음6월】 →　음 6 【乙未月(을미월)】　　　대서 23일 10시 18분

양력	1	2	3	4	5	6	7	8	9	10	11	12	13	14	15	16	17	18	19	20	21	22	23	24	25	26	27	28	29	30	31
요일	수	목	금	토	일	월	화	수	목	금	토	일	월	화	수	목	금	토	일	월	화	수	목	금	토	일	월	화	수	목	금
일진 日辰	甲申	乙酉	丙戌	丁亥	戊子	己丑	庚寅	辛卯	壬辰	癸巳	甲午	乙未	丙申	丁酉	戊戌	己亥	庚子	辛丑	壬寅	癸卯	甲辰	乙巳	丙午	丁未	戊申	己酉	庚戌	辛亥	壬子	癸丑	甲寅
음력	13	14	15	16	17	18	19	20	21	22	23	24	25	26	27	28	29	30	6/1	2	3	4	5	6	7	8	9	10	11	12	13
대남	1	1	1	1	1	소	10	10	10	9	9	9	8	8	8	7	7	7	6	6	6	대	5	5	5	4	4	4	3	3	3
운여	8	9	9	9	10	서	1	1	1	1	2	2	2	3	3	3	4	4	4	5	5	서	6	6	6	7	7	7	7	8	8

음력 05/13 ~ 06/13

입추 8일 02시 43분　【음7월】 →　음 7 【丙申月(병신월)】　　　처서 23일 17시 11분

양력	1	2	3	4	5	6	7	8	9	10	11	12	13	14	15	16	17	18	19	20	21	22	23	24	25	26	27	28	29	30	31
요일	토	일	월	화	수	목	금	토	일	월	화	수	목	금	토	일	월	화	수	목	금	토	일	월	화	수	목	금	토	일	월
일진 日辰	乙卯	丙辰	丁巳	戊午	己未	庚申	辛酉	壬戌	癸亥	甲子	乙丑	丙寅	丁卯	戊辰	己巳	庚午	辛未	壬申	癸酉	甲戌	乙亥	丙子	丁丑	戊寅	己卯	庚辰	辛巳	壬午	癸未	甲申	乙酉
음력	14	15	16	17	18	19	20	21	22	23	24	25	26	27	28	29	7/1	2	3	4	5	6	7	8	9	10	11	12	13	14	15
대남	2	2	1	1	1	1	입	10	10	9	9	9	8	8	8	7	7	7	6	6	6	저	5	5	5	4	4	4	3	3	3
운여	8	9	9	9	10	10	추	1	1	1	1	2	2	2	3	3	3	4	4	4	5	서	5	6	6	6	7	7	7	8	8

음력 06/14 ~ 07/15

백로 8일 05시 21분　【음8월】 →　음 8 【丁酉月(정유월)】　　　추분 23일 14시 26분

양력	1	2	3	4	5	6	7	8	9	10	11	12	13	14	15	16	17	18	19	20	21	22	23	24	25	26	27	28	29	30
요일	화	수	목	금	토	일	월	화	수	목	금	토	일	월	화	수	목	금	토	일	월	화	수	목	금	토	일	월	화	수
일진 日辰	丙戌	丁亥	戊子	己丑	庚寅	辛卯	壬辰	癸巳	甲午	乙未	丙申	丁酉	戊戌	己亥	庚子	辛丑	壬寅	癸卯	甲辰	乙巳	丙午	丁未	戊申	己酉	庚戌	辛亥	壬子	癸丑	甲寅	乙卯
음력	16	17	18	19	20	21	22	23	24	25	26	27	28	29	30	8/1	2	3	4	5	6	7	8	9	10	11	12	13	14	15
대남	2	2	2	1	1	1	1	백	10	10	9	9	9	8	8	8	7	7	7	6	6	6	추	5	5	5	4	4	4	3
운여	8	8	9	9	9	10	10	로	1	1	1	1	2	2	2	3	3	3	4	4	4	5	분	5	6	6	6	7	7	7

음력 07/16 ~ 08/15

한로 8일 20시 32분　【음9월】 →　음 9 【戊戌月(무술월)】　　　상강 23일 23시 18분

양력	1	2	3	4	5	6	7	8	9	10	11	12	13	14	15	16	17	18	19	20	21	22	23	24	25	26	27	28	29	30	31
요일	목	금	토	일	월	화	수	목	금	토	일	월	화	수	목	금	토	일	월	화	수	목	금	토	일	월	화	수	목	금	토
일진 日辰	丙辰	丁巳	戊午	己未	庚申	辛酉	壬戌	癸亥	甲子	乙丑	丙寅	丁卯	戊辰	己巳	庚午	辛未	壬申	癸酉	甲戌	乙亥	丙子	丁丑	戊寅	己卯	庚辰	辛巳	壬午	癸未	甲申	乙酉	丙戌
음력	16	17	18	19	20	21	22	23	24	25	26	27	28	29	9/1	2	3	4	5	6	7	8	9	10	11	12	13	14	15	16	17
대남	2	2	2	1	1	1	1	한	10	9	9	9	8	8	8	7	7	7	6	6	6	5	상	5	5	4	4	4	3	3	3
운여	8	8	8	9	9	9	10	로	1	1	1	1	2	2	2	3	3	3	4	4	4	5	강	5	6	6	6	7	7	7	8

음력 09/16 ~ 10/17

입동 7일 23시 15분　【음10월】 →　음 10 【己亥月(기해월)】　　　소설 22일 20시 25분

양력	1	2	3	4	5	6	7	8	9	10	11	12	13	14	15	16	17	18	19	20	21	22	23	24	25	26	27	28	29	30
요일	일	월	화	수	목	금	토	일	월	화	수	목	금	토	일	월	화	수	목	금	토	일	월	화	수	목	금	토	일	월
일진 日辰	丁亥	戊子	己丑	庚寅	辛卯	壬辰	癸巳	甲午	乙未	丙申	丁酉	戊戌	己亥	庚子	辛丑	壬寅	癸卯	甲辰	乙巳	丙午	丁未	戊申	己酉	庚戌	辛亥	壬子	癸丑	甲寅	乙卯	丙辰
음력	18	19	20	21	22	23	24	25	26	27	28	29	30	10/1	2	3	4	5	6	7	8	9	10	11	12	13	14	15	16	17
대남	2	2	2	1	1	1	입	10	9	9	9	8	8	8	7	7	7	6	6	6	5	소	5	5	4	4	4	3	3	3
운여	8	8	9	9	9	10	동	1	1	1	1	2	2	2	3	3	3	4	4	4	5	설	5	6	6	6	7	7	7	8

음력 09/18 ~ 10/17

대설 7일 15시 42분　【음11월】 →　음 11 【庚子月(경자월)】　　　동지 22일 09시 27분

양력	1	2	3	4	5	6	7	8	9	10	11	12	13	14	15	16	17	18	19	20	21	22	23	24	25	26	27	28	29	30	31
요일	화	수	목	금	토	일	월	화	수	목	금	토	일	월	화	수	목	금	토	일	월	화	수	목	금	토	일	월	화	수	목
일진 日辰	丁巳	戊午	己未	庚申	辛酉	壬戌	癸亥	甲子	乙丑	丙寅	丁卯	戊辰	己巳	庚午	辛未	壬申	癸酉	甲戌	乙亥	丙子	丁丑	戊寅	己卯	庚辰	辛巳	壬午	癸未	甲申	乙酉	丙戌	丁亥
음력	18	19	20	21	22	23	24	25	26	27	28	29	30	11/1	2	3	4	5	6	7	8	9	10	11	12	13	14	15	16	17	18
대남	2	2	2	1	1	1	대	10	9	9	9	8	8	8	7	7	7	6	6	6	5	동	5	5	4	4	4	3	3	3	2
운여	8	8	8	9	9	9	설	1	1	1	1	2	2	2	3	3	3	4	4	4	5	지	5	5	6	6	6	7	7	7	8

음력 10/18 ~ 11/18

1936 丙子年

丁丑(정축)년 납음(納音)潤下水), 본명성(九紫火)

대장군(酉서방), 삼살(동방), 상문(卯동방), 조객(亥서방), 납음(간하수),
【삼살(해,자,축)년】 臘享(납향):1938년 1월15일(음12/14)

소한 6일 02시 44분 【음12월】 → 음 12 【辛丑月(신축월)】 대한 20일 20시 01분

양력 1

양력	1	2	3	4	5	6	7	8	9	10	11	12	13	14	15	16	17	18	19	20	21	22	23	24	25	26	27	28	29	30	31
요일	금	토	일	월	화	수	목	금	토	일	월	화	수	목	금	토	일	월	화	수	목	금	토	일	월	화	수	목	금	토	일
일진	戊	己	庚	辛	壬	癸	甲	乙	丙	丁	戊	己	庚	辛	壬	癸	甲	乙	丙	丁	戊	己	庚	辛	壬	癸	甲	乙	丙	丁	戊
日辰	辰	子	丑	寅	卯	辰	巳	午	未	申	酉	戌	亥	子	丑	寅	卯	辰	巳	午	未	申	酉	戌	亥	子	丑	寅	卯	辰	巳
음력	19	20	21	22	23	24	25	26	27	28	29	30	12/1	2	3	4	5	6	7	8	9	10	11	12	13	14	15	16	17	18	19
대남	2	1	1	1	1	소	9	9	9	8	8	8	7	7	7	6	6	6	5	대	5	4	4	4	3	3	3	2	2	2	1
운여	8	9	9	9	10	한	1	1	1	1	2	2	2	3	3	3	4	4	4	한	5	5	6	6	6	7	7	7	8	8	8

음력 11/19 ~ 12/19

입춘 4일 14시 26분 【음1월】 → 음 1 【壬寅月(임인월)】 우수 19일 10시 21분

양력 2

양력	1	2	3	4	5	6	7	8	9	10	11	12	13	14	15	16	17	18	19	20	21	22	23	24	25	26	27	28
요일	월	화	수	목	금	토	일	월	화	수	목	금	토	일	월	화	수	목	금	토	일	월	화	수	목	금	토	일
일진	己	庚	辛	壬	癸	甲	乙	丙	丁	戊	己	庚	辛	壬	癸	甲	乙	丙	丁	戊	己	庚	辛	壬	癸	甲	乙	丙
日辰	未	申	酉	戌	亥	子	丑	寅	卯	辰	巳	午	未	申	酉	戌	亥	子	丑	寅	卯	辰	巳	午	未	申	酉	戌
음력	20	21	22	23	24	25	26	27	28	29	1/1	2	3	4	5	6	7	8	9	10	11	12	13	14	15	16	17	18
대남	1	1	1	입	1	1	1	1	2	2	2	3	3	3	4	4	4	5	우	5	6	6	6	7	7	7	8	8
운여	9	9	9	춘	10	9	9	8	8	8	7	7	7	6	6	6	5	5	수	5	4	4	4	3	3	3	2	2

음력 12/20 ~ 01/18

丁丑年

경칩 6일 08시 44분 【음2월】 → 음 2 【癸卯月(계묘월)】 춘분 21일 09시 45분

양력 3

양력	1	2	3	4	5	6	7	8	9	10	11	12	13	14	15	16	17	18	19	20	21	22	23	24	25	26	27	28	29	30	31
요일	월	화	수	목	금	토	일	월	화	수	목	금	토	일	월	화	수	목	금	토	일	월	화	수	목	금	토	일	월	화	수
일진	丁	戊	己	庚	辛	壬	癸	甲	乙	丙	丁	戊	己	庚	辛	壬	癸	甲	乙	丙	丁	戊	己	庚	辛	壬	癸	甲	乙	丙	丁
日辰	亥	子	丑	寅	卯	辰	巳	午	未	申	酉	戌	亥	子	丑	寅	卯	辰	巳	午	未	申	酉	戌	亥	子	丑	寅	卯	辰	巳
음력	19	20	21	22	23	24	25	26	27	28	29	30	2/1	2	3	4	5	6	7	8	9	10	11	12	13	14	15	16	17	18	19
대남	8	9	9	9	10	경	1	1	1	1	2	2	2	3	3	3	4	4	4	춘	5	5	6	6	6	7	7	7	8	8	8
운여	2	1	1	1	1	칩	10	9	9	9	8	8	8	7	7	7	6	6	6	분	5	5	4	4	4	3	3	3	2	2	2

음력 01/19 ~ 02/19

청명 5일 14시 01분 【음3월】 → 음 3 【甲辰月(갑진월)】 곡우 20일 21시 19분

양력 4

양력	1	2	3	4	5	6	7	8	9	10	11	12	13	14	15	16	17	18	19	20	21	22	23	24	25	26	27	28	29	30
요일	목	금	토	일	월	화	수	목	금	토	일	월	화	수	목	금	토	일	월	화	수	목	금	토	일	월	화	수	목	금
일진	戊	己	庚	辛	壬	癸	甲	乙	丙	丁	戊	己	庚	辛	壬	癸	甲	乙	丙	丁	戊	己	庚	辛	壬	癸	甲	乙	丙	丁
日辰	午	未	申	酉	戌	亥	子	丑	寅	卯	辰	巳	午	未	申	酉	戌	亥	子	丑	寅	卯	辰	巳	午	未	申	酉	戌	亥
음력	20	21	22	23	24	25	26	27	28	29	3/1	2	3	4	5	6	7	8	9	10	11	12	13	14	15	16	17	18	19	20
대남	9	9	9	10	청	1	1	1	1	2	2	2	3	3	3	4	4	4	5	곡	5	6	6	6	7	7	7	8	8	8
운여	1	1	1	1	명	10	10	9	9	9	8	8	8	7	7	7	6	6	6	우	5	5	4	4	4	3	3	3	2	2

음력 02/20 ~ 03/20

입하 6일 07시 51분 【음4월】 → 음 4 【乙巳月(을사월)】 소만 21일 20시 57분

양력 5

양력	1	2	3	4	5	6	7	8	9	10	11	12	13	14	15	16	17	18	19	20	21	22	23	24	25	26	27	28	29	30	31
요일	토	일	월	화	수	목	금	토	일	월	화	수	목	금	토	일	월	화	수	목	금	토	일	월	화	수	목	금	토	일	월
일진	戊	己	庚	辛	壬	癸	甲	乙	丙	丁	戊	己	庚	辛	壬	癸	甲	乙	丙	丁	戊	己	庚	辛	壬	癸	甲	乙	丙	丁	戊
日辰	子	丑	寅	卯	辰	巳	午	未	申	酉	戌	亥	子	丑	寅	卯	辰	巳	午	未	申	酉	戌	亥	子	丑	寅	卯	辰	巳	午
음력	21	22	23	24	25	26	27	28	29	4/1	2	3	4	5	6	7	8	9	10	11	12	13	14	15	16	17	18	19	20	21	22
대남	9	9	9	10	10	입	1	1	1	1	2	2	2	3	3	3	4	4	4	5	소	5	6	6	6	7	7	7	8	8	8
운여	2	1	1	1	1	하	10	10	9	9	9	8	8	8	7	7	7	6	6	6	만	5	5	4	4	4	3	3	3	2	2

음력 03/21 ~ 04/22

망종 6일 12시 23분 【음5월】 → 음 5 【丙午月(병오월)】 하지 22일 05시 12분

양력 6

양력	1	2	3	4	5	6	7	8	9	10	11	12	13	14	15	16	17	18	19	20	21	22	23	24	25	26	27	28	29	30
요일	화	수	목	금	토	일	월	화	수	목	금	토	일	월	화	수	목	금	토	일	월	화	수	목	금	토	일	월	화	수
일진	己	庚	辛	壬	癸	甲	乙	丙	丁	戊	己	庚	辛	壬	癸	甲	乙	丙	丁	戊	己	庚	辛	壬	癸	甲	乙	丙	丁	戊
日辰	未	申	酉	戌	亥	子	丑	寅	卯	辰	巳	午	未	申	酉	戌	亥	子	丑	寅	卯	辰	巳	午	未	申	酉	戌	亥	子
음력	23	24	25	26	27	28	29	30	5/1	2	3	4	5	6	7	8	9	10	11	12	13	14	15	16	17	18	19	20	21	22
대남	9	9	9	10	10	망	1	1	1	1	2	2	2	3	3	3	4	4	4	5	5	하	6	6	6	7	7	7	8	8
운여	2	1	1	1	1	종	10	10	9	9	9	8	8	8	7	7	7	6	6	6	5	지	5	4	4	4	3	3	3	2

음력 04/23 ~ 05/22

한식(4월06일), 초복(7월12일), 중복(7월22일), 말복(8월11일)♠춘사(春社)3/22
✷추사(秋社)9/28토왕지절(土旺之節):4월17일,7월20일,10월21일,1월18일(신년양력),
臘享(납향):1938년 1월15일(신년양력)

1937 丁丑年

소서 7일 22시 46분 【음6월】 → 음 6 【丁未月(정미월)】 대서 23일 16시 07분

양력 7	양력	1	2	3	4	5	6	7	8	9	10	11	12	13	14	15	16	17	18	19	20	21	22	23	24	25	26	27	28	29	30	31
	요일	목	금	토	일	월	화	수	목	금	토	일	월	화	수	목	금	토	일	월	화	수	목	금	토	일	월	화	수	목	금	토
	일진	己	庚	辛	壬	癸	甲	乙	丙	丁	戊	己	庚	辛	壬	癸	甲	乙	丙	丁	戊	己	庚	辛	壬	癸	甲	乙	丙	丁	戊	己
	日辰	丑	寅	卯	辰	巳	午	未	申	酉	戌	亥	子	丑	寅	卯	辰	巳	午	未	申	酉	戌	亥	子	丑	寅	卯	辰	巳	午	未
음력 05/23 06/24	음력	23	24	25	26	27	28	29	6/1	2	3	4	5	6	7	8	9	10	11	12	13	14	15	16	17	18	19	20	21	22	23	24
	대남	8	9	9	9	10	10	소서	1	1	1	1	2	2	2	3	3	3	4	4	4	5	5	5	대서	6	6	6	7	7	7	8
	운여	2	2	1	1	1	1		10	10	10	9	9	9	8	8	8	7	7	7	6	6	6	5		5	5	4	4	4	3	3

입추 8일 08시 25분 【음7월】 → 음 7 【戊申月(무신월)】 처서 23일 22시 58분

양력 8	양력	1	2	3	4	5	6	7	8	9	10	11	12	13	14	15	16	17	18	19	20	21	22	23	24	25	26	27	28	29	30	31
	요일	일	월	화	수	목	금	토	일	월	화	수	목	금	토	일	월	화	수	목	금	토	일	월	화	수	목	금	토	일	월	화
	일진	庚	辛	壬	癸	甲	乙	丙	丁	戊	己	庚	辛	壬	癸	甲	乙	丙	丁	戊	己	庚	辛	壬	癸	甲	乙	丙	丁	戊	己	庚
	日辰	申	酉	戌	亥	子	丑	寅	卯	辰	巳	午	未	申	酉	戌	亥	子	丑	寅	卯	辰	巳	午	未	申	酉	戌	亥	子	丑	寅
음력 06/25 07/26	음력	25	26	27	28	29	7/1	2	3	4	5	6	7	8	9	10	11	12	13	14	15	16	17	18	19	20	21	22	23	24	25	26
	대남	8	9	9	9	10	10	10	입추	1	1	1	1	2	2	2	3	3	3	4	4	4	5	처서	5	5	6	6	6	7	7	7
	운여	2	2	1	1	1	1		10	10	10	9	9	9	8	8	8	7	7	7	6	6	6		5	5	5	4	4	4	3	3

백로 8일 10시 59분 【음8월】 → 음 8 【己酉月(기유월)】 추분 23일 20시 13분

양력 9	양력	1	2	3	4	5	6	7	8	9	10	11	12	13	14	15	16	17	18	19	20	21	22	23	24	25	26	27	28	29	30	
	요일	수	목	금	토	일	월	화	수	목	금	토	일	월	화	수	목	금	토	일	월	화	수	목	금	토	일	월	화	수	목	
	일진	辛	壬	癸	甲	乙	丙	丁	戊	己	庚	辛	壬	癸	甲	乙	丙	丁	戊	己	庚	辛	壬	癸	甲	乙	丙	丁	戊	己	庚	
	日辰	卯	辰	巳	午	未	申	酉	戌	亥	子	丑	寅	卯	辰	巳	午	未	申	酉	戌	亥	子	丑	寅	卯	辰	巳	午	未	申	
음력 07/27 08/26	음력	27	28	29	30	8/1	2	3	4	5	6	7	8	9	10	11	12	13	14	15	16	17	18	19	20	21	22	23	24	25	26	
	대남	8	8	9	9	9	10	10	백로	1	1	1	1	2	2	2	3	3	3	4	4	4	추분	5	5	6	6	6	7	7	7	
	운여	2	2	1	1	1	1		10	10	10	9	9	9	8	8	8	7	7	7	6	6	6		5	5	5	4	4	4	3		

한로 9일 02시 11분 【음9월】 → 음 9 【庚戌月(경술월)】 상강 24일 05시 07분

양력 10	양력	1	2	3	4	5	6	7	8	9	10	11	12	13	14	15	16	17	18	19	20	21	22	23	24	25	26	27	28	29	30	31
	요일	금	토	일	월	화	수	목	금	토	일	월	화	수	목	금	토	일	월	화	수	목	금	토	일	월	화	수	목	금	토	일
	일진	辛	壬	癸	甲	乙	丙	丁	戊	己	庚	辛	壬	癸	甲	乙	丙	丁	戊	己	庚	辛	壬	癸	甲	乙	丙	丁	戊	己	庚	辛
	日辰	酉	戌	亥	子	丑	寅	卯	辰	巳	午	未	申	酉	戌	亥	子	丑	寅	卯	辰	巳	午	未	申	酉	戌	亥	子	丑	寅	卯
음력 08/28 09/28	음력	27	28	29	9/1	2	3	4	5	6	7	8	9	10	11	12	13	14	15	16	17	18	19	20	21	22	23	24	25	26	27	28
	대남	8	8	8	9	9	9	10	10	한로	1	1	1	1	2	2	2	3	3	3	4	4	4	상강	5	5	6	6	6	7	7	7
	운여	2	2	1	1	1	1		10	10	10	9	9	9	8	8	8	7	7	7	6	6	6		5	5	5	4	4	4	3	3

입동 8일 04시 55분 【음10월】 → 음 10 【辛亥月(신해월)】 소설 23일 02시 17분

양력 11	양력	1	2	3	4	5	6	7	8	9	10	11	12	13	14	15	16	17	18	19	20	21	22	23	24	25	26	27	28	29	30	
	요일	월	화	수	목	금	토	일	월	화	수	목	금	토	일	월	화	수	목	금	토	일	월	화	수	목	금	토	일	월	화	
	일진	壬	癸	甲	乙	丙	丁	戊	己	庚	辛	壬	癸	甲	乙	丙	丁	戊	己	庚	辛	壬	癸	甲	乙	丙	丁	戊	己	庚	辛	
	日辰	辰	巳	午	未	申	酉	戌	亥	子	丑	寅	卯	辰	巳	午	未	申	酉	戌	亥	子	丑	寅	卯	辰	巳	午	未	申	酉	
음력 09/29 10/28	음력	29	30	10/1	2	3	4	5	6	7	8	9	10	11	12	13	14	15	16	17	18	19	20	21	22	23	24	25	26	27	28	
	대남	8	8	8	9	9	9	10	입동	1	1	1	1	2	2	2	3	3	3	4	4	4	5	소설	5	5	6	6	6	7	7	
	운여	2	2	1	1	1	1		10	9	9	9	8	8	8	7	7	7	6	6	6	5	5		5	4	4	4	3	3	3	

대설 7일 21시 26분 【음11월】 → 음 11 【壬子月(임자월)】 동지 22일 15시 22분

양력 12	양력	1	2	3	4	5	6	7	8	9	10	11	12	13	14	15	16	17	18	19	20	21	22	23	24	25	26	27	28	29	30	31
	요일	수	목	금	토	일	월	화	수	목	금	토	일	월	화	수	목	금	토	일	월	화	수	목	금	토	일	월	화	수	목	금
	일진	壬	癸	甲	乙	丙	丁	戊	己	庚	辛	壬	癸	甲	乙	丙	丁	戊	己	庚	辛	壬	癸	甲	乙	丙	丁	戊	己	庚	辛	壬
	日辰	戌	亥	子	丑	寅	卯	辰	巳	午	未	申	酉	戌	亥	子	丑	寅	卯	辰	巳	午	未	申	酉	戌	亥	子	丑	寅	卯	辰
음력 10/29 11/29	음력	29	30	11/1	2	3	4	5	6	7	8	9	10	11	12	13	14	15	16	17	18	19	20	21	22	23	24	25	26	27	28	29
	대남	8	8	8	9	9	9	대설	1	1	1	1	2	2	2	3	3	3	4	4	4	동지	5	5	5	6	6	6	7	7	7	8
	운여	2	2	1	1	1	1		10	9	9	9	8	8	8	7	7	7	6	6	6	지	5	5	4	4	4	3	3	3	2	2

1938년

戊寅(무인)년　납음(城頭土),본명성(八白土)

대장군(子북방). 삼살(북방). 상문(辰동남방),조객(子북방), 납음(성두토),
【삼재(신.유.술)년】　臘享(납향):1939년1월22일(음12/03)

소한 6일 08시 31분　【음12월】 →　음 12 【癸丑月(계축월)】　　대한 21일 01시 59분

양력 1	양력	1	2	3	4	5	6	7	8	9	10	11	12	13	14	15	16	17	18	19	20	21	22	23	24	25	26	27	28	29	30	31
	요일	토	일	월	화	수	목	금	토	일	월	화	수	목	금	토	일	월	화	수	목	금	토	일	월	화	수	목	금	토	일	월
	일진日辰	癸巳	甲午	乙未	丙申	丁酉	戊戌	己亥	庚子	辛丑	壬寅	癸卯	甲辰	乙巳	丙午	丁未	戊申	己酉	庚戌	辛亥	壬子	癸丑	甲寅	乙卯	丙辰	丁巳	戊午	己未	庚申	辛酉	壬戌	癸亥
11/30 01/01	음력	30	12/1	2	3	4	5	6	7	8	9	10	11	12	13	14	15	16	17	18	19	20	21	22	23	24	25	26	27	28	29	1/1
	대남	8	9	9	9	10	소	1	1	1	1	2	2	2	3	3	3	4	4	4	5	대	5	6	6	6	7	7	7	8	8	8
	운여	2	1	1	1	1	한	9	9	9	8	8	8	7	7	7	6	6	6	5	5	한	4	4	4	3	3	3	2	2	2	1

입춘 4일 20시 15분　【음1월】 →　음 1 【甲寅月(갑인월)】　　우수 19일 16시 20분

양력 2	양력	1	2	3	4	5	6	7	8	9	10	11	12	13	14	15	16	17	18	19	20	21	22	23	24	25	26	27	28
	요일	화	수	목	금	토	일	월	화	수	목	금	토	일	월	화	수	목	금	토	일	월	화	수	목	금	토	일	월
	일진日辰	甲子	乙丑	丙寅	丁卯	戊辰	己巳	庚午	辛未	壬申	癸酉	甲戌	乙亥	丙子	丁丑	戊寅	己卯	庚辰	辛巳	壬午	癸未	甲申	乙酉	丙戌	丁亥	戊子	己丑	庚寅	辛卯
01/02 01/29	음력	2	3	4	5	6	7	8	9	10	11	12	13	14	15	16	17	18	19	20	21	22	23	24	25	26	27	28	29
	대남	9	9	9	입	10	9	9	9	8	8	8	7	7	7	6	6	6	5	우	5	4	4	4	3	3	3	2	2
	운여	1	1	1	춘	1	1	1	1	2	2	2	3	3	3	4	4	4	5	수	5	6	6	6	7	7	7	8	8

戊寅年

경칩 6일 14시 34분　【음2월】 →　음 2 【乙卯月(을묘월)】　　춘분 21일 15시 43분

양력 3	양력	1	2	3	4	5	6	7	8	9	10	11	12	13	14	15	16	17	18	19	20	21	22	23	24	25	26	27	28	29	30	31
	요일	화	수	목	금	토	일	월	화	수	목	금	토	일	월	화	수	목	금	토	일	월	화	수	목	금	토	일	월	화	수	목
	일진日辰	壬辰	癸巳	甲午	乙未	丙申	丁酉	戊戌	己亥	庚子	辛丑	壬寅	癸卯	甲辰	乙巳	丙午	丁未	戊申	己酉	庚戌	辛亥	壬子	癸丑	甲寅	乙卯	丙辰	丁巳	戊午	己未	庚申	辛酉	壬戌
01/30 02/30	음력	30	2/1	2	3	4	5	6	7	8	9	10	11	12	13	14	15	16	17	18	19	20	21	22	23	24	25	26	27	28	29	30
	대남	2	1	1	1	1	경	10	9	9	9	8	8	8	7	7	7	6	6	6	5	춘	5	4	4	4	3	3	3	2	2	2
	운여	8	9	9	9	10	칩	1	1	1	1	2	2	2	3	3	3	4	4	4	5	분	5	6	6	6	7	7	7	8	8	8

청명 5일 19시 49분　【음3월】 →　음 3 【丙辰月(병진월)】　　곡우 21일 03시 54분

양력 4	양력	1	2	3	4	5	6	7	8	9	10	11	12	13	14	15	16	17	18	19	20	21	22	23	24	25	26	27	28	29	30
	요일	금	토	일	월	화	수	목	금	토	일	월	화	수	목	금	토	일	월	화	수	목	금	토	일	월	화	수	목	금	토
	일진日辰	癸亥	甲子	乙丑	丙寅	丁卯	戊辰	己巳	庚午	辛未	壬申	癸酉	甲戌	乙亥	丙子	丁丑	戊寅	己卯	庚辰	辛巳	壬午	癸未	甲申	乙酉	丙戌	丁亥	戊子	己丑	庚寅	辛卯	壬辰
03/01 04/01	음력	3/1	2	3	4	5	6	7	8	9	10	11	12	13	14	15	16	17	18	19	20	21	22	23	24	25	26	27	28	29	4/1
	대남	1	1	1	1	청	10	10	9	9	9	8	8	8	7	7	7	6	6	6	5	곡	5	4	4	4	3	3	3	2	2
	운여	9	9	9	10	명	1	1	1	1	2	2	2	3	3	3	4	4	4	5	5	우	6	6	6	7	7	7	8	8	8

입하 6일 13시 35분　【음4월】 →　음 4 【丁巳月(정사월)】　　소만 22일 02시 50분

양력 5	양력	1	2	3	4	5	6	7	8	9	10	11	12	13	14	15	16	17	18	19	20	21	22	23	24	25	26	27	28	29	30	31
	요일	일	월	화	수	목	금	토	일	월	화	수	목	금	토	일	월	화	수	목	금	토	일	월	화	수	목	금	토	일	월	화
	일진日辰	癸巳	甲午	乙未	丙申	丁酉	戊戌	己亥	庚子	辛丑	壬寅	癸卯	甲辰	乙巳	丙午	丁未	戊申	己酉	庚戌	辛亥	壬子	癸丑	甲寅	乙卯	丙辰	丁巳	戊午	己未	庚申	辛酉	壬戌	癸亥
04/02 05/03	음력	2	3	4	5	6	7	8	9	10	11	12	13	14	15	16	17	18	19	20	21	22	23	24	25	26	27	28	29	5/1	2	3
	대남	2	1	1	1	1	입	10	10	9	9	9	8	8	8	7	7	7	6	6	6	소	5	5	4	4	4	3	3	3	2	2
	운여	9	9	9	10	10	하	1	1	1	1	2	2	2	3	3	3	4	4	4	5	만	5	6	6	6	7	7	7	8	8	8

망종 6일 18시 07분　【음5월】 →　음 5 【戊午月(무오월)】　　하지 22일 11시 04분

양력 6	양력	1	2	3	4	5	6	7	8	9	10	11	12	13	14	15	16	17	18	19	20	21	22	23	24	25	26	27	28	29	30
	요일	금	토	일	월	화	수	목	금	토	일	월	화	수	목	금	토	일	월	화	수	목	금	토	일	월	화	수	목	금	토
	일진日辰	甲子	乙丑	丙寅	丁卯	戊辰	己巳	庚午	辛未	壬申	癸酉	甲戌	乙亥	丙子	丁丑	戊寅	己卯	庚辰	辛巳	壬午	癸未	甲申	乙酉	丙戌	丁亥	戊子	己丑	庚寅	辛卯	壬辰	癸巳
05/04 06/03	음력	4	5	6	7	8	9	10	11	12	13	14	15	16	17	18	19	20	21	22	23	24	25	26	27	28	29	30	6/1	2	3
	대남	2	1	1	1	1	망	10	10	9	9	9	8	8	8	7	7	7	6	6	6	하	5	5	4	4	4	3	3	3	2
	운여	9	9	9	10	10	종	1	1	1	1	2	2	2	3	3	3	4	4	4	5	지	5	6	6	6	7	7	7	8	8

한식(4월6일), 초복(7월17일), 중복(7월27일), 말복(8월16일)♠춘사(春社)3/17

☀추사(秋社)9/23 토왕지절(土旺之節):4월18일,7월20일,10월21일,1월18일(신년양력),

臘享(납향):1939년 1월22일(신년양력)

1
9
3
8

戊寅年

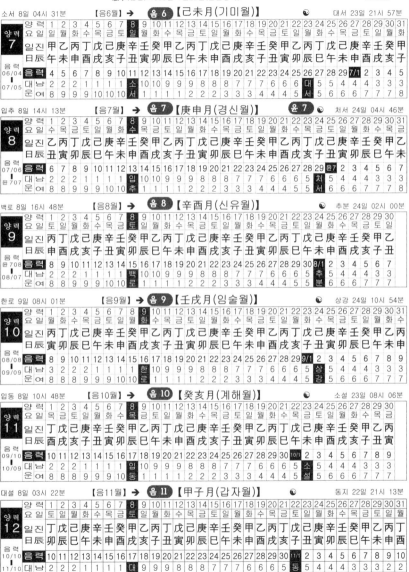

소서 8일 04시 31분　【음6월】→　음 6　【己未月(기미월)】　　대서 23일 21시 57분

양력 7	양력	1	2	3	4	5	6	7	8	9	10	11	12	13	14	15	16	17	18	19	20	21	22	23	24	25	26	27	28	29	30	31
	요일	금	토	일	월	화	수	목	금	토	일	월	화	수	목	금	토	일	월	화	수	목	금	토	일	월	화	수	목	금	토	일
	일진 日辰	甲午	乙未	丙申	丁酉	戊戌	己亥	庚子	辛丑	壬寅	癸卯	甲辰	乙巳	丙午	丁未	戊申	己酉	庚戌	辛亥	壬子	癸丑	甲寅	乙卯	丙辰	丁巳	戊午	己未	庚申	辛酉	壬戌	癸亥	甲子
음력 06/04 07/05	음력	4	5	6	7	8	9	10	11	12	13	14	15	16	17	18	19	20	21	22	23	24	25	26	27	28	29	7/1	2	3	4	5
	대남	2	2	1	1	1	1	소서	10	10	9	9	9	8	8	8	7	7	7	6	6	6	5	대서	5	4	4	4	3	3	3	2
	운여	8	8	9	9	9	10	10	10	1	1	1	1	2	2	2	3	3	3	4	4	4	5	서	5	6	6	6	7	7	7	8

입추 8일 14시 13분　【음7월】→　음 7　【庚申月(경신월)】　윤 7　　처서 24일 04시 46분

양력 8	양력	1	2	3	4	5	6	7	8	9	10	11	12	13	14	15	16	17	18	19	20	21	22	23	24	25	26	27	28	29	30	31
	요일	월	화	수	목	금	토	일	월	화	수	목	금	토	일	월	화	수	목	금	토	일	월	화	수	목	금	토	일	월	화	수
	일진 日辰	乙丑	丙寅	丁卯	戊辰	己巳	庚午	辛未	壬申	癸酉	甲戌	乙亥	丙子	丁丑	戊寅	己卯	庚辰	辛巳	壬午	癸未	甲申	乙酉	丙戌	丁亥	戊子	己丑	庚寅	辛卯	壬辰	癸巳	甲午	乙未
음력 07/06 윤707	음력	6	7	8	9	10	11	12	13	14	15	16	17	18	19	20	21	22	23	24	25	26	27	28	29	윤7	2	3	4	5	6	7
	대남	2	2	2	1	1	1	1	입추	10	10	9	9	9	8	8	8	7	7	7	6	6	6	5	처서	5	4	4	4	3	3	3
	운여	8	8	9	9	9	10	10	추	1	1	1	1	2	2	2	3	3	3	4	4	4	5	5	서	6	6	6	7	7	7	8

백로 8일 16시 48분　【음8월】→　음 8　【辛酉月(신유월)】　　추분 24일 02시 00분

양력 9	양력	1	2	3	4	5	6	7	8	9	10	11	12	13	14	15	16	17	18	19	20	21	22	23	24	25	26	27	28	29	30	
	요일	목	금	토	일	월	화	수	목	금	토	일	월	화	수	목	금	토	일	월	화	수	목	금	토	일	월	화	수	목	금	
	일진 日辰	丙申	丁酉	戊戌	己亥	庚子	辛丑	壬寅	癸卯	甲辰	乙巳	丙午	丁未	戊申	己酉	庚戌	辛亥	壬子	癸丑	甲寅	乙卯	丙辰	丁巳	戊午	己未	庚申	辛酉	壬戌	癸亥	甲子	乙丑	
음력 윤708 08/07	음력	8	9	10	11	12	13	14	15	16	17	18	19	20	21	22	23	24	25	26	27	28	29	30	8/1	2	3	4	5	6	7	
	대남	2	2	2	1	1	1	1	백로	10	10	9	9	9	8	8	8	7	7	7	6	6	6	5	추분	5	4	4	4	3	3	
	운여	8	8	9	9	9	10	10	로	1	1	1	1	2	2	2	3	3	3	4	4	4	5	5	6	6	6	7	7	7		

한로 9일 08시 01분　【음9월】→　음 9　【壬戌月(임술월)】　　상강 24일 10시 54분

양력 10	양력	1	2	3	4	5	6	7	8	9	10	11	12	13	14	15	16	17	18	19	20	21	22	23	24	25	26	27	28	29	30	31
	요일	토	일	월	화	수	목	금	토	일	월	화	수	목	금	토	일	월	화	수	목	금	토	일	월	화	수	목	금	토	일	월
	일진 日辰	丙寅	丁卯	戊辰	己巳	庚午	辛未	壬申	癸酉	甲戌	乙亥	丙子	丁丑	戊寅	己卯	庚辰	辛巳	壬午	癸未	甲申	乙酉	丙戌	丁亥	戊子	己丑	庚寅	辛卯	壬辰	癸巳	甲午	乙未	丙申
음력 08/08 09/09	음력	8	9	10	11	12	13	14	15	16	17	18	19	20	21	22	23	24	25	26	27	28	29	9/1	2	3	4	5	6	7	8	9
	대남	3	2	2	2	1	1	1	1	한로	10	9	9	9	8	8	8	7	7	7	6	6	6	5	상강	5	4	4	4	3	3	3
	운여	8	8	8	9	9	9	10	10	로	1	1	1	1	2	2	2	3	3	3	4	4	4	5	강	5	6	6	6	7	7	7

입동 8일 10시 48분　【음10월】→　음 10　【癸亥月(계해월)】　　소설 23일 08시 06분

양력 11	양력	1	2	3	4	5	6	7	8	9	10	11	12	13	14	15	16	17	18	19	20	21	22	23	24	25	26	27	28	29	30	
	요일	화	수	목	금	토	일	월	화	수	목	금	토	일	월	화	수	목	금	토	일	월	화	수	목	금	토	일	월	화	수	
	일진 日辰	丁酉	戊戌	己亥	庚子	辛丑	壬寅	癸卯	甲辰	乙巳	丙午	丁未	戊申	己酉	庚戌	辛亥	壬子	癸丑	甲寅	乙卯	丙辰	丁巳	戊午	己未	庚申	辛酉	壬戌	癸亥	甲子	乙丑	丙寅	
음력 09/10 10/09	음력	10	11	12	13	14	15	16	17	18	19	20	21	22	23	24	25	26	27	28	29	30	10/1	2	3	4	5	6	7	8	9	
	대남	2	2	2	1	1	1	1	입동	10	9	9	9	8	8	8	7	7	7	6	6	6	5	소설	5	4	4	4	3	3	3	
	운여	8	8	8	9	9	9	10	동	1	1	1	1	2	2	2	3	3	3	4	4	4	5	설	5	6	6	6	7	7	7	

대설 8일 03시 22분　【음11월】→　음 11　【甲子月(갑자월)】　　동지 22일 21시 13분

양력 12	양력	1	2	3	4	5	6	7	8	9	10	11	12	13	14	15	16	17	18	19	20	21	22	23	24	25	26	27	28	29	30	31
	요일	목	금	토	일	월	화	수	목	금	토	일	월	화	수	목	금	토	일	월	화	수	목	금	토	일	월	화	수	목	금	토
	일진 日辰	丁卯	戊辰	己巳	庚午	辛未	壬申	癸酉	甲戌	乙亥	丙子	丁丑	戊寅	己卯	庚辰	辛巳	壬午	癸未	甲申	乙酉	丙戌	丁亥	戊子	己丑	庚寅	辛卯	壬辰	癸巳	甲午	乙未	丙申	丁酉
음력 10/10 11/10	음력	10	11	12	13	14	15	16	17	18	19	20	21	22	23	24	25	26	27	28	29	30	11/1	2	3	4	5	6	7	8	9	10
	대남	2	2	2	1	1	1	1	대설	9	9	9	8	8	8	7	7	7	6	6	6	5	동지	5	4	4	4	3	3	3	2	2
	운여	8	8	8	9	9	9	10	설	1	1	1	1	2	2	2	3	3	3	4	4	4	지	5	5	6	6	6	7	7	7	8

단기 4272 年　불기 2483 年

1939년

己卯(기묘)년 중원(中元).,납음(城頭土),본명성(七赤金)

대장군(子북방), 삼살(서방), 상문(巳동남방),조객(묘동북방), 납음(성두토),
【삼재(사,오,미)년】　臘享(납향):1940년1월17일(음12/09)

양력 1月 — 소한 6일 14시 28분 【음12월】 → 음 12 【乙丑月(을축월)】　대한 21일 07시 51분

양력	1	2	3	4	5	6	7	8	9	10	11	12	13	14	15	16	17	18	19	20	21	22	23	24	25	26	27	28	29	30	31
요일	일	월	화	수	목	금	토	일	월	화	수	목	금	토	일	월	화	수	목	금	토	일	월	화	수	목	금	토	일	월	화
일진	戊	己	庚	辛	壬	癸	甲	乙	丙	丁	戊	己	庚	辛	壬	癸	甲	乙	丙	丁	戊	己	庚	辛	壬	癸	甲	乙	丙	丁	戊
日辰	戌	亥	子	丑	寅	卯	辰	巳	午	未	申	酉	戌	亥	子	丑	寅	卯	辰	巳	午	未	申	酉	戌	亥	子	丑	寅	卯	辰
음력	11	12	13	14	15	16	17	18	19	20	21	22	23	24	25	26	27	28	29	12/1	2	3	4	5	6	7	8	9	10	11	12
대남	2	1	1	1	1	소	10	9	9	9	8	8	8	7	7	7	6	6	6	6	대	5	4	4	4	3	3	3	2	2	2
운여	8	8	9	9	9	한	1	1	1	1	2	2	2	3	3	3	4	4	4	4	한	5	6	6	6	7	7	7	8	8	8

양력 2月 — 입춘 5일 02시 10분 【음1월】 → 음 1 【丙寅月(병인월)】　우수 19일 22시 09분　〔己卯年〕

양력	1	2	3	4	5	6	7	8	9	10	11	12	13	14	15	16	17	18	19	20	21	22	23	24	25	26	27	28
요일	수	목	금	토	일	월	화	수	목	금	토	일	월	화	수	목	금	토	일	월	화	수	목	금	토	일	월	화
일진	己	庚	辛	壬	癸	甲	乙	丙	丁	戊	己	庚	辛	壬	癸	甲	乙	丙	丁	戊	己	庚	辛	壬	癸	甲	乙	丙
日辰	巳	午	未	申	酉	戌	亥	子	丑	寅	卯	辰	巳	午	未	申	酉	戌	亥	子	丑	寅	卯	辰	巳	午	未	申
음력	13	14	15	16	17	18	19	20	21	22	23	24	25	26	27	28	29	30	1/1	2	3	4	5	6	7	8	9	10
대남	2	1	1	1	입	9	9	9	9	8	8	8	7	7	7	6	6	6	우	5	5	6	6	6	7	7	7	8
운여	9	9	9	10	춘	1	1	1	2	2	2	3	3	3	4	4	4	5	수	5	5	4	4	4	3	3	3	2

양력 3月 — 경칩 6일 20시 26분 【음2월】 → 음 2 【丁卯月(정묘월)】　춘분 21일 21시 28분

양력	1	2	3	4	5	6	7	8	9	10	11	12	13	14	15	16	17	18	19	20	21	22	23	24	25	26	27	28	29	30	31
요일	수	목	금	토	일	월	화	수	목	금	토	일	월	화	수	목	금	토	일	월	화	수	목	금	토	일	월	화	수	목	금
일진	丁	戊	己	庚	辛	壬	癸	甲	乙	丙	丁	戊	己	庚	辛	壬	癸	甲	乙	丙	丁	戊	己	庚	辛	壬	癸	甲	乙	丙	丁
日辰	酉	戌	亥	子	丑	寅	卯	辰	巳	午	未	申	酉	戌	亥	子	丑	寅	卯	辰	巳	午	未	申	酉	戌	亥	子	丑	寅	卯
음력	11	12	13	14	15	16	17	18	19	20	21	22	23	24	25	26	27	28	29	30	2/1	2	3	4	5	6	7	8	9	10	11
대남	8	8	9	9	9	경	1	1	1	2	2	2	3	3	3	4	4	4	5	5	춘	5	6	6	6	7	7	7	8	8	8
운여	2	1	1	1	1	칩	10	10	9	9	9	8	8	8	7	7	7	6	6	6	분	5	4	4	4	4	3	3	3	2	2

양력 4月 — 청명 6일 01시 37분 【음3월】 → 음 3 【戊辰月(무진월)】　곡우 21일 08시 55분

양력	1	2	3	4	5	6	7	8	9	10	11	12	13	14	15	16	17	18	19	20	21	22	23	24	25	26	27	28	29	30
요일	토	일	월	화	수	목	금	토	일	월	화	수	목	금	토	일	월	화	수	목	금	토	일	월	화	수	목	금	토	일
일진	戊	己	庚	辛	壬	癸	甲	乙	丙	丁	戊	己	庚	辛	壬	癸	甲	乙	丙	丁	戊	己	庚	辛	壬	癸	甲	乙	丙	丁
日辰	辰	巳	午	未	申	酉	戌	亥	子	丑	寅	卯	辰	巳	午	未	申	酉	戌	亥	子	丑	寅	卯	辰	巳	午	未	申	酉
음력	12	13	14	15	16	17	18	19	20	21	22	23	24	25	26	27	28	29	30	3/1	2	3	4	5	6	7	8	9	10	11
대남	9	9	9	10	10	청	1	1	1	2	2	2	3	3	3	4	4	4	5	5	곡	5	6	6	6	7	7	7	8	8
운여	2	1	1	1	1	명	10	9	9	9	8	8	8	7	7	7	6	6	6	5	우	5	4	4	4	3	3	3	2	2

양력 5月 — 입하 6일 19시 21분 【음4월】 → 음 4 【己巳月(기사월)】　소만 22일 08시 27분

양력	1	2	3	4	5	6	7	8	9	10	11	12	13	14	15	16	17	18	19	20	21	22	23	24	25	26	27	28	29	30	31
요일	월	화	수	목	금	토	일	월	화	수	목	금	토	일	월	화	수	목	금	토	일	월	화	수	목	금	토	일	월	화	수
일진	戊	己	庚	辛	壬	癸	甲	乙	丙	丁	戊	己	庚	辛	壬	癸	甲	乙	丙	丁	戊	己	庚	辛	壬	癸	甲	乙	丙	丁	戊
日辰	戌	亥	子	丑	寅	卯	辰	巳	午	未	申	酉	戌	亥	子	丑	寅	卯	辰	巳	午	未	申	酉	戌	亥	子	丑	寅	卯	辰
음력	12	13	14	15	16	17	18	19	20	21	22	23	24	25	26	27	28	29	4/1	2	3	4	5	6	7	8	9	10	11	12	13
대남	8	9	9	9	10	입	1	1	1	2	2	2	3	3	3	4	4	4	5	5	5	소	6	6	6	7	7	7	8	8	8
운여	2	1	1	1	1	하	10	10	9	9	9	8	8	8	7	7	7	6	6	6	5	만	5	4	4	4	3	3	3	2	2

양력 6月 — 망종 6일 23시 52분 【음5월】 → 음 5 【庚午月(경오월)】　하지 22일 16시 39분

양력	1	2	3	4	5	6	7	8	9	10	11	12	13	14	15	16	17	18	19	20	21	22	23	24	25	26	27	28	29	30
요일	목	금	토	일	월	화	수	목	금	토	일	월	화	수	목	금	토	일	월	화	수	목	금	토	일	월	화	수	목	금
일진	己	庚	辛	壬	癸	甲	乙	丙	丁	戊	己	庚	辛	壬	癸	甲	乙	丙	丁	戊	己	庚	辛	壬	癸	甲	乙	丙	丁	戊
日辰	巳	午	未	申	酉	戌	亥	子	丑	寅	卯	辰	巳	午	未	申	酉	戌	亥	子	丑	寅	卯	辰	巳	午	未	申	酉	戌
음력	14	15	16	17	18	19	20	21	22	23	24	25	26	27	28	29	5/1	2	3	4	5	6	7	8	9	10	11	12	13	14
대남	9	9	9	10	10	망	1	1	1	2	2	2	3	3	3	4	4	4	5	5	5	하	6	6	6	7	7	7	8	8
운여	2	1	1	1	1	종	10	10	10	9	9	9	8	8	8	7	7	7	6	6	6	지	5	5	4	4	4	3	3	3

한식(4월06일), 초복(7월12일), 중복(7월22일), 말복(8월11일) ☚춘사(春社)3/22
☀추사(秋社)9/28 토왕지절(土旺之節):4월18일,7월21일,10월21일,1월18일(신년양력),
臘享(납향):1940년 1월17일(신년양력)

1939

己卯年

소서 8일 10시 18분 　【음6월】 ➔ **음 6** 【辛未月(신미월)】　　🕐 대서 24일 03시 37분

양력 7	양력	1	2	3	4	5	6	7	8	9	10	11	12	13	14	15	16	17	18	19	20	21	22	23	24	25	26	27	28	29	30	31
	요일	토	일	월	화	수	목	금	토	일	월	화	수	목	금	토	일	월	화	수	목	금	토	일	월	화	수	목	금	토	일	월
	일진	己	庚	辛	壬	癸	甲	乙	丙	丁	戊	己	庚	辛	壬	癸	甲	乙	丙	丁	戊	己	庚	辛	壬	癸	甲	乙	丙	丁	戊	己
	日辰	辰	亥	子	丑	寅	卯	辰	巳	午	未	申	酉	戌	亥	子	丑	寅	卯	辰	巳	午	未	申	酉	戌	亥	子	丑	寅	卯	巳
음력 05/15	음력	15	16	17	18	19	20	21	22	23	24	25	26	27	28	29	30	6/1	2	3	4	5	6	7	8	9	10	11	12	13	14	15
06/15	대남	8	9	9	9	10	10	10	소	1	1	1	1	2	2	2	3	3	3	4	4	4	5	5	대	6	6	6	7	7	7	8
	운여	2	2	1	1	1	1		서	10	10	9	9	9	8	8	8	7	7	7	6	6	6	5	서	5	4	4	4	3	3	3

입추 8일 20시 04분 　【음7월】 ➔ **음 7** 【壬申月(임신월)】　　🕐 처서 24일 10시 31분

양력 8	양력	1	2	3	4	5	6	7	8	9	10	11	12	13	14	15	16	17	18	19	20	21	22	23	24	25	26	27	28	29	30	31
	요일	화	수	목	금	토	일	월	화	수	목	금	토	일	월	화	수	목	금	토	일	월	화	수	목	금	토	일	월	화	수	목
	일진	庚	辛	壬	癸	甲	乙	丙	丁	戊	己	庚	辛	壬	癸	甲	乙	丙	丁	戊	己	庚	辛	壬	癸	甲	乙	丙	丁	戊	己	庚
	日辰	午	未	申	酉	戌	亥	子	丑	寅	卯	辰	巳	午	未	申	酉	戌	亥	子	丑	寅	卯	辰	巳	午	未	申	酉	戌	亥	子
음력 06/16	음력	16	17	18	19	20	21	22	23	24	25	26	27	28	29	7/1	2	3	4	5	6	7	8	9	10	11	12	13	14	15	16	17
07/17	대남	8	8	9	9	9	10	10	입	1	1	1	1	2	2	2	3	3	3	4	4	4	5	5	처	6	6	6	7	7	7	8
	운여	8	8	8	7	7	7	6	추	6	6	5	5	5	4	4	4	3	3	3	2	2	2	1	서	1	1	1	5	4	4	3

백로 8일 22시 42분 　【음8월】 ➔ **음 8** 【癸酉月(계유월)】　　🕐 추분 24일 07시 49분

양력 9	양력	1	2	3	4	5	6	7	8	9	10	11	12	13	14	15	16	17	18	19	20	21	22	23	24	25	26	27	28	29	30	
	요일	금	토	일	월	화	수	목	금	토	일	월	화	수	목	금	토	일	월	화	수	목	금	토	일	월	화	수	목	금	토	
	일진	辛	壬	癸	甲	乙	丙	丁	戊	己	庚	辛	壬	癸	甲	乙	丙	丁	戊	己	庚	辛	壬	癸	甲	乙	丙	丁	戊	己	庚	
	日辰	丑	寅	卯	辰	巳	午	未	申	酉	戌	亥	子	丑	寅	卯	辰	巳	午	未	申	酉	戌	亥	子	丑	寅	卯	辰	巳	午	
음력 07/18	음력	18	19	20	21	22	23	24	25	26	27	28	29	8/1	2	3	4	5	6	7	8	9	10	11	12	13	14	15	16	17	18	
08/18	대남	8	8	9	9	9	10	10	백	1	1	1	1	2	2	2	3	3	3	4	4	4	5	5	추	6	6	6	7	7	7	
	운여	8	8	8	7	7	7	6	로	10	9	9	9	8	8	8	7	7	7	6	6	6	5	5	분	4	4	4	3	3	3	

한로 9일 13시 57분 　【음9월】 ➔ **음 9** 【甲戌月(갑술월)】　　🕐 상강 24일 16시 46분

양력 10	양력	1	2	3	4	5	6	7	8	9	10	11	12	13	14	15	16	17	18	19	20	21	22	23	24	25	26	27	28	29	30	31
	요일	일	월	화	수	목	금	토	일	월	화	수	목	금	토	일	월	화	수	목	금	토	일	월	화	수	목	금	토	일	월	화
	일진	辛	壬	癸	甲	乙	丙	丁	戊	己	庚	辛	壬	癸	甲	乙	丙	丁	戊	己	庚	辛	壬	癸	甲	乙	丙	丁	戊	己	庚	辛
	日辰	未	申	酉	戌	亥	子	丑	寅	卯	辰	巳	午	未	申	酉	戌	亥	子	丑	寅	卯	辰	巳	午	未	申	酉	戌	亥	子	丑
음력 08/19	음력	19	20	21	22	23	24	25	26	27	28	29	30	9/1	2	3	4	5	6	7	8	9	10	11	12	13	14	15	16	17	18	19
09/19	대남	8	8	8	9	9	9	10	10	한	1	1	1	1	2	2	2	3	3	3	4	4	4	5	상	5	6	6	6	7	7	7
	운여	3	2	2	2	1	1	1	1	로	10	9	9	9	8	8	8	7	7	7	6	6	6	5	강	5	4	4	4	3	3	3

입동 8일 16시 44분 　【음10월】 ➔ **음 10** 【乙亥月(을해월)】　　🕐 소설 23일 13시 59분

양력 11	양력	1	2	3	4	5	6	7	8	9	10	11	12	13	14	15	16	17	18	19	20	21	22	23	24	25	26	27	28	29	30	
	요일	수	목	금	토	일	월	화	수	목	금	토	일	월	화	수	목	금	토	일	월	화	수	목	금	토	일	월	화	수	목	
	일진	壬	癸	甲	乙	丙	丁	戊	己	庚	辛	壬	癸	甲	乙	丙	丁	戊	己	庚	辛	壬	癸	甲	乙	丙	丁	戊	己	庚	辛	
	日辰	寅	卯	辰	巳	午	未	申	酉	戌	亥	子	丑	寅	卯	辰	巳	午	未	申	酉	戌	亥	子	丑	寅	卯	辰	巳	午	未	
음력 09/02	음력	20	21	22	23	24	25	26	27	28	29	10/1	2	3	4	5	6	7	8	9	10	11	12	13	14	15	16	17	18	19	20	
10/20	대남	8	8	8	9	9	9	10	입	1	1	1	1	2	2	2	3	3	3	4	4	4	5	소	5	6	6	6	7	7	7	
	운여	2	2	1	1	1	1		동	10	9	9	9	8	8	8	7	7	7	6	6	6	5	설	5	4	4	4	3	3	3	

대설 8일 09시 17분 　【음11월】 ➔ **음 11** 【丙子月(병자월)】　　🕐 동지 23일 03시 06분

양력 12	양력	1	2	3	4	5	6	7	8	9	10	11	12	13	14	15	16	17	18	19	20	21	22	23	24	25	26	27	28	29	30	31
	요일	금	토	일	월	화	수	목	금	토	일	월	화	수	목	금	토	일	월	화	수	목	금	토	일	월	화	수	목	금	토	일
	일진	壬	癸	甲	乙	丙	丁	戊	己	庚	辛	壬	癸	甲	乙	丙	丁	戊	己	庚	辛	壬	癸	甲	乙	丙	丁	戊	己	庚	辛	壬
	日辰	申	酉	戌	亥	子	丑	寅	卯	辰	巳	午	未	申	酉	戌	亥	子	丑	寅	卯	辰	巳	午	未	申	酉	戌	亥	子	丑	寅
음력 10/21	음력	21	22	23	24	25	26	27	28	29	30	11/1	2	3	4	5	6	7	8	9	10	11	12	13	14	15	16	17	18	19	20	21
11/21	대남	8	8	8	9	9	9	10	대	1	1	1	1	2	2	2	3	3	3	4	4	4	5	동	5	6	6	6	7	7	7	8
	운여	2	2	1	1	1	1		설	9	9	9	8	8	8	7	7	7	6	6	6	5	5	지	4	4	4	3	3	3	2	2

소한 6일 20시 24분 【음12월】→ 음12 丁丑月(정축월)   대한 21일 13시 44분

양력 1	1	2	3	4	5	6	7	8	9	10	11	12	13	14	15	16	17	18	19	20	21	22	23	24	25	26	27	28	29	30	31
요일	토	일	월	화	수	목	금	토	일	월	화	수	목	금	토	일	월	화	수	목	금	토	일	월	화	수	목	금	토	일	월
일진	癸	甲	乙	丙	丁	戊	己	庚	辛	壬	癸	甲	乙	丙	丁	戊	己	庚	辛	壬	癸	甲	乙	丙	丁	戊	己	庚	辛	壬	癸
日辰	卯	辰	巳	午	未	申	酉	戌	亥	子	丑	寅	卯	辰	巳	午	未	申	酉	戌	亥	子	丑	寅	卯	辰	巳	午	未	申	酉
음력 11/22 12/23	22	23	24	25	26	27	28	29	12/1	2	3	4	5	6	7	8	9	10	11	12	13	14	15	16	17	18	19	20	21	22	23
대남	8	8	9	9	9	소	1	1	1	2	2	2	3	3	3	4	4	4	5	대	5	6	6	6	7	7	7	8	8	8	
운여	2	1	1	1	1	한	10	9	9	9	8	8	8	7	7	7	6	6	6	5	한	5	4	4	4	3	3	3	2	2	2

입춘 5일 08시 08분 【음1월】→ 음1 戊寅月(무인월)   우수 20일 04시 04분

양력 2	1	2	3	4	5	6	7	8	9	10	11	12	13	14	15	16	17	18	19	20	21	22	23	24	25	26	27	28	29
요일	목	금	토	일	월	화	수	목	금	토	일	월	화	수	목	금	토	일	월	화	수	목	금	토	일	월	화	수	목
일진	甲	乙	丙	丁	戊	己	庚	辛	壬	癸	甲	乙	丙	丁	戊	己	庚	辛	壬	癸	甲	乙	丙	丁	戊	己	庚	辛	壬
日辰	戌	亥	子	丑	寅	卯	辰	巳	午	未	申	酉	戌	亥	子	丑	寅	卯	辰	巳	午	未	申	酉	戌	亥	子	丑	寅
음력 12/24 01/22	24	25	26	27	28	29	30	1/1	2	3	4	5	6	7	8	9	10	11	12	13	14	15	16	17	18	19	20	21	22
대남	9	9	9	10	입	10	9	9	9	8	8	8	7	7	7	6	6	6	5	우	5	4	4	4	3	3	3	2	2
운여	1	1	1	1	춘	1	1	1	2	2	2	3	3	3	4	4	4	5	5	우	5	6	6	6	7	7	7	8	8

庚辰年

경칩 6일 02시 24분 【음2월】→ 음2 己卯月(기묘월)   춘분 21일 03시 48분

양력 3	1	2	3	4	5	6	7	8	9	10	11	12	13	14	15	16	17	18	19	20	21	22	23	24	25	26	27	28	29	30	31
요일	금	토	일	월	화	수	목	금	토	일	월	화	수	목	금	토	일	월	화	수	목	금	토	일	월	화	수	목	금	토	일
일진	癸	甲	乙	丙	丁	戊	己	庚	辛	壬	癸	甲	乙	丙	丁	戊	己	庚	辛	壬	癸	甲	乙	丙	丁	戊	己	庚	辛	壬	癸
日辰	卯	辰	巳	午	未	申	酉	戌	亥	子	丑	寅	卯	辰	巳	午	未	申	酉	戌	亥	子	丑	寅	卯	辰	巳	午	未	申	酉
음력 01/23 02/23	23	24	25	26	27	28	29	30	2/1	2	3	4	5	6	7	8	9	10	11	12	13	14	15	16	17	18	19	20	21	22	23
대남	2	1	1	1	1	경	10	9	9	9	8	8	8	7	7	7	6	6	6	5	춘	5	4	4	4	3	3	3	2	2	2
운여	8	9	9	9	10	칩	1	1	1	2	2	2	3	3	3	4	4	4	5	5	분	5	6	6	6	7	7	7	8	8	8

청명 5일 07시 35분 【음3월】→ 음3 庚辰月(경진월)   곡우 20일 14시 51분

양력 4	1	2	3	4	5	6	7	8	9	10	11	12	13	14	15	16	17	18	19	20	21	22	23	24	25	26	27	28	29	30
요일	월	화	수	목	금	토	일	월	화	수	목	금	토	일	월	화	수	목	금	토	일	월	화	수	목	금	토	일	월	화
일진	甲	乙	丙	丁	戊	己	庚	辛	壬	癸	甲	乙	丙	丁	戊	己	庚	辛	壬	癸	甲	乙	丙	丁	戊	己	庚	辛	壬	癸
日辰	戌	亥	子	丑	寅	卯	辰	巳	午	未	申	酉	戌	亥	子	丑	寅	卯	辰	巳	午	未	申	酉	戌	亥	子	丑	寅	卯
음력 02/24 03/23	24	25	26	27	28	29	30	3/1	2	3	4	5	6	7	8	9	10	11	12	13	14	15	16	17	18	19	20	21	22	23
대남	1	1	1	1	청	10	9	9	9	8	8	8	7	7	7	6	6	6	6	곡	5	5	4	4	4	3	3	3	2	2
운여	9	9	9	10	명	1	1	1	2	2	2	3	3	3	4	4	4	4	5	우	5	6	6	6	7	7	7	8	8	8

입하 6일 01시 16분 【음4월】→ 음4 辛巳月(신사월)   소만 21일 14시 23분

양력 5	1	2	3	4	5	6	7	8	9	10	11	12	13	14	15	16	17	18	19	20	21	22	23	24	25	26	27	28	29	30	31
요일	수	목	금	토	일	월	화	수	목	금	토	일	월	화	수	목	금	토	일	월	화	수	목	금	토	일	월	화	수	목	금
일진	甲	乙	丙	丁	戊	己	庚	辛	壬	癸	甲	乙	丙	丁	戊	己	庚	辛	壬	癸	甲	乙	丙	丁	戊	己	庚	辛	壬	癸	甲
日辰	辰	巳	午	未	申	酉	戌	亥	子	丑	寅	卯	辰	巳	午	未	申	酉	戌	亥	子	丑	寅	卯	辰	巳	午	未	申	酉	戌
음력 03/24 04/25	24	25	26	27	28	29	4/1	2	3	4	5	6	7	8	9	10	11	12	13	14	15	16	17	18	19	20	21	22	23	24	25
대남	2	1	1	1	1	입	10	10	9	9	9	8	8	7	7	7	6	6	6	5	소	5	4	4	4	3	3	3	2	2	2
운여	9	9	9	10	10	하	1	1	1	2	2	2	3	3	3	4	4	4	5	5	만	5	6	6	6	7	7	7	8	8	8

망종 6일 05시 44분 【음5월】→ 음5 壬午月(임오월)   하지 21일 22시 36분

양력 6	1	2	3	4	5	6	7	8	9	10	11	12	13	14	15	16	17	18	19	20	21	22	23	24	25	26	27	28	29	30
요일	토	일	월	화	수	목	금	토	일	월	화	수	목	금	토	일	월	화	수	목	금	토	일	월	화	수	목	금	토	일
일진	乙	丙	丁	戊	己	庚	辛	壬	癸	甲	乙	丙	丁	戊	己	庚	辛	壬	癸	甲	乙	丙	丁	戊	己	庚	辛	壬	癸	甲
日辰	亥	子	丑	寅	卯	辰	巳	午	未	申	酉	戌	亥	子	丑	寅	卯	辰	巳	午	未	申	酉	戌	亥	子	丑	寅	卯	辰
음력 04/26 05/25	26	27	28	29	30	5/1	2	3	4	5	6	7	8	9	10	11	12	13	14	15	16	17	18	19	20	21	22	23	24	25
대남	2	1	1	1	1	망	10	10	9	9	9	8	8	8	7	7	7	6	6	6	5	하	5	5	4	4	4	3	3	3
운여	9	9	9	10	10	종	1	1	1	2	2	2	3	3	3	4	4	4	5	5	5	지	6	6	6	7	7	7	8	8

한식(4월06일), 초복(7월16일), 중복(7월26일), 말복(8월15일)♠춘사(春社)3/16
☀추사(秋社)9/22 토왕지절(土旺之節):4월17일,7월20일,10월20일,1월17일(신년양력),
臘享(납향):1941년 1월23일(신년양력)

1940 庚辰年

소서 7일 16시 08분 【음6월】→ 음 6 【癸未月(계미월)】 ◑ 대서 23일 09시 34분

양력 7	양력	1	2	3	4	5	6	7	8	9	10	11	12	13	14	15	16	17	18	19	20	21	22	23	24	25	26	27	28	29	30	31
	요일	월	화	수	목	금	토	일	월	화	수	목	금	토	일	월	화	수	목	금	토	일	월	화	수	목	금	토	일	월	화	수
일진	日辰	乙巳	丙午	丁未	戊申	己酉	庚戌	辛亥	壬子	癸丑	甲寅	乙卯	丙辰	丁巳	戊午	己未	庚申	辛酉	壬戌	癸亥	甲子	乙丑	丙寅	丁卯	戊辰	己巳	庚午	辛未	壬申	癸酉	甲戌	乙亥
음력 05/26 06/27	음력	26	27	28	29	6/1	2	3	4	5	6	7	8	9	10	11	12	13	14	15	16	17	18	19	20	21	22	23	24	25	26	27
대 남	대 남	2	2	1	1	1	1	소	10	10	10	9	9	9	8	8	8	7	7	7	6	대	5	5	4	4	4	3	3	3		
운 여	운 여	8	8	9	9	9	10	10	1	1	1	1	2	2	2	3	3	3	4	4	4	서	6	6	6	7	7	7	8	8		

입추 8일 01시 52분 【음7월】→ 음 7 【甲申月(갑신월)】 ◑ 처서 23일 16시 29분

양력 8	양력	1	2	3	4	5	6	7	8	9	10	11	12	13	14	15	16	17	18	19	20	21	22	23	24	25	26	27	28	29	30	31
	요일	목	금	토	일	월	화	수	목	금	토	일	월	화	수	목	금	토	일	월	화	수	목	금	토	일	월	화	수	목	금	토
일진	日辰	丙子	丁丑	戊寅	己卯	庚辰	辛巳	壬午	癸未	甲申	乙酉	丙戌	丁亥	戊子	己丑	庚寅	辛卯	壬辰	癸巳	甲午	乙未	丙申	丁酉	戊戌	己亥	庚子	辛丑	壬寅	癸卯	甲辰	乙巳	丙午
음력 06/28 07/28	음력	28	29	30	7/1	2	3	4	5	6	7	8	9	10	11	12	13	14	15	16	17	18	19	20	21	22	23	24	25	26	27	28
대 남	대 남	2	2	2	1	1	1	1	입	10	10	9	9	9	8	8	8	7	7	7	6	6	6	처	5	5	5	4	4	4	3	3
운 여	운 여	8	9	9	9	10	10	10	추	1	1	1	1	2	2	2	3	3	3	4	4	4	5	서	5	6	6	6	7	7	7	8

백로 8일 04시 29분 【음8월】→ 음 8 【乙酉月(을유월)】 ◑ 추분 23일 13시 46분

양력 9	양력	1	2	3	4	5	6	7	8	9	10	11	12	13	14	15	16	17	18	19	20	21	22	23	24	25	26	27	28	29	30
	요일	일	월	화	수	목	금	토	일	월	화	수	목	금	토	일	월	화	수	목	금	토	일	월	화	수	목	금	토	일	월
일진	日辰	丁未	戊申	己酉	庚戌	辛亥	壬子	癸丑	甲寅	乙卯	丙辰	丁巳	戊午	己未	庚申	辛酉	壬戌	癸亥	甲子	乙丑	丙寅	丁卯	戊辰	己巳	庚午	辛未	壬申	癸酉	甲戌	乙亥	丙子
음력 07/29 08/29	음력	29	8/1	2	3	4	5	6	7	8	9	10	11	12	13	14	15	16	17	18	19	20	21	22	23	24	25	26	27	28	29
대 남	대 남	2	2	2	1	1	1	1	백	10	9	9	9	8	8	8	7	7	7	6	6	6	추	5	5	4	4	4	3	3	3
운 여	운 여	8	8	9	9	9	10	10	로	1	1	1	1	2	2	2	3	3	3	4	4	4	분	5	5	6	6	6	7	7	7

한로 8일 19시 42분 【음9월】→ 음 9 【丙戌月(병술월)】 ◑ 상강 23일 22시 39분

양력 10	양력	1	2	3	4	5	6	7	8	9	10	11	12	13	14	15	16	17	18	19	20	21	22	23	24	25	26	27	28	29	30	31
	요일	화	수	목	금	토	일	월	화	수	목	금	토	일	월	화	수	목	금	토	일	월	화	수	목	금	토	일	월	화	수	목
일진	日辰	丁丑	戊寅	己卯	庚辰	辛巳	壬午	癸未	甲申	乙酉	丙戌	丁亥	戊子	己丑	庚寅	辛卯	壬辰	癸巳	甲午	乙未	丙申	丁酉	戊戌	己亥	庚子	辛丑	壬寅	癸卯	甲辰	乙巳	丙午	丁未
음력 09/01 10/01	음력	9/1	2	3	4	5	6	7	8	9	10	11	12	13	14	15	16	17	18	19	20	21	22	23	24	25	26	27	28	29	30	10/1
대 남	대 남	2	2	2	1	1	1	1	한	10	9	9	9	8	8	8	7	7	7	6	6	6	상	5	5	4	4	4	3	3	3	2
운 여	운 여	8	8	8	9	9	9	10	로	1	1	1	1	2	2	2	3	3	3	4	4	4	강	5	5	6	6	6	7	7	7	8

입동 7일 22시 27분 【음10월】→ 음 10 【丁亥月(정해월)】 ◑ 소설 22일 19시 49분

양력 11	양력	1	2	3	4	5	6	7	8	9	10	11	12	13	14	15	16	17	18	19	20	21	22	23	24	25	26	27	28	29	30
	요일	금	토	일	월	화	수	목	금	토	일	월	화	수	목	금	토	일	월	화	수	목	금	토	일	월	화	수	목	금	토
일진	日辰	戊申	己酉	庚戌	辛亥	壬子	癸丑	甲寅	乙卯	丙辰	丁巳	戊午	己未	庚申	辛酉	壬戌	癸亥	甲子	乙丑	丙寅	丁卯	戊辰	己巳	庚午	辛未	壬申	癸酉	甲戌	乙亥	丙子	丁丑
음력 10/02 11/02	음력	2	3	4	5	6	7	8	9	10	11	12	13	14	15	16	17	18	19	20	21	22	23	24	25	26	27	28	29	11/1	2
대 남	대 남	2	2	1	1	1	1	입	10	9	9	9	8	8	8	7	7	7	6	6	6	5	소	5	4	4	4	3	3	3	2
운 여	운 여	8	8	9	9	9	10	동	1	1	1	1	2	2	2	3	3	3	4	4	4	5	설	5	6	6	6	7	7	7	8

대설 7일 14시 58분 【음11월】→ 음 11 【戊子月(무자월)】 ◑ 동지 22일 08시 55분

양력 12	양력	1	2	3	4	5	6	7	8	9	10	11	12	13	14	15	16	17	18	19	20	21	22	23	24	25	26	27	28	29	30	31
	요일	일	월	화	수	목	금	토	일	월	화	수	목	금	토	일	월	화	수	목	금	토	일	월	화	수	목	금	토	일	월	화
일진	日辰	戊寅	己卯	庚辰	辛巳	壬午	癸未	甲申	乙酉	丙戌	丁亥	戊子	己丑	庚寅	辛卯	壬辰	癸巳	甲午	乙未	丙申	丁酉	戊戌	己亥	庚子	辛丑	壬寅	癸卯	甲辰	乙巳	丙午	丁未	戊申
음력 11/03 12/03	음력	3	4	5	6	7	8	9	10	11	12	13	14	15	16	17	18	19	20	21	22	23	24	25	26	27	28	29	30	12/1	2	3
대 남	대 남	2	2	1	1	1	1	대	10	9	9	9	8	8	8	7	7	7	6	6	6	5	동	5	4	4	4	3	3	3	2	2
운 여	운 여	8	8	9	9	9	10	설	1	1	1	1	2	2	2	3	3	3	4	4	4	5	지	5	6	6	6	7	7	7	8	8

단기 4274 年 불기 2485 年	**1941**年	**辛巳(신사)년** 　　납음(白臘金),본명성(五黃土)

대장군(卯동동방), 삼살(동방), 상문(未서남방),조객(卯동방), 납음(백납금),
【삼재(해,자,축)년】　　　　臘享(납향):1942년1월18일(음12/02)

소한 6일 02시 04분　【음12월】→　음 12 【己丑月(기축월)】　　　　대한 20일 19시 34분

양력 1	2	3	4	5	6	7	8	9	10	11	12	13	14	15	16	17	18	19	20	21	22	23	24	25	26	27	28	29	30	31
요일 수	목	금	토	일	월	화	수	목	금	토	일	월	화	수	목	금	토	일	월	화	수	목	금	토	일	월	화	수	목	금
일진 己	庚	辛	壬	癸	甲	乙	丙	丁	戊	己	庚	辛	壬	癸	甲	乙	丙	丁	戊	己	庚	辛	壬	癸	甲	乙	丙	丁	戊	己
日辰 辰	酉	戌	亥	子	丑	寅	卯	辰	巳	午	未	申	酉	戌	亥	子	丑	寅	卯	辰	巳	午	未	申	酉	戌	亥	子	丑	寅
음력 4	5	6	7	8	9	10	11	12	13	14	15	16	17	18	19	20	21	22	23	24	25	26	27	28	29	1/1	2	3	4	5
대남 2	1	1	1	1	소	9	9	9	8	8	8	7	7	7	6	6	6	5	대	5	4	4	4	3	3	3	2	2	2	1
운여 8	9	9	9	10	한	1	1	1	1	2	2	2	3	3	3	4	4	4	한	5	5	6	6	6	7	7	7	8	8	9

입춘 4일 13시 50분　【음1월】→　음 1 【庚寅月(경인월)】　　　　우수 19일 09시 56분

양력 1	2	3	4	5	6	7	8	9	10	11	12	13	14	15	16	17	18	19	20	21	22	23	24	25	26	27	28
요일 토	일	월	화	수	목	금	토	일	월	화	수	목	금	토	일	월	화	수	목	금	토	일	월	화	수	목	금
일진 庚	辛	壬	癸	甲	乙	丙	丁	戊	己	庚	辛	壬	癸	甲	乙	丙	丁	戊	己	庚	辛	壬	癸	甲	乙	丙	丁
日辰 辰	巳	午	未	申	酉	戌	亥	子	丑	寅	卯	辰	巳	午	未	申	酉	戌	亥	子	丑	寅	卯	辰	巳	午	未
음력 6	7	8	9	10	11	12	13	14	15	16	17	18	19	20	21	22	23	24	25	26	27	28	29	30	2/1	2	3
대남 1	1	1	입	1	1	1	1	2	2	2	3	3	3	4	4	4	5	우	5	6	6	6	7	7	7	8	8
운여 9	9	9	춘	10	9	9	9	8	8	8	7	7	7	6	6	6	5	수	5	4	4	4	3	3	3	2	2

辛巳年

경칩 6일 08시 10분　【음2월】→　음 2 【辛卯月(신묘월)】　　　　춘분 21일 09시 20분

양력 1	2	3	4	5	6	7	8	9	10	11	12	13	14	15	16	17	18	19	20	21	22	23	24	25	26	27	28	29	30	31
요일 토	일	월	화	수	목	금	토	일	월	화	수	목	금	토	일	월	화	수	목	금	토	일	월	화	수	목	금	토	일	월
일진 戊	己	庚	辛	壬	癸	甲	乙	丙	丁	戊	己	庚	辛	壬	癸	甲	乙	丙	丁	戊	己	庚	辛	壬	癸	甲	乙	丙	丁	戊
日辰 申	酉	戌	亥	子	丑	寅	卯	辰	巳	午	未	申	酉	戌	亥	子	丑	寅	卯	辰	巳	午	未	申	酉	戌	亥	子	丑	寅
음력 4	5	6	7	8	9	10	11	12	13	14	15	16	17	18	19	20	21	22	23	24	25	26	27	28	29	30	3/1	2	3	4
대남 8	9	9	9	10	경	1	1	1	1	2	2	2	3	3	3	4	4	4	5	춘	5	6	6	6	7	7	7	8	8	8
운여 2	1	1	1	1	칩	10	9	9	9	8	8	8	7	7	7	6	6	6	5	분	5	4	4	4	3	3	3	2	2	2

청명 5일 13시 25분　【음3월】→　음 3 【壬辰月(임진월)】　　　　곡우 20일 20시 50분

양력 1	2	3	4	5	6	7	8	9	10	11	12	13	14	15	16	17	18	19	20	21	22	23	24	25	26	27	28	29	30
요일 화	수	목	금	토	일	월	화	수	목	금	토	일	월	화	수	목	금	토	일	월	화	수	목	금	토	일	월	화	수
일진 己	庚	辛	壬	癸	甲	乙	丙	丁	戊	己	庚	辛	壬	癸	甲	乙	丙	丁	戊	己	庚	辛	壬	癸	甲	乙	丙	丁	戊
日辰 卯	辰	巳	午	未	申	酉	戌	亥	子	丑	寅	卯	辰	巳	午	未	申	酉	戌	亥	子	丑	寅	卯	辰	巳	午	未	申
음력 5	6	7	8	9	10	11	12	13	14	15	16	17	18	19	20	21	22	23	24	25	26	27	28	29	4/1	2	3	4	5
대남 9	9	9	10	청	1	1	1	1	2	2	2	3	3	3	4	4	4	5	곡	5	6	6	6	7	7	7	8	8	8
운여 2	1	1	1	명	10	10	9	9	9	8	8	8	7	7	7	6	6	6	우	5	5	4	4	4	3	3	3	2	2

입하 6일 07시 10분　【음4월】→　음 4 【癸巳月(계사월)】　　　　소만 21일 20시 23분

양력 1	2	3	4	5	6	7	8	9	10	11	12	13	14	15	16	17	18	19	20	21	22	23	24	25	26	27	28	29	30	31
요일 목	금	토	일	월	화	수	목	금	토	일	월	화	수	목	금	토	일	월	화	수	목	금	토	일	월	화	수	목	금	토
일진 己	庚	辛	壬	癸	甲	乙	丙	丁	戊	己	庚	辛	壬	癸	甲	乙	丙	丁	戊	己	庚	辛	壬	癸	甲	乙	丙	丁	戊	己
日辰 酉	戌	亥	子	丑	寅	卯	辰	巳	午	未	申	酉	戌	亥	子	丑	寅	卯	辰	巳	午	未	申	酉	戌	亥	子	丑	寅	卯
음력 6	7	8	9	10	11	12	13	14	15	16	17	18	19	20	21	22	23	24	25	26	27	28	29	30	5/1	2	3	4	5	6
대남 9	9	9	10	10	입	1	1	1	1	2	2	2	3	3	3	4	4	4	5	소	5	6	6	6	7	7	7	8	8	8
운여 2	1	1	1	1	하	10	10	9	9	9	8	8	8	7	7	7	6	6	6	만	5	5	4	4	4	3	3	3	2	2

망종 6일 11시 39분　【음5월】→　음 5 【甲午月(갑오월)】　　　　하지 22일 04시 33분

양력 1	2	3	4	5	6	7	8	9	10	11	12	13	14	15	16	17	18	19	20	21	22	23	24	25	26	27	28	29	30
요일 일	월	화	수	목	금	토	일	월	화	수	목	금	토	일	월	화	수	목	금	토	일	월	화	수	목	금	토	일	월
일진 庚	辛	壬	癸	甲	乙	丙	丁	戊	己	庚	辛	壬	癸	甲	乙	丙	丁	戊	己	庚	辛	壬	癸	甲	乙	丙	丁	戊	己
日辰 辰	巳	午	未	申	酉	戌	亥	子	丑	寅	卯	辰	巳	午	未	申	酉	戌	亥	子	丑	寅	卯	辰	巳	午	未	申	酉
음력 7	8	9	10	11	12	13	14	15	16	17	18	19	20	21	22	23	24	25	26	27	28	29	30	6/1	2	3	4	5	6
대남 9	9	9	10	10	망	1	1	1	1	2	2	2	3	3	3	4	4	4	5	하	5	6	6	6	7	7	7	8	8
운여 2	1	1	1	1	종	10	10	9	9	9	8	8	8	7	7	7	6	6	6	지	5	5	4	4	4	3	3	2	2

1941 辛巳年

소서 7일 22시 03분 【음6월】→ 음 6 【乙未月(을미월)】 대서 23일 15시 26분

양력 7	양 력	1	2	3	4	5	6	7	8	9	10	11	12	13	14	15	16	17	18	19	20	21	22	23	24	25	26	27	28	29	30	31
	요일	화	수	목	금	토	일	월	화	수	목	금	토	일	월	화	수	목	금	토	일	월	화	수	목	금	토	일	월	화	수	목
일진	日辰	庚戌	辛亥	壬子	癸丑	甲寅	乙卯	丙辰	丁巳	戊午	己未	庚申	辛酉	壬戌	癸亥	甲子	乙丑	丙寅	丁卯	戊辰	己巳	庚午	辛未	壬申	癸酉	甲戌	乙亥	丙子	丁丑	戊寅	己卯	庚辰
음력 06/07 06/27	음력	6	7	8	9	10	11	12	13	14	15	16	17	18	19	20	21	22	23	24	25	26	27	28	29	윤6	2	3	4	5	6	7
	대남	8	9	9	9	10	10	소서	1	1	1	1	2	2	2	3	3	3	4	4	4	5	5	대서	6	6	6	7	7	7	8	8
	운여	2	2	1	1	1	1	서	10	10	10	9	9	9	8	8	8	7	7	7	6	6	6	서	5	5	4	4	4	3	3	3

입추 8일 07시 46분 【음7월】→ 음 7 【丙申月(병신월)】 처서 23일 22시 17분

양력 8	양 력	1	2	3	4	5	6	7	8	9	10	11	12	13	14	15	16	17	18	19	20	21	22	23	24	25	26	27	28	29	30	31
	요일	금	토	일	월	화	수	목	금	토	일	월	화	수	목	금	토	일	월	화	수	목	금	토	일	월	화	수	목	금	토	일
일진	日辰	辛巳	壬午	癸未	甲申	乙酉	丙戌	丁亥	戊子	己丑	庚寅	辛卯	壬辰	癸巳	甲午	乙未	丙申	丁酉	戊戌	己亥	庚子	辛丑	壬寅	癸卯	甲辰	乙巳	丙午	丁未	戊申	己酉	庚戌	辛亥
음력 윤6 09 07/09	음력	8	9	10	11	12	13	14	15	16	17	18	19	20	21	22	23	24	25	26	27	28	29	30	7/1	2	3	4	5	6	7	8	9
	대남	8	9	9	9	10	10	10	입추	1	1	1	1	2	2	2	3	3	3	4	4	4	5	5	처서	6	6	6	7	7	7	8
	운여	2	2	1	1	1	1	추	10	10	10	9	9	9	8	8	8	7	7	7	6	6	6	5	서	5	5	4	4	4	3	3

백로 8일 10시 24분 【음8월】→ 음 8 【丁酉月(정유월)】 추분 23일 19시 33분

양력 9	양 력	1	2	3	4	5	6	7	8	9	10	11	12	13	14	15	16	17	18	19	20	21	22	23	24	25	26	27	28	29	30
	요일	월	화	수	목	금	토	일	월	화	수	목	금	토	일	월	화	수	목	금	토	일	월	화	수	목	금	토	일	월	화
일진	日辰	壬子	癸丑	甲寅	乙卯	丙辰	丁巳	戊午	己未	庚申	辛酉	壬戌	癸亥	甲子	乙丑	丙寅	丁卯	戊辰	己巳	庚午	辛未	壬申	癸酉	甲戌	乙亥	丙子	丁丑	戊寅	己卯	庚辰	辛巳
음력 07/08 08/10	음력	10	11	12	13	14	15	16	17	18	19	20	21	22	23	24	25	26	27	28	29	8/1	2	3	4	5	6	7	8	9	10
	대남	8	8	9	9	9	10	10	한로	1	1	1	1	2	2	2	3	3	3	4	4	4	5	추분	5	6	6	6	7	7	7
	운여	2	2	1	1	1	1	로	10	10	10	9	9	9	8	8	8	7	7	7	6	6	6	분	5	5	5	4	4	4	3

한로 9일 01시 38분 【음9월】→ 음 9 【戊戌月(무술월)】 상강 24일 04시 27분

양력 10	양 력	1	2	3	4	5	6	7	8	9	10	11	12	13	14	15	16	17	18	19	20	21	22	23	24	25	26	27	28	29	30	31
	요일	수	목	금	토	일	월	화	수	목	금	토	일	월	화	수	목	금	토	일	월	화	수	목	금	토	일	월	화	수	목	금
일진	日辰	壬午	癸未	甲申	乙酉	丙戌	丁亥	戊子	己丑	庚寅	辛卯	壬辰	癸巳	甲午	乙未	丙申	丁酉	戊戌	己亥	庚子	辛丑	壬寅	癸卯	甲辰	乙巳	丙午	丁未	戊申	己酉	庚戌	辛亥	壬子
음력 08/11 09/12	음력	11	12	13	14	15	16	17	18	19	20	21	22	23	24	25	26	27	28	29	9/1	2	3	4	5	6	7	8	9	10	11	12
	대남	8	8	8	9	9	9	10	10	한로	1	1	1	1	2	2	2	3	3	3	4	4	4	5	상강	5	6	6	6	7	7	7
	운여	3	2	2	2	1	1	1	1	로	10	9	9	9	8	8	8	7	7	7	6	6	6	5	강	5	5	4	4	4	3	3

입동 8일 04시 24분 【음10월】→ 음 10 【己亥月(기해월)】 소설 23일 01시 38분

양력 11	양 력	1	2	3	4	5	6	7	8	9	10	11	12	13	14	15	16	17	18	19	20	21	22	23	24	25	26	27	28	29	30
	요일	토	일	월	화	수	목	금	토	일	월	화	수	목	금	토	일	월	화	수	목	금	토	일	월	화	수	목	금	토	일
일진	日辰	癸丑	甲寅	乙卯	丙辰	丁巳	戊午	己未	庚申	辛酉	壬戌	癸亥	甲子	乙丑	丙寅	丁卯	戊辰	己巳	庚午	辛未	壬申	癸酉	甲戌	乙亥	丙子	丁丑	戊寅	己卯	庚辰	辛巳	壬午
음력 09/13 10/12	음력	13	14	15	16	17	18	19	20	21	22	23	24	25	26	27	28	29	30	10/1	2	3	4	5	6	7	8	9	10	11	12
	대남	8	8	8	9	9	9	10	입동	1	1	1	1	2	2	2	3	3	3	4	4	4	5	소설	5	6	6	6	7	7	7
	운여	2	2	2	1	1	1	1	동	9	9	9	8	8	8	7	7	7	6	6	6	5	설	5	5	4	4	4	3	3	3

대설 7일 20시 56분 【음11월】→ 음 11 【庚子月(경자월)】 동지 22일 14시 44분

양력 12	양 력	1	2	3	4	5	6	7	8	9	10	11	12	13	14	15	16	17	18	19	20	21	22	23	24	25	26	27	28	29	30	31
	요일	월	화	수	목	금	토	일	월	화	수	목	금	토	일	월	화	수	목	금	토	일	월	화	수	목	금	토	일	월	화	수
일진	日辰	癸未	甲申	乙酉	丙戌	丁亥	戊子	己丑	庚寅	辛卯	壬辰	癸巳	甲午	乙未	丙申	丁酉	戊戌	己亥	庚子	辛丑	壬寅	癸卯	甲辰	乙巳	丙午	丁未	戊申	己酉	庚戌	辛亥	壬子	癸丑
음력 10/13 11/14	음력	13	14	15	16	17	18	19	20	21	22	23	24	25	26	27	28	29	11/1	2	3	4	5	6	7	8	9	10	11	12	13	14
	대남	8	8	8	9	9	9	대설	1	1	1	1	2	2	2	3	3	3	4	4	4	5	동지	5	6	6	6	7	7	7	8	8
	운여	2	2	1	1	1	1	설	10	9	9	9	8	8	8	7	7	7	6	6	6	5	지	5	5	4	4	4	3	3	3	2

壬午(임오)년　　납음(楊柳木),본명성(四綠木)

대장군(卯동방),삼살(북방),상문(申서남방),조객(辰동남방),납음(양류목)
【삼재(신,유,술)년】　臘享(납향):1943년1월25일(음12/20)

소한 6일 08시 02분　【음12월】 →　음 12 【辛丑月(신축월)】　　대한 21일 01시 24분

양력 1	1	2	3	4	5	6	7	8	9	10	11	12	13	14	15	16	17	18	19	20	21	22	23	24	25	26	27	28	29	30	31
요일	목	금	토	일	월	화	수	목	금	토	일	월	화	수	목	금	토	일	월	화	수	목	금	토	일	월	화	수	목	금	토
일진	甲	乙	丙	丁	戊	己	庚	辛	壬	癸	甲	乙	丙	丁	戊	己	庚	辛	壬	癸	甲	乙	丙	丁	戊	己	庚	辛	壬	癸	甲
日辰	寅	卯	辰	巳	午	未	申	酉	戌	亥	子	丑	寅	卯	辰	巳	午	未	申	酉	戌	亥	子	丑	寅	卯	辰	巳	午	未	申
음력	15	16	17	18	19	20	21	22	23	24	25	26	27	28	29	30	12/1	2	3	4	5	6	7	8	9	10	11	12	13	14	15
대남	8	9	9	9	10	소한	1	1	1	1	2	2	2	3	3	3	4	4	5	대한	5	6	6	6	7	7	7	8	8	8
운여	2	1	1	1	1	한	9	9	9	8	8	8	7	7	7	6	6	6	5	한	4	4	4	3	3	3	2	2	2	1	1

입춘 4일 19시 49분　【음1월】 →　음 1 【壬寅月(임인월)】　　우수 19일 15시 47분

양력 2	1	2	3	4	5	6	7	8	9	10	11	12	13	14	15	16	17	18	19	20	21	22	23	24	25	26	27	28
요일	일	월	화	수	목	금	토	일	월	화	수	목	금	토	일	월	화	수	목	금	토	일	월	화	수	목	금	토
일진	乙	丙	丁	戊	己	庚	辛	壬	癸	甲	乙	丙	丁	戊	己	庚	辛	壬	癸	甲	乙	丙	丁	戊	己	庚	辛	壬
日辰	酉	戌	亥	子	丑	寅	卯	辰	巳	午	未	申	酉	戌	亥	子	丑	寅	卯	辰	巳	午	未	申	酉	戌	亥	子
음력	16	17	18	19	20	21	22	23	24	25	26	27	28	29	1/1	2	3	4	5	6	7	8	9	10	11	12	13	14
대남	1	1	1	1	입춘	10	9	9	9	8	8	8	7	7	7	6	6	6	우수	5	5	4	4	4	3	3	3	2
운여	9	9	9	10	춘	1	1	1	1	2	2	2	3	3	3	4	4	4	우	5	5	6	6	6	7	7	7	8

壬午年

경칩 6일 14시 09분　【음2월】 →　음 2 【癸卯月(계묘월)】　　춘분 21일 15시 11분

양력 3	1	2	3	4	5	6	7	8	9	10	11	12	13	14	15	16	17	18	19	20	21	22	23	24	25	26	27	28	29	30	31
요일	일	월	화	수	목	금	토	일	월	화	수	목	금	토	일	월	화	수	목	금	토	일	월	화	수	목	금	토	일	월	화
일진	癸	甲	乙	丙	丁	戊	己	庚	辛	壬	癸	甲	乙	丙	丁	戊	己	庚	辛	壬	癸	甲	乙	丙	丁	戊	己	庚	辛	壬	癸
日辰	丑	寅	卯	辰	巳	午	未	申	酉	戌	亥	子	丑	寅	卯	辰	巳	午	未	申	酉	戌	亥	子	丑	寅	卯	辰	巳	午	未
음력	15	16	17	18	19	20	21	22	23	24	25	26	27	28	29	30	2/1	2	3	4	5	6	7	8	9	10	11	12	13	14	15
대남	2	1	1	1	1	경칩	10	9	9	9	8	8	8	7	7	7	6	6	6	춘분	5	5	4	4	4	3	3	3	2	2	2
운여	8	9	9	9	10	칩	1	1	1	1	2	2	2	3	3	3	4	4	4	춘	5	5	6	6	6	7	7	7	8	8	8

청명 5일 19시 24분　【음3월】 →　음 3 【甲辰月(갑진월)】　　곡우 21일 02시 39분

양력 4	1	2	3	4	5	6	7	8	9	10	11	12	13	14	15	16	17	18	19	20	21	22	23	24	25	26	27	28	29	30
요일	수	목	금	토	일	월	화	수	목	금	토	일	월	화	수	목	금	토	일	월	화	수	목	금	토	일	월	화	수	목
일진	甲	乙	丙	丁	戊	己	庚	辛	壬	癸	甲	乙	丙	丁	戊	己	庚	辛	壬	癸	甲	乙	丙	丁	戊	己	庚	辛	壬	癸
日辰	申	酉	戌	亥	子	丑	寅	卯	辰	巳	午	未	申	酉	戌	亥	子	丑	寅	卯	辰	巳	午	未	申	酉	戌	亥	子	丑
음력	16	17	18	19	20	21	22	23	24	25	26	27	28	29	3/1	2	3	4	5	6	7	8	9	10	11	12	13	14	15	16
대남	1	1	1	1	청명	10	10	9	9	9	8	8	8	7	7	7	6	6	6	곡우	5	5	4	4	4	3	3	3	2	2
운여	9	9	9	10	명	1	1	1	1	2	2	2	3	3	3	4	4	4	5	우	5	6	6	6	7	7	7	8	8	8

입하 6일 13시 07분　【음4월】 →　음 4 【乙巳月(을사월)】　　소만 22일 02시 09분

양력 5	1	2	3	4	5	6	7	8	9	10	11	12	13	14	15	16	17	18	19	20	21	22	23	24	25	26	27	28	29	30	31
요일	금	토	일	월	화	수	목	금	토	일	월	화	수	목	금	토	일	월	화	수	목	금	토	일	월	화	수	목	금	토	일
일진	甲	乙	丙	丁	戊	己	庚	辛	壬	癸	甲	乙	丙	丁	戊	己	庚	辛	壬	癸	甲	乙	丙	丁	戊	己	庚	辛	壬	癸	甲
日辰	寅	卯	辰	巳	午	未	申	酉	戌	亥	子	丑	寅	卯	辰	巳	午	未	申	酉	戌	亥	子	丑	寅	卯	辰	巳	午	未	申
음력	17	18	19	20	21	22	23	24	25	26	27	28	29	30	4/1	2	3	4	5	6	7	8	9	10	11	12	13	14	15	16	17
대남	2	1	1	1	1	입하	10	10	9	9	9	8	8	8	7	7	7	6	6	6	소만	5	5	4	4	4	3	3	3	2	2
운여	9	9	9	10	10	하	1	1	1	1	2	2	2	3	3	3	4	4	4	5	만	5	6	6	6	7	7	7	8	8	8

망종 6일 17시 33분　【음5월】 →　음 5 【丙午月(병오월)】　　하지 22일 10시 16분

양력 6	1	2	3	4	5	6	7	8	9	10	11	12	13	14	15	16	17	18	19	20	21	22	23	24	25	26	27	28	29	30
요일	월	화	수	목	금	토	일	월	화	수	목	금	토	일	월	화	수	목	금	토	일	월	화	수	목	금	토	일	월	화
일진	乙	丙	丁	戊	己	庚	辛	壬	癸	甲	乙	丙	丁	戊	己	庚	辛	壬	癸	甲	乙	丙	丁	戊	己	庚	辛	壬	癸	甲
日辰	酉	戌	亥	子	丑	寅	卯	辰	巳	午	未	申	酉	戌	亥	子	丑	寅	卯	辰	巳	午	未	申	酉	戌	亥	子	丑	寅
음력	18	19	20	21	22	23	24	25	26	27	28	29	30	5/1	2	3	4	5	6	7	8	9	10	11	12	13	14	15	16	17
대남	2	1	1	1	1	망종	10	10	9	9	9	8	8	8	7	7	7	6	6	6	하지	5	5	5	4	4	4	3	3	3
운여	9	9	9	10	10	종	1	1	1	1	2	2	2	3	3	3	4	4	4	5	지	5	6	6	6	7	7	7	8	8

한식(4월6일), 초복(7월16일), 중복(7월26일), 말복(8월15일) ◆춘사(春社)3/26
✹추사(秋社)9/22 토왕지절(土旺之節):4월18일,7월20일,10월21일,1월18일(신년양력).
臘享(납향):1943년 1월25일(신년양력)

1942 壬午年

소서 8일 03시 52분　【음6월】 → 음 6 【丁未月(정미월)】　　대서 23일 21시 07분

양력	7

일진 乙丙丁戊己庚辛壬癸甲乙丙丁戊己庚辛壬癸甲乙丙丁戊己庚辛壬癸甲乙
日辰 辰卯辰巳午未申酉戌亥子丑寅卯辰巳午未申酉戌亥子丑寅卯辰巳午未申

입추 8일 13시 30분　【음7월】 → 음 7 【戊申月(무신월)】　　처서 24일 03시 58분

양력 8

일진 丙丁戊己庚辛壬癸甲乙丙丁戊己庚辛壬癸甲乙丙丁戊己庚辛壬癸甲乙丙
日辰 戌亥子丑寅卯辰巳午未申酉戌亥子丑寅卯辰巳午未申酉戌亥子丑寅卯辰

백로 8일 16시 06분　【음8월】 → 음 8 【己酉月(기유월)】　　추분 24일 10시 16분

양력 9

일진 丁戊己庚辛壬癸甲乙丙丁戊己庚辛壬癸甲乙丙丁戊己庚辛壬癸甲乙丙
日辰 巳午未申酉戌亥子丑寅卯辰巳午未申酉戌亥子丑寅卯辰巳午未申酉戌

한로 9일 07시 22분　【음9월】 → 음 9 【庚戌月(경술월)】　　상강 24일 10시 15분

양력 10

일진 丁戊己庚辛壬癸甲乙丙丁戊己庚辛壬癸甲乙丙丁戊己庚辛壬癸甲乙丙丁
日辰 亥子丑寅卯辰巳午未申酉戌亥子丑寅卯辰巳午未申酉戌亥子丑寅卯辰巳

입동 8일 10시 11분　【음10월】 → 음 10 【辛亥月(신해월)】　　소설 23일 07시 30분

양력 11

일진 戊己庚辛壬癸甲乙丙丁戊己庚辛壬癸甲乙丙丁戊己庚辛壬癸甲乙丙丁
日辰 午未申酉戌亥子丑寅卯辰巳午未申酉戌亥子丑寅卯辰巳午未申酉戌亥

대설 8일 02시 47분　【음11월】 → 음 11 【壬子月(임자월)】　　동지 22일 20시 40분

양력 12

일진 戊己庚辛壬癸甲乙丙丁戊己庚辛壬癸甲乙丙丁戊己庚辛壬癸甲乙丙丁戊
日辰 子丑寅卯辰巳午未申酉戌亥子丑寅卯辰巳午未申酉戌亥子丑寅卯辰巳

단기 4276 年
불기 2487 年
1943年

癸未(계미)년 납음(楊柳木),본명성(三碧木)

대장군(卯東方). 삼살(서방), 상문(酉西方),조객(巳東南方), 납음(양류목),
【삼재(사,오,미)년】 臘享(납향):1944년1월20일(음12/25)

소한 6일 13시 55분　【음12월】 →　음 12【癸丑月(계축월)】　대한 21일 07시 19분

양력 1																															
양력	1	2	3	4	5	6	7	8	9	10	11	12	13	14	15	16	17	18	19	20	21	22	23	24	25	26	27	28	29	30	31
요일	금	토	일	월	화	수	목	금	토	일	월	화	수	목	금	토	일	월	화	수	목	금	토	일	월	화	수	목	금	토	일
일진	己	庚	辛	壬	癸	甲	乙	丙	丁	戊	己	庚	辛	壬	癸	甲	乙	丙	丁	戊	己	庚	辛	壬	癸	甲	乙	丙	丁	戊	己
日辰	未	申	酉	戌	亥	子	丑	寅	卯	辰	巳	午	未	申	酉	戌	亥	子	丑	寅	卯	辰	巳	午	未	申	酉	戌	亥	子	丑
음력	25	26	27	28	29	12/1	2	3	4	5	6	7	8	9	10	11	12	13	14	15	16	17	18	19	20	21	22	23	24	25	26
대남	2	1	1	1	1	소	10	9	9	9	8	8	8	7	7	7	6	6	6	5	대	5	4	4	4	3	3	3	2	2	2
운여	8	8	9	9	9	한	1	1	1	1	2	2	2	3	3	3	4	4	4	5	한	5	6	6	6	7	7	7	8	8	8

입춘 5일 01시 40분　【음1월】 →　음 1【甲寅月(갑인월)】　우수 21일 21시 40분

양력	1	2	3	4	5	6	7	8	9	10	11	12	13	14	15	16	17	18	19	20	21	22	23	24	25	26	27	28
요일	월	화	수	목	금	토	일	월	화	수	목	금	토	일	월	화	수	목	금	토	일	월	화	수	목	금	토	일
일진	庚	辛	壬	癸	甲	乙	丙	丁	戊	己	庚	辛	壬	癸	甲	乙	丙	丁	戊	己	庚	辛	壬	癸	甲	乙	丙	丁
日辰	寅	卯	辰	巳	午	未	申	酉	戌	亥	子	丑	寅	卯	辰	巳	午	未	申	酉	戌	亥	子	丑	寅	卯	辰	巳
음력	27	28	29	30	1/1	2	3	4	5	6	7	8	9	10	11	12	13	14	15	16	17	18	19	20	21	22	23	24
대남	1	1	1	1	입	1	1	1	1	2	2	2	3	3	3	4	4	4	5	우	5	6	6	6	7	7	7	8
운여	9	9	9	9	춘	1	1	1	1	2	2	2	3	3	3	4	4	4	5	수	6	6	6	7	7	7	8	2

癸未年

경칩 6일 19시 59분　【음2월】 →　음 2【乙卯月(을묘월)】　춘분 21일 21시 03분

양력	1	2	3	4	5	6	7	8	9	10	11	12	13	14	15	16	17	18	19	20	21	22	23	24	25	26	27	28	29	30	31
요일	월	화	수	목	금	토	일	월	화	수	목	금	토	일	월	화	수	목	금	토	일	월	화	수	목	금	토	일	월	화	수
일진	戊	己	庚	辛	壬	癸	甲	乙	丙	丁	戊	己	庚	辛	壬	癸	甲	乙	丙	丁	戊	己	庚	辛	壬	癸	甲	乙	丙	丁	戊
日辰	辰	巳	午	未	申	酉	戌	亥	丑	寅	卯	辰	巳	午	未	申	酉	戌	亥	子	丑	寅	卯	辰	巳	午	未	申	酉	戌	亥
음력	25	26	27	28	29	2/1	2	3	4	5	6	7	8	9	10	11	12	13	14	15	16	17	18	19	20	21	22	23	24	25	26
대남	2	1	1	1	1	경	10	1	1	1	2	2	2	3	3	3	4	4	4	5	춘	5	6	6	6	7	7	7	8	8	8
운여	1	1	1	1	1	칩	10	10	9	9	9	8	8	8	7	7	7	6	6	6	춘	5	5	4	4	4	3	3	3	2	2

청명 6일 01시 11분　【음3월】 →　음 3【丙辰月(병진월)】　곡우 21일 08시 32분

양력	1	2	3	4	5	6	7	8	9	10	11	12	13	14	15	16	17	18	19	20	21	22	23	24	25	26	27	28	29	30
요일	목	금	토	일	월	화	수	목	금	토	일	월	화	수	목	금	토	일	월	화	수	목	금	토	일	월	화	수	목	금
일진	己	庚	辛	壬	癸	甲	乙	丙	丁	戊	己	庚	辛	壬	癸	甲	乙	丙	丁	戊	己	庚	辛	壬	癸	甲	乙	丙	丁	戊
日辰	丑	寅	卯	辰	巳	午	未	申	酉	戌	亥	子	丑	寅	卯	辰	巳	午	未	申	酉	戌	亥	子	丑	寅	卯	辰	巳	午
음력	27	28	29	30	3/1	2	3	4	5	6	7	8	9	10	11	12	13	14	15	16	17	18	19	20	21	22	23	24	25	26
대남	9	9	9	10	10	청	1	1	1	1	2	2	2	3	3	3	4	4	4	5	곡	5	6	6	6	7	7	7	8	8
운여	1	1	1	1	1	명	10	9	9	9	8	8	8	7	7	7	6	6	6	5	우	5	4	4	4	3	3	3	2	2

입하 6일 18시 53분　【음4월】 →　음 4【丁巳月(정사월)】　소만 22일 08시 03분

양력	1	2	3	4	5	6	7	8	9	10	11	12	13	14	15	16	17	18	19	20	21	22	23	24	25	26	27	28	29	30	31
요일	토	일	월	화	수	목	금	토	일	월	화	수	목	금	토	일	월	화	수	목	금	토	일	월	화	수	목	금	토	일	월
일진	己	庚	辛	壬	癸	甲	乙	丙	丁	戊	己	庚	辛	壬	癸	甲	乙	丙	丁	戊	己	庚	辛	壬	癸	甲	乙	丙	丁	戊	己
日辰	未	申	酉	戌	亥	子	丑	寅	卯	辰	巳	午	未	申	酉	戌	亥	子	丑	寅	卯	辰	巳	午	未	申	酉	戌	亥	子	丑
음력	27	28	29	4/1	2	3	4	5	6	7	8	9	10	11	12	13	14	15	16	17	18	19	20	21	22	23	24	25	26	27	28
대남	8	9	9	9	10	입	1	1	1	1	2	2	2	3	3	3	4	4	4	5	소	5	6	6	6	7	7	7	8	8	8
운여	2	1	1	1	1	하	10	10	9	9	9	8	8	8	7	7	7	6	6	6	만	5	5	4	4	4	3	3	3	2	2

망종 6일 23시 19분　【음5월】 →　음 5【戊午月(무오월)】　하지 22일 16시 12분

양력	1	2	3	4	5	6	7	8	9	10	11	12	13	14	15	16	17	18	19	20	21	22	23	24	25	26	27	28	29	30
요일	화	수	목	금	토	일	월	화	수	목	금	토	일	월	화	수	목	금	토	일	월	화	수	목	금	토	일	월	화	수
일진	庚	辛	壬	癸	甲	乙	丙	丁	戊	己	庚	辛	壬	癸	甲	乙	丙	丁	戊	己	庚	辛	壬	癸	甲	乙	丙	丁	戊	己
日辰	寅	卯	辰	巳	午	未	申	酉	戌	亥	子	丑	寅	卯	辰	巳	午	未	申	酉	戌	亥	子	丑	寅	卯	辰	巳	午	未
음력	29	30	5/1	2	3	4	5	6	7	8	9	10	11	12	13	14	15	16	17	18	19	20	21	22	23	24	25	26	27	28
대남	9	9	9	10	10	망	1	1	1	1	2	2	2	3	3	3	4	4	4	5	하	5	6	6	6	7	7	7	8	8
운여	1	1	1	1	10	종	10	10	9	9	9	8	8	8	7	7	7	6	6	6	지	5	5	4	4	4	3	3	3	3

1943 癸未年

소서 8일 09시 39분　【음6월】→ 음 6 【己未月(기미월)】　　대서 24일 03시 05분

양력	1	2	3	4	5	6	7	8	9	10	11	12	13	14	15	16	17	18	19	20	21	22	23	24	25	26	27	28	29	30	31
7 요일	목	금	토	일	월	화	수	목	금	토	일	월	화	수	목	금	토	일	월	화	수	목	금	토	일	월	화	수	목	금	토
일진 日辰	庚申	辛酉	壬戌	癸亥	甲子	乙丑	丙寅	丁卯	戊辰	己巳	庚午	辛未	壬申	癸酉	甲戌	乙亥	丙子	丁丑	戊寅	己卯	庚辰	辛巳	壬午	癸未	甲申	乙酉	丙戌	丁亥	戊子	己丑	庚寅
음력 05/29 06/30	29	6/1	2	3	4	5	6	7	8	9	10	11	12	13	14	15	16	17	18	19	20	21	22	23	24	25	26	27	28	29	30
대 남	8	9	9	9	10	10	10	소	1	1	1	1	2	2	2	3	3	3	4	4	4	5	5	대	6	6	6	7	7	7	8
운 여	2	2	1	1	1	1	서	10	10	9	9	9	8	8	8	7	7	7	6	6	6	5	5	서	5	4	4	4	3	3	3

입추 8일 19시 19분　【음7월】→ 음 7 【庚申月(경신월)】　　처서 24일 09시 55분

양력	1	2	3	4	5	6	7	8	9	10	11	12	13	14	15	16	17	18	19	20	21	22	23	24	25	26	27	28	29	30	31
8 요일	일	월	화	수	목	금	토	일	월	화	수	목	금	토	일	월	화	수	목	금	토	일	월	화	수	목	금	토	일	월	화
일진 日辰	辛卯	壬辰	癸巳	甲午	乙未	丙申	丁酉	戊戌	己亥	庚子	辛丑	壬寅	癸卯	甲辰	乙巳	丙午	丁未	戊申	己酉	庚戌	辛亥	壬子	癸丑	甲寅	乙卯	丙辰	丁巳	戊午	己未	庚申	辛酉
음력 07/01 08/01	7/1	2	3	4	5	6	7	8	9	10	11	12	13	14	15	16	17	18	19	20	21	22	23	24	25	26	27	28	29	30	8/1
대 남	8	8	9	9	9	10	10	입	1	1	1	1	2	2	2	3	3	3	4	4	4	5	5	처	6	6	6	7	7	7	8
운 여	2	2	1	1	1	1	추	10	10	9	9	9	8	8	8	7	7	7	6	6	6	5	5	서	5	4	4	4	3	3	3

백로 8일 21시 55분　【음8월】→ 음 8 【辛酉月(신유월)】　　추분 24일 07시 12분

양력	1	2	3	4	5	6	7	8	9	10	11	12	13	14	15	16	17	18	19	20	21	22	23	24	25	26	27	28	29	30
9 요일	수	목	금	토	일	월	화	수	목	금	토	일	월	화	수	목	금	토	일	월	화	수	목	금	토	일	월	화	수	목
일진 日辰	壬戌	癸亥	甲子	乙丑	丙寅	丁卯	戊辰	己巳	庚午	辛未	壬申	癸酉	甲戌	乙亥	丙子	丁丑	戊寅	己卯	庚辰	辛巳	壬午	癸未	甲申	乙酉	丙戌	丁亥	戊子	己丑	庚寅	辛卯
음력 08/02 09/02	2	3	4	5	6	7	8	9	10	11	12	13	14	15	16	17	18	19	20	21	22	23	24	25	26	27	28	29	9/1	2
운 여	8	8	9	9	9	10	10	백	1	1	1	1	2	2	2	3	3	3	4	4	4	5	5	추	6	6	6	7	7	7
운 여	2	2	1	1	1	1	로	10	10	9	9	9	8	8	8	7	7	7	6	6	6	5	5	분	5	4	4	4	3	3

한로 9일 13시 11분　【음9월】→ 음 9 【壬戌月(임술월)】　　상강 24일 16시 08분

양력	1	2	3	4	5	6	7	8	9	10	11	12	13	14	15	16	17	18	19	20	21	22	23	24	25	26	27	28	29	30	31
10 요일	금	토	일	월	화	수	목	금	토	일	월	화	수	목	금	토	일	월	화	수	목	금	토	일	월	화	수	목	금	토	일
일진 日辰	壬辰	癸巳	甲午	乙未	丙申	丁酉	戊戌	己亥	庚子	辛丑	壬寅	癸卯	甲辰	乙巳	丙午	丁未	戊申	己酉	庚戌	辛亥	壬子	癸丑	甲寅	乙卯	丙辰	丁巳	戊午	己未	庚申	辛酉	壬戌
음력 09/03 10/03	3	4	5	6	7	8	9	10	11	12	13	14	15	16	17	18	19	20	21	22	23	24	25	26	27	28	29	30	10/1	2	3
대 남	8	8	8	9	9	9	10	10	한	1	1	1	1	2	2	2	3	3	3	4	4	4	5	5	상	6	6	6	7	7	7
운 여	3	2	2	2	1	1	1	1	로	10	9	9	9	8	8	8	7	7	7	6	6	6	5	5	강	4	4	4	3	3	3

입동 8일 15시 59분　【음10월】→ 음 10 【癸亥月(계해월)】　　소설 23일 13시 22분

양력	1	2	3	4	5	6	7	8	9	10	11	12	13	14	15	16	17	18	19	20	21	22	23	24	25	26	27	28	29	30
11 요일	월	화	수	목	금	토	일	월	화	수	목	금	토	일	월	화	수	목	금	토	일	월	화	수	목	금	토	일	월	화
일진 日辰	癸亥	甲子	乙丑	丙寅	丁卯	戊辰	己巳	庚午	辛未	壬申	癸酉	甲戌	乙亥	丙子	丁丑	戊寅	己卯	庚辰	辛巳	壬午	癸未	甲申	乙酉	丙戌	丁亥	戊子	己丑	庚寅	辛卯	壬辰
음력 10/04 11/03	4	5	6	7	8	9	10	11	12	13	14	15	16	17	18	19	20	21	22	23	24	25	26	27	28	29	30	11/1	2	3
대 남	8	8	8	9	9	9	10	입	1	1	1	1	2	2	2	3	3	3	4	4	4	5	소	5	6	6	6	7	7	7
운 여	2	2	2	1	1	1	1	동	10	9	9	9	8	8	8	7	7	7	6	6	6	5	설	5	4	4	4	3	3	3

대설 8일 08시 33분　【음11월】→ 음 11 【甲子月(갑자월)】　　동지 23일 02시 29분

양력	1	2	3	4	5	6	7	8	9	10	11	12	13	14	15	16	17	18	19	20	21	22	23	24	25	26	27	28	29	30	31
12 요일	수	목	금	토	일	월	화	수	목	금	토	일	월	화	수	목	금	토	일	월	화	수	목	금	토	일	월	화	수	목	금
일진 日辰	癸巳	甲午	乙未	丙申	丁酉	戊戌	己亥	庚子	辛丑	壬寅	癸卯	甲辰	乙巳	丙午	丁未	戊申	己酉	庚戌	辛亥	壬子	癸丑	甲寅	乙卯	丙辰	丁巳	戊午	己未	庚申	辛酉	壬戌	癸亥
음력 11/04 12/05	4	5	6	7	8	9	10	11	12	13	14	15	16	17	18	19	20	21	22	23	24	25	26	27	28	29	12/1	2	3	4	5
대 남	8	8	8	9	9	9	10	대	1	1	1	1	2	2	2	3	3	3	4	4	4	5	동	5	6	6	6	7	7	7	8
운 여	2	2	2	1	1	1	1	설	9	9	9	8	8	8	7	7	7	6	6	6	5	5	지	4	4	4	3	3	3	2	2

단기 4277 年
불기 2488 年

1944年

甲申(갑신)년 납음(泉中水)본명성,(二黑土)

대장군(午남방), 삼살(남방), 상문(戌서북방), 조객(午남방),납음(천중수),
삼재(인,묘,진)년   臘享(납향):1945년 1월26일(음12/13)

소한 6일 19시 39분 【음12월】→ 음 12 【乙丑月(을축월)】 대한 21일 13시 07분

양력 1	양력	1	2	3	4	5	6	7	8	9	10	11	12	13	14	15	16	17	18	19	20	21	22	23	24	25	26	27	28	29	30	31
	요일	토	일	월	화	수	목	금	토	일	월	화	수	목	금	토	일	월	화	수	목	금	토	일	월	화	수	목	금	토	일	월
	일진	甲子	乙丑	丙寅	丁卯	戊辰	己巳	庚午	辛未	壬申	癸酉	甲戌	乙亥	丙子	丁丑	戊寅	己卯	庚辰	辛巳	壬午	癸未	甲申	乙酉	丙戌	丁亥	戊子	己丑	庚寅	辛卯	壬辰	癸巳
음력 12/06	음력	6	7	8	9	10	11	12	13	14	15	16	17	18	19	20	21	22	23	24	25	26	27	28	29	30	1/1	2	3	4	5	6
01/06	대 남	8	8	9	9	9	소	1	1	1	1	2	2	2	3	3	3	4	4	4	5	대	5	6	6	6	7	7	7	8	8
	운 여	2	1	1	1	1	한	10	9	9	9	8	8	8	7	7	7	6	6	6	5	한	5	4	4	4	3	3	3	2	2

입춘5일 07시 23분 【음1월】→ 음 1 【丙寅月(병인월)】 우수 20일 03시 27분

양력 2	양력	1	2	3	4	5	6	7	8	9	10	11	12	13	14	15	16	17	18	19	20	21	22	23	24	25	26	27	28	29	
	요일	화	수	목	금	토	일	월	화	수	목	금	토	일	월	화	수	목	금	토	일	월	화	수	목	금	토	일	월	화	
	일진	乙未	丙申	丁酉	戊戌	己亥	庚子	辛丑	壬寅	癸卯	甲辰	乙巳	丙午	丁未	戊申	己酉	庚戌	辛亥	壬子	癸丑	甲寅	乙卯	丙辰	丁巳	戊午	己未	庚申	辛酉	壬戌	癸亥	
음력 01/07	음력	7	8	9	10	11	12	13	14	15	16	17	18	19	20	21	22	23	24	25	26	27	28	29	2/1	2	3	4	5	6	
02/06	대 남	9	9	9	10	입	10	9	9	9	8	8	8	7	7	7	6	6	6	5	우	5	4	4	4	3	3	3	2	2	
	운 여	1	1	1	1	춘	1	1	1	1	2	2	2	3	3	3	4	4	4	5	수	5	6	6	6	7	7	7	8	8	

(甲申年)

경칩 6일 01시 40분 【음2월】→ 음 2 【丁卯月(정묘월)】 춘분 21일 02시 49분

양력 3	양력	1	2	3	4	5	6	7	8	9	10	11	12	13	14	15	16	17	18	19	20	21	22	23	24	25	26	27	28	29	30	31
	요일	수	목	금	토	일	월	화	수	목	금	토	일	월	화	수	목	금	토	일	월	화	수	목	금	토	일	월	화	수	목	금
	일진	甲子	乙丑	丙寅	丁卯	戊辰	己巳	庚午	辛未	壬申	癸酉	甲戌	乙亥	丙子	丁丑	戊寅	己卯	庚辰	辛巳	壬午	癸未	甲申	乙酉	丙戌	丁亥	戊子	己丑	庚寅	辛卯	壬辰	癸巳	甲午
음력 02/07	음력	7	8	9	10	11	12	13	14	15	16	17	18	19	20	21	22	23	24	25	26	27	28	29	3/1	2	3	4	5	6	7	8
03/08	대 남	2	1	1	1	1	경	10	9	9	9	8	8	8	7	7	7	6	6	6	5	춘	5	4	4	4	3	3	3	2	2	2
	운 여	8	9	9	9	10	칩	1	1	1	1	2	2	2	3	3	3	4	4	4	5	분	5	6	6	6	7	7	7	8	8	8

청명 5일 06시 54분 【음3월】→ 음 3 【戊辰月(무진월)】 곡우 20일 14시 18분

양력 4	양력	1	2	3	4	5	6	7	8	9	10	11	12	13	14	15	16	17	18	19	20	21	22	23	24	25	26	27	28	29	30	
	요일	토	일	월	화	수	목	금	토	일	월	화	수	목	금	토	일	월	화	수	목	금	토	일	월	화	수	목	금	토	일	
	일진	乙未	丙申	丁酉	戊戌	己亥	庚子	辛丑	壬寅	癸卯	甲辰	乙巳	丙午	丁未	戊申	己酉	庚戌	辛亥	壬子	癸丑	甲寅	乙卯	丙辰	丁巳	戊午	己未	庚申	辛酉	壬戌	癸亥	甲子	
음력 03/09	음력	9	10	11	12	13	14	15	16	17	18	19	20	21	22	23	24	25	26	27	28	29	30	4/1	2	3	4	5	6	7	8	
04/08	대 남	1	1	1	1	청	10	10	9	9	9	8	8	8	7	7	7	6	6	6	곡	5	5	4	4	4	3	3	3	2	2	
	운 여	9	9	9	10	명	1	1	1	1	2	2	2	3	3	3	4	4	4	5	우	5	6	6	6	7	7	7	8	8	8	

입하 6일 00시 40분 【음4월】→ 음 4 【己巳月(기사월)】 윤 4 소만 21일 13시 51분

양력 5	양력	1	2	3	4	5	6	7	8	9	10	11	12	13	14	15	16	17	18	19	20	21	22	23	24	25	26	27	28	29	30	31
	요일	월	화	수	목	금	토	일	월	화	수	목	금	토	일	월	화	수	목	금	토	일	월	화	수	목	금	토	일	월	화	수
	일진	乙丑	丙寅	丁卯	戊辰	己巳	庚午	辛未	壬申	癸酉	甲戌	乙亥	丙子	丁丑	戊寅	己卯	庚辰	辛巳	壬午	癸未	甲申	乙酉	丙戌	丁亥	戊子	己丑	庚寅	辛卯	壬辰	癸巳	甲午	乙未
음력 04/09 윤 410	음력	9	10	11	12	13	14	15	16	17	18	19	20	21	22	23	24	25	26	27	28	29	윤4	2	3	4	5	6	7	8	9	10
	대 남	2	1	1	1	1	입	10	10	9	9	9	8	8	8	7	7	7	6	6	6	소	5	5	4	4	4	3	3	3	2	2
	운 여	9	9	10	10	10	하	1	1	1	1	2	2	2	3	3	3	4	4	4	5	만	5	6	6	6	7	7	7	8	8	8

망종 6일 05시 11분 【음5월】→ 음 5 【庚午月(경오월)】 하지 21일 22시 02분

양력 6	양력	1	2	3	4	5	6	7	8	9	10	11	12	13	14	15	16	17	18	19	20	21	22	23	24	25	26	27	28	29	30	
	요일	목	금	토	일	월	화	수	목	금	토	일	월	화	수	목	금	토	일	월	화	수	목	금	토	일	월	화	수	목	금	
	일진	丙申	丁酉	戊戌	己亥	庚子	辛丑	壬寅	癸卯	甲辰	乙巳	丙午	丁未	戊申	己酉	庚戌	辛亥	壬子	癸丑	甲寅	乙卯	丙辰	丁巳	戊午	己未	庚申	辛酉	壬戌	癸亥	甲子	乙丑	
음력 윤411 05/10	음력	11	12	13	14	15	16	17	18	19	20	21	22	23	24	25	26	27	28	29	30	5/1	2	3	4	5	6	7	8	9	10	
	대 남	2	1	1	1	1	망	10	10	9	9	9	8	8	8	7	7	7	6	6	6	하	5	5	4	4	4	3	3	3	2	
	운 여	9	9	9	10	10	종	1	1	1	1	2	2	2	3	3	3	4	4	4	5	지	5	6	6	6	7	7	7	8	8	

1944 甲申年

소서 7일 15시 36분 　【음6월】→ 음 6 【辛未月(신미월)】　대서 23일 08시 56분

양력 7	1	2	3	4	5	6	7	8	9	10	11	12	13	14	15	16	17	18	19	20	21	22	23	24	25	26	27	28	29	30	31
요일	토	일	월	화	수	목	금	토	일	월	화	수	목	금	토	일	월	화	수	목	금	토	일	월	화	수	목	금	토	일	월
일진	丙寅	丁卯	戊辰	己巳	庚午	辛未	壬申	癸酉	甲戌	乙亥	丙子	丁丑	戊寅	己卯	庚辰	辛巳	壬午	癸未	甲申	乙酉	丙戌	丁亥	戊子	己丑	庚寅	辛卯	壬辰	癸巳	甲午	乙未	丙申
음력 05/11 06/12	11	12	13	14	15	16	17	18	19	20	21	22	23	24	25	26	27	28	6/1	2	3	4	5	6	7	8	9	10	11	12	13

입추 8일 01시 19분 　【음7월】→ 음 7 【壬申月(임신월)】　처서 23일 15시 46분

양력 8	1	2	3	4	5	6	7	8	9	10	11	12	13	14	15	16	17	18	19	20	21	22	23	24	25	26	27	28	29	30	31
요일	화	수	목	금	토	일	월	화	수	목	금	토	일	월	화	수	목	금	토	일	월	화	수	목	금	토	일	월	화	수	목
일진	丁酉	戊戌	己亥	庚子	辛丑	壬寅	癸卯	甲辰	乙巳	丙午	丁未	戊申	己酉	庚戌	辛亥	壬子	癸丑	甲寅	乙卯	丙辰	丁巳	戊午	己未	庚申	辛酉	壬戌	癸亥	甲子	乙丑	丙寅	丁卯
음력 06/13 07/13	14	15	16	17	18	19	20	21	22	23	24	25	26	27	28	29	30	7/1	2	3	4	5	6	7	8	9	10	11	12	13	13

백로 8일 03시 56분 　【음8월】→ 음 8 【癸酉月(계유월)】　추분 23일 13시 02분

양력 9	1	2	3	4	5	6	7	8	9	10	11	12	13	14	15	16	17	18	19	20	21	22	23	24	25	26	27	28	29	30
요일	금	토	일	월	화	수	목	금	토	일	월	화	수	목	금	토	일	월	화	수	목	금	토	일	월	화	수	목	금	토
일진	戊辰	己巳	庚午	辛未	壬申	癸酉	甲戌	乙亥	丙子	丁丑	戊寅	己卯	庚辰	辛巳	壬午	癸未	甲申	乙酉	丙戌	丁亥	戊子	己丑	庚寅	辛卯	壬辰	癸巳	甲午	乙未	丙申	丁酉
음력 07/14 08/14	14	15	16	17	18	19	20	21	22	23	24	25	26	27	28	29	8/1	2	3	4	5	6	7	8	9	10	11	12	13	14

한로 9일 19시 09분 　【음9월】→ 음 9 【甲戌月(갑술월)】　상강 23일 21시 56분

양력 10	1	2	3	4	5	6	7	8	9	10	11	12	13	14	15	16	17	18	19	20	21	22	23	24	25	26	27	28	29	30	31
요일	일	월	화	수	목	금	토	일	월	화	수	목	금	토	일	월	화	수	목	금	토	일	월	화	수	목	금	토	일	월	화
일진	戊戌	己亥	庚子	辛丑	壬寅	癸卯	甲辰	乙巳	丙午	丁未	戊申	己酉	庚戌	辛亥	壬子	癸丑	甲寅	乙卯	丙辰	丁巳	戊午	己未	庚申	辛酉	壬戌	癸亥	甲子	乙丑	丙寅	丁卯	戊辰
음력 08/15 09/15	15	16	17	18	19	20	21	22	23	24	25	26	27	28	29	30	9/1	2	3	4	5	6	7	8	9	10	11	12	13	14	15

입동 7일 21시 55분 　【음10월】→ 음 10 【乙亥月(을해월)】　소설 22일 19시 08분

양력 11	1	2	3	4	5	6	7	8	9	10	11	12	13	14	15	16	17	18	19	20	21	22	23	24	25	26	27	28	29	30
요일	수	목	금	토	일	월	화	수	목	금	토	일	월	화	수	목	금	토	일	월	화	수	목	금	토	일	월	화	수	목
일진	己巳	庚午	辛未	壬申	癸酉	甲戌	乙亥	丙子	丁丑	戊寅	己卯	庚辰	辛巳	壬午	癸未	甲申	乙酉	丙戌	丁亥	戊子	己丑	庚寅	辛卯	壬辰	癸巳	甲午	乙未	丙申	丁酉	戊戌
음력 09/16 10/15	16	17	18	19	20	21	22	23	24	25	26	27	28	29	30	10/1	2	3	4	5	6	7	8	9	10	11	12	13	14	15

대설 7일 14시 28분 　【음11월】→ 음 11 【丙子月(병자월)】　동지 22일 08시 15분

양력 12	1	2	3	4	5	6	7	8	9	10	11	12	13	14	15	16	17	18	19	20	21	22	23	24	25	26	27	28	29	30	31
요일	금	토	일	월	화	수	목	금	토	일	월	화	수	목	금	토	일	월	화	수	목	금	토	일	월	화	수	목	금	토	일
일진	己亥	庚子	辛丑	壬寅	癸卯	甲辰	乙巳	丙午	丁未	戊申	己酉	庚戌	辛亥	壬子	癸丑	甲寅	乙卯	丙辰	丁巳	戊午	己未	庚申	辛酉	壬戌	癸亥	甲子	乙丑	丙寅	丁卯	戊辰	己巳
음력 10/16 11/17	16	17	18	19	20	21	22	23	24	25	26	27	28	29	11/1	2	3	4	5	6	7	8	9	10	11	12	13	14	15	16	17

乙酉(을유)년　납음(泉中水),본명성(一白水)

대장군(午남방). 삼살(동방), 상문(亥서북방),조객(未서남방), 납음(천중수),
【삼재(해,자,축)년】　臘享(납향):1946년1월21일(음12/19)

소한 6일 01시 34분　【음12월】→　음 12【丁丑月(정축월)】　　대한 20일 18시 54분

양력 1																															
양력 1	2	3	4	5	6	7	8	9	10	11	12	13	14	15	16	17	18	19	20	21	22	23	24	25	26	27	28	29	30	31	
요일	월	화	수	목	금	토	일	월	화	수	목	금	토	일	월	화	수	목	금	토	일	월	화	수	목	금	토	일	월	화	

일진: 庚午 辛未 壬申 癸酉 甲戌 乙亥 丙子 丁丑 戊寅 己卯 庚辰 辛巳 壬午 癸未 甲申 乙酉 丙戌 丁亥 戊子 己丑 庚寅 辛卯 壬辰 癸巳 甲午 乙未 丙申 丁酉 戊戌 己亥 庚子

음력: 18 19 20 21 22 23 24 25 26 27 28 29 30 12/1 2 3 4 5 6 7 8 9 10 11 12 13 14 15 16 17 18

입춘 4일 13시 19분　【음1월】→　음 1【戊寅月(무인월)】　　우수 19일 09시 15분

양력 1	2	3	4	5	6	7	8	9	10	11	12	13	14	15	16	17	18	19	20	21	22	23	24	25	26	27	28
요일	목	금	토	일	월	화	수	목	금	토	일	월	화	수	목	금	토	일	월	화	수	목	금	토	일	월	화	수

일진: 辛丑 壬寅 癸卯 甲辰 乙巳 丙午 丁未 戊申 己酉 庚戌 辛亥 壬子 癸丑 甲寅 乙卯 丙辰 丁巳 戊午 己未 庚申 辛酉 壬戌 癸亥 甲子 乙丑 丙寅 丁卯 戊辰

음력: 19 20 21 22 23 24 25 26 27 28 29 30 1/1 2 3 4 5 6 7 8 9 10 11 12 13 14 15 16

乙酉年

경칩 6일 07시 38분　【음2월】→　음 2【己卯月(기묘월)】　　춘분 21일 08시 37분

양력 1	2	3	4	5	6	7	8	9	10	11	12	13	14	15	16	17	18	19	20	21	22	23	24	25	26	27	28	29	30	31
요일	목	금	토	일	월	화	수	목	금	토	일	월	화	수	목	금	토	일	월	화	수	목	금	토	일	월	화	수	목	금	토

일진: 己巳 庚午 辛未 壬申 癸酉 甲戌 乙亥 丙子 丁丑 戊寅 己卯 庚辰 辛巳 壬午 癸未 甲申 乙酉 丙戌 丁亥 戊子 己丑 庚寅 辛卯 壬辰 癸巳 甲午 乙未 丙申 丁酉 戊戌 己亥

음력: 17 18 19 20 21 22 23 24 25 26 27 28 29 2/1 2 3 4 5 6 7 8 9 10 11 12 13 14 15 16 17 18

청명 5일 12시 52분　【음3월】→　음 3【庚辰月(경진월)】　　곡우 20일 20시 07분

양력 1	2	3	4	5	6	7	8	9	10	11	12	13	14	15	16	17	18	19	20	21	22	23	24	25	26	27	28	29	30
요일	일	월	화	수	목	금	토	일	월	화	수	목	금	토	일	월	화	수	목	금	토	일	월	화	수	목	금	토	일	월

일진: 庚子 辛丑 壬寅 癸卯 甲辰 乙巳 丙午 丁未 戊申 己酉 庚戌 辛亥 壬子 癸丑 甲寅 乙卯 丙辰 丁巳 戊午 己未 庚申 辛酉 壬戌 癸亥 甲子 乙丑 丙寅 丁卯 戊辰 己巳

음력: 19 20 21 22 23 24 25 26 27 28 29 3/1 2 3 4 5 6 7 8 9 10 11 12 13 14 15 16 17 18 19

입하 6일 06시 37분　【음4월】→　음 4【辛巳月(신사월)】　　소만 21일 19시 40분

양력 1	2	3	4	5	6	7	8	9	10	11	12	13	14	15	16	17	18	19	20	21	22	23	24	25	26	27	28	29	30	31
요일	화	수	목	금	토	일	월	화	수	목	금	토	일	월	화	수	목	금	토	일	월	화	수	목	금	토	일	월	화	수	목

일진: 庚午 辛未 壬申 癸酉 甲戌 乙亥 丙子 丁丑 戊寅 己卯 庚辰 辛巳 壬午 癸未 甲申 乙酉 丙戌 丁亥 戊子 己丑 庚寅 辛卯 壬辰 癸巳 甲午 乙未 丙申 丁酉 戊戌 己亥 庚子

음력: 20 21 22 23 24 25 26 27 28 29 30 4/1 2 3 4 5 6 7 8 9 10 11 12 13 14 15 16 17 18 19 20

망종 6일 11시 05분　【음5월】→　음 5【壬午月(임오월)】　　하지 22일 03시 52분

양력 1	2	3	4	5	6	7	8	9	10	11	12	13	14	15	16	17	18	19	20	21	22	23	24	25	26	27	28	29	30
요일	금	토	일	월	화	수	목	금	토	일	월	화	수	목	금	토	일	월	화	수	목	금	토	일	월	화	수	목	금	토

일진: 辛丑 壬寅 癸卯 甲辰 乙巳 丙午 丁未 戊申 己酉 庚戌 辛亥 壬子 癸丑 甲寅 乙卯 丙辰 丁巳 戊午 己未 庚申 辛酉 壬戌 癸亥 甲子 乙丑 丙寅 丁卯 戊辰 己巳 庚午

음력: 21 22 23 24 25 26 27 28 29 5/1 2 3 4 5 6 7 8 9 10 11 12 13 14 15 16 17 18 19 20 21

한식(4월06일), 초복(7월20일), 중복(7월30일), 말복(8월09일) ↟춘사(春社)3/20
☀추사(秋社)9/26 토왕지절(土旺之節):4월17일,7월20일,10월21일,1월18일(신년양력),
臘享(납향):1946년 1월21일(신년양력)

右 1945 乙酉年

소서 7일 21시 27분 　【음6월】→　음 6 【癸未月(계미월)】　　대서 23일 14시 45분

양력 7	양력	1	2	3	4	5	6	7	8	9	10	11	12	13	14	15	16	17	18	19	20	21	22	23	24	25	26	27	28	29	30	31
	요일	일	월	화	수	목	금	토	일	월	화	수	목	금	토	일	월	화	수	목	금	토	일	월	화	수	목	금	토	일	월	화
	일진日辰	辛未	壬申	癸酉	甲戌	乙亥	丙子	丁丑	戊寅	己卯	庚辰	辛巳	壬午	癸未	甲申	乙酉	丙戌	丁亥	戊子	己丑	庚寅	辛卯	壬辰	癸巳	甲午	乙未	丙申	丁酉	戊戌	己亥	庚子	辛丑
음력 05/22 06/23	음력	22	23	24	25	26	27	28	29	6/1	2	3	4	5	6	7	8	9	10	11	12	13	14	15	16	17	18	19	20	21	22	23
	대남	8	9	9	9	10	10	소서	1	1	1	1	2	2	2	3	3	3	4	4	4	5	5	대서	6	6	6	7	7	7	8	8
	운여	2	2	1	1	1	1		10	10	10	9	9	9	8	8	8	7	7	7	6	6	6		5	5	4	4	4	3	3	3

입추 8일 07시 05분 　【음7월】→　음 7 【甲申月(갑신월)】　　처서 23일 21시 35분

양력 8	양력	1	2	3	4	5	6	7	8	9	10	11	12	13	14	15	16	17	18	19	20	21	22	23	24	25	26	27	28	29	30	31
	요일	수	목	금	토	일	월	화	수	목	금	토	일	월	화	수	목	금	토	일	월	화	수	목	금	토	일	월	화	수	목	금
	일진日辰	壬寅	癸卯	甲辰	乙巳	丙午	丁未	戊申	己酉	庚戌	辛亥	壬子	癸丑	甲寅	乙卯	丙辰	丁巳	戊午	己未	庚申	辛酉	壬戌	癸亥	甲子	乙丑	丙寅	丁卯	戊辰	己巳	庚午	辛未	壬申
음력 06/24 07/24	음력	24	25	26	27	28	29	30	7/1	2	3	4	5	6	7	8	9	10	11	12	13	14	15	16	17	18	19	20	21	22	23	24
	대남	8	9	9	9	10	10	10	입추	1	1	1	1	2	2	2	3	3	3	4	4	4	5	처서	5	6	6	6	7	7	7	8
	운여	2	2	2	1	1	1	1		10	10	10	9	9	9	8	8	8	7	7	7	6	6		5	5	5	4	4	4	3	3

백로 8일 09시 38분 　【음8월】→　음 8 【乙酉月(을유월)】　　추분 23일 18시 50분

양력 9	양력	1	2	3	4	5	6	7	8	9	10	11	12	13	14	15	16	17	18	19	20	21	22	23	24	25	26	27	28	29	30	
	요일	토	일	월	화	수	목	금	토	일	월	화	수	목	금	토	일	월	화	수	목	금	토	일	월	화	수	목	금	토	일	
	일진日辰	癸酉	甲戌	乙亥	丙子	丁丑	戊寅	己卯	庚辰	辛巳	壬午	癸未	甲申	乙酉	丙戌	丁亥	戊子	己丑	庚寅	辛卯	壬辰	癸巳	甲午	乙未	丙申	丁酉	戊戌	己亥	庚子	辛丑	壬寅	
음력 07/25 08/25	음력	25	26	27	28	29	8/1	2	3	4	5	6	7	8	9	10	11	12	13	14	15	16	17	18	19	20	21	22	23	24	25	
	대남	8	8	9	9	9	10	10	백로	1	1	1	1	2	2	2	3	3	3	4	4	4	5	추분	5	6	6	6	7	7	7	
	운여	2	2	2	1	1	1		10	10	9	9	9	8	8	8	7	7	7	6	6	6	5		5	5	4	4	4	3	3	

한로 9일 00시 49분 　【음9월】→음 9 【丙戌月(병술월)】　　상강 24일 03시 44분

양력 10	양력	1	2	3	4	5	6	7	8	9	10	11	12	13	14	15	16	17	18	19	20	21	22	23	24	25	26	27	28	29	30	31
	요일	월	화	수	목	금	토	일	월	화	수	목	금	토	일	월	화	수	목	금	토	일	월	화	수	목	금	토	일	월	화	수
	일진日辰	癸卯	甲辰	乙巳	丙午	丁未	戊申	己酉	庚戌	辛亥	壬子	癸丑	甲寅	乙卯	丙辰	丁巳	戊午	己未	庚申	辛酉	壬戌	癸亥	甲子	乙丑	丙寅	丁卯	戊辰	己巳	庚午	辛未	壬申	癸酉
음력 08/26 09/26	음력	26	27	28	29	30	9/1	2	3	4	5	6	7	8	9	10	11	12	13	14	15	16	17	18	19	20	21	22	23	24	25	26
	대남	8	8	8	9	9	9	10	한로	1	1	1	1	2	2	2	3	3	3	4	4	4	5	5	상강	5	6	6	6	7	7	7
	운여	3	2	2	2	1	1	1		10	9	9	9	8	8	8	7	7	7	6	6	6	5	5		4	4	4	3	3	3	2

입동 8일 03시 34분 　【음10월】→　음 10 【丁亥月(정해월)】　　소설 23일 00시 55분

양력 11	양력	1	2	3	4	5	6	7	8	9	10	11	12	13	14	15	16	17	18	19	20	21	22	23	24	25	26	27	28	29	30	
	요일	목	금	토	일	월	화	수	목	금	토	일	월	화	수	목	금	토	일	월	화	수	목	금	토	일	월	화	수	목	금	
	일진日辰	甲戌	乙亥	丙子	丁丑	戊寅	己卯	庚辰	辛巳	壬午	癸未	甲申	乙酉	丙戌	丁亥	戊子	己丑	庚寅	辛卯	壬辰	癸巳	甲午	乙未	丙申	丁酉	戊戌	己亥	庚子	辛丑	壬寅	癸卯	
음력 09/27 10/26	음력	27	28	29	30	10/1	2	3	4	5	6	7	8	9	10	11	12	13	14	15	16	17	18	19	20	21	22	23	24	25	26	
	대남	8	8	8	9	9	9	10	입동	1	1	1	1	2	2	2	3	3	3	4	4	4	5	소설	5	6	6	6	7	7	7	
	운여	2	2	2	1	1	1	1		10	9	9	9	8	8	8	7	7	7	6	6	6	5		5	4	4	4	3	3	3	

대설 7일 02시 08분 　【음11월】→　음 11 【戊子月(무자월)】　　동지 22일 14시 04분

양력 12	양력	1	2	3	4	5	6	7	8	9	10	11	12	13	14	15	16	17	18	19	20	21	22	23	24	25	26	27	28	29	30	31
	요일	토	일	월	화	수	목	금	토	일	월	화	수	목	금	토	일	월	화	수	목	금	토	일	월	화	수	목	금	토	일	월
	일진日辰	甲辰	乙巳	丙午	丁未	戊申	己酉	庚戌	辛亥	壬子	癸丑	甲寅	乙卯	丙辰	丁巳	戊午	己未	庚申	辛酉	壬戌	癸亥	甲子	乙丑	丙寅	丁卯	戊辰	己巳	庚午	辛未	壬申	癸酉	甲戌
음력 10/27 11/27	음력	27	28	29	30	11/1	2	3	4	5	6	7	8	9	10	11	12	13	14	15	16	17	18	19	20	21	22	23	24	25	26	27
	대남	8	8	8	9	대설	1	1	1	1	2	2	2	3	3	3	4	4	4	5	동지	5	5	6	6	6	7	7	7	8	8	8
	운여	2	2	1	1		10	9	9	9	8	8	8	7	7	7	6	6	6	5		5	4	4	4	3	3	3	2	2	2	1

丙戌(병술)년 납음(屋上土),본명성(九紫火)

단기 4279 年
불기 2490 年
1946년

대장군(午남방),삼살(북방),상문(子북방),조객(申서남방),납음(옥상토),
【삼재(신,유,술)년】　臘享(납향):1947년1월16일(음12/25)

소한 6일 07시 16분　【음12월】 →　**음12　己丑月(기축월)**　　대한 21일 00시 45분

양력 1 (음력 11/28 ~ 12/29)

양력	1	2	3	4	5	6	7	8	9	10	11	12	13	14	15	16	17	18	19	20	21	22	23	24	25	26	27	28	29	30	31
요일	화	수	목	금	토	일	월	화	수	목	금	토	일	월	화	수	목	금	토	일	월	화	수	목	금	토	일	월	화	수	목
일진	乙	丙	丁	戊	己	庚	辛	壬	癸	甲	乙	丙	丁	戊	己	庚	辛	壬	癸	甲	乙	丙	丁	戊	己	庚	辛	壬	癸	甲	乙
日辰	亥	子	丑	寅	卯	辰	巳	午	未	申	酉	戌	亥	子	丑	寅	卯	辰	巳	午	未	申	酉	戌	亥	子	丑	寅	卯	辰	巳
음력	28	29	12/1	2	3	4	5	6	7	8	9	10	11	12	13	14	15	16	17	18	19	20	21	22	23	24	25	26	27	28	29
대남	8	9	9	9	10	소	1	1	1	1	2	2	2	3	3	3	4	4	4	5	대	5	6	6	6	7	7	7	8	8	8
운여	2	1	1	1	한	9	9	9	8	8	8	7	7	7	6	6	6	5	한	5	4	4	4	3	3	3	2	2	2	1	

입춘 4일 19시 04분　【음1월】 →　**음1　庚寅月(경인월)**　　우수 19일 15시 09분

양력 2 (음력 12/30 ~ 01/27)

양력	1	2	3	4	5	6	7	8	9	10	11	12	13	14	15	16	17	18	19	20	21	22	23	24	25	26	27	28
요일	금	토	일	월	화	수	목	금	토	일	월	화	수	목	금	토	일	월	화	수	목	금	토	일	월	화	수	목
일진	丙	丁	戊	己	庚	辛	壬	癸	甲	乙	丙	丁	戊	己	庚	辛	壬	癸	甲	乙	丙	丁	戊	己	庚	辛	壬	癸
日辰	午	未	申	酉	戌	亥	子	丑	寅	卯	辰	巳	午	未	申	酉	戌	亥	子	丑	寅	卯	辰	巳	午	未	申	酉
음력	30	1/1	2	3	4	5	6	7	8	9	10	11	12	13	14	15	16	17	18	19	20	21	22	23	24	25	26	27
대남	9	9	9	입	10	9	9	9	8	8	8	7	7	7	6	6	6	우	5	5	4	4	4	3	3	3	2	2
운여	1	1	1	춘	1	1	1	2	2	2	3	3	3	4	4	4	5	수	5	6	6	6	7	7	7	8	8	

丙戌年

경칩 6일 13시 25분　【음2월】 →　**음2　辛卯月(신묘월)**　　춘분 21일 14시 33분

양력 3 (음력 01/28 ~ 02/28)

양력	1	2	3	4	5	6	7	8	9	10	11	12	13	14	15	16	17	18	19	20	21	22	23	24	25	26	27	28	29	30	31
요일	금	토	일	월	화	수	목	금	토	일	월	화	수	목	금	토	일	월	화	수	목	금	토	일	월	화	수	목	금	토	일
일진	甲	乙	丙	丁	戊	己	庚	辛	壬	癸	甲	乙	丙	丁	戊	己	庚	辛	壬	癸	甲	乙	丙	丁	戊	己	庚	辛	壬	癸	甲
日辰	戌	亥	子	丑	寅	卯	辰	巳	午	未	申	酉	戌	亥	子	丑	寅	卯	辰	巳	午	未	申	酉	戌	亥	子	丑	寅	卯	辰
음력	28	29	30	2/1	2	3	4	5	6	7	8	9	10	11	12	13	14	15	16	17	18	19	20	21	22	23	24	25	26	27	28
대남	2	1	1	1	1	경	10	9	9	9	8	8	8	7	7	7	6	6	6	춘	5	5	4	4	4	3	3	3	2	2	
운여	8	9	9	9	10	칩	1	1	1	1	2	2	2	3	3	3	4	4	4	분	5	5	6	6	6	7	7	7	8	8	

청명 5일 18시 39분　【음3월】 →　**음3　壬辰月(임진월)**　　곡우 21일 02시 02분

양력 4 (음력 02/29 ~ 03/29)

양력	1	2	3	4	5	6	7	8	9	10	11	12	13	14	15	16	17	18	19	20	21	22	23	24	25	26	27	28	29	30
요일	월	화	수	목	금	토	일	월	화	수	목	금	토	일	월	화	수	목	금	토	일	월	화	수	목	금	토	일	월	화
일진	乙	丙	丁	戊	己	庚	辛	壬	癸	甲	乙	丙	丁	戊	己	庚	辛	壬	癸	甲	乙	丙	丁	戊	己	庚	辛	壬	癸	甲
日辰	巳	午	未	申	酉	戌	亥	子	丑	寅	卯	辰	巳	午	未	申	酉	戌	亥	子	丑	寅	卯	辰	巳	午	未	申	酉	戌
음력	29	3/1	2	3	4	5	6	7	8	9	10	11	12	13	14	15	16	17	18	19	20	21	22	23	24	25	26	27	28	29
대남	1	1	1	1	청	10	10	9	9	9	8	8	8	7	7	7	6	6	6	곡	5	5	4	4	4	3	3	3	2	2
운여	9	9	9	10	명	1	1	1	1	2	2	2	3	3	3	4	4	4	5	우	6	6	6	7	7	7	8	8		

입하 6일 12시 12분　【음4월】 →　**음4　癸巳月(계사월)**　　소만 22일 01시 34분

양력 5 (음력 04/01 ~ 05/01)

양력	1	2	3	4	5	6	7	8	9	10	11	12	13	14	15	16	17	18	19	20	21	22	23	24	25	26	27	28	29	30	31
요일	수	목	금	토	일	월	화	수	목	금	토	일	월	화	수	목	금	토	일	월	화	수	목	금	토	일	월	화	수	목	금
일진	乙	丙	丁	戊	己	庚	辛	壬	癸	甲	乙	丙	丁	戊	己	庚	辛	壬	癸	甲	乙	丙	丁	戊	己	庚	辛	壬	癸	甲	乙
日辰	亥	子	丑	寅	卯	辰	巳	午	未	申	酉	戌	亥	子	丑	寅	卯	辰	巳	午	未	申	酉	戌	亥	子	丑	寅	卯	辰	巳
음력	4/1	2	3	4	5	6	7	8	9	10	11	12	13	14	15	16	17	18	19	20	21	22	23	24	25	26	27	28	29	30	5/1
대남	1	1	1	1	입	10	10	9	9	9	8	8	8	7	7	7	6	6	6	소	5	5	4	4	4	3	3	3	2	2	
운여	9	9	9	10	10	하	1	1	1	1	2	2	2	3	3	3	4	4	4	5	만	6	6	6	7	7	7	8	8		

망종 6일 14시 49분　【음5월】 →　**음5　甲午月(갑오월)**　　하지 22일 09시 44분

양력 6 (음력 05/02 ~ 06/02)

양력	1	2	3	4	5	6	7	8	9	10	11	12	13	14	15	16	17	18	19	20	21	22	23	24	25	26	27	28	29	30
요일	토	일	월	화	수	목	금	토	일	월	화	수	목	금	토	일	월	화	수	목	금	토	일	월	화	수	목	금	토	일
일진	丙	丁	戊	己	庚	辛	壬	癸	甲	乙	丙	丁	戊	己	庚	辛	壬	癸	甲	乙	丙	丁	戊	己	庚	辛	壬	癸	甲	乙	丙
日辰	午	未	申	酉	戌	亥	子	丑	寅	卯	辰	巳	午	未	申	酉	戌	亥	子	丑	寅	卯	辰	巳	午	未	申	酉	戌	亥
음력	2	3	4	5	6	7	8	9	10	11	12	13	14	15	16	17	18	19	20	21	22	23	24	25	26	27	28	29	6/1	2
대남	2	1	1	1	1	망	10	10	10	9	9	9	8	8	8	7	7	7	6	6	하	5	5	5	4	4	4	3	3	3
운여	9	9	9	10	10	종	1	1	1	1	2	2	2	3	3	3	4	4	4	5	지	5	6	6	6	7	7	7	8	

1946 丙戌年

소서 8일 03시 11분 　【음6월】→ 음 6 【乙未月(을미월)】　대서 23일 20시 37분

양력 7	양력	1	2	3	4	5	6	7	8	9	10	11	12	13	14	15	16	17	18	19	20	21	22	23	24	25	26	27	28	29	30	31
	요일	월	화	수	목	금	토	일	월	화	수	목	금	토	일	월	화	수	목	금	토	일	월	화	수	목	금	토	일	월	화	수
	일진	丙子	丁丑	戊寅	己卯	庚辰	辛巳	壬午	癸未	甲申	乙酉	丙戌	丁亥	戊子	己丑	庚寅	辛卯	壬辰	癸巳	甲午	乙未	丙申	丁酉	戊戌	己亥	庚子	辛丑	壬寅	癸卯	甲辰	乙巳	丙午
음력 06/03 ~ 07/04	음력	3	4	5	6	7	8	9	10	11	12	13	14	15	16	17	18	19	20	21	22	23	24	25	26	27	28	29	7/1	2	3	4
	대낭	2	2	1	1	1	1	소	10	10	9	9	9	8	8	8	7	7	7	6	6	6	5	대서	5	5	4	4	4	3	3	3
	운여	8	9	9	9	10	10	10	1	1	1	1	2	2	2	3	3	3	4	4	4	5	5	서	5	6	6	6	7	7	7	8

입추 8일 12시 52분 　【음7월】→ 음 7 【丙申月(병신월)】　처서 24일 03시 26분

양력 8	양력	1	2	3	4	5	6	7	8	9	10	11	12	13	14	15	16	17	18	19	20	21	22	23	24	25	26	27	28	29	30	31
	요일	목	금	토	일	월	화	수	목	금	토	일	월	화	수	목	금	토	일	월	화	수	목	금	토	일	월	화	수	목	금	토
	일진	丁未	戊申	己酉	庚戌	辛亥	壬子	癸丑	甲寅	乙卯	丙辰	丁巳	戊午	己未	庚申	辛酉	壬戌	癸亥	甲子	乙丑	丙寅	丁卯	戊辰	己巳	庚午	辛未	壬申	癸酉	甲戌	乙亥	丙子	丁丑
음력 07/05 ~ 08/05	음력	5	6	7	8	9	10	11	12	13	14	15	16	17	18	19	20	21	22	23	24	25	26	27	28	29	30	8/1	2	3	4	5
	대낭	2	2	1	1	1	1	입	10	10	9	9	9	8	8	8	7	7	7	6	6	6	5	처	5	5	4	4	4	3	3	3
	운여	8	8	9	9	9	10	추	1	1	1	1	2	2	2	3	3	3	4	4	4	5	5	서	6	6	6	7	7	7	8	8

백로 8일 15시 27분 　【음8월】→ 음 8 【丁酉月(정유월)】　추분 24일 00시 41분

양력 9	양력	1	2	3	4	5	6	7	8	9	10	11	12	13	14	15	16	17	18	19	20	21	22	23	24	25	26	27	28	29	30	
	요일	일	월	화	수	목	금	토	일	월	화	수	목	금	토	일	월	화	수	목	금	토	일	월	화	수	목	금	토	일	월	
	일진	戊寅	己卯	庚辰	辛巳	壬午	癸未	甲申	乙酉	丙戌	丁亥	戊子	己丑	庚寅	辛卯	壬辰	癸巳	甲午	乙未	丙申	丁酉	戊戌	己亥	庚子	辛丑	壬寅	癸卯	甲辰	乙巳	丙午	丁未	
음력 08/06 ~ 09/06	음력	6	7	8	9	10	11	12	13	14	15	16	17	18	19	20	21	22	23	24	25	26	27	28	29	9/1	2	3	4	5	6	
	대낭	2	2	1	1	1	1	백	10	10	9	9	9	8	8	8	7	7	7	6	6	6	5	추	5	5	4	4	4	3	3	
	운여	8	9	9	9	10	10	로	1	1	1	1	2	2	2	3	3	3	4	4	4	5	5	분	6	6	6	7	7	7	8	

한로 9일 06시 41분 　【음9월】→ 음 9 【戊戌月(무술월)】　상강 24일 09시 35분

양력 10	양력	1	2	3	4	5	6	7	8	9	10	11	12	13	14	15	16	17	18	19	20	21	22	23	24	25	26	27	28	29	30	31
	요일	화	수	목	금	토	일	월	화	수	목	금	토	일	월	화	수	목	금	토	일	월	화	수	목	금	토	일	월	화	수	목
	일진	戊申	己酉	庚戌	辛亥	壬子	癸丑	甲寅	乙卯	丙辰	丁巳	戊午	己未	庚申	辛酉	壬戌	癸亥	甲子	乙丑	丙寅	丁卯	戊辰	己巳	庚午	辛未	壬申	癸酉	甲戌	乙亥	丙子	丁丑	戊寅
음력 09/07 ~ 10/07	음력	7	8	9	10	11	12	13	14	15	16	17	18	19	20	21	22	23	24	25	26	27	28	29	30	10/1	2	3	4	5	6	7
	대낭	3	2	2	2	1	1	1	1	한	10	9	9	9	8	8	8	7	7	7	6	6	6	5	상	5	4	4	4	3	3	3
	운여	8	8	8	9	9	9	10	10	로	1	1	1	1	2	2	2	3	3	3	4	4	4	5	강	5	6	6	6	7	7	7

입동 8일 09시 27분 　【음10월】→ 음 10 【己亥月(기해월)】　소설 23일 06시 46분

양력 11	양력	1	2	3	4	5	6	7	8	9	10	11	12	13	14	15	16	17	18	19	20	21	22	23	24	25	26	27	28	29	30	
	요일	금	토	일	월	화	수	목	금	토	일	월	화	수	목	금	토	일	월	화	수	목	금	토	일	월	화	수	목	금	토	
	일진	己卯	庚辰	辛巳	壬午	癸未	甲申	乙酉	丙戌	丁亥	戊子	己丑	庚寅	辛卯	壬辰	癸巳	甲午	乙未	丙申	丁酉	戊戌	己亥	庚子	辛丑	壬寅	癸卯	甲辰	乙巳	丙午	丁未	戊申	
음력 10/08 ~ 11/07	음력	8	9	10	11	12	13	14	15	16	17	18	19	20	21	22	23	24	25	26	27	28	29	11/1	2	3	4	5	6	7		
	대낭	2	2	2	1	1	1	1	입	10	9	9	9	8	8	8	7	7	7	6	6	6	5	소	5	4	4	4	3	3	3	
	운여	8	8	8	9	9	9	10	동	1	1	1	1	2	2	2	3	3	3	4	4	4	5	설	5	6	6	6	7	7	7	

대설 8일 02시 00분 　【음11월】→ 음 11 【庚子月(경자월)】　동지 22일 19시 53분

양력 12	양력	1	2	3	4	5	6	7	8	9	10	11	12	13	14	15	16	17	18	19	20	21	22	23	24	25	26	27	28	29	30	31
	요일	일	월	화	수	목	금	토	일	월	화	수	목	금	토	일	월	화	수	목	금	토	일	월	화	수	목	금	토	일	월	화
	일진	己酉	庚戌	辛亥	壬子	癸丑	甲寅	乙卯	丙辰	丁巳	戊午	己未	庚申	辛酉	壬戌	癸亥	甲子	乙丑	丙寅	丁卯	戊辰	己巳	庚午	辛未	壬申	癸酉	甲戌	乙亥	丙子	丁丑	戊寅	己卯
음력 11/08 ~ 12/09	음력	8	9	10	11	12	13	14	15	16	17	18	19	20	21	22	23	24	25	26	27	28	29	12/1	2	3	4	5	6	7	8	9
	대낭	2	2	1	1	1	1	대	9	9	9	8	8	8	7	7	7	6	6	6	5	동	5	4	4	4	3	3	3	2	2	2
	운여	8	8	9	9	9	10	설	1	1	1	1	2	2	2	3	3	3	4	4	4	지	5	5	5	6	6	6	7	7	7	8

丁亥(정해)년 납음(屋上土),본명성(八白土)

대장군(酉서방). 삼살(서방), 상문(표동북방),조객(酉서방), 납음(옥상토),
【삼재(사,오,미)년】 臘享(납향):1948년1월23일(음12/30)

소한 6일 13시 06분 【음12월】 → **음 12** 【辛丑月(신축월)】 ☽ 대한 21일 06시 32분

양력	1	2	3	4	5	6	7	8	9	10	11	12	13	14	15	16	17	18	19	20	21	22	23	24	25	26	27	28	29	30	31
요일	수	목	금	토	일	월	화	수	목	금	토	일	월	화	수	목	금	토	일	월	화	수	목	금	토	일	월	화	수	목	금
일진 日辰	庚辰	辛巳	壬午	癸未	甲申	乙酉	丙戌	丁亥	戊子	己丑	庚寅	辛卯	壬辰	癸巳	甲午	乙未	丙申	丁酉	戊戌	己亥	庚子	辛丑	壬寅	癸卯	甲辰	乙巳	丙午	丁未	戊申	己酉	庚戌
음력	10	11	12	13	14	15	16	17	18	19	20	21	22	23	24	25	26	27	28	29	30	1/1	2	3	4	5	6	7	8	9	10
대남	2	1	1	1	1	소한	10	9	9	9	8	8	8	7	7	7	6	6	6	5	대한	5	4	4	4	3	3	3	2	2	2
운여	8	8	9	9	9	한	1	1	1	1	2	2	2	3	3	3	4	4	4	5	한	5	6	6	6	7	7	7	8	8	8

입춘 5일 00시 50분 【음1월】 → **음 1** 【壬寅月(임인월)】 ☽ 우수 19일 20시 52분

양력	1	2	3	4	5	6	7	8	9	10	11	12	13	14	15	16	17	18	19	20	21	22	23	24	25	26	27	28			
요일	토	일	월	화	수	목	금	토	일	월	화	수	목	금	토	일	월	화	수	목	금	토	일	월	화	수	목	금			
일진 日辰	辛亥	壬子	癸丑	甲寅	乙卯	丙辰	丁巳	戊午	己未	庚申	辛酉	壬戌	癸亥	甲子	乙丑	丙寅	丁卯	戊辰	己巳	庚午	辛未	壬申	癸酉	甲戌	乙亥	丙子	丁丑	戊寅			
음력	11	12	13	14	15	16	17	18	19	20	21	22	23	24	25	26	27	28	29	2/1	2	3	4	5	6	7	8				
대남	1	1	1	1	입춘	1	1	1	2	2	2	3	3	3	4	4	4	우수	5	5	5	6	6	6	7	7	7				
운여	9	9	9	10	춘	9	9	9	8	8	8	7	7	7	6	6	6	우	5	5	4	4	4	3	3	3	2				

丁亥年

경칩 6일 19시 08분 【음2월】 → **음 2** 【癸卯月(계묘월)】 ☽ **윤 2** 춘분 21일 20시 13분

양력	1	2	3	4	5	6	7	8	9	10	11	12	13	14	15	16	17	18	19	20	21	22	23	24	25	26	27	28	29	30	31
요일	토	일	월	화	수	목	금	토	일	월	화	수	목	금	토	일	월	화	수	목	금	토	일	월	화	수	목	금	토	일	월
일진 日辰	己卯	庚辰	辛巳	壬午	癸未	甲申	乙酉	丙戌	丁亥	戊子	己丑	庚寅	辛卯	壬辰	癸巳	甲午	乙未	丙申	丁酉	戊戌	己亥	庚子	辛丑	壬寅	癸卯	甲辰	乙巳	丙午	丁未	戊申	己酉
음력	9	10	11	12	13	14	15	16	17	18	19	20	21	22	23	24	25	26	27	28	29	30	윤2	2	3	4	5	6	7	8	9
대남	8	8	9	9	9	경칩	1	1	1	1	2	2	2	3	3	3	4	4	4	5	춘분	5	5	6	6	6	7	7	7	8	8
운여	2	1	1	1	1	칩	10	10	9	9	9	8	8	8	7	7	7	6	6	6	분	5	5	4	4	4	3	3	3	2	2

청명 6일 00시 20분 【음3월】 → **음 3** 【甲辰月(갑진월)】 ☽ 곡우 21일 07시 39분

양력	1	2	3	4	5	6	7	8	9	10	11	12	13	14	15	16	17	18	19	20	21	22	23	24	25	26	27	28	29	30	
요일	화	수	목	금	토	일	월	화	수	목	금	토	일	월	화	수	목	금	토	일	월	화	수	목	금	토	일	월	화	수	
일진 日辰	庚戌	辛亥	壬子	癸丑	甲寅	乙卯	丙辰	丁巳	戊午	己未	庚申	辛酉	壬戌	癸亥	甲子	乙丑	丙寅	丁卯	戊辰	己巳	庚午	辛未	壬申	癸酉	甲戌	乙亥	丙子	丁丑	戊寅	己卯	
음력	10	11	12	13	14	15	16	17	18	19	20	21	22	23	24	25	26	27	28	29	3/1	2	3	4	5	6	7	8	9	10	
대남	9	9	9	10	10	청명	1	1	1	1	2	2	2	3	3	3	4	4	4	5	곡우	5	5	6	6	6	7	7	7	8	
운여	2	1	1	1	1	명	10	9	9	9	8	8	8	7	7	7	6	6	6	5	우	5	4	4	4	3	3	3	2	2	

입하 6일 18시 03분 【음4월】 → **음 4** 【乙巳月(을사월)】 ☽ 소만 22일 07시 09분

양력	1	2	3	4	5	6	7	8	9	10	11	12	13	14	15	16	17	18	19	20	21	22	23	24	25	26	27	28	29	30	31
요일	목	금	토	일	월	화	수	목	금	토	일	월	화	수	목	금	토	일	월	화	수	목	금	토	일	월	화	수	목	금	토
일진 日辰	庚辰	辛巳	壬午	癸未	甲申	乙酉	丙戌	丁亥	戊子	己丑	庚寅	辛卯	壬辰	癸巳	甲午	乙未	丙申	丁酉	戊戌	己亥	庚子	辛丑	壬寅	癸卯	甲辰	乙巳	丙午	丁未	戊申	己酉	庚戌
음력	11	12	13	14	15	16	17	18	19	20	21	22	23	24	25	26	27	28	29	4/1	2	3	4	5	6	7	8	9	10	11	12
대남	8	9	9	9	10	입하	1	1	1	1	2	2	2	3	3	3	4	4	4	5	소만	5	6	6	6	7	7	7	8	8	8
운여	8	9	9	9	10	하	10	10	9	9	9	8	8	8	7	7	7	6	6	6	만	5	5	4	4	4	3	3	3	2	2

망종 6일 22시 31분 【음5월】 → **음 5** 【丙午月(병오월)】 ☽ 하지 22일 15시 19분

양력	1	2	3	4	5	6	7	8	9	10	11	12	13	14	15	16	17	18	19	20	21	22	23	24	25	26	27	28	29	30	
요일	일	월	화	수	목	금	토	일	월	화	수	목	금	토	일	월	화	수	목	금	토	일	월	화	수	목	금	토	일	월	
일진 日辰	辛亥	壬子	癸丑	甲寅	乙卯	丙辰	丁巳	戊午	己未	庚申	辛酉	壬戌	癸亥	甲子	乙丑	丙寅	丁卯	戊辰	己巳	庚午	辛未	壬申	癸酉	甲戌	乙亥	丙子	丁丑	戊寅	己卯	庚辰	
음력	13	14	15	16	17	18	19	20	21	22	23	24	25	26	27	28	29	30	5/1	2	3	4	5	6	7	8	9	10	11	12	
대남	9	9	9	10	10	망종	1	1	1	1	2	2	2	3	3	3	4	4	4	5	하지	5	6	6	6	7	7	7	8	8	
운여	2	1	1	1	1	종	10	10	10	9	9	9	8	8	8	7	7	7	6	6	지	6	5	5	5	4	4	4	3	3	

한식(4월06일), 초복(7월20일), 중복(7월30일), 말복(8월09일) ↑춘사(春社)3/20
✷추사(秋社)9/26 토왕지절(土旺之節):4월18일,7월20일,10월21일,1월18일(신년양력),
臘享(납향):1948년 1월23일(신년양력)

소서 8일 08시 56분　　【음6월】→　음 6　【丁未月(정미월)】　　　　대서 24일 02시 14분

양력 7	양력	1	2	3	4	5	6	7	8	9	10	11	12	13	14	15	16	17	18	19	20	21	22	23	24	25	26	27	28	29	30	31
	요일	화	수	목	금	토	일	월	화	수	목	금	토	일	월	화	수	목	금	토	일	월	화	수	목	금	토	일	월	화	수	목
	일진	辛巳	壬午	癸未	甲申	乙酉	丙戌	丁亥	戊子	己丑	庚寅	辛卯	壬辰	癸巳	甲午	乙未	丙申	丁酉	戊戌	己亥	庚子	辛丑	壬寅	癸卯	甲辰	乙巳	丙午	丁未	戊申	己酉	庚戌	辛亥
음력 05/13 06/14	음력	13	14	15	16	17	18	19	20	21	22	23	24	25	26	27	28	29	6/1	2	3	4	5	6	7	8	9	10	11	12	13	14
	대남운여	8 9	9 2	9 2	9 1	10 1	10 1	소서	1 10	1 9	1 9	2 9	2 8	2 8	3 8	3 7	3 7	4 7	4 6	4 6	5 6	5 5	대서	6 5	6 4	6 4	7 4	7 3	7 3	8 3		

입추 8일 18시 41분　　【음7월】→　음 7　【戊申月(무신월)】　　　　처서 24일 09시 09분

양력 8	양력	1	2	3	4	5	6	7	8	9	10	11	12	13	14	15	16	17	18	19	20	21	22	23	24	25	26	27	28	29	30	31
	요일	금	토	일	월	화	수	목	금	토	일	월	화	수	목	금	토	일	월	화	수	목	금	토	일	월	화	수	목	금	토	일
	일진	壬子	癸丑	甲寅	乙卯	丙辰	丁巳	戊午	己未	庚申	辛酉	壬戌	癸亥	甲子	乙丑	丙寅	丁卯	戊辰	己巳	庚午	辛未	壬申	癸酉	甲戌	乙亥	丙子	丁丑	戊寅	己卯	庚辰	辛巳	壬午
음력 06/15 07/16	음력	15	16	17	18	19	20	21	22	23	24	25	26	27	28	29	7/1	2	3	4	5	6	7	8	9	10	11	12	13	14	15	16
	대남운여	8 2	9 2	9 2	9 1	10 1	10 1	입추	1 10	1 9	1 9	2 9	2 8	2 8	3 8	3 7	3 7	4 7	4 6	4 6	5 6	5 5	처서	6 5	6 4	6 4	7 4	7 3	7 3	8 3	8 2	8 2

백로 8일 21시 21분　　【음8월】→　음 8　【己酉月(기유월)】　　　　추분24일 06시 29분

양력 9	양력	1	2	3	4	5	6	7	8	9	10	11	12	13	14	15	16	17	18	19	20	21	22	23	24	25	26	27	28	29	30
	요일	월	화	수	목	금	토	일	월	화	수	목	금	토	일	월	화	수	목	금	토	일	월	화	수	목	금	토	일	월	화
	일진	癸未	甲申	乙酉	丙戌	丁亥	戊子	己丑	庚寅	辛卯	壬辰	癸巳	甲午	乙未	丙申	丁酉	戊戌	己亥	庚子	辛丑	壬寅	癸卯	甲辰	乙巳	丙午	丁未	戊申	己酉	庚戌	辛亥	壬子
음력 07/17 08/16	음력	17	18	19	20	21	22	23	24	25	26	27	28	29	30	3/1	2	3	4	5	6	7	8	9	10	11	12	13	14	15
	대남운여	8 2	8 2	9 2	9 1	9 1	10 1	10 1	백로	1 10	1 9	1 9	2 9	2 8	2 8	3 8	3 7	3 7	4 7	4 6	4 6	5 6	5 5	추분	6 5	6 4	6 4	7 4	7 3	7 3	8 3

한로 9일 12시 37분　　【음9월】→　음 9　【庚戌月(경술월)】　　　　상강 24일 15시 26분

양력 10	양력	1	2	3	4	5	6	7	8	9	10	11	12	13	14	15	16	17	18	19	20	21	22	23	24	25	26	27	28	29	30	31
	요일	수	목	금	토	일	월	화	수	목	금	토	일	월	화	수	목	금	토	일	월	화	수	목	금	토	일	월	화	수	목	금
	일진	癸丑	甲寅	乙卯	丙辰	丁巳	戊午	己未	庚申	辛酉	壬戌	癸亥	甲子	乙丑	丙寅	丁卯	戊辰	己巳	庚午	辛未	壬申	癸酉	甲戌	乙亥	丙子	丁丑	戊寅	己卯	庚辰	辛巳	壬午	癸未
음력 08/17 09/18	음력	18	19	20	21	22	23	24	25	26	27	28	29	9/1	2	3	4	5	6	7	8	9	10	11	12	13	14	15	16	17
	대남운여	8 3	8 2	8 2	9 2	9 1	9 1	10 1	한로	1 10	1 9	1 9	2 9	2 8	2 8	3 8	3 7	3 7	4 7	4 6	4 6	5 6	5 5	상강	6 5	6 4	6 4	7 4	7 3	7 3	8 3

입동 8일 15시 24분　　【음10월】→　음 10　【辛亥月(신해월)】　　　　소설 23일 12시 38분

양력 11	양력	1	2	3	4	5	6	7	8	9	10	11	12	13	14	15	16	17	18	19	20	21	22	23	24	25	26	27	28	29	30
	요일	토	일	월	화	수	목	금	토	일	월	화	수	목	금	토	일	월	화	수	목	금	토	일	월	화	수	목	금	토	일
	일진	甲申	乙酉	丙戌	丁亥	戊子	己丑	庚寅	辛卯	壬辰	癸巳	甲午	乙未	丙申	丁酉	戊戌	己亥	庚子	辛丑	壬寅	癸卯	甲辰	乙巳	丙午	丁未	戊申	己酉	庚戌	辛亥	壬子	癸丑
음력 09/19 10/18	음력	19	20	21	22	23	24	25	26	27	28	29	30	10/1	2	3	4	5	6	7	8	9	10	11	12	13	14	15	16	17	18
	대남운여	8 2	8 2	8 2	9 1	9 1	9 1	10 1	입동	1 9	1 9	1 9	2 8	2 8	2 8	3 7	3 7	3 7	4 6	4 6	4 6	5 5	소설	5 5	6 4	6 4	6 4	7 3	7 3	7 3	8 2

대설 8일 07시 56분　　【음11월】→　음 11　【壬子月(임자월)】　　　　동지 23일 01시 43분

양력 12	양력	1	2	3	4	5	6	7	8	9	10	11	12	13	14	15	16	17	18	19	20	21	22	23	24	25	26	27	28	29	30	31
	요일	월	화	수	목	금	토	일	월	화	수	목	금	토	일	월	화	수	목	금	토	일	월	화	수	목	금	토	일	월	화	수
	일진	甲寅	乙卯	丙辰	丁巳	戊午	己未	庚申	辛酉	壬戌	癸亥	甲子	乙丑	丙寅	丁卯	戊辰	己巳	庚午	辛未	壬申	癸酉	甲戌	乙亥	丙子	丁丑	戊寅	己卯	庚辰	辛巳	壬午	癸未	甲申
음력 09/19 10/18	음력	19	20	21	22	23	24	25	26	27	28	29	30	10/1	2	3	4	5	6	7	8	9	10	11	12	13	14	15	16	17	18
	대남운여	8 2	8 2	8 2	9 1	9 1	9 1	대설	1 9	1 9	1 9	2 8	2 8	2 8	3 7	3 7	3 7	4 6	4 6	4 6	5 5	동지	5 5	5 4	6 4	6 4	6 3	7 3	7 3	소설	5	4	3

1947
丁亥年

戊子(무자)년　납음(霹靂火),본명성(七赤金)

대장군(酉서방), 삼살(남방), 상문(寅동북방), 조객(戌서북방),납음(벽력화),
삼재(인,묘,진)　臘享(납향):1949년1월17일(음12/19)

소한 6일 19시 00분　【음12월】 →　**음 12**【癸丑月(계축월)】　　**대한 21일 12시 18분**

양력 1																														
양력	1	2	3	4	5	6	7	8	9	10	11	12	13	14	15	16	17	18	19	20	21	22	23	24	25	26	27	28	29	30	31
요일	목	금	토	일	월	화	수	목	금	토	일	월	화	수	목	금	토	일	월	화	수	목	금	토	일	월	화	수	목	금	토
일진 日辰	乙酉	丙戌	丁亥	戊子	己丑	庚寅	辛卯	壬辰	癸巳	甲午	乙未	丙申	丁酉	戊戌	己亥	庚子	辛丑	壬寅	癸卯	甲辰	乙巳	丙午	丁未	戊申	己酉	庚戌	辛亥	壬子	癸丑	甲寅	乙卯
음력	21	22	23	24	25	26	27	28	29	30	12/1	2	3	4	5	6	7	8	9	10	11	12	13	14	15	16	17	18	19	20	21
대남	8	8	9	9	9	소한	1	1	1	1	2	2	2	3	3	3	4	4	4	5	대한	5	6	6	6	7	7	7	8	8	8
운여	2	1	1	1	1		10	9	9	9	8	8	8	7	7	7	6	6	6	5		5	4	4	4	3	3	3	2	2	2

음력 11/21 / 12/21

입춘 5일 06시 42분　【음1월】 →　**음 1**【甲寅月(갑인월)】　　**우수 20일 02시 37분**

양력	1	2	3	4	5	6	7	8	9	10	11	12	13	14	15	16	17	18	19	20	21	22	23	24	25	26	27	28	29
요일	일	월	화	수	목	금	토	일	월	화	수	목	금	토	일	월	화	수	목	금	토	일	월	화	수	목	금	토	일
일진 日辰	丙辰	丁巳	戊午	己未	庚申	辛酉	壬戌	癸亥	甲子	乙丑	丙寅	丁卯	戊辰	己巳	庚午	辛未	壬申	癸酉	甲戌	乙亥	丙子	丁丑	戊寅	己卯	庚辰	辛巳	壬午	癸未	甲申
음력	22	23	24	25	26	27	28	29	30	1/1	2	3	4	5	6	7	8	9	10	11	12	13	14	15	16	17	18	19	20
대남	9	9	9	10	입춘	10	9	9	9	8	8	8	7	7	7	6	6	6	5	우수	5	4	4	4	3	3	3	2	2
운여	1	1	1	1		1	1	1	1	2	2	2	3	3	3	4	4	4	5		5	6	6	6	7	7	7	8	8

음력 12/22 / 01/02

戊子年

경칩 6일 00시 58분　【음2월】 →　**음 2**【乙卯月(을묘월)】　　**춘분 21일 01시 57분**

양력	1	2	3	4	5	6	7	8	9	10	11	12	13	14	15	16	17	18	19	20	21	22	23	24	25	26	27	28	29	30	31
요일	월	화	수	목	금	토	일	월	화	수	목	금	토	일	월	화	수	목	금	토	일	월	화	수	목	금	토	일	월	화	수
일진 日辰	乙酉	丙戌	丁亥	戊子	己丑	庚寅	辛卯	壬辰	癸巳	甲午	乙未	丙申	丁酉	戊戌	己亥	庚子	辛丑	壬寅	癸卯	甲辰	乙巳	丙午	丁未	戊申	己酉	庚戌	辛亥	壬子	癸丑	甲寅	乙卯
음력	21	22	23	24	25	26	27	28	29	30	2/1	2	3	4	5	6	7	8	9	10	11	12	13	14	15	16	17	18	19	20	21
대남	2	1	1	1	1	경칩	10	9	9	9	8	8	8	7	7	7	6	6	6	5	춘분	5	4	4	4	3	3	3	2	2	2
운여	8	9	9	9	10		1	1	1	1	2	2	2	3	3	3	4	4	4	5	분	5	6	6	6	7	7	7	8	8	8

음력 01/21 / 02/21

청명 5일 06시 09분　【음3월】 →　**음 3**【丙辰月(병진월)】　　**곡우 20일 13시 25분**

양력	1	2	3	4	5	6	7	8	9	10	11	12	13	14	15	16	17	18	19	20	21	22	23	24	25	26	27	28	29	30
요일	목	금	토	일	월	화	수	목	금	토	일	월	화	수	목	금	토	일	월	화	수	목	금	토	일	월	화	수	목	금
일진 日辰	丙辰	丁巳	戊午	己未	庚申	辛酉	壬戌	癸亥	甲子	乙丑	丙寅	丁卯	戊辰	己巳	庚午	辛未	壬申	癸酉	甲戌	乙亥	丙子	丁丑	戊寅	己卯	庚辰	辛巳	壬午	癸未	甲申	乙酉
음력	22	23	24	25	26	27	28	29	3/1	2	3	4	5	6	7	8	9	10	11	12	13	14	15	16	17	18	19	20	21	22
대남	1	1	1	1	청명	10	9	9	9	8	8	8	7	7	7	6	6	6	5	곡우	5	4	4	4	3	3	3	2	2	2
운여	9	9	9	10	명	1	1	1	1	2	2	2	3	3	3	4	4	4	5	우	5	6	6	6	7	7	7	8	8	8

음력 02/22 / 03/22

입하 5일 23시 52분　【음4월】 →　**음 4**【丁巳月(정사월)】　　**소만 21일 12시 58분**

양력	1	2	3	4	5	6	7	8	9	10	11	12	13	14	15	16	17	18	19	20	21	22	23	24	25	26	27	28	29	30	31
요일	토	일	월	화	수	목	금	토	일	월	화	수	목	금	토	일	월	화	수	목	금	토	일	월	화	수	목	금	토	일	월
일진 日辰	丙戌	丁亥	戊子	己丑	庚寅	辛卯	壬辰	癸巳	甲午	乙未	丙申	丁酉	戊戌	己亥	庚子	辛丑	壬寅	癸卯	甲辰	乙巳	丙午	丁未	戊申	己酉	庚戌	辛亥	壬子	癸丑	甲寅	乙卯	丙辰
음력	23	24	25	26	27	28	29	30	4/1	2	3	4	5	6	7	8	9	10	11	12	13	14	15	16	17	18	19	20	21	22	23
대남	1	1	1	1	입하	10	10	10	9	9	9	8	8	8	7	7	7	6	6	6	소만	5	5	4	4	4	3	3	3	2	2
운여	9	9	10	10	하	1	1	1	2	2	2	3	3	3	4	4	4	5	5	6	만	6	6	6	7	7	7	8	8	8	9

음력 03/23 / 04/23

망종 6일 05시 20분　【음5월】 →　**음 5**【戊午月(무오월)】　　**하지 21일 22시 11분**

양력	1	2	3	4	5	6	7	8	9	10	11	12	13	14	15	16	17	18	19	20	21	22	23	24	25	26	27	28	29	30
요일	화	수	목	금	토	일	월	화	수	목	금	토	일	월	화	수	목	금	토	일	월	화	수	목	금	토	일	월	화	수
일진 日辰	丁巳	戊午	己未	庚申	辛酉	壬戌	癸亥	甲子	乙丑	丙寅	丁卯	戊辰	己巳	庚午	辛未	壬申	癸酉	甲戌	乙亥	丙子	丁丑	戊寅	己卯	庚辰	辛巳	壬午	癸未	甲申	乙酉	丙戌
음력	24	25	26	27	28	29	5/1	2	3	4	5	6	7	8	9	10	11	12	13	14	15	16	17	18	19	20	21	22	23	24
대남	2	1	1	1	1	망종	10	10	9	9	9	8	8	8	7	7	7	6	6	6	하지	5	5	4	4	4	3	3	3	2
운여	9	9	10	10	10	종	1	1	1	2	2	2	3	3	3	4	4	4	5	5	지	5	6	6	6	7	7	7	8	8

음력 04/24 / 05/24

1948 戊子年

소서 7일 15시 44분   【음6월】 → 음 6 【己未月(기미월)】   대서 23일 09시 08분

양력 7	양력	1	2	3	4	5	6	7	8	9	10	11	12	13	14	15	16	17	18	19	20	21	22	23	24	25	26	27	28	29	30	31
	요일	목	금	토	일	월	화	수	목	금	토	일	월	화	수	목	금	토	일	월	화	수	목	금	토	일	월	화	수	목	금	토
	일진 日辰	丁亥	戊子	己丑	庚寅	辛卯	壬辰	癸巳	甲午	乙未	丙申	丁酉	戊戌	己亥	庚子	辛丑	壬寅	癸卯	甲辰	乙巳	丙午	丁未	戊申	己酉	庚戌	辛亥	壬子	癸丑	甲寅	乙卯	丙辰	丁巳
05/25 음력 06/25	음력	25	26	27	28	29	30	6/1	2	3	4	5	6	7	8	9	10	11	12	13	14	15	16	17	18	19	20	21	22	23	24	25
	대남	2	2	1	1	1	1	소	10	10	10	9	9	9	8	8	8	7	7	7	6	6	6	대	5	5	4	4	4	3	3	3
	운여	8	9	9	9	10	10	서	1	1	1	1	2	2	2	3	3	3	4	4	4	5	5	서	6	6	6	7	7	7	8	8

입추 8일 01시 26분   【음7월】 → 음 7 【庚申月(경신월)】   처서 23일 16시 03분

양력 8	양력	1	2	3	4	5	6	7	8	9	10	11	12	13	14	15	16	17	18	19	20	21	22	23	24	25	26	27	28	29	30	31
	요일	일	월	화	수	목	금	토	일	월	화	수	목	금	토	일	월	화	수	목	금	토	일	월	화	수	목	금	토	일	월	화
	일진 日辰	戊午	己未	庚申	辛酉	壬戌	癸亥	甲子	乙丑	丙寅	丁卯	戊辰	己巳	庚午	辛未	壬申	癸酉	甲戌	乙亥	丙子	丁丑	戊寅	己卯	庚辰	辛巳	壬午	癸未	甲申	乙酉	丙戌	丁亥	戊子
06/26 음력 07/27	음력	26	27	28	29	7/1	2	3	4	5	6	7	8	9	10	11	12	13	14	15	16	17	18	19	20	21	22	23	24	25	26	27
	대남	2	2	1	1	1	1	입	10	10	9	9	9	8	8	8	7	7	7	6	6	6	5	처	5	5	4	4	4	3	3	3
	운여	8	9	9	9	10	10	추	1	1	1	1	2	2	2	3	3	3	4	4	4	5	5	서	5	6	6	6	7	7	7	8

백로 8일 04시 05분   【음8월】 → 음 8 【辛酉月(신유월)】   추분23일 12시 22분

양력 9	양력	1	2	3	4	5	6	7	8	9	10	11	12	13	14	15	16	17	18	19	20	21	22	23	24	25	26	27	28	29	30
	요일	수	목	금	토	일	월	화	수	목	금	토	일	월	화	수	목	금	토	일	월	화	수	목	금	토	일	월	화	수	목
	일진 日辰	己丑	庚寅	辛卯	壬辰	癸巳	甲午	乙未	丙申	丁酉	戊戌	己亥	庚子	辛丑	壬寅	癸卯	甲辰	乙巳	丙午	丁未	戊申	己酉	庚戌	辛亥	壬子	癸丑	甲寅	乙卯	丙辰	丁巳	戊午
07/28 음력 08/28	음력	28	29	8/1	2	3	4	5	6	7	8	9	10	11	12	13	14	15	16	17	18	19	20	21	22	23	24	25	26	27	28
	대남	2	2	1	1	1	1	백	10	9	9	9	8	8	8	7	7	7	6	6	6	5	추	5	5	4	4	4	3	3	3
	운여	8	8	9	9	9	10	로	1	1	1	1	2	2	2	3	3	3	4	4	4	5	분	5	6	6	6	7	7	7	7

한로 8일 18시 20분   【음9월】 → 음 9 【壬戌月(임술월)】   상강 23일 21시 18분

양력 10	양력	1	2	3	4	5	6	7	8	9	10	11	12	13	14	15	16	17	18	19	20	21	22	23	24	25	26	27	28	29	30	31
	요일	금	토	일	월	화	수	목	금	토	일	월	화	수	목	금	토	일	월	화	수	목	금	토	일	월	화	수	목	금	토	일
	일진 日辰	己未	庚申	辛酉	壬戌	癸亥	甲子	乙丑	丙寅	丁卯	戊辰	己巳	庚午	辛未	壬申	癸酉	甲戌	乙亥	丙子	丁丑	戊寅	己卯	庚辰	辛巳	壬午	癸未	甲申	乙酉	丙戌	丁亥	戊子	己丑
08/29 음력 09/29	음력	29	30	9/1	2	3	4	5	6	7	8	9	10	11	12	13	14	15	16	17	18	19	20	21	22	23	24	25	26	27	28	29
	대남	2	2	2	1	1	1	1	한	10	9	9	9	8	8	8	7	7	7	6	6	6	5	상	5	5	4	4	4	3	3	3
	운여	8	8	9	9	9	10	10	로	1	1	1	1	2	2	2	3	3	3	4	4	4	5	강	5	6	6	6	7	7	7	8

입동 7일 21시 07분   【음10월】 → 음 10 【癸亥月(계해월)】   소설 22일 18시 29분

양력 11	양력	1	2	3	4	5	6	7	8	9	10	11	12	13	14	15	16	17	18	19	20	21	22	23	24	25	26	27	28	29	30
	요일	월	화	수	목	금	토	일	월	화	수	목	금	토	일	월	화	수	목	금	토	일	월	화	수	목	금	토	일	월	화
	일진 日辰	庚寅	辛卯	壬辰	癸巳	甲午	乙未	丙申	丁酉	戊戌	己亥	庚子	辛丑	壬寅	癸卯	甲辰	乙巳	丙午	丁未	戊申	己酉	庚戌	辛亥	壬子	癸丑	甲寅	乙卯	丙辰	丁巳	戊午	己未
10/01 음력 10/30	음력	10/1	2	3	4	5	6	7	8	9	10	11	12	13	14	15	16	17	18	19	20	21	22	23	24	25	26	27	28	29	30
	대남	2	2	1	1	1	1	입	10	9	9	9	8	8	8	7	7	7	6	6	6	5	소	5	4	4	4	3	3	3	2
	운여	8	8	9	9	9	10	동	1	1	1	1	2	2	2	3	3	3	4	4	4	5	설	5	6	6	6	7	7	7	8

대설 7일 13시 38분   【음11월】 → 음 11 【甲子月(갑자월)】   동지 22일 07시 33분

양력 12	양력	1	2	3	4	5	6	7	8	9	10	11	12	13	14	15	16	17	18	19	20	21	22	23	24	25	26	27	28	29	30	31
	요일	수	목	금	토	일	월	화	수	목	금	토	일	월	화	수	목	금	토	일	월	화	수	목	금	토	일	월	화	수	목	금
	일진 日辰	庚申	辛酉	壬戌	癸亥	甲子	乙丑	丙寅	丁卯	戊辰	己巳	庚午	辛未	壬申	癸酉	甲戌	乙亥	丙子	丁丑	戊寅	己卯	庚辰	辛巳	壬午	癸未	甲申	乙酉	丙戌	丁亥	戊子	己丑	庚寅
11/01 음력 12/02	음력	11/1	2	3	4	5	6	7	8	9	10	11	12	13	14	15	16	17	18	19	20	21	22	23	24	25	26	27	28	29	12/1	2
	대남	2	2	1	1	1	1	대	10	9	9	9	8	8	8	7	7	7	6	6	6	5	동	5	4	4	4	3	3	3	2	2
	운여	8	8	9	9	10	설	1	1	1	1	2	2	2	3	3	3	4	4	4	5	지	5	6	6	6	7	7	7	8	8	

단기 4282 年
불기 2493 年

1949年

.己丑(기축)년　납음(霹靂火),본명성(六白金)

대장군(酉동방), 삼살(동방), 상문(卯서남방),조객(亥동방), 납음(대림목),
【삼재(해,자,축년)】　臘享(납향):1950년1월24일(음12/07)

소한 6일 00시 41분　【음12월】 →　음 12 【乙丑月(을축월)】 ☾　대한 20일 18시 09분

양력 1	양력	1	2	3	4	5	6	7	8	9	10	11	12	13	14	15	16	17	18	19	20	21	22	23	24	25	26	27	28	29	30	31
	요일	토	일	월	화	수	목	금	토	일	월	화	수	목	금	토	일	월	화	수	목	금	토	일	월	화	수	목	금	토	일	월
	일진	辛	壬	癸	甲	乙	丙	丁	戊	己	庚	辛	壬	癸	甲	乙	丙	丁	戊	己	庚	辛	壬	癸	甲	乙	丙	丁	戊	己	庚	辛
	日辰	卯	辰	巳	午	未	申	酉	戌	亥	子	丑	寅	卯	辰	巳	午	未	申	酉	戌	亥	子	丑	寅	卯	辰	巳	午	未	申	酉
음력 12/03 01/03	음력	3	4	5	6	7	8	9	10	11	12	13	14	15	16	17	18	19	20	21	22	23	24	25	26	27	28	29	30	1/1	2	3
	대남	2	1	1	1	1	소한	9	9	9	8	8	8	7	7	7	6	6	6	5	대한	5	4	4	4	3	3	3	2	2	2	1
	운여	8	9	9	9	10		1	1	1	1	2	2	2	3	3	3	4	4	4		5	5	6	6	6	7	7	7	8	8	8

입춘 4일 12시 23분　【음1월】 →　음 1 【丙寅月(병인월)】 ☾　우수 19일 08시 27분

양력 2	양력	1	2	3	4	5	6	7	8	9	10	11	12	13	14	15	16	17	18	19	20	21	22	23	24	25	26	27	28	己丑年
	요일	화	수	목	금	토	일	월	화	수	목	금	토	일	월	화	수	목	금	토	일	월	화	수	목	금	토	일	월	
	일진	壬	癸	甲	乙	丙	丁	戊	己	庚	辛	壬	癸	甲	乙	丙	丁	戊	己	庚	辛	壬	癸	甲	乙	丙	丁	戊	己	
	日辰	戌	亥	子	丑	寅	卯	辰	巳	午	未	申	酉	戌	亥	子	丑	寅	卯	辰	巳	午	未	申	酉	戌	亥	子	丑	
음력 01/04 02/01	음력	4	5	6	7	8	9	10	11	12	13	14	15	16	17	18	19	20	21	22	23	24	25	26	27	28	29	30	2/1	
	대남	1	1	1	입춘	1	1	1	1	2	2	2	3	3	3	4	4	4	5	우수	5	6	6	6	7	7	7	8	8	
	운여	9	9	9	춘	10	9	9	9	8	8	8	7	7	7	6	6	6	5		5	4	4	4	3	3	3	2	2	

경칩 6일 06시 39분　【음2월】 →　음 2 【丁卯月(정묘월)】 ☾　춘분 21일 07시 48분

양력 3	양력	1	2	3	4	5	6	7	8	9	10	11	12	13	14	15	16	17	18	19	20	21	22	23	24	25	26	27	28	29	30	31
	요일	화	수	목	금	토	일	월	화	수	목	금	토	일	월	화	수	목	금	토	일	월	화	수	목	금	토	일	월	화	수	목
	일진	庚	辛	壬	癸	甲	乙	丙	丁	戊	己	庚	辛	壬	癸	甲	乙	丙	丁	戊	己	庚	辛	壬	癸	甲	乙	丙	丁	戊	己	庚
	日辰	寅	卯	辰	巳	午	未	申	酉	戌	亥	子	丑	寅	卯	辰	巳	午	未	申	酉	戌	亥	子	丑	寅	卯	辰	巳	午	未	申
음력 02/02 03/02	음력	2	3	4	5	6	7	8	9	10	11	12	13	14	15	16	17	18	19	20	21	22	23	24	25	26	27	28	29	30	3/1	2
	대남	8	9	9	9	10	경칩	1	1	1	1	2	2	2	3	3	3	4	4	4	5	춘분	5	6	6	6	7	7	7	8	8	8
	운여	2	1	1	1	1	칩	10	9	9	9	8	8	8	7	7	7	6	6	6	5	분	5	4	4	4	3	3	3	2	2	2

청명 5일 12시 52분　【음3월】 →　음 3 【戊辰月(무진월)】 ☾　곡우 20일 20시 17분

양력 4	양력	1	2	3	4	5	6	7	8	9	10	11	12	13	14	15	16	17	18	19	20	21	22	23	24	25	26	27	28	29	30
	요일	금	토	일	월	화	수	목	금	토	일	월	화	수	목	금	토	일	월	화	수	목	금	토	일	월	화	수	목	금	토
	일진	辛	壬	癸	甲	乙	丙	丁	戊	己	庚	辛	壬	癸	甲	乙	丙	丁	戊	己	庚	辛	壬	癸	甲	乙	丙	丁	戊	己	庚
	日辰	酉	戌	亥	子	丑	寅	卯	辰	巳	午	未	申	酉	戌	亥	子	丑	寅	卯	辰	巳	午	未	申	酉	戌	亥	子	丑	寅
음력 03/03 04/03	음력	3	4	5	6	7	8	9	10	11	12	13	14	15	16	17	18	19	20	21	22	23	24	25	26	27	28	29	4/1	2	3
	대남	9	9	9	10	청명	1	1	1	1	2	2	2	3	3	3	4	4	4	5	곡우	5	6	6	6	7	7	7	8	8	8
	운여	1	1	1	1	명	10	10	9	9	9	8	8	8	7	7	7	6	6	6	우	5	5	4	4	4	3	3	3	2	2

입하 6일 06시 37분　【음4월】 →　음 4 【己巳月(기사월)】 ☾　소만 21일 19시 51분

양력 5	양력	1	2	3	4	5	6	7	8	9	10	11	12	13	14	15	16	17	18	19	20	21	22	23	24	25	26	27	28	29	30	31
	요일	일	월	화	수	목	금	토	일	월	화	수	목	금	토	일	월	화	수	목	금	토	일	월	화	수	목	금	토	일	월	화
	일진	辛	壬	癸	甲	乙	丙	丁	戊	己	庚	辛	壬	癸	甲	乙	丙	丁	戊	己	庚	辛	壬	癸	甲	乙	丙	丁	戊	己	庚	辛
	日辰	卯	辰	巳	午	未	申	酉	戌	亥	子	丑	寅	卯	辰	巳	午	未	申	酉	戌	亥	子	丑	寅	卯	辰	巳	午	未	申	酉
음력 04/04 05/04	음력	4	5	6	7	8	9	10	11	12	13	14	15	16	17	18	19	20	21	22	23	24	25	26	27	28	29	30	5/1	2	3	4
	대남	9	9	9	10	10	입하	1	1	1	1	2	2	2	3	3	3	4	4	4	5	소만	5	6	6	6	7	7	7	8	8	8
	운여	2	1	1	1	1	하	10	10	9	9	9	8	8	8	7	7	7	6	6	6	만	5	5	4	4	4	3	3	3	2	2

망종 6일 11시 07분　【음5월】 →　음 5 【庚午月(경오월)】 ☾　하지 22일 04시 03분

양력 6	양력	1	2	3	4	5	6	7	8	9	10	11	12	13	14	15	16	17	18	19	20	21	22	23	24	25	26	27	28	29	30
	요일	수	목	금	토	일	월	화	수	목	금	토	일	월	화	수	목	금	토	일	월	화	수	목	금	토	일	월	화	수	목
	일진	壬	癸	甲	乙	丙	丁	戊	己	庚	辛	壬	癸	甲	乙	丙	丁	戊	己	庚	辛	壬	癸	甲	乙	丙	丁	戊	己	庚	辛
	日辰	戌	亥	子	丑	寅	卯	辰	巳	午	未	申	酉	戌	亥	子	丑	寅	卯	辰	巳	午	未	申	酉	戌	亥	子	丑	寅	卯
음력 05/05 06/05	음력	5	6	7	8	9	10	11	12	13	14	15	16	17	18	19	20	21	22	23	24	25	26	27	28	29	6/1	2	3	4	5
	대남	9	9	9	10	10	망종	1	1	1	1	2	2	2	3	3	3	4	4	4	5	5	하지	6	6	6	7	7	7	8	8
	운여	2	1	1	1	1	종	10	10	9	9	9	8	8	8	7	7	7	6	6	6	5	지	5	4	4	4	3	3	3	2

한식(4월06일), 초복(7월19일), 중복(7월29일), 말복(8월08일)

♣춘사(春社)3/19 ☀추사(秋社)9/25

토왕지절(土旺之節):4월17일,7월20일,10월21일,1월18일(신년양력),

서머타임 시작 4월02일 23시→24시로 조정
종료 9월10일 24시→23시로 조정
수정한 시간으로 표기(동경표준시 사용)

1949 己丑年

소서 7일 21시 32분　【음6월】 →　음 6 【辛未月(신미월)】　대서 23일 14시 57분

양력 7																															
양력	1	2	3	4	5	6	7	8	9	10	11	12	13	14	15	16	17	18	19	20	21	22	23	24	25	26	27	28	29	30	31
요일	금	토	일	월	화	수	목	금	토	일	월	화	수	목	금	토	일	월	화	수	목	금	토	일	월	화	수	목	금	토	일
일진 日辰	壬辰	癸巳	甲午	乙未	丙申	丁酉	戊戌	己亥	庚子	辛丑	壬寅	癸卯	甲辰	乙巳	丙午	丁未	戊申	己酉	庚戌	辛亥	壬子	癸丑	甲寅	乙卯	丙辰	丁巳	戊午	己未	庚申	辛酉	壬戌
음력	6	7	8	9	10	11	12	13	14	15	16	17	18	19	20	21	22	23	24	25	26	27	28	29	30	7/1	2	3	4	5	6
대 남	8	9	9	9	10	10	10	소서	1	1	1	1	2	2	2	3	3	3	4	4	4	5	5	5	대서	6	6	7	7	7	8
운 여	2	2	1	1	1	1	서	10	10	10	9	9	9	8	8	8	7	7	7	6	6	6	5	5	서	5	4	4	4	3	3

입추 8일 07시 15분　【음7월】 →　음 7 【壬申月(임신월)】　처서 23일 21시 48분

양력 8																															
양력	1	2	3	4	5	6	7	8	9	10	11	12	13	14	15	16	17	18	19	20	21	22	23	24	25	26	27	28	29	30	31
요일	월	화	수	목	금	토	일	월	화	수	목	금	토	일	월	화	수	목	금	토	일	월	화	수	목	금	토	일	월	화	수
일진 日辰	癸亥	甲子	乙丑	丙寅	丁卯	戊辰	己巳	庚午	辛未	壬申	癸酉	甲戌	乙亥	丙子	丁丑	戊寅	己卯	庚辰	辛巳	壬午	癸未	甲申	乙酉	丙戌	丁亥	戊子	己丑	庚寅	辛卯	壬辰	癸巳
음력	7	8	9	10	11	12	13	14	15	16	17	18	19	20	21	22	23	24	25	26	27	28	29	윤7	2	3	4	5	6	7	8
대 남	8	9	9	9	10	10	10	입추	1	1	1	1	2	2	2	3	3	3	4	4	4	5	5	처서	5	6	6	6	7	7	7
운 여	2	2	2	1	1	1	1	추	10	10	9	9	9	8	8	8	7	7	7	6	6	6	5	서	5	5	4	4	4	3	3

백로 8일 09시 54분　【음8월】 →　음 8 【癸酉月(계유월)】　추분 23일 18시 06분

양력 9																														
양력	1	2	3	4	5	6	7	8	9	10	11	12	13	14	15	16	17	18	19	20	21	22	23	24	25	26	27	28	29	30
요일	목	금	토	일	월	화	수	목	금	토	일	월	화	수	목	금	토	일	월	화	수	목	금	토	일	월	화	수	목	금
일진 日辰	甲午	乙未	丙申	丁酉	戊戌	己亥	庚子	辛丑	壬寅	癸卯	甲辰	乙巳	丙午	丁未	戊申	己酉	庚戌	辛亥	壬子	癸丑	甲寅	乙卯	丙辰	丁巳	戊午	己未	庚申	辛酉	壬戌	癸亥
음력	9	10	11	12	13	14	15	16	17	18	19	20	21	22	23	24	25	26	27	28	29	8/1	2	3	4	5	6	7	8
대 남	8	8	9	9	9	10	10	백로	1	1	1	1	2	2	2	3	3	3	4	4	4	5	추분	5	6	6	6	7	7	7
운 여	2	2	2	1	1	1	1	로	10	10	9	9	9	8	8	8	7	7	7	6	6	6	분	5	5	5	4	4	4	3	3

한로 9일 00시 11분　【음9월】 →　음 9 【甲戌月(갑술월)】　상강 24일 03시 03분

양력 10																															
양력	1	2	3	4	5	6	7	8	9	10	11	12	13	14	15	16	17	18	19	20	21	22	23	24	25	26	27	28	29	30	31
요일	토	일	월	화	수	목	금	토	일	월	화	수	목	금	토	일	월	화	수	목	금	토	일	월	화	수	목	금	토	일	월
일진 日辰	甲子	乙丑	丙寅	丁卯	戊辰	己巳	庚午	辛未	壬申	癸酉	甲戌	乙亥	丙子	丁丑	戊寅	己卯	庚辰	辛巳	壬午	癸未	甲申	乙酉	丙戌	丁亥	戊子	己丑	庚寅	辛卯	壬辰	癸巳	甲午
음력	10	11	12	13	14	15	16	17	18	19	20	21	22	23	24	25	26	27	28	29	30	9/1	2	3	4	5	6	7	8	9	10
대 남	8	8	8	9	9	9	10	10	한로	1	1	1	1	2	2	2	3	3	3	4	4	4	5	상강	5	6	6	6	7	7	7
운 여	3	2	2	2	1	1	1	1	로	10	9	9	9	8	8	8	7	7	7	6	6	6	5	강	5	4	4	4	3	3	3

입동 8일 03시 00분　【음10월】 →　음 10 【乙亥月(을해월)】　소설 23일 00시 16분

양력 11																														
양력	1	2	3	4	5	6	7	8	9	10	11	12	13	14	15	16	17	18	19	20	21	22	23	24	25	26	27	28	29	30
요일	화	수	목	금	토	일	월	화	수	목	금	토	일	월	화	수	목	금	토	일	월	화	수	목	금	토	일	월	화	수
일진 日辰	乙未	丙申	丁酉	戊戌	己亥	庚子	辛丑	壬寅	癸卯	甲辰	乙巳	丙午	丁未	戊申	己酉	庚戌	辛亥	壬子	癸丑	甲寅	乙卯	丙辰	丁巳	戊午	己未	庚申	辛酉	壬戌	癸亥	甲子
음력	11	12	13	14	15	16	17	18	19	20	21	22	23	24	25	26	27	28	29	10/1	2	3	4	5	6	7	8	9	10	11
대 남	8	8	8	9	9	9	10	입동	1	1	1	1	2	2	2	3	3	3	4	4	4	5	소설	5	6	6	6	7	7	7
운 여	2	2	2	1	1	1	1	동	9	9	9	8	8	8	7	7	7	6	6	6	5	5	설	4	4	4	3	3	3	2

대설 7일 19시 33분　【음11월】 →　음 11 【丙子月(병자월)】　동지 22일 13시 23분

양력 12																															
양력	1	2	3	4	5	6	7	8	9	10	11	12	13	14	15	16	17	18	19	20	21	22	23	24	25	26	27	28	29	30	31
요일	목	금	토	일	월	화	수	목	금	토	일	월	화	수	목	금	토	일	월	화	수	목	금	토	일	월	화	수	목	금	토
일진 日辰	乙丑	丙寅	丁卯	戊辰	己巳	庚午	辛未	壬申	癸酉	甲戌	乙亥	丙子	丁丑	戊寅	己卯	庚辰	辛巳	壬午	癸未	甲申	乙酉	丙戌	丁亥	戊子	己丑	庚寅	辛卯	壬辰	癸巳	甲午	乙未
음력	12	13	14	15	16	17	18	19	20	21	22	23	24	25	26	27	28	29	30	11/1	2	3	4	5	6	7	8	9	10	11	12
대 남	8	8	8	대설	1	1	1	1	2	2	2	3	3	3	4	4	4	5	동지	5	6	6	6	7	7	7	8	8	8	9	9
운 여	2	2	1	설	10	9	9	9	8	8	8	7	7	7	6	6	6	5	지	5	4	4	4	3	3	3	2	2	2	1	1

庚寅(경인)년　납음(松柏木),본명성(五黃土)

대장군(子북방), 삼살(북방), 상문(辰동남방),조객(子북방), 납음(송백목)
【삼재(신,유,술)년】　臘享(납향):1951년1월19일(음12/12)

소한 6일 06시 39분 【음12월】→　음 12【丁丑月(정축월)】　대한 21일 00시 00분

양력 1	양력	1 2 3 4 5 6 7 8 9 10 11 12 13 14 15 16 17 18 19 20 21 22 23 24 25 26 27 28 29 30 31
	요일	일 월 화 수 목 금 토 일 월 화 수 목 금 토 일 월 화 수 목 금 토 일 월 화 수 목 금 토 일 월 화
	일진 日辰	丙申 丁酉 戊戌 己亥 庚子 辛丑 壬寅 癸卯 甲辰 乙巳 丙午 丁未 戊申 己酉 庚戌 辛亥 壬子 癸丑 甲寅 乙卯 丙辰 丁巳 戊午 己未 庚申 辛酉 壬戌 癸亥 甲子 乙丑
음력 11/13 12/14	음력	13 14 15 16 17 18 19 20 21 22 23 24 25 26 27 28 29 30 12/1 2 3 4 5 6 7 8 9 10 11 12 13 14
	대남 운여	2 1 1 1 1 소한 9 9 9 8 8 8 7 7 7 6 6 6 5 대한 5 5 4 4 4 3 3 3 2 2 1

입춘 4일 18시 21분 【음1월】→　음 1【戊寅月(무인월)】　우수 19일 14시 18분

양력 2	양력	1 2 3 4 5 6 7 8 9 10 11 12 13 14 15 16 17 18 19 20 21 22 23 24 25 26 27 28
	요일	수 목 금 토 일 월 화 수 목 금 토 일 월 화 수 목 금 토 일 월 화 수 목 금 토 일 월 화
	일진 日辰	丙卯 丁巳 己午 庚未 辛申 壬酉 癸戌 乙亥 丙子 丁丑 戊寅 己卯 庚辰 辛巳 壬午 癸未 甲申 乙酉 丙戌 丁亥 戊子 己丑 庚寅 辛卯 壬辰 癸巳 甲午
음력 12/15 01/12	음력	15 16 17 18 19 20 21 22 23 24 25 26 27 28 29 30 1/1 2 3 4 5 6 7 8 9 10 11 12
	대남 운여	1 1 1 입춘 1 1 1 9 9 8 8 8 7 7 7 6 6 우수 5 5 5 4 4 4 3 3 3 2

庚寅年

경칩 6일 12시 35분 【음2월】→　음 2【己卯月(기묘월)】　춘분 21일 13시 35분

양력 3	양력	1 2 3 4 5 6 7 8 9 10 11 12 13 14 15 16 17 18 19 20 21 22 23 24 25 26 27 28 29 30 31
	요일	수 목 금 토 일 월 화 수 목 금 토 일 월 화 수 목 금 토 일 월 화 수 목 금 토 일 월 화 수 목 금
	일진 日辰	乙未 丙申 丁酉 戊戌 己亥 庚子 辛丑 壬寅 癸卯 甲辰 乙巳 丙午 丁未 戊申 己酉 庚戌 辛亥 壬子 癸丑 甲寅 乙卯 丙辰 丁巳 戊午 己未 庚申 辛酉 壬戌 癸亥 甲子 乙丑
음력 01/13 02/13	음력	13 14 15 16 17 18 19 20 21 22 23 24 25 26 27 28 29 30 2/1 2 3 4 5 6 7 8 9 10 11 12 13
	대남 운여	1 1 1 1 경칩 10 9 9 9 8 8 8 7 7 7 6 6 6 5 춘분 5 4 4 4 3 3 3 2 2 2 1

청명 5일 18시 44분 【음3월】→　음 3【庚辰月(경진월)】　곡우 21일 01시 59분

양력 4	양력	1 2 3 4 5 6 7 8 9 10 11 12 13 14 15 16 17 18 19 20 21 22 23 24 25 26 27 28 29 30
	요일	토 일 월 화 수 목 금 토 일 월 화 수 목 금 토 일 월 화 수 목 금 토 일 월 화 수 목 금 토 일
	일진 日辰	丙寅 丁卯 戊辰 己巳 庚午 辛未 壬申 癸酉 甲戌 乙亥 丙子 丁丑 戊寅 己卯 庚辰 辛巳 壬午 癸未 甲申 乙酉 丙戌 丁亥 戊子 己丑 庚寅 辛卯 壬辰 癸巳 甲午 乙未
음력 02/14 03/14	음력	14 15 16 17 18 19 20 21 22 23 24 25 26 27 28 29 3/1 2 3 4 5 6 7 8 9 10 11 12 13 14
	대남 운여	1 1 1 1 청명 10 10 9 9 9 8 8 8 7 7 7 6 6 6 곡우 5 4 4 4 3 3 3 2 2

입하 6일 12시 25분 【음4월】→　음 4【辛巳月(신사월)】　소만 22일 01시 27분

양력 5	양력	1 2 3 4 5 6 7 8 9 10 11 12 13 14 15 16 17 18 19 20 21 22 23 24 25 26 27 28 29 30 31
	요일	월 화 수 목 금 토 일 월 화 수 목 금 토 일 월 화 수 목 금 토 일 월 화 수 목 금 토 일 월 화 수
	일진 日辰	丙申 丁酉 戊戌 己亥 庚子 辛丑 壬寅 癸卯 甲辰 乙巳 丙午 丁未 戊申 己酉 庚戌 辛亥 壬子 癸丑 甲寅 乙卯 丙辰 丁巳 戊午 己未 庚申 辛酉 壬戌 癸亥 甲子 乙丑 丙寅
음력 03/15 04/15	음력	15 16 17 18 19 20 21 22 23 24 25 26 27 28 29 30 4/1 2 3 4 5 6 7 8 9 10 11 12 13 14 15
	대남 운여	2 1 1 1 1 입하 10 9 9 9 8 8 8 7 7 6 6 6 5 소만 5 5 4 4 4 3 3 3 2 2 1

망종 6일 16시 51분 【음5월】→　음 5【壬午月(임오월)】　하지 22일 09시 36분

양력 6	양력	1 2 3 4 5 6 7 8 9 10 11 12 13 14 15 16 17 18 19 20 21 22 23 24 25 26 27 28 29 30
	요일	목 금 토 일 월 화 수 목 금 토 일 월 화 수 목 금 토 일 월 화 수 목 금 토 일 월 화 수 목 금
	일진 日辰	丁卯 戊辰 己巳 庚午 辛未 壬申 癸酉 甲戌 乙亥 丙子 丁丑 戊寅 己卯 庚辰 辛巳 壬午 癸未 甲申 乙酉 丙戌 丁亥 戊子 己丑 庚寅 辛卯 壬辰 癸巳 甲午 乙未 丙申
음력 04/16 05/15	음력	16 17 18 19 20 21 22 23 24 25 26 27 28 29 5/1 2 3 4 5 6 7 8 9 10 11 12 13 14 15
	대남 운여	2 1 1 1 1 망종 10 10 9 9 9 8 8 8 7 7 6 6 6 하지 5 5 5 4 4 4 3 3 3 2

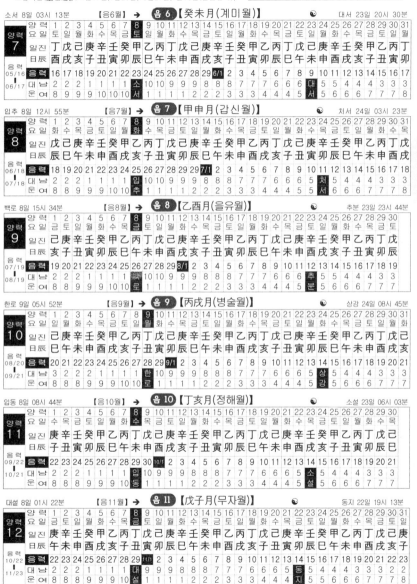

한식(4월06일), 초복(7월14일), 중복(7월24일), 말복(8월13일)

춘사(春社)3/24 추사(秋社)9/20

토왕지절(土旺之節):4월17일,7월20일,10월21일,1월18일(신년양력),

서머타임 시작 3월31일 23시→24시로 조정
종료 9월09일 24시→23시로 조정
수정한 시간으로 표기(동경표준시 사용)

1950 庚寅年

소서 8일 03시 13분 【음6월】 → 음6 【癸未月(계미월)】 대서 23일 20시 30분

양력 7	양력	1	2	3	4	5	6	7	8	9	10	11	12	13	14	15	16	17	18	19	20	21	22	23	24	25	26	27	28	29	30	31
	요일	토	일	월	화	수	목	금	토	일	월	화	수	목	금	토	일	월	화	수	목	금	토	일	월	화	수	목	금	토	일	월
	일진	丁	戊	己	庚	辛	壬	癸	甲	乙	丙	丁	戊	己	庚	辛	壬	癸	甲	乙	丙	丁	戊	己	庚	辛	壬	癸	甲	乙	丙	丁
	日辰	酉	戌	亥	子	丑	寅	卯	辰	巳	午	未	申	酉	戌	亥	子	丑	寅	卯	辰	巳	午	未	申	酉	戌	亥	子	丑	寅	卯
음력 05/16 06/17	음력	16	17	18	19	20	21	22	23	24	25	26	27	28	29	6/1	2	3	4	5	6	7	8	9	10	11	12	13	14	15	16	17
	대남	2	2	1	1	1	1	소	10	10	9	9	9	8	8	8	7	7	7	6	6	6	대	5	5	4	4	4	3	3	3	2
	운여	8	9	9	9	10	10	서	1	1	1	1	2	2	2	3	3	3	4	4	4	5	서	5	5	6	6	6	7	7	7	8

입추 8일 12시 55분 【음7월】 → 음7 【甲申月(갑신월)】 처서 24일 03시 23분

양력 8	양력	1	2	3	4	5	6	7	8	9	10	11	12	13	14	15	16	17	18	19	20	21	22	23	24	25	26	27	28	29	30	31
	요일	화	수	목	금	토	일	월	화	수	목	금	토	일	월	화	수	목	금	토	일	월	화	수	목	금	토	일	월	화	수	목
	일진	戊	己	庚	辛	壬	癸	甲	乙	丙	丁	戊	己	庚	辛	壬	癸	甲	乙	丙	丁	戊	己	庚	辛	壬	癸	甲	乙	丙	丁	戊
	日辰	辰	巳	午	未	申	酉	戌	亥	子	丑	寅	卯	辰	巳	午	未	申	酉	戌	亥	子	丑	寅	卯	辰	巳	午	未	申	酉	戌
음력 06/18 07/18	음력	18	19	20	21	22	23	24	25	26	27	28	29	7/1	2	3	4	5	6	7	8	9	10	11	12	13	14	15	16	17	18	19
	대남	2	2	1	1	1	1	입	10	10	9	9	9	8	8	8	7	7	7	6	6	6	처	5	5	5	4	4	4	3	3	3
	운여	2	2	1	1	1	1	추	10	10	9	9	9	8	8	8	7	7	7	6	6	6	서	5	5	5	6	6	6	7	7	8

백로 8일 15시 34분 【음8월】 → 음8 【乙酉月(을유월)】 추분 23일 23시 44분

양력 9	양력	1	2	3	4	5	6	7	8	9	10	11	12	13	14	15	16	17	18	19	20	21	22	23	24	25	26	27	28	29	30
	요일	금	토	일	월	화	수	목	금	토	일	월	화	수	목	금	토	일	월	화	수	목	금	토	일	월	화	수	목	금	토
	일진	己	庚	辛	壬	癸	甲	乙	丙	丁	戊	己	庚	辛	壬	癸	甲	乙	丙	丁	戊	己	庚	辛	壬	癸	甲	乙	丙	丁	戊
	日辰	亥	子	丑	寅	卯	辰	巳	午	未	申	酉	戌	亥	子	丑	寅	卯	辰	巳	午	未	申	酉	戌	亥	子	丑	寅	卯	辰
음력 07/19 08/19	음력	19	20	21	22	23	24	25	26	27	28	29	8/1	2	3	4	5	6	7	8	9	10	11	12	13	14	15	16	17	18	19
	대남	2	2	1	1	1	1	백	10	10	9	9	9	8	8	8	7	7	7	6	6	6	추	5	5	5	4	4	4	3	3
	운여	8	8	9	9	9	10	로	1	1	1	1	2	2	2	3	3	3	4	4	4	5	분	5	6	6	6	7	7	7	8

한로 9일 05시 52분 【음9월】 → 음9 【丙戌月(병술월)】 상강 24일 08시 45분

양력 10	양력	1	2	3	4	5	6	7	8	9	10	11	12	13	14	15	16	17	18	19	20	21	22	23	24	25	26	27	28	29	30	31
	요일	일	월	화	수	목	금	토	일	월	화	수	목	금	토	일	월	화	수	목	금	토	일	월	화	수	목	금	토	일	월	화
	일진	己	庚	辛	壬	癸	甲	乙	丙	丁	戊	己	庚	辛	壬	癸	甲	乙	丙	丁	戊	己	庚	辛	壬	癸	甲	乙	丙	丁	戊	己
	日辰	巳	午	未	申	酉	戌	亥	子	丑	寅	卯	辰	巳	午	未	申	酉	戌	亥	子	丑	寅	卯	辰	巳	午	未	申	酉	戌	亥
음력 08/20 09/21	음력	20	21	22	23	24	25	26	27	28	29	9/1	2	3	4	5	6	7	8	9	10	11	12	13	14	15	16	17	18	19	20	21
	대남	3	2	2	2	1	1	1	1	한	10	9	9	9	8	8	8	7	7	7	6	6	6	상	5	5	4	4	4	3	3	3
	운여	8	8	9	9	9	10	로	1	1	1	1	2	2	2	3	3	3	4	4	4	5	강	5	6	6	6	7	7	7

입동 8일 08시 44분 【음10월】 → 음10 【丁亥月(정해월)】 소설 23일 06시 03분

양력 11	양력	1	2	3	4	5	6	7	8	9	10	11	12	13	14	15	16	17	18	19	20	21	22	23	24	25	26	27	28	29	30
	요일	수	목	금	토	일	월	화	수	목	금	토	일	월	화	수	목	금	토	일	월	화	수	목	금	토	일	월	화	수	목
	일진	庚	辛	壬	癸	甲	乙	丙	丁	戊	己	庚	辛	壬	癸	甲	乙	丙	丁	戊	己	庚	辛	壬	癸	甲	乙	丙	丁	戊	己
	日辰	子	丑	寅	卯	辰	巳	午	未	申	酉	戌	亥	子	丑	寅	卯	辰	巳	午	未	申	酉	戌	亥	子	丑	寅	卯	辰	巳
음력 09/22 10/21	음력	22	23	24	25	26	27	28	29	30	10/1	2	3	4	5	6	7	8	9	10	11	12	13	14	15	16	17	18	19	20	21
	대남	2	2	2	1	1	1	1	입	10	9	9	9	8	8	8	7	7	7	6	6	6	소	5	5	4	4	4	3	3	3
	운여	8	8	8	9	9	9	10	동	1	1	1	1	2	2	2	3	3	3	4	4	4	설	5	5	6	6	6	7	7	7

대설 8일 01시 22분 【음11월】 → 음11 【戊子月(무자월)】 동지 22일 19시 13분

양력 12	양력	1	2	3	4	5	6	7	8	9	10	11	12	13	14	15	16	17	18	19	20	21	22	23	24	25	26	27	28	29	30	31
	요일	금	토	일	월	화	수	목	금	토	일	월	화	수	목	금	토	일	월	화	수	목	금	토	일	월	화	수	목	금	토	일
	일진	庚	辛	壬	癸	甲	乙	丙	丁	戊	己	庚	辛	壬	癸	甲	乙	丙	丁	戊	己	庚	辛	壬	癸	甲	乙	丙	丁	戊	己	庚
	日辰	午	未	申	酉	戌	亥	子	丑	寅	卯	辰	巳	午	未	申	酉	戌	亥	子	丑	寅	卯	辰	巳	午	未	申	酉	戌	亥	子
음력 10/22 11/23	음력	22	23	24	25	26	27	28	29	30	11/1	2	3	4	5	6	7	8	9	10	11	12	13	14	15	16	17	18	19	20	21	22	23
	대남	2	2	1	1	1	1	대	10	9	9	9	8	8	8	7	7	7	6	6	6	5	동	5	4	4	4	3	3	3	2	2
	운여	8	8	9	9	9	10	설	1	1	1	1	2	2	2	3	3	3	4	4	4	5	지	5	5	6	6	6	7	7	7	8

단기 4284 年
불기 2495 年
1951년

辛卯(신묘)년 납음(松柏木),본명성(四綠木)

대장군(子북방), 삼살(酉서방), 상문(巳동남방),조객(표동북방),
납음(송백목), 【삼재(사,오,미)년】 臘享(납향):1952년1월26일(음12/30)

소한 6일 12시 30분 　【음12월】 →　음 12 【己丑月(기축월)】 🌑　대한 21일 05시 52분

양력 1	양력	1	2	3	4	5	6	7	8	9	10	11	12	13	14	15	16	17	18	19	20	21	22	23	24	25	26	27	28	29	30	31
	요일	월	화	수	목	금	토	일	월	화	수	목	금	토	일	월	화	수	목	금	토	일	월	화	수	목	금	토	일	월	화	수
1	일진	辛	壬	癸	甲	乙	丙	丁	戊	己	庚	辛	壬	癸	甲	乙	丙	丁	戊	己	庚	辛	壬	癸	甲	乙	丙	丁	戊	己	庚	辛
	日辰	丑	寅	卯	辰	巳	午	未	申	酉	戌	亥	子	丑	寅	卯	辰	巳	午	未	申	酉	戌	亥	子	丑	寅	卯	辰	巳	午	未
11/24 음력 12/24	음력	24	25	26	27	28	29	30	12/1	2	3	4	5	6	7	8	9	10	11	12	13	14	15	16	17	18	19	20	21	22	23	24
	대 남	2	1	1	1	1	소한	10	9	9	9	8	8	8	7	7	7	6	6	6	5	대한	5	4	4	4	3	3	3	2	2	2
	운 여	8	8	9	9	9		1	1	1	1	2	2	2	3	3	3	4	4	4	5		5	6	6	6	7	7	7	8	8	8

입춘 5일 00시 13분 　【음1월】 →　음 1 【庚寅月(경인월)】 🌑　우수 19일 20시 10분

		1	2	3	4	5	6	7	8	9	10	11	12	13	14	15	16	17	18	19	20	21	22	23	24	25	26	27	28	
양력	요일	목	금	토	일	월	화	수	목	금	토	일	월	화	수	목	금	토	일	월	화	수	목	금	토	일	월	화	수	辛
2	일진	壬	癸	甲	乙	丙	丁	戊	己	庚	辛	壬	癸	甲	乙	丙	丁	戊	己	庚	辛	壬	癸	甲	乙	丙	丁	戊	己	卯
	日辰	申	酉	戌	亥	子	丑	寅	卯	辰	巳	午	未	申	酉	戌	亥	子	丑	寅	卯	辰	巳	午	未	申	酉	戌	亥	年
12/25 01/23	음력	25	26	27	28	29	1/1	2	3	4	5	6	7	8	9	10	11	12	13	14	15	16	17	18	19	20	21	22	23	
	대 남	1	1	1	1	입춘	1	1	1	2	2	2	3	3	3	4	4	4	우수	5	5	6	6	6	7	7	7	8	8	
	운 여	9	9	9	10		9	9	9	8	8	8	7	7	7	6	6	6		5	5	4	4	4	3	3	3	2	2	

경칩 6일 18시 27분 　【음2월】 →　음 2 【辛卯月(신묘월)】 🌑　춘분 21일 19시 26분

		1	2	3	4	5	6	7	8	9	10	11	12	13	14	15	16	17	18	19	20	21	22	23	24	25	26	27	28	29	30	31
양력	요일	목	금	토	일	월	화	수	목	금	토	일	월	화	수	목	금	토	일	월	화	수	목	금	토	일	월	화	수	목	금	토
3	일진	庚	辛	壬	癸	甲	乙	丙	丁	戊	己	庚	辛	壬	癸	甲	乙	丙	丁	戊	己	庚	辛	壬	癸	甲	乙	丙	丁	戊	己	庚
	日辰	子	丑	寅	卯	辰	巳	午	未	申	酉	戌	亥	子	丑	寅	卯	辰	巳	午	未	申	酉	戌	亥	子	丑	寅	卯	辰	巳	午
01/24 02/24	음력	24	25	26	27	28	29	30	2/1	2	3	4	5	6	7	8	9	10	11	12	13	14	15	16	17	18	19	20	21	22	23	24
	대 남	8	8	9	9	9	경칩	10	9	9	9	8	8	8	7	7	7	6	6	6	5	춘분	5	4	4	4	3	3	3	2	2	2
	운 여	2	1	1	1	1		10	9	9	9	8	8	8	7	7	7	6	6	6	5		5	4	4	4	3	3	3	2	2	2

청명 5일 23시 33분 　【음3월】 →　음 3 【壬辰月(임진월)】 🌑　곡우 21일 06시 48분

		1	2	3	4	5	6	7	8	9	10	11	12	13	14	15	16	17	18	19	20	21	22	23	24	25	26	27	28	29	30
양력	요일	일	월	화	수	목	금	토	일	월	화	수	목	금	토	일	월	화	수	목	금	토	일	월	화	수	목	금	토	일	월
4	일진	辛	壬	癸	甲	乙	丙	丁	戊	己	庚	辛	壬	癸	甲	乙	丙	丁	戊	己	庚	辛	壬	癸	甲	乙	丙	丁	戊	己	庚
	日辰	未	申	酉	戌	亥	子	丑	寅	卯	辰	巳	午	未	申	酉	戌	亥	子	丑	寅	卯	辰	巳	午	未	申	酉	戌	亥	子
02/25 03/25	음력	25	26	27	28	29	3/1	2	3	4	5	6	7	8	9	10	11	12	13	14	15	16	17	18	19	20	21	22	23	24	25
	대 남	9	9	9	10	청명	1	1	1	1	2	2	2	3	3	3	4	4	4	5	곡우	5	6	6	6	7	7	7	8	8	8
	운 여	1	1	1	1	명	10	10	9	9	9	8	8	8	7	7	7	6	6	6	우	5	5	4	4	4	3	3	3	2	2

입하 6일 17시 09분 　【음4월】 →　음 4 【癸巳月(계사월)】 🌑　소만 22일 07시 15분

		1	2	3	4	5	6	7	8	9	10	11	12	13	14	15	16	17	18	19	20	21	22	23	24	25	26	27	28	29	30	31
양력	요일	화	수	목	금	토	일	월	화	수	목	금	토	일	월	화	수	목	금	토	일	월	화	수	목	금	토	일	월	화	수	목
5	일진	辛	壬	癸	甲	乙	丙	丁	戊	己	庚	辛	壬	癸	甲	乙	丙	丁	戊	己	庚	辛	壬	癸	甲	乙	丙	丁	戊	己	庚	辛
	日辰	丑	寅	卯	辰	巳	午	未	申	酉	戌	亥	子	丑	寅	卯	辰	巳	午	未	申	酉	戌	亥	子	丑	寅	卯	辰	巳	午	未
03/26 04/26	음력	26	27	28	29	30	4/1	2	3	4	5	6	7	8	9	10	11	12	13	14	15	16	17	18	19	20	21	22	23	24	25	26
	대 남	9	9	9	10	10	입하	1	1	1	1	2	2	2	3	3	3	4	4	4	5	소만	5	6	6	6	7	7	7	8	8	8
	운 여	2	1	1	1	1	하	10	10	9	9	9	8	8	8	7	7	7	6	6	6	만	5	5	4	4	4	3	3	3	2	2

망종 6일 22시 33분 　【음5월】 →　음 5 【甲午月(갑오월)】 🌑　하지 22일 15시 25분

		1	2	3	4	5	6	7	8	9	10	11	12	13	14	15	16	17	18	19	20	21	22	23	24	25	26	27	28	29	30
양력	요일	금	토	일	월	화	수	목	금	토	일	월	화	수	목	금	토	일	월	화	수	목	금	토	일	월	화	수	목	금	토
6	일진	壬	癸	甲	乙	丙	丁	戊	己	庚	辛	壬	癸	甲	乙	丙	丁	戊	己	庚	辛	壬	癸	甲	乙	丙	丁	戊	己	庚	辛
	日辰	申	酉	戌	亥	子	丑	寅	卯	辰	巳	午	未	申	酉	戌	亥	子	丑	寅	卯	辰	巳	午	未	申	酉	戌	亥	子	丑
04/27 05/26	음력	27	28	29	30	5/1	2	3	4	5	6	7	8	9	10	11	12	13	14	15	16	17	18	19	20	21	22	23	24	25	26
	대 남	9	9	10	10	망종	1	1	1	1	2	2	2	3	3	3	4	4	4	5	5	하지	6	6	6	7	7	7	8	8	8
	운 여	2	1	1	1	종	10	10	10	9	9	9	8	8	8	7	7	7	6	6	6	지	5	5	5	4	4	4	3	3	3

한식(4월06일), 초복(7월19일), 중복(7월29일), 말복(8월08일)
＊춘사(春社)3/19 ☀추사(秋社)9/25
토왕지절(土旺之節):4월18일,7월20일,10월21일,1월18일(신년양력)

서머타임 시작 5월06일 23시→24시로 조정
　　종료 9월08일 24시→23시로 조정
수정한 시간으로 표기(동경표준시 사용)

1951
辛卯年

소서 8일 08시 54분　　【음6월】 → 음6 【乙未月(을미월)】　　대서 24일 02시 21분

양력 7	양력	1	2	3	4	5	6	7	8	9	10	11	12	13	14	15	16	17	18	19	20	21	22	23	24	25	26	27	28	29	30	31
	요일	일	월	화	수	목	금	토	일	월	화	수	목	금	토	일	월	화	수	목	금	토	일	월	화	수	목	금	토	일	월	화
일진	日辰	壬寅	癸卯	甲辰	乙巳	丙午	丁未	戊申	己酉	庚戌	辛亥	壬子	癸丑	甲寅	乙卯	丙辰	丁巳	戊午	己未	庚申	辛酉	壬戌	癸亥	甲子	乙丑	丙寅	丁卯	戊辰	己巳	庚午	辛未	壬申
음력 05/27 06/28	음력	27	28	29	6/1	2	3	4	5	6	7	8	9	10	11	12	13	14	15	16	17	18	19	20	21	22	23	24	25	26	27	28
	대남	8	9	9	9	10	10	10	소서	1	1	1	1	2	2	2	3	3	3	4	4	4	5	5	대서	6	6	6	7	7	7	8
	운여	2	2	1	1	1	1	1		10	10	9	9	9	8	8	8	7	7	7	6	6	6	5	서	5	5	4	4	4	3	3

입추 8일 18시 37분　　【음7월】 → 음7 【丙申月(병신월)】　　처서 24일 09시 16분

양력 8	양력	1	2	3	4	5	6	7	8	9	10	11	12	13	14	15	16	17	18	19	20	21	22	23	24	25	26	27	28	29	30	31
	요일	수	목	금	토	일	월	화	수	목	금	토	일	월	화	수	목	금	토	일	월	화	수	목	금	토	일	월	화	수	목	금
일진	日辰	癸酉	甲戌	乙亥	丙子	丁丑	戊寅	己卯	庚辰	辛巳	壬午	癸未	甲申	乙酉	丙戌	丁亥	戊子	己丑	庚寅	辛卯	壬辰	癸巳	甲午	乙未	丙申	丁酉	戊戌	己亥	庚子	辛丑	壬寅	癸卯
음력 06/29 07/29	음력	29	30	7/1	2	3	4	5	6	7	8	9	10	11	12	13	14	15	16	17	18	19	20	21	22	23	24	25	26	27	28	29
	대남	8	8	9	9	9	10	10	입추	1	1	1	1	2	2	2	3	3	3	4	4	4	5	5	처서	6	6	6	7	7	7	8
	운여	2	2	1	1	1	1	1	추	10	10	9	9	9	8	8	8	7	7	7	6	6	6	5	서	5	5	4	4	4	3	3

백로 8일 21시 18분　　【음8월】 → 음8 【丁酉月(정유월)】　　추분 24일 05시 37분

양력 9	양력	1	2	3	4	5	6	7	8	9	10	11	12	13	14	15	16	17	18	19	20	21	22	23	24	25	26	27	28	29	30
	요일	토	일	월	화	수	목	금	토	일	월	화	수	목	금	토	일	월	화	수	목	금	토	일	월	화	수	목	금	토	일
일진	日辰	甲辰	乙巳	丙午	丁未	戊申	己酉	庚戌	辛亥	壬子	癸丑	甲寅	乙卯	丙辰	丁巳	戊午	己未	庚申	辛酉	壬戌	癸亥	甲子	乙丑	丙寅	丁卯	戊辰	己巳	庚午	辛未	壬申	癸酉
음력 08/01 08/30	음력	8/1	2	3	4	5	6	7	8	9	10	11	12	13	14	15	16	17	18	19	20	21	22	23	24	25	26	27	28	29	30
	대남	8	8	8	9	9	9	10	백로	1	1	1	1	2	2	2	3	3	3	4	4	4	5	5	추분	6	6	6	7	7	7
	운여	2	2	2	1	1	1	1	로	10	10	9	9	9	8	8	8	7	7	7	6	6	6	5	분	5	5	4	4	4	3

한로 9일 11시 36분　　【음9월】 → 음9 【戊戌月(무술월)】　　상강 24일 14시 36분

양력 10	양력	1	2	3	4	5	6	7	8	9	10	11	12	13	14	15	16	17	18	19	20	21	22	23	24	25	26	27	28	29	30	31
	요일	월	화	수	목	금	토	일	월	화	수	목	금	토	일	월	화	수	목	금	토	일	월	화	수	목	금	토	일	월	화	수
일진	日辰	甲戌	乙亥	丙子	丁丑	戊寅	己卯	庚辰	辛巳	壬午	癸未	甲申	乙酉	丙戌	丁亥	戊子	己丑	庚寅	辛卯	壬辰	癸巳	甲午	乙未	丙申	丁酉	戊戌	己亥	庚子	辛丑	壬寅	癸卯	甲辰
음력 09/01 10/02	음력	9/1	2	3	4	5	6	7	8	9	10	11	12	13	14	15	16	17	18	19	20	21	22	23	24	25	26	27	28	29	10/1	2
	대남	8	8	8	9	9	9	10	한로	1	1	1	1	2	2	2	3	3	3	4	4	4	5	5	상강	5	6	6	6	7	7	7
	운여	3	2	2	1	1	1	1	로	10	9	9	9	8	8	8	7	7	7	6	6	6	5	5	강	5	4	4	4	3	3	3

입동 8일 14시 27분　　【음10월】 → 음10 【己亥月(기해월)】　　소설 23일 11시 51분

양력 11	양력	1	2	3	4	5	6	7	8	9	10	11	12	13	14	15	16	17	18	19	20	21	22	23	24	25	26	27	28	29	30
	요일	목	금	토	일	월	화	수	목	금	토	일	월	화	수	목	금	토	일	월	화	수	목	금	토	일	월	화	수	목	금
일진	日辰	乙巳	丙午	丁未	戊申	己酉	庚戌	辛亥	壬子	癸丑	甲寅	乙卯	丙辰	丁巳	戊午	己未	庚申	辛酉	壬戌	癸亥	甲子	乙丑	丙寅	丁卯	戊辰	己巳	庚午	辛未	壬申	癸酉	甲戌
음력 10/03 11/02	음력	3	4	5	6	7	8	9	10	11	12	13	14	15	16	17	18	19	20	21	22	23	24	25	26	27	28	29	30	11/1	2
	대남	8	8	9	9	9	10	입동	1	1	1	1	2	2	2	3	3	3	4	4	4	5	소설	5	6	6	6	7	7	7	8
	운여	2	2	2	1	1	1	동	10	9	9	9	8	8	8	7	7	7	6	6	6	5	설	5	4	4	4	3	3	3	2

대설 8일 07시 02분　　【음11월】 → 음11 【庚子月(경자월)】　　동지 23일 01시 00분

양력 12	양력	1	2	3	4	5	6	7	8	9	10	11	12	13	14	15	16	17	18	19	20	21	22	23	24	25	26	27	28	29	30	31
	요일	토	일	월	화	수	목	금	토	일	월	화	수	목	금	토	일	월	화	수	목	금	토	일	월	화	수	목	금	토	일	월
일진	日辰	乙亥	丙子	丁丑	戊寅	己卯	庚辰	辛巳	壬午	癸未	甲申	乙酉	丙戌	丁亥	戊子	己丑	庚寅	辛卯	壬辰	癸巳	甲午	乙未	丙申	丁酉	戊戌	己亥	庚子	辛丑	壬寅	癸卯	甲辰	乙巳
음력 11/03 12/04	음력	3	4	5	6	7	8	9	10	11	12	13	14	15	16	17	18	19	20	21	22	23	24	25	26	27	28	29	12/1	2	3
	대남	8	8	8	9	9	9	대설	1	1	1	1	2	2	2	3	3	3	4	4	4	5	5	동지	5	6	6	6	7	7	7
	운여	2	2	2	1	1	1	설	9	9	9	8	8	8	7	7	7	6	6	6	5	5	5	지	4	4	4	3	3	3	2

- 145 -

소한 6일 18시 10분 【음12월】 → 음 12 【辛丑月(신축월)】 **대한 21일 11시 38분**

양력 1	양력	1	2	3	4	5	6	7	8	9	10	11	12	13	14	15	16	17	18	19	20	21	22	23	24	25	26	27	28	29	30	31
	요일	화	수	목	금	토	일	월	화	수	목	금	토	일	월	화	수	목	금	토	일	월	화	수	목	금	토	일	월	화	수	목
	일진	丙	丁	戊	己	庚	辛	壬	癸	甲	乙	丙	丁	戊	己	庚	辛	壬	癸	甲	乙	丙	丁	戊	己	庚	辛	壬	癸	甲	乙
	日辰	午	未	申	酉	戌	亥	子	丑	寅	卯	辰	巳	午	未	申	酉	戌	亥	子	丑	寅	卯	辰	巳	午	未	申	酉	戌	亥
음력 12/05	음력	5	6	7	8	9	10	11	12	13	14	15	16	17	18	19	20	21	22	23	24	25	26	27	28	29	30	1/1	2	3	4	5
01/05	대 남	8	8	9	9	9	소	1	1	1	1	2	2	2	3	3	3	4	4	4	5	대	5	6	6	6	7	7	8	8
	운 여	2	1	1	1	한	10	9	9	9	8	8	8	7	7	7	6	6	6	5	한	5	4	4	4	3	3	3	2	2

입춘 5일 05시 53분 【음1월】 → 음 1 【壬寅月(임인월)】 **우수 20일 01시 57분**

양력 2	양력	1	2	3	4	5	6	7	8	9	10	11	12	13	14	15	16	17	18	19	20	21	22	23	24	25	26	27	28	29
	요일	금	토	일	월	화	수	목	금	토	일	월	화	수	목	금	토	일	월	화	수	목	금	토	일	월	화	수	목	금
	일진	丁	戊	己	庚	辛	壬	癸	甲	乙	丙	丁	戊	己	庚	辛	壬	癸	甲	乙	丙	丁	戊	己	庚	辛	壬	癸	甲	乙
	日辰	丑	寅	卯	辰	巳	午	未	申	酉	戌	亥	子	丑	寅	卯	辰	巳	午	未	申	酉	戌	亥	子	丑	寅	卯	辰	巳
음력 01/06	음력	6	7	8	9	10	11	12	13	14	15	16	17	18	19	20	21	22	23	24	25	26	27	28	29	2/1	2	3	4	5
02/05	대 남	9	9	9	10	입	1	1	1	1	2	2	2	3	3	3	4	4	4	5	우	5	6	6	6	7	7	7	8	8
	운 여	1	1	1	춘	1	1	1	2	2	2	3	3	3	4	4	4	5	수	5	6	6	6	7	7	7	8	8

壬辰年

경칩 6일 00시 07분 【음2월】 → 음 2 【癸卯月(계묘월)】 **춘분 21일 01시 14분**

양력 3	양력	1	2	3	4	5	6	7	8	9	10	11	12	13	14	15	16	17	18	19	20	21	22	23	24	25	26	27	28	29	30	31
	요일	토	일	월	화	수	목	금	토	일	월	화	수	목	금	토	일	월	화	수	목	금	토	일	월	화	수	목	금	토	일	월
	일진	丙	丁	戊	己	庚	辛	壬	癸	甲	乙	丙	丁	戊	己	庚	辛	壬	癸	甲	乙	丙	丁	戊	己	庚	辛	壬	癸	甲	乙	丙
	日辰	午	未	申	酉	戌	亥	子	丑	寅	卯	辰	巳	午	未	申	酉	戌	亥	子	丑	寅	卯	辰	巳	午	未	申	酉	戌	亥	子
음력 02/06	음력	6	7	8	9	10	11	12	13	14	15	16	17	18	19	20	21	22	23	24	25	26	27	28	29	30	3/1	2	3	4	5	6
03/06	대 남	2	1	1	1	1	경	10	9	9	9	8	8	8	7	7	7	6	6	6	5	춘	5	4	4	4	3	3	3	2	2	2
	운 여	8	9	9	9	10	칩	1	1	1	1	2	2	2	3	3	3	4	4	4	5	분	5	6	6	6	7	7	7	8	8	8

청명 5일 05시 15분 【음3월】 → 음 3 【甲辰月(갑진월)】 **곡우 20일 12시 37분**

양력 4	양력	1	2	3	4	5	6	7	8	9	10	11	12	13	14	15	16	17	18	19	20	21	22	23	24	25	26	27	28	29	30
	요일	화	수	목	금	토	일	월	화	수	목	금	토	일	월	화	수	목	금	토	일	월	화	수	목	금	토	일	월	화	수
	일진	丁	戊	己	庚	辛	壬	癸	甲	乙	丙	丁	戊	己	庚	辛	壬	癸	甲	乙	丙	丁	戊	己	庚	辛	壬	癸	甲	乙	丙
	日辰	丑	寅	卯	辰	巳	午	未	申	酉	戌	亥	子	丑	寅	卯	辰	巳	午	未	申	酉	戌	亥	子	丑	寅	卯	辰	巳	午
음력 03/07	음력	7	8	9	10	11	12	13	14	15	16	17	18	19	20	21	22	23	24	25	26	27	28	29	4/1	2	3	4	5	6	7
04/07	대 남	1	1	1	1	청	10	9	9	9	8	8	8	7	7	7	6	6	6	5	곡	5	4	4	4	3	3	3	2	2	2
	운 여	9	9	9	10	명	1	1	1	1	2	2	2	3	3	3	4	4	4	5	우	5	6	6	6	7	7	7	8	8	8

입하 5일 22시 54분 【음4월】 → 음 4 【乙巳月(을사월)】 **소만 21일 12시 04분**

양력 5	양력	1	2	3	4	5	6	7	8	9	10	11	12	13	14	15	16	17	18	19	20	21	22	23	24	25	26	27	28	29	30	31
	요일	목	금	토	일	월	화	수	목	금	토	일	월	화	수	목	금	토	일	월	화	수	목	금	토	일	월	화	수	목	금	토
	일진	丁	戊	己	庚	辛	壬	癸	甲	乙	丙	丁	戊	己	庚	辛	壬	癸	甲	乙	丙	丁	戊	己	庚	辛	壬	癸	甲	乙	丙	丁
	日辰	未	申	酉	戌	亥	子	丑	寅	卯	辰	巳	午	未	申	酉	戌	亥	子	丑	寅	卯	辰	巳	午	未	申	酉	戌	亥	子	丑
음력 04/08	음력	8	9	10	11	12	13	14	15	16	17	18	19	20	21	22	23	24	25	26	27	28	29	30	5/1	2	3	4	5	6	7	8
05/08	대 남	1	1	1	1	입	10	10	9	9	9	8	8	8	7	7	7	6	6	6	5	소	5	4	4	4	3	3	3	2	2	2
	운 여	9	9	9	10	하	1	1	1	1	2	2	2	3	3	3	4	4	4	5	5	만	6	6	6	7	7	7	8	8	8	9

망종 6일 03시 20분 【음5월】 → 음 5 윤 5 **하지 21일 20시 13분** 【丙午月(병오월)】

양력 6	양력	1	2	3	4	5	6	7	8	9	10	11	12	13	14	15	16	17	18	19	20	21	22	23	24	25	26	27	28	29	30
	요일	일	월	화	수	목	금	토	일	월	화	수	목	금	토	일	월	화	수	목	금	토	일	월	화	수	목	금	토	일	월
	일진	戊	己	庚	辛	壬	癸	甲	乙	丙	丁	戊	己	庚	辛	壬	癸	甲	乙	丙	丁	戊	己	庚	辛	壬	癸	甲	乙	丙	丁
	日辰	寅	卯	辰	巳	午	未	申	酉	戌	亥	子	丑	寅	卯	辰	巳	午	未	申	酉	戌	亥	子	丑	寅	卯	辰	巳	午	未
음력 05/09	음력	9	10	11	12	13	14	15	16	17	18	19	20	21	22	23	24	25	26	27	28	29	윤5	2	3	4	5	6	7	8	9
윤509	대 남	2	1	1	1	1	망	10	10	9	9	9	8	8	8	7	7	7	6	6	6	하	5	5	4	4	4	3	3	3	2
	운 여	9	9	10	10	10	종	1	1	1	1	2	2	2	3	3	3	4	4	4	5	지	5	6	6	6	7	7	7	8	8

1952 壬辰年

소서 7일 13시 45분　【음6월】 →　**음 6**【丁未月(정미월)】　　　대서 23일 07시 07분

양력 7																														
양력	1	2	3	4	5	6	7	8	9	10	11	12	13	14	15	16	17	18	19	20	21	22	23	24	25	26	27	28	29	30	31
요일	화	수	목	금	토	일	월	화	수	목	금	토	일	월	화	수	목	금	토	일	월	화	수	목	금	토	일	월	화	수	목
일진	戊	己	庚	辛	壬	癸	甲	乙	丙	丁	戊	己	庚	辛	壬	癸	甲	乙	丙	丁	戊	己	庚	辛	壬	癸	甲	乙	丙	丁	戊
日辰	申	酉	戌	亥	子	丑	寅	卯	辰	巳	午	未	申	酉	戌	亥	子	丑	寅	卯	辰	巳	午	未	申	酉	戌	亥	子	丑	寅
음력 05/10 06/10	10	11	12	13	14	15	16	17	18	19	20	21	22	23	24	25	26	27	28	29	30	6/1	2	3	4	5	6	7	8	9	10
대남	2	1	1	1	1	소	10	10	9	9	9	8	8	8	7	7	7	6	6	6	5	대	5	4	4	4	3	3	3	2	2
운여	8	9	9	9	10	서	1	1	1	1	2	2	2	3	3	3	4	4	4	5	5	서	6	6	6	7	7	7	8	8	8

입추 7일 23시 31분　【음7월】 →　**음 7**【戊申月(무신월)】　　　처서 23일 14시 03분

양력 8																														
양력	1	2	3	4	5	6	7	8	9	10	11	12	13	14	15	16	17	18	19	20	21	22	23	24	25	26	27	28	29	30	31
요일	금	토	일	월	화	수	목	금	토	일	월	화	수	목	금	토	일	월	화	수	목	금	토	일	월	화	수	목	금	토	일
일진	己	庚	辛	壬	癸	甲	乙	丙	丁	戊	己	庚	辛	壬	癸	甲	乙	丙	丁	戊	己	庚	辛	壬	癸	甲	乙	丙	丁	戊	己
日辰	卯	辰	巳	午	未	申	酉	戌	亥	子	丑	寅	卯	辰	巳	午	未	申	酉	戌	亥	子	丑	寅	卯	辰	巳	午	未	申	酉
음력 06/11 07/11	11	12	13	14	15	16	17	18	19	20	21	22	23	24	25	26	27	28	29	30	7/1	2	3	4	5	6	7	8	9	10	11
대남	2	2	1	1	1	1	입	10	10	9	9	9	8	8	8	7	7	7	6	6	6	처	5	5	5	4	4	4	3	3	3
운여	8	9	9	9	10	10	추	1	1	1	1	2	2	2	3	3	3	4	4	4	5	서	5	6	6	6	7	7	7	8	8

백로 8일 02시 14분　【음8월】 →　**음 8**【己酉月(기유월)】　　　추분 23일 11시 24분

양력 9																													
양력	1	2	3	4	5	6	7	8	9	10	11	12	13	14	15	16	17	18	19	20	21	22	23	24	25	26	27	28	29	30
요일	월	화	수	목	금	토	일	월	화	수	목	금	토	일	월	화	수	목	금	토	일	월	화	수	목	금	토	일	월	화
일진	庚	辛	壬	癸	甲	乙	丙	丁	戊	己	庚	辛	壬	癸	甲	乙	丙	丁	戊	己	庚	辛	壬	癸	甲	乙	丙	丁	戊	己
日辰	戌	亥	子	丑	寅	卯	辰	巳	午	未	申	酉	戌	亥	子	丑	寅	卯	辰	巳	午	未	申	酉	戌	亥	子	丑	寅	卯
음력 07/12 08/12	12	13	14	15	16	17	18	19	20	21	22	23	24	25	26	27	28	8/1	2	3	4	5	6	7	8	9	10	11	12
대남	2	2	2	1	1	1	1	백	10	9	9	9	8	8	8	7	7	7	6	6	6	추	5	5	4	4	4	3	3	3
운여	8	9	9	9	10	10	10	로	1	1	1	1	2	2	2	3	3	3	4	4	4	분	5	5	6	6	6	7	7	7

한로 8일 17시 32분　【음9월】 →　**음 9**【庚戌月(경술월)】　　　상강 23일 20시 22분

양력 10																														
양력	1	2	3	4	5	6	7	8	9	10	11	12	13	14	15	16	17	18	19	20	21	22	23	24	25	26	27	28	29	30	31
요일	수	목	금	토	일	월	화	수	목	금	토	일	월	화	수	목	금	토	일	월	화	수	목	금	토	일	월	화	수	목	금
일진	庚	辛	壬	癸	甲	乙	丙	丁	戊	己	庚	辛	壬	癸	甲	乙	丙	丁	戊	己	庚	辛	壬	癸	甲	乙	丙	丁	戊	己	庚
日辰	辰	巳	午	未	申	酉	戌	亥	子	丑	寅	卯	辰	巳	午	未	申	酉	戌	亥	子	丑	寅	卯	辰	巳	午	未	申	酉	戌
음력 08/13 09/13	13	14	15	16	17	18	19	20	21	22	23	24	25	26	27	28	29	30	9/1	2	3	4	5	6	7	8	9	10	11	12	13
대남	2	2	2	1	1	1	1	한	10	9	9	9	8	8	8	7	7	7	6	6	6	상	5	5	4	4	4	3	3	3	2
운여	8	8	9	9	9	10	10	로	1	1	1	1	2	2	2	3	3	3	4	4	4	강	5	5	6	6	6	7	7	7	8

입동 7일 20시 22분　【음10월】 →　**음 10**【辛亥月(신해월)】　　　소설 22일 17시 36분

양력 11																													
양력	1	2	3	4	5	6	7	8	9	10	11	12	13	14	15	16	17	18	19	20	21	22	23	24	25	26	27	28	29	30
요일	토	일	월	화	수	목	금	토	일	월	화	수	목	금	토	일	월	화	수	목	금	토	일	월	화	수	목	금	토	일
일진	辛	壬	癸	甲	乙	丙	丁	戊	己	庚	辛	壬	癸	甲	乙	丙	丁	戊	己	庚	辛	壬	癸	甲	乙	丙	丁	戊	己	庚
日辰	亥	子	丑	寅	卯	辰	巳	午	未	申	酉	戌	亥	子	丑	寅	卯	辰	巳	午	未	申	酉	戌	亥	子	丑	寅	卯	辰
음력 09/14 10/14	14	15	16	17	18	19	20	21	22	23	24	25	26	27	28	29	10/1	2	3	4	5	6	7	8	9	10	11	12	13	14
대남	2	2	1	1	1	1	입	10	9	9	9	8	8	8	7	7	7	6	6	6	5	소	5	4	4	4	3	3	3	2
운여	8	8	9	9	9	10	동	1	1	1	1	2	2	2	3	3	3	4	4	4	5	설	5	6	6	6	7	7	7	8

대설 7일 12시 56분　【음11월】 →　**음 11**【壬子月(임자월)】　　　동지 22일 06시 43분

양력 12																														
양력	1	2	3	4	5	6	7	8	9	10	11	12	13	14	15	16	17	18	19	20	21	22	23	24	25	26	27	28	29	30	31
요일	월	화	수	목	금	토	일	월	화	수	목	금	토	일	월	화	수	목	금	토	일	월	화	수	목	금	토	일	월	화	수
일진	辛	壬	癸	甲	乙	丙	丁	戊	己	庚	辛	壬	癸	甲	乙	丙	丁	戊	己	庚	辛	壬	癸	甲	乙	丙	丁	戊	己	庚	辛
日辰	巳	午	未	申	酉	戌	亥	子	丑	寅	卯	辰	巳	午	未	申	酉	戌	亥	子	丑	寅	卯	辰	巳	午	未	申	酉	戌	亥
음력 10/15 11/15	15	16	17	18	19	20	21	22	23	24	25	26	27	28	29	30	11/1	2	3	4	5	6	7	8	9	10	11	12	13	14	15
대남	2	1	1	1	1	대	10	9	9	9	8	8	8	7	7	7	6	6	6	5	동	5	4	4	4	3	3	3	2	2	2
운여	8	8	9	9	9	설	1	1	1	1	2	2	2	3	3	3	4	4	4	5	지	5	6	6	6	7	7	7	8	8	8

단기 4286 年
불기 2497 年

1953년

癸巳(계사)년　납음(長流水), 본명성(二黑土)

대장군(卯동방). 삼살(동방), 상문(未서남방),조객(卯동방), 납음(장류수),
【삼재(해,자,축)년】　臘享(납향):1954년1월15일(음12/11)

소한 6일 00시 02분　【음12월】 →　음12 【癸丑月(계축월)】　　대한 20일 17시 21분

양력 1	1	2	3	4	5	6	7	8	9	10	11	12	13	14	15	16	17	18	19	20	21	22	23	24	25	26	27	28	29	30	31
요일	목	금	토	일	월	화	수	목	금	토	일	월	화	수	목	금	토	일	월	화	수	목	금	토	일	월	화	수	목	금	토
일진	壬	癸	甲	乙	丙	丁	戊	己	庚	辛	壬	癸	甲	乙	丙	丁	戊	己	庚	辛	壬	癸	甲	乙	丙	丁	戊	己	庚	辛	壬
日辰	子	丑	寅	卯	辰	巳	午	未	申	酉	戌	亥	子	丑	寅	卯	辰	巳	午	未	申	酉	戌	亥	子	丑	寅	卯	辰	巳	午
음력 (11/16 12/17)	16	17	18	19	20	21	22	23	24	25	26	27	28	29	12/1	2	3	4	5	6	7	8	9	10	11	12	13	14	15	16	17
대운 남	2	1	1	1	1	소	9	9	9	8	8	8	7	7	7	6	6	6	대	5	5	4	4	4	3	3	3	2	2	2	1
대운 여	8	9	9	9	10	한	1	1	1	2	2	2	3	3	3	4	4	한	5	5	6	6	6	7	7	7	8	8	8	9	

입춘 4일 11시 46분　【음1월】 →　음1 【甲寅月(갑인월)】　　우수 19일 07시 41분

양력 2	1	2	3	4	5	6	7	8	9	10	11	12	13	14	15	16	17	18	19	20	21	22	23	24	25	26	27	28
요일	일	월	화	수	목	금	토	일	월	화	수	목	금	토	일	월	화	수	목	금	토	일	월	화	수	목	금	토
일진	癸	甲	乙	丙	丁	戊	己	庚	辛	壬	癸	甲	乙	丙	丁	戊	己	庚	辛	壬	癸	甲	乙	丙	丁	戊	己	庚
日辰	未	申	酉	戌	亥	子	丑	寅	卯	辰	巳	午	未	申	酉	戌	亥	子	丑	寅	卯	辰	巳	午	未	申	酉	戌
음력 (12/18 01/15)	18	19	20	21	22	23	24	25	26	27	28	29	30	1/1	2	3	4	5	6	7	8	9	10	11	12	13	14	15
대운 남	2	1	1	1	입	1	1	1	2	2	2	3	3	3	4	4	4	5	우	5	6	6	6	7	7	7	8	8
대운 여	9	9	9	9	춘	10	9	9	9	8	8	8	7	7	7	6	6	6	우	5	5	4	4	4	3	3	3	2

癸巳年

경칩 6일 06시 02분　【음2월】 →　음2 【乙卯月(을묘월)】　　춘분 21일 07시 01분

양력 3	1	2	3	4	5	6	7	8	9	10	11	12	13	14	15	16	17	18	19	20	21	22	23	24	25	26	27	28	29	30	31
요일	일	월	화	수	목	금	토	일	월	화	수	목	금	토	일	월	화	수	목	금	토	일	월	화	수	목	금	토	일	월	화
일진	辛	壬	癸	甲	乙	丙	丁	戊	己	庚	辛	壬	癸	甲	乙	丙	丁	戊	己	庚	辛	壬	癸	甲	乙	丙	丁	戊	己	庚	辛
日辰	亥	子	丑	寅	卯	辰	巳	午	未	申	酉	戌	亥	子	丑	寅	卯	辰	巳	午	未	申	酉	戌	亥	子	丑	寅	卯	辰	巳
음력 (01/16 02/17)	16	17	18	19	20	21	22	23	24	25	26	27	28	29	2/1	2	3	4	5	6	7	8	9	10	11	12	13	14	15	16	17
대운 남	8	9	9	9	10	경	1	1	1	2	2	2	3	3	3	4	4	4	5	춘	5	6	6	6	7	7	7	8	8	8	2
대운 여	1	1	1	1	명	10	9	9	8	8	8	7	7	7	6	6	6	5	분	5	4	4	4	3	3	3	2	2	2		

청명 5일 11시 13분　【음3월】 →　음3 【丙辰月(병진월)】　　곡우 20일 18시 25분

양력 4	1	2	3	4	5	6	7	8	9	10	11	12	13	14	15	16	17	18	19	20	21	22	23	24	25	26	27	28	29	30
요일	수	목	금	토	일	월	화	수	목	금	토	일	월	화	수	목	금	토	일	월	화	수	목	금	토	일	월	화	수	목
일진	壬	癸	甲	乙	丙	丁	戊	己	庚	辛	壬	癸	甲	乙	丙	丁	戊	己	庚	辛	壬	癸	甲	乙	丙	丁	戊	己	庚	辛
日辰	午	未	申	酉	戌	亥	子	丑	寅	卯	辰	巳	午	未	申	酉	戌	亥	子	丑	寅	卯	辰	巳	午	未	申	酉	戌	亥
음력 (02/18 03/17)	18	19	20	21	22	23	24	25	26	27	28	29	30	3/1	2	3	4	5	6	7	8	9	10	11	12	13	14	15	16	17
대운 남	9	9	9	10	청	1	1	1	2	2	2	3	3	3	4	4	4	5	곡	5	6	6	6	7	7	7	8	8	8	
대운 여	1	1	1	1	명	10	10	9	9	8	8	8	7	7	7	6	6	6	우	5	5	4	4	4	3	3	3	2	2	

입하 6일 04시 52분　【음4월】 →　음4 【丁巳月(정사월)】　　소만 21일 17시 53분

양력 5	1	2	3	4	5	6	7	8	9	10	11	12	13	14	15	16	17	18	19	20	21	22	23	24	25	26	27	28	29	30	31
요일	금	토	일	월	화	수	목	금	토	일	월	화	수	목	금	토	일	월	화	수	목	금	토	일	월	화	수	목	금	토	일
일진	壬	癸	甲	乙	丙	丁	戊	己	庚	辛	壬	癸	甲	乙	丙	丁	戊	己	庚	辛	壬	癸	甲	乙	丙	丁	戊	己	庚	辛	壬
日辰	子	丑	寅	卯	辰	巳	午	未	申	酉	戌	亥	子	丑	寅	卯	辰	巳	午	未	申	酉	戌	亥	子	丑	寅	卯	辰	巳	午
음력 (03/18 04/19)	18	19	20	21	22	23	24	25	26	27	28	29	4/1	2	3	4	5	6	7	8	9	10	11	12	13	14	15	16	17	18	19
대운 남	9	9	9	10	10	입	1	1	1	2	2	2	3	3	3	4	4	4	5	소	5	6	6	6	7	7	7	8	8	8	
대운 여	2	1	1	1	1	하	10	10	9	9	8	8	8	7	7	7	6	6	6	만	5	5	4	4	4	3	3	3	2	2	

망종 6일 09시 16분　【음5월】 →　음5 【戊午月(무오월)】　　하지 22일 02시 00분

양력 6	1	2	3	4	5	6	7	8	9	10	11	12	13	14	15	16	17	18	19	20	21	22	23	24	25	26	27	28	29	30
요일	월	화	수	목	금	토	일	월	화	수	목	금	토	일	월	화	수	목	금	토	일	월	화	수	목	금	토	일	월	화
일진	癸	甲	乙	丙	丁	戊	己	庚	辛	壬	癸	甲	乙	丙	丁	戊	己	庚	辛	壬	癸	甲	乙	丙	丁	戊	己	庚	辛	壬
日辰	未	申	酉	戌	亥	子	丑	寅	卯	辰	巳	午	未	申	酉	戌	亥	子	丑	寅	卯	辰	巳	午	未	申	酉	戌	亥	子
음력 (04/20 05/20)	20	21	22	23	24	25	26	27	28	29	5/1	2	3	4	5	6	7	8	9	10	11	12	13	14	15	16	17	18	19	20
대운 남	9	9	9	10	10	망	1	1	1	2	2	2	3	3	3	4	4	4	5	하	5	6	6	6	7	7	7	8	8	8
대운 여	2	1	1	1	1	종	10	10	9	9	8	8	8	7	7	7	6	6	6	지	5	5	4	4	4	3	3	3	2	

한식(4월06일), 초복(7월18일), 중복(7월28일), 말복(8월17일) ↑춘사(春社)3/18
☀추사(秋社)9/24   토왕지절(土旺之節):4월17일,7월20일,10월21일,1월17일(신년양력),
臘享(납향):1954년 1월 15일(신년양력)

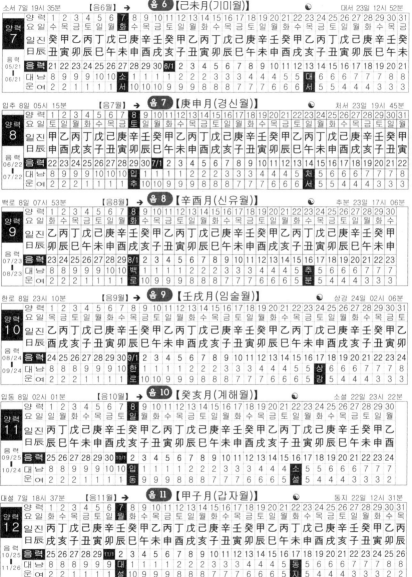

1953 癸巳年

소서 7일 19시 35분　　【음6월】 →　**음 6** 【己未月(기미월)】　　　　대서 23일 12시 52분

양력	1	2	3	4	5	6	7	8	9	10	11	12	13	14	15	16	17	18	19	20	21	22	23	24	25	26	27	28	29	30	31
요일	수	목	금	토	일	월	화	수	목	금	토	일	월	화	수	목	금	토	일	월	화	수	목	금	토	일	월	화	수	목	금
일진	癸	甲	乙	丙	丁	戊	己	庚	辛	壬	癸	甲	乙	丙	丁	戊	己	庚	辛	壬	癸	甲	乙	丙	丁	戊	己	庚	辛	壬	癸
日辰	丑	寅	卯	辰	巳	午	未	申	酉	戌	亥	子	丑	寅	卯	辰	巳	午	未	申	酉	戌	亥	子	丑	寅	卯	辰	巳	午	未
음력	21	22	23	24	25	26	27	28	29	30	6/1	2	3	4	5	6	7	8	9	10	11	12	13	14	15	16	17	18	19	20	21
대 남	8	9	9	9	10	10	소	1	1	1	1	2	2	2	3	3	3	4	4	4	5	5	대	6	6	6	7	7	7	8	8
운 여	2	2	1	1	1	1	서	10	10	10	9	9	9	8	8	8	7	7	7	6	6	6	서	5	5	5	4	4	4	3	3

음력 05/21 ~ 06/21

입추 8일 05시 15분　　【음7월】 →　**음 7** 【庚申月(경신월)】　　　　처서 23일 19시 45분

양력	1	2	3	4	5	6	7	8	9	10	11	12	13	14	15	16	17	18	19	20	21	22	23	24	25	26	27	28	29	30	31
요일	토	일	월	화	수	목	금	토	일	월	화	수	목	금	토	일	월	화	수	목	금	토	일	월	화	수	목	금	토	일	월
일진	甲	乙	丙	丁	戊	己	庚	辛	壬	癸	甲	乙	丙	丁	戊	己	庚	辛	壬	癸	甲	乙	丙	丁	戊	己	庚	辛	壬	癸	甲
日辰	申	酉	戌	亥	子	丑	寅	卯	辰	巳	午	未	申	酉	戌	亥	子	丑	寅	卯	辰	巳	午	未	申	酉	戌	亥	子	丑	寅
음력	22	23	24	25	26	27	28	29	30	7/1	2	3	4	5	6	7	8	9	10	11	12	13	14	15	16	17	18	19	20	21	22
대 남	8	9	9	9	10	10	10	입	1	1	1	1	2	2	2	3	3	3	4	4	4	5	처	5	6	6	6	7	7	7	8
운 여	2	2	1	1	1	1	1	추	10	10	10	9	9	9	8	8	8	7	7	7	6	6	서	5	5	5	4	4	4	3	3

음력 06/22 ~ 07/22

백로 8일 07시 53분　　【음8월】 →　**음 8** 【辛酉月(신유월)】　　　　추분 23일 17시 06분

양력	1	2	3	4	5	6	7	8	9	10	11	12	13	14	15	16	17	18	19	20	21	22	23	24	25	26	27	28	29	30
요일	화	수	목	금	토	일	월	화	수	목	금	토	일	월	화	수	목	금	토	일	월	화	수	목	금	토	일	월	화	수
일진	乙	丙	丁	戊	己	庚	辛	壬	癸	甲	乙	丙	丁	戊	己	庚	辛	壬	癸	甲	乙	丙	丁	戊	己	庚	辛	壬	癸	甲
日辰	卯	辰	巳	午	未	申	酉	戌	亥	子	丑	寅	卯	辰	巳	午	未	申	酉	戌	亥	子	丑	寅	卯	辰	巳	午	未	申
음력	23	24	25	26	27	28	29	8/1	2	3	4	5	6	7	8	9	10	11	12	13	14	15	16	17	18	19	20	21	22	23
대 남	8	9	9	9	10	10	백	1	1	1	1	2	2	2	3	3	3	4	4	4	5	추	5	6	6	6	7	7	7	8
운 여	2	2	2	1	1	1	로	10	9	9	9	8	8	8	7	7	7	6	6	6	5	분	5	5	4	4	4	3	3	3

음력 07/23 ~ 08/23

한로 8일 23시 10분　　【음9월】 →　**음 9** 【壬戌月(임술월)】　　　　상강 24일 02시 06분

양력	1	2	3	4	5	6	7	8	9	10	11	12	13	14	15	16	17	18	19	20	21	22	23	24	25	26	27	28	29	30	31
요일	목	금	토	일	월	화	수	목	금	토	일	월	화	수	목	금	토	일	월	화	수	목	금	토	일	월	화	수	목	금	토
일진	乙	丙	丁	戊	己	庚	辛	壬	癸	甲	乙	丙	丁	戊	己	庚	辛	壬	癸	甲	乙	丙	丁	戊	己	庚	辛	壬	癸	甲	乙
日辰	酉	戌	亥	子	丑	寅	卯	辰	巳	午	未	申	酉	戌	亥	子	丑	寅	卯	辰	巳	午	未	申	酉	戌	亥	子	丑	寅	卯
음력	24	25	26	27	28	29	30	9/1	2	3	4	5	6	7	8	9	10	11	12	13	14	15	16	17	18	19	20	21	22	23	24
대 남	8	8	9	9	9	10	10	한	1	1	1	1	2	2	2	3	3	3	4	4	4	5	5	상	6	6	6	7	7	7	8
운 여	2	2	2	1	1	1	1	로	10	10	9	9	9	8	8	8	7	7	7	6	6	6	5	강	5	4	4	4	3	3	3

음력 08/24 ~ 09/24

입동 8일 02시 01분　　【음10월】 →　**음 10** 【癸亥月(계해월)】　　　　소설 22일 23시 22분

양력	1	2	3	4	5	6	7	8	9	10	11	12	13	14	15	16	17	18	19	20	21	22	23	24	25	26	27	28	29	30
요일	일	월	화	수	목	금	토	일	월	화	수	목	금	토	일	월	화	수	목	금	토	일	월	화	수	목	금	토	일	월
일진	丙	丁	戊	己	庚	辛	壬	癸	甲	乙	丙	丁	戊	己	庚	辛	壬	癸	甲	乙	丙	丁	戊	己	庚	辛	壬	癸	甲	乙
日辰	辰	巳	午	未	申	酉	戌	亥	子	丑	寅	卯	辰	巳	午	未	申	酉	戌	亥	子	丑	寅	卯	辰	巳	午	未	申	酉
음력	25	26	27	28	29	30	10/1	2	3	4	5	6	7	8	9	10	11	12	13	14	15	16	17	18	19	20	21	22	23	24
대 남	8	8	9	9	9	10	입	1	1	1	1	2	2	2	3	3	3	4	4	4	5	소	5	6	6	6	7	7	7	8
운 여	2	2	1	1	1	1	동	10	9	9	9	8	8	8	7	7	7	6	6	6	5	설	5	4	4	4	3	3	3	2

음력 09/25 ~ 10/24

대설 7일 18시 37분　　【음11월】 →　**음 11** 【甲子月(갑자월)】　　　　동지 22일 12시 31분

양력	1	2	3	4	5	6	7	8	9	10	11	12	13	14	15	16	17	18	19	20	21	22	23	24	25	26	27	28	29	30	31
요일	화	수	목	금	토	일	월	화	수	목	금	토	일	월	화	수	목	금	토	일	월	화	수	목	금	토	일	월	화	수	목
일진	丙	丁	戊	己	庚	辛	壬	癸	甲	乙	丙	丁	戊	己	庚	辛	壬	癸	甲	乙	丙	丁	戊	己	庚	辛	壬	癸	甲	乙	丙
日辰	戌	亥	子	丑	寅	卯	辰	巳	午	未	申	酉	戌	亥	子	丑	寅	卯	辰	巳	午	未	申	酉	戌	亥	子	丑	寅	卯	辰
음력	25	26	27	28	29	11/1	2	3	4	5	6	7	8	9	10	11	12	13	14	15	16	17	18	19	20	21	22	23	24	25	26
대 남	8	8	9	9	9	대	1	1	1	1	2	2	2	3	3	3	4	4	4	5	동	5	6	6	6	7	7	7	8	8	8
운 여	2	2	1	1	1	설	10	9	9	9	8	8	8	7	7	7	6	6	6	5	지	5	4	4	4	3	3	3	2	2	2

음력 10/25 ~ 11/26

甲午(갑오)년 납음(砂中金),본명성(一白水)

단기 4287 年　불기 2498 年　**1954년**

대장군(동방), 삼살(북방), 상문(서남방),조객(동남방), 납음(사중금),
【삼재(신,유,술)년】 臘享(납향):1955년1월22일(음12/29)

1월

소한 6일 05시 45분 【음12월】→　음 12 【乙丑月(을축월)】　대한 20일 23시 11분

양력	1	2	3	4	5	6	7	8	9	10	11	12	13	14	15	16	17	18	19	20	21	22	23	24	25	26	27	28	29	30	31
요일	금	토	일	월	화	수	목	금	토	일	월	화	수	목	금	토	일	월	화	수	목	금	토	일	월	화	수	목	금	토	일
일진	丁	戊	己	庚	辛	壬	癸	甲	乙	丙	丁	戊	己	庚	辛	壬	癸	甲	乙	丙	丁	戊	己	庚	辛	壬	癸	甲	乙	丙	丁
日辰	巳	午	未	申	酉	戌	亥	子	丑	寅	卯	辰	巳	午	未	申	酉	戌	亥	子	丑	寅	卯	辰	巳	午	未	申	酉	戌	亥
음력	27	28	29	30	12/1	2	3	4	5	6	7	8	9	10	11	12	13	14	15	16	17	18	19	20	21	22	23	24	25	26	27
대남	8	9	9	9	10	소	1	1	1	1	2	2	2	3	3	3	4	4	4	대	5	5	5	6	6	6	7	7	7	8	8
운여	2	1	1	1	1	한	9	9	9	8	8	8	7	7	7	6	6	6	5	한	5	4	4	4	3	3	3	2	2	2	1

2월

입춘 4일 17시 31분 【음1월】→　음 1 【丙寅月(병인월)】　우수 19일 13시 32분

양력	1	2	3	4	5	6	7	8	9	10	11	12	13	14	15	16	17	18	19	20	21	22	23	24	25	26	27	28
요일	월	화	수	목	금	토	일	월	화	수	목	금	토	일	월	화	수	목	금	토	일	월	화	수	목	금	토	일
일진	戊	己	庚	辛	壬	癸	甲	乙	丙	丁	戊	己	庚	辛	壬	癸	甲	乙	丙	丁	戊	己	庚	辛	壬	癸	甲	乙
日辰	子	丑	寅	卯	辰	巳	午	未	申	酉	戌	亥	子	丑	寅	卯	辰	巳	午	未	申	酉	戌	亥	子	丑	寅	卯
음력	28	29	30	1/1	2	3	4	5	6	7	8	9	10	11	12	13	14	15	16	17	18	19	20	21	22	23	24	25
대남	9	9	9	입	1	1	1	1	2	2	2	3	3	3	4	4	4	5	우	5	5	6	6	6	7	7	7	8
운여	1	1	1	춘	9	9	9	8	8	8	7	7	7	6	6	6	5	5	수	5	4	4	4	3	3	3	2	2

甲午年

3월

경칩 6일 11시 49분 【음2월】→　음 2 【丁卯月(정묘월)】　춘분 21일 12시 53분

양력	1	2	3	4	5	6	7	8	9	10	11	12	13	14	15	16	17	18	19	20	21	22	23	24	25	26	27	28	29	30	31
요일	월	화	수	목	금	토	일	월	화	수	목	금	토	일	월	화	수	목	금	토	일	월	화	수	목	금	토	일	월	화	수
일진	丙	丁	戊	己	庚	辛	壬	癸	甲	乙	丙	丁	戊	己	庚	辛	壬	癸	甲	乙	丙	丁	戊	己	庚	辛	壬	癸	甲	乙	丙
日辰	辰	巳	午	未	申	酉	戌	亥	子	丑	寅	卯	辰	巳	午	未	申	酉	戌	亥	子	丑	寅	卯	辰	巳	午	未	申	酉	戌
음력	26	27	28	29	2/1	2	3	4	5	6	7	8	9	10	11	12	13	14	15	16	17	18	19	20	21	22	23	24	25	26	27
대남	2	1	1	1	1	경	10	10	9	9	9	8	8	8	7	7	7	6	6	6	춘	5	5	4	4	4	3	3	3	2	2
운여	8	9	9	9	10	칩	1	1	1	1	2	2	2	3	3	3	4	4	4	5	분	5	5	6	6	6	7	7	7	8	8

4월

청명 5일 16시 59분 【음3월】→　음 3 【戊辰月(무진월)】　곡우 21일 00시 20분

양력	1	2	3	4	5	6	7	8	9	10	11	12	13	14	15	16	17	18	19	20	21	22	23	24	25	26	27	28	29	30
요일	목	금	토	일	월	화	수	목	금	토	일	월	화	수	목	금	토	일	월	화	수	목	금	토	일	월	화	수	목	금
일진	丁	戊	己	庚	辛	壬	癸	甲	乙	丙	丁	戊	己	庚	辛	壬	癸	甲	乙	丙	丁	戊	己	庚	辛	壬	癸	甲	乙	丙
日辰	亥	子	丑	寅	卯	辰	巳	午	未	申	酉	戌	亥	子	丑	寅	卯	辰	巳	午	未	申	酉	戌	亥	子	丑	寅	卯	辰
음력	28	29	3/1	2	3	4	5	6	7	8	9	10	11	12	13	14	15	16	17	18	19	20	21	22	23	24	25	26	27	28
대남	1	1	1	1	청	10	10	10	9	9	9	8	8	8	7	7	7	6	6	6	곡	5	5	4	4	4	3	3	3	2
운여	9	9	9	10	명	1	1	1	2	2	2	3	3	3	4	4	4	5	5	5	우	6	6	6	7	7	7	8	8	8

5월

입하 6일 10시 38분 【음4월】→　음 4 【己巳月(기사월)】　소만 21일 23시 47분

양력	1	2	3	4	5	6	7	8	9	10	11	12	13	14	15	16	17	18	19	20	21	22	23	24	25	26	27	28	29	30	31
요일	토	일	월	화	수	목	금	토	일	월	화	수	목	금	토	일	월	화	수	목	금	토	일	월	화	수	목	금	토	일	월
일진	丁	戊	己	庚	辛	壬	癸	甲	乙	丙	丁	戊	己	庚	辛	壬	癸	甲	乙	丙	丁	戊	己	庚	辛	壬	癸	甲	乙	丙	丁
日辰	巳	午	未	申	酉	戌	亥	子	丑	寅	卯	辰	巳	午	未	申	酉	戌	亥	子	丑	寅	卯	辰	巳	午	未	申	酉	戌	亥
음력	29	30	4/1	2	3	4	5	6	7	8	9	10	11	12	13	14	15	16	17	18	19	20	21	22	23	24	25	26	27	28	29
대남	2	1	1	1	1	입	10	10	10	9	9	9	8	8	8	7	7	7	6	6	소	6	5	5	5	4	4	4	3	3	2
운여	9	9	9	10	10	하	1	1	1	2	2	2	3	3	3	4	4	4	5	5	만	5	6	6	6	7	7	7	8	8	8

6월

망종 6일 15시 01분 【음5월】→　음 5 【庚午月(경오월)】　하지 22일 07시 54분

양력	1	2	3	4	5	6	7	8	9	10	11	12	13	14	15	16	17	18	19	20	21	22	23	24	25	26	27	28	29	30
요일	화	수	목	금	토	일	월	화	수	목	금	토	일	월	화	수	목	금	토	일	월	화	수	목	금	토	일	월	화	수
일진	戊	己	庚	辛	壬	癸	甲	乙	丙	丁	戊	己	庚	辛	壬	癸	甲	乙	丙	丁	戊	己	庚	辛	壬	癸	甲	乙	丙	丁
日辰	子	丑	寅	卯	辰	巳	午	未	申	酉	戌	亥	子	丑	寅	卯	辰	巳	午	未	申	酉	戌	亥	子	丑	寅	卯	辰	巳
음력	5/1	2	3	4	5	6	7	8	9	10	11	12	13	14	15	16	17	18	19	20	21	22	23	24	25	26	27	28	29	6/1
대남	2	1	1	1	1	망	10	10	10	9	9	9	8	8	8	7	7	7	6	6	6	하	5	5	5	4	4	4	3	3
운여	9	9	9	10	10	종	1	1	1	2	2	2	3	3	3	4	4	5	5	5	5	지	6	6	6	7	7	7	8	8

한식(4월06일), 초복(7월13일), 중복(7월23일), 말복(8월12일)

♠춘사(春社)3/23 ☀추사(秋社)9/19

토왕지절(土旺之節):4월17일,7월20일,10월21일,1월18일(신년양력),양력)

1954
甲午年

소서 8일 01시 19분　【음6월】 → 음 6 【辛未月(신미월)】　　대서 23일 18시 45분

양력 7	양력	1	2	3	4	5	6	7	8	9	10	11	12	13	14	15	16	17	18	19	20	21	22	23	24	25	26	27	28	29	30	31
	요일	목	금	토	일	월	화	수	목	금	토	일	월	화	수	목	금	토	일	월	화	수	목	금	토	일	월	화	수	목	금	토
	일진	戊	己	庚	辛	壬	癸	甲	乙	丙	丁	戊	己	庚	辛	壬	癸	甲	乙	丙	丁	戊	己	庚	辛	壬	癸	甲	乙	丙	丁	戊
06/02 07/02	日辰	午	未	申	酉	戌	亥	子	丑	寅	卯	辰	巳	午	未	申	酉	戌	亥	子	丑	寅	卯	辰	巳	午	未	申	酉	戌	亥	子
음력	음력	2	3	4	5	6	7	8	9	10	11	12	13	14	15	16	17	18	19	20	21	22	23	24	25	26	27	28	29	30	7/1	2
	대남	2	2	2	1	1	1	소	10	10	9	9	9	8	8	8	7	7	7	6	6	6	대	5	5	4	4	4	3	3	3	2
	운여	8	9	9	9	10	10	서	1	1	1	1	2	2	2	3	3	3	4	4	4	5	서	5	6	6	6	7	7	7	8	8

입추 8일 10시 59분　【음7월】 → 음 7 【壬申月(임신월)】　　처서 24일 01시 36분

양력 8	양력	1	2	3	4	5	6	7	8	9	10	11	12	13	14	15	16	17	18	19	20	21	22	23	24	25	26	27	28	29	30	31
	요일	일	월	화	수	목	금	토	일	월	화	수	목	금	토	일	월	화	수	목	금	토	일	월	화	수	목	금	토	일	월	화
	일진	己	庚	辛	壬	癸	甲	乙	丙	丁	戊	己	庚	辛	壬	癸	甲	乙	丙	丁	戊	己	庚	辛	壬	癸	甲	乙	丙	丁	戊	己
07/03 08/04	日辰	丑	寅	卯	辰	巳	午	未	申	酉	戌	亥	子	丑	寅	卯	辰	巳	午	未	申	酉	戌	亥	子	丑	寅	卯	辰	巳	午	未
음력	음력	3	4	5	6	7	8	9	10	11	12	13	14	15	16	17	18	19	20	21	22	23	24	25	26	27	28	29	8/1	2	3	4
	대남	2	2	2	1	1	1	입	10	10	9	9	9	8	8	8	7	7	7	6	6	6	5	처	5	4	4	4	3	3	3	2
	운여	8	9	9	9	10	10	추	1	1	1	1	2	2	2	3	3	3	4	4	4	5	5	서	6	6	6	7	7	7	8	8

백로 8일 13시 38분　【음8월】 → 음 8 【癸酉月(계유월)】　　추분 23일 22시 55분

양력 9	양력	1	2	3	4	5	6	7	8	9	10	11	12	13	14	15	16	17	18	19	20	21	22	23	24	25	26	27	28	29	30	
	요일	수	목	금	토	일	월	화	수	목	금	토	일	월	화	수	목	금	토	일	월	화	수	목	금	토	일	월	화	수	목	
	일진	庚	辛	壬	癸	甲	乙	丙	丁	戊	己	庚	辛	壬	癸	甲	乙	丙	丁	戊	己	庚	辛	壬	癸	甲	乙	丙	丁	戊	己	
08/05 09/04	日辰	申	酉	戌	亥	子	丑	寅	卯	辰	巳	午	未	申	酉	戌	亥	子	丑	寅	卯	辰	巳	午	未	申	酉	戌	亥	子	丑	
음력	음력	5	6	7	8	9	10	11	12	13	14	15	16	17	18	19	20	21	22	23	24	25	26	27	28	29	30	9/1	2	3	4	
	대남	2	2	2	1	1	1	백	10	10	9	9	9	8	8	8	7	7	7	6	6	6	추	5	5	4	4	4	3	3	3	
	운여	2	1	1	1	1	백	로	10	10	9	8	8	8	7	7	7	6	6	6	5	추	분	5	4	4	4	3	3	3	2	

한로 9일 04시 57분　【음9월】 → 음 9 【甲戌月(갑술월)】　　상강 24일 07시 56분

양력 10	양력	1	2	3	4	5	6	7	8	9	10	11	12	13	14	15	16	17	18	19	20	21	22	23	24	25	26	27	28	29	30	31
	요일	금	토	일	월	화	수	목	금	토	일	월	화	수	목	금	토	일	월	화	수	목	금	토	일	월	화	수	목	금	토	일
	일진	庚	辛	壬	癸	甲	乙	丙	丁	戊	己	庚	辛	壬	癸	甲	乙	丙	丁	戊	己	庚	辛	壬	癸	甲	乙	丙	丁	戊	己	庚
09/05 10/05	日辰	寅	卯	辰	巳	午	未	申	酉	戌	亥	子	丑	寅	卯	辰	巳	午	未	申	酉	戌	亥	子	丑	寅	卯	辰	巳	午	未	申
음력	음력	5	6	7	8	9	10	11	12	13	14	15	16	17	18	19	20	21	22	23	24	25	26	27	28	29	30	10/1	2	3	4	5
	대남	3	2	2	2	1	1	1	한	10	9	9	9	8	8	8	7	7	7	6	6	6	5	상	5	4	4	4	3	3	3	2
	운여	8	8	8	9	9	9	10	로	1	1	1	1	2	2	2	3	3	3	4	4	4	5	강	5	6	6	6	7	7	7	7

입동 8일 07시 51분　【음10월】 → 음 10 【乙亥月(을해월)】　　소설 23일 05시 14분

양력 11	양력	1	2	3	4	5	6	7	8	9	10	11	12	13	14	15	16	17	18	19	20	21	22	23	24	25	26	27	28	29	30	
	요일	월	화	수	목	금	토	일	월	화	수	목	금	토	일	월	화	수	목	금	토	일	월	화	수	목	금	토	일	월	화	
	일진	辛	壬	癸	甲	乙	丙	丁	戊	己	庚	辛	壬	癸	甲	乙	丙	丁	戊	己	庚	辛	壬	癸	甲	乙	丙	丁	戊	己	庚	
10/06 11/06	日辰	酉	戌	亥	子	丑	寅	卯	辰	巳	午	未	申	酉	戌	亥	子	丑	寅	卯	辰	巳	午	未	申	酉	戌	亥	子	丑	寅	
음력	음력	6	7	8	9	10	11	12	13	14	15	16	17	18	19	20	21	22	23	24	25	26	27	28	11/1	2	3	4	5	6	7	
	대남	2	2	1	1	1	1	입	10	9	9	9	8	8	8	7	7	7	6	6	6	5	소	5	4	4	4	3	3	3	2	
	운여	8	8	9	9	9	10	동	1	1	1	1	2	2	2	3	3	3	4	4	4	5	설	5	6	6	6	7	7	7	8	

대설 8일 00시 29분　【음11월】 → 음 11 【丙子月(병자월)】　　동지 22일 18시 24분

양력 12	양력	1	2	3	4	5	6	7	8	9	10	11	12	13	14	15	16	17	18	19	20	21	22	23	24	25	26	27	28	29	30	31
	요일	수	목	금	토	일	월	화	수	목	금	토	일	월	화	수	목	금	토	일	월	화	수	목	금	토	일	월	화	수	목	금
	일진	辛	壬	癸	甲	乙	丙	丁	戊	己	庚	辛	壬	癸	甲	乙	丙	丁	戊	己	庚	辛	壬	癸	甲	乙	丙	丁	戊	己	庚	辛
11/07 12/07	日辰	卯	辰	巳	午	未	申	酉	戌	亥	子	丑	寅	卯	辰	巳	午	未	申	酉	戌	亥	子	丑	寅	卯	辰	巳	午	未	申	酉
음력	음력	7	8	9	10	11	12	13	14	15	16	17	18	19	20	21	22	23	24	25	26	27	28	29	30	12/1	2	3	4	5	6	7
	대남	2	2	1	1	1	1	대	9	9	9	8	8	8	7	7	7	6	6	6	5	동	5	4	4	4	3	3	3	2	2	2
	운여	8	8	9	9	9	10	설	1	1	1	1	2	2	2	3	3	3	4	4	4	지	5	5	5	6	6	6	7	7	7	8

乙未(을미)년　납음(砂中金),본명성(九紫火)

대장군(卯동방), 삼살(酉서방), 상문(酉서방),조객(巳동남방), 납음(사중금);
【삼재(사,오,미)년】 臘享(납향):1956년1월18일(음12/06)

1月

소한 6일 11시 36분　【음12월】 →　음 12 【丁丑月(정축월)】　대한 21일 05시 02분

양력	1	2	3	4	5	6	7	8	9	10	11	12	13	14	15	16	17	18	19	20	21	22	23	24	25	26	27	28	29	30	31
요일	토	일	월	화	수	목	금	토	일	월	화	수	목	금	토	일	월	화	수	목	금	토	일	월	화	수	목	금	토	일	월
일진	壬	癸	甲	乙	丙	丁	戊	己	庚	辛	壬	癸	甲	乙	丙	丁	戊	己	庚	辛	壬	癸	甲	乙	丙	丁	戊	己	庚	辛	壬
日辰	戌	亥	子	丑	寅	卯	辰	巳	午	未	申	酉	戌	亥	子	丑	寅	卯	辰	巳	午	未	申	酉	戌	亥	子	丑	寅	卯	辰
음력	8	9	10	11	12	13	14	15	16	17	18	19	20	21	22	23	24	25	26	27	28	29	30	1/1	2	3	4	5	6	7	8
대남	2	1	1	1	1	소	9	9	9	8	8	8	7	7	7	6	6	6	5	5	대	5	4	4	4	3	3	3	2	2	1
운여	8	9	9	9	10	한	1	1	1	1	2	2	2	3	3	3	4	4	4	5	한	5	6	6	6	7	7	7	8	8	8

음력 12/08 ~ 01/08

2月

입춘 4일 23시 18분　【음1월】 →　음 1 【戊寅月(무인월)】　우수 19일 19시 19분

양력	1	2	3	4	5	6	7	8	9	10	11	12	13	14	15	16	17	18	19	20	21	22	23	24	25	26	27	28
요일	화	수	목	금	토	일	월	화	수	목	금	토	일	월	화	수	목	금	토	일	월	화	수	목	금	토	일	월
일진	癸	甲	乙	丙	丁	戊	己	庚	辛	壬	癸	甲	乙	丙	丁	戊	己	庚	辛	壬	癸	甲	乙	丙	丁	戊	己	庚
日辰	巳	午	未	申	酉	戌	亥	子	丑	寅	卯	辰	巳	午	未	申	酉	戌	亥	子	丑	寅	卯	辰	巳	午	未	申
음력	9	10	11	12	13	14	15	16	17	18	19	20	21	22	23	24	25	26	27	28	29	30	2/1	2	3	4	5	6
대남	1	1	1	입	1	1	1	2	2	2	3	3	3	4	4	4	5	우	5	6	6	6	7	7	7	8	8	8
운여	9	9	9	춘	10	9	9	9	8	8	8	7	7	7	6	6	6	수	5	5	4	4	4	3	3	3	2	2

음력 01/09 ~ 02/06

乙未年

3月

경칩 6일 17시 31분　【음2월】 →　음 2 【己卯月(기묘월)】　춘분 21일 18시 35분

양력	1	2	3	4	5	6	7	8	9	10	11	12	13	14	15	16	17	18	19	20	21	22	23	24	25	26	27	28	29	30	31
요일	화	수	목	금	토	일	월	화	수	목	금	토	일	월	화	수	목	금	토	일	월	화	수	목	금	토	일	월	화	수	목
일진	辛	壬	癸	甲	乙	丙	丁	戊	己	庚	辛	壬	癸	甲	乙	丙	丁	戊	己	庚	辛	壬	癸	甲	乙	丙	丁	戊	己	庚	辛
日辰	酉	戌	亥	子	丑	寅	卯	辰	巳	午	未	申	酉	戌	亥	子	丑	寅	卯	辰	巳	午	未	申	酉	戌	亥	子	丑	寅	卯
음력	7	8	9	10	11	12	13	14	15	16	17	18	19	20	21	22	23	24	25	26	27	28	29	3/1	2	3	4	5	6	7	8
대남	8	9	9	9	10	경	1	1	1	1	2	2	2	3	3	3	4	4	4	춘	5	5	5	6	6	6	7	7	7	8	8
운여	2	1	1	1	1	칩	10	10	9	9	9	8	8	8	7	7	7	6	6	분	5	4	4	4	3	3	3	2	2	2	1

음력 02/07 ~ 03/08

4月

청명 5일 22시 39분　【음3월】 →　음 3 【庚辰月(경진월)】　윤 3　곡우 21일 05시 28분

양력	1	2	3	4	5	6	7	8	9	10	11	12	13	14	15	16	17	18	19	20	21	22	23	24	25	26	27	28	29	30
요일	금	토	일	월	화	수	목	금	토	일	월	화	수	목	금	토	일	월	화	수	목	금	토	일	월	화	수	목	금	토
일진	壬	癸	甲	乙	丙	丁	戊	己	庚	辛	壬	癸	甲	乙	丙	丁	戊	己	庚	辛	壬	癸	甲	乙	丙	丁	戊	己	庚	辛
日辰	辰	巳	午	未	申	酉	戌	亥	子	丑	寅	卯	辰	巳	午	未	申	酉	戌	亥	子	丑	寅	卯	辰	巳	午	未	申	酉
음력	9	10	11	12	13	14	15	16	17	18	19	20	21	22	23	24	25	26	27	28	29	윤3	2	3	4	5	6	7	8	9
대남	8	9	9	9	10	청	1	1	1	1	2	2	2	3	3	3	4	4	4	곡	5	5	6	6	6	7	7	7	8	8
운여	2	1	1	1	1	명	10	10	10	9	9	9	8	8	8	7	7	7	6	우	6	5	5	4	4	4	3	3	2	2

음력 03/09 ~ 윤309

5月

입하 6일 17시 18분　【음4월】 →　음 4 【辛巳月(신사월)】　소만 22일 06시 24분

양력	1	2	3	4	5	6	7	8	9	10	11	12	13	14	15	16	17	18	19	20	21	22	23	24	25	26	27	28	29	30	31
요일	일	월	화	수	목	금	토	일	월	화	수	목	금	토	일	월	화	수	목	금	토	일	월	화	수	목	금	토	일	월	화
일진	壬	癸	甲	乙	丙	丁	戊	己	庚	辛	壬	癸	甲	乙	丙	丁	戊	己	庚	辛	壬	癸	甲	乙	丙	丁	戊	己	庚	辛	壬
日辰	戌	亥	子	丑	寅	卯	辰	巳	午	未	申	酉	戌	亥	子	丑	寅	卯	辰	巳	午	未	申	酉	戌	亥	子	丑	寅	卯	辰
음력	10	11	12	13	14	15	16	17	18	19	20	21	22	23	24	25	26	27	28	29	30	4/1	2	3	4	5	6	7	8	9	10
대남	8	9	9	9	10	입	1	1	1	1	2	2	2	3	3	3	4	4	4	5	소	5	6	6	6	7	7	7	8	8	8
운여	2	1	1	1	1	하	10	9	9	9	8	8	8	7	7	7	6	6	6	5	만	5	4	4	4	3	3	3	2	2	2

음력 윤310 ~ 04/10

6月

망종 6일 21시 43분　【음5월】 →　음 5 【壬午月(임오월)】　하지 22일 14시 31분

양력	1	2	3	4	5	6	7	8	9	10	11	12	13	14	15	16	17	18	19	20	21	22	23	24	25	26	27	28	29	30
요일	수	목	금	토	일	월	화	수	목	금	토	일	월	화	수	목	금	토	일	월	화	수	목	금	토	일	월	화	수	목
일진	癸	甲	乙	丙	丁	戊	己	庚	辛	壬	癸	甲	乙	丙	丁	戊	己	庚	辛	壬	癸	甲	乙	丙	丁	戊	己	庚	辛	壬
日辰	巳	午	未	申	酉	戌	亥	子	丑	寅	卯	辰	巳	午	未	申	酉	戌	亥	子	丑	寅	卯	辰	巳	午	未	申	酉	戌
음력	11	12	13	14	15	16	17	18	19	20	21	22	23	24	25	26	27	28	29	5/1	2	3	4	5	6	7	8	9	10	11
대남	8	9	9	9	10	망	1	1	1	1	2	2	2	3	3	3	4	4	4	5	하	5	6	6	6	7	7	7	8	8
운여	2	1	1	1	1	종	10	10	10	9	9	9	8	8	8	7	7	7	6	6	지	5	5	4	4	4	3	3	3	

음력 04/11 ~ 05/11

한식(4월06일), 초복(7월18일), 중복(7월28일), 말복(8월17일)
↟춘사(春社)3/18 ☀추사(秋社)9/24
토왕지절(土旺之節):4월18일,7월20일,10월21일,1월17일(신년양력)

서머타임 시작 5월5일 00시→01시로 조정
종료 9월09일 01시→00시로 조정
수정한 시간으로 표기(동경표준시 사용)

소서 8일 08시 06분　　【음6월】 →　음 6 【癸未月(계미월)】　　　　대서 24일 01시 25분

양력 7	양력	1	2	3	4	5	6	7	8	9	10	11	12	13	14	15	16	17	18	19	20	21	22	23	24	25	26	27	28	29	30	31
	요일	금	토	일	월	화	수	목	금	토	일	월	화	수	목	금	토	일	월	화	수	목	금	토	일	월	화	수	목	금	토	일
	일진 日辰	癸亥	甲子	乙丑	丙寅	丁卯	戊辰	己巳	庚午	辛未	壬申	癸酉	甲戌	乙亥	丙子	丁丑	戊寅	己卯	庚辰	辛巳	壬午	癸未	甲申	乙酉	丙戌	丁亥	戊子	己丑	庚寅	辛卯	壬辰	癸巳
음력 05/12 06/13	음력	12	13	14	15	16	17	18	19	20	21	22	23	24	25	26	27	28	29	6/1	2	3	4	5	6	7	8	9	10	11	12	13
	대남	8	9	9	9	10	10	10	소서	1	1	1	1	2	2	2	3	3	3	4	4	4	5	5	대서	5	4	4	4	3	3	3
	운여	2	2	2	1	1	1	1	서	10	9	9	9	8	8	8	7	7	7	6	6	6	5	5	서	5	4	4	4	3	3	3

입추 8일 17시 50분　　【음7월】 →　음 7 【甲申月(갑신월)】　　　　처서 24일 08시 19분

양력 8	양력	1	2	3	4	5	6	7	8	9	10	11	12	13	14	15	16	17	18	19	20	21	22	23	24	25	26	27	28	29	30	31
	요일	월	화	수	목	금	토	일	월	화	수	목	금	토	일	월	화	수	목	금	토	일	월	화	수	목	금	토	일	월	화	수
	일진 日辰	甲午	乙未	丙申	丁酉	戊戌	己亥	庚子	辛丑	壬寅	癸卯	甲辰	乙巳	丙午	丁未	戊申	己酉	庚戌	辛亥	壬子	癸丑	甲寅	乙卯	丙辰	丁巳	戊午	己未	庚申	辛酉	壬戌	癸亥	甲子
음력 06/14 07/14	음력	14	15	16	17	18	19	20	21	22	23	24	25	26	27	28	29	30	7/1	2	3	4	5	6	7	8	9	10	11	12	13	14
	대남	8	8	9	9	9	10	10	입추	1	1	1	1	2	2	2	3	3	3	4	4	4	5	5	처서	5	6	6	6	7	7	7
	운여	2	2	2	1	1	1	1	추	10	10	9	9	9	8	8	8	7	7	7	6	6	6	5	서	5	4	4	4	3	3	3

백로 8일 20시 32분　　【음8월】 →　음 8 【乙酉月(을유월)】　　　　추분 24일 04시 41분

양력 9	양력	1	2	3	4	5	6	7	8	9	10	11	12	13	14	15	16	17	18	19	20	21	22	23	24	25	26	27	28	29	30
	요일	목	금	토	일	월	화	수	목	금	토	일	월	화	수	목	금	토	일	월	화	수	목	금	토	일	월	화	수	목	금
	일진 日辰	乙丑	丙寅	丁卯	戊辰	己巳	庚午	辛未	壬申	癸酉	甲戌	乙亥	丙子	丁丑	戊寅	己卯	庚辰	辛巳	壬午	癸未	甲申	乙酉	丙戌	丁亥	戊子	己丑	庚寅	辛卯	壬辰	癸巳	甲午
음력 07/15 08/15	음력	15	16	17	18	19	20	21	22	23	24	25	26	27	28	29	8/1	2	3	4	5	6	7	8	9	10	11	12	13	14	15
	대남	8	8	8	9	9	9	10	10	백로	1	1	1	1	2	2	2	3	3	3	4	4	4	5	추분	5	6	6	6	7	7
	운여	2	2	2	1	1	1	1	1	로	10	10	9	9	9	8	8	8	7	7	7	6	6	6	분	5	5	4	4	4	3

한로 9일 10시 52분　　【음9월】 →　음 9 【丙戌月(병술월)】　　　　상강 24일 13시 43분

양력 10	양력	1	2	3	4	5	6	7	8	9	10	11	12	13	14	15	16	17	18	19	20	21	22	23	24	25	26	27	28	29	30	31
	요일	토	일	월	화	수	목	금	토	일	월	화	수	목	금	토	일	월	화	수	목	금	토	일	월	화	수	목	금	토	일	월
	일진 日辰	乙未	丙申	丁酉	戊戌	己亥	庚子	辛丑	壬寅	癸卯	甲辰	乙巳	丙午	丁未	戊申	己酉	庚戌	辛亥	壬子	癸丑	甲寅	乙卯	丙辰	丁巳	戊午	己未	庚申	辛酉	壬戌	癸亥	甲子	乙丑
음력 08/16 09/16	음력	16	17	18	19	20	21	22	23	24	25	26	27	28	29	30	9/1	2	3	4	5	6	7	8	9	10	11	12	13	14	15	16
	대남	8	8	8	9	9	9	10	10	한로	1	1	1	1	2	2	2	3	3	3	4	4	4	5	상강	5	6	6	6	7	7	7
	운여	3	2	2	2	1	1	1	1	로	10	9	9	9	8	8	8	7	7	7	6	6	6	5	강	5	4	4	4	3	3	3

입동 8일 3시 45분　　【음10월】 →　음 10 【丁亥月(정해월)】　　　　소설 23일 11시 01분

양력 11	양력	1	2	3	4	5	6	7	8	9	10	11	12	13	14	15	16	17	18	19	20	21	22	23	24	25	26	27	28	29	30
	요일	화	수	목	금	토	일	월	화	수	목	금	토	일	월	화	수	목	금	토	일	월	화	수	목	금	토	일	월	화	수
	일진 日辰	丙寅	丁卯	戊辰	己巳	庚午	辛未	壬申	癸酉	甲戌	乙亥	丙子	丁丑	戊寅	己卯	庚辰	辛巳	壬午	癸未	甲申	乙酉	丙戌	丁亥	戊子	己丑	庚寅	辛卯	壬辰	癸巳	甲午	乙未
음력 09/17 10/17	음력	17	18	19	20	21	22	23	24	25	26	27	28	29	10/1	2	3	4	5	6	7	8	9	10	11	12	13	14	15	16	17
	대남	8	8	8	9	9	9	10	입동	1	1	1	1	2	2	2	3	3	3	4	4	4	5	소설	5	6	6	6	7	7	7
	운여	2	2	2	1	1	1	1	동	10	9	9	9	8	8	8	7	7	7	6	6	6	5	설	5	4	4	4	3	3	3

대설 8일 06시 23분　　【음11월】 →　음 11 【戊子月(무자월)】　　　　동지 23일 00시 11분

양력 12	양력	1	2	3	4	5	6	7	8	9	10	11	12	13	14	15	16	17	18	19	20	21	22	23	24	25	26	27	28	29	30	31
	요일	목	금	토	일	월	화	수	목	금	토	일	월	화	수	목	금	토	일	월	화	수	목	금	토	일	월	화	수	목	금	토
	일진 日辰	丙申	丁酉	戊戌	己亥	庚子	辛丑	壬寅	癸卯	甲辰	乙巳	丙午	丁未	戊申	己酉	庚戌	辛亥	壬子	癸丑	甲寅	乙卯	丙辰	丁巳	戊午	己未	庚申	辛酉	壬戌	癸亥	甲子	乙丑	丙寅
음력 10/18 11/18	음력	18	19	20	21	22	23	24	25	26	27	28	29	30	11/1	2	3	4	5	6	7	8	9	10	11	12	13	14	15	16	17	18
	대남	8	8	9	9	9	10	대설	1	1	1	1	2	2	2	3	3	3	4	4	4	5	동지	5	6	6	6	7	7	7	8	8
	운여	2	2	2	1	1	1	설	9	9	9	8	8	8	7	7	7	6	6	6	5	5	지	5	4	4	4	3	3	3	2	2

丙申(병신)년　납음(山下火), 본명성(八白土)

대장군(午남방), 삼살(남방), 상문(戌서북방), 조객(午남방),납음(산하화), 삼재(인,묘,진)　臘享(납향):1957년1월23일(음12/23)

소한 6일 17시 30분　【음12월】 →　음 12 【己丑月(기축월)】　대한 21일 10시 48분

양력	1	2	3	4	5	6	7	8	9	10	11	12	13	14	15	16	17	18	19	20	21	22	23	24	25	26	27	28	29	30	31
요일	일	월	화	수	목	금	토	일	월	화	수	목	금	토	일	월	화	수	목	금	토	일	월	화	수	목	금	토	일	월	화
일진	丁	戊	己	庚	辛	壬	癸	甲	乙	丙	丁	戊	己	庚	辛	壬	癸	甲	乙	丙	丁	戊	己	庚	辛	壬	癸	甲	乙	丙	丁
日辰	卯	辰	巳	午	未	申	酉	戌	亥	子	丑	寅	卯	辰	巳	午	未	申	酉	戌	亥	子	丑	寅	卯	辰	巳	午	未	申	酉
음력	19	20	21	22	23	24	25	26	27	28	29	30	12/1	2	3	4	5	6	7	8	9	10	11	12	13	14	15	16	17	18	19
대남	8	8	9	9	9	소한	1	1	1	1	2	2	2	3	3	3	4	4	4	5	대한	5	6	6	6	7	7	7	8	8	8
운여	2	1	1	1	1	한	10	9	9	9	8	8	8	7	7	7	6	6	6	5	한	5	4	4	4	3	3	3	2	2	2

입춘 5일 05시 12분　【음1월】 →　음 1 【庚寅月(경인월)】　우수 20일 01시 05분

양력	1	2	3	4	5	6	7	8	9	10	11	12	13	14	15	16	17	18	19	20	21	22	23	24	25	26	27	28	29	丙
요일	수	목	금	토	일	월	화	수	목	금	토	일	월	화	수	목	금	토	일	월	화	수	목	금	토	일	월	화	수	申
일진	戊	己	庚	辛	壬	癸	甲	乙	丙	丁	戊	己	庚	辛	壬	癸	甲	乙	丙	丁	戊	己	庚	辛	壬	癸	甲	乙	丙	年
日辰	戌	亥	子	丑	寅	卯	辰	巳	午	未	申	酉	戌	亥	子	丑	寅	卯	辰	巳	午	未	申	酉	戌	亥	子	丑	寅	
음력	20	21	22	23	24	25	26	27	28	29	30	1/1	2	3	4	5	6	7	8	9	10	11	12	13	14	15	16	17	18	
대남	9	9	9	10	입춘	1	1	1	1	2	2	2	3	3	3	4	4	4	5	우수	5	6	6	6	7	7	7	8	8	
운여	1	1	1	1	춘	1	1	1	2	2	2	3	3	3	4	4	4	5	5	우	5	6	6	6	7	7	7	8	8	

경칩 5일 23시 24분　【음2월】 →　음 2 【辛卯月(신묘월)】　춘분 21일 00시 20분

양력	1	2	3	4	5	6	7	8	9	10	11	12	13	14	15	16	17	18	19	20	21	22	23	24	25	26	27	28	29	30	31
요일	목	금	토	일	월	화	수	목	금	토	일	월	화	수	목	금	토	일	월	화	수	목	금	토	일	월	화	수	목	금	토
일진	丁	戊	己	庚	辛	壬	癸	甲	乙	丙	丁	戊	己	庚	辛	壬	癸	甲	乙	丙	丁	戊	己	庚	辛	壬	癸	甲	乙	丙	丁
日辰	卯	辰	巳	午	未	申	酉	戌	亥	子	丑	寅	卯	辰	巳	午	未	申	酉	戌	亥	子	丑	寅	卯	辰	巳	午	未	申	酉
음력	19	20	21	22	23	24	25	26	27	28	29	2/1	2	3	4	5	6	7	8	9	10	11	12	13	14	15	16	17	18	19	20
대남	1	1	1	1	경칩	10	10	9	9	9	8	8	8	7	7	7	6	6	6	5	춘분	5	4	4	4	3	3	3	2	2	2
운여	8	9	9	9	칩	1	1	1	1	2	2	2	3	3	3	4	4	4	5	5	분	6	6	6	7	7	7	8	8	8	9

청명 5일 04시 31분　【음3월】 →　음 3 【壬辰月(임진월)】　곡우 20일 11시 43분

양력	1	2	3	4	5	6	7	8	9	10	11	12	13	14	15	16	17	18	19	20	21	22	23	24	25	26	27	28	29	30
요일	일	월	화	수	목	금	토	일	월	화	수	목	금	토	일	월	화	수	목	금	토	일	월	화	수	목	금	토	일	월
일진	戊	己	庚	辛	壬	癸	甲	乙	丙	丁	戊	己	庚	辛	壬	癸	甲	乙	丙	丁	戊	己	庚	辛	壬	癸	甲	乙	丙	丁
日辰	戌	亥	子	丑	寅	卯	辰	巳	午	未	申	酉	戌	亥	子	丑	寅	卯	辰	巳	午	未	申	酉	戌	亥	子	丑	寅	卯
음력	21	22	23	24	25	26	27	28	29	30	3/1	2	3	4	5	6	7	8	9	10	11	12	13	14	15	16	17	18	19	20
대남	1	1	1	1	청명	10	10	9	9	9	8	8	8	7	7	7	6	6	6	곡우	5	4	4	4	3	3	3	2	2	2
운여	9	9	10	10	명	1	1	1	1	2	2	2	3	3	3	4	4	4	5	우	5	6	6	6	7	7	7	8	8	8

입하 5일 22시 10분　【음4월】 →　음 4 【癸巳月(계사월)】　소만 21일 12시 13분

양력	1	2	3	4	5	6	7	8	9	10	11	12	13	14	15	16	17	18	19	20	21	22	23	24	25	26	27	28	29	30	31
요일	화	수	목	금	토	일	월	화	수	목	금	토	일	월	화	수	목	금	토	일	월	화	수	목	금	토	일	월	화	수	도
일진	戊	己	庚	辛	壬	癸	甲	乙	丙	丁	戊	己	庚	辛	壬	癸	甲	乙	丙	丁	戊	己	庚	辛	壬	癸	甲	乙	丙	丁	戊
日辰	辰	巳	午	未	申	酉	戌	亥	子	丑	寅	卯	辰	巳	午	未	申	酉	戌	亥	子	丑	寅	卯	辰	巳	午	未	申	酉	戌
음력	21	22	23	24	25	26	27	28	29	4/1	2	3	4	5	6	7	8	9	10	11	12	13	14	15	16	17	18	19	20	21	22
대남	1	1	1	1	입하	10	10	10	9	9	9	8	8	8	7	7	6	6	6	소만	5	5	4	4	4	3	3	3	2	2	2
운여	9	9	9	10	하	1	1	1	1	2	2	2	3	3	3	4	4	5	5	만	6	6	6	7	7	7	8	8	8

망종 6일 03시 36분　【음5월】 →　음 5 【甲午月(갑오월)】　하지 21일 20시 24분

양력	1	2	3	4	5	6	7	8	9	10	11	12	13	14	15	16	17	18	19	20	21	22	23	24	25	26	27	28	29	30
요일	금	토	일	월	화	수	목	금	토	일	월	화	수	목	금	토	일	월	화	수	목	금	토	일	월	화	수	목	금	토
일진	己	庚	辛	壬	癸	甲	乙	丙	丁	戊	己	庚	辛	壬	癸	甲	乙	丙	丁	戊	己	庚	辛	壬	癸	甲	乙	丙	丁	戊
日辰	亥	子	丑	寅	卯	辰	巳	午	未	申	酉	戌	亥	子	丑	寅	卯	辰	巳	午	未	申	酉	戌	亥	子	丑	寅	卯	辰
음력	23	24	25	26	27	28	29	30	5/1	2	3	4	5	6	7	8	9	10	11	12	13	14	15	16	17	18	19	20	21	22
대남	2	1	1	1	1	망종	10	10	9	9	9	8	8	8	7	7	7	6	6	6	하지	5	5	4	4	4	3	3	3	2
운여	9	9	10	10	10	종	1	1	1	1	2	2	2	3	3	3	4	4	4	5	지	5	6	6	6	7	7	7	8

서머타임 시작 5월20일 00시→01시로 조정
종료 9월30일 01시→00시로 조정
수정한 시간으로 표기(동경표준시 사용)

토왕지절(土旺之節):4월17일,7월20일,10월20일,1월17일(신년양력).

1956 丙申年

소서 7일 13시 58분 【음6월】 → 음6 【乙未月(을미월)】 대서 23일 07시 20분

양력 7	양력	1	2	3	4	5	6	7	8	9	10	11	12	13	14	15	16	17	18	19	20	21	22	23	24	25	26	27	28	29	30	31
	요일	일	월	화	수	목	금	토	일	월	화	수	목	금	토	일	월	화	수	목	금	토	일	월	화	수	목	금	토	일	월	화
	일진	己巳	庚午	辛未	壬申	癸酉	甲戌	乙亥	丙子	丁丑	戊寅	己卯	庚辰	辛巳	壬午	癸未	甲申	乙酉	丙戌	丁亥	戊子	己丑	庚寅	辛卯	壬辰	癸巳	甲午	乙未	丙申	丁酉	戊戌	己亥
음력 05/23 06/24	음력	23	24	25	26	27	28	29	6/1	2	3	4	5	6	7	8	9	10	11	12	13	14	15	16	17	18	19	20	21	22	23	24
	대남	2	2	1	1	1	1	소	10	10	9	9	9	8	8	8	7	7	7	6	6	6	5	대	5	4	4	4	3	3	3	2
	운여	8	9	9	9	10	10	서	1	1	1	1	2	2	2	3	3	3	4	4	4	5	5	서	6	6	6	7	7	7	8	8

입추 7일 23시 40분 【음7월】 → 음7 【丙申月(병신월)】 처서 23일 14시 15분

양력 8	양력	1	2	3	4	5	6	7	8	9	10	11	12	13	14	15	16	17	18	19	20	21	22	23	24	25	26	27	28	29	30	31
	요일	수	목	금	토	일	월	화	수	목	금	토	일	월	화	수	목	금	토	일	월	화	수	목	금	토	일	월	화	수	목	금
	일진	庚子	辛丑	壬寅	癸卯	甲辰	乙巳	丙午	丁未	戊申	己酉	庚戌	辛亥	壬子	癸丑	甲寅	乙卯	丙辰	丁巳	戊午	己未	庚申	辛酉	壬戌	癸亥	甲子	乙丑	丙寅	丁卯	戊辰	己巳	庚午
음력 06/25 07/26	음력	25	26	27	28	29	7/1	2	3	4	5	6	7	8	9	10	11	12	13	14	15	16	17	18	19	20	21	22	23	24	25	26
	대남	2	2	1	1	1	1	입	10	10	9	9	9	8	8	8	7	7	7	6	6	6	5	저	5	5	4	4	4	3	3	3
	운여	8	9	9	9	10	10	추	1	1	1	1	2	2	2	3	3	3	4	4	4	5	5	서	6	6	6	7	7	7	8	8

백로 8일 02시 19분 【음8월】 → 음8 【丁酉月(정유월)】 추분 23일 11시 35분

양력 9	양력	1	2	3	4	5	6	7	8	9	10	11	12	13	14	15	16	17	18	19	20	21	22	23	24	25	26	27	28	29	30
	요일	토	일	월	화	수	목	금	토	일	월	화	수	목	금	토	일	월	화	수	목	금	토	일	월	화	수	목	금	토	일
	일진	辛未	壬申	癸酉	甲戌	乙亥	丙子	丁丑	戊寅	己卯	庚辰	辛巳	壬午	癸未	甲申	乙酉	丙戌	丁亥	戊子	己丑	庚寅	辛卯	壬辰	癸巳	甲午	乙未	丙申	丁酉	戊戌	己亥	庚子
음력 07/27 08/26	음력	27	28	29	30	8/1	2	3	4	5	6	7	8	9	10	11	12	13	14	15	16	17	18	19	20	21	22	23	24	25	26
	대남	2	2	2	1	1	1	1	백	10	9	9	9	8	8	8	7	7	7	6	6	6	5	추	5	4	4	4	3	3	3
	운여	8	8	9	9	9	10	10	로	1	1	1	1	2	2	2	3	3	3	4	4	4	5	분	5	6	6	6	7	7	7

한로 8일 16시 36분 【음9월】 → 음9 【戊戌月(무술월)】 상강 23일 19시 34분

양력 10	양력	1	2	3	4	5	6	7	8	9	10	11	12	13	14	15	16	17	18	19	20	21	22	23	24	25	26	27	28	29	30	31
	요일	월	화	수	목	금	토	일	월	화	수	목	금	토	일	월	화	수	목	금	토	일	월	화	수	목	금	토	일	월	화	수
	일진	辛丑	壬寅	癸卯	甲辰	乙巳	丙午	丁未	戊申	己酉	庚戌	辛亥	壬子	癸丑	甲寅	乙卯	丙辰	丁巳	戊午	己未	庚申	辛酉	壬戌	癸亥	甲子	乙丑	丙寅	丁卯	戊辰	己巳	庚午	辛未
음력 08/27 09/28	음력	27	28	29	9/1	2	3	4	5	6	7	8	9	10	11	12	13	14	15	16	17	18	19	20	21	22	23	24	25	26	27	28
	대남	2	2	2	1	1	1	1	한	10	9	9	9	8	8	8	7	7	7	6	6	6	5	상	5	4	4	4	3	3	3	2
	운여	8	8	9	9	9	10	10	로	1	1	1	1	2	2	2	3	3	3	4	4	4	5	강	5	6	6	6	7	7	7	8

입동 7일 19시 26분 【음10월】 → 음10 【己亥月(기해월)】 소설 22일 16시 50분

양력 11	양력	1	2	3	4	5	6	7	8	9	10	11	12	13	14	15	16	17	18	19	20	21	22	23	24	25	26	27	28	29	30
	요일	목	금	토	일	월	화	수	목	금	토	일	월	화	수	목	금	토	일	월	화	수	목	금	토	일	월	화	수	목	금
	일진	壬申	癸酉	甲戌	乙亥	丙子	丁丑	戊寅	己卯	庚辰	辛巳	壬午	癸未	甲申	乙酉	丙戌	丁亥	戊子	己丑	庚寅	辛卯	壬辰	癸巳	甲午	乙未	丙申	丁酉	戊戌	己亥	庚子	辛丑
음력 09/29 10/28	음력	29	30	10/1	2	3	4	5	6	7	8	9	10	11	12	13	14	15	16	17	18	19	20	21	22	23	24	25	26	27	28
	대남	2	2	1	1	1	1	입	10	9	9	9	8	8	8	7	7	7	6	6	6	5	소	5	4	4	4	3	3	3	2
	운여	8	8	9	9	9	10	동	1	1	1	1	2	2	2	3	3	3	4	4	4	5	설	5	6	6	6	7	7	7	8

대설 7일 12시 02분 【음11월】 → 음11 【庚子月(경자월)】 동지 22일 05시 59분

양력 12	양력	1	2	3	4	5	6	7	8	9	10	11	12	13	14	15	16	17	18	19	20	21	22	23	24	25	26	27	28	29	30	31
	요일	토	일	월	화	수	목	금	토	일	월	화	수	목	금	토	일	월	화	수	목	금	토	일	월	화	수	목	금	토	일	월
	일진	壬寅	癸卯	甲辰	乙巳	丙午	丁未	戊申	己酉	庚戌	辛亥	壬子	癸丑	甲寅	乙卯	丙辰	丁巳	戊午	己未	庚申	辛酉	壬戌	癸亥	甲子	乙丑	丙寅	丁卯	戊辰	己巳	庚午	辛未	壬申
음력 10/29 11/30	음력	29	11/1	2	3	4	5	6	7	8	9	10	11	12	13	14	15	16	17	18	19	20	21	22	23	24	25	26	27	28	29	30
	대남	2	2	1	1	1	1	대	9	9	9	8	8	8	7	7	7	6	6	6	5	동	5	4	4	4	3	3	3	2	2	2
	운여	8	8	9	9	9	10	설	1	1	1	1	2	2	2	3	3	3	4	4	4	지	5	5	6	6	6	7	7	7	8	8

丁酉(정유)년　납음(山下火),본명성(七赤金)

대장군(午남방),삼살(동방),상문(亥서북방),조객(未서남방),납음(산하화),
【삼재(해,자,축)년】　臘享(납향):1958년1월30일(음12/11)

소한 5일 23시 10분 【음12월】→　　**음 12** 【辛丑月(신축월)】　　대한 20일 16시 39분

양력	1	2	3	4	5	6	7	8	9	10	11	12	13	14	15	16	17	18	19	20	21	22	23	24	25	26	27	28	29	30	31
요일	화	수	목	금	토	일	월	화	수	목	금	토	일	월	화	수	목	금	토	일	월	화	수	목	금	토	일	월	화	수	목
일진	癸酉	甲戌	乙亥	丙子	丁丑	戊寅	己卯	庚辰	辛巳	壬午	癸未	甲申	乙酉	丙戌	丁亥	戊子	己丑	庚寅	辛卯	壬辰	癸巳	甲午	乙未	丙申	丁酉	戊戌	己亥	庚子	辛丑	壬寅	癸卯
음력	12/1	2	3	4	5	6	7	8	9	10	11	12	13	14	15	16	17	18	19	20	21	22	23	24	25	26	27	28	29	30	1/1
대남	1	1	1	1	소	10	9	9	9	8	8	8	7	7	7	6	6	6	5	대	5	4	4	4	3	3	3	2	2	2	1
운여	8	9	9	9	한	1	1	1	1	2	2	2	3	3	3	4	4	4	5	한	5	6	6	6	7	7	7	8	8	8	9

입춘 4일 10시 55분 【음1월】　　**음 1** 【壬寅月(임인월)】　　우수 19일 06시 58분

양력	1	2	3	4	5	6	7	8	9	10	11	12	13	14	15	16	17	18	19	20	21	22	23	24	25	26	27	28			
요일	금	토	일	월	화	수	목	금	토	일	월	화	수	목	금	토	일	월	화	수	목	금	토	일	월	화	수	목			
일진	甲辰	乙巳	丙午	丁未	戊申	己酉	庚戌	辛亥	壬子	癸丑	甲寅	乙卯	丙辰	丁巳	戊午	己未	庚申	辛酉	壬戌	癸亥	甲子	乙丑	丙寅	丁卯	戊辰	己巳	庚午	辛未			
음력	1/2	3	4	5	6	7	8	9	10	11	12	13	14	15	16	17	18	19	20	21	22	23	24	25	26	27	28	29			
대남	1	1	1	입	1	1	1	1	2	2	2	3	3	3	4	4	4	5	우	5	6	6	6	7	7	7	8	8			
운여	9	9	9	춘	10	9	9	9	8	8	8	7	7	7	6	6	6	5	수	5	4	4	4	3	3	3	2	2			

丁酉年

경칩 6일 05시 10분 【음2월】→　　**음 2** 【癸卯月(계묘월)】　　춘분 21일 06시 16분

양력	1	2	3	4	5	6	7	8	9	10	11	12	13	14	15	16	17	18	19	20	21	22	23	24	25	26	27	28	29	30	31
요일	금	토	일	월	화	수	목	금	토	일	월	화	수	목	금	토	일	월	화	수	목	금	토	일	월	화	수	목	금	토	일
일진	壬申	癸酉	甲戌	乙亥	丙子	丁丑	戊寅	己卯	庚辰	辛巳	壬午	癸未	甲申	乙酉	丙戌	丁亥	戊子	己丑	庚寅	辛卯	壬辰	癸巳	甲午	乙未	丙申	丁酉	戊戌	己亥	庚子	辛丑	壬寅
음력	1/30	2/1	2	3	4	5	6	7	8	9	10	11	12	13	14	15	16	17	18	19	20	21	22	23	24	25	26	27	28	29	3/1
대남	8	9	9	9	10	경	1	1	1	1	2	2	2	3	3	3	4	4	4	5	춘	5	6	6	6	7	7	7	8	8	8
운여	2	1	1	1	1	칩	10	9	9	9	8	8	8	7	7	7	6	6	6	5	분	5	4	4	4	3	3	3	2	2	2

청명 5일 10시 19분 【음3월】→　　**음 3** 【甲辰月(갑진월)】　　곡우 20일 17시 41분

양력	1	2	3	4	5	6	7	8	9	10	11	12	13	14	15	16	17	18	19	20	21	22	23	24	25	26	27	28	29	30	
요일	월	화	수	목	금	토	일	월	화	수	목	금	토	일	월	화	수	목	금	토	일	월	화	수	목	금	토	일	월	화	
일진	癸卯	甲辰	乙巳	丙午	丁未	戊申	己酉	庚戌	辛亥	壬子	癸丑	甲寅	乙卯	丙辰	丁巳	戊午	己未	庚申	辛酉	壬戌	癸亥	甲子	乙丑	丙寅	丁卯	戊辰	己巳	庚午	辛未	壬申	
음력	3/2	3	4	5	6	7	8	9	10	11	12	13	14	15	16	17	18	19	20	21	22	23	24	25	26	27	28	29	30	4/1	
대남	9	9	9	10	청	1	1	1	1	2	2	2	3	3	3	4	4	4	5	곡	5	6	6	6	7	7	7	8	8	8	
운여	1	1	1	1	명	10	10	9	9	9	8	8	8	7	7	7	6	6	6	우	5	5	4	4	4	3	3	3	2	2	

입하 6일 04시 58분 【음4월】→　　**음 4** 【乙巳月(을사월)】　　소만 21일 18시 10분

양력	1	2	3	4	5	6	7	8	9	10	11	12	13	14	15	16	17	18	19	20	21	22	23	24	25	26	27	28	29	30	31
요일	수	목	금	토	일	월	화	수	목	금	토	일	월	화	수	목	금	토	일	월	화	수	목	금	토	일	월	화	수	목	금
일진	癸酉	甲戌	乙亥	丙子	丁丑	戊寅	己卯	庚辰	辛巳	壬午	癸未	甲申	乙酉	丙戌	丁亥	戊子	己丑	庚寅	辛卯	壬辰	癸巳	甲午	乙未	丙申	丁酉	戊戌	己亥	庚子	辛丑	壬寅	癸卯
음력	4/2	3	4	5	6	7	8	9	10	11	12	13	14	15	16	17	18	19	20	21	22	23	24	25	26	27	28	29	5/1	2	3
대남	9	9	9	10	10	입	1	1	1	1	2	2	2	3	3	3	4	4	4	5	소	5	6	6	6	7	7	7	8	8	8
운여	2	1	1	1	1	하	10	10	9	9	9	8	8	8	7	7	7	6	6	6	만	5	5	4	4	4	3	3	3	2	2

망종 6일 09시 25분 【음5월】→　　**음 5** 【丙午月(병오월)】　　하지 22일 02시 21분

양력	1	2	3	4	5	6	7	8	9	10	11	12	13	14	15	16	17	18	19	20	21	22	23	24	25	26	27	28	29	30	
요일	토	일	월	화	수	목	금	토	일	월	화	수	목	금	토	일	월	화	수	목	금	토	일	월	화	수	목	금	토	일	
일진	甲辰	乙巳	丙午	丁未	戊申	己酉	庚戌	辛亥	壬子	癸丑	甲寅	乙卯	丙辰	丁巳	戊午	己未	庚申	辛酉	壬戌	癸亥	甲子	乙丑	丙寅	丁卯	戊辰	己巳	庚午	辛未	壬申	癸酉	
음력	5/4	5	6	7	8	9	10	11	12	13	14	15	16	17	18	19	20	21	22	23	24	25	26	27	28	29	30	6/1	2	3	
대남	9	9	9	10	10	망	1	1	1	1	2	2	2	3	3	3	4	4	4	5	하	5	6	6	6	7	7	7	8	8	
운여	2	1	1	1	1	종	10	10	9	9	9	8	8	8	7	7	7	6	6	6	지	5	5	4	4	4	3	3	3	2	

한식(4월06일), 초복(7월17일), 중복(7월27일), 말복(8월15일)

서머타임 시작 5월05일 00시→01시로 조정
종료 9월22일 01시→00시로 조정
수정한 시간으로 표기(동경표준시 사용)

↑춘사(春社)3/17 ☀추사(秋社)9/23
토왕지절(土旺之節):4월17일,7월20일,10월21일,1월17일(신년양력)

1957 丁酉年

소서 7일 19시 48분　【음6월】→　음 6　【丁未月(정미월)】　대서 23일 13시 15분

양력 7	양력	1	2	3	4	5	6	7	8	9	10	11	12	13	14	15	16	17	18	19	20	21	22	23	24	25	26	27	28	29	30	31
	요일	월	화	수	목	금	토	일	월	화	수	목	금	토	일	월	화	수	목	금	토	일	월	화	수	목	금	토	일	월	화	수
	일진	甲	乙	丙	丁	戊	己	庚	辛	壬	癸	甲	乙	丙	丁	戊	己	庚	辛	壬	癸	甲	乙	丙	丁	戊	己	庚	辛	壬	癸	甲
	日辰	戌	亥	子	丑	寅	卯	辰	巳	午	未	申	酉	戌	亥	子	丑	寅	卯	辰	巳	午	未	申	酉	戌	亥	子	丑	寅	卯	辰
음력 06/04 07/05	음력	4	5	6	7	8	9	10	11	12	13	14	15	16	17	18	19	20	21	22	23	24	25	26	27	28	29	7/1	2	3	4	5
	대 남	8	9	9	9	10	10	소	1	1	1	1	2	2	2	3	3	3	4	4	4	5	5	5	대	6	6	6	7	7	7	8
	운 여	2	2	1	1	1	1	서	10	10	10	9	9	9	8	8	8	7	7	7	6	6	6	5	서	5	5	4	4	4	3	3

입추 8일 05시 32분　【음7월】→　음 7　【戊申月(무신월)】　처서 23일 20시 08분

양력 8	양력	1	2	3	4	5	6	7	8	9	10	11	12	13	14	15	16	17	18	19	20	21	22	23	24	25	26	27	28	29	30	31
	요일	목	금	토	일	월	화	수	목	금	토	일	월	화	수	목	금	토	일	월	화	수	목	금	토	일	월	화	수	목	금	토
	일진	乙	丙	丁	戊	己	庚	辛	壬	癸	甲	乙	丙	丁	戊	己	庚	辛	壬	癸	甲	乙	丙	丁	戊	己	庚	辛	壬	癸	甲	乙
	日辰	巳	午	未	申	酉	戌	亥	子	丑	寅	卯	辰	巳	午	未	申	酉	戌	亥	子	丑	寅	卯	辰	巳	午	未	申	酉	戌	亥
음력 07/06 08/07	음력	6	7	8	9	10	11	12	13	14	15	16	17	18	19	20	21	22	23	24	25	26	27	28	29	8/1	2	3	4	5	6	7
	대 남	8	8	9	9	9	10	10	입	1	1	1	1	2	2	2	3	3	3	4	4	4	5	5	처	5	6	6	6	7	7	7
	운 여	2	2	2	1	1	1	1	추	10	10	9	9	9	8	8	8	7	7	7	6	6	6	5	서	5	5	4	4	4	3	3

백로 8일 08시 12분　【음8월】→　음 8　【己酉月(기유월)】　윤 8　추분 23일 16시 26분

양력 9	양력	1	2	3	4	5	6	7	8	9	10	11	12	13	14	15	16	17	18	19	20	21	22	23	24	25	26	27	28	29	30
	요일	일	월	화	수	목	금	토	일	월	화	수	목	금	토	일	월	화	수	목	금	토	일	월	화	수	목	금	토	일	월
	일진	丙	丁	戊	己	庚	辛	壬	癸	甲	乙	丙	丁	戊	己	庚	辛	壬	癸	甲	乙	丙	丁	戊	己	庚	辛	壬	癸	甲	乙
	日辰	子	丑	寅	卯	辰	巳	午	未	申	酉	戌	亥	子	丑	寅	卯	辰	巳	午	未	申	酉	戌	亥	子	丑	寅	卯	辰	巳
음력 08/08 윤807	음력	8	9	10	11	12	13	14	15	16	17	18	19	20	21	22	23	24	25	26	27	28	윤8	2	3	4	5	6	7		
	대 남	8	8	9	9	9	10	10	백	1	1	1	1	2	2	2	3	3	3	4	4	4	추	5	5	6	6	6	7		
	운 여	2	2	2	1	1	1	1	로	10	9	9	9	8	8	8	7	7	7	6	6	6	분	5	4	4	4	3	3		

한로 8일 22시 30분　【음9월】→　음 9　【庚戌月(경술월)】　상강 24일 01시 24분

양력 10	양력	1	2	3	4	5	6	7	8	9	10	11	12	13	14	15	16	17	18	19	20	21	22	23	24	25	26	27	28	29	30	31
	요일	화	수	목	금	토	일	월	화	수	목	금	토	일	월	화	수	목	금	토	일	월	화	수	목	금	토	일	월	화	수	목
	일진	丙	丁	戊	己	庚	辛	壬	癸	甲	乙	丙	丁	戊	己	庚	辛	壬	癸	甲	乙	丙	丁	戊	己	庚	辛	壬	癸	甲	乙	丙
	日辰	午	未	申	酉	戌	亥	子	丑	寅	卯	辰	巳	午	未	申	酉	戌	亥	子	丑	寅	卯	辰	巳	午	未	申	酉	戌	亥	子
음력 윤808 09/09	음력	8	9	10	11	12	13	14	15	16	17	18	19	20	21	22	23	24	25	26	27	28	29	9/1	2	3	4	5	6	7	8	9
	대 남	8	8	8	9	9	9	10	한	1	1	1	1	2	2	2	3	3	3	4	4	4	5	상	5	6	6	6	7	7	7	8
	운 여	2	2	2	1	1	1	1	로	10	9	9	9	8	8	8	7	7	7	6	6	6	5	강	5	4	4	4	3	3	3	

입동 8일 01시 20분　【음10월】→　음 10　【辛亥月(신해월)】　소설 22일 22시 39분

양력 11	양력	1	2	3	4	5	6	7	8	9	10	11	12	13	14	15	16	17	18	19	20	21	22	23	24	25	26	27	28	29	30
	요일	금	토	일	월	화	수	목	금	토	일	월	화	수	목	금	토	일	월	화	수	목	금	토	일	월	화	수	목	금	토
	일진	丁	戊	己	庚	辛	壬	癸	甲	乙	丙	丁	戊	己	庚	辛	壬	癸	甲	乙	丙	丁	戊	己	庚	辛	壬	癸	甲	乙	丙
	日辰	丑	寅	卯	辰	巳	午	未	申	酉	戌	亥	子	丑	寅	卯	辰	巳	午	未	申	酉	戌	亥	子	丑	寅	卯	辰	巳	午
음력 09/10 10/09	음력	10	11	12	13	14	15	16	17	18	19	20	21	22	23	24	25	26	27	28	29	30	10/1	2	3	4	5	6	7	8	9
	대 남	8	8	8	9	9	9	10	입	1	1	1	1	2	2	2	3	3	3	4	4	4	소	5	5	6	6	6	7	7	7
	운 여	2	2	2	1	1	1	1	동	9	9	9	8	8	8	7	7	7	6	6	6	5	설	5	4	4	4	3	3	3	

대설 7일 17시 56분　【음11월】→　음 11　【壬子月(임자월)】　동지 22일 11시 49분

양력 12	양력	1	2	3	4	5	6	7	8	9	10	11	12	13	14	15	16	17	18	19	20	21	22	23	24	25	26	27	28	29	30	31
	요일	일	월	화	수	목	금	토	일	월	화	수	목	금	토	일	월	화	수	목	금	토	일	월	화	수	목	금	토	일	월	화
	일진	丁	戊	己	庚	辛	壬	癸	甲	乙	丙	丁	戊	己	庚	辛	壬	癸	甲	乙	丙	丁	戊	己	庚	辛	壬	癸	甲	乙	丙	丁
	日辰	未	申	酉	戌	亥	子	丑	寅	卯	辰	巳	午	未	申	酉	戌	亥	子	丑	寅	卯	辰	巳	午	未	申	酉	戌	亥	子	丑
음력 10/10 11/11	음력	10	11	12	13	14	15	16	17	18	19	20	21	22	23	24	25	26	27	28	29	11/1	2	3	4	5	6	7	8	9	10	11
	대 남	8	8	8	9	9	9	대	1	1	1	1	2	2	2	3	3	3	4	4	4	5	동	5	6	6	6	7	7	7	8	8
	운 여	2	2	2	1	1	1	설	10	9	9	9	8	8	8	7	7	7	6	6	6	5	지	5	4	4	4	3	3	3	2	2

대장군(午서방), 삼살(서방), 상문(子북방), 조객(申서남방), 납음(평지목)
【삼재(신,유,술)년】 臘享(납향):1959년 1월 25일(음12/17)

소한 6일 05시 04분 【음12월】 → 음 12 【癸丑月(계축월)】 대한 20일 22시 28분

양력 1	1	2	3	4	5	6	7	8	9	10	11	12	13	14	15	16	17	18	19	20	21	22	23	24	25	26	27	28	29	30	31
요일	수	목	금	토	일	월	화	수	목	금	토	일	월	화	수	목	금	토	일	월	화	수	목	금	토	일	월	화	수	목	금
일진	戊	己	庚	辛	壬	癸	甲	乙	丙	丁	戊	己	庚	辛	壬	癸	甲	乙	丙	丁	戊	己	庚	辛	壬	癸	甲	乙	丙	丁
	寅	卯	辰	巳	午	未	申	酉	戌	亥	子	丑	寅	卯	辰	巳	午	未	申	酉	戌	亥	子	丑	寅	卯	辰	巳	午	未
음력	12	13	14	15	16	17	18	19	20	21	22	23	24	25	26	27	28	29	30	12/1	2	3	4	5	6	7	8	9	10	11	12
대 남	8	9	9	9	1	소한	1	1	1	1	2	2	2	3	3	3	4	4	4	대한	5	5	6	6	6	7	7	7	8	8
운 여	2	1	1	1	1		9	9	9	8	8	8	7	7	7	6	6	6	5		5	4	4	4	3	3	3	2	2	1

입춘 4일 16시 49분 【음1월】 → 음 1 【甲寅月(갑인월)】 우수 19일 12시 48분

양력 2	1	2	3	4	5	6	7	8	9	10	11	12	13	14	15	16	17	18	19	20	21	22	23	24	25	26	27	28
요일	토	일	월	화	수	목	금	토	일	월	화	수	목	금	토	일	월	화	수	목	금	토	일	월	화	수	목	금
일진	己	庚	辛	壬	癸	甲	乙	丙	丁	戊	己	庚	辛	壬	癸	甲	乙	丙	丁	戊	己	庚	辛	壬	癸	甲	乙	丙
	酉	戌	亥	子	丑	寅	卯	辰	巳	午	未	申	酉	戌	亥	子	丑	寅	卯	辰	巳	午	未	申	酉	戌	亥	子
음력	13	14	15	16	17	18	19	20	21	22	23	24	25	26	27	28	29	30	1/1	2	3	4	5	6	7	8	9	10
대 남	9	9	9	입춘	10	9	9	9	8	8	8	7	7	7	6	6	6	5	우수	5	4	4	4	3	3	3	2	2
운 여	1	1	1		1	1	1	1	2	2	2	3	3	3	4	4	4	5		5	6	6	6	7	7	7	8	8

戊戌年

경칩 6일 11시 05분 【음2월】 → 음 2 【乙卯月(을묘월)】 춘분 21일 12시 06분

양력 3	1	2	3	4	5	6	7	8	9	10	11	12	13	14	15	16	17	18	19	20	21	22	23	24	25	26	27	28	29	30	31
요일	토	일	월	화	수	목	금	토	일	월	화	수	목	금	토	일	월	화	수	목	금	토	일	월	화	수	목	금	토	일	월
일진	丁	戊	己	庚	辛	壬	癸	甲	乙	丙	丁	戊	己	庚	辛	壬	癸	甲	乙	丙	丁	戊	己	庚	辛	壬	癸	甲	乙	丙	丁
	丑	寅	卯	辰	巳	午	未	申	酉	戌	亥	子	丑	寅	卯	辰	巳	午	未	申	酉	戌	亥	子	丑	寅	卯	辰	巳	午	未
음력	11	12	13	14	15	16	17	18	19	20	21	22	23	24	25	26	27	28	29	2/1	2	3	4	5	6	7	8	9	10	11	12
대 남	2	1	1	1	1	경칩	10	9	9	9	8	8	8	7	7	7	6	6	6	5	춘분	5	4	4	4	3	3	3	2	2	2
운 여	8	9	9	9	10		1	1	1	1	2	2	2	3	3	3	4	4	4	5	분	5	6	6	6	7	7	7	8	8	8

청명 5일 16시 12분 【음3월】 → 음 3 【丙辰月(병진월)】 곡우 20일 23시 27분

양력 4	1	2	3	4	5	6	7	8	9	10	11	12	13	14	15	16	17	18	19	20	21	22	23	24	25	26	27	28	29	30
요일	화	수	목	금	토	일	월	화	수	목	금	토	일	월	화	수	목	금	토	일	월	화	수	목	금	토	일	월	화	수
일진	戊	己	庚	辛	壬	癸	甲	乙	丙	丁	戊	己	庚	辛	壬	癸	甲	乙	丙	丁	戊	己	庚	辛	壬	癸	甲	乙	丙	丁
	申	酉	戌	亥	子	丑	寅	卯	辰	巳	午	未	申	酉	戌	亥	子	丑	寅	卯	辰	巳	午	未	申	酉	戌	亥	子	丑
음력	13	14	15	16	17	18	19	20	21	22	23	24	25	26	27	28	29	30	3/1	2	3	4	5	6	7	8	9	10	11	12
대 남	1	1	1	1	청명	10	10	9	9	9	8	8	8	7	7	7	6	6	6	곡우	5	5	4	4	4	3	3	3	2	2
운 여	9	9	9	10	명	1	1	1	1	2	2	2	3	3	3	4	4	4	5	우	5	6	6	6	7	7	7	8	8	8

입하 6일 10시 49분 【음4월】 → 음 4 【丁巳月(정사월)】 소만 21일 23시 51분

양력 5	1	2	3	4	5	6	7	8	9	10	11	12	13	14	15	16	17	18	19	20	21	22	23	24	25	26	27	28	29	30	31
요일	목	금	토	일	월	화	수	목	금	토	일	월	화	수	목	금	토	일	월	화	수	목	금	토	일	월	화	수	목	금	토
일진	戊	己	庚	辛	壬	癸	甲	乙	丙	丁	戊	己	庚	辛	壬	癸	甲	乙	丙	丁	戊	己	庚	辛	壬	癸	甲	乙	丙	丁	戊
	寅	卯	辰	巳	午	未	申	酉	戌	亥	子	丑	寅	卯	辰	巳	午	未	申	酉	戌	亥	子	丑	寅	卯	辰	巳	午	未	申
음력	13	14	15	16	17	18	19	20	21	22	23	24	25	26	27	28	29	30	4/1	2	3	4	5	6	7	8	9	10	11	12	13
대 남	2	1	1	1	1	입하	10	10	9	9	9	8	8	8	7	7	7	6	6	6	소만	5	5	4	4	4	3	3	3	2	2
운 여	9	9	9	10	10	하	1	1	1	1	2	2	2	3	3	3	4	4	4	5	만	5	6	6	6	7	7	7	8	8	9

망종 6일 15시 12분 【음5월】 → 음 5 【戊午月(무오월)】 하지 22일 07시 57분

양력 6	1	2	3	4	5	6	7	8	9	10	11	12	13	14	15	16	17	18	19	20	21	22	23	24	25	26	27	28	29	30
요일	일	월	화	수	목	금	토	일	월	화	수	목	금	토	일	월	화	수	목	금	토	일	월	화	수	목	금	토	일	월
일진	己	庚	辛	壬	癸	甲	乙	丙	丁	戊	己	庚	辛	壬	癸	甲	乙	丙	丁	戊	己	庚	辛	壬	癸	甲	乙	丙	丁	戊
	酉	戌	亥	子	丑	寅	卯	辰	巳	午	未	申	酉	戌	亥	子	丑	寅	卯	辰	巳	午	未	申	酉	戌	亥	子	丑	寅
음력	14	15	16	17	18	19	20	21	22	23	24	25	26	27	28	29	5/1	2	3	4	5	6	7	8	9	10	11	12	13	14
대 남	2	1	1	1	1	망종	10	10	10	9	9	9	8	8	8	7	7	7	6	6	6	하지	5	5	4	4	4	3	3	3
운 여	9	9	10	10	10	종	1	1	1	1	2	2	2	3	3	3	4	4	4	5	5	지	6	6	6	7	7	7	8	8

한식(4월06일), 초복(7월12일), 중복(7월22일), 말복(8월11일)

춘사(春社)3/22 추사(秋社)9/28

토왕지절(土旺之節):4월17일,7월20일,10월21일,1월18일(신년양력)

서머타임	시작 5월04일 00시→01시로 조정
	종료 9월21일 01시→00시로 조정
	수정한 시간으로 표기(동경표준시 사용)

소서 8일 01시 33분 【음6월】→ 음6 【己未月(기미월)】 **대서 23일 18시 50분**

양력 7

양력	1	2	3	4	5	6	7	8	9	10	11	12	13	14	15	16	17	18	19	20	21	22	23	24	25	26	27	28	29	30	31
요일	화	수	목	금	토	일	월	화	수	목	금	토	일	월	화	수	목	금	토	일	월	화	수	목	금	토	일	월	화	수	목
일진日辰	己卯	庚辰	辛巳	壬午	癸未	甲申	乙酉	丙戌	丁亥	戊子	己丑	庚寅	辛卯	壬辰	癸巳	甲午	乙未	丙申	丁酉	戊戌	己亥	庚子	辛丑	壬寅	癸卯	甲辰	乙巳	丙午	丁未	戊申	己酉
음력	15	16	17	18	19	20	21	22	23	24	25	26	27	28	29	30	6/1	2	3	4	5	6	7	8	9	10	11	12	13	14	15
대남	2	2	1	1	1	1	소	10	10	9	9	9	8	8	8	7	7	7	6	6	6	대	5	5	4	4	4	3	3	3	3
운여	8	9	9	9	10	10	서	1	1	1	1	2	2	2	3	3	3	4	4	4	5	서	5	5	6	6	6	7	7	7	7

음력 05/15 ~ 06/15

입추 8일 11시 17분 【음7월】→ 음7 【庚申月(경신월)】 **처서 24일 01시 46분**

양력 8

양력	1	2	3	4	5	6	7	8	9	10	11	12	13	14	15	16	17	18	19	20	21	22	23	24	25	26	27	28	29	30	31
요일	금	토	일	월	화	수	목	금	토	일	월	화	수	목	금	토	일	월	화	수	목	금	토	일	월	화	수	목	금	토	일
일진日辰	庚戌	辛亥	壬子	癸丑	甲寅	乙卯	丙辰	丁巳	戊午	己未	庚申	辛酉	壬戌	癸亥	甲子	乙丑	丙寅	丁卯	戊辰	己巳	庚午	辛未	壬申	癸酉	甲戌	乙亥	丙子	丁丑	戊寅	己卯	庚辰
음력	16	17	18	19	20	21	22	23	24	25	26	27	28	29	7/1	2	3	4	5	6	7	8	9	10	11	12	13	14	15	16	17
대남	2	2	2	1	1	1	1	입	10	10	9	9	9	8	8	8	7	7	7	6	6	6	처	5	5	5	4	4	4	3	3
운여	8	9	9	9	10	10	10	추	1	1	1	1	2	2	2	3	3	3	4	4	4	5	서	5	5	6	6	6	7	7	7

음력 06/16 ~ 07/17

백로 8일 13시 59분 【음8월】→ 음8 【辛酉月(신유월)】 **추분 23일 22시 09분**

양력 9

양력	1	2	3	4	5	6	7	8	9	10	11	12	13	14	15	16	17	18	19	20	21	22	23	24	25	26	27	28	29	30
요일	월	화	수	목	금	토	일	월	화	수	목	금	토	일	월	화	수	목	금	토	일	월	화	수	목	금	토	일	월	화
일진日辰	辛巳	壬午	癸未	甲申	乙酉	丙戌	丁亥	戊子	己丑	庚寅	辛卯	壬辰	癸巳	甲午	乙未	丙申	丁酉	戊戌	己亥	庚子	辛丑	壬寅	癸卯	甲辰	乙巳	丙午	丁未	戊申	己酉	庚戌
음력	18	19	20	21	22	23	24	25	26	27	28	29	30	8/1	2	3	4	5	6	7	8	9	10	11	12	13	14	15	16	17
대남	2	2	2	1	1	1	1	백	10	10	9	9	9	8	8	8	7	7	7	6	6	6	추	5	5	5	4	4	4	3
운여	8	8	9	9	9	10	10	로	1	1	1	1	2	2	2	3	3	3	4	4	4	5	분	5	5	6	6	6	7	7

음력 07/18 ~ 08/18

한로 9일 04시 19분 【음9월】→ 음9 【壬戌月(임술월)】 **상강 24일 07시 11분**

양력 10

양력	1	2	3	4	5	6	7	8	9	10	11	12	13	14	15	16	17	18	19	20	21	22	23	24	25	26	27	28	29	30	31
요일	수	목	금	토	일	월	화	수	목	금	토	일	월	화	수	목	금	토	일	월	화	수	목	금	토	일	월	화	수	목	금
일진日辰	辛亥	壬子	癸丑	甲寅	乙卯	丙辰	丁巳	戊午	己未	庚申	辛酉	壬戌	癸亥	甲子	乙丑	丙寅	丁卯	戊辰	己巳	庚午	辛未	壬申	癸酉	甲戌	乙亥	丙子	丁丑	戊寅	己卯	庚辰	辛巳
음력	19	20	21	22	23	24	25	26	27	28	29	30	9/1	2	3	4	5	6	7	8	9	10	11	12	13	14	15	16	17	18	19
대남	3	2	2	2	1	1	1	1	한	10	9	9	9	8	8	8	7	7	7	6	6	6	상	5	4	4	4	3	3	3	2
운여	8	8	8	9	9	9	10	10	로	1	1	1	1	2	2	2	3	3	3	4	4	4	강	5	5	6	6	6	7	7	7

음력 08/19 ~ 09/19

입동 8일 07시 12분 【음10월】→ 음10 【癸亥月(계해월)】 **소설 23일 04시 29분**

양력 11

양력	1	2	3	4	5	6	7	8	9	10	11	12	13	14	15	16	17	18	19	20	21	22	23	24	25	26	27	28	29	30
요일	토	일	월	화	수	목	금	토	일	월	화	수	목	금	토	일	월	화	수	목	금	토	일	월	화	수	목	금	토	일
일진日辰	壬午	癸未	甲申	乙酉	丙戌	丁亥	戊子	己丑	庚寅	辛卯	壬辰	癸巳	甲午	乙未	丙申	丁酉	戊戌	己亥	庚子	辛丑	壬寅	癸卯	甲辰	乙巳	丙午	丁未	戊申	己酉	庚戌	辛亥
음력	20	21	22	23	24	25	26	27	28	29	10/1	2	3	4	5	6	7	8	9	10	11	12	13	14	15	16	17	18	19	20
대남	2	2	2	1	1	1	1	입	10	9	9	9	8	8	8	7	7	7	6	6	6	5	소	5	5	4	4	4	3	3
운여	8	8	8	9	9	9	10	동	1	1	1	1	2	2	2	3	3	3	4	4	4	5	설	5	6	6	6	7	7	7

음력 09/20 ~ 10/20

대설 7일 23시 50분 【음11월】→ 음11 【甲子月(갑자월)】 **동지 22일 17시 40분**

양력 12

양력	1	2	3	4	5	6	7	8	9	10	11	12	13	14	15	16	17	18	19	20	21	22	23	24	25	26	27	28	29	30	31
요일	월	화	수	목	금	토	일	월	화	수	목	금	토	일	월	화	수	목	금	토	일	월	화	수	목	금	토	일	월	화	수
일진日辰	壬子	癸丑	甲寅	乙卯	丙辰	丁巳	戊午	己未	庚申	辛酉	壬戌	癸亥	甲子	乙丑	丙寅	丁卯	戊辰	己巳	庚午	辛未	壬申	癸酉	甲戌	乙亥	丙子	丁丑	戊寅	己卯	庚辰	辛巳	壬午
음력	21	22	23	24	25	26	27	28	29	30	11/1	2	3	4	5	6	7	8	9	10	11	12	13	14	15	16	17	18	19	20	21
대남	3	2	2	2	1	1	대	1	10	9	9	9	8	8	8	7	7	7	6	6	6	동	5	4	4	4	3	3	3	2	2
운여	8	8	8	9	9	9	설	1	1	1	1	2	2	2	3	3	3	4	4	4	5	지	5	6	6	6	7	7	7	8	8

음력 10/21 ~ 11/21

己亥(기해)년 납음(平地木),본명성(五黃土)

대장군(酉서방). 삼살(酉서방), 상문(丑동북방),조객(酉서방), 납음(평지목),
【삼재(사,오,미년】 臘享(납향):1960年1月20일(음12/22)

소한 6일 10시 58분 【음12월】 → **음 12** 【乙丑月(을축월)】 ☽ 대한 21일 04시 19분

양력	1	2	3	4	5	6	7	8	9	10	11	12	13	14	15	16	17	18	19	20	21	22	23	24	25	26	27	28	29	30	31
1 요일	목	금	토	일	월	화	수	목	금	토	일	월	화	수	목	금	토	일	월	화	수	목	금	토	일	월	화	수	목	금	토
일진	癸	甲	乙	丙	丁	戊	己	庚	辛	壬	癸	甲	乙	丙	丁	戊	己	庚	辛	壬	癸	甲	乙	丙	丁	戊	己	庚	辛	壬	癸
日辰	未	申	酉	戌	亥	子	丑	寅	卯	辰	巳	午	未	申	酉	戌	亥	子	丑	寅	卯	辰	巳	午	未	申	酉	戌	亥	子	丑
음력 11/22 12/23	22	23	24	25	26	27	28	29	12/1	2	3	4	5	6	7	8	9	10	11	12	13	14	15	16	17	18	19	20	21	22	23
대남	2	1	1	1	1	소한	9	9	9	8	8	8	7	7	7	6	6	6	5	대한	4	4	4	3	3	3	2	2	2	1	1
운여	8	9	9	9	10	한	1	1	1	1	2	2	2	3	3	3	4	4	4	한	5	6	6	6	7	7	7	8	8	8	9

입춘 4일 22시 42분 【음1월】 → **음 1** 【丙寅月(병인월)】 ☽ 우수 19일 18시 38분

양력	1	2	3	4	5	6	7	8	9	10	11	12	13	14	15	16	17	18	19	20	21	22	23	24	25	26	27	28
2 요일	일	월	화	수	목	금	토	일	월	화	수	목	금	토	일	월	화	수	목	금	토	일	월	화	수	목	금	토
일진	甲	乙	丙	丁	戊	己	庚	辛	壬	癸	甲	乙	丙	丁	戊	己	庚	辛	壬	癸	甲	乙	丙	丁	戊	己	庚	辛
日辰	寅	卯	辰	巳	午	未	申	酉	戌	亥	子	丑	寅	卯	辰	巳	午	未	申	酉	戌	亥	子	丑	寅	卯	辰	巳
음력 12/24 01/21	24	25	26	27	28	29	30	1/1	2	3	4	5	6	7	8	9	10	11	12	13	14	15	16	17	18	19	20	21
대남	1	1	1	입춘	1	1	1	1	2	2	2	3	3	3	4	4	4	5	우수	5	6	6	6	7	7	7	8	8
운여	9	9	9	춘	10	9	9	9	8	8	8	7	7	7	6	6	6	5	수	5	4	4	4	3	3	3	2	2

己亥年

경칩 6일 16시 57분 【음2월】 → **음 2** 【丁卯月(정묘월)】 ☽ 춘분 21일 17시 55분

양력	1	2	3	4	5	6	7	8	9	10	11	12	13	14	15	16	17	18	19	20	21	22	23	24	25	26	27	28	29	30	31
3 요일	일	월	화	수	목	금	토	일	월	화	수	목	금	토	일	월	화	수	목	금	토	일	월	화	수	목	금	토	일	월	화
일진	壬	癸	甲	乙	丙	丁	戊	己	庚	辛	壬	癸	甲	乙	丙	丁	戊	己	庚	辛	壬	癸	甲	乙	丙	丁	戊	己	庚	辛	壬
日辰	午	未	申	酉	戌	亥	子	丑	寅	卯	辰	巳	午	未	申	酉	戌	亥	子	丑	寅	卯	辰	巳	午	未	申	酉	戌	亥	子
음력 01/22 02/23	22	23	24	25	26	27	28	29	2/1	2	3	4	5	6	7	8	9	10	11	12	13	14	15	16	17	18	19	20	21	22	23
대남	8	9	9	9	10	경칩	1	1	1	1	2	2	2	3	3	3	4	4	4	5	춘분	5	6	6	6	7	7	7	8	8	8
운여	2	1	1	1	1	칩	10	9	9	9	8	8	8	7	7	7	6	6	6	5	분	5	4	4	4	3	3	3	2	2	2

청명 5일 22시 03분 【음3월】 → **음 3** 【戊辰月(무진월)】 ☽ 곡우 21일 05시 16분

양력	1	2	3	4	5	6	7	8	9	10	11	12	13	14	15	16	17	18	19	20	21	22	23	24	25	26	27	28	29	30
4 요일	수	목	금	토	일	월	화	수	목	금	토	일	월	화	수	목	금	토	일	월	화	수	목	금	토	일	월	화	수	목
일진	癸	甲	乙	丙	丁	戊	己	庚	辛	壬	癸	甲	乙	丙	丁	戊	己	庚	辛	壬	癸	甲	乙	丙	丁	戊	己	庚	辛	壬
日辰	丑	寅	卯	辰	巳	午	未	申	酉	戌	亥	子	丑	寅	卯	辰	巳	午	未	申	酉	戌	亥	子	丑	寅	卯	辰	巳	午
음력 02/24 03/23	24	25	26	27	28	29	30	3/1	2	3	4	5	6	7	8	9	10	11	12	13	14	15	16	17	18	19	20	21	22	23
대남	9	9	9	10	청명	1	1	1	1	2	2	2	3	3	3	4	4	4	5	곡우	5	6	6	6	7	7	7	8	8	8
운여	1	1	1	1	청	10	10	9	9	9	8	8	8	7	7	7	6	6	6	우	5	5	4	4	4	3	3	3	2	2

입하 6일 16시 39분 【음4월】 → **음 4** 【己巳月(기사월)】 ☽ 소만 22일 05시 42분

양력	1	2	3	4	5	6	7	8	9	10	11	12	13	14	15	16	17	18	19	20	21	22	23	24	25	26	27	28	29	30	31
5 요일	금	토	일	월	화	수	목	금	토	일	월	화	수	목	금	토	일	월	화	수	목	금	토	일	월	화	수	목	금	토	일
일진	癸	甲	乙	丙	丁	戊	己	庚	辛	壬	癸	甲	乙	丙	丁	戊	己	庚	辛	壬	癸	甲	乙	丙	丁	戊	己	庚	辛	壬	癸
日辰	未	申	酉	戌	亥	子	丑	寅	卯	辰	巳	午	未	申	酉	戌	亥	子	丑	寅	卯	辰	巳	午	未	申	酉	戌	亥	子	丑
음력 03/24 04/24	24	25	26	27	28	29	30	4/1	2	3	4	5	6	7	8	9	10	11	12	13	14	15	16	17	18	19	20	21	22	23	24
대남	9	9	9	10	10	입하	1	1	1	1	2	2	2	3	3	3	4	4	4	5	소만	5	6	6	6	7	7	7	8	8	8
운여	2	1	1	1	1	하	10	10	9	9	9	8	8	8	7	7	7	6	6	6	만	5	4	4	4	4	3	3	3	2	2

망종 6일 21시 00분 【음5월】 → **음 5** 【庚午月(경오월)】 ☽ 하지 22일 13시 50분

양력	1	2	3	4	5	6	7	8	9	10	11	12	13	14	15	16	17	18	19	20	21	22	23	24	25	26	27	28	29	30
6 요일	월	화	수	목	금	토	일	월	화	수	목	금	토	일	월	화	수	목	금	토	일	월	화	수	목	금	토	일	월	화
일진	甲	乙	丙	丁	戊	己	庚	辛	壬	癸	甲	乙	丙	丁	戊	己	庚	辛	壬	癸	甲	乙	丙	丁	戊	己	庚	辛	壬	癸
日辰	寅	卯	辰	巳	午	未	申	酉	戌	亥	子	丑	寅	卯	辰	巳	午	未	申	酉	戌	亥	子	丑	寅	卯	辰	巳	午	未
음력 04/25 05/25	25	26	27	28	29	5/1	2	3	4	5	6	7	8	9	10	11	12	13	14	15	16	17	18	19	20	21	22	23	24	25
대남	9	9	9	10	10	망종	1	1	1	1	2	2	2	3	3	3	4	4	4	5	5	하지	6	6	6	7	7	7	8	8
운여	2	1	1	1	1	종	10	10	10	9	9	9	8	8	8	7	7	7	6	6	6	지	5	5	5	4	4	4	3	3

한식(4월06일), 초복(7월17일), 중복(7월27일), 말복(8월16일)
☀춘사(春社)3/17 ☀추사(秋社)9/23
토왕지절(土旺之節):4월18일,7월20일,10월21일,1월18일(신년양력)

서머타임 시작 5월03일 00시→01시로 조정
종료 9월20일 01시→00시로 조정
수정한 시간으로 표기(동경표준시 사용)

1 9 5 9 己亥年

소서 8일 07시 20분 　【음6월】 → 음 6 【辛未月(신미월)】　　대서 24일 00시 45분

양력 7 (음력 05/26 ~ 06/26)

양력	1	2	3	4	5	6	7	8	9	10	11	12	13	14	15	16	17	18	19	20	21	22	23	24	25	26	27	28	29	30	31
요일	수	목	금	토	일	월	화	수	목	금	토	일	월	화	수	목	금	토	일	월	화	수	목	금	토	일	월	화	수	목	금
일진	甲	乙	丙	丁	戊	己	庚	辛	壬	癸	甲	乙	丙	丁	戊	己	庚	辛	壬	癸	甲	乙	丙	丁	戊	己	庚	辛	壬	癸	甲
日辰	辰	巳	午	未	申	酉	戌	亥	子	丑	寅	卯	辰	巳	午	未	申	酉	戌	亥	子	丑	寅	卯	辰	巳	午	未	申	酉	戌
음력	26	27	28	29	30	6/1	2	3	4	5	6	7	8	9	10	11	12	13	14	15	16	17	18	19	20	21	22	23	24	25	26
대낭	8	9	9	9	10	10	소	1	1	1	1	2	2	2	3	3	3	4	4	4	5	5	대	6	6	6	7	7	7	8	
운여	2	2	1	1	1	1	서	10	10	9	9	9	8	8	8	7	7	7	6	6	6	5	서	5	4	4	4	3	3	3	

입추 8일 17시 04분 　【음7월】 → 음 7 【壬申月(임신월)】　　처서 24일 07시 44분

양력 8 (음력 06/27 ~ 07/28)

양력	1	2	3	4	5	6	7	8	9	10	11	12	13	14	15	16	17	18	19	20	21	22	23	24	25	26	27	28	29	30	31
요일	토	일	월	화	수	목	금	토	일	월	화	수	목	금	토	일	월	화	수	목	금	토	일	월	화	수	목	금	토	일	월
일진	乙	丙	丁	戊	己	庚	辛	壬	癸	甲	乙	丙	丁	戊	己	庚	辛	壬	癸	甲	乙	丙	丁	戊	己	庚	辛	壬	癸	甲	乙
日辰	卯	辰	巳	午	未	申	酉	戌	亥	子	丑	寅	卯	辰	巳	午	未	申	酉	戌	亥	子	丑	寅	卯	辰	巳	午	未	申	酉
음력	27	28	29	7/1	2	3	4	5	6	7	8	9	10	11	12	13	14	15	16	17	18	19	20	21	22	23	24	25	26	27	28
대낭	8	8	9	9	9	10	10	입	1	1	1	1	2	2	2	3	3	3	4	4	4	5	5	처	6	6	6	7	7	7	8
운여	2	2	2	1	1	1	1	추	10	10	9	9	9	8	8	8	7	7	7	6	6	6	5	서	5	4	4	4	3	3	3

백로 8일 19시 48분 　【음8월】 → 음 8 【癸酉月(계유월)】　　추분 24일 04시 08분

양력 9 (음력 07/29 ~ 08/28)

양력	1	2	3	4	5	6	7	8	9	10	11	12	13	14	15	16	17	18	19	20	21	22	23	24	25	26	27	28	29	30
요일	화	수	목	금	토	일	월	화	수	목	금	토	일	월	화	수	목	금	토	일	월	화	수	목	금	토	일	월	화	수
일진	丙	丁	戊	己	庚	辛	壬	癸	甲	乙	丙	丁	戊	己	庚	辛	壬	癸	甲	乙	丙	丁	戊	己	庚	辛	壬	癸	甲	乙
日辰	戌	亥	子	丑	寅	卯	辰	巳	午	未	申	酉	戌	亥	子	丑	寅	卯	辰	巳	午	未	申	酉	戌	亥	子	丑	寅	卯
음력	29	30	8/1	2	3	4	5	6	7	8	9	10	11	12	13	14	15	16	17	18	19	20	21	22	23	24	25	26	27	28
대낭	8	8	9	9	9	10	10	백	1	1	1	1	2	2	2	3	3	3	4	4	4	5	5	추	6	6	6	7	7	7
운여	2	2	1	1	1	1	로	10	10	9	9	9	8	8	8	7	7	7	6	6	6	5	5	분	4	4	4	3	3	3

한로 9일 10시 10분 　【음9월】 → 음 9 【甲戌月(갑술월)】　　상강 24일 13시 11분

양력 10 (음력 08/29 ~ 10/01)

양력	1	2	3	4	5	6	7	8	9	10	11	12	13	14	15	16	17	18	19	20	21	22	23	24	25	26	27	28	29	30	31
요일	목	금	토	일	월	화	수	목	금	토	일	월	화	수	목	금	토	일	월	화	수	목	금	토	일	월	화	수	목	금	토
일진	丙	丁	戊	己	庚	辛	壬	癸	甲	乙	丙	丁	戊	己	庚	辛	壬	癸	甲	乙	丙	丁	戊	己	庚	辛	壬	癸	甲	乙	丙
日辰	辰	巳	午	未	申	酉	戌	亥	子	丑	寅	卯	辰	巳	午	未	申	酉	戌	亥	子	丑	寅	卯	辰	巳	午	未	申	酉	戌
음력	29	9/1	2	3	4	5	6	7	8	9	10	11	12	13	14	15	16	17	18	19	20	21	22	23	24	25	26	27	28	29	30
대낭	8	8	9	9	9	10	10	한	1	1	1	2	2	2	3	3	3	4	4	4	5	5	상	5	6	6	6	7	7	7	3
운여	8	8	1	1	1	1	로	10	9	9	9	8	8	8	7	7	7	6	6	6	5	5	강	4	5	4	4	4	3	3	3

입동 8일 13시 02분 　【음10월】 → 음 10 【乙亥月(을해월)】　　소설 23일 10시 27분

양력 11 (음력 10/01 ~ 11/01)

양력	1	2	3	4	5	6	7	8	9	10	11	12	13	14	15	16	17	18	19	20	21	22	23	24	25	26	27	28	29	30
요일	일	월	화	수	목	금	토	일	월	화	수	목	금	토	일	월	화	수	목	금	토	일	월	화	수	목	금	토	일	월
일진	丁	戊	己	庚	辛	壬	癸	甲	乙	丙	丁	戊	己	庚	辛	壬	癸	甲	乙	丙	丁	戊	己	庚	辛	壬	癸	甲	乙	丙
日辰	亥	子	丑	寅	卯	辰	巳	午	未	申	酉	戌	亥	子	丑	寅	卯	辰	巳	午	未	申	酉	戌	亥	子	丑	寅	卯	辰
음력	10/1	2	3	4	5	6	7	8	9	10	11	12	13	14	15	16	17	18	19	20	21	22	23	24	25	26	27	28	29	11/1
대낭	8	8	8	9	9	9	10	입	1	1	1	2	2	2	3	3	3	4	4	4	5	5	소	5	6	6	6	7	7	7
운여	2	2	2	1	1	1	1	동	10	9	9	9	8	8	8	7	7	7	6	6	6	5	설	5	4	4	4	3	3	3

대설 8일 05시 37분 　【음11월】 → 음 11 【丙子月(병자월)】　　동지 22일 23시 34분

양력 12 (음력 11/02 ~ 12/02)

양력	1	2	3	4	5	6	7	8	9	10	11	12	13	14	15	16	17	18	19	20	21	22	23	24	25	26	27	28	29	30	31
요일	화	수	목	금	토	일	월	화	수	목	금	토	일	월	화	수	목	금	토	일	월	화	수	목	금	토	일	월	화	수	목
일진	丁	戊	己	庚	辛	壬	癸	甲	乙	丙	丁	戊	己	庚	辛	壬	癸	甲	乙	丙	丁	戊	己	庚	辛	壬	癸	甲	乙	丙	丁
日辰	巳	午	未	申	酉	戌	亥	子	丑	寅	卯	辰	巳	午	未	申	酉	戌	亥	子	丑	寅	卯	辰	巳	午	未	申	酉	戌	亥
음력	2	3	4	5	6	7	8	9	10	11	12	13	14	15	16	17	18	19	20	21	22	23	24	25	26	27	28	29	30	12/1	
대낭	8	8	8	9	9	9	10	대	1	1	1	2	2	2	3	3	3	4	4	4	5	동	5	5	6	6	6	7	7	7	8
운여	2	2	2	1	1	1	1	설	9	9	9	8	8	8	7	7	7	6	6	6	5	지	5	5	4	4	4	3	3	3	2

庚子(경자)년 納音(壁上土),본명성(四綠木)

단기 4293 年
불기 2504 年

1960년

대장군(酉서방), 삼살(남방), 상문(寅동북방),조객(戌서북방),납음(벽상토),
삼재(인,묘,진)년 臘享(납향):1961년1월26일(음12/06)

소한 6일 16시 42분 【음12월】 → 음 12 【丁丑月(정축월)】 대한 21일 10시 10분

양력 1

양력	1	2	3	4	5	6	7	8	9	10	11	12	13	14	15	16	17	18	19	20	21	22	23	24	25	26	27	28	29	30	31
요일	금	토	일	월	화	수	목	금	토	일	월	화	수	목	금	토	일	월	화	수	목	금	토	일	월	화	수	목	금	토	일
일진	戊辰	己巳	庚午	辛未	壬申	癸酉	甲戌	乙亥	丙子	丁丑	戊寅	己卯	庚辰	辛巳	壬午	癸未	甲申	乙酉	丙戌	丁亥	戊子	己丑	庚寅	辛卯	壬辰	癸巳	甲午	乙未	丙申	丁酉	戊戌
음력	3	4	5	6	7	8	9	10	11	12	13	14	15	16	17	18	19	20	21	22	23	24	25	26	27	28	29	1/1	2	3	4
대남	8	8	9	9	9	소한	1	1	1	1	2	2	2	3	3	3	4	4	4	5	대한	5	6	6	6	7	7	7	8	8	8
운여	2	1	1	1	1	한	10	9	9	9	8	8	8	7	7	7	6	6	6	5	한	5	4	4	4	3	3	3	2	2	2

음력 12/03 · 01/04

입춘 5일 04시 23분 【음1월】 → 음 1 【戊寅月(무인월)】 우수 19일 00시 26분

양력 2

양력	1	2	3	4	5	6	7	8	9	10	11	12	13	14	15	16	17	18	19	20	21	22	23	24	25	26	27	28	29
요일	월	화	수	목	금	토	일	월	화	수	목	금	토	일	월	화	수	목	금	토	일	월	화	수	목	금	토	일	월
일진	己未	庚申	辛酉	壬戌	癸亥	甲子	乙丑	丙寅	丁卯	戊辰	己巳	庚午	辛未	壬申	癸酉	甲戌	乙亥	丙子	丁丑	戊寅	己卯	庚辰	辛巳	壬午	癸未	甲申	乙酉	丙戌	丁亥
음력	5	6	7	8	9	10	11	12	13	14	15	16	17	18	19	20	21	22	23	24	25	26	27	28	29	30	2/1	2	3
대남	9	9	9	10	입춘	1	1	1	1	2	2	2	3	3	3	4	4	4	5	우수	5	6	6	6	7	7	7	8	8
운여	1	1	1	1	춘	1	1	1	2	2	2	3	3	3	4	4	4	5	5	수	5	6	6	6	7	7	7	8	8

음력 01/05 · 02/03

庚子年

경칩 5일 22시 36분 【음2월】 → 음 2 【己卯月(기묘월)】 춘분 20일 23시 43분

양력 3

양력	1	2	3	4	5	6	7	8	9	10	11	12	13	14	15	16	17	18	19	20	21	22	23	24	25	26	27	28	29	30	31
요일	화	수	목	금	토	일	월	화	수	목	금	토	일	월	화	수	목	금	토	일	월	화	수	목	금	토	일	월	화	수	목
일진	戊子	己丑	庚寅	辛卯	壬辰	癸巳	甲午	乙未	丙申	丁酉	戊戌	己亥	庚子	辛丑	壬寅	癸卯	甲辰	乙巳	丙午	丁未	戊申	己酉	庚戌	辛亥	壬子	癸丑	甲寅	乙卯	丙辰	丁巳	戊午
음력	4	5	6	7	8	9	10	11	12	13	14	15	16	17	18	19	20	21	22	23	24	25	26	27	28	3/1	2	3	4	5
대남	1	1	1	1	경칩	10	10	9	9	9	8	8	8	7	7	7	6	6	6	춘분	5	5	4	4	4	3	3	3	2	2	2
운여	8	9	9	9	칩	1	1	1	1	2	2	2	3	3	3	4	4	4	5	분	5	6	6	6	7	7	7	8	8	9

음력 02/04 · 03/05

청명 5일 03시 44분 【음3월】 → 음 3 【庚辰月(경진월)】 곡우 20일 11시 06분

양력 4

양력	1	2	3	4	5	6	7	8	9	10	11	12	13	14	15	16	17	18	19	20	21	22	23	24	25	26	27	28	29	30
요일	금	토	일	월	화	수	목	금	토	일	월	화	수	목	금	토	일	월	화	수	목	금	토	일	월	화	수	목	금	토
일진	己未	庚申	辛酉	壬戌	癸亥	甲子	乙丑	丙寅	丁卯	戊辰	己巳	庚午	辛未	壬申	癸酉	甲戌	乙亥	丙子	丁丑	戊寅	己卯	庚辰	辛巳	壬午	癸未	甲申	乙酉	丙戌	丁亥	戊子
음력	6	7	8	9	10	11	12	13	14	15	16	17	18	19	20	21	22	23	24	25	26	27	28	29	30	4/1	2	3	4	5
대남	1	1	1	1	청명	10	9	9	9	8	8	8	7	7	7	6	6	6	5	곡우	5	4	4	4	3	3	3	2	2	2
운여	9	9	10	10	명	1	1	1	1	2	2	2	3	3	3	4	4	4	5	우	5	5	6	6	6	7	7	7	8	8

음력 03/06 · 04/05

입하 5일 22시 23분 【음4월】 → 음 4 【辛巳月(신사월)】 소만 21일 11시 34분

양력 5

양력	1	2	3	4	5	6	7	8	9	10	11	12	13	14	15	16	17	18	19	20	21	22	23	24	25	26	27	28	29	30	31
요일	일	월	화	수	목	금	토	일	월	화	수	목	금	토	일	월	화	수	목	금	토	일	월	화	수	목	금	토	일	월	화
일진	己丑	庚寅	辛卯	壬辰	癸巳	甲午	乙未	丙申	丁酉	戊戌	己亥	庚子	辛丑	壬寅	癸卯	甲辰	乙巳	丙午	丁未	戊申	己酉	庚戌	辛亥	壬子	癸丑	甲寅	乙卯	丙辰	丁巳	戊午	己未
음력	6	7	8	9	10	11	12	13	14	15	16	17	18	19	20	21	22	23	24	25	26	27	28	29	5/1	2	3	4	5	6	7
대남	1	1	1	1	입하	10	10	10	9	9	9	8	8	8	7	7	7	6	6	6	소만	5	5	4	4	4	3	3	3	2	2
운여	9	9	9	10	하	1	1	1	1	2	2	2	3	3	3	4	4	4	5	5	만	6	6	6	7	7	7	8	8	8	9

음력 04/06 · 05/07

망종 6일 02시 49분 【음5월】 → 음 5 【壬午月(임오월)】 하지 21일 19시 42분

양력 6

양력	1	2	3	4	5	6	7	8	9	10	11	12	13	14	15	16	17	18	19	20	21	22	23	24	25	26	27	28	29	30
요일	수	목	금	토	일	월	화	수	목	금	토	일	월	화	수	목	금	토	일	월	화	수	목	금	토	일	월	화	수	목
일진	庚申	辛酉	壬戌	癸亥	甲子	乙丑	丙寅	丁卯	戊辰	己巳	庚午	辛未	壬申	癸酉	甲戌	乙亥	丙子	丁丑	戊寅	己卯	庚辰	辛巳	壬午	癸未	甲申	乙酉	丙戌	丁亥	戊子	己丑
음력	8	9	10	11	12	13	14	15	16	17	18	19	20	21	22	23	24	25	26	27	28	29	30	6/1	2	3	4	5	6	7
대남	2	1	1	1	1	망종	10	10	9	9	9	8	8	8	7	7	7	6	6	6	하지	5	5	5	4	4	4	3	3	3
운여	9	9	10	10	10	종	1	1	1	1	2	2	2	3	3	3	4	4	4	5	지	5	6	6	6	7	7	7	8	8

음력 05/08 · 06/07

한식(4월05일), 초복(7월11일), 중복(7월21일), 말복(8월10일)

◆춘사(春社)3/21 ◆추사(秋社)9/27

토왕지절(土旺之節):4월17일,7월20일,10월20일,1월17일(신년양력).

서머타임 시작 5월01일 00시→01시로 조정
종료 9월18일 01시→00시로 조정
수정한 시간으로 표기(동경표준시 사용)

소서 7일 13시 13분 【음6월】 → 음력 6 【癸未月(계미월)】 윤달 6 / 대서 23일 06시 37분

양력	1	2	3	4	5	6	7	8	9	10	11	12	13	14	15	16	17	18	19	20	21	22	23	24	25	26	27	28	29	30	31
7 요일	금	토	일	월	화	수	목	금	토	일	월	화	수	목	금	토	일	월	화	수	목	금	토	일	월	화	수	목	금	토	일
일진	庚寅	辛卯	壬辰	癸巳	甲午	乙未	丙申	丁酉	戊戌	己亥	庚子	辛丑	壬寅	癸卯	甲辰	乙巳	丙午	丁未	戊申	己酉	庚戌	辛亥	壬子	癸丑	甲寅	乙卯	丙辰	丁巳	戊午	己未	庚申

음력 06/08 윤608

입추 7일 23시 00분 【음7월】 → 음력 7 【甲申月(갑신월)】 처서 23일 13시 34분

양력	1	2	3	4	5	6	7	8	9	10	11	12	13	14	15	16	17	18	19	20	21	22	23	24	25	26	27	28	29	30	31
8 요일	월	화	수	목	금	토	일	월	화	수	목	금	토	일	월	화	수	목	금	토	일	월	화	수	목	금	토	일	월	화	수
일진	辛酉	壬戌	癸亥	甲子	乙丑	丙寅	丁卯	戊辰	己巳	庚午	辛未	壬申	癸酉	甲戌	乙亥	丙子	丁丑	戊寅	己卯	庚辰	辛巳	壬午	癸未	甲申	乙酉	丙戌	丁亥	戊子	己丑	庚寅	辛卯

음력 07/10 윤609

백로 8일 01시 45분 【음8월】 → 음력 8 【乙酉月(을유월)】 추분 23일 09시 59분

양력	1	2	3	4	5	6	7	8	9	10	11	12	13	14	15	16	17	18	19	20	21	22	23	24	25	26	27	28	29	30
9 요일	목	금	토	일	월	화	수	목	금	토	일	월	화	수	목	금	토	일	월	화	수	목	금	토	일	월	화	수	목	금
일진	壬辰	癸巳	甲午	乙未	丙申	丁酉	戊戌	己亥	庚子	辛丑	壬寅	癸卯	甲辰	乙巳	丙午	丁未	戊申	己酉	庚戌	辛亥	壬子	癸丑	甲寅	乙卯	丙辰	丁巳	戊午	己未	庚申	辛酉

음력 07/11 08/10

한로 8일 16시 09분 【음9월】 → 음력 9 【丙戌月(병술월)】 상강 23일 19시 02분

양력	1	2	3	4	5	6	7	8	9	10	11	12	13	14	15	16	17	18	19	20	21	22	23	24	25	26	27	28	29	30	31
10 요일	토	일	월	화	수	목	금	토	일	월	화	수	목	금	토	일	월	화	수	목	금	토	일	월	화	수	목	금	토	일	월
일진	壬戌	癸亥	甲子	乙丑	丙寅	丁卯	戊辰	己巳	庚午	辛未	壬申	癸酉	甲戌	乙亥	丙子	丁丑	戊寅	己卯	庚辰	辛巳	壬午	癸未	甲申	乙酉	丙戌	丁亥	戊子	己丑	庚寅	辛卯	壬辰

음력 08/11 09/12

입동 7일 19시 02분 【음10월】 → 음력10 【丁亥月(정해월)】 소설 22일 16시 18분

양력	1	2	3	4	5	6	7	8	9	10	11	12	13	14	15	16	17	18	19	20	21	22	23	24	25	26	27	28	29	30
11 요일	화	수	목	금	토	일	월	화	수	목	금	토	일	월	화	수	목	금	토	일	월	화	수	목	금	토	일	월	화	수
일진	癸巳	甲午	乙未	丙申	丁酉	戊戌	己亥	庚子	辛丑	壬寅	癸卯	甲辰	乙巳	丙午	丁未	戊申	己酉	庚戌	辛亥	壬子	癸丑	甲寅	乙卯	丙辰	丁巳	戊午	己未	庚申	辛酉	壬戌

음력 09/13 10/12

대설 7일 11시 38분 【음11월】 → 음력11 【戊子月(무자월)】 동지 22일 05시 26분

양력	1	2	3	4	5	6	7	8	9	10	11	12	13	14	15	16	17	18	19	20	21	22	23	24	25	26	27	28	29	30	31
12 요일	목	금	토	일	월	화	수	목	금	토	일	월	화	수	목	금	토	일	월	화	수	목	금	토	일	월	화	수	목	금	토
일진	癸亥	甲子	乙丑	丙寅	丁卯	戊辰	己巳	庚午	辛未	壬申	癸酉	甲戌	乙亥	丙子	丁丑	戊寅	己卯	庚辰	辛巳	壬午	癸未	甲申	乙酉	丙戌	丁亥	戊子	己丑	庚寅	辛卯	壬辰	癸巳

음력 10/13 11/14

辛丑(신축)년　납음(壁上土),본명성(三碧木)

대장군(酉서방), 삼살(동방), 상문(卯동방),조객(亥서북방), 납음(벽상토),
【삼재(해,자,축)년】　臘享(납향):1962년1월23일(음12/18)

소한 5일 22시 43분 【음12월】→　음력12 【己丑月(기축월)】　대한 20일 16시 01분

양력	1	2	3	4	5	6	7	8	9	10	11	12	13	14	15	16	17	18	19	20	21	22	23	24	25	26	27	28	29	30	31
요일	일	월	화	수	목	금	토	일	월	화	수	목	금	토	일	월	화	수	목	금	토	일	월	화	수	목	금	토	일	월	화
일진	甲午	乙未	丙申	丁酉	戊戌	己亥	庚子	辛丑	壬寅	癸卯	乙辰	丙巳	丁午	戊未	己申	庚酉	辛戌	壬亥	癸子	乙丑	丙寅	丁卯	戊辰	己巳	庚午	辛未	壬申	癸酉	乙戌	丙亥	丁子
음력 11/15 12/15	15	16	17	18	19	20	21	22	23	24	25	26	27	28	29	30	12/1	2	3	4	5	6	7	8	9	10	11	12	13	14	15
대운 남	1	1	1	소	10	9	9	9	8	8	8	7	7	7	6	6	6	대	5	5	5	4	4	4	3	3	3	2	2	2	1
여	9	9	9	한	1	1	1	2	2	2	3	3	3	4	4	4	5	한	5	6	6	6	7	7	7	8	8	8	9	9	9

입춘 4일 10시 22분 【음1월】→　음력 1 【庚寅月(경인월)】　우수 19일 06시 16분

양력	1	2	3	4	5	6	7	8	9	10	11	12	13	14	15	16	17	18	19	20	21	22	23	24	25	26	27	28	辛
요일	수	목	금	토	일	월	화	수	목	금	토	일	월	화	수	목	금	토	일	월	화	수	목	금	토	일	월	화	丑
일진	乙丑	丙寅	丁卯	戊辰	己巳	庚午	辛未	壬申	癸酉	乙戌	丙亥	丁子	戊丑	己寅	庚卯	辛辰	壬巳	癸午	甲未	乙申	丙酉	丁戌	戊亥	己子	庚丑	辛寅	壬卯	辰	年
음력 12/16 01/14	16	17	18	19	20	21	22	23	24	25	26	27	28	29	1/1	2	3	4	5	6	7	8	9	10	11	12	13	14	
대운 남	1	1	1	입	1	1	1	1	2	2	2	3	3	3	4	우	5	6	6	6	7	7	7	8	8	8	9	9	
여	9	9	10	춘	10	9	9	9	8	8	8	7	7	7	6	수	5	5	4	4	4	3	3	3	2	2	2		

경칩 6일 04시 35분 【음2월】→　음력 2 【辛卯月(신묘월)】　춘분 21일 05시 32분

양력	1	2	3	4	5	6	7	8	9	10	11	12	13	14	15	16	17	18	19	20	21	22	23	24	25	26	27	28	29	30	31
요일	수	목	금	토	일	월	화	수	목	금	토	일	월	화	수	목	금	토	일	월	화	수	목	금	토	일	월	화	수	목	금
일진	癸巳	甲午	乙未	丙申	丁酉	戊戌	己亥	庚子	辛丑	壬寅	癸卯	乙辰	丙巳	丁午	戊未	己申	庚酉	辛戌	壬亥	癸子	甲丑	乙寅	丙卯	丁辰	戊巳	己午	庚未	辛申	壬酉	癸戌	甲
음력 01/15 02/15	15	16	17	18	19	20	21	22	23	24	25	26	27	28	29	30	2/1	2	3	4	5	6	7	8	9	10	11	12	13	14	15
대운 남	8	9	9	9	10	경	1	1	1	1	2	2	2	3	3	3	4	4	4	5	춘	5	6	6	6	7	7	7	8	8	8
여	2	1	1	1	1	칩	10	9	9	9	8	8	8	7	7	7	6	6	6	5	분	5	4	4	4	3	3	3	2	2	2

청명 5일 09시 42분 【음3월】→　음력 3 【壬辰月(임진월)】　곡우 20일 16시 55분

양력	1	2	3	4	5	6	7	8	9	10	11	12	13	14	15	16	17	18	19	20	21	22	23	24	25	26	27	28	29	30
요일	토	일	월	화	수	목	금	토	일	월	화	수	목	금	토	일	월	화	수	목	금	토	일	월	화	수	목	금	토	일
일진	甲子	乙丑	丙寅	丁卯	戊辰	己巳	庚午	辛未	壬申	癸酉	甲戌	乙亥	丙子	丁丑	戊寅	己卯	庚辰	辛巳	壬午	癸未	甲申	乙酉	丙戌	丁亥	戊子	己丑	庚寅	辛卯	壬辰	癸巳
음력 02/16 03/16	16	17	18	19	20	21	22	23	24	25	26	27	28	29	3/1	2	3	4	5	6	7	8	9	10	11	12	13	14	15	16
대운 남	9	9	9	10	청	1	1	1	1	2	2	2	3	3	3	4	4	4	5	곡	5	6	6	6	7	7	7	8	8	8
여	1	1	1	1	명	10	10	9	9	9	8	8	8	7	7	7	6	6	6	우	5	5	4	4	4	3	3	3	2	2

입하 6일 03시 21분 【음4월】→　음력 4 【癸巳月(계사월)】　소만 21일 16시 22분

양력	1	2	3	4	5	6	7	8	9	10	11	12	13	14	15	16	17	18	19	20	21	22	23	24	25	26	27	28	29	30	31
요일	월	화	수	목	금	토	일	월	화	수	목	금	토	일	월	화	수	목	금	토	일	월	화	수	목	금	토	일	월	화	수
일진	甲午	乙未	丙申	丁酉	戊戌	己亥	庚子	辛丑	壬寅	癸卯	甲辰	乙巳	丙午	丁未	戊申	己酉	庚戌	辛亥	壬子	癸丑	甲寅	乙卯	丙辰	丁巳	戊午	己未	庚申	辛酉	壬戌	癸亥	甲子
음력 03/17 04/17	17	18	19	20	21	22	23	24	25	26	27	28	29	30	4/1	2	3	4	5	6	7	8	9	10	11	12	13	14	15	16	17
대운 남	9	9	9	10	10	입	1	1	1	1	2	2	2	3	3	3	4	4	4	5	소	5	6	6	6	7	7	7	8	8	8
여	2	1	1	1	1	하	10	10	9	9	9	8	8	8	7	7	7	6	6	6	만	5	5	4	4	4	3	3	3	2	2

망종 6일 07시 46분 【음5월】→　음력 5 【甲午月(갑오월)】　하지 22일 00시 30분

양력	1	2	3	4	5	6	7	8	9	10	11	12	13	14	15	16	17	18	19	20	21	22	23	24	25	26	27	28	29	30
요일	목	금	토	일	월	화	수	목	금	토	일	월	화	수	목	금	토	일	월	화	수	목	금	토	일	월	화	수	목	금
일진	乙丑	丙寅	丁卯	戊辰	己巳	庚午	辛未	壬申	癸酉	甲戌	乙亥	丙子	丁丑	戊寅	己卯	庚辰	辛巳	壬午	癸未	甲申	乙酉	丙戌	丁亥	戊子	己丑	庚寅	辛卯	壬辰	癸巳	甲午
음력 04/18 05/18	18	19	20	21	22	23	24	25	26	27	28	29	5/1	2	3	4	5	6	7	8	9	10	11	12	13	14	15	16	17	18
대운 남	9	9	9	10	10	망	1	1	1	1	2	2	2	3	3	3	4	4	4	5	하	5	6	6	6	7	7	7	8	8
여	2	1	1	1	1	종	10	10	9	9	9	8	8	8	7	7	7	6	6	6	지	5	5	4	4	4	3	3	3	2

한식(4월06일), 초복(7월16일), 중복(7월26일), 말복(8월15일) ↑춘사(春社)3/16 ☀추사(秋社)9/22
토왕지절(土旺之節):4월17일,7월20일,10월20일,1월17일(신년양력),
臘享(납향):1962년 1월23일(신년양력)

1961 辛丑年

소서 7일 18시 07분 　【음6월】 →　**음 6**　【乙未月(을미월)】　　　　　**대서 23일 11시 24분**

양력 7	양력	1	2	3	4	5	6	7	8	9	10	11	12	13	14	15	16	17	18	19	20	21	22	23	24	25	26	27	28	29	30	31
	요일	토	일	월	화	수	목	금	토	일	월	화	수	목	금	토	일	월	화	수	목	금	토	일	월	화	수	목	금	토	일	월
	일진	乙辰	丙未	戊申	己戌	庚亥	辛子	壬丑	癸寅	乙辰	丙巳	丁午	戊未	己申	庚酉	辛戌	壬亥	癸子	甲丑	乙寅	丙卯	丁辰	戊巳	己午	庚未	辛申	壬酉	癸戌	甲亥	乙		
음력 05/19 06/19	음력	19	20	21	22	23	24	25	26	27	28	29	30	6/1	2	3	4	5	6	7	8	9	10	11	12	13	14	15	16	17	18	19
	대남	8	9	9	9	10	10	소서	1	1	1	1	2	2	2	3	3	3	4	4	4	5	5	대서	6	6	6	7	7	7	8	
	운여	2	2	1	1	1	10	서	10	10	10	9	9	9	8	8	8	7	7	7	6	6	6	서	5	5	5	4	4	3	3	

입추 8일 03시 48분 　【음7월】 →　**음 7**　【丙申月(병신월)】　　　　　**처서 23일 18시 19분**

양력 8	양력	1	2	3	4	5	6	7	8	9	10	11	12	13	14	15	16	17	18	19	20	21	22	23	24	25	26	27	28	29	30	31
	요일	화	수	목	금	토	일	월	화	수	목	금	토	일	월	화	수	목	금	토	일	월	화	수	목	금	토	일	월	화	수	목
	일진	丙寅	丁卯	戊辰	己巳	庚午	辛未	壬申	癸酉	乙亥	丙子	丁丑	戊寅	己卯	庚辰	辛巳	壬午	癸未	甲申	乙酉	丙戌	丁亥	戊子	己丑	庚寅	辛卯	壬辰	癸巳	甲午	乙未	丙申	丁酉
음력 06/20 07/21	음력	20	21	22	23	24	25	26	27	28	29	7/1	2	3	4	5	6	7	8	9	10	11	12	13	14	15	16	17	18	19	20	21
	대남	8	9	9	9	10	10	입추	1	1	1	1	2	2	2	3	3	3	4	4	4	5	5	처서	6	6	6	7	7	7	8	8
	운여	2	2	2	1	1	1	추	10	10	10	9	9	9	8	8	8	7	7	7	6	6	6	서	5	5	5	4	4	4	3	3

백로 8일 06시 29분 　【음8월】 →　**음 8**　【丁酉月(정유월)】　　　　　**추분 23일 15시 42분**

양력 9	양력	1	2	3	4	5	6	7	8	9	10	11	12	13	14	15	16	17	18	19	20	21	22	23	24	25	26	27	28	29	30
	요일	금	토	일	월	화	수	목	금	토	일	월	화	수	목	금	토	일	월	화	수	목	금	토	일	월	화	수	목	금	토
	일진	戊戌	己亥	庚子	辛丑	壬寅	癸卯	甲辰	乙巳	丙午	丁未	戊申	己酉	庚戌	辛亥	壬子	癸丑	甲寅	乙卯	丙辰	丁巳	戊午	己未	庚申	辛酉	壬戌	癸亥	甲子	乙丑	丙寅	丁卯
음력 07/22 08/21	음력	22	23	24	25	26	27	28	29	30	8/1	2	3	4	5	6	7	8	9	10	11	12	13	14	15	16	17	18	19	20	21
	대남	8	8	9	9	9	10	10	백로	1	1	1	1	2	2	2	3	3	3	4	4	4	추분	5	6	6	6	7	7	7	8
	운여	2	2	2	1	1	1	1	로	10	9	9	9	8	8	8	7	7	7	6	6	6	분	5	5	4	4	4	3	3	3

한로 8일 21시 51분 　【음9월】 →　**음 9**　【戊戌月(무술월)】　　　　　**상강 24일 00시 47분**

양력 10	양력	1	2	3	4	5	6	7	8	9	10	11	12	13	14	15	16	17	18	19	20	21	22	23	24	25	26	27	28	29	30	31
	요일	일	월	화	수	목	금	토	일	월	화	수	목	금	토	일	월	화	수	목	금	토	일	월	화	수	목	금	토	일	월	화
	일진	戊辰	己巳	庚午	辛未	壬申	癸酉	甲戌	乙亥	丙子	丁丑	戊寅	己卯	庚辰	辛巳	壬午	癸未	甲申	乙酉	丙戌	丁亥	戊子	己丑	庚寅	辛卯	壬辰	癸巳	甲午	乙未	丙申	丁酉	戊戌
음력 08/22 09/22	음력	22	23	24	25	26	27	28	29	30	9/1	2	3	4	5	6	7	8	9	10	11	12	13	14	15	16	17	18	19	20	21	22
	대남	8	8	8	9	9	9	10	한	1	1	1	1	2	2	2	3	3	3	4	4	4	5	5	상	6	6	6	7	7	7	8
	운여	2	2	2	1	1	1	1	로	10	9	9	9	8	8	8	7	7	7	6	6	6	5	5	강	5	4	4	4	3	3	3

입동 8일 00시 46분 　【음10월】 →　**음 10**　【己亥月(기해월)】　　　　　**소설 22일 22시 08분**

양력 11	양력	1	2	3	4	5	6	7	8	9	10	11	12	13	14	15	16	17	18	19	20	21	22	23	24	25	26	27	28	29	30
	요일	수	목	금	토	일	월	화	수	목	금	토	일	월	화	수	목	금	토	일	월	화	수	목	금	토	일	월	화	수	목
	일진	己亥	庚子	辛丑	壬寅	癸卯	甲辰	乙巳	丙午	丁未	戊申	己酉	庚戌	辛亥	壬子	癸丑	甲寅	乙卯	丙辰	丁巳	戊午	己未	庚申	辛酉	壬戌	癸亥	甲子	乙丑	丙寅	丁卯	戊辰
음력 09/23 10/23	음력	23	24	25	26	27	28	29	10/1	2	3	4	5	6	7	8	9	10	11	12	13	14	15	16	17	18	19	20	21	22	23
	대남	8	8	8	9	9	9	10	입	1	1	1	1	2	2	2	3	3	3	4	4	4	소	5	5	5	6	6	6	7	7
	운여	2	2	2	1	1	1	1	동	10	9	9	9	8	8	8	7	7	7	6	6	6	설	5	5	4	4	4	3	3	3

대설 7일 17시 26분 　【음11월】 →　**음 11**　【庚子月(경자월)】　　　　　**동지 22일 11시 19분**

양력 12	양력	1	2	3	4	5	6	7	8	9	10	11	12	13	14	15	16	17	18	19	20	21	22	23	24	25	26	27	28	29	30	31
	요일	금	토	일	월	화	수	목	금	토	일	월	화	수	목	금	토	일	월	화	수	목	금	토	일	월	화	수	목	금	토	일
	일진	戊辰	己巳	庚午	辛未	壬申	癸酉	甲戌	乙亥	丙子	丁丑	戊寅	己卯	庚辰	辛巳	壬午	癸未	甲申	乙酉	丙戌	丁亥	戊子	己丑	庚寅	辛卯	壬辰	癸巳	甲午	乙未	丙申	丁酉	戊戌
음력 10/24 11/24	음력	24	25	26	27	28	29	30	11/1	2	3	4	5	6	7	8	9	10	11	12	13	14	15	16	17	18	19	20	21	22	23	24
	대남	8	8	8	9	9	9	대	1	1	1	1	2	2	2	3	3	3	4	4	4	5	동	5	6	6	6	7	7	7	8	8
	운여	2	2	2	1	1	1	설	10	9	9	9	8	8	8	7	7	7	6	6	6	5	지	5	5	4	4	4	3	3	3	2

단기 4295 年
불기 2506 年

1962년

대장군(子북방),삼살(북방),상문(辰동남방),조객(子북방),납음(금박금),
【삼재(신,유,술)년】 臘享(납향):1963년 1월 16일(음12/21)

음 12 【辛丑月(신축월)】

소한 6일 04시 35분 【음12월】 → 　　　대한 20일 21시 58분

양력 1	1	2	3	4	5	6	7	8	9	10	11	12	13	14	15	16	17	18	19	20	21	22	23	24	25	26	27	28	29	30	31
요일		월	화	수	목	금	토	일	월	화	수	목	금	토	일	월	화	수	목	금	토	일	월	화	수	목	금	토	일	월	화	수
일진		己亥	庚子	辛丑	壬寅	癸卯	甲辰	乙巳	丙午	丁未	戊申	己酉	庚戌	辛亥	壬子	癸丑	甲寅	乙卯	丙辰	丁巳	戊午	己未	庚申	辛酉	壬戌	癸亥	甲子	乙丑	丙寅	丁卯	戊辰	己巳
음력		25	26	27	28	29	12/1	2	3	4	5	6	7	8	9	10	11	12	13	14	15	16	17	18	19	20	21	22	23	24	25	26
대 남		8	9	9	9	10	소	1	1	1	1	2	2	2	3	3	3	4	4	4	대	5	5	6	6	6	7	7	7	8	8	8
운 여		2	1	1	1	한	9	9	9	8	8	8	7	7	7	6	6	6	5	한	5	4	4	4	3	3	3	2	2	2	1

음 1 【壬寅月(임인월)】

입춘 4일 16시 17분 【음1월】 → 　　　우수 19일 12시 15분

양력 2	1	2	3	4	5	6	7	8	9	10	11	12	13	14	15	16	17	18	19	20	21	22	23	24	25	26	27	28
요일		목	금	토	일	월	화	수	목	금	토	일	월	화	수	목	금	토	일	월	화	수	목	금	토	일	월	화
일진		庚午	辛未	壬申	癸酉	甲戌	乙亥	丙子	丁丑	戊寅	己卯	庚辰	辛巳	壬午	癸未	甲申	乙酉	丙戌	丁亥	戊子	己丑	庚寅	辛卯	壬辰	癸巳	甲午	乙未	丙申	丁酉
음력		27	28	29	30	1/1	2	3	4	5	6	7	8	9	10	11	12	13	14	15	16	17	18	19	20	21	22	23	24
대 남		9	9	9	10	입	1	1	1	1	2	2	2	3	3	3	4	4	4	우	5	5	5	6	6	6	7	7	7
운 여		1	1	1	춘	1	1	1	2	2	2	3	3	3	4	4	4	5	수	5	6	6	6	7	7	7	8		

壬寅年

음 2 【癸卯月(계묘월)】

경칩 6일 10시 30분 【음2월】 → 　　　춘분 21일 11시 30분

양력 3	1	2	3	4	5	6	7	8	9	10	11	12	13	14	15	16	17	18	19	20	21	22	23	24	25	26	27	28	29	30	31
요일		목	금	토	일	월	화	수	목	금	토	일	월	화	수	목	금	토	일	월	화	수	목	금	토	일	월	화	수	목	금	토
일진		戊戌	己亥	庚子	辛丑	壬寅	癸卯	甲辰	乙巳	丙午	丁未	戊申	己酉	庚戌	辛亥	壬子	癸丑	甲寅	乙卯	丙辰	丁巳	戊午	己未	庚申	辛酉	壬戌	癸亥	甲子	乙丑	丙寅	丁卯	戊辰
음력		25	26	27	28	29	2/1	2	3	4	5	6	7	8	9	10	11	12	13	14	15	16	17	18	19	20	21	22	23	24	25	26
대 남		2	1	1	1	1	경	10	9	9	9	8	8	8	7	7	7	6	6	6	5	춘	5	4	4	4	3	3	3	2	2	2
운 여		8	9	9	9	10	칩	1	1	1	1	2	2	2	3	3	3	4	4	4	5	분	5	6	6	6	7	7	7	8	8	8

음 3 【甲辰月(갑진월)】

청명 5일 15시 34분 【음3월】 → 　　　곡우 20일 22시 51분

양력 4	1	2	3	4	5	6	7	8	9	10	11	12	13	14	15	16	17	18	19	20	21	22	23	24	25	26	27	28	29	30
요일		일	월	화	수	목	금	토	일	월	화	수	목	금	토	일	월	화	수	목	금	토	일	월	화	수	목	금	토	일	월
일진		己巳	庚午	辛未	壬申	癸酉	甲戌	乙亥	丙子	丁丑	戊寅	己卯	庚辰	辛巳	壬午	癸未	甲申	乙酉	丙戌	丁亥	戊子	己丑	庚寅	辛卯	壬辰	癸巳	甲午	乙未	丙申	丁酉	戊戌
음력		27	28	29	30	3/1	2	3	4	5	6	7	8	9	10	11	12	13	14	15	16	17	18	19	20	21	22	23	24	25	26
대 남		1	1	1	1	청	10	10	9	9	9	8	8	8	7	7	7	6	6	6	곡	5	5	4	4	4	3	3	3	2	2
운 여		9	9	9	10	명	1	1	1	1	2	2	2	3	3	3	4	4	4	5	우	5	6	6	6	7	7	7	8	8	8

음 4 【乙巳月(을사월)】

입하 6일 09시 10분 【음4월】 → 　　　소만 21일 22시 17분

양력 5	1	2	3	4	5	6	7	8	9	10	11	12	13	14	15	16	17	18	19	20	21	22	23	24	25	26	27	28	29	30	31
요일		화	수	목	금	토	일	월	화	수	목	금	토	일	월	화	수	목	금	토	일	월	화	수	목	금	토	일	월	화	수	목
일진		己亥	庚子	辛丑	壬寅	癸卯	甲辰	乙巳	丙午	丁未	戊申	己酉	庚戌	辛亥	壬子	癸丑	甲寅	乙卯	丙辰	丁巳	戊午	己未	庚申	辛酉	壬戌	癸亥	甲子	乙丑	丙寅	丁卯	戊辰	己巳
음력		27	28	29	4/1	2	3	4	5	6	7	8	9	10	11	12	13	14	15	16	17	18	19	20	21	22	23	24	25	26	27	28
대 남		2	1	1	1	1	입	10	10	9	9	9	8	8	8	7	7	7	6	6	6	소	5	5	4	4	4	3	3	3	2	2
운 여		9	9	9	10	10	하	1	1	1	1	2	2	2	3	3	3	4	4	4	5	만	5	6	6	6	7	7	7	8	8	8

음 5 【丙午月(병오월)】

망종 6일 13시 31분 【음5월】 → 　　　하지 22일 06시 24분

양력 6	1	2	3	4	5	6	7	8	9	10	11	12	13	14	15	16	17	18	19	20	21	22	23	24	25	26	27	28	29	30
요일		금	토	일	월	화	수	목	금	토	일	월	화	수	목	금	토	일	월	화	수	목	금	토	일	월	화	수	목	금	토
일진		庚午	辛未	壬申	癸酉	甲戌	乙亥	丙子	丁丑	戊寅	己卯	庚辰	辛巳	壬午	癸未	甲申	乙酉	丙戌	丁亥	戊子	己丑	庚寅	辛卯	壬辰	癸巳	甲午	乙未	丙申	丁酉	戊戌	己亥
음력		29	5/1	2	3	4	5	6	7	8	9	10	11	12	13	14	15	16	17	18	19	20	21	22	23	24	25	26	27	28	29
대 남		2	1	1	1	1	망	10	10	9	9	9	8	8	8	7	7	7	6	6	6	하	5	5	4	4	4	3	3	3	2
운 여		9	9	9	10	10	종	1	1	1	1	2	2	2	3	3	3	4	4	4	5	지	5	6	6	6	7	7	7	8	8

한식(4월06일), 초복(7월21일), 중복(7월31일), 말복(8월10일)
↑춘사(春社)3/21 ☀추사(秋社)9/27
토왕지절(土旺之節):4월17일,7월20일,10월21일,신년 1월18일,(양력)

1962 壬寅年

소서 7일 23시 51분　【음6월】 → 음6 【丁未月(정미월)】　　대서 23일 17시 18분

양력	1	2	3	4	5	6	7	8	9	10	11	12	13	14	15	16	17	18	19	20	21	22	23	24	25	26	27	28	29	30	31
요일	일	월	화	수	목	금	토	일	월	화	수	목	금	토	일	월	화	수	목	금	토	일	월	화	수	목	금	토	일	월	화
일진	庚	辛	壬	癸	甲	乙	丙	丁	戊	己	庚	辛	壬	癸	甲	乙	丙	丁	戊	己	庚	辛	壬	癸	甲	乙	丙	丁	戊	己	庚
日辰	子	丑	寅	卯	辰	巳	午	未	申	酉	戌	亥	子	丑	寅	卯	辰	巳	午	未	申	酉	戌	亥	子	丑	寅	卯	辰	巳	午
음력 05/30 07/01	29	6/1	2	3	4	5	6	7	8	9	10	11	12	13	14	15	16	17	18	19	20	21	22	23	24	25	26	27	28	29	7/1
대 남	2	2	1	1	1	1	소	10	10	9	9	9	8	8	8	7	7	7	6	6	6	5	대	5	5	4	4	4	3	3	3
운 여	8	9	9	9	10	10	서	1	1	1	1	2	2	2	3	3	3	4	4	4	5	5	서	6	6	6	7	7	7	8	8

입추 8일 09시 34분　【음7월】 → 음7 【戊申月(무신월)】　　처서 24일 00시 12분

양력	1	2	3	4	5	6	7	8	9	10	11	12	13	14	15	16	17	18	19	20	21	22	23	24	25	26	27	28	29	30	31
요일	수	목	금	토	일	월	화	수	목	금	토	일	월	화	수	목	금	토	일	월	화	수	목	금	토	일	월	화	수	목	금
일진	辛	壬	癸	甲	乙	丙	丁	戊	己	庚	辛	壬	癸	甲	乙	丙	丁	戊	己	庚	辛	壬	癸	甲	乙	丙	丁	戊	己	庚	辛
日辰	未	申	酉	戌	亥	子	丑	寅	卯	辰	巳	午	未	申	酉	戌	亥	子	丑	寅	卯	辰	巳	午	未	申	酉	戌	亥	子	丑
음력 07/02 08/02	2	3	4	5	6	7	8	9	10	11	12	13	14	15	16	17	18	19	20	21	22	23	24	25	26	27	28	29	30	8/1	2
대 남	2	2	1	1	1	1	입	10	10	9	9	9	8	8	8	7	7	7	6	6	6	5	처	5	5	4	4	4	3	3	3
운 여	8	9	9	9	10	10	추	1	1	1	1	2	2	2	3	3	3	4	4	4	5	5	서	6	6	6	7	7	7	8	8

백로 8일 12시 15분　【음8월】 → 음8 【己酉月(기유월)】　　추분 23일 21시 35분

양력	1	2	3	4	5	6	7	8	9	10	11	12	13	14	15	16	17	18	19	20	21	22	23	24	25	26	27	28	29	30
요일	토	일	월	화	수	목	금	토	일	월	화	수	목	금	토	일	월	화	수	목	금	토	일	월	화	수	목	금	토	일
일진	壬	癸	甲	乙	丙	丁	戊	己	庚	辛	壬	癸	甲	乙	丙	丁	戊	己	庚	辛	壬	癸	甲	乙	丙	丁	戊	己	庚	辛
日辰	寅	卯	辰	巳	午	未	申	酉	戌	亥	子	丑	寅	卯	辰	巳	午	未	申	酉	戌	亥	子	丑	寅	卯	辰	巳	午	未
음력 08/03 09/02	3	4	5	6	7	8	9	10	11	12	13	14	15	16	17	18	19	20	21	22	23	24	25	26	27	28	29	30	9/1	2
대 남	2	2	1	1	1	1	백	10	9	9	9	8	8	8	7	7	7	6	6	6	5	추	5	5	4	4	4	3	3	3
운 여	8	8	9	9	9	10	로	1	1	1	1	2	2	2	3	3	3	4	4	4	5	분	5	5	6	6	6	7	7	7

한로 9일 03시 38분　【음9월】 → 음9 【庚戌月(경술월)】　　상강 24일 06시 40분

양력	1	2	3	4	5	6	7	8	9	10	11	12	13	14	15	16	17	18	19	20	21	22	23	24	25	26	27	28	29	30	31
요일	월	화	수	목	금	토	일	월	화	수	목	금	토	일	월	화	수	목	금	토	일	월	화	수	목	금	토	일	월	화	수
일진	壬	癸	甲	乙	丙	丁	戊	己	庚	辛	壬	癸	甲	乙	丙	丁	戊	己	庚	辛	壬	癸	甲	乙	丙	丁	戊	己	庚	辛	壬
日辰	申	酉	戌	亥	子	丑	寅	卯	辰	巳	午	未	申	酉	戌	亥	子	丑	寅	卯	辰	巳	午	未	申	酉	戌	亥	子	丑	寅
음력 09/03 10/04	3	4	5	6	7	8	9	10	11	12	13	14	15	16	17	18	19	20	21	22	23	24	25	26	27	28	29	10/1	2	3	4
대 남	2	2	2	1	1	1	1	한	10	9	9	9	8	8	8	7	7	7	6	6	6	5	상	5	5	4	4	4	3	3	3
운 여	8	8	8	9	9	9	10	로	1	1	1	1	2	2	2	3	3	3	4	4	4	5	강	5	6	6	6	7	7	7	7

입동 8일 06시 35분　【음10월】 → 음10 【辛亥月(신해월)】　　소설 23일 04시 02분

양력	1	2	3	4	5	6	7	8	9	10	11	12	13	14	15	16	17	18	19	20	21	22	23	24	25	26	27	28	29	30
요일	목	금	토	일	월	화	수	목	금	토	일	월	화	수	목	금	토	일	월	화	수	목	금	토	일	월	화	수	목	금
일진	癸	甲	乙	丙	丁	戊	己	庚	辛	壬	癸	甲	乙	丙	丁	戊	己	庚	辛	壬	癸	甲	乙	丙	丁	戊	己	庚	辛	壬
日辰	卯	辰	巳	午	未	申	酉	戌	亥	子	丑	寅	卯	辰	巳	午	未	申	酉	戌	亥	子	丑	寅	卯	辰	巳	午	未	申
음력 10/05 11/04	5	6	7	8	9	10	11	12	13	14	15	16	17	18	19	20	21	22	23	24	25	26	27	28	29	30	11/1	2	3	4
대 남	2	2	1	1	1	1	입	10	9	9	9	8	8	8	7	7	7	6	6	6	5	소	5	4	4	4	3	3	3	2
운 여	8	8	9	9	9	10	동	1	1	1	1	2	2	2	3	3	3	4	4	4	5	설	5	6	6	6	7	7	7	8

대설 7일 23시 17분　【음11월】 → 음11 【壬子月(임자월)】　　동지 22일 17시 15분

양력	1	2	3	4	5	6	7	8	9	10	11	12	13	14	15	16	17	18	19	20	21	22	23	24	25	26	27	28	29	30	31
요일	토	일	월	화	수	목	금	토	일	월	화	수	목	금	토	일	월	화	수	목	금	토	일	월	화	수	목	금	토	일	월
일진	癸	甲	乙	丙	丁	戊	己	庚	辛	壬	癸	甲	乙	丙	丁	戊	己	庚	辛	壬	癸	甲	乙	丙	丁	戊	己	庚	辛	壬	癸
日辰	酉	戌	亥	子	丑	寅	卯	辰	巳	午	未	申	酉	戌	亥	子	丑	寅	卯	辰	巳	午	未	申	酉	戌	亥	子	丑	寅
음력 11/05 12/05	5	6	7	8	9	10	11	12	13	14	15	16	17	18	19	20	21	22	23	24	25	26	27	28	29	30	12/1	2	3	4	5
대 남	2	2	1	1	1	1	대	10	9	9	9	8	8	8	7	7	7	6	6	6	5	동	5	5	4	4	4	3	3	3	2
운 여	8	8	8	9	9	9	설	1	1	1	1	2	2	2	3	3	3	4	4	4	5	지	5	5	6	6	6	7	7	7	8

癸卯(계묘)년　納音(金箔金), 본명성(一白水)

대장군(子北방),삼살(西서방), 상문(巳동남방),조객(丑동북방), 납음(금박금)
【삼재(사,오,미)년】 臘享(납향):1964년1월23일(음12/09)

소한 6일 10시 26분 【음12월】 → 음 12 【癸丑月(계축월)】 ◐ 대한 21일 03시 54분

양력 1	양력	1	2	3	4	5	6	7	8	9	10	11	12	13	14	15	16	17	18	19	20	21	22	23	24	25	26	27	28	29	30	31
	요일	화	수	목	금	토	일	월	화	수	목	금	토	일	월	화	수	목	금	토	일	월	화	수	목	금	토	일	월	화	수	목
일진	日辰	甲辰	乙巳	丙午	丁未	戊申	己酉	庚戌	辛亥	壬子	癸丑	乙卯	丙辰	丁巳	戊午	己未	庚申	辛酉	壬戌	癸亥	乙丑	丙寅	丁卯	戊辰	己巳	庚午	辛未	壬申	癸酉			
음력 12/06 01/07	음력	6	7	8	9	10	11	12	13	14	15	16	17	18	19	20	21	22	23	24	25	26	27	28	29	1/1	2	3	4	5	6	7
대운	남 여	8 9	9 9	9 9	10	소한	9 1	9 1	9 1	8 1	8 2	8 2	7 2	7 3	7 3	6 3	6 4	6 4	5 4	대한	4 5	4 5	4 6	3 6	3 6	3 7	2 7	2 7	2 8	1 8	1 8	

입춘 4일 22시 08분 【음1월】 → 음 1 【甲寅月(갑인월)】 ◑ 우수 19일 18시 09분

양력 2	양력	1	2	3	4	5	6	7	8	9	10	11	12	13	14	15	16	17	18	19	20	21	22	23	24	25	26	27	28
	요일	금	토	일	월	화	수	목	금	토	일	월	화	수	목	금	토	일	월	화	수	목	금	토	일	월	화	수	목
일진	日辰	乙亥	丙子	丁丑	戊寅	己卯	庚辰	辛巳	壬午	癸未	乙酉	丙戌	丁亥	戊子	己丑	庚寅	辛卯	壬辰	癸巳	乙未	丙申	丁酉	戊戌	己亥	庚子	辛丑	壬寅		
음력 01/08 02/05	음력	8	9	10	11	12	13	14	15	16	17	18	19	20	21	22	23	24	25	26	27	28	29	30	2/1	2	3	4	5
대운	남 여	1 9	1 9	1 9	입춘	1 10	1 9	1 9	9	2 8	2 8	2 8	3 7	3 7	3 7	4 6	4 6	4 6	5 5	우수	5 5	6 4	6 4	6 4	7 3	7 3	7 3	8 2	8 2

경칩 6일 16시 17분 【음2월】 → 음 2 【乙卯月(을묘월)】 ◑ 춘분 21일 17시 20분

양력 3	양력	1	2	3	4	5	6	7	8	9	10	11	12	13	14	15	16	17	18	19	20	21	22	23	24	25	26	27	28	29	30	31
	요일	금	토	일	월	화	수	목	금	토	일	월	화	수	목	금	토	일	월	화	수	목	금	토	일	월	화	수	목	금	토	일
일진	日辰	癸卯	甲辰	乙巳	丙午	丁未	戊申	己酉	庚戌	辛亥	壬子	癸丑	乙卯	丙辰	丁巳	戊午	己未	庚申	辛酉	壬戌	癸亥	甲子	乙丑	丙寅	丁卯	戊辰	己巳	庚午	辛未	壬申	癸酉	
음력 02/06 03/07	음력	6	7	8	9	10	11	12	13	14	15	16	17	18	19	20	21	22	23	24	25	26	27	28	29	3/1	2	3	4	5	6	7
대운	남 여	8 2	9 1	9 1	9 1	10 1	경칩	1 10	1 9	1 9	1 9	2 8	2 8	2 8	3 7	3 7	3 7	4 6	4 6	4 6	5 5	춘분	5 5	6 4	6 4	6 4	7 3	7 3	7 3	8 2	8 2	8 2

청명 5일 21시 19분 【음3월】 → 음 3 【丙辰月(병진월)】 ◑ 곡우 21일 04시 36분

양력 4	양력	1	2	3	4	5	6	7	8	9	10	11	12	13	14	15	16	17	18	19	20	21	22	23	24	25	26	27	28	29	30
	요일	월	화	수	목	금	토	일	월	화	수	목	금	토	일	월	화	수	목	금	토	일	월	화	수	목	금	토	일	월	화
일진	日辰	甲戌	乙亥	丙子	丁丑	戊寅	己卯	庚辰	辛巳	壬午	癸未	甲申	乙酉	丙戌	丁亥	戊子	己丑	庚寅	辛卯	壬辰	癸巳	甲午	乙未	丙申	丁酉	戊戌	己亥	庚子	辛丑	壬寅	癸卯
음력 03/08 04/07	음력	8	9	10	11	12	13	14	15	16	17	18	19	20	21	22	23	24	25	26	27	28	29	4/1	2	3	4	5	6	7
대운	남 여	9 1	9 1	9 1	10 1	청명	1 10	1 10	1 9	1 9	2 8	2 8	2 8	3 7	3 7	3 7	4 6	4 6	4 6	5 5	곡우	5 5	6 4	6 4	6 4	7 3	7 3	7 3	8 2	8 2	8 2

입하 6일 14시 52분 【음4월】 → 음 4 【丁巳月(정사월)】 ◑ 윤 4 소만 22일 03시 58분

양력 5	양력	1	2	3	4	5	6	7	8	9	10	11	12	13	14	15	16	17	18	19	20	21	22	23	24	25	26	27	28	29	30	31
	요일	수	목	금	토	일	월	화	수	목	금	토	일	월	화	수	목	금	토	일	월	화	수	목	금	토	일	월	화	수	목	금
일진	日辰	甲辰	乙巳	丙午	丁未	戊申	己酉	庚戌	辛亥	壬子	癸丑	甲寅	乙卯	丙辰	丁巳	戊午	己未	庚申	辛酉	壬戌	癸亥	甲子	乙丑	丙寅	丁卯	戊辰	己巳	庚午	辛未	壬申	癸酉	甲戌
음력 04/08 윤409	음력	8	9	10	11	12	13	14	15	16	17	18	19	20	21	22	23	24	25	26	27	28	29	윤4	2	3	4	5	6	7	8	9
대운	남 여	9 2	9 1	9 1	10 1	10 1	입하	1 10	1 10	1 9	1 9	2 8	2 8	2 8	3 7	3 7	3 7	4 6	4 6	4 6	5 5	소만	5 5	6 4	6 4	6 4	7 3	7 3	7 3	8 2	8 2	8 2

망종 6일 19시 14분 【음5월】 → 음 5 【戊午月(무오월)】 ◑ 하지 22일 12시 04분

양력 6	양력	1	2	3	4	5	6	7	8	9	10	11	12	13	14	15	16	17	18	19	20	21	22	23	24	25	26	27	28	29	30
	요일	토	일	월	화	수	목	금	토	일	월	화	수	목	금	토	일	월	화	수	목	금	토	일	월	화	수	목	금	토	일
일진	日辰	乙亥	丙子	丁丑	戊寅	己卯	庚辰	辛巳	壬午	癸未	甲申	乙酉	丙戌	丁亥	戊子	己丑	庚寅	辛卯	壬辰	癸巳	甲午	乙未	丙申	丁酉	戊戌	己亥	庚子	辛丑	壬寅	癸卯	甲辰
음력 윤410 05/10	음력	10	11	12	13	14	15	16	17	18	19	20	21	22	23	24	25	26	27	28	29	5/1	2	3	4	5	6	7	8	9	10
대운	남 여	9 2	9 1	9 1	10 1	10 1	망종	1 10	1 10	1 9	1 9	2 8	2 8	2 8	3 7	3 7	3 7	4 6	4 6	4 6	5 5	하지	5 5	6 4	6 4	6 4	7 3	7 3	7 3	8 2	8 2

癸卯年

한식(4월06일), 초복(7월16일), 중복(7월26일), 말복(8월15일)
🌱춘사(春社)3/16 ☀추사(秋社)9/22
土王토왕지절(土旺之節):4월18일,7월20일,10월21일,신년 1월18일,(양력)

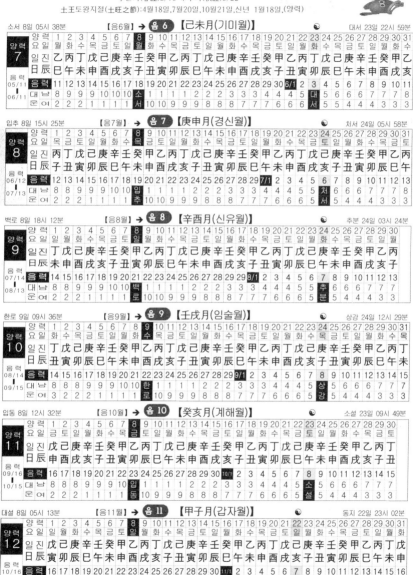

1963 癸卯年

1月

소한 6일 16시 22분　【음12월】 →　음 12　【乙丑月(을축월)】　　대한 21일 09시 41분

양력	1	2	3	4	5	6	7	8	9	10	11	12	13	14	15	16	17	18	19	20	21	22	23	24	25	26	27	28	29	30	31
요일	수	목	금	토	일	월	화	수	목	금	토	일	월	화	수	목	금	토	일	월	화	수	목	금	토	일	월	화	수	목	금
일진	己	庚	辛	壬	癸	甲	乙	丙	丁	戊	己	庚	辛	壬	癸	甲	乙	丙	丁	戊	己	庚	辛	壬	癸	甲	乙	丙	丁	戊	己
	酉	戌	亥	子	丑	寅	卯	辰	巳	午	未	申	酉	戌	亥	子	丑	寅	卯	辰	巳	午	未	申	酉	戌	亥	子	丑	寅	卯
음력	17	18	19	20	21	22	23	24	25	26	27	28	29	30	12/1	2	3	4	5	6	7	8	9	10	11	12	13	14	15	16	17
대남	8	8	9	9	9	소한	1	1	1	1	2	2	2	3	3	3	4	4	4	5	대한	5	6	6	6	7	7	7	8	8	8
운여	2	1	1	1	1		10	9	9	9	8	8	8	7	7	7	6	6	6	5		5	4	4	4	3	3	3	2	2	2

음력 11/17 ~ 12/17

2月

입춘 5일 04시 05분　【음1월】 →　음 1　【丙寅月(병인월)】　　우수 19일 23시 57분

양력	1	2	3	4	5	6	7	8	9	10	11	12	13	14	15	16	17	18	19	20	21	22	23	24	25	26	27	28	29
요일	토	일	월	화	수	목	금	토	일	월	화	수	목	금	토	일	월	화	수	목	금	토	일	월	화	수	목	금	토
일진	庚	辛	壬	癸	甲	乙	丙	丁	戊	己	庚	辛	壬	癸	甲	乙	丙	丁	戊	己	庚	辛	壬	癸	甲	乙	丙	丁	戊
	辰	巳	午	未	申	酉	戌	亥	子	丑	寅	卯	辰	巳	午	未	申	酉	戌	亥	子	丑	寅	卯	辰	巳	午	未	申
음력	18	19	20	21	22	23	24	25	26	27	28	29	1/1	2	3	4	5	6	7	8	9	10	11	12	13	14	15	16	17
대남	9	9	9	10	입춘	9	9	9	8	8	8	7	7	7	6	6	6	5	우수	5	4	4	4	3	3	3	2	2	2
운여	1	1	1	1		1	1	1	2	2	2	3	3	3	4	4	4	5		5	6	6	6	7	7	7	8	8	8

음력 12/18 ~ 01/17

甲辰年

3月

경칩 5일 22시 16분　【음2월】 →　음 2　【丁卯月(정묘월)】　　춘분 20일 23시 10분

양력	1	2	3	4	5	6	7	8	9	10	11	12	13	14	15	16	17	18	19	20	21	22	23	24	25	26	27	28	29	30	31
요일	일	월	화	수	목	금	토	일	월	화	수	목	금	토	일	월	화	수	목	금	토	일	월	화	수	목	금	토	일	월	화
일진	己	庚	辛	壬	癸	甲	乙	丙	丁	戊	己	庚	辛	壬	癸	甲	乙	丙	丁	戊	己	庚	辛	壬	癸	甲	乙	丙	丁	戊	己
	酉	戌	亥	子	丑	寅	卯	辰	巳	午	未	申	酉	戌	亥	子	丑	寅	卯	辰	巳	午	未	申	酉	戌	亥	子	丑	寅	卯
음력	18	19	20	21	22	23	24	25	26	27	28	29	30	2/1	2	3	4	5	6	7	8	9	10	11	12	13	14	15	16	17	18
대남	1	1	1	1	경칩	10	10	9	9	9	8	8	8	7	7	7	6	6	6	춘분	5	5	4	4	4	3	3	3	2	2	2
운여	8	9	9	9		1	1	1	1	2	2	2	3	3	3	4	4	4	5		5	6	6	6	7	7	7	8	8	8	9

음력 01/18 ~ 02/18

4月

청명 5일 03시 18분　【음3월】 →　음 3　【戊辰月(무진월)】　　곡우 20일 10시 27분

양력	1	2	3	4	5	6	7	8	9	10	11	12	13	14	15	16	17	18	19	20	21	22	23	24	25	26	27	28	29	30
요일	수	목	금	토	일	월	화	수	목	금	토	일	월	화	수	목	금	토	일	월	화	수	목	금	토	일	월	화	수	목
일진	庚	辛	壬	癸	甲	乙	丙	丁	戊	己	庚	辛	壬	癸	甲	乙	丙	丁	戊	己	庚	辛	壬	癸	甲	乙	丙	丁	戊	己
	辰	巳	午	未	申	酉	戌	亥	子	丑	寅	卯	辰	巳	午	未	申	酉	戌	亥	子	丑	寅	卯	辰	巳	午	未	申	酉
음력	19	20	21	22	23	24	25	26	27	28	29	3/1	2	3	4	5	6	7	8	9	10	11	12	13	14	15	16	17	18	19
대남	1	1	1	1	청명	10	9	9	9	8	8	8	7	7	7	6	6	6	5	곡우	5	4	4	4	3	3	3	2	2	2
운여	9	9	10	10		1	1	1	2	2	2	3	3	3	4	4	4	5	5		5	6	6	6	7	7	7	8	8	8

음력 02/19 ~ 03/19

5月

입하 5일 20시 51분　【음4월】 →　음 4　【己巳月(기사월)】　　소만 21일 09시 50분

양력	1	2	3	4	5	6	7	8	9	10	11	12	13	14	15	16	17	18	19	20	21	22	23	24	25	26	27	28	29	30	31
요일	금	토	일	월	화	수	목	금	토	일	월	화	수	목	금	토	일	월	화	수	목	금	토	일	월	화	수	목	금	토	일
일진	庚	辛	壬	癸	甲	乙	丙	丁	戊	己	庚	辛	壬	癸	甲	乙	丙	丁	戊	己	庚	辛	壬	癸	甲	乙	丙	丁	戊	己	庚
	戌	亥	子	丑	寅	卯	辰	巳	午	未	申	酉	戌	亥	子	丑	寅	卯	辰	巳	午	未	申	酉	戌	亥	子	丑	寅	卯	辰
음력	20	21	22	23	24	25	26	27	28	29	30	4/1	2	3	4	5	6	7	8	9	10	11	12	13	14	15	16	17	18	19	20
대남	1	1	1	1	입하	10	10	10	9	9	9	8	8	8	7	7	7	6	6	6	소만	5	5	4	4	4	3	3	3	2	2
운여	9	9	10	10		하	1	1	1	1	2	2	2	3	3	3	4	4	4	5		5	6	6	6	7	7	7	8	8	9

음력 03/20 ~ 04/20

6月

망종 6일 01시 12분　【음5월】 →　음 5　【庚午月(경오월)】　　하지 21일 17시 57분

양력	1	2	3	4	5	6	7	8	9	10	11	12	13	14	15	16	17	18	19	20	21	22	23	24	25	26	27	28	29	30
요일	월	화	수	목	금	토	일	월	화	수	목	금	토	일	월	화	수	목	금	토	일	월	화	수	목	금	토	일	월	화
일진	辛	壬	癸	甲	乙	丙	丁	戊	己	庚	辛	壬	癸	甲	乙	丙	丁	戊	己	庚	辛	壬	癸	甲	乙	丙	丁	戊	己	庚
	巳	午	未	申	酉	戌	亥	子	丑	寅	卯	辰	巳	午	未	申	酉	戌	亥	子	丑	寅	卯	辰	巳	午	未	申	酉	戌
음력	21	22	23	24	25	26	27	28	29	5/1	2	3	4	5	6	7	8	9	10	11	12	13	14	15	16	17	18	19	20	21
대남	2	1	1	1	1	망종	10	10	9	9	9	8	8	8	7	7	7	6	6	6	하지	5	5	4	4	4	3	3	3	2
운여	9	9	10	10	10	종	1	1	1	1	2	2	2	3	3	3	4	4	4	5	지	5	6	6	6	7	7	7	8	8

음력 04/21 ~ 05/21

한식(4월05일), 초복(7월20일), 중복(7월30일), 말복(8월09일) ♠춘사(春社)3/20
☀추사(秋社)9/26토왕지절(土旺之節):4월17일,7월20일,10월20일,신년1월18일,(양력)
臘享(납향):1965년 1월17일신년(양)

1964 甲辰年

소서 7일 11시 32분　　【음6월】 →　음 6 【辛未月(신미월)】　　　대서 23일 04시 53분

양력 7	양력	1	2	3	4	5	6	7	8	9	10	11	12	13	14	15	16	17	18	19	20	21	22	23	24	25	26	27	28	29	30	31
	요일	수	목	금	토	일	월	화	수	목	금	토	일	월	화	수	목	금	토	일	월	화	수	목	금	토	일	월	화	수	목	금
	일진	辛巳	壬午	癸未	甲申	乙酉	丙戌	丁亥	戊子	己丑	庚寅	辛卯	壬辰	癸巳	甲午	乙未	丙申	丁酉	戊戌	己亥	庚子	辛丑	壬寅	癸卯	甲辰	乙巳	丙午	丁未	戊申	己酉	庚戌	辛亥

05/22 ~ 06/23　음력 22 23 24 25 26 27 28 29 6/1 2 3 4 5 6 7 8 9 10 11 12 13 14 15 16 17 18 19 20 21 22 23

입추 7일 21시 16분　　【음7월】 →　음 7 【壬申月(임신월)】　　　처서 23일 11시 51분

양력 8	1	2	3	4	5	6	7	8	9	10	11	12	13	14	15	16	17	18	19	20	21	22	23	24	25	26	27	28	29	30	31
요일	토	일	월	화	수	목	금	토	일	월	화	수	목	금	토	일	월	화	수	목	금	토	일	월	화	수	목	금	토	일	월
일진	壬辰	癸午	乙未	丙酉	丁戌	戊子	庚寅	辛卯	壬辰	癸巳	甲午	乙未	丙申	丁酉	戊戌	己亥	庚子	辛丑	壬寅	癸卯	甲辰	乙巳	丙午	丁未	戊申	己酉	庚戌	辛亥	壬子	癸丑	甲寅

06/24 ~ 07/24

백로 7일 23시 59분　　【음8월】 →　음 8 【癸酉月(계유월)】　　　추분 23일 09시 17분

한로 8일 15시 22분　　【음9월】 →　음 9 【甲戌月(갑술월)】　　　상강 23일 18시 21분

입동 7일 18시 15분　　【음10월】 →　음 10 【乙亥月(을해월)】　　　소설 22일 15시 39분

대설 7일 10시 53분　　【음11월】 →　음 11 【丙子月(병자월)】　　　동지 22일 04시 50분

【삼재(해,자,축)년】　　臘享(납향):1966年1月12日(음12/21)

소한 5일 22시 02분 【음12월】 →　음 12 【丁丑月(정축월)】　　　　대한 20일 15시 29분

양력 1		1	2	3	4	5	6	7	8	9	10	11	12	13	14	15	16	17	18	19	20	21	22	23	24	25	26	27	28	29	30	31
	요일	금	토	일	월	화	수	목	금	토	일	월	화	수	목	금	토	일	월	화	수	목	금	토	일	월	화	수	목	금	토	일
	일진	乙卯	丙辰	丁巳	戊午	己未	庚申	辛酉	壬戌	癸亥	甲子	乙丑	丙寅	丁卯	戊辰	己巳	庚午	辛未	壬申	癸酉	甲戌	乙亥	丙子	丁丑	戊寅	己卯	庚辰	辛巳	壬午	癸未	甲申	乙酉
음력 11/29 12/29	음력	29	30	12/1	2	3	4	5	6	7	8	9	10	11	12	13	14	15	16	17	18	19	20	21	22	23	24	25	26	27	28	29
	대 남	8	9	9	9	소한	10	9	9	9	8	8	8	7	7	7	6	6	6	5	대한	5	4	4	4	3	3	3	2	2	2	1
	운 여	8	9	9	9	한	1	1	1	1	2	2	2	3	3	3	4	4	4	5	한	5	6	6	6	7	7	7	8	8	8	9

입춘 4일 09시 46분 【음1월】 →　음 1 【戊寅月(무인월)】　　　　우수 19일 05시 48분

양력 2		1	2	3	4	5	6	7	8	9	10	11	12	13	14	15	16	17	18	19	20	21	22	23	24	25	26	27	28
	요일	월	화	수	목	금	토	일	월	화	수	목	금	토	일	월	화	수	목	금	토	일	월	화	수	목	금	토	일
	일진	丙戌	丁亥	戊子	己丑	庚寅	辛卯	壬辰	癸巳	甲午	乙未	丙申	丁酉	戊戌	己亥	庚子	辛丑	壬寅	癸卯	甲辰	乙巳	丙午	丁未	戊申	己酉	庚戌	辛亥	壬子	癸丑
음력 12/30 01/27	음력	30	1/1	2	3	4	5	6	7	8	9	10	11	12	13	14	15	16	17	18	19	20	21	22	23	24	25	26	27
	대 남	1	1	입춘	1	1	1	1	2	2	2	3	3	3	4	4	4	5	우수	5	6	6	6	7	7	7	8	8	8
	운 여	9	9	10	춘	10	9	9	9	8	8	8	7	7	7	6	6	6	5	수	5	4	4	4	3	3	3	2	2

乙巳年

경칩 6일 04시 01분 【음2월】 →　음 2 【己卯月(기묘월)】　　　　춘분 21일 05시 05분

양력 3		1	2	3	4	5	6	7	8	9	10	11	12	13	14	15	16	17	18	19	20	21	22	23	24	25	26	27	28	29	30	31
	요일	월	화	수	목	금	토	일	월	화	수	목	금	토	일	월	화	수	목	금	토	일	월	화	수	목	금	토	일	월	화	수
	일진	甲寅	乙卯	丙辰	丁巳	戊午	己未	庚申	辛酉	壬戌	癸亥	甲子	乙丑	丙寅	丁卯	戊辰	己巳	庚午	辛未	壬申	癸酉	甲戌	乙亥	丙子	丁丑	戊寅	己卯	庚辰	辛巳	壬午	癸未	甲申
음력 01/28 02/29	음력	28	29	2/1	2	3	4	5	6	7	8	9	10	11	12	13	14	15	16	17	18	19	20	21	22	23	24	25	26	27	28	29
	대 남	8	9	9	9	10	경칩	1	1	1	1	2	2	2	3	3	3	4	4	4	5	춘분	5	6	6	6	7	7	7	8	8	8
	운 여	2	1	1	1	1	칩	10	9	9	9	8	8	8	7	7	7	6	6	6	5	분	5	4	4	4	3	3	3	2	2	2

청명 5일 09시 07분 【음3월】 →　음 3 【庚辰月(경진월)】　　　　곡우 20일 16시 26분

양력 4		1	2	3	4	5	6	7	8	9	10	11	12	13	14	15	16	17	18	19	20	21	22	23	24	25	26	27	28	29	30
	요일	목	금	토	일	월	화	수	목	금	토	일	월	화	수	목	금	토	일	월	화	수	목	금	토	일	월	화	수	목	금
	일진	乙酉	丙戌	丁亥	戊子	己丑	庚寅	辛卯	壬辰	癸巳	甲午	乙未	丙申	丁酉	戊戌	己亥	庚子	辛丑	壬寅	癸卯	甲辰	乙巳	丙午	丁未	戊申	己酉	庚戌	辛亥	壬子	癸丑	甲寅
음력 02/30 03/29	음력	30	3/1	2	3	4	5	6	7	8	9	10	11	12	13	14	15	16	17	18	19	20	21	22	23	24	25	26	27	28	29
	대 남	9	9	9	10	청명	1	1	1	1	2	2	2	3	3	3	4	4	4	5	곡우	5	6	6	6	7	7	7	8	8	8
	운 여	1	1	1	1	명	10	10	9	9	9	8	8	8	7	7	7	6	6	6	우	5	5	4	4	4	3	3	3	2	2

입하 6일 02시 42분 【음4월】 →　음 4 【辛巳月(신사월)】　　　　소만 21일 15시 50분

양력 5		1	2	3	4	5	6	7	8	9	10	11	12	13	14	15	16	17	18	19	20	21	22	23	24	25	26	27	28	29	30	31
	요일	토	일	월	화	수	목	금	토	일	월	화	수	목	금	토	일	월	화	수	목	금	토	일	월	화	수	목	금	토	일	월
	일진	乙卯	丙辰	丁巳	戊午	己未	庚申	辛酉	壬戌	癸亥	甲子	乙丑	丙寅	丁卯	戊辰	己巳	庚午	辛未	壬申	癸酉	甲戌	乙亥	丙子	丁丑	戊寅	己卯	庚辰	辛巳	壬午	癸未	甲申	乙酉
음력 04/01 05/01	음력	30	4/1	2	3	4	5	6	7	8	9	10	11	12	13	14	15	16	17	18	19	20	21	22	23	24	25	26	27	28	29	5/1
	대 남	9	9	9	10	10	입하	1	1	1	1	2	2	2	3	3	3	4	4	4	5	소만	5	6	6	6	7	7	7	8	8	8
	운 여	2	1	1	1	1	하	10	10	9	9	9	8	8	8	7	7	7	6	6	6	만	5	5	4	4	4	3	3	3	2	2

망종 6일 07시 02분 【음5월】 →　음 5 【壬午月(임오월)】　　　　하지 21일 23시 56분

양력 6		1	2	3	4	5	6	7	8	9	10	11	12	13	14	15	16	17	18	19	20	21	22	23	24	25	26	27	28	29	30
	요일	화	수	목	금	토	일	월	화	수	목	금	토	일	월	화	수	목	금	토	일	월	화	수	목	금	토	일	월	화	수
	일진	丙戌	丁亥	戊子	己丑	庚寅	辛卯	壬辰	癸巳	甲午	乙未	丙申	丁酉	戊戌	己亥	庚子	辛丑	壬寅	癸卯	甲辰	乙巳	丙午	丁未	戊申	己酉	庚戌	辛亥	壬子	癸丑	甲寅	乙卯
음력 05/02 06/02	음력	2	3	4	5	6	7	8	9	10	11	12	13	14	15	16	17	18	19	20	21	22	23	24	25	26	27	28	29	6/1	2
	대 남	9	9	9	10	10	망종	1	1	1	1	2	2	2	3	3	3	4	4	4	5	5	하지	6	6	6	7	7	7	8	8
	운 여	9	9	10	10	10	종	10	9	9	9	8	8	8	7	7	7	6	6	6	5	5	지	5	4	4	4	3	3	3	2

1965 乙巳年

소서 7일 17시 21분　【음6월】→ 음 6 【癸未月(계미월)】　　대서 23일 10시 48분

양력	1	2	3	4	5	6	7	8	9	10	11	12	13	14	15	16	17	18	19	20	21	22	23	24	25	26	27	28	29	30	31
요일	목	금	토	일	월	화	수	목	금	토	일	월	화	수	목	금	토	일	월	화	수	목	금	토	일	월	화	수	목	금	토
일진	丙辰	丁巳	戊午	己未	庚申	辛酉	壬戌	癸亥	甲子	乙丑	丙寅	丁卯	戊辰	己巳	庚午	辛未	壬申	癸酉	甲戌	乙亥	丙子	丁丑	戊寅	己卯	庚辰	辛巳	壬午	癸未	甲申	乙酉	丙戌
음력 06/03 07/04	3	4	5	6	7	8	9	10	11	12	13	14	15	16	17	18	19	20	21	22	23	24	25	26	27	28	29	7/1	2	3	4
대낭	8	9	9	9	10	10	10	소서	1	1	1	1	2	2	2	3	3	3	4	4	4	5	대서	5	5	6	6	6	7	7	7
운여	2	2	1	1	1	1	10	10	10	9	9	9	8	8	8	7	7	7	6	6	6	5	5	5	4	4	4	3	3	3	3

입추 8일 03시 05분　【음7월】→ 음 7 【甲申月(갑신월)】　　처서 23일 17시 43분

양력	1	2	3	4	5	6	7	8	9	10	11	12	13	14	15	16	17	18	19	20	21	22	23	24	25	26	27	28	29	30	31
요일	일	월	화	수	목	금	토	일	월	화	수	목	금	토	일	월	화	수	목	금	토	일	월	화	수	목	금	토	일	월	화
일진	丁亥	戊子	己丑	庚寅	辛卯	壬辰	癸巳	甲午	乙未	丙申	丁酉	戊戌	己亥	庚子	辛丑	壬寅	癸卯	甲辰	乙巳	丙午	丁未	戊申	己酉	庚戌	辛亥	壬子	癸丑	甲寅	乙卯	丙辰	丁巳
음력 07/05 08/05	5	6	7	8	9	10	11	12	13	14	15	16	17	18	19	20	21	22	23	24	25	26	27	28	29	30	8/1	2	3	4	5
대낭	8	9	9	9	10	10	10	입추	1	1	1	1	2	2	2	3	3	3	4	4	4	5	처서	5	6	6	6	7	7	7	8
운여	2	2	1	1	1	1	10	10	9	9	9	8	8	8	7	7	7	6	6	6	5	5	서	5	4	4	4	3	3	3	2

백로 8일 05시 48분　【음8월】→ 음 8 【乙酉月(을유월)】　　추분 23일 15시 06분

양력	1	2	3	4	5	6	7	8	9	10	11	12	13	14	15	16	17	18	19	20	21	22	23	24	25	26	27	28	29	30
요일	수	목	금	토	일	월	화	수	목	금	토	일	월	화	수	목	금	토	일	월	화	수	목	금	토	일	월	화	수	목
일진	戊午	己未	庚申	辛酉	壬戌	癸亥	甲子	乙丑	丙寅	丁卯	戊辰	己巳	庚午	辛未	壬申	癸酉	甲戌	乙亥	丙子	丁丑	戊寅	己卯	庚辰	辛巳	壬午	癸未	甲申	乙酉	丙戌	丁亥
음력 08/06 09/06	6	7	8	9	10	11	12	13	14	15	16	17	18	19	20	21	22	23	24	25	26	27	28	29	9/1	2	3	4	5	6
대낭	8	8	9	9	9	10	10	백로	1	1	1	1	2	2	2	3	3	3	4	4	4	5	추분	5	6	6	6	7	7	7
운여	2	2	1	1	1	1	10	로	10	9	9	9	8	8	8	7	7	7	6	6	6	5	분	5	4	4	4	3	3	3

한로 8일 21시 11분　【음9월】→ 음 9 【丙戌月(병술월)】　　상강 24일 00시 10분

양력	1	2	3	4	5	6	7	8	9	10	11	12	13	14	15	16	17	18	19	20	21	22	23	24	25	26	27	28	29	30	31
요일	금	토	일	월	화	수	목	금	토	일	월	화	수	목	금	토	일	월	화	수	목	금	토	일	월	화	수	목	금	토	일
일진	戊子	己丑	庚寅	辛卯	壬辰	癸巳	甲午	乙未	丙申	丁酉	戊戌	己亥	庚子	辛丑	壬寅	癸卯	甲辰	乙巳	丙午	丁未	戊申	己酉	庚戌	辛亥	壬子	癸丑	甲寅	乙卯	丙辰	丁巳	戊午
음력 09/07 10/08	7	8	9	10	11	12	13	14	15	16	17	18	19	20	21	22	23	24	25	26	27	28	29	10/1	2	3	4	5	6	7	8
대낭	8	8	8	9	9	9	10	한로	1	1	1	1	2	2	2	3	3	3	4	4	4	5	5	상강	5	6	6	6	7	7	7
운여	2	2	2	1	1	1	1	로	10	10	9	9	9	8	8	8	7	7	7	6	6	6	5	강	5	4	4	4	3	3	3

입동 8일 00시 07분　【음10월】→ 음 10 【丁亥月(정해월)】　　소설 22일 21시 29분

양력	1	2	3	4	5	6	7	8	9	10	11	12	13	14	15	16	17	18	19	20	21	22	23	24	25	26	27	28	29	30
요일	월	화	수	목	금	토	일	월	화	수	목	금	토	일	월	화	수	목	금	토	일	월	화	수	목	금	토	일	월	화
일진	己未	庚申	辛酉	壬戌	癸亥	甲子	乙丑	丙寅	丁卯	戊辰	己巳	庚午	辛未	壬申	癸酉	甲戌	乙亥	丙子	丁丑	戊寅	己卯	庚辰	辛巳	壬午	癸未	甲申	乙酉	丙戌	丁亥	戊子
음력 10/09 11/08	9	10	11	12	13	14	15	16	17	18	19	20	21	22	23	24	25	26	27	28	29	30	11/1	2	3	4	5	6	7	8
대낭	8	8	8	9	9	9	10	입동	1	1	1	1	2	2	2	3	3	3	4	4	4	소설	5	5	5	6	6	6	7	7
운여	2	2	2	1	1	1	1	동	10	9	9	9	8	8	8	7	7	7	6	6	6	설	5	4	4	4	3	3	3	2

대설 7일 16시 46분　【음11월】→ 음 11 【戊子月(무자월)】　　동지 22일 10시 40분

양력	1	2	3	4	5	6	7	8	9	10	11	12	13	14	15	16	17	18	19	20	21	22	23	24	25	26	27	28	29	30	31
요일	수	목	금	토	일	월	화	수	목	금	토	일	월	화	수	목	금	토	일	월	화	수	목	금	토	일	월	화	수	목	금
일진	己丑	庚寅	辛卯	壬辰	癸巳	甲午	乙未	丙申	丁酉	戊戌	己亥	庚子	辛丑	壬寅	癸卯	甲辰	乙巳	丙午	丁未	戊申	己酉	庚戌	辛亥	壬子	癸丑	甲寅	乙卯	丙辰	丁巳	戊午	己未
음력 11/09 12/09	9	10	11	12	13	14	15	16	17	18	19	20	21	22	23	24	25	26	27	28	29	30	12/1	2	3	4	5	6	7	8	9
대낭	8	8	8	9	9	9	대설	1	1	1	1	2	2	2	3	3	3	4	4	4	5	동지	5	5	6	6	6	7	7	7	8
운여	2	2	1	1	1	1	설	10	9	9	9	8	8	8	7	7	7	6	6	6	5	지	5	4	4	4	3	3	3	2	2

丙午(병오)년 납음(天河水),본명성(七赤金)

대장군(동방). 삼살(북방), 상문(서남방),조객(동남방), 납음(천하수),
【삼재(신,유,술)년】 臘享(납향):1967년 1월 19일(음12/09)

소한 6일 03시 54분 【음12월】 → 음 12 【己丑月(기축월)】 ☾ 대한 20일 21시 20분

양력 1	양력	1	2	3	4	5	6	7	8	9	10	11	12	13	14	15	16	17	18	19	20	21	22	23	24	25	26	27	28	29	30	31
	요일	토	일	월	화	수	목	금	토	일	월	화	수	목	금	토	일	월	화	수	목	금	토	일	월	화	수	목	금	토	일	월
	일진	庚	辛	壬	癸	甲	乙	丙	丁	戊	己	庚	辛	壬	癸	甲	乙	丙	丁	戊	己	庚	辛	壬	癸	甲	乙	丙	丁	戊	己
	日辰	申	酉	戌	亥	子	丑	寅	卯	辰	巳	午	未	申	酉	戌	亥	子	丑	寅	卯	辰	巳	午	未	申	酉	戌	亥	子	丑
음력 12/10	음력	10	11	12	13	14	15	16	17	18	19	20	21	22	23	24	25	26	27	28	29	30	1/1	2	3	4	5	6	7	8	9	10
0110	대남	8	9	9	9	10	소	1	1	1	1	2	2	2	3	3	3	4	4	4	대	5	5	6	6	6	7	7	7	8	8
	운여	2	1	1	1	1	한	9	9	9	8	8	8	7	7	7	6	6	6	5	한	5	4	4	4	3	3	3	2	2	1

입춘 4일 15시 38분 【음1월】 → 음 1 【庚寅月(경인월)】 ☾ 우수 19일 11시 38분

양력 2	양력	1	2	3	4	5	6	7	8	9	10	11	12	13	14	15	16	17	18	19	20	21	22	23	24	25	26	27	28
	요일	화	수	목	금	토	일	월	화	수	목	금	토	일	월	화	수	목	금	토	일	월	화	수	목	금	토	일	월
	일진	辛	壬	癸	甲	乙	丙	丁	戊	己	庚	辛	壬	癸	甲	乙	丙	丁	戊	己	庚	辛	壬	癸	甲	乙	丙	丁	戊
	日辰	卯	辰	巳	午	未	申	酉	戌	亥	子	丑	寅	卯	辰	巳	午	未	申	酉	戌	亥	子	丑	寅	卯	辰	巳	午
음력 01/11	음력	11	12	13	14	15	16	17	18	19	20	21	22	23	24	25	26	27	28	29	2/1	2	3	4	5	6	7	8	9
02/09	대남	9	9	9	입	10	9	9	9	8	8	8	7	7	7	6	6	6	5	우	5	4	4	4	3	3	3	2	2
	운여	1	1	1	춘	1	1	1	1	2	2	2	3	3	3	4	4	4	5	수	5	6	6	6	7	7	7	8	8

丙午年

경칩 6일 09시 51분 【음2월】 → 음 2 【辛卯月(신묘월)】 ☾ 춘분 21일 10시 53분

양력 3	양력	1	2	3	4	5	6	7	8	9	10	11	12	13	14	15	16	17	18	19	20	21	22	23	24	25	26	27	28	29	30	31
	요일	화	수	목	금	토	일	월	화	수	목	금	토	일	월	화	수	목	금	토	일	월	화	수	목	금	토	일	월	화	수	목
	일진	己	庚	辛	壬	癸	甲	乙	丙	丁	戊	己	庚	辛	壬	癸	甲	乙	丙	丁	戊	己	庚	辛	壬	癸	甲	乙	丙	丁	戊	己
	日辰	未	申	酉	戌	亥	子	丑	寅	卯	辰	巳	午	未	申	酉	戌	亥	子	丑	寅	卯	辰	巳	午	未	申	酉	戌	亥	子	丑
음력 02/10	음력	10	11	12	13	14	15	16	17	18	19	20	21	22	23	24	25	26	27	28	29	30	3/1	2	3	4	5	6	7	8	9	10
03/10	대남	2	1	1	1	1	경	10	9	9	9	8	8	8	7	7	7	6	6	6	5	춘	5	4	4	4	3	3	3	2	2	2
	운여	8	9	9	9	10	칩	1	1	1	1	2	2	2	3	3	3	4	4	4	5	분	5	6	6	6	7	7	7	8	8	8

청명 5일 14시 57분 【음3월】 → 음 3 【壬辰月(임진월)】 ☾ 윤 3 곡우 20일 22시 12분

양력 4	양력	1	2	3	4	5	6	7	8	9	10	11	12	13	14	15	16	17	18	19	20	21	22	23	24	25	26	27	28	29	30
	요일	금	토	일	월	화	수	목	금	토	일	월	화	수	목	금	토	일	월	화	수	목	금	토	일	월	화	수	목	금	토
	일진	庚	辛	壬	癸	甲	乙	丙	丁	戊	己	庚	辛	壬	癸	甲	乙	丙	丁	戊	己	庚	辛	壬	癸	甲	乙	丙	丁	戊	己
	日辰	寅	卯	辰	巳	午	未	申	酉	戌	亥	子	丑	寅	卯	辰	巳	午	未	申	酉	戌	亥	子	丑	寅	卯	辰	巳	午	未
음력 03/11	음력	11	12	13	14	15	16	17	18	19	20	21	22	23	24	25	26	27	28	29	30	윤3	2	3	4	5	6	7	8	9	10
윤310	대남	1	1	1	1	청	10	10	9	9	9	8	8	8	7	7	7	6	6	6	곡	5	5	4	4	4	3	3	3	2	2
	운여	9	9	9	10	명	1	1	1	1	2	2	2	3	3	3	4	4	4	5	우	5	6	6	6	7	7	7	8	8	8

입하 6일 08시 30분 【음4월】 → 음 4 【癸巳月(계사월)】 ☾ 소만 21일 21시 32분

양력 5	양력	1	2	3	4	5	6	7	8	9	10	11	12	13	14	15	16	17	18	19	20	21	22	23	24	25	26	27	28	29	30	31
	요일	일	월	화	수	목	금	토	일	월	화	수	목	금	토	일	월	화	수	목	금	토	일	월	화	수	목	금	토	일	월	화
	일진	庚	辛	壬	癸	甲	乙	丙	丁	戊	己	庚	辛	壬	癸	甲	乙	丙	丁	戊	己	庚	辛	壬	癸	甲	乙	丙	丁	戊	己	庚
	日辰	申	酉	戌	亥	子	丑	寅	卯	辰	巳	午	未	申	酉	戌	亥	子	丑	寅	卯	辰	巳	午	未	申	酉	戌	亥	子	丑	寅
음력 윤311	음력	11	12	13	14	15	16	17	18	19	20	21	22	23	24	25	26	27	28	29	4/1	2	3	4	5	6	7	8	9	10	11	12
04/12	대남	2	1	1	1	1	입	10	10	9	9	9	8	8	8	7	7	7	6	6	6	소	5	5	4	4	4	3	3	3	2	2
	운여	9	9	9	10	10	하	1	1	1	1	2	2	2	3	3	3	4	4	4	5	만	5	6	6	6	7	7	7	8	8	8

망종 6일 12시 50분 【음5월】 → 음 5 【甲午月(갑오월)】 ☾ 하지 22일 05시 31분

양력 6	양력	1	2	3	4	5	6	7	8	9	10	11	12	13	14	15	16	17	18	19	20	21	22	23	24	25	26	27	28	29	30
	요일	수	목	금	토	일	월	화	수	목	금	토	일	월	화	수	목	금	토	일	월	화	수	목	금	토	일	월	화	수	목
	일진	辛	壬	癸	甲	乙	丙	丁	戊	己	庚	辛	壬	癸	甲	乙	丙	丁	戊	己	庚	辛	壬	癸	甲	乙	丙	丁	戊	己	庚
	日辰	卯	辰	巳	午	未	申	酉	戌	亥	子	丑	寅	卯	辰	巳	午	未	申	酉	戌	亥	子	丑	寅	卯	辰	巳	午	未	申
음력 04/13	음력	13	14	15	16	17	18	19	20	21	22	23	24	25	26	27	28	29	30	5/1	2	3	4	5	6	7	8	9	10	11	12
05/12	대남	2	1	1	1	1	망	10	10	9	9	9	8	8	8	7	7	7	6	6	6	하	5	5	4	4	4	3	3	3	2
	운여	9	9	9	10	10	종	1	1	1	1	2	2	2	3	3	3	4	4	4	5	지	6	6	6	7	7	7	8	8	8

1966 丙午年

소서 7일 23시 07분　【음6월】→ 음 6 【乙未月(을미월)】　대서 23일 16시 23분

양력	1	2	3	4	5	6	7	8	9	10	11	12	13	14	15	16	17	18	19	20	21	22	23	24	25	26	27	28	29	30	31
7 요일	금	토	일	월	화	수	목	금	토	일	월	화	수	목	금	토	일	월	화	수	목	금	토	일	월	화	수	목	금	토	일
일진 日辰	辛酉	壬戌	癸亥	乙丑	丙寅	丁卯	戊辰	己巳	庚未	辛申	壬酉	癸戌	甲亥	乙子	丙丑	丁寅	戊卯	己辰	庚巳	辛未	壬申	癸酉	甲戌	乙亥	丙子	丁丑	戊寅	己卯	庚辰	辛巳	壬午
음력 05/13 06/14	13	14	15	16	17	18	19	20	21	22	23	24	25	26	27	28	29	6/1	2	3	4	5	6	7	8	9	10	11	12	13	14
대 낭 운 여	2 8	2 9	1 9	1 9	1 10	1 10	소 서	10 1	10 1	9 1	9 2	9 2	8 2	8 3	8 3	7 3	7 4	7 4	6 4	6 5	6 5	대 서	5 6	5 6	4 6	4 7	4 7	3 7	3 8	3 8	2 8

입추 8일 08시 49분　【음7월】→ 음 7 【丙申月(병신월)】　처서 23일 23시 18분

양력	1	2	3	4	5	6	7	8	9	10	11	12	13	14	15	16	17	18	19	20	21	22	23	24	25	26	27	28	29	30	31
8 요일	월	화	수	목	금	토	일	월	화	수	목	금	토	일	월	화	수	목	금	토	일	월	화	수	목	금	토	일	월	화	수
일진 日辰	壬辰	癸巳	甲未	乙未	丙申	丁酉	戊戌	己亥	庚子	辛丑	壬寅	癸卯	甲辰	乙巳	丙午	丁未	戊申	己酉	庚戌	辛亥	壬子	癸丑	甲寅	乙卯	丙辰	丁巳	戊午	己未	庚申	辛酉	壬戌
음력 06/15 07/16	15	16	17	18	19	20	21	22	23	24	25	26	27	28	29	7/1	2	3	4	5	6	7	8	9	10	11	12	13	14	15	16
대 낭 운 여	2 8	2 9	2 9	1 9	1 10	1 10	1 10	입 추	10 1	10 1	9 1	9 2	9 2	8 2	8 3	8 3	7 3	7 4	7 4	6 4	6 5	6 5	처 서	5 6	5 6	4 6	4 7	4 7	3 7	3 8	3 8

백로 8일 11시 32분　【음8월】→ 음 8 【丁酉月(정유월)】　추분 23일 20시 43분

양력	1	2	3	4	5	6	7	8	9	10	11	12	13	14	15	16	17	18	19	20	21	22	23	24	25	26	27	28	29	30
9 요일	목	금	토	일	월	화	수	목	금	토	일	월	화	수	목	금	토	일	월	화	수	목	금	토	일	월	화	수	목	금
일진 日辰	癸亥	乙丑	丙寅	丁卯	戊辰	己巳	庚午	辛未	壬申	癸酉	甲戌	乙亥	丙子	丁丑	戊寅	己卯	庚辰	辛巳	壬午	癸未	甲申	乙酉	丙戌	丁亥	戊子	己丑	庚寅	辛卯	壬辰	
음력 07/17 08/16	17	18	19	20	21	22	23	24	25	26	27	28	29	30	3/1	2	3	4	5	6	7	8	9	10	11	12	13	14	15	16
대 낭 운 여	2 8	2 9	2 9	1 9	1 10	1 10	1 10	백 로	10 1	9 1	9 1	9 2	8 2	8 2	8 3	7 3	7 3	7 4	6 4	6 4	6 5	추 분	5 5	5 6	4 6	4 6	4 7	3 7	3 7	

한로 9일 02시 57분　【음9월】→ 음 9 【戊戌月(무술월)】　상강 24일 05시 51분

양력	1	2	3	4	5	6	7	8	9	10	11	12	13	14	15	16	17	18	19	20	21	22	23	24	25	26	27	28	29	30	31
10 요일	토	일	월	화	수	목	금	토	일	월	화	수	목	금	토	일	월	화	수	목	금	토	일	월	화	수	목	금	토	일	월
일진 日辰	癸巳	乙未	丙申	丁酉	戊戌	己亥	庚子	辛丑	壬寅	癸卯	甲辰	乙巳	丙午	丁未	戊申	己酉	庚戌	辛亥	壬子	癸丑	甲寅	乙卯	丙辰	丁巳	戊午	己未	庚申	辛酉	壬戌	癸亥	
음력 08/17 09/18	17	18	19	20	21	22	23	24	25	26	27	28	29	9/1	2	3	4	5	6	7	8	9	10	11	12	13	14	15	16	17	
대 낭 운 여	2 8	2 8	2 9	1 9	1 9	1 10	1 10	한 로	10 9	9 1	9 1	9 1	8 2	8 2	8 2	7 3	7 3	7 3	6 4	6 4	6 4	5 5	상 강	5 5	4 6	4 6	4 6	3 7	3 7	3 7	

입동 8일 05시 55분　【음10월】→ 음 10 【己亥月(기해월)】　소설 23일 03시 14분

양력	1	2	3	4	5	6	7	8	9	10	11	12	13	14	15	16	17	18	19	20	21	22	23	24	25	26	27	28	29	30
11 요일	화	수	목	금	토	일	월	화	수	목	금	토	일	월	화	수	목	금	토	일	월	화	수	목	금	토	일	월	화	수
일진 日辰	甲子	乙丑	丙寅	丁卯	戊辰	己巳	庚午	辛未	壬申	癸酉	甲戌	乙亥	丙子	丁丑	戊寅	己卯	庚辰	辛巳	壬午	癸未	甲申	乙酉	丙戌	丁亥	戊子	己丑	庚寅	辛卯	壬辰	癸巳
음력 09/19 10/19	19	20	21	22	23	24	25	26	27	28	29	30	10/1	2	3	4	5	6	7	8	9	10	11	12	13	14	15	16	17	18
대 낭 운 여	2 8	2 8	2 8	1 9	1 9	1 9	1 10	입 동	9 1	9 1	9 1	8 2	8 2	8 2	7 3	7 3	7 3	6 4	6 4	6 4	5 5	소 설	5 5	4 6	4 6	4 6	3 7	3 7	3 8	

대설 7일 22시 38분　【음11월】→ 음 11 【庚子月(경자월)】　동지 22일 16시 28분

양력	1	2	3	4	5	6	7	8	9	10	11	12	13	14	15	16	17	18	19	20	21	22	23	24	25	26	27	28	29	30	31
12 요일	목	금	토	일	월	화	수	목	금	토	일	월	화	수	목	금	토	일	월	화	수	목	금	토	일	월	화	수	목	금	토
일진 日辰	甲午	乙未	丙申	丁酉	戊戌	己亥	庚子	辛丑	壬寅	癸卯	甲辰	乙巳	丙午	丁未	戊申	己酉	庚戌	辛亥	壬子	癸丑	甲寅	乙卯	丙辰	丁巳	戊午	己未	庚申	辛酉	壬戌	癸亥	甲子
음력 10/20 11/20	20	21	22	23	24	25	26	27	28	29	30	11/1	2	3	4	5	6	7	8	9	10	11	12	13	14	15	16	17	18	19	20
대 낭 운 여	2 8	2 8	1 8	1 9	1 9	1 9	대 설	10 1	9 1	9 1	9 1	8 2	8 2	8 2	7 3	7 3	7 3	6 4	6 4	6 5	5 5	동 지	5 5	4 6	4 6	4 6	3 7	3 7	3 3	2 8	

단기 4300 年
불기 2511 年
1967년
丁未(정미)년　납음(天河水), 본명성(六白金)
대장군(卯東방),　삼살(酉西방),　상문(酉西방),조객(巳東南방),　납음(천하수)
【삼재(사,오,미년)】　臘享(납향):1968년1월26일(음12/27)

소한 6일 09시 48분 【음12월】→ 음12 【辛丑月(신축월)】 ◐　대한 21일 03시 08분

양력 1	2	3	4	5	6	7	8	9	10	11	12	13	14	15	16	17	18	19	20	21	22	23	24	25	26	27	28	29	30	31
요일 일	월	화	수	목	금	토	일	월	화	수	목	금	토	일	월	화	수	목	금	토	일	월	화	수	목	금	토	일	월	화
일진 乙	丙	丁	戊	己	庚	辛	壬	癸	甲	乙	丙	丁	戊	己	庚	辛	壬	癸	甲	乙	丙	丁	戊	己	庚	辛	壬	癸	甲	乙
日辰 丑	寅	卯	辰	巳	午	未	申	酉	戌	亥	子	丑	寅	卯	辰	巳	午	未	申	酉	戌	亥	子	丑	寅	卯	辰	巳	午	未
음력 21	22	23	24	25	26	27	28	29	30	12/1	2	3	4	5	6	7	8	9	10	11	12	13	14	15	16	17	18	19	20	21
남 2	1	1	1	1	소	9	9	9	8	8	8	7	7	7	6	6	6	5	5	대	4	4	4	3	3	3	2	2	2	1
여 8	9	9	9	10	한	1	1	1	1	2	2	2	3	3	3	4	4	4	5	한	5	6	6	6	7	7	7	8	8	8

입춘 4일 21시 31분 【음1월】→ 음1 【壬寅月(임인월)】 ◑　우수 19일 17시 24분

양력 1	2	3	4	5	6	7	8	9	10	11	12	13	14	15	16	17	18	19	20	21	22	23	24	25	26	27	28
요일 수	목	금	토	일	월	화	수	목	금	토	일	월	화	수	목	금	토	일	월	화	수	목	금	토	일	월	화
일진 丙	丁	戊	己	庚	辛	壬	癸	甲	乙	丙	丁	戊	己	庚	辛	壬	癸	甲	乙	丙	丁	戊	己	庚	辛	壬	癸
日辰 申	酉	戌	亥	子	丑	寅	卯	辰	巳	午	未	申	酉	戌	亥	子	丑	寅	卯	辰	巳	午	未	申	酉	戌	亥
음력 22	23	24	25	26	27	28	29	1/1	2	3	4	5	6	7	8	9	10	11	12	13	14	15	16	17	18	19	20
남 9	9	9	입	1	1	1	1	2	2	2	3	3	3	4	4	4	5	우	5	5	6	6	6	7	7	7	8
여 9	9	9	춘	10	9	9	9	8	8	8	7	7	7	6	6	6	5	우	5	5	4	4	4	3	3	3	2

丁未年

경칩 6일 15시 42분 【음2월】→ 음2 【癸卯月(계묘월)】 ◑　춘분 21일 16시 37분

양력 1	2	3	4	5	6	7	8	9	10	11	12	13	14	15	16	17	18	19	20	21	22	23	24	25	26	27	28	29	30	31
요일 수	목	금	토	일	월	화	수	목	금	토	일	월	화	수	목	금	토	일	월	화	수	목	금	토	일	월	화	수	목	금
일진 甲	乙	丙	丁	戊	己	庚	辛	壬	癸	甲	乙	丙	丁	戊	己	庚	辛	壬	癸	甲	乙	丙	丁	戊	己	庚	辛	壬	癸	甲
日辰 子	丑	寅	卯	辰	巳	午	未	申	酉	戌	亥	子	丑	寅	卯	辰	巳	午	未	申	酉	戌	亥	子	丑	寅	卯	辰	巳	午
음력 21	22	23	24	25	26	27	28	29	30	2/1	2	3	4	5	6	7	8	9	10	11	12	13	14	15	16	17	18	19	20	21
남 8	9	9	9	10	경	1	1	1	1	2	2	2	3	3	3	4	4	4	5	춘	5	5	6	6	6	7	7	7	8	8
여 2	1	1	1	1	칩	10	9	9	9	8	8	8	7	7	7	6	6	6	5	분	5	5	4	4	4	3	3	3	2	2

청명 5일 20시 45분 【음3월】→ 음3 【甲辰月(갑진월)】 ◑　곡우 21일 03시 55분

양력 1	2	3	4	5	6	7	8	9	10	11	12	13	14	15	16	17	18	19	20	21	22	23	24	25	26	27	28	29	30
요일 토	일	월	화	수	목	금	토	일	월	화	수	목	금	토	일	월	화	수	목	금	토	일	월	화	수	목	금	토	일
일진 乙	丙	丁	戊	己	庚	辛	壬	癸	甲	乙	丙	丁	戊	己	庚	辛	壬	癸	甲	乙	丙	丁	戊	己	庚	辛	壬	癸	甲
日辰 未	申	酉	戌	亥	子	丑	寅	卯	辰	巳	午	未	申	酉	戌	亥	子	丑	寅	卯	辰	巳	午	未	申	酉	戌	亥	子
음력 22	23	24	25	26	27	28	29	30	3/1	2	3	4	5	6	7	8	9	10	11	12	13	14	15	16	17	18	19	20	21
남 9	9	9	10	청	1	1	1	1	2	2	2	3	3	3	4	4	4	5	5	곡	5	6	6	6	7	7	7	8	8
여 1	1	1	1	명	10	10	9	9	9	8	8	8	7	7	7	6	6	6	5	우	5	5	4	4	4	3	3	3	2

입하 6일 14시 17분 【음4월】→ 음4 【乙巳月(을사월)】 ◑　소만 22일 03시 18분

양력 1	2	3	4	5	6	7	8	9	10	11	12	13	14	15	16	17	18	19	20	21	22	23	24	25	26	27	28	29	30	31
요일 월	화	수	목	금	토	일	월	화	수	목	금	토	일	월	화	수	목	금	토	일	월	화	수	목	금	토	일	월	화	수
일진 乙	丙	丁	戊	己	庚	辛	壬	癸	甲	乙	丙	丁	戊	己	庚	辛	壬	癸	甲	乙	丙	丁	戊	己	庚	辛	壬	癸	甲	乙
日辰 丑	寅	卯	辰	巳	午	未	申	酉	戌	亥	子	丑	寅	卯	辰	巳	午	未	申	酉	戌	亥	子	丑	寅	卯	辰	巳	午	未
음력 22	23	24	25	26	27	28	29	4/1	2	3	4	5	6	7	8	9	10	11	12	13	14	15	16	17	18	19	20	21	22	23
남 9	9	9	10	입	1	1	1	2	2	2	3	3	3	4	4	4	5	5	소	5	6	6	6	7	7	7	8	8	8	9
여 2	1	1	1	1	하	10	10	9	9	9	8	8	8	7	7	7	6	6	만	5	5	4	4	4	3	3	3	2	2	2

망종 6일 18시 36분 【음5월】→ 음5 【丙午月(병오월)】 ◑　하지 22일 11시 23분

양력 1	2	3	4	5	6	7	8	9	10	11	12	13	14	15	16	17	18	19	20	21	22	23	24	25	26	27	28	29	30
요일 목	금	토	일	월	화	수	목	금	토	일	월	화	수	목	금	토	일	월	화	수	목	금	토	일	월	화	수	목	금
일진 丙	丁	戊	己	庚	辛	壬	癸	甲	乙	丙	丁	戊	己	庚	辛	壬	癸	甲	乙	丙	丁	戊	己	庚	辛	壬	癸	甲	乙
日辰 申	酉	戌	亥	子	丑	寅	卯	辰	巳	午	未	申	酉	戌	亥	子	丑	寅	卯	辰	巳	午	未	申	酉	戌	亥	子	丑
음력 22	23	24	25	26	27	28	29	5/1	2	3	4	5	6	7	8	9	10	11	12	13	14	15	16	17	18	19	20	21	22
남 9	9	9	10	입	1	1	1	2	2	2	3	3	3	4	4	4	5	5	소	5	6	6	6	7	7	7	8	8	8
여 2	1	1	1	1	하	10	10	9	9	9	8	8	8	7	7	7	6	6	만	5	5	4	4	4	3	3	3	2	2

한식(4월6일), 초복(7월15일), 중복(7월25일), 말복(8월14일)♣춘사(春社)3/25
★주사(秋社)9/21
토왕지절(土旺之節):4월18일,7월20일,10월21일, 신년 1월18일,(양력)

1
9
6
7

丁
未
年

소서 8일 04시 53분 　【음6월】➔ 음 6 【丁未月(정미월)】　　　　　**대서 23일 22시 16분**

양력 7																															
양력	1	2	3	4	5	6	7	8	9	10	11	12	13	14	15	16	17	18	19	20	21	22	23	24	25	26	27	28	29	30	31
요일	토	일	월	화	수	목	금	토	일	월	화	수	목	금	토	일	월	화	수	목	금	토	일	월	화	수	목	금	토	일	월
일진	丙寅	丁卯	戊辰	己巳	庚午	辛未	壬申	癸酉	甲戌	乙亥	丙子	丁丑	戊寅	己卯	庚辰	辛巳	壬午	癸未	甲申	乙酉	丙戌	丁亥	戊子	己丑	庚寅	辛卯	壬辰	癸巳	甲午	乙未	丙申
음력 05/24 06/24	24	25	26	27	28	29	30	6/1	2	3	4	5	6	7	8	9	10	11	12	13	14	15	16	17	18	19	20	21	22	23	24
대남 운여	8 2	9 2	9 1	9 1	10 1	10 1	소서	1 10	1 10	1 9	2 9	2 8	2 8	3 8	3 7	3 7	4 7	4 6	4 6	5 6	대서 5	5 5	6 4	6 4	6 4	7 3	7 3	7 3	8 2	8 2	8 2

입추 8일 14시 35분 　【음7월】➔ 음 7 【戊申月(무신월)】　　　　　**처서 24일 05시 12분**

양력 8																														
양력	1	2	3	4	5	6	7	8	9	10	11	12	13	14	15	16	17	18	19	20	21	22	23	24	25	26	27	28	29	30	31
요일	화	수	목	금	토	일	월	화	수	목	금	토	일	월	화	수	목	금	토	일	월	화	수	목	금	토	일	월	화	수	목
일진	丁酉	戊戌	己亥	庚子	辛丑	壬寅	癸卯	甲辰	乙巳	丙午	丁未	戊申	己酉	庚戌	辛亥	壬子	癸丑	甲寅	乙卯	丙辰	丁巳	戊午	己未	庚申	辛酉	壬戌	癸亥	甲子	乙丑	丙寅	丁卯
음력 06/25 07/26	25	26	27	28	29	7/1	2	3	4	5	6	7	8	9	10	11	12	13	14	15	16	17	18	19	20	21	22	23	24	25	26
대남 운여	8 2	9 2	9 1	9 1	10 1	10 1	입추	1 10	1 9	1 9	2 9	2 8	2 8	3 7	3 7	3 6	4 6	4 6	4 5	5 5	처서 5	5 5	6 4	6 4	6 4	7 3	7 3	7 3	8 3	8 2	8 2

백로 8일 17시 18분 　【음8월】➔ 음 8 【己酉月(기유월)】　　　　　**추분 24일 02시 38분**

양력 9																													
양력	1	2	3	4	5	6	7	8	9	10	11	12	13	14	15	16	17	18	19	20	21	22	23	24	25	26	27	28	29	30
요일	금	토	일	월	화	수	목	금	토	일	월	화	수	목	금	토	일	월	화	수	목	금	토	일	월	화	수	목	금	토
일진	戊辰	己巳	庚午	辛未	壬申	癸酉	甲戌	乙亥	丙子	丁丑	戊寅	己卯	庚辰	辛巳	壬午	癸未	甲申	乙酉	丙戌	丁亥	戊子	己丑	庚寅	辛卯	壬辰	癸巳	甲午	乙未	丙申	丁酉
음력 07/27 08/27	27	28	29	8/1	2	3	4	5	6	7	8	9	10	11	12	13	14	15	16	17	18	19	20	21	22	23	24	25	26	27
대남 운여	8 2	8 2	9 1	9 1	9 1	10 1	10 1	백로	1 10	1 10	1 9	2 9	2 8	2 8	3 7	3 7	3 7	4 6	4 6	4 6	5 5	추분 5	5 5	6 4	6 4	6 4	7 3	7 3	7 3	8 2

한로 9일 08시 41분 　【음9월】➔ 음 9 【庚戌月(경술월)】　　　　　**상강 24일 11시 44분**

양력 10																														
양력	1	2	3	4	5	6	7	8	9	10	11	12	13	14	15	16	17	18	19	20	21	22	23	24	25	26	27	28	29	30	31
요일	일	월	화	수	목	금	토	일	월	화	수	목	금	토	일	월	화	수	목	금	토	일	월	화	수	목	금	토	일	월	화
일진	戊戌	己亥	庚子	辛丑	壬寅	癸卯	甲辰	乙巳	丙午	丁未	戊申	己酉	庚戌	辛亥	壬子	癸丑	甲寅	乙卯	丙辰	丁巳	戊午	己未	庚申	辛酉	壬戌	癸亥	甲子	乙丑	丙寅	丁卯	戊辰
음력 08/28 09/28	28	29	30	9/1	2	3	4	5	6	7	8	9	10	11	12	13	14	15	16	17	18	19	20	21	22	23	24	25	26	27	28
대남 운여	8 3	8 2	8 2	9 2	9 1	9 1	10 1	한로	1 10	1 9	1 9	2 9	2 8	2 8	3 7	3 7	3 7	4 6	4 6	4 5	상강 5	5 5	6 4	6 4	6 4	7 3	7 3	7 3	8 2	8 2	8 2

입동 8일 11시 37분 　【음10월】➔ 음 10 【辛亥月(신해월)】　　　　　**소설 23일 09시 04분**

양력 11																													
양력	1	2	3	4	5	6	7	8	9	10	11	12	13	14	15	16	17	18	19	20	21	22	23	24	25	26	27	28	29	30
요일	수	목	금	토	일	월	화	수	목	금	토	일	월	화	수	목	금	토	일	월	화	수	목	금	토	일	월	화	수	목
일진	己巳	庚午	辛未	壬申	癸酉	甲戌	乙亥	丙子	丁丑	戊寅	己卯	庚辰	辛巳	壬午	癸未	甲申	乙酉	丙戌	丁亥	戊子	己丑	庚寅	辛卯	壬辰	癸巳	甲午	乙未	丙申	丁酉	戊戌
음력 09/29 10/29	29	10/1	2	3	4	5	6	7	8	9	10	11	12	13	14	15	16	17	18	19	20	21	22	23	24	25	26	27	28	29
대남 운여	8 2	8 2	9 1	9 1	9 1	10 1	입동	1 10	1 9	1 9	1 9	2 8	2 8	2 8	3 7	3 7	3 7	4 6	4 6	4 6	소설 5	5 5	5 5	6 4	6 4	6 4	7 3	7 3	7 3	8 2

대설 8일 04시 18분 　【음11월】➔ 음 11 【壬子月(임자월)】　　　　　**동지 22일 22시 16분**

양력 12																														
양력	1	2	3	4	5	6	7	8	9	10	11	12	13	14	15	16	17	18	19	20	21	22	23	24	25	26	27	28	29	30	31
요일	금	토	일	월	화	수	목	금	토	일	월	화	수	목	금	토	일	월	화	수	목	금	토	일	월	화	수	목	금	토	일
일진	己亥	庚子	辛丑	壬寅	癸卯	甲辰	乙巳	丙午	丁未	戊申	己酉	庚戌	辛亥	壬子	癸丑	甲寅	乙卯	丙辰	丁巳	戊午	己未	庚申	辛酉	壬戌	癸亥	甲子	乙丑	丙寅	丁卯	戊辰	己巳
음력 10/30 12/01	30	11/1	2	3	4	5	6	7	8	9	10	11	12	13	14	15	16	17	18	19	20	21	22	23	24	25	26	27	28	29	12/1
대남 운여	8 2	8 2	8 1	9 1	9 1	9 1	10 1	대설	1 9	1 9	1 9	2 8	2 8	2 8	3 7	3 7	3 7	4 6	4 6	4 6	5 5	동지 5	5 5	6 4	6 4	6 4	7 3	7 3	7 3	8 2	8 2

戊申(무신)년 납음(大驛土), 본명성(五黃土)

대장군(午남방), 삼살(남방), 상문(戌서북방), 조객(午남방),납음(대역토),
삼재(인,묘,진)년 臘享(납향):1969년1월20일(음12/03)

소한 6일 15시 26분 【음12월】 → 음 12 【癸丑月(계축월)】 ☾ 대한 21일 08시 54분

양력 1	1	2	3	4	5	6	7	8	9	10	11	12	13	14	15	16	17	18	19	20	21	22	23	24	25	26	27	28	29	30	31
요일	월	화	수	목	금	토	일	월	화	수	목	금	토	일	월	화	수	목	금	토	일	월	화	수	목	금	토	일	월	화	수
일진	庚	辛	壬	癸	甲	乙	丙	丁	戊	己	庚	辛	壬	癸	甲	乙	丙	丁	戊	己	庚	辛	壬	癸	甲	乙	丙	丁	戊	己	庚
日辰	午	未	申	酉	戌	亥	子	丑	寅	卯	辰	巳	午	未	申	酉	戌	亥	子	丑	寅	卯	辰	巳	午	未	申	酉	戌	亥	子
음력 12/02	2	3	4	5	6	7	8	9	10	11	12	13	14	15	16	17	18	19	20	21	22	23	24	25	26	27	28	29	1/1		
대남 01/02	8	8	9	9	9	소한	1	1	1	1	2	2	2	3	3	3	4	4	4	5	대한	5	6	6	6	7	7	7	8	8	
운여	2	1	1	1	1	한	10	9	9	9	8	8	8	7	7	7	6	6	6	5	한	5	4	4	4	3	3	3	2	2	

입춘 5일 03시 07분 【음1월】 → 음 1 【甲寅月(갑인월)】 ☾ 우수 19일 23시 09분

양력 2	1	2	3	4	5	6	7	8	9	10	11	12	13	14	15	16	17	18	19	20	21	22	23	24	25	26	27	28	29
요일	목	금	토	일	월	화	수	목	금	토	일	월	화	수	목	금	토	일	월	화	수	목	금	토	일	월	화	수
일진	辛	壬	癸	甲	乙	丙	丁	戊	己	庚	辛	壬	癸	甲	乙	丙	丁	戊	己	庚	辛	壬	癸	甲	乙	丙	丁	戊
日辰	丑	寅	卯	辰	巳	午	未	申	酉	戌	亥	子	丑	寅	卯	辰	巳	午	未	申	酉	戌	亥	子	丑	寅	卯	辰
음력 01/03	3	4	5	6	7	8	9	10	11	12	13	14	15	16	17	18	19	20	21	22	23	24	25	26	27	28	29	2/1
대남 02/02	9	9	9	10	입춘	9	9	9	8	8	8	7	7	7	6	6	6	5	우수	5	4	4	4	3	3	3	2	2
운여	1	1	1	1	춘	1	1	1	2	2	2	3	3	3	4	4	4	5	수	5	6	6	6	7	7	7	8	8

戊申年

경칩 5일 21시 18분 【음2월】 → 음 2 【乙卯月(을묘월)】 ☾ 춘분 20일 22시 22분

양력 3	1	2	3	4	5	6	7	8	9	10	11	12	13	14	15	16	17	18	19	20	21	22	23	24	25	26	27	28	29	30	31
요일	금	토	일	월	화	수	목	금	토	일	월	화	수	목	금	토	일	월	화	수	목	금	토	일	월	화	수	목	금	토	일
일진	庚	辛	壬	癸	甲	乙	丙	丁	戊	己	庚	辛	壬	癸	甲	乙	丙	丁	戊	己	庚	辛	壬	癸	甲	乙	丙	丁	戊	己	庚
日辰	午	未	申	酉	戌	亥	子	丑	寅	卯	辰	巳	午	未	申	酉	戌	亥	子	丑	寅	卯	辰	巳	午	未	申	酉	戌	亥	子
음력 02/03	3	4	5	6	7	8	9	10	11	12	13	14	15	16	17	18	19	20	21	22	23	24	25	26	27	28	29	30	3/1	2	3
대남 03/03	1	1	1	1	경칩	10	9	9	9	8	8	8	7	7	7	6	6	6	5	춘분	5	4	4	4	3	3	3	2	2	2	1
운여	8	9	9	9	한	1	1	1	1	2	2	2	3	3	3	4	4	4	5	분	5	6	6	6	7	7	7	8	8	8	9

청명 5일 02시 21분 【음3월】 → 음 3 【丙辰月(병진월)】 ☾ 곡우 20일 09시 41분

양력 4	1	2	3	4	5	6	7	8	9	10	11	12	13	14	15	16	17	18	19	20	21	22	23	24	25	26	27	28	29	30
요일	월	화	수	목	금	토	일	월	화	수	목	금	토	일	월	화	수	목	금	토	일	월	화	수	목	금	토	일	월	화
일진	辛	壬	癸	甲	乙	丙	丁	戊	己	庚	辛	壬	癸	甲	乙	丙	丁	戊	己	庚	辛	壬	癸	甲	乙	丙	丁	戊	己	庚
日辰	丑	寅	卯	辰	巳	午	未	申	酉	戌	亥	子	丑	寅	卯	辰	巳	午	未	申	酉	戌	亥	子	丑	寅	卯	辰	巳	午
음력 03/04	4	5	6	7	8	9	10	11	12	13	14	15	16	17	18	19	20	21	22	23	24	25	26	27	28	29	30	4/1	2	3
대남 04/03	1	1	1	1	청명	10	9	9	9	8	8	8	7	7	7	6	6	6	5	곡우	5	4	4	4	3	3	3	2	2	2
운여	9	9	10	10	명	1	1	1	1	2	2	2	3	3	3	4	4	4	5	우	5	6	6	6	7	7	7	8	8	8

입하 5일 19시 56분 【음4월】 → 음 4 【丁巳月(정사월)】 ☾ 소만 21일 09시 06분

양력 5	1	2	3	4	5	6	7	8	9	10	11	12	13	14	15	16	17	18	19	20	21	22	23	24	25	26	27	28	29	30	31
요일	수	목	금	토	일	월	화	수	목	금	토	일	월	화	수	목	금	토	일	월	화	수	목	금	토	일	월	화	수	목	금
일진	辛	壬	癸	甲	乙	丙	丁	戊	己	庚	辛	壬	癸	甲	乙	丙	丁	戊	己	庚	辛	壬	癸	甲	乙	丙	丁	戊	己	庚	辛
日辰	未	申	酉	戌	亥	子	丑	寅	卯	辰	巳	午	未	申	酉	戌	亥	子	丑	寅	卯	辰	巳	午	未	申	酉	戌	亥	子	丑
음력 04/04	4	5	6	7	8	9	10	11	12	13	14	15	16	17	18	19	20	21	22	23	24	25	26	27	28	29	5/1	2	3	4	
대남 05/05	1	1	1	1	입하	10	10	9	9	9	8	8	8	7	7	7	6	6	6	5	소만	5	4	4	4	3	3	3	2	2	2
운여	9	9	10	10	하	1	1	1	1	2	2	2	3	3	3	4	4	4	5	소	5	5	6	6	6	7	7	7	8	8	8

망종 6일 00시 19분 【음5월】 → 음 5 【戊午月(무오월)】 ☾ 하지 21일 17시 13분

양력 6	1	2	3	4	5	6	7	8	9	10	11	12	13	14	15	16	17	18	19	20	21	22	23	24	25	26	27	28	29	30
요일	토	일	월	화	수	목	금	토	일	월	화	수	목	금	토	일	월	화	수	목	금	토	일	월	화	수	목	금	토	일
일진	壬	癸	甲	乙	丙	丁	戊	己	庚	辛	壬	癸	甲	乙	丙	丁	戊	己	庚	辛	壬	癸	甲	乙	丙	丁	戊	己	庚	辛
日辰	寅	卯	辰	巳	午	未	申	酉	戌	亥	子	丑	寅	卯	辰	巳	午	未	申	酉	戌	亥	子	丑	寅	卯	辰	巳	午	未
음력 05/06	6	7	8	9	10	11	12	13	14	15	16	17	18	19	20	21	22	23	24	25	26	27	28	29	30	6/1	2	3	4	5
대남 06/05	2	1	1	1	1	망종	10	10	9	9	9	8	8	8	7	7	7	6	6	6	5	하지	5	4	4	4	3	3	3	2
운여	9	9	10	10	10	종	1	1	1	1	2	2	2	3	3	3	4	4	4	5	5	지	6	6	6	7	7	7	8	8

한식(4월06일), 초복(7월19일), 중복(7월29일), 말복(8월08일)♠춘사(春社)3/19

☀추사(秋社)9/25

토왕지절(土旺之節):4월17일,7월20일,10월20일, 신년 1월17일,(양력)

1968 戊申年

소서 7일 10시 42분　　【음6월】→　**음 6**　【己未月(기미월)】　　　　대서 23일 04시 07분

양력	1	2	3	4	5	6	7	8	9	10	11	12	13	14	15	16	17	18	19	20	21	22	23	24	25	26	27	28	29	30	31
7 요일	월	화	수	목	금	토	일	월	화	수	목	금	토	일	월	화	수	목	금	토	일	월	화	수	목	금	토	일	월	화	수
일진 日辰	壬申	癸酉	甲戌	乙亥	丙子	丁丑	戊寅	己卯	庚辰	辛巳	壬午	癸未	甲申	乙酉	丙戌	丁亥	戊子	己丑	庚寅	辛卯	壬辰	癸巳	甲午	乙未	丙申	丁酉	戊戌	己亥	庚子	辛丑	壬寅
음력 06/06 07/07	6	7	8	9	10	11	12	13	14	15	16	17	18	19	20	21	22	23	24	25	26	27	28	29	7/1	2	3	4	5	6	7
대 남 운 여	2 8	2 9	1 9	1 9	1 10	1 10	소서	10 1	10 1	9 1	9 1	9 2	8 2	8 2	8 3	7 3	7 3	7 4	6 4	6 4	6 5	5 5	대서	5 6	4 6	4 6	4 7	3 7	3 7	3 8	2 8

입추 7일 20시 27분　　【음7월】→　**음 7**　【庚申月(경신월)】　　　윤 7　　처서 23일 11시 03분

양력	1	2	3	4	5	6	7	8	9	10	11	12	13	14	15	16	17	18	19	20	21	22	23	24	25	26	27	28	29	30	31
8 일진	癸	甲	乙	丙	丁	戊	己	庚	辛	壬	癸	甲	乙	丙	丁	戊	己	庚	辛	壬	癸	甲	乙	丙	丁	戊	己	庚	辛	壬	癸
日辰	卯	辰	巳	午	未	申	酉	戌	亥	子	丑	寅	卯	辰	巳	午	未	申	酉	戌	亥	子	丑	寅	卯	辰	巳	午	未	申	酉
음력 07/08 윤708	8	9	10	11	12	13	14	15	16	17	18	19	20	21	22	23	24	25	26	27	28	29	30	윤7	2	3	4	5	6	7	8
대 남 운 여	2 8	2 9	1 9	1 9	1 10	1 10	입추	10 1	10 1	9 1	9 1	9 2	8 2	8 2	8 3	7 3	7 3	7 4	6 4	6 4	6 5	5 5	처서	5 5	4 6	4 6	4 7	3 7	3 7	3 8	2 8

백로 7일 23시 11분　　【음8월】→　**음 8**　【辛酉月(신유월)】　　　　추분23일 08시 26분

양력	1	2	3	4	5	6	7	8	9	10	11	12	13	14	15	16	17	18	19	20	21	22	23	24	25	26	27	28	29	30
9 요일	일	월	화	수	목	금	토	일	월	화	수	목	금	토	일	월	화	수	목	금	토	일	월	화	수	목	금	토	일	월
일진 日辰	甲戌	乙子	丙丑	丁寅	戊卯	己辰	庚巳	辛午	壬未	癸申	甲酉	乙戌	丙亥	丁子	戊丑	己寅	庚卯	辛辰	壬巳	癸午	甲未	乙申	丙酉	丁戌	戊亥	己子	庚丑	辛寅	壬卯	癸
음력 08/09 09/09	9	10	11	12	13	14	15	16	17	18	19	20	21	22	23	24	25	26	27	28	29	8/1	2	3	4	5	6	7	8	9
대 남 운 여	2 8	2 9	1 9	1 9	1 10	1 10	백로	10 1	10 1	9 1	9 1	9 2	8 2	8 2	8 3	7 3	7 3	7 4	6 4	6 4	6 5	5 5	추분	5 5	4 6	4 6	4 7	3 7	3 7	3 8

한로 8일 14시 34분　　【음9월】→　**음 9**　【壬戌月(임술월)】　　　　상강 23일 17시 30분

양력	1	2	3	4	5	6	7	8	9	10	11	12	13	14	15	16	17	18	19	20	21	22	23	24	25	26	27	28	29	30	31
10 요일	화	수	목	금	토	일	월	화	수	목	금	토	일	월	화	수	목	금	토	일	월	화	수	목	금	토	일	월	화	수	목
일진 日辰	甲辰	乙巳	丙午	丁未	戊申	己酉	庚戌	辛亥	壬子	癸丑	甲寅	乙卯	丙辰	丁巳	戊午	己未	庚申	辛酉	壬戌	癸亥	甲子	乙丑	丙寅	丁卯	戊辰	己巳	庚午	辛未	壬申	癸酉	甲戌
음력 08/10 09/10	10	11	12	13	14	15	16	17	18	19	20	21	22	23	24	25	26	27	28	29	30	9/1	2	3	4	5	6	7	8	9	10
대 남 운 여	2 8	2 9	2 9	1 9	1 10	1 10	한로	10 1	9 1	9 1	9 1	8 2	8 2	8 2	7 3	7 3	7 3	6 4	6 4	6 4	5 5	상강	5 5	4 5	4 6	4 6	3 6	3 7	3 7	2 7	2 8

입동 7일 17시 29분　　【음10월】→　**음 10**　【癸亥月(계해월)】　　　소설 22일 14시 49분

양력	1	2	3	4	5	6	7	8	9	10	11	12	13	14	15	16	17	18	19	20	21	22	23	24	25	26	27	28	29	30
11 요일	금	토	일	월	화	수	목	금	토	일	월	화	수	목	금	토	일	월	화	수	목	금	토	일	월	화	수	목	금	토
일진 日辰	乙亥	丙子	丁丑	戊寅	己卯	庚辰	辛巳	壬午	癸未	甲申	乙酉	丙戌	丁亥	戊子	己丑	庚寅	辛卯	壬辰	癸巳	甲午	乙未	丙申	丁酉	戊戌	己亥	庚子	辛丑	壬寅	癸卯	甲辰
음력 09/11 10/11	11	12	13	14	15	16	17	18	19	20	21	22	23	24	25	26	27	28	29	10/1	2	3	4	5	6	7	8	9	10	11
대 남 운 여	2 8	2 8	2 9	1 9	1 9	1 10	입동	10 1	9 1	9 1	9 1	8 2	8 2	8 2	7 3	7 3	7 3	6 4	6 4	6 4	5 5	소설	5 5	4 5	4 6	4 6	3 6	3 7	3 7	2 7

대설 7일 10시 08분　　【음11월】→　**음 11**　【甲子月(갑자월)】　　　동지 22일 04시 00분

양력	1	2	3	4	5	6	7	8	9	10	11	12	13	14	15	16	17	18	19	20	21	22	23	24	25	26	27	28	29	30	31
12 요일	일	월	화	수	목	금	토	일	월	화	수	목	금	토	일	월	화	수	목	금	토	일	월	화	수	목	금	토	일	월	화
일진 日辰	乙巳	丙午	丁未	戊申	己酉	庚戌	辛亥	壬子	癸丑	甲寅	乙卯	丙辰	丁巳	戊午	己未	庚申	辛酉	壬戌	癸亥	甲子	乙丑	丙寅	丁卯	戊辰	己巳	庚午	辛未	壬申	癸酉	甲戌	乙亥
음력 10/12 11/12	12	13	14	15	16	17	18	19	20	21	22	23	24	25	26	27	28	29	30	11/1	2	3	4	5	6	7	8	9	10	11	12
대 남 운 여	2 8	2 8	2 9	1 9	1 9	1 10	대설	9 1	9 1	9 1	8 2	8 2	8 2	7 3	7 3	7 3	6 4	6 4	6 4	5 5	5 5	동지	5 6	4 6	4 6	4 7	3 7	3 7	3 8	2 8	2 8

단기 4302 年 / 불기 2513 年	**1969년**	己酉(기유)년 납음(大驛土),본명성(四綠木)

대장군(午남방), 삼살(동방), 상문(亥서북방),조객(未서남방),납음(대역토)
【삼재(해,자,축)년】 臘享(납향):1970年1月15일(음12/08)

소한 5일 21시 17분 【음12월】 → 음 12 【乙丑月(을축월)】　　대한 20일 14시 38분

(음력 11/13, 12/14)

양력 1	2	3	4	5	6	7	8	9	10	11	12	13	14	15	16	17	18	19	20	21	22	23	24	25	26	27	28	29	30	31
요일 수	목	금	토	일	월	화	수	목	금	토	일	월	화	수	목	금	토	일	월	화	수	목	금	토	일	월	화	수	목	금
일진 丙辰	丁巳	戊午	己未	庚申	辛酉	壬戌	癸亥	甲子	乙丑	丙寅	丁卯	戊辰	己巳	庚午	辛未	壬申	癸酉	甲戌	乙亥	丙子	丁丑	戊寅	己卯	庚辰	辛巳	壬午	癸未	甲申	乙酉	丙戌
음력 13	14	15	16	17	18	19	20	21	22	23	24	25	26	27	28	29	12/1	2	3	4	5	6	7	8	9	10	11	12	13	14
대남 1	1	1	1	소	10	9	9	9	8	8	8	7	7	7	6	6	6	5	대	5	4	4	4	3	3	3	2	2	2	1
운여 8	9	9	9	한	1	1	1	2	2	2	3	3	3	4	4	4	5	5	한	5	6	6	6	7	7	7	8	8	8	9

입춘 4일 08시 59분 【음1월】 → 음 1 【丙寅月(병인월)】　　우수 19일 04시 55분

(음력 12/15, 01/12)　　　己酉年

양력 1	2	3	4	5	6	7	8	9	10	11	12	13	14	15	16	17	18	19	20	21	22	23	24	25	26	27	28
요일 토	일	월	화	수	목	금	토	일	월	화	수	목	금	토	일	월	화	수	목	금	토	일	월	화	수	목	금
일진 丁亥	戊子	己丑	庚寅	辛卯	壬辰	癸巳	甲午	乙未	丙申	丁酉	戊戌	己亥	庚子	辛丑	壬寅	癸卯	甲辰	乙巳	丙午	丁未	戊申	己酉	庚戌	辛亥	壬子	癸丑	甲寅
음력 15	16	17	18	19	20	21	22	23	24	25	26	27	28	29	30	1/1	2	3	4	5	6	7	8	9	10	11	12
대남 1	1	1	입	1	1	1	2	2	2	3	3	3	4	4	4	5	5	우	5	6	6	6	7	7	7	8	8
운여 9	9	10	춘	10	9	9	9	8	8	8	7	7	7	6	6	6	5	수	5	4	4	4	3	3	3	2	2

경칩 6일 03시 11분 【음2월】 → 음 2 【丁卯月(정묘월)】　　춘분 21일 04시 08분

(음력 01/13, 02/14)

양력 1	2	3	4	5	6	7	8	9	10	11	12	13	14	15	16	17	18	19	20	21	22	23	24	25	26	27	28	29	30	31
요일 토	일	월	화	수	목	금	토	일	월	화	수	목	금	토	일	월	화	수	목	금	토	일	월	화	수	목	금	토	일	월
일진 乙卯	丙辰	丁巳	戊午	己未	庚申	辛酉	壬戌	癸亥	甲子	乙丑	丙寅	丁卯	戊辰	己巳	庚午	辛未	壬申	癸酉	甲戌	乙亥	丙子	丁丑	戊寅	己卯	庚辰	辛巳	壬午	癸未	甲申	乙酉
음력 13	14	15	16	17	18	19	20	21	22	23	24	25	26	27	28	29	2/1	2	3	4	5	6	7	8	9	10	11	12	13	14
대남 8	9	9	9	10	경	1	1	1	2	2	2	3	3	3	4	4	4	5	5	춘	5	6	6	6	7	7	7	8	8	9
운여 2	1	1	1	1	침	10	9	9	9	8	8	8	7	7	7	6	6	6	5	분	5	4	4	4	3	3	3	2	2	1

청명 5일 08시 15분 【음3월】 → 음 3 【戊辰月(무진월)】　　곡우 20일 15시 27분

(음력 02/15, 03/14)

양력 1	2	3	4	5	6	7	8	9	10	11	12	13	14	15	16	17	18	19	20	21	22	23	24	25	26	27	28	29	30
요일 화	수	목	금	토	일	월	화	수	목	금	토	일	월	화	수	목	금	토	일	월	화	수	목	금	토	일	월	화	수
일진 丙戌	丁亥	戊子	己丑	庚寅	辛卯	壬辰	癸巳	甲午	乙未	丙申	丁酉	戊戌	己亥	庚子	辛丑	壬寅	癸卯	甲辰	乙巳	丙午	丁未	戊申	己酉	庚戌	辛亥	壬子	癸丑	甲寅	乙卯
음력 15	16	17	18	19	20	21	22	23	24	25	26	27	28	29	30	3/1	2	3	4	5	6	7	8	9	10	11	12	13	14
대남 9	9	9	10	청	1	1	1	2	2	2	3	3	3	4	4	4	5	5	곡	5	6	6	6	7	7	7	8	8	8
운여 1	1	1	1	명	10	10	9	9	9	8	8	8	7	7	7	6	6	6	우	5	5	4	4	4	3	3	3	2	2

입하 6일 01시 50분 【음4월】 → 음 4 【己巳月(기사월)】　　소만 21일 14시 50분

(음력 03/15, 04/16)

양력 1	2	3	4	5	6	7	8	9	10	11	12	13	14	15	16	17	18	19	20	21	22	23	24	25	26	27	28	29	30	31
요일 목	금	토	일	월	화	수	목	금	토	일	월	화	수	목	금	토	일	월	화	수	목	금	토	일	월	화	수	목	금	토
일진 丙辰	丁巳	戊午	己未	庚申	辛酉	壬戌	癸亥	甲子	乙丑	丙寅	丁卯	戊辰	己巳	庚午	辛未	壬申	癸酉	甲戌	乙亥	丙子	丁丑	戊寅	己卯	庚辰	辛巳	壬午	癸未	甲申	乙酉	丙戌
음력 15	16	17	18	19	20	21	22	23	24	25	26	27	28	29	4/1	2	3	4	5	6	7	8	9	10	11	12	13	14	15	16
대남 9	9	9	10	10	입	1	1	1	2	2	2	3	3	3	4	4	4	5	5	소	5	6	6	6	7	7	7	8	8	8
운여 2	1	1	1	1	하	10	10	9	9	9	8	8	8	7	7	7	6	6	6	만	5	5	4	4	4	3	3	3	2	2

망종 6일 06시 12분 【음5월】 → 음 5 【庚午月(경오월)】　　하지 21일 22시 55분

(음력 04/17, 05/16)

양력 1	2	3	4	5	6	7	8	9	10	11	12	13	14	15	16	17	18	19	20	21	22	23	24	25	26	27	28	29	30
요일 일	월	화	수	목	금	토	일	월	화	수	목	금	토	일	월	화	수	목	금	토	일	월	화	수	목	금	토	일	월
일진 丁亥	戊子	己丑	庚寅	辛卯	壬辰	癸巳	甲午	乙未	丙申	丁酉	戊戌	己亥	庚子	辛丑	壬寅	癸卯	甲辰	乙巳	丙午	丁未	戊申	己酉	庚戌	辛亥	壬子	癸丑	甲寅	乙卯	丙辰
음력 17	18	19	20	21	22	23	24	25	26	27	28	29	30	5/1	2	3	4	5	6	7	8	9	10	11	12	13	14	15	16
대남 9	9	9	10	10	망	1	1	1	2	2	2	3	3	3	4	4	4	5	5	하	5	6	6	6	7	7	7	8	8
운여 2	1	1	1	1	종	10	10	9	9	9	8	8	8	7	7	7	6	6	6	지	5	5	4	4	4	3	3	3	2

한식(4월06일), 초복(7월14일), 중복(7월24일), 말복(8월13일)↑춘사(春社)3/24
☀추사(秋社)9/20 토왕지절(土旺之節):4월17일,7월20일,10월20일, 신년 1월17일,(양력)
臘享(납향):음12/08

양력 7 — 소서 7일 16시 32분 【음6월】→ 음6 【辛未月(신미월)】 대서 23일 09시 48분

양력	1	2	3	4	5	6	7	8	9	10	11	12	13	14	15	16	17	18	19	20	21	22	23	24	25	26	27	28	29	30	31
요일	화	수	목	금	토	일	월	화	수	목	금	토	일	월	화	수	목	금	토	일	월	화	수	목	금	토	일	월	화	수	목
일진	丁	戊	己	庚	辛	壬	癸	甲	乙	丙	丁	戊	己	庚	辛	壬	癸	甲	乙	丙	丁	戊	己	庚	辛	壬	癸	甲	乙	丙	丁
日辰	丑	寅	卯	辰	巳	午	未	申	酉	戌	亥	子	丑	寅	卯	辰	巳	午	未	申	酉	戌	亥	子	丑	寅	卯	辰	巳	午	未
음력	17	18	19	20	21	22	23	24	25	26	27	28	29	6/1	2	3	4	5	6	7	8	9	10	11	12	13	14	15	16	17	18
대운 남	8	8	9	9	9	10	소서	1	1	1	1	2	2	2	3	3	3	4	4	4	5	5	대서	6	6	7	7	7	8	8	8
여	2	2	1	1	1	10	소서	10	9	9	9	8	8	8	7	7	7	6	6	6	5	5	대서	4	4	4	3	3	3	2	2

음력 05/17 ~ 06/18

양력 8 — 입추 8일 02시 14분 【음7월】→ 음7 【壬申月(임신월)】 처서 23일 16시 43분

양력	1	2	3	4	5	6	7	8	9	10	11	12	13	14	15	16	17	18	19	20	21	22	23	24	25	26	27	28	29	30	31
요일	금	토	일	월	화	수	목	금	토	일	월	화	수	목	금	토	일	월	화	수	목	금	토	일	월	화	수	목	금	토	일
일진	戊	己	庚	辛	壬	癸	甲	乙	丙	丁	戊	己	庚	辛	壬	癸	甲	乙	丙	丁	戊	己	庚	辛	壬	癸	甲	乙	丙	丁	戊
日辰	申	酉	戌	亥	子	丑	寅	卯	辰	巳	午	未	申	酉	戌	亥	子	丑	寅	卯	辰	巳	午	未	申	酉	戌	亥	子	丑	寅
음력	19	20	21	22	23	24	25	26	27	28	29	30	7/1	2	3	4	5	6	7	8	9	10	11	12	13	14	15	16	17	18	19
대운 남	8	8	9	9	9	10	10	입추	1	1	1	2	2	2	3	3	3	4	4	4	5	5	처서	6	6	6	7	7	7	8	8
여	2	2	1	1	1	10	10	입추	10	9	9	8	8	8	7	7	7	6	6	6	5	5	처서	4	4	4	3	3	3	2	2

음력 06/19 ~ 07/19

양력 9 — 백로 8일 04시 55분 【음8월】→ 음8 【癸酉月(계유월)】 추분 23일 14시 07분

양력	1	2	3	4	5	6	7	8	9	10	11	12	13	14	15	16	17	18	19	20	21	22	23	24	25	26	27	28	29	30
요일	월	화	수	목	금	토	일	월	화	수	목	금	토	일	월	화	수	목	금	토	일	월	화	수	목	금	토	일	월	화
일진	己	庚	辛	壬	癸	甲	乙	丙	丁	戊	己	庚	辛	壬	癸	甲	乙	丙	丁	戊	己	庚	辛	壬	癸	甲	乙	丙	丁	戊
日辰	卯	辰	巳	午	未	申	酉	戌	亥	子	丑	寅	卯	辰	巳	午	未	申	酉	戌	亥	子	丑	寅	卯	辰	巳	午	未	申
음력	20	21	22	23	24	25	26	27	28	29	30	8/1	2	3	4	5	6	7	8	9	10	11	12	13	14	15	16	17	18	19
대운 남	8	8	9	9	9	10	10	백로	1	1	1	2	2	2	3	3	3	4	4	4	5	5	추분	6	6	6	7	7	7	8
여	2	2	1	1	1	10	10	백로	10	9	9	8	8	8	7	7	7	6	6	6	5	5	추분	4	4	4	3	3	3	3

음력 07/20 ~ 08/19

양력 10 — 한로 8일 20시 17분 【음9월】→ 음9 【甲戌月(갑술월)】 상강 23일 23시 11분

양력	1	2	3	4	5	6	7	8	9	10	11	12	13	14	15	16	17	18	19	20	21	22	23	24	25	26	27	28	29	30	31
요일	수	목	금	토	일	월	화	수	목	금	토	일	월	화	수	목	금	토	일	월	화	수	목	금	토	일	월	화	수	목	금
일진	己	庚	辛	壬	癸	甲	乙	丙	丁	戊	己	庚	辛	壬	癸	甲	乙	丙	丁	戊	己	庚	辛	壬	癸	甲	乙	丙	丁	戊	己
日辰	酉	戌	亥	子	丑	寅	卯	辰	巳	午	未	申	酉	戌	亥	子	丑	寅	卯	辰	巳	午	未	申	酉	戌	亥	子	丑	寅	卯
음력	20	21	22	23	24	25	26	27	28	29	9/1	2	3	4	5	6	7	8	9	10	11	12	13	14	15	16	17	18	19	20	21
대운 남	8	8	9	9	9	10	10	한로	1	1	1	2	2	2	3	3	3	4	4	4	5	5	상강	6	6	6	7	7	7	8	8
여	2	2	1	1	1	10	10	한로	10	9	9	8	8	8	7	7	7	6	6	6	5	5	상강	4	4	4	3	3	3	2	2

음력 09/20 ~ 10/21

양력 11 — 입동 7일 23시 11분 【음10월】→ 음10 【乙亥月(을해월)】 소설 22일 20시 31분

양력	1	2	3	4	5	6	7	8	9	10	11	12	13	14	15	16	17	18	19	20	21	22	23	24	25	26	27	28	29	30
요일	토	일	월	화	수	목	금	토	일	월	화	수	목	금	토	일	월	화	수	목	금	토	일	월	화	수	목	금	토	일
일진	庚	辛	壬	癸	甲	乙	丙	丁	戊	己	庚	辛	壬	癸	甲	乙	丙	丁	戊	己	庚	辛	壬	癸	甲	乙	丙	丁	戊	己
日辰	辰	巳	午	未	申	酉	戌	亥	子	丑	寅	卯	辰	巳	午	未	申	酉	戌	亥	子	丑	寅	卯	辰	巳	午	未	申	酉
음력	22	23	24	25	26	27	28	29	30	10/1	2	3	4	5	6	7	8	9	10	11	12	13	14	15	16	17	18	19	20	21
대운 남	8	8	9	9	9	10	입동	1	1	1	2	2	2	3	3	3	4	4	4	5	5	소설	6	6	6	7	7	7	8	8
여	2	2	1	1	1	10	입동	10	9	9	8	8	8	7	7	7	6	6	6	5	5	소설	4	4	4	3	3	3	2	2

음력 09/22 ~ 10/21

양력 12 — 대설 7일 15시 51분 【음11월】→ 음11 【丙子月(병자월)】 동지 22일 09시 44분

양력	1	2	3	4	5	6	7	8	9	10	11	12	13	14	15	16	17	18	19	20	21	22	23	24	25	26	27	28	29	30	31
요일	월	화	수	목	금	토	일	월	화	수	목	금	토	일	월	화	수	목	금	토	일	월	화	수	목	금	토	일	월	화	수
일진	庚	辛	壬	癸	甲	乙	丙	丁	戊	己	庚	辛	壬	癸	甲	乙	丙	丁	戊	己	庚	辛	壬	癸	甲	乙	丙	丁	戊	己	庚
日辰	戌	亥	子	丑	寅	卯	辰	巳	午	未	申	酉	戌	亥	子	丑	寅	卯	辰	巳	午	未	申	酉	戌	亥	子	丑	寅	卯	辰
음력	22	23	24	25	26	27	28	29	11/1	2	3	4	5	6	7	8	9	10	11	12	13	14	15	16	17	18	19	20	21	22	23
대운 남	8	8	9	9	9	10	대설	1	1	1	2	2	2	3	3	3	4	4	4	5	5	동지	6	6	6	7	7	7	8	8	8
여	2	2	1	1	1	10	대설	10	9	9	8	8	8	7	7	7	6	6	6	5	5	동지	4	4	4	3	3	3	2	2	2

음력 10/22 ~ 11/23

단기 4303 年	**1970년**	**庚戌(경술)년** 납음(釵釧金),본명성(三碧木)
불기 2514 年		대장군(午남방), 삼살(북방), 상문(子북방),조객(申서남방), 납음(차천금)

【삼재(신,유,술)년】 臘享(납향):1971년1월22일(음12/26)

양력 1월 — 소한 6일 03시 02분 【음12월】→ 음 12 【丁丑月(정축월)】 대한 20일 20시 24분

양력	1	2	3	4	5	6	7	8	9	10	11	12	13	14	15	16	17	18	19	20	21	22	23	24	25	26	27	28	29	30	31
요일	목	금	토	일	월	화	수	목	금	토	일	월	화	수	목	금	토	일	월	화	수	목	금	토	일	월	화	수	목	금	토
일진	辛	壬	癸	甲	乙	丙	丁	戊	己	庚	辛	壬	癸	甲	乙	丙	丁	戊	己	庚	辛	壬	癸	甲	乙	丙	丁	戊	己	庚	辛
日辰	巳	午	未	申	酉	戌	亥	子	丑	寅	卯	辰	巳	午	未	申	酉	戌	亥	子	丑	寅	卯	辰	巳	午	未	申	酉	戌	
음력	24	25	26	27	28	29	30	12/1	2	3	4	5	6	7	8	9	10	11	12	13	14	15	16	17	18	19	20	21	22	23	24
대남	8	9	9	9	10	소	1	1	1	1	2	2	2	3	3	3	4	4	4	대	5	5	5	6	6	6	7	7	7	8	8
운여	2	1	1	1	1	한	9	9	9	8	8	8	7	7	7	6	6	6	5	한	5	4	4	4	3	3	3	2	2	2	1

(음력 11/24, 12/24)

양력 2월 — 입춘 4일 14시 46분 【음1월】 음 1 【戊寅月(무인월)】 우수 19일 10시 42분

양력	1	2	3	4	5	6	7	8	9	10	11	12	13	14	15	16	17	18	19	20	21	22	23	24	25	26	27	28
요일	일	월	화	수	목	금	토	일	월	화	수	목	금	토	일	월	화	수	목	금	토	일	월	화	수	목	금	토
일진	壬	癸	甲	乙	丙	丁	戊	己	庚	辛	壬	癸	甲	乙	丙	丁	戊	己	庚	辛	壬	癸	甲	乙	丙	丁	戊	己
日辰	子	丑	寅	卯	辰	巳	午	未	申	酉	戌	亥	子	丑	寅	卯	辰	巳	午	未	申	酉	戌	亥	子	丑	寅	卯
음력	25	26	27	28	29	1/1	2	3	4	5	6	7	8	9	10	11	12	13	14	15	16	17	18	19	20	21	22	23
대남	9	9	9	입	10	9	9	9	8	8	8	7	7	7	6	6	6	5	우	5	4	4	4	3	3	3	2	2
운여	1	1	1	춘	1	1	1	2	2	2	3	3	3	4	4	4	5	5	수	5	6	6	6	7	7	7	8	8

(음력 12/25, 01/23) — **庚戌年**

양력 3월 — 경칩 6일 08시 58분 【음2월】→ 음 2 【己卯月(기묘월)】 춘분 21일 09시 56분

양력	1	2	3	4	5	6	7	8	9	10	11	12	13	14	15	16	17	18	19	20	21	22	23	24	25	26	27	28	29	30	31
요일	일	월	화	수	목	금	토	일	월	화	수	목	금	토	일	월	화	수	목	금	토	일	월	화	수	목	금	토	일	월	화
일진	庚	辛	壬	癸	甲	乙	丙	丁	戊	己	庚	辛	壬	癸	甲	乙	丙	丁	戊	己	庚	辛	壬	癸	甲	乙	丙	丁	戊	己	庚
日辰	辰	巳	午	未	申	酉	戌	亥	子	丑	寅	卯	辰	巳	午	未	申	酉	戌	亥	子	丑	寅	卯	辰	巳	午	未	申	酉	戌
음력	24	25	26	27	28	29	30	2/1	2	3	4	5	6	7	8	9	10	11	12	13	14	15	16	17	18	19	20	21	22	23	24
대남	2	1	1	1	1	경	10	9	9	9	8	8	8	7	7	7	6	6	6	춘	5	5	5	4	4	4	3	3	3	2	2
운여	8	9	9	9	10	칩	1	1	1	1	2	2	2	3	3	3	4	4	4	분	5	5	5	6	6	6	7	7	7	8	8

(음력 01/24, 02/24)

양력 4월 — 청명 5일 14시 02분 【음3월】→ 음 3 【庚辰月(경진월)】 곡우 20일 21시 15분

양력	1	2	3	4	5	6	7	8	9	10	11	12	13	14	15	16	17	18	19	20	21	22	23	24	25	26	27	28	29	30
요일	수	목	금	토	일	월	화	수	목	금	토	일	월	화	수	목	금	토	일	월	화	수	목	금	토	일	월	화	수	목
일진	辛	壬	癸	甲	乙	丙	丁	戊	己	庚	辛	壬	癸	甲	乙	丙	丁	戊	己	庚	辛	壬	癸	甲	乙	丙	丁	戊	己	庚
日辰	亥	子	丑	寅	卯	辰	巳	午	未	申	酉	戌	亥	子	丑	寅	卯	辰	巳	午	未	申	酉	戌	亥	子	丑	寅	卯	辰
음력	25	26	27	28	29	3/1	2	3	4	5	6	7	8	9	10	11	12	13	14	15	16	17	18	19	20	21	22	23	24	25
대남	2	1	1	1	청	10	9	9	9	8	8	8	7	7	7	6	6	6	5	곡	5	5	4	4	4	3	3	3	2	2
운여	9	9	9	10	명	1	1	1	1	2	2	2	3	3	3	4	4	4	5	우	5	5	6	6	6	7	7	7	8	8

(음력 02/25, 03/25)

양력 5월 — 입하 6일 07시 34분 【음4월】→ 음 4 【辛巳月(신사월)】 소만 21일 20시 37분

양력	1	2	3	4	5	6	7	8	9	10	11	12	13	14	15	16	17	18	19	20	21	22	23	24	25	26	27	28	29	30	31
요일	금	토	일	월	화	수	목	금	토	일	월	화	수	목	금	토	일	월	화	수	목	금	토	일	월	화	수	목	금	토	일
일진	辛	壬	癸	甲	乙	丙	丁	戊	己	庚	辛	壬	癸	甲	乙	丙	丁	戊	己	庚	辛	壬	癸	甲	乙	丙	丁	戊	己	庚	辛
日辰	巳	午	未	申	酉	戌	亥	子	丑	寅	卯	辰	巳	午	未	申	酉	戌	亥	子	丑	寅	卯	辰	巳	午	未	申	酉	戌	亥
음력	26	27	28	29	4/1	2	3	4	5	6	7	8	9	10	11	12	13	14	15	16	17	18	19	20	21	22	23	24	25	26	27
대남	2	1	1	1	1	입	10	10	9	9	9	8	8	8	7	7	7	6	6	6	소	5	5	5	4	4	4	3	3	3	2
운여	9	9	9	10	입	1	1	1	1	2	2	2	3	3	3	4	4	4	5	5	만	5	5	6	6	6	7	7	7	8	8

(음력 03/26, 04/27)

양력 6월 — 망종 6일 11시 52분 【음5월】→ 음 5 【壬午月(임오월)】 하지 22일 04시 43분

양력	1	2	3	4	5	6	7	8	9	10	11	12	13	14	15	16	17	18	19	20	21	22	23	24	25	26	27	28	29	30
요일	월	화	수	목	금	토	일	월	화	수	목	금	토	일	월	화	수	목	금	토	일	월	화	수	목	금	토	일	월	화
일진	壬	癸	甲	乙	丙	丁	戊	己	庚	辛	壬	癸	甲	乙	丙	丁	戊	己	庚	辛	壬	癸	甲	乙	丙	丁	戊	己	庚	辛
日辰	子	丑	寅	卯	辰	巳	午	未	申	酉	戌	亥	子	丑	寅	卯	辰	巳	午	未	申	酉	戌	亥	子	丑	寅	卯	辰	巳
음력	28	29	30	5/1	2	3	4	5	6	7	8	9	10	11	12	13	14	15	16	17	18	19	20	21	22	23	24	25	26	27
대남	2	1	1	1	망	10	10	9	9	9	8	8	8	7	7	7	6	6	6	하	5	5	5	4	4	4	3	3	3	2
운여	9	9	9	10	종	1	1	1	2	2	2	3	3	3	4	4	4	5	5	지	6	6	6	7	7	7	8	8	8	9

(음력 04/28, 05/27)

한식(4월06일), 초복(7월19일), 중복(7월29일), 말복(8월08일) ↑춘사(春社)3/19
※ 추사(秋社)9/25 토왕지절(土旺之節):4월17일,7월20일,10월20일, 신년 1월18일,(양력)
● 臘享(납향):음12/26

개

【음6월】 → 음 6 【癸未月(계미월)】

소서 7일 22시 11분 　　　　　　　　　　　　　　　　　　　대서 23일 15시 37분

양력	1	2	3	4	5	6	7	8	9	10	11	12	13	14	15	16	17	18	19	20	21	22	23	24	25	26	27	28	29	30	31
요일	수	목	금	토	일	월	화	수	목	금	토	일	월	화	수	목	금	토	일	월	화	수	목	금	토	일	월	화	수	목	금
일진	壬辰	癸午	甲未	乙申	丙酉	丁戌	戊亥	己子	庚寅	辛卯	壬辰	癸巳	甲午	乙未	丙申	丁酉	戊戌	己亥	庚子	辛丑	壬寅	癸卯	甲辰	乙巳	丙午	丁未	戊申	己酉	庚戌	辛亥	壬子
음력 05/30 06/28	28	29	30	6/1	2	3	4	5	6	7	8	9	10	11	12	13	14	15	16	17	18	19	20	21	22	23	24	25	26	27	28
대 낙	3	2	1	1	1	1	소서	10	10	9	9	9	8	8	8	7	7	7	6	6	6	5	대서	5	4	4	4	3	3	3	2
운 어	8	9	9	9	9	10	1	1	1	1	2	2	2	3	3	3	4	4	4	5	5	5	6	6	6	7	7	7	8	8

【음7월】 → 음 7 【甲申月(갑신월)】

입추 8일 07시 54분 　　　　　　　　　　　　　　　　　　　처서 23일 22시 34분

양력	1	2	3	4	5	6	7	8	9	10	11	12	13	14	15	16	17	18	19	20	21	22	23	24	25	26	27	28	29	30	31
요일	토	일	월	화	수	목	금	토	일	월	화	수	목	금	토	일	월	화	수	목	금	토	일	월	화	수	목	금	토	일	월
일진	癸丑	甲寅	乙卯	丙辰	丁巳	戊午	己未	庚申	辛酉	壬戌	癸亥	甲子	乙丑	丙寅	丁卯	戊辰	己巳	庚午	辛未	壬申	癸酉	甲戌	乙亥	丙子	丁丑	戊寅	己卯	庚辰	辛巳	壬午	癸未
음력 06/29 07/30	29	7/1	2	3	4	5	6	7	8	9	10	11	12	13	14	15	16	17	18	19	20	21	22	23	24	25	26	27	28	29	30
대 낙	2	1	1	1	1	입추	10	10	9	9	9	8	8	8	7	7	7	6	6	6	5	처서	5	5	4	4	4	3	3	3	2
운 어	8	9	9	9	10	1	1	1	1	2	2	2	3	3	3	4	4	4	5	5	5	6	6	6	7	7	7	8	8

【음8월】 → 음 8 【乙酉月(을유월)】

백로 8일 10시 38분 　　　　　　　　　　　　　　　　　　　추분 23일 19시 59분

양력	1	2	3	4	5	6	7	8	9	10	11	12	13	14	15	16	17	18	19	20	21	22	23	24	25	26	27	28	29	30
요일	화	수	목	금	토	일	월	화	수	목	금	토	일	월	화	수	목	금	토	일	월	화	수	목	금	토	일	월	화	수
일진	甲申	乙酉	丙戌	丁亥	戊子	己丑	庚寅	辛卯	壬辰	癸巳	甲午	乙未	丙申	丁酉	戊戌	己亥	庚子	辛丑	壬寅	癸卯	甲辰	乙巳	丙午	丁未	戊申	己酉	庚戌	辛亥	壬子	癸丑
음력 08/01 09/01	8/1	2	3	4	5	6	7	8	9	10	11	12	13	14	15	16	17	18	19	20	21	22	23	24	25	26	27	28	29	9/1
대 낙	2	2	1	1	1	1	백로	10	10	9	9	9	8	8	8	7	7	7	6	6	6	5	추분	5	5	4	4	4	3	3
운 어	8	8	9	9	9	10	1	1	1	1	2	2	2	3	3	3	4	4	4	5	5	5	6	6	6	7	7	7

【음9월】 → 음 9 【丙戌月(병술월)】

한로 9일 02시 02분 　　　　　　　　　　　　　　　　　　　상강 24일 05시 04분

양력	1	2	3	4	5	6	7	8	9	10	11	12	13	14	15	16	17	18	19	20	21	22	23	24	25	26	27	28	29	30	31
요일	목	금	토	일	월	화	수	목	금	토	일	월	화	수	목	금	토	일	월	화	수	목	금	토	일	월	화	수	목	금	토
일진	甲寅	乙卯	丙辰	丁巳	戊午	己未	庚申	辛酉	壬戌	癸亥	甲子	乙丑	丙寅	丁卯	戊辰	己巳	庚午	辛未	壬申	癸酉	甲戌	乙亥	丙子	丁丑	戊寅	己卯	庚辰	辛巳	壬午	癸未	甲申
음력 09/02 10/02	2	3	4	5	6	7	8	9	10	11	12	13	14	15	16	17	18	19	20	21	22	23	24	25	26	27	28	29	30	10/1	2
대 낙	3	2	2	2	1	1	1	한로	10	9	9	9	8	8	8	7	7	7	6	6	6	5	상강	5	5	4	4	4	3	3	3
운 어	8	8	8	9	9	9	10	로	1	1	1	1	2	2	2	3	3	3	4	4	4	5	강	5	5	6	6	6	7	7	8

【음10월】 → 음 10 【丁亥月(정해월)】

입동 8일 04시 58분 　　　　　　　　　　　　　　　　　　　소설 23일 02시 25분

양력	1	2	3	4	5	6	7	8	9	10	11	12	13	14	15	16	17	18	19	20	21	22	23	24	25	26	27	28	29	30
요일	일	월	화	수	목	금	토	일	월	화	수	목	금	토	일	월	화	수	목	금	토	일	월	화	수	목	금	토	일	월
일진	乙酉	丙戌	丁亥	戊子	己丑	庚寅	辛卯	壬辰	癸巳	甲午	乙未	丙申	丁酉	戊戌	己亥	庚子	辛丑	壬寅	癸卯	甲辰	乙巳	丙午	丁未	戊申	己酉	庚戌	辛亥	壬子	癸丑	甲寅
음력 10/03 11/02	3	4	5	6	7	8	9	10	11	12	13	14	15	16	17	18	19	20	21	22	23	24	25	26	27	28	29	30	11/1	2
대 낙	2	2	1	1	1	1	입동	10	9	9	9	8	8	8	7	7	7	6	6	6	5	소설	5	5	4	4	4	3	3	3
운 어	8	8	9	9	9	10	동	1	1	1	1	2	2	2	3	3	3	4	4	4	5	설	5	5	6	6	6	7	7	7

【음11월】 → 음 11 【戊子月(무자월)】

대설 7일 21시 37분 　　　　　　　　　　　　　　　　　　　동지 22일 15시 36분

양력	1	2	3	4	5	6	7	8	9	10	11	12	13	14	15	16	17	18	19	20	21	22	23	24	25	26	27	28	29	30	31
요일	화	수	목	금	토	일	월	화	수	목	금	토	일	월	화	수	목	금	토	일	월	화	수	목	금	토	일	월	화	수	목
일진	乙卯	丙辰	丁巳	戊午	己未	庚申	辛酉	壬戌	癸亥	甲子	乙丑	丙寅	丁卯	戊辰	己巳	庚午	辛未	壬申	癸酉	甲戌	乙亥	丙子	丁丑	戊寅	己卯	庚辰	辛巳	壬午	癸未	甲申	乙酉
음력 11/03 12/04	3	4	5	6	7	8	9	10	11	12	13	14	15	16	17	18	19	20	21	22	23	24	25	26	27	28	29	12/1	2	3	4
대 낙	2	2	1	1	1	1	대설	10	9	9	9	8	8	8	7	7	7	6	6	6	5	동지	5	5	4	4	4	3	3	3	2
운 어	8	8	9	9	9	10	설	1	1	1	1	2	2	2	3	3	3	4	4	4	5	지	5	5	6	6	6	7	7	7	8

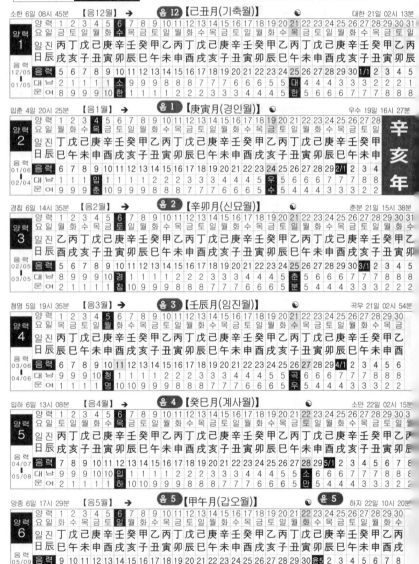

단기 4304 年
불기 2515 年
1971년

辛亥(신해)년 납음(釵釧金),본명성(二黑土)

대장군(酉서방), 삼살(酉서방), 상문(丑동북방),조객(酉서방), 납음(차천금),
【삼재(사,오,미)년】 臘享(납향):1972年1月17日(음12/02)

소한 6일 08시 45분 【음12월】 → **음 12** 【己丑月(기축월)】 대한 21일 02시 13분

양력 1	양력	1 2 3 4 5 6 7 8 9 10 11 12 13 14 15 16 17 18 19 20 21 22 23 24 25 26 27 28 29 30 31
	요일	금 토 일 월 화 수 목 금 토 일 월 화 수 목 금 토 일 월 화 수 목 금 토 일 월 화 수 목 금 토 일
	일진	丙丁戊己庚辛壬癸甲乙丙丁戊己庚辛壬癸甲乙丙丁戊己庚辛壬癸甲乙
	日	辰巳午未申酉戌亥子丑寅卯辰巳午未申酉戌亥子丑寅卯辰巳午未申酉戌
음력 12/05 01/05	음력	5 6 7 8 9 10 11 12 13 14 15 16 17 18 19 20 21 22 23 24 25 26 27 28 29 30 1/1 2 3 4 5
	대 남	8 9 9 9 10 소한 1 1 1 1 2 2 2 3 3 3 4 4 4 5 5 5 대한 6 6 6 7 7 7 8
	운 여	8 9 9 9 10 한 1 1 1 1 8 8 8 7 7 7 6 6 6 5 5 5 한 4 4 3 3 3 2 2

입춘 4일 20시 25분 【음1월】 → **음 1** 【庚寅月(경인월)】 우수 19일 16시 27분

辛
亥
年

경칩 6일 14시 35분 【음2월】 → **음 2** 【辛卯月(신묘월)】 춘분 21일 15시 38분

청명 5일 19시 35분 【음3월】 → **음 3** 【壬辰月(임진월)】 곡우 21일 02시 54분

입하 6일 13시 08분 【음4월】 → **음 4** 【癸巳月(계사월)】 소만 22일 02시 15분

망종 6일 17시 29분 【음5월】 → **음 5** 【甲午月(갑오월)】 **윤 5** 하지 22일 10시 20분

1971 辛亥年

소서 8일 03시 51분　【음6월】→ 음 6 【乙未月(을미월)】　　대서 23일 21시 15분

양력 7	1	2	3	4	5	6	7	8	9	10	11	12	13	14	15	16	17	18	19	20	21	22	23	24	25	26	27	28	29	30	31
요일	목	금	토	일	월	화	수	목	금	토	일	월	화	수	목	금	토	일	월	화	수	목	금	토	일	월	화	수	목	금	토
일진(干)	丁	戊	己	庚	辛	壬	癸	甲	乙	丙	丁	戊	己	庚	辛	壬	癸	甲	乙	丙	丁	戊	己	庚	辛	壬	癸	甲	乙	丙	丁
일진(支)	亥	子	丑	寅	卯	辰	巳	午	未	申	酉	戌	亥	子	丑	寅	卯	辰	巳	午	未	申	酉	戌	亥	子	丑	寅	卯	辰	巳
음력	9	10	11	12	13	14	15	16	17	18	19	20	21	22	23	24	25	26	27	28	29	6/1	2	3	4	5	6	7	8	9	10
대남	8	9	9	9	10	10	10	소서	1	1	1	1	2	2	2	3	3	3	4	4	4	5	대서	5	5	6	6	6	7	7	7
운여	2	2	1	1	1	1	10	10	10	9	9	9	8	8	8	7	7	7	6	6	6	5	5	5	4	4	4	3	3	3

입추 8일 13시 40분　【음7월】→ 음 7 【丙申月(병신월)】　　처서 24일 04시 15분

양력 8	1	2	3	4	5	6	7	8	9	10	11	12	13	14	15	16	17	18	19	20	21	22	23	24	25	26	27	28	29	30	31
요일	일	월	화	수	목	금	토	일	월	화	수	목	금	토	일	월	화	수	목	금	토	일	월	화	수	목	금	토	일	월	화
일진(干)	戊	己	庚	辛	壬	癸	甲	乙	丙	丁	戊	己	庚	辛	壬	癸	甲	乙	丙	丁	戊	己	庚	辛	壬	癸	甲	乙	丙	丁	戊
일진(支)	午	未	申	酉	戌	亥	子	丑	寅	卯	辰	巳	午	未	申	酉	戌	亥	子	丑	寅	卯	辰	巳	午	未	申	酉	戌	亥	子
음력	11	12	13	14	15	16	17	18	19	20	21	22	23	24	25	26	27	28	29	30	7/1	2	3	4	5	6	7	8	9	10	11
대남	8	8	9	9	9	10	10	입추	1	1	1	1	2	2	2	3	3	3	4	4	4	5	처서	5	5	6	6	6	7	7	7
운여	2	2	2	1	1	1	1	10	10	10	9	9	9	8	8	8	7	7	7	6	6	6	5	5	5	4	4	4	3	3	3

백로 8일 16시 30분　【음8월】→ 음 8 【丁酉月(정유월)】　　추분 24일 01시 45분

양력 9	1	2	3	4	5	6	7	8	9	10	11	12	13	14	15	16	17	18	19	20	21	22	23	24	25	26	27	28	29	30
요일	수	목	금	토	일	월	화	수	목	금	토	일	월	화	수	목	금	토	일	월	화	수	목	금	토	일	월	화	수	목
일진(干)	己	庚	辛	壬	癸	甲	乙	丙	丁	戊	己	庚	辛	壬	癸	甲	乙	丙	丁	戊	己	庚	辛	壬	癸	甲	乙	丙	丁	戊
일진(支)	丑	寅	卯	辰	巳	午	未	申	酉	戌	亥	子	丑	寅	卯	辰	巳	午	未	申	酉	戌	亥	子	丑	寅	卯	辰	巳	午
음력	12	13	14	15	16	17	18	19	20	21	22	23	24	25	26	27	28	8/1	2	3	4	5	6	7	8	9	10	11	12	13
대남	8	8	9	9	9	10	10	백로	1	1	1	1	2	2	2	3	3	3	4	4	4	5	추분	5	5	6	6	6	7	7
운여	2	2	2	1	1	1	1	10	10	10	9	9	9	8	8	8	7	7	7	6	6	6	5	5	5	4	4	4	3	3

한로 9일 07시 59분　【음9월】→ 음 9 【戊戌月(무술월)】　　상강 24일 10시 53분

양력 10	1	2	3	4	5	6	7	8	9	10	11	12	13	14	15	16	17	18	19	20	21	22	23	24	25	26	27	28	29	30	31
요일	금	토	일	월	화	수	목	금	토	일	월	화	수	목	금	토	일	월	화	수	목	금	토	일	월	화	수	목	금	토	일
일진(干)	己	庚	辛	壬	癸	甲	乙	丙	丁	戊	己	庚	辛	壬	癸	甲	乙	丙	丁	戊	己	庚	辛	壬	癸	甲	乙	丙	丁	戊	己
일진(支)	未	申	酉	戌	亥	子	丑	寅	卯	辰	巳	午	未	申	酉	戌	亥	子	丑	寅	卯	辰	巳	午	未	申	酉	戌	亥	子	丑
음력	13	14	15	16	17	18	19	20	21	22	23	24	25	26	27	28	29	30	9/1	2	3	4	5	6	7	8	9	10	11	12	13
대남	8	8	8	9	9	9	10	10	한로	1	1	1	1	2	2	2	3	3	3	4	4	4	5	상강	5	5	6	6	6	7	7
운여	3	2	2	2	1	1	1	1	로	10	9	9	9	8	8	8	7	7	7	6	6	6	5	강	5	5	4	4	4	3	3

입동 8일 10시 57분　【음10월】→ 음 10 【己亥月(기해월)】　　소설 23일 08시 14분

양력 11	1	2	3	4	5	6	7	8	9	10	11	12	13	14	15	16	17	18	19	20	21	22	23	24	25	26	27	28	29	30
요일	월	화	수	목	금	토	일	월	화	수	목	금	토	일	월	화	수	목	금	토	일	월	화	수	목	금	토	일	월	화
일진(干)	庚	辛	壬	癸	甲	乙	丙	丁	戊	己	庚	辛	壬	癸	甲	乙	丙	丁	戊	己	庚	辛	壬	癸	甲	乙	丙	丁	戊	己
일진(支)	寅	卯	辰	巳	午	未	申	酉	戌	亥	子	丑	寅	卯	辰	巳	午	未	申	酉	戌	亥	子	丑	寅	卯	辰	巳	午	未
음력	14	15	16	17	18	19	20	21	22	23	24	25	26	27	28	29	30	10/1	2	3	4	5	6	7	8	9	10	11	12	13
대남	8	8	8	9	9	9	10	입동	1	1	1	1	2	2	2	3	3	3	4	4	4	5	소설	5	6	6	6	7	7	7
운여	2	2	2	1	1	1	1	동	10	9	9	9	8	8	8	7	7	7	6	6	6	5	설	5	4	4	4	3	3	3

대설 8일 03시 36분　【음11월】→ 음 11 【庚子月(경자월)】　　동지 22일 21시 24분

양력 12	1	2	3	4	5	6	7	8	9	10	11	12	13	14	15	16	17	18	19	20	21	22	23	24	25	26	27	28	29	30	31
요일	수	목	금	토	일	월	화	수	목	금	토	일	월	화	수	목	금	토	일	월	화	수	목	금	토	일	월	화	수	목	금
일진(干)	庚	辛	壬	癸	甲	乙	丙	丁	戊	己	庚	辛	壬	癸	甲	乙	丙	丁	戊	己	庚	辛	壬	癸	甲	乙	丙	丁	戊	己	庚
일진(支)	申	酉	戌	亥	子	丑	寅	卯	辰	巳	午	未	申	酉	戌	亥	子	丑	寅	卯	辰	巳	午	未	申	酉	戌	亥	子	丑	寅
음력	14	15	16	17	18	19	20	21	22	23	24	25	26	27	28	29	30	11/1	2	3	4	5	6	7	8	9	10	11	12	13	14
대남	8	8	8	9	9	9	10	대설	1	1	1	1	2	2	2	3	3	3	4	4	4	동지	5	5	6	6	6	7	7	7	8
운여	2	2	1	1	1	1	10	설	9	9	9	8	8	8	7	7	7	6	6	6	5	지	5	4	4	4	3	3	3	2	2

대장군(酉서방), 삼살(남방), 상문(寅동북방), 조객(戌서북방),
납음(상자목), 삼재(인,묘,진)년　臘享(납향):1973年1月23日(음12/19)

소한 6일 14시 42분　【음12월】→　**음 12**【辛丑月(신축월)】　대한 21일 07시 59분

양력 1																														
양력	1	2	3	4	5	6	7	8	9	10	11	12	13	14	15	16	17	18	19	20	21	22	23	24	25	26	27	28	29	30	31
요일	토	일	월	화	수	목	금	토	일	월	화	수	목	금	토	일	월	화	수	목	금	토	일	월	화	수	목	금	토	일	월
일진	辛卯	壬辰	癸巳	甲午	乙未	丙申	丁酉	戊戌	己亥	庚子	辛丑	壬寅	癸卯	甲辰	乙巳	丙午	丁未	戊申	己酉	庚戌	辛亥	壬子	癸丑	甲寅	乙卯	丙辰	丁巳	戊午	己未	庚申	辛酉
음력 11/15 12/16	15	16	17	18	19	20	21	22	23	24	25	26	27	28	29	12/1	2	3	4	5	6	7	8	9	10	11	12	13	14	15	16
대낭	8	8	9	9	9	소	1	1	1	1	2	2	2	3	3	3	4	4	4	5	대	5	6	6	6	7	7	7	8	8	
운여	2	1	1	1	한	10	9	9	9	8	8	8	7	7	7	6	6	6	5	한	5	4	4	4	3	3	3	2	2	2	

입춘 5일 02시 20분　【음1월】→　**음 1**【壬寅月(임인월)】　우수 19일 22시 11분

양력 2																													
양력	1	2	3	4	5	6	7	8	9	10	11	12	13	14	15	16	17	18	19	20	21	22	23	24	25	26	27	28	29
요일	화	수	목	금	토	일	월	화	수	목	금	토	일	월	화	수	목	금	토	일	월	화	수	목	금	토	일	월	화
일진	壬戌	癸亥	甲子	乙丑	丙寅	丁卯	戊辰	己巳	庚午	辛未	壬申	癸酉	甲戌	乙亥	丙子	丁丑	戊寅	己卯	庚辰	辛巳	壬午	癸未	甲申	乙酉	丙戌	丁亥	戊子	己丑	庚寅
음력 12/17 01/15	17	18	19	20	21	22	23	24	25	26	27	28	29	30	1/1	2	3	4	5	6	7	8	9	10	11	12	13	14	15
대낭	9	9	9	10	입	1	1	1	1	2	2	2	3	3	3	4	4	4	우	5	5	5	6	6	6	7	7	7	8
운여	1	1	1	1	춘	9	9	9	8	8	8	7	7	7	6	6	6	5	수	5	4	4	4	3	3	3	2	2	2

경칩 5일 20시 28분　【음2월】→　**음 2**【癸卯月(계묘월)】　춘분 20일 21시 21분

양력 3																														
양력	1	2	3	4	5	6	7	8	9	10	11	12	13	14	15	16	17	18	19	20	21	22	23	24	25	26	27	28	29	30	31
요일	수	목	금	토	일	월	화	수	목	금	토	일	월	화	수	목	금	토	일	월	화	수	목	금	토	일	월	화	수	목	금
일진	辛卯	壬辰	癸巳	甲午	乙未	丙申	丁酉	戊戌	己亥	庚子	辛丑	壬寅	癸卯	甲辰	乙巳	丙午	丁未	戊申	己酉	庚戌	辛亥	壬子	癸丑	甲寅	乙卯	丙辰	丁巳	戊午	己未	庚申	辛酉
음력 01/16 02/17	16	17	18	19	20	21	22	23	24	25	26	27	28	29	2/1	2	3	4	5	6	7	8	9	10	11	12	13	14	15	16	17
대낭	1	1	1	1	경	10	10	9	9	9	8	8	8	7	7	7	6	6	6	춘	5	5	4	4	4	3	3	3	2	2	2
운여	8	9	9	9	칩	1	1	1	2	2	2	3	3	3	4	4	4	5	5	분	5	6	6	6	7	7	7	8	8	8	

청명 5일 01시 29분　【음3월】→　**음 3**【甲辰月(갑진월)】　곡우 20일 08시 37분

양력 4																													
양력	1	2	3	4	5	6	7	8	9	10	11	12	13	14	15	16	17	18	19	20	21	22	23	24	25	26	27	28	29	30
요일	토	일	월	화	수	목	금	토	일	월	화	수	목	금	토	일	월	화	수	목	금	토	일	월	화	수	목	금	토	일
일진	壬戌	癸亥	甲子	乙丑	丙寅	丁卯	戊辰	己巳	庚午	辛未	壬申	癸酉	甲戌	乙亥	丙子	丁丑	戊寅	己卯	庚辰	辛巳	壬午	癸未	甲申	乙酉	丙戌	丁亥	戊子	己丑	庚寅	辛卯
음력 02/18 03/17	18	19	20	21	22	23	24	25	26	27	28	29	30	3/1	2	3	4	5	6	7	8	9	10	11	12	13	14	15	16	17
대낭	1	1	1	1	청	10	9	9	9	8	8	8	7	7	7	6	6	6	5	곡	5	4	4	4	3	3	3	2	2	2
운여	9	9	10	10	명	1	1	1	1	2	2	2	3	3	3	4	4	4	5	우	5	6	6	6	7	7	7	8	8	8

입하 5일 19시 01분　【음4월】→　**음 4**【乙巳月(을사월)】　소만 21일 08시 00분

양력 5																														
양력	1	2	3	4	5	6	7	8	9	10	11	12	13	14	15	16	17	18	19	20	21	22	23	24	25	26	27	28	29	30	31
요일	월	화	수	목	금	토	일	월	화	수	목	금	토	일	월	화	수	목	금	토	일	월	화	수	목	금	토	일	월	화	수
일진	壬辰	癸巳	甲午	乙未	丙申	丁酉	戊戌	己亥	庚子	辛丑	壬寅	癸卯	甲辰	乙巳	丙午	丁未	戊申	己酉	庚戌	辛亥	壬子	癸丑	甲寅	乙卯	丙辰	丁巳	戊午	己未	庚申	辛酉	壬戌
음력 03/18 04/19	18	19	20	21	22	23	24	25	26	27	28	29	4/1	2	3	4	5	6	7	8	9	10	11	12	13	14	15	16	17	18	19
대낭	1	1	1	1	입	10	10	9	9	9	8	8	8	7	7	7	6	6	6	5	소	5	4	4	4	3	3	3	2	2	2
운여	9	9	10	10	하	1	1	1	1	2	2	2	3	3	3	4	4	4	5	5	만	6	6	6	7	7	7	8	8	8	

망종 5일 23시 22분　【음5월】→　**음 5**【丙午月(병오월)】　하지 21일 16시 06분

양력 6																													
양력	1	2	3	4	5	6	7	8	9	10	11	12	13	14	15	16	17	18	19	20	21	22	23	24	25	26	27	28	29	30
요일	목	금	토	일	월	화	수	목	금	토	일	월	화	수	목	금	토	일	월	화	수	목	금	토	일	월	화	수	목	금
일진	癸亥	甲子	乙丑	丙寅	丁卯	戊辰	己巳	庚午	辛未	壬申	癸酉	甲戌	乙亥	丙子	丁丑	戊寅	己卯	庚辰	辛巳	壬午	癸未	甲申	乙酉	丙戌	丁亥	戊子	己丑	庚寅	辛卯	壬辰
음력 04/20 05/20	20	21	22	23	24	25	26	27	28	29	5/1	2	3	4	5	6	7	8	9	10	11	12	13	14	15	16	17	18	19	20
대낭	1	1	1	1	망	10	10	10	9	9	9	8	8	8	7	7	7	6	6	6	하	5	5	5	4	4	4	3	3	3
운여	1	1	1	1	종	10	10	9	9	9	8	8	8	7	7	7	6	6	6	5	지	5	5	4	4	4	3	3	3	2

한식(4월05일), 초복(7월18일), 중복(7월28일), 말복(8월07일)↑춘사(春社)3/23
☀추사(秋社)9/19 토왕지절(土旺之節):4월17일,7월20일,10월20일,신년1월18일(음12/13)
臘享(납향):1973년 1월23일(음12/19)

1
9
7
2

壬
子
年

소서 7일 09시 43분　【음6월】 →　음 6　【丁未月(정미월)】　대서 23일 03시 03분

양력	1	2	3	4	5	6	7	8	9	10	11	12	13	14	15	16	17	18	19	20	21	22	23	24	25	26	27	28	29	30	31
7 요일	토	일	월	화	수	목	금	토	일	월	화	수	목	금	토	일	월	화	수	목	금	토	일	월	화	수	목	금	토	일	월
일진	癸巳	甲午	乙未	丙申	丁酉	戊戌	己亥	庚子	辛丑	壬寅	癸卯	甲辰	乙巳	丙午	丁未	戊申	己酉	庚戌	辛亥	壬子	癸丑	甲寅	乙卯	丙辰	丁巳	戊午	己未	庚申	辛酉	壬戌	癸亥
음력 05/21~06/21	21	22	23	24	25	26	27	28	29	30	6/1	2	3	4	5	6	7	8	9	10	11	12	13	14	15	16	17	18	19	20	21
대운 남여	2 1 9 9	1 1 9 9	1 1 10 10	1 1 10 10	1 1 10 10	소 서 9	10 1 10 9	10 1 9 9	9 2 9 8	9 2 8 8	9 2 8 8	8 3 7 7	대 서 7	5 4 6 7	5 4 6 6	4 4 6 6	4 5 5 5	4 5 5 5	3 3 4 4	3 2 4 3	2 5

입추 7일 19시 29분　【음7월】 →　음 7　【戊申月(무신월)】　처서 23일 10시 03분

양력	1	2	3	4	5	6	7	8	9	10	11	12	13	14	15	16	17	18	19	20	21	22	23	24	25	26	27	28	29	30	31
8 요일	화	수	목	금	토	일	월	화	수	목	금	토	일	월	화	수	목	금	토	일	월	화	수	목	금	토	일	월	화	수	목
일진	甲子	乙丑	丙寅	丁卯	戊辰	己巳	庚午	辛未	壬申	癸酉	甲戌	乙亥	丙子	丁丑	戊寅	己卯	庚辰	辛巳	壬午	癸未	甲申	乙酉	丙戌	丁亥	戊子	己丑	庚寅	辛卯	壬辰	癸巳	甲午
음력 06/22~07/23	22	23	24	25	26	27	28	29	7/1	2	3	4	5	6	7	8	9	10	11	12	13	14	15	16	17	18	19	20	21	22	23
대운 남여	2 1 8 9	1 1 9 9	1 1 9 9	1 1 9 9	입 추 10	10 1 10 9	10 1 10 9	9 2 9 8	9 2 8 8	9 2 8 8	8 3 7 7	7 3 7 7	처 서	5 4 5 6	4 4 5 6	4 5 5 5	3 3 4 4	3 2 3	2 7 8

백로 7일 22시 15분　【음8월】 →　음 8　【己酉月(기유월)】　추분 23일 07시 33분

양력	1	2	3	4	5	6	7	8	9	10	11	12	13	14	15	16	17	18	19	20	21	22	23	24	25	26	27	28	29	30
9 요일	금	토	일	월	화	수	목	금	토	일	월	화	수	목	금	토	일	월	화	수	목	금	토	일	월	화	수	목	금	토
일진	乙未	丙申	丁酉	戊戌	己亥	庚子	辛丑	壬寅	癸卯	甲辰	乙巳	丙午	丁未	戊申	己酉	庚戌	辛亥	壬子	癸丑	甲寅	乙卯	丙辰	丁巳	戊午	己未	庚申	辛酉	壬戌	癸亥	甲子
음력 07/24~08/23	24	25	26	27	28	29	30	8/1	2	3	4	5	6	7	8	9	10	11	12	13	14	15	16	17	18	19	20	21	22	23
대운 남여	2 1 8 9	1 1 9 9	1 1 9 9	1 1 9 9	백 로	10 1 10 9	10 1 9 9	9 2 9 8	9 2 8 8	8 2 8 8	8 3 7 7	7 3 7 7	추 분	5 4 5 6	4 4 5 6	4 5 5 5	3 3 4 4	3 2 3	2 7 8

한로 8일 13시 42분　【음9월】 →　음 9　【庚戌月(경술월)】　상강 23일 16시 41분

양력	1	2	3	4	5	6	7	8	9	10	11	12	13	14	15	16	17	18	19	20	21	22	23	24	25	26	27	28	29	30	31
10 요일	일	월	화	수	목	금	토	일	월	화	수	목	금	토	일	월	화	수	목	금	토	일	월	화	수	목	금	토	일	월	화
일진	乙丑	丙寅	丁卯	戊辰	己巳	庚午	辛未	壬申	癸酉	甲戌	乙亥	丙子	丁丑	戊寅	己卯	庚辰	辛巳	壬午	癸未	甲申	乙酉	丙戌	丁亥	戊子	己丑	庚寅	辛卯	壬辰	癸巳	甲午	乙未
음력 08/24~09/25	24	25	26	27	28	29	9/1	2	3	4	5	6	7	8	9	10	11	12	13	14	15	16	17	18	19	20	21	22	23	24	25
대운 남여	2 1 8 9	1 1 9 9	1 1 9 9	1 1 9 9	한 로	10 1 10 9	10 1 9 9	9 1 9 8	9 2 8 8	8 2 8 8	8 3 7 7	7 3 7 6	상 강	5 4 5 6	4 4 5 5	4 5 4 5	3 3 4 4	3 2 3	2 7 8

입동 7일 16시 39분　【음10월】 →　음 10　【辛亥月(신해월)】　소설 22일 14시 03분

양력	1	2	3	4	5	6	7	8	9	10	11	12	13	14	15	16	17	18	19	20	21	22	23	24	25	26	27	28	29	30
11 요일	수	목	금	토	일	월	화	수	목	금	토	일	월	화	수	목	금	토	일	월	화	수	목	금	토	일	월	화	수	목
일진	丙申	丁酉	戊戌	己亥	庚子	辛丑	壬寅	癸卯	甲辰	乙巳	丙午	丁未	戊申	己酉	庚戌	辛亥	壬子	癸丑	甲寅	乙卯	丙辰	丁巳	戊午	己未	庚申	辛酉	壬戌	癸亥	甲子	乙丑
음력 09/26~10/25	26	27	28	29	30	10/1	2	3	4	5	6	7	8	9	10	11	12	13	14	15	16	17	18	19	20	21	22	23	24	25
대운 남여	2 1 8 9	1 1 9 9	1 1 9 9	1 1 9 9	입 동	10 1 10 9	10 1 9 9	9 1 9 8	8 2 8 8	8 2 8 8	8 3 7 7	7 3 7 6	소 설	5 4 5 6	4 4 5 5	4 5 4 5	3 3 4 4	3 2 3	2 7 8

대설 7일 09시 19분　【음11월】 →　음 11　【壬子月(임자월)】　동지 22일 03시 13분

양력	1	2	3	4	5	6	7	8	9	10	11	12	13	14	15	16	17	18	19	20	21	22	23	24	25	26	27	28	29	30	31
12 요일	금	토	일	월	화	수	목	금	토	일	월	화	수	목	금	토	일	월	화	수	목	금	토	일	월	화	수	목	금	토	일
일진	丙寅	丁卯	戊辰	己巳	庚午	辛未	壬申	癸酉	甲戌	乙亥	丙子	丁丑	戊寅	己卯	庚辰	辛巳	壬午	癸未	甲申	乙酉	丙戌	丁亥	戊子	己丑	庚寅	辛卯	壬辰	癸巳	甲午	乙未	丙申
음력 10/26~11/26	26	27	28	29	30	11/1	2	3	4	5	6	7	8	9	10	11	12	13	14	15	16	17	18	19	20	21	22	23	24	25	26
대운 남여	2 1 8 9	1 1 9 9	1 1 9 9	1 1 9 9	대 설	9 1 10 9	9 1 9 9	9 1 9 8	8 2 8 8	8 2 8 8	8 3 7 7	7 3 7 6	동 지	5 4 5 6	4 4 5 5	4 5 4 5	3 3 4 4	3 2 3	2 7 8

癸丑(계축)년　납음(桑柘木), 본명성(九紫火)

대장군(酉서방), 삼살(동방), 상문(卯동방),조객(亥서북방), 납음(상자목),
【삼재(해,자,축)년】　臘享(납향):1974년 1월 18일(음12/25)

소한 5일 20시 25분　【음12월】➜　음 12 【癸丑月(계축월)】　　대한 20일 13시 48분

양력 1																														
양력	1	2	3	4	5	6	7	8	9	10	11	12	13	14	15	16	17	18	19	20	21	22	23	24	25	26	27	28	29	30	31
요일	월	화	수	목	금	토	일	월	화	수	목	금	토	일	월	화	수	목	금	토	일	월	화	수	목	금	토	일	월	화	수
일진	丁辰	戊酉	己戌	庚子	辛丑	壬寅	癸卯	甲辰	乙巳	丙午	丁未	戊申	己酉	庚戌	辛亥	壬子	癸丑	甲寅	乙卯	丙辰	丁巳	戊午	己未	庚申	辛酉	壬戌	癸亥	甲子	乙丑	丙寅	丁卯
음력 11/27 12/27	27	28	29	30	12/1	2	3	4	5	6	7	8	9	10	11	12	13	14	15	16	17	18	19	20	21	22	23	24	25	26	27

입춘 4일 08시 04분　【음1월】➜　음 1 【甲寅月(갑인월)】　　우수 19시 04시 01분

癸丑年

양력	1	2	3	4	5	6	7	8	9	10	11	12	13	14	15	16	17	18	19	20	21	22	23	24	25	26	27	28
요일	목	금	토	일	월	화	수	목	금	토	일	월	화	수	목	금	토	일	월	화	수	목	금	토	일	월	화	수
일진	戊辰	己巳	庚午	辛未	壬申	癸酉	甲戌	乙亥	丙子	丁丑	戊寅	己卯	庚辰	辛巳	壬午	癸未	甲申	乙酉	丙戌	丁亥	戊子	己丑	庚寅	辛卯	壬辰	癸巳	甲午	乙未
음력 12/28 01/26	28	29	1/1	2	3	4	5	6	7	8	9	10	11	12	13	14	15	16	17	18	19	20	21	22	23	24	25	26

경칩 6일 02시 13분　【음2월】➜　음 2 【乙卯月(을묘월)】　　춘분 21일 03시 12분

양력	1	2	3	4	5	6	7	8	9	10	11	12	13	14	15	16	17	18	19	20	21	22	23	24	25	26	27	28	29	30	31
요일	목	금	토	일	월	화	수	목	금	토	일	월	화	수	목	금	토	일	월	화	수	목	금	토	일	월	화	수	목	금	토
일진	丙申	丁酉	戊戌	己亥	庚子	辛丑	壬寅	癸卯	甲辰	乙巳	丙午	丁未	戊申	己酉	庚戌	辛亥	壬子	癸丑	甲寅	乙卯	丙辰	丁巳	戊午	己未	庚申	辛酉	壬戌	癸亥	甲子	乙丑	丙寅
음력 01/27 02/27	27	28	29	30	2/1	2	3	4	5	6	7	8	9	10	11	12	13	14	15	16	17	18	19	20	21	22	23	24	25	26	27

청명 5일 07시 14분　【음3월】➜　음 3 【丙辰月(병진월)】　　곡우 20일 14시 30분

양력	1	2	3	4	5	6	7	8	9	10	11	12	13	14	15	16	17	18	19	20	21	22	23	24	25	26	27	28	29	30
요일	일	월	화	수	목	금	토	일	월	화	수	목	금	토	일	월	화	수	목	금	토	일	월	화	수	목	금	토	일	월
일진	丁卯	戊辰	己巳	庚午	辛未	壬申	癸酉	甲戌	乙亥	丙子	丁丑	戊寅	己卯	庚辰	辛巳	壬午	癸未	甲申	乙酉	丙戌	丁亥	戊子	己丑	庚寅	辛卯	壬辰	癸巳	甲午	乙未	丙申
음력 02/28 03/28	28	29	3/1	2	3	4	5	6	7	8	9	10	11	12	13	14	15	16	17	18	19	20	21	22	23	24	25	26	27	28

입하 6일 00시 46분　【음4월】➜　음 4 【丁巳月(정사월)】　　소만 21일 13시 54분

양력	1	2	3	4	5	6	7	8	9	10	11	12	13	14	15	16	17	18	19	20	21	22	23	24	25	26	27	28	29	30	31
요일	화	수	목	금	토	일	월	화	수	목	금	토	일	월	화	수	목	금	토	일	월	화	수	목	금	토	일	월	화	수	목
일진	丁酉	戊戌	己亥	庚子	辛丑	壬寅	癸卯	甲辰	乙巳	丙午	丁未	戊申	己酉	庚戌	辛亥	壬子	癸丑	甲寅	乙卯	丙辰	丁巳	戊午	己未	庚申	辛酉	壬戌	癸亥	甲子	乙丑	丙寅	丁卯
음력 03/29 04/29	29	30	4/1	2	3	4	5	6	7	8	9	10	11	12	13	14	15	16	17	18	19	20	21	22	23	24	25	26	27	28	29

망종 6일 05시 07분　【음5월】➜　음 5 【戊午月(무오월)】　　하지 21일 22시 01분

양력	1	2	3	4	5	6	7	8	9	10	11	12	13	14	15	16	17	18	19	20	21	22	23	24	25	26	27	28	29	30
요일	금	토	일	월	화	수	목	금	토	일	월	화	수	목	금	토	일	월	화	수	목	금	토	일	월	화	수	목	금	토
일진	戊辰	己巳	庚午	辛未	壬申	癸酉	甲戌	乙亥	丙子	丁丑	戊寅	己卯	庚辰	辛巳	壬午	癸未	甲申	乙酉	丙戌	丁亥	戊子	己丑	庚寅	辛卯	壬辰	癸巳	甲午	乙未	丙申	丁酉
음력 05/01 06/01	5/1	2	3	4	5	6	7	8	9	10	11	12	13	14	15	16	17	18	19	20	21	22	23	24	25	26	27	28	29	6/1

한식(4월06일), 초복(7월13일), 중복(7월23일), 말복(8월12일) ♠춘사(春社)3/23
✿추사(秋社)9/19 토왕지절(土旺之節):4월17일,7월20일,10월20일,신년1월17일(음12/24)
臘享(납향):1974년1월18일(음12/25)

1973

癸丑年

소서 7일 15시 27분　【음6월】→　음 6　【己未月(기미월)】　　　　　　대서 23일 08시 56분

양력 7	양력	1	2	3	4	5	6	7	8	9	10	11	12	13	14	15	16	17	18	19	20	21	22	23	24	25	26	27	28	29	30	31
	요일	일	월	화	수	목	금	토	일	월	화	수	목	금	토	일	월	화	수	목	금	토	일	월	화	수	목	금	토	일	월	화
	일진	戊	己	庚	辛	壬	癸	甲	乙	丙	丁	戊	己	庚	辛	壬	癸	甲	乙	丙	丁	戊	己	庚	辛	壬	癸	甲	乙	丙	丁	戊
	日	辰	巳	午	未	申	酉	戌	亥	子	丑	寅	卯	辰	巳	午	未	申	酉	戌	亥	子	丑	寅	卯	辰	巳	午	未	申	酉	戌
06/02 07/02	음력	2	3	4	5	6	7	8	9	10	11	12	13	14	15	16	17	18	19	20	21	22	23	24	25	26	27	28	29	30	7/1	2
	대남여	8	9	9	9	10	10	소서	10	10	9	9	9	8	8	8	7	7	7	6	6	6	5	5	대서	5	4	4	4	3	3	3
		8	2	2	1	1	1		10	1	1	1	1	2	2	2	3	3	3	4	4	4	5	5		6	6	6	7	7	7	8

입추 8일 01시 13분　【음7월】→　음 7　【庚申月(경신월)】　　　　　　처서 23일 15시 53분

양력 8	양력	1	2	3	4	5	6	7	8	9	10	11	12	13	14	15	16	17	18	19	20	21	22	23	24	25	26	27	28	29	30	31
	요일	수	목	금	토	일	월	화	수	목	금	토	일	월	화	수	목	금	토	일	월	화	수	목	금	토	일	월	화	수	목	금
	일진	己	庚	辛	壬	癸	甲	乙	丙	丁	戊	己	庚	辛	壬	癸	甲	乙	丙	丁	戊	己	庚	辛	壬	癸	甲	乙	丙	丁	戊	己
	日	巳	午	未	申	酉	戌	亥	子	丑	寅	卯	辰	巳	午	未	申	酉	戌	亥	子	丑	寅	卯	辰	巳	午	未	申	酉	戌	亥
07/03 08/04	음력	3	4	5	6	7	8	9	10	11	12	13	14	15	16	17	18	19	20	21	22	23	24	25	26	27	28	29	8/1	2	3	4
	대남여	8	8	9	9	9	10	10	입추	1	1	1	1	2	2	2	3	3	3	4	4	4	5	처서	5	6	6	6	7	7	7	8
		2	2	2	1	1	1	1		10	10	9	9	9	8	8	8	7	7	7	6	6	6		5	5	4	4	4	3	3	3

백로 8일 03시 59분　【음8월】→　음 8　【辛酉月(신유월)】　　　　　　추분 23일 13시 21분

양력 9	양력	1	2	3	4	5	6	7	8	9	10	11	12	13	14	15	16	17	18	19	20	21	22	23	24	25	26	27	28	29	30	
	요일	토	일	월	화	수	목	금	토	일	월	화	수	목	금	토	일	월	화	수	목	금	토	일	월	화	수	목	금	토	일	
	일진	庚	辛	壬	癸	甲	乙	丙	丁	戊	己	庚	辛	壬	癸	甲	乙	丙	丁	戊	己	庚	辛	壬	癸	甲	乙	丙	丁	戊	己	
	日	子	丑	寅	卯	辰	巳	午	未	申	酉	戌	亥	子	丑	寅	卯	辰	巳	午	未	申	酉	戌	亥	子	丑	寅	卯	辰	巳	
08/05 09/05	음력	5	6	7	8	9	10	11	12	13	14	15	16	17	18	19	20	21	22	23	24	25	26	27	28	29	9/1	2	3	4	5	
	대남여	8	8	9	9	9	10	10	백로	1	1	1	1	2	2	2	3	3	3	4	4	4	5	추분	5	6	6	6	7	7	7	
		2	2	2	1	1	1	1		10	9	9	9	8	8	8	7	7	7	6	6	6	5		5	5	4	4	4	3	3	

한로 8일 19시 27분　【음9월】→　음 9　【壬戌月(임술월)】　　　　　　상강 23일 22시 30분

양력 10	양력	1	2	3	4	5	6	7	8	9	10	11	12	13	14	15	16	17	18	19	20	21	22	23	24	25	26	27	28	29	30	31
	요일	월	화	수	목	금	토	일	월	화	수	목	금	토	일	월	화	수	목	금	토	일	월	화	수	목	금	토	일	월	화	수
	일진	庚	辛	壬	癸	甲	乙	丙	丁	戊	己	庚	辛	壬	癸	甲	乙	丙	丁	戊	己	庚	辛	壬	癸	甲	乙	丙	丁	戊	己	庚
	日	午	未	申	酉	戌	亥	子	丑	寅	卯	辰	巳	午	未	申	酉	戌	亥	子	丑	寅	卯	辰	巳	午	未	申	酉	戌	亥	子
09/06 10/06	음력	6	7	8	9	10	11	12	13	14	15	16	17	18	19	20	21	22	23	24	25	26	27	28	29	30	10/1	2	3	4	5	6
	대남여	8	8	8	9	9	9	10	한로	1	1	1	1	2	2	2	3	3	3	4	4	4	5	상강	5	6	6	6	7	7	7	8
		2	2	2	1	1	1	1		10	9	9	9	8	8	8	7	7	7	6	6	6	5		5	5	4	4	4	3	3	3

입동 7일 22시 28분　【음10월】→　음 10　【癸亥月(계해월)】　　　　　　소설 22일 19시 54분

양력 11	양력	1	2	3	4	5	6	7	8	9	10	11	12	13	14	15	16	17	18	19	20	21	22	23	24	25	26	27	28	29	30	
	요일	목	금	토	일	월	화	수	목	금	토	일	월	화	수	목	금	토	일	월	화	수	목	금	토	일	월	화	수	목	금	
	일진	辛	壬	癸	甲	乙	丙	丁	戊	己	庚	辛	壬	癸	甲	乙	丙	丁	戊	己	庚	辛	壬	癸	甲	乙	丙	丁	戊	己	庚	
	日	丑	寅	卯	辰	巳	午	未	申	酉	戌	亥	子	丑	寅	卯	辰	巳	午	未	申	酉	戌	亥	子	丑	寅	卯	辰	巳	午	
10/07 11/06	음력	7	8	9	10	11	12	13	14	15	16	17	18	19	20	21	22	23	24	25	26	27	28	29	30	11/1	2	3	4	5	6	
	대남여	8	8	8	9	9	9	입동	1	1	1	1	2	2	2	3	3	3	4	4	4	5	소설	5	6	6	6	7	7	7	8	
		2	2	2	1	1	1		10	9	9	9	8	8	8	7	7	7	6	6	6	5		5	5	4	4	4	3	3	2	

대설 7일 15시 10분　【음11월】→　음 11　【甲子月(갑자월)】　　　　　　동지 22일 09시 08분

양력 12	양력	1	2	3	4	5	6	7	8	9	10	11	12	13	14	15	16	17	18	19	20	21	22	23	24	25	26	27	28	29	30	31
	요일	토	일	월	화	수	목	금	토	일	월	화	수	목	금	토	일	월	화	수	목	금	토	일	월	화	수	목	금	토	일	월
	일진	辛	壬	癸	甲	乙	丙	丁	戊	己	庚	辛	壬	癸	甲	乙	丙	丁	戊	己	庚	辛	壬	癸	甲	乙	丙	丁	戊	己	庚	辛
	日	未	申	酉	戌	亥	子	丑	寅	卯	辰	巳	午	未	申	酉	戌	亥	子	丑	寅	卯	辰	巳	午	未	申	酉	戌	亥	子	丑
11/07 12/07	음력	7	8	9	10	11	12	13	14	15	16	17	18	19	20	21	22	23	24	25	26	27	28	29	30	12/1	2	3	4	5	6	7
	대남여	8	8	8	9	9	9	대설	1	1	1	1	2	2	2	3	3	3	4	4	4	5	동지	5	6	6	6	7	7	7	8	8
		2	2	2	1	1	1		10	9	9	9	8	8	8	7	7	7	6	6	6	5		5	5	4	4	4	3	3	2	2

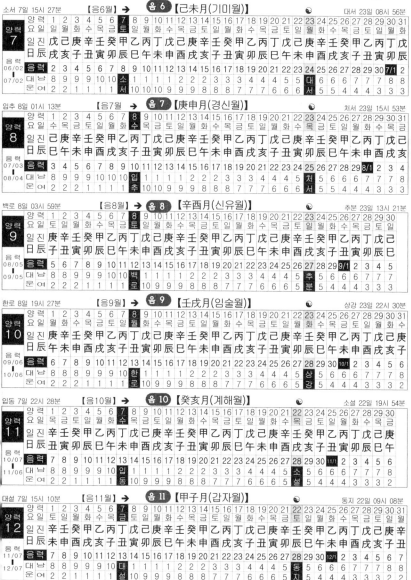

甲寅(갑인)年　납음(大溪水),본명성(八白土)

대장군(子북방), 삼살(북방), 상문(辰동남방),조객(子북방), 납음(대계수),
【삼재(신,유,술)년】 臘享(납향):1975년 1월 25일(음12/14)

소한 6일 02시 20분　【음12월】 →　**음 12**【乙丑月(을축월)】　　대한 20일 19시 46분

양력	1	2	3	4	5	6	7	8	9	10	11	12	13	14	15	16	17	18	19	20	21	22	23	24	25	26	27	28	29	30	31
1 요일	화	수	목	금	토	일	월	화	수	목	금	토	일	월	화	수	목	금	토	일	월	화	수	목	금	토	일	월	화	수	목
일진 日辰	壬寅	癸卯	甲辰	乙巳	丙午	丁未	戊申	己酉	庚戌	辛亥	壬子	癸丑	甲寅	乙卯	丙辰	丁巳	戊午	己未	庚申	辛酉	壬戌	癸亥	甲子	乙丑	丙寅	丁卯	戊辰	己巳	庚午	辛未	壬申
음력 12/08 01/09	8	9	10	11	12	13	14	15	16	17	18	19	20	21	22	23	24	25	26	27	28	29	1/1	2	3	4	5	6	7	8	9
대남	8	9	9	9	10	소한	1	1	1	1	2	2	2	3	3	3	4	4	4	대한	5	5	6	6	6	7	7	7	8	8	8
운 여	2	1	1	1	1	한	9	9	9	8	8	8	7	7	7	6	6	6	5	한	5	4	4	4	3	3	3	2	2	2	1

입춘 4일 14시 00분　【음1월】 →　**음 1**【丙寅月(병인월)】　　우수 19일 09시 59분

양력	1	2	3	4	5	6	7	8	9	10	11	12	13	14	15	16	17	18	19	20	21	22	23	24	25	26	27	28
2 요일	금	토	일	월	화	수	목	금	토	일	월	화	수	목	금	토	일	월	화	수	목	금	토	일	월	화	수	목
일진 日辰	癸酉	甲戌	乙亥	丙子	丁丑	戊寅	己卯	庚辰	辛巳	壬午	癸未	甲申	乙酉	丙戌	丁亥	戊子	己丑	庚寅	辛卯	壬辰	癸巳	甲午	乙未	丙申	丁酉	戊戌	己亥	庚子
음력 01/10 02/07	10	11	12	13	14	15	16	17	18	19	20	21	22	23	24	25	26	27	28	29	30	2/1	2	3	4	5	6	7
대남	9	9	9	입춘	1	1	1	1	2	2	2	3	3	3	4	4	4	5	우수	5	4	4	4	3	3	3	2	2
운 여	1	1	1	춘	9	9	9	8	8	8	7	7	7	6	6	6	5	5	우	5	6	6	6	7	7	7	8	8

甲寅年

경칩 6일 08시 07분　【음2월】 →　**음 2**【丁卯月(정묘월)】　　춘분 21일 09시 07분

양력	1	2	3	4	5	6	7	8	9	10	11	12	13	14	15	16	17	18	19	20	21	22	23	24	25	26	27	28	29	30	31
3 요일	금	토	일	월	화	수	목	금	토	일	월	화	수	목	금	토	일	월	화	수	목	금	토	일	월	화	수	목	금	토	일
일진 日辰	辛丑	壬寅	癸卯	甲辰	乙巳	丙午	丁未	戊申	己酉	庚戌	辛亥	壬子	癸丑	甲寅	乙卯	丙辰	丁巳	戊午	己未	庚申	辛酉	壬戌	癸亥	甲子	乙丑	丙寅	丁卯	戊辰	己巳	庚午	辛未
음력 02/08 03/08	8	9	10	11	12	13	14	15	16	17	18	19	20	21	22	23	24	25	26	27	28	29	30	3/1	2	3	4	5	6	7	8
대남	2	1	1	1	1	경칩	10	9	9	9	8	8	8	7	7	7	6	6	6	5	춘분	5	4	4	4	3	3	3	2	2	2
운 여	8	9	9	9	10	칩	1	1	1	1	2	2	2	3	3	3	4	4	4	5	분	5	6	6	6	7	7	7	8	8	8

청명 5일 13시 05분　【음3월】 →　**음 3**【戊辰月(무진월)】　　곡우 20일 20시 19분

양력	1	2	3	4	5	6	7	8	9	10	11	12	13	14	15	16	17	18	19	20	21	22	23	24	25	26	27	28	29	30
4 요일	월	화	수	목	금	토	일	월	화	수	목	금	토	일	월	화	수	목	금	토	일	월	화	수	목	금	토	일	월	화
일진 日辰	壬申	癸酉	甲戌	乙亥	丙子	丁丑	戊寅	己卯	庚辰	辛巳	壬午	癸未	甲申	乙酉	丙戌	丁亥	戊子	己丑	庚寅	辛卯	壬辰	癸巳	甲午	乙未	丙申	丁酉	戊戌	己亥	庚子	辛丑
음력 03/09 04/09	9	10	11	12	13	14	15	16	17	18	19	20	21	22	23	24	25	26	27	28	4/1	2	3	4	5	6	7	8	9
대남	1	1	1	1	청명	10	10	9	9	9	8	8	8	7	7	7	6	6	6	곡우	5	5	4	4	4	3	3	3	2	2
운 여	9	9	9	10	명	1	1	1	1	2	2	2	3	3	3	4	4	4	5	우	5	6	6	6	7	7	7	8	8	8

입하 6일 06시 34분　【음4월】 →　**음 4**【己巳月(기사월)】　**운 4**　소만 21일 19시 36분

양력	1	2	3	4	5	6	7	8	9	10	11	12	13	14	15	16	17	18	19	20	21	22	23	24	25	26	27	28	29	30	31
5 요일	수	목	금	토	일	월	화	수	목	금	토	일	월	화	수	목	금	토	일	월	화	수	목	금	토	일	월	화	수	목	금
일진 日辰	壬寅	癸卯	甲辰	乙巳	丙午	丁未	戊申	己酉	庚戌	辛亥	壬子	癸丑	甲寅	乙卯	丙辰	丁巳	戊午	己未	庚申	辛酉	壬戌	癸亥	甲子	乙丑	丙寅	丁卯	戊辰	己巳	庚午	辛未	壬申
음력 04/10 윤410	10	11	12	13	14	15	16	17	18	19	20	21	22	23	24	25	26	27	28	29	30	윤4	2	3	4	5	6	7	8	9	10
대남	2	1	1	1	1	입하	10	10	9	9	9	8	8	8	7	7	7	6	6	6	소만	5	5	4	4	4	3	3	3	2	2
운 여	9	9	10	10	10	하	1	1	1	1	2	2	2	3	3	3	4	4	4	5	만	5	6	6	6	7	7	7	8	8

망종 6일 10시 52분　【음5월】 →　**음 5**【庚午月(경오월)】　　하지 22일 03시 38분

양력	1	2	3	4	5	6	7	8	9	10	11	12	13	14	15	16	17	18	19	20	21	22	23	24	25	26	27	28	29	30
6 요일	토	일	월	화	수	목	금	토	일	월	화	수	목	금	토	일	월	화	수	목	금	토	일	월	화	수	목	금	토	일
일진 日辰	癸酉	甲戌	乙亥	丙子	丁丑	戊寅	己卯	庚辰	辛巳	壬午	癸未	甲申	乙酉	丙戌	丁亥	戊子	己丑	庚寅	辛卯	壬辰	癸巳	甲午	乙未	丙申	丁酉	戊戌	己亥	庚子	辛丑	壬寅
음력 윤411 05/11	11	12	13	14	15	16	17	18	19	20	21	22	23	24	25	26	27	28	29	5/1	2	3	4	5	6	7	8	9	10	11
대남	2	1	1	1	1	망종	10	10	10	9	9	9	8	8	8	7	7	7	6	6	6	하지	5	5	4	4	4	3	3	3
운 여	2	1	1	1	1	종	10	10	9	9	9	8	8	8	7	7	7	6	6	6	5	지	5	4	4	4	3	3	3	2

1974 甲寅年

소서 7일 21시 11분　　【음6월】 →　음 6　【辛未月(신미월)】　　대서 23일 14시 30분

양력	1	2	3	4	5	6	7	8	9	10	11	12	13	14	15	16	17	18	19	20	21	22	23	24	25	26	27	28	29	30	31
7 요일	월	화	수	목	금	토	일	월	화	수	목	금	토	일	월	화	수	목	금	토	일	월	화	수	목	금	토	일	월	화	수
일진	癸	甲	乙	丙	丁	戊	己	庚	辛	壬	癸	甲	乙	丙	丁	戊	己	庚	辛	壬	癸	甲	乙	丙	丁	戊	己	庚	辛	壬	癸
	卯	辰	巳	午	未	申	酉	戌	亥	子	丑	寅	卯	辰	巳	午	未	申	酉	戌	亥	子	丑	寅	卯	辰	巳	午	未	申	酉
음력 05/12 06/13	12	13	14	15	16	17	18	19	20	21	22	23	24	25	26	27	28	29	6/1	2	3	4	5	6	7	8	9	10	11	12	13
대낙	2	1	1	1	1	1	소	10	10	10	9	9	9	8	8	8	7	7	7	6	6	6	대	5	5	5	4	4	4	3	3
운 어	8	9	9	9	10	10	서	1	1	1	1	2	2	2	3	3	3	4	4	4	5	5	서	5	6	6	6	7	7	7	8

입추 8일 06시 57분　　【음7월】 →　음 7　【壬申月(임신월)】　　처서 23일 21시 29분

양력	1	2	3	4	5	6	7	8	9	10	11	12	13	14	15	16	17	18	19	20	21	22	23	24	25	26	27	28	29	30	31
8 요일	목	금	토	일	월	화	수	목	금	토	일	월	화	수	목	금	토	일	월	화	수	목	금	토	일	월	화	수	목	금	토
일진	甲	乙	丙	丁	戊	己	庚	辛	壬	癸	甲	乙	丙	丁	戊	己	庚	辛	壬	癸	甲	乙	丙	丁	戊	己	庚	辛	壬	癸	甲
	戌	亥	子	丑	寅	卯	辰	巳	午	未	申	酉	戌	亥	子	丑	寅	卯	辰	巳	午	未	申	酉	戌	亥	子	丑	寅	卯	辰
음력 06/14 07/14	14	15	16	17	18	19	20	21	22	23	24	25	26	27	28	29	7/1	2	3	4	5	6	7	8	9	10	11	12	13	14
대낙	2	2	1	1	1	1	입	10	10	9	9	9	8	8	8	7	7	7	6	6	6	저	5	5	5	4	4	4	3	3	3
운 어	8	9	9	9	10	10	추	1	1	1	1	2	2	2	3	3	3	4	4	4	5	서	5	5	6	6	6	7	7	7	8

백로 8일 09시 45분　　【음8월】 →　음 8　【癸酉月(계유월)】　　추분 23일 18시 58분

양력	1	2	3	4	5	6	7	8	9	10	11	12	13	14	15	16	17	18	19	20	21	22	23	24	25	26	27	28	29	30
9 요일	일	월	화	수	목	금	토	일	월	화	수	목	금	토	일	월	화	수	목	금	토	일	월	화	수	목	금	토	일	월
일진	乙	丙	丁	戊	己	庚	辛	壬	癸	甲	乙	丙	丁	戊	己	庚	辛	壬	癸	甲	乙	丙	丁	戊	己	庚	辛	壬	癸	甲
	巳	午	未	申	酉	戌	亥	子	丑	寅	卯	辰	巳	午	未	申	酉	戌	亥	子	丑	寅	卯	辰	巳	午	未	申	酉	戌
음력 07/15 08/15	15	16	17	18	19	20	21	22	23	24	25	26	27	28	29	8/1	2	3	4	5	6	7	8	9	10	11	12	13	14	15
대낙	2	2	2	1	1	1	1	백	10	10	9	9	9	8	8	8	7	7	7	6	6	6	추	5	5	5	4	4	4	3
운 어	8	8	9	9	9	10	10	로	1	1	1	1	2	2	2	3	3	3	4	4	4	5	분	5	5	6	6	6	7	7

한로 9일 01시 15분　　【음9월】 →　음 9　【甲戌月(갑술월)】　　상강 24일 04시 11분

양력	1	2	3	4	5	6	7	8	9	10	11	12	13	14	15	16	17	18	19	20	21	22	23	24	25	26	27	28	29	30	31
10 요일	화	수	목	금	토	일	월	화	수	목	금	토	일	월	화	수	목	금	토	일	월	화	수	목	금	토	일	월	화	수	목
일진	乙	丙	丁	戊	己	庚	辛	壬	癸	甲	乙	丙	丁	戊	己	庚	辛	壬	癸	甲	乙	丙	丁	戊	己	庚	辛	壬	癸	甲	乙
	亥	子	丑	寅	卯	辰	巳	午	未	申	酉	戌	亥	子	丑	寅	卯	辰	巳	午	未	申	酉	戌	亥	子	丑	寅	卯	辰	巳
음력 08/16 09/17	16	17	18	19	20	21	22	23	24	25	26	27	28	29	9/1	2	3	4	5	6	7	8	9	10	11	12	13	14	15	16	17
대낙	3	2	2	2	1	1	1	1	한	10	9	9	9	8	8	8	7	7	7	6	6	6	상	5	5	5	4	4	4	3	3
운 어	8	8	8	9	9	9	10	10	로	1	1	1	1	2	2	2	3	3	3	4	4	4	강	5	5	5	6	6	6	7	7

입동 8일 04시 18분　　【음10월】 →　음 10　【乙亥月(을해월)】　　소설 23일 01시 38분

양력	1	2	3	4	5	6	7	8	9	10	11	12	13	14	15	16	17	18	19	20	21	22	23	24	25	26	27	28	29	30
11 요일	금	토	일	월	화	수	목	금	토	일	월	화	수	목	금	토	일	월	화	수	목	금	토	일	월	화	수	목	금	토
일진	丙	丁	戊	己	庚	辛	壬	癸	甲	乙	丙	丁	戊	己	庚	辛	壬	癸	甲	乙	丙	丁	戊	己	庚	辛	壬	癸	甲	乙
	午	未	申	酉	戌	亥	子	丑	寅	卯	辰	巳	午	未	申	酉	戌	亥	子	丑	寅	卯	辰	巳	午	未	申	酉	戌	亥
음력 09/18 10/17	18	19	20	21	22	23	24	25	26	27	28	29	30	10/1	2	3	4	5	6	7	8	9	10	11	12	13	14	15	16	17
대낙	2	2	2	1	1	1	1	입	9	9	9	8	8	8	7	7	7	6	6	6	5	소	5	4	4	4	3	3	3	2
운 어	8	8	8	9	9	9	10	동	1	1	1	2	2	2	3	3	3	4	4	4	5	설	5	6	6	6	7	7	7	8

대설 7일 21시 05분　　【음11월】 →　음 11　【丙子月(병자월)】　　동지 22일 14시 56분

양력	1	2	3	4	5	6	7	8	9	10	11	12	13	14	15	16	17	18	19	20	21	22	23	24	25	26	27	28	29	30	31
12 요일	일	월	화	수	목	금	토	일	월	화	수	목	금	토	일	월	화	수	목	금	토	일	월	화	수	목	금	토	일	월	화
일진	丙	丁	戊	己	庚	辛	壬	癸	甲	乙	丙	丁	戊	己	庚	辛	壬	癸	甲	乙	丙	丁	戊	己	庚	辛	壬	癸	甲	乙	丙
	子	丑	寅	卯	辰	巳	午	未	申	酉	戌	亥	子	丑	寅	卯	辰	巳	午	未	申	酉	戌	亥	子	丑	寅	卯	辰	巳	午
음력 10/18 11/18	18	19	20	21	22	23	24	25	26	27	28	29	30	11/1	2	3	4	5	6	7	8	9	10	11	12	13	14	15	16	17	18
대낙	2	2	1	1	1	1	대	10	9	9	9	8	8	8	7	7	7	6	6	6	5	동	5	4	4	4	3	3	3	2	2
운 어	8	8	9	9	9	10	설	1	1	1	1	2	2	2	3	3	3	4	4	4	5	지	5	5	6	6	6	7	7	7	8

단기 4308 年
불기 2519 年

1975年

乙卯(을묘)년　　납음(大溪水),본명성(七赤金)

대장군(子북방), 삼살(酉서방), 상문(巳동남방),조객(丑동북방),
납음(大溪水),【삼재(사,오,미)년】臘享(납향):1976년1월20일(음12/20)

소한 6일 08시 18분　【음12월】 →　음 12 【丁丑月(정축월)】　　　　대한 21일 01시 36분

양력 1	양력	1	2	3	4	5	6	7	8	9	10	11	12	13	14	15	16	17	18	19	20	21	22	23	24	25	26	27	28	29	30	31
	요일	수	목	금	토	일	월	화	수	목	금	토	일	월	화	수	목	금	토	일	월	화	수	목	금	토	일	월	화	수	목	금
일진	日辰	丁未	戊申	己酉	庚戌	辛亥	壬子	癸丑	甲寅	乙卯	丙辰	丁巳	戊午	己未	庚申	辛酉	壬戌	癸亥	甲子	乙丑	丙寅	丁卯	戊辰	己巳	庚午	辛未	壬申	癸酉	甲戌	乙亥	丙子	丁丑
음력 11/19~12/20	음력	19	20	21	22	23	24	25	26	27	28	29	12/1	2	3	4	5	6	7	8	9	10	11	12	13	14	15	16	17	18	19	20
대운	대남	2	1	1	1	1	소	9	9	9	8	8	8	7	7	7	6	6	6	대한	4	4	4	3	3	3	2	2	2	1		
	여	8	9	9	9	10	한	1	1	1	1	2	2	2	3	3	3	4	4	한	5	6	6	6	7	7	7	8	8	8		

입춘 4일 19시 59분　【음1월】 →　음 1 【戊寅月(무인월)】　　　　우수 19일 15시 50분

양력 2	양력	1	2	3	4	5	6	7	8	9	10	11	12	13	14	15	16	17	18	19	20	21	22	23	24	25	26	27	28
	요일	토	일	월	화	수	목	금	토	일	월	화	수	목	금	토	일	월	화	수	목	금	토	일	월	화	수	목	금
일진	日辰	戊寅	己卯	庚辰	辛巳	壬午	癸未	甲申	乙酉	丙戌	丁亥	戊子	己丑	庚寅	辛卯	壬辰	癸巳	甲午	乙未	丙申	丁酉	戊戌	己亥	庚子	辛丑	壬寅	癸卯	甲辰	乙巳
음력 12/21~01/18	음력	21	22	23	24	25	26	27	28	29	30	1/1	2	3	4	5	6	7	8	9	10	11	12	13	14	15	16	17	18
대운	대남	1	1	1	입	10	9	9	9	8	8	8	7	7	7	6	6	6	우	5	5	5	4	4	4	3	3	3	2
	여	9	9	9	춘	1	1	1	1	2	2	2	3	3	3	4	4	4	수	5	6	6	6	7	7	7	8	8	8

경칩 6일 14시 06분　【음2월】 →　음 2 【己卯月(기묘월)】　　　　춘분 21일 14시 57분

양력 3	양력	1	2	3	4	5	6	7	8	9	10	11	12	13	14	15	16	17	18	19	20	21	22	23	24	25	26	27	28	29	30	31
	요일	토	일	월	화	수	목	금	토	일	월	화	수	목	금	토	일	월	화	수	목	금	토	일	월	화	수	목	금	토	일	월
일진	日辰	丙午	丁未	戊申	己酉	庚戌	辛亥	壬子	癸丑	甲寅	乙卯	丙辰	丁巳	戊午	己未	庚申	辛酉	壬戌	癸亥	甲子	乙丑	丙寅	丁卯	戊辰	己巳	庚午	辛未	壬申	癸酉	甲戌	乙亥	丙子
음력 01/19~02/19	음력	19	20	21	22	23	24	25	26	27	28	29	30	2/1	2	3	4	5	6	7	8	9	10	11	12	13	14	15	16	17	18	19
대운	대남	8	9	9	9	10	경	1	1	1	1	2	2	2	3	3	3	4	4	4	춘	5	5	6	6	6	7	7	7	8	8	8
	여	2	1	1	1	1	칩	10	9	9	9	8	8	8	7	7	7	6	6	6	분	5	4	4	4	3	3	3	2	2	2	

청명 5일 19시 02분　【음3월】 →　음 3 【庚辰月(경진월)】　　　　곡우 21일 02시 07분

양력 4	양력	1	2	3	4	5	6	7	8	9	10	11	12	13	14	15	16	17	18	19	20	21	22	23	24	25	26	27	28	29	30
	요일	화	수	목	금	토	일	월	화	수	목	금	토	일	월	화	수	목	금	토	일	월	화	수	목	금	토	일	월	화	수
일진	日辰	丁丑	戊寅	己卯	庚辰	辛巳	壬午	癸未	甲申	乙酉	丙戌	丁亥	戊子	己丑	庚寅	辛卯	壬辰	癸巳	甲午	乙未	丙申	丁酉	戊戌	己亥	庚子	辛丑	壬寅	癸卯	甲辰	乙巳	丙午
음력 02/20~03/19	음력	20	21	22	23	24	25	26	27	28	29	30	3/1	2	3	4	5	6	7	8	9	10	11	12	13	14	15	16	17	18	19
대운	대남	9	9	9	10	청	1	1	1	1	2	2	2	3	3	3	4	4	4	5	5	곡	6	6	6	7	7	7	8	8	8
	여	1	1	1	1	명	10	10	9	9	9	8	8	8	7	7	7	6	6	6	5	우	5	4	4	4	3	3	3	2	2

입하 6일 12시 27분　【음4월】 →　음 4 【辛巳月(신사월)】　　　　소만 22일 01시 24분

양력 5	양력	1	2	3	4	5	6	7	8	9	10	11	12	13	14	15	16	17	18	19	20	21	22	23	24	25	26	27	28	29	30	31
	요일	목	금	토	일	월	화	수	목	금	토	일	월	화	수	목	금	토	일	월	화	수	목	금	토	일	월	화	수	목	금	토
일진	日辰	丁未	戊申	己酉	庚戌	辛亥	壬子	癸丑	甲寅	乙卯	丙辰	丁巳	戊午	己未	庚申	辛酉	壬戌	癸亥	甲子	乙丑	丙寅	丁卯	戊辰	己巳	庚午	辛未	壬申	癸酉	甲戌	乙亥	丙子	丁丑
음력 03/20~04/21	음력	20	21	22	23	24	25	26	27	28	29	4/1	2	3	4	5	6	7	8	9	10	11	12	13	14	15	16	17	18	19	20	21
대운	대남	9	9	9	10	10	입	1	1	1	1	2	2	2	3	3	3	4	4	4	5	5	소	6	6	6	7	7	7	8	8	8
	여	2	1	1	1	1	하	10	10	9	9	9	8	8	8	7	7	7	6	6	6	5	만	5	4	4	4	3	3	3	2	2

망종 6일 16시 42분　【음5월】 →　음 5 【壬午月(임오월)】　　　　하지 22일 09시 26분

양력 6	양력	1	2	3	4	5	6	7	8	9	10	11	12	13	14	15	16	17	18	19	20	21	22	23	24	25	26	27	28	29	30
	요일	일	월	화	수	목	금	토	일	월	화	수	목	금	토	일	월	화	수	목	금	토	일	월	화	수	목	금	토	일	월
일진	日辰	戊寅	己卯	庚辰	辛巳	壬午	癸未	甲申	乙酉	丙戌	丁亥	戊子	己丑	庚寅	辛卯	壬辰	癸巳	甲午	乙未	丙申	丁酉	戊戌	己亥	庚子	辛丑	壬寅	癸卯	甲辰	乙巳	丙午	丁未
음력 04/22~05/21	음력	22	23	24	25	26	27	28	29	30	5/1	2	3	4	5	6	7	8	9	10	11	12	13	14	15	16	17	18	19	20	21
대운	대남	9	9	9	10	10	망	1	1	1	1	2	2	2	3	3	3	4	4	4	5	5	하	6	6	6	7	7	7	8	8
	여	2	1	1	1	1	종	10	10	10	9	9	9	8	8	8	7	7	7	6	6	6	지	5	5	4	4	4	3	3	3

乙
卯
年

한식(4월06일), 초복(7월13일), 중복(7월23일), 말복(8월12일)☂춘사(春社)3/23
☀추사(秋社)9/19토왕지절(土旺之節):4월18일,7월20일,10월21일,1월18일(음12/18)
臘享(납향):1976년1월20일(음12/20)

1975 乙卯年

소서 8일 02시 59분 【음6월】 → 음 6 【癸未月(계미월)】 ☯ 대서 23일 20시 22분

양력 7	양력	1	2	3	4	5	6	7	8	9	10	11	12	13	14	15	16	17	18	19	20	21	22	23	24	25	26	27	28	29	30	31
	요일	화	수	목	금	토	일	월	화	수	목	금	토	일	월	화	수	목	금	토	일	월	화	수	목	금	토	일	월	화	수	목
	일진	戊	己	庚	辛	壬	癸	甲	乙	丙	丁	戊	己	庚	辛	壬	癸	甲	乙	丙	丁	戊	己	庚	辛	壬	癸	甲	乙	丙	丁	戊
	日辰	申	酉	戌	亥	子	丑	寅	卯	辰	巳	午	未	申	酉	戌	亥	子	丑	寅	卯	辰	巳	午	未	申	酉	戌	亥	子	丑	寅
음력 05/22 ~ 06/23	음력	22	23	24	25	26	27	28	29	6/1	2	3	4	5	6	7	8	9	10	11	12	13	14	15	16	17	18	19	20	21	22	23
대운	남	8	9	9	9	10	10	10	소	1	1	1	1	2	2	2	3	3	3	4	4	4	5	대	5	6	6	6	7	7	7	8
	여	2	2	2	1	1	1	1	서	10	10	9	9	9	8	8	8	7	7	7	6	6	6	서	5	5	4	4	4	3	3	3

입추 8일 12시 45분 【음7월】 → 음 7 【甲申月(갑신월)】 ☯ 처서 24일 03시 24분

양력 8	양력	1	2	3	4	5	6	7	8	9	10	11	12	13	14	15	16	17	18	19	20	21	22	23	24	25	26	27	28	29	30	31
	요일	금	토	일	월	화	수	목	금	토	일	월	화	수	목	금	토	일	월	화	수	목	금	토	일	월	화	수	목	금	토	일
	일진	己	庚	辛	壬	癸	甲	乙	丙	丁	戊	己	庚	辛	壬	癸	甲	乙	丙	丁	戊	己	庚	辛	壬	癸	甲	乙	丙	丁	戊	己
	日辰	卯	辰	巳	午	未	申	酉	戌	亥	子	丑	寅	卯	辰	巳	午	未	申	酉	戌	亥	子	丑	寅	卯	辰	巳	午	未	申	酉
음력 06/24 ~ 07/25	음력	24	25	26	27	28	29	7/1	2	3	4	5	6	7	8	9	10	11	12	13	14	15	16	17	18	19	20	21	22	23	24	25
대운	남	8	8	9	9	9	10	10	입	1	1	1	1	2	2	2	3	3	3	4	4	4	5	5	처	6	6	6	7	7	7	8
	여	2	2	2	1	1	1	1	추	10	10	9	9	9	8	8	8	7	7	7	6	6	6	5	서	5	4	4	4	3	3	3

백로 8일 15시 33분 【음8월】 → 음 8 【乙酉月(을유월)】 ☯ 추분 24일 00시 55분

양력 9	양력	1	2	3	4	5	6	7	8	9	10	11	12	13	14	15	16	17	18	19	20	21	22	23	24	25	26	27	28	29	30
	요일	월	화	수	목	금	토	일	월	화	수	목	금	토	일	월	화	수	목	금	토	일	월	화	수	목	금	토	일	월	화
	일진	庚	辛	壬	癸	甲	乙	丙	丁	戊	己	庚	辛	壬	癸	甲	乙	丙	丁	戊	己	庚	辛	壬	癸	甲	乙	丙	丁	戊	己
	日辰	戌	亥	子	丑	寅	卯	辰	巳	午	未	申	酉	戌	亥	子	丑	寅	卯	辰	巳	午	未	申	酉	戌	亥	子	丑	寅	卯
음력 07/26 ~ 08/25	음력	26	27	28	29	30	8/1	2	3	4	5	6	7	8	9	10	11	12	13	14	15	16	17	18	19	20	21	22	23	24	25
대운	남	8	8	9	9	9	10	10	백	1	1	1	1	2	2	2	3	3	3	4	4	4	5	5	추	6	6	6	7	7	7
	여	2	2	2	1	1	1	1	로	10	10	9	9	9	8	8	8	7	7	7	6	6	6	5	분	5	4	4	4	3	3

한로 9일 07시 02분 【음9월】 → 음 9 【丙戌月(병술월)】 ☯ 상강 24일 10시 06분

양력 10	양력	1	2	3	4	5	6	7	8	9	10	11	12	13	14	15	16	17	18	19	20	21	22	23	24	25	26	27	28	29	30	31
	요일	수	목	금	토	일	월	화	수	목	금	토	일	월	화	수	목	금	토	일	월	화	수	목	금	토	일	월	화	수	목	금
	일진	庚	辛	壬	癸	甲	乙	丙	丁	戊	己	庚	辛	壬	癸	甲	乙	丙	丁	戊	己	庚	辛	壬	癸	甲	乙	丙	丁	戊	己	庚
	日辰	辰	巳	午	未	申	酉	戌	亥	子	丑	寅	卯	辰	巳	午	未	申	酉	戌	亥	子	丑	寅	卯	辰	巳	午	未	申	酉	戌
음력 08/26 ~ 09/27	음력	26	27	28	29	9/1	2	3	4	5	6	7	8	9	10	11	12	13	14	15	16	17	18	19	20	21	22	23	24	25	26	27
대운	남	8	8	8	9	9	9	10	10	한	1	1	1	1	2	2	2	3	3	3	4	4	4	5	상	5	6	6	6	7	7	7
	여	3	2	2	2	1	1	1	1	로	10	9	9	9	8	8	8	7	7	7	6	6	6	5	강	5	4	4	4	3	3	3

입동 8일 10시 03분 【음10월】 → 음 10 【丁亥月(정해월)】 ☯ 소설 23일 07시 31분

양력 11	양력	1	2	3	4	5	6	7	8	9	10	11	12	13	14	15	16	17	18	19	20	21	22	23	24	25	26	27	28	29	30
	요일	토	일	월	화	수	목	금	토	일	월	화	수	목	금	토	일	월	화	수	목	금	토	일	월	화	수	목	금	토	일
	일진	辛	壬	癸	甲	乙	丙	丁	戊	己	庚	辛	壬	癸	甲	乙	丙	丁	戊	己	庚	辛	壬	癸	甲	乙	丙	丁	戊	己	庚
	日辰	亥	子	丑	寅	卯	辰	巳	午	未	申	酉	戌	亥	子	丑	寅	卯	辰	巳	午	未	申	酉	戌	亥	子	丑	寅	卯	辰
음력 09/28 ~ 10/28	음력	28	29	10/1	2	3	4	5	6	7	8	9	10	11	12	13	14	15	16	17	18	19	20	21	22	23	24	25	26	27	28
대운	남	8	8	8	9	9	9	10	입	1	1	1	1	2	2	2	3	3	3	4	4	4	5	소	5	6	6	6	7	7	7
	여	2	2	2	1	1	1	1	동	10	9	9	9	8	8	8	7	7	7	6	6	6	5	설	5	4	4	4	3	3	3

대설 8일 02시 46분 【음11월】 → 음 11 【戊子月(무자월)】 ☯ 동지 22일 20시 46분

양력 12	양력	1	2	3	4	5	6	7	8	9	10	11	12	13	14	15	16	17	18	19	20	21	22	23	24	25	26	27	28	29	30	31
	요일	월	화	수	목	금	토	일	월	화	수	목	금	토	일	월	화	수	목	금	토	일	월	화	수	목	금	토	일	월	화	수
	일진	辛	壬	癸	甲	乙	丙	丁	戊	己	庚	辛	壬	癸	甲	乙	丙	丁	戊	己	庚	辛	壬	癸	甲	乙	丙	丁	戊	己	庚	辛
	日辰	巳	午	未	申	酉	戌	亥	子	丑	寅	卯	辰	巳	午	未	申	酉	戌	亥	子	丑	寅	卯	辰	巳	午	未	申	酉	戌	亥
음력 10/29 ~ 11/29	음력	29	30	11/1	2	3	4	5	6	7	8	9	10	11	12	13	14	15	16	17	18	19	20	21	22	23	24	25	26	27	28	29
대운	남	8	8	8	9	9	9	10	대	1	1	1	1	2	2	2	3	3	3	4	4	4	동	5	5	6	6	6	7	7	7	8
	여	2	2	2	1	1	1	1	설	9	9	9	8	8	8	7	7	7	6	6	6	5	지	5	4	4	4	3	3	3	2	2

丙辰(병진)년　납음(沙中土),본명성(六白金)

대장군(子북방), 상살(남방), 상문(午남방), 조객(寅동북방),납음(사중토)
삼재(인,묘,진)년　臘享(납향):1977년1월26일(음12/08)

1월 — 소한 6일 13시 57분 【음12월】→ 음 12 【己丑月(기축월)】　대한 21일 07시 25분

양력	1	2	3	4	5	6	7	8	9	10	11	12	13	14	15	16	17	18	19	20	21	22	23	24	25	26	27	28	29	30	31
요일	목	금	토	일	월	화	수	목	금	토	일	월	화	수	목	금	토	일	월	화	수	목	금	토	일	월	화	수	목	금	토
일진	壬子	癸丑	甲寅	乙卯	丙辰	丁巳	戊午	己未	庚申	辛酉	壬戌	癸亥	甲子	乙丑	丙寅	丁卯	戊辰	己巳	庚午	辛未	壬申	癸酉	甲戌	乙亥	丙子	丁丑	戊寅	己卯	庚辰	辛巳	壬午
음력	12/1	2	3	4	5	6	7	8	9	10	11	12	13	14	15	16	17	18	19	20	21	22	23	24	25	26	27	28	29	30	1/1
대남	8	8	9	9	9	소	1	1	1	1	2	2	2	3	3	3	4	4	4	5	대	5	6	6	6	7	7	7	8	8	8
운여	2	1	1	1	1	한	9	9	9	8	8	8	7	7	7	6	6	6	5	5	한	5	4	4	4	3	3	3	2	2	2

2월 — 입춘 5일 01시 39분 【음1월】→ 음 1 【庚寅月(경인월)】　우수 19일 21시 40분

양력	1	2	3	4	5	6	7	8	9	10	11	12	13	14	15	16	17	18	19	20	21	22	23	24	25	26	27	28	29
요일	일	월	화	수	목	금	토	일	월	화	수	목	금	토	일	월	화	수	목	금	토	일	월	화	수	목	금	토	일
일진	癸未	甲申	乙酉	丙戌	丁亥	戊子	己丑	庚寅	辛卯	壬辰	癸巳	甲午	乙未	丙申	丁酉	戊戌	己亥	庚子	辛丑	壬寅	癸卯	甲辰	乙巳	丙午	丁未	戊申	己酉	庚戌	辛亥
음력	2	3	4	5	6	7	8	9	10	11	12	13	14	15	16	17	18	19	20	21	22	23	24	25	26	27	28	29	30
대남	9	9	9	10	입	9	9	9	8	8	8	7	7	7	6	6	6	5	우	5	4	4	4	3	3	3	2	2	2
운여	1	1	1	1	춘	1	1	1	2	2	2	3	3	3	4	4	4	5	수	5	6	6	6	7	7	7	8	8	8

3월 — 경칩 5일 19시 48분 【음2월】→ 음 2 【辛卯月(신묘월)】　춘분 20일 20시 50분

양력	1	2	3	4	5	6	7	8	9	10	11	12	13	14	15	16	17	18	19	20	21	22	23	24	25	26	27	28	29	30	31
요일	월	화	수	목	금	토	일	월	화	수	목	금	토	일	월	화	수	목	금	토	일	월	화	수	목	금	토	일	월	화	수
일진	壬子	癸丑	甲寅	乙卯	丙辰	丁巳	戊午	己未	庚申	辛酉	壬戌	癸亥	甲子	乙丑	丙寅	丁卯	戊辰	己巳	庚午	辛未	壬申	癸酉	甲戌	乙亥	丙子	丁丑	戊寅	己卯	庚辰	辛巳	壬午
음력	2/1	2	3	4	5	6	7	8	9	10	11	12	13	14	15	16	17	18	19	20	21	22	23	24	25	26	27	28	29	30	3/1
대남	1	1	1	1	경	10	10	9	9	9	8	8	8	7	7	7	6	6	6	춘	5	5	4	4	4	3	3	3	2	2	2
운여	8	9	9	9	칩	1	1	1	1	2	2	2	3	3	3	4	4	4	5	분	5	6	6	6	7	7	7	8	8	8	8

4월 — 청명 5일 00시 46분 【음3월】→ 음 3 【壬辰月(임진월)】　곡우 20일 08시 03분

양력	1	2	3	4	5	6	7	8	9	10	11	12	13	14	15	16	17	18	19	20	21	22	23	24	25	26	27	28	29	30
요일	목	금	토	일	월	화	수	목	금	토	일	월	화	수	목	금	토	일	월	화	수	목	금	토	일	월	화	수	목	금
일진	癸未	甲申	乙酉	丙戌	丁亥	戊子	己丑	庚寅	辛卯	壬辰	癸巳	甲午	乙未	丙申	丁酉	戊戌	己亥	庚子	辛丑	壬寅	癸卯	甲辰	乙巳	丙午	丁未	戊申	己酉	庚戌	辛亥	壬子
음력	2	3	4	5	6	7	8	9	10	11	12	13	14	15	16	17	18	19	20	21	22	23	24	25	26	27	28	29	4/1	2
대남	1	1	1	청	10	9	9	9	8	8	8	7	7	7	6	6	6	5	곡	5	4	4	4	3	3	3	2	2	2	1
운여	9	10	10	명	1	1	1	1	2	2	2	3	3	3	4	4	4	5	우	5	6	6	6	7	7	7	8	8	8	9

5월 — 입하 5일 18시 14분 【음4월】→ 음 4 【癸巳月(계사월)】　소만 21일 07시 21분

양력	1	2	3	4	5	6	7	8	9	10	11	12	13	14	15	16	17	18	19	20	21	22	23	24	25	26	27	28	29	30	31
요일	토	일	월	화	수	목	금	토	일	월	화	수	목	금	토	일	월	화	수	목	금	토	일	월	화	수	목	금	토	일	월
일진	癸丑	甲寅	乙卯	丙辰	丁巳	戊午	己未	庚申	辛酉	壬戌	癸亥	甲子	乙丑	丙寅	丁卯	戊辰	己巳	庚午	辛未	壬申	癸酉	甲戌	乙亥	丙子	丁丑	戊寅	己卯	庚辰	辛巳	壬午	癸未
음력	3	4	5	6	7	8	9	10	11	12	13	14	15	16	17	18	19	20	21	22	23	24	25	26	27	28	29	30	5/1	2	3
대남	1	1	1	1	입	10	10	9	9	9	8	8	8	7	7	7	6	6	6	5	소	5	4	4	4	3	3	3	2	2	2
운여	9	9	10	10	하	1	1	1	1	2	2	2	3	3	3	4	4	4	5	5	만	5	6	6	6	7	7	7	8	8	8

6월 — 망종 5일 22시 31분 【음5월】→ 음 5 【甲午月(갑오월)】　하지 21일 15시 24분

양력	1	2	3	4	5	6	7	8	9	10	11	12	13	14	15	16	17	18	19	20	21	22	23	24	25	26	27	28	29	30
요일	화	수	목	금	토	일	월	화	수	목	금	토	일	월	화	수	목	금	토	일	월	화	수	목	금	토	일	월	화	수
일진	甲申	乙酉	丙戌	丁亥	戊子	己丑	庚寅	辛卯	壬辰	癸巳	甲午	乙未	丙申	丁酉	戊戌	己亥	庚子	辛丑	壬寅	癸卯	甲辰	乙巳	丙午	丁未	戊申	己酉	庚戌	辛亥	壬子	癸丑
음력	4	5	6	7	8	9	10	11	12	13	14	15	16	17	18	19	20	21	22	23	24	25	26	27	28	29	6/1	2	3	4
대남	1	1	1	1	망	10	10	10	9	9	9	8	8	8	7	7	7	6	6	6	하	5	5	4	4	4	3	3	3	2
운여	9	9	10	10	종	1	1	1	1	2	2	2	3	3	3	4	4	4	5	5	지	5	6	6	6	7	7	7	8	8

丙辰年

한식(4월06일), 초복(7월17일), 중복(7월27일), 말복(8월16일)↟춘사(春社)3/18
☀추사(秋社)9/24 토왕지절(土旺之節):4월17일,7월19일,10월20일,1월17일(음11/28)
臘享(납향):1977년1월26일(음12/08)

1976

丙辰年

소서 7일 08시 51분 　【음6월】➜ 음 6 【乙未月(을미월)】　　　대서 23일 02시 18분

양력 7	1	2	3	4	5	6	7	8	9	10	11	12	13	14	15	16	17	18	19	20	21	22	23	24	25	26	27	28	29	30	31
요일	목	금	토	일	월	화	수	목	금	토	일	월	화	수	목	금	토	일	월	화	수	목	금	토	일	월	화	수	목	금	토
일진	甲	乙	丙	丁	戊	己	庚	辛	壬	癸	甲	乙	丙	丁	戊	己	庚	辛	壬	癸	甲	乙	丙	丁	戊	己	庚	辛	壬	癸	甲
日辰	寅	卯	辰	巳	午	未	申	酉	戌	亥	子	丑	寅	卯	辰	巳	午	未	申	酉	戌	亥	子	丑	寅	卯	辰	巳	午	未	申
음력 06/05 07/05	5	6	7	8	9	10	11	12	13	14	15	16	17	18	19	20	21	22	23	24	25	26	27	28	29	30	7/1	2	3	4	5
대 남	2	1	1	1	1	소서	10	10	9	9	9	8	8	8	7	7	7	6	6	6	5	5	대서	5	4	4	4	3	3	3	2
운 여	9	9	9	10	10	10	1	1	1	1	2	2	2	3	3	3	4	4	4	5	5	5	6	6	6	7	7	7	8	8	8

입추 7일 18시 38분 　【음7월】➜ 음 7 【丙申月(병신월)】　　　처서 23일 09시 18분

양력 8	1	2	3	4	5	6	7	8	9	10	11	12	13	14	15	16	17	18	19	20	21	22	23	24	25	26	27	28	29	30	31
요일	일	월	화	수	목	금	토	일	월	화	수	목	금	토	일	월	화	수	목	금	토	일	월	화	수	목	금	토	일	월	화
일진	乙	丙	丁	戊	己	庚	辛	壬	癸	甲	乙	丙	丁	戊	己	庚	辛	壬	癸	甲	乙	丙	丁	戊	己	庚	辛	壬	癸	甲	乙
日辰	酉	戌	亥	子	丑	寅	卯	辰	巳	午	未	申	酉	戌	亥	子	丑	寅	卯	辰	巳	午	未	申	酉	戌	亥	子	丑	寅	卯
음력 07/06 08/07	6	7	8	9	10	11	12	13	14	15	16	17	18	19	20	21	22	23	24	25	26	27	28	29	8/1	2	3	4	5	6	7
대 남	2	2	1	1	1	1	입추	10	10	9	9	9	8	8	8	7	7	7	6	6	6	5	처서	5	4	4	4	3	3	3	2
운 여	8	9	9	9	10	10	추	1	1	1	1	2	2	2	3	3	3	4	4	4	5	5	서	6	6	6	7	7	7	8	8

백로 7일 21시 28분 　【음8월】➜ 음 8 【丁酉月(정유월)】　윤 8　추분 23일 06시 48분

양력 9	1	2	3	4	5	6	7	8	9	10	11	12	13	14	15	16	17	18	19	20	21	22	23	24	25	26	27	28	29	30
요일	수	목	금	토	일	월	화	수	목	금	토	일	월	화	수	목	금	토	일	월	화	수	목	금	토	일	월	화	수	목
일진	丙	丁	戊	己	庚	辛	壬	癸	甲	乙	丙	丁	戊	己	庚	辛	壬	癸	甲	乙	丙	丁	戊	己	庚	辛	壬	癸	甲	乙
日辰	辰	巳	午	未	申	酉	戌	亥	子	丑	寅	卯	辰	巳	午	未	申	酉	戌	亥	子	丑	寅	卯	辰	巳	午	未	申	酉
음력 08/08 윤807	8	9	10	11	12	13	14	15	16	17	18	19	20	21	22	23	24	25	26	27	28	29	30	윤8	2	3	4	5	6	7
대 남	2	2	1	1	1	1	백로	10	10	9	9	9	8	8	8	7	7	7	6	6	6	5	추분	5	4	4	4	3	3	3
운 여	8	9	9	9	10	10	로	1	1	1	1	2	2	2	3	3	3	4	4	4	5	5	분	6	6	6	7	7	7	8

한로 8일 12시 58분 　【음9월】➜ 음 9 【戊戌月(무술월)】　　　상강 23일 15시 58분

양력 10	1	2	3	4	5	6	7	8	9	10	11	12	13	14	15	16	17	18	19	20	21	22	23	24	25	26	27	28	29	30	31
요일	금	토	일	월	화	수	목	금	토	일	월	화	수	목	금	토	일	월	화	수	목	금	토	일	월	화	수	목	금	토	일
일진	丙	丁	戊	己	庚	辛	壬	癸	甲	乙	丙	丁	戊	己	庚	辛	壬	癸	甲	乙	丙	丁	戊	己	庚	辛	壬	癸	甲	乙	丙
日辰	戌	亥	子	丑	寅	卯	辰	巳	午	未	申	酉	戌	亥	子	丑	寅	卯	辰	巳	午	未	申	酉	戌	亥	子	丑	寅	卯	辰
음력 윤808 09/09	8	9	10	11	12	13	14	15	16	17	18	19	20	21	22	23	24	25	26	27	28	29	9/1	2	3	4	5	6	7	8
대 남	2	2	1	1	1	1	한로	10	9	9	9	8	8	8	7	7	7	6	6	6	5	상강	5	4	4	4	3	3	3	2
운 여	8	8	9	9	9	10	로	1	1	1	1	2	2	2	3	3	3	4	4	4	5	강	5	6	6	6	7	7	7	8

입동 7일 15시 59분 　【음10월】➜ 음 10 【己亥月(기해월)】　　　소설 22일 13시 22분

양력 11	1	2	3	4	5	6	7	8	9	10	11	12	13	14	15	16	17	18	19	20	21	22	23	24	25	26	27	28	29	30
요일	월	화	수	목	금	토	일	월	화	수	목	금	토	일	월	화	수	목	금	토	일	월	화	수	목	금	토	일	월	화
일진	丁	戊	己	庚	辛	壬	癸	甲	乙	丙	丁	戊	己	庚	辛	壬	癸	甲	乙	丙	丁	戊	己	庚	辛	壬	癸	甲	乙	丙
日辰	巳	午	未	申	酉	戌	亥	子	丑	寅	卯	辰	巳	午	未	申	酉	戌	亥	子	丑	寅	卯	辰	巳	午	未	申	酉	戌
음력 09/10 10/09	10	11	12	13	14	15	16	17	18	19	20	21	22	23	24	25	26	27	28	29	30	10/1	2	3	4	5	6	7	8	9
대 남	2	2	1	1	1	1	입동	10	9	9	9	8	8	8	7	7	7	6	6	6	5	소설	5	4	4	4	3	3	3	2
운 여	8	8	9	9	9	10	동	1	1	1	1	2	2	2	3	3	3	4	4	4	5	설	5	6	6	6	7	7	7	8

대설 7일 08시 41분 　【음11월】➜ 음 11 【庚子月(경자월)】　　　동지 22일 02시 35분

양력 12	1	2	3	4	5	6	7	8	9	10	11	12	13	14	15	16	17	18	19	20	21	22	23	24	25	26	27	28	29	30	31
요일	수	목	금	토	일	월	화	수	목	금	토	일	월	화	수	목	금	토	일	월	화	수	목	금	토	일	월	화	수	목	금
일진	丁	戊	己	庚	辛	壬	癸	甲	乙	丙	丁	戊	己	庚	辛	壬	癸	甲	乙	丙	丁	戊	己	庚	辛	壬	癸	甲	乙	丙	丁
日辰	亥	子	丑	寅	卯	辰	巳	午	未	申	酉	戌	亥	子	丑	寅	卯	辰	巳	午	未	申	酉	戌	亥	子	丑	寅	卯	辰	巳
음력 10/10 11/11	10	11	12	13	14	15	16	17	18	19	20	21	22	23	24	25	26	27	28	29	11/1	2	3	4	5	6	7	8	9	10	11
대 남	2	2	1	1	1	1	대설	9	9	9	8	8	8	7	7	7	6	6	6	5	동지	5	4	4	4	3	3	3	2	2	2
운 여	8	8	9	9	9	10	설	1	1	1	1	2	2	2	3	3	3	4	4	4	지	5	5	6	6	6	7	7	7	8	8

단기 4310 年
불기 2521 年
1977년

丁巳(정사)년 납음(沙中土),본명성(五黄土)

대장군(卯東方), 삼살(동방), 상문(未서남방),조객(卯東方), 납음(사중토),
【삼재(해,자,축)년】 臘享(납향):1978年1月21日(음12/13)

소한 5일 19시 51분 【음12월】 → 음 12 【辛丑月(신축월)】 대한 20일 13시 14분

양력 1	2	3	4	5	6	7	8	9	10	11	12	13	14	15	16	17	18	19	20	21	22	23	24	25	26	27	28	29	30	31
요일	토	일	월	화	수	목	금	토	일	월	화	수	목	금	토	일	월	화	수	목	금	토	일	월	화	수	목	금	토	일
일진 戊	己	庚	辛	壬	癸	甲	乙	丙	丁	戊	己	庚	辛	壬	癸	甲	乙	丙	丁	戊	己	庚	辛	壬	癸	甲	乙	丙	丁	戊
日辰 午	未	申	酉	戌	亥	子	丑	寅	卯	辰	巳	午	未	申	酉	戌	亥	子	丑	寅	卯	辰	巳	午	未	申	酉	戌	亥	子
음력 12	13	14	15	16	17	18	19	20	21	22	23	24	25	26	27	28	29	12/1	2	3	4	5	6	7	8	9	10	11	12	13
대남 1	1	1	1	소	10	9	9	9	8	8	8	7	7	7	6	6	6	5	대	5	4	4	4	3	3	3	2	2	2	1
운여 8	9	9	9	한	1	1	1	1	2	2	2	3	3	3	4	4	4	5	한	5	6	6	6	7	7	7	8	8	8	9

입춘 4일 07시 33분 【음1월】 → 음 1 【壬寅月(임인월)】 우수 19일 03시 30분

양력 1	2	3	4	5	6	7	8	9	10	11	12	13	14	15	16	17	18	19	20	21	22	23	24	25	26	27	28			
요일 화	수	목	금	토	일	월	화	수	목	금	토	일	월	화	수	목	금	토	일	월	화	수	목	금	토	일	월			
일진 己	庚	辛	壬	癸	甲	乙	丙	丁	戊	己	庚	辛	壬	癸	甲	乙	丙	丁	戊	己	庚	辛	壬	癸	甲	乙	丙			
日辰 丑	寅	卯	辰	巳	午	未	申	酉	戌	亥	子	丑	寅	卯	辰	巳	午	未	申	酉	戌	亥	子	丑	寅	卯	辰			
음력 14	15	16	17	18	19	20	21	22	23	24	25	26	27	28	29	30	1/1	2	3	4	5	6	7	8	9	10	11			
대남 1	1	1	입	1	1	1	2	2	2	3	3	3	4	4	4	5	우	5	6	6	6	7	7	7	8	8	8			
운여 9	9	10	춘	10	9	9	9	8	8	8	7	7	7	6	6	6	수	5	4	4	4	3	3	3	2	2	2			

경칩 6일 01시 44분 【음2월】 → 음 2 【癸卯月(계묘월)】 춘분 21일 02시 42분

양력 1	2	3	4	5	6	7	8	9	10	11	12	13	14	15	16	17	18	19	20	21	22	23	24	25	26	27	28	29	30	31
요일 화	수	목	금	토	일	월	화	수	목	금	토	일	월	화	수	목	금	토	일	월	화	수	목	금	토	일	월	화	수	목
일진 丁	戊	己	庚	辛	壬	癸	甲	乙	丙	丁	戊	己	庚	辛	壬	癸	甲	乙	丙	丁	戊	己	庚	辛	壬	癸	甲	乙	丙	丁
日辰 巳	午	未	申	酉	戌	亥	子	丑	寅	卯	辰	巳	午	未	申	酉	戌	亥	子	丑	寅	卯	辰	巳	午	未	申	酉	戌	亥
음력 12	13	14	15	16	17	18	19	20	21	22	23	24	25	26	27	28	29	30	2/1	2	3	4	5	6	7	8	9	10	11	12
대남 8	9	9	9	10	경	1	1	1	1	2	2	2	3	3	3	4	4	4	5	춘	5	6	6	6	7	7	7	8	8	8
운여 2	1	1	1	1	칩	10	9	9	9	8	8	8	7	7	7	6	6	6	5	분	5	4	4	4	3	3	3	2	2	2

청명 5일 06시 46분 【음3월】 → 음 3 【甲辰月(갑진월)】 곡우 20일 13시 57분

양력 1	2	3	4	5	6	7	8	9	10	11	12	13	14	15	16	17	18	19	20	21	22	23	24	25	26	27	28	29	30	
요일 금	토	일	월	화	수	목	금	토	일	월	화	수	목	금	토	일	월	화	수	목	금	토	일	월	화	수	목	금	토	
일진 戊	己	庚	辛	壬	癸	甲	乙	丙	丁	戊	己	庚	辛	壬	癸	甲	乙	丙	丁	戊	己	庚	辛	壬	癸	甲	乙	丙	丁	
日辰 子	丑	寅	卯	辰	巳	午	未	申	酉	戌	亥	子	丑	寅	卯	辰	巳	午	未	申	酉	戌	亥	子	丑	寅	卯	辰	巳	
음력 13	14	15	16	17	18	19	20	21	22	23	24	25	26	27	28	29	3/1	2	3	4	5	6	7	8	9	10	11	12	13	
대남 9	9	9	10	청	1	1	1	1	2	2	2	3	3	3	4	4	4	5	곡	5	6	6	6	7	7	7	8	8	8	
운여 1	1	1	1	명	10	10	9	9	9	8	8	8	7	7	7	6	6	6	우	5	5	4	4	4	3	3	3	2	2	

입하 6일 00시 16분 【음4월】 → 음 4 【乙巳月(을사월)】 소만 21일 13시 14분

양력 1	2	3	4	5	6	7	8	9	10	11	12	13	14	15	16	17	18	19	20	21	22	23	24	25	26	27	28	29	30	31
요일 일	월	화	수	목	금	토	일	월	화	수	목	금	토	일	월	화	수	목	금	토	일	월	화	수	목	금	토	일	월	화
일진 己	庚	辛	壬	癸	甲	乙	丙	丁	戊	己	庚	辛	壬	癸	甲	乙	丙	丁	戊	己	庚	辛	壬	癸	甲	乙	丙	丁	戊	己
日辰 午	未	申	酉	戌	亥	子	丑	寅	卯	辰	巳	午	未	申	酉	戌	亥	子	丑	寅	卯	辰	巳	午	未	申	酉	戌	亥	子
음력 14	15	16	17	18	19	20	21	22	23	24	25	26	27	28	29	30	4/1	2	3	4	5	6	7	8	9	10	11	12	13	14
대남 9	9	9	10	10	입	1	1	1	1	2	2	2	3	3	3	4	4	4	5	소	5	6	6	6	7	7	7	8	8	8
운여 2	1	1	1	1	하	10	10	9	9	9	8	8	8	7	7	7	6	6	6	만	5	5	4	4	4	3	3	3	2	2

망종 6일 04시 32분 【음5월】 → 음 5 【丙午月(병오월)】 하지 21일 21시 14분

양력 1	2	3	4	5	6	7	8	9	10	11	12	13	14	15	16	17	18	19	20	21	22	23	24	25	26	27	28	29	30	
요일 수	목	금	토	일	월	화	수	목	금	토	일	월	화	수	목	금	토	일	월	화	수	목	금	토	일	월	화	수	목	
일진 庚	辛	壬	癸	甲	乙	丙	丁	戊	己	庚	辛	壬	癸	甲	乙	丙	丁	戊	己	庚	辛	壬	癸	甲	乙	丙	丁	戊	
日辰 丑	寅	卯	辰	巳	午	未	申	酉	戌	亥	子	丑	寅	卯	辰	巳	午	未	申	酉	戌	亥	子	丑	寅	卯	辰	巳	午	
음력 15	16	17	18	19	20	21	22	23	24	25	26	27	28	29	30	5/1	2	3	4	5	6	7	8	9	10	11	12	13	14	
대남 9	9	10	10	10	망	1	1	1	1	2	2	2	3	3	3	4	4	4	5	하	5	6	6	6	7	7	7	8	8	
운여 2	1	1	1	1	종	10	10	9	9	9	8	8	8	7	7	7	6	6	6	지	5	5	4	4	4	3	3	3	2	

丁
巳
年

한식(4월06일), 초복(7월12일), 중복(7월22일), 말복(8월11일)♠춘사(春社)3/22
☀추사(秋社)9/28 토왕지절(土旺之節):4월17일,7월20일,10월20일,1월17일(음12/09)
臘享(납향):1978년1월21일(음12/13)

1
9
7
7

丁
巳
年

소서 7일 14시 48분　【음6월】→　음 6 【丁未月(정미월)】　　대서 23일 08시 04분

양력 7

양력	1	2	3	4	5	6	7	8	9	10	11	12	13	14	15	16	17	18	19	20	21	22	23	24	25	26	27	28	29	30	31
요일	금	토	일	월	화	수	목	금	토	일	월	화	수	목	금	토	일	월	화	수	목	금	토	일	월	화	수	목	금	토	일
일진	己	庚	辛	壬	癸	甲	乙	丙	丁	戊	己	庚	辛	壬	癸	甲	乙	丙	丁	戊	己	庚	辛	壬	癸	甲	乙	丙	丁	戊	己
	未	申	酉	戌	亥	子	丑	寅	卯	辰	巳	午	未	申	酉	戌	亥	子	丑	寅	卯	辰	巳	午	未	申	酉	戌	亥	子	丑
음력 05/15 06/16	15	16	17	18	19	20	21	22	23	24	25	26	27	28	29	6/1	2	3	4	5	6	7	8	9	10	11	12	13	14	15	16
대운	남여	2 2	2 1	1 1	1 1	소서	10 10	10 9	9 9	9 8	8 8	8 7	7 7	7 6	6 6	6 5	대서	5 4	5 4	4 4	4 3	3 3	3 2

입추 8일 00시 30분　【음7월】→　음 7 【戊申月(무신월)】　　처서 3일 15시 00분

양력 8

양력	1	2	3	4	5	6	7	8	9	10	11	12	13	14	15	16	17	18	19	20	21	22	23	24	25	26	27	28	29	30	31
요일	월	화	수	목	금	토	일	월	화	수	목	금	토	일	월	화	수	목	금	토	일	월	화	수	목	금	토	일	월	화	수
일진	庚	辛	壬	癸	甲	乙	丙	丁	戊	己	庚	辛	壬	癸	甲	乙	丙	丁	戊	己	庚	辛	壬	癸	甲	乙	丙	丁	戊	己	庚
	寅	卯	辰	巳	午	未	申	酉	戌	亥	子	丑	寅	卯	辰	巳	午	未	申	酉	戌	亥	子	丑	寅	卯	辰	巳	午	未	申
음력 06/17 07/17	17	18	19	20	21	22	23	24	25	26	27	28	29	30	7/1	2	3	4	5	6	7	8	9	10	11	12	13	14	15	16	17
대운	남여	8 2	9 2	9 1	9 1	10 1	10 1	입추	1 10	1 10	1 9	2 9	2 9	2 8	3 8	3 8	3 7	4 7	4 7	4 6	5 6	5 6	처서	5 5	6 5	6 4	6 4	7 4	7 3	7 3	8 3

백로 8일 03시 16분　【음8월】→　음 8 【己酉月(기유월)】　　추분 23일 12시 29분

양력 9

양력	1	2	3	4	5	6	7	8	9	10	11	12	13	14	15	16	17	18	19	20	21	22	23	24	25	26	27	28	29	30
요일	목	금	토	일	월	화	수	목	금	토	일	월	화	수	목	금	토	일	월	화	수	목	금	토	일	월	화	수	목	금
일진	辛	壬	癸	甲	乙	丙	丁	戊	己	庚	辛	壬	癸	甲	乙	丙	丁	戊	己	庚	辛	壬	癸	甲	乙	丙	丁	戊	己	庚
	酉	戌	亥	子	丑	寅	卯	辰	巳	午	未	申	酉	戌	亥	子	丑	寅	卯	辰	巳	午	未	申	酉	戌	亥	子	丑	寅
음력 07/18 08/18	18	19	20	21	22	23	24	25	26	27	28	29	8/1	2	3	4	5	6	7	8	9	10	11	12	13	14	15	16	17	18
대운	남여	8 2	8 2	9 2	9 1	9 1	10 1	10 1	백로	1 10	1 9	1 9	2 9	2 8	2 8	3 8	3 7	3 7	4 7	4 6	4 6	5 6	추분	5 5	5 5	6 4	6 4	6 4	7 3	7 3

한로 8일 18시 44분　【음9월】→　음 9 【庚戌月(경술월)】　　상강 23일 21시 41분

양력 10

양력	1	2	3	4	5	6	7	8	9	10	11	12	13	14	15	16	17	18	19	20	21	22	23	24	25	26	27	28	29	30	31
요일	토	일	월	화	수	목	금	토	일	월	화	수	목	금	토	일	월	화	수	목	금	토	일	월	화	수	목	금	토	일	월
일진	辛	壬	癸	甲	乙	丙	丁	戊	己	庚	辛	壬	癸	甲	乙	丙	丁	戊	己	庚	辛	壬	癸	甲	乙	丙	丁	戊	己	庚	辛
	卯	辰	巳	午	未	申	酉	戌	亥	子	丑	寅	卯	辰	巳	午	未	申	酉	戌	亥	子	丑	寅	卯	辰	巳	午	未	申	酉
음력 08/19 09/19	19	20	21	22	23	24	25	26	27	28	29	30	9/1	2	3	4	5	6	7	8	9	10	11	12	13	14	15	16	17	18	19
대운	남여	8 2	8 2	8 2	9 1	9 1	9 1	10 1	한로	1 10	1 9	1 9	2 9	2 8	2 8	3 8	3 7	3 7	4 7	4 6	4 6	5 6	상강	5 5	5 5	6 4	6 4	6 4	7 3	7 3	7 2

입동 7일 21시 46분　【음10월】→　음 10 【辛亥月(신해월)】　　소설 22일 19시 07분

양력 11

양력	1	2	3	4	5	6	7	8	9	10	11	12	13	14	15	16	17	18	19	20	21	22	23	24	25	26	27	28	29	30
요일	화	수	목	금	토	일	월	화	수	목	금	토	일	월	화	수	목	금	토	일	월	화	수	목	금	토	일	월	화	수
일진	壬	癸	甲	乙	丙	丁	戊	己	庚	辛	壬	癸	甲	乙	丙	丁	戊	己	庚	辛	壬	癸	甲	乙	丙	丁	戊	己	庚	辛
	戌	亥	子	丑	寅	卯	辰	巳	午	未	申	酉	戌	亥	子	丑	寅	卯	辰	巳	午	未	申	酉	戌	亥	子	丑	寅	卯
음력 09/20 1/20	20	21	22	23	24	25	26	27	28	29	10/1	2	3	4	5	6	7	8	9	10	11	12	13	14	15	16	17	18	19	20
대운	남여	8 2	8 2	8 1	9 1	9 1	9 1	입동	1 10	1 9	1 9	2 9	2 8	2 8	3 8	3 7	3 7	4 7	4 6	4 6	5 6	소설	5 5	5 5	6 4	6 4	6 4	7 3	7 3	7 2

대설 7일 14시 31분　【음11월】→　음 11 【壬子月(임자월)】　　동지 22일 08시 23분

양력 12

양력	1	2	3	4	5	6	7	8	9	10	11	12	13	14	15	16	17	18	19	20	21	22	23	24	25	26	27	28	29	30	31
요일	목	금	토	일	월	화	수	목	금	토	일	월	화	수	목	금	토	일	월	화	수	목	금	토	일	월	화	수	목	금	토
일진	壬	癸	甲	乙	丙	丁	戊	己	庚	辛	壬	癸	甲	乙	丙	丁	戊	己	庚	辛	壬	癸	甲	乙	丙	丁	戊	己	庚	辛	壬
	辰	巳	午	未	申	酉	戌	亥	子	丑	寅	卯	辰	巳	午	未	申	酉	戌	亥	子	丑	寅	卯	辰	巳	午	未	申	酉	戌
음력 10/21 11/21	21	22	23	24	25	26	27	28	29	30	11/1	2	3	4	5	6	7	8	9	10	11	12	13	14	15	16	17	18	19	20	21
대운	남여	8 2	8 2	8 1	9 1	9 1	9 1	대설	10 9	1 9	1 9	1 8	2 8	2 8	2 7	3 7	3 7	3 6	4 6	4 6	4 5	동지	5 5	5 4	5 4	6 4	6 3	6 3	7 3	7 2	7 2

단기 4311 年
불기 2522 年

1978年

戊午(무오)년　　납음(天上火), 본명성(四綠木)

대장군(卯동방). 삼살(북방), 상문(申서남방),조객(辰동남방), 납음(천상화),
【삼재(신,유,술)년】 臘享(납향):1979년1월16일(음12/18)

1月

소한 6일 01시 43분　【음12월】→　음 12【癸丑月(계축월)】　　대한 20일 19시 04분

양력	1	2	3	4	5	6	7	8	9	10	11	12	13	14	15	16	17	18	19	20	21	22	23	24	25	26	27	28	29	30	31
요일	일	월	화	수	목	금	토	일	월	화	수	목	금	토	일	월	화	수	목	금	토	일	월	화	수	목	금	토	일	월	화
일진	癸	甲	乙	丙	丁	戊	己	庚	辛	壬	癸	甲	乙	丙	丁	戊	己	庚	辛	壬	癸	甲	乙	丙	丁	戊	己	庚	辛	壬	癸
日辰	亥	子	丑	寅	卯	辰	巳	午	未	申	酉	戌	亥	子	丑	寅	卯	辰	巳	午	未	申	酉	戌	亥	子	丑	寅	卯	辰	巳
음력	22	23	24	25	26	27	28	29	12/1	2	3	4	5	6	7	8	9	10	11	12	13	14	15	16	17	18	19	20	21	22	23
대 남	8	9	9	9	10	소	1	1	1	1	2	2	2	3	3	3	4	4	4	대	5	5	6	6	6	7	7	7	8	8	8
운 여	2	1	1	1	1	한	9	9	9	8	8	8	7	7	7	6	6	6	5	한	5	4	4	4	3	3	3	2	2	2	1

2月

입춘 4일 13시 27분　【음1월】→　음 1【甲寅月(갑인월)】　　우수 19일 09시 21분

양력	1	2	3	4	5	6	7	8	9	10	11	12	13	14	15	16	17	18	19	20	21	22	23	24	25	26	27	28		
요일	수	목	금	토	일	월	화	수	목	금	토	일	월	화	수	목	금	토	일	월	화	수	목	금	토	일	월	화		
일진	甲	乙	丙	丁	戊	己	庚	辛	壬	癸	甲	乙	丙	丁	戊	己	庚	辛	壬	癸	甲	乙	丙	丁	戊	己	庚	辛		
日辰	午	未	申	酉	戌	亥	子	丑	寅	卯	辰	巳	午	未	申	酉	戌	亥	子	丑	寅	卯	辰	巳	午	未	申	酉		
음력	24	25	26	27	28	29	1/1	2	3	4	5	6	7	8	9	10	11	12	13	14	15	16	17	18	19	20	21	22		
대 남	9	9	9	입	1	1	1	1	2	2	2	3	3	3	4	4	4	5	우	5	6	6	6	7	7	7	8	8		
운 여	1	1	1	춘	10	9	9	9	8	8	8	7	7	7	6	6	6	5	수	5	4	4	4	3	3	3	2	2		

※戊午年

3月

경칩 6일 07시 38분　【음2월】→　음 2【乙卯月(을묘월)】　　춘분 21일 08시 34분

양력	1	2	3	4	5	6	7	8	9	10	11	12	13	14	15	16	17	18	19	20	21	22	23	24	25	26	27	28	29	30	31
요일	수	목	금	토	일	월	화	수	목	금	토	일	월	화	수	목	금	토	일	월	화	수	목	금	토	일	월	화	수	목	금
일진	壬	癸	甲	乙	丙	丁	戊	己	庚	辛	壬	癸	甲	乙	丙	丁	戊	己	庚	辛	壬	癸	甲	乙	丙	丁	戊	己	庚	辛	壬
日辰	戌	亥	子	丑	寅	卯	辰	巳	午	未	申	酉	戌	亥	子	丑	寅	卯	辰	巳	午	未	申	酉	戌	亥	子	丑	寅	卯	辰
음력	23	24	25	26	27	28	29	30	2/1	2	3	4	5	6	7	8	9	10	11	12	13	14	15	16	17	18	19	20	21	22	23
대 남	8	2	1	1	1	1	경	10	9	9	9	8	8	8	7	7	7	6	6	6	춘	5	4	4	4	3	3	3	2	2	2
운 여	8	9	9	9	10	칩	1	1	1	1	2	2	2	3	3	3	4	4	4	5	분	5	6	6	6	7	7	7	8	8	8

4月

청명 5일 12시 39분　【음3월】→　음 3【丙辰月(병진월)】　　곡우 20일 19시 50분

양력	1	2	3	4	5	6	7	8	9	10	11	12	13	14	15	16	17	18	19	20	21	22	23	24	25	26	27	28	29	30	
요일	토	일	월	화	수	목	금	토	일	월	화	수	목	금	토	일	월	화	수	목	금	토	일	월	화	수	목	금	토	일	
일진	癸	甲	乙	丙	丁	戊	己	庚	辛	壬	癸	甲	乙	丙	丁	戊	己	庚	辛	壬	癸	甲	乙	丙	丁	戊	己	庚	辛	壬	
日辰	巳	午	未	申	酉	戌	亥	子	丑	寅	卯	辰	巳	午	未	申	酉	戌	亥	子	丑	寅	卯	辰	巳	午	未	申	酉	戌	
음력	24	25	26	27	28	29	30	3/1	2	3	4	5	6	7	8	9	10	11	12	13	14	15	16	17	18	19	20	21	22	23	
대 남	2	1	1	1	청	10	10	9	9	9	8	8	8	7	7	7	6	6	6	곡	5	5	4	4	4	3	3	3	2	2	
운 여	9	9	9	10	명	1	1	1	1	2	2	2	3	3	3	4	4	4	5	우	5	6	6	6	7	7	7	8	8	8	

5月

입하 6일 06시 09분　【음4월】→　음 4【丁巳月(정사월)】　　소만 21일 19시 08분

양력	1	2	3	4	5	6	7	8	9	10	11	12	13	14	15	16	17	18	19	20	21	22	23	24	25	26	27	28	29	30	31
요일	월	화	수	목	금	토	일	월	화	수	목	금	토	일	월	화	수	목	금	토	일	월	화	수	목	금	토	일	월	화	수
일진	癸	甲	乙	丙	丁	戊	己	庚	辛	壬	癸	甲	乙	丙	丁	戊	己	庚	辛	壬	癸	甲	乙	丙	丁	戊	己	庚	辛	壬	癸
日辰	亥	子	丑	寅	卯	辰	巳	午	未	申	酉	戌	亥	子	丑	寅	卯	辰	巳	午	未	申	酉	戌	亥	子	丑	寅	卯	辰	巳
음력	24	25	26	27	28	29	4/1	2	3	4	5	6	7	8	9	10	11	12	13	14	15	16	17	18	19	20	21	22	23	24	25
대 남	2	1	1	1	1	입	10	10	9	9	9	8	8	8	7	7	7	6	6	6	소	5	5	4	4	4	3	3	3	2	2
운 여	9	9	9	10	10	하	1	1	1	1	2	2	2	3	3	3	4	4	4	5	만	5	6	6	6	7	7	7	8	8	8

6月

망종 6일 10시 23분　【음5월】→　음 5【戊午月(무오월)】　　하지 22일 03시 10분

양력	1	2	3	4	5	6	7	8	9	10	11	12	13	14	15	16	17	18	19	20	21	22	23	24	25	26	27	28	29	30	
요일	목	금	토	일	월	화	수	목	금	토	일	월	화	수	목	금	토	일	월	화	수	목	금	토	일	월	화	수	목	금	
일진	甲	乙	丙	丁	戊	己	庚	辛	壬	癸	甲	乙	丙	丁	戊	己	庚	辛	壬	癸	甲	乙	丙	丁	戊	己	庚	辛	壬	癸	
日辰	午	未	申	酉	戌	亥	子	丑	寅	卯	辰	巳	午	未	申	酉	戌	亥	子	丑	寅	卯	辰	巳	午	未	申	酉	戌	亥	
음력	26	27	28	29	30	5/1	2	3	4	5	6	7	8	9	10	11	12	13	14	15	16	17	18	19	20	21	22	23	24	25	
대 남	2	1	1	1	1	망	10	10	9	9	9	8	8	8	7	7	7	6	6	6	하	5	5	4	4	4	3	3	3	2	
운 여	9	9	9	10	10	종	1	1	1	1	2	2	2	3	3	3	4	4	4	5	지	5	6	6	6	7	7	7	8	8	

한식(4월06일), 초복(7월17일), 중복(7월27일), 말복(8월16일)↟춘사(春社)3/17
☀추사(秋社)9/23 토왕지절(土旺之節):4월17일,7월20일,10월21일, 1월18일(음12/20)
臘享(납향):1979년1월16일(음12/18)

1978 戊午年

소서 7일 20시 37분 　【음6월】→ 음 6 【己未月(기미월)】　대서 23일 14시 00분

양력	요일	일진 日辰	음력	대남 운여
7	토일월화수목금토일월화수목금토일월화수목금토일월화수목금토일월	甲乙丙丁戊己庚辛壬癸乙丙丁戊己庚辛壬癸甲乙丙丁戊己庚辛壬癸甲 辰子丑寅卯辰巳午未酉戌亥子丑寅卯辰巳午申酉戌亥子丑寅卯辰巳午	05/26 26 27 28 29 6/1 2 3 4 5 6 7 8 9 10 11 12 13 14 15 16 17 18 19 20 21 22 23 24 25 26 06/27	대남 2 2 1 1 1 소 10 10 10 9 9 9 8 8 8 7 7 7 6 6 6 대 5 5 4 4 4 3 3 3 운여 8 9 9 9 10 10 10 서 1 1 1 1 2 2 2 3 3 3 4 4 4 5 5 서 6 6 6 7 7 7 8

입추 8일 06시 18분 　【음7월】→ 음 7 【庚申月(경신월)】　처서 23일 20시 57분

양력	요일	일진 日辰	음력	대남 운여
8	화수목금토일월화수목금토일월화수목금토일월화수목금토일월화수목	乙丙丁戊己庚辛壬癸乙丙丁戊己庚辛壬癸甲乙丙丁戊己庚辛壬癸甲乙 未申酉戌亥子丑寅卯巳午未申酉戌亥子丑寅辰巳午未申酉戌亥子丑	06/28 28 29 30 7/1 2 3 4 5 6 7 8 9 10 11 12 13 14 15 16 17 18 19 20 21 22 23 24 25 26 07/28	대남 2 2 1 1 1 입 10 10 9 9 9 8 8 8 7 7 7 6 6 6 처 5 5 5 4 4 4 3 3 운여 8 9 9 9 10 추 1 1 1 1 2 2 2 3 3 3 4 4 4 5 서 5 6 6 6 7 7 7

백로 8일 09시 02분 　【음8월】→ 음 8 【辛酉月(신유월)】　추분 23일 18시 25분

양력	요일	일진 日辰	음력	대남 운여
9	금토일월화수목금토일월화수목금토일월화수목금토일월화수목금토	丙丁戊己庚辛壬癸乙丙丁戊己庚辛壬癸甲乙丙丁戊己庚辛壬癸甲乙 寅卯辰巳午未申戌亥子丑寅卯辰巳午未酉戌亥子丑寅卯辰巳午未	07/29 29 30 8/1 2 3 4 5 6 7 8 9 10 11 12 13 14 15 16 17 18 19 20 21 22 23 24 25 26 27 28 08/28	대남 2 2 1 1 1 백 10 10 9 9 9 8 8 8 7 7 7 6 6 6 추 5 5 5 4 4 4 3 3 3 운여 8 8 9 9 9 로 1 1 1 1 2 2 2 3 3 3 4 4 4 5 분 5 6 6 6 7 7

한로 9일 00시 31분 　【음9월】→ 음 9 【壬戌月(임술월)】　상강 24일 03시 37분

양력	요일	일진 日辰	음력	대남 운여
10	일월화수목금토일월화수목금토일월화수목금토일월화수목금토일월화	丙丁戊己庚辛壬癸乙丙丁戊己庚辛壬癸甲乙丙丁戊己庚辛壬癸甲乙丙 辰申酉戌亥子丑寅卯巳午未申酉戌亥子丑寅辰巳午未申酉戌亥子丑寅	08/29 29 9/1 2 3 4 5 6 7 8 9 10 11 12 13 14 15 16 17 18 19 20 21 22 23 24 25 26 27 28 29 30 09/30	대남 3 2 2 2 1 1 1 한 10 9 9 9 8 8 8 7 7 7 6 6 6 상 5 5 5 4 4 4 3 운여 8 8 8 9 9 9 10 로 1 1 1 1 2 2 2 3 3 3 4 4 4 강 5 5 6 6 6 7

입동 8일 03시 34분 　【음10월】→ 음 10 【癸亥月(계해월)】　소설 23일 01시 05분

양력	요일	일진 日辰	음력	대남 운여
11	수목금토일월화수목금토일월화수목금토일월화수목금토일월화수목	丁戊己庚辛壬癸甲丙丁戊己庚辛壬癸甲乙丙丁戊己庚辛壬癸甲乙丙 卯辰巳午未申酉戌亥子丑寅卯辰巳午未申戌亥子丑寅卯辰巳午未申	10/01 10/1 2 3 4 5 6 7 8 9 10 11 12 13 14 15 16 17 18 19 20 21 22 23 24 25 26 27 28 29 11/1 11/01	대남 2 2 2 1 1 1 1 입 9 9 9 8 8 8 7 7 7 6 6 6 소 5 5 4 4 4 3 3 3 운여 8 8 8 9 9 9 10 동 1 1 1 1 2 2 2 3 3 3 4 4 4 설 5 5 6 6 6 7 7

대설 7일 20시 20분 　【음11월】→ 음 11 【甲子月(갑자월)】　동지 22일 14시 21분

양력	요일	일진 日辰	음력	대남 운여
12	금토일월화수목금토일월화수목금토일월화수목금토일월화수목금토일	戊己庚辛壬癸甲乙丙丁戊己庚辛壬癸甲乙丙丁戊己庚辛壬癸甲乙丙丁 酉戌亥子丑寅卯辰巳午未申酉戌亥子丑寅卯辰巳午未申酉戌亥子丑寅卯	11/02 2 3 4 5 6 7 8 9 10 11 12 13 14 15 16 17 18 19 20 21 22 23 24 25 26 27 28 29 30 12/1 12/02	대남 2 2 1 1 1 1 대 9 9 9 8 8 8 7 7 7 6 6 6 동 5 5 4 4 4 3 3 3 2 운여 8 8 8 9 9 9 설 1 1 1 1 2 2 2 3 3 3 4 4 4 지 5 5 6 6 6 7 7 8

- 199 -

단기 4312 年
불기 2523 年

1979年

己未(기미)년　납음(天上火),본명성(三碧木)

대장군(卯동방), 삼살(酉서방), 상문(酉서방),조객(巳동남방),
납음(천상화),【삼재(사,오,미)년臘享(납향):1980년1월23일(음12/06)

소한 6일 07시 32분　【음12 →】　음 12 【乙丑月(을축월)】　　대한 21일 01시 00분

양력 1																														
양력	1	2	3	4	5	6	7	8	9	10	11	12	13	14	15	16	17	18	19	20	21	22	23	24	25	26	27	28	29	30	31
요일	월	화	수	목	금	토	일	월	화	수	목	금	토	일	월	화	수	목	금	토	일	월	화	수	목	금	토	일	월	화	수
일진	戊辰	己巳	庚午	辛未	壬申	癸酉	甲戌	乙亥	丙子	丁丑	戊寅	己卯	庚辰	辛巳	壬午	癸未	甲申	乙酉	丙戌	丁亥	戊子	己丑	庚寅	辛卯	壬辰	癸巳	甲午	乙未	丙申	丁酉	戊戌
음력 12/03 ~ 01/04	음력	3	4	5	6	7	8	9	10	11	12	13	14	15	16	17	18	19	20	21	22	23	24	25	26	27	28	29	1/1	2	3
대운 남여					소한																	대한									

입춘 4일 19시 12분　【음1월 →】　음 1 【丙寅月(병인월)】　　우수 19일 15시 13분

양력	1	2	3	4	5	6	7	8	9	10	11	12	13	14	15	16	17	18	19	20	21	22	23	24	25	26	27	28		
요일	목	금	토	일	월	화	수	목	금	토	일	월	화	수	목	금	토	일	월	화	수	목	금	토	일	월	화	수		
일진	己亥	庚子	辛丑	壬寅	癸卯	甲辰	乙巳	丙午	丁未	戊申	己酉	庚戌	辛亥	壬子	癸丑	甲寅	乙卯	丙辰	丁巳	戊午	己未	庚申	辛酉	壬戌	癸亥	甲子	乙丑	丙寅		
음력 01/05 ~ 02/02	5	6	7	8	9	10	11	12	13	14	15	16	17	18	19	20	21	22	23	24	25	26	27	28	29	2/1	2			

己未年

경칩 6일 13시 20분　【음2월 →】　음 2 【丁卯月(정묘월)】　　춘분 21일 14시 22분

양력	1	2	3	4	5	6	7	8	9	10	11	12	13	14	15	16	17	18	19	20	21	22	23	24	25	26	27	28	29	30	31
요일	목	금	토	일	월	화	수	목	금	토	일	월	화	수	목	금	토	일	월	화	수	목	금	토	일	월	화	수	목	금	토
일진	丁卯	戊辰	己巳	庚午	辛未	壬申	癸酉	甲戌	乙亥	丙子	丁丑	戊寅	己卯	庚辰	辛巳	壬午	癸未	甲申	乙酉	丙戌	丁亥	戊子	己丑	庚寅	辛卯	壬辰	癸巳	甲午	乙未	丙申	丁酉
음력 02/03 ~ 03/04	3	4	5	6	7	8	9	10	11	12	13	14	15	16	17	18	19	20	21	22	23	24	25	26	27	28	29	3/1	2	3	4

청명 5일 18시 18분　【음3월 →】　음 3 【戊辰月(무진월)】　　곡우 21일 01시 35분

양력	1	2	3	4	5	6	7	8	9	10	11	12	13	14	15	16	17	18	19	20	21	22	23	24	25	26	27	28	29	30
요일	일	월	화	수	목	금	토	일	월	화	수	목	금	토	일	월	화	수	목	금	토	일	월	화	수	목	금	토	일	월
일진	戊戌	己亥	庚子	辛丑	壬寅	癸卯	甲辰	乙巳	丙午	丁未	戊申	己酉	庚戌	辛亥	壬子	癸丑	甲寅	乙卯	丙辰	丁巳	戊午	己未	庚申	辛酉	壬戌	癸亥	甲子	乙丑	丙寅	丁卯
음력 03/05 ~ 04/05	5	6	7	8	9	10	11	12	13	14	15	16	17	18	19	20	21	22	23	24	25	26	27	28	29	4/1	2	3	4	5

입하 6일 11시 47분　【음4월 →】　음 4 【己巳月(기사월)】　　소만 22일 00시 54분

양력	1	2	3	4	5	6	7	8	9	10	11	12	13	14	15	16	17	18	19	20	21	22	23	24	25	26	27	28	29	30	31
요일	화	수	목	금	토	일	월	화	수	목	금	토	일	월	화	수	목	금	토	일	월	화	수	목	금	토	일	월	화	수	목
일진	戊辰	己巳	庚午	辛未	壬申	癸酉	甲戌	乙亥	丙子	丁丑	戊寅	己卯	庚辰	辛巳	壬午	癸未	甲申	乙酉	丙戌	丁亥	戊子	己丑	庚寅	辛卯	壬辰	癸巳	甲午	乙未	丙申	丁酉	戊戌
음력 04/06 ~ 05/06	6	7	8	9	10	11	12	13	14	15	16	17	18	19	20	21	22	23	24	25	26	27	28	29	30	5/1	2	3	4	5	6

망종 6일 16시 05분　【음5월 →】　음 5 【庚午月(경오월)】　　하지 22일 08시 56분

양력	1	2	3	4	5	6	7	8	9	10	11	12	13	14	15	16	17	18	19	20	21	22	23	24	25	26	27	28	29	30
요일	금	토	일	월	화	수	목	금	토	일	월	화	수	목	금	토	일	월	화	수	목	금	토	일	월	화	수	목	금	토
일진	己亥	庚子	辛丑	壬寅	癸卯	甲辰	乙巳	丙午	丁未	戊申	己酉	庚戌	辛亥	壬子	癸丑	甲寅	乙卯	丙辰	丁巳	戊午	己未	庚申	辛酉	壬戌	癸亥	甲子	乙丑	丙寅	丁卯	戊辰
음력 05/07 ~ 06/07	7	8	9	10	11	12	13	14	15	16	17	18	19	20	21	22	23	24	25	26	27	28	29	6/1	2	3	4	5	6	7

한식(4월06일), 초복(7월12일), 중복(7월22일), 말복(8월11일)♠춘사(春社)3/22
♣추사(秋社)9/28 토왕지절(土旺之節):4월17일,7월20일,10월21일,1월18일(음12/01)
臘享(납향):1980년1월23일(음12/06)

1979 己未年

소서 8일 02시 25분　【음6월】→ 음 6 辛未月(신미월)　　윤 6 대서 23일 19시 49분

양력 7	양력	1	2	3	4	5	6	7	8	9	10	11	12	13	14	15	16	17	18	19	20	21	22	23	24	25	26	27	28	29	30	31
	요일	일	월	화	수	목	금	토	일	월	화	수	목	금	토	일	월	화	수	목	금	토	일	월	화	수	목	금	토	일	월	화
	일진	己	庚	辛	壬	癸	甲	乙	丙	丁	戊	己	庚	辛	壬	癸	甲	乙	丙	丁	戊	己	庚	辛	壬	癸	甲	乙	丙	丁	戊	己
음력 06/08	日辰	辰	巳	午	未	申	酉	戌	亥	子	丑	寅	卯	辰	巳	午	未	申	酉	戌	亥	子	丑	寅	卯	辰	巳	午	未	申	酉	戌
윤608	음력	8	9	10	11	12	13	14	15	16	17	18	19	20	21	22	23	24	25	26	27	28	29	30	윤6	2	3	4	5	6	7	8
	대낭운	8	9	9	9	10	10	10	소서	1	1	1	1	2	2	2	3	3	3	4	4	4	5	5	대서	5	6	6	6	7	7	7

입추 8일 12시 11분　【음7월】→ 음 7 壬申月(임신월)　　처서 24일 02시 47분

양력 8	양력	1	2	3	4	5	6	7	8	9	10	11	12	13	14	15	16	17	18	19	20	21	22	23	24	25	26	27	28	29	30	31
	요일	수	목	금	토	일	월	화	수	목	금	토	일	월	화	수	목	금	토	일	월	화	수	목	금	토	일	월	화	수	목	금
	일진	庚	辛	壬	癸	甲	乙	丙	丁	戊	己	庚	辛	壬	癸	甲	乙	丙	丁	戊	己	庚	辛	壬	癸	甲	乙	丙	丁	戊	己	庚
음력 07/09	日辰	辰	子	丑	寅	卯	辰	巳	午	未	申	酉	戌	亥	子	丑	寅	卯	辰	巳	午	未	申	酉	戌	亥	子	丑	寅	卯	辰	巳
윤609	음력	9	10	11	12	13	14	15	16	17	18	19	20	21	22	23	24	25	26	27	28	29	30	7/1	2	3	4	5	6	7	8	9
	대낭운	8	8	9	9	9	10	10	입추	1	1	1	1	2	2	2	3	3	3	4	4	4	5	처서	5	6	6	6	7	7	7	8

백로 8일 15시 00분　【음8월】→ 음 8 癸酉月(계유월)　　추분 24일 00시 16분

양력 9	양력	1	2	3	4	5	6	7	8	9	10	11	12	13	14	15	16	17	18	19	20	21	22	23	24	25	26	27	28	29	30
	요일	토	일	월	화	수	목	금	토	일	월	화	수	목	금	토	일	월	화	수	목	금	토	일	월	화	수	목	금	토	일
	일진	辛	壬	癸	甲	乙	丙	丁	戊	己	庚	辛	壬	癸	甲	乙	丙	丁	戊	己	庚	辛	壬	癸	甲	乙	丙	丁	戊	己	庚
음력 07/10	日辰	未	申	酉	戌	亥	子	丑	寅	卯	辰	巳	午	未	申	酉	戌	亥	子	丑	寅	卯	辰	巳	午	未	申	酉	戌	亥	子
08/10	음력	10	11	12	13	14	15	16	17	18	19	20	21	22	23	24	25	26	27	28	29	8/1	2	3	4	5	6	7	8	9	10
	대낭운	8	8	8	9	9	9	10	백로	1	1	1	1	2	2	2	3	3	3	4	4	4	5	추분	5	6	6	6	7	7	7

한로 9일 06시 30분　【음9월】→ 음 9 甲戌月(갑술월)　　상강 24일 09시 28분

양력 10	양력	1	2	3	4	5	6	7	8	9	10	11	12	13	14	15	16	17	18	19	20	21	22	23	24	25	26	27	28	29	30	31
	요일	월	화	수	목	금	토	일	월	화	수	목	금	토	일	월	화	수	목	금	토	일	월	화	수	목	금	토	일	월	화	수
	일진	辛	壬	癸	甲	乙	丙	丁	戊	己	庚	辛	壬	癸	甲	乙	丙	丁	戊	己	庚	辛	壬	癸	甲	乙	丙	丁	戊	己	庚	辛
음력 08/11	日辰	丑	寅	卯	辰	巳	午	未	申	酉	戌	亥	子	丑	寅	卯	辰	巳	午	未	申	酉	戌	亥	子	丑	寅	卯	辰	巳	午	未
09/11	음력	11	12	13	14	15	16	17	18	19	20	21	22	23	24	25	26	27	28	29	30	9/1	2	3	4	5	6	7	8	9	10	11
	대낭운	8	8	8	9	9	9	10	10	한로	1	1	1	1	2	2	2	3	3	3	4	4	4	5	상강	5	6	6	6	7	7	7

입동 8일 09시 33분　【음10월】→ 음 10 乙亥月(을해월)　　소설 23일 06시 54분

양력 11	양력	1	2	3	4	5	6	7	8	9	10	11	12	13	14	15	16	17	18	19	20	21	22	23	24	25	26	27	28	29	30
	요일	목	금	토	일	월	화	수	목	금	토	일	월	화	수	목	금	토	일	월	화	수	목	금	토	일	월	화	수	목	금
	일진	壬	癸	甲	乙	丙	丁	戊	己	庚	辛	壬	癸	甲	乙	丙	丁	戊	己	庚	辛	壬	癸	甲	乙	丙	丁	戊	己	庚	辛
음력 09/12	日辰	申	酉	戌	亥	子	丑	寅	卯	辰	巳	午	未	申	酉	戌	亥	子	丑	寅	卯	辰	巳	午	未	申	酉	戌	亥	子	丑
10/11	음력	12	13	14	15	16	17	18	19	20	21	22	23	24	25	26	27	28	29	30	10/1	2	3	4	5	6	7	8	9	10	11
	대여운	8	8	8	9	9	9	10	입동	1	1	1	1	2	2	2	3	3	3	4	4	4	5	소설	5	6	6	6	7	7	7

대설 8일 02시 18분　【음11월】→ 음 11 丙子月(병자월)　　동지 22일 20시 10분

양력 12	양력	1	2	3	4	5	6	7	8	9	10	11	12	13	14	15	16	17	18	19	20	21	22	23	24	25	26	27	28	29	30	31
	요일	토	일	월	화	수	목	금	토	일	월	화	수	목	금	토	일	월	화	수	목	금	토	일	월	화	수	목	금	토	일	월
	일진	壬	癸	甲	乙	丙	丁	戊	己	庚	辛	壬	癸	甲	乙	丙	丁	戊	己	庚	辛	壬	癸	甲	乙	丙	丁	戊	己	庚	辛	壬
음력 10/12	日辰	寅	卯	辰	巳	午	未	申	酉	戌	亥	子	丑	寅	卯	辰	巳	午	未	申	酉	戌	亥	子	丑	寅	卯	辰	巳	午	未	申
11/13	음력	12	13	14	15	16	17	18	19	20	21	22	23	24	25	26	27	28	29	11/1	2	3	4	5	6	7	8	9	10	11	12	13
	대여운	8	8	8	9	9	9	대설	9	1	1	1	1	2	2	2	3	3	3	4	4	4	동지	5	5	5	6	6	6	7	3	2

1980년

단기 4313 年
불기 2524 年

庚申(경신)년 납음(石榴木), 본명성(二黑土)

대장군(午남방), 삼살(남방), 상문(戌서북방), 조객(午남방), 납음(석류목),
삼재(인,묘,진) 臘享(납향):1981년1월17일(음12/12)

소한 6일 13시 29분 【음12월】→ 음 12 【丁丑月(정축월)】 ● 대한 21일 06시 49분

양력 1 (음력 11/14 ~ 12/14)

양력	1	2	3	4	5	6	7	8	9	10	11	12	13	14	15	16	17	18	19	20	21	22	23	24	25	26	27	28	29	30	31
요일	화	수	목	금	토	일	월	화	수	목	금	토	일	월	화	수	목	금	토	일	월	화	수	목	금	토	일	월	화	수	목
일진	癸	甲	乙	丙	丁	戊	己	庚	辛	壬	癸	甲	乙	丙	丁	戊	己	庚	辛	壬	癸	甲	乙	丙	丁	戊	己	庚	辛	壬	癸
日辰	酉	戌	亥	子	丑	寅	卯	辰	巳	午	未	申	酉	戌	亥	子	丑	寅	卯	辰	巳	午	未	申	酉	戌	亥	子	丑	寅	卯
음력	14	15	16	17	18	19	20	21	22	23	24	25	26	27	28	29	30	12/1	2	3	4	5	6	7	8	9	10	11	12	13	14
대남	8	8	9	9	9	소	1	1	1	1	2	2	2	3	3	3	4	4	4	대	5	5	5	6	6	6	7	7	7	8	8
운여	2	1	1	1	1	한	10	9	9	9	8	8	8	7	7	7	6	6	6	한	5	4	4	4	3	3	3	2	2	2	

입춘 5일 01시 09분 【음1월】→ 음 1 【戊寅月(무인월)】 ● 우수 19일 21시 02분

양력 2 (음력 12/15 ~ 01/14) — **庚申年**

양력	1	2	3	4	5	6	7	8	9	10	11	12	13	14	15	16	17	18	19	20	21	22	23	24	25	26	27	28	29
요일	금	토	일	월	화	수	목	금	토	일	월	화	수	목	금	토	일	월	화	수	목	금	토	일	월	화	수	목	금
일진	甲	乙	丙	丁	戊	己	庚	辛	壬	癸	甲	乙	丙	丁	戊	己	庚	辛	壬	癸	甲	乙	丙	丁	戊	己	庚	辛	壬
日辰	辰	巳	午	未	申	酉	戌	亥	子	丑	寅	卯	辰	巳	午	未	申	酉	戌	亥	子	丑	寅	卯	辰	巳	午	未	申
음력	15	16	17	18	19	20	21	22	23	24	25	26	27	28	1/1	2	3	4	5	6	7	8	9	10	11	12	13	14	
대남	9	9	9	10	입	9	9	9	8	8	8	7	7	7	6	6	6	5	우	5	4	4	4	3	3	3	2	2	
운여	1	1	1	1	춘	1	1	1	2	2	2	3	3	3	4	4	4	5	수	5	6	6	6	7	7	7	8		

경칩 5일 19시 17분 【음2월】→ 음 2 【己卯月(기묘월)】 ● 춘분 20일 20시 10분

양력 3 (음력 01/15 ~ 02/15)

양력	1	2	3	4	5	6	7	8	9	10	11	12	13	14	15	16	17	18	19	20	21	22	23	24	25	26	27	28	29	30	31
요일	토	일	월	화	수	목	금	토	일	월	화	수	목	금	토	일	월	화	수	목	금	토	일	월	화	수	목	금	토	일	월
일진	癸	甲	乙	丙	丁	戊	己	庚	辛	壬	癸	甲	乙	丙	丁	戊	己	庚	辛	壬	癸	甲	乙	丙	丁	戊	己	庚	辛	壬	癸
日辰	酉	戌	亥	子	丑	寅	卯	辰	巳	午	未	申	酉	戌	亥	子	丑	寅	卯	辰	巳	午	未	申	酉	戌	亥	子	丑	寅	卯
음력	15	16	17	18	19	20	21	22	23	24	25	26	27	28	29	30	2/1	2	3	4	5	6	7	8	9	10	11	12	13	14	15
대남	1	1	1	1	경	10	10	9	9	9	8	8	8	7	7	7	6	6	6	춘	5	5	5	4	4	4	3	3	3	2	2
운여	8	9	9	9	칩	1	1	1	1	2	2	2	3	3	3	4	4	4	5	분	5	6	6	6	7	7	7	8	8	8	

청명 5일 00시 15분 【음3월】→ 음 3 【庚辰月(경진월)】 ● 곡우 20일 07시 23분

양력 4 (음력 02/16 ~ 03/16)

양력	1	2	3	4	5	6	7	8	9	10	11	12	13	14	15	16	17	18	19	20	21	22	23	24	25	26	27	28	29	30
요일	화	수	목	금	토	일	월	화	수	목	금	토	일	월	화	수	목	금	토	일	월	화	수	목	금	토	일	월	화	수
일진	甲	乙	丙	丁	戊	己	庚	辛	壬	癸	甲	乙	丙	丁	戊	己	庚	辛	壬	癸	甲	乙	丙	丁	戊	己	庚	辛	壬	癸
日辰	辰	巳	午	未	申	酉	戌	亥	子	丑	寅	卯	辰	巳	午	未	申	酉	戌	亥	子	丑	寅	卯	辰	巳	午	未	申	酉
음력	16	17	18	19	20	21	22	23	24	25	26	27	28	29	3/1	2	3	4	5	6	7	8	9	10	11	12	13	14	15	16
대남	1	1	1	청	10	10	9	9	9	8	8	8	7	7	7	6	6	6	곡	5	5	5	4	4	4	3	3	3	2	2
운여	9	9	10	명	1	1	1	1	2	2	2	3	3	3	4	4	4	5	우	5	6	6	6	7	7	7	8	8	8	

입하 5일 17시 45분 【음4월】→ 음 4 【辛巳月(신사월)】 ● 소만 21일 06시 42분

양력 5 (음력 03/17 ~ 04/18)

양력	1	2	3	4	5	6	7	8	9	10	11	12	13	14	15	16	17	18	19	20	21	22	23	24	25	26	27	28	29	30	31
요일	목	금	토	일	월	화	수	목	금	토	일	월	화	수	목	금	토	일	월	화	수	목	금	토	일	월	화	수	목	금	토
일진	甲	乙	丙	丁	戊	己	庚	辛	壬	癸	甲	乙	丙	丁	戊	己	庚	辛	壬	癸	甲	乙	丙	丁	戊	己	庚	辛	壬	癸	甲
日辰	戌	亥	子	丑	寅	卯	辰	巳	午	未	申	酉	戌	亥	子	丑	寅	卯	辰	巳	午	未	申	酉	戌	亥	子	丑	寅	卯	辰
음력	17	18	19	20	21	22	23	24	25	26	27	28	29	4/1	2	3	4	5	6	7	8	9	10	11	12	13	14	15	16	17	18
대남	1	1	1	1	입	10	10	10	9	9	9	8	8	8	7	7	7	6	6	6	소	5	5	5	4	4	4	3	3	3	2
운여	9	9	10	10	하	1	1	1	1	2	2	2	3	3	3	4	4	4	5	5	만	6	6	6	7	7	7	8	8	8	

망종 5일 22시 04분 【음5월】→ 음 5 【壬午月(임오월)】 ● 하지 21일 14시 47분

양력 6 (음력 04/19 ~ 05/18)

양력	1	2	3	4	5	6	7	8	9	10	11	12	13	14	15	16	17	18	19	20	21	22	23	24	25	26	27	28	29	30
요일	일	월	화	수	목	금	토	일	월	화	수	목	금	토	일	월	화	수	목	금	토	일	월	화	수	목	금	토	일	월
일진	乙	丙	丁	戊	己	庚	辛	壬	癸	甲	乙	丙	丁	戊	己	庚	辛	壬	癸	甲	乙	丙	丁	戊	己	庚	辛	壬	癸	甲
日辰	巳	午	未	申	酉	戌	亥	子	丑	寅	卯	辰	巳	午	未	申	酉	戌	亥	子	丑	寅	卯	辰	巳	午	未	申	酉	戌
음력	19	20	21	22	23	24	25	26	27	28	29	30	5/1	2	3	4	5	6	7	8	9	10	11	12	13	14	15	16	17	18
대남	1	1	1	1	망	10	10	9	9	9	8	8	8	7	7	7	6	6	6	하	5	5	5	4	4	4	3	3	3	2
운여	9	9	10	10	종	1	1	1	1	2	2	2	3	3	3	4	4	4	5	지	6	6	6	7	7	7	8	8	8	

한식(4월06일), 초복(7월16일), 중복(7월26일), 말복(8월15일)◆춘사(春社)3/16
☀추사(秋社)9/22 토왕지절(土旺之節):4월17일,7월19일,10월20일,1월17일(음12/12)
臘享(납향):1981년1월17일(음12/12)

1980 庚申年

소서 7일 08시 24분 【음6월】→ 음 6 【癸未月(계미월)】　대서 23일 01시 42분

양력 7	1	2	3	4	5	6	7	8	9	10	11	12	13	14	15	16	17	18	19	20	21	22	23	24	25	26	27	28	29	30	31
요일	화	수	목	금	토	일	월	화	수	목	금	토	일	월	화	수	목	금	토	일	월	화	수	목	금	토	일	월	화	수	목
일진	乙辰	丙亥	丁子	戊寅	己卯	庚辰	辛巳	壬午	癸未	甲申	乙酉	丙戌	丁亥	戊子	己丑	庚寅	辛卯	壬辰	癸巳	甲午	乙未	丙申	丁酉	戊戌	己亥	庚子	辛丑	壬寅	癸卯	甲辰	乙巳
음력 05/19~06/20	19	20	21	22	23	24	25	26	27	28	29	6/1	2	3	4	5	6	7	8	9	10	11	12	13	14	15	16	17	18	19	20
대남	2	2	1	1	1	1	소	10	10	9	9	9	8	8	8	7	7	7	6	6	6	5	대	5	4	4	4	3	3	3	2
운여	9	9	9	10	10	10	서	1	1	1	1	2	2	2	3	3	3	4	4	4	5	5	서	5	6	6	6	7	7	7	8

입추 7일 18시 09분 【음7월】→ 음 7 【甲申月(갑신월)】　처서 23일 08시 41분

양력 8	1	2	3	4	5	6	7	8	9	10	11	12	13	14	15	16	17	18	19	20	21	22	23	24	25	26	27	28	29	30	31
요일	금	토	일	월	화	수	목	금	토	일	월	화	수	목	금	토	일	월	화	수	목	금	토	일	월	화	수	목	금	토	일
일진	丙午	丁未	戊申	己酉	庚戌	辛亥	壬子	癸丑	甲寅	乙卯	丙辰	丁巳	戊午	己未	庚申	辛酉	壬戌	癸亥	甲子	乙丑	丙寅	丁卯	戊辰	己巳	庚午	辛未	壬申	癸酉	甲戌	乙亥	丙子
음력 06/21~07/21	21	22	23	24	25	26	27	28	29	30	7/1	2	3	4	5	6	7	8	9	10	11	12	13	14	15	16	17	18	19	20	21
대남	2	2	1	1	1	1	입	10	10	9	9	9	8	8	8	7	7	7	6	6	6	5	처	5	4	4	4	3	3	3	2
운여	8	9	9	9	10	10	추	1	1	1	1	2	2	2	3	3	3	4	4	4	5	5	서	5	6	6	6	7	7	7	8

백로 7일 20시 53분 【음8월】→ 음 8 【乙酉月(을유월)】　추분 23일 06시 09분

양력 9	1	2	3	4	5	6	7	8	9	10	11	12	13	14	15	16	17	18	19	20	21	22	23	24	25	26	27	28	29	30
요일	월	화	수	목	금	토	일	월	화	수	목	금	토	일	월	화	수	목	금	토	일	월	화	수	목	금	토	일	월	화
일진	丁丑	戊寅	己卯	庚辰	辛巳	壬午	癸未	甲申	乙酉	丙戌	丁亥	戊子	己丑	庚寅	辛卯	壬辰	癸巳	甲午	乙未	丙申	丁酉	戊戌	己亥	庚子	辛丑	壬寅	癸卯	甲辰	乙巳	丙午
음력 07/22~08/22	22	23	24	25	26	27	28	8/1	2	3	4	5	6	7	8	9	10	11	12	13	14	15	16	17	18	19	20	21	22	
대남	2	2	1	1	1	1	백	10	10	9	9	9	8	8	8	7	7	7	6	6	6	추	5	5	5	4	4	4	3	3
운여	8	9	9	9	10	10	로	1	1	1	1	2	2	2	3	3	3	4	4	4	5	분	5	6	6	6	7	7	7	8

한로 8일 12시 19분 【음9월】→ 음 9 【丙戌月(병술월)】　상강 23일 15시 18분

양력 10	1	2	3	4	5	6	7	8	9	10	11	12	13	14	15	16	17	18	19	20	21	22	23	24	25	26	27	28	29	30	31
요일	수	목	금	토	일	월	화	수	목	금	토	일	월	화	수	목	금	토	일	월	화	수	목	금	토	일	월	화	수	목	금
일진	丁未	戊申	己酉	庚戌	辛亥	壬子	癸丑	甲寅	乙卯	丙辰	丁巳	戊午	己未	庚申	辛酉	壬戌	癸亥	甲子	乙丑	丙寅	丁卯	戊辰	己巳	庚午	辛未	壬申	癸酉	甲戌	乙亥	丙子	丁丑
음력 08/23~09/23	23	24	25	26	27	28	29	30	9/1	2	3	4	5	6	7	8	9	10	11	12	13	14	15	16	17	18	19	20	21	22	23
대남	2	2	2	1	1	1	1	한	10	9	9	9	8	8	8	7	7	7	6	6	6	5	상	5	4	4	4	3	3	3	2
운여	8	8	9	9	9	10	10	로	1	1	1	1	2	2	2	3	3	3	4	4	4	5	강	5	6	6	6	7	7	7	8

입동 7일 15시 18분 【음10월】→ 음 10 【丁亥月(정해월)】　소설 22일 12시 41분

양력 11	1	2	3	4	5	6	7	8	9	10	11	12	13	14	15	16	17	18	19	20	21	22	23	24	25	26	27	28	29	30
요일	토	일	월	화	수	목	금	토	일	월	화	수	목	금	토	일	월	화	수	목	금	토	일	월	화	수	목	금	토	일
일진	戊寅	己卯	庚辰	辛巳	壬午	癸未	甲申	乙酉	丙戌	丁亥	戊子	己丑	庚寅	辛卯	壬辰	癸巳	甲午	乙未	丙申	丁酉	戊戌	己亥	庚子	辛丑	壬寅	癸卯	甲辰	乙巳	丙午	丁未
음력 09/24~10/23	24	25	26	27	28	29	30	10/1	2	3	4	5	6	7	8	9	10	11	12	13	14	15	16	17	18	19	20	21	22	23
대남	2	2	1	1	1	1	입	10	9	9	9	8	8	8	7	7	7	6	6	6	5	소	5	5	4	4	4	3	3	3
운여	8	8	9	9	9	10	동	1	1	1	1	2	2	2	3	3	3	4	4	4	5	설	5	6	6	6	7	7	7	8

대설 7일 08시 01분 【음11월】→ 음 11 【戊子月(무자월)】　동지 22일 01시 56분

양력 12	1	2	3	4	5	6	7	8	9	10	11	12	13	14	15	16	17	18	19	20	21	22	23	24	25	26	27	28	29	30	31
요일	월	화	수	목	금	토	일	월	화	수	목	금	토	일	월	화	수	목	금	토	일	월	화	수	목	금	토	일	월	화	수
일진	戊申	己酉	庚戌	辛亥	壬子	癸丑	甲寅	乙卯	丙辰	丁巳	戊午	己未	庚申	辛酉	壬戌	癸亥	甲子	乙丑	丙寅	丁卯	戊辰	己巳	庚午	辛未	壬申	癸酉	甲戌	乙亥	丙子	丁丑	戊寅
음력 10/24~11/25	24	25	26	27	28	29	11/1	2	3	4	5	6	7	8	9	10	11	12	13	14	15	16	17	18	19	20	21	22	23	24	25
대남	2	2	1	1	1	1	대	9	9	9	8	8	8	7	7	7	6	6	6	5	동	5	4	4	4	3	3	3	2	2	2
운여	8	8	9	9	9	10	설	1	1	1	2	2	2	3	3	3	4	4	4	5	지	5	6	6	6	7	7	7	8	8	8

단기 4314 年　불기 2525 年　**1981**년

辛酉(신유)년　납음(石榴木),본명성(一白水)

대장군(午남방). 삼살(동방). 상문(亥서북방),조객(未서남방), 납음(석류목)
【삼재(해,자,축)년】　臘享(납향):1982년1월24일(음12/20)

소한 5일 19시 13분　【음12월】→　음 12 **己丑月(기축월)**　대한 20일 12시 36분

양력 1	1	2	3	4	5	6	7	8	9	10	11	12	13	14	15	16	17	18	19	20	21	22	23	24	25	26	27	28	29	30	31
요일	목	금	토	일	월	화	수	목	금	토	일	월	화	수	목	금	토	일	월	화	수	목	금	토	일	월	화	수	목	금	토
일진	己卯	庚辰	辛巳	壬午	癸未	甲申	乙酉	丙戌	丁亥	戊子	己丑	庚寅	辛卯	壬辰	癸巳	甲午	乙未	丙申	丁酉	戊戌	己亥	庚子	辛丑	壬寅	癸卯	甲辰	乙巳	丙午	丁未	戊申	己酉
음력	26	27	28	29	30	12/1	2	3	4	5	6	7	8	9	10	11	12	13	14	15	16	17	18	19	20	21	22	23	24	25	26
대남	1	1	1	1	소	10	9	9	9	8	8	8	7	7	7	6	6	6	5	대	5	4	4	4	3	3	3	2	2	2	1
운여	8	9	9	9	한	1	1	1	1	2	2	2	3	3	3	4	4	4	5	한	5	6	6	6	7	7	7	8	8	8	9

음력 11/26 ~ 12/26

입춘 4일 06시 55분　【음1월】→　음 1 **庚寅月(경인월)**　우수 19일 02시 52분

辛酉年

양력 2	1	2	3	4	5	6	7	8	9	10	11	12	13	14	15	16	17	18	19	20	21	22	23	24	25	26	27	28
요일	일	월	화	수	목	금	토	일	월	화	수	목	금	토	일	월	화	수	목	금	토	일	월	화	수	목	금	토
일진	庚戌	辛亥	壬子	癸丑	甲寅	乙卯	丙辰	丁巳	戊午	己未	庚申	辛酉	壬戌	癸亥	甲子	乙丑	丙寅	丁卯	戊辰	己巳	庚午	辛未	壬申	癸酉	甲戌	乙亥	丙子	丁丑
음력	27	28	29	30	1/1	2	3	4	5	6	7	8	9	10	11	12	13	14	15	16	17	18	19	20	21	22	23	24
대남	1	1	1	입	1	1	1	1	2	2	2	3	3	3	4	4	4	5	우	5	6	6	6	7	7	7	8	8
운여	9	9	9	춘	10	9	9	9	8	8	8	7	7	7	6	6	6	5	우	5	4	4	4	3	3	3	2	2

음력 12/27 ~ 01/24

경칩 6일 01시 05분　【음2월】→　음 2 **辛卯月(신묘월)**　춘분 21일 02시 03분

양력 3	1	2	3	4	5	6	7	8	9	10	11	12	13	14	15	16	17	18	19	20	21	22	23	24	25	26	27	28	29	30	31
요일	일	월	화	수	목	금	토	일	월	화	수	목	금	토	일	월	화	수	목	금	토	일	월	화	수	목	금	토	일	월	화
일진	戊寅	己卯	庚辰	辛巳	壬午	癸未	甲申	乙酉	丙戌	丁亥	戊子	己丑	庚寅	辛卯	壬辰	癸巳	甲午	乙未	丙申	丁酉	戊戌	己亥	庚子	辛丑	壬寅	癸卯	甲辰	乙巳	丙午	丁未	戊申
음력	25	26	27	28	29	2/1	2	3	4	5	6	7	8	9	10	11	12	13	14	15	16	17	18	19	20	21	22	23	24	25	26
대남	8	9	9	9	10	칩	1	1	1	1	2	2	2	3	3	3	4	4	4	5	춘	5	6	6	6	7	7	7	8	8	8
운여	2	1	1	1	1	칩	10	9	9	9	8	8	8	7	7	7	6	6	6	5	분	5	4	4	4	3	3	3	2	2	2

음력 01/25 ~ 02/26

청명 5일 06시 05분　【음3월】→　음 3 **壬辰月(임진월)**　곡우 20일 13시 19분

양력 4	1	2	3	4	5	6	7	8	9	10	11	12	13	14	15	16	17	18	19	20	21	22	23	24	25	26	27	28	29	30
요일	수	목	금	토	일	월	화	수	목	금	토	일	월	화	수	목	금	토	일	월	화	수	목	금	토	일	월	화	수	목
일진	己酉	庚戌	辛亥	壬子	癸丑	甲寅	乙卯	丙辰	丁巳	戊午	己未	庚申	辛酉	壬戌	癸亥	甲子	乙丑	丙寅	丁卯	戊辰	己巳	庚午	辛未	壬申	癸酉	甲戌	乙亥	丙子	丁丑	戊寅
음력	27	28	29	30	3/1	2	3	4	5	6	7	8	9	10	11	12	13	14	15	16	17	18	19	20	21	22	23	24	25	26
대남	9	9	9	10	청	1	1	1	1	2	2	2	3	3	3	4	4	4	5	곡	5	6	6	6	7	7	7	8	8	8
운여	1	1	1	1	명	10	9	9	9	8	8	8	7	7	7	6	6	6	5	우	5	4	4	4	3	3	3	2	2	2

음력 02/27 ~ 03/26

입하 5일 23시 55분　【음4월】→　음 4 **癸巳月(계사월)**　소만 21일 12시 39분

양력 5	1	2	3	4	5	6	7	8	9	10	11	12	13	14	15	16	17	18	19	20	21	22	23	24	25	26	27	28	29	30	31
요일	금	토	일	월	화	수	목	금	토	일	월	화	수	목	금	토	일	월	화	수	목	금	토	일	월	화	수	목	금	토	일
일진	己卯	庚辰	辛巳	壬午	癸未	甲申	乙酉	丙戌	丁亥	戊子	己丑	庚寅	辛卯	壬辰	癸巳	甲午	乙未	丙申	丁酉	戊戌	己亥	庚子	辛丑	壬寅	癸卯	甲辰	乙巳	丙午	丁未	戊申	己酉
음력	27	28	29	4/1	2	3	4	5	6	7	8	9	10	11	12	13	14	15	16	17	18	19	20	21	22	23	24	25	26	27	28
대남	9	9	9	10	하	10	1	1	1	2	2	2	3	3	3	4	4	4	5	소	5	6	6	6	7	7	7	8	8	8	9
운여	1	1	1	하	10	10	10	9	9	9	8	8	8	7	7	7	6	6	6	만	5	5	4	4	4	3	3	3	2	2	2

음력 04/29 ~ 05/29

망종 6일 03시 53분　【음5월】→　음 5 **甲午月(갑오월)**　하지 21일 20시 45분

양력 6	1	2	3	4	5	6	7	8	9	10	11	12	13	14	15	16	17	18	19	20	21	22	23	24	25	26	27	28	29	30
요일	월	화	수	목	금	토	일	월	화	수	목	금	토	일	월	화	수	목	금	토	일	월	화	수	목	금	토	일	월	화
일진	庚戌	辛亥	壬子	癸丑	甲寅	乙卯	丙辰	丁巳	戊午	己未	庚申	辛酉	壬戌	癸亥	甲子	乙丑	丙寅	丁卯	戊辰	己巳	庚午	辛未	壬申	癸酉	甲戌	乙亥	丙子	丁丑	戊寅	己卯
음력	29	5/1	2	3	4	5	6	7	8	9	10	11	12	13	14	15	16	17	18	19	20	21	22	23	24	25	26	27	28	
대남	9	9	10	10	10	망	1	1	1	1	2	2	2	3	3	3	4	4	4	5	하	5	6	6	6	7	7	7	8	8
운여	2	1	1	1	1	종	10	10	9	9	9	8	8	8	7	7	7	6	6	6	지	5	5	4	4	4	3	3	3	2

음력 04/29 ~ 05/29

한식(4월06일), 초복(7월11일), 중복(7월21일), 말복(8월10일) 춘사(春社)3/21
☀추사(秋社)9/27 투왕지절(土旺之節):4월17일,7월20일,10월20일,1월17일(음12/23)
臘享(납향):1982년1월24일(음12/20)

1981 辛酉年

소서 7일 14시 12분　【음6월】→　음 6 【乙未月(을미월)】　대서 23일 07시 40분

양력 7	1	2	3	4	5	6	7	8	9	10	11	12	13	14	15	16	17	18	19	20	21	22	23	24	25	26	27	28	29	30	31
요일	수	목	금	토	일	월	화	수	목	금	토	일	월	화	수	목	금	토	일	월	화	수	목	금	토	일	월	화	수	목	금
일진	庚	辛	壬	癸	甲	乙	丙	丁	戊	己	庚	辛	壬	癸	甲	乙	丙	丁	戊	己	庚	辛	壬	癸	甲	乙	丙	丁	戊	己	庚
日辰	辰	巳	午	未	申	酉	戌	亥	子	丑	寅	卯	辰	巳	午	未	申	酉	戌	亥	子	丑	寅	卯	辰	巳	午	未	申	酉	戌
음력	30	6/1	2	3	4	5	6	7	8	9	10	11	12	13	14	15	16	17	18	19	20	21	22	23	24	25	26	27	28	29	7/1
대남	8	9	9	9	10	10	소서	1	1	1	1	2	2	2	3	3	3	4	4	4	5	5	대서	6	6	6	7	7	7	8	8
운여	2	2	1	1	1		10	10	9	9	9	8	8	8	7	7	7	6	6	6	5		5	4	4	4	3	3	3	2	2

(음력 05/30, 07/01)

입추 7일 23시 57분　【음7월】→　음 7 【丙申月(병신월)】　처서 23일 14시 38분

양력 8	1	2	3	4	5	6	7	8	9	10	11	12	13	14	15	16	17	18	19	20	21	22	23	24	25	26	27	28	29	30	31
요일	토	일	월	화	수	목	금	토	일	월	화	수	목	금	토	일	월	화	수	목	금	토	일	월	화	수	목	금	토	일	월
일진	辛	壬	癸	甲	乙	丙	丁	戊	己	庚	辛	壬	癸	甲	乙	丙	丁	戊	己	庚	辛	壬	癸	甲	乙	丙	丁	戊	己	庚	辛
日辰	亥	子	丑	寅	卯	辰	巳	午	未	申	酉	戌	亥	子	丑	寅	卯	辰	巳	午	未	申	酉	戌	亥	子	丑	寅	卯	辰	巳
음력	2	3	4	5	6	7	8	9	10	11	12	13	14	15	16	17	18	19	20	21	22	23	24	25	26	27	28	29	8/1		
대남	8	9	9	9	10	10	입추	1	1	1	1	2	2	2	3	3	3	4	4	4	5	5	처서	6	6	6	7	7	7	8	8
운여	2	2	1	1	1	1		10	10	9	9	9	8	8	8	7	7	7	6	6	6	5		5	5	4	4	4	3	3	2

(음력 07/02, 08/03)

백로 8일 02시 43분　【음8월】→　음 8 【丁酉月(정유월)】　추분 23일 12시 06분

양력 9	1	2	3	4	5	6	7	8	9	10	11	12	13	14	15	16	17	18	19	20	21	22	23	24	25	26	27	28	29	30
요일	화	수	목	금	토	일	월	화	수	목	금	토	일	월	화	수	목	금	토	일	월	화	수	목	금	토	일	월	화	수
일진	壬	癸	甲	乙	丙	丁	戊	己	庚	辛	壬	癸	甲	乙	丙	丁	戊	己	庚	辛	壬	癸	甲	乙	丙	丁	戊	己	庚	辛
日辰	午	未	申	酉	戌	亥	子	丑	寅	卯	辰	巳	午	未	申	酉	戌	亥	子	丑	寅	卯	辰	巳	午	未	申	酉	戌	亥
음력	4	5	6	7	8	9	10	11	12	13	14	15	16	17	18	19	20	21	22	23	24	25	26	27	28	29	30	9/1	2	3
대남	8	8	9	9	9	10	10	백로	1	1	1	1	2	2	2	3	3	3	4	4	4	5	추분	5	6	6	6	7	7	7
운여	2	2	2	1	1	1	1		10	10	9	9	9	8	8	8	7	7	7	6	6	6		5	5	4	4	4	3	3

(음력 08/04, 09/03)

한로 8일 18시 10분　【음9월】→　음 9 【戊戌月(무술월)】　상강 23일 21시 13분

양력 10	1	2	3	4	5	6	7	8	9	10	11	12	13	14	15	16	17	18	19	20	21	22	23	24	25	26	27	28	29	30	31
요일	목	금	토	일	월	화	수	목	금	토	일	월	화	수	목	금	토	일	월	화	수	목	금	토	일	월	화	수	목	금	토
일진	壬	癸	甲	乙	丙	丁	戊	己	庚	辛	壬	癸	甲	乙	丙	丁	戊	己	庚	辛	壬	癸	甲	乙	丙	丁	戊	己	庚	辛	壬
日辰	子	丑	寅	卯	辰	巳	午	未	申	酉	戌	亥	子	丑	寅	卯	辰	巳	午	未	申	酉	戌	亥	子	丑	寅	卯	辰	巳	午
음력	4	5	6	7	8	9	10	11	12	13	14	15	16	17	18	19	20	21	22	23	24	25	26	27	28	29	30	10/1	2	3	4
대남	8	8	8	9	9	9	10	한로	1	1	1	1	2	2	2	3	3	3	4	4	4	5	상강	5	6	6	6	7	7	7	8
운여	2	2	2	1	1	1	1		10	9	9	9	8	8	8	7	7	7	6	6	6	5		5	4	4	4	3	3	3	2

(음력 09/04, 10/04)

입동 7일 12시 09분　【음10월】→　음 10 【己亥月(기해월)】　소설 22일 18시 36분

양력 11	1	2	3	4	5	6	7	8	9	10	11	12	13	14	15	16	17	18	19	20	21	22	23	24	25	26	27	28	29	30
요일	일	월	화	수	목	금	토	일	월	화	수	목	금	토	일	월	화	수	목	금	토	일	월	화	수	목	금	토	일	월
일진	癸	甲	乙	丙	丁	戊	己	庚	辛	壬	癸	甲	乙	丙	丁	戊	己	庚	辛	壬	癸	甲	乙	丙	丁	戊	己	庚	辛	壬
日辰	未	申	酉	戌	亥	子	丑	寅	卯	辰	巳	午	未	申	酉	戌	亥	子	丑	寅	卯	辰	巳	午	未	申	酉	戌	亥	子
음력	5	6	7	8	9	10	11	12	13	14	15	16	17	18	19	20	21	22	23	24	25	26	27	28	29	11/1	2	3	4	5
대남	8	8	8	9	9	9	입동	1	1	1	1	2	2	2	3	3	3	4	4	4	5	소설	5	6	6	6	7	7	7	8
운여	2	2	2	1	1	1		10	9	9	9	8	8	8	7	7	7	6	6	6	5		5	4	4	4	3	3	3	2

(음력 10/05, 11/05)

대설 7일 13시 51분　【음11월】→　음 11 【庚子月(경자월)】　동지 22일 07시 51분

양력 12	1	2	3	4	5	6	7	8	9	10	11	12	13	14	15	16	17	18	19	20	21	22	23	24	25	26	27	28	29	30	31
요일	화	수	목	금	토	일	월	화	수	목	금	토	일	월	화	수	목	금	토	일	월	화	수	목	금	토	일	월	화	수	목
일진	癸	甲	乙	丙	丁	戊	己	庚	辛	壬	癸	甲	乙	丙	丁	戊	己	庚	辛	壬	癸	甲	乙	丙	丁	戊	己	庚	辛	壬	癸
日辰	丑	寅	卯	辰	巳	午	未	申	酉	戌	亥	子	丑	寅	卯	辰	巳	午	未	申	酉	戌	亥	子	丑	寅	卯	辰	巳	午	未
음력	6	7	8	9	10	11	12	13	14	15	16	17	18	19	20	21	22	23	24	25	26	27	28	29	30	12/1	2	3	4	5	6
대남	8	8	8	9	9	9	대설	1	1	1	1	2	2	2	3	3	3	4	4	4	5	동지	5	6	6	6	7	7	7	8	8
운여	2	2	1	1	1	1		10	9	9	9	8	8	8	7	7	7	6	6	6	5		5	4	4	4	3	3	3	2	2

(음력 11/06, 12/06)

壬戌(임술)년 납음(大海水), 본명성(九紫火)

대장군(午남방), 삼살(북방), 상문(子북방), 조객(申서남방), 납음(대해수),
【삼재(신,유,술)년】 臘享(납향):1983년 1월 19일(음12/06)

소한 6일 01시 03분 【음12월】 → **음 12** 【辛丑月(신축월)】 ☽ 대한 20일 18시 31분

양력	1	2	3	4	5	6	7	8	9	10	11	12	13	14	15	16	17	18	19	20	21	22	23	24	25	26	27	28	29	30	31
요일	금	토	일	월	화	수	목	금	토	일	월	화	수	목	금	토	일	월	화	수	목	금	토	일	월	화	수	목	금	토	일
일진	甲	乙	丙	丁	戊	己	庚	辛	壬	癸	甲	乙	丙	丁	戊	己	庚	辛	壬	癸	甲	乙	丙	丁	戊	己	庚	辛	壬	癸	甲
日辰	申	酉	戌	亥	子	丑	寅	卯	辰	巳	午	未	申	酉	戌	亥	子	丑	寅	卯	辰	巳	午	未	申	酉	戌	亥	子	丑	寅
음력 12/07 01/07	7	8	9	10	11	12	13	14	15	16	17	18	19	20	21	22	23	24	25	26	27	28	29	30	1/1	2	3	4	5	6
대남	8	9	9	9	10	소	1	1	1	1	2	2	2	3	3	3	4	4	4	대	5	5	6	6	6	7	7	8	8
운여	2	1	1	1	1	한	9	9	9	8	8	8	7	7	7	6	6	6	5	한	5	4	4	4	3	3	3	2	2	1

입춘 4일 12시 45분 【음1월】 → **음 1** 【壬寅月(임인월)】 ☽ 우수 19일 08시 47분

양력	1	2	3	4	5	6	7	8	9	10	11	12	13	14	15	16	17	18	19	20	21	22	23	24	25	26	27	28			
요일	월	화	수	목	금	토	일	월	화	수	목	금	토	일	월	화	수	목	금	토	일	월	화	수	목	금	토	일			
일진	乙	丙	丁	戊	己	庚	辛	壬	癸	甲	乙	丙	丁	戊	己	庚	辛	壬	癸	甲	乙	丙	丁	戊	己	庚	辛	壬			
日辰	卯	辰	巳	午	未	申	酉	戌	亥	子	丑	寅	卯	辰	巳	午	未	申	酉	戌	亥	子	丑	寅	卯	辰	巳	午			
음력 01/08 02/05	8	9	10	11	12	13	14	15	16	17	18	19	20	21	22	23	24	25	26	27	28	29	30	2/1	2	3	4	5			
대남	9	9	9	입	10	9	9	9	8	8	8	7	7	7	6	6	6	5	우	5	4	4	4	3	3	3	2	2			
운여	1	1	1	춘	1	1	1	1	2	2	2	3	3	3	4	4	4	5	수	5	6	6	6	7	7	7	8	8			

壬 戌 年

경칩 6일 06시 55분 【음2월】 → **음 2** 【癸卯月(계묘월)】 ☽ 춘분 21일 07시 56분

양력	1	2	3	4	5	6	7	8	9	10	11	12	13	14	15	16	17	18	19	20	21	22	23	24	25	26	27	28	29	30	31
요일	월	화	수	목	금	토	일	월	화	수	목	금	토	일	월	화	수	목	금	토	일	월	화	수	목	금	토	일	월	화	수
일진	癸	甲	乙	丙	丁	戊	己	庚	辛	壬	癸	甲	乙	丙	丁	戊	己	庚	辛	壬	癸	甲	乙	丙	丁	戊	己	庚	辛	壬	癸
日辰	未	申	酉	戌	亥	子	丑	寅	卯	辰	巳	午	未	申	酉	戌	亥	子	丑	寅	卯	辰	巳	午	未	申	酉	戌	亥	子	丑
음력 02/06 03/07	6	7	8	9	10	11	12	13	14	15	16	17	18	19	20	21	22	23	24	25	26	27	28	29	3/1	2	3	4	5	6	7
대남	2	1	1	1	1	경	10	9	9	9	8	8	8	7	7	7	6	6	6	5	춘	5	4	4	4	3	3	3	2	2	2
운여	8	9	9	9	10	칩	1	1	1	1	2	2	2	3	3	3	4	4	4	5	분	5	6	6	6	7	7	7	8	8	8

청명 5일 11시 53분 【음3월】 → **음 3** 【甲辰月(갑진월)】 ☽ 곡우 20일 19시 07분

양력	1	2	3	4	5	6	7	8	9	10	11	12	13	14	15	16	17	18	19	20	21	22	23	24	25	26	27	28	29	30	
요일	목	금	토	일	월	화	수	목	금	토	일	월	화	수	목	금	토	일	월	화	수	목	금	토	일	월	화	수	목	금	
일진	甲	乙	丙	丁	戊	己	庚	辛	壬	癸	甲	乙	丙	丁	戊	己	庚	辛	壬	癸	甲	乙	丙	丁	戊	己	庚	辛	壬	癸	
日辰	寅	卯	辰	巳	午	未	申	酉	戌	亥	子	丑	寅	卯	辰	巳	午	未	申	酉	戌	亥	子	丑	寅	卯	辰	巳	午	未	
음력 03/08 04/07	8	9	10	11	12	13	14	15	16	17	18	19	20	21	22	23	24	25	26	27	28	29	30	4/1	2	3	4	5	6	7	
대남	1	1	1	1	청	10	10	9	9	9	8	8	8	7	7	7	6	6	6	곡	5	5	4	4	4	3	3	3	2	2	
운여	9	9	9	10	명	1	1	1	1	2	2	2	3	3	3	4	4	4	5	우	5	6	6	6	7	7	7	8	8	8	

입하 6일 05시 20분 【음4월】 → **음 4** 【乙巳月(을사월)】 ☽ **윤 4** 소만 21일 18시 23분

양력	1	2	3	4	5	6	7	8	9	10	11	12	13	14	15	16	17	18	19	20	21	22	23	24	25	26	27	28	29	30	31
요일	토	일	월	화	수	목	금	토	일	월	화	수	목	금	토	일	월	화	수	목	금	토	일	월	화	수	목	금	토	일	월
일진	甲	乙	丙	丁	戊	己	庚	辛	壬	癸	甲	乙	丙	丁	戊	己	庚	辛	壬	癸	甲	乙	丙	丁	戊	己	庚	辛	壬	癸	甲
日辰	申	酉	戌	亥	子	丑	寅	卯	辰	巳	午	未	申	酉	戌	亥	子	丑	寅	卯	辰	巳	午	未	申	酉	戌	亥	子	丑	寅
음력 04/08 윤409	8	9	10	11	12	13	14	15	16	17	18	19	20	21	22	23	24	25	26	27	28	29	윤4	2	3	4	5	6	7	8	9
대남	2	1	1	1	1	입	10	10	9	9	9	8	8	8	7	7	7	6	6	6	소	5	5	4	4	4	3	3	3	2	2
운여	9	9	9	10	10	하	1	1	1	1	2	2	2	3	3	3	4	4	4	5	만	5	6	6	6	7	7	7	8	8	8

망종 6일 09시 36분 【음5월】 → **음 5** 【丙午月(병오월)】 ☽ 하지 22일 02시 23분

양력	1	2	3	4	5	6	7	8	9	10	11	12	13	14	15	16	17	18	19	20	21	22	23	24	25	26	27	28	29	30	
요일	화	수	목	금	토	일	월	화	수	목	금	토	일	월	화	수	목	금	토	일	월	화	수	목	금	토	일	월	화	수	
일진	乙	丙	丁	戊	己	庚	辛	壬	癸	甲	乙	丙	丁	戊	己	庚	辛	壬	癸	甲	乙	丙	丁	戊	己	庚	辛	壬	癸	甲	
日辰	卯	辰	巳	午	未	申	酉	戌	亥	子	丑	寅	卯	辰	巳	午	未	申	酉	戌	亥	子	丑	寅	卯	辰	巳	午	未	申	
음력 윤410 05/10	10	11	12	13	14	15	16	17	18	19	20	21	22	23	24	25	26	27	28	29	5/1	2	3	4	5	6	7	8	9	10	
대남	2	1	1	1	1	망	10	10	9	9	9	8	8	8	7	7	7	6	6	6	하	5	5	4	4	4	3	3	3	2	
운여	9	9	9	10	10	종	1	1	1	1	2	2	2	3	3	3	4	4	4	5	지	5	6	6	6	7	7	7	8	8	

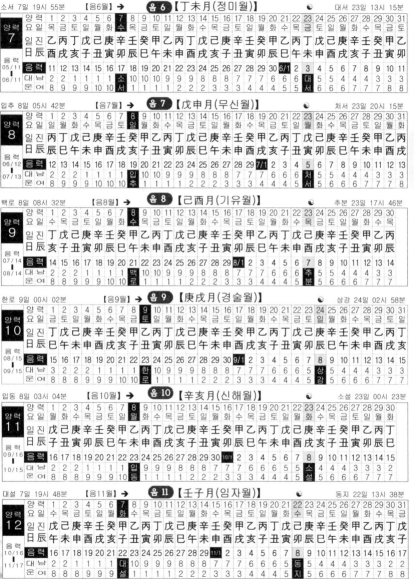

1982

壬戌年

소서 7일 19시 55분　【음6월】 →　음 6【丁未月(정미월)】　대서 23일 13시 15분

입추 8일 05시 42분　【음7월】 →　음 7【戊申月(무신월)】　처서 23일 20시 15분

백로 8일 08시 32분　【음8월】 →　음 8【己酉月(기유월)】　추분 23일 17시 46분

한로 9일 00시 02분　【음9월】 →　음 9【庚戌月(경술월)】　상강 24일 02시 58분

입동 8일 03시 04분　【음10월】 →　음 10【辛亥月(신해월)】　소설 23일 00시 23분

대설 7일 19시 48분　【음11월】 →　음 11【壬子月(임자월)】　동지 22일 13시 38분

1983년

癸亥(계해)년 납음(大海水), 본명성(八白土)

대장군(酉서방), 삼살(酉서방), 상문(丑동북방),조객(酉서방), 납음(대해수),
【삼재(사,오,미)년】 臘享(납향):1984년1월26일(음12/24)

소한 6일 06시 59분 【음12월】➔ **음 12**【癸丑月(계축월)】 ☾ 대한 21일 00시 17분

양력 1	양력	1	2	3	4	5	6	7	8	9	10	11	12	13	14	15	16	17	18	19	20	21	22	23	24	25	26	27	28	29	30	31
	요일	토	일	월	화	수	목	금	토	일	월	화	수	목	금	토	일	월	화	수	목	금	토	일	월	화	수	목	금	토	일	월
	일진	己辰	庚丑	辛寅	壬卯	癸辰	甲巳	乙午	丙未	丁申	戊酉	己戌	庚亥	辛子	壬丑	癸寅	甲卯	乙辰	丙巳	丁午	戊未	己申	庚酉	辛戌	壬亥	癸子	甲丑	乙寅	丙卯	丁辰	戊巳	己午

음력 11/18, 12/18
음력 18 19 20 21 22 23 24 25 26 27 28 29 30 12/1 2 3 4 5 6 7 8 9 10 11 12 13 14 15 16 17 18
대납 8 9 9 9 10 소 9 9 9 8 8 8 7 7 6 6 6 5 대 5 4 4 4 3 3 3 2 2 2 1
운여 8 9 9 9 10 한 1 1 1 1 2 2 2 3 3 3 4 4 4 5 한 5 6 6 6 7 7 7 8 8 8

입춘 4일 18시 40분 【음1월】➔ **음 1**【甲寅月(갑인월)】 ☾ 우수 19일 14시 31분

양력 2	요일	1	2	3	4	5	6	7	8	9	10	11	12	13	14	15	16	17	18	19	20	21	22	23	24	25	26	27	28
	요일	화	수	목	금	토	일	월	화	수	목	금	토	일	월	화	수	목	금	토	일	월	화	수	목	금	토	일	월
	일진	庚申	辛酉	壬戌	癸亥	甲子	乙丑	丙寅	丁卯	戊辰	己巳	庚午	辛未	壬申	癸酉	甲戌	乙亥	丙子	丁丑	戊寅	己卯	庚辰	辛巳	壬午	癸未	甲申	乙酉	丙戌	丁亥

癸亥年

음력 12/19, 01/16
음력 19 20 21 22 23 24 25 26 27 28 29 30 1/1 2 3 4 5 6 7 8 9 10 11 12 13 14 15 16
대납 9 9 9 입 1 1 1 1 2 2 2 3 3 3 4 4 4 5 우 5 6 6 6 7 7 7 8
운여 9 9 9 춘 10 9 9 9 8 8 8 7 7 7 6 6 6 5 수 5 4 4 4 3 3 3 2

경칩 6일 12시 47분 【음2월】➔ **음 2**【乙卯月(을묘월)】 ☾ 춘분 21일 13시 39분

양력 3	양력	1	2	3	4	5	6	7	8	9	10	11	12	13	14	15	16	17	18	19	20	21	22	23	24	25	26	27	28	29	30	31
	요일	화	수	목	금	토	일	월	화	수	목	금	토	일	월	화	수	목	금	토	일	월	화	수	목	금	토	일	월	화	수	목
	일진	戊子	己丑	庚寅	辛卯	壬辰	癸巳	甲午	乙未	丙申	丁酉	戊戌	己亥	庚子	辛丑	壬寅	癸卯	甲辰	乙巳	丙午	丁未	戊申	己酉	庚戌	辛亥	壬子	癸丑	甲寅	乙卯	丙辰	丁巳	戊午

음력 01/17, 02/17
음력 17 18 19 20 21 22 23 24 25 26 27 28 29 30 2/1 2 3 4 5 6 7 8 9 10 11 12 13 14 15 16 17
대납 8 9 9 9 10 경 1 1 1 1 2 2 2 3 3 3 4 4 4 춘 5 5 6 6 6 7 7 7 8 8
운여 2 1 1 1 1 칩 10 9 9 9 8 8 8 7 7 7 6 6 6 5 분 5 4 4 4 3 3 3 2 2

청명 5일 17시 44분 【음3월】➔ **음 3**【丙辰月(병진월)】 ☾ 곡우 21일 00시 50분

양력 4	양력	1	2	3	4	5	6	7	8	9	10	11	12	13	14	15	16	17	18	19	20	21	22	23	24	25	26	27	28	29	30
	요일	금	토	일	월	화	수	목	금	토	일	월	화	수	목	금	토	일	월	화	수	목	금	토	일	월	화	수	목	금	토
	일진	己未	庚申	辛酉	壬戌	癸亥	甲子	乙丑	丙寅	丁卯	戊辰	己巳	庚午	辛未	壬申	癸酉	甲戌	乙亥	丙子	丁丑	戊寅	己卯	庚辰	辛巳	壬午	癸未	甲申	乙酉	丙戌	丁亥	戊子

음력 02/18, 03/18
음력 18 19 20 21 22 23 24 25 26 27 28 29 3/1 2 3 4 5 6 7 8 9 10 11 12 13 14 15 16 17 18
대납 9 9 9 10 청 1 1 1 1 2 2 2 3 3 3 4 4 4 5 곡 5 6 6 6 7 7 7 8 8
운여 1 1 1 1 명 10 10 9 9 9 8 8 8 7 7 7 6 6 6 5 우 5 4 4 4 3 3 3 2 2

입하 6일 11시 11분 【음4월】➔ **음 4**【丁巳月(정사월)】 ☾ 소만 22일 00시 06분

양력 5	양력	1	2	3	4	5	6	7	8	9	10	11	12	13	14	15	16	17	18	19	20	21	22	23	24	25	26	27	28	29	30	31
	요일	일	월	화	수	목	금	토	일	월	화	수	목	금	토	일	월	화	수	목	금	토	일	월	화	수	목	금	토	일	월	화
	일진	己丑	庚寅	辛卯	壬辰	癸巳	甲午	乙未	丙申	丁酉	戊戌	己亥	庚子	辛丑	壬寅	癸卯	甲辰	乙巳	丙午	丁未	戊申	己酉	庚戌	辛亥	壬子	癸丑	甲寅	乙卯	丙辰	丁巳	戊午	己未

음력 03/19, 04/19
음력 19 20 21 22 23 24 25 26 27 28 29 30 4/1 2 3 4 5 6 7 8 9 10 11 12 13 14 15 16 17 18 19
대납 9 9 9 10 10 입 1 1 1 1 2 2 2 3 3 3 4 4 4 5 소 5 6 6 6 7 7 7 8 8
운여 2 1 1 1 1 하 10 10 9 9 9 8 8 8 7 7 7 6 6 6 5 만 5 4 4 4 3 3 3 2 2

망종 6일 15시 26분 【음5월】➔ **음 5**【戊午月(무오월)】 ☾ 하지 22일 08시 09분

양력 6	양력	1	2	3	4	5	6	7	8	9	10	11	12	13	14	15	16	17	18	19	20	21	22	23	24	25	26	27	28	29	30
	요일	수	목	금	토	일	월	화	수	목	금	토	일	월	화	수	목	금	토	일	월	화	수	목	금	토	일	월	화	수	목
	일진	庚申	辛酉	壬戌	癸亥	甲子	乙丑	丙寅	丁卯	戊辰	己巳	庚午	辛未	壬申	癸酉	甲戌	乙亥	丙子	丁丑	戊寅	己卯	庚辰	辛巳	壬午	癸未	甲申	乙酉	丙戌	丁亥	戊子	己丑

음력 04/20, 05/20
음력 20 21 22 23 24 25 26 27 28 29 5/1 2 3 4 5 6 7 8 9 10 11 12 13 14 15 16 17 18 19 20
대납 9 9 9 10 10 망 1 1 1 1 2 2 2 3 3 3 4 4 4 하 5 5 6 6 6 7 7 7 8
운여 2 1 1 1 1 종 10 10 9 9 9 8 8 8 7 7 7 6 6 6 지 5 5 4 4 4 3 3 3

한식(4월06일), 초복(7월21일), 중복(7월31일), 말복(8월10일) ♠춘사(春社)3/21
♣추사(秋社)9/27 토왕지절(土旺之節):4월17일,7월20일,10월21일,1월18일(음12/16)
臘享(납향):1984년1월26일(음12/24)

1983 癸亥年

소서 8일 01시 43분　【음6월】→　**음 6**　【己未月(기미월)】　대서 23일 19시 04분

양력	1	2	3	4	5	6	7	8	9	10	11	12	13	14	15	16	17	18	19	20	21	22	23	24	25	26	27	28	29	30	31
요일	금	토	일	월	화	수	목	금	토	일	월	화	수	목	금	토	일	월	화	수	목	금	토	일	월	화	수	목	금	토	일
일진	庚寅	辛卯	壬辰	癸巳	甲午	乙未	丙申	丁酉	戊戌	己亥	庚子	辛丑	壬寅	癸卯	甲辰	乙巳	丙午	丁未	戊申	己酉	庚戌	辛亥	壬子	癸丑	甲寅	乙卯	丙辰	丁巳	戊午	己未	庚申
음력	21	22	23	24	25	26	27	28	29	6/1	2	3	4	5	6	7	8	9	10	11	12	13	14	15	16	17	18	19	20	21	22
대납	8	9	9	9	10	10	소서	1	1	1	1	2	2	2	3	3	3	4	4	4	5	5	대서	5	6	6	6	7	7	7	8
운여	2	2	1	1	1	1	서	10	10	9	9	9	8	8	8	7	7	7	6	6	6	5	서	5	5	4	4	4	3	3	3

음력 05/21 ~ 06/22

입추 8일 11시 30분　【음7월】→　**음 7**　【庚申月(경신월)】　처서 24일 02시 07분

양력	1	2	3	4	5	6	7	8	9	10	11	12	13	14	15	16	17	18	19	20	21	22	23	24	25	26	27	28	29	30	31
요일	월	화	수	목	금	토	일	월	화	수	목	금	토	일	월	화	수	목	금	토	일	월	화	수	목	금	토	일	월	화	수
일진	辛酉	壬戌	癸亥	甲子	乙丑	丙寅	丁卯	戊辰	己巳	庚午	辛未	壬申	癸酉	甲戌	乙亥	丙子	丁丑	戊寅	己卯	庚辰	辛巳	壬午	癸未	甲申	乙酉	丙戌	丁亥	戊子	己丑	庚寅	辛卯
음력	23	24	25	26	27	28	29	30	7/1	2	3	4	5	6	7	8	9	10	11	12	13	14	15	16	17	18	19	20	21	22	23
대납	8	8	9	9	9	10	10	입추	1	1	1	1	2	2	2	3	3	3	4	4	4	5	5	처서	6	6	6	7	7	7	8
운여	2	2	2	1	1	1	1	추	10	10	9	9	9	8	8	8	7	7	7	6	6	6	5	서	5	5	4	4	4	3	3

음력 06/23 ~ 07/23

백로 8일 14시 20분　【음8월】→　**음 8**　【辛酉月(신유월)】　추분 23일 23시 42분

양력	1	2	3	4	5	6	7	8	9	10	11	12	13	14	15	16	17	18	19	20	21	22	23	24	25	26	27	28	29	30
요일	목	금	토	일	월	화	수	목	금	토	일	월	화	수	목	금	토	일	월	화	수	목	금	토	일	월	화	수	목	금
일진	壬辰	癸巳	甲午	乙未	丙申	丁酉	戊戌	己亥	庚子	辛丑	壬寅	癸卯	甲辰	乙巳	丙午	丁未	戊申	己酉	庚戌	辛亥	壬子	癸丑	甲寅	乙卯	丙辰	丁巳	戊午	己未	庚申	辛酉
음력	24	25	26	27	28	29	8/1	2	3	4	5	6	7	8	9	10	11	12	13	14	15	16	17	18	19	20	21	22	23	24
대납	8	8	9	9	9	10	10	백로	1	1	1	1	2	2	2	3	3	3	4	4	4	5	추분	5	6	6	6	7	7	7
운여	2	2	2	1	1	1	1	로	10	10	9	9	9	8	8	8	7	7	7	6	6	6	분	5	5	5	4	4	4	3

음력 07/24 ~ 08/24

한로 9일 05시 51분　【음9월】→　**음 9**　【壬戌月(임술월)】　상강 24일 08시 54분

양력	1	2	3	4	5	6	7	8	9	10	11	12	13	14	15	16	17	18	19	20	21	22	23	24	25	26	27	28	29	30	31
요일	토	일	월	화	수	목	금	토	일	월	화	수	목	금	토	일	월	화	수	목	금	토	일	월	화	수	목	금	토	일	월
일진	壬戌	癸亥	甲子	乙丑	丙寅	丁卯	戊辰	己巳	庚午	辛未	壬申	癸酉	甲戌	乙亥	丙子	丁丑	戊寅	己卯	庚辰	辛巳	壬午	癸未	甲申	乙酉	丙戌	丁亥	戊子	己丑	庚寅	辛卯	壬辰
음력	25	26	27	28	29	9/1	2	3	4	5	6	7	8	9	10	11	12	13	14	15	16	17	18	19	20	21	22	23	24	25	26
대납	8	8	9	9	9	10	10	10	한로	1	1	1	1	2	2	2	3	3	3	4	4	4	5	상강	5	6	6	6	7	7	7
운여	3	2	2	2	1	1	1	1	로	10	9	9	9	8	8	8	7	7	7	6	6	6	5	강	5	5	4	4	4	3	3

음력 08/25 ~ 09/26

입동 8일 08시 52분　【음10월】→　**음 10**　【癸亥月(계해월)】　소설 23일 06시 18분

양력	1	2	3	4	5	6	7	8	9	10	11	12	13	14	15	16	17	18	19	20	21	22	23	24	25	26	27	28	29	30
요일	화	수	목	금	토	일	월	화	수	목	금	토	일	월	화	수	목	금	토	일	월	화	수	목	금	토	일	월	화	수
일진	癸巳	甲午	乙未	丙申	丁酉	戊戌	己亥	庚子	辛丑	壬寅	癸卯	甲辰	乙巳	丙午	丁未	戊申	己酉	庚戌	辛亥	壬子	癸丑	甲寅	乙卯	丙辰	丁巳	戊午	己未	庚申	辛酉	壬戌
음력	27	28	29	30	10/1	2	3	4	5	6	7	8	9	10	11	12	13	14	15	16	17	18	19	20	21	22	23	24	25	26
대납	8	8	8	9	9	9	10	입동	1	1	1	1	2	2	2	3	3	3	4	4	4	5	소설	5	6	6	6	7	7	7
운여	2	2	2	1	1	1	1	동	10	9	9	9	8	8	8	7	7	7	6	6	6	5	설	5	5	4	4	4	3	3

음력 09/27 ~ 10/26

대설 8일 01시 34분　【음11월】→　**음 11**　【甲子月(갑자월)】　동지 22일 19시 30분

양력	1	2	3	4	5	6	7	8	9	10	11	12	13	14	15	16	17	18	19	20	21	22	23	24	25	26	27	28	29	30	31
요일	목	금	토	일	월	화	수	목	금	토	일	월	화	수	목	금	토	일	월	화	수	목	금	토	일	월	화	수	목	금	토
일진	癸亥	甲子	乙丑	丙寅	丁卯	戊辰	己巳	庚午	辛未	壬申	癸酉	甲戌	乙亥	丙子	丁丑	戊寅	己卯	庚辰	辛巳	壬午	癸未	甲申	乙酉	丙戌	丁亥	戊子	己丑	庚寅	辛卯	壬辰	癸巳
음력	27	28	29	11/1	2	3	4	5	6	7	8	9	10	11	12	13	14	15	16	17	18	19	20	21	22	23	24	25	26	27	28
대납	8	8	8	대설	1	1	1	1	2	2	2	3	3	3	4	4	4	5	5	동지	5	6	6	6	7	7	7	8	8	8	9
운여	2	2	2	설	9	9	9	8	8	8	7	7	7	6	6	6	5	5	5	지	4	4	4	3	3	3	2	2	2	1	1

음력 10/27 ~ 11/28

甲子(갑자)년　납음(海中金), 본명성(七赤金)

대장군(酉서방), 삼살(남방), 상문(寅동북방), 조객(戌서북방), 납음(해중금),
삼재(인,묘,진)　臘享(납향):1985년2월01일(음12/12)

소한 6일 12시 41분 【음12월】→　음 12 【乙丑月(을축월)】　대한 21일 06시 05분

양력 1																														
양력	1	2	3	4	5	6	7	8	9	10	11	12	13	14	15	16	17	18	19	20	21	22	23	24	25	26	27	28	29	30	31
요일	일	월	화	수	목	금	토	일	월	화	수	목	금	토	일	월	화	수	목	금	토	일	월	화	수	목	금	토	일	월	화
일진	甲	乙	丙	丁	戊	己	庚	辛	壬	癸	乙	丙	丁	戊	己	庚	辛	壬	癸	甲	乙	丙	丁	戊	己	庚	辛	壬	癸		
日辰	辰	午	未	酉	戌	亥	子	丑	卯	辰	巳	午	未	酉	戌	亥	子	丑	寅	卯	辰	巳	午	未	酉	戌	亥	子	寅		
음력	29	30	12/1	2	3	4	5	6	7	8	9	10	11	12	13	14	15	16	17	18	19	20	21	22	23	24	25	26	27	28	29
대남	8	8	9	9	9	소	1	1	1	1	2	2	2	3	3	3	4	4	4	5	대	5	6	6	6	7	7	7	8	8	8
운여	2	1	1	1	1	한	10	9	9	9	8	8	8	7	7	7	6	6	6	5	한	5	4	4	4	3	3	3	2	2	2

음력 11/29 · 12/29

입춘 5일 00시 19분 【음1월】→　음 1 【丙寅月(병인월)】　우수 19일 20시 16분

甲子年

양력 2																												
양력	1	2	3	4	5	6	7	8	9	10	11	12	13	14	15	16	17	18	19	20	21	22	23	24	25	26	27	28	29
요일	수	목	금	토	일	월	화	수	목	금	토	일	월	화	수	목	금	토	일	월	화	수	목	금	토	일	월	화	수
일진	乙	丙	丁	戊	己	庚	辛	壬	癸	乙	丙	丁	戊	己	庚	辛	壬	癸	甲	乙	丙	丁	戊	己	庚	辛	壬	癸	
日辰	丑	寅	卯	辰	巳	午	未	申	酉	亥	子	丑	寅	卯	辰	巳	午	未	申	酉	戌	亥	子	丑	寅	卯	辰	巳	
음력	30	1/1	2	3	4	5	6	7	8	9	10	11	12	13	14	15	16	17	18	19	20	21	22	23	24	25	26	27	28
대남	9	9	9	10	입	9	9	9	8	8	8	7	7	7	6	6	6	5	우	5	4	4	4	3	3	3	2	2	2
운여	1	1	1	1	춘	1	1	1	2	2	2	3	3	3	4	4	4	5	수	5	6	6	6	7	7	7	8	8	8

음력 12/30 · 01/28

경칩 5일 18시 25분 【음2월】→　음 2 【丁卯月(정묘월)】　춘분 20일 19시 24분

양력 3																														
양력	1	2	3	4	5	6	7	8	9	10	11	12	13	14	15	16	17	18	19	20	21	22	23	24	25	26	27	28	29	30	31
요일	목	금	토	일	월	화	수	목	금	토	일	월	화	수	목	금	토	일	월	화	수	목	금	토	일	월	화	수	목	금	토
일진	甲	乙	丙	丁	戊	己	庚	辛	壬	癸	乙	丙	丁	戊	己	庚	辛	壬	癸	甲	乙	丙	丁	戊	己	庚	辛	壬	癸		
日辰	辰	午	未	申	酉	戌	亥	子	丑	寅	卯	辰	巳	午	未	申	酉	戌	亥	子	丑	寅	卯	辰	巳	午	未	申	酉		
음력	29	30	2/1	2	3	4	5	6	7	8	9	10	11	12	13	14	15	16	17	18	19	20	21	22	23	24	25	26	27	28	29
대남	1	1	1	1	경	10	9	9	9	8	8	8	7	7	7	6	6	6	5	춘	5	4	4	4	3	3	3	2	2	2	1
운여	8	9	9	9	칩	1	1	1	1	2	2	2	3	3	3	4	4	4	5	분	5	6	6	6	7	7	7	8	8	8	9

음력 01/29 · 02/29

청명 4일 23시 22분 【음3월】→　음 3 【戊辰月(무진월)】　곡우 20일 06시 38분

양력 4																													
양력	1	2	3	4	5	6	7	8	9	10	11	12	13	14	15	16	17	18	19	20	21	22	23	24	25	26	27	28	29	30
요일	일	월	화	수	목	금	토	일	월	화	수	목	금	토	일	월	화	수	목	금	토	일	월	화	수	목	금	토	일	월
일진	乙	丙	丁	戊	己	庚	辛	壬	癸	乙	丙	丁	戊	己	庚	辛	壬	癸	甲	乙	丙	丁	戊	己	庚	辛	壬	癸	甲	
日辰	丑	寅	卯	辰	巳	午	未	申	酉	亥	子	丑	寅	卯	辰	巳	午	未	申	酉	戌	亥	子	丑	寅	卯	辰	巳	午	
음력	3/1	2	3	4	5	6	7	8	9	10	11	12	13	14	15	16	17	18	19	20	21	22	23	24	25	26	27	28	29	30
대남	1	1	1	청	10	10	9	9	9	8	8	8	7	7	7	6	6	6	5	곡	5	4	4	4	3	3	3	2	2	2
운여	9	9	10	명	1	1	1	1	2	2	2	3	3	3	4	4	4	5	5	우	6	6	6	7	7	7	8	8	8	9

음력 03/01 · 03/30

입하 5일 16시 51분 【음4월】→　음 4 【己巳月(기사월)】　소만 21일 05시 58분

양력 5																														
양력	1	2	3	4	5	6	7	8	9	10	11	12	13	14	15	16	17	18	19	20	21	22	23	24	25	26	27	28	29	30	31
요일	화	수	목	금	토	일	월	화	수	목	금	토	일	월	화	수	목	금	토	일	월	화	수	목	금	토	일	월	화	수	목
일진	乙	丙	丁	戊	己	庚	辛	壬	癸	乙	丙	丁	戊	己	庚	辛	壬	癸	甲	乙	丙	丁	戊	己	庚	辛	壬	癸	甲		
日辰	未	申	酉	戌	亥	子	丑	寅	卯	巳	午	未	申	酉	戌	亥	子	丑	寅	卯	辰	巳	午	未	申	酉	戌	亥	子		
음력	4/1	2	3	4	5	6	7	8	9	10	11	12	13	14	15	16	17	18	19	20	21	22	23	24	25	26	27	28	29	30	5/1
대남	1	1	1	1	입	10	10	9	9	9	8	8	8	7	7	7	6	6	6	5	소	5	4	4	4	3	3	3	2	2	2
운여	9	10	10	10	하	1	1	1	1	2	2	2	3	3	3	4	4	4	5	5	만	6	6	6	7	7	7	8	8	8	9

음력 04/01 · 05/01

망종 5일 21시 09분 【음5월】→　음 5 【庚午月(경오월)】　하지 21일 14시 02분

양력 6																													
양력	1	2	3	4	5	6	7	8	9	10	11	12	13	14	15	16	17	18	19	20	21	22	23	24	25	26	27	28	29	30
요일	금	토	일	월	화	수	목	금	토	일	월	화	수	목	금	토	일	월	화	수	목	금	토	일	월	화	수	목	금	토
일진	丙	丁	戊	己	庚	辛	壬	癸	甲	丙	丁	戊	己	庚	辛	壬	癸	甲	乙	丙	丁	戊	己	庚	辛	壬	癸	甲	乙	
日辰	寅	卯	辰	巳	午	未	申	酉	戌	子	丑	寅	卯	辰	巳	午	未	申	酉	戌	亥	子	丑	寅	卯	辰	巳	午	未	
음력	2	3	4	5	6	7	8	9	10	11	12	13	14	15	16	17	18	19	20	21	22	23	24	25	26	27	28	29	6/1	
대남	1	1	1	1	망	10	10	10	9	9	9	8	8	8	7	7	7	6	6	6	하	5	5	4	4	4	3	3	3	2
운여	9	9	10	10	종	1	1	1	1	2	2	2	3	3	3	4	4	4	5	5	지	6	6	6	7	7	7	8	8	2

음력 05/02 · 06/02

한식(4월05일), 초복(7월15일), 중복(7월25일), 말복(8월14일) ↑춘사(春社)3/25
☀추사(秋社)9/21 토왕지절(土旺之節):4월17일,7월19일,10월20일,1월17일(음11/27)
臘享(납향):1985년2월01일(음12/12)

1984 甲子年

소서 7일 07시 29분　【음6월】→　음 6　【辛未月(신미월)】　　대서 23일 00시 58분

양력 **7** ／ 음력 06/03~07/04

양력	1	2	3	4	5	6	7	8	9	10	11	12	13	14	15	16	17	18	19	20	21	22	23	24	25	26	27	28	29	30	31
요일	일	월	화	수	목	금	토	일	월	화	수	목	금	토	일	월	화	수	목	금	토	일	월	화	수	목	금	토	일	월	화
일진(干)	丙	丁	戊	己	庚	辛	壬	癸	甲	乙	丙	丁	戊	己	庚	辛	壬	癸	甲	乙	丙	丁	戊	己	庚	辛	壬	癸	甲	乙	丙
日辰(支)	申	酉	戌	亥	子	丑	寅	卯	辰	巳	午	未	申	酉	戌	亥	子	丑	寅	卯	辰	巳	午	未	申	酉	戌	亥	子	丑	寅
음력	3	4	5	6	7	8	9(소서)	10	11	12	13	14	15	16	17	18	19	20	21	22	23	24	25(대서)	26	27	28	29	7/1	2	3	4

입추 7일 17시 18분　【음7월】→　음 7　【壬申月(임신월)】　　처서 23일 08시 00분

양력 **8** ／ 음력 07/05~08/05

양력	1	2	3	4	5	6	7	8	9	10	11	12	13	14	15	16	17	18	19	20	21	22	23	24	25	26	27	28	29	30	31
요일	수	목	금	토	일	월	화	수	목	금	토	일	월	화	수	목	금	토	일	월	화	수	목	금	토	일	월	화	수	목	금
일진(干)	丁	戊	己	庚	辛	壬	癸	甲	乙	丙	丁	戊	己	庚	辛	壬	癸	甲	乙	丙	丁	戊	己	庚	辛	壬	癸	甲	乙	丙	丁
日辰(支)	卯	辰	巳	午	未	申	酉	戌	亥	子	丑	寅	卯	辰	巳	午	未	申	酉	戌	亥	子	丑	寅	卯	辰	巳	午	未	申	酉
음력	5	6	7	8	9	10	11(입추)	12	13	14	15	16	17	18	19	20	21	22	23	24	25	26	27(처서)	28	29	30	8/1	2	3	4	5

백로 7일 20시 10분　【음8월】→　음 8　【癸酉月(계유월)】　　추분 23일 05시 33분

양력 **9** ／ 음력 08/06~09/06

양력	1	2	3	4	5	6	7	8	9	10	11	12	13	14	15	16	17	18	19	20	21	22	23	24	25	26	27	28	29	30
요일	토	일	월	화	수	목	금	토	일	월	화	수	목	금	토	일	월	화	수	목	금	토	일	월	화	수	목	금	토	일
일진(干)	戊	己	庚	辛	壬	癸	甲	乙	丙	丁	戊	己	庚	辛	壬	癸	甲	乙	丙	丁	戊	己	庚	辛	壬	癸	甲	乙	丙	丁
日辰(支)	戌	亥	子	丑	寅	卯	辰	巳	午	未	申	酉	戌	亥	子	丑	寅	卯	辰	巳	午	未	申	酉	戌	亥	子	丑	寅	卯
음력	6	7	8	9	10	11	12(백로)	13	14	15	16	17	18	19	20	21	22	23	24	25	26	27	28(추분)	29	9/1	2	3	4	5	6

한로 8일 11시 43분　【음9월】→　음 9　【甲戌月(갑술월)】　　상강 23일 14시 46분

양력 **10** ／ 음력 09/07~10/08

양력	1	2	3	4	5	6	7	8	9	10	11	12	13	14	15	16	17	18	19	20	21	22	23	24	25	26	27	28	29	30	31
요일	월	화	수	목	금	토	일	월	화	수	목	금	토	일	월	화	수	목	금	토	일	월	화	수	목	금	토	일	월	화	수
일진(干)	戊	己	庚	辛	壬	癸	甲	乙	丙	丁	戊	己	庚	辛	壬	癸	甲	乙	丙	丁	戊	己	庚	辛	壬	癸	甲	乙	丙	丁	戊
日辰(支)	辰	巳	午	未	申	酉	戌	亥	子	丑	寅	卯	辰	巳	午	未	申	酉	戌	亥	子	丑	寅	卯	辰	巳	午	未	申	酉	戌
음력	7	8	9	10	11	12	13	14(한로)	15	16	17	18	19	20	21	22	23	24	25	26	27	28	29(상강)	10/1	2	3	4	5	6	7	8

입동 7일 14시 46분　【음10월】→　음 10　【乙亥月(을해월)】　윤 10　소설 22일 12시 11분

양력 **11** ／ 음력 10/09~윤10/08

양력	1	2	3	4	5	6	7	8	9	10	11	12	13	14	15	16	17	18	19	20	21	22	23	24	25	26	27	28	29	30
요일	목	금	토	일	월	화	수	목	금	토	일	월	화	수	목	금	토	일	월	화	수	목	금	토	일	월	화	수	목	금
일진(干)	己	庚	辛	壬	癸	甲	乙	丙	丁	戊	己	庚	辛	壬	癸	甲	乙	丙	丁	戊	己	庚	辛	壬	癸	甲	乙	丙	丁	戊
日辰(支)	亥	子	丑	寅	卯	辰	巳	午	未	申	酉	戌	亥	子	丑	寅	卯	辰	巳	午	未	申	酉	戌	亥	子	丑	寅	卯	辰
음력	9	10	11	12	13	14	15(입동)	16	17	18	19	20	21	22	23	24	25	26	27	28	29	30(소설)	윤10/1	2	3	4	5	6	7	8

대설 7일 07시 28분　【음11월】→　음 11　【丙子月(병자월)】　　동지 22일 01시 23분

양력 **12** ／ 음력 윤10/09~11/10

양력	1	2	3	4	5	6	7	8	9	10	11	12	13	14	15	16	17	18	19	20	21	22	23	24	25	26	27	28	29	30	31
요일	토	일	월	화	수	목	금	토	일	월	화	수	목	금	토	일	월	화	수	목	금	토	일	월	화	수	목	금	토	일	월
일진(干)	己	庚	辛	壬	癸	甲	乙	丙	丁	戊	己	庚	辛	壬	癸	甲	乙	丙	丁	戊	己	庚	辛	壬	癸	甲	乙	丙	丁	戊	己
日辰(支)	巳	午	未	申	酉	戌	亥	子	丑	寅	卯	辰	巳	午	未	申	酉	戌	亥	子	丑	寅	卯	辰	巳	午	未	申	酉	戌	亥
음력	9	10	11	12	13	14	15(대설)	16	17	18	19	20	21	22	23	24	25	26	27	28	29	11/1(동지)	2	3	4	5	6	7	8	9	10

乙丑(을축)년 납음(海中金),본명성(六白金)

대장군(酉서방), 삼살(동방), 상문(卯동방),조객(亥서북방), 납음(해중금),
【삼재(해,자,축)년】 臘享(납향):1986년1월15일(음12/06)

소한 5일 18시 35분 【음12월】 → **음 12** 【丁丑月(정축월)】 대한 20일 11시 58분

양력 1	양력	1	2	3	4	5	6	7	8	9	10	11	12	13	14	15	16	17	18	19	20	21	22	23	24	25	26	27	28	29	30	31
	요일	화	수	목	금	토	일	월	화	수	목	금	토	일	월	화	수	목	금	토	일	월	화	수	목	금	토	일	월	화	수	목
	일진 日辰	庚子	辛丑	壬寅	癸卯	甲辰	乙巳	丙午	丁未	戊申	己酉	庚戌	辛亥	壬子	癸丑	甲寅	乙卯	丙辰	丁巳	戊午	己未	庚申	辛酉	壬戌	癸亥	甲子	乙丑	丙寅	丁卯	戊辰	己巳	庚午
음력 11/11 12/11	음력	11	12	13	14	15	16	17	18	19	20	21	22	23	24	25	26	27	28	29	30	12/1	2	3	4	5	6	7	8	9	10	11
	대 남	1	1	1	1	소한	10	9	9	9	8	8	8	7	7	7	6	6	6	5	대한	5	4	4	4	3	3	3	2	2	2	1
	운 여	8	9	9	9	한	1	1	1	1	2	2	2	3	3	3	4	4	4	5	한	5	6	6	6	7	7	7	8	8	8	9

입춘 4일 06시 12분 【음1월】 → **음 1** 【戊寅月(무인월)】 우수 19일 02시 07분

양력 2	양력	1	2	3	4	5	6	7	8	9	10	11	12	13	14	15	16	17	18	19	20	21	22	23	24	25	26	27	28	
	요일	금	토	일	월	화	수	목	금	토	일	월	화	수	목	금	토	일	월	화	수	목	금	토	일	월	화	수	목	
	일진 日辰	辛未	壬申	癸酉	甲戌	乙亥	丙子	丁丑	戊寅	己卯	庚辰	辛巳	壬午	癸未	甲申	乙酉	丙戌	丁亥	戊子	己丑	庚寅	辛卯	壬辰	癸巳	甲午	乙未	丙申	丁酉	戊戌	
음력 12/12 01/09	음력	12	13	14	15	16	17	18	19	20	21	22	23	24	25	26	27	28	29	30	1/1	2	3	4	5	6	7	8	9	
	대 남	1	1	1	입춘	1	1	1	1	2	2	2	3	3	3	4	4	4	5	우수	5	6	6	6	7	7	7	8	8	
	운 여	9	9	9	춘	10	9	9	9	8	8	8	7	7	7	6	6	6	5	수	5	4	4	4	3	3	3	2	2	

乙丑年

경칩 6일 00시 16분 【음2월】 → **음 2** 【己卯月(기묘월)】 춘분 21일 01시 14분

양력 3	양력	1	2	3	4	5	6	7	8	9	10	11	12	13	14	15	16	17	18	19	20	21	22	23	24	25	26	27	28	29	30	31
	요일	금	토	일	월	화	수	목	금	토	일	월	화	수	목	금	토	일	월	화	수	목	금	토	일	월	화	수	목	금	토	일
	일진 日辰	己亥	庚子	辛丑	壬寅	癸卯	甲辰	乙巳	丙午	丁未	戊申	己酉	庚戌	辛亥	壬子	癸丑	甲寅	乙卯	丙辰	丁巳	戊午	己未	庚申	辛酉	壬戌	癸亥	甲子	乙丑	丙寅	丁卯	戊辰	己巳
음력 01/10 02/11	음력	10	11	12	13	14	15	16	17	18	19	20	21	22	23	24	25	26	27	28	29	2/1	2	3	4	5	6	7	8	9	10	11
	대 남	8	9	9	9	10	경칩	1	1	1	1	2	2	2	3	3	3	4	4	4	5	춘분	5	6	6	6	7	7	7	8	8	8
	운 여	2	1	1	1	1	칩	10	9	9	9	8	8	8	7	7	7	6	6	6	5	분	5	4	4	4	3	3	3	2	2	2

청명 5일 05시 14분 【음3월】 → **음 3** 【庚辰月(경진월)】 곡우 20일 12시 26분

양력 4	양력	1	2	3	4	5	6	7	8	9	10	11	12	13	14	15	16	17	18	19	20	21	22	23	24	25	26	27	28	29	30	
	요일	월	화	수	목	금	토	일	월	화	수	목	금	토	일	월	화	수	목	금	토	일	월	화	수	목	금	토	일	월	화	
	일진 日辰	庚午	辛未	壬申	癸酉	甲戌	乙亥	丙子	丁丑	戊寅	己卯	庚辰	辛巳	壬午	癸未	甲申	乙酉	丙戌	丁亥	戊子	己丑	庚寅	辛卯	壬辰	癸巳	甲午	乙未	丙申	丁酉	戊戌	己亥	
음력 02/12 03/11	음력	12	13	14	15	16	17	18	19	20	21	22	23	24	25	26	27	28	29	30	3/1	2	3	4	5	6	7	8	9	10	11	
	대 남	9	9	9	10	청명	1	1	1	1	2	2	2	3	3	3	4	4	4	5	곡우	5	6	6	6	7	7	7	8	8	8	
	운 여	1	1	1	1	명	10	9	9	9	8	8	8	7	7	7	6	6	6	5	우	5	4	4	4	3	3	3	2	2	2	

입하 5일 22시 43분 【음4월】 → **음 4** 【辛巳月(신사월)】 소만 21일 11시 43분

양력 5	양력	1	2	3	4	5	6	7	8	9	10	11	12	13	14	15	16	17	18	19	20	21	22	23	24	25	26	27	28	29	30	31
	요일	수	목	금	토	일	월	화	수	목	금	토	일	월	화	수	목	금	토	일	월	화	수	목	금	토	일	월	화	수	목	금
	일진 日辰	庚子	辛丑	壬寅	癸卯	甲辰	乙巳	丙午	丁未	戊申	己酉	庚戌	辛亥	壬子	癸丑	甲寅	乙卯	丙辰	丁巳	戊午	己未	庚申	辛酉	壬戌	癸亥	甲子	乙丑	丙寅	丁卯	戊辰	己巳	庚午
음력 03/12 04/12	음력	12	13	14	15	16	17	18	19	20	21	22	23	24	25	26	27	28	29	30	4/1	2	3	4	5	6	7	8	9	10	11	12
	대 남	9	9	9	10	입하	1	1	1	1	2	2	2	3	3	3	4	4	4	5	소만	5	6	6	6	7	7	7	8	8	8	9
	운 여	1	1	1	1	하	10	10	10	9	9	9	8	8	8	7	7	7	6	6	만	5	5	4	4	4	3	3	3	2	2	2

망종 6일 03시 00분 【음5월】 → **음 5** 【壬午月(임오월)】 하지 21일 19시 44분

양력 6	양력	1	2	3	4	5	6	7	8	9	10	11	12	13	14	15	16	17	18	19	20	21	22	23	24	25	26	27	28	29	30	
	요일	토	일	월	화	수	목	금	토	일	월	화	수	목	금	토	일	월	화	수	목	금	토	일	월	화	수	목	금	토	일	
	일진 日辰	辛未	壬申	癸酉	甲戌	乙亥	丙子	丁丑	戊寅	己卯	庚辰	辛巳	壬午	癸未	甲申	乙酉	丙戌	丁亥	戊子	己丑	庚寅	辛卯	壬辰	癸巳	甲午	乙未	丙申	丁酉	戊戌	己亥	庚子	
음력 04/13 05/13	음력	13	14	15	16	17	18	19	20	21	22	23	24	25	26	27	28	29	5/1	2	3	4	5	6	7	8	9	10	11	12	13	
	대 남	9	9	10	10	10	망종	1	1	1	1	2	2	2	3	3	3	4	4	4	5	하지	5	6	6	6	7	7	7	8	8	
	운 여	2	1	1	1	1	종	10	10	9	9	9	8	8	8	7	7	7	6	6	6	지	5	5	4	4	4	3	3	3	2	

한식(4월06일), 초복(7월20일), 중복(7월30일), 말복(8월09일) 🐂춘사(春社)3/20
✸추사(秋社)9/26 토왕지절(土旺之節):4월17일,7월20일,10월20일,1월17일(음12/08)
臘享(납향):1986년1월15일(음12/06)

1985

乙丑年

소서 7일 13시 19분　【음6월】→　음 6【癸未月(계미월)】　　　대서 23일 06시 36분

양력 7	양력	1	2	3	4	5	6	7	8	9	10	11	12	13	14	15	16	17	18	19	20	21	22	23	24	25	26	27	28	29	30	31
	요일	월	화	수	목	금	토	일	월	화	수	목	금	토	일	월	화	수	목	금	토	일	월	화	수	목	금	토	일	월	화	수
	일진	辛	壬	癸	甲	乙	丙	丁	戊	己	庚	辛	壬	癸	甲	乙	丙	丁	戊	己	庚	辛	壬	癸	甲	乙	丙	丁	戊	己	庚	辛
		辰	丑	寅	卯	辰	巳	午	未	申	酉	戌	亥	子	丑	寅	卯	辰	巳	午	未	申	酉	戌	亥	子	丑	寅	卯	辰	巳	午
05/14 06/14	음력	14	15	16	17	18	19	20	21	22	23	24	25	26	27	28	29	30	6/1	2	3	4	5	6	7	8	9	10	11	12	13	14
	대 남	8	9	9	9	10	10	소	1	1	1	1	2	2	2	3	3	3	4	4	4	5	5	대	6	6	6	7	7	7	8	8
	운 여	2	2	1	1	1	1	서	10	10	9	9	9	8	8	8	7	7	7	6	6	6	5	서	5	4	4	4	3	3	3	2

입추 7일 23시 04분　【음7월】→　음 7【甲申月(갑신월)】　　　처서 23일 13시 36분

양력 8	양력	1	2	3	4	5	6	7	8	9	10	11	12	13	14	15	16	17	18	19	20	21	22	23	24	25	26	27	28	29	30	31
	요일	목	금	토	일	월	화	수	목	금	토	일	월	화	수	목	금	토	일	월	화	수	목	금	토	일	월	화	수	목	금	토
	일진	壬	癸	甲	乙	丙	丁	戊	己	庚	辛	壬	癸	甲	乙	丙	丁	戊	己	庚	辛	壬	癸	甲	乙	丙	丁	戊	己	庚	辛	壬
		申	酉	戌	亥	子	丑	寅	卯	辰	巳	午	未	申	酉	戌	亥	子	丑	寅	卯	辰	巳	午	未	申	酉	戌	亥	子	丑	寅
06/15 07/16	음력	15	16	17	18	19	20	21	22	23	24	25	26	27	28	29	7/1	2	3	4	5	6	7	8	9	10	11	12	13	14	15	16
	대 남	8	9	9	9	10	10	입	1	1	1	1	2	2	2	3	3	3	4	4	4	5	5	처	6	6	6	7	7	7	8	8
	운 여	2	2	1	1	1	1	추	10	10	10	9	9	9	8	8	8	7	7	7	6	6	6	서	5	5	5	4	4	4	3	3

백로 8일 01시 53분　【음8월】→　음 8【乙酉月(을유월)】　　　추분 23일 11시 07분

양력 9	양력	1	2	3	4	5	6	7	8	9	10	11	12	13	14	15	16	17	18	19	20	21	22	23	24	25	26	27	28	29	30	
	요일	일	월	화	수	목	금	토	일	월	화	수	목	금	토	일	월	화	수	목	금	토	일	월	화	수	목	금	토	일	월	
	일진	癸	甲	乙	丙	丁	戊	己	庚	辛	壬	癸	甲	乙	丙	丁	戊	己	庚	辛	壬	癸	甲	乙	丙	丁	戊	己	庚	辛	壬	
		卯	辰	巳	午	未	申	酉	戌	亥	子	丑	寅	卯	辰	巳	午	未	申	酉	戌	亥	子	丑	寅	卯	辰	巳	午	未	申	
07/17 08/16	음력	17	18	19	20	21	22	23	24	25	26	27	28	29	30	8/1	2	3	4	5	6	7	8	9	10	11	12	13	14	15	16	
	대 남	8	9	9	9	10	10	10	백	1	1	1	1	2	2	2	3	3	3	4	4	4	5	추	5	6	6	6	7	7	7	
	운 여	8	9	9	9	10	10	10	로	1	1	1	1	2	2	2	3	3	3	4	4	4	5	분	5	5	4	4	4	3	3	

한로 8일 17시 25분　【음9월】→　음 9【丙戌月(병술월)】　　　상강 23일 20시 22분

양력 10	양력	1	2	3	4	5	6	7	8	9	10	11	12	13	14	15	16	17	18	19	20	21	22	23	24	25	26	27	28	29	30	31
	요일	화	수	목	금	토	일	월	화	수	목	금	토	일	월	화	수	목	금	토	일	월	화	수	목	금	토	일	월	화	수	목
	일진	癸	甲	乙	丙	丁	戊	己	庚	辛	壬	癸	甲	乙	丙	丁	戊	己	庚	辛	壬	癸	甲	乙	丙	丁	戊	己	庚	辛	壬	癸
		酉	戌	亥	子	丑	寅	卯	辰	巳	午	未	申	酉	戌	亥	子	丑	寅	卯	辰	巳	午	未	申	酉	戌	亥	子	丑	寅	卯
08/17 09/18	음력	17	18	19	20	21	22	23	24	25	26	27	28	29	9/1	2	3	4	5	6	7	8	9	10	11	12	13	14	15	16	17	18
	대 남	8	8	9	9	9	10	10	한	1	1	1	1	2	2	2	3	3	3	4	4	4	5	상	5	6	6	6	7	7	7	8
	운 여	2	2	2	1	1	1	1	로	10	10	9	9	9	8	8	8	7	7	7	6	6	6	강	5	5	4	4	4	3	3	2

입동 7일 20시 29분　【음10월】→　음 10【丁亥月(정해월)】　　　소설 22일 17시 51분

양력 11	양력	1	2	3	4	5	6	7	8	9	10	11	12	13	14	15	16	17	18	19	20	21	22	23	24	25	26	27	28	29	30	
	요일	금	토	일	월	화	수	목	금	토	일	월	화	수	목	금	토	일	월	화	수	목	금	토	일	월	화	수	목	금	토	
	일진	甲	乙	丙	丁	戊	己	庚	辛	壬	癸	甲	乙	丙	丁	戊	己	庚	辛	壬	癸	甲	乙	丙	丁	戊	己	庚	辛	壬	癸	
		辰	巳	午	未	申	酉	戌	亥	子	丑	寅	卯	辰	巳	午	未	申	酉	戌	亥	子	丑	寅	卯	辰	巳	午	未	申	酉	
09/19 10/19	음력	19	20	21	22	23	24	25	26	27	28	29	10/1	2	3	4	5	6	7	8	9	10	11	12	13	14	15	16	17	18	19	
	대 남	8	8	9	9	9	10	입	1	1	1	1	2	2	2	3	3	3	4	4	4	5	소	5	6	6	6	7	7	7	8	
	운 여	2	2	1	1	1	1	동	10	9	9	9	8	8	8	7	7	7	6	6	6	5	설	5	4	4	4	3	3	3	2	

대설 7일 13시 16분　【음11월】→　음 11【戊子月(무자월)】　　　동지 22일 07시 08분

양력 12	양력	1	2	3	4	5	6	7	8	9	10	11	12	13	14	15	16	17	18	19	20	21	22	23	24	25	26	27	28	29	30	31
	요일	일	월	화	수	목	금	토	일	월	화	수	목	금	토	일	월	화	수	목	금	토	일	월	화	수	목	금	토	일	월	화
	일진	甲	乙	丙	丁	戊	己	庚	辛	壬	癸	甲	乙	丙	丁	戊	己	庚	辛	壬	癸	甲	乙	丙	丁	戊	己	庚	辛	壬	癸	甲
		戌	亥	子	丑	寅	卯	辰	巳	午	未	申	酉	戌	亥	子	丑	寅	卯	辰	巳	午	未	申	酉	戌	亥	子	丑	寅	卯	辰
10/20 11/20	음력	20	21	22	23	24	25	26	27	28	29	30	11/1	2	3	4	5	6	7	8	9	10	11	12	13	14	15	16	17	18	19	20
	대 남	8	8	9	9	9	10	대	1	1	1	1	2	2	2	3	3	3	4	4	4	5	동	5	6	6	6	7	7	7	8	8
	운 여	2	2	1	1	1	1	설	10	9	9	9	8	8	8	7	7	7	6	6	6	5	지	5	4	4	4	3	3	3	2	2

丙寅(병인)년 납음(爐中火),본명성(五黃土)

단기 4319 年
불기 2530 年

1986년

대장군(子북방). 삼살(북방), 상문(辰동남방),조객(子북방), 납음(노중화),
【삼재(신,유,술)년】 臘享(납향):1987年1月22日(음12/23)

소한 6일 00시 28분 【음12월】→ 음 12 己丑月(기축월) 대한 20일 17시 46분

양력 1	양력	1	2	3	4	5	6	7	8	9	10	11	12	13	14	15	16	17	18	19	20	21	22	23	24	25	26	27	28	29	30	31
	요일	수	목	금	토	일	월	화	수	목	금	토	일	월	화	수	목	금	토	일	월	화	수	목	금	토	일	월	화	수	목	금
	일진	乙巳	丙午	丁未	戊申	己酉	庚戌	辛亥	壬子	癸丑	甲寅	乙卯	丙辰	丁巳	戊午	己未	庚申	辛酉	壬戌	癸亥	甲子	乙丑	丙寅	丁卯	戊辰	己巳	庚午	辛未	壬申	癸酉	甲戌	乙亥
음력 11/21 12/22	음력	21	22	23	24	25	26	27	28	29	12/1	2	3	4	5	6	7	8	9	10	11	12	13	14	15	16	17	18	19	20	21	22
	대 남	8	9	9	9	10	소한	1	1	1	1	2	2	2	3	3	3	4	4	4	대한	5	5	5	6	6	6	7	7	7	8	8
	운 여	2	1	1	1	한		9	9	9	8	8	8	7	7	7	6	6	6	5	한	5	4	4	4	3	3	3	2	2	2	1

입춘 4일 12시 08분 【음1월】→ 음 1 庚寅月(경인월) 우수 19일 07시 58분

양력 2	양력	1	2	3	4	5	6	7	8	9	10	11	12	13	14	15	16	17	18	19	20	21	22	23	24	25	26	27	28
	요일	토	일	월	화	수	목	금	토	일	월	화	수	목	금	토	일	월	화	수	목	금	토	일	월	화	수	목	금
	일진	丙子	丁丑	戊寅	己卯	庚辰	辛巳	壬午	癸未	甲申	乙酉	丙戌	丁亥	戊子	己丑	庚寅	辛卯	壬辰	癸巳	甲午	乙未	丙申	丁酉	戊戌	己亥	庚子	辛丑	壬寅	癸卯
음력 12/23 01/20	음력	23	24	25	26	27	28	29	30	1/1	2	3	4	5	6	7	8	9	10	11	12	13	14	15	16	17	18	19	20
	대 남	9	9	9	입춘	1	1	1	1	2	2	2	3	3	3	4	4	4	5	우수	5	6	6	6	7	7	7	8	8
	운 여	1	1	1	춘	1	1	1	2	2	2	3	3	3	4	4	4	5	5	수	5	6	6	6	7	7	7	8	8

경칩 6일 06시 12분 【음2월】→ 음 2 辛卯月(신묘월) 춘분 21일 07시 03분

양력 3	양력	1	2	3	4	5	6	7	8	9	10	11	12	13	14	15	16	17	18	19	20	21	22	23	24	25	26	27	28	29	30	31
	요일	토	일	월	화	수	목	금	토	일	월	화	수	목	금	토	일	월	화	수	목	금	토	일	월	화	수	목	금	토	일	월
	일진	甲辰	乙巳	丙午	丁未	戊申	己酉	庚戌	辛亥	壬子	癸丑	甲寅	乙卯	丙辰	丁巳	戊午	己未	庚申	辛酉	壬戌	癸亥	甲子	乙丑	丙寅	丁卯	戊辰	己巳	庚午	辛未	壬申	癸酉	甲戌
음력 01/21 02/22	음력	21	22	23	24	25	26	27	28	29	2/1	2	3	4	5	6	7	8	9	10	11	12	13	14	15	16	17	18	19	20	21	22
	대 남	2	1	1	1	1	경칩	10	9	9	9	8	8	8	7	7	7	6	6	6	5	춘분	5	4	4	4	3	3	3	2	2	2
	운 여	8	9	9	9	10	칩	1	1	1	1	2	2	2	3	3	3	4	4	4	5	분	5	6	6	6	7	7	7	8	8	8

청명 5일 11시 06분 【음3월】→ 음 3 壬辰月(임진월) 곡우 20일 18시 12분

양력 4	양력	1	2	3	4	5	6	7	8	9	10	11	12	13	14	15	16	17	18	19	20	21	22	23	24	25	26	27	28	29	30
	요일	화	수	목	금	토	일	월	화	수	목	금	토	일	월	화	수	목	금	토	일	월	화	수	목	금	토	일	월	화	수
	일진	乙亥	丙子	丁丑	戊寅	己卯	庚辰	辛巳	壬午	癸未	甲申	乙酉	丙戌	丁亥	戊子	己丑	庚寅	辛卯	壬辰	癸巳	甲午	乙未	丙申	丁酉	戊戌	己亥	庚子	辛丑	壬寅	癸卯	甲辰
음력 02/23 03/22	음력	23	24	25	26	27	28	29	30	3/1	2	3	4	5	6	7	8	9	10	11	12	13	14	15	16	17	18	19	20	21	22
	대 남	1	1	1	1	청명	10	10	9	9	9	8	8	8	7	7	7	6	6	6	곡우	5	5	4	4	4	3	3	3	2	2
	운 여	9	9	9	10	명	1	1	1	1	2	2	2	3	3	3	4	4	4	5	우	5	6	6	6	7	7	7	8	8	8

입하 6일 04시 31분 【음4월】→ 음 4 癸巳月(계사월) 소만 21일 17시 28분

양력 5	양력	1	2	3	4	5	6	7	8	9	10	11	12	13	14	15	16	17	18	19	20	21	22	23	24	25	26	27	28	29	30	31
	요일	목	금	토	일	월	화	수	목	금	토	일	월	화	수	목	금	토	일	월	화	수	목	금	토	일	월	화	수	목	금	토
	일진	乙巳	丙午	丁未	戊申	己酉	庚戌	辛亥	壬子	癸丑	甲寅	乙卯	丙辰	丁巳	戊午	己未	庚申	辛酉	壬戌	癸亥	甲子	乙丑	丙寅	丁卯	戊辰	己巳	庚午	辛未	壬申	癸酉	甲戌	乙亥
음력 03/23 04/23	음력	23	24	25	26	27	28	29	30	4/1	2	3	4	5	6	7	8	9	10	11	12	13	14	15	16	17	18	19	20	21	22	23
	대 남	2	1	1	1	입하	10	10	9	9	9	8	8	8	7	7	7	6	6	6	소만	5	5	4	4	4	3	3	3	2	2	2
	운 여	9	9	9	10	하	1	1	1	1	2	2	2	3	3	3	4	4	4	5	만	5	6	6	6	7	7	7	8	8	8

망종 6일 08시 44분 【음5월】→ 음 5 甲午月(갑오월) 하지 22일 01시 30분

양력 6	양력	1	2	3	4	5	6	7	8	9	10	11	12	13	14	15	16	17	18	19	20	21	22	23	24	25	26	27	28	29	30
	요일	일	월	화	수	목	금	토	일	월	화	수	목	금	토	일	월	화	수	목	금	토	일	월	화	수	목	금	토	일	월
	일진	丙子	丁丑	戊寅	己卯	庚辰	辛巳	壬午	癸未	甲申	乙酉	丙戌	丁亥	戊子	己丑	庚寅	辛卯	壬辰	癸巳	甲午	乙未	丙申	丁酉	戊戌	己亥	庚子	辛丑	壬寅	癸卯	甲辰	乙巳
음력 04/24 05/24	음력	24	25	26	27	28	29	5/1	2	3	4	5	6	7	8	9	10	11	12	13	14	15	16	17	18	19	20	21	22	23	24
	대 남	2	1	1	1	1	망종	10	10	9	9	9	8	8	8	7	7	7	6	6	6	5	하지	5	4	4	4	3	3	3	2
	운 여	9	9	9	10	10	종	1	1	1	1	2	2	2	3	3	3	4	4	4	5	5	지	6	6	6	7	7	7	8	8

丙寅年

한식(4월06일), 초복(7월15일), 중복(7월25일), 말복(8월14일) ↑춘사(春社)3/25
☀추사(秋社)9/21 토왕지절(土旺之節):4월17일,7월20일,10월21일,1월18일(음12/19)
臘享(납향):1987년1월22일(음12/23)

1986 丙寅年

소서 7일 19시 01분 【음6월】→ 음 6 【乙未月(을미월)】 대서 23일 12시 24분

양력 7	1	2	3	4	5	6	7	8	9	10	11	12	13	14	15	16	17	18	19	20	21	22	23	24	25	26	27	28	29	30	31
요일	화	수	목	금	토	일	월	화	수	목	금	토	일	월	화	수	목	금	토	일	월	화	수	목	금	토	일	월	화	수	목
일진	丙午	丁未	戊申	己酉	庚戌	辛亥	壬子	癸丑	甲寅	乙卯	丙辰	丁巳	戊午	己未	庚申	辛酉	壬戌	癸亥	甲子	乙丑	丙寅	丁卯	戊辰	己巳	庚午	辛未	壬申	癸酉	甲戌	乙亥	丙子
음력 05/25~06/25	25	26	27	28	29	30	6/1	2	3	4	5	6	7	8	9	10	11	12	13	14	15	16	17	18	19	20	21	22	23	24	25

입추 8일 04시 46분 【음7월】→ 음 7 【丙申月(병신월)】 처서 23일 19시 26분

양력 8	1	2	3	4	5	6	7	8	9	10	11	12	13	14	15	16	17	18	19	20	21	22	23	24	25	26	27	28	29	30	31
요일	금	토	일	월	화	수	목	금	토	일	월	화	수	목	금	토	일	월	화	수	목	금	토	일	월	화	수	목	금	토	일
일진	丁丑	戊寅	己卯	庚辰	辛巳	壬午	癸未	甲申	乙酉	丙戌	丁亥	戊子	己丑	庚寅	辛卯	壬辰	癸巳	甲午	乙未	丙申	丁酉	戊戌	己亥	庚子	辛丑	壬寅	癸卯	甲辰	乙巳	丙午	丁未
음력 06/26~07/26	26	27	28	29	30	7/1	2	3	4	5	6	7	8	9	10	11	12	13	14	15	16	17	18	19	20	21	22	23	24	25	26

백로 8일 07시 35분 【음8월】→ 음 8 【丁酉月(정유월)】 추분 23일 16시 59분

양력 9	1	2	3	4	5	6	7	8	9	10	11	12	13	14	15	16	17	18	19	20	21	22	23	24	25	26	27	28	29	30
요일	월	화	수	목	금	토	일	월	화	수	목	금	토	일	월	화	수	목	금	토	일	월	화	수	목	금	토	일	월	화
일진	戊申	己酉	庚戌	辛亥	壬子	癸丑	甲寅	乙卯	丙辰	丁巳	戊午	己未	庚申	辛酉	壬戌	癸亥	甲子	乙丑	丙寅	丁卯	戊辰	己巳	庚午	辛未	壬申	癸酉	甲戌	乙亥	丙子	丁丑
음력 07/27~08/27	27	28	29	8/1	2	3	4	5	6	7	8	9	10	11	12	13	14	15	16	17	18	19	20	21	22	23	24	25	26	27

한로 8일 23시 07분 【음9월】→ 음 9 【戊戌月(무술월)】 상강 24일 02시 14분

양력 10	1	2	3	4	5	6	7	8	9	10	11	12	13	14	15	16	17	18	19	20	21	22	23	24	25	26	27	28	29	30	31
요일	수	목	금	토	일	월	화	수	목	금	토	일	월	화	수	목	금	토	일	월	화	수	목	금	토	일	월	화	수	목	금
일진	戊寅	己卯	庚辰	辛巳	壬午	癸未	甲申	乙酉	丙戌	丁亥	戊子	己丑	庚寅	辛卯	壬辰	癸巳	甲午	乙未	丙申	丁酉	戊戌	己亥	庚子	辛丑	壬寅	癸卯	甲辰	乙巳	丙午	丁未	戊申
음력 08/28~09/28	28	29	30	9/1	2	3	4	5	6	7	8	9	10	11	12	13	14	15	16	17	18	19	20	21	22	23	24	25	26	27	28

입동 8일 02시 13분 【음10월】→ 음 10 【己亥月(기해월)】 소설 22일 23시 44분

양력 11	1	2	3	4	5	6	7	8	9	10	11	12	13	14	15	16	17	18	19	20	21	22	23	24	25	26	27	28	29	30
요일	토	일	월	화	수	목	금	토	일	월	화	수	목	금	토	일	월	화	수	목	금	토	일	월	화	수	목	금	토	일
일진	己酉	庚戌	辛亥	壬子	癸丑	甲寅	乙卯	丙辰	丁巳	戊午	己未	庚申	辛酉	壬戌	癸亥	甲子	乙丑	丙寅	丁卯	戊辰	己巳	庚午	辛未	壬申	癸酉	甲戌	乙亥	丙子	丁丑	戊寅
음력 09/29~10/29	29	10/1	2	3	4	5	6	7	8	9	10	11	12	13	14	15	16	17	18	19	20	21	22	23	24	25	26	27	28	29

대설 7일 19시 01분 【음11월】→ 음 11 【庚子月(경자월)】 동지 22일 13시 02분

양력 12	1	2	3	4	5	6	7	8	9	10	11	12	13	14	15	16	17	18	19	20	21	22	23	24	25	26	27	28	29	30	31
요일	월	화	수	목	금	토	일	월	화	수	목	금	토	일	월	화	수	목	금	토	일	월	화	수	목	금	토	일	월	화	수
일진	己卯	庚辰	辛巳	壬午	癸未	甲申	乙酉	丙戌	丁亥	戊子	己丑	庚寅	辛卯	壬辰	癸巳	甲午	乙未	丙申	丁酉	戊戌	己亥	庚子	辛丑	壬寅	癸卯	甲辰	乙巳	丙午	丁未	戊申	己酉
음력 10/30~12/01	30	11/1	2	3	4	5	6	7	8	9	10	11	12	13	14	15	16	17	18	19	20	21	22	23	24	25	26	27	28	29	12/1

소한 6일 06시 13분 【음12월】→ 음12 **辛丑月(신축월)** 대한 20일 23시 40분

양력 1	양력	1	2	3	4	5	6	7	8	9	10	11	12	13	14	15	16	17	18	19	20	21	22	23	24	25	26	27	28	29	30	31
	요일	목	금	토	일	월	화	수	목	금	토	일	월	화	수	목	금	토	일	월	화	수	목	금	토	일	월	화	수	목	금	토
	일진	庚辰	辛巳	壬午	癸未	甲申	乙酉	丙戌	丁亥	戊子	己丑	庚寅	辛卯	壬辰	癸巳	甲午	乙未	丙申	丁酉	戊戌	己亥	庚子	辛丑	壬寅	癸卯	甲辰	乙巳	丙午	丁未	戊申	己酉	庚戌
음력 12/02 01/03	음력	2	3	4	5	6	7	8	9	10	11	12	13	14	15	16	17	18	19	20	21	22	23	24	25	26	27	28	29	1/1	2	3
	대남	2	1	1	1	1	소한	9	9	9	8	8	8	7	7	7	6	6	6	5	대한	5	5	4	4	4	3	3	3	2	2	1
	운여	8	9	9	9	10		1	1	1	1	2	2	2	3	3	3	4	4	4		5	5	6	6	6	7	7	7	8	8	8

입춘 4일 17시 52분 【음1월】→ 음1 **壬寅月(임인월)** 우수 19일 13시 50분

양력 2	양력	1	2	3	4	5	6	7	8	9	10	11	12	13	14	15	16	17	18	19	20	21	22	23	24	25	26	27	28		
	요일	일	월	화	수	목	금	토	일	월	화	수	목	금	토	일	월	화	수	목	금	토	일	월	화	수	목	금	토		
	일진	辛亥	壬子	癸丑	甲寅	乙卯	丙辰	丁巳	戊午	己未	庚申	辛酉	壬戌	癸亥	甲子	乙丑	丙寅	丁卯	戊辰	己巳	庚午	辛未	壬申	癸酉	甲戌	乙亥	丙子	丁丑	戊寅		
음력 01/04 02/01	음력	4	5	6	7	8	9	10	11	12	13	14	15	16	17	18	19	20	21	22	23	24	25	26	27	28	29	30	2/1		
	대남	1	1	1	입춘	1	1	1	1	2	2	2	3	3	3	4	4	4	5	우수	5	6	6	6	7	7	7	8	8		
	운여	9	9	9	춘	10	9	9	9	8	8	8	7	7	7	6	6	6	5	수	5	4	4	4	3	3	3	2	2		

경칩 6일 11시 54분 【음2월】→ 음2 **癸卯月(계묘월)** 춘분 21일 12시 52분

양력 3	양력	1	2	3	4	5	6	7	8	9	10	11	12	13	14	15	16	17	18	19	20	21	22	23	24	25	26	27	28	29	30	31
	요일	일	월	화	수	목	금	토	일	월	화	수	목	금	토	일	월	화	수	목	금	토	일	월	화	수	목	금	토	일	월	화
	일진	己卯	庚辰	辛巳	壬午	癸未	甲申	乙酉	丙戌	丁亥	戊子	己丑	庚寅	辛卯	壬辰	癸巳	甲午	乙未	丙申	丁酉	戊戌	己亥	庚子	辛丑	壬寅	癸卯	甲辰	乙巳	丙午	丁未	戊申	己酉
음력 02/02 03/03	음력	2	3	4	5	6	7	8	9	10	11	12	13	14	15	16	17	18	19	20	21	22	23	24	25	26	27	28	29	3/1	2	3
	대남	8	9	9	9	10	경칩	1	1	1	1	2	2	2	3	3	3	4	4	4	5	춘분	5	6	6	6	7	7	7	8	8	8
	운여	2	1	1	1	1	칩	10	9	9	9	8	8	8	7	7	7	6	6	6	5	분	5	4	4	4	3	3	3	2	2	2

청명 5일 16시 44분 【음3월】→ 음3 **甲辰月(갑진월)** 곡우 20일 23시 58분

양력 4	양력	1	2	3	4	5	6	7	8	9	10	11	12	13	14	15	16	17	18	19	20	21	22	23	24	25	26	27	28	29	30	
	요일	수	목	금	토	일	월	화	수	목	금	토	일	월	화	수	목	금	토	일	월	화	수	목	금	토	일	월	화	수	목	
	일진	庚戌	辛亥	壬子	癸丑	甲寅	乙卯	丙辰	丁巳	戊午	己未	庚申	辛酉	壬戌	癸亥	甲子	乙丑	丙寅	丁卯	戊辰	己巳	庚午	辛未	壬申	癸酉	甲戌	乙亥	丙子	丁丑	戊寅	己卯	
음력 03/04 04/03	음력	4	5	6	7	8	9	10	11	12	13	14	15	16	17	18	19	20	21	22	23	24	25	26	27	28	29	30	4/1	2	3	
	대남	9	9	9	10	청명	1	1	1	1	2	2	2	3	3	3	4	4	4	5	곡우	5	6	6	6	7	7	7	8	8	8	
	운여	1	1	1	1	명	10	10	9	9	9	8	8	8	7	7	7	6	6	6	우	5	5	4	4	4	3	3	3	2	2	

입하 6일 10시 06분 【음4월】→ 음4 **乙巳月(을사월)** 소만 22일 00시 10분

양력 5	양력	1	2	3	4	5	6	7	8	9	10	11	12	13	14	15	16	17	18	19	20	21	22	23	24	25	26	27	28	29	30	31
	요일	금	토	일	월	화	수	목	금	토	일	월	화	수	목	금	토	일	월	화	수	목	금	토	일	월	화	수	목	금	토	일
	일진	庚辰	辛巳	壬午	癸未	甲申	乙酉	丙戌	丁亥	戊子	己丑	庚寅	辛卯	壬辰	癸巳	甲午	乙未	丙申	丁酉	戊戌	己亥	庚子	辛丑	壬寅	癸卯	甲辰	乙巳	丙午	丁未	戊申	己酉	庚戌
음력 04/04 05/04	음력	4	5	6	7	8	9	10	11	12	13	14	15	16	17	18	19	20	21	22	23	24	25	26	27	28	29	30	5/1	2	3	4
	대남	9	9	9	10	10	입하	1	1	1	1	2	2	2	3	3	3	4	4	4	5	5	소만	6	6	6	7	7	7	8	8	8
	운여	2	1	1	1	1	하	10	10	9	9	9	8	8	8	7	7	7	6	6	6	5	만	5	4	4	4	3	3	3	2	2

망종 6일 15시 19분 【음5월】→ 음5 **丙午月(병오월)** 하지 22일 08시 11분

양력 6	양력	1	2	3	4	5	6	7	8	9	10	11	12	13	14	15	16	17	18	19	20	21	22	23	24	25	26	27	28	29	30	
	요일	월	화	수	목	금	토	일	월	화	수	목	금	토	일	월	화	수	목	금	토	일	월	화	수	목	금	토	일	월	화	
	일진	辛亥	壬子	癸丑	甲寅	乙卯	丙辰	丁巳	戊午	己未	庚申	辛酉	壬戌	癸亥	甲子	乙丑	丙寅	丁卯	戊辰	己巳	庚午	辛未	壬申	癸酉	甲戌	乙亥	丙子	丁丑	戊寅	己卯	庚辰	
음력 05/05 06/05	음력	5	6	7	8	9	10	11	12	13	14	15	16	17	18	19	20	21	22	23	24	25	26	27	28	29	6/1	2	3	4	5	
	대남	9	9	9	10	10	망종	1	1	1	1	2	2	2	3	3	3	4	4	4	5	5	하지	6	6	6	7	7	7	8	8	
	운여	2	1	1	1	1	종	10	10	10	9	9	9	8	8	8	7	7	7	6	6	6	지	5	5	5	4	4	4	3	3	

한식(4월06일), 초복(7월20일), 중복(7월30일), 말복(8월09일)
↑춘사(春社)3/20 ☀추사(秋社)9/26
토왕지절(土旺之節):4월17일,7월20일,10월21일,1월18일(음11/29)

1987
丁卯年

소서 8일 01시 39분 　【음6월】→ 음6 【丁未月(정미월)】 윤6 　대서 23일 19시 06분

양력 7

양력	1	2	3	4	5	6	7	8	9	10	11	12	13	14	15	16	17	18	19	20	21	22	23	24	25	26	27	28	29	30	31
요일	수	목	금	토	일	월	화	수	목	금	토	일	월	화	수	목	금	토	일	월	화	수	목	금	토	일	월	화	수	목	금
일진	辛	壬	癸	甲	乙	丙	丁	戊	己	庚	辛	壬	癸	甲	乙	丙	丁	戊	己	庚	辛	壬	癸	甲	乙	丙	丁	戊	己	庚	辛
日辰	巳	午	未	申	酉	戌	亥	子	丑	寅	卯	辰	巳	午	未	申	酉	戌	亥	子	丑	寅	卯	辰	巳	午	未	申	酉	戌	亥
음력 06/06	6	7	8	9	10	11	12	13	14	15	16	17	18	19	20	21	22	23	24	25	26	27	28	29	윤6	2	3	4	5	6
대낭	8	9	9	9	10	10	10	소서	1	1	1	1	2	2	2	3	3	3	4	4	4	5	5	대서	5	6	6	6	7	7	8
운여	2	2	2	1	1	1	1		10	10	9	9	9	8	8	8	7	7	7	6	6	6	5		5	5	4	4	4	3	3

입추 8일 11시 29분 　【음7월】→ 음7 【戊申月(무신월)】 　처서 24일 02시 10분

양력 8

양력	1	2	3	4	5	6	7	8	9	10	11	12	13	14	15	16	17	18	19	20	21	22	23	24	25	26	27	28	29	30	31
요일	토	일	월	화	수	목	금	토	일	월	화	수	목	금	토	일	월	화	수	목	금	토	일	월	화	수	목	금	토	일	월
일진	壬	癸	甲	乙	丙	丁	戊	己	庚	辛	壬	癸	甲	乙	丙	丁	戊	己	庚	辛	壬	癸	甲	乙	丙	丁	戊	己	庚	辛	壬
日辰	子	丑	寅	卯	辰	巳	午	未	申	酉	戌	亥	子	丑	寅	卯	辰	巳	午	未	申	酉	戌	亥	子	丑	寅	卯	辰	巳	午
음력 07/08	7	8	9	10	11	12	13	14	15	16	17	18	19	20	21	22	23	24	25	26	27	28	29	7/1	2	3	4	5	6	7	8
대낭	8	8	9	9	9	10	10	입추	1	1	1	1	2	2	2	3	3	3	4	4	4	5	5	처서	6	6	6	7	7	7	8
운여	2	2	2	1	1	1	1		10	10	9	9	9	8	8	8	7	7	7	6	6	6	5		5	5	4	4	4	3	3

백로 8일 14시 24분 　【음8월】→ 음8 【己酉月(기유월)】 　추분 23일 23시 45분

양력 9

양력	1	2	3	4	5	6	7	8	9	10	11	12	13	14	15	16	17	18	19	20	21	22	23	24	25	26	27	28	29	30
요일	화	수	목	금	토	일	월	화	수	목	금	토	일	월	화	수	목	금	토	일	월	화	수	목	금	토	일	월	화	수
일진	癸	甲	乙	丙	丁	戊	己	庚	辛	壬	癸	甲	乙	丙	丁	戊	己	庚	辛	壬	癸	甲	乙	丙	丁	戊	己	庚	辛	壬
日辰	丑	寅	卯	辰	巳	午	未	申	酉	戌	亥	子	丑	寅	卯	辰	巳	午	未	申	酉	戌	亥	子	丑	寅	卯	辰	巳	午
음력 08/08	9	10	11	12	13	14	15	16	17	18	19	20	21	22	23	24	25	26	27	28	29	30	8/1	2	3	4	5	6	7	8
대낭	8	8	9	9	9	10	10	백로	1	1	1	1	2	2	2	3	3	3	4	4	4	5	추분	5	6	6	6	7	7	7
운여	2	2	2	1	1	1	1		10	10	9	9	9	8	8	8	7	7	7	6	6	6		5	5	5	4	4	4	3

한로 9일 05시 00분 　【음9월】→ 음9 【庚戌月(경술월)】 　상강 24일 08시 01분

양력 10

양력	1	2	3	4	5	6	7	8	9	10	11	12	13	14	15	16	17	18	19	20	21	22	23	24	25	26	27	28	29	30	31
요일	목	금	토	일	월	화	수	목	금	토	일	월	화	수	목	금	토	일	월	화	수	목	금	토	일	월	화	수	목	금	토
일진	癸	甲	乙	丙	丁	戊	己	庚	辛	壬	癸	甲	乙	丙	丁	戊	己	庚	辛	壬	癸	甲	乙	丙	丁	戊	己	庚	辛	壬	癸
日辰	未	申	酉	戌	亥	子	丑	寅	卯	辰	巳	午	未	申	酉	戌	亥	子	丑	寅	卯	辰	巳	午	未	申	酉	戌	亥	子	丑
음력 09/09	9	10	11	12	13	14	15	16	17	18	19	20	21	22	23	24	25	26	27	28	29	30	9/1	2	3	4	5	6	7	8	9
대낭	8	8	8	9	9	9	10	한로	1	1	1	1	2	2	2	3	3	3	4	4	4	5	5	상강	5	6	6	6	7	7	7
운여	3	2	2	2	1	1	1		10	9	9	9	8	8	8	7	7	7	6	6	6	5	5		5	4	4	4	3	3	3

입동 8일 08시 06분 　【음10월】→ 음10 【辛亥月(신해월)】 　소설 23일 05시 29분

양력 11

양력	1	2	3	4	5	6	7	8	9	10	11	12	13	14	15	16	17	18	19	20	21	22	23	24	25	26	27	28	29	30
요일	일	월	화	수	목	금	토	일	월	화	수	목	금	토	일	월	화	수	목	금	토	일	월	화	수	목	금	토	일	월
일진	甲	乙	丙	丁	戊	己	庚	辛	壬	癸	甲	乙	丙	丁	戊	己	庚	辛	壬	癸	甲	乙	丙	丁	戊	己	庚	辛	壬	癸
日辰	寅	卯	辰	巳	午	未	申	酉	戌	亥	子	丑	寅	卯	辰	巳	午	未	申	酉	戌	亥	子	丑	寅	卯	辰	巳	午	未
음력 10/10	10	11	12	13	14	15	16	17	18	19	20	21	22	23	24	25	26	27	28	29	10/1	2	3	4	5	6	7	8	9	10
대낭	8	8	8	9	9	9	10	입동	1	1	1	1	2	2	2	3	3	3	4	4	4	5	소설	5	6	6	6	7	7	7
운여	2	2	2	1	1	1	1		10	9	9	9	8	8	8	7	7	7	6	6	6	5		5	4	4	4	3	3	3

대설 8일 00시 52분 　【음11월】→ 음11 【壬子月(임자월)】 　동지 22일 18시 46분

양력 12

양력	1	2	3	4	5	6	7	8	9	10	11	12	13	14	15	16	17	18	19	20	21	22	23	24	25	26	27	28	29	30	31
요일	화	수	목	금	토	일	월	화	수	목	금	토	일	월	화	수	목	금	토	일	월	화	수	목	금	토	일	월	화	수	목
일진	甲	乙	丙	丁	戊	己	庚	辛	壬	癸	甲	乙	丙	丁	戊	己	庚	辛	壬	癸	甲	乙	丙	丁	戊	己	庚	辛	壬	癸	甲
日辰	申	酉	戌	亥	子	丑	寅	卯	辰	巳	午	未	申	酉	戌	亥	子	丑	寅	卯	辰	巳	午	未	申	酉	戌	亥	子	丑	寅
음력 10/11	11	12	13	14	15	16	17	18	19	20	21	22	23	24	25	26	27	28	29	30	11/1	2	3	4	5	6	7	8	9	10	11
대낭	8	8	8	9	9	9	대설	1	1	1	1	2	2	2	3	3	3	4	4	4	5	동지	5	6	6	6	7	7	7	8	8
운여	2	2	2	1	1	1		10	9	9	9	8	8	8	7	7	7	6	6	6	5		5	4	4	4	3	3	3	2	2

단기 4321 年　불기 2532 年

1988년

戊辰(무진)년　납음(大林木), 본명성(三碧木)

대장군(子북방), 삼살(남방), 상문(午남방), 조객(寅동북방), 납음(대림목), 삼재(인,묘,진)　臘享(납향):1989년1월23일(음12/16)

1月
소한 6일 12시 04분　【음12월】→　음 12　【癸丑月(계축월)】　대한 21일 05시 24분

양력	1	2	3	4	5	6	7	8	9	10	11	12	13	14	15	16	17	18	19	20	21	22	23	24	25	26	27	28	29	30	31
요일	금	토	일	월	화	수	목	금	토	일	월	화	수	목	금	토	일	월	화	수	목	금	토	일	월	화	수	목	금	토	일
일진	乙	丙	丁	戊	己	庚	辛	壬	癸	甲	乙	丙	丁	戊	己	庚	辛	壬	癸	甲	乙	丙	丁	戊	己	庚	辛	壬	癸	甲	乙
日辰	卯	辰	巳	午	未	申	酉	戌	亥	子	丑	寅	卯	辰	巳	午	未	申	酉	戌	亥	子	丑	寅	卯	辰	巳	午	未	申	酉
음력	12	13	14	15	16	17	18	19	20	21	22	23	24	25	26	27	28	29	12/1	2	3	4	5	6	7	8	9	10	11	12	13
대남	8	8	8	9	9	소한	1	1	1	2	2	2	3	3	3	4	4	5	대한	5	6	6	6	7	7	7	8	8	8		
운여	2	1	1	1	9	9	9	8	8	8	7	7	7	6	6	6	5	5	4	4	4	3	3	3	2	2	1				

11/12　12/13

2月
입춘 4일 23시 43분　【음1월】→　음 1　【甲寅月(갑인월)】　우수 19일 19시 35분

양력	1	2	3	4	5	6	7	8	9	10	11	12	13	14	15	16	17	18	19	20	21	22	23	24	25	26	27	28	29
요일	월	화	수	목	금	토	일	월	화	수	목	금	토	일	월	화	수	목	금	토	일	월	화	수	목	금	토	일	월
일진	丙	丁	戊	己	庚	辛	壬	癸	甲	乙	丙	丁	戊	己	庚	辛	壬	癸	甲	乙	丙	丁	戊	己	庚	辛	壬	癸	甲
日辰	戌	亥	子	丑	寅	卯	辰	巳	午	未	申	酉	戌	亥	子	丑	寅	卯	辰	巳	午	未	申	酉	戌	亥	子	丑	寅
음력	12/14	15	16	17	18	19	20	21	22	23	24	25	26	27	28	29	30	1/1	2	3	4	5	6	7	8	9	10	11	12
대남	9	9	9	입춘	10	9	9	9	8	8	8	7	7	7	6	6	6	5	우수	5	4	4	4	3	3	3	2	2	2
운여	1	1	1		1	1	2	2	2	3	3	3	4	4	4	5	5	5	6	6	6	7	7	7	8	8	8		

12/14　01/02

戊辰年

3月
경칩 5일 17시 47분　【음2월】→　음 2　【乙卯月(을묘월)】　춘분 20일 18시 39분

양력	1	2	3	4	5	6	7	8	9	10	11	12	13	14	15	16	17	18	19	20	21	22	23	24	25	26	27	28	29	30	31
요일	화	수	목	금	토	일	월	화	수	목	금	토	일	월	화	수	목	금	토	일	월	화	수	목	금	토	일	월	화	수	목
일진	乙	丙	丁	戊	己	庚	辛	壬	癸	甲	乙	丙	丁	戊	己	庚	辛	壬	癸	甲	乙	丙	丁	戊	己	庚	辛	壬	癸	甲	乙
日辰	卯	辰	巳	午	未	申	酉	戌	亥	子	丑	寅	卯	辰	巳	午	未	申	酉	戌	亥	子	丑	寅	卯	辰	巳	午	未	申	酉
음력	13	14	15	16	17	18	19	20	21	22	23	24	25	26	27	28	29	2/1	2	3	4	5	6	7	8	9	10	11	12	13	14
대남	1	1	1	1	경칩	10	10	9	9	9	8	8	8	7	7	7	6	6	6	춘분	5	4	4	4	3	3	3	2	2	2	1
운여	9	9	9	10		1	1	1	2	2	2	3	3	3	4	4	4	5	5	분	5	6	6	6	7	7	7	8	8	8	9

01/13　02/14

4月
청명 4일 22시 39분　【음3월】→　음 3　【丙辰月(병진월)】　곡우 20일 05시 45분

양력	1	2	3	4	5	6	7	8	9	10	11	12	13	14	15	16	17	18	19	20	21	22	23	24	25	26	27	28	29	30
요일	금	토	일	월	화	수	목	금	토	일	월	화	수	목	금	토	일	월	화	수	목	금	토	일	월	화	수	목	금	토
일진	丙	丁	戊	己	庚	辛	壬	癸	甲	乙	丙	丁	戊	己	庚	辛	壬	癸	甲	乙	丙	丁	戊	己	庚	辛	壬	癸	甲	乙
日辰	戌	亥	子	丑	寅	卯	辰	巳	午	未	申	酉	戌	亥	子	丑	寅	卯	辰	巳	午	未	申	酉	戌	亥	子	丑	寅	卯
음력	15	16	17	18	19	20	21	22	23	24	25	26	27	28	29	3/1	2	3	4	5	6	7	8	9	10	11	12	13	14	15
대남	1	1	1	청명	10	10	9	9	9	8	8	8	7	7	7	6	6	6	5	곡우	5	4	4	4	3	3	3	2	2	2
운여	9	9	10	명	1	1	1	2	2	2	3	3	3	4	4	4	5	5	5	우	6	6	6	7	7	7	8	8	8	

02/15　03/15

5月
입하 5일 16시 02분　【음4월】→　음 4　【丁巳月(정사월)】　소만 21일 05시 57분

양력	1	2	3	4	5	6	7	8	9	10	11	12	13	14	15	16	17	18	19	20	21	22	23	24	25	26	27	28	29	30	31
요일	일	월	화	수	목	금	토	일	월	화	수	목	금	토	일	월	화	수	목	금	토	일	월	화	수	목	금	토	일	월	화
일진	丙	丁	戊	己	庚	辛	壬	癸	甲	乙	丙	丁	戊	己	庚	辛	壬	癸	甲	乙	丙	丁	戊	己	庚	辛	壬	癸	甲	乙	丙
日辰	辰	巳	午	未	申	酉	戌	亥	子	丑	寅	卯	辰	巳	午	未	申	酉	戌	亥	子	丑	寅	卯	辰	巳	午	未	申	酉	戌
음력	16	17	18	19	20	21	22	23	24	25	26	27	28	29	30	4/1	2	3	4	5	6	7	8	9	10	11	12	13	14	15	16
대남	1	1	1	입하	10	10	9	9	9	8	8	8	7	7	7	6	6	6	5	소만	5	4	4	4	3	3	3	2	2	2	1
운여	9	9	10	하	1	1	1	2	2	2	3	3	3	4	4	4	5	5	5	만	6	6	6	7	7	7	8	8	8	9	

03/16　04/16

6月
망종 5일 21시 15분　【음5월】→　음 5　【戊午月(무오월)】　하지 21일 13시 57분

양력	1	2	3	4	5	6	7	8	9	10	11	12	13	14	15	16	17	18	19	20	21	22	23	24	25	26	27	28	29	30
요일	수	목	금	토	일	월	화	수	목	금	토	일	월	화	수	목	금	토	일	월	화	수	목	금	토	일	월	화	수	목
일진	丁	戊	己	庚	辛	壬	癸	甲	乙	丙	丁	戊	己	庚	辛	壬	癸	甲	乙	丙	丁	戊	己	庚	辛	壬	癸	甲	乙	丙
日辰	亥	子	丑	寅	卯	辰	巳	午	未	申	酉	戌	亥	子	丑	寅	卯	辰	巳	午	未	申	酉	戌	亥	子	丑	寅	卯	辰
음력	17	18	19	20	21	22	23	24	25	26	27	28	29	5/1	2	3	4	5	6	7	8	9	10	11	12	13	14	15	16	17
대남	1	1	1	1	망종	10	10	9	9	9	8	8	8	7	7	7	6	6	6	5	하지	5	4	4	4	3	3	3	2	2
운여	9	9	10	10	종	1	1	1	2	2	2	3	3	3	4	4	4	5	5	5	지	6	6	6	7	7	7	8	8	8

04/17　05/17

한식(4월05일), 초복(7월14일), 중복(7월24일), 말복(8월13일)
🌱춘사(春社)3/24 ☀추사(秋社)9/20
토왕지절(土旺之節):4월17일,7월19일,10월20일,1월17일(음12/10)

서머타임 시작 5월08일 02시→03시로 조정
종료10월09일 03시→02시로 조정
수정한 시간으로 표기(동경표준시 사용)

1988
戊辰年

소서 7일 07시 33분　　　　【음6월】→　음 6 【己未月(기미월)】　　　　대서 23일 00시 51분

양력	1	2	3	4	5	6	7	8	9	10	11	12	13	14	15	16	17	18	19	20	21	22	23	24	25	26	27	28	29	30	31
요일	금	토	일	월	화	수	목	금	토	일	월	화	수	목	금	토	일	월	화	수	목	금	토	일	월	화	수	목	금	토	일
일진	丁巳	戊午	己未	庚申	辛酉	壬戌	癸亥	甲子	乙丑	丙寅	丁卯	戊辰	己巳	庚午	辛未	壬申	癸酉	甲戌	乙亥	丙子	丁丑	戊寅	己卯	庚辰	辛巳	壬午	癸未	甲申	乙酉	丙戌	丁亥
음력	18	19	20	21	22	23	24	25	26	27	28	29	30	6/1	2	3	4	5	6	7	8	9	10	11	12	13	14	15	16	17	18
대운	2	2	1	1	1	1	소	10	10	9	9	9	8	8	8	7	7	7	6	6	6	5	대	5	4	4	4	3	3	3	2
여	9	9	9	10	10	10	서	1	1	1	1	2	2	2	3	3	3	4	4	4	5	5	서	6	6	6	7	7	7	8	8

05/18　06/18

입추 7일 17시 20분　　　　【음7월】→　음 7 【庚申月(경신월)】　　　　처서 23일 07시 54분

양력	1	2	3	4	5	6	7	8	9	10	11	12	13	14	15	16	17	18	19	20	21	22	23	24	25	26	27	28	29	30	31
요일	월	화	수	목	금	토	일	월	화	수	목	금	토	일	월	화	수	목	금	토	일	월	화	수	목	금	토	일	월	화	수
일진	戊子	己丑	庚寅	辛卯	壬辰	癸巳	甲午	乙未	丙申	丁酉	戊戌	己亥	庚子	辛丑	壬寅	癸卯	甲辰	乙巳	丙午	丁未	戊申	己酉	庚戌	辛亥	壬子	癸丑	甲寅	乙卯	丙辰	丁巳	戊午
음력	19	20	21	22	23	24	25	26	27	28	29	7/1	2	3	4	5	6	7	8	9	10	11	12	13	14	15	16	17	18	19	20
대운	2	2	1	1	1	1	입	10	10	10	9	9	9	8	8	8	7	7	7	6	6	6	처	5	5	5	4	4	4	3	3
여	8	9	9	9	10	10	추	1	1	1	1	2	2	2	3	3	3	4	4	4	5	5	서	6	6	6	7	7	7	8	8

06/19　07/20

백로 7일 20시 12분　　　　【음8월】→　음 8 【辛酉月(신유월)】　　　　추분 23일 05시 29분

양력	1	2	3	4	5	6	7	8	9	10	11	12	13	14	15	16	17	18	19	20	21	22	23	24	25	26	27	28	29	30
요일	목	금	토	일	월	화	수	목	금	토	일	월	화	수	목	금	토	일	월	화	수	목	금	토	일	월	화	수	목	금
일진	己未	庚申	辛酉	壬戌	癸亥	甲子	乙丑	丙寅	丁卯	戊辰	己巳	庚午	辛未	壬申	癸酉	甲戌	乙亥	丙子	丁丑	戊寅	己卯	庚辰	辛巳	壬午	癸未	甲申	乙酉	丙戌	丁亥	戊子
음력	21	22	23	24	25	26	27	28	29	30	8/1	2	3	4	5	6	7	8	9	10	11	12	13	14	15	16	17	18	19	20
대운	2	2	2	1	1	1	백	10	10	9	9	9	8	8	8	7	7	7	6	6	6	5	추	5	4	4	4	3	3	3
여	8	9	9	9	10	10	로	1	1	1	1	2	2	2	3	3	3	4	4	4	5	5	분	6	6	6	7	7	7	8

07/21　08/20

한로 8일 11시 45분　　　　【음9월】→　음 9 【壬戌月(임술월)】　　　　상강 23일 13시 44분

양력	1	2	3	4	5	6	7	8	9	10	11	12	13	14	15	16	17	18	19	20	21	22	23	24	25	26	27	28	29	30	31
요일	토	일	월	화	수	목	금	토	일	월	화	수	목	금	토	일	월	화	수	목	금	토	일	월	화	수	목	금	토	일	월
일진	己丑	庚寅	辛卯	壬辰	癸巳	甲午	乙未	丙申	丁酉	戊戌	己亥	庚子	辛丑	壬寅	癸卯	甲辰	乙巳	丙午	丁未	戊申	己酉	庚戌	辛亥	壬子	癸丑	甲寅	乙卯	丙辰	丁巳	戊午	己未
음력	21	22	23	24	25	26	27	28	29	30	9/1	2	3	4	5	6	7	8	9	10	11	12	13	14	15	16	17	18	19	20	21
대운	2	2	2	1	1	1	한	10	9	9	9	8	8	8	7	7	7	6	6	6	5	5	상	5	4	4	4	3	3	3	2
여	8	8	9	9	9	10	로	1	1	1	1	2	2	2	3	3	3	4	4	4	5	5	강	5	6	6	6	7	7	7	8

08/21　09/21

입동 7일 13시 49분　　　　【음10월】→　음 10 【癸亥月(계해월)】　　　　소설 22일 11시 12분

양력	1	2	3	4	5	6	7	8	9	10	11	12	13	14	15	16	17	18	19	20	21	22	23	24	25	26	27	28	29	30
요일	화	수	목	금	토	일	월	화	수	목	금	토	일	월	화	수	목	금	토	일	월	화	수	목	금	토	일	월	화	수
일진	庚申	辛酉	壬戌	癸亥	甲子	乙丑	丙寅	丁卯	戊辰	己巳	庚午	辛未	壬申	癸酉	甲戌	乙亥	丙子	丁丑	戊寅	己卯	庚辰	辛巳	壬午	癸未	甲申	乙酉	丙戌	丁亥	戊子	己丑
음력	22	23	24	25	26	27	28	29	10/1	2	3	4	5	6	7	8	9	10	11	12	13	14	15	16	17	18	19	20	21	22
대남	2	2	2	1	1	1	입	10	9	9	9	8	8	8	7	7	7	6	6	6	5	5	소	5	4	4	4	3	3	3
여	8	8	9	9	9	10	동	1	1	1	1	2	2	2	3	3	3	4	4	4	5	5	설	5	6	6	6	7	7	8

09/22　10/22

대설 7일 06시 34분　　　　【음11월】→　음 11 【甲子月(갑자월)】　　　　동지 22일 00시 28분

양력	1	2	3	4	5	6	7	8	9	10	11	12	13	14	15	16	17	18	19	20	21	22	23	24	25	26	27	28	29	30	31
요일	목	금	토	일	월	화	수	목	금	토	일	월	화	수	목	금	토	일	월	화	수	목	금	토	일	월	화	수	목	금	토
일진	庚寅	辛卯	壬辰	癸巳	甲午	乙未	丙申	丁酉	戊戌	己亥	庚子	辛丑	壬寅	癸卯	甲辰	乙巳	丙午	丁未	戊申	己酉	庚戌	辛亥	壬子	癸丑	甲寅	乙卯	丙辰	丁巳	戊午	己未	庚申
음력	23	24	25	26	27	28	29	30	11/1	2	3	4	5	6	7	8	9	10	11	12	13	14	15	16	17	18	19	20	21	22	23
대남	2	2	1	1	1	1	대	10	9	9	9	8	8	8	7	7	7	6	6	6	5	동	5	4	4	4	3	3	3	2	2
여	8	8	9	9	9	10	설	1	1	1	1	2	2	2	3	3	3	4	4	4	5	지	5	6	6	6	7	7	7	8	8

10/23　11/23

己巳(기사)년　납음(大林木),본명성(二黑土)

대장군(卯동방), 삼살(동방), 상문(未서남방),조객(卯동방), 납음(대림목)
【삼재(해,자,축)년】　臘享(납향):1990년1월18일(음12/22)

소한 5일 17시 46분 【음12월】 →　음 12 【乙丑月(을축월)】　　대한 20일 11시 07분

양력 1	1	2	3	4	5	6	7	8	9	10	11	12	13	14	15	16	17	18	19	20	21	22	23	24	25	26	27	28	29	30	31
요일	일	월	화	수	목	금	토	일	월	화	수	목	금	토	일	월	화	수	목	금	토	일	월	화	수	목	금	토	일	월	화
일진 辰	辛辰	壬酉	癸戌	甲子	乙丑	丙寅	丁卯	戊辰	己午	庚未	辛申	壬酉	癸戌	甲子	乙丑	丙寅	丁卯	戊辰	己午	庚未	辛申	壬酉	癸戌	甲子	乙丑	丙寅	丁卯	戊辰	己午	庚未	辛辰
음력 11/24 12/24	24	25	26	27	28	29	30	12/1	2	3	4	5	6	7	8	9	10	11	12	13	14	15	16	17	18	19	20	21	22	23	24
대 남	소	10	9	9	9	8	8	8	7	7	7	6	6	6	5	대	5	5	4	4	4	3	3	3	2	2	2	1	1	1
운 여	8	9	9	9	한	1	1	1	2	2	2	3	3	3	4	4	한	5	6	6	6	7	7	7	8	8	8	9

입춘 4일 05시 27분 【음1월】 →　음 1 【丙寅月(병인월)】　　우수 19일 01시 21분

양력 2	1	2	3	4	5	6	7	8	9	10	11	12	13	14	15	16	17	18	19	20	21	22	23	24	25	26	27	28
요일	수	목	금	토	일	월	화	수	목	금	토	일	월	화	수	목	금	토	일	월	화	수	목	금	토	일	월	화
일진 辰	壬辰	癸巳	甲午	乙未	丙申	丁酉	戊戌	己亥	庚子	辛丑	壬寅	癸卯	甲辰	乙巳	丙午	丁未	戊申	己酉	庚戌	辛亥	壬子	癸丑	甲寅	乙卯	丙辰	丁巳	戊午	己未
음력 12/25 01/23	25	26	27	28	29	1/1	2	3	4	5	6	7	8	9	10	11	12	13	14	15	16	17	18	19	20	21	22	23
대 남	9	9	10	입	9	9	9	8	8	8	7	7	7	6	6	6	5	우	5	5	4	4	4	3	3	3	2	2
운 여	1	1	1	춘	1	1	1	2	2	2	3	3	3	4	4	4	5	수	5	5	6	6	6	7	7	7	8	8

己巳年

경칩 5일 23시 34분 【음2월】 →　음 2 【丁卯月(정묘월)】　　춘분 21일 00시 28분

양력 3	1	2	3	4	5	6	7	8	9	10	11	12	13	14	15	16	17	18	19	20	21	22	23	24	25	26	27	28	29	30	31
요일	수	목	금	토	일	월	화	수	목	금	토	일	월	화	수	목	금	토	일	월	화	수	목	금	토	일	월	화	수	목	금
일진 辰	庚申	辛酉	壬戌	癸亥	甲子	乙丑	丙寅	丁卯	戊辰	己巳	庚午	辛未	壬申	癸酉	甲戌	乙亥	丙子	丁丑	戊寅	己卯	庚辰	辛巳	壬午	癸未	甲申	乙酉	丙戌	丁亥	戊子	己丑	庚寅
음력 01/24 02/24	24	25	26	27	28	29	30	2/1	2	3	4	5	6	7	8	9	10	11	12	13	14	15	16	17	18	19	20	21	22	23	24
대 남	9	9	9	10	경	1	1	1	1	2	2	2	3	3	3	4	4	4	5	춘	5	6	6	6	7	7	7	8	8	8	9
운 여	1	1	1	1	칩	10	10	9	9	9	8	8	8	7	7	7	6	6	6	5	분	5	4	4	4	3	3	3	2	2	2

청명 5일 04시 30분 【음3월】 →　음 3 【戊辰月(무진월)】　　곡우 20일 11시 39분

양력 4	1	2	3	4	5	6	7	8	9	10	11	12	13	14	15	16	17	18	19	20	21	22	23	24	25	26	27	28	29	30
요일	토	일	월	화	수	목	금	토	일	월	화	수	목	금	토	일	월	화	수	목	금	토	일	월	화	수	목	금	토	일
일진 辰	辛卯	壬辰	癸巳	甲午	乙未	丙申	丁酉	戊戌	己亥	庚子	辛丑	壬寅	癸卯	甲辰	乙巳	丙午	丁未	戊申	己酉	庚戌	辛亥	壬子	癸丑	甲寅	乙卯	丙辰	丁巳	戊午	己未	庚申
음력 02/25 03/25	25	26	27	28	29	3/1	2	3	4	5	6	7	8	9	10	11	12	13	14	15	16	17	18	19	20	21	22	23	24	25
대 남	9	9	10	10	청	1	1	1	1	2	2	2	3	3	3	4	4	4	5	곡	5	6	6	6	7	7	7	8	8	8
운 여	1	1	1	1	명	10	9	9	9	8	8	8	7	7	7	6	6	6	5	우	5	4	4	4	3	3	3	2	2	2

입하 2일 21시 54분 【음4월】 →　음 4 【己巳月(기사월)】　　소만 21일 10시 54분

양력 5	1	2	3	4	5	6	7	8	9	10	11	12	13	14	15	16	17	18	19	20	21	22	23	24	25	26	27	28	29	30	31
요일	월	화	수	목	금	토	일	월	화	수	목	금	토	일	월	화	수	목	금	토	일	월	화	수	목	금	토	일	월	화	수
일진 辰	辛酉	壬戌	癸亥	甲子	乙丑	丙寅	丁卯	戊辰	己巳	庚午	辛未	壬申	癸酉	甲戌	乙亥	丙子	丁丑	戊寅	己卯	庚辰	辛巳	壬午	癸未	甲申	乙酉	丙戌	丁亥	戊子	己丑	庚寅	辛卯
음력 03/26 04/27	26	27	28	29	4/1	2	3	4	5	6	7	8	9	10	11	12	13	14	15	16	17	18	19	20	21	22	23	24	25	26	27
대 남	9	9	9	10	입	1	1	1	1	2	2	2	3	3	3	4	4	4	5	소	5	6	6	6	7	7	7	8	8	8	9
운 여	1	1	1	1	하	10	10	10	9	9	9	8	8	8	7	7	7	6	6	만	5	5	5	4	4	4	3	3	3	2	2

망종 6일 02시 05분 【음5월】 →　음 5 【庚午月(경오월)】　　하지 21일 18시 53분

양력 6	1	2	3	4	5	6	7	8	9	10	11	12	13	14	15	16	17	18	19	20	21	22	23	24	25	26	27	28	29	30
요일	목	금	토	일	월	화	수	목	금	토	일	월	화	수	목	금	토	일	월	화	수	목	금	토	일	월	화	수	목	금
일진 辰	壬辰	癸巳	甲午	乙未	丙申	丁酉	戊戌	己亥	庚子	辛丑	壬寅	癸卯	甲辰	乙巳	丙午	丁未	戊申	己酉	庚戌	辛亥	壬子	癸丑	甲寅	乙卯	丙辰	丁巳	戊午	己未	庚申	辛酉
음력 04/28 05/27	28	29	30	5/1	2	3	4	5	6	7	8	9	10	11	12	13	14	15	16	17	18	19	20	21	22	23	24	25	26	27
대 남	9	9	9	10	10	망	1	1	1	1	2	2	2	3	3	3	4	4	4	하	5	5	5	6	6	6	7	7	7	8
운 여	2	1	1	1	1	종	10	10	9	9	9	8	8	8	7	7	7	6	6	지	5	5	4	4	4	3	3	3	2	2

한식(4월06일), 초복(7월19일), 중복(7월29일), 말복(8월08일) ☗춘사(春社)3/19
☀추사(秋社)9/25 토왕지절(土旺之節):4월17일,7월20일,10월20일,1월17일(음12/21)
臘享(납향):1990년1월18일(음12/22)

세로: 1989 己巳年

소서 7일 12시 19분　【음6월】→　음 6　【辛未月(신미월)】　대서 23일 05시 45분

양력	1	2	3	4	5	6	7	8	9	10	11	12	13	14	15	16	17	18	19	20	21	22	23	24	25	26	27	28	29	30	31
7 요일	토	일	월	화	수	목	금	토	일	월	화	수	목	금	토	일	월	화	수	목	금	토	일	월	화	수	목	금	토	일	월
일진 日辰	壬戌	癸亥	甲子	乙丑	丙寅	丁卯	戊辰	己巳	庚午	辛未	壬申	癸酉	甲戌	乙亥	丙子	丁丑	戊寅	己卯	庚辰	辛巳	壬午	癸未	甲申	乙酉	丙戌	丁亥	戊子	己丑	庚寅	辛卯	壬辰
음력 05/28 06/29	28	29	6/1	2	3	4	5	6	7	8	9	10	11	12	13	14	15	16	17	18	19	20	21	22	23	24	25	26	27	28	29
대 낭 운 어	8 2	9 2	9 1	9 1	10 1	10 1	소서	1 10	1 9	1 9	2 9	2 8	2 8	3 8	3 7	3 7	4 7	4 6	4 6	5 6	5 5	5 5	대서	6 4	6 4	6 4	7 3	7 3	7 3	8 2	8 2

입추 7일 22시 04분　【음7월】→　음 7　【壬申月(임신월)】　처서 23일 12시 46분

양력	1	2	3	4	5	6	7	8	9	10	11	12	13	14	15	16	17	18	19	20	21	22	23	24	25	26	27	28	29	30	31
8 요일	화	수	목	금	토	일	월	화	수	목	금	토	일	월	화	수	목	금	토	일	월	화	수	목	금	토	일	월	화	수	목
일진 日辰	癸巳	甲午	乙未	丙申	丁酉	戊戌	己亥	庚子	辛丑	壬寅	癸卯	甲辰	乙巳	丙午	丁未	戊申	己酉	庚戌	辛亥	壬子	癸丑	甲寅	乙卯	丙辰	丁巳	戊午	己未	庚申	辛酉	壬戌	癸亥
음력 06/30 08/01	30	7/1	2	3	4	5	6	7	8	9	10	11	12	13	14	15	16	17	18	19	20	21	22	23	24	25	26	27	28	29	8/1
대 낭 운 어	8 2	9 2	9 1	9 1	10 1	10 1	입추	1 10	1 10	1 9	2 9	2 9	2 8	3 8	3 8	3 7	4 7	4 6	4 6	5 6	5 5	5 5	처서	6 4	6 4	6 4	7 3	7 3	7 3	8 2	8 2

백로 8일 00시 54분　【음8월】→　음 8　【癸酉月(계유월)】　추분 23일 10시 20분

양력	1	2	3	4	5	6	7	8	9	10	11	12	13	14	15	16	17	18	19	20	21	22	23	24	25	26	27	28	29	30
9 요일	금	토	일	월	화	수	목	금	토	일	월	화	수	목	금	토	일	월	화	수	목	금	토	일	월	화	수	목	금	토
일진 日辰	甲子	乙丑	丙寅	丁卯	戊辰	己巳	庚午	辛未	壬申	癸酉	甲戌	乙亥	丙子	丁丑	戊寅	己卯	庚辰	辛巳	壬午	癸未	甲申	乙酉	丙戌	丁亥	戊子	己丑	庚寅	辛卯	壬辰	癸巳
음력 08/02 09/01	2	3	4	5	6	7	8	9	10	11	12	13	14	15	16	17	18	19	20	21	22	23	24	25	26	27	28	29	30	9/1
대 낭 운 어	8 2	9 2	9 1	9 1	10 1	10 1	백로	1 10	1 9	1 9	2 9	2 8	2 8	3 8	3 7	3 7	4 7	4 6	4 6	5 6	5 5	5 5	추분	6 4	6 4	6 4	7 3	7 3	7 3	8 2

한로 8일 16시 27분　【음9월】→　음 9　【甲戌月(갑술월)】　상강 23일 19시 35분

양력	1	2	3	4	5	6	7	8	9	10	11	12	13	14	15	16	17	18	19	20	21	22	23	24	25	26	27	28	29	30	31
10 요일	일	월	화	수	목	금	토	일	월	화	수	목	금	토	일	월	화	수	목	금	토	일	월	화	수	목	금	토	일	월	화
일진 日辰	甲午	乙未	丙申	丁酉	戊戌	己亥	庚子	辛丑	壬寅	癸卯	甲辰	乙巳	丙午	丁未	戊申	己酉	庚戌	辛亥	壬子	癸丑	甲寅	乙卯	丙辰	丁巳	戊午	己未	庚申	辛酉	壬戌	癸亥	甲子
음력 09/02 10/02	2	3	4	5	6	7	8	9	10	11	12	13	14	15	16	17	18	19	20	21	22	23	24	25	26	27	28	29	30	10/1	2
대 낭 운 어	8 2	8 2	9 1	9 1	9 1	10 1	한로	1 10	1 9	1 9	2 9	2 8	2 8	3 8	3 7	3 7	4 7	4 6	4 6	5 6	5 5	5 5	상강	6 4	6 4	7 4	7 3	7 3	8 3	8 2	8 2

입동 7일 19시 34분　【음10월】→　음 10　【乙亥月(을해월)】　소설 22일 17시 05분

양력	1	2	3	4	5	6	7	8	9	10	11	12	13	14	15	16	17	18	19	20	21	22	23	24	25	26	27	28	29	30
11 요일	수	목	금	토	일	월	화	수	목	금	토	일	월	화	수	목	금	토	일	월	화	수	목	금	토	일	월	화	수	목
일진 日辰	乙丑	丙寅	丁卯	戊辰	己巳	庚午	辛未	壬申	癸酉	甲戌	乙亥	丙子	丁丑	戊寅	己卯	庚辰	辛巳	壬午	癸未	甲申	乙酉	丙戌	丁亥	戊子	己丑	庚寅	辛卯	壬辰	癸巳	甲午
음력 10/03 11/03	3	4	5	6	7	8	9	10	11	12	13	14	15	16	17	18	19	20	21	22	23	24	25	26	27	28	29	11/1	2	3
대 낭 운 어	8 2	8 2	9 1	9 1	9 1	10 1	입동	1 10	1 9	1 9	2 9	2 8	2 8	3 8	3 7	3 7	4 7	4 6	4 6	5 6	5 5	소설	5 5	6 4	6 4	6 4	7 3	7 3	7 3	8 2

대설 7일 12시 21분　【음11월】→　음 11　【丙子月(병자월)】　동지 22일 06시 22분

양력	1	2	3	4	5	6	7	8	9	10	11	12	13	14	15	16	17	18	19	20	21	22	23	24	25	26	27	28	29	30	31
12 요일	금	토	일	월	화	수	목	금	토	일	월	화	수	목	금	토	일	월	화	수	목	금	토	일	월	화	수	목	금	토	일
일진 日辰	乙未	丙申	丁酉	戊戌	己亥	庚子	辛丑	壬寅	癸卯	甲辰	乙巳	丙午	丁未	戊申	己酉	庚戌	辛亥	壬子	癸丑	甲寅	乙卯	丙辰	丁巳	戊午	己未	庚申	辛酉	壬戌	癸亥	甲子	乙丑
음력 11/04 12/04	4	5	6	7	8	9	10	11	12	13	14	15	16	17	18	19	20	21	22	23	24	25	26	27	28	29	30	12/1	2	3	4
대 낭 운 어	8 2	8 2	9 1	9 1	9 1	10 1	대설	1 9	1 9	1 9	2 8	2 8	2 8	3 7	3 7	3 7	4 6	4 6	4 6	5 5	5 5	동지	5 5	6 4	6 4	6 4	7 3	7 3	7 3	8 2	8 2

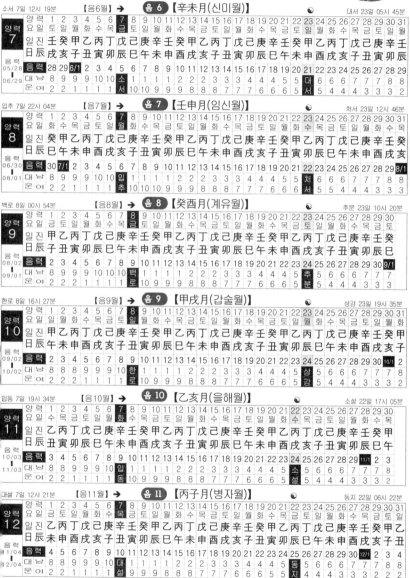

단기 4323 年
불기 2534 年
1990년
庚午(경오)년 납음(路傍土), 본명성(一白水)
대장군(卯동방), 삼살(북방), 상문(申서남방), 조객(辰동남방), 납음(노방토)
【삼재(신,유,술)년】 臘享(납향):1991년 1월25일 (음12/10)

소한 5일 23시 33분 【음12월】 → 음12 【丁丑月(정축월)】 ◐ 대한 20일 17시 02분

양력 1	일진	음력 12/05	대남	운여

양력 **1**

양력	1	2	3	4	5	6	7	8	9	10	11	12	13	14	15	16	17	18	19	20	21	22	23	24	25	26	27	28	29	30	31
요일	월	화	수	목	금	토	일	월	화	수	목	금	토	일	월	화	수	목	금	토	일	월	화	수	목	금	토	일	월	화	수
일진 日辰	丙寅	丁卯	戊辰	己巳	庚午	辛未	壬申	癸酉	甲戌	乙亥	丙子	丁丑	戊寅	己卯	庚辰	辛巳	壬午	癸未	甲申	乙酉	丙戌	丁亥	戊子	己丑	庚寅	辛卯	壬辰	癸巳	甲午	乙未	丙申
음력	5	6	7	8	9	10	11	12	13	14	15	16	17	18	19	20	21	22	23	24	25	26	27	28	29	30	1/1	2	3	4	5
대남	8	9	9	9	소	1	1	1	1	2	2	2	3	3	3	4	4	4	5	대	5	6	6	6	7	7	7	8	8	8	9
운여	1	1	1	한	10	9	9	9	8	8	8	7	7	7	6	6	6	5	한	5	4	4	4	3	3	3	2	2	2	1

입춘 4일 11시 14분 【음1월】 → 음1 【戊寅月(무인월)】 ◐ 우수 19일 07시 14분

양력 **2**

양력	1	2	3	4	5	6	7	8	9	10	11	12	13	14	15	16	17	18	19	20	21	22	23	24	25	26	27	28
요일	목	금	토	일	월	화	수	목	금	토	일	월	화	수	목	금	토	일	월	화	수	목	금	토	일	월	화	수
일진 日辰	丁酉	戊戌	己亥	庚子	辛丑	壬寅	癸卯	甲辰	乙巳	丙午	丁未	戊申	己酉	庚戌	辛亥	壬子	癸丑	甲寅	乙卯	丙辰	丁巳	戊午	己未	庚申	辛酉	壬戌	癸亥	甲子
음력	6	7	8	9	10	11	12	13	14	15	16	17	18	19	20	21	22	23	24	25	26	27	28	29	2/1	2	3	4
대남	9	9	9	10	입	1	1	1	1	2	2	2	3	3	3	4	4	4	5	우	5	6	6	6	7	7	7	8
운여	1	1	1	춘	1	1	1	1	2	2	2	3	3	3	4	4	4	5	5	수	5	6	6	6	7	7	7	8

庚午年

경칩 6일 05시 19분 【음2월】 → 음2 【己卯月(기묘월)】 ◐ 춘분 21일 06시 19분

양력 **3**

양력	1	2	3	4	5	6	7	8	9	10	11	12	13	14	15	16	17	18	19	20	21	22	23	24	25	26	27	28	29	30	31
요일	목	금	토	일	월	화	수	목	금	토	일	월	화	수	목	금	토	일	월	화	수	목	금	토	일	월	화	수	목	금	토
일진 日辰	乙丑	丙寅	丁卯	戊辰	己巳	庚午	辛未	壬申	癸酉	甲戌	乙亥	丙子	丁丑	戊寅	己卯	庚辰	辛巳	壬午	癸未	甲申	乙酉	丙戌	丁亥	戊子	己丑	庚寅	辛卯	壬辰	癸巳	甲午	乙未
음력	5	6	7	8	9	10	11	12	13	14	15	16	17	18	19	20	21	22	23	24	25	26	27	28	29	30	3/1	2	3	4	5
대남	6	7	7	7	8	경	10	9	9	9	8	8	8	7	7	7	6	6	6	5	춘	5	4	4	4	3	3	3	2	2	2
운여	8	9	9	9	10	칩	1	1	1	1	2	2	2	3	3	3	4	4	4	5	분	5	6	6	6	7	7	7	8	8	8

청명 5일 10시 13분 【음3월】 → 음3 【庚辰月(경진월)】 ◐ 곡우 20일 17시 27분

양력 **4**

양력	1	2	3	4	5	6	7	8	9	10	11	12	13	14	15	16	17	18	19	20	21	22	23	24	25	26	27	28	29	30
요일	일	월	화	수	목	금	토	일	월	화	수	목	금	토	일	월	화	수	목	금	토	일	월	화	수	목	금	토	일	월
일진 日辰	丙申	丁酉	戊戌	己亥	庚子	辛丑	壬寅	癸卯	甲辰	乙巳	丙午	丁未	戊申	己酉	庚戌	辛亥	壬子	癸丑	甲寅	乙卯	丙辰	丁巳	戊午	己未	庚申	辛酉	壬戌	癸亥	甲子	乙丑
음력	6	7	8	9	10	11	12	13	14	15	16	17	18	19	20	21	22	23	24	25	26	27	28	29	4/1	2	3	4	5	6
대남	1	1	1	1	청	10	10	9	9	9	8	8	8	7	7	7	6	6	6	곡	5	5	4	4	4	3	3	3	2	2
운여	9	9	9	10	명	1	1	1	1	2	2	2	3	3	3	4	4	4	5	우	5	6	6	6	7	7	7	8	8	8

입하 6일 03시 35분 【음4월】 → 음4 【辛巳月(신사월)】 ◐ 소만 21일 16시 37분

양력 **5**

양력	1	2	3	4	5	6	7	8	9	10	11	12	13	14	15	16	17	18	19	20	21	22	23	24	25	26	27	28	29	30	31
요일	화	수	목	금	토	일	월	화	수	목	금	토	일	월	화	수	목	금	토	일	월	화	수	목	금	토	일	월	화	수	목
일진 日辰	丙寅	丁卯	戊辰	己巳	庚午	辛未	壬申	癸酉	甲戌	乙亥	丙子	丁丑	戊寅	己卯	庚辰	辛巳	壬午	癸未	甲申	乙酉	丙戌	丁亥	戊子	己丑	庚寅	辛卯	壬辰	癸巳	甲午	乙未	丙申
음력	7	8	9	10	11	12	13	14	15	16	17	18	19	20	21	22	23	24	25	26	27	28	29	5/1	2	3	4	5	6	7
대남	2	1	1	1	1	입	10	10	10	9	9	9	8	8	8	7	7	7	6	6	6	소	5	5	4	4	4	3	3	3	2
운여	9	9	9	10	10	하	1	1	1	1	2	2	2	3	3	3	4	4	4	5	5	만	5	6	6	6	7	7	7	8	8

망종 6일 07시 46분 【음5월】 → 음5 【壬午月(임오월)】 ◐ 윤5 하지 22일 00시 33분

양력 **6**

양력	1	2	3	4	5	6	7	8	9	10	11	12	13	14	15	16	17	18	19	20	21	22	23	24	25	26	27	28	29	30
요일	금	토	일	월	화	수	목	금	토	일	월	화	수	목	금	토	일	월	화	수	목	금	토	일	월	화	수	목	금	토
일진 日辰	丁酉	戊戌	己亥	庚子	辛丑	壬寅	癸卯	甲辰	乙巳	丙午	丁未	戊申	己酉	庚戌	辛亥	壬子	癸丑	甲寅	乙卯	丙辰	丁巳	戊午	己未	庚申	辛酉	壬戌	癸亥	甲子	乙丑	丙寅
음력	9	10	11	12	13	14	15	16	17	18	19	20	21	22	23	24	25	26	27	28	29	30	윤5	2	3	4	5	6	7	8
대남	2	1	1	1	1	망	10	10	9	9	9	8	8	8	7	7	7	6	6	6	5	하	5	4	4	4	3	3	3	2
운여	9	9	9	10	10	종	1	1	1	1	2	2	2	3	3	3	4	4	4	5	5	지	6	6	6	7	7	7	8	8

한식(4월06일), 초복(7월14일), 중복(7월24일), 말복(8월13일) ☗춘사(春社)3/24
☀추사(秋社)9/20 토왕지절(土旺之節):4월17일,7월20일,10월21일,1월18일(음12/02)
臘享(납향):1991년1월25일(음12/10)

1990 庚午年

소서 7일 18시 00분 　【음6월】→ 음6 癸未月(계미월)　　대서 23일 11시 22분

양력 7 · 음력 05/09 ~ 06/10

양력	1	2	3	4	5	6	7	8	9	10	11	12	13	14	15	16	17	18	19	20	21	22	23	24	25	26	27	28	29	30	31
요일	일	월	화	수	목	금	토	일	월	화	수	목	금	토	일	월	화	수	목	금	토	일	월	화	수	목	금	토	일	월	화
일	丁	戊	己	庚	辛	壬	癸	甲	乙	丙	丁	戊	己	庚	辛	壬	癸	甲	乙	丙	丁	戊	己	庚	辛	壬	癸	甲	乙	丙	丁
진	巳	午	未	申	酉	戌	亥	子	丑	寅	卯	辰	巳	午	未	申	酉	戌	亥	子	丑	寅	卯	辰	巳	午	未	申	酉	戌	亥
음력	9	10	11	12	13	14	15	16	17	18	19	20	21	22	23	24	25	26	27	28	29	**6/1**	2	3	4	5	6	7	8	9	10
대(남)	2	1	1	1	1	1	소	10	10	10	9	9	9	8	8	8	7	7	7	6	6	6	대	5	5	5	4	4	4	3	3
운(여)	8	9	9	9	10	10	서	1	1	1	2	2	2	3	3	3	4	4	4	5	5	5	서	6	6	6	7	7	7	8	8

입추 8일 03시 46분 　【음7월】→ 음7 甲申月(갑신월)　　처서 23일 18시 21분

양력 8 · 음력 06/11 ~ 07/12

양력	1	2	3	4	5	6	7	8	9	10	11	12	13	14	15	16	17	18	19	20	21	22	23	24	25	26	27	28	29	30	31
요일	수	목	금	토	일	월	화	수	목	금	토	일	월	화	수	목	금	토	일	월	화	수	목	금	토	일	월	화	수	목	금
일	戊	己	庚	辛	壬	癸	甲	乙	丙	丁	戊	己	庚	辛	壬	癸	甲	乙	丙	丁	戊	己	庚	辛	壬	癸	甲	乙	丙	丁	戊
진	子	丑	寅	卯	辰	巳	午	未	申	酉	戌	亥	子	丑	寅	卯	辰	巳	午	未	申	酉	戌	亥	子	丑	寅	卯	辰	巳	午
음력	11	12	13	14	15	16	17	18	19	20	21	22	23	24	25	26	27	28	29	**7/1**	2	3	4	5	6	7	8	9	10	11	12
대(남)	2	2	1	1	1	1	1	입	10	10	9	9	9	8	8	8	7	7	7	6	6	6	처	5	5	5	4	4	4	3	3
운(여)	8	8	9	9	9	10	10	추	1	1	1	2	2	2	3	3	3	4	4	4	5	5	서	5	5	6	6	6	7	7	7

백로 8일 06시 37분 　【음8월】→ 음8 乙酉月(을유월)　　추분 23일 15시 56분

양력 9 · 음력 07/13 ~ 08/12

양력	1	2	3	4	5	6	7	8	9	10	11	12	13	14	15	16	17	18	19	20	21	22	23	24	25	26	27	28	29	30
요일	토	일	월	화	수	목	금	토	일	월	화	수	목	금	토	일	월	화	수	목	금	토	일	월	화	수	목	금	토	일
일	己	庚	辛	壬	癸	甲	乙	丙	丁	戊	己	庚	辛	壬	癸	甲	乙	丙	丁	戊	己	庚	辛	壬	癸	甲	乙	丙	丁	戊
진	未	申	酉	戌	亥	子	丑	寅	卯	辰	巳	午	未	申	酉	戌	亥	子	丑	寅	卯	辰	巳	午	未	申	酉	戌	亥	子
음력	13	14	15	16	17	18	19	20	21	22	23	24	25	26	27	28	29	30	**8/1**	2	3	4	5	6	7	8	9	10	11	12
대(남)	2	2	1	1	1	1	1	백	10	9	9	9	8	8	8	7	7	7	6	6	6	5	추	5	5	4	4	4	3	3
운(여)	8	8	9	9	9	10	10	로	1	1	1	2	2	2	3	3	3	4	4	4	5	5	분	5	6	6	6	7	7	7

한로 8일 22시 14분 　【음9월】→ 음9 丙戌月(병술월)　　상강 24일 01시 14분

양력 10 · 음력 08/13 ~ 09/13

양력	1	2	3	4	5	6	7	8	9	10	11	12	13	14	15	16	17	18	19	20	21	22	23	24	25	26	27	28	29	30	31
요일	월	화	수	목	금	토	일	월	화	수	목	금	토	일	월	화	수	목	금	토	일	월	화	수	목	금	토	일	월	화	수
일	己	庚	辛	壬	癸	甲	乙	丙	丁	戊	己	庚	辛	壬	癸	甲	乙	丙	丁	戊	己	庚	辛	壬	癸	甲	乙	丙	丁	戊	己
진	丑	寅	卯	辰	巳	午	未	申	酉	戌	亥	子	丑	寅	卯	辰	巳	午	未	申	酉	戌	亥	子	丑	寅	卯	辰	巳	午	未
음력	13	14	15	16	17	18	19	20	21	22	23	24	25	26	27	28	29	30	**9/1**	2	3	4	5	6	7	8	9	10	11	12	13
대(남)	2	2	1	1	1	1	1	한	10	9	9	9	8	8	8	7	7	7	6	6	6	5	5	상	5	4	4	4	3	3	3
운(여)	8	8	9	9	9	10	10	로	1	1	1	2	2	2	3	3	3	4	4	4	5	5	5	강	6	6	6	7	7	7	7

입동 8일 01시 23분 　【음10월】→ 음10 丁亥月(정해월)　　소설 22일 22시 47분

양력 11 · 음력 09/14 ~ 10/14

양력	1	2	3	4	5	6	7	8	9	10	11	12	13	14	15	16	17	18	19	20	21	22	23	24	25	26	27	28	29	30
요일	목	금	토	일	월	화	수	목	금	토	일	월	화	수	목	금	토	일	월	화	수	목	금	토	일	월	화	수	목	금
일	庚	辛	壬	癸	甲	乙	丙	丁	戊	己	庚	辛	壬	癸	甲	乙	丙	丁	戊	己	庚	辛	壬	癸	甲	乙	丙	丁	戊	己
진	申	酉	戌	亥	子	丑	寅	卯	辰	巳	午	未	申	酉	戌	亥	子	丑	寅	卯	辰	巳	午	未	申	酉	戌	亥	子	丑
음력	14	15	16	17	18	19	20	21	22	23	24	25	26	27	28	29	**10/1**	2	3	4	5	6	7	8	9	10	11	12	13	14
대(남)	2	2	1	1	1	1	1	입	10	9	9	9	8	8	8	7	7	7	6	6	6	소	5	5	5	4	4	4	3	3
운(여)	8	8	9	9	9	10	10	동	1	1	1	2	2	2	3	3	3	4	4	4	5	설	5	5	6	6	6	7	7	7

대설 7일 18시 14분 　【음11월】→ 음11 戊子月(무자월)　　동지 22일 12시 07분

양력 12 · 음력 10/15 ~ 11/15

양력	1	2	3	4	5	6	7	8	9	10	11	12	13	14	15	16	17	18	19	20	21	22	23	24	25	26	27	28	29	30	31
요일	토	일	월	화	수	목	금	토	일	월	화	수	목	금	토	일	월	화	수	목	금	토	일	월	화	수	목	금	토	일	월
일	庚	辛	壬	癸	甲	乙	丙	丁	戊	己	庚	辛	壬	癸	甲	乙	丙	丁	戊	己	庚	辛	壬	癸	甲	乙	丙	丁	戊	己	庚
진	寅	卯	辰	巳	午	未	申	酉	戌	亥	子	丑	寅	卯	辰	巳	午	未	申	酉	戌	亥	子	丑	寅	卯	辰	巳	午	未	申
음력	15	16	17	18	19	20	21	22	23	24	25	26	27	28	29	30	**11/1**	2	3	4	5	6	7	8	9	10	11	12	13	14	15
대(남)	2	2	1	1	1	1	대	10	9	9	9	8	8	8	7	7	7	6	6	6	5	동	5	5	4	4	4	3	3	3	2
운(여)	8	8	9	9	9	10	설	1	1	1	2	2	2	3	3	3	4	4	4	5	5	지	5	6	6	6	7	7	7	8	8

단기 4324 年
불기 2535 年

1991년

辛未(신미)년 납음(路傍土),본명성(九紫火)

대장군(卯동방), 삼살(酉서방), 상문(酉서방),조객(巳동남방), 납음(노방토),
【삼재(사,오,미)년】 臘享(납향):1992년1월20일(음12/16)

소한 6일 05시 28분 【음12월】 → 음12 【己丑月(기축월)】 ☾ 대한 20일 22시 47분

양력 1	양력	1	2	3	4	5	6	7	8	9	10	11	12	13	14	15	16	17	18	19	20	21	22	23	24	25	26	27	28	29	30	31
	요일	화	수	목	금	토	일	월	화	수	목	금	토	일	월	화	수	목	금	토	일	월	화	수	목	금	토	일	월	화	수	목
일진	진辰	辛未	壬申	癸酉	甲戌	乙亥	丙子	丁丑	戊寅	己卯	庚辰	辛巳	壬午	癸未	甲申	乙酉	丙戌	丁亥	戊子	己丑	庚寅	辛卯	壬辰	癸巳	甲午	乙未	丙申	丁酉	戊戌	己亥	庚子	辛丑
음력 11/16 12/16	음력	16	17	18	19	20	21	22	23	24	25	26	27	28	29	30	12/1	2	3	4	5	6	7	8	9	10	11	12	13	14	15	16
대운	남녀	2 9	1 9	1 9	1 10	소한	9 1	9 1	8 1	8 2	8 2	7 2	7 3	7 3	6 3	6 4	6 4	5 5	대한	5 5	4 5	4 6	4 6	3 6	3 7	3 7	2 7	2 8	2 8	1 8	1 8	

입춘 4일 17시 08분 【음1월】 → 음1 【庚寅月(경인월)】 ☾ 우수 19일 12시 58분

양력 2	양력	1	2	3	4	5	6	7	8	9	10	11	12	13	14	15	16	17	18	19	20	21	22	23	24	25	26	27	28
	요일	금	토	일	월	화	수	목	금	토	일	월	화	수	목	금	토	일	월	화	수	목	금	토	일	월	화	수	목
일진	진辰	壬寅	癸卯	甲辰	乙巳	丙午	丁未	戊申	己酉	庚戌	辛亥	壬子	癸丑	甲寅	乙卯	丙辰	丁巳	戊午	己未	庚申	辛酉	壬戌	癸亥	甲子	乙丑	丙寅	丁卯	戊辰	己巳
음력 12/17 01/14	음력	17	18	19	20	21	22	23	24	25	26	27	28	29	30	1/1	2	3	4	5	6	7	8	9	10	11	12	13	14
대운	남녀	1 9	1 9	1 9	입춘	1 10	1 9	2 9	2 8	2 8	3 8	3 7	3 7	4 7	4 6	4 6	우수	5 5	5 5	6 5	6 4	6 4	7 4	7 3	7 3	8 3	8 2	8 2	

辛未年

경칩 6일 11시 12분 【음2월】 → 음2 【辛卯月(신묘월)】 ☾ 춘분 21일 12시 02분

양력 3	양력	1	2	3	4	5	6	7	8	9	10	11	12	13	14	15	16	17	18	19	20	21	22	23	24	25	26	27	28	29	30	31
	요일	금	토	일	월	화	수	목	금	토	일	월	화	수	목	금	토	일	월	화	수	목	금	토	일	월	화	수	목	금	토	일
일진	진辰	庚午	辛未	壬申	癸酉	甲戌	乙亥	丙子	丁丑	戊寅	己卯	庚辰	辛巳	壬午	癸未	甲申	乙酉	丙戌	丁亥	戊子	己丑	庚寅	辛卯	壬辰	癸巳	甲午	乙未	丙申	丁酉	戊戌	己亥	庚子
음력 01/15 02/16	음력	15	16	17	18	19	20	21	22	23	24	25	26	27	28	29	2/1	2	3	4	5	6	7	8	9	10	11	12	13	14	15	16
대운	남녀	8 2	9 1	9 1	9 1	10 1	경칩	1 10	1 9	1 9	1 9	2 8	2 8	2 8	3 7	3 7	3 7	4 6	4 6	4 6	춘분	5 5	5 5	6 5	6 4	6 4	7 4	7 3	7 3	8 3	8 2	8 2

청명 5일 16시 05분 【음3월】 → 음3 【壬辰月(임진월)】 ☾ 곡우 20일 23시 08분

양력 4	양력	1	2	3	4	5	6	7	8	9	10	11	12	13	14	15	16	17	18	19	20	21	22	23	24	25	26	27	28	29	30
	요일	월	화	수	목	금	토	일	월	화	수	목	금	토	일	월	화	수	목	금	토	일	월	화	수	목	금	토	일	월	화
일진	진辰	辛丑	壬寅	癸卯	甲辰	乙巳	丙午	丁未	戊申	己酉	庚戌	辛亥	壬子	癸丑	甲寅	乙卯	丙辰	丁巳	戊午	己未	庚申	辛酉	壬戌	癸亥	甲子	乙丑	丙寅	丁卯	戊辰	己巳	庚午
음력 02/17 03/16	음력	17	18	19	20	21	22	23	24	25	26	27	28	29	30	3/1	2	3	4	5	6	7	8	9	10	11	12	13	14	15	16
대운	남녀	9 1	9 1	9 1	10 1	청명	1 10	1 10	1 9	1 9	2 9	2 8	2 8	3 8	3 7	3 7	4 7	4 6	4 6	5 6	곡우	5 5	5 5	6 4	6 4	6 4	7 3	7 3	7 3	8 2	8 2

입하 6일 09시 27분 【음4월】 → 음4 【癸巳月(계사월)】 ☾ 소만 21일 22시 20분

양력 5	양력	1	2	3	4	5	6	7	8	9	10	11	12	13	14	15	16	17	18	19	20	21	22	23	24	25	26	27	28	29	30	31
	요일	수	목	금	토	일	월	화	수	목	금	토	일	월	화	수	목	금	토	일	월	화	수	목	금	토	일	월	화	수	목	금
일진	진辰	辛未	壬申	癸酉	甲戌	乙亥	丙子	丁丑	戊寅	己卯	庚辰	辛巳	壬午	癸未	甲申	乙酉	丙戌	丁亥	戊子	己丑	庚寅	辛卯	壬辰	癸巳	甲午	乙未	丙申	丁酉	戊戌	己亥	庚子	辛丑
음력 03/17 04/18	음력	17	18	19	20	21	22	23	24	25	26	27	28	29	4/1	2	3	4	5	6	7	8	9	10	11	12	13	14	15	16	17	18
대운	남녀	9 1	9 1	9 1	10 1	10 1	입하	1 10	1 10	1 9	2 9	2 9	2 8	3 8	3 8	3 7	4 7	4 7	4 6	5 6	5 6	소만	5 5	5 5	6 4	6 4	6 4	7 3	7 3	7 3	8 2	8 2

망종 6일 13시 38분 【음5월】 → 음5 【甲午月(갑오월)】 ☾ 하지 22일 06시 19분

양력 6	양력	1	2	3	4	5	6	7	8	9	10	11	12	13	14	15	16	17	18	19	20	21	22	23	24	25	26	27	28	29	30
	요일	토	일	월	화	수	목	금	토	일	월	화	수	목	금	토	일	월	화	수	목	금	토	일	월	화	수	목	금	토	일
일진	진辰	壬寅	癸卯	甲辰	乙巳	丙午	丁未	戊申	己酉	庚戌	辛亥	壬子	癸丑	甲寅	乙卯	丙辰	丁巳	戊午	己未	庚申	辛酉	壬戌	癸亥	甲子	乙丑	丙寅	丁卯	戊辰	己巳	庚午	辛未
음력 04/19 05/19	음력	19	20	21	22	23	24	25	26	27	28	29	5/1	2	3	4	5	6	7	8	9	10	11	12	13	14	15	16	17	18	19
대운	남녀	9 1	9 1	9 1	10 1	10 1	망종	1 10	1 10	1 9	2 9	2 9	2 8	3 8	3 8	3 7	4 7	4 7	4 6	5 6	5 6	5 5	하지	6 5	6 4	6 4	7 4	7 3	7 3	8 3	8 2

한식(4월06일), 초복(7월19일), 중복(7월29일), 말복(8월08일) ↑춘사(春社)3/19
☀추사(秋社)9/25 토왕지절(土旺之節):4월17일,7월20일,10월21일,1월18일(음12/14)
臘享(납향):1992년1월20일(음12/16)

<table>
소서 7일 23시 53분 【음6월】→ 음 6 【乙未月(을미월)】 대서 23일 17시 11분
</table>

양력 7	양력	1	2	3	4	5	6	7	8	9	10	11	12	13	14	15	16	17	18	19	20	21	22	23	24	25	26	27	28	29	30	31
	요일	월	화	수	목	금	토	일	월	화	수	목	금	토	일	월	화	수	목	금	토	일	월	화	수	목	금	토	일	월	화	수
	일진	壬	癸	乙	丙	丁	戊	己	庚	辛	壬	癸	甲	乙	丙	丁	戊	己	庚	辛	壬	癸	甲	乙	丙	丁	戊	己	庚	辛	壬
	日辰	辰	申	酉	戌	亥	子	丑	寅	卯	辰	巳	午	未	申	酉	戌	亥	子	丑	寅	卯	辰	巳	午	未	申	酉	戌	亥	子	丑	寅
05/20 ~ 06/20	음력	20	21	22	23	24	25	26	27	28	29	30	6/1	2	3	4	5	6	7	8	9	10	11	12	13	14	15	16	17	18	19	20
	대 남	8	9	9	9	10	10	10	소	1	1	1	1	2	2	2	3	3	3	4	4	4	5	5	대	6	6	6	7	7	7	8
	운 여	2	2	1	1	1	1		서	10	10	10	9	9	9	8	8	8	7	7	7	6	6	6	서	5	5	4	4	4	3	3

<table>
입추 8일 09시 37분 【음7월】→ 음 7 【丙申月(병신월)】 처서 24일 00시 13분
</table>

양력 8	양력	1	2	3	4	5	6	7	8	9	10	11	12	13	14	15	16	17	18	19	20	21	22	23	24	25	26	27	28	29	30	31
	요일	목	금	토	일	월	화	수	목	금	토	일	월	화	수	목	금	토	일	월	화	수	목	금	토	일	월	화	수	목	금	토
	일진	癸	甲	乙	丙	丁	戊	己	庚	辛	壬	癸	甲	乙	丙	丁	戊	己	庚	辛	壬	癸	甲	乙	丙	丁	戊	己	庚	辛	壬	癸
	日辰	卯	辰	巳	午	未	申	酉	戌	亥	子	丑	寅	卯	辰	巳	午	未	申	酉	戌	亥	子	丑	寅	卯	辰	巳	午	未	申	酉
06/21 ~ 07/22	음력	21	22	23	24	25	26	27	28	29	7/1	2	3	4	5	6	7	8	9	10	11	12	13	14	15	16	17	18	19	20	21	22
	대 남	8	9	9	9	10	10	입	1	1	1	1	2	2	2	3	3	3	4	4	4	5	5	처	6	6	6	7	7	7	8	8
	운 여	2	2	1	1	1	1	추	10	10	9	9	9	8	8	8	7	7	7	6	6	6	5	서	5	5	4	4	4	3	3	3

<table>
백로 8일 12시 27분 【음8월】→ 음 8 【丁酉月(정유월)】 추분 23일 21시 48분
</table>

양력 9	양력	1	2	3	4	5	6	7	8	9	10	11	12	13	14	15	16	17	18	19	20	21	22	23	24	25	26	27	28	29	30
	요일	일	월	화	수	목	금	토	일	월	화	수	목	금	토	일	월	화	수	목	금	토	일	월	화	수	목	금	토	일	월
	일진	甲	乙	丙	丁	戊	己	庚	辛	壬	癸	甲	乙	丙	丁	戊	己	庚	辛	壬	癸	甲	乙	丙	丁	戊	己	庚	辛	壬	癸
	日辰	戌	亥	子	丑	寅	卯	辰	巳	午	未	申	酉	戌	亥	子	丑	寅	卯	辰	巳	午	未	申	酉	戌	亥	子	丑	寅	卯
07/23 ~ 08/23	음력	23	24	25	26	27	28	29	8/1	2	3	4	5	6	7	8	9	10	11	12	13	14	15	16	17	18	19	20	21	22	23
	대 남	8	8	9	9	9	10	10	백	1	1	1	1	2	2	2	3	3	3	4	4	4	5	추	5	6	6	6	7	7	7
	운 여	2	2	1	1	1	1		로	10	10	9	9	9	8	8	8	7	7	7	6	6	6	분	5	5	5	4	4	4	3

<table>
한로 9일 04시 01분 【음9월】→ 음 9 【戊戌月(무술월)】 상강 24일 07시 05분
</table>

양력 10	양력	1	2	3	4	5	6	7	8	9	10	11	12	13	14	15	16	17	18	19	20	21	22	23	24	25	26	27	28	29	30	31
	요일	화	수	목	금	토	일	월	화	수	목	금	토	일	월	화	수	목	금	토	일	월	화	수	목	금	토	일	월	화	수	목
	일진	甲	乙	丙	丁	戊	己	庚	辛	壬	癸	甲	乙	丙	丁	戊	己	庚	辛	壬	癸	甲	乙	丙	丁	戊	己	庚	辛	壬	癸	甲
	日辰	辰	巳	午	未	申	酉	戌	亥	子	丑	寅	卯	辰	巳	午	未	申	酉	戌	亥	子	丑	寅	卯	辰	巳	午	未	申	酉	戌
08/24 ~ 09/24	음력	24	25	26	27	28	29	30	9/1	2	3	4	5	6	7	8	9	10	11	12	13	14	15	16	17	18	19	20	21	22	23	24
	대 남	8	8	8	9	9	9	10	한	1	1	1	1	2	2	2	3	3	3	4	4	4	5	5	상	6	6	6	7	7	7	8
	운 여	3	2	2	2	1	1	1	로	10	9	9	9	8	8	8	7	7	7	6	6	6	5	5	강	5	4	4	4	3	3	3

<table>
입동 8일 07시 08분 【음10월】→ 음10 【己亥月(기해월)】 소설 23일 04시 36분
</table>

양력 11	양력	1	2	3	4	5	6	7	8	9	10	11	12	13	14	15	16	17	18	19	20	21	22	23	24	25	26	27	28	29	30
	요일	금	토	일	월	화	수	목	금	토	일	월	화	수	목	금	토	일	월	화	수	목	금	토	일	월	화	수	목	금	토
	일진	乙	丙	丁	戊	己	庚	辛	壬	癸	甲	乙	丙	丁	戊	己	庚	辛	壬	癸	甲	乙	丙	丁	戊	己	庚	辛	壬	癸	甲
	日辰	亥	子	丑	寅	卯	辰	巳	午	未	申	酉	戌	亥	子	丑	寅	卯	辰	巳	午	未	申	酉	戌	亥	子	丑	寅	卯	辰
09/25 ~ 10/25	음력	25	26	27	28	29	10/1	2	3	4	5	6	7	8	9	10	11	12	13	14	15	16	17	18	19	20	21	22	23	24	25
	대 남	8	8	8	9	9	9	입	1	1	1	1	2	2	2	3	3	3	4	4	4	5	5	소	6	6	6	7	7	7	8
	운 여	2	2	2	1	1	1	동	10	9	9	9	8	8	8	7	7	7	6	6	6	5	5	설	4	4	4	3	3	3	2

<table>
대설 7일 23시 56분 【음11월】→ 음 11 【庚子月(경자월)】 동지 22일 17시 54분
</table>

양력 12	양력	1	2	3	4	5	6	7	8	9	10	11	12	13	14	15	16	17	18	19	20	21	22	23	24	25	26	27	28	29	30	31
	요일	일	월	화	수	목	금	토	일	월	화	수	목	금	토	일	월	화	수	목	금	토	일	월	화	수	목	금	토	일	월	화
	일진	乙	丙	丁	戊	己	庚	辛	壬	癸	甲	乙	丙	丁	戊	己	庚	辛	壬	癸	甲	乙	丙	丁	戊	己	庚	辛	壬	癸	甲	乙
	日辰	巳	午	未	申	酉	戌	亥	子	丑	寅	卯	辰	巳	午	未	申	酉	戌	亥	子	丑	寅	卯	辰	巳	午	未	申	酉	戌	亥
10/26 ~ 11/26	음력	26	27	28	29	30	11/1	2	3	4	5	6	7	8	9	10	11	12	13	14	15	16	17	18	19	20	21	22	23	24	25	26
	대 남	8	8	8	9	9	9	대	1	1	1	1	2	2	2	3	3	3	4	4	4	5	동	5	6	6	6	7	7	7	8	8
	운 여	2	2	1	1	1	1	설	10	9	9	9	8	8	8	7	7	7	6	6	6	5	지	5	4	4	4	3	3	3	2	2

1991
辛未年

壬申(임신)년　납음(劍鋒金),본명성(八白土)

단기 4325 年
불기 2536 年
1992년

대장군(午남방), 삼살(남방), 상문(戌서북방),조객(午남방), 납음(검봉금),
【삼재(인,묘,진)년】
臘享(납향):1993年1月14日(음12/22)

1月

소한 6일 11시 09분 【음12월】 →　음12 【辛丑月(신축월)】　　대한 21일 04시 32분

양력	1	2	3	4	5	6	7	8	9	10	11	12	13	14	15	16	17	18	19	20	21	22	23	24	25	26	27	28	29	30	31
요일	수	목	금	토	일	월	화	수	목	금	토	일	월	화	수	목	금	토	일	월	화	수	목	금	토	일	월	화	수	목	금
일진	丙子	丁丑	戊寅	己卯	庚辰	辛巳	壬午	癸未	甲申	乙酉	丙戌	丁亥	戊子	己丑	庚寅	辛卯	壬辰	癸巳	甲午	乙未	丙申	丁酉	戊戌	己亥	庚子	辛丑	壬寅	癸卯	甲辰	乙巳	丙午
음력	27	28	29	30	12/1	2	3	4	5	6	7	8	9	10	11	12	13	14	15	16	17	18	19	20	21	22	23	24	25	26	27
대 남	8	9	9	9	10	소	1	1	1	1	2	2	2	3	3	3	4	4	4	5	대	5	6	6	6	7	7	7	8	8	8
운 여	2	1	1	1	1	한	9	9	9	8	8	8	7	7	7	6	6	6	5	5	한	5	4	4	4	3	3	3	2	2	1

음력 11/27~12/27

2月

입춘 4일 22시 48분 【음1월】 →　음 1 【壬寅月(임인월)】　　우수 19일 18시 44분

양력	1	2	3	4	5	6	7	8	9	10	11	12	13	14	15	16	17	18	19	20	21	22	23	24	25	26	27	28	29
요일	토	일	월	화	수	목	금	토	일	월	화	수	목	금	토	일	월	화	수	목	금	토	일	월	화	수	목	금	토
일진	丁未	戊申	己酉	庚戌	辛亥	壬子	癸丑	甲寅	乙卯	丙辰	丁巳	戊午	己未	庚申	辛酉	壬戌	癸亥	甲子	乙丑	丙寅	丁卯	戊辰	己巳	庚午	辛未	壬申	癸酉	甲戌	乙亥
음력	28	29	30	1/1	2	3	4	5	6	7	8	9	10	11	12	13	14	15	16	17	18	19	20	21	22	23	24	25	26
대 남	9	9	9	입	10	9	9	9	8	8	8	7	7	7	6	6	6	5	우	5	4	4	4	3	3	3	2	2	2
운 여	1	1	1	춘	1	1	1	2	2	2	3	3	3	4	4	4	5	5	수	5	6	6	6	7	7	7	8	8	8

음력 11/28~01/26

壬申年

3月

경칩 5일 16시 52분 【음2월】 →　음 2 【癸卯月(계묘월)】　　춘분 20일 17시 48분

양력	1	2	3	4	5	6	7	8	9	10	11	12	13	14	15	16	17	18	19	20	21	22	23	24	25	26	27	28	29	30	31
요일	일	월	화	수	목	금	토	일	월	화	수	목	금	토	일	월	화	수	목	금	토	일	월	화	수	목	금	토	일	월	화
일진	丙子	丁丑	戊寅	己卯	庚辰	辛巳	壬午	癸未	甲申	乙酉	丙戌	丁亥	戊子	己丑	庚寅	辛卯	壬辰	癸巳	甲午	乙未	丙申	丁酉	戊戌	己亥	庚子	辛丑	壬寅	癸卯	甲辰	乙巳	丙午
음력	27	28	29	2/1	2	3	4	5	6	7	8	9	10	11	12	13	14	15	16	17	18	19	20	21	22	23	24	25	26	27	28
대 남	1	1	1	1	경	10	9	9	9	8	8	8	7	7	7	6	6	6	5	춘	5	4	4	4	3	3	3	2	2	2	1
운 여	9	9	9	10	칩	1	1	1	1	2	2	2	3	3	3	4	4	4	5	분	5	6	6	6	7	7	7	8	8	8	9

음력 01/27~02/28

4月

청명 4일 21시 45분 【음3월】 →　음 3 【甲辰月(갑진월)】　　곡우 20일 04시 57분

양력	1	2	3	4	5	6	7	8	9	10	11	12	13	14	15	16	17	18	19	20	21	22	23	24	25	26	27	28	29	30
요일	수	목	금	토	일	월	화	수	목	금	토	일	월	화	수	목	금	토	일	월	화	수	목	금	토	일	월	화	수	목
일진	丁未	戊申	己酉	庚戌	辛亥	壬子	癸丑	甲寅	乙卯	丙辰	丁巳	戊午	己未	庚申	辛酉	壬戌	癸亥	甲子	乙丑	丙寅	丁卯	戊辰	己巳	庚午	辛未	壬申	癸酉	甲戌	乙亥	丙子
음력	29	30	3/1	2	3	4	5	6	7	8	9	10	11	12	13	14	15	16	17	18	19	20	21	22	23	24	25	26	27	28
대 남	1	1	청	10	10	9	9	9	8	8	8	7	7	7	6	6	6	5	곡	5	4	4	4	3	3	3	2	2	2	1
운 여	9	9	명	1	1	1	1	2	2	2	3	3	3	4	4	4	5	5	우	6	6	6	7	7	7	8	8	8	9	9

음력 02/29~03/28

5月

입하 5일 15시 09분 【음4월】 →　음 4 【乙巳月(을사월)】　　소만 21일 04시 12분

양력	1	2	3	4	5	6	7	8	9	10	11	12	13	14	15	16	17	18	19	20	21	22	23	24	25	26	27	28	29	30	31
요일	금	토	일	월	화	수	목	금	토	일	월	화	수	목	금	토	일	월	화	수	목	금	토	일	월	화	수	목	금	토	일
일진	丁丑	戊寅	己卯	庚辰	辛巳	壬午	癸未	甲申	乙酉	丙戌	丁亥	戊子	己丑	庚寅	辛卯	壬辰	癸巳	甲午	乙未	丙申	丁酉	戊戌	己亥	庚子	辛丑	壬寅	癸卯	甲辰	乙巳	丙午	丁未
음력	29	30	4/1	2	3	4	5	6	7	8	9	10	11	12	13	14	15	16	17	18	19	20	21	22	23	24	25	26	27	28	29
대 남	1	1	입	10	10	9	9	9	8	8	8	7	7	7	6	6	6	5	소	5	4	4	4	3	3	3	2	2	2	1	1
운 여	9	9	하	1	1	1	1	2	2	2	3	3	3	4	4	4	5	5	만	6	6	6	7	7	7	8	8	8	9	9	9

음력 03/29~04/29

6月

망종 5일 19시 22분 【음5월】 →　음 5 【丙午月(병오월)】　　하지 21일 12시 14분

양력	1	2	3	4	5	6	7	8	9	10	11	12	13	14	15	16	17	18	19	20	21	22	23	24	25	26	27	28	29	30
요일	월	화	수	목	금	토	일	월	화	수	목	금	토	일	월	화	수	목	금	토	일	월	화	수	목	금	토	일	월	화
일진	戊申	己酉	庚戌	辛亥	壬子	癸丑	甲寅	乙卯	丙辰	丁巳	戊午	己未	庚申	辛酉	壬戌	癸亥	甲子	乙丑	丙寅	丁卯	戊辰	己巳	庚午	辛未	壬申	癸酉	甲戌	乙亥	丙子	丁丑
음력	5/1	2	3	4	5	6	7	8	9	10	11	12	13	14	15	16	17	18	19	20	21	22	23	24	25	26	27	28	29	6/1
대 남	1	1	1	1	망	10	10	9	9	9	8	8	8	7	7	7	6	6	6	5	하	5	4	4	4	3	3	3	2	2
운 여	9	9	10	10	종	1	1	1	1	2	2	2	3	3	3	4	4	4	5	5	지	6	6	6	7	7	7	8	8	8

음력 05/01~06/01

한식(4월05일), 초복(7월13일), 중복(7월23일), 말복(8월12일) ☗춘사(春社)3/23
☀추사(秋社)9/19 토왕지절(土旺之節):4월17일,7월19일,10월20일,1월17일(음12/25)
臘享(납향):1993년1월14일(음12/22)

소서 7일 05시 40분　　【음6월】 →　음 6　【丁未月(정미월)】　　대서 22일 23시 09분

양력 7	양력	1	2	3	4	5	6	7	8	9	10	11	12	13	14	15	16	17	18	19	20	21	22	23	24	25	26	27	28	29	30	31
	요일	수	목	금	토	일	월	화	수	목	금	토	일	월	화	수	목	금	토	일	월	화	수	목	금	토	일	월	화	수	목	금
	일진	戊	己	庚	辛	壬	癸	甲	乙	丙	丁	戊	己	庚	辛	壬	癸	甲	乙	丙	丁	戊	己	庚	辛	壬	癸	甲	乙	丙	丁	戊
	日辰	辰	巳	午	未	申	酉	戌	亥	子	丑	寅	卯	辰	巳	午	未	申	酉	戌	亥	子	丑	寅	卯	辰	巳	午	未	申	酉	戌
음력 06/02 07/02	음력	2	3	4	5	6	7	8	9	10	11	12	13	14	15	16	17	18	19	20	21	22	23	24	25	26	27	28	29	30	7/1	2
	대	소서	10	10	1	1	1	9	9	9	8	8	8	7	2	2	3	3	3	4	4	4	5	대서	5	5	6	6	6	7	7	8
	운 어	9	9	9	10	10	10	1	1	1	2	2	2	3	3	3	4	4	4	5	5	5	6	6	6	7	7	7	8

입추 7일 15시 27분　　【음7월】 →　음 7　【戊申月(무신월)】　　처서 23일 06시 10분

양력 8	양력	1	2	3	4	5	6	7	8	9	10	11	12	13	14	15	16	17	18	19	20	21	22	23	24	25	26	27	28	29	30	31
	요일	토	일	월	화	수	목	금	토	일	월	화	수	목	금	토	일	월	화	수	목	금	토	일	월	화	수	목	금	토	일	월
	일진	己	庚	辛	壬	癸	甲	乙	丙	丁	戊	己	庚	辛	壬	癸	甲	乙	丙	丁	戊	己	庚	辛	壬	癸	甲	乙	丙	丁	戊	己
	日辰	亥	子	丑	寅	卯	辰	巳	午	未	申	酉	戌	亥	子	丑	寅	卯	辰	巳	午	未	申	酉	戌	亥	子	丑	寅	卯	辰	巳
음력 07/03 08/04	음력	3	4	5	6	7	8	9	10	11	12	13	14	15	16	17	18	19	20	21	22	23	24	25	26	27	28	29	8/1	2	3	4
	대	2	2	1	1	1	입추	10	10	9	9	9	8	8	8	7	7	7	6	6	6	5	처서	5	5	4	4	4	3	3	3	2
	운 어	8	8	9	9	9	10	1	1	1	2	2	2	3	3	3	4	4	4	5	5	5	6	6	6	7	7	7	8

백로 7일 18시 18분　　【음8월】 →　음 8　【己酉月(기유월)】　　추분 23일 03시 43분

양력 9	양력	1	2	3	4	5	6	7	8	9	10	11	12	13	14	15	16	17	18	19	20	21	22	23	24	25	26	27	28	29	30
	요일	화	수	목	금	토	일	월	화	수	목	금	토	일	월	화	수	목	금	토	일	월	화	수	목	금	토	일	월	화	수
	일진	庚	辛	壬	癸	甲	乙	丙	丁	戊	己	庚	辛	壬	癸	甲	乙	丙	丁	戊	己	庚	辛	壬	癸	甲	乙	丙	丁	戊	己
	日辰	午	未	申	酉	戌	亥	子	丑	寅	卯	辰	巳	午	未	申	酉	戌	亥	子	丑	寅	卯	辰	巳	午	未	申	酉	戌	酉
음력 08/05 09/05	음력	5	6	7	8	9	10	11	12	13	14	15	16	17	18	19	20	21	22	23	24	25	26	27	9/1	2	3	4	5
	대	2	2	1	1	1	백로	10	10	9	9	9	8	8	8	7	7	7	6	6	6	5	추분	5	5	4	4	4	3	3	3
	운 어	8	8	9	9	9	10	1	1	1	2	2	2	3	3	3	4	4	4	5	5	5	6	6	6	7	7	7	8

한로 8일 09시 51분　　【음9월】 →　음 9　【庚戌月(경술월)】　　상강 23일 12시 57분

양력 10	양력	1	2	3	4	5	6	7	8	9	10	11	12	13	14	15	16	17	18	19	20	21	22	23	24	25	26	27	28	29	30	31
	요일	목	금	토	일	월	화	수	목	금	토	일	월	화	수	목	금	토	일	월	화	수	목	금	토	일	월	화	수	목	금	토
	일진	庚	辛	壬	癸	甲	乙	丙	丁	戊	己	庚	辛	壬	癸	甲	乙	丙	丁	戊	己	庚	辛	壬	癸	甲	乙	丙	丁	戊	己	庚
	日辰	戌	亥	子	丑	寅	卯	辰	巳	午	未	申	酉	戌	亥	子	丑	寅	卯	辰	巳	午	未	申	酉	戌	亥	子	丑	寅	卯	辰
음력 09/06 10/06	음력	6	7	8	9	10	11	12	13	14	15	16	17	18	19	20	21	22	23	24	25	26	27	28	29	10/1	2	3	4	5	6
	대	2	2	2	1	1	1	1	한로	10	9	9	9	8	8	8	7	7	7	6	6	6	5	상강	5	5	4	4	4	3	3	3
	운 어	8	8	8	9	9	9	10	1	1	1	2	2	2	3	3	3	4	4	4	5	5	5	6	6	6	7	7	7	8

입동 7일 12시 57분　　【음10월】 →　음10　【辛亥月(신해월)】　　소설 22일 10시 26분

양력 11	양력	1	2	3	4	5	6	7	8	9	10	11	12	13	14	15	16	17	18	19	20	21	22	23	24	25	26	27	28	29	30
	요일	일	월	화	수	목	금	토	일	월	화	수	목	금	토	일	월	화	수	목	금	토	일	월	화	수	목	금	토	일	월
	일진	辛	壬	癸	甲	乙	丙	丁	戊	己	庚	辛	壬	癸	甲	乙	丙	丁	戊	己	庚	辛	壬	癸	甲	乙	丙	丁	戊	己	庚
	日辰	巳	午	未	申	酉	戌	亥	子	丑	寅	卯	辰	巳	午	未	申	酉	戌	亥	子	丑	寅	卯	辰	巳	午	未	申	酉	戌
음력 10/07 11/07	음력	7	8	9	10	11	12	13	14	15	16	17	18	19	20	21	22	23	24	25	26	27	28	29	11/1	2	3	4	5	6	7
	대	2	2	1	1	1	1	입동	10	9	9	9	8	8	8	7	7	7	6	6	6	5	소설	5	5	4	4	4	3	3	3
	운 어	8	8	9	9	9	10	1	1	1	1	2	2	2	3	3	3	4	4	4	5	5	5	6	6	6	7	7	7

대설 7일 05시 44분　　【음11월】 →　음 11　【壬子月(임자월)】　　동지 21일 23시 43분

양력 12	양력	1	2	3	4	5	6	7	8	9	10	11	12	13	14	15	16	17	18	19	20	21	22	23	24	25	26	27	28	29	30	31
	요일	화	수	목	금	토	일	월	화	수	목	금	토	일	월	화	수	목	금	토	일	월	화	수	목	금	토	일	월	화	수	목
	일진	辛	壬	癸	甲	乙	丙	丁	戊	己	庚	辛	壬	癸	甲	乙	丙	丁	戊	己	庚	辛	壬	癸	甲	乙	丙	丁	戊	己	庚	辛
	日辰	亥	子	丑	寅	卯	辰	巳	午	未	申	酉	戌	亥	子	丑	寅	卯	辰	巳	午	未	申	酉	戌	亥	子	丑	寅	卯	辰	巳
음력 11/08 12/08	음력	8	9	10	11	12	13	14	15	16	17	18	19	20	21	22	23	24	25	26	27	28	29	30	12/1	2	3	4	5	6	7	8
	대	2	2	1	1	1	1	대설	9	9	9	8	8	8	7	7	7	6	6	6	5	동지	5	5	4	4	4	3	3	3	2	2
	운 어	8	8	9	9	9	10	1	1	1	2	2	2	3	3	3	4	4	4	5	5	5	6	6	6	7	7	7	8

1992 壬申年

단기 4326 年	**1993**年	**癸酉(계유)년** 납음(劍鋒金),본명성(七赤金)
불기 2537 年		대장군(午남방), 삼살(동방), 상문(亥서북방),조객(未서남방), 납음(검봉금), 【삼재(해,자,축)년】 臘享(납향):1994년1월21일(음12/10)

소한 5일 16시 57분 【음12월】 → 음12 【癸丑月(계축월)】 ● 대한 20일 10시 23분

양력 1	양력	1	2	3	4	5	6	7	8	9	10	11	12	13	14	15	16	17	18	19	20	21	22	23	24	25	26	27	28	29	30	31
	요일	금	토	일	월	화	수	목	금	토	일	월	화	수	목	금	토	일	월	화	수	목	금	토	일	월	화	수	목	금	토	일
	일진	壬	癸	甲	乙	丙	丁	戊	己	庚	辛	壬	癸	甲	乙	丙	丁	戊	己	庚	辛	壬	癸	乙	丙	丁	戊	己	庚	辛	壬	癸
	日辰	辰	午	未	酉	戌	亥	子	丑	卯	辰	巳	午	未	申	戌	亥	子	丑	卯	辰	巳	午	未	申	酉	戌	亥	子	丑	寅	
음력 12/09 01/09	음력	9	10	11	12	13	14	15	16	17	18	19	20	21	22	23	24	25	26	27	28	29	30	1/1	2	3	4	5	6	7	8	9
	대남	1	1	1	소한	10	9	9	9	8	8	8	7	7	7	6	6	6	5	대한	5	4	4	4	3	3	3	2	2	2	1	1
	운여	8	9	9	9	1	1	1	1	2	2	2	3	3	3	4	4	4	5	5	5	6	6	6	7	7	7	8	8	8	9	9

입춘 4일 04시 37분 【음1월】 → 음1 【甲寅月(갑인월)】 ◐ 우수 19일 00시 35분

양력 2	양력	1	2	3	4	5	6	7	8	9	10	11	12	13	14	15	16	17	18	19	20	21	22	23	24	25	26	27	28
	요일	월	화	수	목	금	토	일	월	화	수	목	금	토	일	월	화	수	목	금	토	일	월	화	수	목	금	토	일
	일진	癸	甲	乙	丙	丁	戊	己	庚	辛	壬	癸	甲	乙	丙	丁	戊	己	庚	辛	壬	癸	甲	乙	丙	丁	戊	己	庚
	日辰	丑	寅	卯	辰	巳	午	未	申	戌	亥	子	丑	寅	卯	巳	午	未	申	戌	亥	子	丑	寅	卯	巳	午	未	申
음력 01/10 02/08	음력	10	11	12	13	14	15	16	17	18	19	20	21	22	23	24	25	26	27	28	29	2/1	2	3	4	5	6	7	8
	대남	1	1	1	입춘	1	1	1	1	2	2	2	3	3	3	4	4	4	5	우수	5	6	6	6	7	7	7	8	8
	운여	9	9	9	춘	9	9	9	8	8	8	7	7	7	6	6	6	5	5	수	4	4	4	3	3	3	2	2	2

경칩 5일 22시 43분 【음2월】 → 음2 【乙卯月(을묘월)】 ◐ 춘분 20일 23시 41분

양력 3	양력	1	2	3	4	5	6	7	8	9	10	11	12	13	14	15	16	17	18	19	20	21	22	23	24	25	26	27	28	29	30	31
	요일	월	화	수	목	금	토	일	월	화	수	목	금	토	일	월	화	수	목	금	토	일	월	화	수	목	금	토	일	월	화	수
	일진	辛	壬	癸	乙	丙	丁	戊	己	庚	辛	壬	癸	甲	乙	丙	丁	戊	己	庚	辛	壬	癸	甲	乙	丙	丁	戊	己	庚	辛	壬
	日辰	巳	午	未	申	酉	戌	亥	子	丑	寅	卯	辰	巳	午	未	申	戌	亥	子	丑	寅	卯	辰	巳	未	申	酉	戌	亥	子	
음력 02/09 03/09	음력	9	10	11	12	13	14	15	16	17	18	19	20	21	22	23	24	25	26	27	28	29	30	3/1	2	3	4	5	6	7	8	9
	대남	8	9	9	9	경칩	1	1	1	1	2	2	2	3	3	3	4	4	4	5	춘분	5	6	6	6	7	7	7	8	8	8	9
	운여	8	9	9	9	침	10	10	9	9	9	8	8	8	7	7	7	6	6	6	분	5	5	4	4	4	3	3	3	2	2	2

청명 5일 03시 37분 【음3월】 → 음3 【丙辰月(병진월)】 ◐ 윤3 곡우 20일 10시 49분

양력 4	양력	1	2	3	4	5	6	7	8	9	10	11	12	13	14	15	16	17	18	19	20	21	22	23	24	25	26	27	28	29	30
	요일	목	금	토	일	월	화	수	목	금	토	일	월	화	수	목	금	토	일	월	화	수	목	금	토	일	월	화	수	목	금
	일진	壬	癸	甲	乙	丙	丁	戊	己	庚	辛	壬	癸	甲	乙	丙	丁	戊	己	庚	辛	壬	癸	甲	乙	丙	丁	戊	己	庚	辛
	日辰	子	丑	寅	卯	辰	巳	午	未	申	酉	戌	亥	子	丑	寅	卯	辰	巳	午	未	申	酉	戌	亥	子	丑	寅	卯	辰	巳
음력 03/10 윤309	음력	10	11	12	13	14	15	16	17	18	19	20	21	22	23	24	25	26	27	28	29	30	윤3	2	3	4	5	6	7	8	9
	대남	9	9	9	10	청명	1	1	1	1	2	2	2	3	3	3	4	4	4	5	곡우	5	6	6	6	7	7	7	8	8	8
	운여	1	1	1	명	10	10	9	9	9	8	8	8	7	7	7	6	6	6	5	우	5	5	4	4	4	3	3	3	2	2

입하 5일 21시 02분 【음4월】 → 음4 【丁巳月(정사월)】 ◐ 소만 21일 10시 02분

양력 5	양력	1	2	3	4	5	6	7	8	9	10	11	12	13	14	15	16	17	18	19	20	21	22	23	24	25	26	27	28	29	30	31
	요일	토	일	월	화	수	목	금	토	일	월	화	수	목	금	토	일	월	화	수	목	금	토	일	월	화	수	목	금	토	일	월
	일진	壬	癸	甲	乙	丙	丁	戊	己	庚	辛	壬	癸	甲	乙	丙	丁	戊	己	庚	辛	壬	癸	甲	乙	丙	丁	戊	己	庚	辛	壬
	日辰	午	未	申	酉	戌	亥	子	丑	寅	卯	辰	巳	午	未	申	酉	戌	亥	子	丑	寅	卯	辰	巳	午	未	申	酉	戌	亥	子
음력 윤310 04/11	음력	10	11	12	13	14	15	16	17	18	19	20	21	22	23	24	25	26	27	28	29	4/1	2	3	4	5	6	7	8	9	10	11
	대남	9	9	9	10	입하	1	1	1	1	2	2	2	3	3	3	4	4	4	5	5	소만	6	6	6	7	7	7	8	8	8	9
	운여	1	1	1	하	10	10	10	9	9	9	8	8	8	7	7	7	6	6	6	5	만	5	5	4	4	4	3	3	3	2	2

망종 6일 01시 15분 【음5월】 → 음5 【戊午月(무오월)】 ◐ 하지 21일 18시 00분

양력 6	양력	1	2	3	4	5	6	7	8	9	10	11	12	13	14	15	16	17	18	19	20	21	22	23	24	25	26	27	28	29	30
	요일	화	수	목	금	토	일	월	화	수	목	금	토	일	월	화	수	목	금	토	일	월	화	수	목	금	토	일	월	화	수
	일진	癸	甲	乙	丙	丁	戊	己	庚	辛	壬	癸	甲	乙	丙	丁	戊	己	庚	辛	壬	癸	甲	乙	丙	丁	戊	己	庚	辛	壬
	日辰	丑	寅	卯	辰	巳	午	未	申	酉	戌	亥	子	丑	寅	卯	辰	巳	午	未	申	酉	戌	亥	子	丑	寅	卯	辰	巳	午
음력 04/12 05/11	음력	12	13	14	15	16	17	18	19	20	21	22	23	24	25	26	27	28	29	30	5/1	2	3	4	5	6	7	8	9	10	11
	대남	9	9	10	10	10	망종	1	1	1	1	2	2	2	3	3	3	4	4	4	5	하지	5	6	6	6	7	7	7	8	8
	운여	2	1	1	1	1	종	10	10	9	9	9	8	8	8	7	7	7	6	6	6	지	5	5	5	4	4	4	3	3	3

癸酉年

1993 癸酉年

소서 7일 11시 32분 【음6월】 → 음6 【己未月(기미월)】 ◎ 대서 23일 04시 51분

양력	1	2	3	4	5	6	7	8	9	10	11	12	13	14	15	16	17	18	19	20	21	22	23	24	25	26	27	28	29	30	31
요일	목	금	토	일	월	화	수	목	금	토	일	월	화	수	목	금	토	일	월	화	수	목	금	토	일	월	화	수	목	금	토
7월 일진	癸未	甲申	乙酉	丙戌	丁亥	戊子	己丑	庚寅	辛卯	壬辰	癸巳	甲午	乙未	丙申	丁酉	戊戌	己亥	庚子	辛丑	壬寅	癸卯	甲辰	乙巳	丙午	丁未	戊申	己酉	庚戌	辛亥	壬子	癸丑
음력 05/12 06/13	12	13	14	15	16	17	18	19	20	21	22	23	24	25	26	27	28	29	6/1	2	3	4	5	6	7	8	9	10	11	12	13
대낭 운어	8 소서	9 10	9 1	9 1	10 1	10 1	소서 1	1 1	1 2	1 2	2 2	2 3	2 3	3 3	3 4	3 4	4 4	4 5	4 5	대서	6 6	6 6	6 7	7 7	7 8	7 8

입추 7일 21시 18분 【음7월】 → 음7 【庚申月(경신월)】 ☯ 처서 23일 11시 50분

양력	1	2	3	4	5	6	7	8	9	10	11	12	13	14	15	16	17	18	19	20	21	22	23	24	25	26	27	28	29	30	31
요일	일	월	화	수	목	금	토	일	월	화	수	목	금	토	일	월	화	수	목	금	토	일	월	화	수	목	금	토	일	월	화
8월 일진	甲寅	乙卯	丙辰	丁巳	戊午	己未	庚申	辛酉	壬戌	癸亥	甲子	乙丑	丙寅	丁卯	戊辰	己巳	庚午	辛未	壬申	癸酉	甲戌	乙亥	丙子	丁丑	戊寅	己卯	庚辰	辛巳	壬午	癸未	甲申
음력 06/14 07/14	14	15	16	17	18	19	20	21	22	23	24	25	26	27	28	29	30	7/1	2	3	4	5	6	7	8	9	10	11	12	13	14
대낭 운어	8 9	9 9	9 1	9 1	1 1	1 1	입추	1 1	1 1	2 2	2 2	3 3	3 3	3 4	4 4	4 5	5 5	처서	6 6	6 6	7 7	7 7	7 8	8 8	8 9	9 9	9 3

백로 8일 00시 08분 【음8월】 → 음8 【辛酉月(신유월)】 ☯ 추분 23일 09시 22분

양력	1	2	3	4	5	6	7	8	9	10	11	12	13	14	15	16	17	18	19	20	21	22	23	24	25	26	27	28	29	30
요일	수	목	금	토	일	월	화	수	목	금	토	일	월	화	수	목	금	토	일	월	화	수	목	금	토	일	월	화	수	목
9월 일진	乙酉	丙戌	丁亥	戊子	己丑	庚寅	辛卯	壬辰	癸巳	甲午	乙未	丙申	丁酉	戊戌	己亥	庚子	辛丑	壬寅	癸卯	甲辰	乙巳	丙午	丁未	戊申	己酉	庚戌	辛亥	壬子	癸丑	甲寅
음력 07/15 08/15	15	16	17	18	19	20	21	22	23	24	25	26	27	28	29	8/1	2	3	4	5	6	7	8	9	10	11	12	13	14	15
대낭 운어	8 9	9 9	9 1	1 1	1 1	1 1	백로	10 9	1 1	1 2	2 2	2 3	3 3	3 4	4 4	4 5	5 5	추분	6 6	6 6	7 7	7 7	5 8	4 8	4 3	3

한로 8일 15시 40분 【음9월】 → 음9 【壬戌月(임술월)】 ◎ 상강 23일 18시 37분

양력	1	2	3	4	5	6	7	8	9	10	11	12	13	14	15	16	17	18	19	20	21	22	23	24	25	26	27	28	29	30	31
요일	금	토	일	월	화	수	목	금	토	일	월	화	수	목	금	토	일	월	화	수	목	금	토	일	월	화	수	목	금	토	일
10월 일진	乙卯	丙辰	丁巳	戊午	己未	庚申	辛酉	壬戌	癸亥	甲子	乙丑	丙寅	丁卯	戊辰	己巳	庚午	辛未	壬申	癸酉	甲戌	乙亥	丙子	丁丑	戊寅	己卯	庚辰	辛巳	壬午	癸未	甲申	乙酉
음력 08/16 09/17	16	17	18	19	20	21	22	23	24	25	26	27	28	29	9/1	2	3	4	5	6	7	8	9	10	11	12	13	14	15	16	17
대낭 운어	8 8	8 9	9 9	1 1	1 1	1 1	한로	10 9	1 1	1 2	2 2	2 3	3 3	3 4	4 4	4 5	5 5	상강	6 6	6 6	7 7	7 7	5 8	4 8	4 3	3

입동 7일 18시 46분 【음10월】 → 음10 【癸亥月(계해월)】 ◎ 소설 22일 16시 07분

양력	1	2	3	4	5	6	7	8	9	10	11	12	13	14	15	16	17	18	19	20	21	22	23	24	25	26	27	28	29	30
요일	월	화	수	목	금	토	일	월	화	수	목	금	토	일	월	화	수	목	금	토	일	월	화	수	목	금	토	일	월	화
11월 일진	丙戌	丁亥	戊子	己丑	庚寅	辛卯	壬辰	癸巳	甲午	乙未	丙申	丁酉	戊戌	己亥	庚子	辛丑	壬寅	癸卯	甲辰	乙巳	丙午	丁未	戊申	己酉	庚戌	辛亥	壬子	癸丑	甲寅	乙卯
음력 09/18 10/17	18	19	20	21	22	23	24	25	26	27	28	29	30	10/1	2	3	4	5	6	7	8	9	10	11	12	13	14	15	16	17
대낭 운어	8 8	8 9	9 9	1 1	1 1	1 1	입동	10 9	1 1	1 2	2 2	2 3	3 3	3 4	4 4	4 5	5 소설	5 6	6 6	6 7	7 7	7 8	5 8	4 3	3

대설 7일 11시 34분 【음11월】 → 음11 【甲子月(갑자월)】 ◎ 동지 22일 05시 26분

양력	1	2	3	4	5	6	7	8	9	10	11	12	13	14	15	16	17	18	19	20	21	22	23	24	25	26	27	28	29	30	31
요일	수	목	금	토	일	월	화	수	목	금	토	일	월	화	수	목	금	토	일	월	화	수	목	금	토	일	월	화	수	목	금
12월 일진	丙辰	丁巳	戊午	己未	庚申	辛酉	壬戌	癸亥	甲子	乙丑	丙寅	丁卯	戊辰	己巳	庚午	辛未	壬申	癸酉	甲戌	乙亥	丙子	丁丑	戊寅	己卯	庚辰	辛巳	壬午	癸未	甲申	乙酉	丙戌
음력 10/18 11/19	18	19	20	21	22	23	24	25	26	27	28	29	11/1	2	3	4	5	6	7	8	9	10	11	12	13	14	15	16	17	18	19
대낭 운어	8 8	8 9	9 9	1 1	1 1	1 1	대설	10 9	1 1	1 2	2 2	2 3	3 3	3 4	4 4	4 5	5 동지	5 6	6 6	6 7	7 7	7 8	5 8	4 3	3

甲戌(갑술)년　납음(山頭火),본명성(六白金)

대장군(午남방), 삼살(북방), 상문(子북방),조객(申서남방), 납음(산두화),
【삼재(신,유,술)년】 臘享(납향):1995년1월16일(음12/16)

소한 5일 22시 48분　【음12월】→　음12　【乙丑月(을축월)】　　대한 20일 16시 07분

양력 1	1	2	3	4	5	6	7	8	9	10	11	12	13	14	15	16	17	18	19	20	21	22	23	24	25	26	27	28	29	30	31
요일	토	일	월	화	수	목	금	토	일	월	화	수	목	금	토	일	월	화	수	목	금	토	일	월	화	수	목	금	토	일	월
일진 日辰	丁亥	戊子	己丑	庚寅	辛卯	壬辰	癸巳	甲午	乙未	丙申	丁酉	戊戌	己亥	庚子	辛丑	壬寅	癸卯	甲辰	乙巳	丙午	丁未	戊申	己酉	庚戌	辛亥	壬子	癸丑	甲寅	乙卯	丙辰	丁
음력 11/20 12/20	20	21	22	23	24	25	26	27	28	29	30	12/1	2	3	4	5	6	7	8	9	10	11	12	13	14	15	16	17	18	19	20
대 남	8	9	9	9	소	1	1	1	1	9	9	9	8	8	8	7	7	7	6	대	6	5	5	4	4	4	3	3	2	2	2
운 여	1	1	1	1	한	10	9	9	9	8	8	8	7	7	6	6	6	5	한	5	4	4	4	3	3	3	2	2	2	1	1

입춘 4일 10시 31분　【음1월】→　음1　【丙寅月(병인월)】　　우수 19일 06시 22분

양력 2	1	2	3	4	5	6	7	8	9	10	11	12	13	14	15	16	17	18	19	20	21	22	23	24	25	26	27	28
요일	화	수	목	금	토	일	월	화	수	목	금	토	일	월	화	수	목	금	토	일	월	화	수	목	금	토	일	월
일진 日辰	戊午	己未	庚申	辛酉	壬戌	癸亥	甲子	乙丑	丙寅	丁卯	戊辰	己巳	庚午	辛未	壬申	癸酉	甲戌	乙亥	丙子	丁丑	戊寅	己卯	庚辰	辛巳	壬午	癸未	甲申	乙酉
음력 12/21 01/19	21	22	23	24	25	26	27	28	29	1/1	2	3	4	5	6	7	8	9	10	11	12	13	14	15	16	17	18	19
대 남	1	1	1	입	1	1	1	1	2	2	2	3	3	3	4	4	4	5	우	5	6	6	6	7	7	7	8	8
운 여	9	9	10	춘	1	1	1	1	9	9	9	8	8	8	7	7	7	6	수	6	5	5	4	4	4	3	3	3

甲戌年

경칩 6일 04시 38분　【음2월】→　음2　【丁卯月(정묘월)】　　춘분 21일 05시 28분

양력 3	1	2	3	4	5	6	7	8	9	10	11	12	13	14	15	16	17	18	19	20	21	22	23	24	25	26	27	28	29	30	31
요일	화	수	목	금	토	일	월	화	수	목	금	토	일	월	화	수	목	금	토	일	월	화	수	목	금	토	일	월	화	수	목
일진 日辰	丙戌	丁亥	戊子	己丑	庚寅	辛卯	壬辰	癸巳	甲午	乙未	丙申	丁酉	戊戌	己亥	庚子	辛丑	壬寅	癸卯	甲辰	乙巳	丙午	丁未	戊申	己酉	庚戌	辛亥	壬子	癸丑	甲寅	乙卯	丙辰
음력 01/20 02/20	20	21	22	23	24	25	26	27	28	29	30	2/1	2	3	4	5	6	7	8	9	10	11	12	13	14	15	16	17	18	19	20
대 남	2	1	1	1	1	경	10	9	9	9	8	8	8	7	7	7	6	6	6	5	춘	5	4	4	4	3	3	3	2	2	2
운 여	8	9	9	9	10	칩	1	1	1	1	2	2	2	3	3	3	4	4	4	5	분	5	6	6	6	7	7	7	8	8	8

청명 5일 09시 32분　【음3월】→　음3　【戊辰月(무진월)】　　곡우 20일 16시 36분

양력 4	1	2	3	4	5	6	7	8	9	10	11	12	13	14	15	16	17	18	19	20	21	22	23	24	25	26	27	28	29	30
요일	금	토	일	월	화	수	목	금	토	일	월	화	수	목	금	토	일	월	화	수	목	금	토	일	월	화	수	목	금	토
일진 日辰	丁巳	戊午	己未	庚申	辛酉	壬戌	癸亥	甲子	乙丑	丙寅	丁卯	戊辰	己巳	庚午	辛未	壬申	癸酉	甲戌	乙亥	丙子	丁丑	戊寅	己卯	庚辰	辛巳	壬午	癸未	甲申	乙酉	丙戌
음력 02/21 03/20	21	22	23	24	25	26	27	28	29	30	3/1	2	3	4	5	6	7	8	9	10	11	12	13	14	15	16	17	18	19	20
대 남	1	1	1	1	청	10	10	9	9	9	8	8	8	7	7	7	6	6	6	곡	5	5	4	4	4	3	3	3	2	2
운 여	9	9	9	10	명	1	1	1	1	2	2	2	3	3	3	4	4	4	5	우	5	6	6	6	7	7	7	8	8	8

입하 6일 02시 54분　【음4월】→　음4　【己巳月(기사월)】　　소만 21일 15시 48분

양력 5	1	2	3	4	5	6	7	8	9	10	11	12	13	14	15	16	17	18	19	20	21	22	23	24	25	26	27	28	29	30	31
요일	일	월	화	수	목	금	토	일	월	화	수	목	금	토	일	월	화	수	목	금	토	일	월	화	수	목	금	토	일	월	화
일진 日辰	丁亥	戊子	己丑	庚寅	辛卯	壬辰	癸巳	甲午	乙未	丙申	丁酉	戊戌	己亥	庚子	辛丑	壬寅	癸卯	甲辰	乙巳	丙午	丁未	戊申	己酉	庚戌	辛亥	壬子	癸丑	甲寅	乙卯	丙辰	丁
음력 03/21 04/21	21	22	23	24	25	26	27	28	29	30	4/1	2	3	4	5	6	7	8	9	10	11	12	13	14	15	16	17	18	19	20	21
대 남	2	1	1	1	1	입	10	10	9	9	9	8	8	8	7	7	7	6	6	6	소	5	5	4	4	4	3	3	3	2	2
운 여	9	9	9	10	10	하	1	1	1	1	2	2	2	3	3	3	4	4	4	5	만	5	6	6	6	7	7	7	8	8

망종 6일 07시 05분　【음5월】→　음5　【庚午月(경오월)】　　하지 21일 23시 48분

양력 6	1	2	3	4	5	6	7	8	9	10	11	12	13	14	15	16	17	18	19	20	21	22	23	24	25	26	27	28	29	30
요일	수	목	금	토	일	월	화	수	목	금	토	일	월	화	수	목	금	토	일	월	화	수	목	금	토	일	월	화	수	목
일진 日辰	戊午	己未	庚申	辛酉	壬戌	癸亥	甲子	乙丑	丙寅	丁卯	戊辰	己巳	庚午	辛未	壬申	癸酉	甲戌	乙亥	丙子	丁丑	戊寅	己卯	庚辰	辛巳	壬午	癸未	甲申	乙酉	丙戌	丁亥
음력 04/22 05/22	22	23	24	25	26	27	28	29	5/1	2	3	4	5	6	7	8	9	10	11	12	13	14	15	16	17	18	19	20	21	22
대 남	2	1	1	1	1	망	10	10	9	9	9	8	8	8	7	7	7	6	6	6	하	5	5	4	4	4	3	3	3	2
운 여	9	9	9	10	10	종	1	1	1	1	2	2	2	3	3	3	4	4	4	5	지	5	6	6	6	7	7	7	8	8

한식(4월06일), 초복(7월13일), 중복(7월23일), 말복(8월12일)　♠춘사(春社)3/23
☀추사(秋社)9/19　토왕지절(土旺之節):4월17일,7월20일,10월21일,1월17일(음12/17)
臘享(납향):1995년1월16일(음12/16)

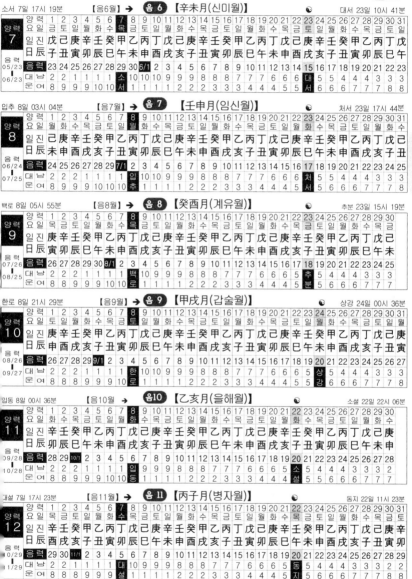

1994 甲戌年

소서 7일 17시 19분　【음6월】 → 음6 【辛未月(신미월)】　대서 23일 10시 41분

입추 8일 03시 04분　【음7월】 → 음7 【壬申月(임신월)】　처서 23일 17시 44분

백로 8일 05시 55분　【음8월】 → 음8 【癸酉月(계유월)】　추분 23일 15시 19분

한로 8일 21시 29분　【음9월】 → 음9 【甲戌月(갑술월)】　상강 24일 00시 36분

입동 8일 00시 36분　【음10월】 → 음10 【乙亥月(을해월)】　소설 22일 22시 06분

대설 7일 17시 23분　【음11월】 → 음11 【丙子月(병자월)】　동지 22일 11시 23분

단기 4328 年
불기 2539 年
1995년

乙亥(을해)년 납음(山頭火),본명성(五黃土)

대장군(酉서방). 삼살(酉서방). 상문(표동북방),조객(酉서방), 납음(산두화),
【삼재(사,오,미)년】 臘享(납향):1996년1월23일(음12/04)

1월

소한 6일 04시 34분 【음12월】 → 음12 【丁丑月(정축월)】   대한 20일 22시 00분

양력	1	2	3	4	5	6	7	8	9	10	11	12	13	14	15	16	17	18	19	20	21	22	23	24	25	26	27	28	29	30	31
요일	일	월	화	수	목	금	토	일	월	화	수	목	금	토	일	월	화	수	목	금	토	일	월	화	수	목	금	토	일	월	화
일진	壬辰	癸巳	甲午	乙未	丙申	丁酉	戊戌	己亥	庚子	辛丑	壬寅	癸卯	甲辰	乙巳	丙午	丁未	戊申	己酉	庚戌	辛亥	壬子	癸丑	甲寅	乙卯	丙辰	丁巳	戊午	己未	庚申	辛酉	壬戌
음력	12/1	2	3	4	5	6	7	8	9	10	11	12	13	14	15	16	17	18	19	20	21	22	23	24	25	26	27	28	29	30	1/1
대남	1	2	1	1	1	소한	9	9	9	8	8	8	7	7	7	6	6	6	5	대한	5	4	4	4	3	3	3	2	2	2	1
운여	8	9	9	9	10	한	1	1	1	1	2	2	2	3	3	3	4	4	4	한	5	5	6	6	6	7	7	7	8	8	8

2월

입춘 4일 16시 13분 【음1월】 → 음1 【戊寅月(무인월)】   우수 19일 12시 11분

양력	1	2	3	4	5	6	7	8	9	10	11	12	13	14	15	16	17	18	19	20	21	22	23	24	25	26	27	28		
요일	수	목	금	토	일	월	화	수	목	금	토	일	월	화	수	목	금	토	일	월	화	수	목	금	토	일	월	화		
일진	癸亥	甲子	乙丑	丙寅	丁卯	戊辰	己巳	庚午	辛未	壬申	癸酉	甲戌	乙亥	丙子	丁丑	戊寅	己卯	庚辰	辛巳	壬午	癸未	甲申	乙酉	丙戌	丁亥	戊子	己丑	庚寅		
음력	2	3	4	5	6	7	8	9	10	11	12	13	14	15	16	17	18	19	20	21	22	23	24	25	26	27	28	29		
대남	1	1	1	입춘	1	1	1	2	2	2	3	3	3	4	4	4	5	우수	5	6	6	6	7	7	7	8	8	8		
운여	9	9	9	춘	10	9	9	9	8	8	8	7	7	7	6	6	6	수	5	5	4	4	4	3	3	3	2	2		

乙亥年

3월

경칩 6일 10시 16분 【음2월】 → 음2 【己卯月(기묘월)】   춘분 21일 11시 14분

양력	1	2	3	4	5	6	7	8	9	10	11	12	13	14	15	16	17	18	19	20	21	22	23	24	25	26	27	28	29	30	31
요일	수	목	금	토	일	월	화	수	목	금	토	일	월	화	수	목	금	토	일	월	화	수	목	금	토	일	월	화	수	목	금
일진	辛卯	壬辰	癸巳	甲午	乙未	丙申	丁酉	戊戌	己亥	庚子	辛丑	壬寅	癸卯	甲辰	乙巳	丙午	丁未	戊申	己酉	庚戌	辛亥	壬子	癸丑	甲寅	乙卯	丙辰	丁巳	戊午	己未	庚申	辛酉
음력	2/1	2	3	4	5	6	7	8	9	10	11	12	13	14	15	16	17	18	19	20	21	22	23	24	25	26	27	28	29	30	3/1
대남	8	9	9	9	10	경칩	1	1	1	1	2	2	2	3	3	3	4	4	4	5	춘분	5	6	6	6	7	7	7	8	8	8
운여	2	1	1	1	1	칩	10	9	9	9	8	8	8	7	7	7	6	6	6	5	분	5	4	4	4	3	3	3	2	2	2

4월

청명 5일 15시 08분 【음3월】 → 음3 【庚辰月(경진월)】   곡우 20일 22시 21분

양력	1	2	3	4	5	6	7	8	9	10	11	12	13	14	15	16	17	18	19	20	21	22	23	24	25	26	27	28	29	30	
요일	토	일	월	화	수	목	금	토	일	월	화	수	목	금	토	일	월	화	수	목	금	토	일	월	화	수	목	금	토	일	
일진	壬戌	癸亥	甲子	乙丑	丙寅	丁卯	戊辰	己巳	庚午	辛未	壬申	癸酉	甲戌	乙亥	丙子	丁丑	戊寅	己卯	庚辰	辛巳	壬午	癸未	甲申	乙酉	丙戌	丁亥	戊子	己丑	庚寅	辛卯	
음력	2	3	4	5	6	7	8	9	10	11	12	13	14	15	16	17	18	19	20	21	22	23	24	25	26	27	28	29	30	4/1	
대남	9	9	9	10	청명	1	1	1	1	2	2	2	3	3	3	4	4	4	5	곡우	5	6	6	6	7	7	7	8	8	8	
운여	1	1	1	1	명	10	10	9	9	9	8	8	8	7	7	7	6	6	6	우	5	5	4	4	4	3	3	3	2	2	

5월

입하 6일 08시 30분 【음4월】 → 음4 【辛巳月(신사월)】   소만 21일 21시 34분

양력	1	2	3	4	5	6	7	8	9	10	11	12	13	14	15	16	17	18	19	20	21	22	23	24	25	26	27	28	29	30	31
요일	월	화	수	목	금	토	일	월	화	수	목	금	토	일	월	화	수	목	금	토	일	월	화	수	목	금	토	일	월	화	수
일진	壬辰	癸巳	甲午	乙未	丙申	丁酉	戊戌	己亥	庚子	辛丑	壬寅	癸卯	甲辰	乙巳	丙午	丁未	戊申	己酉	庚戌	辛亥	壬子	癸丑	甲寅	乙卯	丙辰	丁巳	戊午	己未	庚申	辛酉	壬戌
음력	2	3	4	5	6	7	8	9	10	11	12	13	14	15	16	17	18	19	20	21	22	23	24	25	26	27	28	29	5/1		
대남	9	9	9	10	10	입하	1	1	1	1	2	2	2	3	3	3	4	4	4	5	5	소만	6	6	6	7	7	7	8	8	8
운여	2	1	1	1	1	하	10	10	9	9	9	8	8	8	7	7	7	6	6	6	5	만	5	5	4	4	4	3	3	3	2

6월

망종 6일 12시 43분 【음5월】 → 음5 【壬午月(임오월)】   하지 22일 05시 34분

양력	1	2	3	4	5	6	7	8	9	10	11	12	13	14	15	16	17	18	19	20	21	22	23	24	25	26	27	28	29	30	
요일	목	금	토	일	월	화	수	목	금	토	일	월	화	수	목	금	토	일	월	화	수	목	금	토	일	월	화	수	목	금	
일진	癸亥	甲子	乙丑	丙寅	丁卯	戊辰	己巳	庚午	辛未	壬申	癸酉	甲戌	乙亥	丙子	丁丑	戊寅	己卯	庚辰	辛巳	壬午	癸未	甲申	乙酉	丙戌	丁亥	戊子	己丑	庚寅	辛卯	壬辰	
음력	2	3	4	5	6	7	8	9	10	11	12	13	14	15	16	17	18	19	20	21	22	23	24	25	26	27	28	29	30	6/1	2	3
대남	9	9	9	10	10	망종	1	1	1	1	2	2	2	3	3	3	4	4	4	5	5	하지	6	6	6	7	7	7	8	8	
운여	2	1	1	1	1	종	10	10	9	9	9	8	8	8	7	7	7	6	6	6	5	지	5	4	4	4	3	3	3	2	

한식(4월06일), 초복(7월18일), 중복(7월28일), 말복(8월17일) ☁춘사(春社)3/18
☀추사(秋社)9/24 토왕지절(土旺之節):4월17일,7월20일,10월21일,1월18일(음11/28)
臘享(납향):1996년1월23일(음12/04)

1995 乙亥年

소서 7일 23시 01분　　【음6월】 →　　음 6　【癸未月(계미월)】　　　　대서 23일 16시 30분

양력 7	일	1	2	3	4	5	6	7	8	9	10	11	12	13	14	15	16	17	18	19	20	21	22	23	24	25	26	27	28	29	30	31
	요일	토	일	월	화	수	목	금	토	일	월	화	수	목	금	토	일	월	화	수	목	금	토	일	월	화	수	목	금	토	일	월
	일진	癸	甲	乙	丙	丁	戊	己	庚	辛	壬	癸	甲	乙	丙	丁	戊	己	庚	辛	壬	癸	甲	乙	丙	丁	戊	己	庚	辛	壬	癸
	日辰	巳	午	未	申	酉	戌	亥	子	丑	寅	卯	辰	巳	午	未	申	酉	戌	亥	子	丑	寅	卯	辰	巳	午	未	申	酉	戌	亥
음력 06/04 07/04	음력	4	5	6	7	8	9	10	11	12	13	14	15	16	17	18	19	20	21	22	23	24	25	26	27	28	29	30	7/1	2	3	4
	운 어	8	9	9	9	10	10	10	소서	1	1	1	1	2	2	2	3	3	3	4	4	4	5	5	대서	6	6	6	7	7	7	8
		8	2	2	1	1	1	1	10	10	10	9	9	9	8	8	8	7	7	7	6	6	6	5	5	5	4	4	4	3	3	3

입추 8일 08시 52분　　【음7월】 →　　음 7　【甲申月(갑신월)】　　　　처서 23일 23시 35분

양력 8	일	1	2	3	4	5	6	7	8	9	10	11	12	13	14	15	16	17	18	19	20	21	22	23	24	25	26	27	28	29	30	31
	요일	화	수	목	금	토	일	월	화	수	목	금	토	일	월	화	수	목	금	토	일	월	화	수	목	금	토	일	월	화	수	목
	일진	甲	乙	丙	丁	戊	己	庚	辛	壬	癸	甲	乙	丙	丁	戊	己	庚	辛	壬	癸	甲	乙	丙	丁	戊	己	庚	辛	壬	癸	甲
	日辰	子	丑	寅	卯	辰	巳	午	未	申	酉	戌	亥	子	丑	寅	卯	辰	巳	午	未	申	酉	戌	亥	子	丑	寅	卯	辰	巳	午
음력 07/05 08/06	음력	5	6	7	8	9	10	11	12	13	14	15	16	17	18	19	20	21	22	23	24	25	26	27	28	29	8/1	2	3	4	5	6
	운 어	8	8	9	9	9	10	10	입추	1	1	1	1	2	2	2	3	3	3	4	4	4	5	처서	5	6	6	6	7	7	7	8
		2	2	2	1	1	1	1	10	10	9	9	9	8	8	8	7	7	7	6	6	6	5	5	5	4	4	4	3	3	3	2

백로 8일 11시 49분　　【음8월】 →　　음 8　【乙酉月(을유월)】　　　　윤 8　추분 23일 21시 13분

양력 9	일	1	2	3	4	5	6	7	8	9	10	11	12	13	14	15	16	17	18	19	20	21	22	23	24	25	26	27	28	29	30
	요일	금	토	일	월	화	수	목	금	토	일	월	화	수	목	금	토	일	월	화	수	목	금	토	일	월	화	수	목	금	토
	일진	乙	丙	丁	戊	己	庚	辛	壬	癸	甲	乙	丙	丁	戊	己	庚	辛	壬	癸	甲	乙	丙	丁	戊	己	庚	辛	壬	癸
	日辰	未	申	酉	戌	亥	子	丑	寅	卯	辰	巳	午	未	申	酉	戌	亥	子	丑	寅	卯	辰	巳	午	未	申	酉	戌	亥	子
음력 08/07 윤806	음력	7	8	9	10	11	12	13	14	15	16	17	18	19	20	21	22	23	24	25	26	27	28	윤8 2	3	4	5	6
	운 어	8	8	8	9	9	9	10	10	백로	1	1	1	1	2	2	2	3	3	3	4	4	4	추분	5	5	6	6	6	7	7
		2	2	2	1	1	1	1	10	10	9	9	9	8	8	8	7	7	7	6	6	6	5	5	5	4	4	4	3	3

한로 9일 03시 27분　　【음9월】 →　　음 9　【丙戌月(병술월)】　　　　상강 24일 06시 32분

양력 10	일	1	2	3	4	5	6	7	8	9	10	11	12	13	14	15	16	17	18	19	20	21	22	23	24	25	26	27	28	29	30	31
	요일	일	월	화	수	목	금	토	일	월	화	수	목	금	토	일	월	화	수	목	금	토	일	월	화	수	목	금	토	일	월	화
	일진	乙	丙	丁	戊	己	庚	辛	壬	癸	甲	乙	丙	丁	戊	己	庚	辛	壬	癸	甲	乙	丙	丁	戊	己	庚	辛	壬	癸	甲	乙
	日辰	丑	寅	卯	辰	巳	午	未	申	酉	戌	亥	子	丑	寅	卯	辰	巳	午	未	申	酉	戌	亥	子	丑	寅	卯	辰	巳	午	未
음력 윤807 09/08	음력	7	8	9	10	11	12	13	14	15	16	17	18	19	20	21	22	23	24	25	26	27	28	29	9/1	2	3	4	5	6	7	8
	운 어	8	8	8	9	9	9	10	10	한로	1	1	1	1	2	2	2	3	3	3	4	4	4	5	상강	5	6	6	6	7	7	7
		3	2	2	2	1	1	1	1	10	9	9	9	8	8	8	7	7	7	6	6	6	5	5	5	4	4	4	3	3	3

입동 8일 06시 36분　　【음10월】 →　　음10　【丁亥月(정해월)】　　　　소설 23일 04시 01분

양력 11	일	1	2	3	4	5	6	7	8	9	10	11	12	13	14	15	16	17	18	19	20	21	22	23	24	25	26	27	28	29	30
	요일	수	목	금	토	일	월	화	수	목	금	토	일	월	화	수	목	금	토	일	월	화	수	목	금	토	일	월	화	수	목
	일진	丙	丁	戊	己	庚	辛	壬	癸	甲	乙	丙	丁	戊	己	庚	辛	壬	癸	甲	乙	丙	丁	戊	己	庚	辛	壬	癸	甲	乙
	日辰	申	酉	戌	亥	子	丑	寅	卯	辰	巳	午	未	申	酉	戌	亥	子	丑	寅	卯	辰	巳	午	未	申	酉	戌	亥	子	丑
음력 09/09 10/08	음력	9	10	11	12	13	14	15	16	17	18	19	20	21	22	23	24	25	26	27	28	29	30	10/1	2	3	4	5	6	7	8
	운 어	8	8	8	9	9	9	10	입동	1	1	1	1	2	2	2	3	3	3	4	4	4	5	소설	5	5	6	6	6	7	7
		2	2	2	1	1	1	1	10	9	9	9	8	8	8	7	7	7	6	6	6	5	5	5	4	4	4	3	3	3

대설 7일 23시 22분　　【음11월】 →　　음11　【戊子月(무자월)】　　　　동지 22일 17시 17분

양력 12	일	1	2	3	4	5	6	7	8	9	10	11	12	13	14	15	16	17	18	19	20	21	22	23	24	25	26	27	28	29	30	31
	요일	금	토	일	월	화	수	목	금	토	일	월	화	수	목	금	토	일	월	화	수	목	금	토	일	월	화	수	목	금	토	일
	일진	丙	丁	戊	己	庚	辛	壬	癸	甲	乙	丙	丁	戊	己	庚	辛	壬	癸	甲	乙	丙	丁	戊	己	庚	辛	壬	癸	甲	乙	丙
	日辰	寅	卯	辰	巳	午	未	申	酉	戌	亥	子	丑	寅	卯	辰	巳	午	未	申	酉	戌	亥	子	丑	寅	卯	辰	巳	午	未	申
음력 10/09 11/10	음력	9	10	11	12	13	14	15	16	17	18	19	20	21	22	23	24	25	26	27	28	29	11/1	2	3	4	5	6	7	8	9	10
	운 어	8	8	8	9	9	9	대설	1	1	1	1	2	2	2	3	3	3	4	4	4	5	동지	5	5	6	6	6	7	7	7	8
		2	2	2	1	1	1	10	9	9	9	8	8	8	7	7	7	6	6	6	5	5	지	5	4	4	4	3	3	3	2	2

- 233 -

단기 4329 年
불기 2540 年

1996년

丙子(병자)년　납음(澗下水),본명성(四綠木)

대장군(酉서방). 삼살(남방), 상문(寅동북방),조객(戌서북방), 납음(간하수),
【삼재(인,묘,진)년】 臘享(납향):1997년1월17일(음12/09)

소한 6일 10시 31분　【음12월】→　음12　【己丑月(기축월)】　　대한 21일 03시 53분

1월 (음 11/11 ~ 12/12)

양력	1	2	3	4	5	6	7	8	9	10	11	12	13	14	15	16	17	18	19	20	21	22	23	24	25	26	27	28	29	30	31
요일	월	화	수	목	금	토	일	월	화	수	목	금	토	일	월	화	수	목	금	토	일	월	화	수	목	금	토	일	월	화	수
일진	丁	戊	己	庚	辛	壬	癸	甲	乙	丙	丁	戊	己	庚	辛	壬	癸	甲	乙	丙	丁	戊	己	庚	辛	壬	癸	甲	乙	丙	丁
日辰	酉	戌	亥	子	丑	寅	卯	辰	巳	午	未	申	酉	戌	亥	子	丑	寅	卯	辰	巳	午	未	申	酉	戌	亥	子	丑	寅	卯
음력	11	12	13	14	15	16	17	18	19	20	21	22	23	24	25	26	27	28	29	12/1	2	3	4	5	6	7	8	9	10	11	12

입춘 4일 22시 08분　【음1월】→　음1　【庚寅月(경인월)】　　우수 19일 18시 01분

2월 (음 12/13 ~ 1/11)　丙子年

양력	1	2	3	4	5	6	7	8	9	10	11	12	13	14	15	16	17	18	19	20	21	22	23	24	25	26	27	28	29
요일	목	금	토	일	월	화	수	목	금	토	일	월	화	수	목	금	토	일	월	화	수	목	금	토	일	월	화	수	목
일진	戊	己	庚	辛	壬	癸	甲	乙	丙	丁	戊	己	庚	辛	壬	癸	甲	乙	丙	丁	戊	己	庚	辛	壬	癸	甲	乙	丙
日辰	辰	巳	午	未	申	酉	戌	亥	子	丑	寅	卯	辰	巳	午	未	申	酉	戌	亥	子	丑	寅	卯	辰	巳	午	未	申
음력	13	14	15	16	17	18	19	20	21	22	23	24	25	26	27	28	29	30	1/1	2	3	4	5	6	7	8	9	10	11

경칩 5일 16시 10분　【음2월】→　음2　【辛卯月(신묘월)】　　춘분 20일 17시 03분

3월 (음 1/12 ~ 2/13)

양력	1	2	3	4	5	6	7	8	9	10	11	12	13	14	15	16	17	18	19	20	21	22	23	24	25	26	27	28	29	30	31
요일	금	토	일	월	화	수	목	금	토	일	월	화	수	목	금	토	일	월	화	수	목	금	토	일	월	화	수	목	금	토	일
일진	丁	戊	己	庚	辛	壬	癸	甲	乙	丙	丁	戊	己	庚	辛	壬	癸	甲	乙	丙	丁	戊	己	庚	辛	壬	癸	甲	乙	丙	丁
日辰	酉	戌	亥	子	丑	寅	卯	辰	巳	午	未	申	酉	戌	亥	子	丑	寅	卯	辰	巳	午	未	申	酉	戌	亥	子	丑	寅	卯
음력	12	13	14	15	16	17	18	19	20	21	22	23	24	25	26	27	28	29	2/1	2	3	4	5	6	7	8	9	10	11	12	13

청명 4일 21시 02분　【음3월】→　음3　【壬辰月(임진월)】　　곡우 20일 04시 10분

4월 (음 2/14 ~ 3/13)

양력	1	2	3	4	5	6	7	8	9	10	11	12	13	14	15	16	17	18	19	20	21	22	23	24	25	26	27	28	29	30
요일	월	화	수	목	금	토	일	월	화	수	목	금	토	일	월	화	수	목	금	토	일	월	화	수	목	금	토	일	월	화
일진	戊	己	庚	辛	壬	癸	甲	乙	丙	丁	戊	己	庚	辛	壬	癸	甲	乙	丙	丁	戊	己	庚	辛	壬	癸	甲	乙	丙	丁
日辰	辰	巳	午	未	申	酉	戌	亥	子	丑	寅	卯	辰	巳	午	未	申	酉	戌	亥	子	丑	寅	卯	辰	巳	午	未	申	酉
음력	14	15	16	17	18	19	20	21	22	23	24	25	26	27	28	29	30	3/1	2	3	4	5	6	7	8	9	10	11	12	13

입하 5일 14시 26분　【음4월】→　음4　【癸巳月(계사월)】　　소만 21일 03시 23분

5월 (음 3/14 ~ 4/15)

양력	1	2	3	4	5	6	7	8	9	10	11	12	13	14	15	16	17	18	19	20	21	22	23	24	25	26	27	28	29	30	31
요일	수	목	금	토	일	월	화	수	목	금	토	일	월	화	수	목	금	토	일	월	화	수	목	금	토	일	월	화	수	목	금
일진	戊	己	庚	辛	壬	癸	甲	乙	丙	丁	戊	己	庚	辛	壬	癸	甲	乙	丙	丁	戊	己	庚	辛	壬	癸	甲	乙	丙	丁	戊
日辰	戌	亥	子	丑	寅	卯	辰	巳	午	未	申	酉	戌	亥	子	丑	寅	卯	辰	巳	午	未	申	酉	戌	亥	子	丑	寅	卯	辰
음력	14	15	16	17	18	19	20	21	22	23	24	25	26	27	28	29	4/1	2	3	4	5	6	7	8	9	10	11	12	13	14	15

망종 5일 18시 41분　【음5월】→　음5　【甲午月(갑오월)】　　하지 21일 11시 24분

6월 (음 4/16 ~ 5/15)

양력	1	2	3	4	5	6	7	8	9	10	11	12	13	14	15	16	17	18	19	20	21	22	23	24	25	26	27	28	29	30
요일	토	일	월	화	수	목	금	토	일	월	화	수	목	금	토	일	월	화	수	목	금	토	일	월	화	수	목	금	토	일
일진	己	庚	辛	壬	癸	甲	乙	丙	丁	戊	己	庚	辛	壬	癸	甲	乙	丙	丁	戊	己	庚	辛	壬	癸	甲	乙	丙	丁	戊
日辰	巳	午	未	申	酉	戌	亥	子	丑	寅	卯	辰	巳	午	未	申	酉	戌	亥	子	丑	寅	卯	辰	巳	午	未	申	酉	戌
음력	16	17	18	19	20	21	22	23	24	25	26	27	28	29	30	5/1	2	3	4	5	6	7	8	9	10	11	12	13	14	15

한식(4월06일), 초복(7월12일), 중복(7월22일), 말복(8월11일) ↑춘사(春社)3/22
☀추사(秋社)9/18 토왕지절(土旺之節):4월17일,7월19일,10월20일,1월17일(음12/09)
臘享(납향):1997년1월17일(음12/09)

1996
丙子年

소서 7일 05시 00분　【음6월】→　음 6　【乙未月(을미월)】　　내서 22일 22시 19분

양력	1	2	3	4	5	6	7	8	9	10	11	12	13	14	15	16	17	18	19	20	21	22	23	24	25	26	27	28	29	30	31
7 요일	월	화	수	목	금	토	일	월	화	수	목	금	토	일	월	화	수	목	금	토	일	월	화	수	목	금	토	일	월	화	수
일진	己巳	庚午	辛未	壬申	癸酉	甲戌	乙亥	丙子	丁丑	戊寅	己卯	庚辰	辛巳	壬午	癸未	甲申	乙酉	丙戌	丁亥	戊子	己丑	庚寅	辛卯	壬辰	癸巳	甲午	乙未	丙申	丁酉	戊戌	己亥
음력 05/16 06/16	16	17	18	19	20	21	22	23	24	25	26	27	28	29	30	6/1	2	3	4	5	6	7	8	9	10	11	12	13	14	15	16
대남 어여	2	2	1	1	1	소서	10	10	9	9	9	8	8	8	7	7	7	6	6	6	5	대서	5	5	4	4	4	3	3	3	2
	9	9	9	10	10	10		1	1	1	1	2	2	2	3	3	3	4	4	4	5		5	5	6	6	6	7	7	7	8

입추 7일 14시 49분　【음7월】→　음 7　【丙申月(병신월)】　　처서 23일 05시 23분

양력	1	2	3	4	5	6	7	8	9	10	11	12	13	14	15	16	17	18	19	20	21	22	23	24	25	26	27	28	29	30	31
8 요일	목	금	토	일	월	화	수	목	금	토	일	월	화	수	목	금	토	일	월	화	수	목	금	토	일	월	화	수	목	금	토
일진	庚子	辛丑	壬寅	癸卯	甲辰	乙巳	丙午	丁未	戊申	己酉	庚戌	辛亥	壬子	癸丑	甲寅	乙卯	丙辰	丁巳	戊午	己未	庚申	辛酉	壬戌	癸亥	甲子	乙丑	丙寅	丁卯	戊辰	己巳	庚午
음력 06/17 07/18	17	18	19	20	21	22	23	24	25	26	27	28	29	7/1	2	3	4	5	6	7	8	9	10	11	12	13	14	15	16	17	18
대남 어여	2	2	1	1	1	1	입추	10	10	9	9	9	8	8	8	7	7	7	6	6	6	5	처서	5	4	4	4	3	3	3	2
	8	9	9	9	10	10		1	1	1	1	2	2	2	3	3	3	4	4	4	5	5		5	6	6	6	7	7	7	8

백로 7일 17시 42분　【음8월】→　음 8　【丁酉月(정유월)】　　추분 23일 03시 00분

양력	1	2	3	4	5	6	7	8	9	10	11	12	13	14	15	16	17	18	19	20	21	22	23	24	25	26	27	28	29	30
9 요일	일	월	화	수	목	금	토	일	월	화	수	목	금	토	일	월	화	수	목	금	토	일	월	화	수	목	금	토	일	월
일진	辛未	壬申	癸酉	甲戌	乙亥	丙子	丁丑	戊寅	己卯	庚辰	辛巳	壬午	癸未	甲申	乙酉	丙戌	丁亥	戊子	己丑	庚寅	辛卯	壬辰	癸巳	甲午	乙未	丙申	丁酉	戊戌	己亥	庚子
음력 07/19 08/18	19	20	21	22	23	24	25	26	27	28	29	30	8/1	2	3	4	5	6	7	8	9	10	11	12	13	14	15	16	17	18
대남 어여	2	2	1	1	1	1	백로	10	10	9	9	9	8	8	8	7	7	7	6	6	6	5	추분	5	4	4	4	3	3	3
	8	9	9	9	10	10		1	1	1	1	2	2	2	3	3	3	4	4	4	5	5		5	6	6	6	7	7	7

한로 8일 09시 19분　【음9월】→　음 9　【戊戌月(무술월)】　　상강 23일 12시 19분

양력	1	2	3	4	5	6	7	8	9	10	11	12	13	14	15	16	17	18	19	20	21	22	23	24	25	26	27	28	29	30	31
10 요일	화	수	목	금	토	일	월	화	수	목	금	토	일	월	화	수	목	금	토	일	월	화	수	목	금	토	일	월	화	수	목
일진	辛丑	壬寅	癸卯	甲辰	乙巳	丙午	丁未	戊申	己酉	庚戌	辛亥	壬子	癸丑	甲寅	乙卯	丙辰	丁巳	戊午	己未	庚申	辛酉	壬戌	癸亥	甲子	乙丑	丙寅	丁卯	戊辰	己巳	庚午	辛未
음력 08/19 09/20	19	20	21	22	23	24	25	26	27	28	29	9/1	2	3	4	5	6	7	8	9	10	11	12	13	14	15	16	17	18	19	20
대남 어여	2	2	1	1	1	1	한로	10	9	9	9	8	8	8	7	7	7	6	6	6	5	상강	5	4	4	4	3	3	3	2	2
	8	8	9	9	9	10		1	1	1	1	2	2	2	3	3	3	4	4	4	5		5	6	6	6	7	7	7	8	8

입동 7일 12시 27분　【음10월】→　음10　【己亥月(기해월)】　　소설 22일 09시 49분

양력	1	2	3	4	5	6	7	8	9	10	11	12	13	14	15	16	17	18	19	20	21	22	23	24	25	26	27	28	29	30
11 요일	금	토	일	월	화	수	목	금	토	일	월	화	수	목	금	토	일	월	화	수	목	금	토	일	월	화	수	목	금	토
일진	壬申	癸酉	甲戌	乙亥	丙子	丁丑	戊寅	己卯	庚辰	辛巳	壬午	癸未	甲申	乙酉	丙戌	丁亥	戊子	己丑	庚寅	辛卯	壬辰	癸巳	甲午	乙未	丙申	丁酉	戊戌	己亥	庚子	辛丑
음력 09/21 10/20	21	22	23	24	25	26	27	28	29	30	10/1	2	3	4	5	6	7	8	9	10	11	12	13	14	15	16	17	18	19	20
대남 어여	2	2	1	1	1	1	입동	10	9	9	9	8	8	8	7	7	7	6	6	6	5	소설	5	4	4	4	3	3	3	2
	8	8	9	9	9	10		1	1	1	1	2	2	2	3	3	3	4	4	4	5		5	6	6	6	7	7	7	8

대설 7일 05시 14분　【음11월】→　음 11　【庚子月(경자월)】　　동지 21일 23시 06분

양력	1	2	3	4	5	6	7	8	9	10	11	12	13	14	15	16	17	18	19	20	21	22	23	24	25	26	27	28	29	30	31
12 요일	일	월	화	수	목	금	토	일	월	화	수	목	금	토	일	월	화	수	목	금	토	일	월	화	수	목	금	토	일	월	화
일진	壬寅	癸卯	甲辰	乙巳	丙午	丁未	戊申	己酉	庚戌	辛亥	壬子	癸丑	甲寅	乙卯	丙辰	丁巳	戊午	己未	庚申	辛酉	壬戌	癸亥	甲子	乙丑	丙寅	丁卯	戊辰	己巳	庚午	辛未	壬申
음력 10/21 11/21	21	22	23	24	25	26	27	28	29	30	11/1	2	3	4	5	6	7	8	9	10	11	12	13	14	15	16	17	18	19	20	21
대남 어여	2	2	1	1	1	1	대설	10	9	9	9	8	8	8	7	7	7	6	6	6	동지	5	5	4	4	4	3	3	3	2	2
	8	8	9	9	10	10		1	1	1	1	2	2	2	3	3	3	4	4	4		5	5	5	6	6	6	7	7	8	8

丁丑(정축)년 납음(澗下水),본명성(三碧木)

대장군(酉서방). 삼살(동방), 상문(卯동방),조객(亥서북방), 납음(간하수).
【삼재(해,자,축)년】 臘享(납향):1998년1월24일(음12/26)

소한 5일 16시 24분 【음12월】→ 음12 【辛丑月(신축월)】 ◐ 대한 20일 09시 43분

양력	1	2	3	4	5	6	7	8	9	10	11	12	13	14	15	16	17	18	19	20	21	22	23	24	25	26	27	28	29	30	31
요일	수	목	금	토	일	월	화	수	목	금	토	일	월	화	수	목	금	토	일	월	화	수	목	금	토	일	월	화	수	목	금
일진	癸	甲	乙	丙	丁	戊	己	庚	辛	壬	癸	甲	乙	丙	丁	戊	己	庚	辛	壬	癸	甲	乙	丙	丁	戊	己	庚	辛	壬	癸
日辰	卯	辰	巳	午	未	申	酉	戌	亥	子	丑	寅	卯	辰	巳	午	未	申	酉	戌	亥	子	丑	寅	卯	辰	巳	午	未	申	酉
음력	22	23	24	25	26	27	28	29	12/1	2	3	4	5	6	7	8	9	10	11	12	13	14	15	16	17	18	19	20	21	22	23
대 남	1	1	1	1	소	10	9	9	9	8	8	8	7	7	7	6	6	6	5	대	5	4	4	4	3	3	3	2	2	2	1
운 여	8	9	9	9	한	1	1	1	1	2	2	2	3	3	3	4	4	4	5	한	5	6	6	6	7	7	7	8	8	8	9

음력 11/22 12/23

입춘 4일 04시 02분 【음1월】→ 음1 【壬寅月(임인월)】◐ 우수 18일 23시 51분

양력	1	2	3	4	5	6	7	8	9	10	11	12	13	14	15	16	17	18	19	20	21	22	23	24	25	26	27	28
요일	토	일	월	화	수	목	금	토	일	월	화	수	목	금	토	일	월	화	수	목	금	토	일	월	화	수	목	금
일진	甲	乙	丙	丁	戊	己	庚	辛	壬	癸	甲	乙	丙	丁	戊	己	庚	辛	壬	癸	甲	乙	丙	丁	戊	己	庚	辛
日辰	戌	亥	子	丑	寅	卯	辰	巳	午	未	申	酉	戌	亥	子	丑	寅	卯	辰	巳	午	未	申	酉	戌	亥	子	丑
음력	24	25	26	27	28	29	30	1/1	2	3	4	5	6	7	8	9	10	11	12	13	14	15	16	17	18	19	20	21
대 남	1	1	1	입	1	1	1	1	2	2	2	3	3	3	4	4	4	우	5	5	5	6	6	6	7	7	7	8
운 여	9	9	10	춘	9	9	9	8	8	8	7	7	7	6	6	6	5	수	5	4	4	4	3	3	3	2	2	2

음력 12/24 01/21

丁丑年

경칩 5일 22시 04분 【음2월】→ 음2 【癸卯月(계묘월)】 ◐ 춘분 20일 22시 55분

양력	1	2	3	4	5	6	7	8	9	10	11	12	13	14	15	16	17	18	19	20	21	22	23	24	25	26	27	28	29	30	31
요일	토	일	월	화	수	목	금	토	일	월	화	수	목	금	토	일	월	화	수	목	금	토	일	월	화	수	목	금	토	일	월
일진	壬	癸	甲	乙	丙	丁	戊	己	庚	辛	壬	癸	甲	乙	丙	丁	戊	己	庚	辛	壬	癸	甲	乙	丙	丁	戊	己	庚	辛	壬
日辰	寅	卯	辰	巳	午	未	申	酉	戌	亥	子	丑	寅	卯	辰	巳	午	未	申	酉	戌	亥	子	丑	寅	卯	辰	巳	午	未	申
음력	22	23	24	25	26	27	28	29	2/1	2	3	4	5	6	7	8	9	10	11	12	13	14	15	16	17	18	19	20	21	22	23
대 남	8	9	9	9	경	1	1	1	1	2	2	2	3	3	3	4	4	4	5	춘	5	6	6	6	7	7	7	8	8	8	9
운 여	1	1	1	1	칩	10	10	9	9	9	8	8	8	7	7	7	6	6	6	분	5	5	4	4	4	3	3	3	2	2	2

음력 01/23 02/23

청명 5일 02시 56분 【음3월】→ 음3 【甲辰月(갑진월)】 ◐ 곡우 20일 10시 03분

양력	1	2	3	4	5	6	7	8	9	10	11	12	13	14	15	16	17	18	19	20	21	22	23	24	25	26	27	28	29	30
요일	화	수	목	금	토	일	월	화	수	목	금	토	일	월	화	수	목	금	토	일	월	화	수	목	금	토	일	월	화	수
일진	癸	甲	乙	丙	丁	戊	己	庚	辛	壬	癸	甲	乙	丙	丁	戊	己	庚	辛	壬	癸	甲	乙	丙	丁	戊	己	庚	辛	壬
日辰	酉	戌	亥	子	丑	寅	卯	辰	巳	午	未	申	酉	戌	亥	子	丑	寅	卯	辰	巳	午	未	申	酉	戌	亥	子	丑	寅
음력	24	25	26	27	28	29	3/1	2	3	4	5	6	7	8	9	10	11	12	13	14	15	16	17	18	19	20	21	22	23	24
대 남	9	9	10	10	청	1	1	1	1	2	2	2	3	3	3	4	4	4	5	곡	5	6	6	6	7	7	7	8	8	8
운 여	1	1	1	1	명	10	9	9	9	8	8	8	7	7	7	6	6	6	5	우	5	4	4	4	3	3	3	2	2	2

음력 02/24 03/24

입하 5일 20시 19분 【음4월】→ 음4 【乙巳月(을사월)】 ◐ 소만 21일 09시 18분

양력	1	2	3	4	5	6	7	8	9	10	11	12	13	14	15	16	17	18	19	20	21	22	23	24	25	26	27	28	29	30	31
요일	목	금	토	일	월	화	수	목	금	토	일	월	화	수	목	금	토	일	월	화	수	목	금	토	일	월	화	수	목	금	토
일진	癸	甲	乙	丙	丁	戊	己	庚	辛	壬	癸	甲	乙	丙	丁	戊	己	庚	辛	壬	癸	甲	乙	丙	丁	戊	己	庚	辛	壬	癸
日辰	卯	辰	巳	午	未	申	酉	戌	亥	子	丑	寅	卯	辰	巳	午	未	申	酉	戌	亥	子	丑	寅	卯	辰	巳	午	未	申	酉
음력	25	26	27	28	29	30	4/1	2	3	4	5	6	7	8	9	10	11	12	13	14	15	16	17	18	19	20	21	22	23	24	25
대 남	9	9	9	10	입	1	1	1	1	2	2	2	3	3	3	4	4	4	5	소	5	6	6	6	7	7	7	8	8	8	9
운 여	1	1	1	1	하	10	10	10	9	9	9	8	8	8	7	7	7	6	6	만	6	5	5	5	4	4	4	3	3	3	2

음력 03/25 04/25

망종 6일 00시 33분 【음5월】→ 음5 【丙午月(병오월)】 ◐ 하지 21일 17시 20분

양력	1	2	3	4	5	6	7	8	9	10	11	12	13	14	15	16	17	18	19	20	21	22	23	24	25	26	27	28	29	30
요일	일	월	화	수	목	금	토	일	월	화	수	목	금	토	일	월	화	수	목	금	토	일	월	화	수	목	금	토	일	월
일진	甲	乙	丙	丁	戊	己	庚	辛	壬	癸	甲	乙	丙	丁	戊	己	庚	辛	壬	癸	甲	乙	丙	丁	戊	己	庚	辛	壬	癸
日辰	戌	亥	子	丑	寅	卯	辰	巳	午	未	申	酉	戌	亥	子	丑	寅	卯	辰	巳	午	未	申	酉	戌	亥	子	丑	寅	卯
음력	26	27	28	29	5/1	2	3	4	5	6	7	8	9	10	11	12	13	14	15	16	17	18	19	20	21	22	23	24	25	26
대 남	9	9	9	10	망	1	1	1	1	2	2	2	3	3	3	4	4	4	5	하	5	6	6	6	7	7	7	8	8	8
운 여	2	1	1	1	종	10	10	9	9	9	8	8	8	7	7	7	6	6	6	지	5	5	5	4	4	4	3	3	3	2

음력 04/26 05/26

한식(4월05일), 초복(7월17일), 중복(7월27일), 말복(8월16일)♠춘사(春社)3/17
☀추사(秋社)9/23 토왕지절(土旺之節):4월17일,7월20일,10월20일,1월17일(음12/19)
臘享(납향):1998년1월24일(음12/26)

세로 오른쪽: **1 9 9 7 丁丑年**

소서 7일 10시 49분 【음6월】 음 6 【丁未月(정미월)】 대서 23일 04시 15분

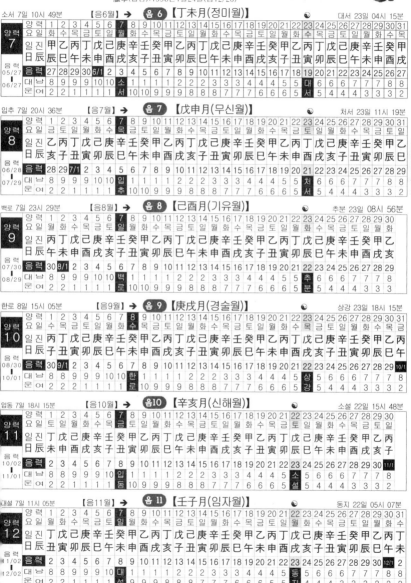

양력	1	2	3	4	5	6	7	8	9	10	11	12	13	14	15	16	17	18	19	20	21	22	23	24	25	26	27	28	29	30	31
7 요일	화	수	목	금	토	일	월	화	수	목	금	토	일	월	화	수	목	금	토	일	월	화	수	목	금	토	일	월	화	수	목
일진	甲	乙	丙	丁	戊	己	庚	辛	壬	癸	甲	乙	丙	丁	戊	己	庚	辛	壬	癸	甲	乙	丙	丁	戊	己	庚	辛	壬	癸	甲
日辰	子	丑	寅	卯	辰	巳	午	未	申	酉	戌	亥	子	丑	寅	卯	辰	巳	午	未	申	酉	戌	亥	子	丑	寅	卯	辰	巳	午
음력 05/27~06/27	27	28	29	30	6/1	2	3	4	5	6	7	8	9	10	11	12	13	14	15	16	17	18	19	20	21	22	23	24	25	26	27
대남	8	8	9	9	9	소서	1	1	1	1	2	2	2	3	3	3	4	4	4	5	5	5	대서	6	6	6	7	7	7	8	8
운여	2	2	1	1	1	서	10	10	9	9	9	8	8	8	7	7	7	6	6	6	5	5	서	5	4	4	4	3	3	3	2

입추 7일 20시 36분 【음7월】 → 음 7 【戊申月(무신월)】 처서 23일 11시 19분

양력	1	2	3	4	5	6	7	8	9	10	11	12	13	14	15	16	17	18	19	20	21	22	23	24	25	26	27	28	29	30	31
8 요일	금	토	일	월	화	수	목	금	토	일	월	화	수	목	금	토	일	월	화	수	목	금	토	일	월	화	수	목	금	토	일
일진	乙	丙	丁	戊	己	庚	辛	壬	癸	甲	乙	丙	丁	戊	己	庚	辛	壬	癸	甲	乙	丙	丁	戊	己	庚	辛	壬	癸	甲	乙
日辰	未	申	酉	戌	亥	子	丑	寅	卯	辰	巳	午	未	申	酉	戌	亥	子	丑	寅	卯	辰	巳	午	未	申	酉	戌	亥	子	丑
음력 06/28~07/29	28	29	7/1	2	3	4	5	6	7	8	9	10	11	12	13	14	15	16	17	18	19	20	21	22	23	24	25	26	27	28	29
대남	8	9	9	9	10	10	입추	1	1	1	1	2	2	2	3	3	3	4	4	4	5	5	처서	6	6	6	7	7	7	8	8
운여	2	2	1	1	1	1	추	10	10	9	9	9	8	8	8	7	7	7	6	6	6	5	서	5	4	4	4	3	3	3	2

백로 7일 23시 29분 【음8월】 → 음 8 【己酉月(기유월)】 추분 23일 08시 56분

양력	1	2	3	4	5	6	7	8	9	10	11	12	13	14	15	16	17	18	19	20	21	22	23	24	25	26	27	28	29	30
9 요일	월	화	수	목	금	토	일	월	화	수	목	금	토	일	월	화	수	목	금	토	일	월	화	수	목	금	토	일	월	화
일진	丙	丁	戊	己	庚	辛	壬	癸	甲	乙	丙	丁	戊	己	庚	辛	壬	癸	甲	乙	丙	丁	戊	己	庚	辛	壬	癸	甲	乙
日辰	寅	卯	辰	巳	午	未	申	酉	戌	亥	子	丑	寅	卯	辰	巳	午	未	申	酉	戌	亥	子	丑	寅	卯	辰	巳	午	未
음력 07/30~08/29	30	8/1	2	3	4	5	6	7	8	9	10	11	12	13	14	15	16	17	18	19	20	21	22	23	24	25	26	27	28	29
대남	8	8	9	9	9	10	백로	1	1	1	1	2	2	2	3	3	3	4	4	4	5	5	추분	6	6	6	7	7	7	8
운여	2	2	1	1	1	1	로	10	10	9	9	9	8	8	8	7	7	7	6	6	6	5	분	5	4	4	4	3	3	3

한로 8일 15시 05분 【음9월】 → 음 9 【庚戌月(경술월)】 상강 23일 18시 15분

양력	1	2	3	4	5	6	7	8	9	10	11	12	13	14	15	16	17	18	19	20	21	22	23	24	25	26	27	28	29	30	31
10 요일	수	목	금	토	일	월	화	수	목	금	토	일	월	화	수	목	금	토	일	월	화	수	목	금	토	일	월	화	수	목	금
일진	丙	丁	戊	己	庚	辛	壬	癸	甲	乙	丙	丁	戊	己	庚	辛	壬	癸	甲	乙	丙	丁	戊	己	庚	辛	壬	癸	甲	乙	丙
日辰	申	酉	戌	亥	子	丑	寅	卯	辰	巳	午	未	申	酉	戌	亥	子	丑	寅	卯	辰	巳	午	未	申	酉	戌	亥	子	丑	寅
음력 08/30~10/01	30	9/1	2	3	4	5	6	7	8	9	10	11	12	13	14	15	16	17	18	19	20	21	22	23	24	25	26	27	28	29	10/1
대남	8	8	8	9	9	9	10	한로	1	1	1	1	2	2	2	3	3	3	4	4	4	5	상강	5	6	6	6	7	7	7	8
운여	2	2	2	1	1	1	1	로	10	9	9	9	8	8	8	7	7	7	6	6	6	5	강	5	4	4	4	3	3	3	2

입동 7일 18시 15분 【음10월】 → 음10 【辛亥月(신해월)】 소설 22일 15시 48분

양력	1	2	3	4	5	6	7	8	9	10	11	12	13	14	15	16	17	18	19	20	21	22	23	24	25	26	27	28	29	30
11 요일	토	일	월	화	수	목	금	토	일	월	화	수	목	금	토	일	월	화	수	목	금	토	일	월	화	수	목	금	토	일
일진	丁	戊	己	庚	辛	壬	癸	甲	乙	丙	丁	戊	己	庚	辛	壬	癸	甲	乙	丙	丁	戊	己	庚	辛	壬	癸	甲	乙	丙
日辰	卯	辰	巳	午	未	申	酉	戌	亥	子	丑	寅	卯	辰	巳	午	未	申	酉	戌	亥	子	丑	寅	卯	辰	巳	午	未	申
음력 10/02~11/01	2	3	4	5	6	7	8	9	10	11	12	13	14	15	16	17	18	19	20	21	22	23	24	25	26	27	28	29	30	11/1
대남	8	8	8	9	9	9	입동	1	1	1	1	2	2	2	3	3	3	4	4	4	5	소설	5	6	6	6	7	7	7	8
운여	2	2	2	1	1	1	동	10	9	9	9	8	8	8	7	7	7	6	6	6	5	설	5	4	4	4	3	3	3	2

대설 7일 11시 05분 【음11월】 → 음 11 【壬子月(임자월)】 동지 22일 05시 07분

양력	1	2	3	4	5	6	7	8	9	10	11	12	13	14	15	16	17	18	19	20	21	22	23	24	25	26	27	28	29	30	31
12 요일	월	화	수	목	금	토	일	월	화	수	목	금	토	일	월	화	수	목	금	토	일	월	화	수	목	금	토	일	월	화	수
일진	丁	戊	己	庚	辛	壬	癸	甲	乙	丙	丁	戊	己	庚	辛	壬	癸	甲	乙	丙	丁	戊	己	庚	辛	壬	癸	甲	乙	丙	丁
日辰	酉	戌	亥	子	丑	寅	卯	辰	巳	午	未	申	酉	戌	亥	子	丑	寅	卯	辰	巳	午	未	申	酉	戌	亥	子	丑	寅	卯
음력 11/02~12/02	2	3	4	5	6	7	8	9	10	11	12	13	14	15	16	17	18	19	20	21	22	23	24	25	26	27	28	29	30	12/1	2
대남	8	8	8	9	9	9	대설	1	1	1	1	2	2	2	3	3	3	4	4	4	5	동지	5	5	6	6	6	7	7	7	8
운여	2	2	2	1	1	1	설	9	9	9	8	8	8	7	7	7	6	6	6	5	지	5	4	4	4	3	3	3	2	2

戊寅(무인)년 납음(城頭土),본명성(二黑土)

대장군(子북방), 삼살(북방), 상문(辰동남방),조객(子북방), 납음(성두토),
【삼재(신,유,술)년】 臘享(납향):1999년1월19일(음12/02)

소한 5일 22시 18분　【음12월】→　음12　【癸丑月(계축월)】　대한 20일 15시 46분

양력 1				5					10					15					20					25					30	31
요일	목	금	토	일	월	화	수	목	금	토	일	월	화	수	목	금	토	일	월	화	수	목	금	토	일	월	화	수	목	금	토
일진	戊	己	庚	辛	壬	癸	甲	乙	丙	丁	戊	己	庚	辛	壬	癸	甲	乙	丙	丁	戊	己	庚	辛	壬	癸	甲	乙	丙	丁	戊
	申	酉	戌	亥	子	丑	寅	卯	辰	巳	午	未	申	酉	戌	亥	子	丑	寅	卯	辰	巳	午	未	申	酉	戌	亥	子	丑	寅
음력 12/03 01/04	3	4	5	6	7	8	9	10	11	12	13	14	15	16	17	18	19	20	21	22	23	24	25	26	27	28	29	1/1	2	3	4
대 남	8	9	9	9	소한	1	1	1	1	2	2	2	3	3	3	4	4	4	5	대한	5	6	6	6	7	7	7	8	8	8	
운 여	1	1	1	1		10	9	9	9	8	8	8	7	7	7	6	6	6	5		5	4	4	4	3	3	3	2	2	2	1

입춘 4일 09시 57분　【음1월】→　음1　【甲寅月(갑인월)】　우수 19일 05시 55분

양력 1			4						10					15					20					25			28	**戊寅年**
요일	일	월	화	수	목	금	토	일	월	화	수	목	금	토	일	월	화	수	목	금	토	일	월	화	수	목	금	토	
일진	己	庚	辛	壬	癸	甲	乙	丙	丁	戊	己	庚	辛	壬	癸	甲	乙	丙	丁	戊	己	庚	辛	壬	癸	甲	乙	丙	
	卯	辰	巳	午	未	申	酉	戌	亥	子	丑	寅	卯	辰	巳	午	未	申	酉	戌	亥	子	丑	寅	卯	辰	巳	午	
음력 01/05 02/02	5	6	7	8	9	10	11	12	13	14	15	16	17	18	19	20	21	22	23	24	25	26	27	28	29	30	2/1		
대 남	9	9	10	입춘	10	9	9	9	8	8	8	7	7	7	6	6	6	5	우수	5	4	4	4	3	3	3	2	2	
운 여	1	1	1		1	1	1	2	2	2	3	3	3	4	4	4	5	5		6	6	6	7	7	7	8	8	8	

경칩 6일 03시 57분　【음2월】→　음2　【乙卯月(을묘월)】　춘분 21일 04시 55분

양력 1					6				10					15					20					25					30	31
요일	일	월	화	수	목	금	토	일	월	화	수	목	금	토	일	월	화	수	목	금	토	일	월	화	수	목	금	토	일	월	화
일진	丁	戊	己	庚	辛	壬	癸	甲	乙	丙	丁	戊	己	庚	辛	壬	癸	甲	乙	丙	丁	戊	己	庚	辛	壬	癸	甲	乙	丙	丁
	未	申	酉	戌	亥	子	丑	寅	卯	辰	巳	午	未	申	酉	戌	亥	子	丑	寅	卯	辰	巳	午	未	申	酉	戌	亥	子	丑
음력 02/03 03/04	3	4	5	6	7	8	9	10	11	12	13	14	15	16	17	18	19	20	21	22	23	24	25	26	27	28	3/1	2	3	4	
대 남	2	1	1	1	1	경칩	10	9	9	9	8	8	8	7	7	7	6	6	6	5	춘분	5	4	4	4	3	3	3	2	2	2
운 여	8	9	9	9	10	침	1	1	1	1	2	2	2	3	3	3	4	4	4	5	분	5	6	6	6	7	7	7	8	8	

청명 5일 08시 45분　【음3월】→　음3　【丙辰月(병진월)】　곡우 20일 15시 57분

양력 1				5					10					15					20					25					30
요일	수	목	금	토	일	월	화	수	목	금	토	일	월	화	수	목	금	토	일	월	화	수	목	금	토	일	월	화	수	목
일진	戊	己	庚	辛	壬	癸	甲	乙	丙	丁	戊	己	庚	辛	壬	癸	甲	乙	丙	丁	戊	己	庚	辛	壬	癸	甲	乙	丙	丁
	寅	卯	辰	巳	午	未	申	酉	戌	亥	子	丑	寅	卯	辰	巳	午	未	申	酉	戌	亥	子	丑	寅	卯	辰	巳	午	未
음력 03/05 04/05	5	6	7	8	9	10	11	12	13	14	15	16	17	18	19	20	21	22	23	24	25	26	27	28	29	4/1	2	3	4	5
대 남	2	1	1	1	청명	10	10	9	9	9	8	8	8	7	7	7	6	6	6	곡우	5	5	4	4	4	3	3	3	2	2
운 여	9	9	9	10	명	1	1	1	1	2	2	2	3	3	3	4	4	4	5	우	5	6	6	6	7	7	7	8	8	

입하 6일 02시 03분　【음4월】→　음4　【丁巳月(정사월)】　소만 21일 15시 05분

양력 1				5					10					15					20					25					30	31
요일	금	토	일	월	화	수	목	금	토	일	월	화	수	목	금	토	일	월	화	수	목	금	토	일	월	화	수	목	금	토	일
일진	戊	己	庚	辛	壬	癸	甲	乙	丙	丁	戊	己	庚	辛	壬	癸	甲	乙	丙	丁	戊	己	庚	辛	壬	癸	甲	乙	丙	丁	戊
	申	酉	戌	亥	子	丑	寅	卯	辰	巳	午	未	申	酉	戌	亥	子	丑	寅	卯	辰	巳	午	未	申	酉	戌	亥	子	丑	寅
음력 04/06 05/06	6	7	8	9	10	11	12	13	14	15	16	17	18	19	20	21	22	23	24	25	26	27	28	29	30	5/1	2	3	4	5	
대 남	2	1	1	1	1	입하	10	10	9	9	9	8	8	8	7	7	7	6	6	6	소만	5	5	4	4	4	3	3	3	2	
운 여	9	9	9	10	10	하	1	1	1	1	2	2	2	3	3	3	4	4	4	5	만	5	6	6	6	7	7	7	8	8	

망종 6일 06시 13분　【음5월】→　음5　【戊午月(무오월)】　윤5　하지 21일 23시 03분

양력 1					6				10					15					20					25					30
요일	월	화	수	목	금	토	일	월	화	수	목	금	토	일	월	화	수	목	금	토	일	월	화	수	목	금	토	일	월	화
일진	己	庚	辛	壬	癸	甲	乙	丙	丁	戊	己	庚	辛	壬	癸	甲	乙	丙	丁	戊	己	庚	辛	壬	癸	甲	乙	丙	丁	戊
	卯	辰	巳	午	未	申	酉	戌	亥	子	丑	寅	卯	辰	巳	午	未	申	酉	戌	亥	子	丑	寅	卯	辰	巳	午	未	申
음력 05/07 윤507	7	8	9	10	11	12	13	14	15	16	17	18	19	20	21	22	23	24	25	26	27	28	29	윤5	2	3	4	5	6	7
대 남	2	1	1	1	1	망종	10	10	10	9	9	9	8	8	8	7	7	7	6	6	6	5	하지	5	4	4	4	3	3	3
운 여	9	9	10	10	10	종	1	1	1	1	2	2	2	3	3	3	4	4	4	5	5	지		5	6	6	6	7	7	8

1998

戊寅年

소서 7일 16시 30분　【음6월】 → 음6 【己未月(기미월)】　　◐　대서 23일 09시 55분

양력	1	2	3	4	5	6	7	8	9	10	11	12	13	14	15	16	17	18	19	20	21	22	23	24	25	26	27	28	29	30	31
7 요일	수	목	금	토	일	월	화	수	목	금	토	일	월	화	수	목	금	토	일	월	화	수	목	금	토	일	월	화	수	목	금
일진	己巳	庚午	辛未	壬申	癸酉	甲戌	乙亥	丙子	丁丑	戊寅	己卯	庚辰	辛巳	壬午	癸未	甲申	乙酉	丙戌	丁亥	戊子	己丑	庚寅	辛卯	壬辰	癸巳	甲午	乙未	丙申	丁酉	戊戌	己亥
음력 05/08~06/09	8	9	10	11	12	13	14	15	16	17	18	19	20	21	22	23	24	25	26	27	28	29	6/1	2	3	4	5	6	7	8	9
대남 운여	2 1	2 9	1 9	1 9	1 10	1 10	소서	10 1	10 1	9 1	9 1	9 2	8 2	8 2	8 3	7 3	7 3	7 4	6 4	6 4	6 5	5 5	대서	5 6	4 6	4 6	4 7	3 7	3 7	3 8	2 8

입추 8일 02시 20분　【음7월】 → 음7 【庚申月(경신월)】　　　처서 23일 16시 59분

양력	1	2	3	4	5	6	7	8	9	10	11	12	13	14	15	16	17	18	19	20	21	22	23	24	25	26	27	28	29	30	31
8 요일	토	일	월	화	수	목	금	토	일	월	화	수	목	금	토	일	월	화	수	목	금	토	일	월	화	수	목	금	토	일	월
일진	庚辰	辛巳	壬午	癸未	甲申	乙酉	丙戌	丁亥	戊子	己丑	庚寅	辛卯	壬辰	癸巳	甲午	乙未	丙申	丁酉	戊戌	己亥	庚子	辛丑	壬寅	癸卯	甲辰	乙巳	丙午	丁未	戊申	己酉	庚戌
음력 06/10~07/10	10	11	12	13	14	15	16	17	18	19	20	21	22	23	24	25	26	27	28	29	30	7/1	2	3	4	5	6	7	8	9	10
대남 운여	2 8	2 9	1 9	1 9	1 10	1 10	입추	10 1	10 1	10 1	9 1	9 2	9 2	8 2	8 3	8 3	7 3	7 4	7 4	6 4	6 5	처서	5 5	5 6	4 6	4 6	4 7	3 7	3 7	3 8	2 8

백로 8일 05시 16분　【음8월】 → 음8 【辛酉月(신유월)】　　◑　추분 24일 14시 37분

양력	1	2	3	4	5	6	7	8	9	10	11	12	13	14	15	16	17	18	19	20	21	22	23	24	25	26	27	28	29	30
9 요일	화	수	목	금	토	일	월	화	수	목	금	토	일	월	화	수	목	금	토	일	월	화	수	목	금	토	일	월	화	수
일진	辛亥	壬子	癸丑	甲寅	乙卯	丙辰	丁巳	戊午	己未	庚申	辛酉	壬戌	癸亥	甲子	乙丑	丙寅	丁卯	戊辰	己巳	庚午	辛未	壬申	癸酉	甲戌	乙亥	丙子	丁丑	戊寅	己卯	庚辰
음력 07/11~08/10	11	12	13	14	15	16	17	18	19	20	21	22	23	24	25	26	27	28	29	30	8/1	2	3	4	5	6	7	8	9	10
대남 운여	2 8	2 8	2 9	1 9	1 9	1 10	1 10	백로	10 1	10 1	9 1	9 1	9 2	8 2	8 2	8 3	7 3	7 3	7 4	6 4	6 4	6 5	추분	5 5	5 6	4 6	4 6	4 7	3 7	3 7

한로 8일 20시 56분　【음9월】 → 음9 【壬戌月(임술월)】　　●　상강 23일 23시 59분

양력	1	2	3	4	5	6	7	8	9	10	11	12	13	14	15	16	17	18	19	20	21	22	23	24	25	26	27	28	29	30	31
10 요일	목	금	토	일	월	화	수	목	금	토	일	월	화	수	목	금	토	일	월	화	수	목	금	토	일	월	화	수	목	금	토
일진	辛巳	壬午	癸未	甲申	乙酉	丙戌	丁亥	戊子	己丑	庚寅	辛卯	壬辰	癸巳	甲午	乙未	丙申	丁酉	戊戌	己亥	庚子	辛丑	壬寅	癸卯	甲辰	乙巳	丙午	丁未	戊申	己酉	庚戌	辛亥
음력 08/11~09/12	11	12	13	14	15	16	17	18	19	20	21	22	23	24	25	26	27	28	29	9/1	2	3	4	5	6	7	8	9	10	11	12
대남 운여	3 8	2 8	2 8	2 9	1 9	1 9	1 10	한로	10 1	9 1	9 1	9 1	8 2	8 2	8 2	7 3	7 3	7 3	6 4	6 4	6 4	5 5	상강	5 5	4 6	4 6	4 6	3 7	3 7	3 7	2 8

입동 8일 00시 08분　【음10월】 → 음10 【癸亥月(계해월)】　　◐　소설 22일 21시 34분

양력	1	2	3	4	5	6	7	8	9	10	11	12	13	14	15	16	17	18	19	20	21	22	23	24	25	26	27	28	29	30
11 요일	일	월	화	수	목	금	토	일	월	화	수	목	금	토	일	월	화	수	목	금	토	일	월	화	수	목	금	토	일	월
일진	壬子	癸丑	甲寅	乙卯	丙辰	丁巳	戊午	己未	庚申	辛酉	壬戌	癸亥	甲子	乙丑	丙寅	丁卯	戊辰	己巳	庚午	辛未	壬申	癸酉	甲戌	乙亥	丙子	丁丑	戊寅	己卯	庚辰	辛巳
음력 09/13~10/12	13	14	15	16	17	18	19	20	21	22	23	24	25	26	27	28	29	30	10/1	2	3	4	5	6	7	8	9	10	11	12
대남 운여	2 8	2 8	2 8	1 9	1 9	1 9	입동	10 10	9 1	9 1	9 1	8 2	8 2	8 2	7 3	7 3	7 3	6 4	6 4	6 4	5 5	소설	5 5	4 6	4 6	4 6	3 7	3 7	3 7	2 8

대설 7일 17시 02분　【음11월】 → 음11 【甲子月(갑자월)】　　●　동지 22일 10시 56분

양력	1	2	3	4	5	6	7	8	9	10	11	12	13	14	15	16	17	18	19	20	21	22	23	24	25	26	27	28	29	30	31
12 요일	화	수	목	금	토	일	월	화	수	목	금	토	일	월	화	수	목	금	토	일	월	화	수	목	금	토	일	월	화	수	목
일진	壬午	癸未	甲申	乙酉	丙戌	丁亥	戊子	己丑	庚寅	辛卯	壬辰	癸巳	甲午	乙未	丙申	丁酉	戊戌	己亥	庚子	辛丑	壬寅	癸卯	甲辰	乙巳	丙午	丁未	戊申	己酉	庚戌	辛亥	壬子
음력 10/13~11/13	13	14	15	16	17	18	19	20	21	22	23	24	25	26	27	28	29	30	11/1	2	3	4	5	6	7	8	9	10	11	12	13
대남 운여	2 8	2 8	2 8	1 9	1 9	1 9	대설	10 9	9 1	9 1	9 1	8 2	8 2	8 2	7 3	7 3	7 3	6 4	6 4	6 4	5 5	동지	5 5	4 6	4 6	4 6	3 7	3 7	3 7	2 8	2 8

己卯(기묘)년　납음(城頭土),본명성(一白水)

단기 4332 年　불기 2543 年　**1999**년

대장군(북방). 삼살(서방). 상문(동남방),조객(동북방), 납음(성두토)
【삼재(사,오,미)년】　臘享(납향):2000년1월26일(음12/20)

소한 6일 04시 17분　【음12월】→　음12 乙丑月(을축월)　대한 20일 21시 37분

양력	1	2	3	4	5	6	7	8	9	10	11	12	13	14	15	16	17	18	19	20	21	22	23	24	25	26	27	28	29	30	31
요일	금	토	일	월	화	수	목	금	토	일	월	화	수	목	금	토	일	월	화	수	목	금	토	일	월	화	수	목	금	토	일
일진 日辰	癸丑	甲寅	乙卯	丙辰	丁巳	戊午	己未	庚申	辛酉	壬戌	癸亥	甲子	乙丑	丙寅	丁卯	戊辰	己巳	庚午	辛未	壬申	癸酉	甲戌	乙亥	丙子	丁丑	戊寅	己卯	庚辰	辛巳	壬午	癸未
음력	14	15	16	17	18	19	20	21	22	23	24	25	26	27	28	29	30	12/1	2	3	4	5	6	7	8	9	10	11	12	13	14

음력 11/14 ~ 12/14

입춘 4일 15시 57분　【음1월】→　음1 【丙寅月(병인월)】　우수 19일 11시 47분

양력	1	2	3	4	5	6	7	8	9	10	11	12	13	14	15	16	17	18	19	20	21	22	23	24	25	26	27	28
요일	월	화	수	목	금	토	일	월	화	수	목	금	토	일	월	화	수	목	금	토	일	월	화	수	목	금	토	일
일진 日辰	甲申	乙酉	丙戌	丁亥	戊子	己丑	庚寅	辛卯	壬辰	癸巳	甲午	乙未	丙申	丁酉	戊戌	己亥	庚子	辛丑	壬寅	癸卯	甲辰	乙巳	丙午	丁未	戊申	己酉	庚戌	辛亥
음력	15	16	17	18	19	20	21	22	23	24	25	26	27	28	29	1/1	2	3	4	5	6	7	8	9	10	11	12	13

음력 12/15 ~ 01/13

己卯年

경칩 6일 09시 58분　【음2월】→　음2 【丁卯月(정묘월)】　춘분 21일 10시 46분

양력	1	2	3	4	5	6	7	8	9	10	11	12	13	14	15	16	17	18	19	20	21	22	23	24	25	26	27	28	29	30	31
요일	월	화	수	목	금	토	일	월	화	수	목	금	토	일	월	화	수	목	금	토	일	월	화	수	목	금	토	일	월	화	수
일진 日辰	壬子	癸丑	甲寅	乙卯	丙辰	丁巳	戊午	己未	庚申	辛酉	壬戌	癸亥	甲子	乙丑	丙寅	丁卯	戊辰	己巳	庚午	辛未	壬申	癸酉	甲戌	乙亥	丙子	丁丑	戊寅	己卯	庚辰	辛巳	壬午
음력	14	15	16	17	18	19	20	21	22	23	24	25	26	27	28	29	30	2/1	2	3	4	5	6	7	8	9	10	11	12	13	14

음력 01/14 ~ 02/14

청명 5일 14시 45분　【음3월】→　음3 【戊辰月(무진월)】　곡우 20일 21시 46분

양력	1	2	3	4	5	6	7	8	9	10	11	12	13	14	15	16	17	18	19	20	21	22	23	24	25	26	27	28	29	30
요일	목	금	토	일	월	화	수	목	금	토	일	월	화	수	목	금	토	일	월	화	수	목	금	토	일	월	화	수	목	금
일진 日辰	癸未	甲申	乙酉	丙戌	丁亥	戊子	己丑	庚寅	辛卯	壬辰	癸巳	甲午	乙未	丙申	丁酉	戊戌	己亥	庚子	辛丑	壬寅	癸卯	甲辰	乙巳	丙午	丁未	戊申	己酉	庚戌	辛亥	壬子
음력	15	16	17	18	19	20	21	22	23	24	25	26	27	28	29	3/1	2	3	4	5	6	7	8	9	10	11	12	13	14	15

음력 02/15 ~ 03/15

입하 6일 08시 01분　【음4월】→　음4 【己巳月(기사월)】　소만 21일 20시 52분

양력	1	2	3	4	5	6	7	8	9	10	11	12	13	14	15	16	17	18	19	20	21	22	23	24	25	26	27	28	29	30	31
요일	토	일	월	화	수	목	금	토	일	월	화	수	목	금	토	일	월	화	수	목	금	토	일	월	화	수	목	금	토	일	월
일진 日辰	癸丑	甲寅	乙卯	丙辰	丁巳	戊午	己未	庚申	辛酉	壬戌	癸亥	甲子	乙丑	丙寅	丁卯	戊辰	己巳	庚午	辛未	壬申	癸酉	甲戌	乙亥	丙子	丁丑	戊寅	己卯	庚辰	辛巳	壬午	癸未
음력	16	17	18	19	20	21	22	23	24	25	26	27	28	29	4/1	2	3	4	5	6	7	8	9	10	11	12	13	14	15	16	1

음력 03/16 ~ 04/17

망종 6일 12시 09분　【음5월】→　음5 【庚午月(경오월)】　하지 22일 04시 49분

양력	1	2	3	4	5	6	7	8	9	10	11	12	13	14	15	16	17	18	19	20	21	22	23	24	25	26	27	28	29	30
요일	화	수	목	금	토	일	월	화	수	목	금	토	일	월	화	수	목	금	토	일	월	화	수	목	금	토	일	월	화	수
일진 日辰	甲申	乙酉	丙戌	丁亥	戊子	己丑	庚寅	辛卯	壬辰	癸巳	甲午	乙未	丙申	丁酉	戊戌	己亥	庚子	辛丑	壬寅	癸卯	甲辰	乙巳	丙午	丁未	戊申	己酉	庚戌	辛亥	壬子	癸丑
음력	18	19	20	21	22	23	24	25	26	27	28	29	30	5/1	2	3	4	5	6	7	8	9	10	11	12	13	14	15	16	17

음력 04/18 ~ 05/17

한식(4월06일), 초복(7월17일), 중복(7월27일), 말복(8월16일) ☗춘사(春社)3/17
☀추사(秋社)9/23 토왕지절(土旺之節):4월17일,7월20일,10월21일,1월18일(음12/12)
臘享(납향):2000년1월26일(음12/20)

1
9
9
9

己卯年

소서 7일 22시 25분 【음6월】 → 음 6 【辛未月(신미월)】 ☽ 대서 23일 15시 44분

양력	1	2	3	4	5	6	7	8	9	10	11	12	13	14	15	16	17	18	19	20	21	22	23	24	25	26	27	28	29	30	31
요일	목	금	토	일	월	화	수	목	금	토	일	월	화	수	목	금	토	일	월	화	수	목	금	토	일	월	화	수	목	금	토
일진	甲	乙	丙	丁	戊	己	庚	辛	壬	癸	甲	乙	丙	丁	戊	己	庚	辛	壬	癸	甲	乙	丙	丁	戊	己	庚	辛	壬	癸	甲
日辰	寅	卯	辰	巳	午	未	申	酉	戌	亥	子	丑	寅	卯	辰	巳	午	未	申	酉	戌	亥	子	丑	寅	卯	辰	巳	午	未	申
음력	18	19	20	21	22	23	24	25	26	27	28	29	6/1	2	3	4	5	6	7	8	9	10	11	12	13	14	15	16	17	18	19
대남	8	9	9	9	10	10	소	10	10	9	9	9	8	8	8	7	7	7	6	6	6	5	대	5	5	4	4	4	3	3	3
운 여	2	2	1	1	1	1	서	10	10	1	1	1	2	2	2	3	3	3	4	4	4	5	서	5	5	6	6	6	7	7	7

05/18
06/19

입추 8일 08시 14분 【음7월】 → 음 7 【壬申月(임신월)】 처서 23일 22시 51분

양력	1	2	3	4	5	6	7	8	9	10	11	12	13	14	15	16	17	18	19	20	21	22	23	24	25	26	27	28	29	30	31
요일	일	월	화	수	목	금	토	일	월	화	수	목	금	토	일	월	화	수	목	금	토	일	월	화	수	목	금	토	일	월	화
일진	乙	丙	丁	戊	己	庚	辛	壬	癸	甲	乙	丙	丁	戊	己	庚	辛	壬	癸	甲	乙	丙	丁	戊	己	庚	辛	壬	癸	甲	乙
日辰	酉	戌	亥	子	丑	寅	卯	辰	巳	午	未	申	酉	戌	亥	子	丑	寅	卯	辰	巳	午	未	申	酉	戌	亥	子	丑	寅	卯
음력	20	21	22	23	24	25	26	27	28	29	7/1	2	3	4	5	6	7	8	9	10	11	12	13	14	15	16	17	18	19	20	21
대남	8	8	9	9	9	10	10	입	1	1	1	1	2	2	2	3	3	3	4	4	4	5	처	5	6	6	6	7	7	7	8
운 여	2	2	1	1	1	1	1	추	10	10	9	9	9	8	8	8	7	7	7	6	6	6	서	5	5	5	4	4	4	3	3

06/20
07/21

백로 8일 11시 10분 【음8월】 → 음 8 【癸酉月(계유월)】 ☽ 추분 23일 20시 32분

양력	1	2	3	4	5	6	7	8	9	10	11	12	13	14	15	16	17	18	19	20	21	22	23	24	25	26	27	28	29	30
요일	수	목	금	토	일	월	화	수	목	금	토	일	월	화	수	목	금	토	일	월	화	수	목	금	토	일	월	화	수	목
일진	丙	丁	戊	己	庚	辛	壬	癸	甲	乙	丙	丁	戊	己	庚	辛	壬	癸	甲	乙	丙	丁	戊	己	庚	辛	壬	癸	甲	乙
日辰	辰	巳	午	未	申	酉	戌	亥	子	丑	寅	卯	辰	巳	午	未	申	酉	戌	亥	子	丑	寅	卯	辰	巳	午	未	申	酉
음력	22	23	24	25	26	27	28	29	30	8/1	2	3	4	5	6	7	8	9	10	11	12	13	14	15	16	17	18	19	20	21
대남	8	8	9	9	9	10	10	백	1	1	1	1	2	2	2	3	3	3	4	4	4	5	추	5	6	6	6	7	7	7
운 여	2	2	1	1	1	1	1	로	10	10	9	9	9	8	8	8	7	7	7	6	6	6	분	5	5	5	4	4	4	3

07/22
08/21

한로 9일 02시 48분 【음9월】 → 음 9 【甲戌月(갑술월)】 ☽ 상강 24일 05시 52분

양력	1	2	3	4	5	6	7	8	9	10	11	12	13	14	15	16	17	18	19	20	21	22	23	24	25	26	27	28	29	30	31
요일	금	토	일	월	화	수	목	금	토	일	월	화	수	목	금	토	일	월	화	수	목	금	토	일	월	화	수	목	금	토	일
일진	丙	丁	戊	己	庚	辛	壬	癸	甲	乙	丙	丁	戊	己	庚	辛	壬	癸	甲	乙	丙	丁	戊	己	庚	辛	壬	癸	甲	乙	丙
日辰	戌	亥	子	丑	寅	卯	辰	巳	午	未	申	酉	戌	亥	子	丑	寅	卯	辰	巳	午	未	申	酉	戌	亥	子	丑	寅	卯	辰
음력	22	23	24	25	26	27	28	29	9/1	2	3	4	5	6	7	8	9	10	11	12	13	14	15	16	17	18	19	20	21	22	23
대남	8	8	8	9	9	9	10	10	한	1	1	1	1	2	2	2	3	3	3	4	4	4	5	상	5	6	6	6	7	7	7
운 여	3	2	2	2	1	1	1	1	로	10	9	9	9	8	8	8	7	7	7	6	6	6	5	강	5	5	4	4	4	3	3

08/22
09/23

입동 8일 05시 58분 【음10월】 → 음10 【乙亥月(을해월)】 소설 23일 03시 25분

양력	1	2	3	4	5	6	7	8	9	10	11	12	13	14	15	16	17	18	19	20	21	22	23	24	25	26	27	28	29	30
요일	월	화	수	목	금	토	일	월	화	수	목	금	토	일	월	화	수	목	금	토	일	월	화	수	목	금	토	일	월	화
일진	丁	戊	己	庚	辛	壬	癸	甲	乙	丙	丁	戊	己	庚	辛	壬	癸	甲	乙	丙	丁	戊	己	庚	辛	壬	癸	甲	乙	丙
日辰	巳	午	未	申	酉	戌	亥	子	丑	寅	卯	辰	巳	午	未	申	酉	戌	亥	子	丑	寅	卯	辰	巳	午	未	申	酉	戌
음력	24	25	26	27	28	29	30	10/1	2	3	4	5	6	7	8	9	10	11	12	13	14	15	16	17	18	19	20	21	22	23
대남	8	8	8	9	9	9	10	입	1	1	1	1	2	2	2	3	3	3	4	4	4	5	소	5	6	6	6	7	7	7
운 여	2	2	2	1	1	1	1	동	10	9	9	9	8	8	8	7	7	7	6	6	6	5	설	5	5	4	4	4	3	3

09/24
10/23

대설 7일 22시 47분 【음11월】 → 음 11 【丙子月(병자월)】 ☽ 동지 22일 16시 44분

양력	1	2	3	4	5	6	7	8	9	10	11	12	13	14	15	16	17	18	19	20	21	22	23	24	25	26	27	28	29	30	31
요일	수	목	금	토	일	월	화	수	목	금	토	일	월	화	수	목	금	토	일	월	화	수	목	금	토	일	월	화	수	목	금
일진	丁	戊	己	庚	辛	壬	癸	甲	乙	丙	丁	戊	己	庚	辛	壬	癸	甲	乙	丙	丁	戊	己	庚	辛	壬	癸	甲	乙	丙	丁
日辰	亥	子	丑	寅	卯	辰	巳	午	未	申	酉	戌	亥	子	丑	寅	卯	辰	巳	午	未	申	酉	戌	亥	子	丑	寅	卯	辰	巳
음력	24	25	26	27	28	29	30	11/1	2	3	4	5	6	7	8	9	10	11	12	13	14	15	16	17	18	19	20	21	22	23	24
대남	8	8	8	9	9	9	대	1	1	1	1	2	2	2	3	3	3	4	4	4	5	동	5	5	6	6	6	7	7	7	8
운 여	2	2	1	1	1	1	설	9	9	9	8	8	8	7	7	7	6	6	6	5	5	지	5	4	4	4	3	3	3	2	2

10/24
11/24

단기 4333 年
불기 2544 年
2000년

庚辰(경진)년 납음(白臘金), 본명성(九紫火)

대장군(子북방), 삼살(남방), 상문(午남방), 조객(寅동북방), 납음(백납금),
삼재(인,묘,진) 臘享(납향):2001년1월20일(음12/26)

1月 — 소한 6일 10시 00분 【음12월】→ 음12 【丁丑月(정축월)】 대한 21일 03시 22분

양력	1	2	3	4	5	6	7	8	9	10	11	12	13	14	15	16	17	18	19	20	21	22	23	24	25	26	27	28	29	30	31
요일	토	일	월	화	수	목	금	토	일	월	화	수	목	금	토	일	월	화	수	목	금	토	일	월	화	수	목	금	토	일	월
일진	戊午	己未	庚申	辛酉	壬戌	癸亥	甲子	乙丑	丙寅	丁卯	戊辰	己巳	庚午	辛未	壬申	癸酉	甲戌	乙亥	丙子	丁丑	戊寅	己卯	庚辰	辛巳	壬午	癸未	甲申	乙酉	丙戌	丁亥	戊子
음력	25	26	27	28	29	30	12/1	2	3	4	5	6	7	8	9	10	11	12	13	14	15	16	17	18	19	20	21	22	23	24	25
대남	8	9	9	9	10	소한	1	1	1	1	2	2	2	3	3	3	4	4	4	5	대한	6	6	6	7	7	7	8	8	8	
운여	2	1	1	1	한	9	9	9	8	8	8	7	7	7	6	6	6	5	한	4	4	4	3	3	3	2	2	2	1		

음력 11/25 ~ 12/25

2月 — 입춘 4일 21시 40분 【음1월】→ 음1 【戊寅月(무인월)】 우수 19일 17시 33분

양력	1	2	3	4	5	6	7	8	9	10	11	12	13	14	15	16	17	18	19	20	21	22	23	24	25	26	27	28	29
요일	화	수	목	금	토	일	월	화	수	목	금	토	일	월	화	수	목	금	토	일	월	화	수	목	금	토	일	월	화
일진	己丑	庚寅	辛卯	壬辰	癸巳	甲午	乙未	丙申	丁酉	戊戌	己亥	庚子	辛丑	壬寅	癸卯	甲辰	乙巳	丙午	丁未	戊申	己酉	庚戌	辛亥	壬子	癸丑	甲寅	乙卯	丙辰	丁巳
음력	26	27	28	29	1/1	2	3	4	5	6	7	8	9	10	11	12	13	14	15	16	17	18	19	20	21	22	23	24	25
대남	9	9	9	입춘	10	9	9	9	8	8	8	7	7	7	6	6	6	5	우수	5	4	4	4	3	3	3	2	2	2
운여	1	1	1	춘	1	1	1	2	2	2	3	3	3	4	4	4	5	5	우	6	6	6	7	7	7	8	8	8	8

음력 12/26 ~ 01/25

庚辰年

3月 — 경칩 5일 15시 42분 【음2월】→ 음2 【己卯月(기묘월)】 춘분 20일 16시 35분

양력	1	2	3	4	5	6	7	8	9	10	11	12	13	14	15	16	17	18	19	20	21	22	23	24	25	26	27	28	29	30	31
요일	수	목	금	토	일	월	화	수	목	금	토	일	월	화	수	목	금	토	일	월	화	수	목	금	토	일	월	화	수	목	금
일진	戊午	己未	庚申	辛酉	壬戌	癸亥	甲子	乙丑	丙寅	丁卯	戊辰	己巳	庚午	辛未	壬申	癸酉	甲戌	乙亥	丙子	丁丑	戊寅	己卯	庚辰	辛巳	壬午	癸未	甲申	乙酉	丙戌	丁亥	戊子
음력	26	27	28	29	30	2/1	2	3	4	5	6	7	8	9	10	11	12	13	14	15	16	17	18	19	20	21	22	23	24	25	26
대남	2	1	1	1	경칩	1	1	1	2	2	2	3	3	3	4	4	4	5	5	춘분	5	4	4	4	3	3	3	2	2	2	1
운여	9	9	9	10	칩	1	1	1	1	2	2	2	3	3	3	4	4	4	5	분	5	6	6	6	7	7	7	8	8	8	9

음력 01/26 ~ 02/26

4月 — 청명 4일 20시 31분 【음3월】→ 음3 【庚辰月(경진월)】 곡우 20일 03시 39분

양력	1	2	3	4	5	6	7	8	9	10	11	12	13	14	15	16	17	18	19	20	21	22	23	24	25	26	27	28	29	30
요일	토	일	월	화	수	목	금	토	일	월	화	수	목	금	토	일	월	화	수	목	금	토	일	월	화	수	목	금	토	일
일진	己丑	庚寅	辛卯	壬辰	癸巳	甲午	乙未	丙申	丁酉	戊戌	己亥	庚子	辛丑	壬寅	癸卯	甲辰	乙巳	丙午	丁未	戊申	己酉	庚戌	辛亥	壬子	癸丑	甲寅	乙卯	丙辰	丁巳	戊午
음력	27	28	29	30	3/1	2	3	4	5	6	7	8	9	10	11	12	13	14	15	16	17	18	19	20	21	22	23	24	25	26
대남	1	1	1	청명	10	1	1	1	2	2	2	3	3	3	4	4	4	5	5	곡우	6	6	6	7	7	7	8	8	8	9
운여	9	9	10	명	1	1	1	1	2	2	2	3	3	3	4	4	4	5	5	우	6	6	6	7	7	7	8	8	9	

음력 02/27 ~ 03/26

5月 — 입하 5일 13시 50분 【음4월】→ 음4 【辛巳月(신사월)】 소만 21일 02시 49분

양력	1	2	3	4	5	6	7	8	9	10	11	12	13	14	15	16	17	18	19	20	21	22	23	24	25	26	27	28	29	30	31
요일	월	화	수	목	금	토	일	월	화	수	목	금	토	일	월	화	수	목	금	토	일	월	화	수	목	금	토	일	월	화	수
일진	己未	庚申	辛酉	壬戌	癸亥	甲子	乙丑	丙寅	丁卯	戊辰	己巳	庚午	辛未	壬申	癸酉	甲戌	乙亥	丙子	丁丑	戊寅	己卯	庚辰	辛巳	壬午	癸未	甲申	乙酉	丙戌	丁亥	戊子	己丑
음력	27	28	29	4/1	2	3	4	5	6	7	8	9	10	11	12	13	14	15	16	17	18	19	20	21	22	23	24	25	26	27	28
대남	1	1	1	1	입하	10	10	9	9	9	8	8	8	7	7	7	6	6	6	5	소만	5	4	4	4	3	3	3	2	2	2
운여	9	10	10	10	하	1	1	1	1	2	2	2	3	3	3	4	4	4	5	5	만	6	6	6	7	7	7	8	8	8	9

음력 03/27 ~ 04/28

6月 — 망종 5일 17시 58분 【음5월】→ 음5 【壬午月(임오월)】 하지 21일 10시 47분

양력	1	2	3	4	5	6	7	8	9	10	11	12	13	14	15	16	17	18	19	20	21	22	23	24	25	26	27	28	29	30
요일	목	금	토	일	월	화	수	목	금	토	일	월	화	수	목	금	토	일	월	화	수	목	금	토	일	월	화	수	목	금
일진	庚寅	辛卯	壬辰	癸巳	甲午	乙未	丙申	丁酉	戊戌	己亥	庚子	辛丑	壬寅	癸卯	甲辰	乙巳	丙午	丁未	戊申	己酉	庚戌	辛亥	壬子	癸丑	甲寅	乙卯	丙辰	丁巳	戊午	己未
음력	29	5/1	2	3	4	5	6	7	8	9	10	11	12	13	14	15	16	17	18	19	20	21	22	23	24	25	26	27	28	29
대남	1	1	1	1	망종	10	10	10	9	9	9	8	8	8	7	7	7	6	6	6	하지	5	5	5	4	4	4	3	3	2
운여	9	9	10	10	종	1	1	1	1	2	2	2	3	3	3	4	4	4	5	5	지	5	6	6	6	7	7	7	8	

음력 04/29 ~ 05/29

한식(4월05일), 초복(7월11일), 중복(7월21일), 말복(8월10일) ☆춘사(春社)3/21
☀추사(秋社)9/27 토왕지절(土旺之節):4월17일,7월19일,10월20일,1월17일(음12/23)
臘享(납향):2001년1월20일(음12/26)

2000

庚辰年

소서 7일 04시 13분　【음6월】→　음6 【癸未月(계미월)】　　대서 22일 21시 42분

양력	1	2	3	4	5	6	7	8	9	10	11	12	13	14	15	16	17	18	19	20	21	22	23	24	25	26	27	28	29	30	31
요일	토	일	월	화	수	목	금	토	일	월	화	수	목	금	토	일	월	화	수	목	금	토	일	월	화	수	목	금	토	일	월
일진	庚辰	辛巳	壬午	癸未	甲申	乙酉	丙戌	丁亥	戊子	己丑	庚寅	辛卯	壬辰	癸巳	甲午	乙未	丙申	丁酉	戊戌	己亥	庚子	辛丑	壬寅	癸卯	甲辰	乙巳	丙午	丁未	戊申	己酉	庚戌
음력	30	6/1	2	3	4	5	6	7	8	9	10	11	12	13	14	15	16	17	18	19	20	21	22	23	24	25	26	27	28	29	7/1
대남	2	2	1	1	1	1	소서	10	10	9	9	9	8	8	8	7	7	7	6	6	6	대서	5	5	4	4	4	3	3	3	2
운여	9	9	9	10	10	10		1	1	1	1	2	2	2	3	3	3	4	4	4	5	5	5	6	6	6	7	7	7	8	8

05/30 ～ 07/01

입추 7일 14시 02분　【음7월】→　음7 【甲申月(갑신월)】　　처서 23일 04시 48분

양력	1	2	3	4	5	6	7	8	9	10	11	12	13	14	15	16	17	18	19	20	21	22	23	24	25	26	27	28	29	30	31
요일	화	수	목	금	토	일	월	화	수	목	금	토	일	월	화	수	목	금	토	일	월	화	수	목	금	토	일	월	화	수	목
일진	辛亥	壬子	癸丑	甲寅	乙卯	丙辰	丁巳	戊午	己未	庚申	辛酉	壬戌	癸亥	甲子	乙丑	丙寅	丁卯	戊辰	己巳	庚午	辛未	壬申	癸酉	甲戌	乙亥	丙子	丁丑	戊寅	己卯	庚辰	辛巳
음력	2	3	4	5	6	7	8	9	10	11	12	13	14	15	16	17	18	19	20	21	22	23	24	25	26	27	28	29	30	8/1	2
대남	2	2	1	1	1	1	입추	10	10	9	9	9	8	8	8	7	7	7	6	6	6	5	처서	5	4	4	4	3	3	3	2
운여	8	9	9	9	10	10		1	1	1	1	2	2	2	3	3	3	4	4	4	5	5	5	6	6	6	7	7	7	8	8

07/02 ～ 05/03

백로 7일 16시 59분　【음8월】→　음8 【乙酉月(을유월)】　　추분 23일 02시 27분

양력	1	2	3	4	5	6	7	8	9	10	11	12	13	14	15	16	17	18	19	20	21	22	23	24	25	26	27	28	29	30
요일	금	토	일	월	화	수	목	금	토	일	월	화	수	목	금	토	일	월	화	수	목	금	토	일	월	화	수	목	금	토
일진	壬午	癸未	甲申	乙酉	丙戌	丁亥	戊子	己丑	庚寅	辛卯	壬辰	癸巳	甲午	乙未	丙申	丁酉	戊戌	己亥	庚子	辛丑	壬寅	癸卯	甲辰	乙巳	丙午	丁未	戊申	己酉	庚戌	辛亥
음력	4	5	6	7	8	9	10	11	12	13	14	15	16	17	18	19	20	21	22	23	24	25	26	27	28	29	30	9/1	2	3
대남	2	2	1	1	1	1	백로	10	10	9	9	9	8	8	8	7	7	7	6	6	6	추분	5	5	4	4	4	3	3	3
운여	8	9	9	9	10	10		1	1	1	1	2	2	2	3	3	3	4	4	4	5	5	5	6	6	6	7	7	7	8

08/04 ～ 09/03

한로 8일 08시 38분　【음9월】→　음9 【丙戌月(병술월)】　　상강 23일 11시 47분

양력	1	2	3	4	5	6	7	8	9	10	11	12	13	14	15	16	17	18	19	20	21	22	23	24	25	26	27	28	29	30	31
요일	일	월	화	수	목	금	토	일	월	화	수	목	금	토	일	월	화	수	목	금	토	일	월	화	수	목	금	토	일	월	화
일진	壬子	癸丑	甲寅	乙卯	丙辰	丁巳	戊午	己未	庚申	辛酉	壬戌	癸亥	甲子	乙丑	丙寅	丁卯	戊辰	己巳	庚午	辛未	壬申	癸酉	甲戌	乙亥	丙子	丁丑	戊寅	己卯	庚辰	辛巳	壬午
음력	4	5	6	7	8	9	10	11	12	13	14	15	16	17	18	19	20	21	22	23	24	25	26	27	28	29	10/1	2	3	4	5
대남	2	2	1	1	1	1	한로	10	9	9	9	8	8	8	7	7	7	6	6	6	5	상강	5	4	4	4	3	3	3	2	2
운여	8	8	9	9	9	10		1	1	1	1	2	2	2	3	3	3	4	4	4	5	5	5	6	6	6	7	7	7	8	8

09/04 ～ 10/05

입동 7일 11시 47분　【음10월】→　음10 【丁亥月(정해월)】　　소설 22일 09시 19분

양력	1	2	3	4	5	6	7	8	9	10	11	12	13	14	15	16	17	18	19	20	21	22	23	24	25	26	27	28	29	30
요일	수	목	금	토	일	월	화	수	목	금	토	일	월	화	수	목	금	토	일	월	화	수	목	금	토	일	월	화	수	목
일진	癸未	甲申	乙酉	丙戌	丁亥	戊子	己丑	庚寅	辛卯	壬辰	癸巳	甲午	乙未	丙申	丁酉	戊戌	己亥	庚子	辛丑	壬寅	癸卯	甲辰	乙巳	丙午	丁未	戊申	己酉	庚戌	辛亥	壬子
음력	6	7	8	9	10	11	12	13	14	15	16	17	18	19	20	21	22	23	24	25	26	27	28	29	30	11/1	2	3	4	5
대남	2	2	2	1	1	1	입동	10	9	9	9	8	8	8	7	7	7	6	6	6	5	소설	5	4	4	4	3	3	3	2
운여	8	8	9	9	9	10		1	1	1	1	2	2	2	3	3	3	4	4	4	5	5	5	6	6	6	7	7	7	8

10/06 ～ 11/05

대설7일 04시 36분　【음11월】→　음11 【戊子月(무자월)】　　동지 21일 22시 37분

양력	1	2	3	4	5	6	7	8	9	10	11	12	13	14	15	16	17	18	19	20	21	22	23	24	25	26	27	28	29	30	31
요일	금	토	일	월	화	수	목	금	토	일	월	화	수	목	금	토	일	월	화	수	목	금	토	일	월	화	수	목	금	토	일
일진	癸丑	甲寅	乙卯	丙辰	丁巳	戊午	己未	庚申	辛酉	壬戌	癸亥	甲子	乙丑	丙寅	丁卯	戊辰	己巳	庚午	辛未	壬申	癸酉	甲戌	乙亥	丙子	丁丑	戊寅	己卯	庚辰	辛巳	壬午	癸未
음력	6	7	8	9	10	11	12	13	14	15	16	17	18	19	20	21	22	23	24	25	26	27	28	29	30	12/1	2	3	4	5	6
대남	2	2	2	1	1	1	대설	10	9	9	9	8	8	8	7	7	7	6	6	6	동지	5	5	4	4	4	3	3	3	2	2
운여	8	8	8	9	9	10		1	1	1	1	2	2	2	3	3	3	4	4	4	5	5	5	6	6	6	7	7	7	8	8

11/06 ～ 12/06

단기 4334 年
불기 2545 年

2001년

辛巳(신사)년 　납음(白臘金),본명성(八白土)

대장군(卯동방), 삼살(동방), 상문(未서남방),조객(卯동방), 납음(백납금),
【삼재(해,자,축)년】　臘享(납향):2002년1월17일(음12/05)

소한 5일 03시 49분　【음12월】→　음12　己丑月(기축월)　　대한 20일 09시 16분

양력 1	양력	2	3	4	5	6	7	8	9	10	11	12	13	14	15	16	17	18	19	20	21	22	23	24	25	26	27	28	29	30	31
요일	월	화	수	목	금	토	일	월	화	수	목	금	토	일	월	화	수	목	금	토	일	월	화	수	목	금	토	일	월	화	수
일진	甲	乙	丙	丁	戊	己	庚	辛	壬	癸	甲	乙	丙	丁	戊	己	庚	辛	壬	癸	甲	乙	丙	丁	戊	己	庚	辛	壬	癸	甲
日辰	辰	子	寅	卯	辰	巳	午	未	酉	戌	亥	子	寅	卯	辰	巳	午	未	酉	戌	亥	子	寅	卯	辰	巳	午	未	酉	戌	亥
음력	7	8	9	10	11	12	13	14	15	16	17	18	19	20	21	22	23	24	25	26	27	28	29	1/1	2	3	4	5	6	7	8
대 남	1	1	1	1	소한	10	9	9	9	8	8	8	7	7	7	6	6	6	대한	5	5	5	4	4	4	3	3	3	2	2	1
운 여	8	9	9	9		1	1	1	1	2	2	2	3	3	3	4	4	4		5	5	6	6	6	7	7	7	8	8	8	9

(음력 12/07, 01/08)

입춘 4일 03시 28분　【음1월】→　음1　庚寅月(경인월)　　우수 18일 23시 27분

양력	1	2	3	4	5	6	7	8	9	10	11	12	13	14	15	16	17	18	19	20	21	22	23	24	25	26	27	28
요일	목	금	토	일	월	화	수	목	금	토	일	월	화	수	목	금	토	일	월	화	수	목	금	토	일	월	화	수
일진	乙	丙	丁	戊	己	庚	辛	壬	癸	甲	乙	丙	丁	戊	己	庚	辛	壬	癸	甲	乙	丙	丁	戊	己	庚	辛	壬
日辰	未	申	酉	戌	亥	子	丑	寅	卯	辰	巳	午	未	申	酉	戌	亥	子	丑	寅	卯	辰	巳	午	未	申	酉	戌
음력	9	10	11	12	13	14	15	16	17	18	19	20	21	22	23	24	25	26	27	28	29	30	2/1	2	3	4	5	6
대 남	1	1	1	입춘	1	1	1	1	2	2	2	3	3	3	4	4	4	우수	5	5	5	6	6	6	7	7	7	8
운 여	9	9	10		9	9	9	8	8	8	7	7	7	6	6	6	5		5	4	4	4	3	3	3	2	2	2

(음력 01/09, 02/06)

辛巳年

경칩 5일 21시 32분　【음2월】→　음2　辛卯月(신묘월)　　춘분 20일 22시 30분

양력	1	2	3	4	5	6	7	8	9	10	11	12	13	14	15	16	17	18	19	20	21	22	23	24	25	26	27	28	29	30	31
요일	목	금	토	일	월	화	수	목	금	토	일	월	화	수	목	금	토	일	월	화	수	목	금	토	일	월	화	수	목	금	토
일진	癸	甲	乙	丙	丁	戊	己	庚	辛	壬	癸	甲	乙	丙	丁	戊	己	庚	辛	壬	癸	甲	乙	丙	丁	戊	己	庚	辛	壬	癸
日辰	亥	子	丑	寅	卯	辰	巳	午	未	申	酉	戌	亥	子	丑	寅	卯	辰	巳	午	未	申	酉	戌	亥	子	丑	寅	卯	辰	巳
음력	7	8	9	10	11	12	13	14	15	16	17	18	19	20	21	22	23	24	25	26	27	28	29	30	3/1	2	3	4	5	6	8
대 남	8	9	9	9	경칩	1	1	1	1	2	2	2	3	3	3	4	4	4	5	춘분	5	6	6	6	7	7	7	8	8	8	9
운 여	1	1	1	1		10	10	9	9	9	8	8	8	7	7	7	6	6	6		5	5	4	4	4	3	3	3	2	2	2

(음력 02/07, 03/07)

청명 5일 02시 24분　【음3월】→　음3　壬辰月(임진월)　　곡우 20일 09시 35분

양력	1	2	3	4	5	6	7	8	9	10	11	12	13	14	15	16	17	18	19	20	21	22	23	24	25	26	27	28	29	30
요일	일	월	화	수	목	금	토	일	월	화	수	목	금	토	일	월	화	수	목	금	토	일	월	화	수	목	금	토	일	월
일진	甲	乙	丙	丁	戊	己	庚	辛	壬	癸	甲	乙	丙	丁	戊	己	庚	辛	壬	癸	甲	乙	丙	丁	戊	己	庚	辛	壬	癸
日辰	午	未	申	酉	戌	亥	子	丑	寅	卯	辰	巳	午	未	申	酉	戌	亥	子	丑	寅	卯	辰	巳	午	未	申	酉	戌	亥
음력	8	9	10	11	12	13	14	15	16	17	18	19	20	21	22	23	24	25	26	27	28	29	30	4/1	2	3	4	5	6	7
대 남	9	9	9	10	청명	1	1	1	1	2	2	2	3	3	3	4	4	4	5	곡우	5	6	6	6	7	7	7	8	8	8
운 여	1	1	1	1		10	10	9	9	9	8	8	8	7	7	7	6	6	6		5	5	4	4	4	3	3	3	2	2

(음력 03/08, 04/07)

입하 6일 19시 44분　【음4월】→　음4　癸巳月(계사월)　　윤4　소만 21일 08시 44분

양력	1	2	3	4	5	6	7	8	9	10	11	12	13	14	15	16	17	18	19	20	21	22	23	24	25	26	27	28	29	30	3
요일	화	수	목	금	토	일	월	화	수	목	금	토	일	월	화	수	목	금	토	일	월	화	수	목	금	토	일	월	화	수	목
일진	甲	乙	丙	丁	戊	己	庚	辛	壬	癸	甲	乙	丙	丁	戊	己	庚	辛	壬	癸	甲	乙	丙	丁	戊	己	庚	辛	壬	癸	
日辰	子	丑	寅	卯	辰	巳	午	未	申	酉	戌	亥	子	丑	寅	卯	辰	巳	午	未	申	酉	戌	亥	子	丑	寅	卯	辰	巳	
음력	8	9	10	11	12	13	14	15	16	17	18	19	20	21	22	23	24	25	26	27	28	29	윤4	2	3	4	5	6	7	8	9
대 남	9	9	9	10	입하	1	1	1	1	2	2	2	3	3	3	4	4	4	5	5	소만	6	6	6	7	7	7	8	8	8	9
운 여	1	1	1	1		하	10	10	9	9	9	8	8	8	7	7	7	6	6	6		5	5	4	4	4	3	3	3	2	2

(음력 04/08, 윤409)

망종 5일 23시 53분　【음5월】→　음5　甲午月(갑오월)　　하지 21일 16시 37분

양력	1	2	3	4	5	6	7	8	9	10	11	12	13	14	15	16	17	18	19	20	21	22	23	24	25	26	27	28	29	30
요일	금	토	일	월	화	수	목	금	토	일	월	화	수	목	금	토	일	월	화	수	목	금	토	일	월	화	수	목	금	토
일진	乙	丙	丁	戊	己	庚	辛	壬	癸	甲	乙	丙	丁	戊	己	庚	辛	壬	癸	甲	乙	丙	丁	戊	己	庚	辛	壬	癸	甲
日辰	未	申	酉	戌	亥	子	丑	寅	卯	辰	巳	午	未	申	酉	戌	亥	子	丑	寅	卯	辰	巳	午	未	申	酉	戌	亥	子
음력	10	11	12	13	14	15	16	17	18	19	20	21	22	23	24	25	26	27	28	29	30	5/1	2	3	4	5	6	7	8	9
대 남	9	9	9	10	10	망종	1	1	1	1	2	2	2	3	3	3	4	4	4	5	5	하지	6	6	6	7	7	7	8	8
운 여	9	9	10	10		종	10	10	9	9	9	8	8	8	7	7	7	6	6	6	5	지	5	5	4	4	4	3	3	3

(음력 05/10)

한식(4월05일), 초복(7월16일), 중복(7월26일), 말복(8월15일) ↟춘사(春社)3/16
☀추사(秋社)9/22 토왕지절(土旺之節):4월17일,7월19일,10월20일,1월15일(음12/03)
臘享(납향):2002년1월17일(음12/05)

2001 辛巳年

소서 7일 10시 06분 【음6월】 → 음 6 【乙未月(을미월)】 대서 23일 03시 26분

양력	1	2	3	4	5	6	7	8	9	10	11	12	13	14	15	16	17	18	19	20	21	22	23	24	25	26	27	28	29	30	31
요일	일	월	화	수	목	금	토	일	월	화	수	목	금	토	일	월	화	수	목	금	토	일	월	화	수	목	금	토	일	월	화
일진	乙辰	丙丑	戊寅	己卯	庚辰	辛巳	壬午	癸未	乙酉	丙戌	丁亥	戊子	己丑	庚寅	辛卯	壬辰	癸巳	甲午	乙未	丙申	丁酉	戊戌	己亥	庚子	辛丑	壬寅	癸卯	甲辰	乙巳	丙午	乙未
음력 05/11 06/11	11	12	13	14	15	16	17	18	19	20	21	22	23	24	25	26	27	28	29	30	6/1	2	3	4	5	6	7	8	9	10	11
대 낭	9	9	9	10	10	10	소서	1	1	1	1	2	2	2	3	3	3	4	4	4	5	5	대서	6	6	6	7	7	7	8	8
운 여	2	2	1	1	1	1		10	10	10	9	9	9	8	8	8	7	7	7	6	6	6		5	5	4	4	4	3	3	2

입추 7일 19시 52분 【음7월】 → 음 7 【丙申月(병신월)】 처서 23일 10시 26분

양력	1	2	3	4	5	6	7	8	9	10	11	12	13	14	15	16	17	18	19	20	21	22	23	24	25	26	27	28	29	30	31
요일	수	목	금	토	일	월	화	수	목	금	토	일	월	화	수	목	금	토	일	월	화	수	목	금	토	일	월	화	수	목	금
일진	丙申	丁酉	戊戌	己亥	庚子	辛丑	壬寅	癸卯	甲辰	乙巳	丙午	丁未	戊申	己酉	庚戌	辛亥	壬子	癸丑	甲寅	乙卯	丙辰	丁巳	戊午	己未	庚申	辛酉	壬戌	癸亥	甲子	乙丑	丙寅
음력 06/12 07/13	12	13	14	15	16	17	18	19	20	21	22	23	24	25	26	27	28	29	7/1	2	3	4	5	6	7	8	9	10	11	12	13
대 낭	8	8	9	9	9	10	입추	1	1	1	1	2	2	2	3	3	3	4	4	4	5	5	처서	6	6	6	7	7	7	8	8
운 여	2	2	1	1	1	1		10	10	9	9	9	8	8	8	7	7	7	6	6	6	5		5	5	4	4	4	3	3	2

백로 7일 22시 46분 【음8월】 → 음 8 【丁酉月(정유월)】 추분 23일 08시 04분

양력	1	2	3	4	5	6	7	8	9	10	11	12	13	14	15	16	17	18	19	20	21	22	23	24	25	26	27	28	29	30	
요일	토	일	월	화	수	목	금	토	일	월	화	수	목	금	토	일	월	화	수	목	금	토	일	월	화	수	목	금	토	일	
일진	丁卯	戊辰	己巳	庚午	辛未	壬申	癸酉	甲戌	乙亥	丙子	丁丑	戊寅	己卯	庚辰	辛巳	壬午	癸未	甲申	乙酉	丙戌	丁亥	戊子	己丑	庚寅	辛卯	壬辰	癸巳	甲午	乙未	丙申	
음력 07/14 08/14	14	15	16	17	18	19	20	21	22	23	24	25	26	27	28	29	8/1	2	3	4	5	6	7	8	9	10	11	12	13	14	
대 낭	8	8	9	9	9	10	백로	1	1	1	1	2	2	2	3	3	3	4	4	4	5	5	추분	6	6	6	7	7	7	8	
운 여	2	2	1	1	1	1		10	10	9	9	9	8	8	8	7	7	7	6	6	6	5		5	5	4	4	4	3	3	

한로 8일 14시 24분 【음9월】 → 음 9 【戊戌月(무술월)】 상강 23일 17시 25분

양력	1	2	3	4	5	6	7	8	9	10	11	12	13	14	15	16	17	18	19	20	21	22	23	24	25	26	27	28	29	30	31
요일	월	화	수	목	금	토	일	월	화	수	목	금	토	일	월	화	수	목	금	토	일	월	화	수	목	금	토	일	월	화	수
일진	丁酉	戊戌	己亥	庚子	辛丑	壬寅	癸卯	甲辰	乙巳	丙午	丁未	戊申	己酉	庚戌	辛亥	壬子	癸丑	甲寅	乙卯	丙辰	丁巳	戊午	己未	庚申	辛酉	壬戌	癸亥	甲子	乙丑	丙寅	丁卯
음력 08/15 09/15	15	16	17	18	19	20	21	22	23	24	25	26	27	28	29	30	9/1	2	3	4	5	6	7	8	9	10	11	12	13	14	15
대 낭	8	8	9	9	9	10	한로	1	1	1	1	2	2	2	3	3	3	4	4	4	5	5	상강	6	6	6	7	7	7	8	8
운 여	2	2	1	1	1	1		10	9	9	9	8	8	8	7	7	7	6	6	6	5	5		5	4	4	4	3	3	3	2

입동 7일 17시 36분 【음10월】 → 음10 【己亥月(기해월)】 소설 22일 15시 00분

양력	1	2	3	4	5	6	7	8	9	10	11	12	13	14	15	16	17	18	19	20	21	22	23	24	25	26	27	28	29	30	
요일	목	금	토	일	월	화	수	목	금	토	일	월	화	수	목	금	토	일	월	화	수	목	금	토	일	월	화	수	목	금	
일진	戊辰	己巳	庚午	辛未	壬申	癸酉	甲戌	乙亥	丙子	丁丑	戊寅	己卯	庚辰	辛巳	壬午	癸未	甲申	乙酉	丙戌	丁亥	戊子	己丑	庚寅	辛卯	壬辰	癸巳	甲午	乙未	丙申	丁酉	
음력 09/16 10/16	16	17	18	19	20	21	22	23	24	25	26	27	28	29	10/1	2	3	4	5	6	7	8	9	10	11	12	13	14	15	16	
대 낭	8	8	8	9	9	9	입동	1	1	1	1	2	2	2	3	3	3	4	4	4	5	소설	5	6	6	6	7	7	7	8	
운 여	2	2	1	1	1	1		10	9	9	9	8	8	8	7	7	7	6	6	6	5		5	4	4	4	3	3	3	2	

대설 7일 10시 28분 【음11월】 → 음 11 【庚子月(경자월)】 동지 22일 04시 21분

양력	1	2	3	4	5	6	7	8	9	10	11	12	13	14	15	16	17	18	19	20	21	22	23	24	25	26	27	28	29	30	31
요일	토	일	월	화	수	목	금	토	일	월	화	수	목	금	토	일	월	화	수	목	금	토	일	월	화	수	목	금	토	일	월
일진	戊戌	己亥	庚子	辛丑	壬寅	癸卯	甲辰	乙巳	丙午	丁未	戊申	己酉	庚戌	辛亥	壬子	癸丑	甲寅	乙卯	丙辰	丁巳	戊午	己未	庚申	辛酉	壬戌	癸亥	甲子	乙丑	丙寅	丁卯	戊辰
음력 10/17 11/17	17	18	19	20	21	22	23	24	25	26	27	28	29	30	11/1	2	3	4	5	6	7	8	9	10	11	12	13	14	15	16	17
대 낭	8	8	8	9	9	9	대설	1	1	1	1	2	2	2	3	3	3	4	4	4	5	동지	5	6	6	6	7	7	7	8	8
운 여	2	2	1	1	1	1		9	9	9	8	8	8	7	7	7	6	6	6	5	5		5	4	4	4	3	3	3	2	2

壬午(임오)년 납음(楊柳木), 본명성(七赤金)

대장군(卯東方), 삼살(북방), 상문(申서남방), 조객(辰동남방)
납음(양류목), 【삼재(신,유,술)년】 臘享(납향):2003년1월22일(음12/20)

소한 5일 21시 43분 【음12월】→ **음12 【辛丑月(신축월)】** 대한 20일 15시 01분

1월 (음력 11/18 ~ 12/19)

양력	1	2	3	4	5	6	7	8	9	10	11	12	13	14	15	16	17	18	19	20	21	22	23	24	25	26	27	28	29	30	31
요일	화	수	목	금	토	일	월	화	수	목	금	토	일	월	화	수	목	금	토	일	월	화	수	목	금	토	일	월	화	수	목
일진	己巳	庚午	辛未	壬申	癸酉	甲戌	乙亥	丙子	丁丑	戊寅	己卯	庚辰	辛巳	壬午	癸未	甲申	乙酉	丙戌	丁亥	戊子	己丑	庚寅	辛卯	壬辰	癸巳	甲午	乙未	丙申	丁酉	戊戌	己亥
음력	18	19	20	21	22	23	24	25	26	27	28	29	12/1	2	3	4	5	6	7	8	9	10	11	12	13	14	15	16	17	18	19
대남	8	9	9	9	소	1	1	1	1	2	2	2	3	3	3	4	4	4	대	5	6	6	6	7	7	7	8	8	8		
운여	한	10	9	9	9	8	8	8	7	7	7	6	6	6	5	한	5	4	4	4	3	3	3	2	2	2	1				

입춘 4일 09시 23분 【음1월】→ **음 1 【壬寅月(임인월)】** 우수 19일 05시 13분

2월 (음력 12/20 ~ 01/17) — **壬午年**

양력	1	2	3	4	5	6	7	8	9	10	11	12	13	14	15	16	17	18	19	20	21	22	23	24	25	26	27	28
요일	금	토	일	월	화	수	목	금	토	일	월	화	수	목	금	토	일	월	화	수	목	금	토	일	월	화	수	목
일진	庚子	辛丑	壬寅	癸卯	甲辰	乙巳	丙午	丁未	戊申	己酉	庚戌	辛亥	壬子	癸丑	甲寅	乙卯	丙辰	丁巳	戊午	己未	庚申	辛酉	壬戌	癸亥	甲子	乙丑	丙寅	丁卯
음력	20	21	22	23	24	25	26	27	28	29	30	1/1	2	3	4	5	6	7	8	9	10	11	12	13	14	15	16	17
대남	9	9	9	입	1	1	1	1	2	2	2	3	3	3	4	4	4	우	5	5	5	6	6	6	7	7	7	8
운여	9	10	10	춘	10	9	9	9	8	8	8	7	7	7	6	6	6	수	5	5	4	4	4	3	3	3	2	2

경칩 6일 03시 27분 【음2월】→ **음 2 【癸卯月(계묘월)】** 춘분 21일 04시 15분

3월 (음력 01/18 ~ 02/18)

양력	1	2	3	4	5	6	7	8	9	10	11	12	13	14	15	16	17	18	19	20	21	22	23	24	25	26	27	28	29	30	31
요일	금	토	일	월	화	수	목	금	토	일	월	화	수	목	금	토	일	월	화	수	목	금	토	일	월	화	수	목	금	토	일
일진	戊辰	己巳	庚午	辛未	壬申	癸酉	甲戌	乙亥	丙子	丁丑	戊寅	己卯	庚辰	辛巳	壬午	癸未	甲申	乙酉	丙戌	丁亥	戊子	己丑	庚寅	辛卯	壬辰	癸巳	甲午	乙未	丙申	丁酉	戊戌
음력	18	19	20	21	22	23	24	25	26	27	28	29	30	2/1	2	3	4	5	6	7	8	9	10	11	12	13	14	15	16	17	18
대남	2	1	1	1	1	경	10	9	9	9	8	8	8	7	7	7	6	6	6	춘	5	5	4	4	4	3	3	3	2	2	2
운여	8	9	9	9	10	칩	1	1	1	1	2	2	2	3	3	3	4	4	4	분	5	5	6	6	6	7	7	7	8	8	8

청명 5일 08시 18분 【음3월】→ **음 3 【甲辰月(갑진월)】** 곡우 20일 15시 20분

4월 (음력 02/19 ~ 03/18)

양력	1	2	3	4	5	6	7	8	9	10	11	12	13	14	15	16	17	18	19	20	21	22	23	24	25	26	27	28	29	30
요일	월	화	수	목	금	토	일	월	화	수	목	금	토	일	월	화	수	목	금	토	일	월	화	수	목	금	토	일	월	화
일진	己亥	庚子	辛丑	壬寅	癸卯	甲辰	乙巳	丙午	丁未	戊申	己酉	庚戌	辛亥	壬子	癸丑	甲寅	乙卯	丙辰	丁巳	戊午	己未	庚申	辛酉	壬戌	癸亥	甲子	乙丑	丙寅	丁卯	戊辰
음력	19	20	21	22	23	24	25	26	27	28	29	30	3/1	2	3	4	5	6	7	8	9	10	11	12	13	14	15	16	17	18
대남	1	1	1	1	청	10	10	9	9	9	8	8	8	7	7	7	6	6	6	곡	5	5	4	4	4	3	3	3	2	2
운여	9	9	9	10	명	1	1	1	1	2	2	2	3	3	3	4	4	4	5	우	5	5	6	6	6	7	7	7	8	8

입하 6일 01시 37분 【음4월】→ **음 4 【乙巳月(을사월)】** 소만 21일 14시 28분

5월 (음력 03/19 ~ 04/20)

양력	1	2	3	4	5	6	7	8	9	10	11	12	13	14	15	16	17	18	19	20	21	22	23	24	25	26	27	28	29	30	31
요일	수	목	금	토	일	월	화	수	목	금	토	일	월	화	수	목	금	토	일	월	화	수	목	금	토	일	월	화	수	목	금
일진	己巳	庚午	辛未	壬申	癸酉	甲戌	乙亥	丙子	丁丑	戊寅	己卯	庚辰	辛巳	壬午	癸未	甲申	乙酉	丙戌	丁亥	戊子	己丑	庚寅	辛卯	壬辰	癸巳	甲午	乙未	丙申	丁酉	戊戌	己亥
음력	19	20	21	22	23	24	25	26	27	28	29	4/1	2	3	4	5	6	7	8	9	10	11	12	13	14	15	16	17	18	19	20
대남	2	1	1	1	1	입	10	10	9	9	9	8	8	8	7	7	7	6	6	6	소	5	5	4	4	4	3	3	3	2	2
운여	8	9	9	9	10	하	1	1	1	1	2	2	2	3	3	3	4	4	4	5	만	5	5	6	6	6	7	7	7	8	8

망종 6일 05시 44분 【음5월】→ **음 5 【丙午月(병오월)】** 하지 21일 22시 24분

6월 (음력 04/21 ~ 05/20)

양력	1	2	3	4	5	6	7	8	9	10	11	12	13	14	15	16	17	18	19	20	21	22	23	24	25	26	27	28	29	30
요일	토	일	월	화	수	목	금	토	일	월	화	수	목	금	토	일	월	화	수	목	금	토	일	월	화	수	목	금	토	일
일진	庚子	辛丑	壬寅	癸卯	甲辰	乙巳	丙午	丁未	戊申	己酉	庚戌	辛亥	壬子	癸丑	甲寅	乙卯	丙辰	丁巳	戊午	己未	庚申	辛酉	壬戌	癸亥	甲子	乙丑	丙寅	丁卯	戊辰	己巳
음력	21	22	23	24	25	26	27	28	29	30	5/1	2	3	4	5	6	7	8	9	10	11	12	13	14	15	16	17	18	19	20
대남	2	1	1	1	1	망	10	10	10	9	9	9	8	8	8	7	7	7	6	6	하	5	5	5	4	4	4	3	3	3
운여	9	9	9	10	10	종	1	1	1	1	2	2	2	3	3	3	4	4	4	5	지	5	6	6	6	7	7	7	8	8

한식(4월06일), 초복(7월11일), 중복(7월21일), 말복(8월10일) ↑춘사(春社)3/21
☀추사(秋社)9/27토왕지절(土旺之節):4월17일,7월20일,10월20일,1월17일(음12/15)
臘享(납향):2003년1월22일(음12/20)

2002 壬午年

소서 7일 15시 56분　【음6월】→　음 6【丁未月(정미월)】　　대서 23일 09시 14분

양력	1	2	3	4	5	6	7	8	9	10	11	12	13	14	15	16	17	18	19	20	21	22	23	24	25	26	27	28	29	30	31
7 요일	월	화	수	목	금	토	일	월	화	수	목	금	토	일	월	화	수	목	금	토	일	월	화	수	목	금	토	일	월	화	수
일진	庚	辛	壬	癸	甲	乙	丙	丁	戊	己	庚	辛	壬	癸	甲	乙	丙	丁	戊	己	庚	辛	壬	癸	甲	乙	丙	丁	戊	己
日辰	辰	巳	午	未	申	酉	戌	亥	子	丑	寅	卯	辰	巳	午	未	申	酉	戌	亥	子	丑	寅	卯	辰	巳	午	未	申	酉	戌	亥
음력 05/21~06/22	21	22	23	24	25	26	27	28	29	6/1	2	3	4	5	6	7	8	9	10	11	12	13	14	15	16	17	18	19	20	21	22
대남	2	2	1	1	1	1	소서	10	10	10	9	9	9	8	8	8	7	7	7	6	6	6	대서	5	5	4	4	4	3	3	3
운여	8	9	9	9	10	10		1	1	1	1	2	2	2	3	3	3	4	4	4	5	5		6	6	6	7	7	7	8	8

입추 8일 01시 39분　【음7월】→　음 7【戊申月(무신월)】　　처서 23일 16시 16분

양력	1	2	3	4	5	6	7	8	9	10	11	12	13	14	15	16	17	18	19	20	21	22	23	24	25	26	27	28	29	30	31
8 요일	목	금	토	일	월	화	수	목	금	토	일	월	화	수	목	금	토	일	월	화	수	목	금	토	일	월	화	수	목	금	토
일진	辛	壬	癸	甲	乙	丙	丁	戊	己	庚	辛	壬	癸	甲	乙	丙	丁	戊	己	庚	辛	壬	癸	甲	乙	丙	丁	戊	己	庚	辛
日辰	子	丑	寅	卯	辰	巳	午	未	申	酉	戌	亥	子	丑	寅	卯	辰	巳	午	未	申	酉	戌	亥	子	丑	寅	卯	辰	巳	午
음력 06/23~07/23	23	24	25	26	27	28	29	30	7/1	2	3	4	5	6	7	8	9	10	11	12	13	14	15	16	17	18	19	20	21	22	23
대남	2	2	1	1	1	1	입추	10	10	9	9	9	8	8	8	7	7	7	6	6	6	5	처서	5	5	4	4	4	3	3	3
운여	8	8	9	9	9	10		1	1	1	1	2	2	2	3	3	3	4	4	4	5	5		6	6	6	7	7	7	8	8

백로 8일 04시 30분　【음8월】→　음 8【己酉月(기유월)】　　추분 23일 13시 55분

양력	1	2	3	4	5	6	7	8	9	10	11	12	13	14	15	16	17	18	19	20	21	22	23	24	25	26	27	28	29	30
9 요일	일	월	화	수	목	금	토	일	월	화	수	목	금	토	일	월	화	수	목	금	토	일	월	화	수	목	금	토	일	월
일진	壬	癸	甲	乙	丙	丁	戊	己	庚	辛	壬	癸	甲	乙	丙	丁	戊	己	庚	辛	壬	癸	甲	乙	丙	丁	戊	己	庚	辛
日辰	申	酉	戌	亥	子	丑	寅	卯	辰	巳	午	未	申	酉	戌	亥	子	丑	寅	卯	辰	巳	午	未	申	酉	戌	亥	子	丑
음력 07/24~08/24	24	25	26	27	28	29	8/1	2	3	4	5	6	7	8	9	10	11	12	13	14	15	16	17	18	19	20	21	22	23	24
대남	2	2	1	1	1	1	백로	10	9	9	9	8	8	8	7	7	7	6	6	6	5	5	추분	5	4	4	4	3	3	3
운여	8	8	9	9	9	10		1	1	1	1	2	2	2	3	3	3	4	4	4	5	5		6	6	6	7	7	7

한로 8일 20시 09분　【음9월】→　음 9【庚戌月(경술월)】　　상강 23일 23시 17분

양력	1	2	3	4	5	6	7	8	9	10	11	12	13	14	15	16	17	18	19	20	21	22	23	24	25	26	27	28	29	30	31
10 요일	화	수	목	금	토	일	월	화	수	목	금	토	일	월	화	수	목	금	토	일	월	화	수	목	금	토	일	월	화	수	목
일진	壬	癸	甲	乙	丙	丁	戊	己	庚	辛	壬	癸	甲	乙	丙	丁	戊	己	庚	辛	壬	癸	甲	乙	丙	丁	戊	己	庚	辛	壬
日辰	寅	卯	辰	巳	午	未	申	酉	戌	亥	子	丑	寅	卯	辰	巳	午	未	申	酉	戌	亥	子	丑	寅	卯	辰	巳	午	未	申
음력 08/25~09/26	25	26	27	28	29	9/1	2	3	4	5	6	7	8	9	10	11	12	13	14	15	16	17	18	19	20	21	22	23	24	25	26
대남	2	2	1	1	1	1	한로	10	9	9	9	8	8	8	7	7	7	6	6	6	5	상강	5	4	4	4	3	3	3	2
운여	8	8	9	9	9	10		1	1	1	1	2	2	2	3	3	3	4	4	4	5		5	6	6	6	7	7	7	8

입동 7일 23시 21분　【음10월】→　음10【辛亥月(신해월)】　　소설 22일 20시 53분

양력	1	2	3	4	5	6	7	8	9	10	11	12	13	14	15	16	17	18	19	20	21	22	23	24	25	26	27	28	29	30
11 요일	금	토	일	월	화	수	목	금	토	일	월	화	수	목	금	토	일	월	화	수	목	금	토	일	월	화	수	목	금	토
일진	癸	甲	乙	丙	丁	戊	己	庚	辛	壬	癸	甲	乙	丙	丁	戊	己	庚	辛	壬	癸	甲	乙	丙	丁	戊	己	庚	辛	壬
日辰	酉	戌	亥	子	丑	寅	卯	辰	巳	午	未	申	酉	戌	亥	子	丑	寅	卯	辰	巳	午	未	申	酉	戌	亥	子	丑	寅
음력 09/27~10/26	27	28	29	30	10/1	2	3	4	5	6	7	8	9	10	11	12	13	14	15	16	17	18	19	20	21	22	23	24	25	26
대남	2	2	1	1	1	1	입동	10	9	9	9	8	8	8	7	7	7	6	6	6	5	소설	5	4	4	4	3	3	3	2
운여	8	8	9	9	9	10		1	1	1	1	2	2	2	3	3	3	4	4	4	5		5	6	6	6	7	7	7	8

대설 7일 16시 14분　【음11월】→　음11【壬子月(임자월)】　　동지 22일 10시 14분

양력	1	2	3	4	5	6	7	8	9	10	11	12	13	14	15	16	17	18	19	20	21	22	23	24	25	26	27	28	29	30	31
12 요일	일	월	화	수	목	금	토	일	월	화	수	목	금	토	일	월	화	수	목	금	토	일	월	화	수	목	금	토	일	월	화
일진	癸	甲	乙	丙	丁	戊	己	庚	辛	壬	癸	甲	乙	丙	丁	戊	己	庚	辛	壬	癸	甲	乙	丙	丁	戊	己	庚	辛	壬	癸
日辰	卯	辰	巳	午	未	申	酉	戌	亥	子	丑	寅	卯	辰	巳	午	未	申	酉	戌	亥	子	丑	寅	卯	辰	巳	午	未	申	酉
음력 10/27~11/28	27	28	29	11/1	2	3	4	5	6	7	8	9	10	11	12	13	14	15	16	17	18	19	20	21	22	23	24	25	26	27	28
대남	2	2	1	1	1	1	대설	10	9	9	9	8	8	8	7	7	7	6	6	6	5	동지	5	4	4	4	3	3	3	2	2
운여	8	8	9	9	10	10		1	1	1	1	2	2	2	3	3	3	4	4	4	5		5	6	6	6	7	7	7	8	8

癸未(계미)년 납음(楊柳木)조, 본명성(六白金)

단기 4336 年 / 불기 2547 年 / **2003**年

대장군(卯동방), 삼살(酉서방), 상문(酉서방),조객(巳동남방), 납음(양류목),
【삼재(사,오,미)년】 臘享(납향):2004년 1월 18일(음12/07)

1월 — 소한 6일 03시 27분 【음12월】→ 음12 【癸丑月(계축월)】 / 대한 20일 20시 51분

양력	1	2	3	4	5	6	7	8	9	10	11	12	13	14	15	16	17	18	19	20	21	22	23	24	25	26	27	28	29	30	31
요일	수	목	금	토	일	월	화	수	목	금	토	일	월	화	수	목	금	토	일	월	화	수	목	금	토	일	월	화	수	목	금
일진	甲	乙	丙	丁	戊	己	庚	辛	壬	癸	甲	乙	丙	丁	戊	己	庚	辛	壬	癸	甲	乙	丙	丁	戊	己	庚	辛	壬	癸	甲
日辰	戌	亥	子	丑	寅	卯	辰	巳	午	未	申	酉	戌	亥	子	丑	寅	卯	辰	巳	午	未	申	酉	戌	亥	子	丑	寅	卯	辰
음력	29	30	12/1	2	3	4	5	6	7	8	9	10	11	12	13	14	15	16	17	18	19	20	21	22	23	24	25	26	27	28	29

음력 11/29 ~ 12/29 · 절기: 소한(6일), 대한(20일)

2월 — 입춘 4일 15시 05분 【음1월】→ 음1 【甲寅月(갑인월)】 / 우수 19일 11시 00분

양력	1	2	3	4	5	6	7	8	9	10	11	12	13	14	15	16	17	18	19	20	21	22	23	24	25	26	27	28
요일	토	일	월	화	수	목	금	토	일	월	화	수	목	금	토	일	월	화	수	목	금	토	일	월	화	수	목	금
일진	乙	丙	丁	戊	己	庚	辛	壬	癸	甲	乙	丙	丁	戊	己	庚	辛	壬	癸	甲	乙	丙	丁	戊	己	庚	辛	壬
日辰	巳	午	未	申	酉	戌	亥	子	丑	寅	卯	辰	巳	午	未	申	酉	戌	亥	子	丑	寅	卯	辰	巳	午	未	申
음력	1/1	2	3	4	5	6	7	8	9	10	11	12	13	14	15	16	17	18	19	20	21	22	23	24	25	26	27	28

음력 01/01 ~ 01/28 · 절기: 입춘(4일), 우수(19일) · **癸未年**

3월 — 경칩 6일 09시 04분 【음2월】→ 음2 【乙卯月(을묘월)】 / 춘분 21일 09시 59분

양력	1	2	3	4	5	6	7	8	9	10	11	12	13	14	15	16	17	18	19	20	21	22	23	24	25	26	27	28	29	30	31
요일	토	일	월	화	수	목	금	토	일	월	화	수	목	금	토	일	월	화	수	목	금	토	일	월	화	수	목	금	토	일	월
일진	癸	甲	乙	丙	丁	戊	己	庚	辛	壬	癸	甲	乙	丙	丁	戊	己	庚	辛	壬	癸	甲	乙	丙	丁	戊	己	庚	辛	壬	癸
日辰	酉	戌	亥	子	丑	寅	卯	辰	巳	午	未	申	酉	戌	亥	子	丑	寅	卯	辰	巳	午	未	申	酉	戌	亥	子	丑	寅	卯
음력	29	30	2/1	2	3	4	5	6	7	8	9	10	11	12	13	14	15	16	17	18	19	20	21	22	23	24	25	26	27	28	29

음력 01/29 ~ 02/29 · 절기: 경칩(6일), 춘분(21일)

4월 — 청명 5일 13시 52분 【음3월】→ 음3 【丙辰月(병진월)】 / 곡우 20일 21시 02분

양력	1	2	3	4	5	6	7	8	9	10	11	12	13	14	15	16	17	18	19	20	21	22	23	24	25	26	27	28	29	30
요일	화	수	목	금	토	일	월	화	수	목	금	토	일	월	화	수	목	금	토	일	월	화	수	목	금	토	일	월	화	수
일진	甲	乙	丙	丁	戊	己	庚	辛	壬	癸	甲	乙	丙	丁	戊	己	庚	辛	壬	癸	甲	乙	丙	丁	戊	己	庚	辛	壬	癸
日辰	辰	巳	午	未	申	酉	戌	亥	子	丑	寅	卯	辰	巳	午	未	申	酉	戌	亥	子	丑	寅	卯	辰	巳	午	未	申	酉
음력	30	3/1	2	3	4	5	6	7	8	9	10	11	12	13	14	15	16	17	18	19	20	21	22	23	24	25	26	27	28	29

음력 02/30 ~ 03/29 · 절기: 청명(5일), 곡우(20일)

5월 — 입하 6일 07시 10분 【음4월】→ 음4 【丁巳月(정사월)】 / 소만 21일 20시 12분

양력	1	2	3	4	5	6	7	8	9	10	11	12	13	14	15	16	17	18	19	20	21	22	23	24	25	26	27	28	29	30	31
요일	목	금	토	일	월	화	수	목	금	토	일	월	화	수	목	금	토	일	월	화	수	목	금	토	일	월	화	수	목	금	토
일진	甲	乙	丙	丁	戊	己	庚	辛	壬	癸	甲	乙	丙	丁	戊	己	庚	辛	壬	癸	甲	乙	丙	丁	戊	己	庚	辛	壬	癸	甲
日辰	戌	亥	子	丑	寅	卯	辰	巳	午	未	申	酉	戌	亥	子	丑	寅	卯	辰	巳	午	未	申	酉	戌	亥	子	丑	寅	卯	辰
음력	4/1	2	3	4	5	6	7	8	9	10	11	12	13	14	15	16	17	18	19	20	21	22	23	24	25	26	27	28	29	30	5/1

음력 04/01 ~ 05/01 · 절기: 입하(6일), 소만(21일)

6월 — 망종 6일 11시 19분 【음5월】→ 음5 【戊午月(무오월)】 / 하지 22일 04시 10분

양력	1	2	3	4	5	6	7	8	9	10	11	12	13	14	15	16	17	18	19	20	21	22	23	24	25	26	27	28	29	30
요일	일	월	화	수	목	금	토	일	월	화	수	목	금	토	일	월	화	수	목	금	토	일	월	화	수	목	금	토	일	월
일진	乙	丙	丁	戊	己	庚	辛	壬	癸	甲	乙	丙	丁	戊	己	庚	辛	壬	癸	甲	乙	丙	丁	戊	己	庚	辛	壬	癸	甲
日辰	巳	午	未	申	酉	戌	亥	子	丑	寅	卯	辰	巳	午	未	申	酉	戌	亥	子	丑	寅	卯	辰	巳	午	未	申	酉	戌
음력	2	3	4	5	6	7	8	9	10	11	12	13	14	15	16	17	18	19	20	21	22	23	24	25	26	27	28	29	30	6/1

음력 05/02 ~ 06/01 · 절기: 망종(6일), 하지(22일)

한식(4월06일), 초복(7월16일), 중복(7월26일), 말복(8월15일)↟춘사(春社)3/16
☀추사(秋社)9/22토왕지절(土旺之節):4월17일,7월20일,10월21일,1월17일(음12/06)
臘享(납향):2004년1월18일(음12/07)

세로: 2003 癸未年

소서 7일 21시 35분　【음6월】→　음 6　【己未月(기미월)】　　대서 23일 15시 03분

양력	1	2	3	4	5	6	7	8	9	10	11	12	13	14	15	16	17	18	19	20	21	22	23	24	25	26	27	28	29	30	31
요일	화	수	목	금	토	일	월	화	수	목	금	토	일	월	화	수	목	금	토	일	월	화	수	목	금	토	일	월	화	수	목
일진	乙	丙	丁	戊	己	庚	辛	壬	癸	甲	乙	丙	丁	戊	己	庚	辛	壬	癸	甲	乙	丙	丁	戊	己	庚	辛	壬	癸	甲	乙
日辰	辰	巳	午	未	申	酉	戌	亥	子	丑	寅	卯	辰	巳	午	未	申	酉	戌	亥	子	丑	寅	卯	辰	巳	午	未	申	酉	戌
음력	2	3	4	5	6	7	8	9	10	11	12	13	14	15	16	17	18	19	20	21	22	23	24	25	26	27	28	29	7/1	2	3
대 낭	8	9	9	9	10	10	소	1	1	1	1	2	2	2	3	3	3	4	4	4	5	5	5	대	6	6	7	7	7	8	8
운 여	2	1	1	1	1	1	서	10	10	10	9	9	9	8	8	8	7	7	7	6	6	6	5	서	5	4	4	4	3	3	2

음력 06/02～07/03

입추 8일 07시 24분　【음7월】→　음 7　【庚申月(경신월)】　　처서 23일 22시 07분

양력	1	2	3	4	5	6	7	8	9	10	11	12	13	14	15	16	17	18	19	20	21	22	23	24	25	26	27	28	29	30	31
요일	금	토	일	월	화	수	목	금	토	일	월	화	수	목	금	토	일	월	화	수	목	금	토	일	월	화	수	목	금	토	일
일진	丙	丁	戊	己	庚	辛	壬	癸	甲	乙	丙	丁	戊	己	庚	辛	壬	癸	甲	乙	丙	丁	戊	己	庚	辛	壬	癸	甲	乙	丙
日辰	辰	午	未	申	酉	戌	亥	子	丑	寅	卯	辰	巳	午	未	申	酉	戌	亥	子	丑	寅	卯	辰	巳	午	未	申	酉	戌	亥	子
음력	4	5	6	7	8	9	10	11	12	13	14	15	16	17	18	19	20	21	22	23	24	25	26	27	28	29	30	8/1	2	3	4
대 낭	8	9	9	9	10	10	10	입	1	1	1	1	2	2	2	3	3	3	4	4	4	5	5	처	5	6	6	6	7	7	7
운 여	2	2	1	1	1	1	1	추	10	10	10	9	9	9	8	8	8	7	7	7	6	6	6	서	5	5	4	4	4	3	3

음력 07/04～08/04

백로 8일 10시 20분　【음8월】→　음 8　【辛酉月(신유월)】　　추분 23일 19시 46분

양력	1	2	3	4	5	6	7	8	9	10	11	12	13	14	15	16	17	18	19	20	21	22	23	24	25	26	27	28	29	30
요일	월	화	수	목	금	토	일	월	화	수	목	금	토	일	월	화	수	목	금	토	일	월	화	수	목	금	토	일	월	화
일진	丁	戊	己	庚	辛	壬	癸	甲	乙	丙	丁	戊	己	庚	辛	壬	癸	甲	乙	丙	丁	戊	己	庚	辛	壬	癸	甲	乙	丙
日辰	丑	寅	卯	辰	巳	午	未	申	酉	戌	亥	子	丑	寅	卯	辰	巳	午	未	申	酉	戌	亥	子	丑	寅	卯	辰	巳	午
음력	5	6	7	8	9	10	11	12	13	14	15	16	17	18	19	20	21	22	23	24	25	26	27	28	9/1	2	3	4	5
대 낭	8	8	9	9	9	10	10	백	1	1	1	1	2	2	2	3	3	3	4	4	4	5	추	5	6	6	6	7	7	7
운 여	2	2	2	1	1	1	1	로	10	10	9	9	9	8	8	8	7	7	7	6	6	6	분	5	5	5	4	4	4	3

음력 08/05～09/05

한로 9일 02시 00분　【음9월】→　음 9　【壬戌月(임술월)】　　상강 24일 05시 08분

양력	1	2	3	4	5	6	7	8	9	10	11	12	13	14	15	16	17	18	19	20	21	22	23	24	25	26	27	28	29	30	31
요일	수	목	금	토	일	월	화	수	목	금	토	일	월	화	수	목	금	토	일	월	화	수	목	금	토	일	월	화	수	목	금
일진	丁	戊	己	庚	辛	壬	癸	甲	乙	丙	丁	戊	己	庚	辛	壬	癸	甲	乙	丙	丁	戊	己	庚	辛	壬	癸	甲	乙	丙	丁
日辰	未	申	酉	戌	亥	子	丑	寅	卯	辰	巳	午	未	申	酉	戌	亥	子	丑	寅	卯	辰	巳	午	未	申	酉	戌	亥	子	丑
음력	6	7	8	9	10	11	12	13	14	15	16	17	18	19	20	21	22	23	24	25	26	27	28	29	10/1	2	3	4	5	6	7
대 낭	8	8	8	9	9	9	10	10	한	1	1	1	1	2	2	2	3	3	3	4	4	4	5	상	5	6	6	6	7	7	7
운 여	3	2	2	2	1	1	1	1	로	10	10	9	9	9	8	8	8	7	7	7	6	6	6	강	5	5	4	4	4	3	3

음력 09/06～10/07

입동 8일 05시 12분　【음10월】→　음10　【癸亥月(계해월)】　　소설 23일 02시 43분

양력	1	2	3	4	5	6	7	8	9	10	11	12	13	14	15	16	17	18	19	20	21	22	23	24	25	26	27	28	29	30
요일	토	일	월	화	수	목	금	토	일	월	화	수	목	금	토	일	월	화	수	목	금	토	일	월	화	수	목	금	토	일
일진	戊	己	庚	辛	壬	癸	甲	乙	丙	丁	戊	己	庚	辛	壬	癸	甲	乙	丙	丁	戊	己	庚	辛	壬	癸	甲	乙	丙	丁
日辰	寅	卯	辰	巳	午	未	申	酉	戌	亥	子	丑	寅	卯	辰	巳	午	未	申	酉	戌	亥	子	丑	寅	卯	辰	巳	午	未
음력	8	9	10	11	12	13	14	15	16	17	18	19	20	21	22	23	24	25	26	27	28	29	30	11/1	2	3	4	5	6	7
대 낭	8	8	8	9	9	9	10	입	1	1	1	1	2	2	2	3	3	3	4	4	4	5	소	5	6	6	6	7	7	7
운 여	2	2	2	1	1	1	1	동	9	9	9	8	8	8	7	7	7	6	6	6	5	5	설	5	4	4	4	3	3	2

음력 10/08～11/07

대설 7일 22시 04분　【음11월】→　음 11　【甲子月(갑자월)】　　동지 22일 16시 03분

양력	1	2	3	4	5	6	7	8	9	10	11	12	13	14	15	16	17	18	19	20	21	22	23	24	25	26	27	28	29	30	31
요일	월	화	수	목	금	토	일	월	화	수	목	금	토	일	월	화	수	목	금	토	일	월	화	수	목	금	토	일	월	화	수
일진	戊	己	庚	辛	壬	癸	甲	乙	丙	丁	戊	己	庚	辛	壬	癸	甲	乙	丙	丁	戊	己	庚	辛	壬	癸	甲	乙	丙	丁	戊
日辰	申	酉	戌	亥	子	丑	寅	卯	辰	巳	午	未	申	酉	戌	亥	子	丑	寅	卯	辰	巳	午	未	申	酉	戌	亥	子	丑	寅
음력	8	9	10	11	12	13	14	15	16	17	18	19	20	21	22	23	24	25	26	27	28	29	12/1	2	3	4	5	6	7	8
대 낭	8	8	8	9	9	9	대	1	1	1	1	2	2	2	3	3	3	4	4	4	5	동	5	6	6	6	7	7	7	8
운 여	2	2	1	1	1	1	설	9	9	9	8	8	8	7	7	7	6	6	6	5	5	지	5	4	4	4	3	3	3	2

음력 11/08～12/09

단기 4337 年
불기 2548 年
2004년

甲申(갑신)년 납음(泉中水),본명성(五黃土)

대장군(午남방), 삼살(남방), 상문(戌서북방), 조객(午남방),납음(천중수),
상재(인.묘.진) 臘享(납향):2005년 1월 23일(음12/07)

1月

소한 06일 09시 18분 【음12월】➜ 음12 【乙丑月(을축월)】 대한 21일 02시 42분

양력	1	2	3	4	5	6	7	8	9	10	11	12	13	14	15	16	17	18	19	20	21	22	23	24	25	26	27	28	29	30	31
요일	목	금	토	일	월	화	수	목	금	토	일	월	화	수	목	금	토	일	월	화	수	목	금	토	일	월	화	수	목	금	토
일진 日辰	己卯	庚辰	辛巳	壬午	癸未	甲申	乙酉	丙戌	丁亥	戊子	己丑	庚寅	辛卯	壬辰	癸巳	甲午	乙未	丙申	丁酉	戊戌	己亥	庚子	辛丑	壬寅	癸卯	甲辰	乙巳	丙午	丁未	戊申	己酉
음력	10	11	12	13	14	15	16	17	18	19	20	21	22	23	24	25	26	27	28	29	30	1/1	2	3	4	5	6	7	8	9	10
대남	8	9	9	9	10	소한	1	1	1	1	2	2	2	3	3	3	4	4	4	5	대한	5	6	6	6	7	7	7	8	8	8
운여	2	1	1	1	1	한	9	9	9	8	8	8	7	7	7	6	6	6	5	한	5	4	4	4	3	3	3	2	2	2	1

2月

입춘 4일 20시 55분 【음1월】➜ 음1 【丙寅月(병인월)】 우수 19일 16시 49분

양력	1	2	3	4	5	6	7	8	9	10	11	12	13	14	15	16	17	18	19	20	21	22	23	24	25	26	27	28	29
요일	일	월	화	수	목	금	토	일	월	화	수	목	금	토	일	월	화	수	목	금	토	일	월	화	수	목	금	토	일
일진 日辰	庚戌	辛亥	壬子	癸丑	甲寅	乙卯	丙辰	丁巳	戊午	己未	庚申	辛酉	壬戌	癸亥	甲子	乙丑	丙寅	丁卯	戊辰	己巳	庚午	辛未	壬申	癸酉	甲戌	乙亥	丙子	丁丑	戊寅
음력	11	12	13	14	15	16	17	18	19	20	21	22	23	24	25	26	27	28	29	2/1	2	3	4	5	6	7	8	9	10
대남	9	9	9	입춘	10	9	9	9	8	8	8	7	7	7	6	6	6	5	우수	5	4	4	4	3	3	3	2	2	2
운여	1	1	1	춘	1	1	1	2	2	2	3	3	3	4	4	4	5	우	5	6	6	6	7	7	7	8	8	8

3月

경칩 5일 14시 55분 【음2월】➜ 음2 【丁卯月(정묘월)】 윤2 춘분 20일 15시 48분

양력	1	2	3	4	5	6	7	8	9	10	11	12	13	14	15	16	17	18	19	20	21	22	23	24	25	26	27	28	29	30	31
요일	월	화	수	목	금	토	일	월	화	수	목	금	토	일	월	화	수	목	금	토	일	월	화	수	목	금	토	일	월	화	수
일진 日辰	己卯	庚辰	辛巳	壬午	癸未	甲申	乙酉	丙戌	丁亥	戊子	己丑	庚寅	辛卯	壬辰	癸巳	甲午	乙未	丙申	丁酉	戊戌	己亥	庚子	辛丑	壬寅	癸卯	甲辰	乙巳	丙午	丁未	戊申	己酉
음력	11	12	13	14	15	16	17	18	19	20	21	22	23	24	25	26	27	28	29	30	윤1	2	3	4	5	6	7	8	9	10	11
대남	9	9	9	10	경칩	1	1	1	1	2	2	2	3	3	3	4	4	4	5	춘분	5	6	6	6	7	7	7	8	8	8	9
운여	9	9	9	10	칩	1	1	1	1	2	2	2	3	3	3	4	4	4	5	춘	5	6	6	6	7	7	7	8	8	8	9

4月

청명 4일 19시 43분 【음3월】➜ 음3 【戊辰月(무진월)】 곡우 20일 02시 50분

양력	1	2	3	4	5	6	7	8	9	10	11	12	13	14	15	16	17	18	19	20	21	22	23	24	25	26	27	28	29	30
요일	목	금	토	일	월	화	수	목	금	토	일	월	화	수	목	금	토	일	월	화	수	목	금	토	일	월	화	수	목	금
일진 日辰	庚戌	辛亥	壬子	癸丑	甲寅	乙卯	丙辰	丁巳	戊午	己未	庚申	辛酉	壬戌	癸亥	甲子	乙丑	丙寅	丁卯	戊辰	己巳	庚午	辛未	壬申	癸酉	甲戌	乙亥	丙子	丁丑	戊寅	己卯
음력	12	13	14	15	16	17	18	19	20	21	22	23	24	25	26	27	28	29	3/1	2	3	4	5	6	7	8	9	10	11	12
대남	1	1	1	청명	10	10	9	9	9	8	8	8	7	7	7	6	6	6	5	곡우	5	4	4	4	3	3	3	2	2	2
운여	9	9	10	명	1	1	1	1	2	2	2	3	3	3	4	4	4	5	5	우	6	6	6	7	7	7	8	8	8	9

5月

입하 5일 13시 02분 【음4월】➜ 음4 【己巳月(기사월)】 소만 21일 01시 58분

양력	1	2	3	4	5	6	7	8	9	10	11	12	13	14	15	16	17	18	19	20	21	22	23	24	25	26	27	28	29	30	31
요일	토	일	월	화	수	목	금	토	일	월	화	수	목	금	토	일	월	화	수	목	금	토	일	월	화	수	목	금	토	일	월
일진 日辰	庚辰	辛巳	壬午	癸未	甲申	乙酉	丙戌	丁亥	戊子	己丑	庚寅	辛卯	壬辰	癸巳	甲午	乙未	丙申	丁酉	戊戌	己亥	庚子	辛丑	壬寅	癸卯	甲辰	乙巳	丙午	丁未	戊申	己酉	庚戌
음력	13	14	15	16	17	18	19	20	21	22	23	24	25	26	27	28	29	30	4/1	2	3	4	5	6	7	8	9	10	11	12	13
대남	1	1	1	1	입하	10	10	10	9	9	9	8	8	8	7	7	7	6	6	6	소만	5	5	4	4	4	3	3	3	2	2
운여	9	9	10	10	하	1	1	1	1	2	2	2	3	3	3	4	4	4	5	5	만	6	6	6	7	7	7	8	8	8	9

6月

망종 5일 17시 13분 【음5월】➜ 음5 【庚午月(경오월)】 하지 21일 09시 56분

양력	1	2	3	4	5	6	7	8	9	10	11	12	13	14	15	16	17	18	19	20	21	22	23	24	25	26	27	28	29	30
요일	화	수	목	금	토	일	월	화	수	목	금	토	일	월	화	수	목	금	토	일	월	화	수	목	금	토	일	월	화	수
일진 日辰	辛亥	壬子	癸丑	甲寅	乙卯	丙辰	丁巳	戊午	己未	庚申	辛酉	壬戌	癸亥	甲子	乙丑	丙寅	丁卯	戊辰	己巳	庚午	辛未	壬申	癸酉	甲戌	乙亥	丙子	丁丑	戊寅	己卯	庚辰
음력	14	15	16	17	18	19	20	21	22	23	24	25	26	27	28	29	30	5/1	2	3	4	5	6	7	8	9	10	11	12	13
대남	1	1	1	1	망종	10	10	10	9	9	9	8	8	8	7	7	7	6	6	6	하지	5	5	5	4	4	4	3	3	3
운여	9	9	10	10	종	1	1	1	1	2	2	2	3	3	3	4	4	4	5	5	지	6	6	6	7	7	7	8	8	8

한식(4월05일), 초복(7월20일), 중복(7월30일), 말복(8월09일)🔺춘사(春社)3/20
☀추사(秋社)9/26 토왕지절(土旺之節):4월17일,7월19일,10월20일,1월17일(음12/06)
臘享(납향):2005년1월23일(음12/07)

2004

甲申年

소서 7일 03시 31분　【음6월】 → 음 6 【辛未月(신미월)】　　　　　대서 22일 20시 49분

양력	1	2	3	4	5	6	7	8	9	10	11	12	13	14	15	16	17	18	19	20	21	22	23	24	25	26	27	28	29	30	31
7 요일	목	금	토	일	월	화	수	목	금	토	일	월	화	수	목	금	토	일	월	화	수	목	금	토	일	월	화	수	목	금	토
일진	辛	壬	癸	甲	乙	丙	丁	戊	己	庚	辛	壬	癸	甲	乙	丙	丁	戊	己	庚	辛	壬	癸	甲	乙	丙	丁	戊	己	庚	辛
	辰	巳	午	未	申	酉	戌	亥	子	丑	寅	卯	辰	巳	午	未	申	酉	戌	亥	子	丑	寅	卯	辰	巳	午	未	申	酉	戌
음력 05/14 06/15	14	15	16	17	18	19	20	21	22	23	24	25	26	27	28	29	6/1	2	3	4	5	6	7	8	9	10	11	12	13	14	15
대 남	2	1	1	1	1	소	10	10	9	9	9	8	8	8	7	7	7	6	6	6	대	5	5	5	4	4	4	3	3	3	2
운 여	9	9	9	10	10	서	1	1	1	1	2	2	2	3	3	3	4	4	4	5	서	5	5	6	6	6	7	7	7	8	8

입추 7일 13시 19분　【음7월】 → 음 7 【壬申月(임신월)】　　　　　처서 23일 03시 53분

양력	1	2	3	4	5	6	7	8	9	10	11	12	13	14	15	16	17	18	19	20	21	22	23	24	25	26	27	28	29	30	31
8 요일	일	월	화	수	목	금	토	일	월	화	수	목	금	토	일	월	화	수	목	금	토	일	월	화	수	목	금	토	일	월	화
일진	壬	癸	甲	乙	丙	丁	戊	己	庚	辛	壬	癸	甲	乙	丙	丁	戊	己	庚	辛	壬	癸	甲	乙	丙	丁	戊	己	庚	辛	壬
	辰	子	寅	卯	辰	巳	午	未	申	酉	戌	亥	子	丑	寅	卯	辰	巳	午	未	申	酉	戌	亥	子	丑	寅	卯	辰	巳	午
음력 06/16 07/16	16	17	18	19	20	21	22	23	24	25	26	27	28	29	30	7/1	2	3	4	5	6	7	8	9	10	11	12	13	14	15	16
대 남	2	1	1	1	1	입	10	10	9	9	9	8	8	8	7	7	7	6	6	6	처	5	5	5	4	4	4	3	3	3	2
운 여	8	9	9	9	10	추	1	1	1	1	2	2	2	3	3	3	4	4	4	5	서	5	5	6	6	6	7	7	7	8	8

백로 7일 16시 12분　【음8월】 → 음 8 【癸酉月(계유월)】　　　　　추분 23일 01시 29분

양력	1	2	3	4	5	6	7	8	9	10	11	12	13	14	15	16	17	18	19	20	21	22	23	24	25	26	27	28	29	30
9 요일	수	목	금	토	일	월	화	수	목	금	토	일	월	화	수	목	금	토	일	월	화	수	목	금	토	일	월	화	수	목
일진	癸	甲	乙	丙	丁	戊	己	庚	辛	壬	癸	甲	乙	丙	丁	戊	己	庚	辛	壬	癸	甲	乙	丙	丁	戊	己	庚	辛	壬
	未	申	酉	戌	亥	子	丑	寅	卯	辰	巳	午	未	申	酉	戌	亥	子	丑	寅	卯	辰	巳	午	未	申	酉	戌	亥	子
음력 07/17 08/17	17	18	19	20	21	22	23	24	25	26	27	28	29	8/1	2	3	4	5	6	7	8	9	10	11	12	13	14	15	16	17
대 남	2	2	1	1	1	1	백	10	10	9	9	9	8	8	8	7	7	7	6	6	6	추	5	5	5	4	4	4	3	3
운 여	8	9	9	9	10	10	로	1	1	1	1	2	2	2	3	3	3	4	4	4	5	분	5	6	6	6	7	7	7	8

한로 8일 07시 49분　【음9월】 → 음 9 【甲戌月(갑술월)】　　　　　상강 23일 10시 48분

양력	1	2	3	4	5	6	7	8	9	10	11	12	13	14	15	16	17	18	19	20	21	22	23	24	25	26	27	28	29	30	31
10 요일	금	토	일	월	화	수	목	금	토	일	월	화	수	목	금	토	일	월	화	수	목	금	토	일	월	화	수	목	금	토	일
일진	癸	甲	乙	丙	丁	戊	己	庚	辛	壬	癸	甲	乙	丙	丁	戊	己	庚	辛	壬	癸	甲	乙	丙	丁	戊	己	庚	辛	壬	癸
	丑	寅	卯	辰	巳	午	未	申	酉	戌	亥	子	丑	寅	卯	辰	巳	午	未	申	酉	戌	亥	子	丑	寅	卯	辰	巳	午	未
음력 08/18 09/18	18	19	20	21	22	23	24	25	26	27	28	29	30	9/1	2	3	4	5	6	7	8	9	10	11	12	13	14	15	16	17	18
대 남	2	2	2	1	1	1	1	한	10	9	9	9	8	8	8	7	7	7	6	6	6	5	상	5	4	4	4	3	3	3	2
운 여	8	8	9	9	9	10	10	로	1	1	1	1	2	2	2	3	3	3	4	4	4	5	강	5	5	6	6	6	7	7	7

입동 7일 10시 58분　【음10월】 → 음10 【乙亥月(을해월)】　　　　　소설 22일 08시 21분

양력	1	2	3	4	5	6	7	8	9	10	11	12	13	14	15	16	17	18	19	20	21	22	23	24	25	26	27	28	29	30
11 요일	월	화	수	목	금	토	일	월	화	수	목	금	토	일	월	화	수	목	금	토	일	월	화	수	목	금	토	일	월	화
일진	甲	乙	丙	丁	戊	己	庚	辛	壬	癸	甲	乙	丙	丁	戊	己	庚	辛	壬	癸	甲	乙	丙	丁	戊	己	庚	辛	壬	癸
	申	酉	戌	亥	子	丑	寅	卯	辰	巳	午	未	申	酉	戌	亥	子	丑	寅	卯	辰	巳	午	未	申	酉	戌	亥	子	丑
음력 09/19 10/19	19	20	21	22	23	24	25	26	27	28	29	10/1	2	3	4	5	6	7	8	9	10	11	12	13	14	15	16	17	18	19
대 남	2	2	2	1	1	1	입	10	9	9	9	8	8	8	7	7	7	6	6	6	5	소	5	4	4	4	3	3	3	2
운 여	8	8	9	9	9	10	동	1	1	1	1	2	2	2	3	3	3	4	4	4	5	설	5	5	6	6	6	7	7	8

대설 7일 03시 48분　【음11월】 → 음11 【丙子月(병자월)】　　　　　동지 21일 21시 41분

양력	1	2	3	4	5	6	7	8	9	10	11	12	13	14	15	16	17	18	19	20	21	22	23	24	25	26	27	28	29	30	31
12 요일	수	목	금	토	일	월	화	수	목	금	토	일	월	화	수	목	금	토	일	월	화	수	목	금	토	일	월	화	수	목	금
일진	甲	乙	丙	丁	戊	己	庚	辛	壬	癸	甲	乙	丙	丁	戊	己	庚	辛	壬	癸	甲	乙	丙	丁	戊	己	庚	辛	壬	癸	甲
	寅	卯	辰	巳	午	未	申	酉	戌	亥	子	丑	寅	卯	辰	巳	午	未	申	酉	戌	亥	子	丑	寅	卯	辰	巳	午	未	申
음력 10/20 11/20	20	21	22	23	24	25	26	27	28	29	30	11/1	2	3	4	5	6	7	8	9	10	11	12	13	14	15	16	17	18	19	20
대 남	2	2	1	1	1	1	대	10	9	9	9	8	8	8	7	7	7	6	6	6	동	5	5	4	4	4	3	3	3	2	2
운 여	8	8	9	9	9	10	설	1	1	1	1	2	2	2	3	3	3	4	4	4	지	5	5	5	6	6	6	7	7	7	8

乙酉(을유)년 납음(泉中水),본명성(四綠木)

대장군(午남방), 삼살(동방), 상문(亥서북방),조객(未서남방), 납음(천중수)
[삼재(해,자,축)년]　臘享(납향):2006년1월18일(음12/19)

소한 5일 15시 02분 【음12월】→ 음12【丁丑月(정축월)】　대한 20일 08시 21분

양력 1	1	2	3	4	5	6	7	8	9	10	11	12	13	14	15	16	17	18	19	20	21	22	23	24	25	26	27	28	29	30	31
요일	토	일	월	화	수	목	금	토	일	월	화	수	목	금	토	일	월	화	수	목	금	토	일	월	화	수	목	금	토	일	월
일진	乙	丙	丁	戊	己	庚	辛	壬	癸	甲	乙	丙	丁	戊	己	庚	辛	壬	癸	甲	乙	丙	丁	戊	己	庚	辛	壬	癸	甲	乙
日	辰	酉	戌	子	丑	寅	卯	辰	巳	午	未	申	酉	戌	亥	子	丑	寅	卯	辰	巳	午	未	申	酉	戌	亥	子	丑	寅	卯
음력 11/21 12/22	21	22	23	24	25	26	27	28	29	12/1	2	3	4	5	6	7	8	9	10	11	12	13	14	15	16	17	18	19	20	21
대 남	1	1	1	1	소	10	9	9	9	8	8	8	7	7	7	6	6	6	대	5	5	5	4	4	4	3	3	3	2	2
운 여	8	9	9	9	한	1	1	1	1	2	2	2	3	3	3	4	4	4	한	5	6	6	6	7	7	7	8	8	8	9

입춘 4일 02시 42분 【음1월】→ 음1【戊寅月(무인월)】　우수 18일 22시 31분

양력 2	1	2	3	4	5	6	7	8	9	10	11	12	13	14	15	16	17	18	19	20	21	22	23	24	25	26	27	28
요일	화	수	목	금	토	일	월	화	수	목	금	토	일	월	화	수	목	금	토	일	월	화	수	목	금	토	일	월
일진	丙	丁	戊	己	庚	辛	壬	癸	甲	乙	丙	丁	戊	己	庚	辛	壬	癸	甲	乙	丙	丁	戊	己	庚	辛	壬	癸
日	辰	巳	午	未	申	酉	戌	亥	子	丑	寅	卯	辰	巳	午	未	申	酉	戌	亥	子	丑	寅	卯	辰	巳	午	未
음력 12/23 01/20	23	24	25	26	27	28	29	1/1	2	3	4	5	6	7	8	9	10	11	12	13	14	15	16	17	18	19	20
대 남	1	1	1	입	1	1	1	1	2	2	2	3	3	3	4	4	4	우	5	5	5	6	6	6	7	7	7
운 여	9	9	10	춘	9	9	9	8	8	8	7	7	7	6	6	6	5	수	5	4	4	4	3	3	3	2	2

경칩 5일 20시 44분 【음2월】→ 음2【己卯月(기묘월)】　춘분 20일 21시 33분

양력 3	1	2	3	4	5	6	7	8	9	10	11	12	13	14	15	16	17	18	19	20	21	22	23	24	25	26	27	28	29	30	31
요일	화	수	목	금	토	일	월	화	수	목	금	토	일	월	화	수	목	금	토	일	월	화	수	목	금	토	일	월	화	수	목
일진	甲	乙	丙	丁	戊	己	庚	辛	壬	癸	甲	乙	丙	丁	戊	己	庚	辛	壬	癸	甲	乙	丙	丁	戊	己	庚	辛	壬	癸	甲
日	申	酉	戌	亥	子	丑	寅	卯	辰	巳	午	未	申	酉	戌	亥	子	丑	寅	卯	辰	巳	午	未	申	酉	戌	亥	子	丑	寅
음력 01/21 02/22	21	22	23	24	25	26	27	28	29	2/1	2	3	4	5	6	7	8	9	10	11	12	13	14	15	16	17	18	19	20	21	22
대 남	8	8	9	9	경	1	1	1	1	2	2	2	3	3	3	4	4	4	춘	5	5	6	6	6	7	7	7	8	8	8	9
운 여	1	1	1	1	칩	10	10	9	9	9	8	8	8	7	7	7	6	6	분	5	5	5	4	4	4	3	3	3	2	2	2

청명 5일 01시 34분 【음3월】→ 음3【庚辰月(경진월)】　곡우 20일 08시 36분

양력 4	1	2	3	4	5	6	7	8	9	10	11	12	13	14	15	16	17	18	19	20	21	22	23	24	25	26	27	28	29	30
요일	금	토	일	월	화	수	목	금	토	일	월	화	수	목	금	토	일	월	화	수	목	금	토	일	월	화	수	목	금	토
일진	乙	丙	丁	戊	己	庚	辛	壬	癸	甲	乙	丙	丁	戊	己	庚	辛	壬	癸	甲	乙	丙	丁	戊	己	庚	辛	壬	癸	甲
日	卯	辰	巳	午	未	申	酉	戌	亥	子	丑	寅	卯	辰	巳	午	未	申	酉	戌	亥	子	丑	寅	卯	辰	巳	午	未	申
음력 02/23 03/22	23	24	25	26	27	28	29	30	3/1	2	3	4	5	6	7	8	9	10	11	12	13	14	15	16	17	18	19	20	21	22
대 남	9	9	10	10	청	1	1	1	1	2	2	2	3	3	3	4	4	4	5	곡	5	6	6	6	7	7	7	8	8	8
운 여	1	1	1	1	명	10	9	9	9	8	8	8	7	7	7	6	6	6	5	우	5	5	4	4	4	3	3	3	2	2

입하 5일 18시 52분 【음4월】→ 음4【辛巳月(신사월)】　소만 21일 07시 47분

양력 5	1	2	3	4	5	6	7	8	9	10	11	12	13	14	15	16	17	18	19	20	21	22	23	24	25	26	27	28	29	30	31
요일	일	월	화	수	목	금	토	일	월	화	수	목	금	토	일	월	화	수	목	금	토	일	월	화	수	목	금	토	일	월	화
일진	乙	丙	丁	戊	己	庚	辛	壬	癸	甲	乙	丙	丁	戊	己	庚	辛	壬	癸	甲	乙	丙	丁	戊	己	庚	辛	壬	癸	甲	乙
日	酉	戌	亥	子	丑	寅	卯	辰	巳	午	未	申	酉	戌	亥	子	丑	寅	卯	辰	巳	午	未	申	酉	戌	亥	子	丑	寅	
음력 03/23 04/24	23	24	25	26	27	28	29	4/1	2	3	4	5	6	7	8	9	10	11	12	13	14	15	16	17	18	19	20	21	22	23
대 남	9	9	9	10	입	1	1	1	1	2	2	2	3	3	3	4	4	4	5	5	소	6	6	6	7	7	7	8	8	8
운 여	1	1	1	1	하	10	10	9	9	9	8	8	8	7	7	7	6	6	6	5	만	5	4	4	4	3	3	3	2	2

망종 5일 23시 01분【음5월】→ 음5【壬午月(임오월)】　하지 21일 15시 45분

양력 6	1	2	3	4	5	6	7	8	9	10	11	12	13	14	15	16	17	18	19	20	21	22	23	24	25	26	27	28	29	30
요일	수	목	금	토	일	월	화	수	목	금	토	일	월	화	수	목	금	토	일	월	화	수	목	금	토	일	월	화	수	목
일진	丙	丁	戊	己	庚	辛	壬	癸	甲	乙	丙	丁	戊	己	庚	辛	壬	癸	甲	乙	丙	丁	戊	己	庚	辛	壬	癸	甲	乙
日	辰	巳	午	未	申	酉	戌	亥	子	丑	寅	卯	辰	巳	午	未	申	酉	戌	亥	子	丑	寅	卯	辰	巳	午	未	申	酉
음력 04/25 05/24	25	26	27	28	29	30	5/1	2	3	4	5	6	7	8	9	10	11	12	13	14	15	16	17	18	19	20	21	22	23	24
대 남	9	9	10	10	망	1	1	1	1	2	2	2	3	3	3	4	4	4	5	5	하	6	6	6	7	7	7	8	8	8
운 여	1	1	1	1	종	10	10	10	9	9	9	8	8	8	7	7	7	6	6	6	지	5	5	5	4	4	4	3	3	3

乙酉年

한식(4월05일), 초복(7월15일), 중복(7월25일), 말복(8월14일)　춘사(春社)3/25
추사(秋社)9/21　토왕지절(土旺之節):4월17일,7월19일,10월20일,1월17일(음12/18)
臘享(납향):2006년1월18일(음12/19)

2005 乙酉年

소서 7일 09시 16분　【음6월】→　음6【癸未月(계미월)】　대서 23일 02시 40분

양력 7

양력	1	2	3	4	5	6	7	8	9	10	11	12	13	14	15	16	17	18	19	20	21	22	23	24	25	26	27	28	29	30	31
요일	금	토	일	월	화	수	목	금	토	일	월	화	수	목	금	토	일	월	화	수	목	금	토	일	월	화	수	목	금	토	일
일진	丁辰	戊戌	己子	庚丑	辛寅	壬卯	癸辰	甲巳	乙午	丙未	丁申	戊酉	己戌	庚亥	辛子	壬丑	癸寅	甲卯	乙辰	丙巳	丁午	戊未	己申	庚酉	辛戌	壬亥	癸子	甲丑	乙寅	丙卯	丁辰
음력	25	26	27	28	29	6/1	2	3	4	5	6	7	8	9	10	11	12	13	14	15	16	17	18	19	20	21	22	23	24	25	26
대낭	9	9	9	10	10	10	소	1	1	1	1	2	2	2	3	3	3	4	4	4	5	5	5	대	6	6	6	7	7	7	8
운여	2	1	1	1	1	서	10	10	9	9	9	8	8	8	7	7	7	6	6	6	5	5	5	서	4	4	4	3	3	3	2

음력 05/25 ～ 06/26

입추 7일 19시 03분　【음7월】→　음7【甲申月(갑신월)】　처서 23일 09시 45분

양력 8

양력	1	2	3	4	5	6	7	8	9	10	11	12	13	14	15	16	17	18	19	20	21	22	23	24	25	26	27	28	29	30	31
요일	월	화	수	목	금	토	일	월	화	수	목	금	토	일	월	화	수	목	금	토	일	월	화	수	목	금	토	일	월	화	수
일진	戊巳	己午	庚未	辛申	壬酉	癸戌	乙亥	丙子	丁丑	戊寅	己卯	庚辰	辛巳	壬午	癸未	甲申	乙酉	丙戌	丁亥	戊子	己丑	庚寅	辛卯	壬辰	癸巳	甲午	乙未	丙申	丁酉	戊戌	己亥
음력	27	28	29	30	7/1	2	3	4	5	6	7	8	9	10	11	12	13	14	15	16	17	18	19	20	21	22	23	24	25	26	27
대낭	8	9	9	9	10	10	입	1	1	1	1	2	2	2	3	3	3	4	4	4	5	5	5	처	6	6	6	7	7	7	8
운여	2	1	1	1	1	추	10	10	10	9	9	9	8	8	8	7	7	7	6	6	6	5	5	서	5	4	4	4	3	3	3

음력 06/27 ～ 07/27

백로 7일 21시 56분　【음8월】→　음8【乙酉月(을유월)】　추분 23일 07시 22분

양력 9

양력	1	2	3	4	5	6	7	8	9	10	11	12	13	14	15	16	17	18	19	20	21	22	23	24	25	26	27	28	29	30
요일	목	금	토	일	월	화	수	목	금	토	일	월	화	수	목	금	토	일	월	화	수	목	금	토	일	월	화	수	목	금
일진	戊子	己丑	庚寅	辛卯	壬辰	癸巳	乙未	丙申	丁酉	戊戌	己亥	庚子	辛丑	壬寅	癸卯	甲辰	乙巳	丙午	丁未	戊申	己酉	庚戌	辛亥	壬子	癸丑	甲寅	乙卯	丙辰	丁巳
음력	28	29	30	8/1	2	3	4	5	6	7	8	9	10	11	12	13	14	15	16	17	18	19	20	21	22	23	24	25	26	27
대낭	8	9	9	9	10	10	백	1	1	1	1	2	2	2	3	3	3	4	4	4	5	5	5	추	6	6	6	7	7	7
운여	2	2	1	1	1	1	로	10	10	9	9	9	8	8	8	7	7	7	6	6	6	5	5	분	5	4	4	4	3	3

음력 07/28 ～ 08/27

한로 8일 13시 33분　【음9월】→　음9【丙戌月(병술월)】　상강 23일 16시 42분

양력 10

양력	1	2	3	4	5	6	7	8	9	10	11	12	13	14	15	16	17	18	19	20	21	22	23	24	25	26	27	28	29	30	31
요일	토	일	월	화	수	목	금	토	일	월	화	수	목	금	토	일	월	화	수	목	금	토	일	월	화	수	목	금	토	일	월
일진	戊午	己未	庚申	辛酉	壬戌	癸亥	乙丑	丙寅	丁卯	戊辰	己巳	庚午	辛未	壬申	癸酉	甲戌	乙亥	丙子	丁丑	戊寅	己卯	庚辰	辛巳	壬午	癸未	甲申	乙酉	丙戌	丁亥	戊子	己丑
음력	28	29	9/1	2	3	4	5	6	7	8	9	10	11	12	13	14	15	16	17	18	19	20	21	22	23	24	25	26	27	28	29
대낭	8	8	9	9	9	10	10	한	1	1	1	1	2	2	2	3	3	3	4	4	4	5	5	상	5	6	6	6	7	7	7
운여	2	2	1	1	1	1	로	10	9	9	9	8	8	8	7	7	7	6	6	6	5	5	5	강	4	4	4	3	3	3	2

음력 08/28 ～ 09/29

입동 7일 16시 42분　【음10월】→　음10【丁亥月(정해월)】　소설 22일 14시 14분

양력 11

양력	1	2	3	4	5	6	7	8	9	10	11	12	13	14	15	16	17	18	19	20	21	22	23	24	25	26	27	28	29	30
요일	화	수	목	금	토	일	월	화	수	목	금	토	일	월	화	수	목	금	토	일	월	화	수	목	금	토	일	월	화	수
일진	己丑	庚寅	辛卯	壬辰	癸巳	乙未	丙申	丁酉	戊戌	己亥	庚子	辛丑	壬寅	癸卯	甲辰	乙巳	丙午	丁未	戊申	己酉	庚戌	辛亥	壬子	癸丑	甲寅	乙卯	丙辰	丁巳	戊午	
음력	30	10/1	2	3	4	5	6	7	8	9	10	11	12	13	14	15	16	17	18	19	20	21	22	23	24	25	26	27	28	29
대낭	8	8	9	9	9	10	입	1	1	1	1	2	2	2	3	3	3	4	4	4	5	소	5	6	6	6	7	7	7	8
운여	2	2	1	1	1	1	동	10	9	9	9	8	8	8	7	7	7	6	6	6	5	설	5	4	4	4	3	3	3	2

음력 09/30 ～ 10/29

대설 7일 09시 32분　【음11월】→　음11【戊子月(무자월)】　동지 22일 03시 34분

양력 12

양력	1	2	3	4	5	6	7	8	9	10	11	12	13	14	15	16	17	18	19	20	21	22	23	24	25	26	27	28	29	30	31
요일	목	금	토	일	월	화	수	목	금	토	일	월	화	수	목	금	토	일	월	화	수	목	금	토	일	월	화	수	목	금	토
일진	己未	庚申	辛酉	壬戌	癸亥	乙丑	丙寅	丁卯	戊辰	己巳	庚午	辛未	壬申	癸酉	甲戌	乙亥	丙子	丁丑	戊寅	己卯	庚辰	辛巳	壬午	癸未	甲申	乙酉	丙戌	丁亥	戊子	己丑	庚丑
음력	30	11/1	2	3	4	5	6	7	8	9	10	11	12	13	14	15	16	17	18	19	20	21	22	23	24	25	26	27	28	29	12/1
대낭	8	8	8	9	9	9	대	1	1	1	1	2	2	2	3	3	3	4	4	4	5	동	5	6	6	6	7	7	7	8	8
운여	2	2	1	1	1	1	설	9	9	9	8	8	8	7	7	7	6	6	6	5	5	지	4	4	4	3	3	3	2	2	2

음력 10/30 ～ 12/01

丙戌(병술)년 납음(屋上土),본명성(三碧木)

대장군(午남방), 삼살(북방), 상문(子북방),조객(申서남방), 납음(옥상토),
【삼재(신,유,술)년】 臘享(납향):2007년1월25일(음12/07)

소한 5일 20시 46분 【음12월】→ 음12 【己丑月(기축월)】 **대한 20일 14시 15분**

양력 1	양력	1	2	3	4	5	6	7	8	9	10	11	12	13	14	15	16	17	18	19	20	21	22	23	24	25	26	27	28	29	30	31
	요일	일	월	화	수	목	금	토	일	월	화	수	목	금	토	일	월	화	수	목	금	토	일	월	화	수	목	금	토	일	월	화
	일진 日辰	庚寅	辛卯	壬辰	癸巳	乙未	丙申	丁酉	戊戌	己亥	庚子	辛丑	壬寅	癸卯	甲辰	乙巳	丙午	丁未	戊申	己酉	庚戌	辛亥	壬子	癸丑	甲寅	乙卯	丙辰	丁巳	戊午	己未	庚申	辛酉
음력 12/02 01/03	음력	2	3	4	5	6	7	8	9	10	11	12	13	14	15	16	17	18	19	20	21	22	23	24	25	26	27	28	29	1/1	2	3
	대 낮	8	9	9	9	소	1	1	1	1	2	2	2	3	3	3	4	4	4	5	대	5	6	6	6	7	7	7	8	8	8	9
	운 여	9	1	1	1	한	9	9	8	8	8	7	7	7	6	6	6	5	5	5	한	4	4	4	3	3	3	2	2	2	1

입춘 4일 08시 27분 【음1월】→ 음1 【庚寅月(경인월)】 **우수 19일 04시 25분**

양력 2	양력	1	2	3	4	5	6	7	8	9	10	11	12	13	14	15	16	17	18	19	20	21	22	23	24	25	26	27	28
	요일	수	목	금	토	일	월	화	수	목	금	토	일	월	화	수	목	금	토	일	월	화	수	목	금	토	일	월	화
	일진 日辰	辛酉	壬戌	癸亥	甲子	乙丑	丙寅	丁卯	戊辰	己巳	庚午	辛未	壬申	癸酉	甲戌	乙亥	丙子	丁丑	戊寅	己卯	庚辰	辛巳	壬午	癸未	甲申	乙酉	丙戌	丁亥	戊子
음력 01/04 02/01	음력	4	5	6	7	8	9	10	11	12	13	14	15	16	17	18	19	20	21	22	23	24	25	26	27	28	29	30	2/1
	대 낮	9	9	9	10	입	10	9	9	9	8	8	8	7	7	7	6	6	6	우	5	5	4	4	4	3	3	3	2
	운 여	1	1	1	1	춘	1	1	1	2	2	2	3	3	3	4	4	4	5	수	5	6	6	6	7	7	7	8	8

경칩 6일 02시 28분 【음2월】→ 음2 【辛卯月(신묘월)】 **춘분 21일 03시 25분**

양력 3	양력	1	2	3	4	5	6	7	8	9	10	11	12	13	14	15	16	17	18	19	20	21	22	23	24	25	26	27	28	29	30	31
	요일	수	목	금	토	일	월	화	수	목	금	토	일	월	화	수	목	금	토	일	월	화	수	목	금	토	일	월	화	수	목	금
	일진 日辰	己丑	庚寅	辛卯	壬辰	癸巳	甲午	乙未	丙申	丁酉	戊戌	己亥	庚子	辛丑	壬寅	癸卯	甲辰	乙巳	丙午	丁未	戊申	己酉	庚戌	辛亥	壬子	癸丑	甲寅	乙卯	丙辰	丁巳	戊午	己未
음력 02/02 03/03	음력	2	3	4	5	6	7	8	9	10	11	12	13	14	15	16	17	18	19	20	21	22	23	24	25	26	27	28	29	3/1	2	3
	대 낮	2	1	1	1	1	경	10	9	9	9	8	8	8	7	7	7	6	6	6	5	춘	5	4	4	4	3	3	3	2	2	2
	운 여	8	9	9	9	10	칩	1	1	1	1	2	2	2	3	3	3	4	4	4	5	분	5	6	6	6	7	7	7	8	8	8

청명 5일 07시 15분 【음3월】→ 음3 【壬辰月(임진월)】 **곡우 20일 14시 25분**

양력 4	양력	1	2	3	4	5	6	7	8	9	10	11	12	13	14	15	16	17	18	19	20	21	22	23	24	25	26	27	28	29	30
	요일	토	일	월	화	수	목	금	토	일	월	화	수	목	금	토	일	월	화	수	목	금	토	일	월	화	수	목	금	토	일
	일진 日辰	庚申	辛酉	壬戌	癸亥	甲子	乙丑	丙寅	丁卯	戊辰	己巳	庚午	辛未	壬申	癸酉	甲戌	乙亥	丙子	丁丑	戊寅	己卯	庚辰	辛巳	壬午	癸未	甲申	乙酉	丙戌	丁亥	戊子	己丑
음력 03/04 04/03	음력	4	5	6	7	8	9	10	11	12	13	14	15	16	17	18	19	20	21	22	23	24	25	26	27	28	29	30	4/1	2	3
	대 낮	1	1	1	1	청	10	10	9	9	9	8	8	8	7	7	7	6	6	6	곡	5	5	4	4	4	3	3	3	2	2
	운 여	9	9	9	10	명	1	1	1	1	2	2	2	3	3	3	4	4	4	5	우	5	6	6	6	7	7	7	8	8	8

입하 6일 00시 30분 【음4월】→ 음4 【癸巳月(계사월)】 **소만 21일 13시 31분**

양력 5	양력	1	2	3	4	5	6	7	8	9	10	11	12	13	14	15	16	17	18	19	20	21	22	23	24	25	26	27	28	29	30	31
	요일	월	화	수	목	금	토	일	월	화	수	목	금	토	일	월	화	수	목	금	토	일	월	화	수	목	금	토	일	월	화	수
	일진 日辰	庚寅	辛卯	壬辰	癸巳	甲午	乙未	丙申	丁酉	戊戌	己亥	庚子	辛丑	壬寅	癸卯	甲辰	乙巳	丙午	丁未	戊申	己酉	庚戌	辛亥	壬子	癸丑	甲寅	乙卯	丙辰	丁巳	戊午	己未
음력 04/04 05/04	음력	4	5	6	7	8	9	10	11	12	13	14	15	16	17	18	19	20	21	22	23	24	25	26	27	28	29	30	5/1	2	3
	대 낮	2	1	1	1	1	입	10	10	9	9	9	8	8	8	7	7	7	6	6	6	소	5	5	4	4	4	3	3	3	2
	운 여	9	9	10	10	10	하	1	1	1	1	2	2	2	3	3	3	4	4	4	5	만	5	6	6	6	7	7	7	8	8

망종 6일 04시 36분 【음5월】→ 음5 【甲午月(갑오월)】 **하지 21일 21시 25분**

양력 6	양력	1	2	3	4	5	6	7	8	9	10	11	12	13	14	15	16	17	18	19	20	21	22	23	24	25	26	27	28	29	30
	요일	목	금	토	일	월	화	수	목	금	토	일	월	화	수	목	금	토	일	월	화	수	목	금	토	일	월	화	수	목	금
	일진 日辰	辛酉	壬戌	癸亥	甲子	乙丑	丙寅	丁卯	戊辰	己巳	庚午	辛未	壬申	癸酉	甲戌	乙亥	丙子	丁丑	戊寅	己卯	庚辰	辛巳	壬午	癸未	甲申	乙酉	丙戌	丁亥	戊子	己丑	庚寅
음력 05/06 06/05	음력	6	7	8	9	10	11	12	13	14	15	16	17	18	19	20	21	22	23	24	25	26	27	28	29	30	6/1	2	3	4	5
	대 낮	2	1	1	1	1	망	10	10	9	9	9	8	8	8	7	7	7	6	6	6	하	5	5	4	4	4	3	3	3	2
	운 여	9	9	9	10	10	종	1	1	1	1	2	2	2	3	3	3	4	4	4	5	지	5	6	6	6	7	7	7	8	8

한식(4월6일), 초복(7월20일), 중복(7월30일), 말복(8월09일), ☖춘사(春社)3/20
☀추사(秋社)9/26 토왕지절(土旺之節):4월17일,7월20일,10월20일,1월17일(음11/29)
臘享(납향):2007년1월25일(음12/07)

소서 7일 14시 51분　　【음6월】 →　음 6　【乙未月(을미월)】　　　　　　　대서 23일 08시 17분

양력	1	2	3	4	5	6	7	8	9	10	11	12	13	14	15	16	17	18	19	20	21	22	23	24	25	26	27	28	29	30	31
요일	토	일	월	화	수	목	금	토	일	월	화	수	목	금	토	일	월	화	수	목	금	토	일	월	화	수	목	금	토	일	월

7

일진	辛	壬	癸	甲	乙	丙	丁	戊	己	庚	辛	壬	癸	甲	乙	丙	丁	戊	己	庚	辛	壬	癸	甲	乙	丙	丁	戊	己	庚	辛
日辰	辰	卯	辰	午	未	申	酉	戌	亥	子	丑	寅	卯	辰	巳	午	未	申	酉	戌	亥	子	丑	寅	卯	辰	巳	午	未	申	酉

음력 06/06 ~ 07/07
음력: 6 7 8 9 10 11 12 13 14 15 16 17 18 19 20 21 22 23 24 25 26 27 28 29 7/1 2 3 4 5 6 7
대남: 2 1 1 1 1 1 소서 10 10 10 9 9 9 8 8 8 7 7 7 6 6 6 대서 5 5 5 4 4 4 3
운여: 8 9 9 9 10 10 1 1 1 1 2 2 2 3 3 3 4 4 4 5 5 5 대서 6 6 6 7 7 7 8

입추 8일 00시 40분　　【음7월】 →　음 7　【丙申月(병신월)】　　　　　　　윤 7　처서 23일 15시 22분

양력	1	2	3	4	5	6	7	8	9	10	11	12	13	14	15	16	17	18	19	20	21	22	23	24	25	26	27	28	29	30	31
요일	화	수	목	금	토	일	월	화	수	목	금	토	일	월	화	수	목	금	토	일	월	화	수	목	금	토	일	월	화	수	목

8

일진	壬	癸	甲	乙	丙	丁	戊	己	庚	辛	壬	癸	甲	乙	丙	丁	戊	己	庚	辛	壬	癸	甲	乙	丙	丁	戊	己	庚	辛	壬
日辰	辰	戌	子	丑	寅	卯	辰	巳	午	未	申	酉	戌	亥	子	丑	寅	卯	辰	巳	午	未	申	酉	戌	亥	子	丑	寅	卯	辰

음력 07/08 ~ 윤 708
음력: 8 9 10 11 12 13 14 15 16 17 18 19 20 21 22 23 24 25 26 27 28 29 30 윤7 2 3 4 5 6 7 8
대남: 2 2 1 1 1 입추 10 10 9 9 9 8 8 8 7 7 7 6 6 6 5 처서 5 5 4 4 4 3 3 3
운여: 8 9 9 9 10 10 추 1 1 1 1 2 2 2 3 3 3 4 4 4 5 서 5 6 6 6 7 7 7

백로 8일 03시 38분　　【음8월】 →　음 8　【丁酉月(정유월)】　　　　　　　추분 23일 13시 03분

양력	1	2	3	4	5	6	7	8	9	10	11	12	13	14	15	16	17	18	19	20	21	22	23	24	25	26	27	28	29	30
요일	금	토	일	월	화	수	목	금	토	일	월	화	수	목	금	토	일	월	화	수	목	금	토	일	월	화	수	목	금	토

9

일진	癸	甲	乙	丙	丁	戊	己	庚	辛	壬	癸	甲	乙	丙	丁	戊	己	庚	辛	壬	癸	甲	乙	丙	丁	戊	己	庚	辛	壬
日辰	巳	午	未	申	酉	戌	亥	子	丑	寅	卯	辰	巳	午	未	申	酉	戌	亥	子	丑	寅	卯	辰	巳	午	未	申	酉	戌

음력 윤 709 ~ 08/09
음력: 9 10 11 12 13 14 15 16 17 18 19 20 21 22 23 24 25 26 27 28 29 8/1 2 3 4 5 6 7 8 9
대남: 2 2 1 1 1 1 백로 10 9 9 9 8 8 8 7 7 7 6 6 6 5 추 5 5 4 4 4 3 3 3
운여: 8 8 9 9 9 10 로 1 1 1 1 2 2 2 3 3 3 4 4 4 5 분 5 6 6 6 7 7 7

한로 8일 19시 21분　　【음9월】 →　음 9　【戊戌月(무술월)】　　　　　　　상강 23일 22시 26분

양력	1	2	3	4	5	6	7	8	9	10	11	12	13	14	15	16	17	18	19	20	21	22	23	24	25	26	27	28	29	30	31
요일	일	월	화	수	목	금	토	일	월	화	수	목	금	토	일	월	화	수	목	금	토	일	월	화	수	목	금	토	일	월	화

10

일진	癸	甲	乙	丙	丁	戊	己	庚	辛	壬	癸	甲	乙	丙	丁	戊	己	庚	辛	壬	癸	甲	乙	丙	丁	戊	己	庚	辛	壬	癸
日辰	亥	子	丑	寅	卯	辰	巳	午	未	申	酉	戌	亥	子	丑	寅	卯	辰	巳	午	未	申	酉	戌	亥	子	丑	寅	卯	辰	巳

음력 08/10 ~ 09/10
음력: 10 11 12 13 14 15 16 17 18 19 20 21 22 23 24 25 26 27 28 29 30 9/1 2 3 4 5 6 7 8 9 10
대남: 2 2 1 1 1 1 한로 10 9 9 9 8 8 8 7 7 7 6 6 6 5 상 5 5 4 4 4 3 3 3
운여: 8 8 9 9 9 10 로 1 1 1 1 2 2 2 3 3 3 4 4 4 5 강 5 6 6 6 7 7 8

입동 7일 22시 34분　　【음10월】 →　음10　【己亥月(기해월)】　　　　　　　소설 22일 20시 01분

양력	1	2	3	4	5	6	7	8	9	10	11	12	13	14	15	16	17	18	19	20	21	22	23	24	25	26	27	28	29	30
요일	수	목	금	토	일	월	화	수	목	금	토	일	월	화	수	목	금	토	일	월	화	수	목	금	토	일	월	화	수	목

11

일진	甲	乙	丙	丁	戊	己	庚	辛	壬	癸	甲	乙	丙	丁	戊	己	庚	辛	壬	癸	甲	乙	丙	丁	戊	己	庚	辛	壬	癸
日辰	午	未	申	酉	戌	亥	子	丑	寅	卯	辰	巳	午	未	申	酉	戌	亥	子	丑	寅	卯	辰	巳	午	未	申	酉	戌	亥

음력 09/11 ~ 10/10
음력: 11 12 13 14 15 16 17 18 19 20 21 22 23 24 25 26 27 28 29 30 10/1 2 3 4 5 6 7 8 9 10
대남: 2 2 1 1 1 1 입동 10 9 9 9 8 8 8 7 7 7 6 6 6 소 5 5 4 4 4 3 3 3 2
운여: 8 8 9 9 9 10 동 1 1 1 1 2 2 2 3 3 3 4 4 4 설 5 5 6 6 6 7 7 8

대설 7일 15시 26분　　【음11월】 →　음11　【庚子月(경자월)】　　　　　　　동지 22일 09시 21분

양력	1	2	3	4	5	6	7	8	9	10	11	12	13	14	15	16	17	18	19	20	21	22	23	24	25	26	27	28	29	30	31
요일	금	토	일	월	화	수	목	금	토	일	월	화	수	목	금	토	일	월	화	수	목	금	토	일	월	화	수	목	금	토	일

12

일진	甲	乙	丙	丁	戊	己	庚	辛	壬	癸	甲	乙	丙	丁	戊	己	庚	辛	壬	癸	甲	乙	丙	丁	戊	己	庚	辛	壬	癸	甲
日辰	子	丑	寅	卯	辰	巳	午	未	申	酉	戌	亥	子	丑	寅	卯	辰	巳	午	未	申	酉	戌	亥	子	丑	寅	卯	辰	巳	午

음력 10/11 ~ 11/12
음력: 11 12 13 14 15 16 17 18 19 20 21 22 23 24 25 26 27 28 29 11/1 2 3 4 5 6 7 8 9 10 11 12
대남: 2 2 1 1 1 1 대설 9 9 9 8 8 8 7 7 7 6 6 6 동 5 5 4 4 4 3 3 3 2 2
운여: 8 8 9 9 9 10 설 1 1 1 2 2 2 3 3 3 4 4 4 5 지 5 6 6 6 7 7 8

2006

丙戌年

소한 6일 02시 39분 【음12월】→ 음12 【辛丑月(신축월)】　대한 20일 20시 00분

양력 1	양력	2	3	4	5	6	7	8	9	10	11	12	13	14	15	16	17	18	19	20	21	22	23	24	25	26	27	28	29	30	31
요일	월	화	수	목	금	토	일	월	화	수	목	금	토	일	월	화	수	목	금	토	일	월	화	수	목	금	토	일	월	화	수
일진	乙	丙	丁	戊	己	庚	辛	壬	癸	甲	乙	丙	丁	戊	己	庚	辛	壬	癸	甲	乙	丙	丁	戊	己	庚	辛	壬	癸	甲	乙
日辰	未	申	酉	戌	亥	子	丑	寅	卯	辰	巳	午	未	申	酉	戌	亥	子	丑	寅	卯	辰	巳	午	未	申	酉	戌	亥	子	丑
음력 11/13 12/13	13	14	15	16	17	18	19	20	21	22	23	24	25	26	27	28	29	30	12/1	2	3	4	5	6	7	8	9	10	11	12	13
대남	2	1	1	1	1	소한	9	9	9	8	8	8	7	7	7	6	6	6	5	대한	5	5	4	4	4	3	3	3	2	2	2
운여	8	9	9	9	10	1	1	1	1	2	2	2	3	3	3	4	4	4	5	5	5	6	6	6	7	7	7	8	8	8	8

입춘 4일 14시 17분 【음1월】→ 음1 【壬寅月(임인월)】　우수 19일 10시 08분

양력	1	2	3	4	5	6	7	8	9	10	11	12	13	14	15	16	17	18	19	20	21	22	23	24	25	26	27	28
요일	목	금	토	일	월	화	수	목	금	토	일	월	화	수	목	금	토	일	월	화	수	목	금	토	일	월	화	수
일진	丙	丁	戊	己	庚	辛	壬	癸	甲	乙	丙	丁	戊	己	庚	辛	壬	癸	甲	乙	丙	丁	戊	己	庚	辛	壬	癸
日辰	寅	卯	辰	巳	午	未	申	酉	戌	亥	子	丑	寅	卯	辰	巳	午	未	申	酉	戌	亥	子	丑	寅	卯	辰	巳
음력 12/14 01/11	14	15	16	17	18	19	20	21	22	23	24	25	26	27	28	29	30	1/1	2	3	4	5	6	7	8	9	10	11
대남	1	1	1	입춘	1	1	1	1	2	2	2	3	3	3	4	4	4	5	우수	5	5	6	6	6	7	7	7	8
운여	9	9	9	춘	10	9	9	9	8	8	8	7	7	7	6	6	6	5	수	5	5	4	4	4	3	3	3	2

(우측: **丁亥年**)

경칩 6일 08시 17분 【음2월】→ 음2 【癸卯月(계묘월)】　춘분 21일 09시 07분

양력	1	2	3	4	5	6	7	8	9	10	11	12	13	14	15	16	17	18	19	20	21	22	23	24	25	26	27	28	29	30	31
요일	목	금	토	일	월	화	수	목	금	토	일	월	화	수	목	금	토	일	월	화	수	목	금	토	일	월	화	수	목	금	토
일진	甲	乙	丙	丁	戊	己	庚	辛	壬	癸	甲	乙	丙	丁	戊	己	庚	辛	壬	癸	甲	乙	丙	丁	戊	己	庚	辛	壬	癸	甲
日辰	午	未	申	酉	戌	亥	子	丑	寅	卯	辰	巳	午	未	申	酉	戌	亥	子	丑	寅	卯	辰	巳	午	未	申	酉	戌	亥	子
음력 01/12 02/13	12	13	14	15	16	17	18	19	20	21	22	23	24	25	26	27	28	2/1	2	3	4	5	6	7	8	9	10	11	12	13
대남	8	9	9	9	10	경칩	1	1	1	1	2	2	2	3	3	3	4	4	4	5	춘분	5	6	6	6	7	7	7	8	8	8
운여	2	1	1	1	1	칩	10	9	9	9	8	8	8	7	7	7	6	6	6	5	분	5	4	4	4	3	3	3	2	2	2

청명 5일 13시 04분 【음3월】→ 음3 【甲辰月(갑진월)】　곡우 20일 20시 06분

양력	1	2	3	4	5	6	7	8	9	10	11	12	13	14	15	16	17	18	19	20	21	22	23	24	25	26	27	28	29	30
요일	일	월	화	수	목	금	토	일	월	화	수	목	금	토	일	월	화	수	목	금	토	일	월	화	수	목	금	토	일	월
일진	乙	丙	丁	戊	己	庚	辛	壬	癸	甲	乙	丙	丁	戊	己	庚	辛	壬	癸	甲	乙	丙	丁	戊	己	庚	辛	壬	癸	甲
日辰	丑	寅	卯	辰	巳	午	未	申	酉	戌	亥	子	丑	寅	卯	辰	巳	午	未	申	酉	戌	亥	子	丑	寅	卯	辰	巳	午
음력 02/14 03/14	14	15	16	17	18	19	20	21	22	23	24	25	26	27	28	29	3/1	2	3	4	5	6	7	8	9	10	11	12	13	14
대남	9	9	9	10	청명	1	1	1	1	2	2	2	3	3	3	4	4	4	5	곡우	5	6	6	6	7	7	7	8	8	8
운여	1	1	1	1	명	10	10	9	9	9	8	8	8	7	7	7	6	6	6	우	5	5	4	4	4	3	3	3	2	2

입하 6일 06시 20분 【음4월】→ 음4 【乙巳月(을사월)】　소만 21일 19시 11분

양력	1	2	3	4	5	6	7	8	9	10	11	12	13	14	15	16	17	18	19	20	21	22	23	24	25	26	27	28	29	30	31
요일	화	수	목	금	토	일	월	화	수	목	금	토	일	월	화	수	목	금	토	일	월	화	수	목	금	토	일	월	화	수	목
일진	乙	丙	丁	戊	己	庚	辛	壬	癸	甲	乙	丙	丁	戊	己	庚	辛	壬	癸	甲	乙	丙	丁	戊	己	庚	辛	壬	癸	甲	乙
日辰	未	申	酉	戌	亥	子	丑	寅	卯	辰	巳	午	未	申	酉	戌	亥	子	丑	寅	卯	辰	巳	午	未	申	酉	戌	亥	子	丑
음력 03/15 04/15	15	16	17	18	19	20	21	22	23	24	25	26	27	28	29	30	4/1	2	3	4	5	6	7	8	9	10	11	12	13	14	15
대남	9	9	9	10	10	입하	1	1	1	1	2	2	2	3	3	3	4	4	4	5	소만	5	6	6	6	7	7	7	8	8	8
운여	2	1	1	1	1	하	10	10	9	9	9	8	8	8	7	7	7	6	6	6	만	5	5	5	4	4	4	3	3	3	2

망종 6일 10시 26분 【음5월】→ 음5 【丙午月(병오월)】　하지 22일 03시 06분

양력	1	2	3	4	5	6	7	8	9	10	11	12	13	14	15	16	17	18	19	20	21	22	23	24	25	26	27	28	29	30
요일	금	토	일	월	화	수	목	금	토	일	월	화	수	목	금	토	일	월	화	수	목	금	토	일	월	화	수	목	금	토
일진	丙	丁	戊	己	庚	辛	壬	癸	甲	乙	丙	丁	戊	己	庚	辛	壬	癸	甲	乙	丙	丁	戊	己	庚	辛	壬	癸	甲	乙
日辰	寅	卯	辰	巳	午	未	申	酉	戌	亥	子	丑	寅	卯	辰	巳	午	未	申	酉	戌	亥	子	丑	寅	卯	辰	巳	午	未
음력 04/16 05/16	16	17	18	19	20	21	22	23	24	25	26	27	28	29	5/1	2	3	4	5	6	7	8	9	10	11	12	13	14	15	16
대남	9	9	9	10	10	망종	1	1	1	1	2	2	2	3	3	3	4	4	4	5	5	하지	6	6	6	7	7	7	8	8
운여	2	1	1	1	1	종	10	10	9	9	9	8	8	8	7	7	7	6	6	6	5	지	5	5	4	4	4	3	3	3

한식(4월06일), 초복(7월15일), 중복(7월25일), 말복(8월14일) ♠춘사(春社)3/25
☀추사(秋社)9/21 토왕지절(土旺之節):4월17일,7월20일,10월21일,1월18일(음12/11)
臘享(납향):2008년1월20일(음12/13)

2 0 0 7 丁亥年

소서 7일 20시 41분　　【음6월】 → 음 6　【丁未月(정미월)】　　대서 23일 13시 59분

양력 7

양력	1	2	3	4	5	6	7	8	9	10	11	12	13	14	15	16	17	18	19	20	21	22	23	24	25	26	27	28	29	30	31
요일	일	월	화	수	목	금	토	일	월	화	수	목	금	토	일	월	화	수	목	금	토	일	월	화	수	목	금	토	일	월	화
일진	丙	丁	戊	己	庚	辛	壬	癸	甲	乙	丙	丁	戊	己	庚	辛	壬	癸	甲	乙	丙	丁	戊	己	庚	辛	壬	癸	甲	乙	丙
日辰	辰	巳	午	未	申	酉	戌	亥	子	丑	寅	卯	辰	巳	午	未	申	酉	戌	亥	子	丑	寅	卯	辰	巳	午	未	申	酉	戌
음력	17	18	19	20	21	22	23	24	25	26	27	28	29	6/1	2	3	4	5	6	7	8	9	10	11	12	13	14	15	16	17	18

음력 05/17~06/18

입추 8일 06시 30분　　【음7월】 → 음 7　【戊申月(무신월)】　　처서 23일 21시 07분

양력 8

양력	1	2	3	4	5	6	7	8	9	10	11	12	13	14	15	16	17	18	19	20	21	22	23	24	25	26	27	28	29	30	31
요일	수	목	금	토	일	월	화	수	목	금	토	일	월	화	수	목	금	토	일	월	화	수	목	금	토	일	월	화	수	목	금
일진	丁	戊	己	庚	辛	壬	癸	甲	乙	丙	丁	戊	己	庚	辛	壬	癸	甲	乙	丙	丁	戊	己	庚	辛	壬	癸	甲	乙	丙	丁
日辰	亥	子	丑	寅	卯	辰	巳	午	未	申	酉	戌	亥	子	丑	寅	卯	辰	巳	午	未	申	酉	戌	亥	子	丑	寅	卯	辰	巳
음력	19	20	21	22	23	24	25	26	27	28	29	30	7/1	2	3	4	5	6	7	8	9	10	11	12	13	14	15	16	17	18	19

음력 06/19~07/19

백로 8일 09시 29분　　【음8월】 → 음 8　【己酉月(기유월)】　　추분 23일 18시 50분

양력 9

양력	1	2	3	4	5	6	7	8	9	10	11	12	13	14	15	16	17	18	19	20	21	22	23	24	25	26	27	28	29	30
요일	토	일	월	화	수	목	금	토	일	월	화	수	목	금	토	일	월	화	수	목	금	토	일	월	화	수	목	금	토	일
일진	戊	己	庚	辛	壬	癸	甲	乙	丙	丁	戊	己	庚	辛	壬	癸	甲	乙	丙	丁	戊	己	庚	辛	壬	癸	甲	乙	丙	丁
日辰	午	未	申	酉	戌	亥	子	丑	寅	卯	辰	巳	午	未	申	酉	戌	亥	子	丑	寅	卯	辰	巳	午	未	申	酉	戌	亥
음력	20	21	22	23	24	25	26	27	28	29	8/1	2	3	4	5	6	7	8	9	10	11	12	13	14	15	16	17	18	19	20

음력 07/20~08/20

한로 9일 01시 11분　　【음9월】 → 음 9　【庚戌月(경술월)】　　상강 24일 04시 15분

양력 10

양력	1	2	3	4	5	6	7	8	9	10	11	12	13	14	15	16	17	18	19	20	21	22	23	24	25	26	27	28	29	30	31
요일	월	화	수	목	금	토	일	월	화	수	목	금	토	일	월	화	수	목	금	토	일	월	화	수	목	금	토	일	월	화	수
일진	戊	己	庚	辛	壬	癸	甲	乙	丙	丁	戊	己	庚	辛	壬	癸	甲	乙	丙	丁	戊	己	庚	辛	壬	癸	甲	乙	丙	丁	戊
日辰	子	丑	寅	卯	辰	巳	午	未	申	酉	戌	亥	子	丑	寅	卯	辰	巳	午	未	申	酉	戌	亥	子	丑	寅	卯	辰	巳	午
음력	21	22	23	24	25	26	27	28	29	30	9/1	2	3	4	5	6	7	8	9	10	11	12	13	14	15	16	17	18	19	20	21

음력 08/21~09/21

입동 8일 04시 23분　　【음10월】 → 음 10　【辛亥月(신해월)】　　소설 23일 01시 49분

양력 11

양력	1	2	3	4	5	6	7	8	9	10	11	12	13	14	15	16	17	18	19	20	21	22	23	24	25	26	27	28	29	30
요일	목	금	토	일	월	화	수	목	금	토	일	월	화	수	목	금	토	일	월	화	수	목	금	토	일	월	화	수	목	금
일진	己	庚	辛	壬	癸	甲	乙	丙	丁	戊	己	庚	辛	壬	癸	甲	乙	丙	丁	戊	己	庚	辛	壬	癸	甲	乙	丙	丁	戊
日辰	未	申	酉	戌	亥	子	丑	寅	卯	辰	巳	午	未	申	酉	戌	亥	子	丑	寅	卯	辰	巳	午	未	申	酉	戌	亥	子
음력	22	23	24	25	26	27	28	29	30	10/1	2	3	4	5	6	7	8	9	10	11	12	13	14	15	16	17	18	19	20	21

음력 09/22~10/21

대설 7일 21시 13분　　【음11월】 → 음 11　【壬子月(임자월)】　　동지 22일 15시 07분

양력 12

양력	1	2	3	4	5	6	7	8	9	10	11	12	13	14	15	16	17	18	19	20	21	22	23	24	25	26	27	28	29	30	31
요일	토	일	월	화	수	목	금	토	일	월	화	수	목	금	토	일	월	화	수	목	금	토	일	월	화	수	목	금	토	일	월
일진	己	庚	辛	壬	癸	甲	乙	丙	丁	戊	己	庚	辛	壬	癸	甲	乙	丙	丁	戊	己	庚	辛	壬	癸	甲	乙	丙	丁	戊	己
日辰	丑	寅	卯	辰	巳	午	未	申	酉	戌	亥	子	丑	寅	卯	辰	巳	午	未	申	酉	戌	亥	子	丑	寅	卯	辰	巳	午	未
음력	22	23	24	25	26	27	28	29	30	11/1	2	3	4	5	6	7	8	9	10	11	12	13	14	15	16	17	18	19	20	21	22

음력 10/22~11/22

단기 4341 年
불기 2552 年

2008년

戊子(무자)년　납음(霹靂火), 본명성(一白水)

대장군(酉서방), 삼살(남방), 상문(寅동북방), 조객(戌서북방),납음(벽력화),
삼재(인,묘,진)　臘享(납향):2009년 1월 17일(음 12/22)

소한 6일 08시 24분 【음12월】 →　음12 【癸丑月(계축월)】　　　대한 21일 01시 43분

양력	1	2	3	4	5	6	7	8	9	10	11	12	13	14	15	16	17	18	19	20	21	22	23	24	25	26	27	28	29	30	31
요일	화	수	목	금	토	일	월	화	수	목	금	토	일	월	화	수	목	금	토	일	월	화	수	목	금	토	일	월	화	수	목
일진	庚辰	辛巳	壬午	癸未	甲申	乙酉	丙戌	丁亥	戊子	己丑	庚寅	辛卯	壬辰	癸巳	甲午	乙未	丙申	丁酉	戊戌	己亥	庚子	辛丑	壬寅	癸卯	甲辰	乙巳	丙午	丁未	戊申	己酉	庚戌
음력	23	24	25	26	27	28	29	12/1	2	3	4	5	6	7	8	9	10	11	12	13	14	15	16	17	18	19	20	21	22	23	24
대 남	8	9	9	9	10	소	1	1	1	1	2	2	2	3	3	3	4	4	4	5	대	5	6	6	6	7	7	7	8	8	8
운 여	2	1	1	1	한	9	9	9	8	8	8	7	7	7	6	6	6	5	5	5	한	4	4	4	3	3	3	2	2	2	1

음력 11/23 12/24

입춘 4일 20시 00분 【음1월】　　음 1 【甲寅月(갑인월)】　　　우수 19일 15시 49분

양력	1	2	3	4	5	6	7	8	9	10	11	12	13	14	15	16	17	18	19	20	21	22	23	24	25	26	27	28	29
요일	금	토	일	월	화	수	목	금	토	일	월	화	수	목	금	토	일	월	화	수	목	금	토	일	월	화	수	목	금
일진	辛未	壬申	癸酉	甲戌	乙亥	丙子	丁丑	戊寅	己卯	庚辰	辛巳	壬午	癸未	甲申	乙酉	丙戌	丁亥	戊子	己丑	庚寅	辛卯	壬辰	癸巳	甲午	乙未	丙申	丁酉	戊戌	己亥
음력	25	26	27	28	29	30	1/1	2	3	4	5	6	7	8	9	10	11	12	13	14	15	16	17	18	19	20	21	22	23
대 남	9	9	9	입	10	9	9	9	8	8	8	7	7	7	6	6	6	5	우	5	4	4	4	3	3	3	2	2	2
운 여	1	1	1	춘	1	1	1	1	2	2	2	3	3	3	4	4	4	5	수	5	6	6	6	7	7	7	8	8	8

음력 12/25 01/26

戊子年

경칩 5일 13시 58분 【음2월】 →　음 2 【乙卯月(을묘월)】　　　춘분 20일 14시 47분

양력	1	2	3	4	5	6	7	8	9	10	11	12	13	14	15	16	17	18	19	20	21	22	23	24	25	26	27	28	29	30	31
요일	토	일	월	화	수	목	금	토	일	월	화	수	목	금	토	일	월	화	수	목	금	토	일	월	화	수	목	금	토	일	월
일진	庚子	辛丑	壬寅	癸卯	甲辰	乙巳	丙午	丁未	戊申	己酉	庚戌	辛亥	壬子	癸丑	甲寅	乙卯	丙辰	丁巳	戊午	己未	庚申	辛酉	壬戌	癸亥	甲子	乙丑	丙寅	丁卯	戊辰	己巳	庚午
음력	24	25	26	27	28	29	30	2/1	2	3	4	5	6	7	8	9	10	11	12	13	14	15	16	17	18	19	20	21	22	23	24
대 남	1	1	1	1	경	10	9	9	9	8	8	8	7	7	7	6	6	6	5	춘	5	4	4	4	3	3	3	2	2	2	1
운 여	9	9	9	10	칩	1	1	1	1	2	2	2	3	3	3	4	4	4	5	분	5	6	6	6	7	7	7	8	8	8	9

음력 01/24 02/24

청명 4일 18시 45분 【음3월】 →　음 3 【丙辰月(병진월)】　　　곡우 20일 01시 50분

양력	1	2	3	4	5	6	7	8	9	10	11	12	13	14	15	16	17	18	19	20	21	22	23	24	25	26	27	28	29	30
요일	화	수	목	금	토	일	월	화	수	목	금	토	일	월	화	수	목	금	토	일	월	화	수	목	금	토	일	월	화	수
일진	辛未	壬申	癸酉	甲戌	乙亥	丙子	丁丑	戊寅	己卯	庚辰	辛巳	壬午	癸未	甲申	乙酉	丙戌	丁亥	戊子	己丑	庚寅	辛卯	壬辰	癸巳	甲午	乙未	丙申	丁酉	戊戌	己亥	庚子
음력	25	26	27	28	29	3/1	2	3	4	5	6	7	8	9	10	11	12	13	14	15	16	17	18	19	20	21	22	23	24	25
대 남	1	1	1	청	10	10	9	9	9	8	8	8	7	7	7	6	6	6	5	곡	5	4	4	4	3	3	3	2	2	2
운 여	9	9	10	명	1	1	1	1	2	2	2	3	3	3	4	4	4	5	5	우	5	6	6	6	7	7	7	8	8	8

음력 02/25 03/25

입하 5일 12시 03분 【음4월】 →　음 4 【丁巳月(정사월)】　　　소만 21일 01시 00분

양력	1	2	3	4	5	6	7	8	9	10	11	12	13	14	15	16	17	18	19	20	21	22	23	24	25	26	27	28	29	30	31
요일	목	금	토	일	월	화	수	목	금	토	일	월	화	수	목	금	토	일	월	화	수	목	금	토	일	월	화	수	목	금	토
일진	辛丑	壬寅	癸卯	甲辰	乙巳	丙午	丁未	戊申	己酉	庚戌	辛亥	壬子	癸丑	甲寅	乙卯	丙辰	丁巳	戊午	己未	庚申	辛酉	壬戌	癸亥	甲子	乙丑	丙寅	丁卯	戊辰	己巳	庚午	辛未
음력	26	27	28	29	4/1	2	3	4	5	6	7	8	9	10	11	12	13	14	15	16	17	18	19	20	21	22	23	24	25	26	27
대 남	1	1	1	1	입	10	10	9	9	9	8	8	8	7	7	7	6	6	6	5	소	5	4	4	4	3	3	3	2	2	2
운 여	9	9	9	10	하	1	1	1	1	2	2	2	3	3	3	4	4	4	5	5	만	6	6	6	7	7	7	8	8	8	9

음력 03/26 04/27

망종 5일 16시 11분 【음5월】 →　음 5 【戊午月(무오월)】　　　하지 21일 08시 59분

양력	1	2	3	4	5	6	7	8	9	10	11	12	13	14	15	16	17	18	19	20	21	22	23	24	25	26	27	28	29	30
요일	일	월	화	수	목	금	토	일	월	화	수	목	금	토	일	월	화	수	목	금	토	일	월	화	수	목	금	토	일	월
일진	壬申	癸酉	甲戌	乙亥	丙子	丁丑	戊寅	己卯	庚辰	辛巳	壬午	癸未	甲申	乙酉	丙戌	丁亥	戊子	己丑	庚寅	辛卯	壬辰	癸巳	甲午	乙未	丙申	丁酉	戊戌	己亥	庚子	辛丑
음력	28	29	30	5/1	2	3	4	5	6	7	8	9	10	11	12	13	14	15	16	17	18	19	20	21	22	23	24	25	26	27
대 남	1	1	1	1	망	10	10	10	9	9	9	8	8	8	7	7	7	6	6	6	하	5	5	4	4	4	3	3	3	2
운 여	9	9	10	10	종	1	1	1	1	2	2	2	3	3	3	4	4	4	5	5	지	6	6	6	7	7	7	8	8	8

음력 04/28 05/27

2008 戊子年

소서 7일 02시 26분 【음6월】→ 음 6 【己未月(기미월)】 **대서 22일 19시 54분**

양력 7	1	2	3	4	5	6	7	8	9	10	11	12	13	14	15	16	17	18	19	20	21	22	23	24	25	26	27	28	29	30	31
요일	화	수	목	금	토	일	월	화	수	목	금	토	일	월	화	수	목	금	토	일	월	화	수	목	금	토	일	월	화	수	목
일진 日辰	壬寅	癸卯	甲辰	乙巳	丙午	丁未	戊申	己酉	庚戌	辛亥	壬子	癸丑	甲寅	乙卯	丙辰	丁巳	戊午	己未	庚申	辛酉	壬戌	癸亥	甲子	乙丑	丙寅	丁卯	戊辰	己巳	庚午	辛未	壬申
음력 05/28 06/29	28	29	6/1	2	3	4	5	6	7	8	9	10	11	12	13	14	15	16	17	18	19	20	21	22	23	24	25	26	27	28	29
대남 운여	대 1 9	남 1 9	여 1 9	1 10	1 10	10 1	소서	10 1	10 1	9 1	9 1	9 2	8 2	8 2	8 3	7 3	7 3	7 4	6 4	6 4	6 5	5 5	대서	5 6	4 6	4 6	4 7	3 7	3 7	3 8	2 8

입추 7일 12시 15분 【음7월】→ 음 7 【庚申月(경신월)】 **처서 23일 03시 01분**

양력 8	1	2	3	4	5	6	7	8	9	10	11	12	13	14	15	16	17	18	19	20	21	22	23	24	25	26	27	28	29	30	31
요일	금	토	일	월	화	수	목	금	토	일	월	화	수	목	금	토	일	월	화	수	목	금	토	일	월	화	수	목	금	토	일
일진 日辰	癸酉	甲戌	乙亥	丙子	丁丑	戊寅	己卯	庚辰	辛巳	壬午	癸未	甲申	乙酉	丙戌	丁亥	戊子	己丑	庚寅	辛卯	壬辰	癸巳	甲午	乙未	丙申	丁酉	戊戌	己亥	庚子	辛丑	壬寅	癸卯
음력 07/01 08/01	7/1	2	3	4	5	6	7	8	9	10	11	12	13	14	15	16	17	18	19	20	21	22	23	24	25	26	27	28	29	30	8/1
대남 운여	2 8	1 9	1 9	1 9	1 10	입추	10 1	10 1	9 1	9 1	9 2	8 2	8 2	8 3	7 3	7 3	7 4	6 4	6 4	6 5	처서	5 5	5 6	4 6	4 6	4 7	3 7	3 7	3 8	2 8	2 8

백로 7일 15시 13분 【음8월】→ 음 8 【辛酉月(신유월)】 **추분 23일 00시 44분**

양력 9	1	2	3	4	5	6	7	8	9	10	11	12	13	14	15	16	17	18	19	20	21	22	23	24	25	26	27	28	29	30
요일	월	화	수	목	금	토	일	월	화	수	목	금	토	일	월	화	수	목	금	토	일	월	화	수	목	금	토	일	월	화
일진 日辰	甲辰	乙巳	丙午	丁未	戊申	己酉	庚戌	辛亥	壬子	癸丑	甲寅	乙卯	丙辰	丁巳	戊午	己未	庚申	辛酉	壬戌	癸亥	甲子	乙丑	丙寅	丁卯	戊辰	己巳	庚午	辛未	壬申	癸酉
음력 08/02 09/02	2	3	4	5	6	7	8	9	10	11	12	13	14	15	16	17	18	19	20	21	22	23	24	25	26	27	28	29	9/1	2
대남 운여	2 8	2 8	1 9	1 9	1 9	1 10	백로	10 1	10 1	9 1	9 1	9 2	8 2	8 2	8 3	7 3	7 3	7 4	6 4	6 4	6 5	추분	5 5	5 6	4 6	4 6	4 7	3 7	3 7	3 8

한로 8일 06시 56분 【음9월】→ 음 9 【壬戌月(임술월)】 **상강 23일 10시 08분**

양력 10	1	2	3	4	5	6	7	8	9	10	11	12	13	14	15	16	17	18	19	20	21	22	23	24	25	26	27	28	29	30	31
요일	수	목	금	토	일	월	화	수	목	금	토	일	월	화	수	목	금	토	일	월	화	수	목	금	토	일	월	화	수	목	금
일진 日辰	甲戌	乙亥	丙子	丁丑	戊寅	己卯	庚辰	辛巳	壬午	癸未	甲申	乙酉	丙戌	丁亥	戊子	己丑	庚寅	辛卯	壬辰	癸巳	甲午	乙未	丙申	丁酉	戊戌	己亥	庚子	辛丑	壬寅	癸卯	甲辰
음력 09/03 10/03	3	4	5	6	7	8	9	10	11	12	13	14	15	16	17	18	19	20	21	22	23	24	25	26	27	28	29	30	10/1	2	3
대남 운여	2 8	2 8	2 8	1 9	1 9	1 9	1 10	한로	10 9	9 1	9 1	9 1	8 2	8 2	8 2	7 3	7 3	7 3	6 4	6 4	6 4	상강	5 5	5 5	4 6	4 6	4 6	3 7	3 7	3 7	2 8

입동 7일 10시 10분 【음10월】→ 음 10 【癸亥月(계해월)】 **소설 22일 07시 44분**

양력 11	1	2	3	4	5	6	7	8	9	10	11	12	13	14	15	16	17	18	19	20	21	22	23	24	25	26	27	28	29	30
요일	토	일	월	화	수	목	금	토	일	월	화	수	목	금	토	일	월	화	수	목	금	토	일	월	화	수	목	금	토	일
일진 日辰	乙巳	丙午	丁未	戊申	己酉	庚戌	辛亥	壬子	癸丑	甲寅	乙卯	丙辰	丁巳	戊午	己未	庚申	辛酉	壬戌	癸亥	甲子	乙丑	丙寅	丁卯	戊辰	己巳	庚午	辛未	壬申	癸酉	甲戌
음력 10/04 11/03	4	5	6	7	8	9	10	11	12	13	14	15	16	17	18	19	20	21	22	23	24	25	26	27	28	29	30	11/1	2	3
대남 운여	2 8	2 8	2 8	1 9	1 9	1 9	입동	10 9	9 1	9 1	9 1	8 2	8 2	8 2	7 3	7 3	7 3	6 4	6 4	6 4	5 5	소설	5 5	4 6	4 6	4 6	3 7	3 7	3 7	2 8

대설 7일 03시 02분 【음11월】→ 음 11 【甲子月(갑자월)】 **동지 21일 21시 03분**

양력 12	1	2	3	4	5	6	7	8	9	10	11	12	13	14	15	16	17	18	19	20	21	22	23	24	25	26	27	28	29	30	31
요일	월	화	수	목	금	토	일	월	화	수	목	금	토	일	월	화	수	목	금	토	일	월	화	수	목	금	토	일	월	화	수
일진 日辰	乙亥	丙子	丁丑	戊寅	己卯	庚辰	辛巳	壬午	癸未	甲申	乙酉	丙戌	丁亥	戊子	己丑	庚寅	辛卯	壬辰	癸巳	甲午	乙未	丙申	丁酉	戊戌	己亥	庚子	辛丑	壬寅	癸卯	甲辰	乙巳
음력 11/04 12/05	4	5	6	7	8	9	10	11	12	13	14	15	16	17	18	19	20	21	22	23	24	25	26	27	28	29	30	12/1	2	3	4	5
대남 운여	2 8	2 8	2 8	1 9	1 9	1 9	대설	9 9	9 1	9 1	8 1	8 2	8 2	7 2	7 3	7 3	6 3	6 4	6 4	5 4	동지	5 5	4 5	4 6	4 6	3 6	3 7	3 7	2 7	2 8	2 8

소한 5일 14시 13분【음12월】 → 음12 【乙丑月(을축월)】　　대한 20일 07시 40분

1月 (음력 12/06 ~ 01/06)

양력	1	2	3	4	5	6	7	8	9	10	11	12	13	14	15	16	17	18	19	20	21	22	23	24	25	26	27	28	29	30	31
요일	목	금	토	일	월	화	수	목	금	토	일	월	화	수	목	금	토	일	월	화	수	목	금	토	일	월	화	수	목	금	토
일진	丙	丁	戊	己	庚	辛	壬	癸	甲	乙	丙	丁	戊	己	庚	辛	壬	癸	甲	乙	丙	丁	戊	己	庚	辛	壬	癸	甲	乙	丙
日辰	辰	午	未	酉	戌	亥	子	丑	寅	卯	辰	巳	午	未	酉	戌	亥	子	丑	寅	卯	辰	巳	午	未	酉	戌	亥	子	丑	寅
음력	6	7	8	9	10	11	12	13	14	15	16	17	18	19	20	21	22	23	24	25	26	27	28	29	30	1/1	2	3	4	5	6
대남	1	1	1	1	소한	10	9	9	9	8	8	8	7	7	7	6	6	6	5	대한	5	4	4	4	3	3	3	2	2	2	1
운여	8	9	9	9	한	1	1	1	1	2	2	2	3	3	3	4	4	4	5	한	5	6	6	6	7	7	7	8	8	8	9

입춘 4일 01시 49분【음1월】 → 음1 【丙寅月(병인월)】　　우수 18일 21시 45분

2月 (음력 01/07 ~ 02/04)　己丑年

양력	1	2	3	4	5	6	7	8	9	10	11	12	13	14	15	16	17	18	19	20	21	22	23	24	25	26	27	28
요일	일	월	화	수	목	금	토	일	월	화	수	목	금	토	일	월	화	수	목	금	토	일	월	화	수	목	금	토
일진	丁	戊	己	庚	辛	壬	癸	甲	乙	丙	丁	戊	己	庚	辛	壬	癸	甲	乙	丙	丁	戊	己	庚	辛	壬	癸	甲
日辰	丑	寅	卯	辰	巳	午	未	申	酉	戌	亥	子	丑	寅	卯	辰	巳	午	未	申	酉	戌	亥	子	丑	寅	卯	辰
음력	7	8	9	10	11	12	13	14	15	16	17	18	19	20	21	22	23	24	25	26	27	28	29	30	2/1	2	3	4
대남	1	1	1	입춘	1	1	1	1	2	2	2	3	3	3	4	4	4	우수	5	5	5	6	6	6	7	7	7	8
운여	9	9	10	춘	9	9	9	8	8	8	7	7	7	6	6	6	5	우	5	4	4	4	3	3	3	2	2	2

경칩 5일 19시 47분【음2월】 → 음2 【丁卯月(정묘월)】　　춘분 20일 20시 43분

3月 (음력 02/05 ~ 03/05)

양력	1	2	3	4	5	6	7	8	9	10	11	12	13	14	15	16	17	18	19	20	21	22	23	24	25	26	27	28	29	30	31
요일	일	월	화	수	목	금	토	일	월	화	수	목	금	토	일	월	화	수	목	금	토	일	월	화	수	목	금	토	일	월	화
일진	乙	丙	丁	戊	己	庚	辛	壬	癸	甲	乙	丙	丁	戊	己	庚	辛	壬	癸	甲	乙	丙	丁	戊	己	庚	辛	壬	癸	甲	乙
日辰	巳	午	未	申	酉	戌	亥	子	丑	寅	卯	辰	巳	午	未	申	酉	戌	亥	子	丑	寅	卯	辰	巳	午	未	申	酉	戌	亥
음력	5	6	7	8	9	10	11	12	13	14	15	16	17	18	19	20	21	22	23	24	25	26	27	28	29	3/1	2	3	4	5
대남	8	8	9	9	경칩	1	1	1	1	2	2	2	3	3	3	4	4	4	5	춘분	5	6	6	6	7	7	7	8	8	8	9
운여	1	1	1	1	칩	10	10	9	9	9	8	8	8	7	7	7	6	6	6	분	5	5	5	4	4	4	3	3	3	2	2

청명 5일 00시 33분【음3월】 → 음3 【戊辰月(무진월)】　　곡우 20일 07시 44분

4月 (음력 03/06 ~ 04/06)

양력	1	2	3	4	5	6	7	8	9	10	11	12	13	14	15	16	17	18	19	20	21	22	23	24	25	26	27	28	29	30
요일	수	목	금	토	일	월	화	수	목	금	토	일	월	화	수	목	금	토	일	월	화	수	목	금	토	일	월	화	수	목
일진	丙	丁	戊	己	庚	辛	壬	癸	甲	乙	丙	丁	戊	己	庚	辛	壬	癸	甲	乙	丙	丁	戊	己	庚	辛	壬	癸	甲	乙
日辰	子	丑	寅	卯	辰	巳	午	未	申	酉	戌	亥	子	丑	寅	卯	辰	巳	午	未	申	酉	戌	亥	子	丑	寅	卯	辰	巳
음력	6	7	8	9	10	11	12	13	14	15	16	17	18	19	20	21	22	23	24	25	26	27	28	29	4/1	2	3	4	5	6
대남	9	9	10	10	청명	1	1	1	1	2	2	2	3	3	3	4	4	4	5	곡우	5	6	6	6	7	7	7	8	8	8
운여	1	1	1	1	명	10	9	9	9	8	8	8	7	7	7	6	6	6	5	우	5	4	4	4	3	3	3	2	2	2

입하 5일 17시 50분【음4월】 → 음4 【己巳月(기사월)】　　소만 21일 06시 50분

5月 (음력 04/07 ~ 05/08)

양력	1	2	3	4	5	6	7	8	9	10	11	12	13	14	15	16	17	18	19	20	21	22	23	24	25	26	27	28	29	30	31
요일	금	토	일	월	화	수	목	금	토	일	월	화	수	목	금	토	일	월	화	수	목	금	토	일	월	화	수	목	금	토	일
일진	丙	丁	戊	己	庚	辛	壬	癸	甲	乙	丙	丁	戊	己	庚	辛	壬	癸	甲	乙	丙	丁	戊	己	庚	辛	壬	癸	甲	乙	丙
日辰	午	未	申	酉	戌	亥	子	丑	寅	卯	辰	巳	午	未	申	酉	戌	亥	子	丑	寅	卯	辰	巳	午	未	申	酉	戌	亥	子
음력	7	8	9	10	11	12	13	14	15	16	17	18	19	20	21	22	23	24	25	26	27	28	29	5/1	2	3	4	5	6	7	8
대남	9	9	9	10	입하	1	1	1	1	2	2	2	3	3	3	4	4	4	5	5	소만	5	6	6	6	7	7	7	8	8	8
운여	1	1	1	1	하	10	10	10	9	9	9	8	8	8	7	7	7	6	6	6	만	5	5	4	4	4	3	3	3	2	2

망종 5일 21시 58분【음5월】 → 음5 【庚午月(경오월)】 윤5　　하지 21일 14시 45분

6月 (음력 05/09 ~ 윤508)

양력	1	2	3	4	5	6	7	8	9	10	11	12	13	14	15	16	17	18	19	20	21	22	23	24	25	26	27	28	29	30
요일	월	화	수	목	금	토	일	월	화	수	목	금	토	일	월	화	수	목	금	토	일	월	화	수	목	금	토	일	월	화
일진	丁	戊	己	庚	辛	壬	癸	甲	乙	丙	丁	戊	己	庚	辛	壬	癸	甲	乙	丙	丁	戊	己	庚	辛	壬	癸	甲	乙	丙
日辰	丑	寅	卯	辰	巳	午	未	申	酉	戌	亥	子	丑	寅	卯	辰	巳	午	未	申	酉	戌	亥	子	丑	寅	卯	辰	巳	午
음력	9	10	11	12	13	14	15	16	17	18	19	20	21	22	23	24	25	26	27	28	29	30	윤5	2	3	4	5	6	7	8
대남	9	9	9	10	망종	1	1	1	1	2	2	2	3	3	3	4	4	4	5	5	하지	5	6	6	6	7	7	7	8	8
운여	1	1	1	1	종	10	10	10	9	9	9	8	8	8	7	7	7	6	6	6	지	5	5	5	4	4	4	3	3	2

한식(4월05일), 초복(7월14일), 중복(7월24일), 말복(8월13일) ↑춘사(春社)3/24
☀추사(秋社)9/20 토왕지절(土旺之節):4월17일,7월19일,10월20일,1월17일(음12/03)
臘享(납향):2010년1월21일(음12/07)

2 0 0 9
己 丑 年

소서 7일 08시 13분　　　【음6월】 ➜ 음6　【辛未月(신미월)】　　　　　　대서 23일 01시 35분

양력	1	2	3	4	5	6	7	8	9	10	11	12	13	14	15	16	17	18	19	20	21	22	23	24	25	26	27	28	29	30	31
7 요일	수	목	금	토	일	월	화	수	목	금	토	일	월	화	수	목	금	토	일	월	화	수	목	금	토	일	월	화	수	목	금
일진	丁	戊	己	庚	辛	壬	癸	甲	乙	丙	丁	戊	己	庚	辛	壬	癸	甲	乙	丙	丁	戊	己	庚	辛	壬	癸	甲	乙	丙	丁
日	辰	巳	午	未	申	酉	戌	亥	子	丑	寅	卯	辰	巳	午	未	申	酉	戌	亥	子	丑	寅	卯	辰	巳	午	未	申	酉	戌
음력 06/10	9	10	11	12	13	14	15	16	17	18	19	20	21	22	23	24	25	26	27	28	29	6/1	2	3	4	5	6	7	8	9	10
대남	9	9	9	10	10	10	소서	1	1	1	1	2	2	2	3	3	3	4	4	4	5	5	대서	6	6	6	7	7	7	8	8
운여	2	1	1	1	1	1	서	10	10	10	9	9	9	8	8	8	7	7	7	6	6	6	대	5	5	5	4	4	4	3	3

입추 7일 18시 00분　　　【음7월】 ➜ 음7　【壬申月(임신월)】　　　　　　처서 23일 08시 38분

양력	1	2	3	4	5	6	7	8	9	10	11	12	13	14	15	16	17	18	19	20	21	22	23	24	25	26	27	28	29	30	31
8 요일	토	일	월	화	수	목	금	토	일	월	화	수	목	금	토	일	월	화	수	목	금	토	일	월	화	수	목	금	토	일	월
일진	戊	己	庚	辛	壬	癸	甲	乙	丙	丁	戊	己	庚	辛	壬	癸	甲	乙	丙	丁	戊	己	庚	辛	壬	癸	甲	乙	丙	丁	戊
日	辰	寅	卯	辰	巳	午	未	申	酉	戌	亥	子	丑	寅	卯	辰	巳	午	未	申	酉	戌	亥	子	丑	寅	卯	辰	巳	午	未	申
음력 06/11 07/12	11	12	13	14	15	16	17	18	19	20	21	22	23	24	25	26	27	28	7/1	2	3	4	5	6	7	8	9	10	11	12	
대남	8	9	9	9	10	10	입추	1	1	1	1	2	2	2	3	3	3	4	4	4	5	5	처서	6	6	6	7	7	7	8	
운여	2	2	1	1	1	1	추	10	10	9	9	9	8	8	8	7	7	7	6	6	6	5	서	5	5	4	4	4	3	3	

백로 7일 20시 57분　　　【음8월】 ➜ 음8　【癸酉月(계유월)】　　　　　　추분 23일 06시 18분

양력	1	2	3	4	5	6	7	8	9	10	11	12	13	14	15	16	17	18	19	20	21	22	23	24	25	26	27	28	29	30	
9 요일	화	수	목	금	토	일	월	화	수	목	금	토	일	월	화	수	목	금	토	일	월	화	수	목	금	토	일	월	화	수	
일진	己	庚	辛	壬	癸	甲	乙	丙	丁	戊	己	庚	辛	壬	癸	甲	乙	丙	丁	戊	己	庚	辛	壬	癸	甲	乙	丙	丁	戊	
日	辰	酉	戌	子	丑	寅	卯	辰	巳	午	未	申	酉	戌	亥	子	丑	寅	卯	辰	巳	午	未	申	酉	戌	亥	子	丑	寅	
음력 07/13 08/12	13	14	15	16	17	18	19	20	21	22	23	24	25	26	27	28	29	30	8/1	2	3	4	5	6	7	8	9	10	11	12	
대남	8	8	9	9	9	10	백로	1	1	1	1	2	2	2	3	3	3	4	4	4	5	5	추분	6	6	6	7	7	7	8	
운여	2	2	1	1	1	1	로	10	10	9	9	9	8	8	8	7	7	7	6	6	6	5	추	5	5	4	4	4	3	3	

한로 8일 12시 39분　　　【음9월】 ➜ 음9　【甲戌月(갑술월)】　　　　　　상강 23일 15시 43분

양력	1	2	3	4	5	6	7	8	9	10	11	12	13	14	15	16	17	18	19	20	21	22	23	24	25	26	27	28	29	30	31
10 요일	목	금	토	일	월	화	수	목	금	토	일	월	화	수	목	금	토	일	월	화	수	목	금	토	일	월	화	수	목	금	토
일진	己	庚	辛	壬	癸	甲	乙	丙	丁	戊	己	庚	辛	壬	癸	甲	乙	丙	丁	戊	己	庚	辛	壬	癸	甲	乙	丙	丁	戊	己
日	辰	卯	辰	巳	午	未	申	酉	戌	亥	子	丑	寅	卯	辰	巳	午	未	申	酉	戌	亥	子	丑	寅	卯	辰	巳	午	未	申	酉
음력 08/13 09/14	13	14	15	16	17	18	19	20	21	22	23	24	25	26	27	28	29	9/1	2	3	4	5	6	7	8	9	10	11	12	13	14
대남	8	8	8	9	9	9	한로	1	1	1	1	2	2	2	3	3	3	4	4	4	5	5	상강	6	6	6	7	7	7	8	8
운여	2	2	2	1	1	1	로	10	9	9	9	8	8	8	7	7	7	6	6	6	5	5	상	4	4	4	3	3	3	2	2

입동 7일 15시 55분　　　【음10월】 ➜ 음10　【乙亥月(을해월)】　　　　　　소설 22일 13시 22분

양력	1	2	3	4	5	6	7	8	9	10	11	12	13	14	15	16	17	18	19	20	21	22	23	24	25	26	27	28	29	30	
11 요일	일	월	화	수	목	금	토	일	월	화	수	목	금	토	일	월	화	수	목	금	토	일	월	화	수	목	금	토	일	월	
일진	庚	辛	壬	癸	甲	乙	丙	丁	戊	己	庚	辛	壬	癸	甲	乙	丙	丁	戊	己	庚	辛	壬	癸	甲	乙	丙	丁	戊	己	
日	辰	戌	亥	子	丑	寅	卯	辰	巳	午	未	申	酉	戌	亥	子	丑	寅	卯	辰	巳	午	未	申	酉	戌	亥	子	丑	寅	卯	
음력 09/15 10/14	15	16	17	18	19	20	21	22	23	24	25	26	27	28	29	30	10/1	2	3	4	5	6	7	8	9	10	11	12	13	14	
대남	8	8	8	9	9	9	입동	1	1	1	1	2	2	2	3	3	3	4	4	4	5	소설	5	6	6	6	7	7	7	8	
운여	2	2	2	1	1	1	동	10	9	9	9	8	8	8	7	7	7	6	6	6	5	소	5	4	4	4	3	3	3	2	

대설 7일 08시 51분　　　【음11월】 ➜ 음11　【丙子月(병자월)】　　　　　　동지 22일 02시 46분

양력	1	2	3	4	5	6	7	8	9	10	11	12	13	14	15	16	17	18	19	20	21	22	23	24	25	26	27	28	29	30	31
12 요일	화	수	목	금	토	일	월	화	수	목	금	토	일	월	화	수	목	금	토	일	월	화	수	목	금	토	일	월	화	수	목
일진	庚	辛	壬	癸	甲	乙	丙	丁	戊	己	庚	辛	壬	癸	甲	乙	丙	丁	戊	己	庚	辛	壬	癸	甲	乙	丙	丁	戊	己	庚
日	辰	巳	未	申	酉	戌	亥	子	丑	寅	卯	辰	巳	午	未	申	酉	戌	亥	子	丑	寅	卯	辰	巳	午	未	申	酉	戌	
음력 10/15 11/16	15	16	17	18	19	20	21	22	23	24	25	26	27	28	29	11/1	2	3	4	5	6	7	8	9	10	11	12	13	14	15	16
대남	8	8	8	9	9	9	대설	1	1	1	1	2	2	2	3	3	3	4	4	4	5	동지	5	6	6	6	7	7	7	8	8
운여	2	2	2	1	1	1	설	9	9	9	8	8	8	7	7	7	6	6	6	5	5	동지	5	4	4	4	3	3	3	2	2

단기 4343 년
불기 2554 년
2010년
庚寅(경인)년 납음(松柏木),본명성(八白土)

대장군(子북방), 삼살(북방), 상문(辰동남방),조객(子북방), 납음(송백목),
[삼재(신,유,술)년] 臘享(납향):2011년1월17일(음12/14)

소한 5일 20시 08분 【음12월】 → 음12 【丁丑月(정축월)】 ◑ 대한 20일 13시 27분

양력 1	양력	1	2	3	4	5	6	7	8	9	10	11	12	13	14	15	16	17	18	19	20	21	22	23	24	25	26	27	28	29	30	31
	요일	금	토	일	월	화	수	목	금	토	일	월	화	수	목	금	토	일	월	화	수	목	금	토	일	월	화	수	목	금	토	일
	일진	辛	壬	癸	甲	乙	丙	丁	戊	己	庚	辛	壬	癸	甲	乙	丙	丁	戊	己	庚	辛	壬	癸	甲	乙	丙	丁	戊	己	庚	辛
		辰	巳	午	未	申	酉	戌	亥	子	丑	寅	卯	辰	巳	午	未	申	酉	戌	亥	子	丑	寅	卯	辰	巳	午	未	申	酉	戌
음력 11/17 12/17	음력	17	18	19	20	21	22	23	24	25	26	27	28	29	30	12/1	2	3	4	5	6	7	8	9	10	11	12	13	14	15	16	17
	대남	8	9	9	9	소한	1	1	1	1	2	2	2	3	3	3	4	4	4	5	대한	5	6	6	6	7	7	7	8	8	8	9
	운여	1	1	1	1		10	9	9	9	8	8	8	7	7	7	6	6	6	5		5	4	4	4	3	3	3	2	2	2	1

입춘 4일 07시 47분 【음1월】 → 음1 【戊寅月(무인월)】 ◑ 우수 19일 03시 35분

양력 2	양력	1	2	3	4	5	6	7	8	9	10	11	12	13	14	15	16	17	18	19	20	21	22	23	24	25	26	27	28	
	요일	월	화	수	목	금	토	일	월	화	수	목	금	토	일	월	화	수	목	금	토	일	월	화	수	목	금	토	일	
	일진	壬	癸	甲	乙	丙	丁	戊	己	庚	辛	壬	癸	甲	乙	丙	丁	戊	己	庚	辛	壬	癸	甲	乙	丙	丁	戊	己	
		辰	午	未	申	酉	戌	亥	子	丑	寅	卯	辰	巳	午	未	申	酉	戌	亥	子	丑	寅	卯	辰	巳	午	未	申	
음력 12/18 01/15	음력	18	19	20	21	22	23	24	25	26	27	28	29	30	1/1	2	3	4	5	6	7	8	9	10	11	12	13	14	15	
	대남	9	9	10	입춘	10	9	9	9	8	8	8	7	7	7	6	6	6	5	우수	5	4	4	4	3	3	3	2	2	
	운여	1	1	1		1	1	1	1	2	2	2	3	3	3	4	4	4	5		5	6	6	6	7	7	7	8	8	

庚寅年

경칩 6일 01시 46분 【음2월】 → 음2 【己卯月(기묘월)】 ◑ 춘분 21일 02시 31분

양력 3	양력	1	2	3	4	5	6	7	8	9	10	11	12	13	14	15	16	17	18	19	20	21	22	23	24	25	26	27	28	29	30	31
	요일	월	화	수	목	금	토	일	월	화	수	목	금	토	일	월	화	수	목	금	토	일	월	화	수	목	금	토	일	월	화	수
	일진	庚	辛	壬	癸	甲	乙	丙	丁	戊	己	庚	辛	壬	癸	甲	乙	丙	丁	戊	己	庚	辛	壬	癸	甲	乙	丙	丁	戊	己	庚
		戌	亥	子	丑	寅	卯	辰	巳	午	未	申	酉	戌	亥	子	丑	寅	卯	辰	巳	午	未	申	酉	戌	亥	子	丑	寅	卯	辰
음력 01/16 02/16	음력	16	17	18	19	20	21	22	23	24	25	26	27	28	29	30	2/1	2	3	4	5	6	7	8	9	10	11	12	13	14	15	16
	대남	2	1	1	1	1	경칩	10	9	9	9	8	8	8	7	7	7	6	6	6	5	춘분	5	4	4	4	3	3	3	2	2	2
	운여	8	9	9	9	10		1	1	1	1	2	2	2	3	3	3	4	4	4	5		5	6	6	6	7	7	7	8	8	8

청명 5일 06시 30분 【음3월】 → 음3 【庚辰月(경진월)】 ◑ 곡우 20일 13시 29분

양력 4	양력	1	2	3	4	5	6	7	8	9	10	11	12	13	14	15	16	17	18	19	20	21	22	23	24	25	26	27	28	29	30	
	요일	목	금	토	일	월	화	수	목	금	토	일	월	화	수	목	금	토	일	월	화	수	목	금	토	일	월	화	수	목	금	
	일진	辛	壬	癸	甲	乙	丙	丁	戊	己	庚	辛	壬	癸	甲	乙	丙	丁	戊	己	庚	辛	壬	癸	甲	乙	丙	丁	戊	己	庚	
		巳	午	未	申	酉	戌	亥	子	丑	寅	卯	辰	巳	午	未	申	酉	戌	亥	子	丑	寅	卯	辰	巳	午	未	申	酉	戌	
음력 02/17 03/17	음력	17	18	19	20	21	22	23	24	25	26	27	28	29	3/1	2	3	4	5	6	7	8	9	10	11	12	13	14	15	16	17	
	대남	1	1	1	1	청명	10	9	9	9	8	8	8	7	7	7	6	6	6	5	곡우	5	4	4	4	3	3	3	2	2	2	
	운여	9	9	10	10		1	1	1	1	2	2	2	3	3	3	4	4	4	5		5	6	6	6	7	7	7	8	8	8	

입하 5일 23시 43분 【음4월】 → 음4 【辛巳月(신사월)】 ◑ 소만 21일 12시 33분

양력 5	양력	1	2	3	4	5	6	7	8	9	10	11	12	13	14	15	16	17	18	19	20	21	22	23	24	25	26	27	28	29	30	31
	요일	토	일	월	화	수	목	금	토	일	월	화	수	목	금	토	일	월	화	수	목	금	토	일	월	화	수	목	금	토	일	월
	일진	辛	壬	癸	甲	乙	丙	丁	戊	己	庚	辛	壬	癸	甲	乙	丙	丁	戊	己	庚	辛	壬	癸	甲	乙	丙	丁	戊	己	庚	辛
		亥	子	丑	寅	卯	辰	巳	午	未	申	酉	戌	亥	子	丑	寅	卯	辰	巳	午	未	申	酉	戌	亥	子	丑	寅	卯	辰	巳
음력 03/18 04/18	음력	18	19	20	21	22	23	24	25	26	27	28	29	30	4/1	2	3	4	5	6	7	8	9	10	11	12	13	14	15	16	17	18
	대남	1	1	1	1	입하	10	10	10	9	9	9	8	8	8	7	7	7	6	6	6	소만	5	5	4	4	4	3	3	3	2	2
	운여	9	9	10	10	하	1	1	1	1	2	2	2	3	3	3	4	4	4	5	5	만	6	6	6	7	7	7	8	8	8	

망종 6일 03시 49분 【음5월】 → 음5 【壬午月(임오월)】 ◑ 하지 21일 20시 28분

양력 6	양력	1	2	3	4	5	6	7	8	9	10	11	12	13	14	15	16	17	18	19	20	21	22	23	24	25	26	27	28	29	30	
	요일	화	수	목	금	토	일	월	화	수	목	금	토	일	월	화	수	목	금	토	일	월	화	수	목	금	토	일	월	화	수	
	일진	壬	癸	甲	乙	丙	丁	戊	己	庚	辛	壬	癸	甲	乙	丙	丁	戊	己	庚	辛	壬	癸	甲	乙	丙	丁	戊	己	庚	辛	
		午	未	申	酉	戌	亥	子	丑	寅	卯	辰	巳	午	未	申	酉	戌	亥	子	丑	寅	卯	辰	巳	午	未	申	酉	戌	亥	
음력 04/19 05/19	음력	19	20	21	22	23	24	25	26	27	28	29	5/1	2	3	4	5	6	7	8	9	10	11	12	13	14	15	16	17	18	19	
	대남	2	1	1	1	1	망종	10	10	9	9	9	8	8	8	7	7	7	6	6	6	하지	5	5	4	4	4	3	3	3	2	
	운여	9	9	10	10	10	종	1	1	1	1	2	2	2	3	3	3	4	4	4	5	지	5	6	6	6	7	7	7	8	8	

(한식(4월06일), 초복(7월19일), 중복(7월29일), 말복(8월08일)♠춘사(春社)3/19
☀추사(秋社)9/25 토왕지절(土旺之節):4월17일,7월20일,10월20일,1월16일(음12/13)
臘享(납향):2011년1월17일(음12/14)

2010 庚寅年

소서 7일 14시 02분　【음6월】 →　**음6** 【癸未月(계미월)】　대서 23일 07시 20분

양력	1	2	3	4	5	6	7	8	9	10	11	12	13	14	15	16	17	18	19	20	21	22	23	24	25	26	27	28	29	30	31
7 요일	목	금	토	일	월	화	수	목	금	토	일	월	화	수	목	금	토	일	월	화	수	목	금	토	일	월	화	수	목	금	토
일진日辰	壬辰	癸巳	甲午	乙未	丙申	丁酉	戊戌	己亥	庚子	辛丑	壬寅	癸卯	甲辰	乙巳	丙午	丁未	戊申	己酉	庚戌	辛亥	壬子	癸丑	甲寅	乙卯	丙辰	丁巳	戊午	己未	庚申	辛酉	壬戌
음력 05/20 06/20	20	21	22	23	24	25	26	27	28	29	30	6/1	2	3	4	5	6	7	8	9	10	11	12	13	14	15	16	17	18	19	20

입추 7일 23시 48분　【음7월】 →　**음7** 【甲申月(갑신월)】　처서 23일 14시 26분

양력	1	2	3	4	5	6	7	8	9	10	11	12	13	14	15	16	17	18	19	20	21	22	23	24	25	26	27	28	29	30	31
8 요일	일	월	화	수	목	금	토	일	월	화	수	목	금	토	일	월	화	수	목	금	토	일	월	화	수	목	금	토	일	월	화
일진日辰	癸未	甲申	乙酉	丙戌	丁亥	戊子	己丑	庚寅	辛卯	壬辰	癸巳	甲午	乙未	丙申	丁酉	戊戌	己亥	庚子	辛丑	壬寅	癸卯	甲辰	乙巳	丙午	丁未	戊申	己酉	庚戌	辛亥	壬子	癸丑
음력 06/21 07/22	21	22	23	24	25	26	27	28	29	7/1	2	3	4	5	6	7	8	9	10	11	12	13	14	15	16	17	18	19	20	21	22

백로 8일 02시 44분　【음8월】 →　**음8** 【乙酉月(을유월)】　추분 23일 12시 08분

양력	1	2	3	4	5	6	7	8	9	10	11	12	13	14	15	16	17	18	19	20	21	22	23	24	25	26	27	28	29	30
9 요일	수	목	금	토	일	월	화	수	목	금	토	일	월	화	수	목	금	토	일	월	화	수	목	금	토	일	월	화	수	목
일진日辰	甲寅	乙卯	丙辰	丁巳	戊午	己未	庚申	辛酉	壬戌	癸亥	甲子	乙丑	丙寅	丁卯	戊辰	己巳	庚午	辛未	壬申	癸酉	甲戌	乙亥	丙子	丁丑	戊寅	己卯	庚辰	辛巳	壬午	癸未
음력 07/23 08/23	23	24	25	26	27	28	8/1	2	3	4	5	6	7	8	9	10	11	12	13	14	15	16	17	18	19	20	21	22	23	24

한로 8일 18시 26분　【음9월】 →　**음9** 【丙戌月(병술월)】　상강 23일 21시 34분

양력	1	2	3	4	5	6	7	8	9	10	11	12	13	14	15	16	17	18	19	20	21	22	23	24	25	26	27	28	29	30	31
10 요일	금	토	일	월	화	수	목	금	토	일	월	화	수	목	금	토	일	월	화	수	목	금	토	일	월	화	수	목	금	토	일
일진日辰	甲申	乙酉	丙戌	丁亥	戊子	己丑	庚寅	辛卯	壬辰	癸巳	甲午	乙未	丙申	丁酉	戊戌	己亥	庚子	辛丑	壬寅	癸卯	甲辰	乙巳	丙午	丁未	戊申	己酉	庚戌	辛亥	壬子	癸丑	甲寅
음력 08/24 09/24	24	25	26	27	28	29	30	9/1	2	3	4	5	6	7	8	9	10	11	12	13	14	15	16	17	18	19	20	21	22	23	24

입동 7일 21시 42분　【음10월】 →　**음10** 【丁亥月(정해월)】　소설 22일 19시 14분

양력	1	2	3	4	5	6	7	8	9	10	11	12	13	14	15	16	17	18	19	20	21	22	23	24	25	26	27	28	29	30
11 요일	월	화	수	목	금	토	일	월	화	수	목	금	토	일	월	화	수	목	금	토	일	월	화	수	목	금	토	일	월	화
일진日辰	乙卯	丙辰	丁巳	戊午	己未	庚申	辛酉	壬戌	癸亥	甲子	乙丑	丙寅	丁卯	戊辰	己巳	庚午	辛未	壬申	癸酉	甲戌	乙亥	丙子	丁丑	戊寅	己卯	庚辰	辛巳	壬午	癸未	甲申
음력 09/25 10/25	25	26	27	28	29	10/1	2	3	4	5	6	7	8	9	10	11	12	13	14	15	16	17	18	19	20	21	22	23	24	25

대설 7일 14시 38분　【음11월】 →　**음11** 【戊子月(무자월)】　동지 22일 08시 38분

양력	1	2	3	4	5	6	7	8	9	10	11	12	13	14	15	16	17	18	19	20	21	22	23	24	25	26	27	28	29	30	31
12 요일	수	목	금	토	일	월	화	수	목	금	토	일	월	화	수	목	금	토	일	월	화	수	목	금	토	일	월	화	수	목	금
일진日辰	乙酉	丙戌	丁亥	戊子	己丑	庚寅	辛卯	壬辰	癸巳	甲午	乙未	丙申	丁酉	戊戌	己亥	庚子	辛丑	壬寅	癸卯	甲辰	乙巳	丙午	丁未	戊申	己酉	庚戌	辛亥	壬子	癸丑	甲寅	乙卯
음력 10/26 11/26	26	27	28	29	30	11/1	2	3	4	5	6	7	8	9	10	11	12	13	14	15	16	17	18	19	20	21	22	23	24	25	26

辛卯(신묘)년　납음(松柏木),본명성(七赤金)

대장군(子북방), 상살(酉서방), 상문(巳동남방),조객(丑동북방), 납음(송백목),
[삼재(사,오,미)년]　臘享(납향):2012년1월18일(음12/25)

소한 6일 01시 54분　【음12월】 →　음12 【己丑月(기축월)】　　　대한 20일 19시 18분

양력	1	2	3	4	5	6	7	8	9	10	11	12	13	14	15	16	17	18	19	20	21	22	23	24	25	26	27	28	29	30	31
요일	토	일	월	화	수	목	금	토	일	월	화	수	목	금	토	일	월	화	수	목	금	토	일	월	화	수	목	금	토	일	월
일진	丙	丁	戊	己	庚	辛	壬	癸	甲	乙	丙	丁	戊	己	庚	辛	壬	癸	甲	乙	丙	丁	戊	己	庚	辛	壬	癸	甲	乙	丙
日辰	辰	巳	午	未	申	酉	戌	亥	子	丑	寅	卯	辰	巳	午	未	申	酉	戌	亥	子	丑	寅	卯	辰	巳	午	未	申	酉	戌
음력	27	28	29	12/1	2	3	4	5	6	7	8	9	10	11	12	13	14	15	16	17	18	19	20	21	22	23	24	25	26	27	28
대남	2	1	1	1	1	소	9	9	9	8	8	8	7	7	7	6	6	6	대	5	5	4	4	4	3	3	3	2	2	2	1
운여	8	9	9	9	10	한	1	1	1	1	2	2	2	3	3	3	4	4	한	5	5	6	6	6	7	7	7	8	8	8	9

음력 11/27 ~ 12/28

입춘 4일 13시 32분　【음1월】 →　음1 【庚寅月(경인월)】　　　우수 19일 09시 24분

양력	1	2	3	4	5	6	7	8	9	10	11	12	13	14	15	16	17	18	19	20	21	22	23	24	25	26	27	28
요일	화	수	목	금	토	일	월	화	수	목	금	토	일	월	화	수	목	금	토	일	월	화	수	목	금	토	일	월
일진	丁	戊	己	庚	辛	壬	癸	甲	乙	丙	丁	戊	己	庚	辛	壬	癸	甲	乙	丙	丁	戊	己	庚	辛	壬	癸	甲
日辰	亥	子	丑	寅	卯	辰	巳	午	未	申	酉	戌	亥	子	丑	寅	卯	辰	巳	午	未	申	酉	戌	亥	子	丑	寅
음력	29	30	1/1	2	3	4	5	6	7	8	9	10	11	12	13	14	15	16	17	18	19	20	21	22	23	24	25	26
대남	1	1	1	입	1	1	1	1	2	2	2	3	3	3	4	4	4	5	우	5	6	6	6	7	7	7	8	8
운여	9	9	9	춘	10	9	9	9	8	8	8	7	7	7	6	6	6	5	수	5	4	4	4	3	3	3	2	2

음력 12/29 ~ 01/26

辛卯年

경칩 6일 07시 29분　【음2월】 →　음2 【辛卯月(신묘월)】　　　춘분 21일 08시 20분

양력	1	2	3	4	5	6	7	8	9	10	11	12	13	14	15	16	17	18	19	20	21	22	23	24	25	26	27	28	29	30	31
요일	화	수	목	금	토	일	월	화	수	목	금	토	일	월	화	수	목	금	토	일	월	화	수	목	금	토	일	월	화	수	목
일진	乙	丙	丁	戊	己	庚	辛	壬	癸	甲	乙	丙	丁	戊	己	庚	辛	壬	癸	甲	乙	丙	丁	戊	己	庚	辛	壬	癸	甲	乙
日辰	卯	辰	巳	午	未	申	酉	戌	亥	子	丑	寅	卯	辰	巳	午	未	申	酉	戌	亥	子	丑	寅	卯	辰	巳	午	未	申	酉
음력	27	28	29	30	2/1	2	3	4	5	6	7	8	9	10	11	12	13	14	15	16	17	18	19	20	21	22	23	24	25	26	27
대남	8	8	9	9	9	10	경	1	1	1	1	2	2	2	3	3	3	4	4	4	춘	5	5	6	6	6	7	7	7	8	8
운여	2	2	1	1	1	1	칩	10	9	9	9	8	8	8	7	7	7	6	6	6	분	5	5	4	4	4	3	3	3	2	2

음력 01/27 ~ 02/27

청명 5일 12시 11분　【음3월】 →　음3 【壬辰月(임진월)】　　　곡우 20일 19시 17분

양력	1	2	3	4	5	6	7	8	9	10	11	12	13	14	15	16	17	18	19	20	21	22	23	24	25	26	27	28	29	30
요일	금	토	일	월	화	수	목	금	토	일	월	화	수	목	금	토	일	월	화	수	목	금	토	일	월	화	수	목	금	토
일진	丙	丁	戊	己	庚	辛	壬	癸	甲	乙	丙	丁	戊	己	庚	辛	壬	癸	甲	乙	丙	丁	戊	己	庚	辛	壬	癸	甲	乙
日辰	戌	亥	子	丑	寅	卯	辰	巳	午	未	申	酉	戌	亥	子	丑	寅	卯	辰	巳	午	未	申	酉	戌	亥	子	丑	寅	卯
음력	28	29	3/1	2	3	4	5	6	7	8	9	10	11	12	13	14	15	16	17	18	19	20	21	22	23	24	25	26	27	28
대남	9	9	9	10	청	1	1	1	1	2	2	2	3	3	3	4	4	4	5	곡	5	6	6	6	7	7	7	8	8	8
운여	1	1	1	1	명	10	10	9	9	9	8	8	8	7	7	7	6	6	6	우	5	5	5	4	4	4	3	3	3	2

음력 02/28 ~ 03/28

입하 6일 05시 22분　【음4월】 →　음4 【癸巳月(계사월)】　　　소만 21일 18시 20분

양력	1	2	3	4	5	6	7	8	9	10	11	12	13	14	15	16	17	18	19	20	21	22	23	24	25	26	27	28	29	30	31
요일	일	월	화	수	목	금	토	일	월	화	수	목	금	토	일	월	화	수	목	금	토	일	월	화	수	목	금	토	일	월	화
일진	丙	丁	戊	己	庚	辛	壬	癸	甲	乙	丙	丁	戊	己	庚	辛	壬	癸	甲	乙	丙	丁	戊	己	庚	辛	壬	癸	甲	乙	丙
日辰	辰	巳	午	未	申	酉	戌	亥	子	丑	寅	卯	辰	巳	午	未	申	酉	戌	亥	子	丑	寅	卯	辰	巳	午	未	申	酉	戌
음력	29	30	4/1	2	3	4	5	6	7	8	9	10	11	12	13	14	15	16	17	18	19	20	21	22	23	24	25	26	27	28	29
대남	9	9	9	10	10	입	1	1	1	1	2	2	2	3	3	3	4	4	4	5	소	5	6	6	6	7	7	7	8	8	8
운여	2	1	1	1	1	하	10	10	9	9	9	8	8	8	7	7	7	6	6	6	만	5	5	5	4	4	4	3	3	3	2

음력 03/29 ~ 04/29

망종 6일 09시 26분　【음5월】 →　음5 【甲午月(갑오월)】　　　하지 22일 02시 16분

양력	1	2	3	4	5	6	7	8	9	10	11	12	13	14	15	16	17	18	19	20	21	22	23	24	25	26	27	28	29	30
요일	수	목	금	토	일	월	화	수	목	금	토	일	월	화	수	목	금	토	일	월	화	수	목	금	토	일	월	화	수	목
일진	丁	戊	己	庚	辛	壬	癸	甲	乙	丙	丁	戊	己	庚	辛	壬	癸	甲	乙	丙	丁	戊	己	庚	辛	壬	癸	甲	乙	丙
日辰	亥	子	丑	寅	卯	辰	巳	午	未	申	酉	戌	亥	子	丑	寅	卯	辰	巳	午	未	申	酉	戌	亥	子	丑	寅	卯	辰
음력	30	5/1	2	3	4	5	6	7	8	9	10	11	12	13	14	15	16	17	18	19	20	21	22	23	24	25	26	27	28	29
대남	9	9	9	10	10	망	1	1	1	1	2	2	2	3	3	3	4	4	4	5	5	하	6	6	6	7	7	7	8	8
운여	2	1	1	1	1	종	10	10	10	9	9	9	8	8	8	7	7	7	6	6	6	지	5	5	4	4	4	3	3	2

음력 04/30 ~ 05/29

한식(4월06일), 초복(7월14일), 중복(7월24일), 말복(8월13일) ☚춘사(春社)3/24
☀추사(秋社)9/20 토왕지절(土旺之節):4월17일,7월20일,10월21일,1월11일(음12/18)
臘享(납향):2012년1월18일(음12/25)

소서 7일 19시 41분　【음6월】→ 음6 【乙未月(을미월)】　대서 23일 13시 11분

양력 7	1	2	3	4	5	6	7	8	9	10	11	12	13	14	15	16	17	18	19	20	21	22	23	24	25	26	27	28	29	30	31
요일	금	토	일	월	화	수	목	금	토	일	월	화	수	목	금	토	일	월	화	수	목	금	토	일	월	화	수	목	금	토	일
일진	丁	戊	己	庚	辛	壬	癸	甲	乙	丙	丁	戊	己	庚	辛	壬	癸	甲	乙	丙	丁	戊	己	庚	辛	壬	癸	甲	乙	丙	丁
日辰	巳	午	未	申	酉	戌	亥	子	丑	寅	卯	辰	巳	午	未	申	酉	戌	亥	子	丑	寅	卯	辰	巳	午	未	申	酉	戌	亥
음력 06/01	6/1	2	3	4	5	6	7	8	9	10	11	12	13	14	15	16	17	18	19	20	21	22	23	24	25	26	27	28	29	30	7/1
대/여 07/01	8	9	9	9	10	10	10	소	1	1	1	2	2	2	3	3	3	4	4	4	5	5	5	대	6	6	6	7	7	7	8
	2	2	1	1	1		서	10	10	9	9	9	8	8	8	7	7	7	6	6	6	5	서	4	4	4	3	3	3	2	

입추 8일 05시 33분　【음7월】→ 음7 【丙申月(병신월)】　처서 23일 20시 20분

양력 8	1	2	3	4	5	6	7	8	9	10	11	12	13	14	15	16	17	18	19	20	21	22	23	24	25	26	27	28	29	30	31
요일	월	화	수	목	금	토	일	월	화	수	목	금	토	일	월	화	수	목	금	토	일	월	화	수	목	금	토	일	월	화	수
일진	戊	己	庚	辛	壬	癸	甲	乙	丙	丁	戊	己	庚	辛	壬	癸	甲	乙	丙	丁	戊	己	庚	辛	壬	癸	甲	乙	丙	丁	戊
日辰	子	丑	寅	卯	辰	巳	午	未	申	酉	戌	亥	子	丑	寅	卯	辰	巳	午	未	申	酉	戌	亥	子	丑	寅	卯	辰	巳	午
음력 07/02	2	3	4	5	6	7	8	9	10	11	12	13	14	15	16	17	18	19	20	21	22	23	24	25	26	27	28	29	8/1	2	
대/여 08/03	8	9	9	9	10	10	입	1	1	1	1	2	2	2	3	3	3	4	4	4	5	5	처	5	6	6	6	7	7	7	8
	2	2	1	1	1		추	10	10	9	9	9	8	8	8	7	7	7	6	6	6	5	서	5	4	4	4	3	3	3	2

백로 8일 08시 33분　【음8월】→ 음8 【丁酉月(정유월)】　추분 23일 18시 04분

양력 9	1	2	3	4	5	6	7	8	9	10	11	12	13	14	15	16	17	18	19	20	21	22	23	24	25	26	27	28	29	30
요일	목	금	토	일	월	화	수	목	금	토	일	월	화	수	목	금	토	일	월	화	수	목	금	토	일	월	화	수	목	금
일진	己	庚	辛	壬	癸	甲	乙	丙	丁	戊	己	庚	辛	壬	癸	甲	乙	丙	丁	戊	己	庚	辛	壬	癸	甲	乙	丙	丁	戊
日辰	未	申	酉	戌	亥	子	丑	寅	卯	辰	巳	午	未	申	酉	戌	亥	子	丑	寅	卯	辰	巳	午	未	申	酉	戌	亥	子
음력 08/04	4	5	6	7	8	9	10	11	12	13	14	15	16	17	18	19	20	21	22	23	24	25	26	27	28	29	9/1	2	3	4
대/여 09/04	8	8	9	9	9	10	백	1	1	1	1	2	2	2	3	3	3	4	4	4	5	5	추	5	6	6	6	7	7	7
	2	2	2	1	1	1	로	10	10	9	9	9	8	8	8	7	7	7	6	6	6	5	분	5	4	4	4	3	3	3

한로 9일 00시 18분　【음9월】→ 음9 【戊戌月(무술월)】　상강 24일 03시 29분

양력 10	1	2	3	4	5	6	7	8	9	10	11	12	13	14	15	16	17	18	19	20	21	22	23	24	25	26	27	28	29	30	31
요일	토	일	월	화	수	목	금	토	일	월	화	수	목	금	토	일	월	화	수	목	금	토	일	월	화	수	목	금	토	일	월
일진	己	庚	辛	壬	癸	甲	乙	丙	丁	戊	己	庚	辛	壬	癸	甲	乙	丙	丁	戊	己	庚	辛	壬	癸	甲	乙	丙	丁	戊	己
日辰	丑	寅	卯	辰	巳	午	未	申	酉	戌	亥	子	丑	寅	卯	辰	巳	午	未	申	酉	戌	亥	子	丑	寅	卯	辰	巳	午	未
음력 09/05	5	6	7	8	9	10	11	12	13	14	15	16	17	18	19	20	21	22	23	24	25	26	27	28	10/1	2	3	4	5	6	7
대/여 10/06	8	8	8	9	9	9	10	한	1	1	1	1	2	2	2	3	3	3	4	4	4	5	5	상	5	6	6	6	7	7	7
	3	2	2	2	1	1	1	로	10	9	9	9	8	8	8	7	7	7	6	6	6	5	강	5	4	4	4	3	3	2	

입동 8일 03시 34분　【음10월】→ 음10 【己亥月(기해월)】　소설 23일 01시 07분

양력 11	1	2	3	4	5	6	7	8	9	10	11	12	13	14	15	16	17	18	19	20	21	22	23	24	25	26	27	28	29	30
요일	화	수	목	금	토	일	월	화	수	목	금	토	일	월	화	수	목	금	토	일	월	화	수	목	금	토	일	월	화	수
일진	庚	辛	壬	癸	甲	乙	丙	丁	戊	己	庚	辛	壬	癸	甲	乙	丙	丁	戊	己	庚	辛	壬	癸	甲	乙	丙	丁	戊	己
日辰	申	酉	戌	亥	子	丑	寅	卯	辰	巳	午	未	申	酉	戌	亥	子	丑	寅	卯	辰	巳	午	未	申	酉	戌	亥	子	丑
음력 10/07	7	8	9	10	11	12	13	14	15	16	17	18	19	20	21	22	23	24	25	26	27	28	29	30	11/1	2	3	4	5	6
대/여 11/06	8	8	8	9	9	9	10	입	1	1	1	1	2	2	2	3	3	3	4	4	4	5	소	5	6	6	6	7	7	7
	2	2	2	1	1	1	1	동	10	9	9	9	8	8	8	7	7	7	6	6	6	5	설	5	4	4	4	3	3	2

대설 7일 20시 28분　【음11월】→ 음11 【庚子月(경자월)】　동지 22일 14시 29분

양력 12	1	2	3	4	5	6	7	8	9	10	11	12	13	14	15	16	17	18	19	20	21	22	23	24	25	26	27	28	29	30	31
요일	목	금	토	일	월	화	수	목	금	토	일	월	화	수	목	금	토	일	월	화	수	목	금	토	일	월	화	수	목	금	토
일진	庚	辛	壬	癸	甲	乙	丙	丁	戊	己	庚	辛	壬	癸	甲	乙	丙	丁	戊	己	庚	辛	壬	癸	甲	乙	丙	丁	戊	己	庚
日辰	寅	卯	辰	巳	午	未	申	酉	戌	亥	子	丑	寅	卯	辰	巳	午	未	申	酉	戌	亥	子	丑	寅	卯	辰	巳	午	未	申
음력 11/07	7	8	9	10	11	12	13	14	15	16	17	18	19	20	21	22	23	24	25	26	27	28	29	30	12/1	2	3	4	5	6	7
대/여 12/07	8	8	8	9	9	9	대	1	1	1	1	2	2	2	3	3	3	4	4	4	5	동	5	6	6	6	7	7	7	8	8
	2	2	1	1	1	1	설	10	9	9	9	8	8	8	7	7	7	6	6	6	5	지	5	4	4	4	3	3	3	2	2

단기 4345 年　불기 2556 年　**2012**년　　**壬辰(임진)년**　납음(長流水),본명성(六白金)

대장군(子북방), 삼살(남방), 상문(午남방), 조객(寅동북방),납음(장류수),
삼재(인,묘,진), 臘享(납향):2013년 1월 17일(음12/06)

소한 6일 07시 43분　【음12월】→　음12　【辛丑月(신축월)】　대한 21일 01시 09분

양력 1																														
양력	1	2	3	4	5	6	7	8	9	10	11	12	13	14	15	16	17	18	19	20	21	22	23	24	25	26	27	28	29	30	31
요일	일	월	화	수	목	금	토	일	월	화	수	목	금	토	일	월	화	수	목	금	토	일	월	화	수	목	금	토	일	월	화
일진	辛	壬	癸	甲	乙	丙	丁	戊	己	庚	辛	壬	癸	甲	乙	丙	丁	戊	己	庚	辛	壬	癸	甲	乙	丙	丁	戊	己	庚	辛
日辰	酉	戌	亥	子	丑	寅	卯	辰	巳	午	未	申	酉	戌	亥	子	丑	寅	卯	辰	巳	午	未	申	酉	戌	亥	子	丑	寅	卯
음력	8	9	10	11	12	13	14	15	16	17	18	19	20	21	22	23	24	25	26	27	28	29	1/1	2	3	4	5	6	7	8	9
대남	8	8	9	9	9	10	소	1	1	1	1	2	2	2	3	3	3	4	4	4	5	대	5	6	6	6	7	7	7	8	8
운여	2	1	1	1	1	한	9	9	9	8	8	8	7	7	7	6	6	6	5	5	한	5	4	4	4	3	3	3	2	2	

음력 12/08~01/09

입춘 4일 19시 22분　【음1월】　음1　【壬寅月(임인월)】　우수 19일 15시 17분

양력 2																												
양력	1	2	3	4	5	6	7	8	9	10	11	12	13	14	15	16	17	18	19	20	21	22	23	24	25	26	27	28	29
요일	수	목	금	토	일	월	화	수	목	금	토	일	월	화	수	목	금	토	일	월	화	수	목	금	토	일	월	화	수
일진	壬	癸	甲	乙	丙	丁	戊	己	庚	辛	壬	癸	甲	乙	丙	丁	戊	己	庚	辛	壬	癸	甲	乙	丙	丁	戊	己	庚
日辰	辰	巳	午	未	申	酉	戌	亥	子	丑	寅	卯	辰	巳	午	未	申	酉	戌	亥	子	丑	寅	卯	辰	巳	午	未	申
음력	10	11	12	13	14	15	16	17	18	19	20	21	22	23	24	25	26	27	28	29	30	2/1	2	3	4	5	6	7	8
대남	9	9	9	입	1	1	1	1	2	2	2	3	3	3	4	4	4	5	5	5	우	5	4	4	4	3	3	3	2
운여	1	1	1	춘	1	1	1	2	2	2	3	3	3	4	4	4	5	5	5	우	6	6	6	7	7	7	8	8	

음력 01/10~02/08　　壬辰年

경칩 5일 13시 20분　【음2월】→　음2　【癸卯月(계묘월)】　춘분 20일 14시 14분

양력 3																														
양력	1	2	3	4	5	6	7	8	9	10	11	12	13	14	15	16	17	18	19	20	21	22	23	24	25	26	27	28	29	30	31
요일	목	금	토	일	월	화	수	목	금	토	일	월	화	수	목	금	토	일	월	화	수	목	금	토	일	월	화	수	목	금	토
일진	辛	壬	癸	甲	乙	丙	丁	戊	己	庚	辛	壬	癸	甲	乙	丙	丁	戊	己	庚	辛	壬	癸	甲	乙	丙	丁	戊	己	庚	辛
日辰	酉	戌	亥	子	丑	寅	卯	辰	巳	午	未	申	酉	戌	亥	子	丑	寅	卯	辰	巳	午	未	申	酉	戌	亥	子	丑	寅	卯
음력	9	10	11	12	13	14	15	16	17	18	19	20	21	22	23	24	25	26	27	28	29	3/1	2	3	4	5	6	7	8	9	10
대남	1	1	1	1	경	10	9	9	9	8	8	8	7	7	7	6	6	6	5	춘	5	4	4	4	3	3	3	2	2	2	1
운여	9	9	9	10	칩	1	1	1	1	2	2	2	3	3	3	4	4	4	5	분	5	6	6	6	7	7	7	8	8	8	9

음력 02/09~03/10

청명 4일 18시 05분　【음3월】→　음3　【甲辰月(갑진월)】　윤3　곡우 20일 01시 11분

양력 4																													
양력	1	2	3	4	5	6	7	8	9	10	11	12	13	14	15	16	17	18	19	20	21	22	23	24	25	26	27	28	29	30
요일	일	월	화	수	목	금	토	일	월	화	수	목	금	토	일	월	화	수	목	금	토	일	월	화	수	목	금	토	일	월
일진	壬	癸	甲	乙	丙	丁	戊	己	庚	辛	壬	癸	甲	乙	丙	丁	戊	己	庚	辛	壬	癸	甲	乙	丙	丁	戊	己	庚	辛
日辰	辰	巳	午	未	申	酉	戌	亥	子	丑	寅	卯	辰	巳	午	未	申	酉	戌	亥	子	丑	寅	卯	辰	巳	午	未	申	酉
음력	11	12	13	14	15	16	17	18	19	20	21	22	23	24	25	26	27	28	29	30	윤3	2	3	4	5	6	7	8	9	10
대남	1	1	1	청	10	9	9	9	8	8	8	7	7	7	6	6	6	5	곡	5	4	4	4	3	3	3	2	2	2	
운여	9	10	10	명	1	1	1	1	2	2	2	3	3	3	4	4	4	5	우	5	6	6	6	7	7	7	8	8	9	

음력 03/11~윤310

입하 5일 11시 19분　【음4월】→　음4　【乙巳月(을사월)】　소만 21일 00시 15분

양력 5																														
양력	1	2	3	4	5	6	7	8	9	10	11	12	13	14	15	16	17	18	19	20	21	22	23	24	25	26	27	28	29	30	31
요일	화	수	목	금	토	일	월	화	수	목	금	토	일	월	화	수	목	금	토	일	월	화	수	목	금	토	일	월	화	수	목
일진	壬	癸	甲	乙	丙	丁	戊	己	庚	辛	壬	癸	甲	乙	丙	丁	戊	己	庚	辛	壬	癸	甲	乙	丙	丁	戊	己	庚	辛	壬
日辰	戌	亥	子	丑	寅	卯	辰	巳	午	未	申	酉	戌	亥	子	丑	寅	卯	辰	巳	午	未	申	酉	戌	亥	子	丑	寅	卯	辰
음력	11	12	13	14	15	16	17	18	19	20	21	22	23	24	25	26	27	28	29	30	4/1	2	3	4	5	6	7	8	9	10	11
대남	1	1	1	입	10	10	9	9	9	8	8	8	7	7	7	6	6	6	5	소	5	4	4	4	3	3	3	2	2	2	1
운여	9	9	10	하	1	1	1	1	2	2	2	3	3	3	4	4	4	5	5	만	6	6	6	7	7	7	8	8	8	9	10

음력 윤311~04/11

망종 5일 15시 25분　【음5월】→　음5　【丙午月(병오월)】　하지 21일 08시 08분

양력 6																													
양력	1	2	3	4	5	6	7	8	9	10	11	12	13	14	15	16	17	18	19	20	21	22	23	24	25	26	27	28	29	30
요일	금	토	일	월	화	수	목	금	토	일	월	화	수	목	금	토	일	월	화	수	목	금	토	일	월	화	수	목	금	토
일진	癸	甲	乙	丙	丁	戊	己	庚	辛	壬	癸	甲	乙	丙	丁	戊	己	庚	辛	壬	癸	甲	乙	丙	丁	戊	己	庚	辛	壬
日辰	巳	午	未	申	酉	戌	亥	子	丑	寅	卯	辰	巳	午	未	申	酉	戌	亥	子	丑	寅	卯	辰	巳	午	未	申	酉	戌
음력	12	13	14	15	16	17	18	19	20	21	22	23	24	25	26	27	28	29	30	5/1	2	3	4	5	6	7	8	9	10	11
대남	1	1	1	망	10	10	10	9	9	9	8	8	8	7	7	7	6	6	6	하	5	5	4	4	4	3	3	3	2	2
운여	9	9	10	10	종	1	1	1	1	2	2	2	3	3	3	4	4	4	5	지	6	6	6	7	7	7	8	8	8	9

음력 04/12~05/11

한식(4월05일), 초복(7월18일), 중복(7월28일), 말복(8월07일) ☗춘사(春社)3/18
☀추사(秋社)9/24 토왕지절(土旺之節):4월16일,7월19일,10월20일,1월17일(음12/06)
臘享(납향):2013년1월17일(음12/06)

2012 壬辰年

소서 7일 01시 40분　　【음6월】 →　**음 6**　【丁未月(정미월)】　　　대서 22일 19시 00분

양력	1	2	3	4	5	6	7	8	9	10	11	12	13	14	15	16	17	18	19	20	21	22	23	24	25	26	27	28	29	30	31
7 요력	일	월	화	수	목	금	토	일	월	화	수	목	금	토	일	월	화	수	목	금	토	일	월	화	수	목	금	토	일	월	화
일진 日辰	癸亥	甲子	乙丑	丙寅	丁卯	戊辰	己巳	庚午	辛未	壬申	癸酉	甲戌	乙亥	丙子	丁丑	戊寅	己卯	庚辰	辛巳	壬午	癸未	甲申	乙酉	丙戌	丁亥	戊子	己丑	庚寅	辛卯	壬辰	癸巳
05/12 음력 06/13	12	13	14	15	16	17	18	19	20	21	22	23	24	25	26	27	28	29	6/1	2	3	4	5	6	7	8	9	10	11	12	13
대 남 운 여	9	9	9	10	10	10	소서	1	1	1	1	2	2	2	3	3	3	4	4	4	5	대서	5	5	6	6	6	7	7	7	8

입추 7일 11시 30분　　【음7월】 →　**음 7**　【戊申月(무신월)】　　　처서 23일 02시 06분

양력	1	2	3	4	5	6	7	8	9	10	11	12	13	14	15	16	17	18	19	20	21	22	23	24	25	26	27	28	29	30	31
8 요력	수	목	금	토	일	월	화	수	목	금	토	일	월	화	수	목	금	토	일	월	화	수	목	금	토	일	월	화	수	목	금
일진 日辰	甲午	乙未	丙申	丁酉	戊戌	己亥	庚子	辛丑	壬寅	癸卯	甲辰	乙巳	丙午	丁未	戊申	己酉	庚戌	辛亥	壬子	癸丑	甲寅	乙卯	丙辰	丁巳	戊午	己未	庚申	辛酉	壬戌	癸亥	甲子
06/14 음력 07/14	14	15	16	17	18	19	20	21	22	23	24	25	26	27	28	29	30	7/1	2	3	4	5	6	7	8	9	10	11	12	13	14
대 남 운 여	2	2	1	1	1	1	입추	10	10	9	9	9	8	8	8	7	7	7	6	6	6	5	처서	5	4	4	4	3	3	3	2

백로 7일 14시 28분　　【음8월】 →　**음 8**　【己酉月(기유월)】　　　추분 22일 23시 48분

양력	1	2	3	4	5	6	7	8	9	10	11	12	13	14	15	16	17	18	19	20	21	22	23	24	25	26	27	28	29	30
9 요력	토	일	월	화	수	목	금	토	일	월	화	수	목	금	토	일	월	화	수	목	금	토	일	월	화	수	목	금	토	일
일진 日辰	乙丑	丙寅	丁卯	戊辰	己巳	庚午	辛未	壬申	癸酉	甲戌	乙亥	丙子	丁丑	戊寅	己卯	庚辰	辛巳	壬午	癸未	甲申	乙酉	丙戌	丁亥	戊子	己丑	庚寅	辛卯	壬辰	癸巳	甲午
07/15 음력 08/15	15	16	17	18	19	20	21	22	23	24	25	26	27	28	29	8/1	2	3	4	5	6	7	8	9	10	11	12	13	14	15
대 남 운 여	2	2	1	1	1	1	백로	10	10	9	9	9	8	8	8	7	7	7	6	6	6	추분	5	5	4	4	4	3	3	3

한로 8일 06시 11분　　【음9월】 →　**음 9**　【庚戌月(경술월)】　　　상강 23일 09시 13분

양력	1	2	3	4	5	6	7	8	9	10	11	12	13	14	15	16	17	18	19	20	21	22	23	24	25	26	27	28	29	30	31
10 요력	월	화	수	목	금	토	일	월	화	수	목	금	토	일	월	화	수	목	금	토	일	월	화	수	목	금	토	일	월	화	수
일진 日辰	乙未	丙申	丁酉	戊戌	己亥	庚子	辛丑	壬寅	癸卯	甲辰	乙巳	丙午	丁未	戊申	己酉	庚戌	辛亥	壬子	癸丑	甲寅	乙卯	丙辰	丁巳	戊午	己未	庚申	辛酉	壬戌	癸亥	甲子	乙丑
08/16 음력 09/17	16	17	18	19	20	21	22	23	24	25	26	27	28	29	9/1	2	3	4	5	6	7	8	9	10	11	12	13	14	15	16	17
대 남 운 여	2	2	2	1	1	1	1	한로	10	9	9	9	8	8	8	7	7	7	6	6	6	5	상강	5	4	4	4	3	3	3	2

입동 7일 09시 25분　　【음10월】 →　**음10**　【辛亥月(신해월)】　　　소설 22일 06시 49분

양력	1	2	3	4	5	6	7	8	9	10	11	12	13	14	15	16	17	18	19	20	21	22	23	24	25	26	27	28	29	30
11 요력	목	금	토	일	월	화	수	목	금	토	일	월	화	수	목	금	토	일	월	화	수	목	금	토	일	월	화	수	목	금
일진 日辰	丙寅	丁卯	戊辰	己巳	庚午	辛未	壬申	癸酉	甲戌	乙亥	丙子	丁丑	戊寅	己卯	庚辰	辛巳	壬午	癸未	甲申	乙酉	丙戌	丁亥	戊子	己丑	庚寅	辛卯	壬辰	癸巳	甲午	乙未
09/18 음력 10/19	18	19	20	21	22	23	24	25	26	27	28	29	30	10/1	2	3	4	5	6	7	8	9	10	11	12	13	14	15	16	17
대 남 운 여	2	2	1	1	1	1	입동	10	9	9	9	8	8	8	7	7	7	6	6	6	5	소설	5	4	4	4	3	3	3	2

대설 7일 02시 18분　　【음11월】 →　**음11**　【壬子月(임자월)】　　　동지 21일 20시 11분

양력	1	2	3	4	5	6	7	8	9	10	11	12	13	14	15	16	17	18	19	20	21	22	23	24	25	26	27	28	29	30	31
12 요력	토	일	월	화	수	목	금	토	일	월	화	수	목	금	토	일	월	화	수	목	금	토	일	월	화	수	목	금	토	일	월
일진 日辰	丙申	丁酉	戊戌	己亥	庚子	辛丑	壬寅	癸卯	甲辰	乙巳	丙午	丁未	戊申	己酉	庚戌	辛亥	壬子	癸丑	甲寅	乙卯	丙辰	丁巳	戊午	己未	庚申	辛酉	壬戌	癸亥	甲子	乙丑	丙寅
10/18 음력 11/19	18	19	20	21	22	23	24	25	26	27	28	29	11/1	2	3	4	5	6	7	8	9	10	11	12	13	14	15	16	17	18	19
대 남 운 여	2	2	1	1	1	1	대설	9	9	9	8	8	8	7	7	7	6	6	6	5	동지	5	5	4	4	4	3	3	3	2	2

단기 4346 年
불기 2557 年
2013년

癸巳(계사)년 납음(長流水),본명성(五黃土)

대장군(卯東方), 삼살(동방), 상문(未서남방),조객(卯東方), 납음(장류수),
【상재(해,자,축)년】 臘享(납향):2014年1月24日(음12/24)

소한 5일 13시 33분 【음12월】 → 음12 【癸丑月(계축월)】 ☾ 대한 20일 06시 51분

양력 1	양력	1	2	3	4	5	6	7	8	9	10	11	12	13	14	15	16	17	18	19	20	21	22	23	24	25	26	27	28	29	30	31
	요일	화	수	목	금	토	일	월	화	수	목	금	토	일	월	화	수	목	금	토	일	월	화	수	목	금	토	일	월	화	수	목
일진	日辰	丁卯	戊辰	己巳	庚午	辛未	壬申	癸酉	甲戌	乙亥	丙子	丁丑	戊寅	己卯	庚辰	辛巳	壬午	癸未	甲申	乙酉	丙戌	丁亥	戊子	己丑	庚寅	辛卯	壬辰	癸巳	甲午	乙未	丙申	丁酉
음력 11/20~12/20	음력	20	21	22	23	24	25	26	27	28	29	30	12/1	2	3	4	5	6	7	8	9	10	11	12	13	14	15	16	17	18	19	20
	대남	1	1	1	1	소	10	9	9	9	8	8	8	7	7	7	6	6	6	대	5	5	4	4	4	3	3	3	2	2	2	1
	운여	8	9	9	9	한	1	1	1	1	2	2	2	3	3	3	4	4	4	한	5	5	6	6	6	7	7	7	8	8	8	9

입춘 4일 01시 13분 【음1월】 → 음1 【甲寅月(갑인월)】☾ 우수 18일 21시 01분

양력 2	양력	1	2	3	4	5	6	7	8	9	10	11	12	13	14	15	16	17	18	19	20	21	22	23	24	25	26	27	28
	요일	금	토	일	월	화	수	목	금	토	일	월	화	수	목	금	토	일	월	화	수	목	금	토	일	월	화	수	목
일진	日辰	戊戌	己亥	庚子	辛丑	壬寅	癸卯	甲辰	乙巳	丙午	丁未	戊申	己酉	庚戌	辛亥	壬子	癸丑	甲寅	乙卯	丙辰	丁巳	戊午	己未	庚申	辛酉	壬戌	癸亥	甲子	乙丑
음력 12/21~01/19	음력	21	22	23	24	25	26	27	28	29	1/1	2	3	4	5	6	7	8	9	10	11	12	13	14	15	16	17	18	19
	대남	1	1	1	입	1	1	1	1	2	2	2	3	3	3	4	4	4	우	5	5	5	6	6	6	7	7	8	8
	운여	9	9	9	춘	9	9	9	8	8	8	7	7	7	6	6	6	5	수	5	5	4	4	4	3	3	3	2	2

癸巳年

경칩 5일 19시 14분 【음2월】 → 음2 【乙卯月(을묘월)】 ☾ 춘분 20일 20시 01분

양력 3	양력	1	2	3	4	5	6	7	8	9	10	11	12	13	14	15	16	17	18	19	20	21	22	23	24	25	26	27	28	29	30	31
	요일	금	토	일	월	화	수	목	금	토	일	월	화	수	목	금	토	일	월	화	수	목	금	토	일	월	화	수	목	금	토	일
일진	日辰	丙寅	丁卯	戊辰	己巳	庚午	辛未	壬申	癸酉	甲戌	乙亥	丙子	丁丑	戊寅	己卯	庚辰	辛巳	壬午	癸未	甲申	乙酉	丙戌	丁亥	戊子	己丑	庚寅	辛卯	壬辰	癸巳	甲午	乙未	丙申
음력 01/20~02/20	음력	20	21	22	23	24	25	26	27	28	29	30	2/1	2	3	4	5	6	7	8	9	10	11	12	13	14	15	16	17	18	19	20
	대남	9	9	9	10	경	1	1	1	1	2	2	2	3	3	3	4	4	4	5	춘	5	6	6	6	7	7	7	8	8	8	9
	운여	1	1	1	1	칩	10	10	9	9	9	8	8	8	7	7	7	6	6	6	분	5	5	4	4	4	3	3	3	2	2	2

청명 5일 00시 02분 【음3월】 → 음3 【丙辰月(병진월)】 ☾ 곡우 20일 07시 02분

양력 4	양력	1	2	3	4	5	6	7	8	9	10	11	12	13	14	15	16	17	18	19	20	21	22	23	24	25	26	27	28	29	30
	요일	월	화	수	목	금	토	일	월	화	수	목	금	토	일	월	화	수	목	금	토	일	월	화	수	목	금	토	일	월	화
일진	日辰	丁酉	戊戌	己亥	庚子	辛丑	壬寅	癸卯	甲辰	乙巳	丙午	丁未	戊申	己酉	庚戌	辛亥	壬子	癸丑	甲寅	乙卯	丙辰	丁巳	戊午	己未	庚申	辛酉	壬戌	癸亥	甲子	乙丑	丙寅
음력 02/21~03/21	음력	21	22	23	24	25	26	27	28	29	3/1	2	3	4	5	6	7	8	9	10	11	12	13	14	15	16	17	18	19	20	21
	대남	9	9	10	10	청	1	1	1	1	2	2	2	3	3	3	4	4	4	5	곡	5	6	6	6	7	7	7	8	8	8
	운여	1	1	1	1	명	10	9	9	9	8	8	8	7	7	7	6	6	6	5	우	5	5	4	4	4	3	3	3	2	2

입하 5일 17시 17분 【음4월】 → 음4 【丁巳月(정사월)】 ☾ 소만 21일 06시 09분

양력 5	양력	1	2	3	4	5	6	7	8	9	10	11	12	13	14	15	16	17	18	19	20	21	22	23	24	25	26	27	28	29	30	31
	요일	수	목	금	토	일	월	화	수	목	금	토	일	월	화	수	목	금	토	일	월	화	수	목	금	토	일	월	화	수	목	금
일진	日辰	丁卯	戊辰	己巳	庚午	辛未	壬申	癸酉	甲戌	乙亥	丙子	丁丑	戊寅	己卯	庚辰	辛巳	壬午	癸未	甲申	乙酉	丙戌	丁亥	戊子	己丑	庚寅	辛卯	壬辰	癸巳	甲午	乙未	丙申	丁酉
음력 03/22~04/22	음력	22	23	24	25	26	27	28	29	30	4/1	2	3	4	5	6	7	8	9	10	11	12	13	14	15	16	17	18	19	20	21	22
	대남	9	9	9	10	입	1	1	1	1	2	2	2	3	3	3	4	4	4	5	5	소	6	6	6	7	7	7	8	8	8	9
	운여	1	1	1	1	하	10	10	9	9	9	8	8	8	7	7	7	6	6	6	5	만	5	4	4	4	3	3	3	2	2	2

망종 5일 21시 22분 【음5월】 → 음5 【戊午月(무오월)】 ☾ 하지 21일 14시 03분

양력 6	양력	1	2	3	4	5	6	7	8	9	10	11	12	13	14	15	16	17	18	19	20	21	22	23	24	25	26	27	28	29	30
	요일	토	일	월	화	수	목	금	토	일	월	화	수	목	금	토	일	월	화	수	목	금	토	일	월	화	수	목	금	토	일
일진	日辰	戊戌	己亥	庚子	辛丑	壬寅	癸卯	甲辰	乙巳	丙午	丁未	戊申	己酉	庚戌	辛亥	壬子	癸丑	甲寅	乙卯	丙辰	丁巳	戊午	己未	庚申	辛酉	壬戌	癸亥	甲子	乙丑	丙寅	丁卯
음력 04/23~05/22	음력	23	24	25	26	27	28	29	30	5/1	2	3	4	5	6	7	8	9	10	11	12	13	14	15	16	17	18	19	20	21	22
	대남	9	9	9	10	망	1	1	1	1	2	2	2	3	3	3	4	4	4	5	5	하	6	6	6	7	7	7	8	8	8
	운여	9	9	10	10	종	10	10	9	9	9	8	8	8	7	7	7	6	6	6	5	지	5	5	4	4	4	3	3	3	3

한식(4월06일), 초복(7월13일), 중복(7월23일), 말복(8월12일)　↟춘사(春社)3/23
✻추사(秋社)9/19 토왕지절(土旺之節):4월17일,7월19일,10월20일,1월17일(음12/17)
臘享(납향):2014년1월24일(음12/24)

2013 癸巳年

소서 7일 07시 34분　【음6월】 →　음 6　【己未月(기미월)】　대서 23일 00시 55분

양력 7	양력	1	2	3	4	5	6	7	8	9	10	11	12	13	14	15	16	17	18	19	20	21	22	23	24	25	26	27	28	29	30	31
	요일	월	화	수	목	금	토	일	월	화	수	목	금	토	일	월	화	수	목	금	토	일	월	화	수	목	금	토	일	월	화	수
	일진	戊	己	庚	辛	壬	癸	甲	乙	丙	丁	戊	己	庚	辛	壬	癸	甲	乙	丙	丁	戊	己	庚	辛	壬	癸	甲	乙	丙	丁	戊
	日辰	辰	巳	午	未	申	酉	戌	亥	子	丑	寅	卯	辰	巳	午	未	申	酉	戌	亥	子	丑	寅	卯	辰	巳	午	未	申	酉	戌
05/23 06/24	음력	23	24	25	26	27	28	29	6/1	2	3	4	5	6	7	8	9	10	11	12	13	14	15	16	17	18	19	20	21	22	23	24
	대남	9	9	9	10	10	10	소서	1	1	1	1	2	2	2	3	3	3	4	4	4	5	5	5	대서	6	6	6	7	7	7	8
	운여	2	2	1	1	1	1		10	10	9	9	9	8	8	8	7	7	7	6	6	6	5	5		4	4	4	3	3	3	2

입추 7일 17시 19분　【음7월】 →　음 7　【庚申月(경신월)】　처서 23일 08시 01분

양력 8	양력	1	2	3	4	5	6	7	8	9	10	11	12	13	14	15	16	17	18	19	20	21	22	23	24	25	26	27	28	29	30	31
	요일	목	금	토	일	월	화	수	목	금	토	일	월	화	수	목	금	토	일	월	화	수	목	금	토	일	월	화	수	목	금	토
	일진	己	庚	辛	壬	癸	甲	乙	丙	丁	戊	己	庚	辛	壬	癸	甲	乙	丙	丁	戊	己	庚	辛	壬	癸	甲	乙	丙	丁	戊	己
	日辰	亥	子	丑	寅	卯	辰	巳	午	未	申	酉	戌	亥	子	丑	寅	卯	辰	巳	午	未	申	酉	戌	亥	子	丑	寅	卯	辰	巳
06/25 07/25	음력	25	26	27	28	29	30	7/1	2	3	4	5	6	7	8	9	10	11	12	13	14	15	16	17	18	19	20	21	22	23	24	25
	대남	8	9	9	9	10	10	입추	1	1	1	1	2	2	2	3	3	3	4	4	4	5	5	처서	6	6	6	7	7	7	8	8
	운여	2	2	1	1	1	1		10	10	9	9	9	8	8	8	7	7	7	6	6	6	5	5		4	4	4	3	3	3	2

백로 7일 20시 15분　【음8월】 →　음 8　【辛酉月(신유월)】　추분 23일 05시 43분

양력 9	양력	1	2	3	4	5	6	7	8	9	10	11	12	13	14	15	16	17	18	19	20	21	22	23	24	25	26	27	28	29	30
	요일	일	월	화	수	목	금	토	일	월	화	수	목	금	토	일	월	화	수	목	금	토	일	월	화	수	목	금	토	일	월
	일진	庚	辛	壬	癸	甲	乙	丙	丁	戊	己	庚	辛	壬	癸	甲	乙	丙	丁	戊	己	庚	辛	壬	癸	甲	乙	丙	丁	戊	己
	日辰	午	未	申	酉	戌	亥	子	丑	寅	卯	辰	巳	午	未	申	酉	戌	亥	子	丑	寅	卯	辰	巳	午	未	申	酉	戌	亥
07/26 08/26	음력	26	27	28	29	8/1	2	3	4	5	6	7	8	9	10	11	12	13	14	15	16	17	18	19	20	21	22	23	24	25	26
	대남	8	8	9	9	9	10	백로	1	1	1	1	2	2	2	3	3	3	4	4	4	5	5	추분	6	6	6	7	7	7	8
	운여	2	2	2	1	1	1		10	10	9	9	9	8	8	8	7	7	7	6	6	6	5	5		4	4	4	3	3	3

한로 8일 11시 58분　【음9월】 →　음 9　【壬戌月(임술월)】　상강 23일 15시 09분

양력 10	양력	1	2	3	4	5	6	7	8	9	10	11	12	13	14	15	16	17	18	19	20	21	22	23	24	25	26	27	28	29	30	31
	요일	화	수	목	금	토	일	월	화	수	목	금	토	일	월	화	수	목	금	토	일	월	화	수	목	금	토	일	월	화	수	목
	일진	庚	辛	壬	癸	甲	乙	丙	丁	戊	己	庚	辛	壬	癸	甲	乙	丙	丁	戊	己	庚	辛	壬	癸	甲	乙	丙	丁	戊	己	庚
	日辰	子	丑	寅	卯	辰	巳	午	未	申	酉	戌	亥	子	丑	寅	卯	辰	巳	午	未	申	酉	戌	亥	子	丑	寅	卯	辰	巳	午
08/27 09/27	음력	27	28	29	30	9/1	2	3	4	5	6	7	8	9	10	11	12	13	14	15	16	17	18	19	20	21	22	23	24	25	26	27
	대남	8	8	9	9	9	10	한로	1	1	1	1	2	2	2	3	3	3	4	4	4	5	5	상강	6	6	6	7	7	7	8	8
	운여	2	2	2	1	1	1		10	9	9	9	8	8	8	7	7	7	6	6	6	5	5		4	4	4	3	3	3	2

입동 7일 15시 13분　【음10월】 →　음10　【癸亥月(계해월)】　소설 22일 12시 47분

양력 11	양력	1	2	3	4	5	6	7	8	9	10	11	12	13	14	15	16	17	18	19	20	21	22	23	24	25	26	27	28	29	30
	요일	금	토	일	월	화	수	목	금	토	일	월	화	수	목	금	토	일	월	화	수	목	금	토	일	월	화	수	목	금	토
	일진	辛	壬	癸	甲	乙	丙	丁	戊	己	庚	辛	壬	癸	甲	乙	丙	丁	戊	己	庚	辛	壬	癸	甲	乙	丙	丁	戊	己	庚
	日辰	未	申	酉	戌	亥	子	丑	寅	卯	辰	巳	午	未	申	酉	戌	亥	子	丑	寅	卯	辰	巳	午	未	申	酉	戌	亥	子
09/28 10/28	음력	28	29	10/1	2	3	4	5	6	7	8	9	10	11	12	13	14	15	16	17	18	19	20	21	22	23	24	25	26	27	28
	대남	8	8	9	9	9	10	입동	1	1	1	1	2	2	2	3	3	3	4	4	4	5	소설	5	6	6	6	7	7	7	8
	운여	2	2	1	1	1	1		10	9	9	9	8	8	8	7	7	7	6	6	6	5		5	4	4	4	3	3	3	2

대설 7일 08시 08분　【음11월】 →　음11　【甲子月(갑자월)】　동지 22일 02시 10분

양력 12	양력	1	2	3	4	5	6	7	8	9	10	11	12	13	14	15	16	17	18	19	20	21	22	23	24	25	26	27	28	29	30	31
	요일	일	월	화	수	목	금	토	일	월	화	수	목	금	토	일	월	화	수	목	금	토	일	월	화	수	목	금	토	일	월	화
	일진	辛	壬	癸	甲	乙	丙	丁	戊	己	庚	辛	壬	癸	甲	乙	丙	丁	戊	己	庚	辛	壬	癸	甲	乙	丙	丁	戊	己	庚	辛
	日辰	丑	寅	卯	辰	巳	午	未	申	酉	戌	亥	子	丑	寅	卯	辰	巳	午	未	申	酉	戌	亥	子	丑	寅	卯	辰	巳	午	未
10/29 11/29	음력	29	30	11/1	2	3	4	5	6	7	8	9	10	11	12	13	14	15	16	17	18	19	20	21	22	23	24	25	26	27	28	29
	대남	8	8	9	9	9	10	대설	1	1	1	1	2	2	2	3	3	3	4	4	4	5	동지	5	6	6	6	7	7	7	8	8
	운여	8	8	9	9	9	10		1	1	1	1	2	2	2	3	3	3	4	4	4	5		5	6	6	6	7	7	7	8	8

대장군(卯동방), 삼살(북방), 상문(申서남방),조객(辰동남방), 납음(사중금),
【삼재(신,유,술)년】　臘享(납향):2015年1月31日(음12/12)

1月

소한 5일 19시 23분　【음12월】 →　음12　【乙丑月(을축월)】　　대한 20일 12시 50분

양력	1	2	3	4	5	6	7	8	9	10	11	12	13	14	15	16	17	18	19	20	21	22	23	24	25	26	27	28	29	30	31
요일	수	목	금	토	일	월	화	수	목	금	토	일	월	화	수	목	금	토	일	월	화	수	목	금	토	일	월	화	수	목	금
일진	壬	癸	甲	乙	丙	丁	戊	己	庚	辛	壬	癸	甲	乙	丙	丁	戊	己	庚	辛	壬	癸	甲	乙	丙	丁	戊	己	庚	辛	壬
日辰	申	酉	戌	亥	子	丑	寅	卯	辰	巳	午	未	申	酉	戌	亥	子	丑	寅	卯	辰	巳	午	未	申	酉	戌	亥	子	丑	寅
음력 12/01 01/01	12/1	2	3	4	5	6	7	8	9	10	11	12	13	14	15	16	17	18	19	20	21	22	23	24	25	26	27	28	29	30	1/1
대 남	8	9	9	9	소	1	1	1	1	2	2	2	3	3	3	4	4	4	대	5	5	5	6	6	6	7	7	7	8	8	9
운 여	1	1	1	1	한	10	9	9	9	8	8	8	7	7	7	6	6	6	한	5	5	4	4	4	3	3	3	2	2	2	1

2月

입춘 4일 07시 02분【음1월】 →　음1　【丙寅月(병인월)】　　우수 19일 02시 59분

양력	1	2	3	4	5	6	7	8	9	10	11	12	13	14	15	16	17	18	19	20	21	22	23	24	25	26	27	28
요일	토	일	월	화	수	목	금	토	일	월	화	수	목	금	토	일	월	화	수	목	금	토	일	월	화	수	목	금
일진	癸	甲	乙	丙	丁	戊	己	庚	辛	壬	癸	甲	乙	丙	丁	戊	己	庚	辛	壬	癸	甲	乙	丙	丁	戊	己	庚
日辰	卯	辰	巳	午	未	申	酉	戌	亥	子	丑	寅	卯	辰	巳	午	未	申	酉	戌	亥	子	丑	寅	卯	辰	巳	午
음력 01/02 01/29	2	3	4	5	6	7	8	9	10	11	12	13	14	15	16	17	18	19	20	21	22	23	24	25	26	27	28	29
대 남	9	9	9	10	입	1	1	1	1	2	2	2	3	3	3	4	4	4	우	5	5	5	4	4	4	3	3	3
운 여	1	1	1	춘	1	1	1	2	2	2	3	3	3	4	4	4	5	5	수	5	6	6	6	7	7	7	8	8

甲午年

3月

경칩 6일 01시 01분　【음2월】 →　음2　【丁卯月(정묘월)】　　춘분 21일 01시 56분

양력	1	2	3	4	5	6	7	8	9	10	11	12	13	14	15	16	17	18	19	20	21	22	23	24	25	26	27	28	29	30	31
요일	토	일	월	화	수	목	금	토	일	월	화	수	목	금	토	일	월	화	수	목	금	토	일	월	화	수	목	금	토	일	월
일진	辛	壬	癸	甲	乙	丙	丁	戊	己	庚	辛	壬	癸	甲	乙	丙	丁	戊	己	庚	辛	壬	癸	甲	乙	丙	丁	戊	己	庚	辛
日辰	未	申	酉	戌	亥	子	丑	寅	卯	辰	巳	午	未	申	酉	戌	亥	子	丑	寅	卯	辰	巳	午	未	申	酉	戌	亥	子	丑
음력 02/01 03/01	2/1	2	3	4	5	6	7	8	9	10	11	12	13	14	15	16	17	18	19	20	21	22	23	24	25	26	27	28	29	30	3/1
대 남	2	1	1	1	1	경	10	9	9	9	8	8	8	7	7	7	6	6	6	5	춘	5	4	4	4	3	3	3	2	2	2
운 여	8	9	9	9	10	칩	1	1	1	1	2	2	2	3	3	3	4	4	4	5	분	5	6	6	6	7	7	7	8	8	8

4月

청명 5일 05시 46분 【음3월】 →　음3　【戊辰月(무진월)】　　곡우 20일 12시 55분

양력	1	2	3	4	5	6	7	8	9	10	11	12	13	14	15	16	17	18	19	20	21	22	23	24	25	26	27	28	29	30
요일	화	수	목	금	토	일	월	화	수	목	금	토	일	월	화	수	목	금	토	일	월	화	수	목	금	토	일	월	화	수
일진	壬	癸	甲	乙	丙	丁	戊	己	庚	辛	壬	癸	甲	乙	丙	丁	戊	己	庚	辛	壬	癸	甲	乙	丙	丁	戊	己	庚	辛
日辰	寅	卯	辰	巳	午	未	申	酉	戌	亥	子	丑	寅	卯	辰	巳	午	未	申	酉	戌	亥	子	丑	寅	卯	辰	巳	午	未
음력 03/02 04/02	2	3	4	5	6	7	8	9	10	11	12	13	14	15	16	17	18	19	20	21	22	23	24	25	26	27	28	29	4/1	2
대 남	1	1	1	1	청	10	9	9	9	8	8	8	7	7	7	6	6	6	5	곡	5	4	4	4	3	3	3	2	2	2
운 여	9	9	9	10	명	1	1	1	1	2	2	2	3	3	3	4	4	4	5	우	5	6	6	6	7	7	7	8	8	8

5月

입하 5일 22시 59분 【음4월】 →　음4　【己巳月(기사월)】　　소만 21일 11시 58분

양력	1	2	3	4	5	6	7	8	9	10	11	12	13	14	15	16	17	18	19	20	21	22	23	24	25	26	27	28	29	30	31
요일	목	금	토	일	월	화	수	목	금	토	일	월	화	수	목	금	토	일	월	화	수	목	금	토	일	월	화	수	목	금	토
일진	壬	癸	甲	乙	丙	丁	戊	己	庚	辛	壬	癸	甲	乙	丙	丁	戊	己	庚	辛	壬	癸	甲	乙	丙	丁	戊	己	庚	辛	壬
日辰	申	酉	戌	亥	子	丑	寅	卯	辰	巳	午	未	申	酉	戌	亥	子	丑	寅	卯	辰	巳	午	未	申	酉	戌	亥	子	丑	寅
음력 04/03 05/03	3	4	5	6	7	8	9	10	11	12	13	14	15	16	17	18	19	20	21	22	23	24	25	26	27	28	29	30	5/1	2	3
대 남	1	1	1	1	입	10	10	9	9	9	8	8	8	7	7	7	6	6	6	5	소	5	4	4	4	3	3	3	2	2	2
운 여	9	9	10	10	하	1	1	1	1	2	2	2	3	3	3	4	4	4	5	5	만	5	6	6	6	7	7	7	8	8	8

6月

망종 6일 03시 02분 【음5월】 →　음5　【庚午月(경오월)】　　하지 21일 19시 50분

양력	1	2	3	4	5	6	7	8	9	10	11	12	13	14	15	16	17	18	19	20	21	22	23	24	25	26	27	28	29	30
요일	일	월	화	수	목	금	토	일	월	화	수	목	금	토	일	월	화	수	목	금	토	일	월	화	수	목	금	토	일	월
일진	癸	甲	乙	丙	丁	戊	己	庚	辛	壬	癸	甲	乙	丙	丁	戊	己	庚	辛	壬	癸	甲	乙	丙	丁	戊	己	庚	辛	壬
日辰	卯	辰	巳	午	未	申	酉	戌	亥	子	丑	寅	卯	辰	巳	午	未	申	酉	戌	亥	子	丑	寅	卯	辰	巳	午	未	申
음력 05/04 06/04	4	5	6	7	8	9	10	11	12	13	14	15	16	17	18	19	20	21	22	23	24	25	26	27	28	29	6/1	2	3	4
대 남	2	1	1	1	1	망	10	10	9	9	9	8	8	8	7	7	7	6	6	6	하	5	5	4	4	4	3	3	3	2
운 여	9	9	10	10	10	종	1	1	1	1	2	2	2	3	3	3	4	4	4	5	지	5	6	6	6	7	7	7	8	8

한식(4월06일), 초복(7월18일), 중복(7월28일), 말복(8월07일) ♣춘사(春社)3/18
☀추사(秋社)9/24 토왕지절(土旺之節):4월17일,7월20일,10월20일,1월17일(음11/27)
臘享(납향):2015년1월31일(음12/12)

2014

甲午年

소서 7일 13시 14분 　【음6월】→ 음 6 【辛未月(신미월)】　　　　　대서 23일 06시 40분

양력 7	양력	1	2	3	4	5	6	7	8	9	10	11	12	13	14	15	16	17	18	19	20	21	22	23	24	25	26	27	28	29	30	31
	요일	화	수	목	금	토	일	월	화	수	목	금	토	일	월	화	수	목	금	토	일	월	화	수	목	금	토	일	월	화	수	목
	일진	癸	甲	乙	丙	丁	戊	己	庚	辛	壬	癸	甲	乙	丙	丁	戊	己	庚	辛	壬	癸	甲	乙	丙	丁	戊	己	庚	辛	壬	癸
	日辰	酉	戌	亥	子	丑	寅	卯	辰	巳	午	未	申	酉	戌	亥	子	丑	寅	卯	辰	巳	午	未	申	酉	戌	亥	子	丑	寅	卯
06/05 음력	음력	5	6	7	8	9	10	11	12	13	14	15	16	17	18	19	20	21	22	23	24	25	26	27	28	29	30	7/1	2	3	4	5
07/05 대운	대 남	2	2	1	1	1	1	소	10	10	9	9	9	8	8	8	7	7	7	6	6	6	5	대	5	4	4	4	3	3	3	2
	여	8	9	9	9	10	10	서	1	1	1	1	2	2	2	3	3	3	4	4	4	5	5	서	5	6	6	6	7	7	8	8

입추 7일 23시 02분 　【음7월】→ 음 7 【壬申月(임신월)】　　　　　처서 23일 13시 45분

양력 8	양력	1	2	3	4	5	6	7	8	9	10	11	12	13	14	15	16	17	18	19	20	21	22	23	24	25	26	27	28	29	30	31
	요일	금	토	일	월	화	수	목	금	토	일	월	화	수	목	금	토	일	월	화	수	목	금	토	일	월	화	수	목	금	토	일
	일진	甲	乙	丙	丁	戊	己	庚	辛	壬	癸	甲	乙	丙	丁	戊	己	庚	辛	壬	癸	甲	乙	丙	丁	戊	己	庚	辛	壬	癸	甲
	日辰	辰	巳	午	未	申	酉	戌	亥	子	丑	寅	卯	辰	巳	午	未	申	酉	戌	亥	子	丑	寅	卯	辰	巳	午	未	申	酉	戌
07/06 음력	음력	6	7	8	9	10	11	12	13	14	15	16	17	18	19	20	21	22	23	24	25	26	27	28	29	8/1	2	3	4	5	6	7
08/07 대운	대 남	2	2	1	1	1	1	입	10	10	10	9	9	9	8	8	8	7	7	7	6	6	6	처	5	5	5	4	4	4	3	3
	여	8	9	9	9	10	10	추	1	1	1	1	2	2	2	3	3	3	4	4	4	5	5	서	5	6	6	6	7	7	7	8

백로 8일 02시 01분 　【음8월】→ 음 8 【癸酉月(계유월)】　　　　　추분 23일 11시 28분

양력 9	양력	1	2	3	4	5	6	7	8	9	10	11	12	13	14	15	16	17	18	19	20	21	22	23	24	25	26	27	28	29	30	
	요일	월	화	수	목	금	토	일	월	화	수	목	금	토	일	월	화	수	목	금	토	일	월	화	수	목	금	토	일	월	화	
	일진	乙	丙	丁	戊	己	庚	辛	壬	癸	甲	乙	丙	丁	戊	己	庚	辛	壬	癸	甲	乙	丙	丁	戊	己	庚	辛	壬	癸	甲	
	日辰	亥	子	丑	寅	卯	辰	巳	午	未	申	酉	戌	亥	子	丑	寅	卯	辰	巳	午	未	申	酉	戌	亥	子	丑	寅	卯	辰	
08/08 음력	음력	8	9	10	11	12	13	14	15	16	17	18	19	20	21	22	23	24	25	26	27	28	29	30	9/1	2	3	4	5	6	7	
09/07 대운	대 남	2	2	1	1	1	1	백	10	9	9	9	8	8	8	7	7	7	6	6	6	5	5	추	5	4	4	4	3	3	3	
	여	8	8	9	9	9	10	로	1	1	1	1	2	2	2	3	3	3	4	4	4	5	5	분	6	6	6	7	7	7		

한로 8일 17시 47분 　【음9월】→ 음 9 【甲戌月(갑술월)】　　윤 9 상강 23일 20시 56분

양력 10	양력	1	2	3	4	5	6	7	8	9	10	11	12	13	14	15	16	17	18	19	20	21	22	23	24	25	26	27	28	29	30	31
	요일	수	목	금	토	일	월	화	수	목	금	토	일	월	화	수	목	금	토	일	월	화	수	목	금	토	일	월	화	수	목	금
	일진	乙	丙	丁	戊	己	庚	辛	壬	癸	甲	乙	丙	丁	戊	己	庚	辛	壬	癸	甲	乙	丙	丁	戊	己	庚	辛	壬	癸	甲	乙
	日辰	巳	午	未	申	酉	戌	亥	子	丑	寅	卯	辰	巳	午	未	申	酉	戌	亥	子	丑	寅	卯	辰	巳	午	未	申	酉	戌	亥
09/08 음력	음력	8	9	10	11	12	13	14	15	16	17	18	19	20	21	22	23	24	25	26	27	28	29	30	윤9	2	3	4	5	6	7	8
윤908 대운	대 남	2	2	1	1	1	1	한	10	9	9	9	8	8	8	7	7	7	6	6	6	5	상	5	4	4	4	3	3	3	2	2
	여	8	8	9	9	9	10	로	1	1	1	1	2	2	2	3	3	3	4	4	4	5	강	5	6	6	6	7	7	7	8	8

입동 7일 21시 06분 　【음10월】→ 음10 【乙亥月(을해월)】　　　　　소설 22일 18시 37분

양력 11	양력	1	2	3	4	5	6	7	8	9	10	11	12	13	14	15	16	17	18	19	20	21	22	23	24	25	26	27	28	29	30	
	요일	토	일	월	화	수	목	금	토	일	월	화	수	목	금	토	일	월	화	수	목	금	토	일	월	화	수	목	금	토	일	
	일진	丙	丁	戊	己	庚	辛	壬	癸	甲	乙	丙	丁	戊	己	庚	辛	壬	癸	甲	乙	丙	丁	戊	己	庚	辛	壬	癸	甲	乙	
	日辰	子	丑	寅	卯	辰	巳	午	未	申	酉	戌	亥	子	丑	寅	卯	辰	巳	午	未	申	酉	戌	亥	子	丑	寅	卯	辰	巳	
09/09 음력	음력	9	10	11	12	13	14	15	16	17	18	19	20	21	22	23	24	25	26	27	28	29	10/1	2	3	4	5	6	7	8	9	
10/09 대운	대 남	2	2	1	1	1	1	입	10	9	9	9	8	8	8	7	7	7	6	6	6	5	소	5	4	4	4	3	3	3	2	
	여	8	8	9	9	10	9	동	1	1	1	1	2	2	2	3	3	3	4	4	4	5	설	5	6	6	6	7	7	7	8	

대설 7일 14시 03분 　【음11월】→ 음 11 【丙子月(병자월)】　　　　　동지 22일 08시 02분

양력 12	양력	1	2	3	4	5	6	7	8	9	10	11	12	13	14	15	16	17	18	19	20	21	22	23	24	25	26	27	28	29	30	31
	요일	월	화	수	목	금	토	일	월	화	수	목	금	토	일	월	화	수	목	금	토	일	월	화	수	목	금	토	일	월	화	수
	일진	丙	丁	戊	己	庚	辛	壬	癸	甲	乙	丙	丁	戊	己	庚	辛	壬	癸	甲	乙	丙	丁	戊	己	庚	辛	壬	癸	甲	乙	丙
	日辰	午	未	申	酉	戌	亥	子	丑	寅	卯	辰	巳	午	未	申	酉	戌	亥	子	丑	寅	卯	辰	巳	午	未	申	酉	戌	亥	子
10/10 음력	음력	10	11	12	13	14	15	16	17	18	19	20	21	22	23	24	25	26	27	28	29	30	11/1	2	3	4	5	6	7	8	9	10
11/10 대운	대 남	2	2	1	1	1	1	대	10	9	9	9	8	8	8	7	7	7	6	6	6	5	동	5	4	4	4	3	3	3	2	2
	여	8	8	9	9	9	10	설	1	1	1	1	2	2	2	3	3	3	4	4	4	5	지	5	6	6	6	7	7	7	8	8

乙未(을미)년　납음(砂中金),본명성(三碧木)

단기 4348 年　불기 2559 年　**2015**년

대장군(卯東方). 삼살(酉西方), 상문(酉西方),조객(巳서남방), 납음(사중금),
[삼재(사,오,미)년]　臘享(납향):2016년1월26일(음12/17)

1월 — 소한 6일 01시 20분 【음12월】→ 음12 【丁丑月(정축월)】　대한 20일 18시 42분

양력	1	2	3	4	5	6	7	8	9	10	11	12	13	14	15	16	17	18	19	20	21	22	23	24	25	26	27	28	29	30	31
요일	목	금	토	일	월	화	수	목	금	토	일	월	화	수	목	금	토	일	월	화	수	목	금	토	일	월	화	수	목	금	토
일진(日辰)	丁丑	戊寅	己卯	庚辰	辛巳	壬午	癸未	甲申	乙酉	丙戌	丁亥	戊子	己丑	庚寅	辛卯	壬辰	癸巳	甲午	乙未	丙申	丁酉	戊戌	己亥	庚子	辛丑	壬寅	癸卯	甲辰	乙巳	丙午	丁未
음력	11	12	13	14	15	16	17	18	19	20	21	22	23	24	25	26	27	28	29	12/1	2	3	4	5	6	7	8	9	10	11	12
대 남	1	1	1	1	1	소	9	9	9	8	8	8	7	7	7	6	6	6	5	대	5	5	4	4	4	3	3	3	2	2	1
운 여	8	9	9	9	10	한	1	1	1	1	2	2	2	3	3	3	4	4	4	한	5	5	6	6	6	7	7	7	8	8	8

(음력 좌측: 11/11, 12/12)

2월 — 입춘 4일 12시 58분 【음1월】→ 음1 【戊寅月(무인월)】　우수 19일 08시 49분

양력	1	2	3	4	5	6	7	8	9	10	11	12	13	14	15	16	17	18	19	20	21	22	23	24	25	26	27	28
요일	일	월	화	수	목	금	토	일	월	화	수	목	금	토	일	월	화	수	목	금	토	일	월	화	수	목	금	토
일진(日辰)	戊申	己酉	庚戌	辛亥	壬子	癸丑	甲寅	乙卯	丙辰	丁巳	戊午	己未	庚申	辛酉	壬戌	癸亥	甲子	乙丑	丙寅	丁卯	戊辰	己巳	庚午	辛未	壬申	癸酉	甲戌	乙亥
음력	13	14	15	16	17	18	19	20	21	22	23	24	25	26	27	28	29	30	1/1	2	3	4	5	6	7	8	9	10
대 남	1	1	1	입	1	1	1	1	9	9	9	8	8	8	7	7	7	6	6	우	6	5	5	5	4	4	4	3
운 여	9	9	9	춘	10	9	9	9	8	8	8	7	7	7	6	6	6	5	5	수	4	5	4	4	4	3	3	2

(음력 좌측: 12/13, 01/10)

3월 — 경칩 6일 06시 55분 【음2월】→ 음2 【己卯月(기묘월)】　춘분 21일 07시 44분

양력	1	2	3	4	5	6	7	8	9	10	11	12	13	14	15	16	17	18	19	20	21	22	23	24	25	26	27	28	29	30	31
요일	일	월	화	수	목	금	토	일	월	화	수	목	금	토	일	월	화	수	목	금	토	일	월	화	수	목	금	토	일	월	화
일진(日辰)	丙子	丁丑	戊寅	己卯	庚辰	辛巳	壬午	癸未	甲申	乙酉	丙戌	丁亥	戊子	己丑	庚寅	辛卯	壬辰	癸巳	甲午	乙未	丙申	丁酉	戊戌	己亥	庚子	辛丑	壬寅	癸卯	甲辰	乙巳	丙午
음력	11	12	13	14	15	16	17	18	19	20	21	22	23	24	25	26	27	28	29	2/1	2	3	4	5	6	7	8	9	10	11	12
대 남	3	2	2	2	1	경	1	1	1	1	2	2	2	3	3	3	4	4	4	춘	5	5	6	6	6	7	7	7	8	8	8
운 여	8	8	8	9	9	칩	10	9	9	9	8	8	8	7	7	7	6	6	6	분	5	5	4	4	4	3	3	3	2	2	2

(음력 좌측: 01/11, 02/12)

4월 — 청명 5일 11시 38분 【음3월】→ 음3 【庚辰月(경진월)】　곡우 20일 18시 41분

양력	1	2	3	4	5	6	7	8	9	10	11	12	13	14	15	16	17	18	19	20	21	22	23	24	25	26	27	28	29	30
요일	수	목	금	토	일	월	화	수	목	금	토	일	월	화	수	목	금	토	일	월	화	수	목	금	토	일	월	화	수	목
일진(日辰)	丁未	戊申	己酉	庚戌	辛亥	壬子	癸丑	甲寅	乙卯	丙辰	丁巳	戊午	己未	庚申	辛酉	壬戌	癸亥	甲子	乙丑	丙寅	丁卯	戊辰	己巳	庚午	辛未	壬申	癸酉	甲戌	乙亥	丙子
음력	13	14	15	16	17	18	19	20	21	22	23	24	25	26	27	28	29	30	3/1	2	3	4	5	6	7	8	9	10	11	12
대 남	9	9	9	10	청	1	1	1	1	2	2	2	3	3	3	4	4	4	5	곡	5	6	6	6	7	7	7	8	8	8
운 여	1	1	1	1	명	10	10	9	9	9	8	8	8	7	7	7	6	6	6	우	5	5	4	4	4	3	3	3	2	2

(음력 좌측: 02/13, 03/12)

5월 — 입하 6일 04시 52분 【음4월】→ 음4 【辛巳月(신사월)】　소만 21일 17시 44분

양력	1	2	3	4	5	6	7	8	9	10	11	12	13	14	15	16	17	18	19	20	21	22	23	24	25	26	27	28	29	30	31
요일	금	토	일	월	화	수	목	금	토	일	월	화	수	목	금	토	일	월	화	수	목	금	토	일	월	화	수	목	금	토	일
일진(日辰)	丁丑	戊寅	己卯	庚辰	辛巳	壬午	癸未	甲申	乙酉	丙戌	丁亥	戊子	己丑	庚寅	辛卯	壬辰	癸巳	甲午	乙未	丙申	丁酉	戊戌	己亥	庚子	辛丑	壬寅	癸卯	甲辰	乙巳	丙午	丁未
음력	13	14	15	16	17	18	19	20	21	22	23	24	25	26	27	28	29	4/1	2	3	4	5	6	7	8	9	10	11	12	13	14
대 남	9	9	9	10	10	입	1	1	1	1	2	2	2	3	3	3	4	4	4	5	소	5	6	6	6	7	7	7	8	8	8
운 여	2	1	1	1	1	하	10	10	9	9	9	8	8	8	7	7	7	6	6	6	만	5	5	4	4	4	3	3	3	2	2

(음력 좌측: 03/13, 04/14)

6월 — 망종 6일 08시 57분 【음5월】→ 음5 【壬午月(임오월)】　하지 22일 01시 37분

양력	1	2	3	4	5	6	7	8	9	10	11	12	13	14	15	16	17	18	19	20	21	22	23	24	25	26	27	28	29	30
요일	월	화	수	목	금	토	일	월	화	수	목	금	토	일	월	화	수	목	금	토	일	월	화	수	목	금	토	일	월	화
일진(日辰)	戊申	己酉	庚戌	辛亥	壬子	癸丑	甲寅	乙卯	丙辰	丁巳	戊午	己未	庚申	辛酉	壬戌	癸亥	甲子	乙丑	丙寅	丁卯	戊辰	己巳	庚午	辛未	壬申	癸酉	甲戌	乙亥	丙子	丁丑
음력	15	16	17	18	19	20	21	22	23	24	25	26	27	28	29	5/1	2	3	4	5	6	7	8	9	10	11	12	13	14	15
대 남	9	9	9	10	10	망	1	1	1	1	2	2	2	3	3	3	4	4	4	5	5	하	5	6	6	6	7	7	7	8
운 여	2	1	1	1	1	종	10	10	9	9	9	8	8	8	7	7	7	6	6	6	5	지	5	5	4	4	4	3	3	2

(음력 좌측: 04/15, 05/15)

2015년 7월1일부터 윤초시행.
시간을 1초씩 늦추면 된다.

2 0 1 5

乙 未 年

소서 7일 19시 11분　【음6월】➔　음 6　【癸未月(계미월)】　대서 23일 12시 30분

양력 7	양력	1	2	3	4	5	6	7	8	9	10	11	12	13	14	15	16	17	18	19	20	21	22	23	24	25	26	27	28	29	30	31
	요일	수	목	금	토	일	월	화	수	목	금	토	일	월	화	수	목	금	토	일	월	화	수	목	금	토	일	월	화	수	목	금
	일진	戊	己	庚	辛	壬	癸	甲	乙	丙	丁	戊	己	庚	辛	壬	癸	甲	乙	丙	丁	戊	己	庚	辛	壬	癸	甲	乙	丙	丁	戊
	日辰	寅	卯	辰	巳	午	未	申	酉	戌	亥	子	丑	寅	卯	辰	巳	午	未	申	酉	戌	亥	子	丑	寅	卯	辰	巳	午	未	申
음력 05/16 06/16	음력	16	17	18	19	20	21	22	23	24	25	26	27	28	29	30	6/1	2	3	4	5	6	7	8	9	10	11	12	13	14	15	16
	대 남	8	9	9	9	10	10	소서	1	1	1	1	2	2	2	3	3	3	4	4	4	5	5	5	대서	6	6	6	7	7	7	8
	운 여	2	2	1	1	1	1		10	10	10	9	9	9	8	8	8	7	7	7	6	6	6	5		5	4	4	4	3	3	3

입추 8일 05시 00분　【음7월】➔　음 7　【甲申月(갑신월)】　처서 23일 19시 36분

양력 8	양력	1	2	3	4	5	6	7	8	9	10	11	12	13	14	15	16	17	18	19	20	21	22	23	24	25	26	27	28	29	30	31
	요일	토	일	월	화	수	목	금	토	일	월	화	수	목	금	토	일	월	화	수	목	금	토	일	월	화	수	목	금	토	일	월
	일진	己	庚	辛	壬	癸	甲	乙	丙	丁	戊	己	庚	辛	壬	癸	甲	乙	丙	丁	戊	己	庚	辛	壬	癸	甲	乙	丙	丁	戊	己
	日辰	酉	戌	亥	子	丑	寅	卯	辰	巳	午	未	申	酉	戌	亥	子	丑	寅	卯	辰	巳	午	未	申	酉	戌	亥	子	丑	寅	卯
음력 06/17 07/18	음력	17	18	19	20	21	22	23	24	25	26	27	28	29	7/1	2	3	4	5	6	7	8	9	10	11	12	13	14	15	16	17	18
	대 남	8	9	9	9	10	10	입추	1	1	1	1	2	2	2	3	3	3	4	4	4	5	5	5	처서	6	6	6	7	7	7	8
	운 여	2	2	2	1	1	1		10	10	9	9	9	8	8	8	7	7	7	6	6	6	5	5		4	4	4	3	3	3	2

백로 8일 07시 59분　【음8월】➔　음 8　【乙酉月(을유월)】　추분 23일 17시 20분

양력 9	양력	1	2	3	4	5	6	7	8	9	10	11	12	13	14	15	16	17	18	19	20	21	22	23	24	25	26	27	28	29	30	
	요일	화	수	목	금	토	일	월	화	수	목	금	토	일	월	화	수	목	금	토	일	월	화	수	목	금	토	일	월	화	수	
	일진	庚	辛	壬	癸	甲	乙	丙	丁	戊	己	庚	辛	壬	癸	甲	乙	丙	丁	戊	己	庚	辛	壬	癸	甲	乙	丙	丁	戊	己	
	日辰	辰	巳	午	未	申	酉	戌	亥	子	丑	寅	卯	辰	巳	午	未	申	酉	戌	亥	子	丑	寅	卯	辰	巳	午	未	申	酉	
음력 07/19 08/18	음력	19	20	21	22	23	24	25	26	27	28	29	30	8/1	2	3	4	5	6	7	8	9	10	11	12	13	14	15	16	17	18	
	대 남	8	8	9	9	9	10	10	백로	1	1	1	1	2	2	2	3	3	3	4	4	4	5	추분	5	6	6	6	7	7	7	
	운 여	2	2	2	1	1	1	1		10	9	9	9	8	8	8	7	7	7	6	6	6	5		5	4	4	4	3	3	3	

한로 8일 23시 42분　【음9월】➔　음 9　【丙戌月(병술월)】　상강 24일 02시 46분

양력 10	양력	1	2	3	4	5	6	7	8	9	10	11	12	13	14	15	16	17	18	19	20	21	22	23	24	25	26	27	28	29	30	31
	요일	목	금	토	일	월	화	수	목	금	토	일	월	화	수	목	금	토	일	월	화	수	목	금	토	일	월	화	수	목	금	토
	일진	庚	辛	壬	癸	甲	乙	丙	丁	戊	己	庚	辛	壬	癸	甲	乙	丙	丁	戊	己	庚	辛	壬	癸	甲	乙	丙	丁	戊	己	庚
	日辰	戌	亥	子	丑	寅	卯	辰	巳	午	未	申	酉	戌	亥	子	丑	寅	卯	辰	巳	午	未	申	酉	戌	亥	子	丑	寅	卯	辰
음력 08/19 09/19	음력	19	20	21	22	23	24	25	26	27	28	29	30	9/1	2	3	4	5	6	7	8	9	10	11	12	13	14	15	16	17	18	19
	대 남	8	8	8	9	9	9	10	한로	1	1	1	1	2	2	2	3	3	3	4	4	4	5	5	상강	6	6	6	7	7	7	8
	운 여	2	2	2	1	1	1	1		10	10	9	9	9	8	8	8	7	7	7	6	6	6	5		5	4	4	4	3	3	2

입동 8일 02시 58분　【음10월】➔　음10　【丁亥月(정해월)】　소설 23일 00시 24분

양력 11	양력	1	2	3	4	5	6	7	8	9	10	11	12	13	14	15	16	17	18	19	20	21	22	23	24	25	26	27	28	29	30	
	요일	일	월	화	수	목	금	토	일	월	화	수	목	금	토	일	월	화	수	목	금	토	일	월	화	수	목	금	토	일	월	
	일진	辛	壬	癸	甲	乙	丙	丁	戊	己	庚	辛	壬	癸	甲	乙	丙	丁	戊	己	庚	辛	壬	癸	甲	乙	丙	丁	戊	己	庚	
	日辰	巳	午	未	申	酉	戌	亥	子	丑	寅	卯	辰	巳	午	未	申	酉	戌	亥	子	丑	寅	卯	辰	巳	午	未	申	酉	戌	
음력 09/20 10/19	음력	20	21	22	23	24	25	26	27	28	29	30	10/1	2	3	4	5	6	7	8	9	10	11	12	13	14	15	16	17	18	19	
	대 남	8	8	8	9	9	9	10	입동	1	1	1	1	2	2	2	3	3	3	4	4	4	5	소설	5	6	6	6	7	7	7	
	운 여	2	2	2	1	1	1	1		10	9	9	9	8	8	8	7	7	7	6	6	6	5		5	4	4	4	3	3	3	

대설 7일 19시 52분　【음11월】➔　음 11　【戊子月(무자월)】　동지 22일 13시 47분

양력 12	양력	1	2	3	4	5	6	7	8	9	10	11	12	13	14	15	16	17	18	19	20	21	22	23	24	25	26	27	28	29	30	31
	요일	화	수	목	금	토	일	월	화	수	목	금	토	일	월	화	수	목	금	토	일	월	화	수	목	금	토	일	월	화	수	목
	일진	辛	壬	癸	甲	乙	丙	丁	戊	己	庚	辛	壬	癸	甲	乙	丙	丁	戊	己	庚	辛	壬	癸	甲	乙	丙	丁	戊	己	庚	辛
	日辰	亥	子	丑	寅	卯	辰	巳	午	未	申	酉	戌	亥	子	丑	寅	卯	辰	巳	午	未	申	酉	戌	亥	子	丑	寅	卯	辰	巳
음력 10/20 11/21	음력	20	21	22	23	24	25	26	27	28	29	11/1	2	3	4	5	6	7	8	9	10	11	12	13	14	15	16	17	18	19	20	21
	대 남	8	8	8	9	9	9	대설	1	1	1	1	2	2	2	3	3	3	4	4	4	5	동지	5	6	6	6	7	7	7	8	8
	운 여	2	2	1	1	1	1		10	9	9	9	8	8	8	7	7	7	6	6	6	5		5	4	4	4	3	3	3	2	2

丙申(병신)년   납음(山下火),본명성(二黑土)

대장군(午南방), 삼살(남방), 상문(戌서북방),조객(午남방), 납음(산하화)
【삼재(인,묘,진)년】 臘享(납향):2017년1월20일(음12/23)

소한 6일 07시 07분 【음12월】 → 음12 【己丑月(기축월)】 ◑   대한 21일 00시 26분

양력	1	2	3	4	5	6	7	8	9	10	11	12	13	14	15	16	17	18	19	20	21	22	23	24	25	26	27	28	29	30	31
요일	금	토	일	월	화	수	목	금	토	일	월	화	수	목	금	토	일	월	화	수	목	금	토	일	월	화	수	목	금	토	일
1 일진	壬午	癸未	甲申	乙酉	丙戌	丁亥	戊子	己丑	庚寅	辛卯	壬辰	癸巳	甲午	乙未	丙申	丁酉	戊戌	己亥	庚子	辛丑	壬寅	癸卯	甲辰	乙巳	丙午	丁未	戊申	己酉	庚戌	辛亥	壬子
음력	22	23	24	25	26	27	28	29	30	12/1	2	3	4	5	6	7	8	9	10	11	12	13	14	15	16	17	18	19	20	21	22
대 남	8	9	9	9	10	소	1	1	1	1	2	2	2	3	3	3	4	4	4	5	대	5	6	6	6	7	7	7	8	8	8
운 여	2	1	1	1	1	한	9	9	9	8	8	8	7	7	7	6	6	6	5	5	한	5	4	4	4	3	3	3	2	2	2

음력 11/22 ~ 12/22

입춘 4일 18시 45분 【음1월】   음 1 【庚寅月(경인월)】   우수 19일 14시 33분

양력	1	2	3	4	5	6	7	8	9	10	11	12	13	14	15	16	17	18	19	20	21	22	23	24	25	26	27	28	29
요일	월	화	수	목	금	토	일	월	화	수	목	금	토	일	월	화	수	목	금	토	일	월	화	수	목	금	토	일	월
2 일진	癸丑	甲寅	乙卯	丙辰	丁巳	戊午	己未	庚申	辛酉	壬戌	癸亥	甲子	乙丑	丙寅	丁卯	戊辰	己巳	庚午	辛未	壬申	癸酉	甲戌	乙亥	丙子	丁丑	戊寅	己卯	庚辰	辛巳
음력	23	24	25	26	27	28	29	1/1	2	3	4	5	6	7	8	9	10	11	12	13	14	15	16	17	18	19	20	21	22
대 남	9	9	9	입	10	9	9	9	8	8	8	7	7	7	6	6	6	5	우	5	4	4	4	3	3	3	2	2	2
운 여	1	1	1	춘	1	1	1	1	2	2	2	3	3	3	4	4	4	5	수	5	6	6	6	7	7	7	8	8	8

음력 12/23 ~ 01/22

丙申年

경칩 5일 12시 43분 【음2월】 → 음 2 【辛卯月(신묘월)】 ◐   춘분 20일 13시 29분

양력	1	2	3	4	5	6	7	8	9	10	11	12	13	14	15	16	17	18	19	20	21	22	23	24	25	26	27	28	29	30	31
요일	화	수	목	금	토	일	월	화	수	목	금	토	일	월	화	수	목	금	토	일	월	화	수	목	금	토	일	월	화	수	목
3 일진	壬午	癸未	甲申	乙酉	丙戌	丁亥	戊子	己丑	庚寅	辛卯	壬辰	癸巳	甲午	乙未	丙申	丁酉	戊戌	己亥	庚子	辛丑	壬寅	癸卯	甲辰	乙巳	丙午	丁未	戊申	己酉	庚戌	辛亥	壬子
음력	23	24	25	26	27	28	29	30	2/1	2	3	4	5	6	7	8	9	10	11	12	13	14	15	16	17	18	19	20	21	22	23
대 남	1	1	1	1	경	10	9	9	9	8	8	8	7	7	7	6	6	6	5	춘	5	4	4	4	3	3	3	2	2	2	1
운 여	9	9	9	10	칩	1	1	1	1	2	2	2	3	3	3	4	4	4	5	분	5	6	6	6	7	7	7	8	8	8	9

음력 01/23 ~ 02/23

청명 4일 17시 27분【음3월】   음 3 【壬辰月(임진월)】 ◐   곡우 20일 00시 29분

양력	1	2	3	4	5	6	7	8	9	10	11	12	13	14	15	16	17	18	19	20	21	22	23	24	25	26	27	28	29	30
요일	금	토	일	월	화	수	목	금	토	일	월	화	수	목	금	토	일	월	화	수	목	금	토	일	월	화	수	목	금	토
4 일진	癸丑	甲寅	乙卯	丙辰	丁巳	戊午	己未	庚申	辛酉	壬戌	癸亥	甲子	乙丑	丙寅	丁卯	戊辰	己巳	庚午	辛未	壬申	癸酉	甲戌	乙亥	丙子	丁丑	戊寅	己卯	庚辰	辛巳	壬午
음력	24	25	26	27	28	29	3/1	2	3	4	5	6	7	8	9	10	11	12	13	14	15	16	17	18	19	20	21	22	23	24
대 남	1	1	1	청	10	10	9	9	9	8	8	8	7	7	7	6	6	6	5	곡	5	4	4	4	3	3	3	2	2	2
운 여	9	9	10	명	1	1	1	1	2	2	2	3	3	3	4	4	4	5	5	우	6	6	6	7	7	7	8	8	8	9

음력 02/24 ~ 03/24

입하 5일 10시 41분 【음4월】 → 음 4 【癸巳月(계사월)】 ◐   소만 20일 23시 36분

양력	1	2	3	4	5	6	7	8	9	10	11	12	13	14	15	16	17	18	19	20	21	22	23	24	25	26	27	28	29	30	31
요일	일	월	화	수	목	금	토	일	월	화	수	목	금	토	일	월	화	수	목	금	토	일	월	화	수	목	금	토	일	월	화
5 일진	癸未	甲申	乙酉	丙戌	丁亥	戊子	己丑	庚寅	辛卯	壬辰	癸巳	甲午	乙未	丙申	丁酉	戊戌	己亥	庚子	辛丑	壬寅	癸卯	甲辰	乙巳	丙午	丁未	戊申	己酉	庚戌	辛亥	壬子	癸丑
음력	25	26	27	28	29	30	4/1	2	3	4	5	6	7	8	9	10	11	12	13	14	15	16	17	18	19	20	21	22	23	24	25
대 남	1	1	1	1	입	10	10	9	9	9	8	8	8	7	7	7	6	6	6	소	5	5	4	4	4	3	3	3	2	2	2
운 여	9	9	10	10	하	1	1	1	1	2	2	2	3	3	3	4	4	4	5	만	5	6	6	6	7	7	7	8	8	8	9

음력 03/25 ~ 04/25

망종 6일 14시 48분 【음5월】 → 음 5 【甲午月(갑오월)】 ◐   하지 21일 07시 33분

양력	1	2	3	4	5	6	7	8	9	10	11	12	13	14	15	16	17	18	19	20	21	22	23	24	25	26	27	28	29	30
요일	수	목	금	토	일	월	화	수	목	금	토	일	월	화	수	목	금	토	일	월	화	수	목	금	토	일	월	화	수	목
6 일진	甲寅	乙卯	丙辰	丁巳	戊午	己未	庚申	辛酉	壬戌	癸亥	甲子	乙丑	丙寅	丁卯	戊辰	己巳	庚午	辛未	壬申	癸酉	甲戌	乙亥	丙子	丁丑	戊寅	己卯	庚辰	辛巳	壬午	癸未
음력	26	27	28	29	5/1	2	3	4	5	6	7	8	9	10	11	12	13	14	15	16	17	18	19	20	21	22	23	24	25	26
대 남	1	1	1	1	망	10	10	10	9	9	9	8	8	8	7	7	7	6	6	6	하	5	5	4	4	4	3	3	3	2
운 여	9	9	10	10	종	1	1	1	1	2	2	2	3	3	3	4	4	4	5	5	지	6	6	6	7	7	7	8	8	8

음력 04/26 ~ 05/26

한식(4월05일), 초복(7월17일), 중복(7월27일), 말복(8월16일) ↑춘사(春社)3/17
☀추사(秋社)9/23 토왕지절(土旺之節):4월16일,7월19일,10월20일,1월17일(음12/20)
臘享(납향):2017년1월20일(음12/23)

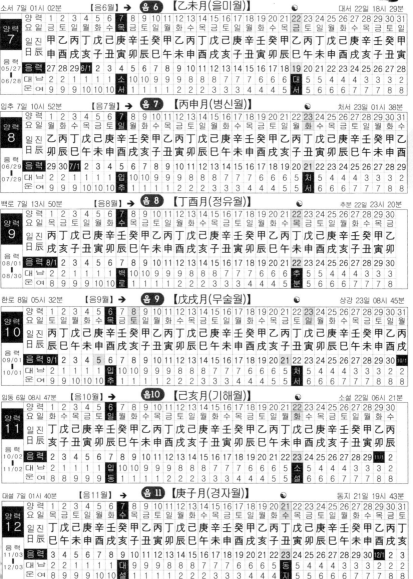

2016

丙申年

소서 7일 01시 02분　【음6월】→　음 6　【乙未月(을미월)】

양력	1	2	3	4	5	6	7	8	9	10	11	12	13	14	15	16	17	18	19	20	21	22	23	24	25	26	27	28	29	30	31
요일	금	토	일	월	화	수	목	금	토	일	월	화	수	목	금	토	일	월	화	수	목	금	토	일	월	화	수	목	금	토	일
일진	甲申	乙酉	丙戌	丁亥	戊子	己丑	庚寅	辛卯	壬辰	癸巳	甲午	乙未	丙申	丁酉	戊戌	己亥	庚子	辛丑	壬寅	癸卯	甲辰	乙巳	丙午	丁未	戊申	己酉	庚戌	辛亥	壬子	癸丑	甲寅
음력 05/27 06/28	음력	27	28	29	6/1	2	3	4	5	6	7	8	9	10	11	12	13	14	15	16	17	18	19	20	21	22	23	24	25	26	27
	대남	2	1	1	1	1	소서	10	10	9	9	9	8	8	8	7	7	7	6	6	6	대서	5	5	4	4	4	3	3	3	2
	운여	9	9	9	10	10	10	1	1	1	1	2	2	2	3	3	3	4	4	4	5	5	5	6	6	6	7	7	7	8	8

대서 22일 18시 29분

입추 7일 10시 52분　【음7월】→　음 7　【丙申月(병신월)】

양력	1	2	3	4	5	6	7	8	9	10	11	12	13	14	15	16	17	18	19	20	21	22	23	24	25	26	27	28	29	30	31
요일	월	화	수	목	금	토	일	월	화	수	목	금	토	일	월	화	수	목	금	토	일	월	화	수	목	금	토	일	월	화	수
일진	乙卯	丙辰	丁巳	戊午	己未	庚申	辛酉	壬戌	癸亥	甲子	乙丑	丙寅	丁卯	戊辰	己巳	庚午	辛未	壬申	癸酉	甲戌	乙亥	丙子	丁丑	戊寅	己卯	庚辰	辛巳	壬午	癸未	甲申	乙酉
음력 06/29 07/29	음력	29	30	7/1	2	3	4	5	6	7	8	9	10	11	12	13	14	15	16	17	18	19	20	21	22	23	24	25	26	27	28	29
	대남	2	1	1	1	1	입추	10	10	9	9	9	8	8	8	7	7	7	6	6	6	처서	5	5	4	4	4	3	3	3	2
	운여	9	9	9	10	10	10	1	1	1	1	2	2	2	3	3	3	4	4	4	5	5	5	6	6	6	7	7	7	8	8

처서 23일 01시 38분

백로 7일 13시 50분　【음8월】→　음 8　【丁酉月(정유월)】

양력	1	2	3	4	5	6	7	8	9	10	11	12	13	14	15	16	17	18	19	20	21	22	23	24	25	26	27	28	29	30
요일	목	금	토	일	월	화	수	목	금	토	일	월	화	수	목	금	토	일	월	화	수	목	금	토	일	월	화	수	목	금
일진	丙戌	丁亥	戊子	己丑	庚寅	辛卯	壬辰	癸巳	甲午	乙未	丙申	丁酉	戊戌	己亥	庚子	辛丑	壬寅	癸卯	甲辰	乙巳	丙午	丁未	戊申	己酉	庚戌	辛亥	壬子	癸丑	甲寅	乙卯
음력 08/01 08/30	음력	8/1	2	3	4	5	6	7	8	9	10	11	12	13	14	15	16	17	18	19	20	21	22	23	24	25	26	27	28	29	30
	대남	2	1	1	1	1	백로	10	10	9	9	9	8	8	8	7	7	7	6	6	6	추분	5	5	5	4	4	4	3	3	3
	운여	8	9	9	9	10	로	1	1	1	1	2	2	2	3	3	3	4	4	4	5	분	5	5	6	6	6	7	7	7	8

추분 22일 23시 20분

한로 8일 05시 32분　【음9월】→　음 9　【戊戌月(무술월)】

양력	1	2	3	4	5	6	7	8	9	10	11	12	13	14	15	16	17	18	19	20	21	22	23	24	25	26	27	28	29	30	31
요일	토	일	월	화	수	목	금	토	일	월	화	수	목	금	토	일	월	화	수	목	금	토	일	월	화	수	목	금	토	일	월
일진	丙辰	丁巳	戊午	己未	庚申	辛酉	壬戌	癸亥	甲子	乙丑	丙寅	丁卯	戊辰	己巳	庚午	辛未	壬申	癸酉	甲戌	乙亥	丙子	丁丑	戊寅	己卯	庚辰	辛巳	壬午	癸未	甲申	乙酉	丙戌
음력 09/01 10/01	음력	9/1	2	3	4	5	6	7	8	9	10	11	12	13	14	15	16	17	18	19	20	21	22	23	24	25	26	27	28	29	30	10/1
	대남	2	2	1	1	1	1	한로	10	9	9	9	8	8	8	7	7	7	6	6	6	처서	5	5	4	4	4	3	3	3	2	2
	운여	9	9	9	10	10	10	추	1	1	1	1	2	2	2	3	3	3	4	4	4	서	5	5	6	6	6	7	7	7	8	8

상강 23일 08시 45분

입동 6일 08시 47분　【음10월】→　음10　【己亥月(기해월)】

양력	1	2	3	4	5	6	7	8	9	10	11	12	13	14	15	16	17	18	19	20	21	22	23	24	25	26	27	28	29	30
요일	화	수	목	금	토	일	월	화	수	목	금	토	일	월	화	수	목	금	토	일	월	화	수	목	금	토	일	월	화	수
일진	丁亥	戊子	己丑	庚寅	辛卯	壬辰	癸巳	甲午	乙未	丙申	丁酉	戊戌	己亥	庚子	辛丑	壬寅	癸卯	甲辰	乙巳	丙午	丁未	戊申	己酉	庚戌	辛亥	壬子	癸丑	甲寅	乙卯	丙辰
음력 10/02 11/02	음력	2	3	4	5	6	7	8	9	10	11	12	13	14	15	16	17	18	19	20	21	22	23	24	25	26	27	28	29	11/1	2
	대남	2	1	1	1	1	입동	10	10	9	9	9	8	8	8	7	7	7	6	6	6	소설	5	5	5	4	4	4	3	3	3
	운여	8	9	9	9	10	동	1	1	1	1	2	2	2	3	3	3	4	4	4	5	설	5	5	6	6	6	7	7	7	8

소설 22일 06시 21분

대설 7일 01시 40분　【음11월】→　음 11　【庚子月(경자월)】

양력	1	2	3	4	5	6	7	8	9	10	11	12	13	14	15	16	17	18	19	20	21	22	23	24	25	26	27	28	29	30	31
요일	목	금	토	일	월	화	수	목	금	토	일	월	화	수	목	금	토	일	월	화	수	목	금	토	일	월	화	수	목	금	토
일진	丁巳	戊午	己未	庚申	辛酉	壬戌	癸亥	甲子	乙丑	丙寅	丁卯	戊辰	己巳	庚午	辛未	壬申	癸酉	甲戌	乙亥	丙子	丁丑	戊寅	己卯	庚辰	辛巳	壬午	癸未	甲申	乙酉	丙戌	丁亥
음력 11/03 12/03	음력	3	4	5	6	7	8	9	10	11	12	13	14	15	16	17	18	19	20	21	22	23	24	25	26	27	28	29	30	12/1	2	3
	대남	2	1	1	1	1	대설	9	9	9	8	8	8	7	7	7	6	6	6	5	동지	5	4	4	4	3	3	3	2	2	2	1
	운여	8	9	9	10	10	설	1	1	1	1	2	2	2	3	3	3	4	4	4	지	5	5	5	6	6	6	7	7	7	8	8

동지 21일 19시 43분

丁酉(정유)년 납음(山下火),본명성(一白水)

대장군(午남방), 삼살(동방), 상문(亥서북방), 조객(未서남방),납음(산하화),
삼재(해자축)　臘享(납향):2018년1월27일(음12/11)

1월

소한 5일 12시 55분 【음12월】 → 음12 【辛丑月(신축월)】　대한 20일 06시 23분

양력	1	2	3	4	5	6	7	8	9	10	11	12	13	14	15	16	17	18	19	20	21	22	23	24	25	26	27	28	29	30	31
요일	일	월	화	수	목	금	토	일	월	화	수	목	금	토	일	월	화	수	목	금	토	일	월	화	수	목	금	토	일	월	화
일진	戊	己	庚	辛	壬	癸	甲	乙	丙	丁	戊	己	庚	辛	壬	癸	甲	乙	丙	丁	戊	己	庚	辛	壬	癸	甲	乙	丙	丁	戊
日辰	子	丑	寅	卯	辰	巳	午	未	申	酉	戌	亥	子	丑	寅	卯	辰	巳	午	未	申	酉	戌	亥	子	丑	寅	卯	辰	巳	午
음력 12/04~01/04	4	5	6	7	8	9	10	11	12	13	14	15	16	17	18	19	20	21	22	23	24	25	26	27	28	29	30	1/1	2	3	4
대남	8	9	9	9	1	1	1	1	소한	10	9	9	9	8	8	8	7	7	7	6	6	6	5	대한	5	4	4	4	3	3	2
운여	8	9	9	9		1	1	1	1	1	1	2	2	2	3	3	3	4	4	4	5	5		5	6	6	6	7	7	8	8

2월

입춘 4일 00시 33분 【음1월】 → 음1 【壬寅月(임인월)】　우수 18일 20시 30분

양력	1	2	3	4	5	6	7	8	9	10	11	12	13	14	15	16	17	18	19	20	21	22	23	24	25	26	27	28
요일	수	목	금	토	일	월	화	수	목	금	토	일	월	화	수	목	금	토	일	월	화	수	목	금	토	일	월	화
일진	己	庚	辛	壬	癸	甲	乙	丙	丁	戊	己	庚	辛	壬	癸	甲	乙	丙	丁	戊	己	庚	辛	壬	癸	甲	乙	丙
日辰	未	申	酉	戌	亥	子	丑	寅	卯	辰	巳	午	未	申	酉	戌	亥	子	丑	寅	卯	辰	巳	午	未	申	酉	戌
음력 01/05~02/03	5	6	7	8	9	10	11	12	13	14	15	16	17	18	19	20	21	22	23	24	25	26	27	28	29	2/1	2	3
대남	1	1	1	입춘	1	1	1	1	2	2	2	3	3	3	4	4	4	우수	5	5	5	6	6	6	7	7	7	8
운여	9	9	10	춘	9	9	9	8	8	8	7	7	7	6	6	6	5	수	5	4	4	4	3	3	3	2	2	2

丁酉年

3월

경칩 5일 18시 32분 【음2월】 → 음2 【癸卯月(계묘월)】　춘분 20일 19시 28분

양력	1	2	3	4	5	6	7	8	9	10	11	12	13	14	15	16	17	18	19	20	21	22	23	24	25	26	27	28	29	30	31
요일	수	목	금	토	일	월	화	수	목	금	토	일	월	화	수	목	금	토	일	월	화	수	목	금	토	일	월	화	수	목	금
일진	丁	戊	己	庚	辛	壬	癸	甲	乙	丙	丁	戊	己	庚	辛	壬	癸	甲	乙	丙	丁	戊	己	庚	辛	壬	癸	甲	乙	丙	丁
日辰	亥	子	丑	寅	卯	辰	巳	午	未	申	酉	戌	亥	子	丑	寅	卯	辰	巳	午	未	申	酉	戌	亥	子	丑	寅	卯	辰	巳
음력 02/04~03/04	4	5	6	7	8	9	10	11	12	13	14	15	16	17	18	19	20	21	22	23	24	25	26	27	28	29	30	3/1	2	3	4
대남	8	9	9	9	경칩	1	1	1	1	2	2	2	3	3	3	4	4	4	5	춘분	5	6	6	6	7	7	7	8	8	8	9
운여	1	1	1	1	칩	10	9	9	9	8	8	8	7	7	7	6	6	6	5	분	5	4	4	4	3	3	3	2	2	2	1

4월

청명 4일 23시 16분 【음3월】 → 음3 【甲辰月(갑진월)】　곡우 20일 06시 26분

양력	1	2	3	4	5	6	7	8	9	10	11	12	13	14	15	16	17	18	19	20	21	22	23	24	25	26	27	28	29	30
요일	토	일	월	화	수	목	금	토	일	월	화	수	목	금	토	일	월	화	수	목	금	토	일	월	화	수	목	금	토	일
일진	戊	己	庚	辛	壬	癸	甲	乙	丙	丁	戊	己	庚	辛	壬	癸	甲	乙	丙	丁	戊	己	庚	辛	壬	癸	甲	乙	丙	丁
日辰	午	未	申	酉	戌	亥	子	丑	寅	卯	辰	巳	午	未	申	酉	戌	亥	子	丑	寅	卯	辰	巳	午	未	申	酉	戌	亥
음력 03/05~04/05	5	6	7	8	9	10	11	12	13	14	15	16	17	18	19	20	21	22	23	24	25	26	27	28	29	4/1	2	3	4	5
대남	9	9	10	청명	1	1	1	1	2	2	2	3	3	3	4	4	4	5	5	곡우	6	6	6	7	7	7	8	8	8	9
운여	1	1	1	명	10	10	9	9	9	8	8	8	7	7	7	6	6	6	5	우	5	4	4	4	3	3	3	2	2	2

5월

입하 5일 16시 30분 【음4월】 → 음4 【乙巳月(을사월)】　소만 21일 05시 30분

양력	1	2	3	4	5	6	7	8	9	10	11	12	13	14	15	16	17	18	19	20	21	22	23	24	25	26	27	28	29	30	31
요일	월	화	수	목	금	토	일	월	화	수	목	금	토	일	월	화	수	목	금	토	일	월	화	수	목	금	토	일	월	화	수
일진	戊	己	庚	辛	壬	癸	甲	乙	丙	丁	戊	己	庚	辛	壬	癸	甲	乙	丙	丁	戊	己	庚	辛	壬	癸	甲	乙	丙	丁	戊
日辰	子	丑	寅	卯	辰	巳	午	未	申	酉	戌	亥	子	丑	寅	卯	辰	巳	午	未	申	酉	戌	亥	子	丑	寅	卯	辰	巳	午
음력 04/06~05/06	6	7	8	9	10	11	12	13	14	15	16	17	18	19	20	21	22	23	24	25	26	27	28	29	30	5/1	2	3	4	5	6
대남	9	9	10	10	입하	1	1	1	1	2	2	2	3	3	3	4	4	4	5	5	소만	6	6	6	7	7	7	8	8	8	9
운여	1	1	1	1	하	10	10	9	9	9	8	8	8	7	7	7	6	6	6	5	만	5	4	4	4	3	3	3	2	2	2

6월

망종 5일 20시 36분 【음5월】 → 음5 윤5 【丙午月(병오월)】　하지 21일 13시 23분

양력	1	2	3	4	5	6	7	8	9	10	11	12	13	14	15	16	17	18	19	20	21	22	23	24	25	26	27	28	29	30
요일	목	금	토	일	월	화	수	목	금	토	일	월	화	수	목	금	토	일	월	화	수	목	금	토	일	월	화	수	목	금
일진	己	庚	辛	壬	癸	甲	乙	丙	丁	戊	己	庚	辛	壬	癸	甲	乙	丙	丁	戊	己	庚	辛	壬	癸	甲	乙	丙	丁	戊
日辰	未	申	酉	戌	亥	子	丑	寅	卯	辰	巳	午	未	申	酉	戌	亥	子	丑	寅	卯	辰	巳	午	未	申	酉	戌	亥	子
음력 05/07~윤5 07	7	8	9	10	11	12	13	14	15	16	17	18	19	20	21	22	23	24	25	26	27	28	29	윤5	2	3	4	5	6	7
대남	9	9	10	10	망종	1	1	1	1	2	2	2	3	3	3	4	4	4	5	5	하지	6	6	6	7	7	7	8	8	8
운여	1	1	1	1	종	10	10	10	9	9	9	8	8	8	7	7	7	6	6	6	지	5	5	5	4	4	4	3	3	2

한식(4월05일), 초복(7월12일), 중복(7월22일), 말복(8월11일) 춘사(春社)3/22
추사(秋社)9/18 토왕지절(土旺之節):4월17일,7월19일,10월20일,1월17일(음12/01)
臘享(납향):2018년1월27일(음12/11)

2017
丁酉年

소서 7일 06시 50분　【음6월】 →　**음6**　【丁未月(정미월)】　　대서 23일 00시 14분

양력	1	2	3	4	5	6	7	8	9	10	11	12	13	14	15	16	17	18	19	20	21	22	23	24	25	26	27	28	29	30	31
7 요일	토	일	월	화	수	목	금	토	일	월	화	수	목	금	토	일	월	화	수	목	금	토	일	월	화	수	목	금	토	일	월
일진	己丑	庚寅	辛卯	壬辰	癸巳	甲午	乙未	丙申	丁酉	戊戌	己亥	庚子	辛丑	壬寅	癸卯	甲辰	乙巳	丙午	丁未	戊申	己酉	庚戌	辛亥	壬子	癸丑	甲寅	乙卯	丙辰	丁巳	戊午	己未
음력	8	9	10	11	12	13	14	15	16	17	18	19	20	21	22	23	24	25	26	27	28	29	6/1	2	3	4	5	6	7	8	9
대남	9	9	9	10	10	10	소	1	1	1	1	2	2	2	3	3	3	4	4	4	5	5	대	6	6	6	7	7	7	8	8
운여	2	1	1	1	1	1	서	10	10	9	9	9	8	8	8	7	7	7	6	6	6	5	서	5	4	4	4	3	3	3	2

입추 7일 16시 39분　【음7월】 →　**음7**　【戊申月(무신월)】　　처서 23일 07시 19분

양력	1	2	3	4	5	6	7	8	9	10	11	12	13	14	15	16	17	18	19	20	21	22	23	24	25	26	27	28	29	30	31
8 요일	화	수	목	금	토	일	월	화	수	목	금	토	일	월	화	수	목	금	토	일	월	화	수	목	금	토	일	월	화	수	목
일진	庚申	辛酉	壬戌	癸亥	甲子	乙丑	丙寅	丁卯	戊辰	己巳	庚午	辛未	壬申	癸酉	甲戌	乙亥	丙子	丁丑	戊寅	己卯	庚辰	辛巳	壬午	癸未	甲申	乙酉	丙戌	丁亥	戊子	己丑	庚寅
음력	10	11	12	13	14	15	16	17	18	19	20	21	22	23	24	25	26	27	28	29	30	7/1	2	3	4	5	6	7	8	9	10
대남	8	9	9	9	10	10	입	1	1	1	1	2	2	2	3	3	3	4	4	4	5	처	5	6	6	6	7	7	7	8	8
운여	2	1	1	1	1	1	추	10	10	10	9	9	9	8	8	8	7	7	7	6	6	서	5	5	5	4	4	4	3	3	2

백로 7일 19시 38분　【음8월】 →　**음8**　【己酉月(기유월)】　　추분 23일 05시 01분

양력	1	2	3	4	5	6	7	8	9	10	11	12	13	14	15	16	17	18	19	20	21	22	23	24	25	26	27	28	29	30
9 요일	금	토	일	월	화	수	목	금	토	일	월	화	수	목	금	토	일	월	화	수	목	금	토	일	월	화	수	목	금	토
일진	辛卯	壬辰	癸巳	甲午	乙未	丙申	丁酉	戊戌	己亥	庚子	辛丑	壬寅	癸卯	甲辰	乙巳	丙午	丁未	戊申	己酉	庚戌	辛亥	壬子	癸丑	甲寅	乙卯	丙辰	丁巳	戊午	己未	庚申
음력	11	12	13	14	15	16	17	18	19	20	21	22	23	24	25	26	27	28	29	8/1	2	3	4	5	6	7	8	9	10	11
대남	8	9	9	9	10	10	백	1	1	1	1	2	2	2	3	3	3	4	4	4	5	추	5	6	6	6	7	7	7	8
운여	8	2	1	1	1	1	로	10	10	10	9	9	9	8	8	8	7	7	7	6	6	분	5	5	5	4	4	4	3	3

한로 8일 11시 21분　【음력9월】 →　**음9**　【庚戌月(경술월)】　　상강 23일 14시 26분

양력	1	2	3	4	5	6	7	8	9	10	11	12	13	14	15	16	17	18	19	20	21	22	23	24	25	26	27	28	29	30	31
10 요일	일	월	화	수	목	금	토	일	월	화	수	목	금	토	일	월	화	수	목	금	토	일	월	화	수	목	금	토	일	월	화
일진	辛酉	壬戌	癸亥	甲子	乙丑	丙寅	丁卯	戊辰	己巳	庚午	辛未	壬申	癸酉	甲戌	乙亥	丙子	丁丑	戊寅	己卯	庚辰	辛巳	壬午	癸未	甲申	乙酉	丙戌	丁亥	戊子	己丑	庚寅	辛卯
음력	12	13	14	15	16	17	18	19	20	21	22	23	24	25	26	27	28	29	30	9/1	2	3	4	5	6	7	8	9	10	11	12
대남	8	8	9	9	9	10	한	1	1	1	1	2	2	2	3	3	3	4	4	4	5	상	5	6	6	6	7	7	7	8	8
운여	2	2	1	1	1	1	로	10	9	9	9	8	8	8	7	7	7	6	6	6	5	강	5	5	4	4	4	3	3	3	2

입동 7일 14시 37분　【음10월】 →　**음10**　【辛亥月(신해월)】　　소설 22일 12시 04분

양력	1	2	3	4	5	6	7	8	9	10	11	12	13	14	15	16	17	18	19	20	21	22	23	24	25	26	27	28	29	30
11 요일	수	목	금	토	일	월	화	수	목	금	토	일	월	화	수	목	금	토	일	월	화	수	목	금	토	일	월	화	수	목
일진	壬辰	癸巳	甲午	乙未	丙申	丁酉	戊戌	己亥	庚子	辛丑	壬寅	癸卯	甲辰	乙巳	丙午	丁未	戊申	己酉	庚戌	辛亥	壬子	癸丑	甲寅	乙卯	丙辰	丁巳	戊午	己未	庚申	辛酉
음력	13	14	15	16	17	18	19	20	21	22	23	24	25	26	27	28	29	10/1	2	3	4	5	6	7	8	9	10	11	12	13
대남	8	8	9	9	9	10	입	1	1	1	1	2	2	2	3	3	3	4	4	4	소	5	5	6	6	6	7	7	7	8
운여	2	2	1	1	1	1	동	10	9	9	9	8	8	8	7	7	7	6	6	6	설	5	5	4	4	4	3	3	3	2

대설 7일 07시 32분　【음11월】 →　**음11**　【壬子月(임자월)】　　동지 22일 01시 27분

양력	1	2	3	4	5	6	7	8	9	10	11	12	13	14	15	16	17	18	19	20	21	22	23	24	25	26	27	28	29	30	31
12 요일	금	토	일	월	화	수	목	금	토	일	월	화	수	목	금	토	일	월	화	수	목	금	토	일	월	화	수	목	금	토	일
일진	壬戌	癸亥	甲子	乙丑	丙寅	丁卯	戊辰	己巳	庚午	辛未	壬申	癸酉	甲戌	乙亥	丙子	丁丑	戊寅	己卯	庚辰	辛巳	壬午	癸未	甲申	乙酉	丙戌	丁亥	戊子	己丑	庚寅	辛卯	壬辰
음력	14	15	16	17	18	19	20	21	22	23	24	25	26	27	28	29	30	11/1	2	3	4	5	6	7	8	9	10	11	12	13	14
대남	8	8	8	9	9	9	대	1	1	1	1	2	2	2	3	3	3	4	4	4	동	5	5	6	6	6	7	7	7	8	8
운여	2	2	1	1	1	1	설	9	9	9	8	8	8	7	7	7	6	6	6	5	지	5	4	4	4	3	3	3	2	2	2

戊戌(무술)년 납음(平地木),본명성(九紫火)

단기 4351 年
불기 2562 年

2018년

대장군(午남방), 삼살(묵방), 상문(子북방),조객(申서남방), 납음(평지목),
【삼재(신,유,술)년】 臘享(납향):2019년1월22일(음12/17)

소한 5일 18시 48분 【음12월】 → 음12 【癸丑月(계축월)】 ◐ 대한 20일 12시 08분

양력	1	2	3	4	5	6	7	8	9	10	11	12	13	14	15	16	17	18	19	20	21	22	23	24	25	26	27	28	29	30	31
요일	월	화	수	목	금	토	일	월	화	수	목	금	토	일	월	화	수	목	금	토	일	월	화	수	목	금	토	일	월	화	수
일진 日辰	癸巳	甲午	乙未	丙申	丁酉	戊戌	己亥	庚子	辛丑	壬寅	癸卯	甲辰	乙巳	丙午	丁未	戊申	己酉	庚戌	辛亥	壬子	癸丑	甲寅	乙卯	丙辰	丁巳	戊午	己未	庚申	辛酉	壬戌	癸亥
음력	15	16	17	18	19	20	21	22	23	24	25	26	27	28	29	30	12/1	2	3	4	5	6	7	8	9	10	11	12	13	14	15
대남	8	9	9	9	소	1	1	1	1	2	2	2	3	3	3	4	4	4	5	대	5	6	6	6	7	7	7	8	8	8	9
운여	2	1	1	1	한	10	9	9	9	8	8	8	7	7	7	6	6	6	5	한	5	4	4	4	3	3	3	2	2	2	1

음력 11/15 ~ 12/15

입춘 4일 06시 28분 【음1월】 음1 【甲寅月(갑인월)】 ◐ 우수 19일 02시 17분

양력	1	2	3	4	5	6	7	8	9	10	11	12	13	14	15	16	17	18	19	20	21	22	23	24	25	26	27	28
요일	목	금	토	일	월	화	수	목	금	토	일	월	화	수	목	금	토	일	월	화	수	목	금	토	일	월	화	수
일진 日辰	甲子	乙丑	丙寅	丁卯	戊辰	己巳	庚午	辛未	壬申	癸酉	甲戌	乙亥	丙子	丁丑	戊寅	己卯	庚辰	辛巳	壬午	癸未	甲申	乙酉	丙戌	丁亥	戊子	己丑	庚寅	辛卯
음력	16	17	18	19	20	21	22	23	24	25	26	27	28	29	30	1/1	2	3	4	5	6	7	8	9	10	11	12	13
대남	9	9	9	입	1	1	1	1	2	2	2	3	3	3	4	4	4	5	우	5	6	6	6	7	7	7	8	8
운여	1	1	1	춘	1	1	1	1	2	2	2	3	3	3	4	4	4	5	수	5	6	6	6	7	7	7	8	8

음력 12/16 ~ 01/13

戊戌年

경칩 6일 00시 27분 【음2월】 → 음2 【乙卯月(을묘월)】 ◐ 춘분 21일 01시 14분

양력	1	2	3	4	5	6	7	8	9	10	11	12	13	14	15	16	17	18	19	20	21	22	23	24	25	26	27	28	29	30	31
요일	목	금	토	일	월	화	수	목	금	토	일	월	화	수	목	금	토	일	월	화	수	목	금	토	일	월	화	수	목	금	토
일진 日辰	壬辰	癸巳	甲午	乙未	丙申	丁酉	戊戌	己亥	庚子	辛丑	壬寅	癸卯	甲辰	乙巳	丙午	丁未	戊申	己酉	庚戌	辛亥	壬子	癸丑	甲寅	乙卯	丙辰	丁巳	戊午	己未	庚申	辛酉	壬戌
음력	14	15	16	17	18	19	20	21	22	23	24	25	26	27	28	29	2/1	2	3	4	5	6	7	8	9	10	11	12	13	14	15
대남	2	1	1	1	1	경	10	9	9	9	8	8	8	7	7	7	6	6	6	5	춘	5	4	4	4	3	3	3	2	2	2
운여	8	9	9	9	10	칩	1	1	1	1	2	2	2	3	3	3	4	4	4	5	분	5	6	6	6	7	7	7	8	8	8

음력 01/14 ~ 02/15

청명 5일 05시 12분 【음3월】 → 음3 【丙辰月(병진월)】 ◐ 곡우 20일 12시 12분

양력	1	2	3	4	5	6	7	8	9	10	11	12	13	14	15	16	17	18	19	20	21	22	23	24	25	26	27	28	29	30
요일	일	월	화	수	목	금	토	일	월	화	수	목	금	토	일	월	화	수	목	금	토	일	월	화	수	목	금	토	일	월
일진 日辰	癸亥	甲子	乙丑	丙寅	丁卯	戊辰	己巳	庚午	辛未	壬申	癸酉	甲戌	乙亥	丙子	丁丑	戊寅	己卯	庚辰	辛巳	壬午	癸未	甲申	乙酉	丙戌	丁亥	戊子	己丑	庚寅	辛卯	壬辰
음력	16	17	18	19	20	21	22	23	24	25	26	27	28	29	30	3/1	2	3	4	5	6	7	8	9	10	11	12	13	14	15
대남	1	1	1	1	청	10	9	9	9	8	8	8	7	7	7	6	6	6	5	곡	5	4	4	4	3	3	3	2	2	2
운여	9	9	9	10	명	1	1	1	1	2	2	2	3	3	3	4	4	4	5	우	5	6	6	6	7	7	7	8	8	8

음력 02/16 ~ 03/15

입하 5일 22시 24분 【음4월】 → 음4 【丁巳月(정사월)】 ◑ 소만 21일 11시 14분

양력	1	2	3	4	5	6	7	8	9	10	11	12	13	14	15	16	17	18	19	20	21	22	23	24	25	26	27	28	29	30	31
요일	화	수	목	금	토	일	월	화	수	목	금	토	일	월	화	수	목	금	토	일	월	화	수	목	금	토	일	월	화	수	목
일진 日辰	癸巳	甲午	乙未	丙申	丁酉	戊戌	己亥	庚子	辛丑	壬寅	癸卯	甲辰	乙巳	丙午	丁未	戊申	己酉	庚戌	辛亥	壬子	癸丑	甲寅	乙卯	丙辰	丁巳	戊午	己未	庚申	辛酉	壬戌	癸亥
음력	16	17	18	19	20	21	22	23	24	25	26	27	28	29	4/1	2	3	4	5	6	7	8	9	10	11	12	13	14	15	16	17
대남	1	1	1	입	10	10	9	9	9	8	8	8	7	7	7	6	6	6	5	소	5	4	4	4	3	3	3	2	2	2	1
운여	9	9	10	하	1	1	1	1	2	2	2	3	3	3	4	4	4	5	5	만	6	6	6	7	7	7	8	8	8	9	9

음력 03/16 ~ 04/17

망종 6일 02시 28분 【음5월】 → 음5 【戊午月(무오월)】 ◑ 하지 21일 19시 06분

양력	1	2	3	4	5	6	7	8	9	10	11	12	13	14	15	16	17	18	19	20	21	22	23	24	25	26	27	28	29	30
요일	금	토	일	월	화	수	목	금	토	일	월	화	수	목	금	토	일	월	화	수	목	금	토	일	월	화	수	목	금	토
일진 日辰	甲子	乙丑	丙寅	丁卯	戊辰	己巳	庚午	辛未	壬申	癸酉	甲戌	乙亥	丙子	丁丑	戊寅	己卯	庚辰	辛巳	壬午	癸未	甲申	乙酉	丙戌	丁亥	戊子	己丑	庚寅	辛卯	壬辰	癸巳
음력	18	19	20	21	22	23	24	25	26	27	28	29	30	5/1	2	3	4	5	6	7	8	9	10	11	12	13	14	15	16	17
대남	2	1	1	1	1	망	10	10	9	9	9	8	8	8	7	7	7	6	6	6	5	하	5	4	4	4	3	3	3	2
운여	9	9	10	10	10	종	1	1	1	1	2	2	2	3	3	3	4	4	4	5	5	지	5	6	6	6	7	7	7	8

음력 04/18 ~ 05/17

소서 7일 12시 41분 【음6월】→ 음6 【己未月(기미월)】 ◑ **대서 23일 05시 59분**

양력 7	요일	일	월	화	수	목	금	토	일	월	화	수	목	금	토	일	월	화	수	목	금	토	일	월	화	수	목	금	토	일	월	화
	양력	1	2	3	4	5	6	7	8	9	10	11	12	13	14	15	16	17	18	19	20	21	22	23	24	25	26	27	28	29	30	31
	일진	甲	乙	丙	丁	戊	己	庚	辛	壬	癸	甲	乙	丙	丁	戊	己	庚	辛	壬	癸	甲	乙	丙	丁	戊	己	庚	辛	壬	癸
	日辰	辰	巳	午	未	申	酉	戌	亥	子	丑	寅	卯	辰	巳	午	未	申	酉	戌	亥	子	丑	寅	卯	辰	巳	午	未	申	酉	戌	亥
05/18	음력	18	19	20	21	22	23	24	25	26	27	28	29	6/1	2	3	4	5	6	7	8	9	10	11	12	13	14	15	16	17	18	19
06/19	대남	2	2	1	1	1	1	소	10	10	10	9	9	9	8	8	8	7	7	7	6	6	6	5	대	5	4	4	4	3	3	2
	운여	8	9	9	9	10	10	서	1	1	1	1	2	2	2	3	3	3	4	4	4	5	5	5	서	6	6	6	7	7	7	8

입추 7일 22시 30분 【음7월】→ 음7 【庚申月(경신월)】 ● **처서 23일 13시 08분**

양력 8	요일	수	목	금	토	일	월	화	수	목	금	토	일	월	화	수	목	금	토	일	월	화	수	목	금	토	일	월	화	수	목	금
	양력	1	2	3	4	5	6	7	8	9	10	11	12	13	14	15	16	17	18	19	20	21	22	23	24	25	26	27	28	29	30	31
	일진	乙	丙	丁	戊	己	庚	辛	壬	癸	甲	乙	丙	丁	戊	己	庚	辛	壬	癸	甲	乙	丙	丁	戊	己	庚	辛	壬	癸	甲	乙
	日辰	丑	寅	卯	辰	巳	午	未	申	酉	戌	亥	子	丑	寅	卯	辰	巳	午	未	申	酉	戌	亥	子	丑	寅	卯	辰	巳	午	未
06/20	음력	20	21	22	23	24	25	26	27	28	29	7/1	2	3	4	5	6	7	8	9	10	11	12	13	14	15	16	17	18	19	20	21
07/21	대남	2	2	2	1	1	1	입	10	10	9	9	9	8	8	8	7	7	7	6	6	6	5	처	5	4	4	4	3	3	3	2
	운여	8	8	9	9	9	10	추	1	1	1	1	2	2	2	3	3	3	4	4	4	5	5	서	5	6	6	6	7	7	7	8

백로 8일 01시 29분 【음8월】→ 음8 【辛酉月(신유월)】 ● **추분 23일 10시 53분**

양력 9	요일	토	일	월	화	수	목	금	토	일	월	화	수	목	금	토	일	월	화	수	목	금	토	일	월	화	수	목	금	토	일
	양력	1	2	3	4	5	6	7	8	9	10	11	12	13	14	15	16	17	18	19	20	21	22	23	24	25	26	27	28	29	30
	일진	丙	丁	戊	己	庚	辛	壬	癸	甲	乙	丙	丁	戊	己	庚	辛	壬	癸	甲	乙	丙	丁	戊	己	庚	辛	壬	癸	甲	乙
	日辰	申	酉	戌	亥	子	丑	寅	卯	辰	巳	午	未	申	酉	戌	亥	子	丑	寅	卯	辰	巳	午	未	申	酉	戌	亥	子	丑
07/22	음력	22	23	24	25	26	27	28	29	8/1	2	3	4	5	6	7	8	9	10	11	12	13	14	15	16	17	18	19	20	21	
08/21	대남	2	2	2	1	1	1	백	10	10	9	9	9	8	8	8	7	7	7	6	6	6	5	추	5	4	4	4	3	3	3
	운여	8	8	9	9	9	10	로	1	1	1	1	2	2	2	3	3	3	4	4	4	5	5	분	5	6	6	6	7	7	7

한로 8일 17시 14분 【음9월】→ 음9 【壬戌月(임술월)】 ● **상강 23일 20시 21분**

양력 10	요일	월	화	수	목	금	토	일	월	화	수	목	금	토	일	월	화	수	목	금	토	일	월	화	수	목	금	토	일	월	화	수
	양력	1	2	3	4	5	6	7	8	9	10	11	12	13	14	15	16	17	18	19	20	21	22	23	24	25	26	27	28	29	30	31
	일진	丙	丁	戊	己	庚	辛	壬	癸	甲	乙	丙	丁	戊	己	庚	辛	壬	癸	甲	乙	丙	丁	戊	己	庚	辛	壬	癸	甲	乙	丙
	日辰	寅	卯	辰	巳	午	未	申	酉	戌	亥	子	丑	寅	卯	辰	巳	午	未	申	酉	戌	亥	子	丑	寅	卯	辰	巳	午	未	申
08/22	음력	22	23	24	25	26	27	28	29	9/1	2	3	4	5	6	7	8	9	10	11	12	13	14	15	16	17	18	19	20	21	22	23
09/23	대남	2	2	2	1	1	1	한	10	9	9	9	8	8	8	7	7	7	6	6	6	5	5	상	5	4	4	4	3	3	3	2
	운여	8	8	8	9	9	9	로	1	1	1	1	2	2	2	3	3	3	4	4	4	5	5	강	5	6	6	6	7	7	7	8

입동 7일 20시 31분 【음10월】→ 음10 【癸亥月(계해월)】 ◑ **소설 22일 18시 01분**

양력 11	요일	목	금	토	일	월	화	수	목	금	토	일	월	화	수	목	금	토	일	월	화	수	목	금	토	일	월	화	수	목	금
	양력	1	2	3	4	5	6	7	8	9	10	11	12	13	14	15	16	17	18	19	20	21	22	23	24	25	26	27	28	29	30
	일진	丁	戊	己	庚	辛	壬	癸	甲	乙	丙	丁	戊	己	庚	辛	壬	癸	甲	乙	丙	丁	戊	己	庚	辛	壬	癸	甲	乙	丙
	日辰	酉	戌	亥	子	丑	寅	卯	辰	巳	午	未	申	酉	戌	亥	子	丑	寅	卯	辰	巳	午	未	申	酉	戌	亥	子	丑	寅
09/24	음력	24	25	26	27	28	29	30	10/1	2	3	4	5	6	7	8	9	10	11	12	13	14	15	16	17	18	19	20	21	22	23
10/23	대남	2	2	1	1	1	1	입	10	9	9	9	8	8	8	7	7	7	6	6	6	5	소	5	4	4	4	3	3	3	2
	운여	8	8	9	9	9	10	동	1	1	1	1	2	2	2	3	3	3	4	4	4	5	설	5	6	6	6	7	7	7	8

대설 7일 13시 25분 【음11월】→ 음11 【甲子月(갑자월)】 ● **동지 22일 07시 22분**

양력 12	요일	토	일	월	화	수	목	금	토	일	월	화	수	목	금	토	일	월	화	수	목	금	토	일	월	화	수	목	금	토	일	월
	양력	1	2	3	4	5	6	7	8	9	10	11	12	13	14	15	16	17	18	19	20	21	22	23	24	25	26	27	28	29	30	31
	일진	丁	戊	己	庚	辛	壬	癸	甲	乙	丙	丁	戊	己	庚	辛	壬	癸	甲	乙	丙	丁	戊	己	庚	辛	壬	癸	甲	乙	丙	丁
	日辰	卯	辰	巳	午	未	申	酉	戌	亥	子	丑	寅	卯	辰	巳	午	未	申	酉	戌	亥	子	丑	寅	卯	辰	巳	午	未	申	酉
10/24	음력	24	25	26	27	28	29	11/1	2	3	4	5	6	7	8	9	10	11	12	13	14	15	16	17	18	19	20	21	22	23	24	25
11/25	대남	2	2	1	1	1	1	대	10	9	9	9	8	8	8	7	7	7	6	6	6	5	동	5	4	4	4	3	3	3	2	2
	운여	8	8	9	9	9	10	설	1	1	1	1	2	2	2	3	3	3	4	4	4	5	지	5	6	6	6	7	7	7	8	8

2018

戊戌年

단기 4352 年
불기 2563 年
2019年

己亥(기해)년 납음(平地木)본명성,(八白土)

대장군(酉서방). 삼살(酉서방), 상문(丑동북방),조객(酉서방), 납음(평지목),
【삼재(사,오,미)년】 臘享(납향):2020년1월18일(음12/23)

소한 6일 00시 38분 【음12월】 → 음12 乙丑月(을축월) ☽ 대한 20일 17시 59분

양력	1	2	3	4	5	6	7	8	9	10	11	12	13	14	15	16	17	18	19	20	21	22	23	24	25	26	27	28	29	30	31
1 요일	화	수	목	금	토	일	월	화	수	목	금	토	일	월	화	수	목	금	토	일	월	화	수	목	금	토	일	월	화	수	목
일진	戊	己	庚	辛	壬	癸	甲	乙	丙	丁	戊	己	庚	辛	壬	癸	甲	乙	丙	丁	戊	己	庚	辛	壬	癸	甲	乙	丙	丁	戊
日辰	戌	亥	子	丑	寅	卯	辰	巳	午	未	申	酉	戌	亥	子	丑	寅	卯	辰	巳	午	未	申	酉	戌	亥	子	丑	寅	卯	辰
음력 11/26 12/26	26	27	28	29	30	12/1	2	3	4	5	6	7	8	9	10	11	12	13	14	15	16	17	18	19	20	21	22	23	24	25	26
대 남	2	1	1	1	1	소한	9	9	9	8	8	8	7	7	7	6	6	6	5	대한	5	4	4	4	3	3	3	2	2	2	1
운 여	8	9	9	9	10		1	1	1	1	2	2	2	3	3	3	4	4	4		5	5	6	6	6	7	7	7	8	8	8

입춘 4일 12시 13분 【음1월】 → 음1 丙寅月(병인월) ☽ 우수 19일 08시 03분

양력	1	2	3	4	5	6	7	8	9	10	11	12	13	14	15	16	17	18	19	20	21	22	23	24	25	26	27	28			
2 요일	금	토	일	월	화	수	목	금	토	일	월	화	수	목	금	토	일	월	화	수	목	금	토	일	월	화	수	목			
일진	己	庚	辛	壬	癸	甲	乙	丙	丁	戊	己	庚	辛	壬	癸	甲	乙	丙	丁	戊	己	庚	辛	壬	癸	甲	乙	丙			
日辰	巳	午	未	申	酉	戌	亥	子	丑	寅	卯	辰	巳	午	未	申	酉	戌	亥	子	丑	寅	卯	辰	巳	午	未	申			
음력 12/27 01/24	27	28	29	30	1/1	2	3	4	5	6	7	8	9	10	11	12	13	14	15	16	17	18	19	20	21	22	23	24			
대 남	1	1	1	입춘	1	1	1	2	2	2	3	3	3	4	4	4	5	우수	5	6	6	6	7	7	7	8	8	8			
운 여	9	9	9		10	9	9	9	8	8	8	7	7	7	6	6	6		5	5	4	4	4	3	3	3	2	2			

己亥年

경칩 6일 06시 09분 【음2월】 → 음2 丁卯月(정묘월) ☽ 춘분 21일 06시 57분

양력	1	2	3	4	5	6	7	8	9	10	11	12	13	14	15	16	17	18	19	20	21	22	23	24	25	26	27	28	29	30	31
3 요일	금	토	일	월	화	수	목	금	토	일	월	화	수	목	금	토	일	월	화	수	목	금	토	일	월	화	수	목	금	토	일
일진	丁	戊	己	庚	辛	壬	癸	甲	乙	丙	丁	戊	己	庚	辛	壬	癸	甲	乙	丙	丁	戊	己	庚	辛	壬	癸	甲	乙	丙	丁
日辰	酉	戌	亥	子	丑	寅	卯	辰	巳	午	未	申	酉	戌	亥	子	丑	寅	卯	辰	巳	午	未	申	酉	戌	亥	子	丑	寅	卯
음력 01/25 02/25	25	26	27	28	29	30	2/1	2	3	4	5	6	7	8	9	10	11	12	13	14	15	16	17	18	19	20	21	22	23	24	25
대 남	8	9	9	9	10	경칩	1	1	1	1	2	2	2	3	3	3	4	4	4	5	춘분	5	6	6	6	7	7	7	8	8	8
운 여	2	1	1	1	1		10	9	9	9	8	8	8	7	7	7	6	6	6	5		5	4	4	4	3	3	3	2	2	2

청명 5일 10시 50분 【음3월】 → 음3 戊辰月(무진월) ☽ 곡우 20일 17시 54분

양력	1	2	3	4	5	6	7	8	9	10	11	12	13	14	15	16	17	18	19	20	21	22	23	24	25	26	27	28	29	30	
4 요일	월	화	수	목	금	토	일	월	화	수	목	금	토	일	월	화	수	목	금	토	일	월	화	수	목	금	토	일	월	화	
일진	戊	己	庚	辛	壬	癸	甲	乙	丙	丁	戊	己	庚	辛	壬	癸	甲	乙	丙	丁	戊	己	庚	辛	壬	癸	甲	乙	丙	丁	
日辰	辰	巳	午	未	申	酉	戌	亥	子	丑	寅	卯	辰	巳	午	未	申	酉	戌	亥	子	丑	寅	卯	辰	巳	午	未	申	酉	
음력 02/26 03/26	26	27	28	29	3/1	2	3	4	5	6	7	8	9	10	11	12	13	14	15	16	17	18	19	20	21	22	23	24	25	26	
대 남	9	9	9	10	청명	1	1	1	1	2	2	2	3	3	3	4	4	4	5	곡우	5	6	6	6	7	7	7	8	8	8	
운 여	1	1	1	1		10	10	9	9	9	8	8	8	7	7	7	6	6	6		5	5	4	4	4	3	3	3	2	2	

입하 6일 04시 02분 【음4월】 → 음4 己巳月(기사월) ☽ 소만 21일 16시 58분

양력	1	2	3	4	5	6	7	8	9	10	11	12	13	14	15	16	17	18	19	20	21	22	23	24	25	26	27	28	29	30	31
5 요일	수	목	금	토	일	월	화	수	목	금	토	일	월	화	수	목	금	토	일	월	화	수	목	금	토	일	월	화	수	목	금
일진	戊	己	庚	辛	壬	癸	甲	乙	丙	丁	戊	己	庚	辛	壬	癸	甲	乙	丙	丁	戊	己	庚	辛	壬	癸	甲	乙	丙	丁	戊
日辰	戌	亥	子	丑	寅	卯	辰	巳	午	未	申	酉	戌	亥	子	丑	寅	卯	辰	巳	午	未	申	酉	戌	亥	子	丑	寅	卯	辰
음력 03/27 04/27	27	28	29	30	4/1	2	3	4	5	6	7	8	9	10	11	12	13	14	15	16	17	18	19	20	21	22	23	24	25	26	27
대 남	9	9	9	10	10	입하	1	1	1	1	2	2	2	3	3	3	4	4	4	5	소만	5	6	6	6	7	7	7	8	8	8
운 여	2	1	1	1	1		10	10	9	9	9	8	8	8	7	7	7	6	6	6		5	5	4	4	4	3	3	3	2	2

망종 6일 08시 05분 【음5월】 → 음5 庚午月(경오월) ☽ 하지 22일 00시 53분

양력	1	2	3	4	5	6	7	8	9	10	11	12	13	14	15	16	17	18	19	20	21	22	23	24	25	26	27	28	29	30	
6 요일	토	일	월	화	수	목	금	토	일	월	화	수	목	금	토	일	월	화	수	목	금	토	일	월	화	수	목	금	토	일	
일진	己	庚	辛	壬	癸	甲	乙	丙	丁	戊	己	庚	辛	壬	癸	甲	乙	丙	丁	戊	己	庚	辛	壬	癸	甲	乙	丙	丁	戊	
日辰	巳	午	未	申	酉	戌	亥	子	丑	寅	卯	辰	巳	午	未	申	酉	戌	亥	子	丑	寅	卯	辰	巳	午	未	申	酉	戌	
음력 04/28 05/28	28	29	5/1	2	3	4	5	6	7	8	9	10	11	12	13	14	15	16	17	18	19	20	21	22	23	24	25	26	27	28	
대 남	9	9	10	10	10	망종	1	1	1	1	2	2	2	3	3	3	4	4	4	5	5	하지	6	6	6	7	7	7	8	8	
운 여	2	1	1	1	1		10	10	9	9	9	8	8	8	7	7	7	6	6	6	5		5	4	4	4	3	3	3	2	

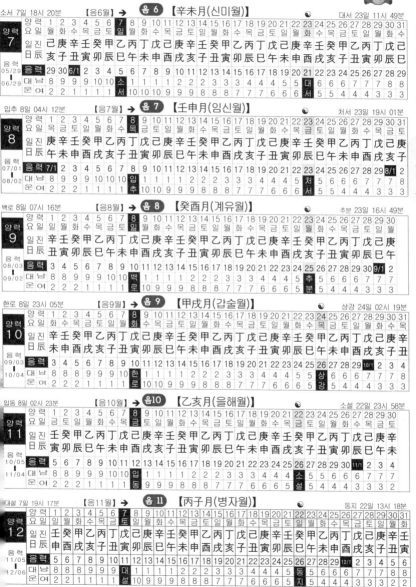

소서 7일 18시 20분 【음6월】 → 음6 【辛未月(신미월)】 대서 23일 11시 49분

입추 8일 04시 12분 【음7월】 → 음7 【壬申月(임신월)】 처서 23일 19시 01분

백로 8일 07시 16분 【음8월】 → 음8 【癸酉月(계유월)】 추분 23일 16시 49분

한로 8일 23시 05분 【음9월】 → 음9 【甲戌月(갑술월)】 상강 24일 02시 19분

입동 8일 02시 23분 【음10월】 → 음10 【乙亥月(을해월)】 소설 22일 23시 58분

대설 7일 19시 17분 【음11월】 → 음11 【丙子月(병자월)】 동지 22일 13시 18분

단기 4353 年	**2020**년	**庚子(경자)년** 납음(壁上土)본명성(七赤金)
불기 2564 年		대장군(酉서방). 삼살(남방), 상문(寅동북방),조객(戌서북방), 납음(벽상토),
		【삼재(인,묘,진년)】 腊享(납향):2021년1월23일(음12/11)

소한 6일 06시 29분 【음12월】 → 음12 【丁丑月(정축월)】 ☾ **대한 20일 23시 54분**

양력 1	양력	1	2	3	4	5	6	7	8	9	10	11	12	13	14	15	16	17	18	19	20	21	22	23	24	25	26	27	28	29	30	31
	요일	수	목	금	토	일	월	화	수	목	금	토	일	월	화	수	목	금	토	일	월	화	수	목	금	토	일	월	화	수	목	금
	일진	癸	甲	乙	丙	丁	戊	己	庚	辛	壬	癸	甲	乙	丙	丁	戊	己	庚	辛	壬	癸	甲	乙	丙	丁	戊	己	庚	辛	壬	癸
음력 12/07 ┃ 01/07	日辰	卯	辰	巳	午	未	申	酉	戌	亥	子	丑	寅	卯	辰	巳	午	未	申	酉	戌	亥	子	丑	寅	卯	辰	巳	午	未	申	酉
	음력	7	8	9	10	11	12	13	14	15	16	17	18	19	20	21	22	23	24	25	26	27	28	29	30	1/1	2	3	4	5	6	7
	대남	8	9	9	9	소한	1	1	1	1	2	2	2	3	3	3	4	4	4	대한	5	5	5	6	6	6	7	7	7	8	8	8
	운여	8	9	9	9		10	9	9	9	8	8	8	7	7	7	6	6	6		5	5	4	4	4	3	3	3	2	2	2	1

입춘 4일 18시 02분 【음1월】 → 음1 【戊寅月(무인월)】 ☾ **우수 19일 13시 56분**

양력 2	양력	1	2	3	4	5	6	7	8	9	10	11	12	13	14	15	16	17	18	19	20	21	22	23	24	25	26	27	28	29
	요일	토	일	월	화	수	목	금	토	일	월	화	수	목	금	토	일	월	화	수	목	금	토	일	월	화	수	목	금	토
	일진	甲	乙	丙	丁	戊	己	庚	辛	壬	癸	甲	乙	丙	丁	戊	己	庚	辛	壬	癸	甲	乙	丙	丁	戊	己	庚	辛	壬
음력 01/08 ┃ 02/06	日辰	戌	亥	子	丑	寅	卯	辰	巳	午	未	申	酉	戌	亥	子	丑	寅	卯	辰	巳	午	未	申	酉	戌	亥	子	丑	寅
	음력	8	9	10	11	12	13	14	15	16	17	18	19	20	21	22	23	24	25	26	27	28	29	30	2/1	2	3	4	5	6
	대남	9	9	9	입춘	1	1	1	1	2	2	2	3	3	3	4	4	4	5	우수	5	5	4	4	4	3	3	3	2	2
	운여	1	1	1		10	9	9	9	8	8	8	7	7	7	6	6	6	5		5	6	6	6	7	7	7	8	8

庚子年

경칩 5일 11시 56분 【음2월】 → 음2 【己卯月(기묘월)】 ☾ **춘분 20일 12시 49분**

양력 3	양력	1	2	3	4	5	6	7	8	9	10	11	12	13	14	15	16	17	18	19	20	21	22	23	24	25	26	27	28	29	30	31
	요일	일	월	화	수	목	금	토	일	월	화	수	목	금	토	일	월	화	수	목	금	토	일	월	화	수	목	금	토	일	월	화
	일진	癸	甲	乙	丙	丁	戊	己	庚	辛	壬	癸	甲	乙	丙	丁	戊	己	庚	辛	壬	癸	甲	乙	丙	丁	戊	己	庚	辛	壬	癸
음력 02/07 ┃ 03/08	日辰	卯	辰	巳	午	未	申	酉	戌	亥	子	丑	寅	卯	辰	巳	午	未	申	酉	戌	亥	子	丑	寅	卯	辰	巳	午	未	申	酉
	음력	7	8	9	10	11	12	13	14	15	16	17	18	19	20	21	22	23	24	25	26	27	28	29	3/1	2	3	4	5	6	7	8
	대남	1	1	1	1	경칩	10	9	9	9	8	8	8	7	7	7	6	6	6	5	춘분	5	4	4	4	3	3	3	2	2	2	1
	운여	9	9	9	10	침	1	1	1	1	2	2	2	3	3	3	4	4	4	5	분	5	6	6	6	7	7	7	8	8	8	9

청명 4일 16시 37분 【음3월】 → 음3 【庚辰月(경진월)】 ☾ **곡우 19일 23시 44분**

양력 4	양력	1	2	3	4	5	6	7	8	9	10	11	12	13	14	15	16	17	18	19	20	21	22	23	24	25	26	27	28	29	30
	요일	수	목	금	토	일	월	화	수	목	금	토	일	월	화	수	목	금	토	일	월	화	수	목	금	토	일	월	화	수	목
	일진	甲	乙	丙	丁	戊	己	庚	辛	壬	癸	甲	乙	丙	丁	戊	己	庚	辛	壬	癸	甲	乙	丙	丁	戊	己	庚	辛	壬	癸
음력 03/09 ┃ 04/08	日辰	戌	亥	子	丑	寅	卯	辰	巳	午	未	申	酉	戌	亥	子	丑	寅	卯	辰	巳	午	未	申	酉	戌	亥	子	丑	寅	卯
	음력	9	10	11	12	13	14	15	16	17	18	19	20	21	22	23	24	25	26	27	28	29	30	4/1	2	3	4	5	6	7	8
	대남	1	1	1	청명	10	10	9	9	9	8	8	8	7	7	7	6	6	6	곡우	5	5	4	4	4	3	3	3	2	2	2
	운여	9	9	10	명	1	1	1	1	2	2	2	3	3	3	4	4	4	5	우	5	6	6	6	7	7	7	8	8	8	9

입하 5일 09시 50분 【음4월】 → 음4 【辛巳月(신사월)】 ☾ 윤4 **소만 20일 22시 48분**

양력 5	양력	1	2	3	4	5	6	7	8	9	10	11	12	13	14	15	16	17	18	19	20	21	22	23	24	25	26	27	28	29	30	3
	요일	금	토	일	월	화	수	목	금	토	일	월	화	수	목	금	토	일	월	화	수	목	금	토	일	월	화	수	목	금	토	일
	일진	甲	乙	丙	丁	戊	己	庚	辛	壬	癸	甲	乙	丙	丁	戊	己	庚	辛	壬	癸	甲	乙	丙	丁	戊	己	庚	辛	壬	癸	
음력 04/09 ┃ 윤409	日辰	辰	巳	午	未	申	酉	戌	亥	子	丑	寅	卯	辰	巳	午	未	申	酉	戌	亥	子	丑	寅	卯	辰	巳	午	未	申	酉	
	음력	9	10	11	12	13	14	15	16	17	18	19	20	21	22	23	24	25	26	27	28	29	30	윤4	2	3	4	5	6	7	8	9
	대남	1	1	1	1	입하	10	10	9	9	9	8	8	8	7	7	7	6	6	6	소만	5	5	5	4	4	4	3	3	3	2	2
	운여	9	9	10	10	하	1	1	1	1	2	2	2	3	3	3	4	4	4	5	만	5	6	6	6	7	7	7	8	8	8	9

망종 5일 13시 57분 【음5월】 → 음5 【壬午月(임오월)】 ☾ **하지 21일 06시 43분**

양력 6	양력	1	2	3	4	5	6	7	8	9	10	11	12	13	14	15	16	17	18	19	20	21	22	23	24	25	26	27	28	29	30
	요일	월	화	수	목	금	토	일	월	화	수	목	금	토	일	월	화	수	목	금	토	일	월	화	수	목	금	토	일	월	화
	일진	乙	丙	丁	戊	己	庚	辛	壬	癸	甲	乙	丙	丁	戊	己	庚	辛	壬	癸	甲	乙	丙	丁	戊	己	庚	辛	壬	癸	甲
음력 윤410 ┃ 05/10	日辰	亥	子	丑	寅	卯	辰	巳	午	未	申	酉	戌	亥	子	丑	寅	卯	辰	巳	午	未	申	酉	戌	亥	子	丑	寅	卯	辰
	음력	10	11	12	13	14	15	16	17	18	19	20	21	22	23	24	25	26	27	28	29	5/1	2	3	4	5	6	7	8	9	10
	대남	1	1	1	1	망종	10	10	9	9	9	8	8	8	7	7	7	6	6	6	하지	5	5	4	4	4	3	3	3	2	2
	운여	1	1	1	10	종	1	1	1	1	2	2	2	3	3	3	4	4	4	5	지	5	6	6	6	7	7	7	8	8	9

2020 庚子年

소서 7일 00시 13분　【음6월】 →　음 6 【癸未月(계미월)】　　대서 22일 17시 36분

양력	1	2	3	4	5	6	7	8	9	10	11	12	13	14	15	16	17	18	19	20	21	22	23	24	25	26	27	28	29	30	31
요일	수	목	금	토	일	월	화	수	목	금	토	일	월	화	수	목	금	토	일	월	화	수	목	금	토	일	월	화	수	목	금
일진	乙巳	丙午	丁未	戊申	己酉	庚戌	辛亥	壬子	癸丑	乙寅	丙卯	丁辰	戊巳	己午	庚未	辛申	壬酉	癸戌	甲亥	乙子	丙丑	丁寅	戊卯	己辰	庚巳	辛未	壬申	癸酉	甲戌	乙亥	丙
음력	11	12	13	14	15	16	17	18	19	20	21	22	23	24	25	26	27	28	29	30	6/1	2	3	4	5	6	7	8	9	10	11
대남운여	2 9	1 9	1 10	1 10	1 10	소서	10 1	10 1	9 1	9 1	9 2	8 2	8 2	8 3	7 3	7 3	7 4	6 4	6 4	6 5	대서	5 5	5 6	4 6	4 6	4 7	3 7	3 7	3 8	2 8	2 8

입추 7일 10시 05분　【음7월】 →　음 7 【甲申月(갑신월)】　　처서 23일 00시 44분

양력	1	2	3	4	5	6	7	8	9	10	11	12	13	14	15	16	17	18	19	20	21	22	23	24	25	26	27	28	29	30	31
요일	토	일	월	화	수	목	금	토	일	월	화	수	목	금	토	일	월	화	수	목	금	토	일	월	화	수	목	금	토	일	월
일진	丁子	戊丑	己寅	庚卯	辛辰	壬巳	癸午	甲未	乙申	丙酉	丁戌	戊亥	己子	庚丑	辛寅	壬卯	癸辰	甲巳	乙午	丙未	丁申	戊酉	己戌	庚亥	辛子	壬丑	癸寅	甲卯	乙辰	丙巳	丁午
음력	12	13	14	15	16	17	18	19	20	21	22	23	24	25	26	27	28	29	7/1	2	3	4	5	6	7	8	9	10	11	12	13
대남운여	2 8	1 9	1 9	1 9	1 10	1 10	입추	10 1	10 1	9 1	9 2	9 2	8 2	8 3	8 3	7 3	7 4	7 4	6 4	6 5	6 5	처서	5 6	5 6	4 6	4 7	4 7	3 7	3 8	3 8	2 8

백로 7일 13시 07분　【음8월】 →　음 8 【乙酉月(을유월)】　　추분 22일 22시 30분

양력	1	2	3	4	5	6	7	8	9	10	11	12	13	14	15	16	17	18	19	20	21	22	23	24	25	26	27	28	29	30	
요일	화	수	목	금	토	일	월	화	수	목	금	토	일	월	화	수	목	금	토	일	월	화	수	목	금	토	일	월	화	수	
일진	戊未	己申	庚酉	辛戌	壬亥	癸子	甲丑	乙寅	丙卯	丁辰	戊巳	己午	庚未	辛申	壬酉	癸戌	甲亥	乙子	丙丑	丁寅	戊卯	己辰	庚巳	辛午	壬未	癸申	甲酉	乙戌	丙亥		
음력	14	15	16	17	18	19	20	21	22	23	24	25	26	27	28	29	8/1	2	3	4	5	6	7	8	9	10	11	12	13	14	
대남운여	2 8	1 9	1 9	1 9	1 10	1 10	백로	10 1	10 1	9 1	9 2	9 2	8 2	8 3	8 3	7 3	7 4	7 4	6 4	6 5	추분	5 5	5 6	4 6	4 6	4 7	3 7	3 7	3 8	2 8	

한로 8일 04시 54분　【음9월】 →　음 9 【丙戌月(병술월)】　　상강 23일 07시 59분

양력	1	2	3	4	5	6	7	8	9	10	11	12	13	14	15	16	17	18	19	20	21	22	23	24	25	26	27	28	29	30	31
요일	목	금	토	일	월	화	수	목	금	토	일	월	화	수	목	금	토	일	월	화	수	목	금	토	일	월	화	수	목	금	토
일진	丁丑	戊寅	己卯	庚辰	辛巳	壬午	癸未	甲申	乙酉	丙戌	丁亥	戊子	己丑	庚寅	辛卯	壬辰	癸巳	甲午	乙未	丙申	丁酉	戊戌	己亥	庚子	辛丑	壬寅	癸卯	甲辰	乙巳	丙午	丁未
음력	15	16	17	18	19	20	21	22	23	24	25	26	27	28	29	30	9/1	2	3	4	5	6	7	8	9	10	11	12	13	14	15
대남운여	2 8	2 8	1 9	1 9	1 9	1 10	한로	10 1	9 1	9 1	9 2	8 2	8 2	8 3	7 3	7 3	7 4	6 4	6 4	6 5	상강	5 5	5 6	4 6	4 6	4 7	3 7	3 7	3 8	2 8	2 8

입동 7일 08시 13분　【음10월】 →　음10 【丁亥月(정해월)】　　소설 22일 05시 39분

양력	1	2	3	4	5	6	7	8	9	10	11	12	13	14	15	16	17	18	19	20	21	22	23	24	25	26	27	28	29	30	
요일	일	월	화	수	목	금	토	일	월	화	수	목	금	토	일	월	화	수	목	금	토	일	월	화	수	목	금	토	일	월	
일진	戊申	己酉	庚戌	辛亥	壬子	癸丑	甲寅	乙卯	丙辰	丁巳	戊午	己未	庚申	辛酉	壬戌	癸亥	甲子	乙丑	丙寅	丁卯	戊辰	己巳	庚午	辛未	壬申	癸酉	甲戌	乙亥	丙子	丁丑	
음력	16	17	18	19	20	21	22	23	24	25	26	27	28	29	10/1	2	3	4	5	6	7	8	9	10	11	12	13	14	15	16	
대남운여	2 8	2 8	1 9	1 9	1 9	1 10	입동	10 9	9 1	9 1	9 1	8 2	8 2	8 2	7 3	7 3	7 3	6 4	6 4	6 4	소설	5 5	5 5	4 6	4 6	4 6	3 7	3 7	3 7	2 8	

대설 7일 01시 08분　【음11월】 →　음11 【戊子月(무자월)】　　동지 21일 19시 01분

양력	1	2	3	4	5	6	7	8	9	10	11	12	13	14	15	16	17	18	19	20	21	22	23	24	25	26	27	28	29	30	31
요일	화	수	목	금	토	일	월	화	수	목	금	토	일	월	화	수	목	금	토	일	월	화	수	목	금	토	일	월	화	수	목
일진	戊寅	己卯	庚辰	辛巳	壬午	癸未	甲申	乙酉	丙戌	丁亥	戊子	己丑	庚寅	辛卯	壬辰	癸巳	甲午	乙未	丙申	丁酉	戊戌	己亥	庚子	辛丑	壬寅	癸卯	甲辰	乙巳	丙午	丁未	戊申
음력	17	18	19	20	21	22	23	24	25	26	27	28	29	30	11/1	2	3	4	5	6	7	8	9	10	11	12	13	14	15	16	17
대남운여	2 8	2 8	1 9	1 9	1 9	1 10	대설	9 1	9 1	9 1	8 2	8 2	8 2	7 3	7 3	7 3	6 4	6 4	6 4	5 5	동지	5 5	4 6	4 6	4 6	3 7	3 7	3 7	2 8	2 8	2 8

단기 4354 年
불기 2565 年

2021년

辛丑(신축)년 납음(壁上土),본명성(六白金)

대장군(酉서방), 삼살(동방), 상문(卯동방), 조객(亥북방),납음(벽상토)
【삼재(해,자,축)년】 臘享(납향):2022년 1월 18일(음 12/16)

1月

소한 5일 12시 22분 【음12월】→ 음12 【己丑月(기축월)】 대한 20일 05시 39분

양력	1	2	3	4	5	6	7	8	9	10	11	12	13	14	15	16	17	18	19	20	21	22	23	24	25	26	27	28	29	30	31
요일	금	토	일	월	화	수	목	금	토	일	월	화	수	목	금	토	일	월	화	수	목	금	토	일	월	화	수	목	금	토	일
일진 日辰	己酉	庚戌	辛亥	壬子	癸丑	甲寅	乙卯	丙辰	丁巳	戊午	己未	庚申	辛酉	壬戌	癸亥	甲子	乙丑	丙寅	丁卯	戊辰	己巳	庚午	辛未	壬申	癸酉	甲戌	乙亥	丙子	丁丑	戊寅	己卯
음력 11/18~12/19	18	19	20	21	22	23	24	25	26	27	28	29	12/1	2	3	4	5	6	7	8	9	10	11	12	13	14	15	16	17	18	19
대(남)	1	1	1	1	소한	9	9	9	8	8	8	7	7	7	6	6	6	5	대한	4	4	4	3	3	3	2	2	2	1	1	1
운(여)	8	9	9	9	한	1	1	1	2	2	2	3	3	3	4	4	4	5	한	5	6	6	6	7	7	7	8	8	8	9	9

2月

입춘 3일 23시 58분 【음1월】→ 음1 【庚寅月(경인월)】 우수 18일 19시 43분

양력	1	2	3	4	5	6	7	8	9	10	11	12	13	14	15	16	17	18	19	20	21	22	23	24	25	26	27	28
요일	월	화	수	목	금	토	일	월	화	수	목	금	토	일	월	화	수	목	금	토	일	월	화	수	목	금	토	일
일진 日辰	庚辰	辛巳	壬午	癸未	甲申	乙酉	丙戌	丁亥	戊子	己丑	庚寅	辛卯	壬辰	癸巳	甲午	乙未	丙申	丁酉	戊戌	己亥	庚子	辛丑	壬寅	癸卯	甲辰	乙巳	丙午	丁未
음력 12/20~01/17	20	21	22	23	24	25	26	27	28	29	30	1/1	2	3	4	5	6	7	8	9	10	11	12	13	14	15	16	17
대(남)	9	9	입춘	10	9	9	9	8	8	8	7	7	7	6	6	6	5	우수	5	5	4	4	4	3	3	3	2	2
운(여)	9	9	춘	1	1	1	1	2	2	2	3	3	3	4	4	4	5	우	5	5	6	6	6	7	7	7	8	8

辛丑年

3月

경칩 5일 17시 53분 【음2월】→ 음2 【辛卯月(신묘월)】 춘분 20일 18시 36분

양력	1	2	3	4	5	6	7	8	9	10	11	12	13	14	15	16	17	18	19	20	21	22	23	24	25	26	27	28	29	30	31
요일	월	화	수	목	금	토	일	월	화	수	목	금	토	일	월	화	수	목	금	토	일	월	화	수	목	금	토	일	월	화	수
일진 日辰	戊申	己酉	庚戌	辛亥	壬子	癸丑	甲寅	乙卯	丙辰	丁巳	戊午	己未	庚申	辛酉	壬戌	癸亥	甲子	乙丑	丙寅	丁卯	戊辰	己巳	庚午	辛未	壬申	癸酉	甲戌	乙亥	丙子	丁丑	戊寅
음력 01/18~02/19	18	19	20	21	22	23	24	25	26	27	28	29	2/1	2	3	4	5	6	7	8	9	10	11	12	13	14	15	16	17	18	19
대(남)	1	1	1	1	경칩	10	9	9	9	8	8	8	7	7	7	6	6	6	5	춘분	5	5	6	6	6	7	7	7	8	8	8
운(여)	1	1	1	1	칩	10	9	9	9	1	2	2	2	3	3	3	4	4	4	분	5	4	4	4	3	3	3	2	2	2	1

4月

청명 5일 17시 53분 【음3월】→ 음3 【壬辰月(임진월)】 곡우 20일 05시 32분

양력	1	2	3	4	5	6	7	8	9	10	11	12	13	14	15	16	17	18	19	20	21	22	23	24	25	26	27	28	29	30
요일	목	금	토	일	월	화	수	목	금	토	일	월	화	수	목	금	토	일	월	화	수	목	금	토	일	월	화	수	목	금
일진 日辰	己卯	庚辰	辛巳	壬午	癸未	甲申	乙酉	丙戌	丁亥	戊子	己丑	庚寅	辛卯	壬辰	癸巳	甲午	乙未	丙申	丁酉	戊戌	己亥	庚子	辛丑	壬寅	癸卯	甲辰	乙巳	丙午	丁未	戊申
음력 02/20~03/19	20	21	22	23	24	25	26	27	28	29	30	3/1	2	3	4	5	6	7	8	9	10	11	12	13	14	15	16	17	18	19
대(남)	9	9	9	청명	1	1	1	1	2	2	2	3	3	3	4	4	4	5	곡우	5	5	6	6	6	7	7	7	8	8	8
운(여)	1	1	1	명	10	10	9	9	9	8	8	8	7	7	7	6	6	6	5	우	5	4	4	4	3	3	3	2	2	2

5月

입하 5일 15시 46분 【음4월】→ 음4 【癸巳月(계사월)】 소만 21일 04시 36분

양력	1	2	3	4	5	6	7	8	9	10	11	12	13	14	15	16	17	18	19	20	21	22	23	24	25	26	27	28	29	30	31
요일	토	일	월	화	수	목	금	토	일	월	화	수	목	금	토	일	월	화	수	목	금	토	일	월	화	수	목	금	토	일	월
일진 日辰	己酉	庚戌	辛亥	壬子	癸丑	甲寅	乙卯	丙辰	丁巳	戊午	己未	庚申	辛酉	壬戌	癸亥	甲子	乙丑	丙寅	丁卯	戊辰	己巳	庚午	辛未	壬申	癸酉	甲戌	乙亥	丙子	丁丑	戊寅	己卯
음력 03/20~04/20	20	21	22	23	24	25	26	27	28	29	30	4/1	2	3	4	5	6	7	8	9	10	11	12	13	14	15	16	17	18	19	20
대(남)	9	9	10	10	입하	1	1	1	1	2	2	2	3	3	3	4	4	4	5	소만	5	6	6	6	7	7	7	8	8	8	9
운(여)	1	1	1	1	하	10	10	9	9	9	8	8	8	7	7	7	6	6	6	만	5	4	4	4	3	3	3	2	2	2	1

6月

망종 5일 19시 51분 【음5월】→ 음5 【甲午月(갑오월)】 하지 21일 12시 31분

양력	1	2	3	4	5	6	7	8	9	10	11	12	13	14	15	16	17	18	19	20	21	22	23	24	25	26	27	28	29	30
요일	화	수	목	금	토	일	월	화	수	목	금	토	일	월	화	수	목	금	토	일	월	화	수	목	금	토	일	월	화	수
일진 日辰	庚辰	辛巳	壬午	癸未	甲申	乙酉	丙戌	丁亥	戊子	己丑	庚寅	辛卯	壬辰	癸巳	甲午	乙未	丙申	丁酉	戊戌	己亥	庚子	辛丑	壬寅	癸卯	甲辰	乙巳	丙午	丁未	戊申	己酉
음력 04/21~05/21	21	22	23	24	25	26	27	28	29	5/1	2	3	4	5	6	7	8	9	10	11	12	13	14	15	16	17	18	19	20	21
대(남)	9	9	10	10	망종	1	1	1	1	2	2	2	3	3	3	4	4	4	5	하지	5	6	6	6	7	7	7	8	8	8
운(여)	1	1	1	1	종	10	10	10	9	9	9	8	8	8	7	7	7	6	6	지	5	5	5	4	4	4	3	3	2	2

한식(4월05일), 초복(7월11일), 중복(7월21일), 말복(8월10일)☞춘사(春社)3/21
☀추사(秋社)9/27 토왕지절(土旺之節):4월17일,7월19일,10월20일,1월17일(음12/15)
臘享(납향):2022년1월18일(음12/16)

2021
辛丑年

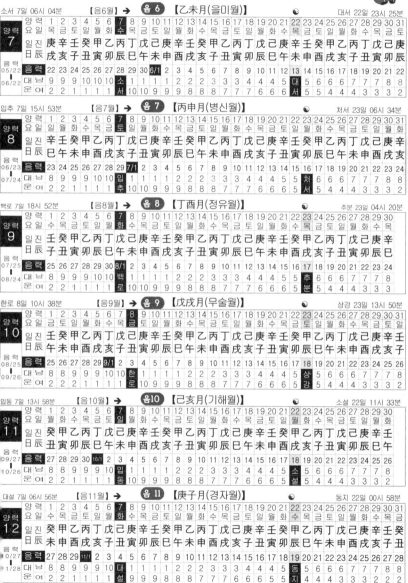

소서 7일 06시 04분 【음6월】 → 음6 【乙未月(을미월)】 **대서 22일 23시 25분**

양력 7	양력	1	2	3	4	5	6	7	8	9	10	11	12	13	14	15	16	17	18	19	20	21	22	23	24	25	26	27	28	29	30	31
	요일	목	금	토	일	월	화	수	목	금	토	일	월	화	수	목	금	토	일	월	화	수	목	금	토	일	월	화	수	목	금	토
	일진 日辰	庚戌	辛亥	壬子	癸丑	甲寅	乙卯	丙辰	丁巳	戊午	己未	庚申	辛酉	壬戌	癸亥	甲子	乙丑	丙寅	丁卯	戊辰	己巳	庚午	辛未	壬申	癸酉	甲戌	乙亥	丙子	丁丑	戊寅	己卯	庚辰
음력 05/22~06/22	음력	22	23	24	25	26	27	28	29	30	6/1	2	3	4	5	6	7	8	9	10	11	12	13	14	15	16	17	18	19	20	21	22
	대 남	9	9	9	10	10	10	소서	1	1	1	1	2	2	2	3	3	3	4	4	4	5	대서	5	6	6	6	7	7	7	8	8
	운 여	2	2	1	1	1	1		10	10	9	9	9	8	8	8	7	7	7	6	6	6	5	5	5	4	4	4	3	3	3	2

입추 7일 15시 53분 【음7월】 → 음7 【丙申月(병신월)】 **처서 23일 06시 34분**

양력 8	양력	1	2	3	4	5	6	7	8	9	10	11	12	13	14	15	16	17	18	19	20	21	22	23	24	25	26	27	28	29	30	31
	요일	일	월	화	수	목	금	토	일	월	화	수	목	금	토	일	월	화	수	목	금	토	일	월	화	수	목	금	토	일	월	화
	일진 日辰	辛巳	壬午	癸未	甲申	乙酉	丙戌	丁亥	戊子	己丑	庚寅	辛卯	壬辰	癸巳	甲午	乙未	丙申	丁酉	戊戌	己亥	庚子	辛丑	壬寅	癸卯	甲辰	乙巳	丙午	丁未	戊申	己酉	庚戌	辛亥
음력 06/23~07/24	음력	23	24	25	26	27	28	29	7/1	2	3	4	5	6	7	8	9	10	11	12	13	14	15	16	17	18	19	20	21	22	23	24
	대 남	8	9	9	9	10	10	입추	1	1	1	1	2	2	2	3	3	3	4	4	4	5	5	처서	6	6	6	7	7	7	8	8
	운 여	2	2	1	1	1	1	추	10	10	9	9	9	8	8	8	7	7	7	6	6	6	5	서	5	5	4	4	4	3	3	3

백로 7일 18시 52분 【음8월】 → 음8 【丁酉月(정유월)】 **추분 23일 04시 20분**

양력 9	양력	1	2	3	4	5	6	7	8	9	10	11	12	13	14	15	16	17	18	19	20	21	22	23	24	25	26	27	28	29	30	
	요일	수	목	금	토	일	월	화	수	목	금	토	일	월	화	수	목	금	토	일	월	화	수	목	금	토	일	월	화	수	목	
	일진 日辰	壬子	癸丑	甲寅	乙卯	丙辰	丁巳	戊午	己未	庚申	辛酉	壬戌	癸亥	甲子	乙丑	丙寅	丁卯	戊辰	己巳	庚午	辛未	壬申	癸酉	甲戌	乙亥	丙子	丁丑	戊寅	己卯	庚辰	辛巳	
음력 07/25~08/24	음력	25	26	27	28	29	30	8/1	2	3	4	5	6	7	8	9	10	11	12	13	14	15	16	17	18	19	20	21	22	23	24	
	대 남	8	8	9	9	9	10	백로	1	1	1	1	2	2	2	3	3	3	4	4	4	5	5	추분	6	6	6	7	7	7	8	
	운 여	2	2	1	1	1	1	로	10	10	9	9	9	8	8	8	7	7	7	6	6	6	5	분	5	5	4	4	4	3	3	

한로 8일 10시 38분 【음9월】 → 음9 【戊戌月(무술월)】 **상강 23일 13시 50분**

양력 10	양력	1	2	3	4	5	6	7	8	9	10	11	12	13	14	15	16	17	18	19	20	21	22	23	24	25	26	27	28	29	30	31
	요일	금	토	일	월	화	수	목	금	토	일	월	화	수	목	금	토	일	월	화	수	목	금	토	일	월	화	수	목	금	토	일
	일진 日辰	壬午	癸未	甲申	乙酉	丙戌	丁亥	戊子	己丑	庚寅	辛卯	壬辰	癸巳	甲午	乙未	丙申	丁酉	戊戌	己亥	庚子	辛丑	壬寅	癸卯	甲辰	乙巳	丙午	丁未	戊申	己酉	庚戌	辛亥	壬子
음력 08/25~09/26	음력	25	26	27	28	29	9/1	2	3	4	5	6	7	8	9	10	11	12	13	14	15	16	17	18	19	20	21	22	23	24	25	26
	대 남	8	8	8	9	9	9	한로	1	1	1	1	2	2	2	3	3	3	4	4	4	5	5	상강	6	6	6	7	7	7	8	8
	운 여	2	2	2	1	1	1	로	10	9	9	9	8	8	8	7	7	7	6	6	6	5	5	강	5	4	4	4	3	3	3	2

입동 7일 13시 58분 【음10월】 → 음10 【己亥月(기해월)】 **소설 22일 11시 33분**

양력 11	양력	1	2	3	4	5	6	7	8	9	10	11	12	13	14	15	16	17	18	19	20	21	22	23	24	25	26	27	28	29	30	
	요일	월	화	수	목	금	토	일	월	화	수	목	금	토	일	월	화	수	목	금	토	일	월	화	수	목	금	토	일	월	화	
	일진 日辰	癸丑	甲寅	乙卯	丙辰	丁巳	戊午	己未	庚申	辛酉	壬戌	癸亥	甲子	乙丑	丙寅	丁卯	戊辰	己巳	庚午	辛未	壬申	癸酉	甲戌	乙亥	丙子	丁丑	戊寅	己卯	庚辰	辛巳	壬午	
음력 09/27~10/26	음력	27	28	29	30	10/1	2	3	4	5	6	7	8	9	10	11	12	13	14	15	16	17	18	19	20	21	22	23	24	25	26	
	대 남	8	8	8	9	9	9	입동	1	1	1	1	2	2	2	3	3	3	4	4	4	5	소설	5	6	6	6	7	7	7	8	
	운 여	2	2	2	1	1	1	동	10	9	9	9	8	8	8	7	7	7	6	6	6	5	설	5	4	4	4	3	3	3	2	

대설 7일 06시 56분 【음11월】 → 음11 【庚子月(경자월)】 **동지 22일 00시 58분**

양력 12	양력	1	2	3	4	5	6	7	8	9	10	11	12	13	14	15	16	17	18	19	20	21	22	23	24	25	26	27	28	29	30	31
	요일	수	목	금	토	일	월	화	수	목	금	토	일	월	화	수	목	금	토	일	월	화	수	목	금	토	일	월	화	수	목	금
	일진 日辰	癸未	甲申	乙酉	丙戌	丁亥	戊子	己丑	庚寅	辛卯	壬辰	癸巳	甲午	乙未	丙申	丁酉	戊戌	己亥	庚子	辛丑	壬寅	癸卯	甲辰	乙巳	丙午	丁未	戊申	己酉	庚戌	辛亥	壬子	癸丑
음력 10/27~11/28	음력	27	28	29	11/1	2	3	4	5	6	7	8	9	10	11	12	13	14	15	16	17	18	19	20	21	22	23	24	25	26	27	28
	대 남	8	8	9	9	9	대설	1	1	1	1	2	2	2	3	3	3	4	4	4	5	동지	5	6	6	6	7	7	7	8	8	8
	운 여	2	2	1	1	1	설	9	9	9	8	8	8	7	7	7	6	6	6	5	5	지	4	4	4	3	3	3	2	2	2	

壬寅(임인)년　납음(金箔金),본명성(五黃土)

대장군(子북방). 삼살(북방), 상문(辰동남방),조객(子북방), 납음(금박금)
【삼재(신,유,술)년】　臘享(납향):2023년1월17일(음12/26)

1月

소한 5일 18시 13분　【음12월】 →　음12　【辛丑月(신축월)】　대한 20일 11시 38분

양력	1	2	3	4	5	6	7	8	9	10	11	12	13	14	15	16	17	18	19	20	21	22	23	24	25	26	27	28	29	30	31
요일	토	일	월	화	수	목	금	토	일	월	화	수	목	금	토	일	월	화	수	목	금	토	일	월	화	수	목	금	토	일	월
일진	甲	乙	丙	丁	戊	己	庚	辛	壬	癸	甲	乙	丙	丁	戊	己	庚	辛	壬	癸	甲	乙	丙	丁	戊	己	庚	辛	壬	癸	甲
日辰	寅	卯	辰	巳	午	未	申	酉	戌	亥	子	丑	寅	卯	辰	巳	午	未	申	酉	戌	亥	子	丑	寅	卯	辰	巳	午	未	申
음력	29	30	12/1	2	3	4	5	6	7	8	9	10	11	12	13	14	15	16	17	18	19	20	21	22	23	24	25	26	27	28	29
대남	8	9	9	9	소한	10	9	9	9	8	8	8	7	7	7	6	6	6	대한	5	5	5	4	4	4	3	3	3	2	2	1
운여	1	1	1	1		10	9	9	9	8	8	8	7	7	7	6	6	6		5	4	4	4	3	3	3	2	2	2	1	

음력 11/29 ~ 12/29

2月

입춘 4일 05시 50분　【음1월】 →　음1　【壬寅月(임인월)】　우수 19일 01시 42분

양력	1	2	3	4	5	6	7	8	9	10	11	12	13	14	15	16	17	18	19	20	21	22	23	24	25	26	27	28
요일	화	수	목	금	토	일	월	화	수	목	금	토	일	월	화	수	목	금	토	일	월	화	수	목	금	토	일	월
일진	乙	丙	丁	戊	己	庚	辛	壬	癸	甲	乙	丙	丁	戊	己	庚	辛	壬	癸	甲	乙	丙	丁	戊	己	庚	辛	壬
日辰	酉	戌	亥	子	丑	寅	卯	辰	巳	午	未	申	酉	戌	亥	子	丑	寅	卯	辰	巳	午	未	申	酉	戌	亥	子
음력	1/1	2	3	4	5	6	7	8	9	10	11	12	13	14	15	16	17	18	19	20	21	22	23	24	25	26	27	28
대남	9	9	10	입춘	9	9	9	8	8	8	7	7	7	6	6	6	우수	5	5	5	4	4	4	3	3	2	2	2
운여	1	1	1		1	1	1	2	2	2	3	3	3	4	4	4		5	5	6	6	6	7	7	7	8	8	8

음력 01/01 ~ 01/28

壬寅年

3月

경칩 5일 23시 43분　【음2월】 →　음2　【癸卯月(계묘월)】　춘분 21일 00시 32분

양력	1	2	3	4	5	6	7	8	9	10	11	12	13	14	15	16	17	18	19	20	21	22	23	24	25	26	27	28	29	30	31
요일	화	수	목	금	토	일	월	화	수	목	금	토	일	월	화	수	목	금	토	일	월	화	수	목	금	토	일	월	화	수	목
일진	癸	甲	乙	丙	丁	戊	己	庚	辛	壬	癸	甲	乙	丙	丁	戊	己	庚	辛	壬	癸	甲	乙	丙	丁	戊	己	庚	辛	壬	癸
日辰	丑	寅	卯	辰	巳	午	未	申	酉	戌	亥	子	丑	寅	卯	辰	巳	午	未	申	酉	戌	亥	子	丑	寅	卯	辰	巳	午	未
음력	29	30	2/1	2	3	4	5	6	7	8	9	10	11	12	13	14	15	16	17	18	19	20	21	22	23	24	25	26	27	28	29
대남	1	1	1	1	경칩	10	10	9	9	9	8	8	8	7	7	7	6	6	춘분	5	5	5	4	4	4	3	3	3	2	2	2
운여	8	9	9	9		1	1	1	1	2	2	2	3	3	3	4	4	4		5	6	6	6	7	7	7	8	8	8	9	

음력 01/29 ~ 02/29

4月

청명 5일 04시 19분　【음3월】 →　음3　【甲辰月(갑진월)】　곡우 20일 11시 23분

양력	1	2	3	4	5	6	7	8	9	10	11	12	13	14	15	16	17	18	19	20	21	22	23	24	25	26	27	28	29	30
요일	금	토	일	월	화	수	목	금	토	일	월	화	수	목	금	토	일	월	화	수	목	금	토	일	월	화	수	목	금	토
일진	甲	乙	丙	丁	戊	己	庚	辛	壬	癸	甲	乙	丙	丁	戊	己	庚	辛	壬	癸	甲	乙	丙	丁	戊	己	庚	辛	壬	癸
日辰	申	酉	戌	亥	子	丑	寅	卯	辰	巳	午	未	申	酉	戌	亥	子	丑	寅	卯	辰	巳	午	未	申	酉	戌	亥	子	丑
음력	3/1	2	3	4	5	6	7	8	9	10	11	12	13	14	15	16	17	18	19	20	21	22	23	24	25	26	27	28	29	30
대남	1	1	1	1	청명	10	9	9	9	8	8	8	7	7	7	6	6	6	곡우	5	5	5	4	4	4	3	3	3	2	2
운여	9	9	10	10		1	1	1	1	2	2	2	3	3	3	4	4	4		5	5	6	6	6	7	7	7	8	8	

음력 03/01 ~ 03/30

5月

입하 5일 21시 25분　【음4월】 →　음4　【乙巳月(을사월)】　소만 21일 10시 22분

양력	1	2	3	4	5	6	7	8	9	10	11	12	13	14	15	16	17	18	19	20	21	22	23	24	25	26	27	28	29	30	31
요일	일	월	화	수	목	금	토	일	월	화	수	목	금	토	일	월	화	수	목	금	토	일	월	화	수	목	금	토	일	월	화
일진	甲	乙	丙	丁	戊	己	庚	辛	壬	癸	甲	乙	丙	丁	戊	己	庚	辛	壬	癸	甲	乙	丙	丁	戊	己	庚	辛	壬	癸	甲
日辰	寅	卯	辰	巳	午	未	申	酉	戌	亥	子	丑	寅	卯	辰	巳	午	未	申	酉	戌	亥	子	丑	寅	卯	辰	巳	午	未	申
음력	4/1	2	3	4	5	6	7	8	9	10	11	12	13	14	15	16	17	18	19	20	21	22	23	24	25	26	27	28	29	5/1	2
대남	1	1	1	입하	10	10	10	9	9	9	8	8	8	7	7	7	6	6	6	소만	5	5	5	4	4	4	3	3	2	2	2
운여	9	9	10		1	1	1	1	2	2	2	3	3	3	4	4	4	5		5	6	6	6	7	7	7	8	8	9	9	

음력 04/01 ~ 05/02

6月

망종 6일 01시 25분　【음5월】 →　음5　【丙午月(병오월)】　하지 21일 18시 13분

양력	1	2	3	4	5	6	7	8	9	10	11	12	13	14	15	16	17	18	19	20	21	22	23	24	25	26	27	28	29	30
요일	수	목	금	토	일	월	화	수	목	금	토	일	월	화	수	목	금	토	일	월	화	수	목	금	토	일	월	화	수	목
일진	乙	丙	丁	戊	己	庚	辛	壬	癸	甲	乙	丙	丁	戊	己	庚	辛	壬	癸	甲	乙	丙	丁	戊	己	庚	辛	壬	癸	甲
日辰	酉	戌	亥	子	丑	寅	卯	辰	巳	午	未	申	酉	戌	亥	子	丑	寅	卯	辰	巳	午	未	申	酉	戌	亥	子	丑	寅
음력	3	4	5	6	7	8	9	10	11	12	13	14	15	16	17	18	19	20	21	22	23	24	25	26	27	28	29	30	6/1	2
대남	2	1	1	1	1	망종	10	10	9	9	9	8	8	8	7	7	7	6	6	6	하지	5	5	5	4	4	4	3	3	3
운여	9	9	10	10	10		1	1	1	1	2	2	2	3	3	3	4	4	4	5		5	5	6	6	6	7	7	7	8

음력 05/03 ~ 06/02

한식(4월06일), 초복(7월16일), 중복(7월26일), 말복(8월15일)　↑춘사(春社)3/16　☀추사(秋社)9/2
토왕지절(土旺之節):4월17일,7월20일,10월20일,1월13일(음12/22)
臘享(납향):2023년1월17일(음12/26)

2022　壬寅年

소서 7일 11시 37분　【음6월】 → 음6 【丁未月(정미월)】　대서 23일 05시 06분

양력 7

양력	1	2	3	4	5	6	7	8	9	10	11	12	13	14	15	16	17	18	19	20	21	22	23	24	25	26	27	28	29	30	31
요일	금	토	일	월	화	수	목	금	토	일	월	화	수	목	금	토	일	월	화	수	목	금	토	일	월	화	수	목	금	토	일
일진	乙	丙	丁	戊	己	庚	辛	壬	癸	甲	乙	丙	丁	戊	己	庚	辛	壬	癸	甲	乙	丙	丁	戊	己	庚	辛	壬	癸	甲	乙
	卯	辰	巳	午	未	申	酉	戌	亥	子	丑	寅	卯	辰	巳	午	未	申	酉	戌	亥	子	丑	寅	卯	辰	巳	午	未	申	酉
음력 06/03, 07/03	3	4	5	6	7	8	9	10	11	12	13	14	15	16	17	18	19	20	21	22	23	24	25	26	27	28	29	30	7/1	2	3
대남	3	2	2	1	1	1	소	10	10	9	9	9	8	8	8	7	7	7	6	6	6	5	대	5	4	4	4	3	3	3	2
운여	8	9	9	9	10	10	소	1	1	1	1	2	2	2	3	3	3	4	4	4	5	5	대	5	6	6	6	7	7	7	8

입추 7일 21시 28분　【음7월】 → 음7 【戊申月(무신월)】　처서 23일 12시 15분

양력 8

양력	1	2	3	4	5	6	7	8	9	10	11	12	13	14	15	16	17	18	19	20	21	22	23	24	25	26	27	28	29	30	31
요일	월	화	수	목	금	토	일	월	화	수	목	금	토	일	월	화	수	목	금	토	일	월	화	수	목	금	토	일	월	화	수
일진	丙	丁	戊	己	庚	辛	壬	癸	甲	乙	丙	丁	戊	己	庚	辛	壬	癸	甲	乙	丙	丁	戊	己	庚	辛	壬	癸	甲	乙	丙
	戌	亥	子	丑	寅	卯	辰	巳	午	未	申	酉	戌	亥	子	丑	寅	卯	辰	巳	午	未	申	酉	戌	亥	子	丑	寅	卯	辰
음력 07/04, 08/05	4	5	6	7	8	9	10	11	12	13	14	15	16	17	18	19	20	21	22	23	24	25	26	27	28	8/1	2	3	4	5
대남	2	2	1	1	1	1	입	10	10	10	9	9	9	8	8	8	7	7	7	6	6	6	처	5	5	5	4	4	4	3	3
운여	8	9	9	9	10	10	입	1	1	1	1	2	2	2	3	3	3	4	4	4	5	5	처	5	6	6	6	7	7	7	8

백로 8일 00시 31분　【음8월】 → 음8 【己酉月(기유월)】　추분 23일 10시 03분

양력 9

양력	1	2	3	4	5	6	7	8	9	10	11	12	13	14	15	16	17	18	19	20	21	22	23	24	25	26	27	28	29	30
요일	목	금	토	일	월	화	수	목	금	토	일	월	화	수	목	금	토	일	월	화	수	목	금	토	일	월	화	수	목	금
일진	丁	戊	己	庚	辛	壬	癸	甲	乙	丙	丁	戊	己	庚	辛	壬	癸	甲	乙	丙	丁	戊	己	庚	辛	壬	癸	甲	乙	丙
	巳	午	未	申	酉	戌	亥	子	丑	寅	卯	辰	巳	午	未	申	酉	戌	亥	子	丑	寅	卯	辰	巳	午	未	申	酉	戌
음력 08/06, 09/05	6	7	8	9	10	11	12	13	14	15	16	17	18	19	20	21	22	23	24	25	26	27	28	29	9/1	2	3	4	5
대남	3	2	2	2	1	1	1	백	10	10	9	9	9	8	8	8	7	7	7	6	6	6	추	5	5	5	4	4	4	3
운여	8	8	9	9	9	10	10	백	1	1	1	1	2	2	2	3	3	3	4	4	4	5	추	5	5	6	6	6	7	7

한로 8일 16시 21분　【음9월】 → 음9 【庚戌月(경술월)】　상강 23일 19시 35분

양력 10

양력	1	2	3	4	5	6	7	8	9	10	11	12	13	14	15	16	17	18	19	20	21	22	23	24	25	26	27	28	29	30	31
요일	토	일	월	화	수	목	금	토	일	월	화	수	목	금	토	일	월	화	수	목	금	토	일	월	화	수	목	금	토	일	월
일진	丁	戊	己	庚	辛	壬	癸	甲	乙	丙	丁	戊	己	庚	辛	壬	癸	甲	乙	丙	丁	戊	己	庚	辛	壬	癸	甲	乙	丙	丁
	亥	子	丑	寅	卯	辰	巳	午	未	申	酉	戌	亥	子	丑	寅	卯	辰	巳	午	未	申	酉	戌	亥	子	丑	寅	卯	辰	巳
음력 09/06, 10/07	6	7	8	9	10	11	12	13	14	15	16	17	18	19	20	21	22	23	24	25	26	27	28	29	10/1	2	3	4	5	6
대남	3	2	2	2	1	1	1	한	10	9	9	9	8	8	8	7	7	7	6	6	6	5	상	5	5	4	4	4	3	3	3
운여	8	8	8	9	9	9	10	한	1	1	1	1	2	2	2	3	3	3	4	4	4	5	상	5	5	6	6	6	7	7	7

입동 7일 19시 44분　【음10월】 → 음10 【辛亥月(신해월)】　소설 22일 17시 19분

양력 11

양력	1	2	3	4	5	6	7	8	9	10	11	12	13	14	15	16	17	18	19	20	21	22	23	24	25	26	27	28	29	30
요일	화	수	목	금	토	일	월	화	수	목	금	토	일	월	화	수	목	금	토	일	월	화	수	목	금	토	일	월	화	수
일진	戊	己	庚	辛	壬	癸	甲	乙	丙	丁	戊	己	庚	辛	壬	癸	甲	乙	丙	丁	戊	己	庚	辛	壬	癸	甲	乙	丙	丁
	午	未	申	酉	戌	亥	子	丑	寅	卯	辰	巳	午	未	申	酉	戌	亥	子	丑	寅	卯	辰	巳	午	未	申	酉	戌	亥
음력 10/08, 11/07	8	9	10	11	12	13	14	15	16	17	18	19	20	21	22	23	24	25	26	27	28	29	30	11/1	2	3	4	5	6	7
대남	2	2	1	1	1	1	입	10	9	9	9	8	8	8	7	7	7	6	6	6	5	소	5	5	4	4	4	3	3	3
운여	8	8	9	9	9	10	입	1	1	1	1	2	2	2	3	3	3	4	4	4	5	소	5	5	6	6	6	7	7	7

대설 7일 12시 45분　【음11월】 → 음11 【壬子月(임자월)】　동지 22일 06시 47분

양력 12

양력	1	2	3	4	5	6	7	8	9	10	11	12	13	14	15	16	17	18	19	20	21	22	23	24	25	26	27	28	29	30	31
요일	목	금	토	일	월	화	수	목	금	토	일	월	화	수	목	금	토	일	월	화	수	목	금	토	일	월	화	수	목	금	토
일진	戊	己	庚	辛	壬	癸	甲	乙	丙	丁	戊	己	庚	辛	壬	癸	甲	乙	丙	丁	戊	己	庚	辛	壬	癸	甲	乙	丙	丁	戊
	子	丑	寅	卯	辰	巳	午	未	申	酉	戌	亥	子	丑	寅	卯	辰	巳	午	未	申	酉	戌	亥	子	丑	寅	卯	辰	巳	午
음력 11/08, 12/09	8	9	10	11	12	13	14	15	16	17	18	19	20	21	22	23	24	25	26	27	28	29	12/1	2	3	4	5	6	7	8	9
대남	2	2	1	1	1	1	대	10	9	9	9	8	8	8	7	7	7	6	6	6	5	동	5	5	4	4	4	3	3	3	2
운여	8	8	9	9	9	10	대	1	1	1	1	2	2	2	3	3	3	4	4	4	5	동	5	5	6	6	6	7	7	7	8

癸卯(계묘)년 납음(金箔金),본명성(四綠木)

대장군(子북방), 삼살(酉서방), 상문(巳동남방),조객(丑동북방)
납음(금박금),【삼재(사,오,미)년】 臘享(납향):2024년1월20일(음12/10)

소한 6일 00시 04분 【음12월】 → 음12 【癸丑月(계축월)】 ☾ 대한 20일 17시 28분

양력 1	양력	1	2	3	4	5	6	7	8	9	10	11	12	13	14	15	16	17	18	19	20	21	22	23	24	25	26	27	28	29	30	31
	요일	일	월	화	수	목	금	토	일	월	화	수	목	금	토	일	월	화	수	목	금	토	일	월	화	수	목	금	토	일	월	화
	일진	己	庚	辛	壬	癸	甲	乙	丙	丁	戊	己	庚	辛	壬	癸	甲	乙	丙	丁	戊	己	庚	辛	壬	癸	甲	乙	丙	丁	戊	己
	日辰	未	申	酉	戌	亥	子	丑	寅	卯	辰	巳	午	未	申	酉	戌	亥	子	丑	寅	卯	辰	巳	午	未	申	酉	戌	亥	子	丑
12/10 01/10	음력	10	11	12	13	14	15	16	17	18	19	20	21	22	23	24	25	26	27	28	29	30	1/1	2	3	4	5	6	7	8	9	10
	대 남	2	1	1	1	1	소한	9	9	9	8	8	8	7	7	7	6	6	6	5	대한	5	4	4	4	3	3	3	2	2	2	1
	운 여	8	9	9	9	10	한	1	1	1	1	2	2	2	3	3	3	4	4	4	한	5	5	6	6	6	7	7	7	8	8	8

입춘 4일 11시 41분 【음1월】 → 음1 【甲寅月(갑인월)】 ☾ 우수 19일 07시 33분

양력 2	양력	1	2	3	4	5	6	7	8	9	10	11	12	13	14	15	16	17	18	19	20	21	22	23	24	25	26	27	28	癸
	요일	수	목	금	토	일	월	화	수	목	금	토	일	월	화	수	목	금	토	일	월	화	수	목	금	토	일	월	화	卯
	일진	庚	辛	壬	癸	甲	乙	丙	丁	戊	己	庚	辛	壬	癸	甲	乙	丙	丁	戊	己	庚	辛	壬	癸	甲	乙	丙	丁	年
	日辰	寅	卯	辰	巳	午	未	申	酉	戌	亥	子	丑	寅	卯	辰	巳	午	未	申	酉	戌	亥	子	丑	寅	卯	辰	巳	
01/11 02/09	음력	11	12	13	14	15	16	17	18	19	20	21	22	23	24	25	26	27	28	29	2/1	2	3	4	5	6	7	8	9	
	대 남	1	1	1	입	1	1	1	1	2	2	2	3	3	3	4	4	4	5	우	5	6	6	6	7	7	7	8	8	
	운 여	9	9	9	춘	10	9	9	9	8	8	8	7	7	7	6	6	6	5	우	5	4	4	4	3	3	3	2	2	

경칩 6일 05시 35분 【음2월】 → 음2 【乙卯月(을묘월)】 ☾ 윤2 춘분 21일 06시 23분

양력 3	양력	1	2	3	4	5	6	7	8	9	10	11	12	13	14	15	16	17	18	19	20	21	22	23	24	25	26	27	28	29	30	31
	요일	수	목	금	토	일	월	화	수	목	금	토	일	월	화	수	목	금	토	일	월	화	수	목	금	토	일	월	화	수	목	금
	일진	戊	己	庚	辛	壬	癸	甲	乙	丙	丁	戊	己	庚	辛	壬	癸	甲	乙	丙	丁	戊	己	庚	辛	壬	癸	甲	乙	丙	丁	戊
	日辰	午	未	申	酉	戌	亥	子	丑	寅	卯	辰	巳	午	未	申	酉	戌	亥	子	丑	寅	卯	辰	巳	午	未	申	酉	戌	亥	子
02/10 윤210	음력	10	11	12	13	14	15	16	17	18	19	20	21	22	23	24	25	26	27	28	29	30	윤2	2	3	4	5	6	7	8	9	10
	대 남	8	9	9	9	10	경칩	1	1	1	1	2	2	2	3	3	3	4	4	4	5	춘분	5	6	6	6	7	7	7	8	8	8
	운 여	2	1	1	1	1	칩	10	9	9	9	8	8	8	7	7	7	6	6	6	5	분	5	4	4	4	3	3	3	2	2	2

청명 5일 10시 12분 【음3월】 → 음3 【丙辰月(병진월)】 ☾ 곡우 20일 17시 13분

양력 4	양력	1	2	3	4	5	6	7	8	9	10	11	12	13	14	15	16	17	18	19	20	21	22	23	24	25	26	27	28	29	30
	요일	토	일	월	화	수	목	금	토	일	월	화	수	목	금	토	일	월	화	수	목	금	토	일	월	화	수	목	금	토	일
	일진	己	庚	辛	壬	癸	甲	乙	丙	丁	戊	己	庚	辛	壬	癸	甲	乙	丙	丁	戊	己	庚	辛	壬	癸	甲	乙	丙	丁	戊
	日辰	丑	寅	卯	辰	巳	午	未	申	酉	戌	亥	子	丑	寅	卯	辰	巳	午	未	申	酉	戌	亥	子	丑	寅	卯	辰	巳	午
윤211 03/11	음력	11	12	13	14	15	16	17	18	19	20	21	22	23	24	25	26	27	28	29	3/1	2	3	4	5	6	7	8	9	10	11
	대 남	9	9	9	10	청명	1	1	1	1	2	2	2	3	3	3	4	4	4	5	곡우	5	6	6	6	7	7	7	8	8	8
	운 여	1	1	1	1	명	10	10	9	9	9	8	8	8	7	7	7	6	6	6	우	5	5	4	4	4	3	3	3	2	2

입하 6일 03시 18분 【음4월】 → 음4 【丁巳月(정사월)】 ☾ 소만 21일 16시 08분

양력 5	양력	1	2	3	4	5	6	7	8	9	10	11	12	13	14	15	16	17	18	19	20	21	22	23	24	25	26	27	28	29	30	3
	요일	월	화	수	목	금	토	일	월	화	수	목	금	토	일	월	화	수	목	금	토	일	월	화	수	목	금	토	일	월	화	수
	일진	己	庚	辛	壬	癸	甲	乙	丙	丁	戊	己	庚	辛	壬	癸	甲	乙	丙	丁	戊	己	庚	辛	壬	癸	甲	乙	丙	丁	戊	己
	日辰	未	申	酉	戌	亥	子	丑	寅	卯	辰	巳	午	未	申	酉	戌	亥	子	丑	寅	卯	辰	巳	午	未	申	酉	戌	亥	子	丑
03/12 04/12	음력	12	13	14	15	16	17	18	19	20	21	22	23	24	25	26	27	28	29	30	4/1	2	3	4	5	6	7	8	9	10	11	12
	대 남	9	9	9	10	10	입하	1	1	1	1	2	2	2	3	3	3	4	4	4	5	소만	5	6	6	6	7	7	7	8	8	8
	운 여	2	1	1	1	1	하	10	10	9	9	9	8	8	8	7	7	7	6	6	6	만	5	5	4	4	4	3	3	3	2	2

망종 6일 07시 17분 【음5월】 → 음5 【戊午月(무오월)】 ☾ 하지 21일 23시 57분

양력 6	양력	1	2	3	4	5	6	7	8	9	10	11	12	13	14	15	16	17	18	19	20	21	22	23	24	25	26	27	28	29	30
	요일	목	금	토	일	월	화	수	목	금	토	일	월	화	수	목	금	토	일	월	화	수	목	금	토	일	월	화	수	목	금
	일진	庚	辛	壬	癸	甲	乙	丙	丁	戊	己	庚	辛	壬	癸	甲	乙	丙	丁	戊	己	庚	辛	壬	癸	甲	乙	丙	丁	戊	己
	日辰	寅	卯	辰	巳	午	未	申	酉	戌	亥	子	丑	寅	卯	辰	巳	午	未	申	酉	戌	亥	子	丑	寅	卯	辰	巳	午	未
04/13 05/13	음력	13	14	15	16	17	18	19	20	21	22	23	24	25	26	27	28	29	5/1	2	3	4	5	6	7	8	9	10	11	12	13
	대 남	9	9	9	10	10	망종	1	1	1	1	2	2	2	3	3	3	4	4	4	5	5	하지	6	6	6	7	7	7	8	8
	운 여	2	1	1	1	1	종	10	10	9	9	9	8	8	8	7	7	7	6	6	6	5	지	5	5	4	4	4	3	3	2

한식(4월06일), 초복(7월11일), 중복(7월21일), 말복(8월10일) ☗춘사(春社)3/21
☀추사(秋社)9/27 토왕지절(土旺之節):4월17일,7월20일,10월21일,1월18일(음12/08)
臘享(납향):2024년1월20일(음12/10)

2
0
2
3

癸卯年

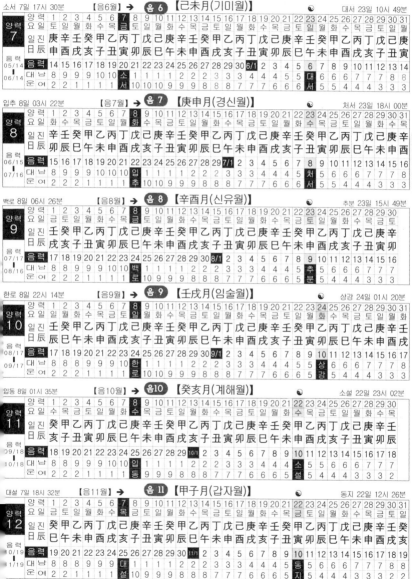

소서 7일 17시 30분　【음6월】→ 음 6 【己未月(기미월)】　대서 23일 10시 49분

입추 8일 03시 22분　【음7월】→ 음 7 【庚申月(경신월)】　처서 23일 18시 00분

백로 8일 06시 26분　【음8월】→ 음 8 【辛酉月(신유월)】　추분 23일 15시 49분

한로 8일 22시 14분　【음9월】→ 음 9 【壬戌月(임술월)】　상강 24일 01시 20분

입동 8일 01시 35분　【음10월】→ 음10 【癸亥月(계해월)】　소설 22일 23시 02분

대설 7일 18시 32분　【음11월】→ 음 11 【甲子月(갑자월)】　동지 22일 12시 26분

甲辰(갑진)년 납음(覆燈火),본명성(三碧木)土

대장군(子북방), 삼살(남방), 상문(午남방),조객(寅동북방)
납음(복등화), 【삼재(인,묘,진)년】 臘享(납향):2025년1월14일(음12/15)

소한 06일 05시 48분 【음12월】 → 음12 【乙丑月(을축월)】 대한 20일 23시 06분

양력 1																														
양력	1	2	3	4	5	6	7	8	9	10	11	12	13	14	15	16	17	18	19	20	21	22	23	24	25	26	27	28	29	30	31
요일	월	화	수	목	금	토	일	월	화	수	목	금	토	일	월	화	수	목	금	토	일	월	화	수	목	금	토	일	월	화	수
일진	甲子	乙丑	丙寅	丁卯	戊辰	己巳	庚午	辛未	壬申	癸酉	甲戌	乙亥	丙子	丁丑	戊寅	己卯	庚辰	辛巳	壬午	癸未	甲申	乙酉	丙戌	丁亥	戊子	己丑	庚寅	辛卯	壬辰	癸巳
음력	20	21	22	23	24	25	26	27	28	29	12/1	2	3	4	5	6	7	8	9	10	11	12	13	14	15	16	17	18	19	20	21
대남	8	9	9	9	10	소한	1	1	1	1	2	2	2	3	3	3	4	4	4	대한	5	5	5	6	6	6	7	7	7	8	8
운여	2	1	1	1	1		9	9	9	8	8	8	7	7	7	6	6	6	5		5	4	4	4	3	3	3	2	2	2	1

11/20 / 12/21

입춘 4일 17시 26분 【음1월】 → 음1 【丙寅月(병인월)】 우수 19일 13시 12분

甲辰年

양력	1	2	3	4	5	6	7	8	9	10	11	12	13	14	15	16	17	18	19	20	21	22	23	24	25	26	27	28	29
요일	목	금	토	일	월	화	수	목	금	토	일	월	화	수	목	금	토	일	월	화	수	목	금	토	일	월	화	수	목
일진	乙未	丙申	丁酉	戊戌	己亥	庚子	辛丑	壬寅	癸卯	甲辰	乙巳	丙午	丁未	戊申	己酉	庚戌	辛亥	壬子	癸丑	甲寅	乙卯	丙辰	丁巳	戊午	己未	庚申	辛酉	壬戌	癸亥
음력	22	23	24	25	26	27	28	29	30	1/1	2	3	4	5	6	7	8	9	10	11	12	13	14	15	16	17	18	19	20
대남	9	9	9	10	입춘	1	1	1	1	2	2	2	3	3	3	4	4	4	우수	5	5	5	6	6	6	7	7	7	8
운여	1	1	1	1		10	9	9	9	8	8	8	7	7	7	6	6	6		5	5	5	4	4	4	3	3	3	2

12/22 / 01/20

경칩 5일 11시 22분 【음2월】 → 음2 【丁卯月(정묘월)】 춘분 20일 12시 05분

양력	1	2	3	4	5	6	7	8	9	10	11	12	13	14	15	16	17	18	19	20	21	22	23	24	25	26	27	28	29	30	31
요일	금	토	일	월	화	수	목	금	토	일	월	화	수	목	금	토	일	월	화	수	목	금	토	일	월	화	수	목	금	토	일
일진	甲子	乙丑	丙寅	丁卯	戊辰	己巳	庚午	辛未	壬申	癸酉	甲戌	乙亥	丙子	丁丑	戊寅	己卯	庚辰	辛巳	壬午	癸未	甲申	乙酉	丙戌	丁亥	戊子	己丑	庚寅	辛卯	壬辰	癸巳	甲午
음력	21	22	23	24	25	26	27	28	29	2/1	2	3	4	5	6	7	8	9	10	11	12	13	14	15	16	17	18	19	20	21	22
대남	1	1	1	1	경칩	10	9	9	9	8	8	8	7	7	7	6	6	6	5	춘분	5	4	4	4	3	3	3	2	2	2	1
운여	9	9	9	10		1	1	1	1	2	2	2	3	3	3	4	4	4	5		5	6	6	6	7	7	7	8	8	8	9

01/21 / 02/22

청명 4일 16시 01분 【음3월】 → 음3 【戊辰月(무진월)】 곡우 19일 20시 59분

양력	1	2	3	4	5	6	7	8	9	10	11	12	13	14	15	16	17	18	19	20	21	22	23	24	25	26	27	28	29	30
요일	월	화	수	목	금	토	일	월	화	수	목	금	토	일	월	화	수	목	금	토	일	월	화	수	목	금	토	일	월	화
일진	乙未	丙申	丁酉	戊戌	己亥	庚子	辛丑	壬寅	癸卯	甲辰	乙巳	丙午	丁未	戊申	己酉	庚戌	辛亥	壬子	癸丑	甲寅	乙卯	丙辰	丁巳	戊午	己未	庚申	辛酉	壬戌	癸亥	甲子
음력	23	24	25	26	27	28	29	30	3/1	2	3	4	5	6	7	8	9	10	11	12	13	14	15	16	17	18	19	20	21	22
대남	1	1	1	청명	10	10	9	9	9	8	8	8	7	7	7	6	6	6	5	곡우	5	4	4	4	3	3	3	2	2	2
운여	9	9	10		1	1	1	1	2	2	2	3	3	3	4	4	4	5	5		5	6	6	6	7	7	7	8	8	9

02/23 / 03/22

입하 5일 09시 09분 【음4월】 → 음4 【己巳月(기사월)】 소만 20일 21시 58분

양력	1	2	3	4	5	6	7	8	9	10	11	12	13	14	15	16	17	18	19	20	21	22	23	24	25	26	27	28	29	30	31
요일	수	목	금	토	일	월	화	수	목	금	토	일	월	화	수	목	금	토	일	월	화	수	목	금	토	일	월	화	수	목	금
일진	乙丑	丙寅	丁卯	戊辰	己巳	庚午	辛未	壬申	癸酉	甲戌	乙亥	丙子	丁丑	戊寅	己卯	庚辰	辛巳	壬午	癸未	甲申	乙酉	丙戌	丁亥	戊子	己丑	庚寅	辛卯	壬辰	癸巳	甲午	乙未
음력	23	24	25	26	27	28	29	4/1	2	3	4	5	6	7	8	9	10	11	12	13	14	15	16	17	18	19	20	21	22	23	24
대남	1	1	1	1	입하	10	10	9	9	9	8	8	8	7	7	7	6	6	6	소만	5	5	4	4	4	3	3	3	2	2	2
운여	9	9	10	10		1	1	1	1	2	2	2	3	3	3	4	4	4	5		5	5	6	6	6	7	7	7	8	8	8

03/23 / 04/24

망종 5일 13시 09분 【음5월】 → 음5 【庚午月(경오월)】 하지 21일 05시 50분

양력	1	2	3	4	5	6	7	8	9	10	11	12	13	14	15	16	17	18	19	20	21	22	23	24	25	26	27	28	29	30
요일	토	일	월	화	수	목	금	토	일	월	화	수	목	금	토	일	월	화	수	목	금	토	일	월	화	수	목	금	토	일
일진	丙申	丁酉	戊戌	己亥	庚子	辛丑	壬寅	癸卯	甲辰	乙巳	丙午	丁未	戊申	己酉	庚戌	辛亥	壬子	癸丑	甲寅	乙卯	丙辰	丁巳	戊午	己未	庚申	辛酉	壬戌	癸亥	甲子	乙丑
음력	25	26	27	28	29	5/1	2	3	4	5	6	7	8	9	10	11	12	13	14	15	16	17	18	19	20	21	22	23	24	25
대남	1	1	1	1	망종	10	10	9	9	9	8	8	8	7	7	7	6	6	6	하지	5	5	4	4	4	3	3	3	2	2
운여	9	9	10	10		1	1	1	1	2	2	2	3	3	3	4	4	4	5	지	5	5	6	6	6	7	7	7	8	8

04/25 / 05/25

한식(4월05일), 초복(7월15일), 중복(7월25일), 말복(8월14일) ↑춘사(春社)3/15
☀추사(秋社)9/21토왕지절(土旺之節):4월16일,7월19일,10월20일,1월17일(음12/18)
臘享(납향):2025년1월14일(음12/15)

2 0 2 4

甲辰年

소서 6일 23시 19분　　【음6월】 →　**음 6**　【辛未月(신미월)】　　　　대서 22일 16시 43분

양력 **7**	양력	1	2	3	4	5	6	7	8	9	10	11	12	13	14	15	16	17	18	19	20	21	22	23	24	25	26	27	28	29	30	31
	요일	월	화	수	목	금	토	일	월	화	수	목	금	토	일	월	화	수	목	금	토	일	월	화	수	목	금	토	일	월	화	수
음력 05/26 06/26	일진	丙辰	丁巳	戊午	己未	庚申	辛酉	壬戌	癸亥	甲子	乙丑	丙寅	丁卯	戊辰	己巳	庚午	辛未	壬申	癸酉	甲戌	乙亥	丙子	丁丑	戊寅	己卯	庚辰	辛巳	壬午	癸未	甲申	乙酉	丙戌
	음력	26	27	28	29	30	6/1	2	3	4	5	6	7	8	9	10	11	12	13	14	15	16	17	18	19	20	21	22	23	24	25	26
	대남 운여	2 9	1 9	1 10	1 10	소서	10 1	10 1	9 1	9 1	9 2	8 2	8 2	8 3	7 3	7 3	7 4	6 4	6 4	6 5	대서	5 5	5 6	4 6	4 6	4 7	3 7	3 7	3 8	2 8	2 8	

입추 7일 09시 08분　　【음7월】 →　**음 7**　【壬申月(임신월)】　　　　처서 22일 23시 54분

양력 **8**	양력	1	2	3	4	5	6	7	8	9	10	11	12	13	14	15	16	17	18	19	20	21	22	23	24	25	26	27	28	29	30	31
	요일	목	금	토	일	월	화	수	목	금	토	일	월	화	수	목	금	토	일	월	화	수	목	금	토	일	월	화	수	목	금	토
음력 06/27 07/28	일진	丁酉	戊戌	己亥	庚子	辛丑	壬寅	癸卯	甲辰	乙巳	丙午	丁未	戊申	己酉	庚戌	辛亥	壬子	癸丑	甲寅	乙卯	丙辰	丁巳	戊午	己未	庚申	辛酉	壬戌	癸亥	甲子	乙丑	丙寅	丁卯
	음력	27	28	29	7/1	2	3	4	5	6	7	8	9	10	11	12	13	14	15	16	17	18	19	20	21	22	23	24	25	26	27	28
	대남 운여	2 9	1 9	1 10	1 10	입추	10 1	10 1	10 1	9 2	9 2	9 2	8 3	8 3	8 3	7 4	7 4	7 4	6 5	처서	6 5	5 6	5 6	5 6	4 7	4 7	4 7	3 8	3 8	3 8

백로 7일 12시 10분　　【음8월】 →　**음 8**　【癸酉月(계유월)】　　　　추분 22일 21시 43분

양력 **9**	양력	1	2	3	4	5	6	7	8	9	10	11	12	13	14	15	16	17	18	19	20	21	22	23	24	25	26	27	28	29	30
	요일	일	월	화	수	목	금	토	일	월	화	수	목	금	토	일	월	화	수	목	금	토	일	월	화	수	목	금	토	일	월
음력 07/29 08/28	일진	戊辰	己巳	庚午	辛未	壬申	癸酉	甲戌	乙亥	丙子	丁丑	戊寅	己卯	庚辰	辛巳	壬午	癸未	甲申	乙酉	丙戌	丁亥	戊子	己丑	庚寅	辛卯	壬辰	癸巳	甲午	乙未	丙申	丁酉
	음력	29	30	8/1	2	3	4	5	6	7	8	9	10	11	12	13	14	15	16	17	18	19	20	21	22	23	24	25	26	27	28
	대남 운여	2 8	2 9	1 9	1 9	1 10	백로	10 1	10 1	9 1	9 2	9 2	8 2	8 3	8 3	7 3	7 4	7 4	6 4	6 5	추분	5 5	5 5	4 6	4 6	4 6	3 7	3 7	3 7	2 8

한로 8일 03시 59분　　【음9월】 →　**음 9**　【甲戌月(갑술월)】　　　　상강 23일 07시 14분

양력 **10**	양력	1	2	3	4	5	6	7	8	9	10	11	12	13	14	15	16	17	18	19	20	21	22	23	24	25	26	27	28	29	30	31
	요일	화	수	목	금	토	일	월	화	수	목	금	토	일	월	화	수	목	금	토	일	월	화	수	목	금	토	일	월	화	수	목
음력 08/29 09/29	일진	戊戌	己亥	庚子	辛丑	壬寅	癸卯	甲辰	乙巳	丙午	丁未	戊申	己酉	庚戌	辛亥	壬子	癸丑	甲寅	乙卯	丙辰	丁巳	戊午	己未	庚申	辛酉	壬戌	癸亥	甲子	乙丑	丙寅	丁卯	戊辰
	음력	29	30	9/1	2	3	4	5	6	7	8	9	10	11	12	13	14	15	16	17	18	19	20	21	22	23	24	25	26	27	28	29
	대남 운여	2 8	2 8	2 9	1 9	1 9	1 10	한로	10 1	9 1	9 1	9 2	8 2	8 2	8 3	7 3	7 3	7 4	6 4	6 4	6 5	상강	5 5	5 5	4 6	4 6	4 6	3 7	3 7	3 7	2 8	2 8

입동 7일 07시 19분　　【음10월】 →　**음10**　【乙亥月(을해월)】　　　　소설 22일 04시 55분

양력 **11**	양력	1	2	3	4	5	6	7	8	9	10	11	12	13	14	15	16	17	18	19	20	21	22	23	24	25	26	27	28	29	30
	요일	금	토	일	월	화	수	목	금	토	일	월	화	수	목	금	토	일	월	화	수	목	금	토	일	월	화	수	목	금	토
음력 10/01 10/30	일진	己巳	庚午	辛未	壬申	癸酉	甲戌	乙亥	丙子	丁丑	戊寅	己卯	庚辰	辛巳	壬午	癸未	甲申	乙酉	丙戌	丁亥	戊子	己丑	庚寅	辛卯	壬辰	癸巳	甲午	乙未	丙申	丁酉	戊戌
	음력	10/1	2	3	4	5	6	7	8	9	10	11	12	13	14	15	16	17	18	19	20	21	22	23	24	25	26	27	28	29	30
	대남 운여	2 8	2 8	1 9	1 9	1 9	1 10	입동	10 1	9 1	9 1	9 2	8 2	8 2	8 3	7 3	7 3	7 4	6 4	6 4	소설	5 5	5 5	5 5	4 6	4 6	4 6	3 7	3 7	3 7	2 8

대설 7일 00시 16분　　【음11월】 →　**음 11**　【丙子月(병자월)】　　　　동지 21일 18시 19분

양력 **12**	양력	1	2	3	4	5	6	7	8	9	10	11	12	13	14	15	16	17	18	19	20	21	22	23	24	25	26	27	28	29	30	31
	요일	일	월	화	수	목	금	토	일	월	화	수	목	금	토	일	월	화	수	목	금	토	일	월	화	수	목	금	토	일	월	화
음력 11/01 12/01	일진	己亥	庚子	辛丑	壬寅	癸卯	甲辰	乙巳	丙午	丁未	戊申	己酉	庚戌	辛亥	壬子	癸丑	甲寅	乙卯	丙辰	丁巳	戊午	己未	庚申	辛酉	壬戌	癸亥	甲子	乙丑	丙寅	丁卯	戊辰	己巳
	음력	11/1	2	3	4	5	6	7	8	9	10	11	12	13	14	15	16	17	18	19	20	21	22	23	24	25	26	27	28	29	30	12/1
	대남 운여	2 8	2 8	1 9	1 9	1 9	1 10	대설	9 1	9 1	9 1	8 2	8 2	8 2	7 3	7 3	7 3	6 4	6 4	6 4	5 5	동지	5 5	4 5	4 6	4 6	3 6	3 7	3 7	2 7	2 8	2 8

乙巳(을사)년 납음(覆燈火),본명성(二黑土)

대장군(卯東方), 삼살(동방),상문(未서남방), 조객(卯東方),납음(복등화),
【삼재(해,자,축)년】 臘享(납향):2026년 1월21일(음12/03)

소한 5일 11시 32분 【음12월】 → 음12 【丁丑月(정축월)】 ◑ 대한 20일 04시 59분

양력	1	2	3	4	5	6	7	8	9	10	11	12	13	14	15	16	17	18	19	20	21	22	23	24	25	26	27	28	29	30	31
1 요일	수	목	금	토	일	월	화	수	목	금	토	일	월	화	수	목	금	토	일	월	화	수	목	금	토	일	월	화	수	목	금
일진	庚	辛	壬	癸	甲	乙	丙	丁	戊	己	庚	辛	壬	癸	甲	乙	丙	丁	戊	己	庚	辛	壬	癸	甲	乙	丙	丁	戊	己	庚
日辰	午	未	申	酉	戌	亥	子	丑	寅	卯	辰	巳	午	未	申	酉	戌	亥	子	丑	寅	卯	辰	巳	午	未	申	酉	戌	亥	子
음력 12/02 01/03	음력	2	3	4	5	6	7	8	9	10	11	12	13	14	15	16	17	18	19	20	21	22	23	24	25	26	27	28	29	1/1	2	3
대 남	1	1	1	1	소한	9	9	9	8	8	8	7	7	7	6	6	6	5	대한	4	4	4	3	3	3	2	2	2	1	1	1
운 여	8	9	9	9	한	1	1	1	2	2	2	3	3	3	4	4	4	5	한	5	6	6	6	7	7	7	8	8	8	9

입춘 3일 22시 09분 【음1월】 → 음1 【戊寅月(무인월) ◐ 우수 18일 19시 05분

양력	1	2	3	4	5	6	7	8	9	10	11	12	13	14	15	16	17	18	19	20	21	22	23	24	25	26	27	28			乙巳年
2 요일	토	일	월	화	수	목	금	토	일	월	화	수	목	금	토	일	월	화	수	목	금	토	일	월	화	수	목	금			
일진	辛	壬	癸	甲	乙	丙	丁	戊	己	庚	辛	壬	癸	甲	乙	丙	丁	戊	己	庚	辛	壬	癸	甲	乙	丙	丁	戊			
日辰	丑	寅	卯	辰	巳	午	未	申	酉	戌	亥	子	丑	寅	卯	辰	巳	午	未	申	酉	戌	亥	子	丑	寅	卯	辰			
음력 01/04 02/01	음력	4	5	6	7	8	9	10	11	12	13	14	15	16	17	18	19	20	21	22	23	24	25	26	27	28	29	30	2/1			
대 남	9	9	입춘	1	1	1	1	2	2	2	3	3	3	4	4	4	5	우수	5	6	6	6	7	7	7	8	8	8			
운 여	9	9	춘	10	9	9	9	8	8	8	7	7	7	6	6	6	5	수	5	4	4	4	3	3	3	2	2	2			

경칩 5일 17시 06분 【음2월】 → 음2 【己卯月(기묘월)】 ◑ 춘분 20일 18시 00분

양력	1	2	3	4	5	6	7	8	9	10	11	12	13	14	15	16	17	18	19	20	21	22	23	24	25	26	27	28	29	30	31
3 요일	토	일	월	화	수	목	금	토	일	월	화	수	목	금	토	일	월	화	수	목	금	토	일	월	화	수	목	금	토	일	월
일진	己	庚	辛	壬	癸	甲	乙	丙	丁	戊	己	庚	辛	壬	癸	甲	乙	丙	丁	戊	己	庚	辛	壬	癸	甲	乙	丙	丁	戊	己
日辰	巳	午	未	申	酉	戌	亥	子	丑	寅	卯	辰	巳	午	未	申	酉	戌	亥	子	丑	寅	卯	辰	巳	午	未	申	酉	戌	亥
음력 02/03 03/03	음력	2	3	4	5	6	7	8	9	10	11	12	13	14	15	16	17	18	19	20	21	22	23	24	25	26	27	28	29	3/1	2	3
대 남	9	9	9	10	경칩	1	1	1	1	2	2	2	3	3	3	4	4	4	5	춘분	5	6	6	6	7	7	7	8	8	8	9
운 여	1	1	1	1	칩	10	9	9	9	8	8	8	7	7	7	6	6	6	5	분	5	4	4	4	3	3	3	2	2	2	1

청명 4일 21시 47분 【음3월】 → 음3 【庚辰月(경진월)】 ◑ 곡우 20일 04시 55분

양력	1	2	3	4	5	6	7	8	9	10	11	12	13	14	15	16	17	18	19	20	21	22	23	24	25	26	27	28	29	30	
4 요일	화	수	목	금	토	일	월	화	수	목	금	토	일	월	화	수	목	금	토	일	월	화	수	목	금	토	일	월	화	수	
일진	庚	辛	壬	癸	甲	乙	丙	丁	戊	己	庚	辛	壬	癸	甲	乙	丙	丁	戊	己	庚	辛	壬	癸	甲	乙	丙	丁	戊	己	
日辰	子	丑	寅	卯	辰	巳	午	未	申	酉	戌	亥	子	丑	寅	卯	辰	巳	午	未	申	酉	戌	亥	子	丑	寅	卯	辰	巳	
음력 03/04 04/03	음력	4	5	6	7	8	9	10	11	12	13	14	15	16	17	18	19	20	21	22	23	24	25	26	27	28	29	30	4/1	2	3
대 남	9	9	10	청명	1	1	1	1	2	2	2	3	3	3	4	4	4	5	5	곡우	6	6	6	7	7	7	8	8	8	9	
운 여	1	1	1	명	10	10	9	9	9	8	8	8	7	7	7	6	6	6	5	우	5	4	4	4	3	3	3	2	2	2	

입하 5일 14시 56분 【음4월】 → 음4 【辛巳月(신사월)】 ◑ 소만 21일 03시 54분

양력	1	2	3	4	5	6	7	8	9	10	11	12	13	14	15	16	17	18	19	20	21	22	23	24	25	26	27	28	29	30	31
5 요일	목	금	토	일	월	화	수	목	금	토	일	월	화	수	목	금	토	일	월	화	수	목	금	토	일	월	화	수	목	금	토
일진	庚	辛	壬	癸	甲	乙	丙	丁	戊	己	庚	辛	壬	癸	甲	乙	丙	丁	戊	己	庚	辛	壬	癸	甲	乙	丙	丁	戊	己	庚
日辰	午	未	申	酉	戌	亥	子	丑	寅	卯	辰	巳	午	未	申	酉	戌	亥	子	丑	寅	卯	辰	巳	午	未	申	酉	戌	亥	子
음력 04/04 05/05	음력	4	5	6	7	8	9	10	11	12	13	14	15	16	17	18	19	20	21	22	23	24	25	26	27	28	29	5/1	2	3	4
대 남	9	9	10	10	입하	1	1	1	1	2	2	2	3	3	3	4	4	4	5	5	소만	6	6	6	7	7	7	8	8	8	
운 여	1	1	1	1	하	10	10	9	9	9	8	8	8	7	7	7	6	6	6	5	만	5	4	4	4	3	3	3	2	2	

망종 5일 18시 55분 【음5월】 → 음5 【壬午月(임오월)】 ◑ 하지 21일 11시 41분

양력	1	2	3	4	5	6	7	8	9	10	11	12	13	14	15	16	17	18	19	20	21	22	23	24	25	26	27	28	29	30	
6 요일	일	월	화	수	목	금	토	일	월	화	수	목	금	토	일	월	화	수	목	금	토	일	월	화	수	목	금	토	일	월	
일진	辛	壬	癸	甲	乙	丙	丁	戊	己	庚	辛	壬	癸	甲	乙	丙	丁	戊	己	庚	辛	壬	癸	甲	乙	丙	丁	戊	己	庚	
日辰	丑	寅	卯	辰	巳	午	未	申	酉	戌	亥	子	丑	寅	卯	辰	巳	午	未	申	酉	戌	亥	子	丑	寅	卯	辰	巳	午	
음력 05/06 06/06	음력	6	7	8	9	10	11	12	13	14	15	16	17	18	19	20	21	22	23	24	25	26	27	28	29	6/1	2	3	4	5	6
대 남	9	9	10	10	망종	1	1	1	1	2	2	2	3	3	3	4	4	4	5	5	하지	6	6	6	7	7	7	8	8	8	
운 여	9	9	10	10	망	1	1	1	2	2	2	3	3	3	4	4	4	5	5	5	지	5	5	4	4	4	3	3	3	2	

한식(4월05일), 초복(7월20일), 중복(7월30일), 말복(8월09일) ↑춘사(春社)3/20
☀추사(秋社)9/26 토왕지절(土旺之節):4월17일,7월20일,10월20일,1월17일(음11/29)
臘享(납향):2026년1월21일(음12/03)

2025

乙巳年

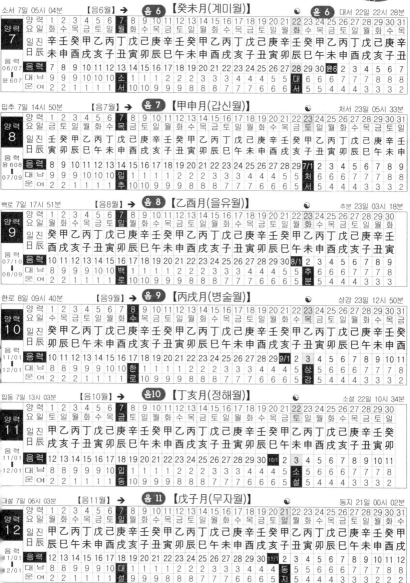

소서 7일 05시 04분   【음6월】→ 음 6 癸未月(계미월)   윤 6 대서 22일 22시 28분

양력	1	2	3	4	5	6	7	8	9	10	11	12	13	14	15	16	17	18	19	20	21	22	23	24	25	26	27	28	29	30	31
7 요일	화	수	목	금	토	일	월	화	수	목	금	토	일	월	화	수	목	금	토	일	월	화	수	목	금	토	일	월	화	수	목
일진 日辰	辛未	壬申	癸酉	甲戌	乙亥	丙子	丁丑	戊寅	己卯	庚辰	辛巳	壬午	癸未	甲申	乙酉	丙戌	丁亥	戊子	己丑	庚寅	辛卯	壬辰	癸巳	甲午	乙未	丙申	丁酉	戊戌	己亥	庚子	辛丑
음력 06/07 윤6 07	7	8	9	10	11	12	13	14	15	16	17	18	19	20	21	22	23	24	25	26	27	28	29	30	윤6	2	3	4	5	6	7
대 남 운 여	9 2	9 1	10 1	10 1	10 1	소서	1 10	1 9	1 9	2 8	2 8	2 8	3 7	3 7	3 7	4 6	4 6	4 6	5 5	5 5	대서	6 4	6 4	6 4	7 3	7 3	8 3	8 2	8 2		

입추 7일 14시 50분   【음7월】→ 음 7 甲申月(갑신월)   처서 23일 05시 33분

양력	1	2	3	4	5	6	7	8	9	10	11	12	13	14	15	16	17	18	19	20	21	22	23	24	25	26	27	28	29	30	31
8 요일	금	토	일	월	화	수	목	금	토	일	월	화	수	목	금	토	일	월	화	수	목	금	토	일	월	화	수	목	금	토	일
일진 日辰	壬寅	癸卯	甲辰	乙巳	丙午	丁未	戊申	己酉	庚戌	辛亥	壬子	癸丑	甲寅	乙卯	丙辰	丁巳	戊午	己未	庚申	辛酉	壬戌	癸亥	甲子	乙丑	丙寅	丁卯	戊辰	己巳	庚午	辛未	壬申
음력 윤6 08 07/09	8	9	10	11	12	13	14	15	16	17	18	19	20	21	22	23	24	25	26	27	28	29	7/1	2	3	4	5	6	7	8	9
대 남 운 여	2 8	2 8	1 9	1 9	1 10	1 10	입추	10 1	1 10	1 9	1 9	2 8	2 8	2 7	3 7	3 7	3 6	4 6	4 6	4 5	처서	6 4	6 4	6 4	7 3	7 3	7 3	8 2			

백로 7일 17시 51분   【음8월】→ 음 8 乙酉月(을유월)   추분 23일 03시 18분

양력	1	2	3	4	5	6	7	8	9	10	11	12	13	14	15	16	17	18	19	20	21	22	23	24	25	26	27	28	29	30
9 요일	월	화	수	목	금	토	일	월	화	수	목	금	토	일	월	화	수	목	금	토	일	월	화	수	목	금	토	일	월	화
일진 日辰	癸酉	甲戌	乙亥	丙子	丁丑	戊寅	己卯	庚辰	辛巳	壬午	癸未	甲申	乙酉	丙戌	丁亥	戊子	己丑	庚寅	辛卯	壬辰	癸巳	甲午	乙未	丙申	丁酉	戊戌	己亥	庚子	辛丑	壬寅
음력 07/10 08/09	10	11	12	13	14	15	16	17	18	19	20	21	22	23	24	25	26	27	28	29	30	8/1	2	3	4	5	6	7	8	9
대 남 운 여	2 8	1 9	1 9	1 10	1 10	1 10	백로	10 1	1 10	1 9	1 9	2 8	2 8	2 7	3 7	3 7	3 6	4 6	4 6	4 5	추분	6 4	6 4	6 4	7 3	7 3	7 3	8 2	8 2	

한로 8일 09시 40분   【음9월】→ 음 9 丙戌月(병술월)   상강 23일 12시 50분

양력	1	2	3	4	5	6	7	8	9	10	11	12	13	14	15	16	17	18	19	20	21	22	23	24	25	26	27	28	29	30	31
10 요일	수	목	금	토	일	월	화	수	목	금	토	일	월	화	수	목	금	토	일	월	화	수	목	금	토	일	월	화	수	목	금
일진 日辰	癸卯	甲辰	乙巳	丙午	丁未	戊申	己酉	庚戌	辛亥	壬子	癸丑	甲寅	乙卯	丙辰	丁巳	戊午	己未	庚申	辛酉	壬戌	癸亥	甲子	乙丑	丙寅	丁卯	戊辰	己巳	庚午	辛未	壬申	癸酉
음력 11/01 12/01	10	11	12	13	14	15	16	17	18	19	20	21	22	23	24	25	26	27	28	29	9/1	2	3	4	5	6	7	8	9	10	11
대 남 운 여	8 2	8 2	9 1	9 1	9 1	10 1	한로	1 1	1 1	1 1	2 9	2 9	2 8	3 8	3 8	3 7	4 7	4 7	4 6	5 6	상강	5 5	6 5	6 4	6 4	7 4	7 3	7 3	8 3	8 2	

입동 7일 13시 03분   【음10월】→ 음10 丁亥月(정해월)   소설 22일 10시 34분

양력	1	2	3	4	5	6	7	8	9	10	11	12	13	14	15	16	17	18	19	20	21	22	23	24	25	26	27	28	29	30
11 요일	토	일	월	화	수	목	금	토	일	월	화	수	목	금	토	일	월	화	수	목	금	토	일	월	화	수	목	금	토	일
일진 日辰	甲戌	乙亥	丙子	丁丑	戊寅	己卯	庚辰	辛巳	壬午	癸未	甲申	乙酉	丙戌	丁亥	戊子	己丑	庚寅	辛卯	壬辰	癸巳	甲午	乙未	丙申	丁酉	戊戌	己亥	庚子	辛丑	壬寅	癸卯
음력 11/01 12/01	12	13	14	15	16	17	18	19	20	21	22	23	24	25	26	27	28	29	30	10/1	2	3	4	5	6	7	8	9	10	11
대 남 운 여	8 2	8 2	9 1	9 1	9 1	10 1	입동	1 9	1 9	1 9	2 8	2 8	2 8	3 7	3 7	3 7	4 6	4 6	4 6	5 5	소설	5 5	6 4	6 4	6 4	7 3	7 3	7 3	8 2	

대설 7일 06시 03분   【음11월】→ 음 11 戊子月(무자월)   동지 21일 00시 02분

양력	1	2	3	4	5	6	7	8	9	10	11	12	13	14	15	16	17	18	19	20	21	22	23	24	25	26	27	28	29	30	31
12 요일	월	화	수	목	금	토	일	월	화	수	목	금	토	일	월	화	수	목	금	토	일	월	화	수	목	금	토	일	월	화	수
일진 日辰	甲辰	乙巳	丙午	丁未	戊申	己酉	庚戌	辛亥	壬子	癸丑	甲寅	乙卯	丙辰	丁巳	戊午	己未	庚申	辛酉	壬戌	癸亥	甲子	乙丑	丙寅	丁卯	戊辰	己巳	庚午	辛未	壬申	癸酉	甲戌
음력 11/01 12/01	12	13	14	15	16	17	18	19	20	21	22	23	24	25	26	27	28	29	30	11/1	2	3	4	5	6	7	8	9	10	11	12
대 남 운 여	8 2	8 2	9 1	9 1	9 1	10 1	대설	1 1	1 1	1 1	2 9	2 9	2 8	3 8	3 8	3 7	4 7	4 7	4 6	5 6	동지	5 5	6 5	6 4	6 4	7 4	7 3	7 3	8 3	8 2	2

丙午(병오)년 납음(天河水), 본명성(一白水)

단기 4359 年
불기 2570 年
2026년

대장군(卯東방). 삼살(북방), 상문(申서남방),조객(辰동남방),
납음(천하수),【삼재(신유술년】 臘享(납향):2027년1월16일(음12/08)

1월

소한 5일 17시 22분 【음12월】→ 음12 【己丑月(기축월)】 대한 20일 10시 44분

양력	1	2	3	4	5	6	7	8	9	10	11	12	13	14	15	16	17	18	19	20	21	22	23	24	25	26	27	28	29	30	31
요일	목	금	토	일	월	화	수	목	금	토	일	월	화	수	목	금	토	일	월	화	수	목	금	토	일	월	화	수	목	금	토
일진	乙亥	丙子	丁丑	戊寅	己卯	庚辰	辛巳	壬午	癸未	甲申	乙酉	丙戌	丁亥	戊子	己丑	庚寅	辛卯	壬辰	癸巳	甲午	乙未	丙申	丁酉	戊戌	己亥	庚子	辛丑	壬寅	癸卯	甲辰	乙巳
음력	13	14	15	16	17	18	19	20	21	22	23	24	25	26	27	28	29	30	12/1	2	3	4	5	6	7	8	9	10	11	12	13
대남	8	9	9	9	소한	1	1	1	1	2	2	2	3	3	3	4	4	4	5	대한	5	4	4	4	3	3	3	2	2	2	1
운여	1	1	1	1	한	10	9	9	9	8	8	8	7	7	7	6	6	6	5	한	5	4	4	4	3	3	3	2	2	2	1

(음력 11/13, 12/13)

2월

입춘 4일 05시 01분 【음1월】→ 음1 【庚寅月(경인월)】 우수 19일 00시 51분

양력	1	2	3	4	5	6	7	8	9	10	11	12	13	14	15	16	17	18	19	20	21	22	23	24	25	26	27	28
요일	일	월	화	수	목	금	토	일	월	화	수	목	금	토	일	월	화	수	목	금	토	일	월	화	수	목	금	토
일진	丙午	丁未	戊申	己酉	庚戌	辛亥	壬子	癸丑	甲寅	乙卯	丙辰	丁巳	戊午	己未	庚申	辛酉	壬戌	癸亥	甲子	乙丑	丙寅	丁卯	戊辰	己巳	庚午	辛未	壬申	癸酉
음력	14	15	16	17	18	19	20	21	22	23	24	25	26	27	28	29	1/1	2	3	4	5	6	7	8	9	10	11	12
대남	9	9	10	입춘	9	9	9	8	8	8	7	7	7	6	6	6	우수	4	4	4	3	3	3	2	2	2	1	1
운여	1	1	1	춘	1	1	1	2	2	2	3	3	3	4	4	4	우	5	6	6	6	7	7	7	8	8		

(음력 12/14, 01/12) 丙午年

3월

경칩 5일 22시 58분 【음2월】→ 음2 【辛卯月(신묘월)】 춘분 20일 23시 45분

양력	1	2	3	4	5	6	7	8	9	10	11	12	13	14	15	16	17	18	19	20	21	22	23	24	25	26	27	28	29	30	31
요일	일	월	화	수	목	금	토	일	월	화	수	목	금	토	일	월	화	수	목	금	토	일	월	화	수	목	금	토	일	월	화
일진	甲戌	乙亥	丙子	丁丑	戊寅	己卯	庚辰	辛巳	壬午	癸未	甲申	乙酉	丙戌	丁亥	戊子	己丑	庚寅	辛卯	壬辰	癸巳	甲午	乙未	丙申	丁酉	戊戌	己亥	庚子	辛丑	壬寅	癸卯	甲辰
음력	13	14	15	16	17	18	19	20	21	22	23	24	25	26	27	28	29	30	2/1	2	3	4	5	6	7	8	9	10	11	12	13
대남	1	1	1	1	경칩	10	10	9	9	9	8	8	8	7	7	7	6	6	6	춘분	5	5	4	4	4	3	3	3	2	2	2
운여	8	9	9	9	칩	1	1	1	1	2	2	2	3	3	3	4	4	4	5	분	5	6	6	6	7	7	7	8	8	9	

(음력 01/13, 02/13)

4월

청명 5일 03시 39분 【음3월】→ 음3 【壬辰月(임진월)】 곡우 20일 10시 38분

양력	1	2	3	4	5	6	7	8	9	10	11	12	13	14	15	16	17	18	19	20	21	22	23	24	25	26	27	28	29	30
요일	수	목	금	토	일	월	화	수	목	금	토	일	월	화	수	목	금	토	일	월	화	수	목	금	토	일	월	화	수	목
일진	乙巳	丙午	丁未	戊申	己酉	庚戌	辛亥	壬子	癸丑	甲寅	乙卯	丙辰	丁巳	戊午	己未	庚申	辛酉	壬戌	癸亥	甲子	乙丑	丙寅	丁卯	戊辰	己巳	庚午	辛未	壬申	癸酉	甲戌
음력	14	15	16	17	18	19	20	21	22	23	24	25	26	27	28	29	3/1	2	3	4	5	6	7	8	9	10	11	12	13	14
대남	1	1	1	1	청명	10	9	9	9	8	8	8	7	7	7	6	6	6	5	곡우	5	4	4	4	3	3	3	2	2	2
운여	9	9	10	10	명	1	1	1	1	2	2	2	3	3	3	4	4	4	5	우	5	6	6	6	7	7	7	8	8	

(음력 02/14, 03/14)

5월

입하 5일 20시 48분 【음4월】→ 음4 【癸巳月(계사월)】 소만 21일 09시 36분

양력	1	2	3	4	5	6	7	8	9	10	11	12	13	14	15	16	17	18	19	20	21	22	23	24	25	26	27	28	29	30	31
요일	금	토	일	월	화	수	목	금	토	일	월	화	수	목	금	토	일	월	화	수	목	금	토	일	월	화	수	목	금	토	일
일진	乙亥	丙子	丁丑	戊寅	己卯	庚辰	辛巳	壬午	癸未	甲申	乙酉	丙戌	丁亥	戊子	己丑	庚寅	辛卯	壬辰	癸巳	甲午	乙未	丙申	丁酉	戊戌	己亥	庚子	辛丑	壬寅	癸卯	甲辰	乙巳
음력	15	16	17	18	19	20	21	22	23	24	25	26	27	28	29	30	4/1	2	3	4	5	6	7	8	9	10	11	12	13	14	1
대남	1	1	1	1	입하	10	10	10	9	9	9	8	8	8	7	7	7	6	6	6	소만	5	5	4	4	4	3	3	3	2	2
운여	9	9	9	10	하	1	1	1	1	2	2	2	3	3	3	4	4	4	5	5	만	6	6	6	7	7	7	8	8	9	

(음력 03/15, 04/15)

6월

망종 6일 00시 47분 【음5월】→ 음5 【甲午月(갑오월)】 하지 21일 17시 23분

양력	1	2	3	4	5	6	7	8	9	10	11	12	13	14	15	16	17	18	19	20	21	22	23	24	25	26	27	28	29	30
요일	월	화	수	목	금	토	일	월	화	수	목	금	토	일	월	화	수	목	금	토	일	월	화	수	목	금	토	일	월	화
일진	丙午	丁未	戊申	己酉	庚戌	辛亥	壬子	癸丑	甲寅	乙卯	丙辰	丁巳	戊午	己未	庚申	辛酉	壬戌	癸亥	甲子	乙丑	丙寅	丁卯	戊辰	己巳	庚午	辛未	壬申	癸酉	甲戌	乙亥
음력	16	17	18	19	20	21	22	23	24	25	26	27	28	29	5/1	2	3	4	5	6	7	8	9	10	11	12	13	14	15	16
대남	2	1	1	1	1	망종	10	10	9	9	9	8	8	8	7	7	7	6	6	6	하지	5	5	4	4	4	3	3	3	2
운여	9	9	10	10	10	종	1	1	1	1	2	2	2	3	3	3	4	4	4	5	지	5	6	6	6	7	7	7	8	8

(음력 04/16, 05/16)

한식(4월05일), 초복(7월15일), 중복(7월25일), 말복(8월14일) ♠춘사(春社)3/15

☀추사(秋社)9/21 토왕지절(土旺之節):4월17일,7월20일,10월21일,1월17일(음12/09)

臘享(납향):2027년1월16일(음12/08)

2026

丙午年

소서 7일 10시 56분　　【음6월】 →　음6　【乙未月(을미월)】　　　　대서 23일 04시 12분

양력		1	2	3	4	5	6	7	8	9	10	11	12	13	14	15	16	17	18	19	20	21	22	23	24	25	26	27	28	29	30	31
7	요일	수	목	금	토	일	월	화	수	목	금	토	일	월	화	수	목	금	토	일	월	화	수	목	금	토	일	월	화	수	목	금
	일진	丙子	丁丑	戊寅	己卯	庚辰	辛巳	壬午	癸未	甲申	乙酉	丙戌	丁亥	戊子	己丑	庚寅	辛卯	壬辰	癸巳	甲午	乙未	丙申	丁酉	戊戌	己亥	庚子	辛丑	壬寅	癸卯	甲辰	乙巳	丙午
05/17 06/18	음력	17	18	19	20	21	22	23	24	25	26	27	28	29	6/1	2	3	4	5	6	7	8	9	10	11	12	13	14	15	16	17	18
	대남	2	1	1	1	1	소서	10	10	9	9	9	8	8	8	7	7	7	6	6	6	5	대서	5	4	4	4	3	3	3	2	2
	운여	8	9	9	9	10		1	1	1	1	2	2	2	3	3	3	4	4	4	5	5		6	6	6	7	7	7	8	8

입추 7일 20시 42분　　【음7월】 →　음7　【丙申月(병신월)】　　　　처서 23일 11시 18분

양력		1	2	3	4	5	6	7	8	9	10	11	12	13	14	15	16	17	18	19	20	21	22	23	24	25	26	27	28	29	30	31
8	요일	토	일	월	화	수	목	금	토	일	월	화	수	목	금	토	일	월	화	수	목	금	토	일	월	화	수	목	금	토	일	월
	일진	丁未	戊申	己酉	庚戌	辛亥	壬子	癸丑	甲寅	乙卯	丙辰	丁巳	戊午	己未	庚申	辛酉	壬戌	癸亥	甲子	乙丑	丙寅	丁卯	戊辰	己巳	庚午	辛未	壬申	癸酉	甲戌	乙亥	丙子	丁丑
06/19 07/19	음력	19	20	21	22	23	24	25	26	27	28	29	30	7/1	2	3	4	5	6	7	8	9	10	11	12	13	14	15	16	17	18	19
	대남	2	1	1	1	1	입추	10	10	9	9	9	8	8	8	7	7	7	6	6	6	5	처서	5	4	4	4	3	3	3	2	2
	운여	8	9	9	9	10		1	1	1	1	2	2	2	3	3	3	4	4	4	5	5		6	6	6	7	7	7	8	8

백로 7일 23시 40분　　【음8월】 →　음8　【丁酉月(정유월)】　　　　추분 23일 09시 04분

양력		1	2	3	4	5	6	7	8	9	10	11	12	13	14	15	16	17	18	19	20	21	22	23	24	25	26	27	28	29	30
9	요일	화	수	목	금	토	일	월	화	수	목	금	토	일	월	화	수	목	금	토	일	월	화	수	목	금	토	일	월	화	수
	일진	戊寅	己卯	庚辰	辛巳	壬午	癸未	甲申	乙酉	丙戌	丁亥	戊子	己丑	庚寅	辛卯	壬辰	癸巳	甲午	乙未	丙申	丁酉	戊戌	己亥	庚子	辛丑	壬寅	癸卯	甲辰	乙巳	丙午	丁未
07/20 08/20	음력	20	21	22	23	24	25	26	27	28	29	8/1	2	3	4	5	6	7	8	9	10	11	12	13	14	15	16	17	18	19	20
	대남	2	2	1	1	1	1	백로	10	10	9	9	9	8	8	8	7	7	7	6	6	6	5	추분	5	4	4	4	3	3	3
	운여	8	9	9	9	10	10		1	1	1	1	2	2	2	3	3	3	4	4	4	5	5		6	6	6	7	7	7

한로 8일 15시 28분　　【음9월】 →　음9　【戊戌月(무술월)】　　　　상강 23일 18시 37분

양력		1	2	3	4	5	6	7	8	9	10	11	12	13	14	15	16	17	18	19	20	21	22	23	24	25	26	27	28	29	30	31
10	요일	목	금	토	일	월	화	수	목	금	토	일	월	화	수	목	금	토	일	월	화	수	목	금	토	일	월	화	수	목	금	토
	일진	戊申	己酉	庚戌	辛亥	壬子	癸丑	甲寅	乙卯	丙辰	丁巳	戊午	己未	庚申	辛酉	壬戌	癸亥	甲子	乙丑	丙寅	丁卯	戊辰	己巳	庚午	辛未	壬申	癸酉	甲戌	乙亥	丙子	丁丑	戊寅
11/01 12/01	음력	21	22	23	24	25	26	27	28	29	30	9/1	2	3	4	5	6	7	8	9	10	11	12	13	14	15	16	17	18	19	20	21
	대남	2	2	1	1	1	1	한로	10	9	9	9	8	8	8	7	7	7	6	6	6	5	상강	5	4	4	4	3	3	3	2	2
	운여	8	8	9	9	9	10		1	1	1	1	2	2	2	3	3	3	4	4	4	5	5		6	6	6	7	7	7	8

입동 7일 18시 51분　　【음10월】 →　음10　【己亥月(기해월)】　　　　소설 22일 16시 22분

양력		1	2	3	4	5	6	7	8	9	10	11	12	13	14	15	16	17	18	19	20	21	22	23	24	25	26	27	28	29	30
11	요일	일	월	화	수	목	금	토	일	월	화	수	목	금	토	일	월	화	수	목	금	토	일	월	화	수	목	금	토	일	월
	일진	己卯	庚辰	辛巳	壬午	癸未	甲申	乙酉	丙戌	丁亥	戊子	己丑	庚寅	辛卯	壬辰	癸巳	甲午	乙未	丙申	丁酉	戊戌	己亥	庚子	辛丑	壬寅	癸卯	甲辰	乙巳	丙午	丁未	戊申
11/01 12/01	음력	22	23	24	25	26	27	28	29	30	10/1	2	3	4	5	6	7	8	9	10	11	12	13	14	15	16	17	18	19	20	21
	대남	2	2	1	1	1	1	입동	10	9	9	9	8	8	8	7	7	7	6	6	6	5	소설	5	4	4	4	3	3	3	2
	운여	8	8	9	9	9	10		1	1	1	1	2	2	2	3	3	3	4	4	4	5	5		6	6	6	7	7	7	8

대설 7일 11시 51분　　【음11월】 →　음11　【庚子月(경자월)】　　　　동지 22일 05시 49분

양력		1	2	3	4	5	6	7	8	9	10	11	12	13	14	15	16	17	18	19	20	21	22	23	24	25	26	27	28	29	30	31
12	요일	화	수	목	금	토	일	월	화	수	목	금	토	일	월	화	수	목	금	토	일	월	화	수	목	금	토	일	월	화	수	목
	일진	己酉	庚戌	辛亥	壬子	癸丑	甲寅	乙卯	丙辰	丁巳	戊午	己未	庚申	辛酉	壬戌	癸亥	甲子	乙丑	丙寅	丁卯	戊辰	己巳	庚午	辛未	壬申	癸酉	甲戌	乙亥	丙子	丁丑	戊寅	己卯
11/01 12/01	음력	22	23	24	25	26	27	28	29	30	11/1	2	3	4	5	6	7	8	9	10	11	12	13	14	15	16	17	18	19	20	21	22	23
	대남	2	2	1	1	1	1	대설	10	9	9	9	8	8	8	7	7	7	6	6	6	5	동지	5	4	4	4	3	3	3	2
	운여	8	8	9	9	10		1	1	1	1	2	2	2	3	3	3	4	4	4	5	5		6	6	6	7	7	7	8	8

丁未(정미)년 납음(天河水), 본명성(九紫火)

단기 4360 年
불기 2571 年

2027年

대장군(卯東方). 삼살(酉西方). 상문(酉西方)조객(巳東南方). 납음(천하수).
【삼재(사,오,미)년】 臘享(납향):2028년1월23일(음12/27)

소한 5일 23시 09분 【음12월】 → 음12 辛丑月(신축월) ☾ 대한 20일 16시 29분

양력	1	2	3	4	5	6	7	8	9	10	11	12	13	14	15	16	17	18	19	20	21	22	23	24	25	26	27	28	29	30	31
요일	금	토	일	월	화	수	목	금	토	일	월	화	수	목	금	토	일	월	화	수	목	금	토	일	월	화	수	목	금	토	일
일진 日辰	庚辰	辛巳	壬午	癸未	甲申	乙酉	丙戌	丁亥	戊子	己丑	庚寅	辛卯	壬辰	癸巳	甲午	乙未	丙申	丁酉	戊戌	己亥	庚子	辛丑	壬寅	癸卯	甲辰	乙巳	丙午	丁未	戊申	己酉	庚戌
음력	24	25	26	27	28	29	30	12/1	2	3	4	5	6	7	8	9	10	11	12	13	14	15	16	17	18	19	20	21	22	23	24
대 남	소한	10	9	9	9	8	8	8	7	7	7	6	6	6	5	대한	5	4	4	4	3	3	3	2	2	2	1
운 여	8	9	9	9	한	1	1	1	2	2	2	3	3	3	4	4	4	5	한	5	6	6	6	7	7	7	8	8	9

음력 11/24, 12/24

입춘 4일 10시 45분 【음1월】 → 음 1 壬寅月(임인월) ☾ 우수 19일 06시 32분

양력	1	2	3	4	5	6	7	8	9	10	11	12	13	14	15	16	17	18	19	20	21	22	23	24	25	26	27	28
요일	월	화	수	목	금	토	일	월	화	수	목	금	토	일	월	화	수	목	금	토	일	월	화	수	목	금	토	일
일진 日辰	辛亥	壬子	癸丑	甲寅	乙卯	丙辰	丁巳	戊午	己未	庚申	辛酉	壬戌	癸亥	甲子	乙丑	丙寅	丁卯	戊辰	己巳	庚午	辛未	壬申	癸酉	甲戌	乙亥	丙子	丁丑	戊寅
음력	25	26	27	28	29	30	1/1	2	3	4	5	6	7	8	9	10	11	12	13	14	15	16	17	18	19	20	21	22
대 남	1	1	1	입춘	1	10	9	9	9	8	8	8	7	7	7	6	6	6	우수	5	5	4	4	4	3	3	3	2
운 여	9	9	10	춘	10	9	9	9	8	8	8	7	7	7	6	6	6	5	수	5	4	4	4	3	3	3	2	2

음력 12/25, 01/22

丁
未
年

경칩 6일 04시 38분 【음2월】 → 음 2 癸卯月(계묘월) ☾ 춘분 21일 05시 24분

양력	1	2	3	4	5	6	7	8	9	10	11	12	13	14	15	16	17	18	19	20	21	22	23	24	25	26	27	28	29	30	31
요일	월	화	수	목	금	토	일	월	화	수	목	금	토	일	월	화	수	목	금	토	일	월	화	수	목	금	토	일	월	화	수
일진 日辰	己卯	庚辰	辛巳	壬午	癸未	甲申	乙酉	丙戌	丁亥	戊子	己丑	庚寅	辛卯	壬辰	癸巳	甲午	乙未	丙申	丁酉	戊戌	己亥	庚子	辛丑	壬寅	癸卯	甲辰	乙巳	丙午	丁未	戊申	己酉
음력	23	24	25	26	27	28	29	2/1	2	3	4	5	6	7	8	9	10	11	12	13	14	15	16	17	18	19	20	21	22	23	24
대 남	8	9	9	9	10	경칩	10	9	9	9	8	8	8	7	7	7	6	6	6	춘분	5	5	5	4	4	4	3	3	3	2	2
운 여	2	1	1	1	1	칩	10	9	9	9	8	8	8	7	7	7	6	6	6	분	5	5	4	4	4	3	3	3	2	2	2

음력 01/23, 02/24

청명 5일 09시 16분 【음3월】 → 음 3 甲辰月(갑진월) ☾ 곡우 20일 16시 16분

양력	1	2	3	4	5	6	7	8	9	10	11	12	13	14	15	16	17	18	19	20	21	22	23	24	25	26	27	28	29	30
요일	목	금	토	일	월	화	수	목	금	토	일	월	화	수	목	금	토	일	월	화	수	목	금	토	일	월	화	수	목	금
일진 日辰	庚戌	辛亥	壬子	癸丑	甲寅	乙卯	丙辰	丁巳	戊午	己未	庚申	辛酉	壬戌	癸亥	甲子	乙丑	丙寅	丁卯	戊辰	己巳	庚午	辛未	壬申	癸酉	甲戌	乙亥	丙子	丁丑	戊寅	己卯
음력	25	26	27	28	29	30	3/1	2	3	4	5	6	7	8	9	10	11	12	13	14	15	16	17	18	19	20	21	22	23	24
대 남	2	1	1	1	1	청명	10	10	9	9	9	8	8	8	7	7	7	6	6	곡우	5	5	5	4	4	4	3	3	3	2
운 여	1	1	1	1	명	10	9	9	9	8	8	8	7	7	7	6	6	6	우	5	5	4	4	4	3	3	3	2	2

음력 02/25, 03/24

입하 6일 02시 24분 【음4월】 → 음 4 乙巳月(을사월) ☾ 소만 21일 15시 17분

양력	1	2	3	4	5	6	7	8	9	10	11	12	13	14	15	16	17	18	19	20	21	22	23	24	25	26	27	28	29	30	31
요일	토	일	월	화	수	목	금	토	일	월	화	수	목	금	토	일	월	화	수	목	금	토	일	월	화	수	목	금	토	일	월
일진 日辰	庚辰	辛巳	壬午	癸未	甲申	乙酉	丙戌	丁亥	戊子	己丑	庚寅	辛卯	壬辰	癸巳	甲午	乙未	丙申	丁酉	戊戌	己亥	庚子	辛丑	壬寅	癸卯	甲辰	乙巳	丙午	丁未	戊申	己酉	庚戌
음력	25	26	27	28	29	4/1	2	3	4	5	6	7	8	9	10	11	12	13	14	15	16	17	18	19	20	21	22	23	24	25	26
대 남	2	1	1	1	1	입하	10	10	10	9	9	9	8	8	8	7	7	7	6	6	소만	5	5	5	4	4	4	3	3	3	2
운 여	2	1	1	1	1	하	10	10	9	9	9	8	8	8	7	7	7	6	6	6	만	5	5	4	4	4	3	3	3	2	2

음력 03/25, 04/26

망종 6일 06시 25분 【음5월】 → 음 5 丙午月(병오월) ☾ 하지 21일 23시 10분

양력	1	2	3	4	5	6	7	8	9	10	11	12	13	14	15	16	17	18	19	20	21	22	23	24	25	26	27	28	29	30
요일	화	수	목	금	토	일	월	화	수	목	금	토	일	월	화	수	목	금	토	일	월	화	수	목	금	토	일	월	화	수
일진 日辰	辛亥	壬子	癸丑	甲寅	乙卯	丙辰	丁巳	戊午	己未	庚申	辛酉	壬戌	癸亥	甲子	乙丑	丙寅	丁卯	戊辰	己巳	庚午	辛未	壬申	癸酉	甲戌	乙亥	丙子	丁丑	戊寅	己卯	庚辰
음력	27	28	29	30	5/1	2	3	4	5	6	7	8	9	10	11	12	13	14	15	16	17	18	19	20	21	22	23	24	25	26
대 남	9	9	9	10	망종	1	1	1	1	2	2	2	3	3	3	4	4	4	5	하지	5	6	6	6	7	7	7	8	8	8
운 여	2	1	1	1	종	10	10	9	9	9	8	8	8	7	7	7	6	6	6	지	5	5	4	4	4	3	3	3	2

음력 04/27, 05/26

한식(4월06일), 초복(7월20일), 중복(7월30일), 말복(8월09일) ↑춘사(春社)3/20
☀추사(秋社)9/26 토왕지절(土旺之節):4월17일,7월20일,10월21일,1월17일(음12/21)
臘享(납향):2028년1월23일(음12/27)

소서 7일 16시 36분　　【음6월】→　음 6 【丁未月(정미월)】　　　　대서 23일 10시 03분

양력 7	양력	1	2	3	4	5	6	7	8	9	10	11	12	13	14	15	16	17	18	19	20	21	22	23	24	25	26	27	28	29	30	31
	요일	목	금	토	일	월	화	수	목	금	토	일	월	화	수	목	금	토	일	월	화	수	목	금	토	일	월	화	수	목	금	토
	일진	辛	壬	癸	甲	乙	丙	丁	戊	己	庚	辛	壬	癸	甲	乙	丙	丁	戊	己	庚	辛	壬	癸	甲	乙	丙	丁	戊	己	庚	辛
	日辰	巳	午	未	申	酉	戌	亥	子	丑	寅	卯	辰	巳	午	未	申	酉	戌	亥	子	丑	寅	卯	辰	巳	午	未	申	酉	戌	亥
음력 05/27 06/28	음력	27	28	29	6/1	2	3	4	5	6	7	8	9	10	11	12	13	14	15	16	17	18	19	20	21	22	23	24	25	26	27
	대남	8	9	9	9	10	10	소서	1	1	1	1	2	2	2	3	3	3	4	4	4	5	5	5	대서	6	6	6	7	7	7	8
	운여	2	2	1	1	1	1	소서	10	10	10	9	9	9	8	8	8	7	7	7	6	6	6	5	대서	5	5	4	4	4	3	3

입추 8일 02시 26분　　【음7월】→　음 7 【戊申月(무신월)】　　　　처서 23일 17시 13분

양력 8	양력	1	2	3	4	5	6	7	8	9	10	11	12	13	14	15	16	17	18	19	20	21	22	23	24	25	26	27	28	29	30	31
	요일	일	월	화	수	목	금	토	일	월	화	수	목	금	토	일	월	화	수	목	금	토	일	월	화	수	목	금	토	일	월	화
	일진	壬	癸	甲	乙	丙	丁	戊	己	庚	辛	壬	癸	甲	乙	丙	丁	戊	己	庚	辛	壬	癸	甲	乙	丙	丁	戊	己	庚	辛	壬
	日辰	子	丑	寅	卯	辰	巳	午	未	申	酉	戌	亥	子	丑	寅	卯	辰	巳	午	未	申	酉	戌	亥	子	丑	寅	卯	辰	巳	午
음력 06/29 07/30	음력	28	29	7/1	2	3	4	5	6	7	8	9	10	11	12	13	14	15	16	17	18	19	20	21	22	23	24	25	26	27	28	29
	대남	8	9	9	9	10	10	입추	1	1	1	1	2	2	2	3	3	3	4	4	4	5	처서	5	6	6	6	7	7	7	8	8
	운여	2	2	1	1	1	1	입추	10	10	9	9	9	8	8	8	7	7	7	6	6	6	처서	5	5	5	4	4	4	3	3	3

백로 8일 05시 27분　　【음8월】→　음 8 【己酉月(기유월)】　　　　추분 23일 15시 01분

양력 9	양력	1	2	3	4	5	6	7	8	9	10	11	12	13	14	15	16	17	18	19	20	21	22	23	24	25	26	27	28	29	30
	요일	수	목	금	토	일	월	화	수	목	금	토	일	월	화	수	목	금	토	일	월	화	수	목	금	토	일	월	화	수	목
	일진	癸	甲	乙	丙	丁	戊	己	庚	辛	壬	癸	甲	乙	丙	丁	戊	己	庚	辛	壬	癸	甲	乙	丙	丁	戊	己	庚	辛	壬
	日辰	未	申	酉	戌	亥	子	丑	寅	卯	辰	巳	午	未	申	酉	戌	亥	子	丑	寅	卯	辰	巳	午	未	申	酉	戌	亥	子
음력 08/01 09/01	음력	8/1	2	3	4	5	6	7	8	9	10	11	12	13	14	15	16	17	18	19	20	21	22	23	24	25	26	27	28	29	9/1
	대남	8	8	9	9	9	10	10	백로	1	1	1	1	2	2	2	3	3	3	4	4	4	5	추분	5	6	6	6	7	7	7
	운여	2	2	2	1	1	1	1	백로	10	9	9	9	8	8	8	7	7	7	6	6	6	5	추분	5	5	4	4	4	3	3

한로 8일 21시 16분　　【음9월】→　음 9 【庚戌月(경술월)】　　　　상강 24일 00시 32분

양력 10	양력	1	2	3	4	5	6	7	8	9	10	11	12	13	14	15	16	17	18	19	20	21	22	23	24	25	26	27	28	29	30	31
	요일	금	토	일	월	화	수	목	금	토	일	월	화	수	목	금	토	일	월	화	수	목	금	토	일	월	화	수	목	금	토	일
	일진	癸	甲	乙	丙	丁	戊	己	庚	辛	壬	癸	甲	乙	丙	丁	戊	己	庚	辛	壬	癸	甲	乙	丙	丁	戊	己	庚	辛	壬	癸
	日辰	丑	寅	卯	辰	巳	午	未	申	酉	戌	亥	子	丑	寅	卯	辰	巳	午	未	申	酉	戌	亥	子	丑	寅	卯	辰	巳	午	未
음력 11/01 12/01	음력	2	3	4	5	6	7	8	9	10	11	12	13	14	15	16	17	18	19	20	21	22	23	24	25	26	27	28	29	10/1	2	3
	대남	8	8	8	9	9	9	10	한로	1	1	1	1	2	2	2	3	3	3	4	4	4	5	5	상강	6	6	6	7	7	7	8
	운여	2	2	2	1	1	1	1	한로	10	10	9	9	9	8	8	8	7	7	7	6	6	6	5	상강	5	4	4	4	3	3	3

입동 8일 00시 37분　　【음10월】→　음10 【辛亥月(신해월)】　　　　소설 22일 22시 15분

양력 11	양력	1	2	3	4	5	6	7	8	9	10	11	12	13	14	15	16	17	18	19	20	21	22	23	24	25	26	27	28	29	30
	요일	월	화	수	목	금	토	일	월	화	수	목	금	토	일	월	화	수	목	금	토	일	월	화	수	목	금	토	일	월	화
	일진	甲	乙	丙	丁	戊	己	庚	辛	壬	癸	甲	乙	丙	丁	戊	己	庚	辛	壬	癸	甲	乙	丙	丁	戊	己	庚	辛	壬	癸
	日辰	申	酉	戌	亥	子	丑	寅	卯	辰	巳	午	未	申	酉	戌	亥	子	丑	寅	卯	辰	巳	午	未	申	酉	戌	亥	子	丑
음력 11/01 12/01	음력	4	5	6	7	8	9	10	11	12	13	14	15	16	17	18	19	20	21	22	23	24	25	26	27	28	29	30	11/1	2	3
	대남	8	8	8	9	9	9	10	입동	1	1	1	1	2	2	2	3	3	3	4	4	4	소설	5	5	6	6	6	7	7	7
	운여	2	2	2	1	1	1	1	입동	9	9	9	8	8	8	7	7	7	6	6	6	5	소설	5	5	4	4	4	3	3	2

대설 7일 17시 36분　　【음11월】→　음11 【壬子月(임자월)】　　　　동지 22일 11시 41분

양력 12	양력	1	2	3	4	5	6	7	8	9	10	11	12	13	14	15	16	17	18	19	20	21	22	23	24	25	26	27	28	29	30	31
	요일	수	목	금	토	일	월	화	수	목	금	토	일	월	화	수	목	금	토	일	월	화	수	목	금	토	일	월	화	수	목	금
	일진	甲	乙	丙	丁	戊	己	庚	辛	壬	癸	甲	乙	丙	丁	戊	己	庚	辛	壬	癸	甲	乙	丙	丁	戊	己	庚	辛	壬	癸	甲
	日辰	寅	卯	辰	巳	午	未	申	酉	戌	亥	子	丑	寅	卯	辰	巳	午	未	申	酉	戌	亥	子	丑	寅	卯	辰	巳	午	未	申
음력 11/01 12/01	음력	4	5	6	7	8	9	10	11	12	13	14	15	16	17	18	19	20	21	22	23	24	25	26	27	28	29	30	12/1	2	3	4
	대남	8	8	8	9	9	9	대설	1	1	1	1	2	2	2	3	3	3	4	4	4	5	동지	5	6	6	6	7	7	7	8	8
	운여	8	2	2	1	1	1	대설	10	9	9	9	8	8	8	7	7	7	6	6	6	5	동지	5	4	4	4	3	3	3	2	2

戊申(무신)년 납음(大驛土), 본명성(八白土)

대장군(午남방), 삼살(남방), 상문(戌서북방), 조객(午남방), 납음(대역토)

【삼재(인,묘,진)년】 臘享(납향):2029년1월17일(음12/03)

소한 6일 04시 53분 【음12월】→ 음12 【癸丑月(계축월)】 　대한 20일 22시 21분

양력 1	1	2	3	4	5	6	7	8	9	10	11	12	13	14	15	16	17	18	19	20	21	22	23	24	25	26	27	28	29	30	31
요일	토	일	월	화	수	목	금	토	일	월	화	수	목	금	토	일	월	화	수	목	금	토	일	월	화	수	목	금	토	일	월
일진	乙	丙	丁	戊	己	庚	辛	壬	癸	甲	乙	丙	丁	戊	己	庚	辛	壬	癸	甲	乙	丙	丁	戊	己	庚	辛	壬	癸	甲	乙
日辰	酉	戌	亥	子	丑	寅	卯	辰	巳	午	未	申	酉	戌	亥	子	丑	寅	卯	辰	巳	午	未	申	酉	戌	亥	子	丑	寅	卯
음력 12/05 01/05	5	6	7	8	9	10	11	12	13	14	15	16	17	18	19	20	21	22	23	24	25	26	27	28	29	30	1/1	2	3	4	5
대남	8	9	9	9	10	소	1	1	1	1	2	2	2	3	3	3	4	4	4	대	5	5	6	6	6	7	7	7	8	8	8
운여	2	1	1	1	1	한	9	9	9	9	8	8	8	7	7	7	6	6	6	한	5	5	4	4	4	3	3	3	2	2	2

입춘 4일 16시 30분 【음1월】→ 음1 【甲寅月(갑인월)】 　우수 19일 12시 25분

양력 2	1	2	3	4	5	6	7	8	9	10	11	12	13	14	15	16	17	18	19	20	21	22	23	24	25	26	27	28	29
요일	화	수	목	금	토	일	월	화	수	목	금	토	일	월	화	수	목	금	토	일	월	화	수	목	금	토	일	월	화
일진	丙	丁	戊	己	庚	辛	壬	癸	甲	乙	丙	丁	戊	己	庚	辛	壬	癸	甲	乙	丙	丁	戊	己	庚	辛	壬	癸	甲
日辰	辰	巳	午	未	申	酉	戌	亥	子	丑	寅	卯	辰	巳	午	未	申	酉	戌	亥	子	丑	寅	卯	辰	巳	午	未	申
음력 01/06 02/05	6	7	8	9	10	11	12	13	14	15	16	17	18	19	20	21	22	23	24	25	26	27	28	29	2/1	2	3	4	5
대남	9	9	9	입	10	9	9	9	8	8	8	7	7	7	6	6	6	5	5	우	5	4	4	4	3	3	3	2	2
운여	1	1	1	춘	1	1	1	2	2	2	3	3	3	4	4	4	5	5	5	수	5	6	6	6	7	7	7	8	8

경칩 5일 10시 24분 【음2월】→ 음2 【乙卯月(을묘월)】 　춘분 20일 11시 16분

양력 3	1	2	3	4	5	6	7	8	9	10	11	12	13	14	15	16	17	18	19	20	21	22	23	24	25	26	27	28	29	30	31
요일	수	목	금	토	일	월	화	수	목	금	토	일	월	화	수	목	금	토	일	월	화	수	목	금	토	일	월	화	수	목	금
일진	乙	丙	丁	戊	己	庚	辛	壬	癸	甲	乙	丙	丁	戊	己	庚	辛	壬	癸	甲	乙	丙	丁	戊	己	庚	辛	壬	癸	甲	乙
日辰	酉	戌	亥	子	丑	寅	卯	辰	巳	午	未	申	酉	戌	亥	子	丑	寅	卯	辰	巳	午	未	申	酉	戌	亥	子	丑	寅	卯
음력 02/06 03/06	6	7	8	9	10	11	12	13	14	15	16	17	18	19	20	21	22	23	24	25	26	27	28	29	30	3/1	2	3	4	5	6
대남	6	7	8	경	9	9	9	10	9	9	9	8	8	8	7	7	7	6	6	춘	6	5	5	5	4	4	4	3	3	2	2
운여	9	9	9	칩	1	1	1	1	1	2	2	2	3	3	3	4	4	4	5	분	5	5	6	6	6	7	7	7	8	8	8

청명 4일 15시 02분 【음3월】→ 음3 【丙辰月(병진월)】 　곡우 19일 22시 08분

양력 4	1	2	3	4	5	6	7	8	9	10	11	12	13	14	15	16	17	18	19	20	21	22	23	24	25	26	27	28	29	30
요일	토	일	월	화	수	목	금	토	일	월	화	수	목	금	토	일	월	화	수	목	금	토	일	월	화	수	목	금	토	일
일진	丙	丁	戊	己	庚	辛	壬	癸	甲	乙	丙	丁	戊	己	庚	辛	壬	癸	甲	乙	丙	丁	戊	己	庚	辛	壬	癸	甲	乙
日辰	辰	巳	午	未	申	酉	戌	亥	子	丑	寅	卯	辰	巳	午	未	申	酉	戌	亥	子	丑	寅	卯	辰	巳	午	未	申	酉
음력 03/07 04/06	7	8	9	10	11	12	13	14	15	16	17	18	19	20	21	22	23	24	25	26	27	28	29	30	4/1	2	3	4	5	6
대남	7	8	9	청	10	10	9	9	9	8	8	8	7	7	7	6	6	6	5	곡	5	5	4	4	4	3	3	3	2	2
운여	1	1	1	명	1	1	1	2	2	2	3	3	3	4	4	4	5	5	5	우	6	6	6	7	7	7	8	8	8	9

입하 8일 08시 11분 【음4월】→ 음4 【丁巳月(정사월)】 　소만 20일 21시 09분

양력 5	1	2	3	4	5	6	7	8	9	10	11	12	13	14	15	16	17	18	19	20	21	22	23	24	25	26	27	28	29	30	31
요일	월	화	수	목	금	토	일	월	화	수	목	금	토	일	월	화	수	목	금	토	일	월	화	수	목	금	토	일	월	화	수
일진	丙	丁	戊	己	庚	辛	壬	癸	甲	乙	丙	丁	戊	己	庚	辛	壬	癸	甲	乙	丙	丁	戊	己	庚	辛	壬	癸	甲	乙	丙
日辰	戌	亥	子	丑	寅	卯	辰	巳	午	未	申	酉	戌	亥	子	丑	寅	卯	辰	巳	午	未	申	酉	戌	亥	子	丑	寅	卯	辰
음력 04/07 05/08	7	8	9	10	11	12	13	14	15	16	17	18	19	20	21	22	23	24	25	26	27	28	29	5/1	2	3	4	5	6	7	8
대남	7	8	9	9	9	10	10	입	1	1	1	2	2	2	3	3	3	4	4	소	5	5	5	6	6	6	7	7	7	8	8
운여	1	1	1	1	1	10	10	하	10	9	9	9	8	8	8	7	7	7	6	만	6	5	5	5	4	4	4	3	3	3	2

망종 5일 12시 15분 【음5월】→ 음5 【戊午月(무오월)】 윤5 　하지 21일 05시 01분

양력 6	1	2	3	4	5	6	7	8	9	10	11	12	13	14	15	16	17	18	19	20	21	22	23	24	25	26	27	28	29	30
요일	목	금	토	일	월	화	수	목	금	토	일	월	화	수	목	금	토	일	월	화	수	목	금	토	일	월	화	수	목	금
일진	丁	戊	己	庚	辛	壬	癸	甲	乙	丙	丁	戊	己	庚	辛	壬	癸	甲	乙	丙	丁	戊	己	庚	辛	壬	癸	甲	乙	丙
日辰	巳	午	未	申	酉	戌	亥	子	丑	寅	卯	辰	巳	午	未	申	酉	戌	亥	子	丑	寅	卯	辰	巳	午	未	申	酉	戌
음력 05/09 윤508	9	10	11	12	13	14	15	16	17	18	19	20	21	22	23	24	25	26	27	28	29	30	윤5	2	3	4	5	6	7	8
대남	8	9	9	10	망	10	10	1	1	1	2	2	2	3	3	3	4	4	4	5	5	5	하	6	6	6	7	7	7	8
운여	1	1	1	1	종	10	10	9	9	9	8	8	8	7	7	7	6	6	6	5	5	5	지	4	4	4	3	3	3	2

戊申年

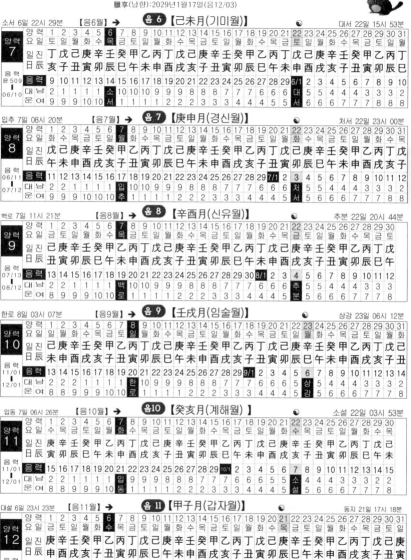

2028
戊申年

己酉(기유)년 납음(大驛土),본명성(七赤金)

단기 4362 년	**2029**년
불기 2573 년	

대장군(午남방), 삼살(동방), 상문(亥서북방), 조객(未서남방),납음(대역토),
삼재(해,자,축)년 臘享(납향):2030년1월24일(음12/21)

소한 5일 10시 41분 【음12월】→ 음12 乙丑月(을축월) ◑   대한 20일 04시 00분

양력	1	2	3	4	5	6	7	8	9	10	11	12	13	14	15	16	17	18	19	20	21	22	23	24	25	26	27	28	29	30	31
요일	월	화	수	목	금	토	일	월	화	수	목	금	토	일	월	화	수	목	금	토	일	월	화	수	목	금	토	일	월	화	수
일진 日辰	辛卯	壬辰	癸巳	甲午	乙未	丙申	丁酉	戊戌	己亥	庚子	辛丑	壬寅	癸卯	甲辰	乙巳	丙午	丁未	戊申	己酉	庚戌	辛亥	壬子	癸丑	甲寅	乙卯	丙辰	丁巳	戊午	己未	庚申	辛酉
음력	17	18	19	20	21	22	23	24	25	26	27	28	29	30	12/1	2	3	4	5	6	7	8	9	10	11	12	13	14	15	16	17
대남	한				소한										대한																
운여	9	9	9	10		1	1	1	1	2	2	2	3	3		4	4	4	5	5	6	6	6	7	7	7	8	8	8	9	9

입춘 3일 22시 20분 【음1월】→ 음1 丙寅月(병인월) ◐   우수 18일 18시 07분

양력	1	2	3	4	5	6	7	8	9	10	11	12	13	14	15	16	17	18	19	20	21	22	23	24	25	26	27	28			
요일	목	금	토	일	월	화	수	목	금	토	일	월	화	수	목	금	토	일	월	화	수	목	금	토	일	월	화	수			
일진 日辰	壬戌	癸亥	甲子	乙丑	丙寅	丁卯	戊辰	己巳	庚午	辛未	壬申	癸酉	甲戌	乙亥	丙子	丁丑	戊寅	己卯	庚辰	辛巳	壬午	癸未	甲申	乙酉	丙戌	丁亥	戊子	己丑			
음력	18	19	20	21	22	23	24	25	26	27	28	29	1/1	2	3	4	5	6	7	8	9	10	11	12	13	14	15	16			
대남			입															우													
운여	9	9	춘	10	9	9	9	8	8	8	7	7	7	6	6	6	5	수	5	4	4	4	3	3	3	2	2	2			

己酉年

경칩 5일 16시 16분 【음2월】→ 음2 丁卯月(정묘월) ◯   춘분 20일 17시 01분

양력	1	2	3	4	5	6	7	8	9	10	11	12	13	14	15	16	17	18	19	20	21	22	23	24	25	26	27	28	29	30	31
요일	목	금	토	일	월	화	수	목	금	토	일	월	화	수	목	금	토	일	월	화	수	목	금	토	일	월	화	수	목	금	토
일진 日辰	庚寅	辛卯	壬辰	癸巳	甲午	乙未	丙申	丁酉	戊戌	己亥	庚子	辛丑	壬寅	癸卯	甲辰	乙巳	丙午	丁未	戊申	己酉	庚戌	辛亥	壬子	癸丑	甲寅	乙卯	丙辰	丁巳	戊午	己未	庚申
음력	17	18	19	20	21	22	23	24	25	26	27	28	29	30	2/1	2	3	4	5	6	7	8	9	10	11	12	13	14	15	16	17
대남					경															춘											
운여	1	1	1	1	칩	10	9	9	9	8	8	8	7	7	7	6	6	6	5	분	5	4	4	4	3	3	3	2	2	2	1

청명 4일 20시 57분 【음3월】→ 음3 戊辰月(무진월) ◐   곡우 20일 03시 54분

양력	1	2	3	4	5	6	7	8	9	10	11	12	13	14	15	16	17	18	19	20	21	22	23	24	25	26	27	28	29	30	
요일	일	월	화	수	목	금	토	일	월	화	수	목	금	토	일	월	화	수	목	금	토	일	월	화	수	목	금	토	일	월	
일진 日辰	辛酉	壬戌	癸亥	甲子	乙丑	丙寅	丁卯	戊辰	己巳	庚午	辛未	壬申	癸酉	甲戌	乙亥	丙子	丁丑	戊寅	己卯	庚辰	辛巳	壬午	癸未	甲申	乙酉	丙戌	丁亥	戊子	己丑	庚寅	
음력	18	19	20	21	22	23	24	25	26	27	28	29	30	3/1	2	3	4	5	6	7	8	9	10	11	12	13	14	15	16	17	
대남				청																곡											
운여	1	1	1	명	10	10	9	9	9	8	8	8	7	7	7	6	6	6	5	우	5	4	4	4	3	3	3	2	2	2	

입하 5일 14시 07분 【음4월】→ 음4 己巳月(기사월) ◯   소만 21일 02시 55분

양력	1	2	3	4	5	6	7	8	9	10	11	12	13	14	15	16	17	18	19	20	21	22	23	24	25	26	27	28	29	30	31
요일	화	수	목	금	토	일	월	화	수	목	금	토	일	월	화	수	목	금	토	일	월	화	수	목	금	토	일	월	화	수	목
일진 日辰	辛卯	壬辰	癸巳	甲午	乙未	丙申	丁酉	戊戌	己亥	庚子	辛丑	壬寅	癸卯	甲辰	乙巳	丙午	丁未	戊申	己酉	庚戌	辛亥	壬子	癸丑	甲寅	乙卯	丙辰	丁巳	戊午	己未	庚申	辛酉
음력	18	19	20	21	22	23	24	25	26	27	28	29	4/1	2	3	4	5	6	7	8	9	10	11	12	13	14	15	16	17	18	19
대남					입																소										
운여	1	1	1	1	하	10	10	9	9	9	8	8	8	7	7	7	6	6	6	5	만	5	4	4	4	3	3	3	2	2	2

망종 5일 18시 09분 【음5월】→ 음5 庚午月(경오월) ◯   하지 21일 10시 47분

양력	1	2	3	4	5	6	7	8	9	10	11	12	13	14	15	16	17	18	19	20	21	22	23	24	25	26	27	28	29	30	
요일	금	토	일	월	화	수	목	금	토	일	월	화	수	목	금	토	일	월	화	수	목	금	토	일	월	화	수	목	금	토	
일진 日辰	壬戌	癸亥	甲子	乙丑	丙寅	丁卯	戊辰	己巳	庚午	辛未	壬申	癸酉	甲戌	乙亥	丙子	丁丑	戊寅	己卯	庚辰	辛巳	壬午	癸未	甲申	乙酉	丙戌	丁亥	戊子	己丑	庚寅	辛卯	
음력	20	21	22	23	24	25	26	27	28	29	30	5/1	2	3	4	5	6	7	8	9	10	11	12	13	14	15	16	17	18	19	
대남					망																하										
운여	1	1	1	1	종	10	10	10	9	9	9	8	8	8	7	7	7	6	6	6	지	5	5	4	4	4	3	3	3	2	

한식(4월05일), 초복(7월19일), 중복(7월29일), 말복(8월08일) ↑춘사(春社)3/19
☀추사(秋社)9/25 토왕지절(土旺之節):4월17일,7월19일,10월20일,1월17일(음12/14)
臘享(납향):2030년1월24일(음12/21)

소서 7일 04시 21분　【음6월】 ➜　음 6　【辛未月(신미월)】　　　대서 22일 21시 41분

양력 7	1	2	3	4	5	6	7	8	9	10	11	12	13	14	15	16	17	18	19	20	21	22	23	24	25	26	27	28	29	30	31
요일	일	월	화	수	목	금	토	일	월	화	수	목	금	토	일	월	화	수	목	금	토	일	월	화	수	목	금	토	일	월	화
일진 日辰	壬辰	癸巳	甲午	乙未	丙申	丁酉	戊戌	己亥	庚子	辛丑	壬寅	癸卯	甲辰	乙巳	丙午	丁未	戊申	己酉	庚戌	辛亥	壬子	癸丑	甲寅	乙卯	丙辰	丁巳	戊午	己未	庚申	辛酉	壬戌
음력 05/20 06/20	20	21	22	23	24	25	26	27	28	29	30	6/1	2	3	4	5	6	7	8	9	10	11	12	13	14	15	16	17	18	19	20
대 남 운 여	9 2	9 2	9 1	10 1	10 1	10 1	소서	1 10	1 10	1 9	2 9	2 8	2 8	3 7	3 7	3 7	4 6	4 6	4 6	5 5	대서	5 5	6 4	6 4	6 4	7 3	7 3	7 3	8 2	8 2	8 2

입추 7일 14시 11분　【음7월】 ➜　음 7　【壬申月(임신월)】　　　처서 23일 04시 50분

양력 8	1	2	3	4	5	6	7	8	9	10	11	12	13	14	15	16	17	18	19	20	21	22	23	24	25	26	27	28	29	30	31
요일	수	목	금	토	일	월	화	수	목	금	토	일	월	화	수	목	금	토	일	월	화	수	목	금	토	일	월	화	수	목	금
일진 日辰	癸亥	甲子	乙丑	丙寅	丁卯	戊辰	己巳	庚午	辛未	壬申	癸酉	甲戌	乙亥	丙子	丁丑	戊寅	己卯	庚辰	辛巳	壬午	癸未	甲申	乙酉	丙戌	丁亥	戊子	己丑	庚寅	辛卯	壬辰	癸巳
음력 06/21 07/22	21	22	23	24	25	26	27	28	29	7/1	2	3	4	5	6	7	8	9	10	11	12	13	14	15	16	17	18	19	20	21	22
대 남 운 여	8 2	9 2	9 1	9 1	10 1	10 1	입추	1 10	1 9	1 9	2 9	2 8	2 8	3 7	3 7	3 7	4 6	4 6	4 6	5 5	처서	5 5	6 4	6 4	6 4	7 3	7 3	7 3	8 2	8 2

백로 7일 17시 11분　【음8월】 ➜　음 8　【癸酉月(계유월)】　　　추분 23일 02시 37분

양력 9	1	2	3	4	5	6	7	8	9	10	11	12	13	14	15	16	17	18	19	20	21	22	23	24	25	26	27	28	29	30
요일	토	일	월	화	수	목	금	토	일	월	화	수	목	금	토	일	월	화	수	목	금	토	일	월	화	수	목	금	토	일
일진 日辰	甲午	乙未	丙申	丁酉	戊戌	己亥	庚子	辛丑	壬寅	癸卯	甲辰	乙巳	丙午	丁未	戊申	己酉	庚戌	辛亥	壬子	癸丑	甲寅	乙卯	丙辰	丁巳	戊午	己未	庚申	辛酉	壬戌	癸亥
음력 07/23 08/23	23	24	25	26	27	28	29	8/1	2	3	4	5	6	7	8	9	10	11	12	13	14	15	16	17	18	19	20	21	22	23
대 남 운 여	8 2	8 2	9 1	9 1	9 1	10 1	백로	1 10	1 10	1 9	2 9	2 8	2 8	3 7	3 7	3 7	4 6	4 6	4 6	5 5	추분	5 5	6 4	6 4	6 4	7 3	7 3	7 3	8 3	8 2

한로 8일 08시 57분　【음9월】 ➜　음 9　【甲戌月(갑술월)】　　　상강 23일 12시 07분

양력 10	1	2	3	4	5	6	7	8	9	10	11	12	13	14	15	16	17	18	19	20	21	22	23	24	25	26	27	28	29	30	31
요일	월	화	수	목	금	토	일	월	화	수	목	금	토	일	월	화	수	목	금	토	일	월	화	수	목	금	토	일	월	화	수
일진 日辰	甲子	乙丑	丙寅	丁卯	戊辰	己巳	庚午	辛未	壬申	癸酉	甲戌	乙亥	丙子	丁丑	戊寅	己卯	庚辰	辛巳	壬午	癸未	甲申	乙酉	丙戌	丁亥	戊子	己丑	庚寅	辛卯	壬辰	癸巳	甲午
음력 11/01 12/01	24	25	26	27	28	29	30	9/1	2	3	4	5	6	7	8	9	10	11	12	13	14	15	16	17	18	19	20	21	22	23	24
대 남 운 여	8 2	8 2	9 1	9 1	9 1	10 1	10 1	한로	1 10	1 9	1 9	2 9	2 8	2 8	3 7	3 7	3 7	4 6	4 6	4 6	5 5	상강	5 5	6 4	6 4	6 4	7 3	7 3	7 3	8 2	8 2

입동 7일 12시 16분　【음10월】 ➜　음10　【乙亥月(을해월)】　　　소설 22일 09시 48분

양력 11	1	2	3	4	5	6	7	8	9	10	11	12	13	14	15	16	17	18	19	20	21	22	23	24	25	26	27	28	29	30
요일	목	금	토	일	월	화	수	목	금	토	일	월	화	수	목	금	토	일	월	화	수	목	금	토	일	월	화	수	목	금
일진 日辰	乙未	丙申	丁酉	戊戌	己亥	庚子	辛丑	壬寅	癸卯	甲辰	乙巳	丙午	丁未	戊申	己酉	庚戌	辛亥	壬子	癸丑	甲寅	乙卯	丙辰	丁巳	戊午	己未	庚申	辛酉	壬戌	癸亥	甲子
음력 11/01 12/01	25	26	27	28	29	10/1	2	3	4	5	6	7	8	9	10	11	12	13	14	15	16	17	18	19	20	21	22	23	24	25
대 남 운 여	8 2	8 2	8 1	9 1	9 1	10 1	입동	1 1	1 10	1 9	2 9	2 8	2 8	3 7	3 7	3 7	4 6	4 6	4 6	5 5	소설	5 5	6 4	6 4	6 4	7 3	7 3	7 3	8 2	8 2

대설 7일 05시 13분　【음11월】 ➜　음 11　【丙子月(병자월)】　　　동지 21일 23시 13

양력 12	1	2	3	4	5	6	7	8	9	10	11	12	13	14	15	16	17	18	19	20	21	22	23	24	25	26	27	28	29	30	31
요일	토	일	월	화	수	목	금	토	일	월	화	수	목	금	토	일	월	화	수	목	금	토	일	월	화	수	목	금	토	일	월
일진 日辰	乙丑	丙寅	丁卯	戊辰	己巳	庚午	辛未	壬申	癸酉	甲戌	乙亥	丙子	丁丑	戊寅	己卯	庚辰	辛巳	壬午	癸未	甲申	乙酉	丙戌	丁亥	戊子	己丑	庚寅	辛卯	壬辰	癸巳	甲午	乙未
음력 11/01 12/01	26	27	28	29	11/1	2	3	4	5	6	7	8	9	10	11	12	13	14	15	16	17	18	19	20	21	22	23	24	25	26	27
대 남 운 여	8 2	8 1	8 1	9 1	대설	1 1	1 1	1 10	1 9	2 9	2 9	2 8	3 8	3 7	3 7	4 6	4 6	4 6	5 5	동지	5 5	5 4	6 4	6 4	6 3	7 3	7 3	7 2	8 2	8 2	8 2

단기 4363 年	**2030**년	庚戌(경술)년 납음(釵釧金),본명성(六白金)
불기 2574 年		대장군(午남방). 삼살(북방), 상문(子북방),조객(申서남방), 납음(차천금), 【삼재(신,유,술)년】臘享(납향):2031년1월19일(음12/06)

소한 5일 16시 29분 【음12월】→ 음12 【丁丑月(정축월)】 ☽ 대한 20일 09시 53분

양력 **1** (음력 11/28 ~ 12/28)

양력	1	2	3	4	5	6	7	8	9	10	11	12	13	14	15	16	17	18	19	20	21	22	23	24	25	26	27	28	29	30	31
요일	화	수	목	금	토	일	월	화	수	목	금	토	일	월	화	수	목	금	토	일	월	화	수	목	금	토	일	월	화	수	목
일진	丙	丁	戊	己	庚	辛	壬	癸	甲	乙	丙	丁	戊	己	庚	辛	壬	癸	甲	乙	丙	丁	戊	己	庚	辛	壬	癸	甲	乙	丙
日辰	申	酉	戌	亥	子	丑	寅	卯	辰	巳	午	未	申	酉	戌	亥	子	丑	寅	卯	辰	巳	午	未	申	酉	戌	亥	子	丑	寅
음력	28	29	30	12/1	2	3	4	5	6	7	8	9	10	11	12	13	14	15	16	17	18	19	20	21	22	23	24	25	26	27	28
대남	8	9	9	9	소	1	1	1	1	2	2	2	3	3	3	4	4	4	5	대	5	6	6	6	7	7	7	8	8	8	9
운여	1	1	1	1	한	10	9	9	9	8	8	8	7	7	7	6	6	6	5	한	5	4	4	4	3	3	3	2	2	2	1

입춘 4일 04시 07분 【음1월】→ 음 1 【戊寅月(무인월)】 ☽ 우수 18일 23시 59분

양력 **2** (음력 12/29 ~ 01/26)

양력	1	2	3	4	5	6	7	8	9	10	11	12	13	14	15	16	17	18	19	20	21	22	23	24	25	26	27	28
요일	금	토	일	월	화	수	목	금	토	일	월	화	수	목	금	토	일	월	화	수	목	금	토	일	월	화	수	목
일진	丁	戊	己	庚	辛	壬	癸	甲	乙	丙	丁	戊	己	庚	辛	壬	癸	甲	乙	丙	丁	戊	己	庚	辛	壬	癸	甲
日辰	卯	辰	巳	午	未	申	酉	戌	亥	子	丑	寅	卯	辰	巳	午	未	申	酉	戌	亥	子	丑	寅	卯	辰	巳	午
음력	29	30	1/1	2	3	4	5	6	7	8	9	10	11	12	13	14	15	16	17	18	19	20	21	22	23	24	25	26
대남	9	9	9	입	10	9	9	9	8	8	8	7	7	7	6	6	우	5	5	5	4	4	4	3	3	3	2	2
운여	1	1	1	춘	1	1	1	1	2	2	2	3	3	3	4	4	수	5	5	6	6	6	7	7	7	8	8	8

庚戌年

경칩 5일 22시 02분 【음2월】→ 음 2 【己卯月(기묘월)】 ☽ 춘분 20일 22시 51분

양력 **3** (음력 01/27 ~ 02/28)

양력	1	2	3	4	5	6	7	8	9	10	11	12	13	14	15	16	17	18	19	20	21	22	23	24	25	26	27	28	29	30	31
요일	금	토	일	월	화	수	목	금	토	일	월	화	수	목	금	토	일	월	화	수	목	금	토	일	월	화	수	목	금	토	일
일진	乙	丙	丁	戊	己	庚	辛	壬	癸	甲	乙	丙	丁	戊	己	庚	辛	壬	癸	甲	乙	丙	丁	戊	己	庚	辛	壬	癸	甲	乙
日辰	未	申	酉	戌	亥	子	丑	寅	卯	辰	巳	午	未	申	酉	戌	亥	子	丑	寅	卯	辰	巳	午	未	申	酉	戌	亥	子	丑
음력	27	28	29	2/1	2	3	4	5	6	7	8	9	10	11	12	13	14	15	16	17	18	19	20	21	22	23	24	25	26	27	28
대남	1	1	1	1	경	10	10	9	9	9	8	8	8	7	7	7	6	6	6	춘	5	5	4	4	4	3	3	3	2	2	2
운여	8	9	9	9	칩	1	1	1	1	2	2	2	3	3	3	4	4	4	5	분	5	6	6	6	7	7	7	8	8	8	9

청명 5일 02시 40분 【음3월】→ 음 3 【庚辰月(경진월)】 ☽ 곡우 20일 09시 42분

양력 **4** (음력 02/29 ~ 03/28)

양력	1	2	3	4	5	6	7	8	9	10	11	12	13	14	15	16	17	18	19	20	21	22	23	24	25	26	27	28	29	30
요일	월	화	수	목	금	토	일	월	화	수	목	금	토	일	월	화	수	목	금	토	일	월	화	수	목	금	토	일	월	화
일진	丙	丁	戊	己	庚	辛	壬	癸	甲	乙	丙	丁	戊	己	庚	辛	壬	癸	甲	乙	丙	丁	戊	己	庚	辛	壬	癸	甲	乙
日辰	寅	卯	辰	巳	午	未	申	酉	戌	亥	子	丑	寅	卯	辰	巳	午	未	申	酉	戌	亥	子	丑	寅	卯	辰	巳	午	未
음력	29	30	3/1	2	3	4	5	6	7	8	9	10	11	12	13	14	15	16	17	18	19	20	21	22	23	24	25	26	27	28
대남	1	1	1	청	10	9	9	9	8	8	8	7	7	7	6	6	6	5	곡	5	4	4	4	3	3	3	2	2	2	1
운여	9	9	10	명	1	1	1	1	2	2	2	3	3	3	4	4	4	5	우	5	6	6	6	7	7	7	8	8	8	9

입하 5일 19시 45분 【음4월】→ 음 4 【辛巳月(신사월)】 ☽ 소만 21일 08시 40분

양력 **5** (음력 03/29 ~ 04/30)

양력	1	2	3	4	5	6	7	8	9	10	11	12	13	14	15	16	17	18	19	20	21	22	23	24	25	26	27	28	29	30	31
요일	수	목	금	토	일	월	화	수	목	금	토	일	월	화	수	목	금	토	일	월	화	수	목	금	토	일	월	화	수	목	금
일진	丙	丁	戊	己	庚	辛	壬	癸	甲	乙	丙	丁	戊	己	庚	辛	壬	癸	甲	乙	丙	丁	戊	己	庚	辛	壬	癸	甲	乙	丙
日辰	申	酉	戌	亥	子	丑	寅	卯	辰	巳	午	未	申	酉	戌	亥	子	丑	寅	卯	辰	巳	午	未	申	酉	戌	亥	子	丑	寅
음력	29	4/1	2	3	4	5	6	7	8	9	10	11	12	13	14	15	16	17	18	19	20	21	22	23	24	25	26	27	28	29	30
대남	1	1	1	1	입	10	10	9	9	9	8	8	8	7	7	7	6	6	6	5	소	5	4	4	4	3	3	3	2	2	2
운여	9	9	9	10	하	1	1	1	1	2	2	2	3	3	3	4	4	4	5	5	만	6	6	6	7	7	7	8	8	8	9

망종 5일 23시 43분 【음5월】→ 음 5 【壬午月(임오월)】 ☽ 하지 21일 16시 30분

양력 **6** (음력 05/01 ~ 05/30)

양력	1	2	3	4	5	6	7	8	9	10	11	12	13	14	15	16	17	18	19	20	21	22	23	24	25	26	27	28	29	30
요일	토	일	월	화	수	목	금	토	일	월	화	수	목	금	토	일	월	화	수	목	금	토	일	월	화	수	목	금	토	일
일진	丁	戊	己	庚	辛	壬	癸	甲	乙	丙	丁	戊	己	庚	辛	壬	癸	甲	乙	丙	丁	戊	己	庚	辛	壬	癸	甲	乙	丙
日辰	卯	辰	巳	午	未	申	酉	戌	亥	子	丑	寅	卯	辰	巳	午	未	申	酉	戌	亥	子	丑	寅	卯	辰	巳	午	未	申
음력	5/1	2	3	4	5	6	7	8	9	10	11	12	13	14	15	16	17	18	19	20	21	22	23	24	25	26	27	28	29	30
대남	1	1	1	1	망	10	10	10	9	9	9	8	8	8	7	7	7	6	6	6	하	5	5	4	4	4	3	3	3	2
운여	9	9	10	10	종	1	1	1	1	2	2	2	3	3	3	4	4	4	5	5	지	6	6	6	7	7	7	8	8	8

한식(4월05일), 초복(7월14일), 중복(7월24일), 말복(8월13일)　↟춘사(春社)3/24
☀추사(秋社)9/20 토왕지절(土旺之節):4월17일,7월19일,10월20일,1월17일(음12/04)
臘享(납향):2031년1월19일(음12/06)

2030 庚戌年

소서 7일 09시 54분　　【음6월】→　음6【癸未月(계미월)】　　◑　　대서 23일 03시 24분

양력 7		1	2	3	4	5	6	7	8	9	10	11	12	13	14	15	16	17	18	19	20	21	22	23	24	25	26	27	28	29	30	31
	요일	월	화	수	목	금	토	일	월	화	수	목	금	토	일	월	화	수	목	금	토	일	월	화	수	목	금	토	일	월	화	수
	일진	丁	戊	己	庚	辛	壬	癸	甲	乙	丙	丁	戊	己	庚	辛	壬	癸	甲	乙	丙	丁	戊	己	庚	辛	壬	癸	甲	乙	丙	丁
	日辰	酉	戌	亥	子	丑	寅	卯	辰	巳	午	未	申	酉	戌	亥	子	丑	寅	卯	辰	巳	午	未	申	酉	戌	亥	子	丑	寅	卯
06/01 07/02	음력	6/1	2	3	4	5	6	7	8	9	10	11	12	13	14	15	16	17	18	19	20	21	22	23	24	25	26	27	28	29	7/1	2
	대남	2	1	1	1	1	소서	10	10	9	9	9	8	8	8	7	7	7	6	6	6	5	대서	5	4	4	4	3	3	3	2	2
	운여	9	9	9	10	10	10	1	1	1	1	2	2	2	3	3	3	4	4	4	5	5	서	6	6	6	7	7	7	8	8	8

입추 7일 19시 46분　　【음7월】→　음7【甲申月(갑신월)】　　　　処서 23일 10시 35분

양력 8		1	2	3	4	5	6	7	8	9	10	11	12	13	14	15	16	17	18	19	20	21	22	23	24	25	26	27	28	29	30	31
	요일	목	금	토	일	월	화	수	목	금	토	일	월	화	수	목	금	토	일	월	화	수	목	금	토	일	월	화	수	목	금	토
	일진	戊	己	庚	辛	壬	癸	甲	乙	丙	丁	戊	己	庚	辛	壬	癸	甲	乙	丙	丁	戊	己	庚	辛	壬	癸	甲	乙	丙	丁	戊
	日辰	辰	巳	午	未	申	酉	戌	亥	子	丑	寅	卯	辰	巳	午	未	申	酉	戌	亥	子	丑	寅	卯	辰	巳	午	未	申	酉	戌
07/03 08/03	음력	3	4	5	6	7	8	9	10	11	12	13	14	15	16	17	18	19	20	21	22	23	24	25	26	27	28	29	30	8/1	2	3
	대남	2	2	1	1	1	1	입추	10	10	9	9	9	8	8	8	7	7	7	6	6	6	5	処서	5	4	4	4	3	3	3	2
	운여	8	9	9	9	10	10	추	1	1	1	1	2	2	2	3	3	3	4	4	4	5	5	서	6	6	6	7	7	7	8	8

백로 7일 22시 52분　　【음8월】→　음8【乙酉月(을유월)】　　◑　　추분 23일 08시 26분

양력 9		1	2	3	4	5	6	7	8	9	10	11	12	13	14	15	16	17	18	19	20	21	22	23	24	25	26	27	28	29	30
	요일	일	월	화	수	목	금	토	일	월	화	수	목	금	토	일	월	화	수	목	금	토	일	월	화	수	목	금	토	일	월
	일진	己	庚	辛	壬	癸	甲	乙	丙	丁	戊	己	庚	辛	壬	癸	甲	乙	丙	丁	戊	己	庚	辛	壬	癸	甲	乙	丙	丁	戊
	日辰	亥	子	丑	寅	卯	辰	巳	午	未	申	酉	戌	亥	子	丑	寅	卯	辰	巳	午	未	申	酉	戌	亥	子	丑	寅	卯	辰
08/04 09/04	음력	4	5	6	7	8	9	10	11	12	13	14	15	16	17	18	19	20	21	22	23	24	25	26	27	28	29	9/1	2	3	4
	대남	2	2	1	1	1	1	백로	10	10	9	9	9	8	8	8	7	7	7	6	6	6	5	추분	5	4	4	4	3	3	3
	운여	8	9	9	9	10	10	로	1	1	1	1	2	2	2	3	3	3	4	4	4	5	5	분	6	6	6	7	7	7	8

한로 8일 14시 44분　　【음9월】→　음9【丙戌月(병술월)】　　　　상강 23일 17시 59분

양력 10		1	2	3	4	5	6	7	8	9	10	11	12	13	14	15	16	17	18	19	20	21	22	23	24	25	26	27	28	29	30	31
	요일	화	수	목	금	토	일	월	화	수	목	금	토	일	월	화	수	목	금	토	일	월	화	수	목	금	토	일	월	화	수	목
	일진	己	庚	辛	壬	癸	甲	乙	丙	丁	戊	己	庚	辛	壬	癸	甲	乙	丙	丁	戊	己	庚	辛	壬	癸	甲	乙	丙	丁	戊	己
	日辰	巳	午	未	申	酉	戌	亥	子	丑	寅	卯	辰	巳	午	未	申	酉	戌	亥	子	丑	寅	卯	辰	巳	午	未	申	酉	戌	亥
11/01 12/01	음력	5	6	7	8	9	10	11	12	13	14	15	16	17	18	19	20	21	22	23	24	25	26	27	28	29	30	10/1	2	3	4	5
	대남	2	2	2	1	1	1	1	한로	10	9	9	9	8	8	8	7	7	7	6	6	6	5	상강	5	4	4	4	3	3	3	2
	운여	8	8	9	9	9	10	10	로	1	1	1	1	2	2	2	3	3	3	4	4	4	5	강	5	6	6	6	7	7	7	8

입동 7일 18시 07분　　【음10월】→　음10【丁亥月(정해월)】　　◐　　소설 22일 15시 43분

양력 11		1	2	3	4	5	6	7	8	9	10	11	12	13	14	15	16	17	18	19	20	21	22	23	24	25	26	27	28	29	30
	요일	금	토	일	월	화	수	목	금	토	일	월	화	수	목	금	토	일	월	화	수	목	금	토	일	월	화	수	목	금	토
	일진	庚	辛	壬	癸	甲	乙	丙	丁	戊	己	庚	辛	壬	癸	甲	乙	丙	丁	戊	己	庚	辛	壬	癸	甲	乙	丙	丁	戊	己
	日辰	子	丑	寅	卯	辰	巳	午	未	申	酉	戌	亥	子	丑	寅	卯	辰	巳	午	未	申	酉	戌	亥	子	丑	寅	卯	辰	巳
11/01 12/01	음력	6	7	8	9	10	11	12	13	14	15	16	17	18	19	20	21	22	23	24	25	26	27	28	29	11/1	2	3	4	5	6
	대남	2	2	1	1	1	1	입동	10	9	9	9	8	8	8	7	7	7	6	6	6	5	소설	5	4	4	4	3	3	3	2
	운여	8	8	9	9	9	10	동	1	1	1	1	2	2	2	3	3	3	4	4	4	5	설	5	6	6	6	7	7	7	8

대설 7일 11시 06분　　【음11월】→　음11【戊子月(무자월)】　　◑　　동지 22일 05시 08분

양력 12		1	2	3	4	5	6	7	8	9	10	11	12	13	14	15	16	17	18	19	20	21	22	23	24	25	26	27	28	29	30	31
	요일	일	월	화	수	목	금	토	일	월	화	수	목	금	토	일	월	화	수	목	금	토	일	월	화	수	목	금	토	일	월	화
	일진	庚	辛	壬	癸	甲	乙	丙	丁	戊	己	庚	辛	壬	癸	甲	乙	丙	丁	戊	己	庚	辛	壬	癸	甲	乙	丙	丁	戊	己	庚
	日辰	午	未	申	酉	戌	亥	子	丑	寅	卯	辰	巳	午	未	申	酉	戌	亥	子	丑	寅	卯	辰	巳	午	未	申	酉	戌	亥	子
11/01 12/01	음력	7	8	9	10	11	12	13	14	15	16	17	18	19	20	21	22	23	24	25	26	27	28	29	30	12/1	2	3	4	5	6	7
	대남	2	2	1	1	1	1	대설	10	9	9	9	8	8	8	7	7	7	6	6	6	5	동지	5	4	4	4	3	3	3	2	2
	운여	8	8	9	9	9	10	설	1	1	1	1	2	2	2	3	3	3	4	4	4	5	지	5	6	6	6	7	7	7	8	8

단기 4364 年	**2031**年	**辛亥(신해)년**	납음(釵釧金), 본명성(五黃土)土
불기 2575 年		대장군(酉서방). 삼살(酉서방), 상문(丑동북방),조객(酉서방), 납음(차천금)	

【삼재(사,오,미)년】　臘享(납향):2032년1월26일(음12/014)

소한 5일 22시 22분 【음12월】→　음12 【己丑月(기축월)】　　대한 20일 15시 47분

양력 1	양력	1	2	3	4	5	6	7	8	9	10	11	12	13	14	15	16	17	18	19	20	21	22	23	24	25	26	27	28	29	30	31
	요일	수	목	금	토	일	월	화	수	목	금	토	일	월	화	수	목	금	토	일	월	화	수	목	금	토	일	월	화	수	목	금
	일진	辛	壬	癸	甲	乙	丙	丁	戊	己	庚	辛	壬	癸	甲	乙	丙	丁	戊	己	庚	辛	壬	癸	甲	乙	丙	丁	戊	己	庚	辛
	日辰	丑	寅	卯	辰	巳	午	未	申	酉	戌	亥	子	丑	寅	卯	辰	巳	午	未	申	酉	戌	亥	子	丑	寅	卯	辰	巳	午	未
12/08	음력	13	14	15	16	17	18	19	20	21	22	23	24	25	26	27	28	29	30	1/1	2	3	4	5	6	7	8	9	10	11	12	13
01/09	대 남	1	1	1	1	소	10	9	9	9	8	8	8	7	7	7	6	6	6	5	대	5	4	4	4	3	3	3	2	2	2	1
	운 여	8	9	9	9	한	1	1	1	1	2	2	2	3	3	3	4	4	4	5	한	5	6	6	6	7	7	7	8	8	8	9

입춘 4일 09시 57분 【음1월】→　음1 【庚寅月(경인월)】　　우수 19일 05시 50분

양력 2	양력	1	2	3	4	5	6	7	8	9	10	11	12	13	14	15	16	17	18	19	20	21	22	23	24	25	26	27	28
	요일	토	일	월	화	수	목	금	토	일	월	화	수	목	금	토	일	월	화	수	목	금	토	일	월	화	수	목	금
	일진	壬	癸	甲	乙	丙	丁	戊	己	庚	辛	壬	癸	甲	乙	丙	丁	戊	己	庚	辛	壬	癸	甲	乙	丙	丁	戊	己
	日辰	申	酉	戌	亥	子	丑	寅	卯	辰	巳	午	未	申	酉	戌	亥	子	丑	寅	卯	辰	巳	午	未	申	酉	戌	亥
01/10	음력	14	15	16	17	18	19	20	21	22	23	24	25	26	27	28	29	30	2/1	2	3	4	5	6	7
02/07	대 남	9	9	9	입	1	1	1	1	2	2	2	3	3	3	4	4	4	5	우	5	6	6	6	7	7	7	8	8
	운 여	1	1	1	춘	10	9	9	9	8	8	8	7	7	7	6	6	6	5	수	5	4	4	4	3	3	3	2	2

辛亥年

경칩 6일 03시 50분 【음2월】→　음2 【辛卯月(신묘월)】　　춘분 21일 04시 40분

양력 3	양력	1	2	3	4	5	6	7	8	9	10	11	12	13	14	15	16	17	18	19	20	21	22	23	24	25	26	27	28	29	30	31
	요일	토	일	월	화	수	목	금	토	일	월	화	수	목	금	토	일	월	화	수	목	금	토	일	월	화	수	목	금	토	일	월
	일진	庚	辛	壬	癸	甲	乙	丙	丁	戊	己	庚	辛	壬	癸	甲	乙	丙	丁	戊	己	庚	辛	壬	癸	甲	乙	丙	丁	戊	己	庚
	日辰	子	丑	寅	卯	辰	巳	午	未	申	酉	戌	亥	子	丑	寅	卯	辰	巳	午	未	申	酉	戌	亥	子	丑	寅	卯	辰	巳	午
02/08	음력	8	9	10	11	12	13	14	15	16	17	18	19	20	21	22	23	24	25	26	27	28	29	3/1	2	3	4	5	6	7	8	9
03/09	대 남	8	8	9	9	9	경	1	1	1	1	2	2	2	3	3	3	4	4	4	5	춘	5	6	6	6	7	7	7	8	8	8
	운 여	2	1	1	1	1	칩	10	9	9	9	8	8	8	7	7	7	6	6	6	5	분	5	4	4	4	3	3	3	2	2	2

청명 5일 08시 27분 【음3월】→　음3 【壬辰月(임진월)】　윤3　곡우 20일 15시 30분

양력 4	양력	1	2	3	4	5	6	7	8	9	10	11	12	13	14	15	16	17	18	19	20	21	22	23	24	25	26	27	28	29	30
	요일	화	수	목	금	토	일	월	화	수	목	금	토	일	월	화	수	목	금	토	일	월	화	수	목	금	토	일	월	화	수
	일진	辛	壬	癸	甲	乙	丙	丁	戊	己	庚	辛	壬	癸	甲	乙	丙	丁	戊	己	庚	辛	壬	癸	甲	乙	丙	丁	戊	己	庚
	日辰	未	申	酉	戌	亥	子	丑	寅	卯	辰	巳	午	未	申	酉	戌	亥	子	丑	寅	卯	辰	巳	午	未	申	酉	戌	亥	子
03/10	음력	10	11	12	13	14	15	16	17	18	19	20	21	22	23	24	25	26	27	28	29	윤3	2	3	4	5	6	7	8	9
윤3 09	대 남	9	9	9	10	청	1	1	1	1	2	2	2	3	3	3	4	4	4	5	곡	5	6	6	6	7	7	7	8	8
	운 여	1	1	1	1	명	10	10	9	9	9	8	8	8	7	7	7	6	6	6	우	5	5	4	4	4	3	3	3	2

입하 6일 01시 34분 【음4월】→　음4 【癸巳月(계사월)】　　소만 21일 14시 27분

양력 5	양력	1	2	3	4	5	6	7	8	9	10	11	12	13	14	15	16	17	18	19	20	21	22	23	24	25	26	27	28	29	30	31
	요일	목	금	토	일	월	화	수	목	금	토	일	월	화	수	목	금	토	일	월	화	수	목	금	토	일	월	화	수	목	금	토
	일진	辛	壬	癸	甲	乙	丙	丁	戊	己	庚	辛	壬	癸	甲	乙	丙	丁	戊	己	庚	辛	壬	癸	甲	乙	丙	丁	戊	己	庚	辛
	日辰	丑	寅	卯	辰	巳	午	未	申	酉	戌	亥	子	丑	寅	卯	辰	巳	午	未	申	酉	戌	亥	子	丑	寅	卯	辰	巳	午	未
윤3 10	음력	10	11	12	13	14	15	16	17	18	19	20	21	22	23	24	25	26	27	28	29	4/1	2	3	4	5	6	7	8	9	10	1
04/11	대 남	9	9	9	10	10	입	1	1	1	1	2	2	2	3	3	3	4	4	4	5	소	5	6	6	6	7	7	7	8	8	8
	운 여	2	1	1	1	1	하	10	10	9	9	9	8	8	8	7	7	7	6	6	6	만	5	5	4	4	4	3	3	3	2	2

망종 6일 05시 34분 【음5월】→　음5 【甲午月(갑오월)】　　하지 21일 22시 16분

양력 6	양력	1	2	3	4	5	6	7	8	9	10	11	12	13	14	15	16	17	18	19	20	21	22	23	24	25	26	27	28	29	30
	요일	일	월	화	수	목	금	토	일	월	화	수	목	금	토	일	월	화	수	목	금	토	일	월	화	수	목	금	토	일	월
	일진	壬	癸	甲	乙	丙	丁	戊	己	庚	辛	壬	癸	甲	乙	丙	丁	戊	己	庚	辛	壬	癸	甲	乙	丙	丁	戊	己	庚	辛
	日辰	申	酉	戌	亥	子	丑	寅	卯	辰	巳	午	未	申	酉	戌	亥	子	丑	寅	卯	辰	巳	午	未	申	酉	戌	亥	子	丑
04/12	음력	12	13	14	15	16	17	18	19	20	21	22	23	24	25	26	27	28	29	30	5/1	2	3	4	5	6	7	8	9	10	11
05/11	대 남	9	9	9	10	10	망	1	1	1	1	2	2	2	3	3	3	4	4	4	5	하	5	6	6	6	7	7	7	8	8
	운 여	2	1	1	1	1	종	10	10	9	9	9	8	8	8	7	7	7	6	6	6	지	5	5	4	4	4	3	3	3	2

한식(4월06일), 초복(7월19일), 중복(7월29일), 말복(8월08일) ↑춘사(春社)3/19
☀추사(秋社)9/25 토왕지절(土旺之節):4월17일,7월20일,10월20일,1월17일(음12/05)
臘享(납향):2032년1월26일(음12/014)

2
0
3
1

辛
亥
年

소서 7일 15시 48분　【음6월】 → 음6　【乙未月(을미월)】　　대서 23일 09시 09분

양력 7	양력	1	2	3	4	5	6	7	8	9	10	11	12	13	14	15	16	17	18	19	20	21	22	23	24	25	26	27	28	29	30	31
	요일	화	수	목	금	토	일	월	화	수	목	금	토	일	월	화	수	목	금	토	일	월	화	수	목	금	토	일	월	화	수	목
	일진 日辰	壬寅	癸卯	乙巳	丙午	丁未	戊申	己酉	庚戌	辛亥	壬子	癸丑	甲寅	乙卯	丙辰	丁巳	戊午	己未	庚申	辛酉	壬戌	癸亥	甲子	乙丑	丙寅	丁卯	戊辰	己巳	庚午	辛未	壬申	癸酉
05/12 06/13	음력	12	13	14	15	16	17	18	19	20	21	22	23	24	25	26	27	28	29	6/1	2	3	4	5	6	7	8	9	10	11	12	13
	대남	8	9	9	9	10	10	소서	1	1	1	1	2	2	2	3	3	3	4	4	4	5	5	대서	6	6	6	7	7	7	8	8
	운여	2	2	1	1	1	1	서	10	10	10	9	9	9	8	8	8	7	7	7	6	6	6	서	5	5	4	4	4	3	3	3

입추 8일 01시 42분　【음7월】 → 음7　【丙申月(병신월)】　　처서 23일 16시 22분

양력 8	양력	1	2	3	4	5	6	7	8	9	10	11	12	13	14	15	16	17	18	19	20	21	22	23	24	25	26	27	28	29	30	31
	요일	금	토	일	월	화	수	목	금	토	일	월	화	수	목	금	토	일	월	화	수	목	금	토	일	월	화	수	목	금	토	일
	일진 日辰	癸酉	甲戌	乙亥	丙子	丁丑	戊寅	己卯	庚辰	辛巳	壬午	癸未	甲申	乙酉	丙戌	丁亥	戊子	己丑	庚寅	辛卯	壬辰	癸巳	甲午	乙未	丙申	丁酉	戊戌	己亥	庚子	辛丑	壬寅	癸卯
06/14 07/14	음력	14	15	16	17	18	19	20	21	22	23	24	25	26	27	28	29	30	7/1	2	3	4	5	6	7	8	9	10	11	12	13	14
	대남	8	9	9	9	10	10	입	1	1	1	1	2	2	2	3	3	3	4	4	4	5	5	처	6	6	6	7	7	7	8	8
	운여	2	2	1	1	1	1	추	10	10	9	9	9	8	8	8	7	7	7	6	6	6	5	서	5	5	4	4	4	3	3	3

백로 8일 04시 49분　【음8월】 → 음8　【丁酉月(정유월)】　　추분 23일 14시 14분

양력 9	양력	1	2	3	4	5	6	7	8	9	10	11	12	13	14	15	16	17	18	19	20	21	22	23	24	25	26	27	28	29	30	
	요일	월	화	수	목	금	토	일	월	화	수	목	금	토	일	월	화	수	목	금	토	일	월	화	수	목	금	토	일	월	화	
	일진 日辰	甲辰	乙巳	丙午	丁未	戊申	己酉	庚戌	辛亥	壬子	癸丑	甲寅	乙卯	丙辰	丁巳	戊午	己未	庚申	辛酉	壬戌	癸亥	甲子	乙丑	丙寅	丁卯	戊辰	己巳	庚午	辛未	壬申	癸酉	
07/15 08/14	음력	15	16	17	18	19	20	21	22	23	24	25	26	27	28	29	30	8/1	2	3	4	5	6	7	8	9	10	11	12	13	14	
	대남	8	8	9	9	9	10	10	백	1	1	1	1	2	2	2	3	3	3	4	4	4	5	추	5	6	6	6	7	7	7	
	운여	2	2	2	1	1	1	1	로	10	9	9	9	8	8	8	7	7	7	6	6	6	5	분	5	4	4	4	3	3	3	

한로 8일 20시 42분　【음9월】 → 음9　【戊戌月(무술월)】　　상강 23일 23시 48분

양력 10	양력	1	2	3	4	5	6	7	8	9	10	11	12	13	14	15	16	17	18	19	20	21	22	23	24	25	26	27	28	29	30	31
	요일	수	목	금	토	일	월	화	수	목	금	토	일	월	화	수	목	금	토	일	월	화	수	목	금	토	일	월	화	수	목	금
	일진 日辰	甲戌	乙亥	丙子	丁丑	戊寅	己卯	庚辰	辛巳	壬午	癸未	甲申	乙酉	丙戌	丁亥	戊子	己丑	庚寅	辛卯	壬辰	癸巳	甲午	乙未	丙申	丁酉	戊戌	己亥	庚子	辛丑	壬寅	癸卯	甲辰
11/01 12/01	음력	15	16	17	18	19	20	21	22	23	24	25	26	27	28	29	9/1	2	3	4	5	6	7	8	9	10	11	12	13	14	15	16
	대남	8	8	8	9	9	9	10	한	1	1	1	1	2	2	2	3	3	3	4	4	4	5	상	5	6	6	6	7	7	7	8
	운여	2	2	2	1	1	1	1	로	10	10	9	9	9	8	8	8	7	7	7	6	6	6	강	5	5	4	4	4	3	3	2

입동 8일 00시 04분　【음10월】 → 음10　【己亥月(기해월)】　　소설 22일 21시 31분

양력 11	양력	1	2	3	4	5	6	7	8	9	10	11	12	13	14	15	16	17	18	19	20	21	22	23	24	25	26	27	28	29	30	
	요일	토	일	월	화	수	목	금	토	일	월	화	수	목	금	토	일	월	화	수	목	금	토	일	월	화	수	목	금	토	일	
	일진 日辰	乙巳	丙午	丁未	戊申	己酉	庚戌	辛亥	壬子	癸丑	甲寅	乙卯	丙辰	丁巳	戊午	己未	庚申	辛酉	壬戌	癸亥	甲子	乙丑	丙寅	丁卯	戊辰	己巳	庚午	辛未	壬申	癸酉	甲戌	
11/01 12/01	음력	17	18	19	20	21	22	23	24	25	26	27	28	29	30	10/1	2	3	4	5	6	7	8	9	10	11	12	13	14	15	16	
	대남	8	8	8	9	9	9	10	입	1	1	1	1	2	2	2	3	3	3	4	4	4	소	5	5	5	6	6	6	7	7	
	운여	2	2	2	1	1	1	1	동	9	9	9	8	8	8	7	7	7	6	6	6	5	설	5	4	4	4	3	3	3	3	

대설 7일 17시 02분　【음11월】 → 음11　【庚子月(경자월)】　　동지 22일 10시 54분

양력 12	양력	1	2	3	4	5	6	7	8	9	10	11	12	13	14	15	16	17	18	19	20	21	22	23	24	25	26	27	28	29	30	31
	요일	월	화	수	목	금	토	일	월	화	수	목	금	토	일	월	화	수	목	금	토	일	월	화	수	목	금	토	일	월	화	수
	일진 日辰	乙亥	丙子	丁丑	戊寅	己卯	庚辰	辛巳	壬午	癸未	甲申	乙酉	丙戌	丁亥	戊子	己丑	庚寅	辛卯	壬辰	癸巳	甲午	乙未	丙申	丁酉	戊戌	己亥	庚子	辛丑	壬寅	癸卯	甲辰	乙巳
11/01 12/01	음력	17	18	19	20	21	22	23	24	25	26	27	28	29	11/1	2	3	4	5	6	7	8	9	10	11	12	13	14	15	16	17	18
	대남	8	8	8	9	9	9	대	1	1	1	1	2	2	2	3	3	3	4	4	4	5	동	5	6	6	6	7	7	7	8	8
	운여	8	8	2	1	1	1	설	10	9	9	9	8	8	8	7	7	7	6	6	6	5	지	5	4	4	4	3	3	3	2	2

단기 4365 年　불기 2576 年　**2032**년　　**壬子(임자)년**　납음**(桑柘木)**,본명성**(四綠木)**

대장군(酉서방), 삼살(남방), 상문(寅동북방),조객(戌서북방),
납음(상자목), 【삼재(인,묘,진)년】 臘享(납향):2033년1월20일(음12/020)

소한 6일 04시 15분 【음12월】→ **음12** 【辛丑月(신축월)】　　대한 20일 21시 30분

양력 1	1	2	3	4	5	6	7	8	9	10	11	12	13	14	15	16	17	18	19	20	21	22	23	24	25	26	27	28	29	30	31
요일	목	금	토	일	월	화	수	목	금	토	일	월	화	수	목	금	토	일	월	화	수	목	금	토	일	월	화	수	목	금	토
일진	丙	丁	戊	己	庚	辛	壬	癸	甲	乙	丙	丁	戊	己	庚	辛	壬	癸	甲	乙	丙	丁	戊	己	庚	辛	壬	癸	甲	乙	丙
日辰	午	未	申	酉	戌	亥	子	丑	寅	卯	辰	巳	午	未	申	酉	戌	亥	子	丑	寅	卯	辰	巳	午	未	申	酉	戌	亥	子
음력	19	20	21	22	23	24	25	26	27	28	29	30	12/1	2	3	4	5	6	7	8	9	10	11	12	13	14	15	16	17	18	19
대남	8	9	9	9	10	소한	1	1	1	1	2	2	2	3	3	3	4	4	4	대한	5	5	5	6	6	6	7	7	7	8	8
운여	2	1	1	1	한	9	9	9	8	8	8	7	7	7	6	6	6	5	한	5	4	4	4	3	3	3	2	2	2		

음력 11/19 ~ 12/19

입춘 4일 15시 48분 【음1월】→ **음 1** 【壬寅月(임인월)】　　우수 19일 11시 31분

양력 2	1	2	3	4	5	6	7	8	9	10	11	12	13	14	15	16	17	18	19	20	21	22	23	24	25	26	27	28	29
요일	일	월	화	수	목	금	토	일	월	화	수	목	금	토	일	월	화	수	목	금	토	일	월	화	수	목	금	토	일
일진	丁	戊	己	庚	辛	壬	癸	甲	乙	丙	丁	戊	己	庚	辛	壬	癸	甲	乙	丙	丁	戊	己	庚	辛	壬	癸	甲	乙
日辰	丑	寅	卯	辰	巳	午	未	申	酉	戌	亥	子	丑	寅	卯	辰	巳	午	未	申	酉	戌	亥	子	丑	寅	卯	辰	巳
음력	20	21	22	23	24	25	26	27	28	29	1/1	2	3	4	5	6	7	8	9	10	11	12	13	14	15	16	17	18	19
대남	9	9	9	입춘	10	9	9	9	8	8	8	7	7	7	6	6	6	5	우수	5	4	4	4	3	3	3	2	2	2
운여	1	1	1	춘	1	1	1	2	2	2	3	3	3	4	4	4	5	5	수	5	6	6	6	7	7	7	8	8	8

壬子年　음력 12/20 ~ 01/19

경칩 5일 09시 39분 【음2월】→ **음 2** 【癸卯月(계묘월)】　　춘분 20일 10시 41분

양력 3	1	2	3	4	5	6	7	8	9	10	11	12	13	14	15	16	17	18	19	20	21	22	23	24	25	26	27	28	29	30	31
요일	월	화	수	목	금	토	일	월	화	수	목	금	토	일	월	화	수	목	금	토	일	월	화	수	목	금	토	일	월	화	수
일진	丙	丁	戊	己	庚	辛	壬	癸	甲	乙	丙	丁	戊	己	庚	辛	壬	癸	甲	乙	丙	丁	戊	己	庚	辛	壬	癸	甲	乙	丙
日辰	午	未	申	酉	戌	亥	子	丑	寅	卯	辰	巳	午	未	申	酉	戌	亥	子	丑	寅	卯	辰	巳	午	未	申	酉	戌	亥	子
음력	20	21	22	23	24	25	26	27	28	29	30	2/1	2	3	4	5	6	7	8	9	10	11	12	13	14	15	16	17	18	19	20
대남	1	1	1	1	경칩	10	9	9	9	8	8	8	7	7	7	6	6	6	5	춘분	5	4	4	4	3	3	3	2	2	2	1
운여	9	9	9	10	칩	1	1	1	1	2	2	2	3	3	3	4	4	4	5	분	5	6	6	6	7	7	7	8	8	8	9

음력 01/20 ~ 02/20

청명 4일 14시 16분 【음3월】→ **음 3** 【甲辰月(갑진월)】　　곡우 19일 21시 13분

양력 4	1	2	3	4	5	6	7	8	9	10	11	12	13	14	15	16	17	18	19	20	21	22	23	24	25	26	27	28	29	30
요일	목	금	토	일	월	화	수	목	금	토	일	월	화	수	목	금	토	일	월	화	수	목	금	토	일	월	화	수	목	금
일진	丁	戊	己	庚	辛	壬	癸	甲	乙	丙	丁	戊	己	庚	辛	壬	癸	甲	乙	丙	丁	戊	己	庚	辛	壬	癸	甲	乙	丙
日辰	丑	寅	卯	辰	巳	午	未	申	酉	戌	亥	子	丑	寅	卯	辰	巳	午	未	申	酉	戌	亥	子	丑	寅	卯	辰	巳	午
음력	21	22	23	24	25	26	27	28	29	3/1	2	3	4	5	6	7	8	9	10	11	12	13	14	15	16	17	18	19	20	21
대남	1	1	1	청명	10	10	9	9	9	8	8	8	7	7	7	6	6	6	5	곡우	5	4	4	4	3	3	3	2	2	2
운여	9	9	10	명	1	1	1	1	2	2	2	3	3	3	4	4	4	5	5	우	5	6	6	6	7	7	7	8	8	9

음력 02/21 ~ 03/21

입하 5일 07시 25분 【음4월】→ **음 4** 【乙巳月(을사월)】　　소만 20일 20시 14분

양력 5	1	2	3	4	5	6	7	8	9	10	11	12	13	14	15	16	17	18	19	20	21	22	23	24	25	26	27	28	29	30	31
요일	토	일	월	화	수	목	금	토	일	월	화	수	목	금	토	일	월	화	수	목	금	토	일	월	화	수	목	금	토	일	월
일진	丁	戊	己	庚	辛	壬	癸	甲	乙	丙	丁	戊	己	庚	辛	壬	癸	甲	乙	丙	丁	戊	己	庚	辛	壬	癸	甲	乙	丙	丁
日辰	未	申	酉	戌	亥	子	丑	寅	卯	辰	巳	午	未	申	酉	戌	亥	子	丑	寅	卯	辰	巳	午	未	申	酉	戌	亥	子	丑
음력	22	23	24	25	26	27	28	29	4/1	2	3	4	5	6	7	8	9	10	11	12	13	14	15	16	17	18	19	20	21	22	23
대남	1	1	1	1	입하	10	10	9	9	9	8	8	8	7	7	7	6	6	6	소만	5	5	5	4	4	4	3	3	3	2	2
운여	9	9	10	10	하	1	1	1	1	2	2	2	3	3	3	4	4	4	5	만	5	6	6	6	7	7	7	8	8	8	9

음력 03/22 ~ 04/23

망종 5일 11시 27분 【음5월】→ **음 5** 【丙午月(병오월)】　　하지 21일 04시 07분

양력 6	1	2	3	4	5	6	7	8	9	10	11	12	13	14	15	16	17	18	19	20	21	22	23	24	25	26	27	28	29	30
요일	화	수	목	금	토	일	월	화	수	목	금	토	일	월	화	수	목	금	토	일	월	화	수	목	금	토	일	월	화	수
일진	戊	己	庚	辛	壬	癸	甲	乙	丙	丁	戊	己	庚	辛	壬	癸	甲	乙	丙	丁	戊	己	庚	辛	壬	癸	甲	乙	丙	丁
日辰	寅	卯	辰	巳	午	未	申	酉	戌	亥	子	丑	寅	卯	辰	巳	午	未	申	酉	戌	亥	子	丑	寅	卯	辰	巳	午	未
음력	24	25	26	27	28	29	30	5/1	2	3	4	5	6	7	8	9	10	11	12	13	14	15	16	17	18	19	20	21	22	23
대남	1	1	1	1	망종	10	10	10	9	9	9	8	8	8	7	7	7	6	6	하지	6	5	5	5	4	4	4	3	3	3
운여	9	9	10	10	종	1	1	1	1	2	2	2	3	3	3	4	4	4	5	지	5	6	6	6	7	7	7	8	8	8

음력 04/24 ~ 05/23

한식(4월05일), 초복(7월13일), 중복(7월23일), 말복(8월12일) ♠춘사(春社)3/23 ☀추사(秋社)9/19
토왕지절(土旺之節):4월16일,7월19일,10월20일,1월17일(음12/17)
臘享(납향):2033년1월20일(음12/20)

2032

壬子年

소서 6일 21시 40분 　【음6월】→ 　음 6 【丁未月(정미월)】　　　대서 22일 15시 03분

양력 7	양력	1	2	3	4	5	6	7	8	9	10	11	12	13	14	15	16	17	18	19	20	21	22	23	24	25	26	27	28	29	30	31
	요일	목	금	토	일	월	화	수	목	금	토	일	월	화	수	목	금	토	일	월	화	수	목	금	토	일	월	화	수	목	금	토
	일진 日辰	戊辰	己巳	庚午	辛未	壬申	癸酉	甲戌	乙亥	丙子	丁丑	戊寅	己卯	庚辰	辛巳	壬午	癸未	甲申	乙酉	丙戌	丁亥	戊子	己丑	庚寅	辛卯	壬辰	癸巳	甲午	乙未	丙申	丁酉	戊戌
05/24 06/25	음력	24	25	26	27	28	29	6/1	2	3	4	5	6	7	8	9	10	11	12	13	14	15	16	17	18	19	20	21	22	23	24	25
	대 남 운 여	2 9	1 9	1 9	1 10	1 10	소서	10 1	10 1	9 1	9 1	9 2	8 2	8 2	8 3	7 3	7 3	7 4	6 4	6 4	6 5	대서	5 5	5 6	4 6	4 6	4 7	3 7	3 7	3 8	2 8	2 8

입추 7일 07시 31분 　【음7월】→ 　음 7 【戊申月(무신월)】　　　처서 22일 22시 17분

양력 8	양력	1	2	3	4	5	6	7	8	9	10	11	12	13	14	15	16	17	18	19	20	21	22	23	24	25	26	27	28	29	30	31
	요일	일	월	화	수	목	금	토	일	월	화	수	목	금	토	일	월	화	수	목	금	토	일	월	화	수	목	금	토	일	월	화
	일진 日辰	己卯	庚辰	辛巳	壬午	癸未	甲申	乙酉	丙戌	丁亥	戊子	己丑	庚寅	辛卯	壬辰	癸巳	甲午	乙未	丙申	丁酉	戊戌	己亥	庚子	辛丑	壬寅	癸卯	甲辰	乙巳	丙午	丁未	戊申	己酉
06/26 07/26	음력	26	27	28	29	30	7/1	2	3	4	5	6	7	8	9	10	11	12	13	14	15	16	17	18	19	20	21	22	23	24	25	26
	대 남 운 여	2 9	2 9	1 9	1 10	1 10	1 10	입추	10 1	10 1	9 1	9 1	9 2	8 2	8 2	8 3	7 3	7 3	7 4	6 4	6 4	6 5	처서	5 5	5 6	4 6	4 6	4 7	3 7	3 7	3 8	2 8

백로 7일 10시 37분 　【음8월】→ 　음 8 【己酉月(기유월)】　　　추분 22일 20시 10분

양력 9	양력	1	2	3	4	5	6	7	8	9	10	11	12	13	14	15	16	17	18	19	20	21	22	23	24	25	26	27	28	29	30
	요일	수	목	금	토	일	월	화	수	목	금	토	일	월	화	수	목	금	토	일	월	화	수	목	금	토	일	월	화	수	목
	일진 日辰	庚戌	辛亥	壬子	癸丑	甲寅	乙卯	丙辰	丁巳	戊午	己未	庚申	辛酉	壬戌	癸亥	甲子	乙丑	丙寅	丁卯	戊辰	己巳	庚午	辛未	壬申	癸酉	甲戌	乙亥	丙子	丁丑	戊寅	己卯
07/27 08/26	음력	27	28	29	30	8/1	2	3	4	5	6	7	8	9	10	11	12	13	14	15	16	17	18	19	20	21	22	23	24	25	26
	대 남 운 여	2 8	2 9	2 9	1 9	1 10	1 10	백로	10 1	10 1	9 1	9 1	9 2	8 2	8 2	8 3	7 3	7 3	7 4	6 4	6 4	6 5	추분	5 5	5 6	4 6	4 6	4 7	3 7	3 7	3 8

한로 8일 02시 29분 　【음9월】→ 　음 9 【庚戌月(경술월)】　　　상강 23일 05시 45분

양력 10	양력	1	2	3	4	5	6	7	8	9	10	11	12	13	14	15	16	17	18	19	20	21	22	23	24	25	26	27	28	29	30	31
	요일	금	토	일	월	화	수	목	금	토	일	월	화	수	목	금	토	일	월	화	수	목	금	토	일	월	화	수	목	금	토	일
	일진 日辰	庚辰	辛巳	壬午	癸未	甲申	乙酉	丙戌	丁亥	戊子	己丑	庚寅	辛卯	壬辰	癸巳	甲午	乙未	丙申	丁酉	戊戌	己亥	庚子	辛丑	壬寅	癸卯	甲辰	乙巳	丙午	丁未	戊申	己酉	庚戌
11/01 12/01	음력	27	28	29	9/1	2	3	4	5	6	7	8	9	10	11	12	13	14	15	16	17	18	19	20	21	22	23	24	25	26	27	28
	대 남 운 여	2 8	2 8	2 9	1 9	1 9	1 10	한로	10 9	9 1	9 1	9 1	8 2	8 2	8 2	7 3	7 3	7 3	6 4	6 4	6 4	상강	5 5	5 5	4 5	4 6	4 6	3 6	3 7	3 7	2 7	2 8

입동 7일 05시 53분 　【음10월】→ 　음10 【辛亥月(신해월)】　　　소설 22일 03시 30분

양력 11	양력	1	2	3	4	5	6	7	8	9	10	11	12	13	14	15	16	17	18	19	20	21	22	23	24	25	26	27	28	29	30
	요일	월	화	수	목	금	토	일	월	화	수	목	금	토	일	월	화	수	목	금	토	일	월	화	수	목	금	토	일	월	화
	일진 日辰	辛亥	壬子	癸丑	甲寅	乙卯	丙辰	丁巳	戊午	己未	庚申	辛酉	壬戌	癸亥	甲子	乙丑	丙寅	丁卯	戊辰	己巳	庚午	辛未	壬申	癸酉	甲戌	乙亥	丙子	丁丑	戊寅	己卯	庚辰
11/01 12/01	음력	29	30	10/1	2	3	4	5	6	7	8	9	10	11	12	13	14	15	16	17	18	19	20	21	22	23	24	25	26	27	28
	대 남 운 여	2 8	2 8	1 9	1 9	1 9	1 10	입동	9 1	9 1	9 1	8 2	8 2	8 2	7 3	7 3	7 3	6 4	6 4	6 4	소설	5 5	4 5	4 5	4 6	3 6	3 6	3 7	2 7	2 7	2 8

대설 6일 22시 52분 　【음11월】→ 　음 11 【壬子月(임자월)】　　　동지 21일 16시 55분

양력 12	양력	1	2	3	4	5	6	7	8	9	10	11	12	13	14	15	16	17	18	19	20	21	22	23	24	25	26	27	28	29	30	31
	요일	수	목	금	토	일	월	화	수	목	금	토	일	월	화	수	목	금	토	일	월	화	수	목	금	토	일	월	화	수	목	금
	일진 日辰	辛巳	壬午	癸未	甲申	乙酉	丙戌	丁亥	戊子	己丑	庚寅	辛卯	壬辰	癸巳	甲午	乙未	丙申	丁酉	戊戌	己亥	庚子	辛丑	壬寅	癸卯	甲辰	乙巳	丙午	丁未	戊申	己酉	庚戌	辛亥
11/01 12/01	음력	29	30	11/1	2	3	4	5	6	7	8	9	10	11	12	13	14	15	16	17	18	19	20	21	22	23	24	25	26	27	28	29
	대 남 운 여	2 8	2 8	1 9	1 9	1 9	대설	10 1	9 1	9 1	9 1	8 2	8 2	8 2	7 3	7 3	7 3	6 4	6 4	6 4	5 5	동지	5 5	5 6	4 6	4 6	4 7	3 7	3 7	3 8	2 8	2 8

癸丑(계축)년　납음(桑柘木),본명성(三碧木)

대장군(酉西방), 삼살(동방), 상문(卯동방), 조객(亥서북방),납음(상자목),
【삼재(해,자축)년】　臘享(납향):2034년1월27일(음12/08)

소한 5일 10시 07분 【음12월】→　**음12** 【癸丑月(계축월)】　대한 20일 03시 31분

양력 **1**	양력	1	2	3	4	5	6	7	8	9	10	11	12	13	14	15	16	17	18	19	20	21	22	23	24	25	26	27	28	29	30	31
	요일	토	일	월	화	수	목	금	토	일	월	화	수	목	금	토	일	월	화	수	목	금	토	일	월	화	수	목	금	토	일	월
	일진 日辰	壬子	癸丑	甲寅	乙卯	丙辰	丁巳	戊午	己未	庚申	辛酉	壬戌	癸亥	甲子	乙丑	丙寅	丁卯	戊辰	己巳	庚午	辛未	壬申	癸酉	甲戌	乙亥	丙子	丁丑	戊寅	己卯	庚辰	辛巳	壬午
음력 12/01 01/01	음력	12/1	2	3	4	5	6	7	8	9	10	11	12	13	14	15	16	17	18	19	20	21	22	23	24	25	26	27	28	29	30	1/1
	대남	1	1	1	소한	9	9	9	8	8	8	7	7	7	6	6	6	5	대한	5	4	4	4	3	3	3	2	2	2	1	1	1
	운여	9	9	9	한	1	1	1	1	2	2	2	3	3	3	4	4	4	5	한	5	6	6	6	7	7	7	8	8	8	9	9

입춘 3일 21시 40분 【음1월】　**음 1** 【甲寅月(갑인월)】　우수 18일 17시 32분

양력 **2**	양력	1	2	3	4	5	6	7	8	9	10	11	12	13	14	15	16	17	18	19	20	21	22	23	24	25	26	27	28	29
	요일	화	수	목	금	토	일	월	화	수	목	금	토	일	월	화	수	목	금	토	일	월	화	수	목	금	토	일	월	화
	일진 日辰	癸未	甲申	乙酉	丙戌	丁亥	戊子	己丑	庚寅	辛卯	壬辰	癸巳	甲午	乙未	丙申	丁酉	戊戌	己亥	庚子	辛丑	壬寅	癸卯	甲辰	乙巳	丙午	丁未	戊申	己酉	庚戌
음력 01/02 01/29	음력	2	3	4	5	6	7	8	9	10	11	12	13	14	15	16	17	18	19	20	21	22	23	24	25	26	27	28	29
	대남	1	1	입춘	1	1	1	2	2	2	3	3	3	4	4	4	5	우수	5	6	6	6	7	7	7	8	8	8	9
	운여	9	9	춘	10	9	9	9	8	8	8	7	7	7	6	6	6	수	5	5	5	4	4	4	3	3	3	2	2

癸丑年

경칩 5일 15시 31분 【음2월】→　**음 2** 【乙卯月(을묘월)】　춘분 20일 16시 21분

양력 **3**	양력	1	2	3	4	5	6	7	8	9	10	11	12	13	14	15	16	17	18	19	20	21	22	23	24	25	26	27	28	29	30	31
	요일	화	수	목	금	토	일	월	화	수	목	금	토	일	월	화	수	목	금	토	일	월	화	수	목	금	토	일	월	화	수	목
	일진 日辰	辛亥	壬子	癸丑	甲寅	乙卯	丙辰	丁巳	戊午	己未	庚申	辛酉	壬戌	癸亥	甲子	乙丑	丙寅	丁卯	戊辰	己巳	庚午	辛未	壬申	癸酉	甲戌	乙亥	丙子	丁丑	戊寅	己卯	庚辰	辛巳
음력 02/01 03/01	음력	2/1	2	3	4	5	6	7	8	9	10	11	12	13	14	15	16	17	18	19	20	21	22	23	24	25	26	27	28	29	30	3/1
	대남	9	9	9	10	경칩	1	1	1	1	2	2	2	3	3	3	4	4	4	5	춘분	5	6	6	6	7	7	7	8	8	8	9
	운여	1	1	1	1	칩	10	9	9	9	8	8	8	7	7	7	6	6	6	5	분	5	4	4	4	3	3	3	2	2	2	1

청명 4일 20시 07분 【음3월】→　**음 3** 【丙辰月(병진월)】　곡우 20일 03시 12분

양력 **4**	양력	1	2	3	4	5	6	7	8	9	10	11	12	13	14	15	16	17	18	19	20	21	22	23	24	25	26	27	28	29	30
	요일	금	토	일	월	화	수	목	금	토	일	월	화	수	목	금	토	일	월	화	수	목	금	토	일	월	화	수	목	금	토
	일진 日辰	壬午	癸未	甲申	乙酉	丙戌	丁亥	戊子	己丑	庚寅	辛卯	壬辰	癸巳	甲午	乙未	丙申	丁酉	戊戌	己亥	庚子	辛丑	壬寅	癸卯	甲辰	乙巳	丙午	丁未	戊申	己酉	庚戌	辛亥
음력 03/02 04/02	음력	2	3	4	5	6	7	8	9	10	11	12	13	14	15	16	17	18	19	20	21	22	23	24	25	26	27	28	29	4/1	2
	대남	9	9	10	청명	1	1	1	1	2	2	2	3	3	3	4	4	4	5	5	곡우	6	6	6	7	7	7	8	8	8	9
	운여	1	1	1	명	10	10	9	9	9	8	8	8	7	7	7	6	6	6	5	곡	5	4	4	4	3	3	3	2	2	2

입하 5일 13시 12분 【음4월】→　**음 4** 【丁巳月(정사월)】　소만 21일 02시 10분

양력 **5**	양력	1	2	3	4	5	6	7	8	9	10	11	12	13	14	15	16	17	18	19	20	21	22	23	24	25	26	27	28	29	30	31
	요일	일	월	화	수	목	금	토	일	월	화	수	목	금	토	일	월	화	수	목	금	토	일	월	화	수	목	금	토	일	월	화
	일진 日辰	壬子	癸丑	甲寅	乙卯	丙辰	丁巳	戊午	己未	庚申	辛酉	壬戌	癸亥	甲子	乙丑	丙寅	丁卯	戊辰	己巳	庚午	辛未	壬申	癸酉	甲戌	乙亥	丙子	丁丑	戊寅	己卯	庚辰	辛巳	壬午
음력 04/03 05/04	음력	3	4	5	6	7	8	9	10	11	12	13	14	15	16	17	18	19	20	21	22	23	24	25	26	27	28	29	5/1	2	3	4
	대남	9	9	10	10	입하	1	1	1	1	2	2	2	3	3	3	4	4	4	5	5	소만	6	6	6	7	7	7	8	8	8	9
	운여	1	1	1	1	하	10	10	9	9	9	8	8	8	7	7	7	6	6	6	5	만	5	4	4	4	3	3	3	2	2	2

망종 5일 17시 12분 【음5월】→　**음 5** 【戊午月(무오월)】　하지 21일 10시 00분

양력 **6**	양력	1	2	3	4	5	6	7	8	9	10	11	12	13	14	15	16	17	18	19	20	21	22	23	24	25	26	27	28	29	30
	요일	수	목	금	토	일	월	화	수	목	금	토	일	월	화	수	목	금	토	일	월	화	수	목	금	토	일	월	화	수	목
	일진 日辰	癸未	甲申	乙酉	丙戌	丁亥	戊子	己丑	庚寅	辛卯	壬辰	癸巳	甲午	乙未	丙申	丁酉	戊戌	己亥	庚子	辛丑	壬寅	癸卯	甲辰	乙巳	丙午	丁未	戊申	己酉	庚戌	辛亥	壬子
음력 05/05 06/04	음력	5	6	7	8	9	10	11	12	13	14	15	16	17	18	19	20	21	22	23	24	25	26	27	28	29	30	6/1	2	3	4
	대남	9	9	10	10	망종	1	1	1	1	2	2	2	3	3	3	4	4	4	5	5	하지	6	6	6	7	7	7	8	8	8
	운여	1	1	1	1	종	10	10	10	9	9	9	8	8	8	7	7	7	6	6	6	지	5	5	5	4	4	4	3	3	2

한식(4월05일), 초복(7월18일), 중복(7월28일), 말복(8월07일) ♠춘사(春社)3/18 ☀추사(秋社)9/24
토왕지절(土旺之節):4월17일,7월19일,10월20일,1월17일(음11/27)
臘享(납향):2034년1월27일(음12/08)

2033

癸丑年

소서 7일 03시 24분 【음6월】→ 음6 【己未月(기미월)】 대서 22일 20시 51분

양력 7																															
양력	1	2	3	4	5	6	7	8	9	10	11	12	13	14	15	16	17	18	19	20	21	22	23	24	25	26	27	28	29	30	31
요일	금	토	일	월	화	수	목	금	토	일	월	화	수	목	금	토	일	월	화	수	목	금	토	일	월	화	수	목	금	토	일
일진 日辰	癸丑	甲寅	乙卯	丙辰	丁巳	戊午	己未	庚申	辛酉	壬戌	癸亥	甲子	乙丑	丙寅	丁卯	戊辰	己巳	庚午	辛未	壬申	癸酉	甲戌	乙亥	丙子	丁丑	戊寅	己卯	庚辰	辛巳	壬午	癸未
음력 06/05 07/06	5	6	7	8	9	10	11	12	13	14	15	16	17	18	19	20	21	22	23	24	25	26	27	28	29	7/1	2	3	4	5	6

입추 7일 13시 14분 【음7월】→ 음7 【庚申月(경신월)】 처서 23일 04시 01분 윤7

양력 8																															
양력	1	2	3	4	5	6	7	8	9	10	11	12	13	14	15	16	17	18	19	20	21	22	23	24	25	26	27	28	29	30	31
요일	월	화	수	목	금	토	일	월	화	수	목	금	토	일	월	화	수	목	금	토	일	월	화	수	목	금	토	일	월	화	수
일진 日辰	甲申	乙酉	丙戌	丁亥	戊子	己丑	庚寅	辛卯	壬辰	癸巳	甲午	乙未	丙申	丁酉	戊戌	己亥	庚子	辛丑	壬寅	癸卯	甲辰	乙巳	丙午	丁未	戊申	己酉	庚戌	辛亥	壬子	癸丑	甲寅
음력 07/07 윤707	7	8	9	10	11	12	13	14	15	16	17	18	19	20	21	22	23	24	25	26	27	28	29	30	윤7	2	3	4	5	6	7

백로7일 16시 19분 【음8월】→ 음8 【辛酉月(신유월)】 추분 23일 01시 50분

양력 9																													
양력	1	2	3	4	5	6	7	8	9	10	11	12	13	14	15	16	17	18	19	20	21	22	23	24	25	26	27	28	29	30
요일	목	금	토	일	월	화	수	목	금	토	일	월	화	수	목	금	토	일	월	화	수	목	금	토	일	월	화	수	목	금
일진 日辰	乙卯	丙辰	丁巳	戊午	己未	庚申	辛酉	壬戌	癸亥	甲子	乙丑	丙寅	丁卯	戊辰	己巳	庚午	辛未	壬申	癸酉	甲戌	乙亥	丙子	丁丑	戊寅	己卯	庚辰	辛巳	壬午	癸未	甲申
음력 윤708 08/08	8	9	10	11	12	13	14	15	16	17	18	19	20	21	22	23	24	25	26	27	28	29	8/1	2	3	4	5	6	7	8

한로 8일 08시 13분 【음9월】→ 음9 【壬戌月(임술월)】 상강 23일 11시 26분

양력 10																															
양력	1	2	3	4	5	6	7	8	9	10	11	12	13	14	15	16	17	18	19	20	21	22	23	24	25	26	27	28	29	30	31
요일	토	일	월	화	수	목	금	토	일	월	화	수	목	금	토	일	월	화	수	목	금	토	일	월	화	수	목	금	토	일	월
일진 日辰	乙酉	丙戌	丁亥	戊子	己丑	庚寅	辛卯	壬辰	癸巳	甲午	乙未	丙申	丁酉	戊戌	己亥	庚子	辛丑	壬寅	癸卯	甲辰	乙巳	丙午	丁未	戊申	己酉	庚戌	辛亥	壬子	癸丑	甲寅	乙卯
음력 11/01 12/01	9	10	11	12	13	14	15	16	17	18	19	20	21	22	23	24	25	26	27	28	29	30	9/1	2	3	4	5	6	7	8	9

입동 7일 11시 40분 【음10월】→ 음10 【癸亥月(계해월)】 소설 22일 09시 15분

양력 11																														
양력	1	2	3	4	5	6	7	8	9	10	11	12	13	14	15	16	17	18	19	20	21	22	23	24	25	26	27	28	29	30
요일	화	수	목	금	토	일	월	화	수	목	금	토	일	월	화	수	목	금	토	일	월	화	수	목	금	토	일	월	화	수
일진 日辰	丙辰	丁巳	戊午	己未	庚申	辛酉	壬戌	癸亥	甲子	乙丑	丙寅	丁卯	戊辰	己巳	庚午	辛未	壬申	癸酉	甲戌	乙亥	丙子	丁丑	戊寅	己卯	庚辰	辛巳	壬午	癸未	甲申	乙酉
음력 11/01 12/01	10	11	12	13	14	15	16	17	18	19	20	21	22	23	24	25	26	27	28	29	30	10/1	2	3	4	5	6	7	8	9

대설 7일 04시 44분 【음11월】→ 음11 【甲子月(갑자월)】 동지 21일 22시 45분

양력 12																															
양력	1	2	3	4	5	6	7	8	9	10	11	12	13	14	15	16	17	18	19	20	21	22	23	24	25	26	27	28	29	30	31
요일	목	금	토	일	월	화	수	목	금	토	일	월	화	수	목	금	토	일	월	화	수	목	금	토	일	월	화	수	목	금	토
일진 日辰	丙戌	丁亥	戊子	己丑	庚寅	辛卯	壬辰	癸巳	甲午	乙未	丙申	丁酉	戊戌	己亥	庚子	辛丑	壬寅	癸卯	甲辰	乙巳	丙午	丁未	戊申	己酉	庚戌	辛亥	壬子	癸丑	甲寅	乙卯	丙辰
음력 11/01 12/01	10	11	12	13	14	15	16	17	18	19	20	21	22	23	24	25	26	27	28	29	30	11/1	2	3	4	5	6	7	8	9	10

2034년

甲寅(갑인)년 　 납음(大溪水),본명성(二黑土)

대장군(子북방), 삼살(북방), 상문(辰동남방),조객(子북방), 납음(대계수),
【삼재(신,유,술)년】 臘享(납향):2035년1월22일(음12/13)

소한 5일 16시 03분 【음12월】 → 　**음12**【乙丑月(을축월)】　◑ 　대한 20일 09시 26분

양력 1	양력	1	2	3	4	5	6	7	8	9	10	11	12	13	14	15	16	17	18	19	20	21	22	23	24	25	26	27	28	29	30	31
	요일	일	월	화	수	목	금	토	일	월	화	수	목	금	토	일	월	화	수	목	금	토	일	월	화	수	목	금	토	일	월	화
	일진 日辰	戊辰	己巳	庚午	辛未	壬申	癸酉	甲戌	乙亥	丙子	丁丑	戊寅	己卯	庚辰	辛巳	壬午	癸未	甲申	乙酉	丙戌	丁亥	戊子	己丑	庚寅	辛卯	壬辰	癸巳	甲午	乙未	丙申	丁酉	戊戌
음력 11/11 12/12	음력	11	12	13	14	15	16	17	18	19	20	21	22	23	24	25	26	27	28	29	12/1	2	3	4	5	6	7	8	9	10	11	12
	대남	8	9	9	9	소한	1	1	1	1	2	2	2	3	3	3	4	4	4	5	대한	5	6	6	6	7	7	7	8	8	8	9
	운여	1	1	1	1		10	9	9	9	8	8	8	7	7	7	6	6	6	5		5	4	4	4	3	3	3	2	2	2	1

입춘 4일 03시 40분 【음1월】 → 　**음1**【丙寅月(병인월)】　◐ 　우수 18일 23시 29분

양력 2	양력	1	2	3	4	5	6	7	8	9	10	11	12	13	14	15	16	17	18	19	20	21	22	23	24	25	26	27	28
	요일	수	목	금	토	일	월	화	수	목	금	토	일	월	화	수	목	금	토	일	월	화	수	목	금	토	일	월	화
	일진 日辰	戊子	己丑	庚寅	辛卯	壬辰	癸巳	甲午	乙未	丙申	丁酉	戊戌	己亥	庚子	辛丑	壬寅	癸卯	甲辰	乙巳	丙午	丁未	戊申	己酉	庚戌	辛亥	壬子	癸丑	甲寅	乙卯
음력 12/13 01/10	음력	13	14	15	16	17	18	19	20	21	22	23	24	25	26	27	28	29	30	1/1	2	3	4	5	6	7	8	9	10
	대남	9	9	9	입춘	9	9	9	8	8	8	7	7	7	6	6	6	5	우수	5	4	4	4	3	3	3	2	2	2
	운여	1	1	1		1	1	1	2	2	2	3	3	3	4	4	4	5		5	6	6	6	7	7	7	8	8	8

甲寅年

경칩 5일 21시 31분 【음2월】 → 　**음2**【丁卯月(정묘월)】　◑ 　춘분 20일 22시 16분

양력 3	양력	1	2	3	4	5	6	7	8	9	10	11	12	13	14	15	16	17	18	19	20	21	22	23	24	25	26	27	28	29	30	31
	요일	수	목	금	토	일	월	화	수	목	금	토	일	월	화	수	목	금	토	일	월	화	수	목	금	토	일	월	화	수	목	금
	일진 日辰	丙辰	丁巳	戊午	己未	庚申	辛酉	壬戌	癸亥	甲子	乙丑	丙寅	丁卯	戊辰	己巳	庚午	辛未	壬申	癸酉	甲戌	乙亥	丙子	丁丑	戊寅	己卯	庚辰	辛巳	壬午	癸未	甲申	乙酉	丙戌
음력 01/11 02/12	음력	11	12	13	14	15	16	17	18	19	20	21	22	23	24	25	26	27	28	29	2/1	2	3	4	5	6	7	8	9	10	11	12
	대남	1	1	1	1	경칩	10	10	9	9	9	8	8	8	7	7	7	6	6	6	춘분	5	5	4	4	4	3	3	3	2	2	2
	운여	8	9	9	9		1	1	1	1	2	2	2	3	3	3	4	4	4	5		5	6	6	6	7	7	7	8	8	8	8

청명 5일 02시 05분 【음3월】 → 　**음3**【戊辰月(무진월)】　◑ 　곡우 20일 09시 02분

양력 4	양력	1	2	3	4	5	6	7	8	9	10	11	12	13	14	15	16	17	18	19	20	21	22	23	24	25	26	27	28	29	30
	요일	토	일	월	화	수	목	금	토	일	월	화	수	목	금	토	일	월	화	수	목	금	토	일	월	화	수	목	금	토	일
	일진 日辰	丁亥	戊子	己丑	庚寅	辛卯	壬辰	癸巳	甲午	乙未	丙申	丁酉	戊戌	己亥	庚子	辛丑	壬寅	癸卯	甲辰	乙巳	丙午	丁未	戊申	己酉	庚戌	辛亥	壬子	癸丑	甲寅	乙卯	丙辰
음력 02/13 03/12	음력	13	14	15	16	17	18	19	20	21	22	23	24	25	26	27	28	29	30	3/1	2	3	4	5	6	7	8	9	10	11	12
	대남	1	1	1	1	청명	10	9	9	9	8	8	8	7	7	7	6	6	6	5	곡우	5	4	4	4	3	3	3	2	2	2
	운여	9	9	10	10		1	1	1	1	2	2	2	3	3	3	4	4	4	5		5	6	6	6	7	7	7	8	8	8

입하 5일 19시 08분 【음4월】 → 　**음4**【己巳月(기사월)】　◑ 　소만 21일 07시 56분

양력 5	양력	1	2	3	4	5	6	7	8	9	10	11	12	13	14	15	16	17	18	19	20	21	22	23	24	25	26	27	28	29	30	31
	요일	월	화	수	목	금	토	일	월	화	수	목	금	토	일	월	화	수	목	금	토	일	월	화	수	목	금	토	일	월	화	수
	일진 日辰	丁巳	戊午	己未	庚申	辛酉	壬戌	癸亥	甲子	乙丑	丙寅	丁卯	戊辰	己巳	庚午	辛未	壬申	癸酉	甲戌	乙亥	丙子	丁丑	戊寅	己卯	庚辰	辛巳	壬午	癸未	甲申	乙酉	丙戌	丁亥
음력 03/13 04/14	음력	13	14	15	16	17	18	19	20	21	22	23	24	25	26	27	28	29	4/1	2	3	4	5	6	7	8	9	10	11	12	13	14
	대남	1	1	1	1	입하	10	10	9	9	9	8	8	8	7	7	7	6	6	6	5	소만	5	4	4	4	3	3	3	2	2	2
	운여	9	9	9	10		1	1	1	1	2	2	2	3	3	3	4	4	4	5	5		6	6	6	7	7	7	8	8	8	9

망종 5일 23시 05분 【음5월】 → 　**음5**【庚午月(경오월)】　◐ 　하지 21일 15시 43분

양력 6	양력	1	2	3	4	5	6	7	8	9	10	11	12	13	14	15	16	17	18	19	20	21	22	23	24	25	26	27	28	29	30
	요일	목	금	토	일	월	화	수	목	금	토	일	월	화	수	목	금	토	일	월	화	수	목	금	토	일	월	화	수	목	금
	일진 日辰	戊子	己丑	庚寅	辛卯	壬辰	癸巳	甲午	乙未	丙申	丁酉	戊戌	己亥	庚子	辛丑	壬寅	癸卯	甲辰	乙巳	丙午	丁未	戊申	己酉	庚戌	辛亥	壬子	癸丑	甲寅	乙卯	丙辰	丁巳
음력 04/15 05/15	음력	15	16	17	18	19	20	21	22	23	24	25	26	27	28	29	5/1	2	3	4	5	6	7	8	9	10	11	12	13	14	15
	대남	1	1	1	1	망종	10	10	10	9	9	9	8	8	8	7	7	7	6	6	6	하지	5	5	5	4	4	4	3	3	3
	운여	9	9	10	10		1	1	1	1	2	2	2	3	3	3	4	4	4	5	5		6	6	6	7	7	7	8	8	8

한식(4월05일), 초복(7월13일), 중복(7월23일), 말복(8월12일) ☗춘사(春社)3/22
☀추사(秋社)9/19 토왕지절(土旺之節):4월17일,7월19일,10월20일,1월17일(음12/08)
臘享(납향):2035년1월22일(음12/13)

소서 7일 09시 16분 【음6월】 → 🌑 음 6 【辛未月(신미월)】 ◐ 대서 23일 02시 35분

양력 7	1	2	3	4	5	6	7	8	9	10	11	12	13	14	15	16	17	18	19	20	21	22	23	24	25	26	27	28	29	30	31
요일	토	일	월	화	수	목	금	토	일	월	화	수	목	금	토	일	월	화	수	목	금	토	일	월	화	수	목	금	토	일	월
일진 日辰	戊午	己未	庚申	辛酉	壬戌	癸亥	甲子	乙丑	丙寅	丁卯	戊辰	己巳	庚午	辛未	壬申	癸酉	甲戌	乙亥	丙子	丁丑	戊寅	己卯	庚辰	辛巳	壬午	癸未	甲申	乙酉	丙戌	丁亥	戊子
음력 05/16 06/16	16	17	18	19	20	21	22	소서	23	24	25	26	27	28	29	30	6/1	2	3	4	5	6	7	대서	9	10	11	12	13	14	15	16
대남	2	1	1	1	1	10	10	소	10	9	9	9	8	8	8	7	7	7	6	6	6	5	5	대	5	4	4	4	3	3	3
운여	9	9	9	10	10	10	서	1	1	1	1	2	2	2	3	3	3	4	4	4	5	5	서	6	6	6	7	7	7	8

입추 7일 19시 08분 【음7월】 → 🌑 음 7 【壬申月(임신월)】 ◐ 처서 23일 09시 46분

양력 8	1	2	3	4	5	6	7	8	9	10	11	12	13	14	15	16	17	18	19	20	21	22	23	24	25	26	27	28	29	30	31
요일	화	수	목	금	토	일	월	화	수	목	금	토	일	월	화	수	목	금	토	일	월	화	수	목	금	토	일	월	화	수	목
일진 日辰	己丑	庚寅	辛卯	壬辰	癸巳	甲午	乙未	丙申	丁酉	戊戌	己亥	庚子	辛丑	壬寅	癸卯	甲辰	乙巳	丙午	丁未	戊申	己酉	庚戌	辛亥	壬子	癸丑	甲寅	乙卯	丙辰	丁巳	戊午	己未
음력 06/17 07/17	17	18	19	20	21	22	입추	24	25	26	27	28	29	7/1	2	3	4	5	6	7	8	9	처서	11	12	13	14	15	16	17	18
대남	2	2	1	1	1	1	입	10	10	9	9	9	8	8	8	7	7	7	6	6	6	5	처	5	4	4	4	3	3	3	2
운여	8	9	9	9	10	10	추	1	1	1	1	2	2	2	3	3	3	4	4	4	5	5	서	6	6	6	7	7	7	8	8

백로 7일 22시 13분 【음8월】 → 🌑 음 8 【癸酉月(계유월)】 ◐ 추분 23일 07시 38분

양력 9	1	2	3	4	5	6	7	8	9	10	11	12	13	14	15	16	17	18	19	20	21	22	23	24	25	26	27	28	29	30
요일	금	토	일	월	화	수	목	금	토	일	월	화	수	목	금	토	일	월	화	수	목	금	토	일	월	화	수	목	금	토
일진 日辰	庚申	辛酉	壬戌	癸亥	甲子	乙丑	丙寅	丁卯	戊辰	己巳	庚午	辛未	壬申	癸酉	甲戌	乙亥	丙子	丁丑	戊寅	己卯	庚辰	辛巳	壬午	癸未	甲申	乙酉	丙戌	丁亥	戊子	己丑
음력 07/19 08/18	19	20	21	22	23	24	25	26	27	28	29	30	8/1	2	3	4	5	6	7	8	9	10	추분	12	13	14	15	16	17	18
대남	2	2	1	1	1	1	백로	10	10	9	9	9	8	8	8	7	7	7	6	6	6	5	추	5	4	4	4	3	3	3
운여	8	8	9	9	9	10	로	1	1	1	1	2	2	2	3	3	3	4	4	4	5	5	분	6	6	6	7	7	7	8

한로 8일 14시 06분 【음9월】 → 🌑 음 9 【甲戌月(갑술월)】 ◐ 상강 23일 17시 15분

양력 10	1	2	3	4	5	6	7	8	9	10	11	12	13	14	15	16	17	18	19	20	21	22	23	24	25	26	27	28	29	30	31
요일	일	월	화	수	목	금	토	일	월	화	수	목	금	토	일	월	화	수	목	금	토	일	월	화	수	목	금	토	일	월	화
일진 日辰	庚寅	辛卯	壬辰	癸巳	甲午	乙未	丙申	丁酉	戊戌	己亥	庚子	辛丑	壬寅	癸卯	甲辰	乙巳	丙午	丁未	戊申	己酉	庚戌	辛亥	壬子	癸丑	甲寅	乙卯	丙辰	丁巳	戊午	己未	庚申
음력 11/01 12/01	19	20	21	22	23	24	25	26	27	28	29	9/1	2	3	4	5	6	7	8	9	10	11	12	13	14	15	16	17	18	19	20
대남	2	2	1	1	1	1	한로	10	9	9	9	8	8	8	7	7	7	6	6	6	5	상	5	4	4	4	3	3	3	2	2
운여	8	8	8	9	9	9	로	1	1	1	1	2	2	2	3	3	3	4	4	4	5	강	5	6	6	6	7	7	7	8	8

입동 7일 17시 32분 【음10월】 → 🌑 음10 【乙亥月(을해월)】 ◐ 소설 22일 15시 04분

양력 11	1	2	3	4	5	6	7	8	9	10	11	12	13	14	15	16	17	18	19	20	21	22	23	24	25	26	27	28	29	30
요일	수	목	금	토	일	월	화	수	목	금	토	일	월	화	수	목	금	토	일	월	화	수	목	금	토	일	월	화	수	목
일진 日辰	辛酉	壬戌	癸亥	甲子	乙丑	丙寅	丁卯	戊辰	己巳	庚午	辛未	壬申	癸酉	甲戌	乙亥	丙子	丁丑	戊寅	己卯	庚辰	辛巳	壬午	癸未	甲申	乙酉	丙戌	丁亥	戊子	己丑	庚寅
음력 11/01 12/01	21	22	23	24	25	26	27	28	29	30	10/1	2	3	4	5	6	7	8	9	10	11	12	13	14	15	16	17	18	19	20
대남	2	2	1	1	1	1	입	10	9	9	9	8	8	8	7	7	7	6	6	6	5	소	5	4	4	4	3	3	3	2
운여	8	8	9	9	9	10	동	1	1	1	1	2	2	2	3	3	3	4	4	4	5	설	5	6	6	6	7	7	7	8

대설 7일 10시 35분 【음11월】 → 🌑 음 11 【丙子月(병자월)】 ◐ 동지 22일 04시 33분

양력 12	1	2	3	4	5	6	7	8	9	10	11	12	13	14	15	16	17	18	19	20	21	22	23	24	25	26	27	28	29	30	31
요일	금	토	일	월	화	수	목	금	토	일	월	화	수	목	금	토	일	월	화	수	목	금	토	일	월	화	수	목	금	토	일
일진 日辰	辛卯	壬辰	癸巳	甲午	乙未	丙申	丁酉	戊戌	己亥	庚子	辛丑	壬寅	癸卯	甲辰	乙巳	丙午	丁未	戊申	己酉	庚戌	辛亥	壬子	癸丑	甲寅	乙卯	丙辰	丁巳	戊午	己未	庚申	辛酉
음력 11/01 12/01	21	22	23	24	25	26	27	28	29	30	11/1	2	3	4	5	6	7	8	9	10	11	12	13	14	15	16	17	18	19	20	21
대남	2	2	1	1	1	1	대	9	9	9	8	8	8	7	7	7	6	6	6	5	동	5	4	4	4	3	3	3	2	2	2
운여	8	8	9	9	9	10	설	1	1	1	1	2	2	2	3	3	3	4	4	4	지	5	5	6	6	6	7	7	7	8	8

2034

甲寅年

乙卯(을묘)년 납음(大溪水),본명성(一白水)

대장군(子북방). 삼살(酉서방),상문(巳동남방),조객(丑동북방)

납음(대계수), 【삼재(사,오,미)년】 臘享(납향):2036년1월17일(음12/20)

소한 5일 21시 54분 【음12월】 → 음12 【丁丑月(정축월)】 대한 20일 15시 13분

양력 1 (음력 11/22~12/22)

양력	1	2	3	4	5	6	7	8	9	10	11	12	13	14	15	16	17	18	19	20	21	22	23	24	25	26	27	28	29	30	31
요일	월	화	수	목	금	토	일	월	화	수	목	금	토	일	월	화	수	목	금	토	일	월	화	수	목	금	토	일	월	화	수
일진	壬	癸	甲	乙	丙	丁	戊	己	庚	辛	壬	癸	甲	乙	丙	丁	戊	己	庚	辛	壬	癸	甲	乙	丙	丁	戊	己	庚	辛	壬
日辰	戌	亥	子	丑	寅	卯	辰	巳	午	未	申	酉	戌	亥	子	丑	寅	卯	辰	巳	午	未	申	酉	戌	亥	子	丑	寅	卯	辰
음력	22	23	24	25	26	27	28	29	30	12/1	2	3	4	5	6	7	8	9	10	11	12	13	14	15	16	17	18	19	20	21	22
대남	1	1	1	1	소한	10	9	9	9	8	8	8	7	7	7	6	6	6	대한	5	5	5	4	4	4	3	3	3	2	2	2
운여	8	9	9	9	한	1	1	1	2	2	2	3	3	3	4	4	4	5	한	5	6	6	6	7	7	7	8	8	8	9	9

입춘 4일 09시 30분 【음1월】 → 음1 【戊寅月(무인월)】 우수 19일 05시 15분

양력 2 (음력 12/23~01/21) — 乙卯年

양력	1	2	3	4	5	6	7	8	9	10	11	12	13	14	15	16	17	18	19	20	21	22	23	24	25	26	27	28
요일	목	금	토	일	월	화	수	목	금	토	일	월	화	수	목	금	토	일	월	화	수	목	금	토	일	월	화	수
일진	癸	甲	乙	丙	丁	戊	己	庚	辛	壬	癸	甲	乙	丙	丁	戊	己	庚	辛	壬	癸	甲	乙	丙	丁	戊	己	庚
日辰	巳	午	未	申	酉	戌	亥	子	丑	寅	卯	辰	巳	午	未	申	酉	戌	亥	子	丑	寅	卯	辰	巳	午	未	申
음력	23	24	25	26	27	28	29	1/1	2	3	4	5	6	7	8	9	10	11	12	13	14	15	16	17	18	19	20	21
대남	1	1	1	입춘	1	1	1	1	2	2	2	3	3	3	4	4	4	5	우수	5	6	6	6	7	7	7	8	8
운여	9	9	10	춘	10	9	9	9	8	8	8	7	7	7	6	6	6	5	우	5	5	4	4	4	3	3	3	2

경칩 6일 03시 20분 【음2월】 → 음2 【己卯月(기묘월)】 춘분 21일 04시 01분

양력 3 (음력 01/22~02/22)

양력	1	2	3	4	5	6	7	8	9	10	11	12	13	14	15	16	17	18	19	20	21	22	23	24	25	26	27	28	29	30	31
요일	목	금	토	일	월	화	수	목	금	토	일	월	화	수	목	금	토	일	월	화	수	목	금	토	일	월	화	수	목	금	토
일진	辛	壬	癸	甲	乙	丙	丁	戊	己	庚	辛	壬	癸	甲	乙	丙	丁	戊	己	庚	辛	壬	癸	甲	乙	丙	丁	戊	己	庚	辛
日辰	酉	戌	亥	子	丑	寅	卯	辰	巳	午	未	申	酉	戌	亥	子	丑	寅	卯	辰	巳	午	未	申	酉	戌	亥	子	丑	寅
음력	22	23	24	25	26	27	28	29	30	2/1	2	3	4	5	6	7	8	9	10	11	12	13	14	15	16	17	18	19	20	21	22
대남	8	9	9	9	10	경칩	1	1	1	1	2	2	2	3	3	3	4	4	4	5	춘분	5	6	6	6	7	7	7	8	8	8
운여	2	1	1	1	1	칩	10	9	9	9	8	8	8	7	7	7	6	6	6	5	분	5	5	4	4	4	3	3	3	2	2

청명 5일 07시 52분 【음3월】 → 음3 【庚辰月(경진월)】 곡우 20일 14시 18분

양력 4 (음력 02/23~03/23)

양력	1	2	3	4	5	6	7	8	9	10	11	12	13	14	15	16	17	18	19	20	21	22	23	24	25	26	27	28	29	30
요일	일	월	화	수	목	금	토	일	월	화	수	목	금	토	일	월	화	수	목	금	토	일	월	화	수	목	금	토	일	월
일진	壬	癸	甲	乙	丙	丁	戊	己	庚	辛	壬	癸	甲	乙	丙	丁	戊	己	庚	辛	壬	癸	甲	乙	丙	丁	戊	己	庚	辛
日辰	辰	巳	午	未	申	酉	戌	亥	子	丑	寅	卯	辰	巳	午	未	申	酉	戌	亥	子	丑	寅	卯	辰	巳	午	未	申	酉
음력	23	24	25	26	27	28	29	3/1	2	3	4	5	6	7	8	9	10	11	12	13	14	15	16	17	18	19	20	21	22	23
대남	9	9	9	10	청명	1	1	1	1	2	2	2	3	3	3	4	4	4	5	곡우	5	6	6	6	7	7	7	8	8	8
운여	1	1	1	1	명	10	10	9	9	9	8	8	8	7	7	7	6	6	6	우	5	5	5	4	4	4	3	3	3	2

입하 6일 00시 54분 【음4월】 → 음4 【辛巳月(신사월)】 소만 21일 13시 42분

양력 5 (음력 03/24~04/24)

양력	1	2	3	4	5	6	7	8	9	10	11	12	13	14	15	16	17	18	19	20	21	22	23	24	25	26	27	28	29	30	31
요일	화	수	목	금	토	일	월	화	수	목	금	토	일	월	화	수	목	금	토	일	월	화	수	목	금	토	일	월	화	수	목
일진	壬	癸	甲	乙	丙	丁	戊	己	庚	辛	壬	癸	甲	乙	丙	丁	戊	己	庚	辛	壬	癸	甲	乙	丙	丁	戊	己	庚	辛	壬
日辰	戌	亥	子	丑	寅	卯	辰	巳	午	未	申	酉	戌	亥	子	丑	寅	卯	辰	巳	午	未	申	酉	戌	亥	子	丑	寅	卯	辰
음력	24	25	26	27	28	29	30	4/1	2	3	4	5	6	7	8	9	10	11	12	13	14	15	16	17	18	19	20	21	22	23	24
대남	9	9	9	10	10	입하	1	1	1	1	2	2	2	3	3	3	4	4	4	5	소만	5	6	6	6	7	7	7	8	8	8
운여	2	1	1	1	1	하	10	10	9	9	9	8	8	8	7	7	7	6	6	6	만	5	5	5	4	4	4	3	3	3	2

망종 6일 04시 49분 【음5월】 → 음5 【壬午月(임오월)】 하지 21일 21시 32분

양력 6 (음력 04/25~05/25)

양력	1	2	3	4	5	6	7	8	9	10	11	12	13	14	15	16	17	18	19	20	21	22	23	24	25	26	27	28	29	30
요일	금	토	일	월	화	수	목	금	토	일	월	화	수	목	금	토	일	월	화	수	목	금	토	일	월	화	수	목	금	토
일진	癸	甲	乙	丙	丁	戊	己	庚	辛	壬	癸	甲	乙	丙	丁	戊	己	庚	辛	壬	癸	甲	乙	丙	丁	戊	己	庚	辛	壬
日辰	巳	午	未	申	酉	戌	亥	子	丑	寅	卯	辰	巳	午	未	申	酉	戌	亥	子	丑	寅	卯	辰	巳	午	未	申	酉	戌
음력	25	26	27	28	29	5/1	2	3	4	5	6	7	8	9	10	11	12	13	14	15	16	17	18	19	20	21	22	23	24	25
대남	9	9	9	10	10	망종	1	1	1	1	2	2	2	3	3	3	4	4	4	5	하지	5	6	6	6	7	7	7	8	8
운여	2	1	1	1	1	종	10	10	9	9	9	8	8	8	7	7	7	6	6	6	지	5	5	5	4	4	4	3	3	3

한식(4월06일), 초복(7월18일), 중복(7월28일), 말복(8월17일) ↑춘사(春社)3/18
☀추사(秋社)9/24 토왕지절(土旺之節):4월17일,7월20일,10월20일,1월17일(음12/20)
臘享(납향):2036년1월17일(음12/20)

2035
乙卯年

소서 7일 15시 00분　　【음6월】→　음 6 【癸未月(계미월)】　　대서 23일 08시 27분

양력 7	양력	1	2	3	4	5	6	7	8	9	10	11	12	13	14	15	16	17	18	19	20	21	22	23	24	25	26	27	28	29	30	31
	요일	일	월	화	수	목	금	토	일	월	화	수	목	금	토	일	월	화	수	목	금	토	일	월	화	수	목	금	토	일	월	화
	일진 日辰	癸亥	甲子	乙丑	丙寅	丁卯	戊辰	己巳	庚午	辛未	壬申	癸酉	甲戌	乙亥	丙子	丁丑	戊寅	己卯	庚辰	辛巳	壬午	癸未	甲申	乙酉	丙戌	丁亥	戊子	己丑	庚寅	辛卯	壬辰	癸巳
음력 05/26 06/27	음력	26	27	28	29	6/1	2	3	4	5	6	7	8	9	10	11	12	13	14	15	16	17	18	19	20	21	22	23	24	25	26	27
	대남	8	8	9	9	9	10	소서	1	1	1	1	2	2	2	3	3	3	4	4	4	5	5	대서	6	6	6	7	7	7	8	8
	운여	2	2	1	1	1	1	10	10	10	9	9	9	8	8	8	7	7	7	6	6	6	5	5	5	4	4	4	3	3	3	3

입추 8일 00시 53분　　【음7월】→　음 7 【甲申月(갑신월)】　　처서 23일 15시 43분

양력 8	양력	1	2	3	4	5	6	7	8	9	10	11	12	13	14	15	16	17	18	19	20	21	22	23	24	25	26	27	28	29	30	31
	요일	수	목	금	토	일	월	화	수	목	금	토	일	월	화	수	목	금	토	일	월	화	수	목	금	토	일	월	화	수	목	금
	일진 日辰	甲午	乙未	丙申	丁酉	戊戌	己亥	庚子	辛丑	壬寅	癸卯	甲辰	乙巳	丙午	丁未	戊申	己酉	庚戌	辛亥	壬子	癸丑	甲寅	乙卯	丙辰	丁巳	戊午	己未	庚申	辛酉	壬戌	癸亥	甲子
음력 06/28 07/28	음력	28	29	30	7/1	2	3	4	5	6	7	8	9	10	11	12	13	14	15	16	17	18	19	20	21	22	23	24	25	26	27	28
	대남	8	8	9	9	9	10	입추	1	1	1	1	2	2	2	3	3	3	4	4	4	5	5	처서	6	6	6	7	7	7	8	8
	운여	2	2	1	1	1	1	추	10	10	10	9	9	9	8	8	8	7	7	7	6	6	6	서	5	5	5	4	4	4	3	3

백로 8일 04시 01분　　【음8월】→　음 8 【乙酉月(을유월)】　　추분 23일 13시 38분

양력 9	양력	1	2	3	4	5	6	7	8	9	10	11	12	13	14	15	16	17	18	19	20	21	22	23	24	25	26	27	28	29	30	
	요일	토	일	월	화	수	목	금	토	일	월	화	수	목	금	토	일	월	화	수	목	금	토	일	월	화	수	목	금	토	일	
	일진 日辰	乙丑	丙寅	丁卯	戊辰	己巳	庚午	辛未	壬申	癸酉	甲戌	乙亥	丙子	丁丑	戊寅	己卯	庚辰	辛巳	壬午	癸未	甲申	乙酉	丙戌	丁亥	戊子	己丑	庚寅	辛卯	壬辰	癸巳	甲午	
음력 07/29 08/29	음력	29	8/1	2	3	4	5	6	7	8	9	10	11	12	13	14	15	16	17	18	19	20	21	22	23	24	25	26	27	28	29	
	대남	8	8	8	9	9	9	10	백로	1	1	1	1	2	2	2	3	3	3	4	4	4	5	추분	5	6	6	6	7	7	7	
	운여	2	2	2	1	1	1	1	로	10	9	9	9	8	8	8	7	7	7	6	6	6	5	분	5	5	4	4	4	3	3	

한로 8일 19시 56분　　【음9월】→　음 9 【丙戌月(병술월)】　　상강 23일 23시 15분

양력 10	양력	1	2	3	4	5	6	7	8	9	10	11	12	13	14	15	16	17	18	19	20	21	22	23	24	25	26	27	28	29	30	31
	요일	월	화	수	목	금	토	일	월	화	수	목	금	토	일	월	화	수	목	금	토	일	월	화	수	목	금	토	일	월	화	수
	일진 日辰	乙未	丙申	丁酉	戊戌	己亥	庚子	辛丑	壬寅	癸卯	甲辰	乙巳	丙午	丁未	戊申	己酉	庚戌	辛亥	壬子	癸丑	甲寅	乙卯	丙辰	丁巳	戊午	己未	庚申	辛酉	壬戌	癸亥	甲子	乙丑
음력 11/01 12/01	음력	9/1	2	3	4	5	6	7	8	9	10	11	12	13	14	15	16	17	18	19	20	21	22	23	24	25	26	27	28	29	30	10/1
	대남	8	8	8	9	9	9	10	한로	1	1	1	1	2	2	2	3	3	3	4	4	4	5	상강	5	6	6	6	7	7	7	8
	운여	2	2	2	1	1	1	1	로	10	9	9	9	8	8	8	7	7	7	6	6	6	5	강	5	5	4	4	4	3	3	2

입동 7일 23시 22분　　【음10월】→　음10 【丁亥月(정해월)】　　소설 22일 21시 02분

양력 11	양력	1	2	3	4	5	6	7	8	9	10	11	12	13	14	15	16	17	18	19	20	21	22	23	24	25	26	27	28	29	30	
	요일	목	금	토	일	월	화	수	목	금	토	일	월	화	수	목	금	토	일	월	화	수	목	금	토	일	월	화	수	목	금	
	일진 日辰	丙寅	丁卯	戊辰	己巳	庚午	辛未	壬申	癸酉	甲戌	乙亥	丙子	丁丑	戊寅	己卯	庚辰	辛巳	壬午	癸未	甲申	乙酉	丙戌	丁亥	戊子	己丑	庚寅	辛卯	壬辰	癸巳	甲午	乙未	
음력 11/01 12/01	음력	2	3	4	5	6	7	8	9	10	11	12	13	14	15	16	17	18	19	20	21	22	23	24	25	26	27	28	29	30	11/1	
	대남	8	8	9	9	9	10	입동	1	1	1	1	2	2	2	3	3	3	4	4	4	5	소설	5	6	6	6	7	7	7	8	
	운여	2	2	1	1	1	1	동	10	9	9	9	8	8	8	7	7	7	6	6	6	5	설	5	5	4	4	4	3	3	2	

대설 7일 16시 24분　　【음11월】→　음 11 【戊子月(무자월)】　　동지 22일 10시 30분

양력 12	양력	1	2	3	4	5	6	7	8	9	10	11	12	13	14	15	16	17	18	19	20	21	22	23	24	25	26	27	28	29	30	31
	요일	토	일	월	화	수	목	금	토	일	월	화	수	목	금	토	일	월	화	수	목	금	토	일	월	화	수	목	금	토	일	월
	일진 日辰	丙申	丁酉	戊戌	己亥	庚子	辛丑	壬寅	癸卯	甲辰	乙巳	丙午	丁未	戊申	己酉	庚戌	辛亥	壬子	癸丑	甲寅	乙卯	丙辰	丁巳	戊午	己未	庚申	辛酉	壬戌	癸亥	甲子	乙丑	丙寅
음력 11/01 12/01	음력	2	3	4	5	6	7	8	9	10	11	12	13	14	15	16	17	18	19	20	21	22	23	24	25	26	27	28	29	12/1	2	3
	대남	8	8	8	9	9	9	대설	1	1	1	1	2	2	2	3	3	3	4	4	4	5	동지	5	6	6	6	7	7	7	8	8
	운여	2	2	1	1	1	1	설	10	9	9	9	8	8	8	7	7	7	6	6	6	5	지	5	4	4	4	3	3	3	2	2

2036년

단기 4369 年 · **불기 2580 年**

丙辰(병진)년 납음(沙中土),본명성(九紫火)

대장군(子북방), 삼살(남방), 상문(午남방),조객(寅동북방),
납음(사중토), 【삼재(인,묘,진)년】 臘享(납향):2037年1月23日(음12/08)

소한 6일 03시 42분 【음12월】 → 음12 己丑月(기축월) · 대한 20일 21시 10분

양력 1	양력	1	2	3	4	5	6	7	8	9	10	11	12	13	14	15	16	17	18	19	20	21	22	23	24	25	26	27	28	29	30	31
	요일	화	수	목	금	토	일	월	화	수	목	금	토	일	월	화	수	목	금	토	일	월	화	수	목	금	토	일	월	화	수	목
	일진	丁	戊	己	庚	辛	壬	癸	甲	乙	丙	丁	戊	己	庚	辛	壬	癸	甲	乙	丙	丁	戊	己	庚	辛	壬	癸	甲	乙	丙	丁
	日辰	卯	辰	巳	午	未	申	酉	戌	亥	子	丑	寅	卯	辰	巳	午	未	申	酉	戌	亥	子	丑	寅	卯	辰	巳	午	未	申	酉
음력 12/04 01/04	음력	4	5	6	7	8	9	10	11	12	13	14	15	16	17	18	19	20	21	22	23	24	25	26	27	28	29	30	1/1	2	3	4
	대 남	8	9	9	9	10	소한	1	1	1	1	2	2	2	3	3	3	4	4	4	대한	5	5	6	6	6	7	7	7	8	8	8
	운 여	2	1	1	1	1		9	9	9	8	8	8	7	7	7	6	6	6	5		5	4	4	4	3	3	3	2	2	2	1

입춘 4일 15시 19분 【음1월】 → 음1 庚寅月(경인월) · 우수 19일 11시 13분

양력 2	양력	1	2	3	4	5	6	7	8	9	10	11	12	13	14	15	16	17	18	19	20	21	22	23	24	25	26	27	28	29	
	요일	금	토	일	월	화	수	목	금	토	일	월	화	수	목	금	토	일	월	화	수	목	금	토	일	월	화	수	목	금	
	일진	戊	己	庚	辛	壬	癸	甲	乙	丙	丁	戊	己	庚	辛	壬	癸	甲	乙	丙	丁	戊	己	庚	辛	壬	癸	甲	乙	丙	
	日辰	戌	亥	子	丑	寅	卯	辰	巳	午	未	申	酉	戌	亥	子	丑	寅	卯	辰	巳	午	未	申	酉	戌	亥	子	丑	寅	
음력 01/05 02/03	음력	5	6	7	8	9	10	11	12	13	14	15	16	17	18	19	20	21	22	23	24	25	26	27	28	29	30	2/1	2	3	
	대 남	9	9	9	입춘	10	9	9	9	8	8	8	7	7	7	6	6	6	5	우수	5	4	4	4	3	3	3	2	2	2	
	운 여	1	1	1		1	1	1	1	2	2	2	3	3	3	4	4	4	5		5	6	6	6	7	7	7	8	8	8	

丙辰年

경칩 5일 09시 10분 【음2월】 → 음2 辛卯月(신묘월) · 춘분 20일 10시 01분

양력 3	양력	1	2	3	4	5	6	7	8	9	10	11	12	13	14	15	16	17	18	19	20	21	22	23	24	25	26	27	28	29	30	31
	요일	토	일	월	화	수	목	금	토	일	월	화	수	목	금	토	일	월	화	수	목	금	토	일	월	화	수	목	금	토	일	월
	일진	丁	戊	己	庚	辛	壬	癸	甲	乙	丙	丁	戊	己	庚	辛	壬	癸	甲	乙	丙	丁	戊	己	庚	辛	壬	癸	甲	乙	丙	丁
	日辰	卯	辰	巳	午	未	申	酉	戌	亥	子	丑	寅	卯	辰	巳	午	未	申	酉	戌	亥	子	丑	寅	卯	辰	巳	午	未	申	酉
음력 02/04 03/04	음력	4	5	6	7	8	9	10	11	12	13	14	15	16	17	18	19	20	21	22	23	24	25	26	27	28	29	30	3/1	2	3	4
	대 남	1	1	1	1	경칩	9	9	9	8	8	8	7	7	7	6	6	6	5	춘분	5	4	4	4	3	3	3	2	2	2	1	1
	운 여	9	9	9	10		1	1	1	1	2	2	2	3	3	3	4	4	4	분	5	5	6	6	6	7	7	7	8	8	8	9

청명 4일 13시 45분 【음3월】 → 음3 壬辰月(임진월) · 곡우 19일 20시 49분

양력 4	양력	1	2	3	4	5	6	7	8	9	10	11	12	13	14	15	16	17	18	19	20	21	22	23	24	25	26	27	28	29	30	
	요일	화	수	목	금	토	일	월	화	수	목	금	토	일	월	화	수	목	금	토	일	월	화	수	목	금	토	일	월	화	수	
	일진	戊	己	庚	辛	壬	癸	甲	乙	丙	丁	戊	己	庚	辛	壬	癸	甲	乙	丙	丁	戊	己	庚	辛	壬	癸	甲	乙	丙	丁	
	日辰	戌	亥	子	丑	寅	卯	辰	巳	午	未	申	酉	戌	亥	子	丑	寅	卯	辰	巳	午	未	申	酉	戌	亥	子	丑	寅	卯	
음력 03/05 04/05	음력	5	6	7	8	9	10	11	12	13	14	15	16	17	18	19	20	21	22	23	24	25	26	27	28	29	4/1	2	3	4	5	
	대 남	1	1	1	청명	10	9	9	9	8	8	8	7	7	7	6	6	6	5	곡우	5	4	4	4	3	3	3	2	2	2	1	
	운 여	9	9	10		1	1	1	1	2	2	2	3	3	3	4	4	4	5	우	5	6	6	6	7	7	7	8	8	8	9	

입하 5일 06시 48분 【음4월】 → 음4 癸巳月(계사월) · 소만 20일 19시 43분

양력 5	양력	1	2	3	4	5	6	7	8	9	10	11	12	13	14	15	16	17	18	19	20	21	22	23	24	25	26	27	28	29	30	31
	요일	목	금	토	일	월	화	수	목	금	토	일	월	화	수	목	금	토	일	월	화	수	목	금	토	일	월	화	수	목	금	토
	일진	戊	己	庚	辛	壬	癸	甲	乙	丙	丁	戊	己	庚	辛	壬	癸	甲	乙	丙	丁	戊	己	庚	辛	壬	癸	甲	乙	丙	丁	戊
	日辰	辰	巳	午	未	申	酉	戌	亥	子	丑	寅	卯	辰	巳	午	未	申	酉	戌	亥	子	丑	寅	卯	辰	巳	午	未	申	酉	戌
음력 04/06 05/07	음력	6	7	8	9	10	11	12	13	14	15	16	17	18	19	20	21	22	23	24	25	26	27	28	29	30	5/1	2	3	4	5	6
	대 남	1	1	1	1	입하	10	10	9	9	9	8	8	8	7	7	7	6	6	6	소만	5	5	5	4	4	4	3	3	3	2	2
	운 여	9	9	10	10	하		1	1	1	1	2	2	2	3	3	3	4	4	4	만	5	5	6	6	6	7	7	7	8	8	8

망종 6일 10시 46분 【음5월】 → 음5 甲午月(갑오월) · 하지 21일 03시 31분

양력 6	양력	1	2	3	4	5	6	7	8	9	10	11	12	13	14	15	16	17	18	19	20	21	22	23	24	25	26	27	28	29	30	
	요일	일	월	화	수	목	금	토	일	월	화	수	목	금	토	일	월	화	수	목	금	토	일	월	화	수	목	금	토	일	월	
	일진	己	庚	辛	壬	癸	甲	乙	丙	丁	戊	己	庚	辛	壬	癸	甲	乙	丙	丁	戊	己	庚	辛	壬	癸	甲	乙	丙	丁	戊	
	日辰	亥	子	丑	寅	卯	辰	巳	午	未	申	酉	戌	亥	子	丑	寅	卯	辰	巳	午	未	申	酉	戌	亥	子	丑	寅	卯	辰	
음력 05/07 06/07	음력	7	8	9	10	11	12	13	14	15	16	17	18	19	20	21	22	23	24	25	26	27	28	29	6/1	2	3	4	5	6	7	
	대 남	2	1	1	1	1	망종	10	9	9	9	8	8	8	7	7	7	6	6	6	하지	5	5	4	4	4	3	3	3	2	2	
	운 여	9	9	10	10	10	종		1	1	1	1	2	2	2	3	3	3	4	4	4	지	5	5	6	6	6	7	7	7	8	

소서 6일 20시 56분　　【음6월】→　　음6【乙未月(을미월)】　　윤6　　대서 22일 14시 21분

양력 7	양력	1	2	3	4	5	6	7	8	9	10	11	12	13	14	15	16	17	18	19	20	21	22	23	24	25	26	27	28	29	30	31
	요일	화	수	목	금	토	일	월	화	수	목	금	토	일	월	화	수	목	금	토	일	월	화	수	목	금	토	일	월	화	수	목
	일진	己巳	庚午	辛未	壬申	癸酉	甲戌	乙亥	丙子	丁丑	戊寅	己卯	庚辰	辛巳	壬午	癸未	甲申	乙酉	丙戌	丁亥	戊子	己丑	庚寅	辛卯	壬辰	癸巳	甲午	乙未	丙申	丁酉	戊戌	己亥
음력 06/08	음력	8	9	10	11	12	13	14	15	16	17	18	19	20	21	22	23	24	25	26	27	28	29	윤6	2	3	4	5	6	7	8	9
윤6 09	대 남	1	1	1	1	소서	10	10	10	9	9	9	8	8	8	7	7	7	6	6	6	5	대서	5	5	4	4	4	3	3	3	2
	운 여	8	9	9	9	10		1	1	1	1	2	2	2	3	3	3	4	4	4	5	5		5	6	6	6	7	7	7	8	8

입추 7일 06시 48분　　【음7월】→　　음7【丙申月(병신월)】　　처서 22일 21시 31분

양력 8	양력	1	2	3	4	5	6	7	8	9	10	11	12	13	14	15	16	17	18	19	20	21	22	23	24	25	26	27	28	29	30	31
	요일	금	토	일	월	화	수	목	금	토	일	월	화	수	목	금	토	일	월	화	수	목	금	토	일	월	화	수	목	금	토	일
	일진	庚子	辛丑	壬寅	癸卯	甲辰	乙巳	丙午	丁未	戊申	己酉	庚戌	辛亥	壬子	癸丑	甲寅	乙卯	丙辰	丁巳	戊午	己未	庚申	辛酉	壬戌	癸亥	甲子	乙丑	丙寅	丁卯	戊辰	己巳	庚午
윤6 10 07/10	음력	10	11	12	13	14	15	16	17	18	19	20	21	22	23	24	25	26	27	28	29	30	7/1	2	3	4	5	6	7	8	9	10
	대 남	2	2	1	1	1	1	입추	10	10	9	9	9	8	8	8	7	7	7	6	6	6	처서	5	5	4	4	4	3	3	3	2
	운 여	9	9	9	10	10	10		1	1	1	1	2	2	2	3	3	3	4	4	4	5		5	6	6	6	7	7	7	8	8

백로 7일 09시 54분　　【음8월】→　　음8【丁酉月(정유월)】　　추분 22일 19시 22분

양력 9	양력	1	2	3	4	5	6	7	8	9	10	11	12	13	14	15	16	17	18	19	20	21	22	23	24	25	26	27	28	29	30
	요일	월	화	수	목	금	토	일	월	화	수	목	금	토	일	월	화	수	목	금	토	일	월	화	수	목	금	토	일	월	화
	일진	辛未	壬申	癸酉	甲戌	乙亥	丙子	丁丑	戊寅	己卯	庚辰	辛巳	壬午	癸未	甲申	乙酉	丙戌	丁亥	戊子	己丑	庚寅	辛卯	壬辰	癸巳	甲午	乙未	丙申	丁酉	戊戌	己亥	庚子
07/11 08/11	음력	11	12	13	14	15	16	17	18	19	20	21	22	23	24	25	26	27	28	8/1	2	3	4	5	6	7	8	9	10	11
	대 남	2	2	1	1	1	1	백로	10	10	9	9	9	8	8	8	7	7	7	6	6	6	추분	5	5	4	4	4	3	3	3
	운 여	8	9	9	9	10	10		1	1	1	1	2	2	2	3	3	3	4	4	4	5		5	6	6	6	7	7	7	7

한로 8일 01시 48분　　【음9월】→　　음9【戊戌月(무술월)】　　상강 23일 04시 57분

양력 10	양력	1	2	3	4	5	6	7	8	9	10	11	12	13	14	15	16	17	18	19	20	21	22	23	24	25	26	27	28	29	30	31
	요일	수	목	금	토	일	월	화	수	목	금	토	일	월	화	수	목	금	토	일	월	화	수	목	금	토	일	월	화	수	목	금
	일진	辛丑	壬寅	癸卯	甲辰	乙巳	丙午	丁未	戊申	己酉	庚戌	辛亥	壬子	癸丑	甲寅	乙卯	丙辰	丁巳	戊午	己未	庚申	辛酉	壬戌	癸亥	甲子	乙丑	丙寅	丁卯	戊辰	己巳	庚午	辛未
11/01 12/01	음력	12	13	14	15	16	17	18	19	20	21	22	23	24	25	26	27	28	29	9/1	2	3	4	5	6	7	8	9	10	11	12	13
	대 남	2	2	2	1	1	1	1	한로	10	9	9	9	8	8	8	7	7	7	6	6	6	5	상강	5	4	4	4	3	3	3	2
	운 여	8	8	8	9	9	9	10		1	1	1	1	2	2	2	3	3	3	4	4	4	5		5	6	6	6	7	7	7	8

입동 7일 05시 13분　　【음10월】→　　음10【己亥月(기해월)】　　소설 22일 02시 44분

양력 11	양력	1	2	3	4	5	6	7	8	9	10	11	12	13	14	15	16	17	18	19	20	21	22	23	24	25	26	27	28	29	30
	요일	토	일	월	화	수	목	금	토	일	월	화	수	목	금	토	일	월	화	수	목	금	토	일	월	화	수	목	금	토	일
	일진	壬申	癸酉	甲戌	乙亥	丙子	丁丑	戊寅	己卯	庚辰	辛巳	壬午	癸未	甲申	乙酉	丙戌	丁亥	戊子	己丑	庚寅	辛卯	壬辰	癸巳	甲午	乙未	丙申	丁酉	戊戌	己亥	庚子	辛丑
11/01 12/01	음력	14	15	16	17	18	19	20	21	22	23	24	25	26	27	28	29	30	10/1	2	3	4	5	6	7	8	9	10	11	12	13
	대 남	2	2	1	1	1	1	입동	9	9	9	8	8	8	7	7	7	6	6	6	5	소설	5	4	4	4	3	3	3	2	2
	운 여	8	8	9	9	9	10		1	1	1	1	2	2	2	3	3	3	4	4	4	5		5	6	6	6	7	7	7	8

대설 6일 22시 15분　　【음11월】→　　음11【庚子月(경자월)】　　동지 21일 16시 11분

양력 12	양력	1	2	3	4	5	6	7	8	9	10	11	12	13	14	15	16	17	18	19	20	21	22	23	24	25	26	27	28	29	30	31
	요일	월	화	수	목	금	토	일	월	화	수	목	금	토	일	월	화	수	목	금	토	일	월	화	수	목	금	토	일	월	화	수
	일진	壬寅	癸卯	甲辰	乙巳	丙午	丁未	戊申	己酉	庚戌	辛亥	壬子	癸丑	甲寅	乙卯	丙辰	丁巳	戊午	己未	庚申	辛酉	壬戌	癸亥	甲子	乙丑	丙寅	丁卯	戊辰	己巳	庚午	辛未	壬申
11/01 12/01	음력	14	15	16	17	18	19	20	21	22	23	24	25	26	27	28	29	11/1	2	3	4	5	6	7	8	9	10	11	12	13	14	15
	대 남	2	1	1	1	1	대설	10	9	9	9	8	8	8	7	7	7	6	6	6	5	동지	5	4	4	4	3	3	3	2	2	2
	운 여	8	8	9	9	9		1	1	1	1	2	2	2	3	3	3	4	4	4	5		5	6	6	6	7	7	7	8	8	8

丁巳(정사)년　납음(沙中土),본명성(八白土)

단기 4370 年
불기 2581 年
2037년

대장군(卯동방), 삼살(동방), 상문(未서남방),조객(卯동방),납음(사중토)
【삼재(해,자,축)년】臘享(납향):2038년 1월 18일(음12/14)

음12 【辛丑月(신축월)】

소한 5일 09시 33분　【음12월】→　　대한 20일 02시 52분

양력 1																														
양력	1	2	3	4	5	6	7	8	9	10	11	12	13	14	15	16	17	18	19	20	21	22	23	24	25	26	27	28	29	30	31
요일	목	금	토	일	월	화	수	목	금	토	일	월	화	수	목	금	토	일	월	화	수	목	금	토	일	월	화	수	목	금	토
일진	癸	甲	乙	丙	丁	戊	己	庚	辛	壬	癸	甲	乙	丙	丁	戊	己	庚	辛	壬	癸	甲	乙	丙	丁	戊	己	庚	辛	壬	癸
日辰	酉	戌	亥	子	丑	寅	卯	辰	巳	午	未	申	酉	戌	亥	子	丑	寅	卯	辰	巳	午	未	申	酉	戌	亥	子	丑	寅	卯
음력	16	17	18	19	20	21	22	23	24	25	26	27	28	29	30	12/1	2	3	4	5	6	7	8	9	10	11	12	13	14	15	16
대낭	1	1	1	소	9	9	9	8	8	8	7	7	7	6	6	6	대	5	5	5	4	4	4	3	3	3	2	2	2	1	1
운여	9	9	10	한	1	1	1	2	2	2	3	3	3	4	4	4	한	5	6	6	6	7	7	7	8	8	8	9

음력 11/16, 12/16

음1 【壬寅月(임인월)】

입춘 3일 21시 10분　【음1월】→　　우수 18일 16시 57분

양력	1	2	3	4	5	6	7	8	9	10	11	12	13	14	15	16	17	18	19	20	21	22	23	24	25	26	27	28
요일	일	월	화	수	목	금	토	일	월	화	수	목	금	토	일	월	화	수	목	금	토	일	월	화	수	목	금	토
일진	甲	乙	丙	丁	戊	己	庚	辛	壬	癸	甲	乙	丙	丁	戊	己	庚	辛	壬	癸	甲	乙	丙	丁	戊	己	庚	辛
日辰	辰	巳	午	未	申	酉	戌	亥	子	丑	寅	卯	辰	巳	午	未	申	酉	戌	亥	子	丑	寅	卯	辰	巳	午	未
음력	17	18	19	20	21	22	23	24	25	26	27	28	29	30	1/1	2	3	4	5	6	7	8	9	10	11	12	13	14
대낭	1	1	입	1	1	1	1	2	2	2	3	3	3	4	4	4	5	우	5	5	6	6	6	7	7	7	8	8
운여	9	9	춘	10	9	9	9	8	8	8	7	7	7	6	6	6	5	수	5	4	4	4	3	3	3	2	2	2

음력 12/17, 01/14

丁巳年

음2 【癸卯月(계묘월)】

경칩 5일 15시 05분　【음2월】→　　춘분 20일 15시 49분

양력	1	2	3	4	5	6	7	8	9	10	11	12	13	14	15	16	17	18	19	20	21	22	23	24	25	26	27	28	29	30	31
요일	일	월	화	수	목	금	토	일	월	화	수	목	금	토	일	월	화	수	목	금	토	일	월	화	수	목	금	토	일	월	화
일진	壬	癸	甲	乙	丙	丁	戊	己	庚	辛	壬	癸	甲	乙	丙	丁	戊	己	庚	辛	壬	癸	甲	乙	丙	丁	戊	己	庚	辛	壬
日辰	申	酉	戌	亥	子	丑	寅	卯	辰	巳	午	未	申	酉	戌	亥	子	丑	寅	卯	辰	巳	午	未	申	酉	戌	亥	子	丑	寅
음력	15	16	17	18	19	20	21	22	23	24	25	26	27	28	29	30	2/1	2	3	4	5	6	7	8	9	10	11	12	13	14	15
대낭	9	9	9	10	경	1	1	1	1	2	2	2	3	3	3	4	4	4	5	춘	5	5	6	6	6	7	7	7	8	8	8
운여	1	1	1	1	칩	10	9	9	9	8	8	8	7	7	7	6	6	6	5	분	5	4	4	4	3	3	3	2	2	2	1

음력 01/15, 02/15

음3 【甲辰月(갑진월)】

청명 4일 19시 43분　【음3월】→　　곡우 20일 02시 39분

양력	1	2	3	4	5	6	7	8	9	10	11	12	13	14	15	16	17	18	19	20	21	22	23	24	25	26	27	28	29	30
요일	수	목	금	토	일	월	화	수	목	금	토	일	월	화	수	목	금	토	일	월	화	수	목	금	토	일	월	화	수	목
일진	癸	甲	乙	丙	丁	戊	己	庚	辛	壬	癸	甲	乙	丙	丁	戊	己	庚	辛	壬	癸	甲	乙	丙	丁	戊	己	庚	辛	壬
日辰	卯	辰	巳	午	未	申	酉	戌	亥	子	丑	寅	卯	辰	巳	午	未	申	酉	戌	亥	子	丑	寅	卯	辰	巳	午	未	申
음력	16	17	18	19	20	21	22	23	24	25	26	27	28	29	30	3/1	2	3	4	5	6	7	8	9	10	11	12	13	14	15
대낭	9	9	10	청	1	1	1	1	2	2	2	3	3	3	4	4	4	5	5	곡	5	6	6	6	7	7	7	8	8	8
운여	1	1	1	명	10	10	9	9	9	8	8	8	7	7	7	6	6	6	5	우	5	4	4	4	3	3	3	2	2	2

음력 02/16, 03/15

음4 【乙巳月(을사월)】

입하 5일 12시 48분　【음4월】→　　소만 21일 01시 34분

양력	1	2	3	4	5	6	7	8	9	10	11	12	13	14	15	16	17	18	19	20	21	22	23	24	25	26	27	28	29	30	31
요일	금	토	일	월	화	수	목	금	토	일	월	화	수	목	금	토	일	월	화	수	목	금	토	일	월	화	수	목	금	토	일
일진	癸	甲	乙	丙	丁	戊	己	庚	辛	壬	癸	甲	乙	丙	丁	戊	己	庚	辛	壬	癸	甲	乙	丙	丁	戊	己	庚	辛	壬	癸
日辰	酉	戌	亥	子	丑	寅	卯	辰	巳	午	未	申	酉	戌	亥	子	丑	寅	卯	辰	巳	午	未	申	酉	戌	亥	子	丑	寅	卯
음력	16	17	18	19	20	21	22	23	24	25	26	27	28	29	4/1	2	3	4	5	6	7	8	9	10	11	12	13	14	15	16	17
대낭	9	9	10	10	입	1	1	1	1	2	2	2	3	3	3	4	4	4	5	5	소	6	6	6	7	7	7	8	8	8	9
운여	1	1	1	1	하	10	10	9	9	9	8	8	8	7	7	7	6	6	6	5	만	5	4	4	4	3	3	3	2	2	2

음력 03/16, 04/17

음5 【丙午月(병오월)】

망종 5일 16시 45분　【음5월】→　　하지 21일 09시 21분

양력	1	2	3	4	5	6	7	8	9	10	11	12	13	14	15	16	17	18	19	20	21	22	23	24	25	26	27	28	29	30
요일	월	화	수	목	금	토	일	월	화	수	목	금	토	일	월	화	수	목	금	토	일	월	화	수	목	금	토	일	월	화
일진	甲	乙	丙	丁	戊	己	庚	辛	壬	癸	甲	乙	丙	丁	戊	己	庚	辛	壬	癸	甲	乙	丙	丁	戊	己	庚	辛	壬	癸
日辰	辰	巳	午	未	申	酉	戌	亥	子	丑	寅	卯	辰	巳	午	未	申	酉	戌	亥	子	丑	寅	卯	辰	巳	午	未	申	酉
음력	18	19	20	21	22	23	24	25	26	27	28	29	30	5/1	2	3	4	5	6	7	8	9	10	11	12	13	14	15	16	17
대낭	9	9	10	10	망	1	1	1	1	2	2	2	3	3	3	4	4	4	5	5	하	6	6	6	7	7	7	8	8	8
운여	1	1	1	1	종	10	10	10	9	9	9	8	8	8	7	7	7	6	6	6	지	5	5	4	4	4	3	3	3	2

음력 04/18, 05/17

2037

丁巳年

소서 7일 02시 54분　　【음6월】 →　음 6　【丁未月(정미월)】　　　　　대서 22일 20시 11분

양력	1	2	3	4	5	6	7	8	9	10	11	12	13	14	15	16	17	18	19	20	21	22	23	24	25	26	27	28	29	30	31
7 요일	수	목	금	토	일	월	화	수	목	금	토	일	월	화	수	목	금	토	일	월	화	수	목	금	토	일	월	화	수	목	금
일진	甲	乙	丙	丁	戊	己	庚	辛	壬	癸	甲	乙	丙	丁	戊	己	庚	辛	壬	癸	甲	乙	丙	丁	戊	己	庚	辛	壬	癸	
日辰	戌	亥	子	丑	寅	卯	辰	巳	午	未	申	酉	戌	亥	子	丑	寅	卯	辰	巳	午	未	申	酉	戌	亥	子	丑	寅	卯	
음력 05/18 06/19	18	19	20	21	22	23	24	25	26	27	28	29	6/1	2	3	4	5	6	7	8	9	10	11	12	13	14	15	16	17	18	19
대남	9	9	9	10	10	10	소서	1	1	1	1	2	2	2	3	3	3	4	4	4	5	대서	5	6	6	6	7	7	7	8	8
운여	2	2	1	1	1	1	10	10	10	9	9	9	8	8	8	7	7	7	6	6	6	5	5	5	4	4	4	3	3	3	2

입추 7일 12시 42분　　【음7월】 →　음 7　【戊申月(무신월)】　　　　　처서 23일 03시 21분

양력	1	2	3	4	5	6	7	8	9	10	11	12	13	14	15	16	17	18	19	20	21	22	23	24	25	26	27	28	29	30	31
8 요일	토	일	월	화	수	목	금	토	일	월	화	수	목	금	토	일	월	화	수	목	금	토	일	월	화	수	목	금	토	일	월
일진	乙	丙	丁	戊	己	庚	辛	壬	癸	甲	乙	丙	丁	戊	己	庚	辛	壬	癸	甲	乙	丙	丁	戊	己	庚	辛	壬	癸	甲	乙
日辰	巳	午	未	申	酉	戌	亥	子	丑	寅	卯	辰	巳	午	未	申	酉	戌	亥	子	丑	寅	卯	辰	巳	午	未	申	酉	戌	亥
음력 06/20 07/21	20	21	22	23	24	25	26	27	28	29	7/1	2	3	4	5	6	7	8	9	10	11	12	13	14	15	16	17	18	19	20	21
대남	8	9	9	9	10	10	입추	1	1	1	1	2	2	2	3	3	3	4	4	4	5	5	처서	6	6	6	7	7	7	8	8
운여	2	2	1	1	1	1	10	10	10	9	9	9	8	8	8	7	7	7	6	6	6	5	5	5	4	4	4	3	3	3	2

백로 7일 15시 44분　　【음8월】 →　음 8　【己酉月(기유월)】　　　　　추분 23일 01시 12분

양력	1	2	3	4	5	6	7	8	9	10	11	12	13	14	15	16	17	18	19	20	21	22	23	24	25	26	27	28	29	30	
9 요일	화	수	목	금	토	일	월	화	수	목	금	토	일	월	화	수	목	금	토	일	월	화	수	목	금	토	일	월	화	수	
일진	丙	丁	戊	己	庚	辛	壬	癸	甲	乙	丙	丁	戊	己	庚	辛	壬	癸	甲	乙	丙	丁	戊	己	庚	辛	壬	癸	甲	乙	
日辰	子	丑	寅	卯	辰	巳	午	未	申	酉	戌	亥	子	丑	寅	卯	辰	巳	午	未	申	酉	戌	亥	子	丑	寅	卯	辰	巳	
음력 07/22 08/21	22	23	24	25	26	27	28	29	30	8/1	2	3	4	5	6	7	8	9	10	11	12	13	14	15	16	17	18	19	20	21	
대남	8	8	9	9	9	10	백로	1	1	1	1	2	2	2	3	3	3	4	4	4	5	5	추분	6	6	6	7	7	7	8	
운여	2	2	1	1	1	1	10	10	9	9	9	8	8	8	7	7	7	6	6	6	5	5	5	4	4	4	3	3	3	2	

한로 8일 07시 36분　　【음9월】 →　음 9　【庚戌月(경술월)】　　　　　상강 23일 10시 48분

양력	1	2	3	4	5	6	7	8	9	10	11	12	13	14	15	16	17	18	19	20	21	22	23	24	25	26	27	28	29	30	31
10 요일	목	금	토	일	월	화	수	목	금	토	일	월	화	수	목	금	토	일	월	화	수	목	금	토	일	월	화	수	목	금	토
일진	丙	丁	戊	己	庚	辛	壬	癸	甲	乙	丙	丁	戊	己	庚	辛	壬	癸	甲	乙	丙	丁	戊	己	庚	辛	壬	癸	甲	乙	丙
日辰	午	未	申	酉	戌	亥	子	丑	寅	卯	辰	巳	午	未	申	酉	戌	亥	子	丑	寅	卯	辰	巳	午	未	申	酉	戌	亥	子
음력 11/01 12/01	22	23	24	25	26	27	28	29	9/1	2	3	4	5	6	7	8	9	10	11	12	13	14	15	16	17	18	19	20	21	22	23
대남	8	8	9	9	9	10	한로	1	1	1	1	2	2	2	3	3	3	4	4	4	5	5	상강	6	6	6	7	7	7	8	8
운여	2	2	1	1	1	1	10	9	9	9	8	8	8	7	7	7	6	6	6	5	5	5	4	4	4	3	3	3	2	2	

입동 7일 11시 03분　　【음10월】 →　음10　【辛亥月(신해월)】　　　　　소설 22일 08시 37분

양력	1	2	3	4	5	6	7	8	9	10	11	12	13	14	15	16	17	18	19	20	21	22	23	24	25	26	27	28	29	30	
11 요일	일	월	화	수	목	금	토	일	월	화	수	목	금	토	일	월	화	수	목	금	토	일	월	화	수	목	금	토	일	월	
일진	丁	戊	己	庚	辛	壬	癸	甲	乙	丙	丁	戊	己	庚	辛	壬	癸	甲	乙	丙	丁	戊	己	庚	辛	壬	癸	甲	乙	丙	
日辰	丑	寅	卯	辰	巳	午	未	申	酉	戌	亥	子	丑	寅	卯	辰	巳	午	未	申	酉	戌	亥	子	丑	寅	卯	辰	巳	午	
음력 11/01 12/01	24	25	26	27	28	29	10/1	2	3	4	5	6	7	8	9	10	11	12	13	14	15	16	17	18	19	20	21	22	23	24	
대남	8	8	9	9	9	10	입동	1	1	1	1	2	2	2	3	3	3	4	4	4	5	소설	5	6	6	6	7	7	7	8	
운여	2	2	1	1	1	1	10	9	9	9	8	8	8	7	7	7	6	6	6	5	5	5	4	4	4	3	3	3	2	2	

대설 7일 04시 06분　　【음11월】 →　음 11　【壬子月(임자월)】　　　　　동지 21일 22시 06분

양력	1	2	3	4	5	6	7	8	9	10	11	12	13	14	15	16	17	18	19	20	21	22	23	24	25	26	27	28	29	30	31
12 요일	화	수	목	금	토	일	월	화	수	목	금	토	일	월	화	수	목	금	토	일	월	화	수	목	금	토	일	월	화	수	목
일진	丁	戊	己	庚	辛	壬	癸	甲	乙	丙	丁	戊	己	庚	辛	壬	癸	甲	乙	丙	丁	戊	己	庚	辛	壬	癸	甲	乙	丙	丁
日辰	未	申	酉	戌	亥	子	丑	寅	卯	辰	巳	午	未	申	酉	戌	亥	子	丑	寅	卯	辰	巳	午	未	申	酉	戌	亥	子	丑
음력 11/01 12/01	25	26	27	28	29	30	11/1	2	3	4	5	6	7	8	9	10	11	12	13	14	15	16	17	18	19	20	21	22	23	24	25
대남	8	8	8	9	9	9	대설	1	1	1	1	2	2	2	3	3	3	4	4	4	동지	5	5	5	6	6	6	7	7	7	8
운여	2	2	1	1	1	1	9	9	9	8	8	8	7	7	7	6	6	6	5	5	지	4	4	4	3	3	3	2	2	2	1

戊午(무오)년　납음(天上火), 본명성(七赤金)

대장군(卯東方). 삼살(북방), 상문(申서남방),조객(辰동남방), 납음(천상화),
【삼재(신,유,술)년】　臘享(납향):2039년 1월 13일(음 12/19)

소한 5일 15시 25분　【음12월】→　**음12**　【癸丑月(계축월)】　대한 20일 08시 47분

양력 1

양력	1	2	3	4	5	6	7	8	9	10	11	12	13	14	15	16	17	18	19	20	21	22	23	24	25	26	27	28	29	30	31
요일	금	토	일	월	화	수	목	금	토	일	월	화	수	목	금	토	일	월	화	수	목	금	토	일	월	화	수	목	금	토	일
일진	戊	己	庚	辛	壬	癸	甲	乙	丙	丁	戊	己	庚	辛	壬	癸	甲	乙	丙	丁	戊	己	庚	辛	壬	癸	甲	乙	丙	丁	戊
日辰	寅	卯	辰	巳	午	未	申	酉	戌	亥	子	丑	寅	卯	辰	巳	午	未	申	酉	戌	亥	子	丑	寅	卯	辰	巳	午	未	申
음력	26	27	28	29	12/1	2	3	4	5	6	7	8	9	10	11	12	13	14	15	16	17	18	19	20	21	22	23	24	25	26	27
대남	8	9	9	9	9	소	1	1	1	1	2	2	2	3	3	3	4	4	4	대	5	5	6	6	6	7	7	7	8	8	8
운여	1	1	1	1	한	10	9	9	9	8	8	8	7	7	7	6	6	6	5	한	5	4	4	4	3	3	3	2	2	2	1

(음력 11/26 ~ 12/27)

입춘 4일 03시 02분　【음1월】→　**음1**　【甲寅月(갑인월)】　우수 18일 22시 51분

양력 2　戊午年

양력	1	2	3	4	5	6	7	8	9	10	11	12	13	14	15	16	17	18	19	20	21	22	23	24	25	26	27	28
요일	월	화	수	목	금	토	일	월	화	수	목	금	토	일	월	화	수	목	금	토	일	월	화	수	목	금	토	일
일진	己	庚	辛	壬	癸	甲	乙	丙	丁	戊	己	庚	辛	壬	癸	甲	乙	丙	丁	戊	己	庚	辛	壬	癸	甲	乙	丙
日辰	酉	戌	亥	子	丑	寅	卯	辰	巳	午	未	申	酉	戌	亥	子	丑	寅	卯	辰	巳	午	未	申	酉	戌	亥	子
음력	28	29	30	1/1	2	3	4	5	6	7	8	9	10	11	12	13	14	15	16	17	18	19	20	21	22	23	24	25
대남	9	9	9	입	9	9	9	8	8	8	7	7	7	6	6	6	5	우	5	4	4	4	3	3	3	2	2	2
운여	1	1	1	춘	1	1	1	2	2	2	3	3	3	4	4	4	5	우	5	5	6	6	6	7	7	7	8	8

(음력 12/28 ~ 01/25)

경칩 5일 20시 54분　【음2월】→　**음2**　【乙卯月(을묘월)】　춘분 20일 21시 39분

양력 3

양력	1	2	3	4	5	6	7	8	9	10	11	12	13	14	15	16	17	18	19	20	21	22	23	24	25	26	27	28	29	30	31
요일	월	화	수	목	금	토	일	월	화	수	목	금	토	일	월	화	수	목	금	토	일	월	화	수	목	금	토	일	월	화	수
일진	丁	戊	己	庚	辛	壬	癸	甲	乙	丙	丁	戊	己	庚	辛	壬	癸	甲	乙	丙	丁	戊	己	庚	辛	壬	癸	甲	乙	丙	丁
日辰	丑	寅	卯	辰	巳	午	未	申	酉	戌	亥	子	丑	寅	卯	辰	巳	午	未	申	酉	戌	亥	子	丑	寅	卯	辰	巳	午	未
음력	26	27	28	29	30	2/1	2	3	4	5	6	7	8	9	10	11	12	13	14	15	16	17	18	19	20	21	22	23	24	25	26
대남	1	1	1	1	경	10	10	9	9	9	8	8	8	7	7	7	6	6	6	5	춘	5	5	4	4	4	3	3	3	2	2
운여	9	9	9	9	칩	1	1	1	1	2	2	2	3	3	3	4	4	4	5	분	5	6	6	6	7	7	7	8	8	9

(음력 01/26 ~ 02/26)

청명 5일 01시 28분　【음3월】→　**음3**　【丙辰月(병진월)】　곡우 20일 08시 27분

양력 4

양력	1	2	3	4	5	6	7	8	9	10	11	12	13	14	15	16	17	18	19	20	21	22	23	24	25	26	27	28	29	30
요일	목	금	토	일	월	화	수	목	금	토	일	월	화	수	목	금	토	일	월	화	수	목	금	토	일	월	화	수	목	금
일진	戊	己	庚	辛	壬	癸	甲	乙	丙	丁	戊	己	庚	辛	壬	癸	甲	乙	丙	丁	戊	己	庚	辛	壬	癸	甲	乙	丙	丁
日辰	申	酉	戌	亥	子	丑	寅	卯	辰	巳	午	未	申	酉	戌	亥	子	丑	寅	卯	辰	巳	午	未	申	酉	戌	亥	子	丑
음력	27	28	29	30	3/1	2	3	4	5	6	7	8	9	10	11	12	13	14	15	16	17	18	19	20	21	22	23	24	25	26
대남	1	1	1	청	10	10	9	9	9	8	8	8	7	7	7	6	6	6	5	곡	5	4	4	4	3	3	3	2	2	2
운여	9	9	10	명	1	1	1	2	2	2	3	3	3	4	4	4	5	5	6	우	6	6	7	7	7	8	8	8	9	9

(음력 02/27 ~ 03/26)

입하 5일 18시 30분　【음4월】→　**음4**　【丁巳月(정사월)】　소만 21일 07시 21분

양력 5

양력	1	2	3	4	5	6	7	8	9	10	11	12	13	14	15	16	17	18	19	20	21	22	23	24	25	26	27	28	29	30	31
요일	토	일	월	화	수	목	금	토	일	월	화	수	목	금	토	일	월	화	수	목	금	토	일	월	화	수	목	금	토	일	월
일진	戊	己	庚	辛	壬	癸	甲	乙	丙	丁	戊	己	庚	辛	壬	癸	甲	乙	丙	丁	戊	己	庚	辛	壬	癸	甲	乙	丙	丁	戊
日辰	寅	卯	辰	巳	午	未	申	酉	戌	亥	子	丑	寅	卯	辰	巳	午	未	申	酉	戌	亥	子	丑	寅	卯	辰	巳	午	未	申
음력	27	28	29	4/1	2	3	4	5	6	7	8	9	10	11	12	13	14	15	16	17	18	19	20	21	22	23	24	25	26	27	28
대남	1	1	1	입	10	10	9	9	9	8	8	8	7	7	7	6	6	6	5	소	5	4	4	4	3	3	3	2	2	2	1
운여	9	9	10	하	1	1	1	2	2	2	3	3	3	4	4	4	5	5	6	만	6	6	7	7	7	8	8	8	9	9	9

(음력 03/27 ~ 04/28)

망종 5일 22시 24분　【음5월】→　**음5**　【戊午月(무오월)】　하지 21일 15시 08분

양력 6

양력	1	2	3	4	5	6	7	8	9	10	11	12	13	14	15	16	17	18	19	20	21	22	23	24	25	26	27	28	29	30
요일	화	수	목	금	토	일	월	화	수	목	금	토	일	월	화	수	목	금	토	일	월	화	수	목	금	토	일	월	화	수
일진	己	庚	辛	壬	癸	甲	乙	丙	丁	戊	己	庚	辛	壬	癸	甲	乙	丙	丁	戊	己	庚	辛	壬	癸	甲	乙	丙	丁	戊
日辰	酉	戌	亥	子	丑	寅	卯	辰	巳	午	未	申	酉	戌	亥	子	丑	寅	卯	辰	巳	午	未	申	酉	戌	亥	子	丑	寅
음력	29	30	5/1	2	3	4	5	6	7	8	9	10	11	12	13	14	15	16	17	18	19	20	21	22	23	24	25	26	27	28
대남	1	1	망	10	10	10	9	9	9	8	8	8	7	7	7	6	6	6	5	하	5	5	4	4	4	3	3	3	2	2
운여	9	10	종	1	1	1	2	2	2	3	3	3	4	4	4	5	5	5	6	지	6	6	7	7	7	8	8	8	9	9

(음력 04/29 ~ 05/28)

한식(4월05일), 초복(7월12일), 중복(7월22일), 말복(8월11일) ☖춘사(春社)3/22
☀추사(秋社)9/18 토왕지절(土旺之節):4월17일,7월19일,10월20일,1월17일(음12/23)
臘享(납향):2039년1월13일(음12/19)

소서 7일 08시 31분 　【음6월】 →　음 6　【己未月(기미월)】 　　　　대서 23일 01시 58분

양력	1	2	3	4	5	6	7	8	9	10	11	12	13	14	15	16	17	18	19	20	21	22	23	24	25	26	27	28	29	30	31
7 요일	목	금	토	일	월	화	수	목	금	토	일	월	화	수	목	금	토	일	월	화	수	목	금	토	일	월	화	수	목	금	토
일진	己卯	庚辰	辛巳	壬午	癸未	甲申	乙酉	丙戌	丁亥	戊子	己丑	庚寅	辛卯	壬辰	癸巳	甲午	乙未	丙申	丁酉	戊戌	己亥	庚子	辛丑	壬寅	癸卯	甲辰	乙巳	丙午	丁未	戊申	己酉
음력 05/29 ~ 06/30	29	6/1	2	3	4	5	6	7	8	9	10	11	12	13	14	15	16	17	18	19	20	21	22	23	24	25	26	27	28	29	30
대남	2	1	1	1	1	소	10	10	9	9	9	8	8	8	7	7	7	6	6	6	5	대	5	4	4	4	3	3	3	2	2
운여	9	9	9	10	10	서	1	1	1	1	2	2	2	3	3	3	4	4	4	5	5	서	6	6	6	7	7	7	8	8

입추 7일 18시 20분 　【음7월】 →　음 7　【庚申月(경신월)】 　　　　처서 23일 09시

양력	1	2	3	4	5	6	7	8	9	10	11	12	13	14	15	16	17	18	19	20	21	22	23	24	25	26	27	28	29	30	31
8 요일	일	월	화	수	목	금	토	일	월	화	수	목	금	토	일	월	화	수	목	금	토	일	월	화	수	목	금	토	일	월	화
일진	庚戌	辛亥	壬子	癸丑	甲寅	乙卯	丙辰	丁巳	戊午	己未	庚申	辛酉	壬戌	癸亥	甲子	乙丑	丙寅	丁卯	戊辰	己巳	庚午	辛未	壬申	癸酉	甲戌	乙亥	丙子	丁丑	戊寅	己卯	庚辰
음력 07/01 ~ 08/02	7/1	2	3	4	5	6	7	8	9	10	11	12	13	14	15	16	17	18	19	20	21	22	23	24	25	26	27	28	29	8/1	2
대남	2	1	1	1	1	입	10	10	10	9	9	9	8	8	8	7	7	7	6	6	6	5	처	5	4	4	4	3	3	3	2
운여	8	9	9	9	10	추	1	1	1	1	2	2	2	3	3	3	4	4	4	5	5	5	서	6	6	6	7	7	7	8	8

백로 7일 21시 25분 　【음8월】 →　음 8　【辛酉月(신유월)】 　　　　추분 23일 07시 01분

양력	1	2	3	4	5	6	7	8	9	10	11	12	13	14	15	16	17	18	19	20	21	22	23	24	25	26	27	28	29	30
9 요일	수	목	금	토	일	월	화	수	목	금	토	일	월	화	수	목	금	토	일	월	화	수	목	금	토	일	월	화	수	목
일진	辛巳	壬午	癸未	甲申	乙酉	丙戌	丁亥	戊子	己丑	庚寅	辛卯	壬辰	癸巳	甲午	乙未	丙申	丁酉	戊戌	己亥	庚子	辛丑	壬寅	癸卯	甲辰	乙巳	丙午	丁未	戊申	己酉	庚戌
음력 08/03 ~ 09/02	3	4	5	6	7	8	9	10	11	12	13	14	15	16	17	18	19	20	21	22	23	24	25	26	27	28	29	30	9/1	2
대남	2	2	1	1	1	1	백	10	10	9	9	9	8	8	8	7	7	7	6	6	6	5	추	5	4	4	4	3	3	3
운여	8	8	9	9	9	10	로	1	1	1	1	2	2	2	3	3	3	4	4	4	5	5	분	5	6	6	6	7	7	7

한로 8일 13시 20분 　【음9월】 →　음 9　【壬戌月(임술월)】 　　　　상강 23일 16시 39분

양력	1	2	3	4	5	6	7	8	9	10	11	12	13	14	15	16	17	18	19	20	21	22	23	24	25	26	27	28	29	30	31
10 요일	금	토	일	월	화	수	목	금	토	일	월	화	수	목	금	토	일	월	화	수	목	금	토	일	월	화	수	목	금	토	일
일진	辛亥	壬子	癸丑	甲寅	乙卯	丙辰	丁巳	戊午	己未	庚申	辛酉	壬戌	癸亥	甲子	乙丑	丙寅	丁卯	戊辰	己巳	庚午	辛未	壬申	癸酉	甲戌	乙亥	丙子	丁丑	戊寅	己卯	庚辰	辛巳
음력 11/01 ~ 12/01	3	4	5	6	7	8	9	10	11	12	13	14	15	16	17	18	19	20	21	22	23	24	25	26	27	28	29	10/1	2	3	4
대남	2	2	2	1	1	1	1	한	10	9	9	9	8	8	8	7	7	7	6	6	6	5	상	5	4	4	4	3	3	3	2
운여	8	8	8	9	9	9	10	로	1	1	1	1	2	2	2	3	3	3	4	4	4	5	강	5	6	6	6	7	7	7	8

입동 7일 16시 49분 　【음10월】 →　음10　【癸亥月(계해월)】 　　　　소설 22일 14시 30분

양력	1	2	3	4	5	6	7	8	9	10	11	12	13	14	15	16	17	18	19	20	21	22	23	24	25	26	27	28	29	30
11 요일	월	화	수	목	금	토	일	월	화	수	목	금	토	일	월	화	수	목	금	토	일	월	화	수	목	금	토	일	월	화
일진	壬午	癸未	甲申	乙酉	丙戌	丁亥	戊子	己丑	庚寅	辛卯	壬辰	癸巳	甲午	乙未	丙申	丁酉	戊戌	己亥	庚子	辛丑	壬寅	癸卯	甲辰	乙巳	丙午	丁未	戊申	己酉	庚戌	辛亥
음력 11/01 ~ 12/01	5	6	7	8	9	10	11	12	13	14	15	16	17	18	19	20	21	22	23	24	25	26	27	28	29	30	11/1	2	3	4	5
대남	2	2	2	1	1	1	입	10	9	9	9	8	8	8	7	7	7	6	6	6	5	소	5	4	4	4	3	3	3	2
운여	8	8	9	9	9	10	동	1	1	1	1	2	2	2	3	3	3	4	4	4	5	설	5	6	6	6	7	7	7	8

대설 7일 09시 55분 　【음11월】 →　음11　【甲子月(갑자월)】 　　　　동지 22일 04시 01분

양력	1	2	3	4	5	6	7	8	9	10	11	12	13	14	15	16	17	18	19	20	21	22	23	24	25	26	27	28	29	30	31
12 요일	수	목	금	토	일	월	화	수	목	금	토	일	월	화	수	목	금	토	일	월	화	수	목	금	토	일	월	화	수	목	금
일진	壬子	癸丑	甲寅	乙卯	丙辰	丁巳	戊午	己未	庚申	辛酉	壬戌	癸亥	甲子	乙丑	丙寅	丁卯	戊辰	己巳	庚午	辛未	壬申	癸酉	甲戌	乙亥	丙子	丁丑	戊寅	己卯	庚辰	辛巳	壬午
음력 11/01 ~ 12/01	6	7	8	9	10	11	12	13	14	15	16	17	18	19	20	21	22	23	24	25	26	27	28	29	30	12/1	2	3	4	5	6
대남	2	2	2	1	1	1	대	10	9	9	9	8	8	8	7	7	7	6	6	6	5	동	5	4	4	4	3	3	3	2	2
운여	8	8	9	9	9	10	설	1	1	1	1	2	2	2	3	3	3	4	4	4	5	지	5	6	6	6	7	7	7	8	8

2038

戊午年

단기 4372 年	**2039**년	**己未(기미)년** 납음(天上火),본명성(六白金)
불기 2583 年		대장군(卯동방), 삼살(酉서방), 상문(酉서방),조객(巳동남방), 납음(천상화), 【삼재(사,오,미)年】 臘享(납향):2040년1월20일(음 12/07)

1月 【음12월】 → 음12 【乙丑月(을축월)】

소한 5일 21시 15분 　　　　대한 20일 14시 42분

양력	1	2	3	4	5	6	7	8	9	10	11	12	13	14	15	16	17	18	19	20	21	22	23	24	25	26	27	28	29	30	31
요일	토	일	월	화	수	목	금	토	일	월	화	수	목	금	토	일	월	화	수	목	금	토	일	월	화	수	목	금	토	일	월
일진	癸	甲	乙	丙	丁	戊	己	庚	辛	壬	癸	甲	乙	丙	丁	戊	己	庚	辛	壬	癸	甲	乙	丙	丁	戊	己	庚	辛	壬	癸
日辰	未	申	酉	戌	亥	子	丑	寅	卯	辰	巳	午	未	申	酉	戌	亥	子	丑	寅	卯	辰	巳	午	未	申	酉	戌	亥	子	丑
음력	7	8	9	10	11	12	13	14	15	16	17	18	19	20	21	22	23	24	25	26	27	28	29	1/1	2	3	4	5	6	7	8
대남	1	1	1	1	소	10	9	9	9	8	8	8	7	7	7	6	6	6	5	대	5	4	4	4	3	3	3	2	2	2	1
운여	8	9	9	9	한	1	1	1	1	2	2	2	3	3	3	4	4	4	5	한	5	6	6	6	7	7	7	8	8	8	9

음 12/07 ~ 01/08

2月 【음1월】 → 음1 【丙寅月(병인월)】

입춘 4일 08시 51분 　　　　우수 19일 04시 44분

양력	1	2	3	4	5	6	7	8	9	10	11	12	13	14	15	16	17	18	19	20	21	22	23	24	25	26	27	28
요일	화	수	목	금	토	일	월	화	수	목	금	토	일	월	화	수	목	금	토	일	월	화	수	목	금	토	일	월
일진	甲	乙	丙	丁	戊	己	庚	辛	壬	癸	甲	乙	丙	丁	戊	己	庚	辛	壬	癸	甲	乙	丙	丁	戊	己	庚	辛
日辰	寅	卯	辰	巳	午	未	申	酉	戌	亥	子	丑	寅	卯	辰	巳	午	未	申	酉	戌	亥	子	丑	寅	卯	辰	巳
음력	9	10	11	12	13	14	15	16	17	18	19	20	21	22	23	24	25	26	27	28	29	30	2/1	2	3	4	5	6
대남	1	1	1	입	1	1	1	1	2	2	2	3	3	3	4	4	4	5	우	5	6	6	6	7	7	7	8	8
운여	9	9	10	춘	10	9	9	9	8	8	8	7	7	7	6	6	6	5	수	5	4	4	4	3	3	3	2	2

음 01/09 ~ 02/06

己未年

3月 【음2월】 → 음2 【丁卯月(정묘월)】

경칩 6일 02시 42분 　　　　춘분 21일 03시 31분

양력	1	2	3	4	5	6	7	8	9	10	11	12	13	14	15	16	17	18	19	20	21	22	23	24	25	26	27	28	29	30	31
요일	화	수	목	금	토	일	월	화	수	목	금	토	일	월	화	수	목	금	토	일	월	화	수	목	금	토	일	월	화	수	목
일진	壬	癸	甲	乙	丙	丁	戊	己	庚	辛	壬	癸	甲	乙	丙	丁	戊	己	庚	辛	壬	癸	甲	乙	丙	丁	戊	己	庚	辛	壬
日辰	午	未	申	酉	戌	亥	子	丑	寅	卯	辰	巳	午	未	申	酉	戌	亥	子	丑	寅	卯	辰	巳	午	未	申	酉	戌	亥	子
음력	7	8	9	10	11	12	13	14	15	16	17	18	19	20	21	22	23	24	25	26	27	28	29	30	3/1	2	3	4	5	6	7
대남	8	9	9	9	10	경	1	1	1	1	2	2	2	3	3	3	4	4	4	5	춘	5	6	6	6	7	7	7	8	8	8
운여	2	1	1	1	1	칩	10	9	9	9	8	8	8	7	7	7	6	6	6	5	분	5	4	4	4	3	3	3	2	2	2

음 02/07 ~ 03/07

4月 【음3월】 → 음3 【戊辰月(무진월)】

청명 5일 07시 14분 　　　　곡우 20일 14시 16분

양력	1	2	3	4	5	6	7	8	9	10	11	12	13	14	15	16	17	18	19	20	21	22	23	24	25	26	27	28	29	30
요일	금	토	일	월	화	수	목	금	토	일	월	화	수	목	금	토	일	월	화	수	목	금	토	일	월	화	수	목	금	토
일진	癸	甲	乙	丙	丁	戊	己	庚	辛	壬	癸	甲	乙	丙	丁	戊	己	庚	辛	壬	癸	甲	乙	丙	丁	戊	己	庚	辛	壬
日辰	丑	寅	卯	辰	巳	午	未	申	酉	戌	亥	子	丑	寅	卯	辰	巳	午	未	申	酉	戌	亥	子	丑	寅	卯	辰	巳	午
음력	8	9	10	11	12	13	14	15	16	17	18	19	20	21	22	23	24	25	26	27	28	29	4/1	2	3	4	5	6	7	8
대남	8	9	9	9	10	청	1	1	1	1	2	2	2	3	3	3	4	4	4	곡	5	5	6	6	6	7	7	7	8	8
운여	1	1	1	1	1	명	10	9	9	9	8	8	8	7	7	7	6	6	6	우	5	4	4	4	3	3	3	2	2	2

음 03/08 ~ 04/08

5月 【음4월】 → 음4 【己巳月(기사월)】

입하 5일 00시 17분 　　　　소만 21일 13시 09분

양력	1	2	3	4	5	6	7	8	9	10	11	12	13	14	15	16	17	18	19	20	21	22	23	24	25	26	27	28	29	30	31
요일	일	월	화	수	목	금	토	일	월	화	수	목	금	토	일	월	화	수	목	금	토	일	월	화	수	목	금	토	일	월	화
일진	癸	甲	乙	丙	丁	戊	己	庚	辛	壬	癸	甲	乙	丙	丁	戊	己	庚	辛	壬	癸	甲	乙	丙	丁	戊	己	庚	辛	壬	癸
日辰	未	申	酉	戌	亥	子	丑	寅	卯	辰	巳	午	未	申	酉	戌	亥	子	丑	寅	卯	辰	巳	午	未	申	酉	戌	亥	子	丑
음력	9	10	11	12	13	14	15	16	17	18	19	20	21	22	23	24	25	26	27	28	29	30	5/1	2	3	4	5	6	7	8	9
대남	9	9	9	10	입	1	1	1	1	2	2	2	3	3	3	4	4	4	5	소	5	6	6	6	7	7	7	8	8	8	9
운여	1	1	1	1	하	10	10	10	9	9	9	8	8	8	7	7	7	6	6	만	5	5	4	4	4	3	3	3	2	2	2

음 04/09 ~ 05/09

6月 【음5월】 → 음5 【庚午月(경오월)】 윤5

망종 6일 04시 14분 　　　　하지 21일 20시 56분

양력	1	2	3	4	5	6	7	8	9	10	11	12	13	14	15	16	17	18	19	20	21	22	23	24	25	26	27	28	29	30
요일	수	목	금	토	일	월	화	수	목	금	토	일	월	화	수	목	금	토	일	월	화	수	목	금	토	일	월	화	수	목
일진	甲	乙	丙	丁	戊	己	庚	辛	壬	癸	甲	乙	丙	丁	戊	己	庚	辛	壬	癸	甲	乙	丙	丁	戊	己	庚	辛	壬	癸
日辰	寅	卯	辰	巳	午	未	申	酉	戌	亥	子	丑	寅	卯	辰	巳	午	未	申	酉	戌	亥	子	丑	寅	卯	辰	巳	午	未
음력	10	11	12	13	14	15	16	17	18	19	20	21	22	23	24	25	26	27	28	29	30	윤5	2	3	4	5	6	7	8	9
대남	9	9	10	10	10	망	1	1	1	1	2	2	2	3	3	3	4	4	4	5	하	5	6	6	6	7	7	7	8	8
운여	2	1	1	1	1	종	10	10	9	9	9	8	8	8	7	7	7	6	6	6	지	5	5	4	4	4	3	3	3	2

음 05/10 ~ 윤509

한식(4월06일), 초복(7월17일), 중복(7월27일), 말복(8월16일) ♠춘사(春社)3/17
✿추사(秋社)9/23 토왕지절(土旺之節):4월17일,7월20일,10월20일,1월17일(음12/04)
臘享(납향):2040년1월20일(음12/07)

소서 7일 14시 25분 【음6월】→ 🔵음 6 【辛未月(신미월)】 ◐ 대서 23일 07시 47분

양력	1	2	3	4	5	6	7	8	9	10	11	12	13	14	15	16	17	18	19	20	21	22	23	24	25	26	27	28	29	30	31
7 요일	금	토	일	월	화	수	목	금	토	일	월	화	수	목	금	토	일	월	화	수	목	금	토	일	월	화	수	목	금	토	일
일진 日辰	甲申	乙酉	丙戌	丁亥	戊子	己丑	庚寅	辛卯	壬辰	癸巳	乙未	丙申	丁酉	戊戌	己亥	庚子	辛丑	壬寅	癸卯	甲辰	丙午	丁未	戊申	己酉	庚戌	辛亥	壬子	癸丑	甲寅		
음력 05/10 06/11	10	11	12	13	14	15	16	17	18	19	20	21	22	23	24	25	26	27	28	29	6/1	2	3	4	5	6	7	8	9	10	11
대남	8	9	9	9	10	10	소	1	1	1	1	2	2	2	3	3	3	4	4	4	5	5	대	5	6	6	6	7	7	7	8
운여	2	2	1	1	1	1	서	10	10	10	9	9	9	8	8	8	7	7	7	6	6	6	서	5	5	4	4	4	3	3	3

입추 8일 00시 17분 【음7월】→ 🔵음 7 【壬申月(임신월)】 ◑ 처서 23일 14시 57분

양력	1	2	3	4	5	6	7	8	9	10	11	12	13	14	15	16	17	18	19	20	21	22	23	24	25	26	27	28	29	30	31
8 요일	월	화	수	목	금	토	일	월	화	수	목	금	토	일	월	화	수	목	금	토	일	월	화	수	목	금	토	일	월	화	수
일진 日辰	乙卯	丙辰	丁巳	戊午	己未	庚申	辛酉	壬戌	癸亥	乙丑	丙寅	丁卯	戊辰	己巳	庚午	辛未	壬申	癸酉	甲戌	乙亥	丙子	丁丑	戊寅	己卯	庚辰	辛巳	壬午	癸未	甲申	乙酉	
음력 06/12 07/12	12	13	14	15	16	17	18	19	20	21	22	23	24	25	26	27	28	29	30	7/1	2	3	4	5	6	7	8	9	10	11	12
대남	8	8	9	9	9	10	10	입	1	1	1	1	2	2	2	3	3	3	4	4	4	5	처	5	5	6	6	6	7	7	7
운여	2	2	2	1	1	1	1	추	10	10	9	9	9	8	8	8	7	7	7	6	6	6	서	5	5	5	4	4	4	3	3

백로 8일 03시 23분 【음8월】→ 🔵음 8 【癸酉月(계유월)】 추분 23일 12시 48분

양력	1	2	3	4	5	6	7	8	9	10	11	12	13	14	15	16	17	18	19	20	21	22	23	24	25	26	27	28	29	30
9 요일	목	금	토	일	월	화	수	목	금	토	일	월	화	수	목	금	토	일	월	화	수	목	금	토	일	월	화	수	목	금
일진 日辰	丙戌	丁亥	戊子	己丑	庚寅	辛卯	壬辰	癸巳	乙未	丙申	丁酉	戊戌	己亥	庚子	辛丑	壬寅	癸卯	甲辰	乙巳	丙午	丁未	戊申	己酉	庚戌	辛亥	壬子	癸丑	甲寅	乙卯	
음력 07/13 08/13	13	14	15	16	17	18	19	20	21	22	23	24	25	26	27	28	29	8/1	2	3	4	5	6	7	8	9	10	11	12	13
대남	8	8	8	9	9	9	10	10	백	1	1	1	1	2	2	2	3	3	3	4	4	4	추	5	5	5	6	6	6	7
운여	2	2	2	1	1	1	1	10	로	10	9	9	9	8	8	8	7	7	7	6	6	6	분	5	5	4	4	4	3	3

한로 8일 19시 16분 【음9월】→ 🔵음 9 【甲戌月(갑술월)】 상강 23일 22시 24분

양력	1	2	3	4	5	6	7	8	9	10	11	12	13	14	15	16	17	18	19	20	21	22	23	24	25	26	27	28	29	30	31
10 요일	토	일	월	화	수	목	금	토	일	월	화	수	목	금	토	일	월	화	수	목	금	토	일	월	화	수	목	금	토	일	월
일진 日辰	丙辰	丁巳	戊午	己未	庚申	辛酉	壬戌	癸亥	甲子	乙丑	丙寅	丁卯	戊辰	己巳	庚午	辛未	壬申	癸酉	甲戌	乙亥	丙子	丁丑	戊寅	己卯	庚辰	辛巳	壬午	癸未	甲申	乙酉	丙戌
음력 11/01 12/01	14	15	16	17	18	19	20	21	22	23	24	25	26	27	28	29	30	9/1	2	3	4	5	6	7	8	9	10	11	12	13	14
대남	8	8	8	9	9	9	10	한	1	1	1	1	2	2	2	3	3	3	4	4	4	5	상	5	5	6	6	6	7	7	7
운여	2	2	2	1	1	1	1	로	10	9	9	9	8	8	8	7	7	7	6	6	6	5	강	5	5	4	4	4	3	3	3

입동 7일 22시 41분 【음10월】→ 🔵음10 【乙亥月(을해월)】 소설 22일 20시 11분

양력	1	2	3	4	5	6	7	8	9	10	11	12	13	14	15	16	17	18	19	20	21	22	23	24	25	26	27	28	29	30
11 요일	화	수	목	금	토	일	월	화	수	목	금	토	일	월	화	수	목	금	토	일	월	화	수	목	금	토	일	월	화	수
일진 日辰	丁亥	戊子	己丑	庚寅	辛卯	壬辰	癸巳	甲午	乙未	丙申	丁酉	戊戌	己亥	庚子	辛丑	壬寅	癸卯	甲辰	乙巳	丙午	丁未	戊申	己酉	庚戌	辛亥	壬子	癸丑	甲寅	乙卯	丙辰
음력 11/01 12/01	15	16	17	18	19	20	21	22	23	24	25	26	27	28	29	10/1	2	3	4	5	6	7	8	9	10	11	12	13	14	15
대남	8	8	8	9	9	9	입	1	1	1	1	2	2	2	3	3	3	4	4	4	5	소	5	5	6	6	6	7	7	7
운여	2	2	1	1	1	1	동	10	9	9	9	8	8	8	7	7	7	6	6	6	5	설	5	5	4	4	4	3	3	2

대설 7일 15시 44분 【음11월】→ 🔵음 11 【丙子月(병자월)】 동지 22일 09시 39분

양력	1	2	3	4	5	6	7	8	9	10	11	12	13	14	15	16	17	18	19	20	21	22	23	24	25	26	27	28	29	30	31
12 요일	목	금	토	일	월	화	수	목	금	토	일	월	화	수	목	금	토	일	월	화	수	목	금	토	일	월	화	수	목	금	토
일진 日辰	丁巳	戊午	己未	庚申	辛酉	壬戌	癸亥	甲子	乙丑	丙寅	丁卯	戊辰	己巳	庚午	辛未	壬申	癸酉	甲戌	乙亥	丙子	丁丑	戊寅	己卯	庚辰	辛巳	壬午	癸未	甲申	乙酉	丙戌	丁亥
음력 11/01 12/01	16	17	18	19	20	21	22	23	24	25	26	27	28	29	30	11/1	2	3	4	5	6	7	8	9	10	11	12	13	14	15	16
대남	8	8	8	9	9	9	대	1	1	1	1	2	2	2	3	3	3	4	4	4	5	동	5	5	6	6	6	7	7	7	8
운여	2	2	1	1	1	1	설	10	9	9	9	8	8	8	7	7	7	6	6	6	5	지	5	5	4	4	4	3	3	3	2

2039 己未年

단기 4373 年	**2040年**	**庚申(경신)년** 납음(石榴木),본명성(五黃土)
불기 2584 年		대장군(午남방), 삼살(남방), 상문(戌서북방),조객(午남방), 납음(석류목), 【삼재(인,묘,진)년】 臘享(납향):2041년 1월 14일(음12/12)

소한 6일 03시 02분 【음12월】→ **음12** 【丁丑月(정축월)】 **대한 20일 20시 20분**

양력 **1**	양력	1	2	3	4	5	6	7	8	9	10	11	12	13	14	15	16	17	18	19	20	21	22	23	24	25	26	27	28	29	30	31
	요일	일	월	화	수	목	금	토	일	월	화	수	목	금	토	일	월	화	수	목	금	토	일	월	화	수	목	금	토	일	월	화
	일진	戊	己	庚	辛	壬	癸	甲	乙	丙	丁	戊	己	庚	辛	壬	癸	甲	乙	丙	丁	戊	己	庚	辛	壬	癸	甲	乙	丙	丁	戊
	日辰	子	丑	寅	卯	辰	巳	午	未	申	酉	戌	亥	子	丑	寅	卯	辰	巳	午	未	申	酉	戌	亥	子	丑	寅	卯	辰	巳	午
음력 11/17 12/18	음력	17	18	19	20	21	22	23	24	25	26	27	28	29	12/1	2	3	4	5	6	7	8	9	10	11	12	13	14	15	16	17	18
	대남	8	9	9	9	10	소한	1	1	1	1	2	2	2	3	3	3	4	4	4	대한	5	5	6	6	6	7	7	7	8	8	8
	운여	2	1	1	1	1	한	9	9	9	8	8	8	7	7	7	6	6	6	5	한	5	5	4	4	4	3	3	3	2	2	2

입춘 4일 14시 38분 【음1월】→ **음1** 【戊寅月(무인월)】 **우수 19일 10시 22분**

양력 **2**	양력	1	2	3	4	5	6	7	8	9	10	11	12	13	14	15	16	17	18	19	20	21	22	23	24	25	26	27	28	29
	요일	수	목	금	토	일	월	화	수	목	금	토	일	월	화	수	목	금	토	일	월	화	수	목	금	토	일	월	화	수
	일진	己	庚	辛	壬	癸	甲	乙	丙	丁	戊	己	庚	辛	壬	癸	甲	乙	丙	丁	戊	己	庚	辛	壬	癸	甲	乙	丙	丁
	日辰	未	申	酉	戌	亥	子	丑	寅	卯	辰	巳	午	未	申	酉	戌	亥	子	丑	寅	卯	辰	巳	午	未	申	酉	戌	亥
음력 12/19 01/18	음력	19	20	21	22	23	24	25	26	27	28	29	1/1	2	3	4	5	6	7	8	9	10	11	12	13	14	15	16	17	18
	대남	9	9	9	입춘	10	9	9	9	8	8	8	7	7	7	6	6	6	5	우수	5	4	4	4	3	3	3	2	2	2
	운여	1	1	1	춘	1	1	1	2	2	2	3	3	3	4	4	4	5	5	수	5	6	6	6	7	7	7	8	8	8

庚申年

경칩 5일 08시 30분 【음2월】→ **음2** 【己卯月(기묘월)】 **춘분 20일 09시 10분**

양력 **3**	양력	1	2	3	4	5	6	7	8	9	10	11	12	13	14	15	16	17	18	19	20	21	22	23	24	25	26	27	28	29	30	31
	요일	목	금	토	일	월	화	수	목	금	토	일	월	화	수	목	금	토	일	월	화	수	목	금	토	일	월	화	수	목	금	토
	일진	戊	己	庚	辛	壬	癸	甲	乙	丙	丁	戊	己	庚	辛	壬	癸	甲	乙	丙	丁	戊	己	庚	辛	壬	癸	甲	乙	丙	丁	戊
	日辰	子	丑	寅	卯	辰	巳	午	未	申	酉	戌	亥	子	丑	寅	卯	辰	巳	午	未	申	酉	戌	亥	子	丑	寅	卯	辰	巳	午
음력 01/19 02/19	음력	19	20	21	22	23	24	25	26	27	28	29	30	2/1	2	3	4	5	6	7	8	9	10	11	12	13	14	15	16	17	18	19
	대남	1	1	1	1	경칩	10	9	9	9	8	8	8	7	7	7	6	6	6	5	춘분	5	4	4	4	3	3	3	2	2	2	1
	운여	9	9	9	10	칩	1	1	1	1	2	2	2	3	3	3	4	4	4	5	분	5	6	6	6	7	7	7	8	8	8	9

청명 4일 13시 04분 【음3월】→ **음3** 【庚辰月(경진월)】 **곡우 19일 19시 58분**

양력 **4**	양력	1	2	3	4	5	6	7	8	9	10	11	12	13	14	15	16	17	18	19	20	21	22	23	24	25	26	27	28	29	30
	요일	일	월	화	수	목	금	토	일	월	화	수	목	금	토	일	월	화	수	목	금	토	일	월	화	수	목	금	토	일	월
	일진	己	庚	辛	壬	癸	甲	乙	丙	丁	戊	己	庚	辛	壬	癸	甲	乙	丙	丁	戊	己	庚	辛	壬	癸	甲	乙	丙	丁	戊
	日辰	未	申	酉	戌	亥	子	丑	寅	卯	辰	巳	午	未	申	酉	戌	亥	子	丑	寅	卯	辰	巳	午	未	申	酉	戌	亥	子
음력 02/20 03/20	음력	20	21	22	23	24	25	26	27	28	29	3/1	2	3	4	5	6	7	8	9	10	11	12	13	14	15	16	17	18	19	20
	대남	1	1	1	청명	10	10	9	9	9	8	8	8	7	7	7	6	6	6	5	곡우	5	4	4	4	3	3	3	2	2	2
	운여	9	9	10	명	1	1	1	1	2	2	2	3	3	3	4	4	4	5	5	우	5	6	6	6	7	7	7	8	8	9

입하 5일 06시 08분 【음4월】→ **음4** 【辛巳月(신사월)】 **소만 20일 18시 54분**

양력 **5**	양력	1	2	3	4	5	6	7	8	9	10	11	12	13	14	15	16	17	18	19	20	21	22	23	24	25	26	27	28	29	30	31
	요일	화	수	목	금	토	일	월	화	수	목	금	토	일	월	화	수	목	금	토	일	월	화	수	목	금	토	일	월	화	수	목
	일진	己	庚	辛	壬	癸	甲	乙	丙	丁	戊	己	庚	辛	壬	癸	甲	乙	丙	丁	戊	己	庚	辛	壬	癸	甲	乙	丙	丁	戊	己
	日辰	丑	寅	卯	辰	巳	午	未	申	酉	戌	亥	子	丑	寅	卯	辰	巳	午	未	申	酉	戌	亥	子	丑	寅	卯	辰	巳	午	未
음력 03/21 04/21	음력	21	22	23	24	25	26	27	28	29	30	4/1	2	3	4	5	6	7	8	9	10	11	12	13	14	15	16	17	18	19	20	21
	대남	1	1	1	1	입하	10	10	9	9	9	8	8	8	7	7	7	6	6	6	소만	5	5	4	4	4	3	3	3	2	2	2
	운여	9	9	10	10	하	1	1	1	1	2	2	2	3	3	3	4	4	4	5	만	5	6	6	6	7	7	7	8	8	8

망종 5일 10시 07분 【음5월】→ **음5** 【壬午月(임오월)】 **하지 21일 02시 45분**

양력 **6**	양력	1	2	3	4	5	6	7	8	9	10	11	12	13	14	15	16	17	18	19	20	21	22	23	24	25	26	27	28	29	30
	요일	금	토	일	월	화	수	목	금	토	일	월	화	수	목	금	토	일	월	화	수	목	금	토	일	월	화	수	목	금	토
	일진	庚	辛	壬	癸	甲	乙	丙	丁	戊	己	庚	辛	壬	癸	甲	乙	丙	丁	戊	己	庚	辛	壬	癸	甲	乙	丙	丁	戊	己
	日辰	申	酉	戌	亥	子	丑	寅	卯	辰	巳	午	未	申	酉	戌	亥	子	丑	寅	卯	辰	巳	午	未	申	酉	戌	亥	子	丑
음력 04/22 05/21	음력	22	23	24	25	26	27	28	29	30	5/1	2	3	4	5	6	7	8	9	10	11	12	13	14	15	16	17	18	19	20	21
	대남	1	1	1	1	망종	10	10	10	9	9	9	8	8	8	7	7	7	6	6	6	하지	5	5	4	4	4	3	3	3	2
	운여	9	9	10	10	종	1	1	1	1	2	2	2	3	3	3	4	4	4	5	5	지	6	6	6	7	7	7	8	8	8

2040 庚申年

소서 6일 20시 18분 【음6월】→ 음6 【癸未月(계미월)】 대서22일 13시 39분

양력 7 (05/22 ~ 06/23)

양력	1	2	3	4	5	6	7	8	9	10	11	12	13	14	15	16	17	18	19	20	21	22	23	24	25	26	27	28	29	30	31
요일	일	월	화	수	목	금	토	일	월	화	수	목	금	토	일	월	화	수	목	금	토	일	월	화	수	목	금	토	일	월	화
일진	庚	辛	壬	癸	甲	乙	丙	丁	戊	己	庚	辛	壬	癸	甲	乙	丙	丁	戊	己	庚	辛	壬	癸	甲	乙	丙	丁	戊	己	庚
日辰	寅	卯	辰	巳	午	未	申	酉	戌	亥	子	丑	寅	卯	辰	巳	午	未	申	酉	戌	亥	子	丑	寅	卯	辰	巳	午	未	申
음력	22	23	24	25	26	27	28	29	6/1	2	3	4	5	6	7	8	9	10	11	12	13	14	15	16	17	18	19	20	21	22	23
대남	2	1	1	1	1	소	10	10	9	9	9	8	8	8	7	7	7	6	6	6	대	5	5	5	4	4	4	3	3	3	2
운여	8	9	9	9	10	서	1	1	1	1	2	2	2	3	3	3	4	4	4	5	서	5	6	6	6	7	7	7	8	8	8

입추 7일 06시 09분 【음7월】→ 음7 【甲申月(갑신월)】 처서 22일 20시 52분

양력 8 (06/24 ~ 07/24)

양력	1	2	3	4	5	6	7	8	9	10	11	12	13	14	15	16	17	18	19	20	21	22	23	24	25	26	27	28	29	30	31
요일	수	목	금	토	일	월	화	수	목	금	토	일	월	화	수	목	금	토	일	월	화	수	목	금	토	일	월	화	수	목	금
일진	辛	壬	癸	甲	乙	丙	丁	戊	己	庚	辛	壬	癸	甲	乙	丙	丁	戊	己	庚	辛	壬	癸	甲	乙	丙	丁	戊	己	庚	辛
日辰	酉	戌	亥	子	丑	寅	卯	辰	巳	午	未	申	酉	戌	亥	子	丑	寅	卯	辰	巳	午	未	申	酉	戌	亥	子	丑	寅	卯
음력	24	25	26	27	28	29	30	7/1	2	3	4	5	6	7	8	9	10	11	12	13	14	15	16	17	18	19	20	21	22	23	24
대남	2	2	1	1	1	1	입	10	10	9	9	9	8	8	8	7	7	7	6	6	6	처	5	5	5	4	4	4	3	3	3
운여	9	9	9	10	10	10	추	1	1	1	1	2	2	2	3	3	3	4	4	4	5	서	5	6	6	6	7	7	7	8	8

백로 7일 09시 13분 【음8월】→ 음8 【乙酉月(을유월)】 추분 22일 18시 43분

양력 9 (07/25 ~ 08/24)

양력	1	2	3	4	5	6	7	8	9	10	11	12	13	14	15	16	17	18	19	20	21	22	23	24	25	26	27	28	29	30
요일	토	일	월	화	수	목	금	토	일	월	화	수	목	금	토	일	월	화	수	목	금	토	일	월	화	수	목	금	토	일
일진	壬	癸	甲	乙	丙	丁	戊	己	庚	辛	壬	癸	甲	乙	丙	丁	戊	己	庚	辛	壬	癸	甲	乙	丙	丁	戊	己	庚	辛
日辰	辰	巳	午	未	申	酉	戌	亥	子	丑	寅	卯	辰	巳	午	未	申	酉	戌	亥	子	丑	寅	卯	辰	巳	午	未	申	酉
음력	25	26	27	28	29	30	8/1	2	3	4	5	6	7	8	9	10	11	12	13	14	15	16	17	18	19	20	21	22	23	24
대남	2	2	1	1	1	1	백	10	10	9	9	9	8	8	8	7	7	7	6	6	6	추	5	5	5	4	4	4	3	3
운여	8	8	9	9	9	10	로	1	1	1	1	2	2	2	3	3	3	4	4	4	5	분	5	5	6	6	6	7	7	7

한로 8일 01시 04분 【음9월】→ 음9 【丙戌月(병술월)】 상강 23일 04시 18분

양력 10 (08/25 ~ 09/26)

양력	1	2	3	4	5	6	7	8	9	10	11	12	13	14	15	16	17	18	19	20	21	22	23	24	25	26	27	28	29	30	31
요일	월	화	수	목	금	토	일	월	화	수	목	금	토	일	월	화	수	목	금	토	일	월	화	수	목	금	토	일	월	화	수
일진	壬	癸	甲	乙	丙	丁	戊	己	庚	辛	壬	癸	甲	乙	丙	丁	戊	己	庚	辛	壬	癸	甲	乙	丙	丁	戊	己	庚	辛	壬
日辰	戌	亥	子	丑	寅	卯	辰	巳	午	未	申	酉	戌	亥	子	丑	寅	卯	辰	巳	午	未	申	酉	戌	亥	子	丑	寅	卯	辰
음력	25	26	27	28	29	9/1	2	3	4	5	6	7	8	9	10	11	12	13	14	15	16	17	18	19	20	21	22	23	24	25	26
대남	2	2	1	1	1	1	1	한	9	9	9	8	8	8	7	7	7	6	6	6	5	5	상	5	4	4	4	3	3	3	2
운여	8	8	9	9	9	10	10	로	1	1	1	2	2	2	3	3	3	4	4	4	5	5	강	5	6	6	6	7	7	7	8

입동 7일 04시 28분 【음10월】→ 음10 【丁亥月(정해월)】 소설 22일 02시 04분

양력 11 (09/27 ~ 10/26)

양력	1	2	3	4	5	6	7	8	9	10	11	12	13	14	15	16	17	18	19	20	21	22	23	24	25	26	27	28	29	30
요일	목	금	토	일	월	화	수	목	금	토	일	월	화	수	목	금	토	일	월	화	수	목	금	토	일	월	화	수	목	금
일진	癸	甲	乙	丙	丁	戊	己	庚	辛	壬	癸	甲	乙	丙	丁	戊	己	庚	辛	壬	癸	甲	乙	丙	丁	戊	己	庚	辛	壬
日辰	巳	午	未	申	酉	戌	亥	子	丑	寅	卯	辰	巳	午	未	申	酉	戌	亥	子	丑	寅	卯	辰	巳	午	未	申	酉	戌
음력	27	28	29	30	10/1	2	3	4	5	6	7	8	9	10	11	12	13	14	15	16	17	18	19	20	21	22	23	24	25	26
대남	2	2	1	1	1	1	입	9	9	9	8	8	8	7	7	7	6	6	6	5	5	소	5	4	4	4	3	3	3	2
운여	8	8	9	9	9	10	동	1	1	1	2	2	2	3	3	3	4	4	4	5	5	설	5	6	6	6	7	7	7	8

대설 6일 21시 29분 【음11월】→ 음11 【戊子月(무자월)】 동지 21일 15시 31분

양력 12 (10/27 ~ 11/27)

양력	1	2	3	4	5	6	7	8	9	10	11	12	13	14	15	16	17	18	19	20	21	22	23	24	25	26	27	28	29	30	31
요일	토	일	월	화	수	목	금	토	일	월	화	수	목	금	토	일	월	화	수	목	금	토	일	월	화	수	목	금	토	일	월
일진	癸	甲	乙	丙	丁	戊	己	庚	辛	壬	癸	甲	乙	丙	丁	戊	己	庚	辛	壬	癸	甲	乙	丙	丁	戊	己	庚	辛	壬	癸
日辰	亥	子	丑	寅	卯	辰	巳	午	未	申	酉	戌	亥	子	丑	寅	卯	辰	巳	午	未	申	酉	戌	亥	子	丑	寅	卯	辰	巳
음력	27	28	29	11/1	2	3	4	5	6	7	8	9	10	11	12	13	14	15	16	17	18	19	20	21	22	23	24	25	26	27	28
대남	2	1	1	1	대	10	9	9	9	8	8	8	7	7	7	6	6	6	5	5	동	5	4	4	4	3	3	3	2	2	1
운여	8	8	9	9	설	1	1	1	1	2	2	2	3	3	3	4	4	4	5	5	지	5	6	6	6	7	7	7	8	8	8

소한 5일 08시 47분 【음12월】→ 음12 【己丑月(기축월)】   대한 20일 02시 12분

양력 1	요일	화	수	목	금	토	일	월	화	수	목	금	토	일	월	화	수	목	금	토	일	월	화	수	목	금	토	일	월	화	수	목
일진	甲	乙	丙	丁	戊	己	庚	辛	壬	癸	甲	乙	丙	丁	戊	己	庚	辛	壬	癸	甲	乙	丙	丁	戊	己	庚	辛	壬	癸	甲
日辰	午	未	申	酉	戌	亥	子	丑	寅	卯	辰	巳	午	未	申	酉	戌	亥	子	丑	寅	卯	辰	巳	午	未	申	酉	戌	亥	子
음력 11/29 12/29	음력	29	30	12/1	2	3	4	5	6	7	8	9	10	11	12	13	14	15	16	17	18	19	20	21	22	23	24	25	26	27	28	29
	대남	1	1	1	1	소한	9	9	9	8	8	8	7	7	7	6	6	6	5	대	4	4	4	3	3	3	2	2	2	1	1
	운여	9	9	9	10	한	1	1	1	2	2	2	3	3	3	4	4	4	5	한	5	6	6	6	7	7	7	8	8	8	9

입춘 3일 20시 24분 【음1월】→ 음1 【庚寅月(경인월)】   우수 18일 16시 16분

양력 2	요일	금	토	일	월	화	수	목	금	토	일	월	화	수	목	금	토	일	월	화	수	목	금	토	일	월	화	수	목
일진	乙	丙	丁	戊	己	庚	辛	壬	癸	甲	乙	丙	丁	戊	己	庚	辛	壬	癸	甲	乙	丙	丁	戊	己	庚	辛	壬
日辰	丑	寅	卯	辰	巳	午	未	申	酉	戌	亥	子	丑	寅	卯	辰	巳	午	未	申	酉	戌	亥	子	丑	寅	卯	辰
음력 01/01 01/28	음력	1/1	2	3	4	5	6	7	8	9	10	11	12	13	14	15	16	17	18	19	20	21	22	23	24	25	26	27	28
	대남	1	1	1	입춘	10	9	9	9	8	8	8	7	7	7	6	6	6	5	우수	5	4	4	4	3	3	3	2	2
	운여	9	9	9	춘	1	1	1	1	2	2	2	3	3	3	4	4	4	5	수	5	6	6	6	7	7	7	8	8

辛酉年

경칩 5일 14시 16분 【음2월】→ 음2 【辛卯月(신묘월)】   춘분 20일 15시 05분

양력 3	요일	금	토	일	월	화	수	목	금	토	일	월	화	수	목	금	토	일	월	화	수	목	금	토	일	월	화	수	목	금	토	일
일진	癸	甲	乙	丙	丁	戊	己	庚	辛	壬	癸	甲	乙	丙	丁	戊	己	庚	辛	壬	癸	甲	乙	丙	丁	戊	己	庚	辛	壬	癸
日辰	巳	午	未	申	酉	戌	亥	子	丑	寅	卯	辰	巳	午	未	申	酉	戌	亥	子	丑	寅	卯	辰	巳	午	未	申	酉	戌	亥
음력 01/29 02/29	음력	29	30	2/1	2	3	4	5	6	7	8	9	10	11	12	13	14	15	16	17	18	19	20	21	22	23	24	25	26	27	28	29
	대남	9	9	9	10	경칩	1	1	1	1	2	2	2	3	3	3	4	4	4	5	춘분	5	6	6	6	7	7	7	8	8	8	9
	운여	1	1	1	1	칩	10	9	9	9	8	8	8	7	7	7	6	6	6	5	분	5	4	4	4	3	3	3	2	2	2	1

청명 4일 18시 51분 【음3월】→ 음3 【壬辰月(임진월)】   곡우 20일 01시 53분

양력 4	요일	월	화	수	목	금	토	일	월	화	수	목	금	토	일	월	화	수	목	금	토	일	월	화	수	목	금	토	일	월	화
일진	甲	乙	丙	丁	戊	己	庚	辛	壬	癸	甲	乙	丙	丁	戊	己	庚	辛	壬	癸	甲	乙	丙	丁	戊	己	庚	辛	壬	癸
日辰	子	丑	寅	卯	辰	巳	午	未	申	酉	戌	亥	子	丑	寅	卯	辰	巳	午	未	申	酉	戌	亥	子	丑	寅	卯	辰	巳
음력 03/01 04/01	음력	3/1	2	3	4	5	6	7	8	9	10	11	12	13	14	15	16	17	18	19	20	21	22	23	24	25	26	27	28	29	4/1
	대남	9	9	10	청명	1	1	1	1	2	2	2	3	3	3	4	4	4	5	곡우	5	6	6	6	7	7	7	8	8	8	9
	운여	1	1	1	명	10	10	9	9	9	8	8	8	7	7	7	6	6	6	5	우	5	4	4	4	3	3	3	2	2	1

입하 5일 11시 53분 【음4월】→ 음4 【癸巳月(계사월)】   소만 21일 00시 47분

양력 5	요일	수	목	금	토	일	월	화	수	목	금	토	일	월	화	수	목	금	토	일	월	화	수	목	금	토	일	월	화	수	목	금
일진	甲	乙	丙	丁	戊	己	庚	辛	壬	癸	甲	乙	丙	丁	戊	己	庚	辛	壬	癸	甲	乙	丙	丁	戊	己	庚	辛	壬	癸	甲
日辰	午	未	申	酉	戌	亥	子	丑	寅	卯	辰	巳	午	未	申	酉	戌	亥	子	丑	寅	卯	辰	巳	午	未	申	酉	戌	亥	子
음력 04/02 05/02	음력	2	3	4	5	6	7	8	9	10	11	12	13	14	15	16	17	18	19	20	21	22	23	24	25	26	27	28	29	30	5/1	2
	대남	9	9	10	10	입하	1	1	1	1	2	2	2	3	3	3	4	4	4	5	소만	5	6	6	6	7	7	7	8	8	8	9
	운여	1	1	1	1	하	10	10	9	9	9	8	8	8	7	7	7	6	6	6	만	5	5	4	4	4	3	3	3	2	2	1

망종 5일 15시 48분 【음5월】→ 음5 【甲午月(갑오월)】   하지 21일 08시 34분

양력 6	요일	토	일	월	화	수	목	금	토	일	월	화	수	목	금	토	일	월	화	수	목	금	토	일	월	화	수	목	금	토	일
일진	乙	丙	丁	戊	己	庚	辛	壬	癸	甲	乙	丙	丁	戊	己	庚	辛	壬	癸	甲	乙	丙	丁	戊	己	庚	辛	壬	癸	甲
日辰	丑	寅	卯	辰	巳	午	未	申	酉	戌	亥	子	丑	寅	卯	辰	巳	午	未	申	酉	戌	亥	子	丑	寅	卯	辰	巳	午
음력 05/03 06/03	음력	3	4	5	6	7	8	9	10	11	12	13	14	15	16	17	18	19	20	21	22	23	24	25	26	27	28	29	6/1	2	3
	대남	9	9	10	10	망종	1	1	1	1	2	2	2	3	3	3	4	4	4	5	5	하지	6	6	6	7	7	7	8	8	8
	운여	9	9	10	10	종	10	10	9	9	9	8	8	8	7	7	7	6	6	6	5	지	5	5	4	4	4	3	3	3	2

한식(4월05일), 초복(7월16일), 중복(7월26일), 말복(8월15일) ♠춘사(春社)3/16
☀추사(秋社)9/22토왕지절(土旺之節):4월16일,7월19일,10월20일,1월17일(음12/26)
臘享(납향):2042년1월21일(음12/30)

2041 辛酉年

소서 7일 01시 57분　　【음6월】 →　음 6　【乙未月(을미월)】　　　　대서 22일 19시 25분

양력 7

양력	1	2	3	4	5	6	7	8	9	10	11	12	13	14	15	16	17	18	19	20	21	22	23	24	25	26	27	28	29	30	31
요일	월	화	수	목	금	토	일	월	화	수	목	금	토	일	월	화	수	목	금	토	일	월	화	수	목	금	토	일	월	화	수
일진	乙未	丙申	丁酉	戊戌	己亥	庚子	辛丑	壬寅	癸卯	甲辰	乙巳	丙午	丁未	戊申	己酉	庚戌	辛亥	壬子	癸丑	甲寅	乙卯	丙辰	丁巳	戊午	己未	庚申	辛酉	壬戌	癸亥	甲子	乙丑
음력 06/04 07/04	4	5	6	7	8	9	10	11	12	13	14	15	16	17	18	19	20	21	22	23	24	25	26	27	28	29	30	7/1	2	3	4
대남여	9 9	9 2	10 1	10 1	10 1	소서	1 10	1 10	1 9	2 9	2 8	2 8	3 8	3 7	3 7	4 7	4 6	4 6	5 6	5 5	대서	6 5	6 4	6 4	7 4	7 3	7 3	8 3	8 2	8 2	9 1

입추 7일 11시 47분　　【음7월】 →　음 7　【丙申月(병신월)】　　　　처서 23일 02시 35분

양력 8

양력	1	2	3	4	5	6	7	8	9	10	11	12	13	14	15	16	17	18	19	20	21	22	23	24	25	26	27	28	29	30	31
요일	목	금	토	일	월	화	수	목	금	토	일	월	화	수	목	금	토	일	월	화	수	목	금	토	일	월	화	수	목	금	토
일진	丙寅	丁卯	戊辰	己巳	庚午	辛未	壬申	癸酉	甲戌	乙亥	丙子	丁丑	戊寅	己卯	庚辰	辛巳	壬午	癸未	甲申	乙酉	丙戌	丁亥	戊子	己丑	庚寅	辛卯	壬辰	癸巳	甲午	乙未	丙申
음력 07/05 08/05	5	6	7	8	9	10	11	12	13	14	15	16	17	18	19	20	21	22	23	24	25	26	27	28	29	30	8/1	2	3	4	5
대남여	8 2	9 2	9 1	9 1	10 1	10 1	입추	1 10	1 10	1 9	2 9	2 8	2 8	3 8	3 7	3 7	4 7	4 6	4 6	5 6	5 5	처서	6 5	6 4	6 4	7 4	7 3	7 3	8 3	8 2	8 2

백로 7일 14시 52분　　【음8월】 →　음 8　【丁酉月(정유월)】　　　　추분 23일 00시 25분

양력 9

양력	1	2	3	4	5	6	7	8	9	10	11	12	13	14	15	16	17	18	19	20	21	22	23	24	25	26	27	28	29	30
요일	일	월	화	수	목	금	토	일	월	화	수	목	금	토	일	월	화	수	목	금	토	일	월	화	수	목	금	토	일	월
일진	丁酉	戊戌	己亥	庚子	辛丑	壬寅	癸卯	甲辰	乙巳	丙午	丁未	戊申	己酉	庚戌	辛亥	壬子	癸丑	甲寅	乙卯	丙辰	丁巳	戊午	己未	庚申	辛酉	壬戌	癸亥	甲子	乙丑	丙寅
음력 08/06 09/06	6	7	8	9	10	11	12	13	14	15	16	17	18	19	20	21	22	23	24	25	26	27	28	29	9/1	2	3	4	5	6
대남여	8 2	9 2	9 1	9 1	10 1	10 1	백로	1 10	1 10	1 9	2 9	2 8	2 8	3 8	3 7	3 7	4 7	4 6	4 6	5 6	5 5	추분	6 5	6 4	6 4	7 4	7 3	7 3	8 3	8 3

한로 8일 06시 45분　　【음9월】 →　음 9　【戊戌月(무술월)】　　　　상강 23일 10시 00분

양력 10

양력	1	2	3	4	5	6	7	8	9	10	11	12	13	14	15	16	17	18	19	20	21	22	23	24	25	26	27	28	29	30	31
요일	화	수	목	금	토	일	월	화	수	목	금	토	일	월	화	수	목	금	토	일	월	화	수	목	금	토	일	월	화	수	목
일진	丁卯	戊辰	己巳	庚午	辛未	壬申	癸酉	甲戌	乙亥	丙子	丁丑	戊寅	己卯	庚辰	辛巳	壬午	癸未	甲申	乙酉	丙戌	丁亥	戊子	己丑	庚寅	辛卯	壬辰	癸巳	甲午	乙未	丙申	丁酉
음력 09/07 10/07	7	8	9	10	11	12	13	14	15	16	17	18	19	20	21	22	23	24	25	26	27	28	29	30	10/1	2	3	4	5	6	7
대남여	8 2	8 2	9 2	9 1	9 1	10 1	한로	1 10	1 9	1 9	2 9	2 8	2 8	3 8	3 7	3 7	4 7	4 6	4 6	5 6	5 5	상강	6 5	6 4	6 4	7 4	7 3	7 3	8 3	8 2	8 2

입동 7일 10시 12분　　【음10월】 →　음10　【己亥月(기해월)】　　　　소설 22일 07시 48분

양력 11

양력	1	2	3	4	5	6	7	8	9	10	11	12	13	14	15	16	17	18	19	20	21	22	23	24	25	26	27	28	29	30
요일	금	토	일	월	화	수	목	금	토	일	월	화	수	목	금	토	일	월	화	수	목	금	토	일	월	화	수	목	금	토
일진	戊戌	己亥	庚子	辛丑	壬寅	癸卯	甲辰	乙巳	丙午	丁未	戊申	己酉	庚戌	辛亥	壬子	癸丑	甲寅	乙卯	丙辰	丁巳	戊午	己未	庚申	辛酉	壬戌	癸亥	甲子	乙丑	丙寅	丁卯
음력 10/08 11/07	8	9	10	11	12	13	14	15	16	17	18	19	20	21	22	23	24	25	26	27	28	29	30	11/1	2	3	4	5	6	7
대남여	8 2	8 2	9 2	9 1	9 1	10 1	입동	1 10	1 9	1 9	2 9	2 8	2 8	3 8	3 7	3 7	4 7	4 6	4 6	5 6	5 5	소설	6 5	6 4	6 4	7 4	7 3	7 3	8 3	8 2

대설 7일 03시 14분　　【음11월】 →　음11　【庚子月(경자월)】　　　　동지 21일 21시 17분

양력 12

양력	1	2	3	4	5	6	7	8	9	10	11	12	13	14	15	16	17	18	19	20	21	22	23	24	25	26	27	28	29	30	31
요일	일	월	화	수	목	금	토	일	월	화	수	목	금	토	일	월	화	수	목	금	토	일	월	화	수	목	금	토	일	월	화
일진	戊辰	己巳	庚午	辛未	壬申	癸酉	甲戌	乙亥	丙子	丁丑	戊寅	己卯	庚辰	辛巳	壬午	癸未	甲申	乙酉	丙戌	丁亥	戊子	己丑	庚寅	辛卯	壬辰	癸巳	甲午	乙未	丙申	丁酉	戊戌
음력 11/08 12/09	8	9	10	11	12	13	14	15	16	17	18	19	20	21	22	23	24	25	26	27	28	29	12/1	2	3	4	5	6	7	8	9
대남여	8 2	8 2	9 2	9 1	9 1	대설	1 1	1 10	1 9	1 9	2 9	2 8	2 8	3 8	3 7	3 7	4 7	4 6	4 6	5 6	동지	5 5	6 5	6 4	6 4	7 4	7 3	7 3	8 3	8 2	8 2

壬戌(임술)년 납음(大海水), 본명성(三碧木)

대장군(午南방), 삼살(북방), 상문(子北방),조객(申西남방), 납음(대해수), 【삼재(신,유,술)년】 臘享(납향):2043년1월16일(음12/06)

소한 5일 14시 34분　【음12월】→　음12　辛丑月(신축월)　　대한 20일 07시 59분

양력 1 / 음력 12/10 ~ 01/10

양력	1	2	3	4	5	6	7	8	9	10	11	12	13	14	15	16	17	18	19	20	21	22	23	24	25	26	27	28	29	30	31
요일	수	목	금	토	일	월	화	수	목	금	토	일	월	화	수	목	금	토	일	월	화	수	목	금	토	일	월	화	수	목	금
일진	己	庚	辛	壬	癸	甲	乙	丙	丁	戊	己	庚	辛	壬	癸	甲	乙	丙	丁	戊	己	庚	辛	壬	癸	甲	乙	丙	丁	戊	己
日辰	亥	子	丑	寅	卯	辰	巳	午	未	申	酉	戌	亥	子	丑	寅	卯	辰	巳	午	未	申	酉	戌	亥	子	丑	寅	卯	辰	巳
음력	10	11	12	13	14	15	16	17	18	19	20	21	22	23	24	25	26	27	28	29	30	1/1	2	3	4	5	6	7	8	9	10
대남	8	9	9	9	소	1	1	1	1	2	2	2	3	3	3	4	4	4	5	대	5	6	6	6	7	7	7	8	8	8
운여	1	1	1	한	10	9	9	9	8	8	8	7	7	7	6	6	6	5	한	5	4	4	4	3	3	3	2	2	2	1	1

입춘 4일 02시 11분　【음1월】→　음1　壬寅月(임인월)　　우수 18일 22시 03분

양력 2 / 음력 01/11 ~ 02/09　　壬戌年

양력	1	2	3	4	5	6	7	8	9	10	11	12	13	14	15	16	17	18	19	20	21	22	23	24	25	26	27	28
요일	토	일	월	화	수	목	금	토	일	월	화	수	목	금	토	일	월	화	수	목	금	토	일	월	화	수	목	금
일진	庚	辛	壬	癸	甲	乙	丙	丁	戊	己	庚	辛	壬	癸	甲	乙	丙	丁	戊	己	庚	辛	壬	癸	甲	乙	丙	丁
日辰	午	未	申	酉	戌	亥	子	丑	寅	卯	辰	巳	午	未	申	酉	戌	亥	子	丑	寅	卯	辰	巳	午	未	申	酉
음력	11	12	13	14	15	16	17	18	19	20	21	22	23	24	25	26	27	28	29	2/1	2	3	4	5	6	7	8	9
대남	9	9	9	입	1	1	1	1	2	2	2	3	3	3	4	4	4	우	5	5	5	6	6	6	7	7	7	8
운여	1	1	1	춘	1	1	1	1	2	2	2	3	3	3	4	4	4	수	5	5	5	6	6	6	7	7	7	8

경칩 5일 20시 04분　【음2월】→　음2　癸卯月(계묘월)　　윤2　춘분 20일 20시 52분

양력 3 / 음력 02/10 ~ 윤2 10

양력	1	2	3	4	5	6	7	8	9	10	11	12	13	14	15	16	17	18	19	20	21	22	23	24	25	26	27	28	29	30	31
요일	토	일	월	화	수	목	금	토	일	월	화	수	목	금	토	일	월	화	수	목	금	토	일	월	화	수	목	금	토	일	월
일진	戊	己	庚	辛	壬	癸	甲	乙	丙	丁	戊	己	庚	辛	壬	癸	甲	乙	丙	丁	戊	己	庚	辛	壬	癸	甲	乙	丙	丁	戊
日辰	戌	亥	子	丑	寅	卯	辰	巳	午	未	申	酉	戌	亥	子	丑	寅	卯	辰	巳	午	未	申	酉	戌	亥	子	丑	寅	卯	辰
음력	10	11	12	13	14	15	16	17	18	19	20	21	22	23	24	25	26	27	28	29	30	윤2	2	3	4	5	6	7	8	9	10
대남	1	1	1	1	경	10	10	9	9	9	8	8	8	7	7	7	6	6	6	5	춘	5	5	4	4	4	3	3	3	2	2
운여	8	9	9	9	칩	1	1	1	1	2	2	2	3	3	3	4	4	4	5	5	분	5	6	6	6	7	7	7	8	8	9

청명 5일 00시 39분　【음3월】→　음3　甲辰月(갑진월)　　곡우 20일 07시 38분

양력 4 / 음력 윤2 11 ~ 03/11

양력	1	2	3	4	5	6	7	8	9	10	11	12	13	14	15	16	17	18	19	20	21	22	23	24	25	26	27	28	29	30
요일	화	수	목	금	토	일	월	화	수	목	금	토	일	월	화	수	목	금	토	일	월	화	수	목	금	토	일	월	화	수
일진	己	庚	辛	壬	癸	甲	乙	丙	丁	戊	己	庚	辛	壬	癸	甲	乙	丙	丁	戊	己	庚	辛	壬	癸	甲	乙	丙	丁	戊
日辰	巳	午	未	申	酉	戌	亥	子	丑	寅	卯	辰	巳	午	未	申	酉	戌	亥	子	丑	寅	卯	辰	巳	午	未	申	酉	戌
음력	11	12	13	14	15	16	17	18	19	20	21	22	23	24	25	26	27	28	29	3/1	2	3	4	5	6	7	8	9	10	11
대남	1	1	1	청	10	10	9	9	9	8	8	8	7	7	7	6	6	6	5	곡	5	4	4	4	3	3	3	2	2	2
운여	9	9	10	명	1	1	1	1	2	2	2	3	3	3	4	4	4	5	5	우	5	6	6	6	7	7	7	8	8	8

입하 5일 17시 41분　【음4월】→　음4　乙巳月(을사월)　　소만 21일 06시 30분

양력 5 / 음력 03/12 ~ 04/13

양력	1	2	3	4	5	6	7	8	9	10	11	12	13	14	15	16	17	18	19	20	21	22	23	24	25	26	27	28	29	30	31
요일	목	금	토	일	월	화	수	목	금	토	일	월	화	수	목	금	토	일	월	화	수	목	금	토	일	월	화	수	목	금	토
일진	己	庚	辛	壬	癸	甲	乙	丙	丁	戊	己	庚	辛	壬	癸	甲	乙	丙	丁	戊	己	庚	辛	壬	癸	甲	乙	丙	丁	戊	己
日辰	亥	子	丑	寅	卯	辰	巳	午	未	申	酉	戌	亥	子	丑	寅	卯	辰	巳	午	未	申	酉	戌	亥	子	丑	寅	卯	辰	巳
음력	12	13	14	15	16	17	18	19	20	21	22	23	24	25	26	27	28	29	4/1	2	3	4	5	6	7	8	9	10	11	12	13
대남	1	1	1	1	입	10	10	9	9	9	8	8	8	7	7	7	6	6	6	5	소	5	4	4	4	3	3	3	2	2	2
운여	9	9	9	10	하	1	1	1	1	2	2	2	3	3	3	4	4	4	5	5	만	6	6	6	7	7	7	8	8	8	9

망종 5일 21시 37분　【음5월】→　음5　丙午月(병오월)　　하지 21일 14시 37분

양력 6 / 음력 04/14 ~ 05/13

양력	1	2	3	4	5	6	7	8	9	10	11	12	13	14	15	16	17	18	19	20	21	22	23	24	25	26	27	28	29	30
요일	일	월	화	수	목	금	토	일	월	화	수	목	금	토	일	월	화	수	목	금	토	일	월	화	수	목	금	토	일	월
일진	庚	辛	壬	癸	甲	乙	丙	丁	戊	己	庚	辛	壬	癸	甲	乙	丙	丁	戊	己	庚	辛	壬	癸	甲	乙	丙	丁	戊	己
日辰	午	未	申	酉	戌	亥	子	丑	寅	卯	辰	巳	午	未	申	酉	戌	亥	子	丑	寅	卯	辰	巳	午	未	申	酉	戌	亥
음력	14	15	16	17	18	19	20	21	22	23	24	25	26	27	28	29	30	5/1	2	3	4	5	6	7	8	9	10	11	12	13
대남	1	1	1	1	망	10	10	10	9	9	9	8	8	8	7	7	7	6	6	6	5	하	5	4	4	4	3	3	3	2
운여	9	9	10	10	종	1	1	1	1	2	2	2	3	3	3	4	4	4	5	5	5	지	6	6	6	7	7	7	8	8

2 0 4 2 壬戌年

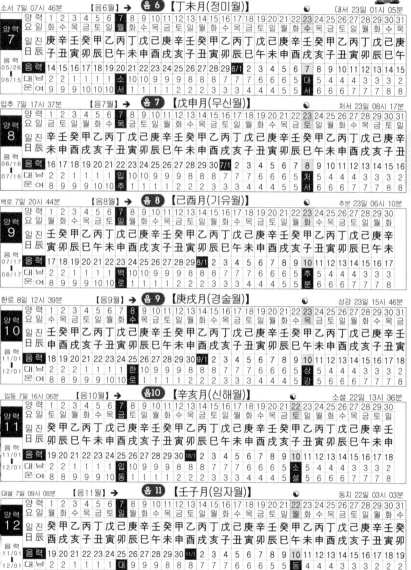

소서 7일 07시 46분　【음6월】 → 음6 【丁未月(정미월)】　대서 23일 01시 05분

양력 7

양력	1	2	3	4	5	6	7	8	9	10	11	12	13	14	15	16	17	18	19	20	21	22	23	24	25	26	27	28	29	30	31
요일	화	수	목	금	토	일	월	화	수	목	금	토	일	월	화	수	목	금	토	일	월	화	수	목	금	토	일	월	화	수	목
일진	庚	辛	壬	癸	甲	乙	丙	丁	戊	己	庚	辛	壬	癸	甲	乙	丙	丁	戊	己	庚	辛	壬	癸	甲	乙	丙	丁	戊	己	庚
日辰	子	丑	寅	卯	辰	巳	午	未	申	酉	戌	亥	子	丑	寅	卯	辰	巳	午	未	申	酉	戌	亥	子	丑	寅	卯	辰	巳	午
음력	14	15	16	17	18	19	20	21	22	23	24	25	26	27	28	29	6/1	2	3	4	5	6	7	8	9	10	11	12	13	14	15

음력 05/26, 06/15

입추 7일 17시 37분　【음7월】 → 음7 【戊申月(무신월)】　처서 23일 08시 17분

양력 8

양력	1	2	3	4	5	6	7	8	9	10	11	12	13	14	15	16	17	18	19	20	21	22	23	24	25	26	27	28	29	30	31
요일	금	토	일	월	화	수	목	금	토	일	월	화	수	목	금	토	일	월	화	수	목	금	토	일	월	화	수	목	금	토	일
일진	辛	壬	癸	甲	乙	丙	丁	戊	己	庚	辛	壬	癸	甲	乙	丙	丁	戊	己	庚	辛	壬	癸	甲	乙	丙	丁	戊	己	庚	辛
日辰	未	申	酉	戌	亥	子	丑	寅	卯	辰	巳	午	未	申	酉	戌	亥	子	丑	寅	卯	辰	巳	午	未	申	酉	戌	亥	子	丑
음력	16	17	18	19	20	21	22	23	24	25	26	27	28	29	30	7/1	2	3	4	5	6	7	8	9	10	11	12	13	14	15	

음력 06/16, 07/16

백로 7일 20시 44분　【음8월】 → 음8 【己酉月(기유월)】　추분 23일 06시 10분

양력 9

양력	1	2	3	4	5	6	7	8	9	10	11	12	13	14	15	16	17	18	19	20	21	22	23	24	25	26	27	28	29	30
요일	월	화	수	목	금	토	일	월	화	수	목	금	토	일	월	화	수	목	금	토	일	월	화	수	목	금	토	일	월	화
일진	壬	癸	甲	乙	丙	丁	戊	己	庚	辛	壬	癸	甲	乙	丙	丁	戊	己	庚	辛	壬	癸	甲	乙	丙	丁	戊	己	庚	辛
日辰	寅	卯	辰	巳	午	未	申	酉	戌	亥	子	丑	寅	卯	辰	巳	午	未	申	酉	戌	亥	子	丑	寅	卯	辰	巳	午	未
음력	17	18	19	20	21	22	23	24	25	26	27	28	29	8/1	2	3	4	5	6	7	8	9	10	11	12	13	14	15	16	17

음력 07/17, 08/17

한로 8일 12시 39분　【음9월】 → 음9 【庚戌月(경술월)】　상강 23일 15시 46분

양력 10

양력	1	2	3	4	5	6	7	8	9	10	11	12	13	14	15	16	17	18	19	20	21	22	23	24	25	26	27	28	29	30	31
요일	수	목	금	토	일	월	화	수	목	금	토	일	월	화	수	목	금	토	일	월	화	수	목	금	토	일	월	화	수	목	금
일진	壬	癸	甲	乙	丙	丁	戊	己	庚	辛	壬	癸	甲	乙	丙	丁	戊	己	庚	辛	壬	癸	甲	乙	丙	丁	戊	己	庚	辛	壬
日辰	申	酉	戌	亥	子	丑	寅	卯	辰	巳	午	未	申	酉	戌	亥	子	丑	寅	卯	辰	巳	午	未	申	酉	戌	亥	子	丑	寅
음력	18	19	20	21	22	23	24	25	26	27	28	29	30	9/1	2	3	4	5	6	7	8	9	10	11	12	13	14	15	16	17	18

음력 11/01, 12/01

입동 7일 16시 06분　【음10월】 → 음10 【辛亥月(신해월)】　소설 22일 13시 36분

양력 11

양력	1	2	3	4	5	6	7	8	9	10	11	12	13	14	15	16	17	18	19	20	21	22	23	24	25	26	27	28	29	30
요일	토	일	월	화	수	목	금	토	일	월	화	수	목	금	토	일	월	화	수	목	금	토	일	월	화	수	목	금	토	일
일진	癸	甲	乙	丙	丁	戊	己	庚	辛	壬	癸	甲	乙	丙	丁	戊	己	庚	辛	壬	癸	甲	乙	丙	丁	戊	己	庚	辛	壬
日辰	卯	辰	巳	午	未	申	酉	戌	亥	子	丑	寅	卯	辰	巳	午	未	申	酉	戌	亥	子	丑	寅	卯	辰	巳	午	未	申
음력	19	20	21	22	23	24	25	26	27	28	29	30	10/1	2	3	4	5	6	7	8	9	10	11	12	13	14	15	16	17	18

음력 11/01, 12/01

대설 7일 09시 08분　【음11월】 → 음11 【壬子月(임자월)】　동지 22일 03시 03분

양력 12

양력	1	2	3	4	5	6	7	8	9	10	11	12	13	14	15	16	17	18	19	20	21	22	23	24	25	26	27	28	29	30	31
요일	월	화	수	목	금	토	일	월	화	수	목	금	토	일	월	화	수	목	금	토	일	월	화	수	목	금	토	일	월	화	수
일진	癸	甲	乙	丙	丁	戊	己	庚	辛	壬	癸	甲	乙	丙	丁	戊	己	庚	辛	壬	癸	甲	乙	丙	丁	戊	己	庚	辛	壬	癸
日辰	酉	戌	亥	子	丑	寅	卯	辰	巳	午	未	申	酉	戌	亥	子	丑	寅	卯	辰	巳	午	未	申	酉	戌	亥	子	丑	寅	卯
음력	19	20	21	22	23	24	25	26	27	28	29	30	11/1	2	3	4	5	6	7	8	9	10	11	12	13	14	15	16	17	18	19

음력 11/01, 12/01

단기 4376 年	**2043**년	**癸亥(계해)년, 납음(大海水), 본명성(二黑土)**
불기 2587 年		대장군(酉서방), 삼살(酉서방), 상문(표동북방),조객(酉서방), 납음 (대해수), 【삼재(사,오,미)년】 臘享(납향):2044년1월23일(음12/24)

소한 5일 20시 24분 【음12월】→ **음12** 【癸丑月(계축월)】 ☾ **대한 20일 13시 40분**

양력	1	2	3	4	5	6	7	8	9	10	11	12	13	14	15	16	17	18	19	20	21	22	23	24	25	26	27	28	29	30	31
요일	목	금	토	일	월	화	수	목	금	토	일	월	화	수	목	금	토	일	월	화	수	목	금	토	일	월	화	수	목	금	토
일진	甲辰	乙巳	丙午	丁未	戊申	己酉	庚戌	辛亥	壬子	癸丑	乙卯	丙辰	丁巳	戊午	己未	庚申	辛酉	壬戌	癸亥	甲子	乙丑	丙寅	丁卯	戊辰	己巳	庚午	辛未	壬申	癸酉	甲戌
음력	20	21	22	23	24	25	26	27	28	29	12/1	2	3	4	5	6	7	8	9	10	11	12	13	14	15	16	17	18	19	20	21

입춘 4일 07시 57분 【음1월】→ **음1** 【甲寅月(갑인월)】 ☾ **우수 19일 03시 40분**

양력	1	2	3	4	5	6	7	8	9	10	11	12	13	14	15	16	17	18	19	20	21	22	23	24	25	26	27	28
요일	일	월	화	수	목	금	토	일	월	화	수	목	금	토	일	월	화	수	목	금	토	일	월	화	수	목	금	토

경칩 6일 01시 46분 【음2월】→ **음2** 【乙卯月(을묘월)】 ☾ **춘분 21일 02시 26분**

청명 5일 06시 19분 【음3월】→ **음3** 【丙辰月(병진월)】 ☾ **곡우 20일 13시 13분**

입하 5일 23시 21분 【음4월】→ **음4** 【丁巳月(정사월)】 ☾ **소만 21일 12시 08분**

망종 6일 03시 17분 【음5월】→ **음5** 【戊午月(무오월)】 ☾ **하지 21일 19시 57분**

癸亥年

- 328 -

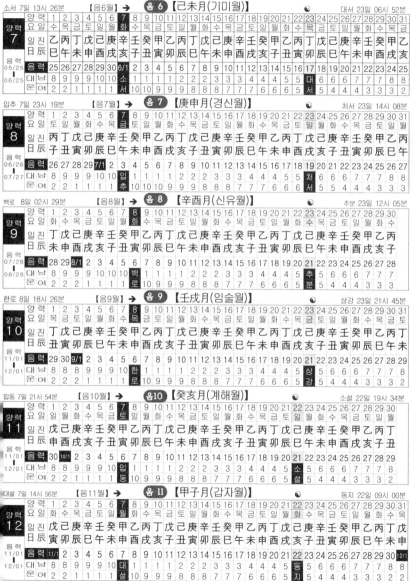

소서 7일 13시 26분　　【음6월】→　음 6 【己未月(기미월)】　　　　대서 23일 06시 52분

양력	1	2	3	4	5	6	7	8	9	10	11	12	13	14	15	16	17	18	19	20	21	22	23	24	25	26	27	28	29	30	31
7 요일	수	목	금	토	일	월	화	수	목	금	토	일	월	화	수	목	금	토	일	월	화	수	목	금	토	일	월	화	수	목	금
일진 日辰	乙巳	丙午	丁未	戊申	己酉	庚戌	辛亥	壬子	癸丑	甲寅	乙卯	丙辰	丁巳	戊午	己未	庚申	辛酉	壬戌	癸亥	甲子	乙丑	丙寅	丁卯	戊辰	己巳	庚午	辛未	壬申	癸酉	甲戌	乙亥
음력 05/25 06/25	25	26	27	28	29	30	6/1	2	3	4	5	6	7	8	9	10	11	12	13	14	15	16	17	18	19	20	21	22	23	24	25
대남 운여	8 2	9 2	9 1	9 1	10 1	10 1	소서	10 10	1 9	1 9	1 9	2 8	2 8	2 8	3 7	3 7	3 7	4 6	4 6	4 6	5 5	5 5	대서	6 4	6 4	6 4	7 3	7 3	7 3	8 2	8 2

입추 7일 23시 19분　　【음7월】→　음 7 【庚申月(경신월)】　　　　처서 23일 14시 08분

양력	1	2	3	4	5	6	7	8	9	10	11	12	13	14	15	16	17	18	19	20	21	22	23	24	25	26	27	28	29	30	31
8 요일	토	일	월	화	수	목	금	토	일	월	화	수	목	금	토	일	월	화	수	목	금	토	일	월	화	수	목	금	토	일	월
일진 日辰	丙子	丁丑	戊寅	己卯	庚辰	辛巳	壬午	癸未	甲申	乙酉	丙戌	丁亥	戊子	己丑	庚寅	辛卯	壬辰	癸巳	甲午	乙未	丙申	丁酉	戊戌	己亥	庚子	辛丑	壬寅	癸卯	甲辰	乙巳	丙午
음력 06/26 07/27	26	27	28	29	7/1	2	3	4	5	6	7	8	9	10	11	12	13	14	15	16	17	18	19	20	21	22	23	24	25	26	27
대남 운여	8 2	9 2	9 1	9 1	10 1	10 1	입추	10 10	1 10	1 9	1 9	1 9	2 8	2 8	2 8	3 7	3 7	3 7	처서	4 6	4 6	4 6	5 5	5 5	5 5	6 4	6 4	6 4	7 3	7 3	7 3

백로 8일 02시 29분　　【음8월】→　음 8 【辛酉月(신유월)】　　　　추분 23일 12시 05분

양력	1	2	3	4	5	6	7	8	9	10	11	12	13	14	15	16	17	18	19	20	21	22	23	24	25	26	27	28	29	30
9 요일	화	수	목	금	토	일	월	화	수	목	금	토	일	월	화	수	목	금	토	일	월	화	수	목	금	토	일	월	화	수
일진 日辰	丁未	戊申	己酉	庚戌	辛亥	壬子	癸丑	甲寅	乙卯	丙辰	丁巳	戊午	己未	庚申	辛酉	壬戌	癸亥	甲子	乙丑	丙寅	丁卯	戊辰	己巳	庚午	辛未	壬申	癸酉	甲戌	乙亥	丙子
음력 07/28 08/28	28	29	8/1	2	3	4	5	6	7	8	9	10	11	12	13	14	15	16	17	18	19	20	21	22	23	24	25	26	27	28
대남 운여	8 2	8 2	9 1	9 1	9 1	10 1	10 1	백로	10 9	1 9	1 9	1 8	2 8	2 8	2 7	3 7	3 7	3 6	4 6	4 6	4 5	5 5	추분	5 4	6 4	6 4	6 3	7 3	7 3	7 3

한로 8일 18시 26분　　【음9월】→　음 9 【壬戌月(임술월)】　　　　상강 23일 21시 45분

양력	1	2	3	4	5	6	7	8	9	10	11	12	13	14	15	16	17	18	19	20	21	22	23	24	25	26	27	28	29	30	31
10 요일	목	금	토	일	월	화	수	목	금	토	일	월	화	수	목	금	토	일	월	화	수	목	금	토	일	월	화	수	목	금	토
일진 日辰	丁丑	戊寅	己卯	庚辰	辛巳	壬午	癸未	甲申	乙酉	丙戌	丁亥	戊子	己丑	庚寅	辛卯	壬辰	癸巳	甲午	乙未	丙申	丁酉	戊戌	己亥	庚子	辛丑	壬寅	癸卯	甲辰	乙巳	丙午	丁未
음력 11/01 12/01	29	30	9/1	2	3	4	5	6	7	8	9	10	11	12	13	14	15	16	17	18	19	20	21	22	23	24	25	26	27	28	29
대남 운여	8 2	8 2	8 1	9 1	9 1	9 1	10 1	한로	10 9	1 9	1 9	1 8	2 8	2 8	2 7	3 7	3 7	3 6	4 6	4 6	4 5	상강	5 5	5 4	6 4	6 4	6 3	7 3	7 3	7 2	8 2

입동 7일 21시 54분　　【음10월】→　음10 【癸亥月(계해월)】　　　　소설 22일 19시 34분

양력	1	2	3	4	5	6	7	8	9	10	11	12	13	14	15	16	17	18	19	20	21	22	23	24	25	26	27	28	29	30
11 요일	일	월	화	수	목	금	토	일	월	화	수	목	금	토	일	월	화	수	목	금	토	일	월	화	수	목	금	토	일	월
일진 日辰	戊申	己酉	庚戌	辛亥	壬子	癸丑	甲寅	乙卯	丙辰	丁巳	戊午	己未	庚申	辛酉	壬戌	癸亥	甲子	乙丑	丙寅	丁卯	戊辰	己巳	庚午	辛未	壬申	癸酉	甲戌	乙亥	丙子	丁丑
음력 11/01 12/01	30	10/1	2	3	4	5	6	7	8	9	10	11	12	13	14	15	16	17	18	19	20	21	22	23	24	25	26	27	28	29
대남 운여	8 2	8 2	8 1	9 1	9 1	9 1	입동	10 9	1 9	1 9	1 8	2 8	2 8	2 7	3 7	3 7	3 6	4 6	4 6	4 5	소설	5 5	5 4	6 4	6 4	6 3	7 3	7 3	7 2	8 2

대설 7일 14시 56분　　【음11월】→　음 11 【甲子月(갑자월)】　　　　동지 22일 09시 00분

양력	1	2	3	4	5	6	7	8	9	10	11	12	13	14	15	16	17	18	19	20	21	22	23	24	25	26	27	28	29	30	31
12 요일	화	수	목	금	토	일	월	화	수	목	금	토	일	월	화	수	목	금	토	일	월	화	수	목	금	토	일	월	화	수	목
일진 日辰	戊寅	己卯	庚辰	辛巳	壬午	癸未	甲申	乙酉	丙戌	丁亥	戊子	己丑	庚寅	辛卯	壬辰	癸巳	甲午	乙未	丙申	丁酉	戊戌	己亥	庚子	辛丑	壬寅	癸卯	甲辰	乙巳	丙午	丁未	戊申
음력 11/01 12/01	11/1	2	3	4	5	6	7	8	9	10	11	12	13	14	15	16	17	18	19	20	21	22	23	24	25	26	27	28	29	30	12/1
대남 운여	8 2	8 1	8 1	9 1	9 1	9 1	대설	10 9	1 9	1 9	1 8	2 8	2 8	2 7	3 7	3 7	3 6	4 6	4 6	4 5	5 5	동지	5 4	6 4	6 4	6 3	7 3	7 3	7 2	8 2	8 2

2043 癸亥年

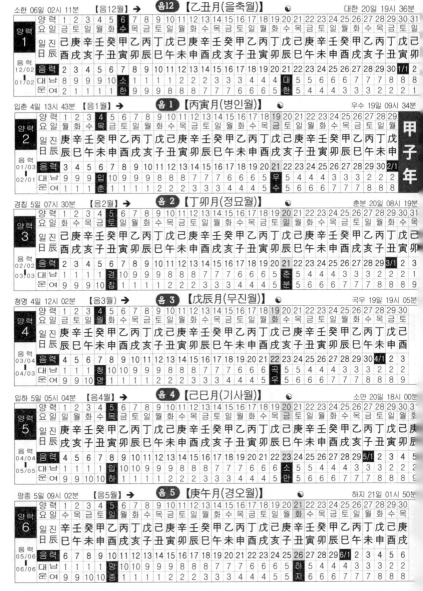

2044년

단기 4377 年　불기 2588 年

甲子(갑자)년, 납음(海中金), 본명성(一白水)

대장군(酉서방), 삼살(남방), 상문(寅동북방),조객(戌서북방), 납음(해중금), 【삼재(인,묘,진)년】 臘享(납향):2045년1월29일(음12/12)

1월

소한 06일 02시 11분　【음12월】 → **음12** 【乙丑月(을축월)】　　대한 20일 19시 36분

양력	1	2	3	4	5	6	7	8	9	10	11	12	13	14	15	16	17	18	19	20	21	22	23	24	25	26	27	28	29	30	31
요일	금	토	일	월	화	수	목	금	토	일	월	화	수	목	금	토	일	월	화	수	목	금	토	일	월	화	수	목	금	토	일
일진	己	庚	辛	壬	癸	甲	乙	丙	丁	戊	己	庚	辛	壬	癸	甲	乙	丙	丁	戊	己	庚	辛	壬	癸	甲	乙	丙	丁	戊	己
日辰	酉	戌	亥	子	丑	寅	卯	辰	巳	午	未	申	酉	戌	亥	子	丑	寅	卯	辰	巳	午	未	申	酉	戌	亥	子	丑	寅	卯
음력	2	3	4	5	6	7	8	9	10	11	12	13	14	15	16	17	18	19	20	21	22	23	24	25	26	27	28	29	30	1/1	2
대남	8	9	9	9	10	소한	1	1	1	1	2	2	2	3	3	3	4	4	4	대한	5	5	6	6	6	7	7	7	8	8	8
운여	2	1	1	1	1		9	9	9	8	8	8	7	7	7	6	6	6	5	한	5	4	4	4	3	3	3	2	2	2	1

음력 12/02 · 01/02

2월

입춘 4일 13시 43분　【음1월】 → **음1** 【丙寅月(병인월)】　　우수 19일 09시 34분

양력	1	2	3	4	5	6	7	8	9	10	11	12	13	14	15	16	17	18	19	20	21	22	23	24	25	26	27	28	29
요일	월	화	수	목	금	토	일	월	화	수	목	금	토	일	월	화	수	목	금	토	일	월	화	수	목	금	토	일	월
일진	庚	辛	壬	癸	甲	乙	丙	丁	戊	己	庚	辛	壬	癸	甲	乙	丙	丁	戊	己	庚	辛	壬	癸	甲	乙	丙	丁	戊
日辰	辰	巳	午	未	申	酉	戌	亥	子	丑	寅	卯	辰	巳	午	未	申	酉	戌	亥	子	丑	寅	卯	辰	巳	午	未	申
음력	3	4	5	6	7	8	9	10	11	12	13	14	15	16	17	18	19	20	21	22	23	24	25	26	27	28	29	30	2/1
대남	9	9	9	입춘	1	1	1	1	2	2	2	3	3	3	4	4	4	5	우수	5	6	6	6	7	7	7	8	8	8
운여	1	1	1	춘	10	9	9	9	8	8	8	7	7	7	6	6	6	5	수	5	4	4	4	3	3	3	2	2	2

음력 01/03 · 02/01

甲子年

3월

경칩 5일 07시 30분　【음2월】 → **음2** 【丁卯月(정묘월)】　　춘분 20일 08시 19분

양력	1	2	3	4	5	6	7	8	9	10	11	12	13	14	15	16	17	18	19	20	21	22	23	24	25	26	27	28	29	30	31
요일	화	수	목	금	토	일	월	화	수	목	금	토	일	월	화	수	목	금	토	일	월	화	수	목	금	토	일	월	화	수	목
일진	己	庚	辛	壬	癸	甲	乙	丙	丁	戊	己	庚	辛	壬	癸	甲	乙	丙	丁	戊	己	庚	辛	壬	癸	甲	乙	丙	丁	戊	己
日辰	酉	戌	亥	子	丑	寅	卯	辰	巳	午	未	申	酉	戌	亥	子	丑	寅	卯	辰	巳	午	未	申	酉	戌	亥	子	丑	寅	卯
음력	2	3	4	5	6	7	8	9	10	11	12	13	14	15	16	17	18	19	20	21	22	23	24	25	26	27	28	29	3/1	2	3
대남	1	1	1	1	경칩	10	9	9	9	8	8	8	7	7	7	6	6	6	5	춘분	5	4	4	4	3	3	3	2	2	2	1
운여	9	9	9	10	칩	1	1	1	1	2	2	2	3	3	3	4	4	4	5	춘	5	6	6	6	7	7	7	8	8	8	9

음력 02/02 · 03/03

4월

청명 4일 12시 02분　【음3월】 → **음3** 【戊辰月(무진월)】　　곡우 19일 19시 05분

양력	1	2	3	4	5	6	7	8	9	10	11	12	13	14	15	16	17	18	19	20	21	22	23	24	25	26	27	28	29	30
요일	금	토	일	월	화	수	목	금	토	일	월	화	수	목	금	토	일	월	화	수	목	금	토	일	월	화	수	목	금	토
일진	庚	辛	壬	癸	甲	乙	丙	丁	戊	己	庚	辛	壬	癸	甲	乙	丙	丁	戊	己	庚	辛	壬	癸	甲	乙	丙	丁	戊	己
日辰	辰	巳	午	未	申	酉	戌	亥	子	丑	寅	卯	辰	巳	午	未	申	酉	戌	亥	子	丑	寅	卯	辰	巳	午	未	申	酉
음력	4	5	6	7	8	9	10	11	12	13	14	15	16	17	18	19	20	21	22	23	24	25	26	27	28	29	30	4/1	2	3
대남	1	1	1	청명	10	10	9	9	9	8	8	8	7	7	7	6	6	6	곡우	5	5	4	4	4	3	3	3	2	2	2
운여	9	9	10	명	1	1	1	1	2	2	2	3	3	3	4	4	4	5	곡	5	6	6	6	7	7	7	8	8	8	9

음력 03/04 · 04/03

5월

입하 5일 05시 04분　【음4월】 → **음4** 【己巳月(기사월)】　　소만 20일 18시 00분

양력	1	2	3	4	5	6	7	8	9	10	11	12	13	14	15	16	17	18	19	20	21	22	23	24	25	26	27	28	29	30	31
요일	일	월	화	수	목	금	토	일	월	화	수	목	금	토	일	월	화	수	목	금	토	일	월	화	수	목	금	토	일	월	화
일진	庚	辛	壬	癸	甲	乙	丙	丁	戊	己	庚	辛	壬	癸	甲	乙	丙	丁	戊	己	庚	辛	壬	癸	甲	乙	丙	丁	戊	己	庚
日辰	戌	亥	子	丑	寅	卯	辰	巳	午	未	申	酉	戌	亥	子	丑	寅	卯	辰	巳	午	未	申	酉	戌	亥	子	丑	寅	卯	辰
음력	4	5	6	7	8	9	10	11	12	13	14	15	16	17	18	19	20	21	22	23	24	25	26	27	28	29	5/1	2	3	4	5
대남	1	1	1	1	입하	10	10	9	9	9	8	8	8	7	7	7	6	6	6	소만	5	5	4	4	4	3	3	3	2	2	2
운여	9	9	10	10	하	1	1	1	1	2	2	2	3	3	3	4	4	4	5	만	5	6	6	6	7	7	7	8	8	8	9

음력 04/04 · 05/05

6월

망종 5일 09시 02분　【음5월】 → **음5** 【庚午月(경오월)】　　하지 21일 01시 50분

양력	1	2	3	4	5	6	7	8	9	10	11	12	13	14	15	16	17	18	19	20	21	22	23	24	25	26	27	28	29	30
요일	수	목	금	토	일	월	화	수	목	금	토	일	월	화	수	목	금	토	일	월	화	수	목	금	토	일	월	화	수	목
일진	辛	壬	癸	甲	乙	丙	丁	戊	己	庚	辛	壬	癸	甲	乙	丙	丁	戊	己	庚	辛	壬	癸	甲	乙	丙	丁	戊	己	庚
日辰	巳	午	未	申	酉	戌	亥	子	丑	寅	卯	辰	巳	午	未	申	酉	戌	亥	子	丑	寅	卯	辰	巳	午	未	申	酉	戌
음력	6	7	8	9	10	11	12	13	14	15	16	17	18	19	20	21	22	23	24	25	26	27	28	29	6/1	2	3	4	5	6
대남	1	1	1	1	망종	10	10	9	9	9	8	8	8	7	7	7	6	6	6	5	하지	5	4	4	4	3	3	3	2	2
운여	9	9	10	10	종	1	1	1	1	2	2	2	3	3	3	4	4	4	5	5	지	6	6	6	7	7	7	8	8	8

음력 05/06 · 06/06

한식(4월05일), 초복(7월20일), 중복(7월30일), 말복(8월09일) ↑춘사(春社)3/20

☀추사(秋社)9/26 토왕지절(土旺之節):4월16일,7월19일,10월20일,1월17일(음11/30)

臘享(납향):2045년1월29일(음12/12)

2 0 4 4

甲 子 年

소서 6일 19시 14분 　【음6월】→　**음 6**　【辛未月(신미월)】　◐　대서 22일 12시 42분

양력 7	1	2	3	4	5	6	7	8	9	10	11	12	13	14	15	16	17	18	19	20	21	22	23	24	25	26	27	28	29	30	31
요일	금	토	일	월	화	수	목	금	토	일	월	화	수	목	금	토	일	월	화	수	목	금	토	일	월	화	수	목	금	토	일
일진	辛	壬	癸	甲	乙	丙	丁	戊	己	庚	辛	壬	癸	甲	乙	丙	丁	戊	己	庚	辛	壬	癸	甲	乙	丙	丁	戊	己	庚	辛
日辰	辰	巳	午	未	申	酉	戌	亥	子	丑	寅	卯	辰	巳	午	未	申	酉	戌	亥	子	丑	寅	卯	辰	巳	午	未	申	酉	戌
음력 06/07 07/07	7	8	9	10	11	12	13	14	15	16	17	18	19	20	21	22	23	24	25	26	27	28	29	30	7/1	2	3	4	5	6	7
대 남	2	1	1	1	1	소	10	10	9	9	9	8	8	8	7	7	7	6	6	6	5	대	5	5	4	4	4	3	3	3	2
운 여	9	9	9	10	10	서	1	1	1	1	2	2	2	3	3	3	4	4	4	5	5	서	6	6	6	7	7	7	8	8	8

입추 7일 05시 07분 　【음7월】→　**음 7**　【壬申月(임신월)】　◐　**윤 7**　처서 22일 19시 53분

양력 8	1	2	3	4	5	6	7	8	9	10	11	12	13	14	15	16	17	18	19	20	21	22	23	24	25	26	27	28	29	30	31
요일	월	화	수	목	금	토	일	월	화	수	목	금	토	일	월	화	수	목	금	토	일	월	화	수	목	금	토	일	월	화	수
일진	壬	癸	甲	乙	丙	丁	戊	己	庚	辛	壬	癸	甲	乙	丙	丁	戊	己	庚	辛	壬	癸	甲	乙	丙	丁	戊	己	庚	辛	壬
日辰	辰	午	未	申	酉	戌	亥	子	丑	寅	卯	辰	巳	午	未	申	酉	戌	亥	子	丑	寅	卯	辰	巳	午	未	申	酉	戌	亥
음력 07/08 윤709	8	9	10	11	12	13	14	15	16	17	18	19	20	21	22	23	24	25	26	27	28	29	윤7	2	3	4	5	6	7	8	9
대 남	2	2	1	1	1	1	입	10	10	9	9	9	8	8	8	7	7	7	6	6	6	처	5	5	5	4	4	4	3	3	3
운 여	8	9	9	9	10	10	추	1	1	1	1	2	2	2	3	3	3	4	4	4	5	서	5	6	6	6	7	7	7	8	8

백로 7일 08시 15분 　【음8월】→　**음 8**　【癸酉月(계유월)】　◐　추분 22일 17시 46분

양력 9	1	2	3	4	5	6	7	8	9	10	11	12	13	14	15	16	17	18	19	20	21	22	23	24	25	26	27	28	29	30
요일	목	금	토	일	월	화	수	목	금	토	일	월	화	수	목	금	토	일	월	화	수	목	금	토	일	월	화	수	목	금
일진	癸	甲	乙	丙	丁	戊	己	庚	辛	壬	癸	甲	乙	丙	丁	戊	己	庚	辛	壬	癸	甲	乙	丙	丁	戊	己	庚	辛	壬
日辰	丑	寅	卯	辰	巳	午	未	申	酉	戌	亥	子	丑	寅	卯	辰	巳	午	未	申	酉	戌	亥	子	丑	寅	卯	辰	巳	午
음력 윤710 08/10	10	11	12	13	14	15	16	17	18	19	20	21	22	23	24	25	26	27	28	29	8/1	2	3	4	5	6	7	8	9	10
대 남	2	2	2	1	1	1	1	백	10	10	9	9	9	8	8	8	7	7	7	6	6	추	5	5	5	4	4	4	3	3
운 여	8	8	9	9	9	10	10	로	1	1	1	1	2	2	2	3	3	3	4	4	4	분	5	5	6	6	6	7	7	7

한로 8일 00시 12분 　【음9월】→　**음 9**　【甲戌月(갑술월)】　◐　상강 23일 03시 25분

양력 10	1	2	3	4	5	6	7	8	9	10	11	12	13	14	15	16	17	18	19	20	21	22	23	24	25	26	27	28	29	30	31
요일	토	일	월	화	수	목	금	토	일	월	화	수	목	금	토	일	월	화	수	목	금	토	일	월	화	수	목	금	토	일	월
일진	癸	甲	乙	丙	丁	戊	己	庚	辛	壬	癸	甲	乙	丙	丁	戊	己	庚	辛	壬	癸	甲	乙	丙	丁	戊	己	庚	辛	壬	癸
日辰	未	申	酉	戌	亥	子	丑	寅	卯	辰	巳	午	未	申	酉	戌	亥	子	丑	寅	卯	辰	巳	午	未	申	酉	戌	亥	子	丑
음력 08/11 09/01	11	12	13	14	15	16	17	18	19	20	21	22	23	24	25	26	27	28	29	30	9/1	2	3	4	5	6	7	8	9	10	11
대 남	2	2	2	1	1	1	1	한	10	9	9	9	8	8	8	7	7	7	6	6	6	상	5	5	5	4	4	4	3	3	3
운 여	8	8	8	9	9	9	10	로	1	1	1	1	2	2	2	3	3	3	4	4	4	강	5	5	5	6	6	6	7	7	7

입동 7일 03시 40분 　【음10월】→　**음10**　【乙亥月(을해월)】　◐　소설 22일 01시 14분

양력 11	1	2	3	4	5	6	7	8	9	10	11	12	13	14	15	16	17	18	19	20	21	22	23	24	25	26	27	28	29	30
요일	화	수	목	금	토	일	월	화	수	목	금	토	일	월	화	수	목	금	토	일	월	화	수	목	금	토	일	월	화	수
일진	甲	乙	丙	丁	戊	己	庚	辛	壬	癸	甲	乙	丙	丁	戊	己	庚	辛	壬	癸	甲	乙	丙	丁	戊	己	庚	辛	壬	癸
日辰	寅	卯	辰	巳	午	未	申	酉	戌	亥	子	丑	寅	卯	辰	巳	午	未	申	酉	戌	亥	子	丑	寅	卯	辰	巳	午	未
음력 11/01 12/01	12	13	14	15	16	17	18	19	20	21	22	23	24	25	26	27	28	29	10/1	2	3	4	5	6	7	8	9	10	11	12
대 남	2	2	1	1	1	1	입	10	9	9	9	8	8	8	7	7	7	6	6	6	소	5	5	4	4	4	3	3	3	2
운 여	8	8	9	9	9	10	동	1	1	1	1	2	2	2	3	3	3	4	4	4	설	5	5	6	6	6	7	7	7	8

대설 6일 20시 44분 　【음11월】→　**음 11**　【丙子月(병자월)】　◐　동지 21일 14시 42분

양력 12	1	2	3	4	5	6	7	8	9	10	11	12	13	14	15	16	17	18	19	20	21	22	23	24	25	26	27	28	29	30	31
요일	목	금	토	일	월	화	수	목	금	토	일	월	화	수	목	금	토	일	월	화	수	목	금	토	일	월	화	수	목	금	토
일진	甲	乙	丙	丁	戊	己	庚	辛	壬	癸	甲	乙	丙	丁	戊	己	庚	辛	壬	癸	甲	乙	丙	丁	戊	己	庚	辛	壬	癸	甲
日辰	申	酉	戌	亥	子	丑	寅	卯	辰	巳	午	未	申	酉	戌	亥	子	丑	寅	卯	辰	巳	午	未	申	酉	戌	亥	子	丑	寅
음력 11/01 12/01	13	14	15	16	17	18	19	20	21	22	23	24	25	26	27	28	29	30	11/1	2	3	4	5	6	7	8	9	10	11	12	13
대 남	2	1	1	1	1	대	10	9	9	9	8	8	8	7	7	7	6	6	6	5	동	5	4	4	4	3	3	3	2	2	2
운 여	8	8	9	9	9	설	1	1	1	1	1	2	2	2	3	3	3	4	4	4	지	5	5	6	6	6	7	7	7	8	8

대장군(酉서방), 삼살(동방), 상문(卯동방), 조객(亥서북방),납음(해중금), 【삼재(해,자,축)년】 臘享(납향):2046년1월24일(음12/18)

소한 5일 08시 01분　　【음12월】 →　　**음12** 【丁丑月(정축월)】　　○　　대한 20일 01시 21분

양력 1																														
양력 요일	1 일	2 월	3 화	4 수	5 목	6 금	7 토	8 일	9 월	10 화	11 수	12 목	13 금	14 토	15 일	16 월	17 화	18 수	19 목	20 금	21 토	22 일	23 월	24 화	25 수	26 목	27 금	28 토	29 일	30 월	31 화
일진日辰	乙卯	丙辰	丁巳	戊午	己未	庚申	辛酉	壬戌	癸亥	甲子	乙丑	丙寅	丁卯	戊辰	己巳	庚午	辛未	壬申	癸酉	甲戌	乙亥	丙子	丁丑	戊寅	己卯	庚辰	辛巳	壬午	癸未	甲申	乙酉
음력 11/14 12/14	14	15	16	17	18	19	20	21	22	23	24	25	26	27	28	29	30	12/1	2	3	4	5	6	7	8	9	10	11	12	13	14
대남				소한													대한														
운여	9	9	9	10	1	1	1	1	2	2	2	3	3	3	4	4	4	5	5	5	6	6	6	7	7	7	8	8	8	9	9

입춘 3일 19시 35분　　【음1월】 →　　**음 1** 【戊寅月(무인월)】　　○　　우수 18일 15시 21분

양력 2																											
양력 요일	1 수	2 목	3 금	4 토	5 일	6 월	7 화	8 수	9 목	10 금	11 토	12 일	13 월	14 화	15 수	16 목	17 금	18 토	19 일	20 월	21 화	22 수	23 목	24 금	25 토	26 일	27 월	28 화
일진日辰	丙戌	丁亥	戊子	己丑	庚寅	辛卯	壬辰	癸巳	甲午	乙未	丙申	丁酉	戊戌	己亥	庚子	辛丑	壬寅	癸卯	甲辰	乙巳	丙午	丁未	戊申	己酉	庚戌	辛亥	壬子	癸丑
음력 12/15 01/12	15	16	17	18	19	20	21	22	23	24	25	26	27	28	29	30	1/1	2	3	4	5	6	7	8	9	10	11	12
대남			입춘														우수											
운여	9	9	춘	10	9	9	9	8	8	8	7	7	7	6	6	6	수	5	4	4	4	3	3	3	2	2	2	1

乙丑年

경칩 5일 13시 23분　　【음2월】 →　　**음 2** 【己卯月(기묘월)】　　○　　춘분 20일 14시 06분

양력 3																														
양력 요일	1 수	2 목	3 금	4 토	5 일	6 월	7 화	8 수	9 목	10 금	11 토	12 일	13 월	14 화	15 수	16 목	17 금	18 토	19 일	20 월	21 화	22 수	23 목	24 금	25 토	26 일	27 월	28 화	29 수	30 목	31 금
일진日辰	甲寅	乙卯	丙辰	丁巳	戊午	己未	庚申	辛酉	壬戌	癸亥	甲子	乙丑	丙寅	丁卯	戊辰	己巳	庚午	辛未	壬申	癸酉	甲戌	乙亥	丙子	丁丑	戊寅	己卯	庚辰	辛巳	壬午	癸未	甲申
음력 01/13 02/13	13	14	15	16	17	18	19	20	21	22	23	24	25	26	27	28	29	30	2/1	2	3	4	5	6	7	8	9	10	11	12	13
대남					경칩															춘분											
운여	1	1	1	1	칩	10	9	9	9	8	8	8	7	7	7	6	6	6	5	분	5	4	4	4	3	3	3	2	2	2	1

청명 4일 17시 56분　　【음3월】 →　　**음 3** 【庚辰月(경진월)】　　○　　곡우 20일 00시 51분

양력 4																													
양력 요일	1 토	2 일	3 월	4 화	5 수	6 목	7 금	8 토	9 일	10 월	11 화	12 수	13 목	14 금	15 토	16 일	17 월	18 화	19 수	20 목	21 금	22 토	23 일	24 월	25 화	26 수	27 목	28 금	29 토	30 일
일진日辰	乙酉	丙戌	丁亥	戊子	己丑	庚寅	辛卯	壬辰	癸巳	甲午	乙未	丙申	丁酉	戊戌	己亥	庚子	辛丑	壬寅	癸卯	甲辰	乙巳	丙午	丁未	戊申	己酉	庚戌	辛亥	壬子	癸丑	甲寅
음력 02/14 03/14	14	15	16	17	18	19	20	21	22	23	24	25	26	27	28	29	3/1	2	3	4	5	6	7	8	9	10	11	12	13	14
대남				청명																곡우										
운여	1	1	1	명	10	10	9	9	9	8	8	8	7	7	7	6	6	6	5	우	5	4	4	4	3	3	3	2	2	2

입하 5일 10시 58분　　【음4월】 →　　**음 4** 【辛巳月(신사월)】　　○　　소만 20일 23시 44분

양력 5																														
양력 요일	1 월	2 화	3 수	4 목	5 금	6 토	7 일	8 월	9 화	10 수	11 목	12 금	13 토	14 일	15 월	16 화	17 수	18 목	19 금	20 토	21 일	22 월	23 화	24 수	25 목	26 금	27 토	28 일	29 월	30 화	31 수
일진日辰	乙卯	丙辰	丁巳	戊午	己未	庚申	辛酉	壬戌	癸亥	甲子	乙丑	丙寅	丁卯	戊辰	己巳	庚午	辛未	壬申	癸酉	甲戌	乙亥	丙子	丁丑	戊寅	己卯	庚辰	辛巳	壬午	癸未	甲申	乙酉
음력 03/15 04/15	15	16	17	18	19	20	21	22	23	24	25	26	27	28	29	30	4/1	2	3	4	5	6	7	8	9	10	11	12	13	14	15
대남					입하															소만											
운여	1	1	1	1	하	10	10	9	9	9	8	8	8	7	7	7	6	6	6	만	5	5	4	4	4	3	3	3	2	2	2

망종 5일 14시 55분　　【음5월】 →　　**음 5** 【壬午月(임오월)】　　○　　하지 21일 07시 32분

양력 6																													
양력 요일	1 목	2 금	3 토	4 일	5 월	6 화	7 수	8 목	9 금	10 토	11 일	12 월	13 화	14 수	15 목	16 금	17 토	18 일	19 월	20 화	21 수	22 목	23 금	24 토	25 일	26 월	27 화	28 수	29 목	30 금
일진日辰	丙戌	丁亥	戊子	己丑	庚寅	辛卯	壬辰	癸巳	甲午	乙未	丙申	丁酉	戊戌	己亥	庚子	辛丑	壬寅	癸卯	甲辰	乙巳	丙午	丁未	戊申	己酉	庚戌	辛亥	壬子	癸丑	甲寅	乙卯
음력 04/16 05/16	16	17	18	19	20	21	22	23	24	25	26	27	28	29	5/1	2	3	4	5	6	7	8	9	10	11	12	13	14	15	16
대남					망종																하지									
운여	1	1	1	1	종	10	10	10	9	9	9	8	8	8	7	7	7	6	6	6	지	5	5	4	4	4	3	3	3	2

2045 乙丑年

소서 7일 01시 07분 【음6월】→ 음6 【癸未月(계미월)】 대서 22일 18시 25분

양력 7 / 음력 05/17~06/18

양력	1	2	3	4	5	6	7	8	9	10	11	12	13	14	15	16	17	18	19	20	21	22	23	24	25	26	27	28	29	30	31
요일	토	일	월	화	수	목	금	토	일	월	화	수	목	금	토	일	월	화	수	목	금	토	일	월	화	수	목	금	토	일	월
일진	丙	丁	戊	己	庚	辛	壬	癸	甲	乙	丙	丁	戊	己	庚	辛	壬	癸	甲	乙	丙	丁	戊	己	庚	辛	壬	癸	甲	乙	丙
日辰	辰	巳	午	未	申	酉	戌	亥	子	丑	寅	卯	辰	巳	午	未	申	酉	戌	亥	子	丑	寅	卯	辰	巳	午	未	申	酉	戌
음력	17	18	19	20	21	22	23	24	25	26	27	28	29	6/1	2	3	4	5	6	7	8	9	10	11	12	13	14	15	16	17	18
대남	9	9	9	10	10	소서	1	1	1	1	2	2	2	3	3	3	4	4	4	5	대서	5	6	6	6	7	7	7	8	8	8
운여	2	1	1	1	1		10	10	9	9	9	8	8	8	7	7	7	6	6	6		5	5	4	4	4	3	3	3	2	2

입추 7일 10시 58분 【음7월】→ 음7 【甲申月(갑신월)】 처서 23일 01시 38분

양력 8 / 음력 06/19~07/19

양력	1	2	3	4	5	6	7	8	9	10	11	12	13	14	15	16	17	18	19	20	21	22	23	24	25	26	27	28	29	30	31
요일	화	수	목	금	토	일	월	화	수	목	금	토	일	월	화	수	목	금	토	일	월	화	수	목	금	토	일	월	화	수	목
일진	丁	戊	己	庚	辛	壬	癸	甲	乙	丙	丁	戊	己	庚	辛	壬	癸	甲	乙	丙	丁	戊	己	庚	辛	壬	癸	甲	乙	丙	丁
日辰	亥	子	丑	寅	卯	辰	巳	午	未	申	酉	戌	亥	子	丑	寅	卯	辰	巳	午	未	申	酉	戌	亥	子	丑	寅	卯	辰	巳
음력	19	20	21	22	23	24	25	26	27	28	29	30	7/1	2	3	4	5	6	7	8	9	10	11	12	13	14	15	16	17	18	19
대남	8	8	9	9	9	입추	1	1	1	1	2	2	2	3	3	3	4	4	4	5	처서	5	6	6	6	7	7	7	8	8	8
운여	2	2	1	1	1		10	10	10	9	9	9	8	8	8	7	7	7	6	6		5	5	5	4	4	4	3	3	3	2

백로 7일 14시 04분 【음8월】→ 음8 【乙酉月(을유월)】 추분 22일 23시 31분

양력 9 / 음력 07/20~08/20

양력	1	2	3	4	5	6	7	8	9	10	11	12	13	14	15	16	17	18	19	20	21	22	23	24	25	26	27	28	29	30
요일	금	토	일	월	화	수	목	금	토	일	월	화	수	목	금	토	일	월	화	수	목	금	토	일	월	화	수	목	금	토
일진	戊	己	庚	辛	壬	癸	甲	乙	丙	丁	戊	己	庚	辛	壬	癸	甲	乙	丙	丁	戊	己	庚	辛	壬	癸	甲	乙	丙	丁
日辰	午	未	申	酉	戌	亥	子	丑	寅	卯	辰	巳	午	未	申	酉	戌	亥	子	丑	寅	卯	辰	巳	午	未	申	酉	戌	亥
음력	20	21	22	23	24	25	26	27	28	29	8/1	2	3	4	5	6	7	8	9	10	11	12	13	14	15	16	17	18	19	20
대남	8	8	9	9	9	백로	1	1	1	1	2	2	2	3	3	3	4	4	4	5	추분	5	6	6	6	7	7	7	8	8
운여	2	2	1	1	1		10	10	10	9	9	9	8	8	8	7	7	7	6	6		5	5	5	4	4	4	3	3	3

한로 8일 05시 59분 【음9월】→ 음9 【丙戌月(병술월)】 상강 23일 09시 11분

양력 10 / 음력 08/... ~ 09/...

양력	1	2	3	4	5	6	7	8	9	10	11	12	13	14	15	16	17	18	19	20	21	22	23	24	25	26	27	28	29	30	31
요일	일	월	화	수	목	금	토	일	월	화	수	목	금	토	일	월	화	수	목	금	토	일	월	화	수	목	금	토	일	월	화
일진	戊	己	庚	辛	壬	癸	甲	乙	丙	丁	戊	己	庚	辛	壬	癸	甲	乙	丙	丁	戊	己	庚	辛	壬	癸	甲	乙	丙	丁	戊
日辰	子	丑	寅	卯	辰	巳	午	未	申	酉	戌	亥	子	丑	寅	卯	辰	巳	午	未	申	酉	戌	亥	子	丑	寅	卯	辰	巳	午
음력	21	22	23	24	25	26	27	28	29	9/1	2	3	4	5	6	7	8	9	10	11	12	13	14	15	16	17	18	19	20	21	22
대남	8	8	8	9	9	9	한로	1	1	1	1	2	2	2	3	3	3	4	4	4	5	상강	5	5	6	6	6	7	7	7	8
운여	2	2	2	1	1	1		10	10	9	9	9	8	8	8	7	7	7	6	6		5	5	5	4	4	4	3	3		

입동 7일 09시 28분 【음10월】→ 음10 【丁亥月(정해월)】 소설 22일 07시 02분

양력 11 / 음력 11/01~12/01

양력	1	2	3	4	5	6	7	8	9	10	11	12	13	14	15	16	17	18	19	20	21	22	23	24	25	26	27	28	29	30
요일	수	목	금	토	일	월	화	수	목	금	토	일	월	화	수	목	금	토	일	월	화	수	목	금	토	일	월	화	수	목
일진	己	庚	辛	壬	癸	甲	乙	丙	丁	戊	己	庚	辛	壬	癸	甲	乙	丙	丁	戊	己	庚	辛	壬	癸	甲	乙	丙	丁	戊
日辰	未	申	酉	戌	亥	子	丑	寅	卯	辰	巳	午	未	申	酉	戌	亥	子	丑	寅	卯	辰	巳	午	未	申	酉	戌	亥	子
음력	23	24	25	26	27	28	29	30	10/1	2	3	4	5	6	7	8	9	10	11	12	13	14	15	16	17	18	19	20	21	22
대남	8	8	8	9	9	9	입동	1	1	1	1	2	2	2	3	3	3	4	4	4	5	소설	5	5	6	6	6	7	7	7
운여	2	2	1	1	1	1		10	9	9	9	8	8	8	7	7	7	6	6	6	5		5	4	4	4	3	3	3	2

대설 7일 02시 34분 【음11월】→ 음11 【戊子月(무자월)】 동지 21일 20시 34분

양력 12 / 음력 11/01~12/01

양력	1	2	3	4	5	6	7	8	9	10	11	12	13	14	15	16	17	18	19	20	21	22	23	24	25	26	27	28	29	30	31
요일	금	토	일	월	화	수	목	금	토	일	월	화	수	목	금	토	일	월	화	수	목	금	토	일	월	화	수	목	금	토	일
일진	己	庚	辛	壬	癸	甲	乙	丙	丁	戊	己	庚	辛	壬	癸	甲	乙	丙	丁	戊	己	庚	辛	壬	癸	甲	乙	丙	丁	戊	己
日辰	丑	寅	卯	辰	巳	午	未	申	酉	戌	亥	子	丑	寅	卯	辰	巳	午	未	申	酉	戌	亥	子	丑	寅	卯	辰	巳	午	未
음력	23	24	25	26	27	28	29	11/1	2	3	4	5	6	7	8	9	10	11	12	13	14	15	16	17	18	19	20	21	22	23	24
대남	8	8	8	9	9	9	대설	1	1	1	1	2	2	2	3	3	3	4	4	5	동지	5	5	6	6	6	7	7	7	8	8
운여	2	2	1	1	1	1		9	9	9	8	8	8	7	7	7	6	6	6	5		5	4	4	4	3	3	3	2	2	

단기 4379 年	**2046년**	**丙寅(병인)년**, 납음(爐中火), 본명성(八白土)
불기 2590 年		대장군(子북방), 삼살(북방), 상문(辰동남방),조객(子북방), 납음(노중화), 【삼재(신,유,술)년】 臘享(납향):2047년1월19일(음12/24)

소한 5일 13시 54분 【음12월】→ 음12 【己丑月(기축월)】 ☾ 대한 20일 07시 14분

양력 1	양력	1	2	3	4	5	6	7	8	9	10	11	12	13	14	15	16	17	18	19	20	21	22	23	24	25	26	27	28	29	30	31
	요일	월	화	수	목	금	토	일	월	화	수	목	금	토	일	월	화	수	목	금	토	일	월	화	수	목	금	토	일	월	화	수
	일진 辰	庚申	辛酉	壬戌	癸亥	甲子	乙丑	丙寅	丁卯	戊辰	己巳	庚午	辛未	壬申	癸酉	甲戌	乙亥	丙子	丁丑	戊寅	己卯	庚辰	辛巳	壬午	癸未	甲申	乙酉	丙戌	丁亥	戊子	己丑	庚寅
음력 11/25 12/25	음력	25	26	27	28	29	30	12/1	2	3	4	5	6	7	8	9	10	11	12	13	14	15	16	17	18	19	20	21	22	23	24	25
	대남 운여	8 1	9 1	9 1	9 1	소한	1 10	1 9	1 9	2 8	2 8	2 8	3 7	3 7	3 7	대한	5 6	5 6	6 6	6 5	7 5	7 4	7 4	8 4	8 3	8 3	9 3	9 2	9 2	1

입춘 4일 01시 30분 【음1월】→ 음1 庚寅月(경인월) ☾ 우수 18일 21시 14분

양력 2	양력	1	2	3	4	5	6	7	8	9	10	11	12	13	14	15	16	17	18	19	20	21	22	23	24	25	26	27	28
	요일	목	금	토	일	월	화	수	목	금	토	일	월	화	수	목	금	토	일	월	화	수	목	금	토	일	월	화	수
	일진 辰	辛卯	壬辰	癸巳	甲午	乙未	丙申	丁酉	戊戌	己亥	庚子	辛丑	壬寅	癸卯	甲辰	乙巳	丙午	丁未	戊申	己酉	庚戌	辛亥	壬子	癸丑	甲寅	乙卯	丙辰	丁巳	戊午
음력 12/26 01/23	음력	26	27	28	29	30	1/1	2	3	4	5	6	7	8	9	10	11	12	13	14	15	16	17	18	19	20	21	22	23
	대남 운여	9 1	9 1	9 1	10 1	입춘	1 9	1 9	1 9	2 8	2 8	2 8	3 7	3 7	3 7	4 6	4 6	4 6	우수	5 5	5 4	6 4	6 4	6 3	7 3	7 3	7 2	8 2	8 2

丙寅年

경칩 5일 19시 16분 【음2월】→ 음2 【辛卯月(신묘월)】 ☾ 춘분 20일 19시 56분

양력 3	양력	1	2	3	4	5	6	7	8	9	10	11	12	13	14	15	16	17	18	19	20	21	22	23	24	25	26	27	28	29	30	31
	요일	목	금	토	일	월	화	수	목	금	토	일	월	화	수	목	금	토	일	월	화	수	목	금	토	일	월	화	수	목	금	토
	일진 辰	己未	庚申	辛酉	壬戌	癸亥	甲子	乙丑	丙寅	丁卯	戊辰	己巳	庚午	辛未	壬申	癸酉	甲戌	乙亥	丙子	丁丑	戊寅	己卯	庚辰	辛巳	壬午	癸未	甲申	乙酉	丙戌	丁亥	戊子	己丑
음력 01/24 02/24	음력	24	25	26	27	28	29	30	2/1	2	3	4	5	6	7	8	9	10	11	12	13	14	15	16	17	18	19	20	21	22	23	24
	대남 운여	1 9	1 9	1 9	1 10	경칩	10 1	9 1	9 1	9 2	8 2	8 2	8 3	7 3	7 3	7 4	6 4	6 4	6 5	5 5	춘분	5 6	4 6	4 6	4 7	3 7	3 7	3 8	2 8	2 8	2 9	1 9

청명 4일 23시 43분 【음3월】→ 음3 【壬辰月(임진월)】 ☾ 곡우 20일 06시 37분

양력 4	양력	1	2	3	4	5	6	7	8	9	10	11	12	13	14	15	16	17	18	19	20	21	22	23	24	25	26	27	28	29	30
	요일	일	월	화	수	목	금	토	일	월	화	수	목	금	토	일	월	화	수	목	금	토	일	월	화	수	목	금	토	일	월
	일진 辰	庚寅	辛卯	壬辰	癸巳	甲午	乙未	丙申	丁酉	戊戌	己亥	庚子	辛丑	壬寅	癸卯	甲辰	乙巳	丙午	丁未	戊申	己酉	庚戌	辛亥	壬子	癸丑	甲寅	乙卯	丙辰	丁巳	戊午	己未
음력 02/25 03/25	음력	25	26	27	28	29	3/1	2	3	4	5	6	7	8	9	10	11	12	13	14	15	16	17	18	19	20	21	22	23	24	25
	대남 운여	1 9	1 9	1 10	청명	10 1	10 1	9 1	9 1	9 2	8 2	8 2	8 3	7 3	7 3	7 4	6 4	6 4	6 5	5 5	곡우	5 6	4 6	4 6	4 7	3 7	3 7	3 8	2 8	2 8	2 9

입하 5일 16시 39분 【음4월】→ 음4 【癸巳月(계사월)】 ☾ 소만 21일 05시 27분

양력 5	양력	1	2	3	4	5	6	7	8	9	10	11	12	13	14	15	16	17	18	19	20	21	22	23	24	25	26	27	28	29	30	31
	요일	화	수	목	금	토	일	월	화	수	목	금	토	일	월	화	수	목	금	토	일	월	화	수	목	금	토	일	월	화	수	목
	일진 辰	庚申	辛酉	壬戌	癸亥	甲子	乙丑	丙寅	丁卯	戊辰	己巳	庚午	辛未	壬申	癸酉	甲戌	乙亥	丙子	丁丑	戊寅	己卯	庚辰	辛巳	壬午	癸未	甲申	乙酉	丙戌	丁亥	戊子	己丑	庚寅
음력 03/26 04/26	음력	26	27	28	29	30	4/1	2	3	4	5	6	7	8	9	10	11	12	13	14	15	16	17	18	19	20	21	22	23	24	25	26
	대남 운여	1 9	1 9	1 10	1 10	입하	10 1	10 1	9 1	9 2	9 2	8 2	8 3	8 3	7 3	7 4	7 4	6 4	6 5	6 5	소만	5 6	5 6	4 6	4 7	4 7	3 7	3 8	3 8	2 8	2 9	2 9

망종 5일 20시 31분 【음5월】→ 음5 【甲午月(갑오월)】 ☾ 하지 21일 13시 13분

양력 6	양력	1	2	3	4	5	6	7	8	9	10	11	12	13	14	15	16	17	18	19	20	21	22	23	24	25	26	27	28	29	30
	요일	금	토	일	월	화	수	목	금	토	일	월	화	수	목	금	토	일	월	화	수	목	금	토	일	월	화	수	목	금	토
	일진 辰	辛卯	壬辰	癸巳	甲午	乙未	丙申	丁酉	戊戌	己亥	庚子	辛丑	壬寅	癸卯	甲辰	乙巳	丙午	丁未	戊申	己酉	庚戌	辛亥	壬子	癸丑	甲寅	乙卯	丙辰	丁巳	戊午	己未	庚申
음력 04/27 05/26	음력	27	28	29	30	5/1	2	3	4	5	6	7	8	9	10	11	12	13	14	15	16	17	18	19	20	21	22	23	24	25	26
	대남 운여	1 9	1 9	1 10	1 10	망종	10 1	10 1	9 1	9 2	9 2	8 2	8 3	8 3	7 3	7 4	7 4	6 4	6 5	6 5	하지	5 6	5 6	4 6	4 7	4 7	3 7	3 8	3 8	2 8	2 9

한식(4월05일), 초복(7월20일), 중복(7월30일), 말복(8월09일) ↑춘사(春社)3/20
☀추사(秋社)9/26 토왕지절(土旺之節):4월17일,7월19일,10월20일,1월17일(음12/22)
臘享(납향):2047년1월19일(음12/24)

소서 7일 06시 39분　【음6월】→　음6　【乙未月(을미월)】　대서 23일 00시 07분

양력	1	2	3	4	5	6	7	8	9	10	11	12	13	14	15	16	17	18	19	20	21	22	23	24	25	26	27	28	29	30	31
7 요일	일	월	화	수	목	금	토	일	월	화	수	목	금	토	일	월	화	수	목	금	토	일	월	화	수	목	금	토	일	월	화
일진 日辰	辛酉	壬戌	癸亥	甲子	乙丑	丙寅	丁卯	戊辰	己巳	庚午	辛未	壬申	癸酉	甲戌	乙亥	丙子	丁丑	戊寅	己卯	庚辰	辛巳	壬午	癸未	甲申	乙酉	丙戌	丁亥	戊子	己丑	庚寅	辛卯
음력 05/27 06/28	27	28	29	6/1	2	3	4	5	6	7	8	9	10	11	12	13	14	15	16	17	18	19	20	21	22	23	24	25	26	27	28
대남 운여	2 9	1 9	1 9	1 10	1 10	소서	10 1	10 1	9 1	9 1	9 2	8 2	8 2	8 3	7 3	7 3	7 4	6 4	6 4	대서	6 5	5 5	5 6	4 6	4 6	4 7	3 7	3 7	3 8	2 8	2 8

입추 7일 16시 32분　【음7월】→　음7　【丙申月(병신월)】　처서 23일 07시 23분

양력	1	2	3	4	5	6	7	8	9	10	11	12	13	14	15	16	17	18	19	20	21	22	23	24	25	26	27	28	29	30	31
8 요일	수	목	금	토	일	월	화	수	목	금	토	일	월	화	수	목	금	토	일	월	화	수	목	금	토	일	월	화	수	목	금
일진 日辰	壬辰	癸巳	甲午	乙未	丙申	丁酉	戊戌	己亥	庚子	辛丑	壬寅	癸卯	甲辰	乙巳	丙午	丁未	戊申	己酉	庚戌	辛亥	壬子	癸丑	甲寅	乙卯	丙辰	丁巳	戊午	己未	庚申	辛酉	壬戌
음력 06/29 07/30	29	7/1	2	3	4	5	6	7	8	9	10	11	12	13	14	15	16	17	18	19	20	21	22	23	24	25	26	27	28	29	30
대남 운여	2 8	1 9	1 9	1 9	1 10	입추	10 1	10 1	9 1	9 1	9 2	8 2	8 2	8 3	7 3	7 3	7 4	6 4	6 4	6 5	처서	5 5	5 6	4 6	4 6	4 7	3 7	3 7	3 8	2 8	2 8

백로 7일 19시 42분　【음8월】→　음8　【丁酉月(정유월)】　추분 23일 05시 20분

양력	1	2	3	4	5	6	7	8	9	10	11	12	13	14	15	16	17	18	19	20	21	22	23	24	25	26	27	28	29	30
9 요일	토	일	월	화	수	목	금	토	일	월	화	수	목	금	토	일	월	화	수	목	금	토	일	월	화	수	목	금	토	일
일진 日辰	癸亥	甲子	乙丑	丙寅	丁卯	戊辰	己巳	庚午	辛未	壬申	癸酉	甲戌	乙亥	丙子	丁丑	戊寅	己卯	庚辰	辛巳	壬午	癸未	甲申	乙酉	丙戌	丁亥	戊子	己丑	庚寅	辛卯	壬辰
음력 08/01 09/01	8/1	2	3	4	5	6	7	8	9	10	11	12	13	14	15	16	17	18	19	20	21	22	23	24	25	26	27	28	29	9/1
대남 운여	2 8	1 9	1 9	1 9	1 10	백로	10 1	10 1	9 1	9 1	9 2	8 2	8 2	8 3	7 3	7 3	7 4	6 4	6 4	6 5	추분	5 5	5 6	4 6	4 6	4 7	3 7	3 7	3 8	2 8

한로 8일 11시 41분　【음9월】→　음9　【戊戌月(무술월)】　상강 23일 15시 02분

양력	1	2	3	4	5	6	7	8	9	10	11	12	13	14	15	16	17	18	19	20	21	22	23	24	25	26	27	28	29	30	31
10 요일	월	화	수	목	금	토	일	월	화	수	목	금	토	일	월	화	수	목	금	토	일	월	화	수	목	금	토	일	월	화	수
일진 日辰	癸巳	甲午	乙未	丙申	丁酉	戊戌	己亥	庚子	辛丑	壬寅	癸卯	甲辰	乙巳	丙午	丁未	戊申	己酉	庚戌	辛亥	壬子	癸丑	甲寅	乙卯	丙辰	丁巳	戊午	己未	庚申	辛酉	壬戌	癸亥
음력 11/01 12/01	2	3	4	5	6	7	8	9	10	11	12	13	14	15	16	17	18	19	20	21	22	23	24	25	26	27	28	29	10/1	2	3
대남 운여	2 8	2 8	1 9	1 9	1 9	1 10	한로	10 1	9 1	9 1	9 2	8 2	8 2	8 3	7 3	7 3	7 4	6 4	6 4	6 5	5 5	5 5	상강	5 6	4 6	4 6	4 7	3 7	3 7	3 8	2 8

입동 7일 15시 13분　【음10월】→　음10　【己亥月(기해월)】　소설 22일 12시 55분

양력	1	2	3	4	5	6	7	8	9	10	11	12	13	14	15	16	17	18	19	20	21	22	23	24	25	26	27	28	29	30
11 요일	목	금	토	일	월	화	수	목	금	토	일	월	화	수	목	금	토	일	월	화	수	목	금	토	일	월	화	수	목	금
일진 日辰	甲子	乙丑	丙寅	丁卯	戊辰	己巳	庚午	辛未	壬申	癸酉	甲戌	乙亥	丙子	丁丑	戊寅	己卯	庚辰	辛巳	壬午	癸未	甲申	乙酉	丙戌	丁亥	戊子	己丑	庚寅	辛卯	壬辰	癸巳
음력 11/01 12/01	4	5	6	7	8	9	10	11	12	13	14	15	16	17	18	19	20	21	22	23	24	25	26	27	28	29	30	11/1	2	3
대남 운여	2 8	2 8	1 9	1 9	1 9	1 10	입동	10 9	9 1	9 1	9 1	8 2	8 2	8 2	7 3	7 3	7 3	6 4	6 4	6 4	5 5	소설	5 5	5 6	4 6	4 6	4 7	3 7	3 7	3 8

대설 7일 08시 20분　【음11월】→　음11　【庚子月(경자월)】　동지 22일 02시 27분

양력	1	2	3	4	5	6	7	8	9	10	11	12	13	14	15	16	17	18	19	20	21	22	23	24	25	26	27	28	29	30	31
12 요일	토	일	월	화	수	목	금	토	일	월	화	수	목	금	토	일	월	화	수	목	금	토	일	월	화	수	목	금	토	일	월
일진 日辰	甲午	乙未	丙申	丁酉	戊戌	己亥	庚子	辛丑	壬寅	癸卯	甲辰	乙巳	丙午	丁未	戊申	己酉	庚戌	辛亥	壬子	癸丑	甲寅	乙卯	丙辰	丁巳	戊午	己未	庚申	辛酉	壬戌	癸亥	甲子
음력 11/01 12/01	4	5	6	7	8	9	10	11	12	13	14	15	16	17	18	19	20	21	22	23	24	25	26	27	28	29	12/1	2	3	4	5
대남 운여	2 8	2 8	1 9	1 9	1 9	1 10	대설	9 1	9 1	9 1	8 2	8 2	8 2	7 3	7 3	7 3	6 4	6 4	6 4	5 5	5 5	동지	5 6	4 6	4 6	4 7	3 7	3 7	3 8	2 8	2 8

2046

丙寅年

토끼

단기 4380 年	**2047**년	丁卯(정묘)년, 납음(爐中火),본명성(七赤金)
불기 2591 年		대장군(子북방), 삼살(酉서방), 상문(巳동남방),조객(卯동북방), 납음(노중화),【삼재(사,오,미)년】 臘享(납향):2048년1월26일(음12/12)

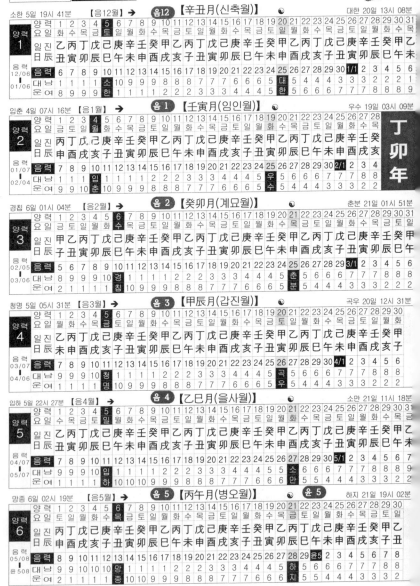

소한 5일 19시 41분 【음12월】 → 음12 辛丑月(신축월) ◑   대한 20일 13시 08분

양력 1	양력	1	2	3	4	5	6	7	8	9	10	11	12	13	14	15	16	17	18	19	20	21	22	23	24	25	26	27	28	29	30	31
	요일	화	수	목	금	토	일	월	화	수	목	금	토	일	월	화	수	목	금	토	일	월	화	수	목	금	토	일	월	화	수	목
	일진	乙	丙	丁	戊	己	庚	辛	壬	癸	甲	乙	丙	丁	戊	己	庚	辛	壬	癸	甲	乙	丙	丁	戊	己	庚	辛	壬	癸	甲	乙
	日辰	丑	寅	卯	辰	巳	午	未	申	酉	戌	亥	子	丑	寅	卯	辰	巳	午	未	申	酉	戌	亥	子	丑	寅	卯	辰	巳	午	未
음력 12/06 01/06	음력	6	7	8	9	10	11	12	13	14	15	16	17	18	19	20	21	22	23	24	25	26	27	28	29	30	1/1	2	3	4	5	6
	대남	1	1	1	1	소한	10	9	9	9	8	8	8	7	7	7	6	6	6	5	대한	5	4	4	4	3	3	3	2	2	2	1
	운여	8	9	9	9	9	1	1	1	1	2	2	2	3	3	3	4	4	4	5	한	5	6	6	6	7	7	7	8	8	8	9

입춘 4일 07시 16분 【음1월】 → 음1 壬寅月(임인월) ●   우수 19일 03시 09분

양력 2	양력	1	2	3	4	5	6	7	8	9	10	11	12	13	14	15	16	17	18	19	20	21	22	23	24	25	26	27	28
	요일	금	토	일	월	화	수	목	금	토	일	월	화	수	목	금	토	일	월	화	수	목	금	토	일	월	화	수	목
	일진	丙	丁	戊	己	庚	辛	壬	癸	甲	乙	丙	丁	戊	己	庚	辛	壬	癸	甲	乙	丙	丁	戊	己	庚	辛	壬	癸
	日辰	申	酉	戌	亥	子	丑	寅	卯	辰	巳	午	未	申	酉	戌	亥	子	丑	寅	卯	辰	巳	午	未	申	酉	戌	亥
음력 01/07 02/04	음력	7	8	9	10	11	12	13	14	15	16	17	18	19	20	21	22	23	24	25	26	27	28	29	30	2/1	2	3	4
	대남	1	1	1	입춘	1	1	2	2	2	3	3	3	4	4	4	5	5	우수	6	6	6	7	7	7	8	8	8	9
	운여	9	9	10	춘	10	9	9	9	8	8	8	7	7	7	6	6	6	수	5	5	4	4	4	3	3	3	2	2

丁卯年

경칩 6일 01시 04분 【음2월】 → 음2 癸卯月(계묘월) ◐   춘분 21일 01시 51분

양력 3	양력	1	2	3	4	5	6	7	8	9	10	11	12	13	14	15	16	17	18	19	20	21	22	23	24	25	26	27	28	29	30	31
	요일	금	토	일	월	화	수	목	금	토	일	월	화	수	목	금	토	일	월	화	수	목	금	토	일	월	화	수	목	금	토	일
	일진	甲	乙	丙	丁	戊	己	庚	辛	壬	癸	甲	乙	丙	丁	戊	己	庚	辛	壬	癸	甲	乙	丙	丁	戊	己	庚	辛	壬	癸	甲
	日辰	子	丑	寅	卯	辰	巳	午	未	申	酉	戌	亥	子	丑	寅	卯	辰	巳	午	未	申	酉	戌	亥	子	丑	寅	卯	辰	巳	午
음력 02/05 03/06	음력	5	6	7	8	9	10	11	12	13	14	15	16	17	18	19	20	21	22	23	24	25	26	27	28	29	3/1	2	3	4	5	6
	대남	8	9	9	9	10	경칩	1	1	1	1	2	2	2	3	3	3	4	4	4	5	5	춘분	6	6	6	7	7	7	8	8	8
	운여	2	1	1	1	1	칩	10	9	9	9	8	8	8	7	7	7	6	6	6	5	5	분	4	4	4	3	3	3	2	2	2

청명 5일 05시 31분 【음3월】 → 음3 甲辰月(갑진월) ◑   곡우 20일 12시 31분

양력 4	양력	1	2	3	4	5	6	7	8	9	10	11	12	13	14	15	16	17	18	19	20	21	22	23	24	25	26	27	28	29	30
	요일	월	화	수	목	금	토	일	월	화	수	목	금	토	일	월	화	수	목	금	토	일	월	화	수	목	금	토	일	월	화
	일진	乙	丙	丁	戊	己	庚	辛	壬	癸	甲	乙	丙	丁	戊	己	庚	辛	壬	癸	甲	乙	丙	丁	戊	己	庚	辛	壬	癸	甲
	日辰	未	申	酉	戌	亥	子	丑	寅	卯	辰	巳	午	未	申	酉	戌	亥	子	丑	寅	卯	辰	巳	午	未	申	酉	戌	亥	子
음력 03/07 04/06	음력	7	8	9	10	11	12	13	14	15	16	17	18	19	20	21	22	23	24	25	26	27	28	29	30	4/1	2	3	4	5	6
	대남	9	9	9	10	청명	1	1	1	1	2	2	2	3	3	3	4	4	4	5	곡우	5	6	6	6	7	7	7	8	8	8
	운여	1	1	1	1	명	10	9	9	9	8	8	8	7	7	7	6	6	6	5	우	5	4	4	4	3	3	3	2	2	2

입하 5일 22시 27분 【음4월】 → 음4 乙巳月(을사월) ●   소만 21일 11시 18분

양력 5	양력	1	2	3	4	5	6	7	8	9	10	11	12	13	14	15	16	17	18	19	20	21	22	23	24	25	26	27	28	29	30	31
	요일	수	목	금	토	일	월	화	수	목	금	토	일	월	화	수	목	금	토	일	월	화	수	목	금	토	일	월	화	수	목	금
	일진	乙	丙	丁	戊	己	庚	辛	壬	癸	甲	乙	丙	丁	戊	己	庚	辛	壬	癸	甲	乙	丙	丁	戊	己	庚	辛	壬	癸	甲	乙
	日辰	丑	寅	卯	辰	巳	午	未	申	酉	戌	亥	子	丑	寅	卯	辰	巳	午	未	申	酉	戌	亥	子	丑	寅	卯	辰	巳	午	未
음력 04/07 05/07	음력	7	8	9	10	11	12	13	14	15	16	17	18	19	20	21	22	23	24	25	26	27	28	29	30	5/1	2	3	4	5	6	7
	대남	9	9	9	10	입하	1	1	1	1	2	2	2	3	3	3	4	4	4	5	5	소만	6	6	6	7	7	7	8	8	8	9
	운여	1	1	1	1	하	10	10	9	9	9	8	8	8	7	7	7	6	6	6	5	만	5	4	4	4	3	3	3	2	2	2

망종 6일 02시 19분 【음5월】 → 음5 丙午月(병오월) ◑   윤5   하지 21일 19시 02분

양력 6	양력	1	2	3	4	5	6	7	8	9	10	11	12	13	14	15	16	17	18	19	20	21	22	23	24	25	26	27	28	29	30
	요일	토	일	월	화	수	목	금	토	일	월	화	수	목	금	토	일	월	화	수	목	금	토	일	월	화	수	목	금	토	일
	일진	丙	丁	戊	己	庚	辛	壬	癸	甲	乙	丙	丁	戊	己	庚	辛	壬	癸	甲	乙	丙	丁	戊	己	庚	辛	壬	癸	甲	乙
	日辰	申	酉	戌	亥	子	丑	寅	卯	辰	巳	午	未	申	酉	戌	亥	子	丑	寅	卯	辰	巳	午	未	申	酉	戌	亥	子	丑
음력 05/08 윤508	음력	8	9	10	11	12	13	14	15	16	17	18	19	20	21	22	23	24	25	26	27	28	29	윤5	2	3	4	5	6	7	8
	대남	9	9	10	10	10	망종	1	1	1	1	2	2	2	3	3	3	4	4	4	5	하지	5	6	6	6	7	7	7	8	8
	운여	2	1	1	1	1	종	10	10	9	9	9	8	8	8	7	7	7	6	6	6	지	5	5	4	4	4	3	3	3	2

한식(4월06일), 초복(7월15일), 중복(7월25일), 말복(8월14일) ☗춘사(春社)3/25
☀추사(秋社)9/21 토왕지절(土旺之節):4월17일,7월20일,10월20일,1월17일(음12/03)
臘享(납향):2048년1월26일(음12/12)

2047 丁卯年

소서 7일 12시 29분 【음6월】 → 음 6 【丁未月(정미월)】 대서 23일 05시 54분

양력 7	양력	1	2	3	4	5	6	7	8	9	10	11	12	13	14	15	16	17	18	19	20	21	22	23	24	25	26	27	28	29	30	31
	요일	월	화	수	목	금	토	일	월	화	수	목	금	토	일	월	화	수	목	금	토	일	월	화	수	목	금	토	일	월	화	수
	일진	丙	丁	戊	己	庚	辛	壬	癸	甲	乙	丙	丁	戊	己	庚	辛	壬	癸	甲	乙	丙	丁	戊	己	庚	辛	壬	癸	甲	乙	丙
	日辰	寅	卯	辰	巳	午	未	申	酉	戌	亥	子	丑	寅	卯	辰	巳	午	未	申	酉	戌	亥	子	丑	寅	卯	辰	巳	午	未	申
음력 윤5 09 06/09	음력	9	10	11	12	13	14	15	16	17	18	19	20	21	22	23	24	25	26	27	28	29	30	6/1	2	3	4	5	6	7	8	9

입추 7일 22시 24분 【음7월】 → 음 7 【戊申月(무신월)】 처서 23일 13시 09분

양력 8																														

백로 8일 01시 37분 【음8월】 → 음 8 【己酉月(기유월)】 추분 23일 11시 07분

한로 8일 17시 36분 【음9월】 → 음 9 【庚戌月(경술월)】 상강 23일 20시 47분

입동 7일 21시 06분 【음10월】 → 음10 【辛亥月(신해월)】 소설 22일 18시 37분

대설 7일 14시 09분 【음11월】 → 음 11 【壬子月(임자월)】 동지 22일 08시 06분

소한 6일 01시 28분 【음12월】 → **음12** 【癸丑月(계축월)】 ☾ 대한 20일 18시 46분

양력 1	양력	1	2	3	4	5	6	7	8	9	10	11	12	13	14	15	16	17	18	19	20	21	22	23	24	25	26	27	28	29	30	31
	요일	수	목	금	토	일	월	화	수	목	금	토	일	월	화	수	목	금	토	일	월	화	수	목	금	토	일	월	화	수	목	금
	일진	庚	辛	壬	癸	甲	乙	丙	丁	戊	己	庚	辛	壬	癸	甲	乙	丙	丁	戊	己	庚	辛	壬	癸	甲	乙	丙	丁	戊	己	庚
	日辰	午	未	申	酉	戌	亥	子	丑	寅	卯	辰	巳	午	未	申	酉	戌	亥	子	丑	寅	卯	辰	巳	午	未	申	酉	戌	亥	子
음력 11/16 12/17	음력	16	17	18	19	20	21	22	23	24	25	26	27	28	29	12/1	2	3	4	5	6	7	8	9	10	11	12	13	14	15	16	17
	대 남	8	9	9	9	10	소	1	1	1	1	2	2	2	3	3	3	4	4	4	대	5	5	6	6	6	7	7	7	8	8	8
	운 여	2	1	1	1	1	한	9	9	9	8	8	8	7	7	7	6	6	6	5	한	5	5	4	4	4	3	3	3	2	2	2

입춘 4일 13시 03분 【음1월】 → **음1** 【甲寅月(갑인월)】 ☾ 우수 19일 08시 47분

양력 2	양력	1	2	3	4	5	6	7	8	9	10	11	12	13	14	15	16	17	18	19	20	21	22	23	24	25	26	27	28	29
	요일	토	일	월	화	수	목	금	토	일	월	화	수	목	금	토	일	월	화	수	목	금	토	일	월	화	수	목	금	토
	일진	辛	壬	癸	甲	乙	丙	丁	戊	己	庚	辛	壬	癸	甲	乙	丙	丁	戊	己	庚	辛	壬	癸	甲	乙	丙	丁	戊	己
	日辰	丑	寅	卯	辰	巳	午	未	申	酉	戌	亥	子	丑	寅	卯	辰	巳	午	未	申	酉	戌	亥	子	丑	寅	卯	辰	巳
음력 12/18 01/16	음력	18	19	20	21	22	23	24	25	26	27	28	29	30	1/1	2	3	4	5	6	7	8	9	10	11	12	13	14	15	16
	대 남	9	9	9	입	10	9	9	9	8	8	8	7	7	7	6	6	6	5	우	5	4	4	4	3	3	3	2	2	2
	운 여	1	1	1	춘	1	1	1	1	2	2	2	3	3	3	4	4	4	5	수	5	6	6	6	7	7	7	8	8	8

경칩 5일 06시 53분 【음2월】 → **음2** 【乙卯月(을묘월)】 ☾ 춘분 20일 07시 32분

양력 3	양력	1	2	3	4	5	6	7	8	9	10	11	12	13	14	15	16	17	18	19	20	21	22	23	24	25	26	27	28	29	30	31
	요일	일	월	화	수	목	금	토	일	월	화	수	목	금	토	일	월	화	수	목	금	토	일	월	화	수	목	금	토	일	월	화
	일진	庚	辛	壬	癸	甲	乙	丙	丁	戊	己	庚	辛	壬	癸	甲	乙	丙	丁	戊	己	庚	辛	壬	癸	甲	乙	丙	丁	戊	己	庚
	日辰	午	未	申	酉	戌	亥	子	丑	寅	卯	辰	巳	午	未	申	酉	戌	亥	子	丑	寅	卯	辰	巳	午	未	申	酉	戌	亥	子
음력 01/17 02/18	음력	17	18	19	20	21	22	23	24	25	26	27	28	29	2/1	2	3	4	5	6	7	8	9	10	11	12	13	14	15	16	17	18
	대 남	1	1	1	1	경	10	9	9	9	8	8	8	7	7	7	6	6	6	5	춘	5	4	4	4	3	3	3	2	2	2	1
	운 여	9	9	9	10	칩	1	1	1	1	2	2	2	3	3	3	4	4	4	5	분	5	6	6	6	7	7	7	8	8	8	9

청명 4일 11시 24분 【음3월】 → **음3** 【丙辰月(병진월)】 ☾ 곡우 19일 18시 16분

양력 4	양력	1	2	3	4	5	6	7	8	9	10	11	12	13	14	15	16	17	18	19	20	21	22	23	24	25	26	27	28	29	30
	요일	수	목	금	토	일	월	화	수	목	금	토	일	월	화	수	목	금	토	일	월	화	수	목	금	토	일	월	화	수	목
	일진	辛	壬	癸	甲	乙	丙	丁	戊	己	庚	辛	壬	癸	甲	乙	丙	丁	戊	己	庚	辛	壬	癸	甲	乙	丙	丁	戊	己	庚
	日辰	丑	寅	卯	辰	巳	午	未	申	酉	戌	亥	子	丑	寅	卯	辰	巳	午	未	申	酉	戌	亥	子	丑	寅	卯	辰	巳	午
음력 02/19 03/18	음력	19	20	21	22	23	24	25	26	27	28	29	30	3/1	2	3	4	5	6	7	8	9	10	11	12	13	14	15	16	17	18
	대 남	1	1	1	청	10	10	9	9	9	8	8	8	7	7	7	6	6	6	5	곡	5	4	4	4	3	3	3	2	2	2
	운 여	9	9	10	명	1	1	1	1	2	2	2	3	3	3	4	4	4	5	5	우	5	6	6	6	7	7	7	8	8	8

입하 5일 04시 23분 【음4월】 → **음4** 【丁巳月(정사월)】 ☾ 소만 20일 17시 06분

양력 5	양력	1	2	3	4	5	6	7	8	9	10	11	12	13	14	15	16	17	18	19	20	21	22	23	24	25	26	27	28	29	30	31
	요일	금	토	일	월	화	수	목	금	토	일	월	화	수	목	금	토	일	월	화	수	목	금	토	일	월	화	수	목	금	토	일
	일진	辛	壬	癸	甲	乙	丙	丁	戊	己	庚	辛	壬	癸	甲	乙	丙	丁	戊	己	庚	辛	壬	癸	甲	乙	丙	丁	戊	己	庚	辛
	日辰	未	申	酉	戌	亥	子	丑	寅	卯	辰	巳	午	未	申	酉	戌	亥	子	丑	寅	卯	辰	巳	午	未	申	酉	戌	亥	子	丑
음력 03/19 04/19	음력	19	20	21	22	23	24	25	26	27	28	29	30	4/1	2	3	4	5	6	7	8	9	10	11	12	13	14	15	16	17	18	19
	대 남	1	1	1	입	10	10	9	9	9	8	8	8	7	7	7	6	6	6	5	소	5	4	4	4	3	3	3	2	2	2	1
	운 여	9	9	10	하	1	1	1	1	2	2	2	3	3	3	4	4	4	5	5	만	5	6	6	6	7	7	7	8	8	8	9

망종 5일 08시 17분 【음5월】 → **음5** 【戊午月(무오월)】 ☾ 하지 21일 00시 52분

양력 6	양력	1	2	3	4	5	6	7	8	9	10	11	12	13	14	15	16	17	18	19	20	21	22	23	24	25	26	27	28	29	30
	요일	월	화	수	목	금	토	일	월	화	수	목	금	토	일	월	화	수	목	금	토	일	월	화	수	목	금	토	일	월	화
	일진	壬	癸	甲	乙	丙	丁	戊	己	庚	辛	壬	癸	甲	乙	丙	丁	戊	己	庚	辛	壬	癸	甲	乙	丙	丁	戊	己	庚	辛
	日辰	寅	卯	辰	巳	午	未	申	酉	戌	亥	子	丑	寅	卯	辰	巳	午	未	申	酉	戌	亥	子	丑	寅	卯	辰	巳	午	未
음력 04/20 05/20	음력	20	21	22	23	24	25	26	27	28	29	5/1	2	3	4	5	6	7	8	9	10	11	12	13	14	15	16	17	18	19	20
	대 남	1	1	1	1	망	10	10	9	9	9	8	8	8	7	7	7	6	6	6	5	하	5	4	4	4	3	3	3	2	2
	운 여	9	9	10	10	종	1	1	1	1	2	2	2	3	3	3	4	4	4	5	5	지	6	6	6	7	7	7	8	8	8

戊辰年

한식(4월05일), 초복(7월19일), 중복(7월29일), 말복(8월08일) ◆춘사(春社)3/19
◆추사(秋社)9/25 토왕지절(土旺之節):4월16일,7월19일,10월20일,1월17일(음12/14)
臘享(납향):2049년1월20일(음12/17)

2048
戊辰年

소서 6일 18시 25분 【음6월】→ **음 6** 【己未月(기미월)】 　　대서 22일 11시 45분

양력 **7**

양력	1	2	3	4	5	6	7	8	9	10	11	12	13	14	15	16	17	18	19	20	21	22	23	24	25	26	27	28	29	30	31
요일	수	목	금	토	일	월	화	수	목	금	토	일	월	화	수	목	금	토	일	월	화	수	목	금	토	일	월	화	수	목	금
일진 日辰	壬申	癸酉	甲戌	乙亥	丙子	丁丑	戊寅	己卯	庚辰	辛巳	壬午	癸未	甲申	乙酉	丙戌	丁亥	戊子	己丑	庚寅	辛卯	壬辰	癸巳	甲午	乙未	丙申	丁酉	戊戌	己亥	庚子	辛丑	壬寅
음력	21	22	23	24	25	26	27	28	29	30	6/1	2	3	4	5	6	7	8	9	10	11	12	13	14	15	16	17	18	19	20	21
대 남	2	1	1	1	1	소서	10	10	9	9	9	8	8	8	7	7	7	6	6	6	5	대서	5	5	4	4	4	3	3	3	2
운 여	9	9	9	10	10	서	1	1	1	1	2	2	2	3	3	3	4	4	4	5	5	서	6	6	6	7	7	7	8	8	8

음력 05/21 ~ 06/21

입추 7일 04시 17분 【음7월】→ **음 7** 【庚申月(경신월)】 　　처서 22일 19시 01분

양력 **8**

양력	1	2	3	4	5	6	7	8	9	10	11	12	13	14	15	16	17	18	19	20	21	22	23	24	25	26	27	28	29	30	31
요일	토	일	월	화	수	목	금	토	일	월	화	수	목	금	토	일	월	화	수	목	금	토	일	월	화	수	목	금	토	일	월
일진 日辰	癸卯	甲辰	乙巳	丙午	丁未	戊申	己酉	庚戌	辛亥	壬子	癸丑	甲寅	乙卯	丙辰	丁巳	戊午	己未	庚申	辛酉	壬戌	癸亥	甲子	乙丑	丙寅	丁卯	戊辰	己巳	庚午	辛未	壬申	癸酉
음력	22	23	24	25	26	27	28	29	30	7/1	2	3	4	5	6	7	8	9	10	11	12	13	14	15	16	17	18	19	20	21	22
대 남	2	2	1	1	1	1	입추	10	10	9	9	9	8	8	8	7	7	7	6	6	6	처서	5	5	4	4	4	3	3	3	2
운 여	9	9	9	10	10	10	추	1	1	1	1	2	2	2	3	3	3	4	4	4	5	서	5	6	6	6	7	7	7	8	8

음력 06/22 ~ 07/22

백로 7일 07시 26분 【음8월】→ **음 8** 【辛酉月(신유월)】 　　추분 22일 16시 59분

양력 **9**

양력	1	2	3	4	5	6	7	8	9	10	11	12	13	14	15	16	17	18	19	20	21	22	23	24	25	26	27	28	29	30
요일	화	수	목	금	토	일	월	화	수	목	금	토	일	월	화	수	목	금	토	일	월	화	수	목	금	토	일	월	화	수
일진 日辰	甲戌	乙亥	丙子	丁丑	戊寅	己卯	庚辰	辛巳	壬午	癸未	甲申	乙酉	丙戌	丁亥	戊子	己丑	庚寅	辛卯	壬辰	癸巳	甲午	乙未	丙申	丁酉	戊戌	己亥	庚子	辛丑	壬寅	癸卯
음력	23	24	25	26	27	28	29	8/1	2	3	4	5	6	7	8	9	10	11	12	13	14	15	16	17	18	19	20	21	22	23
대 남	2	2	1	1	1	1	백로	10	9	9	9	8	8	8	7	7	7	6	6	6	5	추분	5	5	4	4	4	3	3	3
운 여	8	9	9	9	10	10	로	1	1	1	1	2	2	2	3	3	3	4	4	4	5	분	5	6	6	6	7	7	7

음력 07/23 ~ 08/23

한로 7일 23시 25분 【음9월】→ **음 9** 【壬戌月(임술월)】 　　상강 23일 02시 41분

양력 **10**

양력	1	2	3	4	5	6	7	8	9	10	11	12	13	14	15	16	17	18	19	20	21	22	23	24	25	26	27	28	29	30	31
요일	목	금	토	일	월	화	수	목	금	토	일	월	화	수	목	금	토	일	월	화	수	목	금	토	일	월	화	수	목	금	토
일진 日辰	甲辰	乙巳	丙午	丁未	戊申	己酉	庚戌	辛亥	壬子	癸丑	甲寅	乙卯	丙辰	丁巳	戊午	己未	庚申	辛酉	壬戌	癸亥	甲子	乙丑	丙寅	丁卯	戊辰	己巳	庚午	辛未	壬申	癸酉	甲戌
음력	24	25	26	27	28	29	30	9/1	2	3	4	5	6	7	8	9	10	11	12	13	14	15	16	17	18	19	20	21	22	23	24
대 남	2	2	1	1	1	1	한로	10	9	9	9	8	8	8	7	7	7	6	6	6	5	상강	5	5	4	4	4	3	3	3	2
운 여	8	8	9	9	9	10	로	1	1	1	1	2	2	2	3	3	3	4	4	4	5	강	5	6	6	6	7	7	7	8	8

음력 11/01 ~ 12/01

입동 7일 02시 55분 【음10월】→ **음10** 【癸亥月(계해월)】 　　소설 22일 00시 32분

양력 **11**

양력	1	2	3	4	5	6	7	8	9	10	11	12	13	14	15	16	17	18	19	20	21	22	23	24	25	26	27	28	29	30
요일	일	월	화	수	목	금	토	일	월	화	수	목	금	토	일	월	화	수	목	금	토	일	월	화	수	목	금	토	일	월
일진 日辰	乙亥	丙子	丁丑	戊寅	己卯	庚辰	辛巳	壬午	癸未	甲申	乙酉	丙戌	丁亥	戊子	己丑	庚寅	辛卯	壬辰	癸巳	甲午	乙未	丙申	丁酉	戊戌	己亥	庚子	辛丑	壬寅	癸卯	甲辰
음력	25	26	27	28	29	10/1	2	3	4	5	6	7	8	9	10	11	12	13	14	15	16	17	18	19	20	21	22	23	24	25
대 남	2	2	1	1	1	입동	10	9	9	9	8	8	8	7	7	7	6	6	6	5	소설	5	5	4	4	4	3	3	3	2
운 여	8	8	9	9	9	동	1	1	1	1	2	2	2	3	3	3	4	4	4	5	설	5	6	6	6	7	7	7	8	8

음력 11/01 ~ 12/01

대설 6일 19시 59분 【음11월】→ **음 11** 【甲子月(갑자월)】 　　동지 21일 14시 01분

양력 **12**

양력	1	2	3	4	5	6	7	8	9	10	11	12	13	14	15	16	17	18	19	20	21	22	23	24	25	26	27	28	29	30	31
요일	화	수	목	금	토	일	월	화	수	목	금	토	일	월	화	수	목	금	토	일	월	화	수	목	금	토	일	월	화	수	목
일진 日辰	乙巳	丙午	丁未	戊申	己酉	庚戌	辛亥	壬子	癸丑	甲寅	乙卯	丙辰	丁巳	戊午	己未	庚申	辛酉	壬戌	癸亥	甲子	乙丑	丙寅	丁卯	戊辰	己巳	庚午	辛未	壬申	癸酉	甲戌	乙亥
음력	26	27	28	29	30	11/1	2	3	4	5	6	7	8	9	10	11	12	13	14	15	16	17	18	19	20	21	22	23	24	25	26
대 남	2	1	1	1	1	대설	10	9	9	9	8	8	8	7	7	7	6	6	6	5	동지	5	4	4	4	3	3	3	2	2	2
운 여	8	8	9	9	9	설	1	1	1	1	2	2	2	3	3	3	4	4	4	5	지	5	6	6	6	7	7	7	8	8	8

음력 11/01 ~ 12/01

단기 4382 年　불기 2593 年　**2049**年　己巳(기사)년, 납음(大林木), 본명성(五黃土)

대장군(卯동방), 삼살(동방), 상문(未서남방),조객(卯동방), 납음(대림목), 【삼재(해,자,축)년】 臘享(납향):2050년1월15일(음12/20

소한 5일 07시 17분　【음12월】 →　음12　【乙丑月(을축월)】　　　대한 20일 00시 40분

양력 1	양력	1	2	3	4	5	6	7	8	9	10	11	12	13	14	15	16	17	18	19	20	21	22	23	24	25	26	27	28	29	30	31
	요일	금	토	일	월	화	수	목	금	토	일	월	화	수	목	금	토	일	월	화	수	목	금	토	일	월	화	수	목	금	토	일
	일진 日辰	丙子	丁丑	戊寅	己卯	庚辰	辛巳	壬午	癸未	甲申	乙酉	丙戌	丁亥	戊子	己丑	庚寅	辛卯	壬辰	癸巳	甲午	乙未	丙申	丁酉	戊戌	己亥	庚子	辛丑	壬寅	癸卯	甲辰	乙巳	丙午
11/27 12/28	음력	27	28	29	12/1	2	3	4	5	6	7	8	9	10	11	12	13	14	15	16	17	18	19	20	21	22	23	24	25	26	27	28
	대날	1	1	1	1	소한	9	9	9	8	8	8	7	7	7	6	6	6	대한	4	4	4	3	3	3	2	2	2	1
	운여	9	9	9	10		1	1	1	2	2	2	3	3	3	4	4	4	5	5	6	6	6	7	7	7	8	8	8	9

입춘 3일 18시 52분　【음1월】 →　음1　【丙寅月(병인월)】　　　우수 18일 14시 41분

양력 2	양력	1	2	3	4	5	6	7	8	9	10	11	12	13	14	15	16	17	18	19	20	21	22	23	24	25	26	27	28
	요일	월	화	수	목	금	토	일	월	화	수	목	금	토	일	월	화	수	목	금	토	일	월	화	수	목	금	토	일
	일진 日辰	丁未	戊申	己酉	庚戌	辛亥	壬子	癸丑	甲寅	乙卯	丙辰	丁巳	戊午	己未	庚申	辛酉	壬戌	癸亥	甲子	乙丑	丙寅	丁卯	戊辰	己巳	庚午	辛未	壬申	癸酉
12/29 01/27	음력	29	1/1	2	3	4	5	6	7	8	9	10	11	12	13	14	15	16	17	18	19	20	21	22	23	24	25	26	27
	대날	1	1	입춘	1	1	1	1	2	2	2	3	3	3	4	4	4	5	우수	5	6	6	6	7	7	7	8	8
	운여	9	9	춘	10	9	9	9	8	8	8	7	7	7	6	6	6	5	우	5	4	4	4	3	3	3	2	2

己巳年

경칩 5일 12시 41분　【음2월】 →　음2　【丁卯월(정묘월)】　　　춘분 20일 13시 27분

양력 3	양력	1	2	3	4	5	6	7	8	9	10	11	12	13	14	15	16	17	18	19	20	21	22	23	24	25	26	27	28	29	30	31
	요일	월	화	수	목	금	토	일	월	화	수	목	금	토	일	월	화	수	목	금	토	일	월	화	수	목	금	토	일	월	화	수
	일진 日辰	乙亥	丙子	丁丑	戊寅	己卯	庚辰	辛巳	壬午	癸未	甲申	乙酉	丙戌	丁亥	戊子	己丑	庚寅	辛卯	壬辰	癸巳	甲午	乙未	丙申	丁酉	戊戌	己亥	庚子	辛丑	壬寅	癸卯	甲辰	乙巳
01/28 02/28	음력	28	29	2/1	2	3	4	5	6	7	8	9	10	11	12	13	14	15	16	17	18	19	20	21	22	23	24	25	26	27	28	29
	대날	9	9	9	10	경칩	1	1	1	1	2	2	2	3	3	3	4	4	4	5	춘분	5	6	6	6	7	7	7	8	8	8	9
	운여	1	1	1	1	칩	10	9	9	9	8	8	8	7	7	7	6	6	6	5	분	5	4	4	4	3	3	3	2	2	2	1

청명 4일 17시 13분　【음3월】 →　음3　【戊辰月(무진월)】　　　곡우 20일 00시 12분

양력 4	양력	1	2	3	4	5	6	7	8	9	10	11	12	13	14	15	16	17	18	19	20	21	22	23	24	25	26	27	28	29	30
	요일	목	금	토	일	월	화	수	목	금	토	일	월	화	수	목	금	토	일	월	화	수	목	금	토	일	월	화	수	목	금
	일진 日辰	丙午	丁未	戊申	己酉	庚戌	辛亥	壬子	癸丑	甲寅	乙卯	丙辰	丁巳	戊午	己未	庚申	辛酉	壬戌	癸亥	甲子	乙丑	丙寅	丁卯	戊辰	己巳	庚午	辛未	壬申	癸酉	甲戌	乙亥
02/29 03/29	음력	29	3/1	2	3	4	5	6	7	8	9	10	11	12	13	14	15	16	17	18	19	20	21	22	23	24	25	26	27	28	29
	대날	9	9	10	청명	1	1	1	1	2	2	2	3	3	3	4	4	4	5	5	곡우	6	6	6	7	7	7	8	8	8	9
	운여	1	1	1	명	10	10	9	9	9	8	8	8	7	7	7	6	6	6	5	우	5	4	4	4	3	3	3	2	2	2

입하 5일 10시 11분　【음4월】 →　음4　【己巳月(기사월)】　　　소만 20일 23시 02분

양력 5	양력	1	2	3	4	5	6	7	8	9	10	11	12	13	14	15	16	17	18	19	20	21	22	23	24	25	26	27	28	29	30	31
	요일	토	일	월	화	수	목	금	토	일	월	화	수	목	금	토	일	월	화	수	목	금	토	일	월	화	수	목	금	토	일	월
	일진 日辰	丙子	丁丑	戊寅	己卯	庚辰	辛巳	壬午	癸未	甲申	乙酉	丙戌	丁亥	戊子	己丑	庚寅	辛卯	壬辰	癸巳	甲午	乙未	丙申	丁酉	戊戌	己亥	庚子	辛丑	壬寅	癸卯	甲辰	乙巳	丙午
03/30 05/01	음력	30	4/1	2	3	4	5	6	7	8	9	10	11	12	13	14	15	16	17	18	19	20	21	22	23	24	25	26	27	28	29	5/1
	대날	9	9	10	10	입하	1	1	1	1	2	2	2	3	3	3	4	4	4	5	소만	5	6	6	6	7	7	7	8	8	8	9
	운여	1	1	1	1	하	10	10	9	9	9	8	8	8	7	7	7	6	6	6	만	5	5	4	4	4	3	3	3	2	2	2

망종 5일 14시 02분　【음5월】 →　음5　【庚午月(경오월)】　　　하지 21일 06시 46분

양력 6	양력	1	2	3	4	5	6	7	8	9	10	11	12	13	14	15	16	17	18	19	20	21	22	23	24	25	26	27	28	29	30
	요일	화	수	목	금	토	일	월	화	수	목	금	토	일	월	화	수	목	금	토	일	월	화	수	목	금	토	일	월	화	수
	일진 日辰	丁未	戊申	己酉	庚戌	辛亥	壬子	癸丑	甲寅	乙卯	丙辰	丁巳	戊午	己未	庚申	辛酉	壬戌	癸亥	甲子	乙丑	丙寅	丁卯	戊辰	己巳	庚午	辛未	壬申	癸酉	甲戌	乙亥	丙子
05/02 06/01	음력	2	3	4	5	6	7	8	9	10	11	12	13	14	15	16	17	18	19	20	21	22	23	24	25	26	27	28	29	30	6/1
	대날	9	9	10	10	망종	1	1	1	1	2	2	2	3	3	3	4	4	4	5	5	하지	6	6	6	7	7	7	8	8	8
	운여	1	1	1	1	종	10	10	10	9	9	9	8	8	8	7	7	7	6	6	6	지	5	5	4	4	4	3	3	3	2

한식(4월05일), 초복(7월14일), 중복(7월24일), 말복(8월13일) ☘춘사(春社)3/24
☀추사(秋社)9/20토왕지절(土旺之節):4월16일,7월19일,10월20일,1월17일(음12/22)
臘享(납향):2050년1월15일(음12/20)

소서 7일 00시 07분　　【음6월】→　음 6 【辛未月(신미월)】　　　　대서 22일 17시 35분

양력 7	양력	1	2	3	4	5	6	7	8	9	10	11	12	13	14	15	16	17	18	19	20	21	22	23	24	25	26	27	28	29	30	31
	요일	목	금	토	일	월	화	수	목	금	토	일	월	화	수	목	금	토	일	월	화	수	목	금	토	일	월	화	수	목	금	토
	일진	丁	戊	己	庚	辛	壬	癸	甲	乙	丙	丁	戊	己	庚	辛	壬	癸	甲	乙	丙	丁	戊	己	庚	辛	壬	癸	甲	乙	丙	丁
	日辰	丑	寅	卯	辰	巳	午	未	申	酉	戌	亥	子	丑	寅	卯	辰	巳	午	未	申	酉	戌	亥	子	丑	寅	卯	辰	巳	午	未
음력 06/02 07/02	음력	2	3	4	5	6	7	8	9	10	11	12	13	14	15	16	17	18	19	20	21	22	23	24	25	26	27	28	29	30	7/1	2
	대남	9	9	9	10	10	10	소서	1	1	1	1	2	2	2	3	3	3	4	4	4	5	대서	5	5	6	6	6	7	7	7	8
	운여	2	2	1	1	1	1	10	10	9	9	9	8	8	8	7	7	7	6	6	6	5	서	5	5	4	4	4	3	3	3	2

입추 7일 09시 56분　　【음7월】→　음 7 【壬申月(임신월)】　　　　처서 23일 00시 46분

양력 8	양력	1	2	3	4	5	6	7	8	9	10	11	12	13	14	15	16	17	18	19	20	21	22	23	24	25	26	27	28	29	30	31
	요일	일	월	화	수	목	금	토	일	월	화	수	목	금	토	일	월	화	수	목	금	토	일	월	화	수	목	금	토	일	월	화
	일진	戊	己	庚	辛	壬	癸	甲	乙	丙	丁	戊	己	庚	辛	壬	癸	甲	乙	丙	丁	戊	己	庚	辛	壬	癸	甲	乙	丙	丁	戊
	日辰	申	酉	戌	亥	子	丑	寅	卯	辰	巳	午	未	申	酉	戌	亥	子	丑	寅	卯	辰	巳	午	未	申	酉	戌	亥	子	丑	寅
음력 07/03 08/04	음력	3	4	5	6	7	8	9	10	11	12	13	14	15	16	17	18	19	20	21	22	23	24	25	26	27	28	29	8/1	2	3	4
	대남	8	8	9	9	9	10	10	입추	1	1	1	1	2	2	2	3	3	3	4	4	4	5	처서	6	6	6	7	7	7	8	8
	운여	2	2	1	1	1	1	10	추	10	9	9	9	8	8	8	7	7	7	6	6	6	5	서	5	5	4	4	4	3	3	3

백로 7일 13시 04분　　【음8월】→　음 8 【癸酉月(계유월)】　　　　추분 22일 22시 41분

양력 9	양력	1	2	3	4	5	6	7	8	9	10	11	12	13	14	15	16	17	18	19	20	21	22	23	24	25	26	27	28	29	30
	요일	수	목	금	토	일	월	화	수	목	금	토	일	월	화	수	목	금	토	일	월	화	수	목	금	토	일	월	화	수	목
	일진	己	庚	辛	壬	癸	甲	乙	丙	丁	戊	己	庚	辛	壬	癸	甲	乙	丙	丁	戊	己	庚	辛	壬	癸	甲	乙	丙	丁	戊
	日辰	卯	辰	巳	午	未	申	酉	戌	亥	子	丑	寅	卯	辰	巳	午	未	申	酉	戌	亥	子	丑	寅	卯	辰	巳	午	未	申
음력 08/05 09/04	음력	5	6	7	8	9	10	11	12	13	14	15	16	17	18	19	20	21	22	23	24	25	26	27	28	29	30	9/1	2	3	4
	대남	8	8	9	9	9	10	10	백로	1	1	1	1	2	2	2	3	3	3	4	4	4	5	추분	5	6	6	6	7	7	7
	운여	2	2	1	1	1	1	10	로	10	9	9	9	8	8	8	7	7	7	6	6	6	5	분	5	5	4	4	4	3	3

한로 8일 05시 03분　　【음9월】→　음 9 【甲戌月(갑술월)】　　　　상강 23일 08시 24분

양력 10	양력	1	2	3	4	5	6	7	8	9	10	11	12	13	14	15	16	17	18	19	20	21	22	23	24	25	26	27	28	29	30	31
	요일	금	토	일	월	화	수	목	금	토	일	월	화	수	목	금	토	일	월	화	수	목	금	토	일	월	화	수	목	금	토	일
	일진	己	庚	辛	壬	癸	甲	乙	丙	丁	戊	己	庚	辛	壬	癸	甲	乙	丙	丁	戊	己	庚	辛	壬	癸	甲	乙	丙	丁	戊	己
	日辰	酉	戌	亥	子	丑	寅	卯	辰	巳	午	未	申	酉	戌	亥	子	丑	寅	卯	辰	巳	午	未	申	酉	戌	亥	子	丑	寅	卯
음력 11/01 12/01	음력	5	6	7	8	9	10	11	12	13	14	15	16	17	18	19	20	21	22	23	24	25	26	27	28	29	30	10/1	2	3	4	5
	대남	8	8	8	9	9	9	10	한로	1	1	1	1	2	2	2	3	3	3	4	4	4	5	상강	5	6	6	6	7	7	7	8
	운여	2	2	2	1	1	1	1	로	10	9	9	9	8	8	8	7	7	7	6	6	6	5	강	5	5	4	4	4	3	3	2

입동 7일 08시 37분　　【음10월】→　음10 【乙亥月(을해월)】　　　　소설 22일 06시 18분

양력 11	양력	1	2	3	4	5	6	7	8	9	10	11	12	13	14	15	16	17	18	19	20	21	22	23	24	25	26	27	28	29	30
	요일	월	화	수	목	금	토	일	월	화	수	목	금	토	일	월	화	수	목	금	토	일	월	화	수	목	금	토	일	월	화
	일진	庚	辛	壬	癸	甲	乙	丙	丁	戊	己	庚	辛	壬	癸	甲	乙	丙	丁	戊	己	庚	辛	壬	癸	甲	乙	丙	丁	戊	己
	日辰	辰	巳	午	未	申	酉	戌	亥	子	丑	寅	卯	辰	巳	午	未	申	酉	戌	亥	子	丑	寅	卯	辰	巳	午	未	申	酉
음력 11/01 12/01	음력	6	7	8	9	10	11	12	13	14	15	16	17	18	19	20	21	22	23	24	25	26	27	28	29	30	11/1	2	3	4	5
	대남	8	8	8	9	9	9	10	입동	1	1	1	1	2	2	2	3	3	3	4	4	4	5	소설	5	6	6	6	7	7	7
	운여	2	2	2	1	1	1	1	동	10	9	9	9	8	8	8	7	7	7	6	6	6	5	설	5	4	4	4	3	3	2

대설 7일 01시 45분　　【음11월】→　음 11 【丙子月(병자월)】　　　　동지 21일 19시 51분

양력 12	양력	1	2	3	4	5	6	7	8	9	10	11	12	13	14	15	16	17	18	19	20	21	22	23	24	25	26	27	28	29	30	31
	요일	수	목	금	토	일	월	화	수	목	금	토	일	월	화	수	목	금	토	일	월	화	수	목	금	토	일	월	화	수	목	금
	일진	庚	辛	壬	癸	甲	乙	丙	丁	戊	己	庚	辛	壬	癸	甲	乙	丙	丁	戊	己	庚	辛	壬	癸	甲	乙	丙	丁	戊	己	庚
	日辰	戌	亥	子	丑	寅	卯	辰	巳	午	未	申	酉	戌	亥	子	丑	寅	卯	辰	巳	午	未	申	酉	戌	亥	子	丑	寅	卯	辰
음력 11/01 12/01	음력	6	7	8	9	10	11	12	13	14	15	16	17	18	19	20	21	22	23	24	25	26	27	28	29	30	12/1	2	3	4	5	6
	대남	8	8	8	9	9	9	대설	1	1	1	1	2	2	2	3	3	3	4	4	4	동지	5	5	6	6	6	7	7	7	8	8
	운여	2	2	2	1	1	1	설	10	9	9	9	8	8	8	7	7	7	6	6	6	지	5	5	4	4	4	3	3	3	2	2

2049 己巳年

단기 4383 年 / 불기 2594 年 **2050년** 庚午(경오)년, 납음(路傍土), 본명성(四綠木)

대장군(卯동방), 삼살(북방), 상문(申서남방), 조객(辰동남방), 납음(로방토) 【삼재(신,유,술)년】 臘享(납향):2051년1월22일(음12/10)

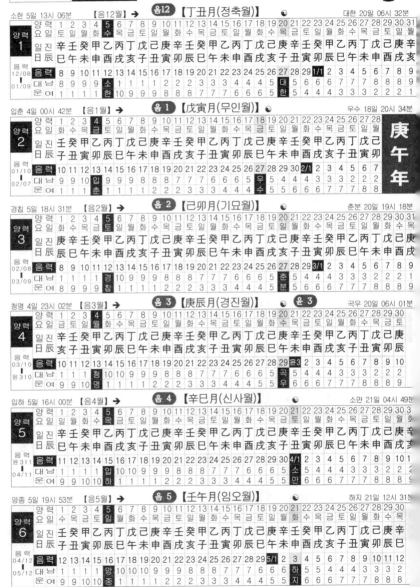

소한 5일 13시 06분 【음12월】 → 음12 【丁丑月(정축월)】 대한 20일 06시 32분

양력 1	양력	1	2	3	4	5	6	7	8	9	10	11	12	13	14	15	16	17	18	19	20	21	22	23	24	25	26	27	28	29	30	31
	요일	토	일	월	화	수	목	금	토	일	월	화	수	목	금	토	일	월	화	수	목	금	토	일	월	화	수	목	금	토	일	월
	일진	辛	壬	癸	甲	乙	丙	丁	戊	己	庚	辛	壬	癸	甲	乙	丙	丁	戊	己	庚	辛	壬	癸	甲	乙	丙	丁	戊	己	庚	辛
	日辰	巳	午	未	申	酉	戌	亥	子	丑	寅	卯	辰	巳	午	未	申	酉	戌	亥	子	丑	寅	卯	辰	巳	午	未	申	酉	戌	亥
음력 12/08 01/09	음력	8	9	10	11	12	13	14	15	16	17	18	19	20	21	22	23	24	25	26	27	28	29	1/1	2	3	4	5	6	7	8	9
	대남	8	9	9	9	소한	1	1	1	1	2	2	2	3	3	3	4	4	4	5	5	5	대한	6	6	6	7	7	7	8	8	8
	운여	2	1	1	1	한	10	9	9	9	8	8	8	7	7	7	6	6	6	5	한	5	4	4	4	3	3	3	2	2	2	1

입춘 4일 00시 42분 【음1월】 → 음1 【戊寅月(무인월)】 우수 18일 20시 34분

양력 2	요일	1	2	3	4	5	6	7	8	9	10	11	12	13	14	15	16	17	18	19	20	21	22	23	24	25	26	27	28			
	요일	화	수	목	금	토	일	월	화	수	목	금	토	일	월	화	수	목	금	토	일	월	화	수	목	금	토	일	월			
	일진	壬	癸	甲	乙	丙	丁	戊	己	庚	辛	壬	癸	甲	乙	丙	丁	戊	己	庚	辛	壬	癸	甲	乙	丙	丁	戊	己			
	日辰	子	丑	寅	卯	辰	巳	午	未	申	酉	戌	亥	子	丑	寅	卯	辰	巳	午	未	申	酉	戌	亥	子	丑	寅	卯			
음력 01/10 02/07	음력	10	11	12	13	14	15	16	17	18	19	20	21	22	23	24	25	26	27	28	29	30	2/1	2	3	4	5	6	7			
	대남	9	9	입춘	1	9	9	9	8	8	8	7	7	7	6	6	6	5	우수	5	4	4	4	3	3	3	2	2	2			
	운여	1	1	춘	1	1	1	1	2	2	2	3	3	3	4	4	4	5	수	5	5	6	6	6	7	7	7	8	8			

庚午年

경칩 5일 18시 31분 【음2월】 → 음2 【己卯月(기묘월)】 춘분 20일 19시 18분

양력 3	요일	1	2	3	4	5	6	7	8	9	10	11	12	13	14	15	16	17	18	19	20	21	22	23	24	25	26	27	28	29	30	31
	요일	화	수	목	금	토	일	월	화	수	목	금	토	일	월	화	수	목	금	토	일	월	화	수	목	금	토	일	월	화	수	목
	일진	庚	辛	壬	癸	甲	乙	丙	丁	戊	己	庚	辛	壬	癸	甲	乙	丙	丁	戊	己	庚	辛	壬	癸	甲	乙	丙	丁	戊	己	庚
	日辰	辰	巳	午	未	申	酉	戌	亥	子	丑	寅	卯	辰	巳	午	未	申	酉	戌	亥	子	丑	寅	卯	辰	巳	午	未	申	酉	戌
음력 02/08 03/09	음력	8	9	10	11	12	13	14	15	16	17	18	19	20	21	22	23	24	25	26	27	28	29	3/1	2	3	4	5	6	7	8	9
	대남	1	1	1	1	경칩	10	9	9	9	8	8	8	7	7	7	6	6	6	5	춘분	5	4	4	4	3	3	3	2	2	2	1
	운여	8	9	9	9	칩	1	1	1	1	2	2	2	3	3	3	4	4	4	5	분	5	6	6	6	7	7	7	8	8	8	9

청명 4일 23시 02분 【음3월】 → 음3 【庚辰月(경진월)】 윤3 곡우 20일 06시 01분

양력 4	요일	1	2	3	4	5	6	7	8	9	10	11	12	13	14	15	16	17	18	19	20	21	22	23	24	25	26	27	28	29	30	
	요일	금	토	일	월	화	수	목	금	토	일	월	화	수	목	금	토	일	월	화	수	목	금	토	일	월	화	수	목	금	토	
	일진	辛	壬	癸	甲	乙	丙	丁	戊	己	庚	辛	壬	癸	甲	乙	丙	丁	戊	己	庚	辛	壬	癸	甲	乙	丙	丁	戊	己	庚	
	日辰	亥	子	丑	寅	卯	辰	巳	午	未	申	酉	戌	亥	子	丑	寅	卯	辰	巳	午	未	申	酉	戌	亥	子	丑	寅	卯	辰	
음력 03/10 윤310	음력	10	11	12	13	14	15	16	17	18	19	20	21	22	23	24	25	26	27	28	29	윤3	2	3	4	5	6	7	8	9	10	
	대남	1	1	1	청명	10	10	9	9	9	8	8	8	7	7	7	6	6	6	5	곡우	5	4	4	4	3	3	3	2	2	2	
	운여	9	9	10	명	1	1	1	1	2	2	2	3	3	3	4	4	4	5	5	우	6	6	6	7	7	7	8	8	8	9	

입하 5일 16시 00분 【음4월】 → 음4 【辛巳月(신사월)】 소만 21일 04시 49분

양력 5	요일	1	2	3	4	5	6	7	8	9	10	11	12	13	14	15	16	17	18	19	20	21	22	23	24	25	26	27	28	29	30	31
	요일	일	월	화	수	목	금	토	일	월	화	수	목	금	토	일	월	화	수	목	금	토	일	월	화	수	목	금	토	일	월	화
	일진	辛	壬	癸	甲	乙	丙	丁	戊	己	庚	辛	壬	癸	甲	乙	丙	丁	戊	己	庚	辛	壬	癸	甲	乙	丙	丁	戊	己	庚	辛
	日辰	巳	午	未	申	酉	戌	亥	子	丑	寅	卯	辰	巳	午	未	申	酉	戌	亥	子	丑	寅	卯	辰	巳	午	未	申	酉	戌	亥
음력 윤311 04/11	음력	11	12	13	14	15	16	17	18	19	20	21	22	23	24	25	26	27	28	29	30	4/1	2	3	4	5	6	7	8	9	10	11
	대남	1	1	1	1	입하	10	10	9	9	9	8	8	8	7	7	7	6	6	6	5	소만	5	4	4	4	3	3	3	2	2	2
	운여	9	9	10	10	하	1	1	1	1	2	2	2	3	3	3	4	4	4	5	5	만	6	6	6	7	7	7	8	8	8	9

망종 5일 19시 53분 【음5월】 → 음5 【壬午月(임오월)】 하지 21일 12시 31분

양력 6	요일	1	2	3	4	5	6	7	8	9	10	11	12	13	14	15	16	17	18	19	20	21	22	23	24	25	26	27	28	29	30	
	요일	수	목	금	토	일	월	화	수	목	금	토	일	월	화	수	목	금	토	일	월	화	수	목	금	토	일	월	화	수	목	
	일진	壬	癸	甲	乙	丙	丁	戊	己	庚	辛	壬	癸	甲	乙	丙	丁	戊	己	庚	辛	壬	癸	甲	乙	丙	丁	戊	己	庚	辛	
	日辰	子	丑	寅	卯	辰	巳	午	未	申	酉	戌	亥	子	丑	寅	卯	辰	巳	午	未	申	酉	戌	亥	子	丑	寅	卯	辰	巳	
음력 04/12 05/12	음력	12	13	14	15	16	17	18	19	20	21	22	23	24	25	26	27	28	29	5/1	2	3	4	5	6	7	8	9	10	11	12	
	대남	1	1	1	1	망종	10	10	10	9	9	9	8	8	8	7	7	7	6	6	6	하지	5	5	4	4	4	3	3	3	2	
	운여	1	1	1	1	종	10	10	10	9	9	9	8	8	8	7	7	7	6	6	6	지	5	5	4	4	4	3	3	3	2	

한식(4월05일), 초복(7월19일), 중복(7월29일), 말복(8월08일) ♠춘사(春社)3/19
♣추사(秋社)9/25 토왕지절(土旺之節):4월17일,7월19일,10월20일,1월17일(음12/05)
臘享(납향):2051년1월22일(음12/10)

2050 庚午年

소서 7일 06시 00분　【음6월】→　음 6　【癸未月(계미월)】　　대서 22일 23시 20분

양력	1	2	3	4	5	6	7	8	9	10	11	12	13	14	15	16	17	18	19	20	21	22	23	24	25	26	27	28	29	30	31
7 요일	금	토	일	월	화	수	목	금	토	일	월	화	수	목	금	토	일	월	화	수	목	금	토	일	월	화	수	목	금	토	일
일진	壬辰	癸午	甲申	乙酉	丙戌	丁亥	戊子	己寅	庚卯	辛辰	壬巳	癸午	甲未	乙酉	丙戌	丁亥	戊子	己寅	庚卯	辛辰	壬巳	癸午	甲未	乙酉	丙戌	丁亥	戊子	己寅	庚卯	辛辰	壬子
음력 05/13 06/13	13	14	15	16	17	18	19	20	21	22	23	24	25	26	27	28	29	30	6/1	2	3	4	5	6	7	8	9	10	11	12	13

입추 7일 15시 51분　【음7월】→　음 7　【甲申月(갑신월)】　　처서 23일 06시 31분

양력	1	2	3	4	5	6	7	8	9	10	11	12	13	14	15	16	17	18	19	20	21	22	23	24	25	26	27	28	29	30	31
8 요일	월	화	수	목	금	토	일	월	화	수	목	금	토	일	월	화	수	목	금	토	일	월	화	수	목	금	토	일	월	화	수
음력 06/14 07/15	14	15	16	17	18	19	20	21	22	23	24	25	26	27	28	29	7/1	2	3	4	5	6	7	8	9	10	11	12	13	14	15

백로 7일 18시 59분　【음8월】→　음 8　【乙酉月(을유월)】　　추분 23일 04시 27분

양력	1	2	3	4	5	6	7	8	9	10	11	12	13	14	15	16	17	18	19	20	21	22	23	24	25	26	27	28	29	30
9 요일	목	금	토	일	월	화	수	목	금	토	일	월	화	수	목	금	토	일	월	화	수	목	금	토	일	월	화	수	목	금
음력 07/16 08/15	16	17	18	19	20	21	22	23	24	25	26	27	28	29	30	8/1	2	3	4	5	6	7	8	9	10	11	12	13	14	15

한로 8일 10시 59분　【음9월】→　음 9　【丙戌月(병술월)】　　상강 23일 14시 10분

양력	1	2	3	4	5	6	7	8	9	10	11	12	13	14	15	16	17	18	19	20	21	22	23	24	25	26	27	28	29	30	31
10 요일	토	일	월	화	수	목	금	토	일	월	화	수	목	금	토	일	월	화	수	목	금	토	일	월	화	수	목	금	토	일	월
음력 11/01 12/01	16	17	18	19	20	21	22	23	24	25	26	27	28	29	30	9/1	2	3	4	5	6	7	8	9	10	11	12	13	14	15	16

입동 7일 14시 32분　【음10월】→　음10　【丁亥月(정해월)】　　소설 22일 12시 05분

양력	1	2	3	4	5	6	7	8	9	10	11	12	13	14	15	16	17	18	19	20	21	22	23	24	25	26	27	28	29	30
11 요일	화	수	목	금	토	일	월	화	수	목	금	토	일	월	화	수	목	금	토	일	월	화	수	목	금	토	일	월	화	수
음력 11/01 12/01	17	18	19	20	21	22	23	24	25	26	27	28	29	10/1	2	3	4	5	6	7	8	9	10	11	12	13	14	15	16	17

대설 7일 07시 40분　【음11월】→　음 11　【戊子月(무자월)】　　동지 22일 01시 37분

양력	1	2	3	4	5	6	7	8	9	10	11	12	13	14	15	16	17	18	19	20	21	22	23	24	25	26	27	28	29	30	31
12 요일	목	금	토	일	월	화	수	목	금	토	일	월	화	수	목	금	토	일	월	화	수	목	금	토	일	월	화	수	목	금	토
음력 11/01 12/01	18	19	20	21	22	23	24	25	26	27	28	29	30	11/1	2	3	4	5	6	7	8	9	10	11	12	13	14	15	16	17	18

춘하추동 실전 사주학 시리즈(1-10)

❶ 건강과 질병

❷ 사주명리에 빠져봅시다.

정가 : 15,000원

정가 27,000원

❸ 부부클리닉

❹ 사주 통변술의 이차방정식

정가 18,000원

정가 25,000원

❶ 건강과 질병

건강에 관심이 날로 커가는 당연한 이치에 과연 어떻게 판단을 하고 어떻게 통변을 할 것인가? 관상으로 보는 관점등 생로병사에 관한 사항들을 집중으로 분석. 전문가 못지않은 실력을 배양토록 하였다. 약초의 활용도 첨가하였다.

❷ 사주명리에 빠져봅시다.

입문 과정에서 필수적으로 알아야 할 사항들을 집대성한 것으로 초보자들의 입문서이고, 반복적으로 참고해야 할 사항들을 모은 책이다. 커다란 활자로 편집 이해를 한층 쉽게 하는데 주력한 도서이다.

❸ 부부클리닉

남녀간의 만남과 이별, 팔자를 다룬 도서이다.
각자의 심성과 운을 첨가하여 인생의 반을 성공으로 이끄는 방법을 제시한 도서이다. 과연 팔자로만 치부할 것인가? 만남과 헤어짐의 원인을 분석한다.

❹ 사주 통변술의 이차방정식.

기본적인 사항을 익힌 후 어떻게 활용을 하고, 어떻게 통변을 할 것인가?
육친의 활용과 통변에 대한 자습서이다.
말문이 막히는 사람들을 위한 해결서이다.
백문이 불여일견(不如一見)이다.

❺ 사주격국의 원류와 흐름을 찾아서　**❻** 사주 용신의 발톱을 찾아라.

정가 27,000원　　　　　정가 30,000원

❺ 사주격국의 원류와 흐름을 찾아서
사주의 틀을 논하는 격국에 대한 안내서이다.
모양을 보면 알면서 들리는 소리는 듣고 아는데 왜?
사주를 보면서 틀을 모양과 규격을 왜 판단하지
못하는가?
해결책과 비법을 알려주는 방법을 서술한 책이다.

❻ 사주 용신의 발톱을 찾아라.
배가 고프면 무엇인가 음식물을 섭취해야 한다.
사주의 격을 논하면 무엇이 중요한 요소 인가?를
판단하는 방법과 실전을 통한 자세한 설명이
첨부된다. 어디가 아프고? 무엇이 부족한가? 고쳐주고
채워주는 간결한 방법을 서술한다.

❼ 사주신살 약인가, 독인가?　**❽** 내 팔자가 내 복이다.

정가 27,000원　　　　　정가 38,000원

❼ 사주신살 약인가, 독인가?
신살로 통변하는 방법을 논하는 것이다.
외면시하는 신살 실제로는 그것이 상담의 묘미를
더한다. 간편하면서도 피부에 와닿는 통변이다.
실질적인 상황에 대한 가까우면서도 먼 것 같은
핵심을 제시하는 것이다.

❽ 내 팔자가 내 복이다.
실전사주에 대한 사항이다.
남성을 대상으로 전반적으로 종합적인 뷔야를 두루
섭렵할 수 있는 내용이다.
추명가의 남성편전체를 해부한 책이다. 각 항목별로
다루어 구분을 확실히 하고 실전사주들을 놓고
해부한다.

❾ 대박은 터트리고 쪽박은 깨야 한다.　❿ 사주 명리격론

정가 ₩ 33,000

정가 ₩ 27,000

❾ 대박은 터트리고 쪽박은 깨야 한다.
여성에 대한 항목을 전체적으로 다루는 경우이다.
남성과 여성의 차이는 무엇인가? 실전사주들을
파헤치면서 분석하고 해석한 내용이다. 추명가의
여명편을 집대성한 것이다. 내용이 광대하여
나누어 설명한다.

❿ 사주 명리격론
❾편에 이은 정라편이다.
여성의 사주를 다룬 책으로 팔자와 운의 심도를
더욱 가한 내용이다. 사망자들의 사주를 집중으로
다룬 것이 눈에 확 들어온다. 당신의 수명과
팔자의 관계는? 어떤가 묻는 책이다.

◈ 사주추명가 시리즈(1-3)
1(입문편)-음양오행통변술
2(남명편)-덜먹고-
3(여명편)-빈마
◈ 파워만세력 시리즈
◈ 춘하추동 만세력
◈ 스마트만세력2

메모

스마트 만세력- Ⅲ

엮은이 / 한명호

펴 낸 이 / 한원석

펴 낸 곳 / 두원출판미디어

판권 본사
소유 의인

강원도 춘천시 효자3동612-2

☎ 033) 242-5612,244-5612 FAX 033) 251-5611

Cpoyright ©2015 , by Dooweon Media Publishing Co.

이 책의 내용은 저작권법에 따라 보호받고 있습니다.

판권은 본사의 소유임을 알려드립니다.

등록 / 2010.02.24. 제333호

♣ 파본, 낙장본은 교환하여 드립니다.

홈페이지: www.dooweonmedia.co.kr

www.internetsajoo.com

♣ E-mail :doo1616@naver.com

초판 1쇄 2020. 12. 10   ISBN 979-11-85895-24-6

정가 13,000 원